政府采购法规

文件汇编

财会监督制度研究组 编

中国财经出版传媒集团
中国财政经济出版社
·北京·

图书在版编目（CIP）数据

政府采购法规文件汇编／财会监督制度研究组编．
北京：中国财政经济出版社，2025.6. -- ISBN 978-7-5223-3379-3

Ⅰ. D922.209

中国国家版本馆 CIP 数据核字第 2024N3L621 号

责任编辑：孙丛丛　　　　责任印制：史大鹏

封面设计：卜建辰

政府采购法规文件汇编

ZHENGFU CAIGOU FAGUI WENJIAN HUIBIAN

中国财政经济出版社 出版

URL：http：//www.cfeph.cn

E-mail：cfeph@cfeph.cn

社址：北京市海淀区阜成路甲 28 号　邮政编码：100142

营销中心电话：010-88191522

天猫网店：中国财政经济出版社旗舰店

网址：https：//zgczjjcbs.tmall.com

北京中兴印刷有限公司印刷　各地新华书店经销

成品尺寸：185mm×260mm　16 开　68 印张　1 339 000 字

2025 年 6 月第 1 版　2025 年 6 月北京第 1 次印刷

定价：198.00 元

ISBN 978-7-5223-3379-3

（图书出现印装问题，本社负责调换，电话：010-88190548）

本社图书质量投诉电话：010-88190744

打击盗版举报热线：010-88191661　QQ：2242791300

本书编委会

主　　编：齐　军

副 主 编：徐佳梦　余兴华　赵晨晨　肖　莉

编委会成员：（按姓氏笔画排序）

齐　军　卢　宁　孙　文　李小凤

张秀娜　陈　洁　苑　东

前言

政府采购是政府履行公共职能、提供公共服务的重要保障，也是规范财政支出管理、提高资金使用效益的关键环节。为深入贯彻落实国家关于深化政府采购制度改革的相关要求，进一步规范政府采购行为，优化营商环境，促进廉政建设，我们特编制本《政府采购法规文件汇编》，旨在为政府采购参与主体提供系统、全面的制度依据和操作指南。

近年来，随着《中华人民共和国政府采购法》及其实施条例的修订完善，以及财政部等部门一系列配套政策的出台，政府采购制度体系日益健全，覆盖范围不断拓展，管理要求更加精细化。为帮助政府采购相关单位及从业人员准确把握政策要点、规范执行采购程序，我们对政府采购全流程、各环节的制度规定进行了系统梳理和分类整合。

本书共有13个部分，涵盖了综合管理、政府采购当事人、政府采购需求及计划、政府采购预算、政府采购组织形式、政府采购方式及程序、政府采购合同、政府采购信息公开、政府采购验收及付款、政府采购监督、政府采购政策功能、政府采购专项及采购审计等方面出台的一系列文件，紧跟最新政策，内容完整全面，具有较强的实用性，有助于单位构建完善的政府采购管理体系，帮助广大采购人员更加系统地了解、掌握政府采购管理政策，不断提高政府采购管理水平，规范政府采购行为。

本书相关文件汇编的归集整理坚持以下原则：一是权威性，严格以国家法律法规为准绳，确保政策依据准确有效。二是实用性，注重条款解读与实务操作相结合，提供清晰的工作指引。三是时效性，收录最新修订的文件内容，并标注文号及生效日期，便于查阅。

希望本书能为各单位、代理机构及评审专家提供参考，推动政府采购工作更加公开透明、公平公正、廉洁高效。由于政策动态调整，部分文件可能存在更新或补充，使用者需以最新发布版本为准。编写过程中难免存在疏漏，恳请读者批评指正。

财会监督制度研究组

2025 年 4 月

目　录

①② 此处只留文件名，正文略。

一、综合管理

中华人民共和国政府采购法

(2002 年 6 月 29 日第九届全国人民代表大会常务委员会第二十八次会议通过　根据2014 年 8 月 31 日第十二届全国人民代表大会常务委员会第十次会议《关于修改〈中华人民共和国保险法〉等五部法律的决定》修正)

目　录

第一章 总 则

第一条 为了规范政府采购行为，提高政府采购资金的使用效益，维护国家利益和社会公共利益，保护政府采购当事人的合法权益，促进廉政建设，制定本法。

第二条 在中华人民共和国境内进行的政府采购适用本法。

本法所称政府采购，是指各级国家机关、事业单位和团体组织，使用财政性资金采购依法制定的集中采购目录以内的或者采购限额标准以上的货物、工程和服务的行为。

政府集中采购目录和采购限额标准依照本法规定的权限制定。

本法所称采购，是指以合同方式有偿取得货物、工程和服务的行为，包括购买、租赁、委托、雇用等。

本法所称货物，是指各种形态和种类的物品，包括原材料、燃料、设备、产品等。

本法所称工程，是指建设工程，包括建筑物和构筑物的新建、改建、扩建、装修、拆除、修缮等。

本法所称服务，是指除货物和工程以外的其他政府采购对象。

第三条 政府采购应当遵循公开透明原则、公平竞争原则、公正原则和诚实信用原则。

第四条 政府采购工程进行招标投标的，适用招标投标法。

第五条 任何单位和个人不得采用任何方式，阻挠和限制供应商自由进入本地区和本行业的政府采购市场。

第六条 政府采购应当严格按照批准的预算执行。

第七条 政府采购实行集中采购和分散采购相结合。集中采购的范围由省级以上人民政府公布的集中采购目录确定。

属于中央预算的政府采购项目，其集中采购目录由国务院确定并公布；属于地方预算的政府采购项目，其集中采购目录由省、自治区、直辖市人民政府或者其授权的机构确定并公布。

纳入集中采购目录的政府采购项目，应当实行集中采购。

第八条 政府采购限额标准，属于中央预算的政府采购项目，由国务院确定并公布；属于地方预算的政府采购项目，由省、自治区、直辖市人民政府或者其授权的机构确定并公布。

第九条 政府采购应当有助于实现国家的经济和社会发展政策目标，包括保护环境，扶持不发达地区和少数民族地区，促进中小企业发展等。

第十条 政府采购应当采购本国货物、工程和服务。但有下列情形之一的除外：

（一）需要采购的货物、工程或者服务在中国境内无法获取或者无法以合理的商业条件获取的；

（二）为在中国境外使用而进行采购的；

（三）其他法律、行政法规另有规定的。

前款所称本国货物、工程和服务的界定，依照国务院有关规定执行。

第十一条 政府采购的信息应当在政府采购监督管理部门指定的媒体上及时向社会公开发布，但涉及商业秘密的除外。

第十二条 在政府采购活动中，采购人员及相关人员与供应商有利害关系的，必须回避。供应商认为采购人员及相关人员与其他供应商有利害关系的，可以申请其回避。

前款所称相关人员，包括招标采购中评标委员会的组成人员，竞争性谈判采购中谈判小组的组成人员，询价采购中询价小组的组成人员等。

第十三条 各级人民政府财政部门是负责政府采购监督管理的部门，依法履行对政府采购活动的监督管理职责。

各级人民政府其他有关部门依法履行与政府采购活动有关的监督管理职责。

第二章 政府采购当事人

第十四条 政府采购当事人是指在政府采购活动中享有权利和承担义务的各类主体，包括采购人、供应商和采购代理机构等。

第十五条 采购人是指依法进行政府采购的国家机关、事业单位、团体组织。

第十六条 集中采购机构为采购代理机构。设区的市、自治州以上人民政府根据本级政府采购项目组织集中采购的需要设立集中采购机构。

集中采购机构是非营利事业法人，根据采购人的委托办理采购事宜。

第十七条 集中采购机构进行政府采购活动，应当符合采购价格低于市场平均价格、采购效率更高、采购质量优良和服务良好的要求。

第十八条 采购人采购纳入集中采购目录的政府采购项目，必须委托集中采购机构代理采购；采购未纳入集中采购目录的政府采购项目，可以自行采购，也可以委托集中采购机构在委托的范围内代理采购。

纳入集中采购目录属于通用的政府采购项目的，应当委托集中采购机构代理采购；属于本部门、本系统有特殊要求的项目，应当实行部门集中采购；属于本单位有特殊要求的项目，经省级以上人民政府批准，可以自行采购。

第十九条 采购人可以委托集中采购机构以外的采购代理机构，在委托的范围内办理政府采购事宜。

采购人有权自行选择采购代理机构，任何单位和个人不得以任何方式为采购人指定采购代理机构。

第二十条 采购人依法委托采购代理机构办理采购事宜的，应当由采购人与采购代理机构签订委托代理协议，依法确定委托代理的事项，约定双方的权利义务。

第二十一条 供应商是指向采购人提供货物、工程或者服务的法人、其他组织或者自然人。

第二十二条 供应商参加政府采购活动应当具备下列条件：

（一）具有独立承担民事责任的能力；

（二）具有良好的商业信誉和健全的财务会计制度；

（三）具有履行合同所必需的设备和专业技术能力；

（四）有依法缴纳税收和社会保障资金的良好记录；

（五）参加政府采购活动前三年内，在经营活动中没有重大违法记录；

（六）法律、行政法规规定的其他条件。

采购人可以根据采购项目的特殊要求，规定供应商的特定条件，但不得以不合理的条件对供应商实行差别待遇或者歧视待遇。

第二十三条 采购人可以要求参加政府采购的供应商提供有关资质证明文件和业绩情况，并根据本法规定的供应商条件和采购项目对供应商的特定要求，对供应商的资格进行审查。

第二十四条 两个以上的自然人、法人或者其他组织可以组成一个联合体，以一个供应商的身份共同参加政府采购。

以联合体形式进行政府采购的，参加联合体的供应商均应当具备本法第二十二条规定的条件，并应当向采购人提交联合协议，载明联合体各方承担的工作和义务。联合体各方应当共同与采购人签订采购合同，就采购合同约定的事项对采购人承担连带责任。

第二十五条 政府采购当事人不得相互串通损害国家利益、社会公共利益和其他当事人的合法权益；不得以任何手段排斥其他供应商参与竞争。

供应商不得以向采购人、采购代理机构、评标委员会的组成人员、竞争性谈判小组的组成人员、询价小组的组成人员行贿或者采取其他不正当手段谋取中标或者成交。

采购代理机构不得以向采购人行贿或者采取其他不正当手段谋取非法利益。

第三章　政府采购方式

第二十六条　政府采购采用以下方式：

（一）公开招标；

（二）邀请招标；

（三）竞争性谈判；

（四）单一来源采购；

（五）询价；

（六）国务院政府采购监督管理部门认定的其他采购方式。

公开招标应作为政府采购的主要采购方式。

第二十七条　采购人采购货物或者服务应当采用公开招标方式的，其具体数额标准，属于中央预算的政府采购项目，由国务院规定；属于地方预算的政府采购项目，由省、自治区、直辖市人民政府规定；因特殊情况需要采用公开招标以外的采购方式的，应当在采购活动开始前获得设区的市、自治州以上人民政府采购监督管理部门的批准。

第二十八条　采购人不得将应当以公开招标方式采购的货物或者服务化整为零或者以其他任何方式规避公开招标采购。

第二十九条　符合下列情形之一的货物或者服务，可以依照本法采用邀请招标方式采购：

（一）具有特殊性，只能从有限范围的供应商处采购的；

（二）采用公开招标方式的费用占政府采购项目总价值的比例过大的。

第三十条　符合下列情形之一的货物或者服务，可以依照本法采用竞争性谈判方式采购：

（一）招标后没有供应商投标或者没有合格标的或者重新招标未能成立的；

（二）技术复杂或者性质特殊，不能确定详细规格或者具体要求的；

（三）采用招标所需时间不能满足用户紧急需要的；

（四）不能事先计算出价格总额的。

第三十一条　符合下列情形之一的货物或者服务，可以依照本法采用单一来源方式采购：

（一）只能从唯一供应商处采购的；

（二）发生了不可预见的紧急情况不能从其他供应商处采购的；

（三）必须保证原有采购项目一致性或者服务配套的要求，需要继续从原供应商处添购，且添购资金总额不超过原合同采购金额百分之十的。

第三十二条 采购的货物规格、标准统一、现货货源充足且价格变化幅度小的政府采购项目，可以依照本法采用询价方式采购。

第四章 政府采购程序

第三十三条 负有编制部门预算职责的部门在编制下一财政年度部门预算时，应当将该财政年度政府采购的项目及资金预算列出，报本级财政部门汇总。部门预算的审批，按预算管理权限和程序进行。

第三十四条 货物或者服务项目采取邀请招标方式采购的，采购人应当从符合相应资格条件的供应商中，通过随机方式选择三家以上的供应商，并向其发出投标邀请书。

第三十五条 货物和服务项目实行招标方式采购的，自招标文件开始发出之日起至投标人提交投标文件截止之日止，不得少于二十日。

第三十六条 在招标采购中，出现下列情形之一的，应予废标：

（一）符合专业条件的供应商或者对招标文件作实质响应的供应商不足三家的；

（二）出现影响采购公正的违法、违规行为的；

（三）投标人的报价均超过了采购预算，采购人不能支付的；

（四）因重大变故，采购任务取消的。

废标后，采购人应当将废标理由通知所有投标人。

第三十七条 废标后，除采购任务取消情形外，应当重新组织招标；需要采取其他方式采购的，应当在采购活动开始前获得设区的市、自治州以上人民政府采购监督管理部门或者政府有关部门批准。

第三十八条 采用竞争性谈判方式采购的，应当遵循下列程序：

（一）成立谈判小组。谈判小组由采购人的代表和有关专家共三人以上的单数组成，其中专家的人数不得少于成员总数的三分之二。

（二）制定谈判文件。谈判文件应当明确谈判程序、谈判内容、合同草案的条款以及评定成交的标准等事项。

（三）确定邀请参加谈判的供应商名单。谈判小组从符合相应资格条件的供应商名单中确定不少于三家的供应商参加谈判，并向其提供谈判文件。

（四）谈判。谈判小组所有成员集中与单一供应商分别进行谈判。在谈判中，谈判的任何一方不得透露与谈判有关的其他供应商的技术资料、价格和其他信息。谈判文件有实质性变动的，谈判小组应当以书面形式通知所有参加谈判的供应商。

（五）确定成交供应商。谈判结束后，谈判小组应当要求所有参加谈判的供应商在规定时间内进行最后报价，采购人从谈判小组提出的成交候选人中根据符合采购需求、质量和服务相等且报价最低的原则确定成交供应商，并将结果通知所有参加谈判的未成交的供应商。

第三十九条 采取单一来源方式采购的，采购人与供应商应当遵循本法规定的原则，在保证采购项目质量和双方商定合理价格的基础上进行采购。

第四十条 采取询价方式采购的，应当遵循下列程序：

（一）成立询价小组。询价小组由采购人的代表和有关专家共三人以上的单数组成，其中专家的人数不得少于成员总数的三分之二。询价小组应当对采购项目的价格构成和评定成交的标准等事项作出规定。

（二）确定被询价的供应商名单。询价小组根据采购需求，从符合相应资格条件的供应商名单中确定不少于三家的供应商，并向其发出询价通知书让其报价。

（三）询价。询价小组要求被询价的供应商一次报出不得更改的价格。

（四）确定成交供应商。采购人根据符合采购需求、质量和服务相等且报价最低的原则确定成交供应商，并将结果通知所有被询价的未成交的供应商。

第四十一条 采购人或者其委托的采购代理机构应当组织对供应商履约的验收。大型或者复杂的政府采购项目，应当邀请国家认可的质量检测机构参加验收工作。验收方成员应当在验收书上签字，并承担相应的法律责任。

第四十二条 采购人、采购代理机构对政府采购项目每项采购活动的采购文件应当妥善保存，不得伪造、变造、隐匿或者销毁。采购文件的保存期限为从采购结束之日起至少保存十五年。

采购文件包括采购活动记录、采购预算、招标文件、投标文件、评标标准、评估报告、定标文件、合同文本、验收证明、质疑答复、投诉处理决定及其他有关文件、资料。

采购活动记录至少应当包括下列内容：

（一）采购项目类别、名称；

（二）采购项目预算、资金构成和合同价格；

（三）采购方式，采用公开招标以外的采购方式的，应当载明原因；

（四）邀请和选择供应商的条件及原因；

（五）评标标准及确定中标人的原因；

（六）废标的原因；

（七）采用招标以外采购方式的相应记载。

第五章 政府采购合同

第四十三条 政府采购合同适用合同法。采购人和供应商之间的权利和义务，应当按照平等、自愿的原则以合同方式约定。

采购人可以委托采购代理机构代表其与供应商签订政府采购合同。由采购代理机构以采购人名义签订合同的，应当提交采购人的授权委托书，作为合同附件。

第四十四条 政府采购合同应当采用书面形式。

第四十五条 国务院政府采购监督管理部门应当会同国务院有关部门，规定政府采购合同必须具备的条款。

第四十六条 采购人与中标、成交供应商应当在中标、成交通知书发出之日起三十日内，按照采购文件确定的事项签订政府采购合同。

中标、成交通知书对采购人和中标、成交供应商均具有法律效力。中标、成交通知书发出后，采购人改变中标、成交结果的，或者中标、成交供应商放弃中标、成交项目的，应当依法承担法律责任。

第四十七条 政府采购项目的采购合同自签订之日起七个工作日内，采购人应当将合同副本报同级政府采购监督管理部门和有关部门备案。

第四十八条 经采购人同意，中标、成交供应商可以依法采取分包方式履行合同。

政府采购合同分包履行的，中标、成交供应商就采购项目和分包项目向采购人负责，分包供应商就分包项目承担责任。

第四十九条 政府采购合同履行中，采购人需追加与合同标的相同的货物、工程或者服务的，在不改变合同其他条款的前提下，可以与供应商协商签订补充合同，但所有补充合同的采购金额不得超过原合同采购金额的百分之十。

第五十条 政府采购合同的双方当事人不得擅自变更、中止或者终止合同。

政府采购合同继续履行将损害国家利益和社会公共利益的，双方当事人应当变更、中止或者终止合同。有过错的一方应当承担赔偿责任，双方都有过错的，各自承担相应的责任。

第六章 质疑与投诉

第五十一条 供应商对政府采购活动事项有疑问的，可以向采购人提出询问，采购人应当及时作出答复，但答复的内容不得涉及商业秘密。

第五十二条 供应商认为采购文件、采购过程和中标、成交结果使自己的权益受到损害的，可以在知道或者应知其权益受到损害之日起七个工作日内，以书面形式向采购人提出质疑。

第五十三条 采购人应当在收到供应商的书面质疑后七个工作日内作出答复，并以书面形式通知质疑供应商和其他有关供应商，但答复的内容不得涉及商业秘密。

第五十四条 采购人委托采购代理机构采购的，供应商可以向采购代理机构提出询问或者质疑，采购代理机构应当依照本法第五十一条、第五十三条的规定就采购人委托授权范围内的事项作出答复。

第五十五条 质疑供应商对采购人、采购代理机构的答复不满意或者采购人、采购代理机构未在规定的时间内作出答复的，可以在答复期满后十五个工作日内向同级政府采购监督管理部门投诉。

第五十六条 政府采购监督管理部门应当在收到投诉后三十个工作日内，对投诉事项作出处理决定，并以书面形式通知投诉人和与投诉事项有关的当事人。

第五十七条 政府采购监督管理部门在处理投诉事项期间，可以视具体情况书面通知采购人暂停采购活动，但暂停时间最长不得超过三十日。

第五十八条 投诉人对政府采购监督管理部门的投诉处理决定不服或者政府采购监督管理部门逾期未作处理的，可以依法申请行政复议或者向人民法院提起行政诉讼。

第七章　监督检查

第五十九条 政府采购监督管理部门应当加强对政府采购活动及集中采购机构的监督检查。

监督检查的主要内容是：

（一）有关政府采购的法律、行政法规和规章的执行情况；

（二）采购范围、采购方式和采购程序的执行情况；

（三）政府采购人员的职业素质和专业技能。

第六十条 政府采购监督管理部门不得设置集中采购机构，不得参与政府采购项目的采购活动。

采购代理机构与行政机关不得存在隶属关系或者其他利益关系。

第六十一条 集中采购机构应当建立健全内部监督管理制度。采购活动的决策和执行程序应当明确，并相互监督、相互制约。经办采购的人员与负责采购合同审核、验收人员的职责权限应当明确，并相互分离。

第六十二条 集中采购机构的采购人员应当具有相关职业素质和专业技能，符合政府采购监督管理部门规定的专业岗位任职要求。

集中采购机构对其工作人员应当加强教育和培训；对采购人员的专业水平、工作实绩和职业道德状况定期进行考核。采购人员经考核不合格的，不得继续任职。

第六十三条 政府采购项目的采购标准应当公开。

采用本法规定的采购方式的，采购人在采购活动完成后，应当将采购结果予以公布。

第六十四条 采购人必须按照本法规定的采购方式和采购程序进行采购。

任何单位和个人不得违反本法规定，要求采购人或者采购工作人员向其指定的供应商进行采购。

第六十五条 政府采购监督管理部门应当对政府采购项目的采购活动进行检查，政府采购当事人应当如实反映情况，提供有关材料。

第六十六条 政府采购监督管理部门应当对集中采购机构的采购价格、节约资金效果、服务质量、信誉状况、有无违法行为等事项进行考核，并定期如实公布考核结果。

第六十七条 依照法律、行政法规的规定对政府采购负有行政监督职责的政府有关部门，应当按照其职责分工，加强对政府采购活动的监督。

第六十八条 审计机关应当对政府采购进行审计监督。政府采购监督管理部门、政府采购各当事人有关政府采购活动，应当接受审计机关的审计监督。

第六十九条 监察机关应当加强对参与政府采购活动的国家机关、国家公务员和国家行政机关任命的其他人员实施监察。

第七十条 任何单位和个人对政府采购活动中的违法行为，有权控告和检举，有关部门、机关应当依照各自职责及时处理。

第八章 法律责任

第七十一条 采购人、采购代理机构有下列情形之一的，责令限期改正，给予警告，可以并处罚款，对直接负责的主管人员和其他直接责任人员，由其行政主管部门或者有关机关给予处分，并予通报：

（一）应当采用公开招标方式而擅自采用其他方式采购的；

（二）擅自提高采购标准的；

（三）以不合理的条件对供应商实行差别待遇或者歧视待遇的；

（四）在招标采购过程中与投标人进行协商谈判的；

（五）中标、成交通知书发出后不与中标、成交供应商签订采购合同的；

（六）拒绝有关部门依法实施监督检查的。

第七十二条 采购人、采购代理机构及其工作人员有下列情形之一，构成犯罪的，依法追究刑事责任；尚不构成犯罪的，处以罚款，有违法所得的，并处没收违法所得，属于国家机关工作人员的，依法给予行政处分：

（一）与供应商或者采购代理机构恶意串通的；

（二）在采购过程中接受贿赂或者获取其他不正当利益的；

（三）在有关部门依法实施的监督检查中提供虚假情况的；

（四）开标前泄露标底的。

第七十三条 有前两条违法行为之一影响中标、成交结果或者可能影响中标、成交结果的，按下列情况分别处理：

（一）未确定中标、成交供应商的，终止采购活动；

（二）中标、成交供应商已经确定但采购合同尚未履行的，撤销合同，从合格的中标、成交候选人中另行确定中标、成交供应商；

（三）采购合同已经履行的，给采购人、供应商造成损失的，由责任人承担赔偿责任。

第七十四条 采购人对应当实行集中采购的政府采购项目，不委托集中采购机构实行集中采购的，由政府采购监督管理部门责令改正；拒不改正的，停止按预算向其支付资金，由其上级行政主管部门或者有关机关依法给予其直接负责的主管人员和其他直接责任人员处分。

第七十五条 采购人未依法公布政府采购项目的采购标准和采购结果的，责令改正，对直接负责的主管人员依法给予处分。

第七十六条 采购人、采购代理机构违反本法规定隐匿、销毁应当保存的采购文件或者伪造、变造采购文件的，由政府采购监督管理部门处以二万元以上十万元以下的罚款，对其直接负责的主管人员和其他直接责任人员依法给予处分；构成犯罪的，依法追究刑事责任。

第七十七条 供应商有下列情形之一的，处以采购金额千分之五以上千分之十以下的罚款，列入不良行为记录名单，在一至三年内禁止参加政府采购活动，有违法所得的，并处没收违法所得，情节严重的，由工商行政管理机关吊销营业执照；构成犯罪的，依法追究刑事责任：

（一）提供虚假材料谋取中标、成交的；

（二）采取不正当手段诋毁、排挤其他供应商的；

（三）与采购人、其他供应商或者采购代理机构恶意串通的；

（四）向采购人、采购代理机构行贿或者提供其他不正当利益的；

（五）在招标采购过程中与采购人进行协商谈判的；

（六）拒绝有关部门监督检查或者提供虚假情况的。

供应商有前款第（一）至（五）项情形之一的，中标、成交无效。

第七十八条 采购代理机构在代理政府采购业务中有违法行为的，按照有关法律规定处以罚款，可以在一至三年内禁止其代理政府采购业务，构成犯罪的，依法追究刑事责任。

第七十九条 政府采购当事人有本法第七十一条、第七十二条、第七十七条违法行为之一，给他人造成损失的，并应依照有关民事法律规定承担民事责任。

第八十条 政府采购监督管理部门的工作人员在实施监督检查中违反本法规定滥用职权，玩忽职守，徇私舞弊的，依法给予行政处分；构成犯罪的，依法追究刑事责任。

第八十一条 政府采购监督管理部门对供应商的投诉逾期未作处理的，给予直接负责的主管人员和其他直接责任人员行政处分。

第八十二条 政府采购监督管理部门对集中采购机构业绩的考核，有虚假陈述，隐瞒真实情况的，或者不作定期考核和公布考核结果的，应当及时纠正，由其上级机关或者监察机关对其负责人进行通报，并对直接负责的人员依法给予行政处分。

集中采购机构在政府采购监督管理部门考核中，虚报业绩，隐瞒真实情况的，处以二万元以上二十万元以下的罚款，并予以通报；情节严重的，取消其代理采购的资格。

第八十三条 任何单位或者个人阻挠和限制供应商进入本地区或者本行业政府采购市场的，责令限期改正；拒不改正的，由该单位、个人的上级行政主管部门或者有关机关给予单位责任人或者个人处分。

第九章 附 则

第八十四条 使用国际组织和外国政府贷款进行的政府采购，贷款方、资金提供方与中方达成的协议对采购的具体条件另有规定的，可以适用其规定，但不得损害国家利益和社会公共利益。

第八十五条 对因严重自然灾害和其他不可抗力事件所实施的紧急采购和涉及国家安全和秘密的采购，不适用本法。

第八十六条 军事采购法规由中央军事委员会另行制定。

第八十七条 本法实施的具体步骤和办法由国务院规定。

第八十八条 本法自2003年1月1日起施行。

中华人民共和国政府采购法实施条例

(2014年12月31日国务院第75次常务会议通过　2015年1月30日中华人民共和国国务院令第658号公布　自2015年3月1日起施行)

第一章　总　则

第一条　根据《中华人民共和国政府采购法》（以下简称政府采购法），制定本条例。

第二条　政府采购法第二条所称财政性资金是指纳入预算管理的资金。

以财政性资金作为还款来源的借贷资金，视同财政性资金。

国家机关、事业单位和团体组织的采购项目既使用财政性资金又使用非财政性资金的，使用财政性资金采购的部分，适用政府采购法及本条例；财政性资金与非财政性资金无法分割采购的，统一适用政府采购法及本条例。

政府采购法第二条所称服务，包括政府自身需要的服务和政府向社会公众提供的公共服务。

第三条　集中采购目录包括集中采购机构采购项目和部门集中采购项目。

技术、服务等标准统一，采购人普遍使用的项目，列为集中采购机构采购项目；采购人本部门、本系统基于业务需要有特殊要求，可以统一采购的项目，列为部门集中采购项目。

第四条　政府采购法所称集中采购，是指采购人将列入集中采购目录的项目委托集中采购机构代理采购或者进行部门集中采购的行为；所称分散采购，是指采购人将采购限额标准以上的未列入集中采购目录的项目自行采购或者委托采购代理机构代理采购的行为。

第五条　省、自治区、直辖市人民政府或者其授权的机构根据实际情况，可以确定分别适用于本行政区域省级、设区的市级、县级的集中采购目录和采购限额标准。

第六条 国务院财政部门应当根据国家的经济和社会发展政策，会同国务院有关部门制定政府采购政策，通过制定采购需求标准、预留采购份额、价格评审优惠、优先采购等措施，实现节约能源、保护环境、扶持不发达地区和少数民族地区、促进中小企业发展等目标。

第七条 政府采购工程以及与工程建设有关的货物、服务，采用招标方式采购的，适用《中华人民共和国招标投标法》及其实施条例；采用其他方式采购的，适用政府采购法及本条例。

前款所称工程，是指建设工程，包括建筑物和构筑物的新建、改建、扩建及其相关的装修、拆除、修缮等；所称与工程建设有关的货物，是指构成工程不可分割的组成部分，且为实现工程基本功能所必需的设备、材料等；所称与工程建设有关的服务，是指为完成工程所需的勘察、设计、监理等服务。

政府采购工程以及与工程建设有关的货物、服务，应当执行政府采购政策。

第八条 政府采购项目信息应当在省级以上人民政府财政部门指定的媒体上发布。采购项目预算金额达到国务院财政部门规定标准的，政府采购项目信息应当在国务院财政部门指定的媒体上发布。

第九条 在政府采购活动中，采购人员及相关人员与供应商有下列利害关系之一的，应当回避：

（一）参加采购活动前 3 年内与供应商存在劳动关系；

（二）参加采购活动前 3 年内担任供应商的董事、监事；

（三）参加采购活动前 3 年内是供应商的控股股东或者实际控制人；

（四）与供应商的法定代表人或者负责人有夫妻、直系血亲、三代以内旁系血亲或者近姻亲关系；

（五）与供应商有其他可能影响政府采购活动公平、公正进行的关系。

供应商认为采购人员及相关人员与其他供应商有利害关系的，可以向采购人或者采购代理机构书面提出回避申请，并说明理由。采购人或者采购代理机构应当及时询问被申请回避人员，有利害关系的被申请回避人员应当回避。

第十条 国家实行统一的政府采购电子交易平台建设标准，推动利用信息网络进行电子化政府采购活动。

第二章　政府采购当事人

第十一条 采购人在政府采购活动中应当维护国家利益和社会公共利益，公正廉洁，诚实守信，执行政府采购政策，建立政府采购内部管理制度，厉行节约，科学合理确定采购需求。

采购人不得向供应商索要或者接受其给予的赠品、回扣或者与采购无关的其他商品、服务。

第十二条 政府采购法所称采购代理机构，是指集中采购机构和集中采购机构以外的采购代理机构。

集中采购机构是设区的市级以上人民政府依法设立的非营利事业法人，是代理集中采购项目的执行机构。集中采购机构应当根据采购人委托制定集中采购项目的实施方案，明确采购规程，组织政府采购活动，不得将集中采购项目转委托。集中采购机构以外的采购代理机构，是从事采购代理业务的社会中介机构。

第十三条 采购代理机构应当建立完善的政府采购内部监督管理制度，具备开展政府采购业务所需的评审条件和设施。

采购代理机构应当提高确定采购需求，编制招标文件、谈判文件、询价通知书，拟订合同文本和优化采购程序的专业化服务水平，根据采购人委托在规定的时间内及时组织采购人与中标或者成交供应商签订政府采购合同，及时协助采购人对采购项目进行验收。

第十四条 采购代理机构不得以不正当手段获取政府采购代理业务，不得与采购人、供应商恶意串通操纵政府采购活动。

采购代理机构工作人员不得接受采购人或者供应商组织的宴请、旅游、娱乐，不得收受礼品、现金、有价证券等，不得向采购人或者供应商报销应当由个人承担的费用。

第十五条 采购人、采购代理机构应当根据政府采购政策、采购预算、采购需求编制采购文件。

采购需求应当符合法律法规以及政府采购政策规定的技术、服务、安全等要求。政府向社会公众提供的公共服务项目，应当就确定采购需求征求社会公众的意见。除因技术复杂或者性质特殊，不能确定详细规格或者具体要求外，采购需求应当完整、明确。必要时，应当就确定采购需求征求相关供应商、专家的意见。

第十六条 政府采购法第二十条规定的委托代理协议，应当明确代理采购的范围、权限和期限等具体事项。

采购人和采购代理机构应当按照委托代理协议履行各自义务，采购代理机构不得超越代理权限。

第十七条 参加政府采购活动的供应商应当具备政府采购法第二十二条第一款规定的条件，提供下列材料：

（一）法人或者其他组织的营业执照等证明文件，自然人的身份证明；

（二）财务状况报告，依法缴纳税收和社会保障资金的相关材料；

（三）具备履行合同所必需的设备和专业技术能力的证明材料；

（四）参加政府采购活动前 3 年内在经营活动中没有重大违法记录的书面声明；

（五）具备法律、行政法规规定的其他条件的证明材料。

采购项目有特殊要求的，供应商还应当提供其符合特殊要求的证明材料或者情况说明。

第十八条　单位负责人为同一人或者存在直接控股、管理关系的不同供应商，不得参加同一合同项下的政府采购活动。

除单一来源采购项目外，为采购项目提供整体设计、规范编制或者项目管理、监理、检测等服务的供应商，不得再参加该采购项目的其他采购活动。

第十九条　政府采购法第二十二条第一款第五项所称重大违法记录，是指供应商因违法经营受到刑事处罚或者责令停产停业、吊销许可证或者执照、较大数额罚款等行政处罚。

供应商在参加政府采购活动前 3 年内因违法经营被禁止在一定期限内参加政府采购活动，期限届满的，可以参加政府采购活动。

第二十条　采购人或者采购代理机构有下列情形之一的，属于以不合理的条件对供应商实行差别待遇或者歧视待遇：

（一）就同一采购项目向供应商提供有差别的项目信息；

（二）设定的资格、技术、商务条件与采购项目的具体特点和实际需要不相适应或者与合同履行无关；

（三）采购需求中的技术、服务等要求指向特定供应商、特定产品；

（四）以特定行政区域或者特定行业的业绩、奖项作为加分条件或者中标、成交条件；

（五）对供应商采取不同的资格审查或者评审标准；

（六）限定或者指定特定的专利、商标、品牌或者供应商；

（七）非法限定供应商的所有制形式、组织形式或者所在地；

（八）以其他不合理条件限制或者排斥潜在供应商。

第二十一条　采购人或者采购代理机构对供应商进行资格预审的，资格预审公告应当在省级以上人民政府财政部门指定的媒体上发布。已进行资格预审的，评审阶段可以不再对供应商资格进行审查。资格预审合格的供应商在评审阶段资格发生变化的，应当通知采购人和采购代理机构。

资格预审公告应当包括采购人和采购项目名称、采购需求、对供应商的资格要求以及供应商提交资格预审申请文件的时间和地点。提交资格预审申请文件的时间自公告发布之日起不得少于 5 个工作日。

第二十二条　联合体中有同类资质的供应商按照联合体分工承担相同工作的，应当按照资质等级较低的供应商确定资质等级。

以联合体形式参加政府采购活动的，联合体各方不得再单独参加或者与其他供应商另外组成联合体参加同一合同项下的政府采购活动。

第三章 政府采购方式

第二十三条 采购人采购公开招标数额标准以上的货物或者服务，符合政府采购法第二十九条、第三十条、第三十一条、第三十二条规定情形或者有需要执行政府采购政策等特殊情况的，经设区的市级以上人民政府财政部门批准，可以依法采用公开招标以外的采购方式。

第二十四条 列入集中采购目录的项目，适合实行批量集中采购的，应当实行批量集中采购，但紧急的小额零星货物项目和有特殊要求的服务、工程项目除外。

第二十五条 政府采购工程依法不进行招标的，应当依照政府采购法和本条例规定的竞争性谈判或者单一来源采购方式采购。

第二十六条 政府采购法第三十条第三项规定的情形，应当是采购人不可预见的或者非因采购人拖延导致的；第四项规定的情形，是指因采购艺术品或者因专利、专有技术或者因服务的时间、数量事先不能确定等导致不能事先计算出价格总额。

第二十七条 政府采购法第三十一条第一项规定的情形，是指因货物或者服务使用不可替代的专利、专有技术，或者公共服务项目具有特殊要求，导致只能从某一特定供应商处采购。

第二十八条 在一个财政年度内，采购人将一个预算项目下的同一品目或者类别的货物、服务采用公开招标以外的方式多次采购，累计资金数额超过公开招标数额标准的，属于以化整为零方式规避公开招标，但项目预算调整或者经批准采用公开招标以外方式采购除外。

第四章 政府采购程序

第二十九条 采购人应当根据集中采购目录、采购限额标准和已批复的部门预算编制政府采购实施计划，报本级人民政府财政部门备案。

第三十条 采购人或者采购代理机构应当在招标文件、谈判文件、询价通知书中公开采购项目预算金额。

第三十一条 招标文件的提供期限自招标文件开始发出之日起不得少于5个工作日。

采购人或者采购代理机构可以对已发出的招标文件进行必要的澄清或者修改。澄清或者修改的内容可能影响投标文件编制的，采购人或者采购代理机构应当在投标截止时间至少15日前，以书面形式通知所有获取招标文件的潜在投标人；不足15日的，采购人或者采购代理机构应当顺延提交投标文件的截止时间。

第三十二条 采购人或者采购代理机构应当按照国务院财政部门制定的招标文件标准文本编制招标文件。

招标文件应当包括采购项目的商务条件、采购需求、投标人的资格条件、投标报价要求、评标方法、评标标准以及拟签订的合同文本等。

第三十三条 招标文件要求投标人提交投标保证金的，投标保证金不得超过采购项目预算金额的2%。投标保证金应当以支票、汇票、本票或者金融机构、担保机构出具的保函等非现金形式提交。投标人未按照招标文件要求提交投标保证金的，投标无效。

采购人或者采购代理机构应当自中标通知书发出之日起5个工作日内退还未中标供应商的投标保证金，自政府采购合同签订之日起5个工作日内退还中标供应商的投标保证金。

竞争性谈判或者询价采购中要求参加谈判或者询价的供应商提交保证金的，参照前两款的规定执行。

第三十四条 政府采购招标评标方法分为最低评标价法和综合评分法。

最低评标价法，是指投标文件满足招标文件全部实质性要求且投标报价最低的供应商为中标候选人的评标方法。综合评分法，是指投标文件满足招标文件全部实质性要求且按照评审因素的量化指标评审得分最高的供应商为中标候选人的评标方法。

技术、服务等标准统一的货物和服务项目，应当采用最低评标价法。

采用综合评分法的，评审标准中的分值设置应当与评审因素的量化指标相对应。

招标文件中没有规定的评标标准不得作为评审的依据。

第三十五条 谈判文件不能完整、明确列明采购需求，需要由供应商提供最终设计方案或者解决方案的，在谈判结束后，谈判小组应当按照少数服从多数的原则投票推荐3家以上供应商的设计方案或者解决方案，并要求其在规定时间内提交最后报价。

第三十六条 询价通知书应当根据采购需求确定政府采购合同条款。在询价过程中，询价小组不得改变询价通知书所确定的政府采购合同条款。

第三十七条 政府采购法第三十八条第五项、第四十条第四项所称质量和服务相等，是指供应商提供的产品质量和服务均能满足采购文件规定的实质性要求。

第三十八条 达到公开招标数额标准，符合政府采购法第三十一条第一项规定情形，只能从唯一供应商处采购的，采购人应当将采购项目信息和唯一供应商名称在省级以上人民政府财政部门指定的媒体上公示，公示期不得少于5个工作日。

第三十九条 除国务院财政部门规定的情形外，采购人或者采购代理机构应当从政府采购评审专家库中随机抽取评审专家。

第四十条 政府采购评审专家应当遵守评审工作纪律，不得泄露评审文件、评审情况和评审中获悉的商业秘密。

评标委员会、竞争性谈判小组或者询价小组在评审过程中发现供应商有行贿、提供虚假材料或者串通等违法行为的，应当及时向财政部门报告。

政府采购评审专家在评审过程中受到非法干预的，应当及时向财政、监察等部门举报。

第四十一条 评标委员会、竞争性谈判小组或者询价小组成员应当按照客观、公正、审慎的原则，根据采购文件规定的评审程序、评审方法和评审标准进行独立评审。采购文件内容违反国家有关强制性规定的，评标委员会、竞争性谈判小组或者询价小组应当停止评审并向采购人或者采购代理机构说明情况。

评标委员会、竞争性谈判小组或者询价小组成员应当在评审报告上签字，对自己的评审意见承担法律责任。对评审报告有异议的，应当在评审报告上签署不同意见，并说明理由，否则视为同意评审报告。

第四十二条 采购人、采购代理机构不得向评标委员会、竞争性谈判小组或者询价小组的评审专家作倾向性、误导性的解释或者说明。

第四十三条 采购代理机构应当自评审结束之日起 2 个工作日内将评审报告送交采购人。采购人应当自收到评审报告之日起 5 个工作日内在评审报告推荐的中标或者成交候选人中按顺序确定中标或者成交供应商。

采购人或者采购代理机构应当自中标、成交供应商确定之日起 2 个工作日内，发出中标、成交通知书，并在省级以上人民政府财政部门指定的媒体上公告中标、成交结果，招标文件、竞争性谈判文件、询价通知书随中标、成交结果同时公告。

中标、成交结果公告内容应当包括采购人和采购代理机构的名称、地址、联系方式，项目名称和项目编号，中标或者成交供应商名称、地址和中标或者成交金额，主要中标或者成交标的的名称、规格型号、数量、单价、服务要求以及评审专家名单。

第四十四条 除国务院财政部门规定的情形外，采购人、采购代理机构不得以任何理由组织重新评审。采购人、采购代理机构按照国务院财政部门的规定组织重新评审的，应当书面报告本级人民政府财政部门。

采购人或者采购代理机构不得通过对样品进行检测、对供应商进行考察等方式改变评审结果。

第四十五条 采购人或者采购代理机构应当按照政府采购合同规定的技术、服务、安全标准组织对供应商履约情况进行验收，并出具验收书。验收书应当包括每一项技术、服务、安全标准的履约情况。

政府向社会公众提供的公共服务项目，验收时应当邀请服务对象参与并出具意见，验收结果应当向社会公告。

第四十六条 政府采购法第四十二条规定的采购文件，可以用电子档案方式保存。

第五章 政府采购合同

第四十七条 国务院财政部门应当会同国务院有关部门制定政府采购合同标准文本。

第四十八条 采购文件要求中标或者成交供应商提交履约保证金的，供应商应当以支票、汇票、本票或者金融机构、担保机构出具的保函等非现金形式提交。履约保证金的数额不得超过政府采购合同金额的10%。

第四十九条 中标或者成交供应商拒绝与采购人签订合同的，采购人可以按照评审报告推荐的中标或者成交候选人名单排序，确定下一候选人为中标或者成交供应商，也可以重新开展政府采购活动。

第五十条 采购人应当自政府采购合同签订之日起2个工作日内，将政府采购合同在省级以上人民政府财政部门指定的媒体上公告，但政府采购合同中涉及国家秘密、商业秘密的内容除外。

第五十一条 采购人应当按照政府采购合同规定，及时向中标或者成交供应商支付采购资金。

政府采购项目资金支付程序，按照国家有关财政资金支付管理的规定执行。

第六章 质疑与投诉

第五十二条 采购人或者采购代理机构应当在3个工作日内对供应商依法提出的询问作出答复。

供应商提出的询问或者质疑超出采购人对采购代理机构委托授权范围的，采购代理机构应当告知供应商向采购人提出。

政府采购评审专家应当配合采购人或者采购代理机构答复供应商的询问和质疑。

第五十三条 政府采购法第五十二条规定的供应商应知其权益受到损害之日，是指：

（一）对可以质疑的采购文件提出质疑的，为收到采购文件之日或者采购文件公告期限届满之日；

（二）对采购过程提出质疑的，为各采购程序环节结束之日；

（三）对中标或者成交结果提出质疑的，为中标或者成交结果公告期限届满之日。

第五十四条 询问或者质疑事项可能影响中标、成交结果的，采购人应当暂停签订合同，已经签订合同的，应当中止履行合同。

第五十五条 供应商质疑、投诉应当有明确的请求和必要的证明材料。供应商投诉的事项不得超出已质疑事项的范围。

第五十六条 财政部门处理投诉事项采用书面审查的方式，必要时可以进行调查取证或者组织质证。

对财政部门依法进行的调查取证，投诉人和与投诉事项有关的当事人应当如实反映情况，并提供相关材料。

第五十七条 投诉人捏造事实、提供虚假材料或者以非法手段取得证明材料进行投诉的，财政部门应当予以驳回。

财政部门受理投诉后，投诉人书面申请撤回投诉的，财政部门应当终止投诉处理程序。

第五十八条 财政部门处理投诉事项，需要检验、检测、鉴定、专家评审以及需要投诉人补正材料的，所需时间不计算在投诉处理期限内。

财政部门对投诉事项作出的处理决定，应当在省级以上人民政府财政部门指定的媒体上公告。

第七章 监督检查

第五十九条 政府采购法第六十三条所称政府采购项目的采购标准，是指项目采购所依据的经费预算标准、资产配置标准和技术、服务标准等。

第六十条 除政府采购法第六十六条规定的考核事项外，财政部门对集中采购机构的考核事项还包括：

（一）政府采购政策的执行情况；

（二）采购文件编制水平；

（三）采购方式和采购程序的执行情况；

（四）询问、质疑答复情况；

（五）内部监督管理制度建设及执行情况；

（六）省级以上人民政府财政部门规定的其他事项。

财政部门应当制定考核计划，定期对集中采购机构进行考核，考核结果有重要情况的，应当向本级人民政府报告。

第六十一条 采购人发现采购代理机构有违法行为的，应当要求其改正。采购代理机构拒不改正的，采购人应当向本级人民政府财政部门报告，财政部门应当依法处理。

采购代理机构发现采购人的采购需求存在以不合理条件对供应商实行差别待遇、歧视待遇或者其他不符合法律、法规和政府采购政策规定内容，或者发现采购人有其他违法行为的，应当建议其改正。采购人拒不改正的，采购代理机构应当向采购人的本级人民政府财政部门报告，财政部门应当依法处理。

第六十二条 省级以上人民政府财政部门应当对政府采购评审专家库实行动态管理，具体管理办法由国务院财政部门制定。

采购人或者采购代理机构应当对评审专家在政府采购活动中的职责履行情况予以记录，并及时向财政部门报告。

第六十三条 各级人民政府财政部门和其他有关部门应当加强对参加政府采购活动的供应商、采购代理机构、评审专家的监督管理，对其不良行为予以记录，并纳入统一的信用信息平台。

第六十四条 各级人民政府财政部门对政府采购活动进行监督检查，有权查阅、复制有关文件、资料，相关单位和人员应当予以配合。

第六十五条 审计机关、监察机关以及其他有关部门依法对政府采购活动实施监督，发现采购当事人有违法行为的，应当及时通报财政部门。

第八章 法律责任

第六十六条 政府采购法第七十一条规定的罚款，数额为10万元以下。

政府采购法第七十二条规定的罚款，数额为5万元以上25万元以下。

第六十七条 采购人有下列情形之一的，由财政部门责令限期改正，给予警告，对直接负责的主管人员和其他直接责任人员依法给予处分，并予以通报：

（一）未按照规定编制政府采购实施计划或者未按照规定将政府采购实施计划报本级人民政府财政部门备案；

（二）将应当进行公开招标的项目化整为零或者以其他任何方式规避公开招标；

（三）未按照规定在评标委员会、竞争性谈判小组或者询价小组推荐的中标或者成交候选人中确定中标或者成交供应商；

（四）未按照采购文件确定的事项签订政府采购合同；

（五）政府采购合同履行中追加与合同标的相同的货物、工程或者服务的采购金额超过原合同采购金额10%；

（六）擅自变更、中止或者终止政府采购合同；

（七）未按照规定公告政府采购合同；

（八）未按照规定时间将政府采购合同副本报本级人民政府财政部门和有关部门备案。

第六十八条 采购人、采购代理机构有下列情形之一的，依照政府采购法第七十一条、第七十八条的规定追究法律责任：

（一）未依照政府采购法和本条例规定的方式实施采购；

（二）未依法在指定的媒体上发布政府采购项目信息；

（三）未按照规定执行政府采购政策；

（四）违反本条例第十五条的规定导致无法组织对供应商履约情况进行验收或者国家财产遭受损失；

（五）未依法从政府采购评审专家库中抽取评审专家；

（六）非法干预采购评审活动；

（七）采用综合评分法时评审标准中的分值设置未与评审因素的量化指标相对应；

（八）对供应商的询问、质疑逾期未作处理；

（九）通过对样品进行检测、对供应商进行考察等方式改变评审结果；

（十）未按照规定组织对供应商履约情况进行验收。

第六十九条 集中采购机构有下列情形之一的，由财政部门责令限期改正，给予警告，有违法所得的，并处没收违法所得，对直接负责的主管人员和其他直接责任人员依法给予处分，并予以通报：

（一）内部监督管理制度不健全，对依法应当分设、分离的岗位、人员未分设、分离；

（二）将集中采购项目委托其他采购代理机构采购；

（三）从事营利活动。

第七十条 采购人员与供应商有利害关系而不依法回避的，由财政部门给予警告，并处2000元以上2万元以下的罚款。

第七十一条 有政府采购法第七十一条、第七十二条规定的违法行为之一，影响或者可能影响中标、成交结果的，依照下列规定处理：

（一）未确定中标或者成交供应商的，终止本次政府采购活动，重新开展政府采购活动。

（二）已确定中标或者成交供应商但尚未签订政府采购合同的，中标或者成交结果无效，从合格的中标或者成交候选人中另行确定中标或者成交供应商；没有合格的中标或者成交候选人的，重新开展政府采购活动。

（三）政府采购合同已签订但尚未履行的，撤销合同，从合格的中标或者成交候选人中另行确定中标或者成交供应商；没有合格的中标或者成交候选人的，重新开展政府采购活动。

（四）政府采购合同已经履行，给采购人、供应商造成损失的，由责任人承担赔偿责任。

政府采购当事人有其他违反政府采购法或者本条例规定的行为，经改正后仍然影响或者可能影响中标、成交结果或者依法被认定为中标、成交无效的，依照前款规定处理。

第七十二条 供应商有下列情形之一的，依照政府采购法第七十七条第一款的规定追究法律责任：

（一）向评标委员会、竞争性谈判小组或者询价小组成员行贿或者提供其他不正当利益；

（二）中标或者成交后无正当理由拒不与采购人签订政府采购合同；

（三）未按照采购文件确定的事项签订政府采购合同；

（四）将政府采购合同转包；

（五）提供假冒伪劣产品；

（六）擅自变更、中止或者终止政府采购合同。

供应商有前款第一项规定情形的，中标、成交无效。评审阶段资格发生变化，供应商未依照本条例第二十一条的规定通知采购人和采购代理机构的，处以采购金额5‰的罚款，列入不良行为记录名单，中标、成交无效。

第七十三条 供应商捏造事实、提供虚假材料或者以非法手段取得证明材料进行投诉的，由财政部门列入不良行为记录名单，禁止其1至3年内参加政府采购活动。

第七十四条 有下列情形之一的，属于恶意串通，对供应商依照政府采购法第七十七条第一款的规定追究法律责任，对采购人、采购代理机构及其工作人员依照政府采购法第七十二条的规定追究法律责任：

（一）供应商直接或者间接从采购人或者采购代理机构处获得其他供应商的相关情况并修改其投标文件或者响应文件；

（二）供应商按照采购人或者采购代理机构的授意撤换、修改投标文件或者响应文件；

（三）供应商之间协商报价、技术方案等投标文件或者响应文件的实质性内容；

（四）属于同一集团、协会、商会等组织成员的供应商按照该组织要求协同参加政府采购活动；

（五）供应商之间事先约定由某一特定供应商中标、成交；

（六）供应商之间商定部分供应商放弃参加政府采购活动或者放弃中标、成交；

（七）供应商与采购人或者采购代理机构之间、供应商相互之间，为谋求特定供应商中标、成交或者排斥其他供应商的其他串通行为。

第七十五条 政府采购评审专家未按照采购文件规定的评审程序、评审方法和评审标准进行独立评审或者泄露评审文件、评审情况的，由财政部门给予警告，并处2000元以上2万元以下的罚款；影响中标、成交结果的，处2万元以上5万元以下的罚款，禁止其参加政府采购评审活动。

政府采购评审专家与供应商存在利害关系未回避的，处2万元以上5万元以下的罚款，禁止其参加政府采购评审活动。

政府采购评审专家收受采购人、采购代理机构、供应商贿赂或者获取其他不正当利益，构成犯罪的，依法追究刑事责任；尚不构成犯罪的，处2万元以上5万元以下的罚款，禁止其参加政府采购评审活动。

政府采购评审专家有上述违法行为的，其评审意见无效，不得获取评审费；有违法所得的，没收违法所得；给他人造成损失的，依法承担民事责任。

第七十六条 政府采购当事人违反政府采购法和本条例规定，给他人造成损失的，依法承担民事责任。

第七十七条 财政部门在履行政府采购监督管理职责中违反政府采购法和本条例规定，滥用职权、玩忽职守、徇私舞弊的，对直接负责的主管人员和其他直接责任人员依法给予处分；直接负责的主管人员和其他直接责任人员构成犯罪的，依法追究刑事责任。

第九章 附 则

第七十八条 财政管理实行省直接管理的县级人民政府可以根据需要并报经省级人民政府批准，行使政府采购法和本条例规定的设区的市级人民政府批准变更采购方式的职权。

第七十九条 本条例自2015年3月1日起施行。

党政机关厉行节约反对浪费条例

(2013 年 10 月 29 日中共中央政治局会议审议批准 2013 年 11 月 18 日中共中央、国务院发布　2025 年 5 月 2 日中共中央批准 2025 年 5 月 2 日中共中央、国务院发布)

第一章　总　　则

第一条　为了进一步弘扬艰苦奋斗、勤俭节约的优良作风，推进党政机关厉行节约反对浪费，建设节约型机关，根据《中国共产党章程》和《中华人民共和国宪法》，制定本条例。

第二条　本条例适用于党的机关、人大机关、行政机关、政协机关、监察机关、审判机关、检察机关，以及工会、共青团、妇联等人民团体和参照公务员法管理的事业单位。

第三条　本条例所称浪费，是指党政机关及其工作人员违反规定进行不必要的公务活动，或者在履行公务中超出规定范围、标准和要求，不当使用公共资金、资产和资源，给国家和社会造成损失的行为。

第四条　党政机关厉行节约反对浪费，应当深入贯彻中央八项规定精神，遵循下列原则：坚持从严从简，带头过紧日子，勤俭办一切事业，降低公务活动成本，腾出更多资金用于发展所需、民生所盼；坚持依规依法，遵守党内法规和国家法律法规的相关规定，严格按照制度办事；坚持提质增效，科学统筹财政资源，严格控制经费支出，加强厉行节约绩效考评；坚持实事求是，从实际出发安排公务活动，取消不必要的公务活动，保证正常公务活动；坚持公开透明，除涉及国家秘密事项外，公务活动中的公共资金、资产和资源使用等情况应当按照规定予以公开，接受各方面监督；坚持深化改革，通过改革创新破解体制机制障碍，建立健全厉行节约反对浪费工作长效机制。

第五条　中央办公厅、国务院办公厅负责统筹协调、指导检查全国党政机关厉行节约反对浪费工作，有关协调联络机制承办具体事务。地方各级党委和政府办公厅（室）负责指导检查本地区党政机关厉行节约反对浪费工作。

各级纪检监察机关和组织人事、宣传、外事、发展改革、财政、审计、机关事务管理等部门根据职责分工，依规依法履行对厉行节约反对浪费相关工作的管理、监督等职责。

第六条 各级党委和政府应当加强对厉行节约反对浪费工作的组织领导。党政机关领导班子主要负责人对本地区、本部门、本单位的厉行节约反对浪费工作负总责，其他成员根据工作分工，对职责范围内的厉行节约反对浪费工作负主要领导责任。

第七条 各级领导机关和领导干部必须树立正确政绩观，坚持以身作则、以上率下，严禁搞劳民伤财的“形象工程”、“政绩工程”，防止重大决策失误造成严重浪费，坚决反对形式主义、官僚主义、享乐主义和奢靡之风。

中央和国家机关各部门应当在厉行勤俭节约、反对铺张浪费上走在前、作表率。

第二章 经费管理

第八条 党政机关应当加强预算编制管理，按照加强财政资源和预算统筹的要求，将各项收入和支出全部纳入预算。

党政机关取得的行政事业性收费收入、政府性基金收入、罚没收入、国有资源（资产）有偿使用收入等非税收入，必须按照规定及时足额上缴国库，严禁以任何形式隐瞒、截留、挤占、挪用、坐支、拖欠或者私分，严禁转移到机关所属工会、培训中心、服务中心等单位账户使用。

第九条 强化预算刚性约束，党政机关应当遵循先有预算、后有支出的原则，严格执行预算，严禁超预算或者无预算安排支出，严禁虚列支出、转移或者套取财政资金，严禁向下级单位、企事业单位、社会组织、个人摊派或者转嫁费用。

严格控制国内差旅费、因公临时出国（境）费、公务接待费、公务用车购置及运行费、会议费、培训费等支出。年度预算执行中不予追加，因特殊需要确需追加的，严格按照规定程序报批。

健全预算执行全过程动态监控机制，完善预算绩效管理体系，增强预算执行的严肃性，提高预算执行的准确率，防止年底突击花钱等现象发生。

第十条 深化政府会计改革，进一步健全会计制度，准确核算机关运行经费，全面反映机关运行成本。

第十一条 财政部门应当会同有关部门，根据国内差旅、因公临时出国（境）、公务接待、会议、培训等工作特点，综合考虑经济发展水平、有关货物和服务的市场价格水平，制定分地区的公务活动经费开支范围和开支标准。

加强相关开支标准之间的衔接，完善开支标准动态调整机制，定期根据有关货物和服务的市场价格变动情况调整相关开支标准，增强开支标准的协调性、规范性、科学性。

严格开支范围和标准，严格支出报销审核，不得报销任何超范围、超标准以及与相关公务活动无关的费用。

第十二条 全面实行公务卡制度。健全公务卡强制结算目录，党政机关国内发生的公务差旅费、公务接待费、公务用车运行维护费、会议费、培训费等经费支出，除按照规定实行银行转账外，应当使用公务卡结算。

第十三条 党政机关采购货物、工程和服务，应当遵循公开透明、公平竞争、公正、诚实信用原则。

政府采购应当依法完整准确编制采购项目预算，严格执行经费预算和资产配置标准，科学合理确定采购需求，不得超标准采购，不得采购与本单位履行职能和事业发展无关的资产，不得超出办公需要采购服务。

严格执行政府采购程序，不得违反规定以任何方式和理由指定或者变相指定供应商、品牌、型号、产地。依法应当进行公开招标的，不得以化整为零或者其他任何方式规避公开招标，确需改变采购方式的，应当严格执行有关公示和审批程序。列入政府集中采购目录范围的应当委托集中采购机构代理采购，属于批量集中采购范围的应当进行批量集中采购。

党政机关应当按照政府采购合同规定组织验收。政府采购监督管理部门应当建立健全政府采购结果评价制度，对政府采购的资金节约、政策效能、透明程度以及专业化水平进行综合、客观评价。

完善政府采购管理交易系统，推进电子化政府采购。

第十四条 优化政府投资方向和结构，加强政府投资全生命周期管理，坚决防止低效无效投资。

完善“半拉子工程”、已建未用项目等科学处置程序办法。

第三章 国内差旅和因公临时出国（境）

第十五条 党政机关应当严格执行国内差旅内部审批制度，加强计划管理和统筹把关，从严控制人数和天数，严禁无实质内容、无明确公务目的的差旅活动，严禁以任何名义和方式变相旅游，严禁异地部门间无实质内容的学习交流和考察调研。加强对到基层调研、督查检查的统筹规范，防止重复扎堆增加基层负担。

第十六条 国内差旅人员应当严格按照规定乘坐交通工具、住宿、用餐，费用由所在单位承担。

差旅人员用车、住宿、用餐由接待单位协助安排的，必须按照规定标准及时足额交纳交通费、住宿费、伙食费。差旅人员不得向接待单位提出正常公务活动以外的要求，不得接受礼金、礼品和土特产品等。

第十七条 统筹安排年度因公临时出国计划，严格控制团组数量和出访国家数、团组人数、在外停留天数，不得安排照顾性、无实质内容的一般性出访，不得组织开展一般性出国考察、日常调研、交流学习等活动，严禁集中安排赴热门国家或者地区出访，严禁以任何名义和方式变相公款出国旅游。严格执行因公临时出国限量管理规定，不得把出国作为个人待遇、安排轮流出国。严格控制跨地区、跨部门团组。

组织人事、外专等部门应当加强出国培训总体规划和监督管理，严格控制出国培训规模，科学设置培训项目，择优选派培训对象，提高出国培训的质量和实效。

第十八条 外事管理部门应当加强因公临时出国审核审批管理，对违反规定、不适合成行的团组予以调整或者取消。

加强因公临时出国经费预算总额控制，严格执行经费先行审核制度。无出国经费预算安排的不予批准，确有特殊需要的，按照规定程序报批。严禁违反规定使用出国经费预算以外资金作为出国经费，严禁向所属单位、企业、我国驻外机构等摊派或者转嫁出国费用。

第十九条 出国团组应当按照规定标准安排交通工具和食宿，不得违反规定乘坐民航包机，不得乘坐私人、企业和外国航空公司包机，不得安排超标准住房和用车，不得擅自增加出访国家或者地区，不得擅自变更行程路线，不得擅自延长在国外停留天数。

出国期间，不得与我国驻外机构和其他中资机构、企业之间用公款互赠礼品或者纪念品，不得用公款相互宴请。

第二十条 严格根据工作需要编制出境计划，加强因公出境审批和管理，不得违规安排出境考察，不得组织无实质内容的调研、会议、培训等活动。

严格遵守因公出境经费预算、支出、使用、核算等财务制度，不得接受超标准接待和高消费娱乐，不得接受礼金、贵重礼品、有价证券、支付凭证等，严禁参与境外赌博。

第四章 公务接待

第二十一条 建立健全国内公务接待集中管理制度。党政机关公务接待管理部门应当加强对国内公务接待工作的管理、指导和监督。

第二十二条 党政机关应当建立国内公务接待审批控制制度，严格执行公函制度，对无公函的公务活动一律不予接待，严禁将非公务活动纳入接待范围。

第二十三条 党政机关应当严格执行国内公务接待标准，实行接待费支出总额控制制度。

接待单位应当严格按照标准安排接待对象的住宿用房，协助安排用餐、用车的按照标准收取伙食费、交通费。工作餐不得提供高档菜肴，不得提供香烟，不上酒。不得在接待费中列支应当由接待对象承担的费用，不得以举办会议、培训等名义列支、转移、隐匿接待费开支。

接待单位不得在机场、车站、码头和辖区边界组织迎送活动，不得跨地区迎送。严格控制陪同人数，不得层层多人陪同。

接待单位应当严格执行国内公务接待清单制度，如实反映接待对象、公务活动、接待费、陪同和相关工作保障人员等情况。接待清单作为财务报销的凭证之一并接受审计。

第二十四条 外宾接待工作应当遵循服务外交、友好对等、务实节俭的原则。外宾邀请单位应当严格按照有关规定安排接待活动，严格执行接待规格和标准，从严从紧控制外宾团组接待费用。

第二十五条 地方因招商引资等工作需要接待的，应当参照国内公务接待标准要求，统一制度和标准，严格审批管理，强化审计监督，严禁超规格、超标准接待，严禁扩大接待范围、增加接待项目，严禁以招商引资等名义变相安排公务接待。

第二十六条 党政机关不得以任何名义新建、改建、扩建所属宾馆、招待所等具有接待功能的设施或者场所，不得以房屋维修等名义超出实际需要在接待场所超标准建设、豪华装修。

严格控制、严格审批新建扩建党性教育培训机构，不得以建设党性教育培训机构名义变相建设楼堂馆所、变相搞旅游开发。

建立接待资源共享机制，推进机关所属接待、培训场所的集中统一管理和利用。健全服务经营机制，推行机关所属接待、培训场所企业化管理，降低服务经营成本。

积极推进国内公务接待服务社会化改革，有效利用社会资源为国内公务接待提供用车、住宿、用餐等服务。

第五章　公务用车

第二十七条 坚持社会化、市场化方向，建立和实行符合国情的公务用车制度，合理有效配置公务用车资源，创新公务交通分类提供方式，保障公务出行，降低运行成本。

普通公务出行由公务人员自主选择，实行社会化提供。按照有关规定发放公务交通补贴，不得以公务交通补贴的名义变相发放福利，不得既领取公务交通补贴又违规使用公务用车。

第二十八条 党政机关公务用车实行统一编制、统一标准、统一购置经费、统一采购配备管理。

从严配备执法执勤、机要通信、应急保障和特种专业技术用车以及其他用于定向化保障的用车，不得以特殊用途等理由变相超编制、超标准配备公务用车，不得以任何方式换用、借用、占用所属单位或者其他单位和个人的车辆，不得接受企事业单位和个人赠送的车辆。

严格按照规定配备专车，不得擅自扩大专车配备范围或者变相配备专车。

执法执勤用车配备应当严格限制在一线执法执勤岗位，机关内部管理和后勤岗位以及机关所属事业单位一律不得配备。

规范和加强党政机关所属垂直管理机构、派出机构公务用车管理，严格控制公务用车编制，推动车辆盘活利用，避免闲置浪费。

第二十九条 公务用车实行政府集中采购，应当选用国产汽车，优先选用新能源汽车。

公务用车严格按照规定年限更新，达到更新年限仍能继续使用的应当继续使用，不得因领导干部职务晋升、调动等原因提前更新。

公务用车保险、维修、加油等实行政府集中采购，降低运行成本。

第三十条 除涉及国家安全、侦查办案和其他有保密要求的特殊工作用车外，执法执勤等用车应当喷涂明显的统一标识。

第三十一条 根据公务活动需要，严格按照规定使用公务用车，严禁以任何理由挪用或者固定给个人使用执法执勤、机要通信等公务用车，领导干部亲属和身边工作人员不得因私使用配备给领导干部的公务用车。严禁公车私用、私车公养，严禁为公务用车增加高档配置或者豪华内饰。

第六章 会议活动

第三十二条 党政机关应当严格精简会议，召开会议严格实行计划管理，能不开的坚决不开，可合并的坚决合并。从严控制会议规模、会期，合理确定会议规格和参会人员范围、层级，不搞层层陪会。积极运用现代信息技术手段改进会议形式，提高会议效率。

第三十三条 会议召开场所实行政府采购定点管理。会议住宿用房以标准间为主，用餐安排自助餐或者工作餐，严禁提高会议用餐、住宿标准。会议活动现场布置应当简朴，工作会议一律不摆花草、不制作背景板。严禁违反规定到风景名胜区举办会议。

会议期间，不得安排宴请，不得组织旅游以及与会议无关的参观活动，不得以任何名义发放纪念品。

第三十四条 党政机关会议实行分类管理、分级审批。严格执行会议费开支范围、标准和报销制度，未经批准以及超范围、超标准开支的会议费，一律不予报销。严禁违规使用会议费购置办公设备，严禁列支公务接待费等与会议无关的任何费用，严禁套取会议资金。

财政部门应当会同机关事务管理等部门制定本级党政机关会议费管理办法。

第三十五条 健全培训审批制度，严格控制培训数量、时间、规模，严禁以培训名义召开会议。适合采取线上方式培训的应当通过线上方式开展。

严格执行分类培训经费开支标准，严格控制培训经费支出范围，严禁在培训经费中列支公务接待费、会议费等与培训无关的任何费用。严禁以培训名义进行公款宴请、公款旅游活动。

第三十六条 精简规范节庆展会论坛活动，实行清单管理，从严审批。严禁使用财政资金举办营业性文艺演出。从严控制举办大型综合性运动会和各类赛会。

经批准的节庆展会论坛、运动会、赛会等活动，应当严格控制规模和经费支出，不得互相攀比、大操大办、铺张浪费，不得违规摊派或者转嫁费用，不得借举办活动发放各类纪念品，不得违规使用财政资金邀请名人明星参与活动。举办活动应当充分使用现有资源，专门配备的设备在活动结束后应当及时收回，严禁购置奢华物资设备。

第三十七条 精简规范评比达标表彰和创建示范活动，实行清单管理，从严审批。评比达标表彰项目费用由举办单位承担，不得以任何方式向相关单位和个人收取费用。参与评比达标表彰和创建示范活动的单位应当节俭办事，杜绝浪费，不得举债搞创建。不得开展以乡镇（街道）、村（社区）、学校为对象的达标活动。

第七章 办公用房

第三十八条 党政机关办公用房建设应当从严控制。凡是违反规定的拟建办公用房项目，必须坚决终止；凡是未按照规定程序履行审批手续、擅自开工建设的办公用房项目，必须停建并予以没收；凡是超规模、超标准、超投资概算建设的办公用房项目，应当根据具体情况限期腾退超标准面积或者全部没收、拍卖。

党政机关办公用房应当严格管理，推进办公用房资源的公平配置和集约使用。凡是超过规定面积标准占有、使用办公用房以及未经批准租用、借用办公用房的，必须腾退；凡是未经批准改变办公用房使用功能的，原则上应当恢复原使用功能。

第三十九条 党政机关新建、改建、扩建、购置、置换、维修改造、租用、借用办公用房，必须严格按照规定履行审批程序。采取置换方式配置办公用房的，应当执行新建办公用房各项标准，不得以未使用财政资金、资产整合等名义规避审批。

第四十条 党政机关办公用房建设项目应当按照朴素、实用、安全、节能原则，严格执行办公用房建设标准、单位综合造价标准和公共建筑节能设计标准，符合土地利用和城市规划要求，严禁超标准建设和豪华装修。党政机关办公楼不得追求成为城市地标建筑，严禁配套建设大型广场、公园等设施。

第四十一条 党政机关办公用房建设以及维修改造项目投资，统一列入预算安排，未经审批的项目不得安排预算。土地收益和资产转让收益应当按照非税收入有关规定管理，不得直接用于办公用房建设。不得违规利用保基本民生、保工资、保运转和专项债券等其他用途资金建设维修改造办公用房。

第四十二条 党政机关办公用房建设应当严格执行工程招投标和政府采购有关规定，加强对工程项目的全过程监理和审计监督。

办公用房因使用时间较长、设施设备老化、功能不全、存在安全隐患等原因，不能满足办公需求的，可以进行维修改造。维修改造项目应当以消除安全隐患、恢复和完善使用功能、降低能源资源消耗为重点，严格履行审批程序，严格执行维修改造标准。

第四十三条 建立健全办公用房集中统一管理制度，对办公用房实行统一规划、统一权属、统一配置、统一处置。

党政机关应当严格按照有关标准和“三定”规定，从严核定、使用办公用房。超标部分应当腾退移交同级机关事务管理部门统一调剂使用。

新建、调整办公用房的单位，应当按照“建新交旧”、“调新交旧”的原则，在搬入新建或者新调整办公用房的同时，将原办公用房腾退移交机关事务管理部门统一调剂使用。

因机构增设、职能调整等原因确需增加办公用房的，应当在本单位现有办公用房中解决；本单位现有办公用房不能满足需要的，由机关事务管理部门整合办公用房资源调剂解决；无法调剂、确需租用解决的，应当严格履行报批手续，不得以变相补偿方式租用由企业等单位提供的办公用房。

党政机关办公用房闲置的，可以按照规定采取调剂使用、转换用途、置换、出租等方式及时处置利用。

第四十四条 党政机关领导干部应当按照标准配置使用一处办公用房，确因工作需要另行配置办公用房的，应当严格履行审批程序。领导干部不得租用宾馆、酒店房间作为办公用房。配置使用的办公用房，在退休或者调离时应当及时腾退并由原单位收回。

超标办公用房整改优先采取调换或者合用方式，采取工程改造方式整改的，工程改造方案应当简易、合理、厉行节约，多出的办公用房面积公用，不得直接隔断封死，防止造成新的浪费。

第八章　资源节约

第四十五条　党政机关应当节约集约利用资源，加强全过程节约管理，提高能源、水、粮食、办公家具、办公设备、办公用品等的利用效率和效益，统筹利用土地，杜绝浪费行为。

第四十六条　对能源、水的使用实行分类定额和目标责任管理。推广应用节能技术产品，淘汰高耗能设施设备，重点推广应用新能源和可再生能源。积极使用节水型器具，建设节水型单位。

完善节能产品政府采购政策，严格执行节能产品政府强制采购和优先采购制度。

第四十七条　党政机关应当带头开展粮食节约行动，落实反食品浪费管理责任，加强机关食堂反食品浪费工作成效评估和通报，杜绝餐饮浪费。

第四十八条　优化办公家具、办公设备等资产的配置和使用，从严控制新增资产配置，优先通过调剂方式盘活存量资产，节约购置资金。达到更新年限仍能继续使用的应当继续使用，不得报废处置。

对产生的非涉密废纸、废弃电器电子产品等废旧物品进行集中回收处理，促进循环利用；涉及国家秘密的，按照有关保密规定进行销毁。

第四十九条　政务服务应当方便企业和群众办事，相关设施坚持实用原则，不得华而不实、铺张浪费，坚决防治和纠正政务服务中的“面子工程”。

第五十条　党政机关政务信息系统建设应当统筹规划，统一组织实施，防止分散重复建设和频繁升级。建立共享共用机制，加强资源整合，推动重要政务信息系统互联互通、信息共享和业务协同，降低软件开发、系统维护和升级等方面费用，防止资源浪费。

积极利用信息化手段，推行无纸化办公，减少一次性办公用品消耗。

第九章　宣传教育

第五十一条　宣传部门应当把厉行节约反对浪费作为重要宣传内容，充分发挥各级各类媒体作用，注重用好互联网技术和新媒体手段，通过新闻报道、文化作品、公益广告等形式，广泛宣传中华民族勤俭节约的优秀品德，宣传阐释相关制度规定，宣传推广厉行节约的经验做法和先进典型，倡导绿色低碳消费理念和健康文明生活方式，在全社会营造浪费可耻、节约光荣的浓厚氛围。

第五十二条 党政机关应当把加强厉行节约反对浪费教育作为作风建设的重要内容，融入干部队伍建设和机关日常管理之中，建立健全常态化工作机制。对各种铺张浪费现象和行为，应当严肃批评、督促改正。

纪检监察机关应当不定期曝光铺张浪费的典型案例，发挥警示教育作用。

组织人事部门和党校（行政学院）、干部学院应当把厉行节约反对浪费作为干部教育培训的重要内容，创新教育方法，切实增强教育培训的针对性和实效性。

第五十三条 党政机关应当围绕建设节约型机关，组织开展形式多样、便于参与的活动，引导干部职工增强节约意识、珍惜物力财力，积极培育和形成崇尚节约、厉行节约、反对浪费的机关文化，为在全社会形成节俭之风发挥示范表率作用。

第十章 监督追责

第五十四条 各级党委和政府应当建立健全厉行节约反对浪费监督检查机制，加大监督力度。

党委（党组）在巡视巡察工作中应当加强对厉行节约反对浪费落实情况的监督。

党委和政府办公厅（室）负责统筹协调有关部门开展对厉行节约反对浪费工作的督促检查，针对突出问题开展重点检查、暗访等专项活动，加大对典型问题的通报力度。

纪检监察机关应当加强对厉行节约反对浪费工作的监督，受理群众举报和有关部门移送的问题线索，及时查处违纪违法问题。

财政部门应当加强对党政机关预算管理有关工作以及财务、政府采购和会计等事项的财会监督，依法处理发现的违规问题，并及时向本级党委和政府汇报有关结果。

审计机关应当加强对党政机关预算执行、决算和其他财政收支情况，以及有关经济活动的审计监督，加大对党政机关公务支出和公款消费的审计力度，及时向本级党委和政府报告审计结果，依法处理、督促整改违规问题，并将涉嫌违纪违法问题移送有关部门查处。

支持人大、政协依法依章程加强对党政机关厉行节约反对浪费工作情况的监督。重视各级各类媒体在厉行节约反对浪费方面的舆论监督作用。发挥群众对党政机关及其工作人员铺张浪费行为的监督作用。

第五十五条 党委（党组）在每年度向上级党组织报送的落实全面从严治党主体责任情况报告中，应当报告本地区、本部门、本单位厉行节约反对浪费工作情况。

领导干部厉行节约反对浪费工作情况，应当列为领导班子民主生活会和领导干部述责述廉的重要内容并接受评议。

第五十六条 党政机关应当建立健全厉行节约反对浪费信息公开制度，按照及时、方便、多样的原则，依规依法将应当公开的有关情况以适当方式公开。

第五十七条 有下列情形之一的，应当依规依纪依法追究负有领导责任的主要负责人或者有关领导干部的责任：

（一）政绩观错位，搞“形象工程”、“政绩工程”造成公共资金、资产和资源损失浪费；

（二）本地区、本部门、本单位铺张浪费、奢侈奢华问题严重，对发现的问题查处不力，干部群众反映强烈；

（三）指使、纵容管辖单位或者人员违反本条例规定造成浪费；

（四）不履行或者不正确履行内部审批、管理、监督职责造成浪费；

（五）不按照规定及时公开本地区、本部门、本单位有关厉行节约反对浪费工作信息；

（六）其他对本地区、本部门、本单位铺张浪费问题负有领导责任的情形。

第五十八条 有下列情形之一的，应当依规依纪依法追究有关人员的责任：

（一）未经审批列支财政性资金；

（二）采取弄虚作假等手段违规取得审批；

（三）违反审批要求擅自变通执行；

（四）违反管理规定超标准或者以虚假事项开支；

（五）利用职务便利假公济私；

（六）其他违反审批、管理、监督规定的情形。

第五十九条 党政机关工作人员违反本条例规定造成浪费的，根据情节轻重，依规依纪依法给予批评教育、责令检查、诫勉、组织处理或者党纪政务处分。

第六十条 违反本条例规定获得的经济利益，应当依规依纪依法予以没收、追缴或者责令退赔。

第十一章 附 则

第六十一条 省、自治区、直辖市，中央和国家机关各部门，可以根据本条例，结合实际制定实施办法。有关职能部门应当根据各自职责，制定完善相关配套制度。

国有企业、国有金融企业、不参照公务员法管理的事业单位，参照本条例执行。

中国人民解放军和中国人民武装警察部队按照军队有关规定执行。

第六十二条 本条例由中央办公厅、国务院办公厅会同有关部门解释。

第六十三条 本条例自发布之日起施行。中央党内法规和法律另有规定的，从其规定。

财政部关于《中华人民共和国政府采购法实施条例》第十九条第一款“较大数额罚款”具体适用问题的意见

财库〔2022〕3号

各省、自治区、直辖市、计划单列市财政厅（局），新疆生产建设兵团财政局：

《中华人民共和国政府采购法实施条例》施行以来，部分地方财政部门、市场主体反映《中华人民共和国政府采购法实施条例》第十九条第一款“较大数额罚款”在执行过程中标准不一、差异较大。为贯彻落实国务院关于进一步优化营商环境的要求，维护政府采购市场秩序，规范行政执法行为，经研究并会商有关部门，现提出以下意见：

《中华人民共和国政府采购法实施条例》第十九条第一款规定的“较大数额罚款”认定为200万元以上的罚款，法律、行政法规以及国务院有关部门明确规定相关领域“较大数额罚款”标准高于200万元的，从其规定。

本意见自2022年2月8日起施行，此前颁布的有关规定与本意见不一致的，按照本意见执行。

财政部

2022年1月5日

国务院办公厅关于印发《政府采购领域“整顿市场秩序、建设法规体系、促进产业发展”三年行动方案（2024—2026年）》的通知

2024 年 6 月 29 日　国办发〔2024〕33 号

各省、自治区、直辖市人民政府，国务院各部委、各直属机构：

《政府采购领域“整顿市场秩序、建设法规体系、促进产业发展”三年行动方案（2024—2026 年）》已经国务院同意，现印发给你们，请认真贯彻执行。

国务院办公厅

2024 年 6 月 29 日

（此件公开发布）

政府采购领域“整顿市场秩序、建设法规体系、促进产业发展”三年行动方案（2024—2026 年）

为打造市场化法治化国际化营商环境，加快现代化产业体系建设，推动经济社会高质量发展，针对当前政府采购领域存在的突出问题，深入开展“整顿市场秩序、建设法规体系、促进产业发展”（以下简称“整、建、促”）三年行动，制定本方案。

一、总体要求

以习近平新时代中国特色社会主义思想为指导，深入贯彻党的二十大精神，认真

落实党中央、国务院关于加快构建新发展格局和推进高水平对外开放的决策部署，完整、准确、全面贯彻新发展理念，坚持高质量发展，按照《深化政府采购制度改革方案》有关要求，坚持问题导向，强化顶层设计，结合我国国情实际，对接政府采购国际规则，深入推进政府采购制度改革，以“整、建、促”为工作主线，聚焦重点、多措并举，力争用三年左右的时间，着力解决当前政府采购领域存在的突出问题，使政府采购市场秩序更加规范，政府采购制度建设迈出实质性步伐，建立健全促进现代产业发展的政府采购政策功能体系。

二、整顿市场秩序，优化营商环境

（一）持续开展四类违法违规行为专项整治

财政部牵头组织，探索建立部门协同、央地联动、社会参与的工作机制，针对当前政府采购领域反映突出的采购人设置差别歧视条款、采购代理机构乱收费、供应商提供虚假材料、供应商围标串标等四类违法违规行为持续开展专项整治，曝光典型案例，形成有效震慑。

（二）加强常态化行政执法检查

进一步畅通权利救济渠道，各级财政部门要主动公开受理投诉的电话、地址及投诉书范本，做到“有诉必应”。对投诉中涉及采购人与采购代理机构共同违法的问题，实行“一案双查”。开展第二批政府采购行政裁决示范点建设，在业务规范、风险防控、处理口径、队伍建设等方面提供范例，推进省级以下争议处理向省级集中。

（三）创新监管手段，提升工作效能

1. 升级改造中央政府采购电子平台。完善信息发布和查询功能，提高政府采购信息发布的完整性、准确性，提升政府采购透明度。逐步实现全国供应商、采购代理机构“一地注册、全国通用”，破除地方保护和隐性壁垒。运用大数据分析、行为预警等手段，动态监控供应商投标、项目评审等政府采购关键环节，推进智慧监管，提升监管实效。

2. 建立健全信用管理机制。健全供应商、采购代理机构、评审专家严重违法失信行为信用记录归集和发布机制，省级以上财政部门要及时向中国政府采购网完整准确上传失信信息，中国政府采购网与国家企业信用信息公示系统、“信用中国”网站等实时共享，为采购人开展相关资格审查提供便利。研究建立相关失信行为纠正后信用修复机制的可行性。完善采购代理机构评价指标体系，引导采购人择优选择采购代理机构。研究完善针对供应商履行合同时重大违约的限制性措施，督促其诚信履约。

3. 加强政府采购协同监管。财政部门要会同市场监管部门对供应商提供虚假认证证书、检测报告开展核查，会同公安部门严查政府采购招标中发现的串通投标行为，会同纪检监察等部门就问题线索移送、案件查处等进行协作配合，严肃查处政府采购领域的腐败问题和不正之风。

三、建设法规体系，服务统一市场

（一）法规建设

认真贯彻落实《深化政府采购制度改革方案》，按照建立现代政府采购制度的要求，对标世界贸易组织《政府采购协定》（GPA）、《全面与进步跨太平洋伙伴关系协定》（CPTPP）等国际规则，进一步完善政府采购法律法规。积极推动政府采购法修改，并结合修改进程适时修改实施条例。推动政府采购法、招标投标法协调统一，提高政府采购法律法规体系的系统性、整体性、协同性，助力全国统一大市场建设。

（二）制度建设

研究完善货物服务招投标、非招标采购、信息发布和质疑投诉等部门规章，研究将需求管理以及合作创新采购等制度上升为部门规章，逐步构建覆盖需求管理、信息公开、采购方式、合同履约、救济机制等系统完备、操作规范、运行高效的政府采购制度体系。强化采购人主体责任，以项目绩效为目标、以采购全链条管理为抓手，推动采购人加强内控管理，落实权责对等要求，实现“谁采购、谁负责”。完善采购交易机制，根据采购需求合理选择采购方式和评审方法，全面落实公平竞争原则，建立适应采购人多元化需求且鼓励创新的交易制度。强化政府采购政策功能，加大对科技创新、绿色发展、中小企业发展等支持力度。完善预留份额、评审优惠、需求标准发布等支持措施。

（三）标准建设

1. 建立政府采购本国产品标准体系。制定政府采购本国产品标准，逐步形成本国产品标准体系，确保不同所有制企业在中国境内生产的产品平等参与政府采购活动。

2. 分类制定政府采购需求标准。制定政府集中采购目录通用货物、服务需求标准，逐步扩大需求标准覆盖面，为采购人全面、完整、准确描述采购需求提供指引。修订商品包装采购需求标准，引导全社会使用绿色包装。研究制定市政基础设施和电子电器、新能源汽车等产品绿色采购需求标准，开展政府采购支持公路绿色发展试点，适时将碳足迹管理有关要求纳入政府采购需求标准，扩大政府绿色采购范围。研究制定创新产品商业化推广后的政府采购需求标准，引领相关产业创新发展。

3. 分类制定政府采购标准文本。制定政府采购货物、工程、服务招标文件标准文本和政府采购合同标准文本，提高经营主体参与政府采购活动的规范性、便利性。

四、促进产业发展，落实国家战略

（一）支持科技创新

1. 构建符合国际规则的政府采购支持创新政策体系。充分发挥市场机制作用，综合运用强制采购、优先采购、订购首购、发布需求标准等措施，推进创新产品应用和迭代升级，营造促进产业创新的良好生态。

2. 建立健全政府采购合作创新采购制度。以采购人应用需求为导向，以公平竞争以及采购人与供应商风险共担为基础，实施订购首购，建立创新产品研发与应用推广一体化的管理机制，发挥政府采购对创新的带动作用，助力高质量发展。

（二）扶持中小企业发展

1. 在政府采购工程项目中落实扶持政策。适用招标投标法的政府采购工程项目要全面落实政府采购支持中小企业政策，对超过 400 万元的工程采购项目中适宜由中小企业提供的，预留份额由 30% 以上阶段性提高至 40% 以上的政策延续至 2026 年底。

2. 助力中小企业“政采贷”。建立与金融机构共享中央本级政府采购信息的渠道，向商业银行及时提供中央部门政府采购合同等相关信息。各地区要建立健全中小企业“政采贷”工作机制，推动实现与金融机构相关系统对接，为金融机构、中小企业开展政府采购融资提供便利。

3. 支持乡村产业振兴。巩固拓展脱贫攻坚成果，确保对相关地区农副产品提高政府采购预留比例政策取得实效。推动脱贫地区农副产品网络销售平台（“832 平台”）逐步实现业务范围双向拓展，吸纳除现有地区外的更多符合资质标准的中小企业成为供给方，面向除采购人外的单位工会、社会公众等更广大需求方，推进服务提质升级，助力打造农业特色品牌，推动乡村产业振兴。

（三）完善政府绿色采购政策

1. 制定出台面向绿色产品的政府采购支持政策。对获得绿色产品认证或符合政府绿色采购需求标准的产品实施优先采购或者强制采购，促进绿色低碳发展。

2. 扩大政府采购支持绿色建材促进建筑品质提升政策实施范围。由 48 个城市（市辖区）扩大到 100 个城市（市辖区），要求医院、学校、办公楼、综合体、展览馆、保障性住房以及旧城改造项目等政府采购工程项目强制采购符合标准的绿色建材，并适时研究进一步扩大政策实施范围。加强对政策实施城市的考核督导，确保政策要求落到实处。

五、保障措施

（一）加强统筹协调。财政部要会同国家发展改革委、科技部、工业和信息化部、生态环境部、住房城乡建设部、农业农村部、商务部、市场监管总局、供销合作总社等部门和单位，建立协调机制，统筹推进政府采购相关工作。

（二）抓好工作落实。各地区、各部门要按照职责分工，不折不扣落实本方案要求。财政部要制定“整、建、促”三年行动工作台账，明确各地区和有关部门的任务分工、完成时限。建立工作督导机制，及时跟踪工作任务进展，定期评估本方案实施情况，确保各项工作落地见效。

加强宣传培训。各地区、各部门要及时宣传解读政府采购相关举措，针对各项举措中的重点、难点问题，加强业务培训，保障各项工作顺利推进。

财政部关于印发《中央单位政府采购管理实施办法》的通知

财库〔2004〕104号

党中央有关部门，国务院各部委、各直属机构，有关人民团体，全国人大办公厅，全国政协办公厅，高法院，高检院，新疆生产建设兵团：

为了推进和深化中央单位政府采购制度改革，建立和规范中央单位政府采购运行机制，财政部依据《中华人民共和国政府采购法》，制定了《中央单位政府采购管理实施办法》，现印发给你们，请认真执行。

附件：中央单位政府采购管理实施办法

中华人民共和国财政部

二〇〇四年七月二十三日

附件：

中央单位政府采购管理实施办法

第一章　总　　则

第一条　为了加强中央单位政府采购管理，建立和规范中央单位政府采购运行机制，根据《中华人民共和国政府采购法》，制定本办法。

第二条　中央单位政府采购适用本办法。

本办法所称中央单位，是指与财政部发生预算缴款、拨款关系的国家机关、事业单位和社会团体。

中央单位按预算管理权限和经费领报关系，分为主管预算单位（主管部门）、二级预算单位和基层预算单位。

第三条 中央单位政府采购是指中央单位按照政府采购法律、行政法规和制度规定的方式和程序，使用财政性资金（预算资金、政府性基金和预算外资金）和与之配套的单位自筹资金，采购国务院公布的政府集中采购目录内或者采购限额标准以上的货物、工程和服务的行为。

第四条 中央单位政府采购组织形式分为政府集中采购、部门集中采购和单位自行采购。

政府集中采购，是指中央单位将属于政府集中采购目录中的政府采购项目委托集中采购机构代理的采购活动。

部门集中采购，是指主管部门统一组织实施部门集中采购项目的采购活动。

单位自行采购，也称分散采购，是指中央单位实施政府集中采购和部门集中采购范围以外、采购限额标准以上政府采购项目的采购活动。

第五条 财政部是中央单位政府采购的监督管理部门，履行全面的监督管理职责。国务院其他有关部门依法履行与政府采购活动有关的监督管理职责。

中央单位（含部门集中采购机构）是采购人，负责本部门、本系统政府采购的组织和实施工作。集中采购机构（不包括部门集中采购机构，下同）是政府集中采购的代理机构，负责承办中央单位政府集中采购操作事务。

第六条 财政部的主要职责是：依法制定中央单位政府采购政策及管理制度；编制审核政府采购预算和计划；拟定中央单位政府集中采购目录、部门集中采购项目、采购限额标准和公开招标数额标准，报国务院批准；审批政府采购方式；建立和管理中央单位政府采购评审专家库；协调处理各中央单位以及中央单位与集中采购机构之间的工作关系；监督检查中央单位、集中采购机构和经财政部确认或审批资格的其他政府采购代理机构的政府采购活动；考核集中采购机构业绩；处理供应商对中央单位政府采购活动的投诉事宜。

第七条 主管部门的主要职责是：制定本部门、本系统政府采购实施办法；编制本部门政府采购预算和政府采购实施计划；协助实施政府集中采购；统一组织实施部门集中采购项目；按规定权限对所属单位的政府采购活动实施管理；推动和监督所属单位政府采购工作；统一向财政部报送本部门、本系统有关政府采购的审批或备案文件、执行情况和统计报表。

第八条 二级预算单位和基层预算单位的主要职责是：严格执行各项政府采购规定；完整编制政府采购预算并逐级报送主管部门审核汇总；向上级主管部门提供政府

采购的实施计划及有关资料；组织实施单位自行采购工作；依法签订和履行政府采购合同；编报本单位政府采购信息统计报表。

第九条 集中采购机构的主要职责是：接受中央单位委托，组织实施政府集中采购目录中的项目采购；直接组织招标活动；负责集中采购业务人员培训；接受委托代理其他政府采购项目的采购。

第十条 中央单位政府采购工作应当实行内部统一管理，建立和完善内部监督制约机制。主管部门的财务（资金）管理机构具体负责本部门、本系统政府采购的执行性管理。

第十一条 中央单位政府采购管理的主要内容是：政府集中采购目录和部门集中采购项目及采购限额标准的确定；政府采购预算的编制；政府采购实施计划的制定；采购组织形式和采购方式的确定；采购活动的实施；中标或成交供应商的确定；采购合同的签订和履约验收；采购资金的支付与结算；采购文件的保存以及采购统计的编报等。

第十二条 中央单位达到公开招标数额标准的采购项目，应当采用公开招标采购方式。因特殊情况需要采取公开招标以外的邀请招标、竞争性谈判、询价和单一来源等采购方式的，应当在采购活动开始前报财政部批准。

第十三条 中央单位政府采购信息应当按照法律、行政法规和财政部有关规定，首先在财政部指定的政府采购信息发布媒体上公告。必须公告的政府采购信息包括：招标公告、中标或成交结果，主管部门制定的政府采购实施办法，集中采购机构承办的招标公告、中标或成交结果和有关操作性文件。

第十四条 政府采购的评审专家的确定，应当按照《政府采购评审专家管理办法》规定，从财政部建立的中央单位政府采购评审专家库中抽取。

第二章 备案和审批管理

第十五条 政府采购备案和审批管理，是指财政部对中央单位、集中采购机构及其他采购代理机构按规定以文件形式报送备案、审批的有关政府采购文件或采购活动事项，依法予以备案或审批的管理行为。

财政部负责政府采购工作的机构具体办理政府采购备案和审批事宜。

第十六条 除财政部另有规定外，备案事项不需要财政部回复意见。

下列事项应当报财政部备案：

（一）主管部门制定的本部门、本系统有关政府采购的实施办法；

（二）部门预算追加应当补报的政府采购预算、已经批复政府采购预算的变更；

（三）政府采购实施计划、主管部门增加的部门集中采购项目；

（四）经财政部批准，采用公开招标以外采购方式的执行情况；

（五）集中采购招标公告、集中采购机构制定的采购项目操作方案，以及集中采购机构组织的协议供货、定点采购协议书副本；

（六）政府采购项目的合同副本；

（七）法律、行政法规规定其他需要备案的事项。

第十七条 审批事项应当经财政部依法批准后才能组织实施。

下列事项应当报财政部审批：

（一）因特殊情况对达到公开招标数额标准的采购项目需要采用公开招标以外的采购方式的；

（二）因特殊情况需要采购非本国货物、工程或服务的；

（三）集中采购机构组织实施协议供货采购、定点采购，其实施方案、招标文件、操作文件、中标结果、协议内容需要变更的；

（四）集中采购机构制定的操作规程；

（五）政府集中采购的协议供货协议书、定点采购协议书和财政直接支付项目采购合同的变更，涉及支付金额的；

（六）法律、行政法规规定其他需要审批的事项。

第十八条 备案和审批事项由主管部门、集中采购机构或其他政府采购代理机构依照有关规定向财政部报送。

第十九条 在备案和审批管理中，财政部可以根据管理需要，将对二级预算单位和基层预算单位的备案或审批管理权限授予其主管部门办理，但法律、行政法规规定应当由财政部负责备案和审批的事项除外。

第三章 政府采购预算和计划管理

第二十条 中央单位在编制下一财政年度部门预算时，应当将该财政年度政府采购项目及资金预算在政府采购预算表中单列，按程序逐级上报主管部门。主管部门审核汇总后报财政部。

年度政府采购项目按国务院颁发的年度中央预算单位政府集中采购目录及采购限额标准执行。

第二十一条 财政部对部门预算中的政府采购预算进行审核，并随部门预算批复各主管部门执行。

第二十二条 主管部门应当按照财政部批复的部门预算，分别制定政府集中采购、部门集中采购实施计划。

政府集中采购实施计划，是指主管部门将本部门、本系统属于政府集中采购目录中的采购项目，按照项目构成、使用单位、采购数量、技术规格、使用时间等内容编制的具体采购计划。

部门集中采购实施计划，是指主管部门根据部门集中采购项目和本部门实际，依法制定的部门集中采购项目的具体采购计划。

第二十三条 主管部门应当自接到财政部下达的部门预算之日起40个工作日内，将政府集中采购实施计划和部门集中采购实施计划报财政部备案，并将政府集中采购实施计划抄送集中采购机构组织采购。

第二十四条 中央单位按照预算管理程序调整或补报政府采购预算的，应当及时调整政府集中采购实施计划或部门集中采购实施计划。

第二十五条 未列入政府采购预算、未办理预算调整或补报手续的政府采购项目，不得实施采购。

第四章 政府集中采购管理

第二十六条 中央单位应当将属于政府集中采购目录内的项目，委托集中采购机构代理采购。

第二十七条 中央单位与集中采购机构应当在集中采购开始前签订委托代理协议，明确委托的事项、双方的权利与义务。委托代理协议应当具体确定双方在编制采购文件、确定评标办法与中标标准、组建评标委员会、评标、定标等方面的权利和义务。

中央单位按照自愿原则，可就确定中标人、签订合同、验收等事项委托集中采购机构办理。

集中采购委托代理协议可以按项目签订，也可以按年度签订一揽子协议，具体项目有特殊要求的，再另行签订补充协议。

第二十八条 在政府集中采购实施过程中，集中采购机构应当按照有关规定和委托代理协议约定开展采购活动。

第二十九条 集中采购机构应当坚持规范与效率相结合原则，做好代理采购项目的具体采购工作。其工作人员不得参与、干预或影响具体评标、谈判和询价工作。

第三十条 集中采购机构应当自接到中央单位项目委托后40日内确定中标、成交供应商。经财政部批准采用非招标采购方式进行的紧急采购，应当在15日内确定中标、成交供应商。

第三十一条 协议供货采购、定点采购的采购结果（包括中标产品、配置及价格等），应当在财政部指定的政府采购信息发布媒体上公告，同时以文件形式印发各委托采购的中央单位。

协议供货采购、定点采购应当在投标截止日期后10个工作日内完成中标结果公告和文件印发工作。

第三十二条 中央单位采购协议供货或定点采购项目，一次性采购批量较大的，应当与中标供应商就价格再次谈判或询价。

第三十三条　政府集中采购应当遵循以下工作程序：

（一）编制计划。主管部门接到财政部下达的部门预算后在规定时间内，编制集中采购实施计划并委托负责本部门、本系统政府集中采购的集中采购机构实施采购。

（二）签订委托协议。主管部门与集中采购机构签订委托代理协议，确定委托代理事项，约定双方的权利与义务。

（三）制定操作方案。集中采购机构汇总各中央单位政府集中采购实施计划，并与委托方协商后，制定具体操作方案，包括协议供货采购、定点采购方案。

（四）组织采购。集中采购机构采用公开招标方式或财政部批准的其他采购方式，按照经备案或审批的操作方案开展采购活动。

（五）确定中标、成交结果。集中采购机构被授权确定中标或成交结果的，应当在集中采购工作完成后3个工作日内，将中标结果通知委托方，并发出中标或成交通知书，同时发布中标或成交公告。

集中采购机构不承办确定中标或成交结果事项的，应当在评标、谈判或询价工作完成后，将采购结果报委托方，由委托方确定中标或成交供应商，并发中标或成交通知书和公告。

（六）中央单位应当自中标、成交通知书发出30日内，与中标、成交供应商签订采购合同。

第五章　部门集中采购管理

第三十四条　中央单位的部门集中采购项目，应当实行部门集中采购。主管部门负责部门集中采购的组织实施，部门集中采购事务可以由财务（资金）管理机构具体负责办理，也可以另行明确一个机构具体负责办理。部门集中采购项目的招投标事务，可以委托集中采购机构或其他政府采购代理机构承办。

第三十五条　部门集中采购的评审专家应当从财政部建立的中央单位政府采购评审专家库中抽取，本部门的工作人员不得以评审专家身份参加本部门政府采购项目的评标、谈判或询价工作。

第三十六条　部门集中采购应当遵循以下工作程序：

（一）细化部门集中采购项目。主管部门接到财政部下达的部门预算后，应当进一步明确本部门、本系统实行部门集中采购的项目范围，逐级下达到二级预算单位和基层预算单位。

（二）编制计划。二级预算单位和基层预算单位根据主管部门要求，编制部门集中采购实施计划报主管部门。

（三）制定方案。主管部门汇总所属单位上报的部门集中采购实施计划后，制定具体操作方案。

（四）实施采购。主管部门依法采用相应的采购方式组织采购活动。委托集中采购机构或其他政府采购代理机构代理采购的，应当签订委托代理协议。

（五）采购活动完成后，应当及时确定中标、成交供应商，向其发出中标或成交通知书，同时发布中标、成交公告。

（六）主管部门及其所属单位要在中标、成交通知书发出30日内，与中标、成交供应商签订采购合同。主管部门应当组织采购合同履行及验收工作。

第六章　单位自行采购与其他事项管理

第三十七条　单位自行采购可以由项目使用单位自行组织采购，也可以委托集中采购机构或其他政府采购代理机构代理采购。

第三十八条　单位自行采购应当依据法定的采购方式和程序开展采购活动，完整保存采购文件。

第三十九条　单位自行采购应当按照本办法规定实行备案和审批管理。

第四十条　政府采购应当签订书面合同。采购合同应当由项目使用单位与中标、成交供应商签订，也可以根据具体组织形式委托主管部门、集中采购机构或其他政府采购代理机构与中标、成交供应商签订。

由主管部门、集中采购机构和其他政府采购代理机构与中标、成交供应商签订合同的，应当在合同条款中明确各自的权利和义务。

第四十一条　政府采购合同应当自签订之日起7个工作日内，将合同副本报财政部备案。

第四十二条　中标、成交通知书发出时间超过30日，中央单位或中标、成交供应商任何一方拒绝签订合同的，违约一方应当向对方支付采购文件中规定的违约金。

第四十三条　中央单位、集中采购机构和其他政府采购代理机构应当按照合同约定，对履约情况进行验收。重大采购项目应当委托国家专业检测机构办理验收事务。

履约验收应当依据事先规定的标准和要求，不得增加新的验收内容或标准。凡符合事先确定标准的，即为验收合格。当事人对验收结论有异议的，应当请国家有关专业检测机构进行检测。

第四十四条　政府采购合同订立后，不得擅自变更、中止或者终止。经合同双方当事人协商一致的，可以依法变更合同。

第四十五条　中央单位应当按合同约定及时支付采购资金。实行国库集中支付试点改革的部门，按国库集中支付规定程序办理资金支付；未实行国库集中支付改革试点的部门，按现行办法由中央单位负责支付。

第四十六条　中央单位应当加强政府采购基础管理工作，建立采购文件档案管理制度。

第七章　监督检查

第四十七条　财政部对中央单位政府采购活动实行经常性监督检查制度，依法对中央单位、集中采购机构、其他政府采购代理机构执行政府采购法律、行政法规和规章制度情况进行监督检查。

第四十八条　财政部对中央单位政府采购活动进行经常性监督检查的主要内容是：

（一）政府采购预算和政府采购实施计划的编制和执行情况；

（二）政府集中采购目录和部门集中采购项目的执行情况；

（三）政府采购备案或审批事项的落实情况；

（四）政府采购信息在财政部指定媒体上的发布情况；

（五）政府采购有关法规、制度和政策的执行情况；

（六）内部政府采购制度建设情况；

（七）政府采购合同的订立、履行、验收和资金支付情况；

（八）对供应商询问和质疑的处理情况；

（九）财政部授权事项落实情况；

（十）法律、行政法规和制度规定的其他事项。

第四十九条　财政部对集中采购机构政府采购活动进行经常性监督检查的主要内容是：

（一）内部制度建设和监督制约机制落实情况；

（二）政府集中采购目录执行情况；

（三）政府采购备案审批事项落实情况；

（四）政府采购评审专家抽取和使用情况；

（五）政府采购信息在财政部指定发布媒体上的公告情况；

（六）政府采购工作效率、采购价格和资金节约率情况；

（七）服务质量和信誉状况；

（八）对供应商询问、质疑处理情况；

（九）有关政府集中采购规定和政策执行情况；

（十）法律、行政法规和制度规定的其他事项。

第五十条　主管部门应当对本部门、本系统政府采购工作情况实施监督检查。

第五十一条　集中采购机构应当加强内部管理，建立内部监督制约机制，全面、规范地做好中央单位委托的集中采购事务。

第五十二条　供应商应当依法参加政府采购活动。

财政部对中标供应商履约实施监督管理，对协议供货或定点采购的中标供应商进行监督检查。

第五十三条 供应商对中央单位政府采购活动事项的询问、质疑和投诉，以及对询问、质疑和投诉的答复、处理，按照有关政府采购的法律、行政法规和规章的规定进行。

第五十四条 财政部、监察部和审计署等部门对中央单位政府采购活动中的违法行为，应当按照各自职责依法予以处理。

第八章 附 则

第五十五条 主管部门应当按照本规定制定具体实施办法。

第五十六条 军队武警系统政府采购管理实施办法由其另行制定。

第五十七条 本办法自2004年9月1日起施行。财政部2001年4月9日颁布的《中央单位政府采购管理实施办法》（财库［2001］30号）同时废止。

关于加强中央预算单位政府采购管理有关事项的通知

2012年5月8日 财库〔2012〕49号

党中央有关部门，国务院各部委、各直属机构，全国人大常委会办公厅，全国政协办公厅，高法院，高检院，有关人民团体，新疆生产建设兵团，中央国家机关政府采购中心，中共中央直属机关采购中心，全国人大机关采购中心，中国人民银行集中采购中心，国家税务总局集中采购中心，海关总署物资装备采购中心：

近年来，各中央单位认真贯彻执行《中华人民共和国政府采购法》及相关制度规定，在规范政府采购行为、提高财政资金使用效益、落实政府采购政策功能等方面取得了明显成效。但一些单位不编政府采购预算、超预算超标准采购、规避集中采购以及不严格执行采购程序等问题仍然存在。为贯彻落实中共中央办公厅、国务院办公厅关于进一步做好党政机关厉行节约工作的通知精神，进一步规范中央单位政府采购行为，充分发挥政府采购功能作用，现就加强中央单位政府采购管理的有关事项通知如下：

一、加强和改进政府采购预算管理

中央单位要全面编制政府采购预算，大力推进部门预算细化工作。凡纳入国务院公布的《中央单位政府集中采购目录及标准》（以下简称《集中采购目录及标准》）范围内的集中采购品目和采购限额标准以上项目，都应当按照预算编制文件要求，在部门预算中列明货物、工程和服务的政府采购金额。通用办公设备家具的政府采购预算要根据《财政部关于印发〈中央行政单位通用办公设备家具购置费预算标准（试行）〉的通知》（财行〔2011〕78号）规定编制，其他项目的政府采购预算要根据厉行节约的原则并结合同类项目历史成交结果编制。

中央单位应当严格按照财政部批复的部门预算开展政府采购活动，年度执行中的政府采购预算调整要按规定程序报财政部审核批复。主管部门向财政部申请变更所属单位政府采购方式和采购进口产品等事项时，必须提供相关预算批复文件。对于年初部门预算下达前需要变更政府采购方式和采购进口产品的，由主管部门向财政部国库司提出书面申请，国库司根据财政部部门司审核同意的预算资金落实情况进行办理。对于已经财政部部门司核准概算的中长期预算项目下不同年度的采购项目，国库司在办理政府采购方式变更、进口产品审核时可按同一采购项目处理。

二、强化政府采购计划管理

中央单位在开展政府采购活动前必须按照政府采购预算编制政府采购计划，所有使用财政性资金及配套资金开展的政府采购活动，均要编制采购计划并细化到政府采购项目和品目。对于纳入批量集中采购范围的办公设备、办公用品等品目采购，要按照《关于进一步推进中央单位批量集中采购试点工作的通知》（财办库〔2011〕87 号）要求编制批量采购计划。

中央单位要加强内部需求管理，强化政府采购计划管理中的购置费预算标准审核，对于尚无购置费预算标准的政府采购项目，要结合工作实际需要及历史成交结果进行审核，严禁配备明显超出机关办公基本需求的高档、高配置产品。对于纳入批量集中采购范围的品目，原则上应当根据财政部制定的配置参考确定采购需求，确因特殊需要且预算金额在财政部规定金额以上的采购项目，可以经主管部门同意后确定本次采购项目的特殊配置标准。但不得突破购置费预算标准，不得以特殊用途为由超出预算标准和规避批量集中采购。

三、严格执行政府集中采购规定

中央单位应当严格执行《集中采购目录及标准》，凡纳入《集中采购目录及标准》中的集中采购机构采购品目，应当委托集中采购机构采购，部门集中采购品目中包含集中采购机构采购品目的，也应当委托集中采购机构采购。集中采购机构采购品目达到公开招标限额标准的，中央单位应当委托集中采购机构进行公开招标，严禁通过协议供货或者其他方式化整为零规避公开招标。

对于已纳入批量集中采购范围的品目采购，主管部门要建立内部审核机制，严格控制通过协议供货方式采购的数量，确保本部门（含所属单位，下同）本年度通过协议供货采购的数量不超过规定比例。

四、规范政府采购程序和行为

中央单位要严格按照政府采购法和《政府采购货物服务招标投标管理办法》（财

政部令第18号）及其他相关制度规定组织政府采购招标活动。符合公开招标的采购项目必须按规定程序进行招标，对于同一预算年度内的同一政府采购项目，不得对其相同品目或者相同类别的货物和服务进行拆分，以非公开招标方式进行采购。对个别中央单位有能力自行组织招标采购的，必须报经主管部门批准。严禁在招标文件中列示歧视性条款，不得提出与采购项目无关或过高的资质和业绩要求，参与评标的采购人代表不得引导或干预评标。

中央单位要严格执行政府采购方式审批制度，对未经批准擅自变更采购方式的项目，财政部将不予支付资金。主管部门要严格控制单一来源采购，加强专家论证管理，防止滥用单一来源采购方式。对确需采用单一来源方式采购的，应当按照《财政部关于对中央单位申请单一来源采购实行审核前公示相关问题的通知》（财库〔2011〕130号）的规定执行。

中央单位要加强合同履约管理，做到采购、验收和项目使用单位相分离，严禁出现无故拖延和拒绝验收、不按国库集中支付规定支付资金等行为。

五、进一步落实政府采购政策功能

中央单位要继续带头实施政府采购支持节能环保、采购正版软件以及采购本国产品等政府采购政策。对涉及节能产品和环境标志产品的招标采购项目，要在采购文件中明确优先采购和强制采购的措施，载明对投标产品的相关要求。要严格执行政府采购进口产品管理规定，原则上国内产业已经成熟的产品不得采购进口产品。采购进口产品数量较多的部门，应建立本部门的专家复核制度，对所属单位申请采购进口产品的项目严格把关。

中央单位要根据《中华人民共和国招标投标法实施条例》要求，对实行招标投标的工程建设项目，也要严格执行保护环境、促进中小企业发展以及采购本国产品等政府采购政策。

主管部门要严格按照《财政部　工业和信息化部关于印发政府采购促进中小企业发展暂行管理办法的通知》（财库〔2011〕181号）的规定，统筹安排本部门政府采购促进中小企业发展的各项工作，确保面向中小企业采购的预留采购份额、评审优惠等政策措施的落实，并在财政部指定的政府采购发布媒体公开面向中小企业采购的项目执行情况。

六、切实履行政府采购管理监督责任

主管部门要加大对本部门政府采购工作的管理力度，明确本部门政府采购管理的责任单位，建立健全内部管理制度，加强部门内部政府采购信息化建设，强化对政府采购预算编制、计划申报、批量集中采购以及政策功能实施等工作的执行和管理。要督促所属单位严格执行批量集中采购等政府采购招标结果，及时签订采购合同并按时验收采购产品。

财政部将加强对中央单位政府采购工作的监督检查，完善与审计、监察部门的协作配合机制，开展对政府采购（含政府采购工程建设项目）预算执行情况、政策执行情况的定期检查和专项检查工作，逐步建立日常检查和重点抽查相结合的监督检查机制，并针对监督检查出的问题进行严肃处理。

财政部

2012 年 5 月 8 日

二、

政府采购当事人

（一）采购人

关于发布进一步落实采购人主体责任加强工程类项目采购服务工作指引的通知

国机采〔2024〕9号

各采购人、供应商：

为贯彻落实对工程类项目招标投标、政府采购等领域突出问题开展专项整治工作有关要求，进一步规范政府采购市场秩序，持续优化营商环境，充分落实采购人主体责任，提升采购质量和效率，保持与属地工程招投标相关政策一致性，参照北京市住房城乡建设主管部门有关规定，我们制定了《关于进一步落实采购人主体责任加强工程类项目采购服务的工作指引》。现予公布，请遵照执行。

特此通知。

中央国家机关政府采购中心
2024年4月12日

关于进一步落实采购人主体责任　加强工程类项目采购服务的工作指引

为贯彻落实对工程类项目招标投标、政府采购等领域突出问题开展专项整治工作要求，进一步规范政府采购市场秩序，持续优化营商环境，充分落实采购人主体责任，明确工作标准，方便实际操作，提升采购质量和效率，制定本工作指引。

一、项目委托阶段

（一）提交采购承诺函。采购人委托国采中心进行工程类项目采购时，应提交承诺函（附件 1），承诺在公告及文件发布、采购人评标代表选派、采购结果确认等关键事项按照单位要求严格履行“三重一大”决策程序。

（二）加强项目论证。采购人应依法组织工程类项目采购活动并全面履行项目建设管理职责，对施工图纸及最高投标限价进行论证，保证工程质量和施工安全，强化主体责任。

（三）采购意向公开。采购人委托国采中心的单独采购项目，原则上不得晚于采购活动开始前 30 日在中国政府采购网公开采购意向，其中依据《中华人民共和国招标投标法》必须招标的采购项目，采购人还应于项目首次发布招标公告 30 日前登录北京市公共资源交易服务平台发布招标计划。

（四）采购方式确定。采购人在委托国采中心进行采购前，应当根据项目批复确定采购方式。如果批复未明确采购方式的，应依据相关法律法规，按照项目实际情况，履行采购人主体责任，自主确定采购方式。关于政府采购工程项目有关法律适用问题，采购人应按照《对政府采购工程项目法律适用及申领施工许可证问题的答复》（国法秘财函〔2015〕736 号）和《对政府采购工程项目有关法律适用问题的复函》（财库便函〔2020〕385 号）等文件规定执行。

二、文件编制阶段

（一）提交类似项目业绩。采购人委托国采中心单独采购的工程类项目，在采购文件中要求提交类似项目业绩的，应明确规定类似项目业绩信息来源渠道以住房和城乡建设部全国建筑市场监管公共服务平台（以下简称“四库一平台”）的数据为准。

1. 规范类似项目业绩认定渠道。类似项目业绩证明材料，应通过提交“四库一平台”网页截图的方式实现。“四库一平台”网页截图应体现中标通知书或合同协议书、工程接收证书（或竣工验收备案登记表或单位工程质量竣工验收记录）中的主要信息详情（如项目名称、项目建设单位、建设规模、合同金额、开竣工日期、项目负责人姓名）。如“四库一平台”相关信息不完整的，响应（投标）人需根据上述内容补充其他证明材料。自 2024 年 6 月 1 日起，其他来源获取的业绩不作为项目业绩证明使用。

2. 规范类似项目业绩设定标准。类似项目业绩的设定，应当不高于采购项目特征（建设规模）的 80%。在将类似项目业绩设定为量化评审因素时，企业类似项目的满分业绩一般不应超过 3 个，且年限要求一般不得少于 3 年，博物馆、体育馆等工艺复杂、技术难度高的特殊项目还应根据工程实际适当延长年限限制；人员类似项目的满分业绩一般不应超过2个，且不应有年限限制。

（二）施工组织设计。为进一步精简建设工程响应（投标）文件，规范编制要求，施工采购文件中应明确响应（投标）文件的施工组织设计应针对该项目的关键技术、工艺、重点、难点，国家和地方现有的标准、规范、规程、工法的具体内容无需载入施工组织设计，但采用新工艺、新技术、新工法或招标文件有特殊要求的除外。采购人应在采购文件中明确施工组织设计的页数要求，一般项目施工组织设计页数不宜超过150页，对于技术特别复杂，施工工艺超出国家标准的项目，不宜超过200页。采购人应明确对施工组织设计页数超过采购文件规定的响应（投标）文件采取扣分处理或否决处理。

（三）评分标准设置。对于不属于依据《中华人民共和国招标投标法》必须招标的施工项目，评标办法采用“综合评分法”的，设定评标标准和分值构成时，应当按照“价格分、客观分、主观分”分别设立具体评标因素和分值构成及评标标准。其中价格分、客观分、主观分权重合计为100%，价格分在总得分中所占权重为10%－30%，客观分在总得分中所占权重不低于主观分。采购人如对低价投标进行约束，可以在文件中增加低价澄清要求。业绩情况等作为资格条件时，不再作为评审因素。

三、项目评审阶段

（一）规范采购人评标代表选派。采购人可自主选派采购人评标代表参与评标工作，选派的评标代表一般应当是本单位熟悉相关业务的在职人员，熟悉招标采购有关法规，具有同类项目评审经历，能够充分行使采购人主体权利，履行应尽义务。采购人确有原因无法派出代表的，应出具《采购人放弃派出评审代表的说明》（见附件2），并承担相关责任。

（二）采购人评标代表评审中遵守的事项。遵守评标现场工作纪律，维护评审秩序，保守评审秘密。认真细致地对待评审工作，客观、公正地履行职责，遵守职业道德，对所提出的评审意见承担个人责任。不得对评审项目发表倾向性意见，不得暗示、诱导专家评审。

四、采购结果确认阶段

根据《中华人民共和国政府采购法》和相关法律法规的规定，采购人在收到采购结果告知书和评审报告5个工作日内，需书面确认采购结果，逾期未确定采购结果且不能说明合法理由的，国采中心将向采购人及其纪检监察部门出具高风险事项告知书（见附件3），并将评审报告提出的排序第一的供应商确定为成交供应商，按规定发布成交公告。

五、采购结果公示阶段

（一）采购结果公示。采购结果公示时，公示内容增加《响应（投标）人商务信息公示表》（见附件4），包括响应（投标）人提交的企业类似工程业绩及“在施或新承接工程”（如有），拟派项目负责人和项目技术负责人类似工程业绩、资格、工作年限信息。其中，类似工程业绩内容应包含项目名称、项目建设单位、建设规模、合同金额、开竣工日期、项目负责人姓名等。采购结果公示时，应以列表形式作为附件对上述商务信息进行公示。

（二）履行监督职责。采购人在投诉、举报及评审（评标）结果复核的处理过程中应当充分落实主体责任、履行监督职责，按照“三重一大”决策程序对处理过程中的相关问题进行决策，并提交相关材料。

（三）响应（投标）文件核实。采购人签订合同前需核实中标（成交）供应商投标文件中关于企业及人员资质、相关工程业绩、项目经理在施等相关资料真实性，发现问题及时上报北京市有关行政监督部门，或申请财政监管。

六、其他事项

（一）取消项目委托。项目委托受理后，超过60天仍未启动的，采购人应当出具《取消委托函》（见附件5），取消项目委托，待条件成熟再进行委托。

（二）办理施工许可证。落实建设单位工程质量首要责任，在北京市行政辖区内从事各类房屋建筑及其附属设施的建造、装修装饰和与其配套的线路、管道、设备的安装，以及城镇市政基础设施工程的施工，建设单位应在开工前依法申请领取施工许可证（工程投资额在100万元以下或者建筑面积在300平方米以下的建筑工程除外）。

本指引自发布之日起施行。

本指引将根据实际执行情况进行动态更新调整。

工程相关的货物、服务采购参照本指引执行。

附件：1.《承诺函》

2.《采购人放弃派出评审代表的说明》

3.《高风险事项告知书》

4.《响应（投标）人商务信息公示表》

5.《取消委托函》

附件 1

承诺函

我单位作为____________________________（工程项目名称）采购人，现就有关事项共同郑重承诺如下：

一、我单位是本工程项目采购活动的组织者、采购结果的使用者，是采购活动的责任主体，对采购过程和结果负责。我单位将严格落实主体责任，在本项目采购计划、采购公告、采购人评标代表选派、采购文件、采购结果确认等关键事项按照单位要求严格履行“三重一大”决策程序，全面履行项目建设管理职责，严格执行国家和北京市有关法律法规，遵照公开、公平、公正和诚实信用原则依法规范开展采购活动，并按照平等、自愿、诚实信用原则由采购人与中标（成交）供应商订立书面合同。

二、具备工程项目采购所需的设计图纸、技术资料、工程资金或者资金来源已经落实。承诺严格按照国家和北京市的工程量清单计量计价文件编制工程量清单和最高投标限价，我单位对施工图纸和最高投标限价进行论证，保障施工质量和安全。

三、经我单位授权的经办人员方可代表我单位沟通采购活动相关事宜。

四、我单位纪检监察和内部审计部门对本工程项目采购活动中采购人代表行为、采购结果确认、投诉和举报处理等重点工作进行监督检查。

五、依法设置响应（投标）人资格条件和相关要求，不发生限制、排斥或者歧视潜在响应（投标）人情况。

六、遵守采购保密规定，依法组织实施开标、评审、确定采购结果，不与响应（投标）人串通投标，不干预评审活动，不违规确定中标（成交）供应商。

七、本工程项目启动采购后，不随意终止采购，在未取得施工许可证之前不进行施工，工程建设项目施工过程接受北京市质量安全监督。

八、不违法发包工程，按照合同约定及时结算、支付工程款，确保本工程不发生因拖欠工程款导致的农民工讨薪群体性事件。

九、本工程项目填报的信息以及上传的相关文件均真实有效，无任何隐瞒和欺骗行为。

十、本承诺内容均已报送我单位党组织和纪检监察部门确认。

我单位自愿接受相关行政主管部门依法实施的监督，如违反上述承诺或有其他违法违规行为，承担由此引起的一切后果和相应的法律责任。

采购人（单位公章）：

法定代表人（签章）：

年　月　日

附件 2

采购人放弃派出评审代表的说明

中央国家机关政府采购中心（工程处）：

经单位集体研究，并严格履行“三重一大”决策程序后，我单位决定委托办理的（项目名称及项目编号）评审不派评标代表参加，理由如下：

1. ******

2. ******

我单位将严格履行采购人主体责任，若出现项目质疑投诉、监督检查等情况，我单位将承担相关责任。

特此说明。

采购人单位名称（盖章）

年　月　日

附件 3

高风险事项告知书

（采购人单位名称）：

经研判，我中心认为你单位委托办理的（项目名称及项目编号）中以下事项为高风险事项。

1. ******

2. ******

因以上事项引起的项目质疑投诉，由你单位依法承担主体责任。

特此告知。

中央国家机关政府采购中心（工程处）

年　月　日

附件 4

响应（投标）人商务信息公示表

<table>
<tr><th>编号</th><th>响应（投标）人名称</th><th colspan="2">企业业绩</th><th>在施或新承接工程（如有）</th><th colspan="3">拟派项目负责人</th><th colspan="3">技术负责人（如有）</th></tr>
<tr><td></td><td></td><td>业绩 1</td><td>项目名称：
建设单位：
建设规模：
合同金额：
开竣工日期：
项目负责人：</td><td>项目名称：
建设单位：
建设规模：
合同金额：
开竣工日期：
项目负责人：</td><td rowspan="2">业绩</td><td>业绩 1</td><td>项目名称：
建设单位：
建设规模：
合同金额：
开竣工日期：</td><td rowspan="2">业绩</td><td>业绩 1</td><td>项目名称：
建设单位：
建设规模：
合同金额：
开竣工日期：</td></tr>
<tr><td></td><td></td><td>业绩 2</td><td>项目名称：
建设单位：
建设规模：
合同金额：
开竣工日期：
项目负责人：</td><td>项目名称：
建设单位：
建设规模：
合同金额：
开竣工日期：
项目负责人：</td><td>业绩 2</td><td>项目名称：
建设单位：
建设规模：
合同金额：
开竣工日期：</td><td>业绩 2</td><td>项目名称：
建设单位：
建设规模：
合同金额：
开竣工日期：</td></tr>
<tr><td rowspan="2"></td><td rowspan="2"></td><td rowspan="2">业绩 3</td><td rowspan="2">项目名称：
建设单位：
建设规模：
合同金额：
开竣工日期：
项目负责人：</td><td rowspan="2">项目名称：
建设单位：
建设规模：
合同金额：
开竣工日期：
项目负责人：</td><td>工作年限</td><td colspan="2"></td><td>工作年限</td><td colspan="2"></td></tr>
<tr><td>资格</td><td colspan="2">建造师姓名，专业、等级、注册证书编号</td><td>资格</td><td colspan="2">姓名、职称、专业</td></tr>
</table>

附件 5

取消委托函

中央国家机关政府采购中心（工程处）：

我单位委托你中心组织采购的(项目名称及项目编号)，由于(说明取消委托的理由)原因，取消此次采购委托。

特此告知。

采购单位（招标人）（公章）：
负责人签字：
年 月 日

（二）供应商

公平竞争审查条例

（《公平竞争审查条例》已经2024年5月11日国务院第32次常务会议通过，中华人民共和国国务院令第783号，现予公布，自2024年8月1日起施行。）

第一章　总　　则

第一条　为了规范公平竞争审查工作，促进市场公平竞争，优化营商环境，建设全国统一大市场，根据《中华人民共和国反垄断法》等法律，制定本条例。

第二条　起草涉及经营者经济活动的法律、行政法规、地方性法规、规章、规范性文件以及具体政策措施（以下统称政策措施），行政机关和法律、法规授权的具有管理公共事务职能的组织（以下统称起草单位）应当依照本条例规定开展公平竞争审查。

第三条　公平竞争审查工作坚持中国共产党的领导，贯彻党和国家路线方针政策和决策部署。

国家加强公平竞争审查工作，保障各类经营者依法平等使用生产要素、公平参与市场竞争。

第四条　国务院建立公平竞争审查协调机制，统筹、协调和指导全国公平竞争审查工作，研究解决公平竞争审查工作中的重大问题，评估全国公平竞争审查工作情况。

第五条　县级以上地方人民政府应当建立健全公平竞争审查工作机制，保障公平竞争审查工作力量，并将公平竞争审查工作经费纳入本级政府预算。

第六条　国务院市场监督管理部门负责指导实施公平竞争审查制度，督促有关部门和地方开展公平竞争审查工作。

县级以上地方人民政府市场监督管理部门负责在本行政区域组织实施公平竞争审查制度。

第七条 县级以上人民政府将公平竞争审查工作情况纳入法治政府建设、优化营商环境等考核评价内容。

第二章 审查标准

第八条 起草单位起草的政策措施，不得含有下列限制或者变相限制市场准入和退出的内容：

（一）对市场准入负面清单以外的行业、领域、业务等违法设置审批程序；

（二）违法设置或者授予特许经营权；

（三）限定经营、购买或者使用特定经营者提供的商品或者服务（以下统称商品）；

（四）设置不合理或者歧视性的准入、退出条件；

（五）其他限制或者变相限制市场准入和退出的内容。

第九条 起草单位起草的政策措施，不得含有下列限制商品、要素自由流动的内容：

（一）限制外地或者进口商品、要素进入本地市场，或者阻碍本地经营者迁出，商品、要素输出；

（二）排斥、限制、强制或者变相强制外地经营者在本地投资经营或者设立分支机构；

（三）排斥、限制或者变相限制外地经营者参加本地政府采购、招标投标；

（四）对外地或者进口商品、要素设置歧视性收费项目、收费标准、价格或者补贴；

（五）在资质标准、监管执法等方面对外地经营者在本地投资经营设置歧视性要求；

（六）其他限制商品、要素自由流动的内容。

第十条 起草单位起草的政策措施，没有法律、行政法规依据或者未经国务院批准，不得含有下列影响生产经营成本的内容：

（一）给予特定经营者税收优惠；

（二）给予特定经营者选择性、差异化的财政奖励或者补贴；

（三）给予特定经营者要素获取、行政事业性收费、政府性基金、社会保险费等方面的优惠；

（四）其他影响生产经营成本的内容。

第十一条 起草单位起草的政策措施，不得含有下列影响生产经营行为的内容：

（一）强制或者变相强制经营者实施垄断行为，或者为经营者实施垄断行为提供便利条件；

（二）超越法定权限制定政府指导价、政府定价，为特定经营者提供优惠价格；

（三）违法干预实行市场调节价的商品、要素的价格水平；

（四）其他影响生产经营行为的内容。

第十二条 起草单位起草的政策措施，具有或者可能具有排除、限制竞争效果，但符合下列情形之一，且没有对公平竞争影响更小的替代方案，并能够确定合理的实施期限或者终止条件的，可以出台：

（一）为维护国家安全和发展利益的；

（二）为促进科学技术进步、增强国家自主创新能力的；

（三）为实现节约能源、保护环境、救灾救助等社会公共利益的；

（四）法律、行政法规规定的其他情形。

第三章　审查机制

第十三条　拟由部门出台的政策措施，由起草单位在起草阶段开展公平竞争审查。

拟由多个部门联合出台的政策措施，由牵头起草单位在起草阶段开展公平竞争审查。

第十四条　拟由县级以上人民政府出台或者提请本级人民代表大会及其常务委员会审议的政策措施，由本级人民政府市场监督管理部门会同起草单位在起草阶段开展公平竞争审查。起草单位应当开展初审，并将政策措施草案和初审意见送市场监督管理部门审查。

第十五条　国家鼓励有条件的地区探索建立跨区域、跨部门的公平竞争审查工作机制。

第十六条　开展公平竞争审查，应当听取有关经营者、行业协会商会等利害关系人关于公平竞争影响的意见。涉及社会公众利益的，应当听取社会公众意见。

第十七条　开展公平竞争审查，应当按照本条例规定的审查标准，在评估对公平竞争影响后，作出审查结论。

适用本条例第十二条规定的，应当在审查结论中详细说明。

第十八条　政策措施未经公平竞争审查，或者经公平竞争审查认为违反本条例第八条至第十一条规定且不符合第十二条规定情形的，不得出台。

第十九条　有关部门和单位、个人对在公平竞争审查过程中知悉的国家秘密、商业秘密和个人隐私，应当依法予以保密。

第四章　监督保障

第二十条　国务院市场监督管理部门强化公平竞争审查工作监督保障，建立健全公平竞争审查抽查、举报处理、督查等机制。

第二十一条　市场监督管理部门建立健全公平竞争审查抽查机制，组织对有关政策措施开展抽查，经核查发现违反本条例规定的，应当督促起草单位进行整改。

市场监督管理部门应当向本级人民政府报告抽查情况，抽查结果可以向社会公开。

第二十二条 对违反本条例规定的政策措施，任何单位和个人可以向市场监督管理部门举报。市场监督管理部门接到举报后，应当及时处理或者转送有关部门处理。

市场监督管理部门应当向社会公开受理举报的电话、信箱或者电子邮件地址。

第二十三条 国务院定期对县级以上地方人民政府公平竞争审查工作机制建设情况、公平竞争审查工作开展情况、举报处理情况等开展督查。国务院市场监督管理部门负责具体实施。

第二十四条 起草单位未依照本条例规定开展公平竞争审查，经市场监督管理部门督促，逾期仍未整改的，上一级市场监督管理部门可以对其负责人进行约谈。

第二十五条 未依照本条例规定开展公平竞争审查，造成严重不良影响的，对起草单位直接负责的主管人员和其他直接责任人员依法给予处分。

第五章 附 则

第二十六条 国务院市场监督管理部门根据本条例制定公平竞争审查的具体实施办法。

第二十七条 本条例自 2024 年 8 月 1 日起施行。

国务院办公厅关于聚焦企业关切进一步推动优化营商环境政策落实的通知

国办发〔2018〕104号

各省、自治区、直辖市人民政府，国务院各部委、各直属机构：

党中央、国务院高度重视深化“放管服”改革、优化营商环境工作，近年来部署出台了一系列有针对性的政策措施，优化营商环境工作取得积极成效。但同时我国营商环境仍存在一些短板和突出问题，企业负担仍需降低，小微企业融资难融资贵仍待缓解，投资和贸易便利化水平仍有待进一步提升，审批难审批慢依然存在，一些地方监管执法存在“一刀切”现象，产权保护仍需加强，部分政策制定不科学、落实不到位等。目前亟需以市场主体期待和需求为导向，围绕破解企业投资生产经营中的“堵点”、“痛点”，加快打造市场化、法治化、国际化营商环境，增强企业发展信心和竞争力。经国务院同意，现将有关事项通知如下：

一、坚决破除各种不合理门槛和限制，营造公平竞争市场环境

（一）进一步减少社会资本市场准入限制。发展改革委、商务部要牵头负责在2018年底前修订并全面实施新版市场准入负面清单，推动“非禁即入”普遍落实。发展改革委要加强协调指导督促工作，有关部门和地方按职责分工尽快在民航、铁路、公路、油气、电信等领域，落实一批高质量的项目吸引社会资本参与。发展改革委、财政部要牵头继续规范有序推进政府和社会资本合作（PPP）项目建设，在核查清理后的PPP项目库基础上，加大对符合规定的PPP项目推进力度，督促地方政府依法依规落实已承诺的合作条件，加快项目进度。发展改革委要组织开展招投标领域专项整治，消除在招投标过程中对不同所有制企业设置的各类不合理限制和壁垒，严格落实《必须招标的工程项目规定》，赋予社会投资的房屋建筑工程建设单位发包自主权。

（二）推动缓解中小微企业融资难融资贵问题。人民银行要牵头会同有关部门疏通货币信贷政策传导机制，综合运用多种工具，细化监管措施，强化政策协调，提高政策精准度，稳定市场预期。抓好支小再贷款、中小企业高收益债券、小微企业金融债券、知识产权质押融资等相关政策落实。银保监会要抓紧制定出台鼓励银行业金融机构对民营企业加大信贷支持力度，不盲目停贷、压贷、抽贷、断贷的政策措施，防止对民营企业随意减少授信、抽贷断贷“一刀切”等做法；建立金融机构绩效考核与小微信贷投放挂钩的激励机制，修改完善尽职免责实施办法。财政部、人力资源社会保障部、人民银行要指导各地区加大创业担保贷款贴息资金支持。各地区要通过设立创业启动基金等方式，支持高校毕业生等群体创业创新。银保监会、税务总局要积极推进“银税互动”，鼓励商业银行依托纳税信用信息创新信贷产品，推动税务、银行信息互联互通，缓解小微企业融资难题。银保监会要督促有关金融机构坚决取消和查处各类违规手续费，除银团贷款外，不得向小微企业收取贷款承诺费、资金管理费，严格限制向小微企业收取财务顾问费、咨询费等费用，减少融资过程中的附加费用，降低融资成本。

（三）清理地方保护和行政垄断行为。市场监管总局、发展改革委要在2018年底前组织各地区、各有关部门完成对清理废除妨碍统一市场和公平竞争政策文件、执行公平竞争审查制度情况的自查，并向全社会公示，接受社会监督；2019年修订《公平竞争审查制度实施细则（暂行）》。市场监管总局要牵头负责在2018年底前清理废除现有政策措施中涉及地方保护、指定交易、市场壁垒等的内容，查处并公布一批行政垄断案件，坚决纠正滥用行政权力排除、限制竞争行为。

（四）加强诚信政府建设。各地区、各部门要把政府诚信作为优化营商环境的重要内容，建立健全“政府承诺+社会监督+失信问责”机制，凡是对社会承诺的服务事项，都要履行约定义务，接受社会监督，没有执行到位的要有整改措施并限期整改，对整改不到位、严重失职失责的要追究责任。发展改革委要监测评价城市政务诚信状况，组织开展政府机构失信问题专项治理。各地区要梳理政府对企业失信事项，提出依法依规限期解决的措施，治理“新官不理旧账”等问题，研究建立因政府规划调整、政策变化造成企业合法权益受损的补偿救济机制。同时，要加大政府欠款清偿力度。

二、推动外商投资和贸易便利化，提高对外开放水平

（五）切实保障外商投资企业公平待遇。发展改革委、商务部要在2019年3月底前，全面清理取消在外商投资准入负面清单以外领域针对外资设置的准入限制，实现市场准入内外资标准一致，落实以在线备案为主的外商投资管理制度，并组织对外资

企业在政府采购、资金补助、资质许可等方面是否享有公平待遇进行专项督查。商务部要督促各地区2018年底前在省级层面建立健全外资投诉处理机制，及时回应和解决外资企业反映的问题。商务部、发展改革委、司法部要组织各地区和各有关部门，2019年完成与现行开放政策不符的法规、规章和规范性文件的废止或修订工作。司法部、商务部、发展改革委要加快推动统一内外资法律法规，制定外资基础性法律。

（六）进一步促进外商投资。发展改革委要会同有关部门积极推进重大外资项目建设，将符合条件的外资项目纳入重大建设项目范围，或依申请按程序加快调整列入相关产业规划，给予用地、用海审批等支持，加快环评审批进度，推动项目尽快落地。发展改革委、商务部要在2019年3月底前完成《外商投资产业指导目录》和《中西部地区外商投资优势产业目录》修订工作，扩大鼓励外商投资范围。财政部、税务总局、发展改革委、商务部要在2018年底前制定出台征管办法等政策文件，督促各地区严格执行外商再投资暂不征收预提所得税政策适用范围从鼓励类外资项目扩大至所有非禁止项目和领域的要求。

（七）降低进出口环节合规成本和推进通关便利化。财政部要会同市场监管总局、海关总署、交通运输部、发展改革委、商务部抓紧建立并启动相关工作机制，指导督促各地区认真落实国务院确定的降低集装箱进出口环节合规成本的要求，抓紧制定公布口岸收费目录清单，加强督促检查，确保落实到位。海关总署要牵头商有关部门进一步优化通关流程和作业方式，推动精简进出口环节监管证件，能退出口岸验核的退出，2018年底前整体通关时间比2017年压减1/3，到2021年压减1/2。商务部要尽快完成进口许可管理货物目录调整，减去已无必要监管的产品。

（八）完善出口退税政策，加快出口退税进度。财政部、税务总局要抓紧制定出台完善出口退税政策的操作文件，简并退税率，提高部分商品出口退税率，推动实体经济降成本、保持外贸稳定增长。税务总局、海关总署等部门要加强合作，进一步加快出口退税进度，对信用评级高、纳税记录好的企业简化手续、缩短退税时间；全面推行无纸化退税申报，提高退税审核效率，确保2018年底前将办理退税平均时间由目前13个工作日缩短至10个工作日；尽快实现电子退库全联网全覆盖，实现申报、证明办理、核准、退库等业务网上办理。同时，要采取切实有效的措施防范和坚决打击骗取出口退税行为。

三、持续提升审批服务质量，提高办事效率

（九）进一步简化企业投资审批。发展改革委要牵头优化投资项目审批流程，2018年底前公布投资审批事项统一名称和申请材料，2019年实现各类投资审批在线并联办理；2019年出台指导地方开展投资项目承诺制改革的文件，实现政府定标准、

企业作承诺、过程强监管、失信有惩戒，大幅压缩投资项目落地时间。住房城乡建设部要牵头推进工程建设项目审批制度改革，会同发展改革委、人力资源社会保障部、应急部等有关部门，在2018年底前完成《房屋建筑和市政基础设施工程施工图设计文件审查管理办法》、《建设工程消防监督管理规定》、《关于进一步做好建筑业工伤保险工作的意见》等部门规章、规范性文件和标准规范修订工作，精简取消部分审批前置条件，推动将消防设计审核、人防设计审查等纳入施工图联审，进一步压减工程建设项目审批时限；同时，再提出一批优化精简工程建设项目审批相关法律法规和政策文件的修改建议。2019年在全国开展全流程、全覆盖的工程建设项目审批制度改革，指导地方统一审批流程，通过精简审批事项和条件、下放审批权限、合并审批事项、调整审批时序、转变管理方式、推行告知承诺制等措施，完善审批体系，努力实现“一张蓝图”统筹项目实施、“一个系统”实施统一管理、“一个窗口”提供综合服务、“一张表单”整合申报材料、“一套机制”规范审批运行。有条件的地方可探索试行新批工业用地“标准地”制度，用地企业可直接开工建设，不再需要各类审批，建成投产后，有关部门按照既定标准与法定条件验收。

（十）深化商事制度改革。国务院审改办、市场监管总局要会同有关部门按时在全国范围内对第一批106项涉企行政审批事项开展“证照分离”改革，逐一制定出台直接取消审批、审批改为备案、实行告知承诺或优化准入服务的具体办法和加强事中事后监管的措施，并于2018年11月10日前向社会公开。要按照涉企许可证全覆盖的要求，抓紧梳理形成中央设定的涉及市场准入的行政审批事项清单，并组织各地区梳理地方设定的各类审批事项，在自贸试验区率先实现“证照分离”改革全覆盖，条件成熟后在全国推广。市场监管总局要会同税务总局、人力资源社会保障部等有关部门，在全面梳理企业注销各环节办理事项基础上，2018年底前研究提出疏解“堵点”、优化流程的改革措施，编制公布统一的企业注销操作指南，破解企业注销难题。

（十一）进一步压减行政许可等事项。2018年底前，国务院审改办要牵头组织各部门对现有行政许可事项进行一次全面清理论证，再推动取消部分行政许可事项，2019年3月底前修订公布新的行政许可事项清单，清单外许可事项一律视作违规审批。国务院审改办要在2019年组织各地区、各有关部门清理各类变相审批和许可，对以备案、登记、注册、目录、年检、监制、认定、认证、专项计划等形式变相设置审批的违规行为进行整治。国务院审改办要组织有关部门试点开展现有行政许可的成本和效果评估，充分听取企业、公众、专家学者的意见，并根据评估结果，及时调整完善相关许可。

（十二）加快制定政务服务事项清单和推进政务服务标准化。国务院办公厅要督促各地区抓紧以省为单位公布各层级政府“马上办、网上办、就近办、一次办”审批服务事项目录，协调各有关方面加快编制全国标准统一的行政权力事项目录清单，推动各地区、各部门编制公共服务事项清单。国务院办公厅、发展改革委要督促各地区、各部门提升政务服务质量，加快推进全国一体化在线政务服务平台建设，制定统一的审批服务事项编码、规范标准、办事指南和时限，消除模糊条款，优化审批服务流程，制作易看易懂、实用简便的办理流程图（表），2019 年统一事项办理标准。同时，督促各地区、各部门建立政务服务满意度调查机制，并纳入绩效考核。

四、进一步减轻企业税费负担，降低企业生产经营成本

（十三）清理物流、认证、检验检测、公用事业等领域经营服务性收费。发展改革委、交通运输部、公安部、市场监管总局、生态环境部要组织落实货车年审、年检和尾气排放检验“三检合一”等政策，2018 年底前公布货车“三检合一”检验检测机构名单，全面实现“一次上线、一次检测、一次收费”。公安部、市场监管总局要查处整治公章刻制领域行政垄断案件，严禁各地公安机关指定公章刻制企业，纠正和制止垄断经营、强制换章、不合理收费等现象。市场监管总局要在 2018 年底前再取消 10% 以上实行强制性认证的产品种类或改为以自我声明方式实施，科学合理简化认证管理单元，减少认证证书种类，提升认证、检测“一站式”、“一体化”服务能力；增加认证机构数量，引导和督促认证机构降低收费标准。对教育、医疗、电信、金融、公证、供水供电等公共服务领域收费，各行业主管部门要加强监督检查，重点检查是否存在收费项目取消后继续收取或变相收取、越权违规设立收费项目、擅自扩大收费范围和提高收费标准等行为，发现问题要严肃整改问责。

（十四）整治政府部门下属单位、行业协会商会、中介机构等乱收费行为。发展改革委、市场监管总局要牵头会同有关行业主管部门，依法整治“红顶中介”，督促有关部门和单位取消违法违规收费、降低收费标准，坚决纠正行政审批取消后由中介机构和部门下属单位变相审批及违法违规收费、加重企业负担等现象。发展改革委、市场监管总局要督促指导各有关部门在 2019 年 3 月底前，对本部门下属单位涉企收费情况进行一次全面清理，整顿政府部门下属单位利用行政权力违规收费行为。人民银行、银保监会、证监会要推动中国银行间市场交易商协会、中国支付清算协会、中国证券投资基金业协会、中国互联网金融协会等金融类协会规范合理收取会费、服务费，减轻企业负担。民政部、市场监管总局、发展改革委、财政部、国资委要在 2018 年底前部署检查行业协会商会收费情况，纠正不合理收费和强制培训等行为，并建立健全行业协会商会乱收费投诉举报和查处机制。

（十五）规范降低涉企保证金和社保费率，减轻企业负担。工业和信息化部、财政部要牵头组织有关部门，清理没有法律、行政法规依据或未经国务院批准的涉企保证金，严格执行已公布的涉企保证金目录清单，进一步降低涉企保证金缴纳标准，推

广以银行保函替代现金缴纳保证金。市场监管总局要牵头会同有关部门，加强对厂房租金的监督检查和指导工作，各地区要落实管控责任，切实做好管控工作，严厉打击囤积厂房、哄抬租金等违规行为，对问题严重的地方要严肃追究责任。财政部要抓紧研究提出进一步降低企业税负的具体方案。人力资源社会保障部、财政部、税务总局、医保局等部门要根据国务院有关部署，抓紧制定出台降低社保费率的具体实施办法，做好相关准备工作，与征收体制改革同步实施，确保总体上不增加企业负担。

五、大力保护产权，为创业创新营造良好环境

（十六）加快知识产权保护体系建设。知识产权局要采取措施提高专利、商标注册审查质量和效率，全面推进商标注册全程电子化，确保2018年底前将商标注册审查周期压缩至6个月、高价值专利审查周期压减10%以上。市场监管总局要会同公安部、农业农村部、海关总署、知识产权局等有关部门在2018年底前制定出台对网购、进出口等重点领域加强知识产权执法的实施办法；对侵犯商业秘密、专利商标地理标志侵权假冒、网络盗版侵权等违法行为开展集中整治。知识产权局要牵头实施“互联网+”知识产权保护工作方案，引导电商平台运用“互联网+”高效处理侵权假冒投诉，在进出口环节知识产权保护工作中推进线上信息共享、办案咨询、案件协查。司法部、市场监管总局、知识产权局要积极配合加快推进专利法修订实施工作，推动建立侵权惩罚性赔偿制度，解决知识产权侵权成本低、维权成本高问题。商务部、知识产权局要加强对中小微企业知识产权海外维权的援助。

（十七）加快落实各项产权保护措施。发展改革委、司法部要督促各地区、各部门抓紧完成不利于产权保护的规章、规范性文件清理工作，2018年底前将清理情况汇总报国务院。发展改革委要配合高法院继续加大涉产权冤错案件甄别纠正力度，2019年6月底前再审理公布一批有代表性、有影响力的产权纠纷申诉案件。

六、加强和规范事中事后监管，维护良好市场秩序

（十八）加强事中事后监管。国务院办公厅、市场监管总局要会同有关部门抓紧研究制定加强和规范事中事后监管的指导意见，落实放管结合、并重的要求，在持续深化简政放权的同时，进一步强化事中事后监管，建立健全适合我国高质量发展要求、全覆盖、保障安全的事中事后监管制度，夯实监管责任，健全监管体系，创新监管方式，完善配套政策，寓监管于服务之中，不断提高事中事后监管的针对性和有效性，规范市场秩序，进一步激发市场活力。

（十九）创新市场监管方式。各有关部门要进一步转变理念，创新工作方法，根

据自身职责加强和创新事中事后监管，积极推进“双随机、一公开”监管、信用监管、大数据监管、“告知承诺＋事中事后监管”等新型监管方式，既提高监管效能，又切实减少对企业的干扰。市场监管总局要在2018年底前研究制定在市场监管领域全面推行部门联合“双随机、一公开”监管的指导意见。加快深化质量认证制度改革，规范认证行业发展，通过质量认证和监管、完善标准规范，促进企业提品质、创品牌，让群众放心消费。发展改革委要会同有关部门加快信用体系建设，2018年底前完成50个以上重点领域联合奖惩备忘录。国务院办公厅要牵头会同各有关部门和各地区加快推进“互联网＋监管”系统建设，力争2019年9月底前与国家政务服务平台同步上线运行。

（二十）坚决纠正“一刀切”式执法，规范自由裁量权。生态环境部要加强分类指导、精准施策，及时纠正一些地区以环保检查为由“一刀切”式关停企业的做法，并严肃追责。生态环境部、交通运输部、农业农村部、文化和旅游部、市场监管总局等部门要依法精简行政处罚事项，分别制定规范执法自由裁量权的办法，指导各地区细化、量化行政处罚标准，防止执法随意、标准不一等现象。财政部要督促将各级行政执法机关办案经费按规定纳入预算管理，禁止将罚没收入与行政执法机关利益挂钩，对违规行为进行整改和问责。

七、强化组织领导，进一步明确工作责任

（二十一）提高认识，进一步明确抓落实的责任。各地区、各部门要以习近平新时代中国特色社会主义思想为指导，认真贯彻落实党中央、国务院决策部署，坚持稳中求进工作总基调，将优化营商环境、减轻企业负担、解决企业反映的突出问题作为稳就业、稳金融、稳外贸、稳外资、稳投资、稳预期的重要措施，想企业所想，急企业所急，消除制约企业发展的各种障碍，进一步增强企业发展信心和动力，确保今年经济社会发展各项目标任务全面如期完成。主要领导同志要亲自负责，分管领导同志要具体抓到位，并层层明确落实责任。各有关部门要进一步细化抓落实的措施，制定落实上述政策的具体实施办法，明确责任人、实施主体、实施时间、实施要求，确保各项政策取得实效。

（二十二）落实地方政府责任。各省（区、市）政府要按照本通知精神，认真梳理分析本地区营商环境存在的突出问题，找准政策落实中的“堵点”，切实承担优化本地区营商环境的职责，结合实际有针对性地制定出台落实有关政策的具体办法。同时，要主动对标先进，相互学习借鉴，进一步深化“放管服”改革，探索推出更多切实管用的改革举措，降低制度性交易成本，不断优化营商环境。

（二十三）组织开展营商环境评价。发展改革委要牵头在2018年底前构建营商环

境评价机制，通过引入第三方等方式在22个城市开展试评价；2019年在各省（区、市）以及计划单列市、副省级城市、省会城市、若干地级市开展营商环境评价，编制发布《中国营商环境报告》；2020年在全国地级及以上城市开展营商环境评价。

（二十四）增强政策制定实施的科学性和透明度。各有关部门要加强调查研究和科学论证，提高政策质量，增强政策稳定性。对企业高度关注的行业规定或限制性措施调整要设置合理过渡期，防止脱离实际、层层加码。科学审慎研判拟出台政策的预期效果和市场反应，统筹把握好政策出台时机和力度，防止政策效应叠加共振或相互抵消，避免给市场造成大的波动。各地区、各有关部门要在2018年底前建立健全企业家参与涉企政策制定机制，制定出台政府重大经济决策主动向企业家和行业协会商会问计求策的操作办法，完善与企业的常态化联系机制。

（二十五）强化政策宣传解读和舆论引导。各地区、各部门要对已出台的优化营商环境政策措施及时跟进解读，准确传递权威信息和政策意图，并向企业精准推送各类优惠政策信息，提高政策可及性。对于市场主体关注的重点难点问题，要及时研究解决，回应社会关切，合理引导预期。要总结推广基层利企便民的创新典型做法，借鉴吸收国内外有益经验，进一步推动形成竞相优化营商环境的良好局面。

（二十六）加强对政策落实的督促检查。凡是与上述政策要求不符的文件，要及时进行修订，防止出现惠企政策被原有规定堵住、卡壳等现象。各地区、各部门要按照规定时限，向社会公布落实政策的具体措施，接受社会监督，并进行自查。各地区要在2018年底前设立营商环境投诉举报和查处回应制度，及时纠正发现的问题，并公开曝光营商环境反面典型案例。各地区、各部门要将有关落实情况报国务院。

国务院办公厅

2018年10月29日

财政部关于促进政府采购公平竞争优化营商环境的通知

2019年7月26日　财库〔2019〕38号

各中央预算单位，各省、自治区、直辖市、计划单列市财政厅（局），新疆生产建设兵团财政局：

为贯彻落实中央深改委审议通过的《深化政府采购制度改革方案》和《国务院办公厅关于聚焦企业关切进一步推动优化营商环境政策落实的通知》（国办发〔2018〕104号）有关要求，构建统一开放、竞争有序的政府采购市场体系，现就促进政府采购领域公平竞争、优化营商环境相关事项通知如下：

一、全面清理政府采购领域妨碍公平竞争的规定和做法

各地区、各部门应当严格落实《中华人民共和国政府采购法》等相关法律法规的要求，依法保障各类市场主体平等参与政府采购活动的权利。要全面清理政府采购领域妨碍公平竞争的规定和做法，重点清理和纠正以下问题：

（一）以供应商的所有制形式、组织形式或者股权结构，对供应商实施差别待遇或者歧视待遇，对民营企业设置不平等条款，对内资企业和外资企业在中国境内生产的产品、提供的服务区别对待；

（二）除小额零星采购适用的协议供货、定点采购以及财政部另有规定的情形外，通过入围方式设置备选库、名录库、资格库作为参与政府采购活动的资格条件，妨碍供应商进入政府采购市场；

（三）要求供应商在政府采购活动前进行不必要的登记、注册，或者要求设立分支机构，设置或者变相设置进入政府采购市场的障碍；

（四）设置或者变相设置供应商规模、成立年限等门槛，限制供应商参与政府采

购活动；

（五）要求供应商购买指定软件，作为参加电子化政府采购活动的条件；

（六）不依法及时、有效、完整发布或者提供采购项目信息，妨碍供应商参与政府采购活动；

（七）强制要求采购人采用抓阄、摇号等随机方式或者比选方式选择采购代理机构，干预采购人自主选择采购代理机构；

（八）设置没有法律法规依据的审批、备案、监管、处罚、收费等事项；

（九）除《政府采购货物和服务招标投标管理办法》第六十八条规定的情形外，要求采购人采用随机方式确定中标、成交供应商；

（十）违反法律法规相关规定的其他妨碍公平竞争的情形。

各地区、各部门要抓紧清理政府采购领域妨碍公平竞争的规定和做法，有关清理结果要及时向社会公开，并于2019年10月31日前报送财政部。

二、严格执行公平竞争审查制度

各地区、各部门制定涉及市场主体的政府采购制度办法，要严格执行公平竞争审查制度，充分听取市场主体和相关行业协会商会意见，评估对市场竞争的影响，防止出现排除、限制市场竞争问题。重点审查制度办法是否设置不合理和歧视性的准入条件排斥潜在供应商参与政府采购活动，是否设置没有法律法规依据的行政审批或者具有审批性质的备案，是否违规给予特定供应商优惠待遇等。经审查认为不具有排除、限制竞争效果的，可以颁布实施；具有排除、限制竞争效果的，应当不予出台或者调整至符合相关要求后出台；未经公平竞争审查的，不得出台。

在政府采购相关制度办法实施过程中，应当定期或者适时评估其对全国统一市场和公平竞争的影响，对妨碍统一市场和公平竞争的，要及时修改完善或者予以废止。

三、加强政府采购执行管理

优化采购活动办事程序。对于供应商法人代表已经出具委托书的，不得要求供应商法人代表亲自领购采购文件或者到场参加开标、谈判等。对于采购人、采购代理机构可以通过互联网或者相关信息系统查询的信息，不得要求供应商提供。除必要的原件核对外，对于供应商能够在线提供的材料，不得要求供应商同时提供纸质材料。对于供应商依照规定提交各类声明函、承诺函的，不得要求其再提供有关部门出具的相关证明文件。

细化采购活动执行要求。采购人允许采用分包方式履行合同的，应当在采购文件中明确可以分包履行的具体内容、金额或者比例。采购人、采购代理机构对投标（响应）文件的格式、形式要求应当简化明确，不得因装订、纸张、文件排序等非实质性的格式、形式问题限制和影响供应商投标（响应）。实现电子化采购的，采购人、采购代理机构应当向供应商免费提供电子采购文件；暂未实现电子化采购的，鼓励采购人、采购代理机构向供应商免费提供纸质采购文件。

规范保证金收取和退还。采购人、采购代理机构应当允许供应商自主选择以支票、汇票、本票、保函等非现金形式缴纳或提交保证金。收取投标（响应）保证金的，采购人、采购代理机构约定的到账（保函提交）截止时间应当与投标（响应）截止时间一致，并按照规定及时退还供应商。收取履约保证金的，应当在采购合同中约定履约保证金退还的方式、时间、条件和不予退还的情形，明确逾期退还履约保证金的违约责任。采购人、采购代理机构不得收取没有法律法规依据的保证金。

及时支付采购资金。政府采购合同应当约定资金支付的方式、时间和条件，明确逾期支付资金的违约责任。对于满足合同约定支付条件的，采购人应当自收到发票后30 日内将资金支付到合同约定的供应商账户，不得以机构变动、人员更替、政策调整等为由延迟付款，不得将采购文件和合同中未规定的义务作为向供应商付款的条件。

完善对供应商的利益损害赔偿和补偿机制。采购人和供应商应当在政府采购合同中明确约定双方的违约责任。对于因采购人原因导致变更、中止或者终止政府采购合同的，采购人应当依照合同约定对供应商受到的损失予以赔偿或者补偿。

四、加快推进电子化政府采购

推进采购项目电子化实施。要加快完善电子化政府采购平台的网上交易功能，实现在线发布采购公告、提供采购文件、提交投标（响应）文件，实行电子开标、电子评审。逐步建立电子化政府采购平台与财政业务、采购单位内部管理等信息系统的衔接，完善和优化合同签订、履约验收、信用评价、用户反馈、提交发票、资金支付等线上流程。

加快实施“互联网+政府采购”行动。积极推进电子化政府采购平台和电子卖场建设，建立健全统一的技术标准和数据规范，逐步实现全国范围内的互联互通，推动与公共资源交易平台数据共享，提升供应商参与政府采购活动的便利程度。

五、进一步提升政府采购透明度

加强政府采购透明度建设。完善政府采购信息发布平台服务功能。中国政府采购网及地方分网等政府采购信息发布平台应当提供便捷、免费的在线检索服务，向市场主体无偿提供所有依法公开的政府采购信息。推进开标活动对外公开，在保证正常开标秩序的前提下，允许除投标人及其代表之外的其他人员观摩开标活动。

推进采购意向公开。采购意向包括主要采购项目、采购内容及需求概况、预算金额、预计采购时间等。为便于供应商提前了解采购信息，各地区、各部门应当创造条件积极推进采购意向公开（涉密信息除外）。自2020年起，选择部分中央部门和地方开展公开采购意向试点。在试点基础上，逐步实现各级预算单位采购意向公开。

六、完善政府采购质疑投诉和行政裁决机制

畅通供应商质疑投诉渠道。研究建立与“互联网+政府采购”相适应的快速裁决通道，为供应商提供标准统一、高效便捷的维权服务。对供应商提出的质疑和投诉，采购人、采购代理机构和各级财政部门应当依法及时答复和处理。完善质疑答复内部控制制度，有条件的采购人和集中采购机构应当实现政府采购质疑答复岗位与操作执行岗位相分离，进一步健全政府采购质疑投诉处理机制。

依法依规实施行政处罚。各级财政部门实施政府采购行政处罚，应当依法保障当事人的告知权、陈述权、申辩权、听证权等，保证程序合法。坚持处罚和教育相结合的原则，正确适用和区分从轻处罚、减轻处罚和不予处罚情形，作出的行政处罚应与违法行为的事实、性质、情节以及社会危害程度相当。

各地区、各部门要充分认识维护政府采购公平竞争市场秩序、优化政府采购营商环境的重要意义，加强组织领导，明确工作责任，周密安排部署，强化监督检查，确保各项要求落实到位。

本通知自2019年9月1日起施行。

财政部

2019年7月26日

财政部　公安部　市场监管总局关于开展2023年政府采购领域“四类”违法违规行为专项整治工作的通知

2023 年 11 月 22 日　财库〔2023〕28 号

各省、自治区、直辖市、计划单列市财政厅（局）、公安厅（局）、市场监管局（厅、委），新疆生产建设兵团财政局、公安局、市场监管局：

为贯彻落实建设全国统一大市场部署及政府采购领域“整顿市场秩序、建设法规体系、促进产业发展”行动方案有关要求，进一步规范政府采购市场秩序，持续优化营商环境，财政部会同公安部、市场监管总局决定开展 2023 年政府采购领域“四类”违法违规行为专项整治工作。现就有关事项通知如下：

一、工作重点

聚焦当前政府采购领域反映突出的采购人设置差别歧视条款、代理机构乱收费、供应商提供虚假材料、供应商围标串标等“四类”违法违规行为开展专项整治。重点整治以下内容：采购人倾斜照顾本地企业，以注册地、所有制形式、组织形式、股权结构、投资者国别、经营年限、经营规模、财务指标、产品或服务品牌等不合理条件对供应商实行差别歧视待遇；代理机构违规收费、逾期不退还保证金；供应商提供虚假的检测报告、认证证书、合同业绩、中小企业声明函、制造商授权函等材料谋取中标；供应商成立多家公司围标串标，投标文件相互混装、异常一致，投标报价呈规律性差异，投标保证金从同一账户转出等恶意串通行为。

二、工作原则

（一）坚持问题导向。聚焦当前政府采购领域存在的“四类”突出问题，明确专项整治工作重点，坚决纠正违法违规行为，发现一起，查处一起，做到“零容忍”，曝光典型案例，形成有效震慑，做到以整治促提升。

（二）坚持协同共治。加强政府采购监管的系统性、协同性，综合运用行业监管、部门协同、社会监督等多种方式，加强财政系统央地联动，推进跨部门联合监管，发挥社会监督作用，畅通投诉举报渠道，多措并举，形成监管合力。

（三）坚持标本兼治。坚持“当下改”与“长久立”相结合，既要立足当前，集中解决突出问题，又要着眼长远，有针对性地堵塞漏洞、完善制度，建立长效工作机制，逐步完善行业治理，全面提升政府采购监管能力和治理水平。

三、工作依据

以《中华人民共和国政府采购法》及其实施条例为统领，以《政府采购货物和服务招标投标管理办法》（财政部令第87号）等5个部门规章及相关配套制度办法为依据，按照行动方案统一部署开展专项整治工作。

四、工作组织

财政部会同公安部、市场监管总局牵头组织专项整治工作，建立部门协同、央地联动、社会参与的工作机制。财政部负责对中央政府采购活动开展重点检查，检查中发现的虚假检测认证报告线索移送市场监管总局核实，情况属实的，财政部依法作出处罚；对供应商串通投标，涉嫌构成犯罪的案件移送公安部处理，依法追究刑事责任。对依法不需要追究刑事责任或免予刑事处罚，但应当给予行政处罚的，由财政部依法作出处罚。财政部制定《2023年政府采购领域专项整治工作指引》和工作底稿范本（电子版另发）。省、市、县三级财政部门、公安部门、市场监管部门参照组织本级政府采购专项整治工作。

五、工作安排

（一）筛选名单。财政部门结合新收到或正在处理的投诉举报案件中涉及“四类”违法违规行为线索，重点抽取代理本级业务的采购代理机构（包括本地注册及外地注册本地执业的机构）作为检查对象。尚未开展集中采购机构考核的地区，应将集中采购机构一并作为检查对象，检查内容可结合集采考核要求予以调整。

本次检查主要针对 2022 年 1 月 1 日以来启动实施的政府采购项目。各省（区、市）抽取的采购代理机构数量比率原则上不低于本省（区、市）代理机构总数的 10%，检查总量不得少于 30 家，各市、县检查数量由省级财政部门统筹分解。财政部选取北京、山西、贵州、四川 4 个省的 20 家采购代理机构对中央政府采购项目进行重点检查。每家采购代理机构抽取的项目原则上不少于 5 个。进入公共资源交易中心开展的政府采购活动，按照前述要求开展检查。此阶段工作于 2023 年 11 月 30 日前完成。

（二）开展自查。财政部门向筛选出的采购代理机构送达书面检查通知，相关代理机构根据通知要求进行自查，重点包括是否存在采购文件设置差别歧视条款、违规收费或逾期不退还保证金、供应商提供虚假材料、供应商围标串标等问题，并整理被抽检采购项目相关的文件、数据和资料，形成自查报告一并报送财政部门。此阶段工作于 2023 年 12 月 10 日前完成。

（三）书面审查。财政部门按照工作指引对采购代理机构提交的政府采购项目资料和自查报告进行书面审查，初步梳理采购项目中存在的“四类”违法违规问题，按照统一格式编制工作底稿。此阶段工作于 2023 年 12 月 31 日前完成。

（四）现场检查。结合书面审查发现的问题，财政部门进一步对采购代理机构实施现场检查，调阅评审录音录像、发票、收款凭证、汇款凭证、转账记录等资料，询问相关人员，与采购代理机构做好充分沟通，由采购代理机构签字盖章确认工作底稿。此阶段工作于 2024 年 1 月 31 日前完成。

（五）处理处罚。财政部门会同公安部门、市场监管部门对检查中发现的采购人、采购代理机构和供应商的违法犯罪线索进行延伸检查，核实相关情况，依职权对违法违规行为作出处理处罚。财政部门在省级以上指定媒体上主动公开处理处罚信息，曝光典型案例，形成有效震慑。各省（区、市）财政部门汇总本地区处理处罚信息和典型案例，财政部汇总全国处理处罚综合信息。此阶段工作于 2024 年 5 月 31 日前完成。

（六）汇总报告。财政部门形成本级专项整治工作报告，各省（区、市）汇总形成本地区专项整治工作报告，财政部汇总形成全国专项整治工作报告，总结典型案例和先进工作经验，查找问题及不足，探索建立长效治理机制。相关报告抄送同级公安部门和市场监管部门。此阶段工作于 2024 年 6 月 30 日前完成。

按照国务院关于建设全国统一大市场专项整治工作部署，对政府采购领域倾斜照顾本地企业、以不合理条件对供应商实行差别歧视待遇行为的专项整治工作应于 2023 年完成，各省（区、市）财政部门应于 2023 年 12 月 20 日前形成总结报告，提炼典型案例报送财政部。

六、工作要求

（一）注重整治实效。各省（区、市）财政部门、公安部门、市场监管部门要充分认识专项整治工作的重要意义，提高政治站位，强化组织领导，及时制定整治方案，周密抓好实施。要严格按照时间节点，把各项整治措施落到实处，切实建立长效工作协调机制，推动整治工作平稳有序推进。

（二）压实工作责任。各省（区、市）财政部门要加强与公安部门、市场监管部门的沟通协调，形成监管合力，统筹本地区专项整治工作安排，压实压紧工作任务。各相关部门要各司其职、各尽其责，加强协作，确保各项工作顺利实施。

（三）加强信息报送。专项整治工作开展过程中，各省（区、市）财政部门每两周将有关整治工作进展、典型案例和遇到的新问题、新情况报送财政部，财政部汇总全国专项整治工作进展情况，并对工作成效较好的省级财政部门予以通报表扬。

财政部　公安部　市场监管总局

2023 年 11 月 22 日

财政部关于在政府采购活动中落实平等对待内外资企业有关政策的通知

2021年10月13日　财库〔2021〕35号

各中央预算单位，各省、自治区、直辖市、计划单列市财政厅（局），新疆生产建设兵团财政局：

为构建统一开放、竞争有序的政府采购市场体系，促进政府采购公平竞争，现就在政府采购活动中平等对待在中国境内设立的内外资企业有关事项通知如下：

一、保障内外资企业平等参与政府采购

政府采购依法对内外资企业在中国境内生产的产品（包括提供的服务，下同）平等对待。各级预算单位应当严格执行《中华人民共和国政府采购法》和《中华人民共和国外商投资法》等相关法律法规，在政府采购活动中，除涉及国家安全和国家秘密的采购项目外，不得区别对待内外资企业在中国境内生产的产品。在中国境内生产的产品，不论其供应商是内资还是外资企业，均应依法保障其平等参与政府采购活动的权利。

二、在政府采购活动中落实平等对待内外资企业的要求

各级预算单位在政府采购活动中，不得在政府采购信息发布、供应商资格条件确定和资格审查、评审标准等方面，对内资企业或外商投资企业实行差别待遇或者歧视待遇，不得以所有制形式、组织形式、股权结构、投资者国别、产品品牌以及其他不合理的条件对供应商予以限定，切实保障内外资企业公平竞争。

三、平等维护内外资企业的合法权益

内外资企业在政府采购活动中，凡认为采购文件、采购过程、中标或者成交结果使自身权益受到损害的，均可依照相关规定提起质疑和投诉。各级财政部门应当严格落实《政府采购质疑和投诉办法》(财政部令第94号)，畅通投诉渠道，依法受理并公平处理供应商的投诉，不得在投诉处理中对内外资企业实施差别待遇或者歧视待遇，维护政府采购供应商的合法权益。

对于违反本通知要求的规定和做法，以及违规设立产品、供应商等各类备选库、名录库、资格库等规定和做法，各地要及时予以清理纠正，并将清理纠正情况于11月底前报送财政部。

财政部

2021年10月13日

财政部关于开展政府采购备选库、名录库、资格库专项清理的通知

2021 年 1 月 19 日　财办库〔2021〕14 号

各省、自治区、直辖市、计划单列市财政厅（局），新疆生产建设兵团财政局，各中央预算单位办公厅（室）：

优化政府采购营商环境是贯彻落实中央全面深化改革委员会审议通过的《深化政府采购制度改革方案》的重要内容，对于做好“六稳”工作落实“六保”任务具有重要意义。《财政部关于促进政府采购公平竞争优化营商环境的通知》（财库〔2019〕38 号）印发以来，各级财政部门认真贯彻落实《通知》要求，全面清理政府采购领域违反公平竞争的规定和做法，推动政府采购营商环境进一步优化。但部分地区仍然不同程度存在以入围方式设置政府采购备选库、名录库、资格库的问题。为维护政府采购市场秩序，财政部决定开展政府采购备选库、名录库、资格库专项清理工作，现将有关事项通知如下：

一、清理范围

除小额零星采购适用的协议供货、定点采购外，对于政府采购限额标准以上或集中采购目录以内的采购项目，通过入围等方式设置的、作为参加政府采购活动资格条件的各类备选库、名录库、资格库等供应商库。

二、清理工作安排

本次专项清理时间为 2021 年 2 月 1 日至 3 月 31 日，主要采取采购单位自查和财政部门重点核查相结合的方式，具体安排如下：

（一）采购单位自查。2021 年 2 月 1 日至 3 月 15 日期间，各地财政部门要组织采购人开展全面自查和清理，坚决取缔各类政府采购备选库、名录库、资格库。采购人应当于 2021 年 3 月 15 日前将本单位备选库、名录库、资格库自查和清理情况报送同级财政部门。中央单位也要同步开展自查清理，于 2021 年 3 月 15 日前将自查清理情况报送财政部。

（二）财政部门重点核查。2021 年 3 月 15 日到 3 月 31 日期间，各地财政部门要根据采购人自查和清理情况，重点选取财务审计以及资产评估服务等方面的采购项目开展核查。具体核查项目数量和比例由各地财政部门结合实际自行确定。财政部也将对中央单位清理结果进行核查。对核查发现的漏报瞒报、清理不到位等问题，要予以通报批评，并及时督促整改。

（三）建立长效机制。专项清理工作结束后，各地财政部门要将设库情况纳入政府采购日常监督检查范围，发现一起，查处一起。对于确需多家供应商承担的采购项目，要指导采购人在明确服务标准和定价原则等采购需求的前提下，根据业务性质、服务区域等要素，合理设置采购项目包，通过竞争择优，将相应采购业务明确到具体供应商。待《政府采购框架协议管理办法》正式印发后，符合条件的项目可采用政府采购框架协议方式采购。

三、工作要求

（一）强化组织领导。各地财政部门要充分认识此次专项清理工作的重要意义，增强政治站位，提高思想认识，强化组织领导，周密抓好实施，切实把各项清理措施落到实处，确保清理工作取得实效。在清理工作中遇到的新问题、新情况，各省级财政部门要及时向财政部报告。

（二）接受社会监督。各地财政部门要广泛宣传政府采购禁止设立各类备选库、名录库、资格库的精神，通过开设举报邮箱、电话等方式，鼓励社会公众对违规设置各类备选库、名录库、资格库的情况进行监督，营造全社会关注、群众参与专项整治的良好氛围。财政部将于 2 月 1 日起开设举报邮箱 mofhkx@ 126. com，任何单位及个人均可通过邮箱反映违规设立备选库、名录库、资格库等情况。

（三）报送清理成果。各省级财政部门要汇总本地区政府采购备选库、名录库、资格库清理情况，于 2021 年 4 月 10 日前报送财政部。

财政部办公厅

2021 年 1 月 19 日

财政部关于在政府采购活动中查询及使用信用记录有关问题的通知

2016年8月1日　财库〔2016〕125号

党中央有关部门，国务院各部委、各直属机构，全国人大常委会办公厅，全国政协办公厅，高法院，高检院，各民主党派中央，有关人民团体，中央国家机关政府采购中心，中共中央直属机关采购中心，全国人大机关采购中心，各省、自治区、直辖市、计划单列市财政厅（局）、政府采购中心，新疆生产建设兵团财务局、政府采购中心：

为落实《国务院关于印发社会信用体系建设规划纲要（2014—2020年）的通知》（国发〔2014〕21号）、《国务院关于建立完善守信联合激励和失信联合惩戒制度加快推进社会诚信体系建设的指导意见》（国发〔2016〕33号）以及《国务院办公厅关于运用大数据加强对市场主体服务和监管的若干意见》（国办发〔2015〕51号）有关要求，推进社会信用体系建设、健全守信激励失信约束机制，现就政府采购活动中查询及使用信用记录有关事项通知如下：

一、高度重视信用记录查询及使用工作

诚实信用是政府采购活动的基本原则之一。在政府采购活动中查询及使用信用记录，对参与政府采购活动的供应商、采购代理机构及评审专家进行守信激励、失信约束，是政府相关部门开展协同监管和联合惩戒的重要举措，对降低市场运行成本、改善营商环境、高效开展市场经济活动具有重要作用，有利于形成"一处违规、处处受限"的信用机制。

近年来，财政部与有关部门联合签署了《关于对重大税收违法案件当事人实施联合惩戒措施的合作备忘录》（发改财金〔2014〕3062号）、《失信企业协同监管和联合惩戒合作备忘录》（发改财金〔2015〕2045号）、《关于对违法失信上市公司相关责任

主体实施联合惩戒的合作备忘录》（发改财金〔2015〕3062 号）、《关于对失信被执行人实施联合惩戒的合作备忘录》（发改财金〔2016〕141 号）、《关于对安全生产领域失信生产经营单位及其有关人员开展联合惩戒的合作备忘录》（发改财金〔2016〕1001 号），依法限制相关失信主体参与政府采购活动。各地区各部门要进一步提高认识，推动建立政府采购活动信用记录查询及使用工作机制，加快建立政府采购信用评价制度，有效应用信用信息和信用报告，积极推进政府采购领域联合惩戒工作。

二、认真做好信用记录查询及使用工作

（一）总体要求。

各地区各部门应当按照社会信用体系建设有关要求，根据社会信用体系建设情况，创造条件将相关主体的信用记录作为供应商资格审查、采购代理机构委托、评审专家管理的重要依据。

（二）信用记录查询渠道。

各级财政部门、采购人、采购代理机构应当通过“信用中国”网站（www.creditchina.gov.cn）、中国政府采购网（www.ccgp.gov.cn）等渠道查询相关主体信用记录，并采取必要方式做好信用信息查询记录和证据留存，信用信息查询记录及相关证据应当与其他采购文件一并保存。

（三）信用记录的使用。

1. 采购人或者采购代理机构应当在采购文件中明确信用信息查询的查询渠道及截止时点、信用信息查询记录和证据留存的具体方式、信用信息的使用规则等内容。采购人或者采购代理机构应当对供应商信用记录进行甄别，对列入失信被执行人、重大税收违法案件当事人名单、政府采购严重违法失信行为记录名单及其他不符合《中华人民共和国政府采购法》第二十二条规定条件的供应商，应当拒绝其参与政府采购活动。

两个以上的自然人、法人或者其他组织组成一个联合体，以一个供应商的身份共同参加政府采购活动的，应当对所有联合体成员进行信用记录查询，联合体成员存在不良信用记录的，视同联合体存在不良信用记录。

2. 各级财政部门应当在评审专家选聘及日常管理中查询有关信用记录，对具有行贿、受贿、欺诈等不良信用记录的人员不得聘用为评审专家，已聘用的应当及时解聘。

依法自行选定评审专家的，采购人或者采购代理机构应当查询有关信用记录，不得选定具有行贿、受贿、欺诈等不良信用记录的人员。

3. 采购人委托采购代理机构办理政府采购事宜的，应当查询其信用记录，优先选

择无不良信用记录的采购代理机构。

4. 采购人及采购代理机构应当妥善保管相关主体信用信息，不得用于政府采购以外事项。

三、工作要求

（一）各级财政部门和有关部门应当根据政府采购法及其实施条例相关规定，对参加政府采购活动的供应商、采购代理机构、评审专家的不良行为予以记录，并纳入统一的信用信息平台。

（二）各级财政部门应当切实加强政府采购信息化建设，做好相关技术保障，建立与相关信用信息平台的数据共享机制，逐步实现信用信息推送、接收、查询、应用的自动化。

（三）各地区各部门应当根据上述原则和要求，在政府采购活动中积极推进信用信息的共享和使用，研究制定符合本地本部门实际情况的具体操作程序和办法，落实相关工作要求，及时将信用信息使用情况反馈至财政部。

财政部

2016 年 8 月 1 日

财政部关于《中华人民共和国政府采购法实施条例》第十八条第二款法律适用的函

2015年9月7日　财办库〔2015〕295号

深圳市财政委员会：

你单位《关于咨询〈政府采购法实施条例〉第十八条第二款法律适用问题的函》（深财购函〔2015〕2282号）收悉。经研究，现函复如下：

为促进政府采购公平竞争，加强采购项目的实施监管，《中华人民共和国政府采购法实施条例》第十八条规定，"除单一来源采购项目外，为采购项目提供整体设计、规范编制或者项目管理、监理、检测等服务的供应商，不得再参加该采购项目的其他采购活动。"其中，"其他采购活动"指为采购项目提供整体设计、规范编制和项目管理、监理、检测等服务之外的采购活动。因此，同一供应商可以同时承担项目的整体设计、规范编制和项目管理、监理、检测等服务。

特此函复。

财政部办公厅

2015年9月7日

财政部办公厅关于多家代理商代理一家制造商的产品参加投标如何计算供应商家数的复函

2003年4月14日 财办库〔2003〕38号

河北省财政厅：

《河北省财政厅关于多家代理商代理一家制造商的产品参加投标如何计算供应商家数的请示》（冀财采〔2003〕9号）已收悉，现答复如下：

根据国际惯例以及《政府采购法》的立法精神，公开竞争是政府采购的基石。政府采购的竞争是指符合采购人采购需求的不同品牌或者不同生产制造商之间的竞争，原则上同一品牌同一型号产品只能有一家投标人，但应当在招标文件中对此作出明确规定。如中央单位2002年实行的计算机、打印机和复印机协议供货制度，在招标文件中明确规定，只允许投标产品的生产制造商总部参加投标，或者由生产制造商总部全权委托一家代理商参加。否则，作无效标处理。

《政府采购法》实施后，为了避免同一品牌同一型号产品出现多个投标人的现象，应当在招标文件中明确规定，同一品牌同一型号产品只能由一家供应商参加。如果有多家代理商参加同一品牌同一型号产品投标的，应当作为一个供应商计算。公开招标以外采购方式以及政府采购服务和工程，也按此方法计算供应商家数。

2003年4月14日

最高人民法院、国家发展改革委员会、工业和信息化部、住房和城乡建设部、交通运输部、水利部、商务部、国家铁路局、中国民用航空局关于在招标投标活动中对失信被执行人实施联合惩戒的通知

（2016年8月30日　法〔2016〕285号）

为贯彻党的十八届三中、四中、五中全会精神，落实《中央政法委关于切实解决人民法院执行难问题的通知》（政法〔2005〕52号）、《国务院关于促进市场公平竞争维护市场正常秩序的若干意见》（国发〔2014〕20号）、《国务院关于印发社会信用体系建设规划纲要（2014－2020年）的通知》（国发〔2014〕21号）、《关于对失信被执行人实施联合惩戒的合作备忘录》（发改财金〔2016〕141号）要求，加快推进社会信用体系建设，健全跨部门失信联合惩戒机制，促进招标投标市场健康有序发展，现就在招标投标活动中对失信被执行人实施联合惩戒的有关事项通知如下。

一、充分认识在招标投标活动中实施联合惩戒的重要性

诚实信用是招标投标活动的基本原则之一。在招标投标活动中对失信被执行人开展联合惩戒，有利于规范招标投标活动中当事人的行为，促进招标投标市场健康有序发展；有利于建立健全“一处失信，处处受限”的信用联合惩戒机制，推进社

会信用体系建设；有利于维护司法权威，提升司法公信力，在全社会形成尊重司法，诚实守信的良好氛围。各有关单位要进一步提高认识，在招标投标活动中对失信被执行人实施联合惩戒，有效应用失信被执行人信息，推动招标投标活动规范、高效、透明。

二、联合惩戒对象

联合惩戒对象为被人民法院列为失信被执行人的下列人员：投标人、招标代理机构、评标专家以及其他招标从业人员。

三、失信被执行人信息查询内容及方式

（一）查询内容

失信被执行人（法人或者其他组织）的名称、统一社会信用代码（或组织机构代码）、法定代表人或者负责人姓名；失信被执行人（自然人）的姓名、性别、年龄、身份证号码；生效法律文书确定的义务和被执行人的履行情况；失信被执行人失信行为的具体情形；执行依据的制作单位和文号、执行案号、立案时间、执行法院；人民法院认为应当记载和公布的不涉及国家秘密、商业秘密、个人隐私的其他事项。

（二）推送及查询方式

最高人民法院将失信被执行人信息推送到全国信用信息共享平台和“信用中国”网站，并负责及时更新。

招标人、招标代理机构、有关单位应当通过“信用中国”网站（www. creditchina. gov. cn）或各级信用信息共享平台查询相关主体是否为失信被执行人，并采取必要方式做好失信被执行人信息查询记录和证据留存。投标人可通过“信用中国”网站查询相关主体是否为失信被执行人。

国家公共资源交易平台、中国招标投标公共服务平台、各省级信用信息共享平台通过全国信用信息共享平台共享失信被执行人信息，各省级公共资源交易平台通过国家公共资源交易平台共享失信被执行人信息，逐步实现失信被执行人信息推送、接收、查询、应用的自动化。

四、联合惩戒措施

各相关部门应依据《中华人民共和国民事诉讼法》《中华人民共和国招标投标

法》《中华人民共和国招标投标法实施条例》《最高人民法院关于公布失信被执行人名单信息的若干规定》等相关法律法规，依法对失信被执行人在招标投标活动中采取限制措施。

（一）限制失信被执行人的投标活动

依法必须进行招标的工程建设项目，招标人应当在资格预审公告、招标公告、投标邀请书及资格预审文件、招标文件中明确规定对失信被执行人的处理方法和评标标准，在评标阶段，招标人或者招标代理机构、评标专家委员会应当查询投标人是否为失信被执行人，对属于失信被执行人的投标活动依法予以限制。

两个以上的自然人、法人或者其他组织组成一个联合体，以一个投标人的身份共同参加投标活动的，应当对所有联合体成员进行失信被执行人信息查询。联合体中有一个或一个以上成员属于失信被执行人的，联合体视为失信被执行人。

（二）限制失信被执行人的招标代理活动

招标人委托招标代理机构开展招标事宜的，应当查询其失信被执行人信息，鼓励优先选择无失信记录的招标代理机构。

（三）限制失信被执行人的评标活动

依法建立的评标专家库管理单位在对评标专家聘用审核及日常管理时，应当查询有关失信被执行人信息，不得聘用失信被执行人为评标专家。对评标专家在聘用期间成为失信被执行人的，应及时清退。

（四）限制失信被执行人招标从业活动

招标人、招标代理机构在聘用招标从业人员前，应当明确规定对失信被执行人的处理办法，查询相关人员的失信被执行人信息，对属于失信被执行人的招标从业人员应按照规定进行处理。

以上限制自失信被执行人从最高人民法院失信被执行人信息库中删除之时起终止。

五、工作要求

（一）有关单位要根据本《通知》，共同推动在招标投标活动中对失信被执行人开展联合惩戒工作，指导、督促各地、各部门落实联合惩戒工作要求，确保联合惩戒工作规范有序进行。

（二）有关单位应在规范招标投标活动中，建立相关单位和个人违法失信行为信用记录，通过全国信用信息共享平台、国家公共资源交易平台和中国招标投标公共服务平台实现信用信息交换共享和动态更新，并按照有关规定及时在“信用中国”网站予以公开。

（三）有关单位应当妥善保管失信被执行人信息，不得用于招标投标以外的事项，不得泄露企业经营秘密和相关个人隐私。

最高人民法院
国家发展和改革委员会
工业和信息化部
住房和城乡建设部
交通运输部
水利部
商务部
国家铁路局
中国民用航空局
2016 年 8 月 30 日

（三）代理机构

财政部关于印发《政府采购代理机构管理暂行办法》的通知

2018年1月4日　财库〔2018〕2号

党中央有关部门，国务院各部委、各直属机构，全国人大常委会办公厅，全国政协办公厅，高法院，高检院，各民主党派中央，有关人民团体，各省、自治区、直辖市、计划单列市财政厅（局），新疆生产建设兵团财政局：

现将《政府采购代理机构管理暂行办法》印发给你们，请遵照执行。

附件：政府采购代理机构管理暂行办法

财政部

2018年1月4日

附件：

政府采购代理机构管理暂行办法

第一章　总　则

第一条　为加强政府采购代理机构监督管理，促进政府采购代理机构规范发展，根据《中华人民共和国政府采购法》《中华人民共和国政府采购法实施条例》等法律法规，制定本办法。

第二条 本办法所称政府采购代理机构（以下简称代理机构）是指集中采购机构以外、受采购人委托从事政府采购代理业务的社会中介机构。

第三条 代理机构的名录登记、从业管理、信用评价及监督检查适用本办法。

第四条 各级人民政府财政部门（以下简称财政部门）依法对代理机构从事政府采购代理业务进行监督管理。

第五条 财政部门应当加强对代理机构的政府采购业务培训，不断提高代理机构专业化水平。鼓励社会力量开展培训，增强代理机构业务能力。

第二章 名录登记

第六条 代理机构实行名录登记管理。省级财政部门依托中国政府采购网省级分网（以下简称省级分网）建立政府采购代理机构名录（以下简称名录）。名录信息全国共享并向社会公开。

第七条 代理机构应当通过工商登记注册地（以下简称注册地）省级分网填报以下信息申请进入名录，并承诺对信息真实性负责：

（一）代理机构名称、统一社会信用代码、办公场所地址、联系电话等机构信息；

（二）法定代表人及专职从业人员有效身份证明等个人信息；

（三）内部监督管理制度；

（四）在自有场所组织评审工作的，应当提供评审场所地址、监控设备设施情况；

（五）省级财政部门要求提供的其他材料。

登记信息发生变更的，代理机构应当在信息变更之日起 10 个工作日内自行更新。

第八条 代理机构登记信息不完整的，财政部门应当及时告知其完善登记资料；代理机构登记信息完整清晰的，财政部门应当及时为其开通相关政府采购管理交易系统信息发布、专家抽取等操作权限。

第九条 代理机构在其注册地省级行政区划以外从业的，应当向从业地财政部门申请开通政府采购管理交易系统相关操作权限，从业地财政部门不得要求其重复提交登记材料，不得强制要求其在从业地设立分支机构。

第十条 代理机构注销时，应当向相关采购人移交档案，并及时向注册地所在省级财政部门办理名录注销手续。

第三章 从业管理

第十一条 代理机构代理政府采购业务应当具备以下条件：

（一）具有独立承担民事责任的能力；

（二）建立完善的政府采购内部监督管理制度；

（三）拥有不少于 5 名熟悉政府采购法律法规、具备编制采购文件和组织采购活动等相应能力的专职从业人员；

（四）具备独立办公场所和代理政府采购业务所必需的办公条件；

（五）在自有场所组织评审工作的，应当具备必要的评审场地和录音录像等监控设备设施并符合省级人民政府规定的标准。

第十二条 采购人应当根据项目特点、代理机构专业领域和综合信用评价结果，从名录中自主择优选择代理机构。

任何单位和个人不得以摇号、抽签、遴选等方式干预采购人自行选择代理机构。

第十三条 代理机构受采购人委托办理采购事宜，应当与采购人签订委托代理协议，明确采购代理范围、权限、期限、档案保存、代理费用收取方式及标准、协议解除及终止、违约责任等具体事项，约定双方权利义务。

第十四条 代理机构应当严格按照委托代理协议的约定依法依规开展政府采购代理业务，相关开标及评审活动应当全程录音录像，录音录像应当清晰可辨，音像资料作为采购文件一并存档。

第十五条 代理费用可以由中标、成交供应商支付，也可由采购人支付。由中标、成交供应商支付的，供应商报价应当包含代理费用。代理费用超过分散采购限额标准的，原则上由中标、成交供应商支付。

代理机构应当在采购文件中明示代理费用收取方式及标准，随中标、成交结果一并公开本项目收费情况，包括具体收费标准及收费金额等。

第十六条 采购人和代理机构在委托代理协议中约定由代理机构负责保存采购文件的，代理机构应当妥善保存采购文件，不得伪造、变造、隐匿或者销毁采购文件。采购文件的保存期限为从采购结束之日起至少十五年。

采购文件可以采用电子档案方式保存。采用电子档案方式保存采购文件的，相关电子档案应当符合《中华人民共和国档案法》《中华人民共和国电子签名法》等法律法规的要求。

第四章 信用评价及监督检查

第十七条 财政部门负责组织开展代理机构综合信用评价工作。采购人、供应商和评审专家根据代理机构的从业情况对代理机构的代理活动进行综合信用评价。综合信用评价结果应当全国共享。

第十八条 采购人、评审专家应当在采购活动或评审活动结束后 5 个工作日内，在政府采购信用评价系统中记录代理机构的职责履行情况。

供应商可以在采购活动结束后 5 个工作日内，在政府采购信用评价系统中记录代理机构的职责履行情况。

代理机构可以在政府采购信用评价系统中查询本机构的职责履行情况，并就有关情况作出说明。

第十九条 财政部门应当建立健全定向抽查和不定向抽查相结合的随机抽查机制。对存在违法违规线索的政府采购项目开展定向检查；对日常监管事项，通过随机抽取检查对象、随机选派执法检查人员等方式开展不定向检查。

财政部门可以根据综合信用评价结果合理优化对代理机构的监督检查频次。

第二十条 财政部门应当依法加强对代理机构的监督检查，监督检查包括以下内容：

（一）代理机构名录信息的真实性；

（二）委托代理协议的签订和执行情况；

（三）采购文件编制与发售、评审组织、信息公告发布、评审专家抽取及评价情况；

（四）保证金收取及退还情况，中标或者成交供应商的通知情况；

（五）受托签订政府采购合同、协助采购人组织验收情况；

（六）答复供应商质疑、配合财政部门处理投诉情况；

（七）档案管理情况；

（八）其他政府采购从业情况。

第二十一条 对代理机构的监督检查结果应当在省级以上财政部门指定的政府采购信息发布媒体向社会公开。

第二十二条 受到财政部门禁止代理政府采购业务处罚的代理机构，应当及时停止代理业务，已经签订委托代理协议的项目，按下列情况分别处理：

（一）尚未开始执行的项目，应当及时终止委托代理协议；

（二）已经开始执行的项目，可以终止的应当及时终止，确因客观原因无法终止的应当妥善做好善后工作。

第二十三条 代理机构及其工作人员违反政府采购法律法规的行为，依照政府采购法律法规进行处理；涉嫌犯罪的，依法移送司法机关处理。

代理机构的违法行为给他人造成损失的，依法承担民事责任。

第二十四条 财政部门工作人员在代理机构管理中存在滥用职权、玩忽职守、徇私舞弊等违法违纪行为的，依照《中华人民共和国政府采购法》《中华人民共和国公务员法》《中华人民共和国行政监察法》《中华人民共和国政府采购法实施条例》等国家有关规定追究相关责任；涉嫌犯罪的，依法移送司法机关处理。

第五章　附　　则

第二十五条 政府采购行业协会按照依法制定的章程开展活动，加强代理机构行业自律。

第二十六条 省级财政部门可根据本办法规定制定具体实施办法。

第二十七条 本办法自 2018 年 3 月 1 日施行。

（四）评审专家

财政部关于印发《政府采购评审专家管理办法》的通知

财库〔2016〕198 号

党中央有关部门，国务院各部委、各直属机构，全国人大常委会办公厅，全国政协办公厅，高法院，高检院，有关人民团体，各省、自治区、直辖市、计划单列市财政厅(局)，中共中央直属机关采购中心、中央国家机关政府采购中心、全国人大机关采购中心、国家税务总局集中采购中心、海关总署物资装备采购中心、中国人民银行集中采购中心、公安部警用装备采购中心：

现将财政部制定的《政府采购评审专家管理办法》印发给你们，请遵照执行。

附件：政府采购评审专家管理办法

财政部

2016 年 11 月 18 日

附件：

政府采购评审专家管理办法

第一章 总 则

第一条 为加强政府采购评审活动管理，规范政府采购评审专家（以下简称评审专家）评审行为，根据《中华人民共和国政府采购法》（以下简称《政府采购法》）、《中华人民共和国政府采购法实施条例》（以下简称《政府采购法实施条例》）等法律法规及有关规定，制定本办法。

第二条 本办法所称评审专家，是指经省级以上人民政府财政部门选聘，以独立身份参加政府采购评审，纳入评审专家库管理的人员。评审专家选聘、解聘、抽取、使用、监督管理适用本办法。

第三条 评审专家实行统一标准、管用分离、随机抽取的管理原则。

第四条 财政部负责制定全国统一的评审专家专业分类标准和评审专家库建设标准，建设管理国家评审专家库。

省级人民政府财政部门负责建设本地区评审专家库并实行动态管理，与国家评审专家库互联互通、资源共享。

各级人民政府财政部门依法履行对评审专家的监督管理职责。

第二章 评审专家选聘与解聘

第五条 省级以上人民政府财政部门通过公开征集、单位推荐和自我推荐相结合的方式选聘评审专家。

第六条 评审专家应当具备以下条件：

（一）具有良好的职业道德，廉洁自律，遵纪守法，无行贿、受贿、欺诈等不良信用记录；

（二）具有中级专业技术职称或同等专业水平且从事相关领域工作满 8 年，或者具有高级专业技术职称或同等专业水平；

（三）熟悉政府采购相关政策法规；

（四）承诺以独立身份参加评审工作，依法履行评审专家工作职责并承担相应法律责任的中国公民；

（五）不满 70 周岁，身体健康，能够承担评审工作；

（六）申请成为评审专家前三年内，无本办法第二十九条规定的不良行为记录。

对评审专家数量较少的专业，前款第（二）项、第（五）项所列条件可以适当放宽。

第七条 符合本办法第六条规定条件，自愿申请成为评审专家的人员（以下简称申请人），应当提供以下申请材料：

（一）个人简历、本人签署的申请书和承诺书；

（二）学历学位证书、专业技术职称证书或者具有同等专业水平的证明材料；

（三）证明本人身份的有效证件；

（四）本人认为需要申请回避的信息；

（五）省级以上人民政府财政部门规定的其他材料。

第八条 申请人应当根据本人专业或专长申报评审专业。

第九条 省级以上人民政府财政部门对申请人提交的申请材料、申报的评审专业和信用信息进行审核，符合条件的选聘为评审专家，纳入评审专家库管理。

第十条 评审专家工作单位、联系方式、专业技术职称、需要回避的信息等发生变化的，应当及时向相关省级以上人民政府财政部门申请变更相关信息。

第十一条 评审专家存在以下情形之一的，省级以上人民政府财政部门应当将其解聘：

（一）不符合本办法第六条规定条件；

（二）本人申请不再担任评审专家；

（三）存在本办法第二十九条规定的不良行为记录；

（四）受到刑事处罚。

第三章 评审专家抽取与使用

第十二条 采购人或者采购代理机构应当从省级以上人民政府财政部门设立的评审专家库中随机抽取评审专家。

评审专家库中相关专家数量不能保证随机抽取需要的，采购人或者采购代理机构可以推荐符合条件的人员，经审核选聘入库后再随机抽取使用。

第十三条 技术复杂、专业性强的采购项目，通过随机方式难以确定合适评审专家的，经主管预算单位同意，采购人可以自行选定相应专业领域的评审专家。

自行选定评审专家的，应当优先选择本单位以外的评审专家。

第十四条 除采用竞争性谈判、竞争性磋商方式采购，以及异地评审的项目外，采购人或者采购代理机构抽取评审专家的开始时间原则上不得早于评审活动开始前2个工作日。

第十五条 采购人或者采购代理机构应当在评审活动开始前宣布评审工作纪律，并将记载评审工作纪律的书面文件作为采购文件一并存档。

第十六条 评审专家与参加采购活动的供应商存在下列利害关系之一的，应当回避：

（一）参加采购活动前三年内，与供应商存在劳动关系，或者担任过供应商的董事、监事，或者是供应商的控股股东或实际控制人；

（二）与供应商的法定代表人或者负责人有夫妻、直系血亲、三代以内旁系血亲或者近姻亲关系；

（三）与供应商有其他可能影响政府采购活动公平、公正进行的关系。

评审专家发现本人与参加采购活动的供应商有利害关系的，应当主动提出回避。

采购人或者采购代理机构发现评审专家与参加采购活动的供应商有利害关系的，应当要求其回避。

除本办法第十三条规定的情形外，评审专家对本单位的政府采购项目只能作为采购人代表参与评审活动。

各级财政部门政府采购监督管理工作人员，不得作为评审专家参与政府采购项目的评审活动。

第十七条 出现评审专家缺席、回避等情形导致评审现场专家数量不符合规定的，采购人或者采购代理机构应当及时补抽评审专家，或者经采购人主管预算单位同意自行选定补足评审专家。无法及时补足评审专家的，采购人或者采购代理机构应当立即停止评审工作，妥善保存采购文件，依法重新组建评标委员会、谈判小组、询价小组、磋商小组进行评审。

第十八条 评审专家应当严格遵守评审工作纪律，按照客观、公正、审慎的原则，根据采购文件规定的评审程序、评审方法和评审标准进行独立评审。

评审专家发现采购文件内容违反国家有关强制性规定或者采购文件存在歧义、重大缺陷导致评审工作无法进行时，应当停止评审并向采购人或者采购代理机构书面说明情况。

评审专家应当配合答复供应商的询问、质疑和投诉等事项，不得泄露评审文件、评审情况和在评审过程中获悉的商业秘密。

评审专家发现供应商具有行贿、提供虚假材料或者串通等违法行为的，应当及时向财政部门报告。

评审专家在评审过程中受到非法干预的，应当及时向财政、监察等部门举报。

第十九条 评审专家应当在评审报告上签字，对自己的评审意见承担法律责任。对需要共同认定的事项存在争议的，按照少数服从多数的原则做出结论。对评审报告有异议的，应当在评审报告上签署不同意见并说明理由，否则视为同意评审报告。

第二十条 评审专家名单在评审结果公告前应当保密。评审活动完成后，采购人或者采购代理机构应当随中标、成交结果一并公告评审专家名单，并对自行选定的评审专家做出标注。

各级财政部门、采购人和采购代理机构有关工作人员不得泄露评审专家的个人情况。

第二十一条 采购人或者采购代理机构应当于评审活动结束后5个工作日内，在政府采购信用评价系统中记录评审专家的职责履行情况。

评审专家可以在政府采购信用评价系统中查询本人职责履行情况记录，并就有关情况作出说明。

省级以上人民政府财政部门可根据评审专家履职情况等因素设置阶梯抽取概率。

第二十二条 评审专家应当于评审活动结束后5个工作日内，在政府采购信用评价系统中记录采购人或者采购代理机构的职责履行情况。

第二十三条 集中采购目录内的项目，由集中采购机构支付评审专家劳务报酬；集中采购目录外的项目，由采购人支付评审专家劳务报酬。

第二十四条 省级人民政府财政部门应当根据实际情况，制定本地区评审专家劳务报酬标准。中央预算单位参照本单位所在地或评审活动所在地标准支付评审专家劳务报酬。

第二十五条 评审专家参加异地评审的，其往返的城市间交通费、住宿费等实际发生的费用，可参照采购人执行的差旅费管理办法相应标准向采购人或集中采购机构凭据报销。

第二十六条 评审专家未完成评审工作擅自离开评审现场，或者在评审活动中有违法违规行为的，不得获取劳务报酬和报销异地评审差旅费。评审专家以外的其他人员不得获取评审劳务报酬。

第四章 评审专家监督管理

第二十七条 评审专家未按照采购文件规定的评审程序、评审方法和评审标准进行独立评审或者泄露评审文件、评审情况的，由财政部门给予警告，并处2000元以上2万元以下的罚款；影响中标、成交结果的，处2万元以上5万元以下的罚款，禁止其参加政府采购评审活动。

评审专家与供应商存在利害关系未回避的，处2万元以上5万元以下的罚款，禁止其参加政府采购评审活动。

评审专家收受采购人、采购代理机构、供应商贿赂或者获取其他不正当利益，构成犯罪的，依法追究刑事责任；尚不构成犯罪的，处2万元以上5万元以下的罚款，禁止其参加政府采购评审活动。

评审专家有上述违法行为的，其评审意见无效；有违法所得的，没收违法所得；给他人造成损失的，依法承担民事责任。

第二十八条 采购人、采购代理机构发现评审专家有违法违规行为的，应当及时向采购人本级财政部门报告。

第二十九条 申请人或评审专家有下列情形的，列入不良行为记录：

（一）未按照采购文件规定的评审程序、评审方法和评审标准进行独立评审；

（二）泄露评审文件、评审情况；

（三）与供应商存在利害关系未回避；

（四）收受采购人、采购代理机构、供应商贿赂或者获取其他不正当利益；

（五）提供虚假申请材料；

（六）拒不履行配合答复供应商询问、质疑、投诉等法定义务；

（七）以评审专家身份从事有损政府采购公信力的活动。

第三十条 采购人或者采购代理机构未按照本办法规定抽取和使用评审专家的，依照《政府采购法》及有关法律法规追究法律责任。

第三十一条 财政部门工作人员在评审专家管理工作中存在滥用职权、玩忽职守、徇私舞弊等违法违纪行为的，依照《政府采购法》《公务员法》《行政监察法》《政府采购法实施条例》等国家有关规定追究相应责任；涉嫌犯罪的，移送司法机关处理。

第五章 附 则

第三十二条 参加评审活动的采购人代表、采购人依法自行选定的评审专家管理参照本办法执行。

第三十三条 国家对评审专家抽取、选定另有规定的，从其规定。

第三十四条 各省级人民政府财政部门，可以根据本办法规定，制定具体实施办法。

第三十五条 本办法由财政部负责解释。

第三十六条 本办法自2017年1月1日起施行。财政部、监察部2003年11月17日发布的《政府采购评审专家管理办法》（财库〔2003〕119号）同时废止。

评标专家和评标专家库管理办法

2024年9月27日　国家发展和改革委员会令2024年第26号

（2024年9月23日经国家发展改革委第16次委务会通过　2024年9月27日国家发展改革委令第26号公布　自2025年1月1日起施行）

评标专家和评标专家库管理办法

第一章　总　　则

第一条　为了加强评标专家和评标专家库管理，提高评标专家队伍整体素质，促进评标专家资源共享，保证评标活动的公平、公正，提高评标质量，根据《中华人民共和国招标投标法》、《中华人民共和国招标投标法实施条例》等法律法规规定，制定本办法。

第二条　本办法适用于评标专家的选聘、抽取、管理以及评标专家库的组建、使用、共享、监督等活动。

第三条　本办法所称评标专家，是指符合本办法规定的条件，经评标专家库组建单位聘任，以独立身份为招标人提供评标服务的技术、经济等方面的专业人员。

本办法所称评标专家库，是指存储评标专家信息，并具备抽取专家参加评标、辅助评标专家库组建单位管理、向评标专家提供必要服务等功能的电子信息系统。

第四条　国务院发展改革部门指导和协调全国评标专家和评标专家库管理工作。国务院有关招标投标行政监督部门按照职责分工，对评标专家的评标活动和评标专家库的组建、使用、共享实施行政监督。

地方各级人民政府有关部门在各自职责范围内负责评标专家和评标专家库的监督管理工作。

第五条 国家实行统一的评标专家专业分类标准和评标专家库共享技术标准，推动专家资源跨区域、跨行业、跨评标专家库共享，应用数智技术提高评标专家管理水平，推广远程异地评标等评标组织形式。

第二章 基本要求

第六条 入选评标专家库的专业人员，应当具备下列条件：

（一）具备良好的职业道德；

（二）从事相关专业领域工作满八年并具有高级职称或者同等专业水平；

（三）具备参加评标工作所需要的专业知识和实践经验；

（四）熟悉有关招标投标的法律法规；

（五）熟练掌握电子化评标技能；

（六）具备正常履行职责的身体和年龄条件；

（七）法律、法规、规章规定的其他条件。

评标专家库组建单位应当根据前款所列条件，制定入选评标专家库的具体标准，并向社会公布。

第七条 存在下列情形之一的，不得入选评标专家库：

（一）无民事行为能力或者限制民事行为能力的；

（二）被有关行政监督部门取消担任评标委员会成员资格的；

（三）被开除公职的；

（四）受过刑事处罚的；

（五）被列入严重失信主体名单的；

（六）法律、法规、规章规定的其他情形。

第八条 评标专家享有下列权利：

（一）接受招标人聘请，担任评标委员会成员；

（二）依法对投标文件进行独立评审，提出评审意见，不受任何单位或者个人的干预；

（三）接受参加评标活动的劳务报酬；

（四）法律、法规、规章规定的其他权利。

第九条 评标专家负有下列义务：

（一）如实填报并及时更新个人基本信息，配合评标专家库组建单位的管理工作；

（二）存在法定回避情形的，主动提出回避；

（三）遵守评标工作纪律和评标现场秩序；

（四）按照招标文件确定的评标标准和方法客观公正地进行评标；

（五）协助、配合招标人处理异议，按规定程序复核、纠正评标报告中的错误；

（六）发现违法违规行为主动向招标人、有关行政监督部门反映，协助、配合有关行政监督部门、纪检监察机关、司法机关、审计部门开展监督、检查、调查；

（七）法律、法规、规章规定的其他义务。

第三章 评标专家库组建和评标专家选聘

第十条 评标专家库由法律、行政法规规定的组建单位依法组建。评标专家库的组建活动应当公开，接受公众监督。

第十一条 组建评标专家库，应当具备下列条件：

（一）有符合本办法规定条件的评标专家，且专家总人数不得少于2000人；

（二）有满足评标需要的专业分类；

（三）有满足异地抽取、随机抽取评标专家需要的必要条件；

（四）符合网络安全和数据安全管理有关规定；

（五）有负责系统运行和维护管理的专门机构和人员。

第十二条 专业人员入选评标专家库，实行个人申请和单位推荐相结合的方式。申请入库的专业人员应当提交下列材料：

（一）个人申请书；

（二）所在工作单位或者退休前原单位的推荐书；

（三）符合本办法第六条规定条件的证明材料；

（四）关于入库信息真实性合法性和依法履职的书面承诺；

（五）法律、法规、规章规定的其他材料。

第十三条 评标专家库组建单位应当对申请人或者被推荐人进行审核，决定是否聘任入库。审核过程及结果应当全过程记录并存档备查。

评标专家库组建单位应当组织测试或者评估，确认拟入库专家是否符合本办法第六条第一款第三项至第五项规定的条件。

第十四条 评标专家库组建单位应当根据评标专家的入库申请材料和测试、评估情况，确定评标专家参加评标的专业类别。

第十五条 评标专家实行聘期制，聘期届满自动解除聘任关系。评标专家可以在聘期届满前提出续聘申请，评标专家库组建单位应当按照入库标准进行审核，决定是否继续聘任。

评标专家库组建单位结合实际确定聘期，一般为三年至五年。

第四章 评标专家抽取和评标专家库共享

第十六条 依法必须进行招标项目的评标专家，应当从评标专家库中随机抽取。

在一个评标专家库中无法随机抽取到足够数量专家的，应当从其他依法组建的相关评标专家库中随机抽取。

第十七条 技术复杂、专业性强或者国家有特殊要求的依法必须进行招标项目，采取随机抽取方式确定的专家难以胜任评标工作的，招标人可以依法直接确定评标专家，并向有关行政监督部门报告。

第十八条 政府投资项目的评标专家，应当从国务院有关部门组建的评标专家库或者省级综合评标专家库中抽取。

第十九条 评标专家库组建单位、招标投标电子交易系统运行服务机构应当建立健全与远程异地评标相适应的评标专家资源共享和协同管理机制，为评标专家远程异地参加评标提供服务保障，为有关行政监督部门开展监督提供支持。

第五章 履职管理

第二十条 评标专家库组建单位承担评标专家档案记录、教育培训、履职考核、动态调整等日常管理责任，加强评标专家全周期管理。

评标专家库组建单位不得以任何名义非法控制、干预或者影响评标专家的具体评标活动。

第二十一条 评标专家库组建单位应当建立并永久保存评标专家电子档案，详细记录评标专家的基本信息、参加评标的具体情况、参加教育培训和履职考核的情况，并进行动态更新。

第二十二条 评标专家库组建单位应当加强对评标专家的教育培训，每年组织招标投标有关专业知识、法律法规和电子化评标技能等方面培训，并开展廉洁教育。

评标专家库组建单位可以结合教育培训情况开展专项测试。

第二十三条 评标专家库组建单位应当建立评标专家年度履职考核制度，制定考核标准，并向社会公布。考核标准应当包含下列内容：

（一）响应抽取参加评标情况；

（二）遵守评标工作纪律和评标现场秩序情况；

（三）评标客观公正情况；

（四）协助、配合招标人处理异议、复核评标结果情况；

（五）协助、配合有关行政监督部门、纪检监察机关、司法机关、审计部门开展监督、检查、调查情况；

（六）参加教育培训情况；

（七）其他能够反映评标专家履职情况的内容。

评标专家库组建单位应当结合评标专家年度履职考核结论、在库年限、参加评标频次等开展履职风险评估，并根据评估情况调整抽取频次、设置抽取间隔期，防范评标专家履职风险。

第二十四条 年度履职考核结论应当通知评标专家。评标专家对考核结论有异议的，有权向评标专家库组建单位申请复核，评标专家库组建单位应当在收到异议后30日内核实有关情况并作出答复。

第二十五条 评标专家年度履职考核不合格的，评标专家库组建单位应当与其解除聘任关系，调整出库，并通报入库推荐单位。

第二十六条 对于入库后不再具备本办法第六条规定的条件，不再符合评标专家库组建单位制定的入库具体标准，或者存在本办法第七条规定情形的评标专家，评标专家库组建单位应当在发现有关情形后30日内与其解除聘任关系，调整出库，并通报入库推荐单位。

第二十七条 评标专家自愿退出评标专家库的，应当向评标专家库组建单位提出书面申请。

评标专家库组建单位收到申请后，应当停止抽取该评标专家参加评标，在10日内与其解除聘任关系，并调整出库。

第二十八条 评标专家库组建单位应当结合经济社会发展水平和评标专家工作价值，制定评标专家劳务报酬标准和支付机制。

第六章 法律责任

第二十九条 评标专家有下列情形之一的，由有关行政监督部门责令改正，没收收受的财物，并依法处以罚款；情节严重的，禁止其在一定期限内参加依法必须进行招标项目的评标；情节特别严重的，取消其担任评标委员会成员的资格，并向社会公布；涉嫌违纪违法犯罪的，及时移送纪检监察机关、司法机关处理。

（一）提供虚假材料入库的；

（二）应当回避而不回避的；

（三）擅离职守或者扰乱评标现场秩序的；

（四）不按照招标文件确定的评标标准和方法进行评标，或者对依法应当否决的投标不提出否决意见的；

（五）与招标人、招标代理机构、投标人或者其他利害关系人私下接触或者相互串通的；

（六）向招标人征询确定中标人的意向，或者接受任何单位、个人提出的倾向、排斥特定投标人要求的；

（七）暗示或者诱导投标人作出澄清、说明，或者接受投标人主动提出的澄清、说明的；

（八）对其他评标委员会成员的独立评标施加不当影响的；

（九）违法透露对投标文件的评审和比较、中标候选人的推荐以及与评标有关的其他情况的；

（十）索取或者收受评标劳务报酬以外财物的；

（十一）不协助、不配合有关部门的监督、检查、调查工作的；

（十二）其他不客观、不公正履行职责的行为。

有关行政监督部门对评标专家前款所列情形作出处理的，应当将处理结果通报评标专家库组建单位。

第三十条 评标专家对评标行为终身负责，不因退休或者与评标专家库组建单位解除聘任关系等免予追责。

评标专家存在本办法第二十九条第一款所列情形的，除依法给予行政处罚外，评标专家库组建单位应当作进一步核实，依照本办法第二十五条、第二十六条规定调整出库，并将处理结果通报其入库推荐单位；涉嫌违纪违法犯罪的，及时移送纪检监察机关、司法机关处理。

评标专家所在工作单位根据专家职务晋升、职称评审等工作需要，可以查询评标专家参加评标情况并作为参考；涉及国家秘密、商业秘密或者个人隐私的除外。

第三十一条 评标专家不履行本办法第九条 规定的义务，给招标人造成损失的，依法承担赔偿责任。

第三十二条 评标专家库组建单位有下列情形之一的，由有关行政监督部门责令改正；情节严重的，对负有责任的领导人员和直接责任人员依法给予处分；涉嫌违纪违法犯罪的，及时移送纪检监察机关、司法机关处理。

（一）组建的评标专家库不符合本办法规定的；

（二）未按本办法规定开展评标专家管理的；

（三）违法泄露评标委员会成员名单的；

（四）以管理为名非法控制、干预或者影响评标专家的评标活动的；

（五）利用评标专家库开展其他业务谋取利益的；

（六）其他滥用职权、玩忽职守、徇私舞弊等违法违规行为。

法律、法规对前款规定行为的处罚另有规定的，从其规定。

第三十三条 招标投标电子交易系统运行服务机构违法泄露评标委员会成员名单的，依法处以罚款；对负有责任的领导人员和直接责任人员依法给予处分；涉嫌违纪违法犯罪的，及时移送纪检监察机关、司法机关处理。

第三十四条 依法必须进行招标项目的招标人违法组建评标委员会，或者违法确定、更换评标委员会成员的，由有关行政监督部门责令改正，可以处十万元以下的罚款；对负有责任的领导人员和直接责任人员依法给予处分；涉嫌违纪违法犯罪的，及时移送纪检监察机关、司法机关处理。

政府投资项目的招标人不按照本办法规定抽取专家的，由有关行政监督部门责令改正；对负有责任的领导人员和直接责任人员依法给予处分；涉嫌违纪违法犯罪的，及时移送纪检监察机关、司法机关处理。

违法确定或者更换的评标委员会成员作出的评标结论无效。

第七章　附　　则

第三十五条　本办法由国家发展和改革委员会负责解释。

第三十六条　本办法自2025年1月1日起实施。原《评标专家和评标专家库管理暂行办法》（国家发展计划委员会令2003年第29号）同时废止。

三、

政府采购需求及计划

财政部关于印发《政府采购需求管理办法》的通知

2021年4月30日　财库〔2021〕22号

各中央预算单位，各省、自治区、直辖市、计划单列市财政厅（局），新疆生产建设兵团财政局：

为落实《深化政府采购制度改革方案》加强政府采购需求管理的有关要求，财政部制定了《政府采购需求管理办法》，现印发给你们，请遵照执行。

附件：政府采购需求管理办法

财政部

2021年4月30日

附件：

政府采购需求管理办法

第一章　总　则

第一条　为加强政府采购需求管理，实现政府采购项目绩效目标，根据《中华人民共和国政府采购法》和《中华人民共和国政府采购法实施条例》等有关法律法规，制定本办法。

第二条　政府采购货物、工程和服务项目的需求管理适用本办法。

第三条 本办法所称政府采购需求管理，是指采购人组织确定采购需求和编制采购实施计划，并实施相关风险控制管理的活动。

第四条 采购需求管理应当遵循科学合理、厉行节约、规范高效、权责清晰的原则。

第五条 采购人对采购需求管理负有主体责任，按照本办法的规定开展采购需求管理各项工作，对采购需求和采购实施计划的合法性、合规性、合理性负责。主管预算单位负责指导本部门采购需求管理工作。

第二章 采购需求

第六条 本办法所称采购需求，是指采购人为实现项目目标，拟采购的标的及其需要满足的技术、商务要求。

技术要求是指对采购标的的功能和质量要求，包括性能、材料、结构、外观、安全，或者服务内容和标准等。

商务要求是指取得采购标的的时间、地点、财务和服务要求，包括交付（实施）的时间（期限）和地点（范围），付款条件（进度和方式），包装和运输，售后服务，保险等。

第七条 采购需求应当符合法律法规、政府采购政策和国家有关规定，符合国家强制性标准，遵循预算、资产和财务等相关管理制度规定，符合采购项目特点和实际需要。

采购需求应当依据部门预算（工程项目概预算）确定。

第八条 确定采购需求应当明确实现项目目标的所有技术、商务要求，功能和质量指标的设置要充分考虑可能影响供应商报价和项目实施风险的因素。

第九条 采购需求应当清楚明了、表述规范、含义准确。

技术要求和商务要求应当客观，量化指标应当明确相应等次，有连续区间的按照区间划分等次。需由供应商提供设计方案、解决方案或者组织方案的采购项目，应当说明采购标的的功能、应用场景、目标等基本要求，并尽可能明确其中的客观、量化指标。

采购需求可以直接引用相关国家标准、行业标准、地方标准等标准、规范，也可以根据项目目标提出更高的技术要求。

第十条 采购人可以在确定采购需求前，通过咨询、论证、问卷调查等方式开展需求调查，了解相关产业发展、市场供给、同类采购项目历史成交信息，可能涉及的运行维护、升级更新、备品备件、耗材等后续采购，以及其他相关情况。

面向市场主体开展需求调查时，选择的调查对象一般不少于 3 个，并应当具有代表性。

第十一条 对于下列采购项目，应当开展需求调查：

（一）1000 万元以上的货物、服务采购项目，3000 万元以上的工程采购项目；

（二）涉及公共利益、社会关注度较高的采购项目，包括政府向社会公众提供的公共服务项目等；

（三）技术复杂、专业性较强的项目，包括需定制开发的信息化建设项目、采购进口产品的项目等；

（四）主管预算单位或者采购人认为需要开展需求调查的其他采购项目。

编制采购需求前一年内，采购人已就相关采购标的开展过需求调查的可以不再重复开展。

按照法律法规的规定，对采购项目开展可行性研究等前期工作，已包含本办法规定的需求调查内容的，可以不再重复调查；对在可行性研究等前期工作中未涉及的部分，应当按照本办法的规定开展需求调查。

第三章　采购实施计划

第十二条　本办法所称采购实施计划，是指采购人围绕实现采购需求，对合同的订立和管理所做的安排。

采购实施计划根据法律法规、政府采购政策和国家有关规定，结合采购需求的特点确定。

第十三条　采购实施计划主要包括以下内容：

（一）合同订立安排，包括采购项目预（概）算、最高限价，开展采购活动的时间安排，采购组织形式和委托代理安排，采购包划分与合同分包，供应商资格条件，采购方式、竞争范围和评审规则等。

（二）合同管理安排，包括合同类型、定价方式、合同文本的主要条款、履约验收方案、风险管控措施等。

第十四条　采购人应当通过确定供应商资格条件、设定评审规则等措施，落实支持创新、绿色发展、中小企业发展等政府采购政策功能。

第十五条　采购人要根据采购项目实施的要求，充分考虑采购活动所需时间和可能影响采购活动进行的因素，合理安排采购活动实施时间。

第十六条　采购人采购纳入政府集中采购目录的项目，必须委托集中采购机构采购。政府集中采购目录以外的项目可以自行采购，也可以自主选择委托集中采购机构，或者集中采购机构以外的采购代理机构采购。

第十七条　采购人要按照有利于采购项目实施的原则，明确采购包或者合同分包要求。

采购项目划分采购包的，要分别确定每个采购包的采购方式、竞争范围、评审规则和合同类型、合同文本、定价方式等相关合同订立、管理安排。

第十八条 根据采购需求特点提出的供应商资格条件，要与采购标的的功能、质量和供应商履约能力直接相关，且属于履行合同必需的条件，包括特定的专业资格或者技术资格、设备设施、业绩情况、专业人才及其管理能力等。

业绩情况作为资格条件时，要求供应商提供的同类业务合同一般不超过2个，并明确同类业务的具体范围。涉及政府采购政策支持的创新产品采购的，不得提出同类业务合同、生产台数、使用时长等业绩要求。

第十九条 采购方式、评审方法和定价方式的选择应当符合法定适用情形和采购需求特点，其中，达到公开招标数额标准，因特殊情况需要采用公开招标以外的采购方式的，应当依法获得批准。

采购需求客观、明确且规格、标准统一的采购项目，如通用设备、物业管理等，一般采用招标或者询价方式采购，以价格作为授予合同的主要考虑因素，采用固定总价或者固定单价的定价方式。

采购需求客观、明确，且技术较复杂或者专业性较强的采购项目，如大型装备、咨询服务等，一般采用招标、谈判（磋商）方式采购，通过综合性评审选择性价比最优的产品，采用固定总价或者固定单价的定价方式。

不能完全确定客观指标，需由供应商提供设计方案、解决方案或者组织方案的采购项目，如首购订购、设计服务、政府和社会资本合作等，一般采用谈判（磋商）方式采购，综合考虑以单方案报价、多方案报价以及性价比要求等因素选择评审方法，并根据实现项目目标的要求，采取固定总价或者固定单价、成本补偿、绩效激励等单一或者组合定价方式。

第二十条 除法律法规规定可以在有限范围内竞争或者只能从唯一供应商处采购的情形外，一般采用公开方式邀请供应商参与政府采购活动。

第二十一条 采用综合性评审方法的，评审因素应当按照采购需求和与实现项目目标相关的其他因素确定。

采购需求客观、明确的采购项目，采购需求中客观但不可量化的指标应当作为实质性要求，不得作为评分项；参与评分的指标应当是采购需求中的量化指标，评分项应当按照量化指标的等次，设置对应的不同分值。不能完全确定客观指标，需由供应商提供设计方案、解决方案或者组织方案的采购项目，可以结合需求调查的情况，尽可能明确不同技术路线、组织形式及相关指标的重要性和优先级，设定客观、量化的评审因素、分值和权重。价格因素应当按照相关规定确定分值和权重。

采购项目涉及后续采购的，如大型装备等，要考虑兼容性要求。可以要求供应商报出后续供应的价格，以及后续采购的可替代性、相关产品和估价，作为评审时考虑的因素。

需由供应商提供设计方案、解决方案或者组织方案，且供应商经验和能力对履约有直接影响的，如订购、设计等采购项目，可以在评审因素中适当考虑供应商的履约能力要求，并合理设置分值和权重。需由供应商提供设计方案、解决方案或者组织方案，采购人认为有必要考虑全生命周期成本的，可以明确使用年限，要求供应商报出安装调试费用、使用期间能源管理、废弃处置等全生命周期成本，作为评审时考虑的因素。

第二十二条 合同类型按照民法典规定的典型合同类别，结合采购标的的实际情况确定。

第二十三条 合同文本应当包含法定必备条款和采购需求的所有内容，包括但不限于标的名称，采购标的的质量、数量（规模），履行时间（期限）、地点和方式，包装方式，价款或者报酬、付款进度安排、资金支付方式，验收、交付标准和方法，质量保修范围和保修期，违约责任与解决争议的方法等。

采购项目涉及采购标的的知识产权归属、处理的，如订购、设计、定制开发的信息化建设项目等，应当约定知识产权的归属和处理方式。采购人可以根据项目特点划分合同履行阶段，明确分期考核要求和对应的付款进度安排。对于长期运行的项目，要充分考虑成本、收益以及可能出现的重大市场风险，在合同中约定成本补偿、风险分担等事项。

合同权利义务要围绕采购需求和合同履行设置。国务院有关部门依法制定了政府采购合同标准文本的，应当使用标准文本。属于本办法第十一条规定范围的采购项目，合同文本应当经过采购人聘请的法律顾问审定。

第二十四条 履约验收方案要明确履约验收的主体、时间、方式、程序、内容和验收标准等事项。采购人、采购代理机构可以邀请参加本项目的其他供应商或者第三方专业机构及专家参与验收，相关验收意见作为验收的参考资料。政府向社会公众提供的公共服务项目，验收时应当邀请服务对象参与并出具意见，验收结果应当向社会公告。

验收内容要包括每一项技术和商务要求的履约情况，验收标准要包括所有客观、量化指标。不能明确客观标准、涉及主观判断的，可以通过在采购人、使用人中开展问卷调查等方式，转化为客观、量化的验收标准。

分期实施的采购项目，应当结合分期考核的情况，明确分期验收要求。货物类项目可以根据需要设置出厂检验、到货检验、安装调试检验、配套服务检验等多重验收环节。工程类项目的验收方案应当符合行业管理部门规定的标准、方法和内容。

履约验收方案应当在合同中约定。

第二十五条 对于本办法第十一条规定的采购项目，要研究采购过程和合同履行过程中的风险，判断风险发生的环节、可能性、影响程度和管控责任，提出有针对性的处置措施和替代方案。

采购过程和合同履行过程中的风险包括国家政策变化、实施环境变化、重大技术变化、预算项目调整、因质疑投诉影响采购进度、采购失败、不按规定签订或者履行合同、出现损害国家利益和社会公共利益情形等。

第二十六条 各级财政部门应当按照简便、必要的原则，明确报财政部门备案的采购实施计划具体内容，包括采购项目的类别、名称、采购标的、采购预算、采购数量（规模）、组织形式、采购方式、落实政府采购政策有关内容等。

第四章 风险控制

第二十七条 采购人应当将采购需求管理作为政府采购内控管理的重要内容，建立健全采购需求管理制度，加强对采购需求的形成和实现过程的内部控制和风险管理。

第二十八条 采购人可以自行组织确定采购需求和编制采购实施计划，也可以委托采购代理机构或者其他第三方机构开展。

第二十九条 采购人应当建立审查工作机制，在采购活动开始前，针对采购需求管理中的重点风险事项，对采购需求和采购实施计划进行审查，审查分为一般性审查和重点审查。

对于审查不通过的，应当修改采购需求和采购实施计划的内容并重新进行审查。

第三十条 一般性审查主要审查是否按照本办法规定的程序和内容确定采购需求、编制采购实施计划。审查内容包括，采购需求是否符合预算、资产、财务等管理制度规定；对采购方式、评审规则、合同类型、定价方式的选择是否说明适用理由；属于按规定需要报相关监管部门批准、核准的事项，是否作出相关安排；采购实施计划是否完整。

第三十一条 重点审查是在一般性审查的基础上，进行以下审查：

（一）非歧视性审查。主要审查是否指向特定供应商或者特定产品，包括资格条件设置是否合理，要求供应商提供超过 2 个同类业务合同的，是否具有合理性；技术要求是否指向特定的专利、商标、品牌、技术路线等；评审因素设置是否具有倾向性，将有关履约能力作为评审因素是否适当。

（二）竞争性审查。主要审查是否确保充分竞争，包括应当以公开方式邀请供应商的，是否依法采用公开竞争方式；采用单一来源采购方式的，是否符合法定情形；采购需求的内容是否完整、明确，是否考虑后续采购竞争性；评审方法、评审因素、价格权重等评审规则是否适当。

（三）采购政策审查。主要审查进口产品的采购是否必要，是否落实支持创新、绿色发展、中小企业发展等政府采购政策要求。

（四）履约风险审查。主要审查合同文本是否按规定由法律顾问审定，合同文本运用是否适当，是否围绕采购需求和合同履行设置权利义务，是否明确知识产权等方面的要求，履约验收方案是否完整、标准是否明确，风险处置措施和替代方案是否可行。

（五）采购人或者主管预算单位认为应当审查的其他内容。

第三十二条 审查工作机制成员应当包括本部门、本单位的采购、财务、业务、监督等内部机构。采购人可以根据本单位实际情况，建立相关专家和第三方机构参与审查的工作机制。

参与确定采购需求和编制采购实施计划的专家和第三方机构不得参与审查。

第三十三条 一般性审查和重点审查的具体采购项目范围，由采购人根据实际情况确定。主管预算单位可以根据本部门实际情况，确定由主管预算单位统一组织重点审查的项目类别或者金额范围。

属于本办法第十一条规定范围的采购项目，应当开展重点审查。

第三十四条 采购需求和采购实施计划的调查、确定、编制、审查等工作应当形成书面记录并存档。

采购文件应当按照审核通过的采购需求和采购实施计划编制。

第五章　监督检查与法律责任

第三十五条 财政部门应当依法加强对政府采购需求管理的监督检查，将采购人需求管理作为政府采购活动监督检查的重要内容，不定期开展监督检查工作，采购人应当如实反映情况，提供有关材料。

第三十六条 在政府采购项目投诉、举报处理和监督检查过程中，发现采购人未按本办法规定建立采购需求管理内控制度、开展采购需求调查和审查工作的，由财政部门采取约谈、书面关注等方式责令采购人整改，并告知其主管预算单位。对情节严重或者拒不改正的，将有关线索移交纪检监察、审计部门处理。

第三十七条 在政府采购项目投诉、举报处理和监督检查过程中，发现采购方式、评审规则、供应商资格条件等存在歧视性、限制性、不符合政府采购政策等问题的，依照《中华人民共和国政府采购法》等国家有关规定处理。

第三十八条 在政府采购项目投诉、举报处理和监督检查过程中，发现采购人存在无预算或者超预算采购、超标准采购、铺张浪费、未按规定编制政府采购实施计划等问题的，依照《中华人民共和国政府采购法》、《中华人民共和国预算法》、《财政违法行为处罚处分条例》、《党政机关厉行节约反对浪费条例》等国家有关规定处理。

第六章　附　　则

第三十九条 采购项目涉及国家秘密的，按照涉密政府采购有关规定执行。

第四十条 因采购人不可预见的紧急情况实施采购的，可以适当简化相关管理要求。

第四十一条 由集中采购机构组织的批量集中采购和框架协议采购的需求管理，按照有关制度规定执行。

第四十二条 各省、自治区、直辖市财政部门可以根据本办法制定具体实施办法。

第四十三条 本办法所称主管预算单位是指负有编制部门预算职责，向本级财政部门申报预算的国家机关、事业单位和团体组织。

第四十四条 本办法自 2021 年 7 月 1 日起施行。

中央国家机关政府采购中心办公室关于印发《采购项目需求论证办法》的通知

2017年7月17日 国机采办〔2017〕6号

第一条 为落实政府采购公开、公平、公正原则，保障采购需求的合规、完整和明确，根据《中华人民共和国政府采购法实施条例》和《财政部关于进一步加强政府采购需求和履约验收管理的指导意见》（财库〔2016〕205号）等法规制度，制定本办法。

第二条 本办法所称需求论证，是指采购人根据项目特点，委托采购中心就确定采购需求征求相关方意见。

第三条 采购人承担采购需求确定的主体责任，委托采购中心组织需求论证不免除采购人应当承担的责任。

第四条 需求论证的主要方式包括：公开征求意见、专家论证、第三方专业机构论证等。具体方式可根据项目特点，灵活选用。

采购人未采纳通过公开征求意见方式获得的修改意见，且未提供充足证明材料佐证其采购需求合理性的，应当组织专家或第三方专业机构论证。

第五条 涉及政府向社会公众提供公共服务的项目，应当公开征求意见。

政府向社会公众提供的公共服务包括：以物为对象的公共服务，如公共设施管理服务、环境服务、专业技术服务等；以人为对象的公共服务，如教育、医疗卫生和社会服务等。

第六条 采购项目有下列情形之一的，可以进行采购需求论证。

（一）采购需求较为复杂、性质特殊；

（二）该采购项目社会影响较大、关注度较高；

（三）采购中心认为确有必要的。

第七条 公开征求意见的，应当发布公告，具体内容包括：

（一）项目类别和拟采用的采购方式；

（二）对投标供应商的资质要求；

（三）技术指标、服务要求，包括但不限于数量、功能及对应的性能要求、规格；材质及相应物理性功能要求；包装及附带工具；质量要求；付款条件、售后服务和履约期限、地点、方式等能够实现采购目的的全部内容；

（四）评分细则；

（五）对采购需求所提意见的反馈方式及相关要求；

（六）公告期，不得少于 3 个工作日（不含公告发布当日）。

第八条 采购中心项目经办人应当在公告期届满后 1 个工作日内，将符合征求意见公告要求的有效修改意见以书面形式转交至采购人。采购人应当及时以书面形式将需求修改情况反馈至采购中心及相关供应商，书面材料应加盖公章。

第九条 组织专家论证的，采购中心项目经办人可以结合项目的实际情况，邀请业务精通的行业专家或从财政部专家库里随机抽取专家，专家人数应为 3 人（含）以上单数。

第十条 采购人可以委派代表到专家论证会现场介绍情况并参与讨论。采购人代表须持有采购人所在单位开具的介绍信。

第十一条 未经发布公告征求意见，直接组织专家论证的，可以发布公告征集参与供应商；发布公告征求意见后又组织专家论证的，应当告知对采购需求提出过修改意见且意见未被采纳的供应商，供应商自愿参会。

参会的供应商可以参与讨论并发表意见。

第十二条 专家论证会应当全程录音录像，参会的采购人代表及供应商须遵守论证现场纪律。专家出具论证报告时，采购人代表及供应商须服从工作人员安排，有序离场，不得干预专家独立做出论证结论。

第十三条 专家应当就论证情况形成书面报告，载明参会人员和论证结果。对于采购人和供应商存在分歧的采购需求条款，应当逐条说明论证意见。

论证报告按照少数服从多数的原则做出结论，并由全体专家签字确认。持不同意见的专家应当在报告上签署不同意见并说明理由。

第十四条 经需求论证发现采购人提出的采购需求确实存在以不合理条件对供应商实行差别待遇、歧视待遇等不符合法律、法规和政府采购政策规定内容的，采购中心项目经办人应当建议其修改；拒不修改的，应当由采购人所在部门的政府采购监管机构来函确认，或者由采购人报请财政部门同意。

对于不涉及差别待遇、歧视待遇等违规内容的采购需求，采购人拒不采纳论证意见的，采购中心项目经办人应当告知采购人自行承担所产生的不良影响，并由采购人来函确认。

第十五条 采购中心内部呈报采购文件时，如该项目有专家或第三方专业机构论证环节，应当将相关论证材料一并附上。

第十六条 需求论证过程中所产生的书面材料及音视频资料应当妥善保存，作为业务档案存档。

第十七条 本办法由中央国家机关政府采购中心负责解释。

第十八条 本办法自发布之日起施行。2015 年 12 月 15 日印发的《中央国家机关政府采购中心采购项目需求公示论证办法》（国机采办〔2015〕23 号）同时废止。

中央国家机关政府采购中心办公室

2017 年 7 月 17 日

财政部关于进一步加强政府采购需求和履约验收管理的指导意见

2016 年 11 月 25 日 财库〔2016〕205 号

党中央有关部门，国务院各部委、各直属机构，全国人大常委会办公厅，全国政协办公厅，高法院、高检院，各民主党派中央，有关人民团体，各省、自治区、直辖市、计划单列市财政厅（局），新疆生产建设兵团财务局：

近年来，各地区、各部门认真贯彻政府采购结果导向改革要求，落实《中华人民共和国政府采购法》及其实施条例有关规定，不断加强政府采购需求和履约验收管理，取得了初步成效。但从总体上看，政府采购需求和履约验收管理还存在认识不到位、责任不清晰、措施不细化等问题。为了进一步提高政府采购需求和履约验收管理的科学化、规范化水平，现就有关工作提出以下意见：

一、高度重视政府采购需求和履约验收管理

依法加强政府采购需求和履约验收管理，是深化政府采购制度改革、提高政府采购效率和质量的重要保证。科学合理确定采购需求是加强政府采购源头管理的重要内容，是执行政府采购预算、发挥采购政策功能、落实公平竞争交易规则的重要抓手，在采购活动整体流程中具有承上启下的重要作用。严格规范开展履约验收是加强政府采购结果管理的重要举措，是保证采购质量、开展绩效评价、形成闭环管理的重要环节，对实现采购与预算、资产及财务等管理工作协调联动具有重要意义。各地区、各部门要充分认识政府采购需求和履约验收管理的重要性和必要性，切实加强政府采购活动的源头和结果管理。

二、科学合理确定采购需求

（一）采购人负责确定采购需求。采购人负责组织确定本单位采购项目的采购需求。采购人委托采购代理机构编制采购需求的，应当在采购活动开始前对采购需求进行书面确认。

（二）采购需求应当合规、完整、明确。采购需求应当符合国家法律法规规定，执行国家相关标准、行业标准、地方标准等标准规范，落实政府采购支持节能环保、促进中小企业发展等政策要求。除因技术复杂或者性质特殊，不能确定详细规格或者具体要求外，采购需求应当完整、明确。必要时，应当就确定采购需求征求相关供应商、专家的意见。采购需求应当包括采购对象需实现的功能或者目标，满足项目需要的所有技术、服务、安全等要求，采购对象的数量、交付或实施的时间和地点，采购对象的验收标准等内容。采购需求描述应当清楚明了、规范表述、含义准确，能够通过客观指标量化的应当量化。

（三）加强需求论证和社会参与。采购人可以根据项目特点，结合预算编制、相关可行性论证和需求调研情况对采购需求进行论证。政府向社会公众提供的公共服务项目，采购人应当就确定采购需求征求社会公众的意见。需求复杂的采购项目可引入第三方专业机构和专家，吸纳社会力量参与采购需求编制及论证。

（四）严格依据采购需求编制采购文件及合同。采购文件及合同应当完整反映采购需求的有关内容。采购文件设定的评审因素应当与采购需求对应，采购需求相关指标有区间规定的，评审因素应当量化到相应区间。采购合同的具体条款应当包括项目的验收要求、与履约验收挂钩的资金支付条件及时间、争议处理规定、采购人及供应商各自权利义务等内容。采购需求、项目验收标准和程序应当作为采购合同的附件。

三、严格规范开展履约验收

（五）采购人应当依法组织履约验收工作。采购人应当根据采购项目的具体情况，自行组织项目验收或者委托采购代理机构验收。采购人委托采购代理机构进行履约验收的，应当对验收结果进行书面确认。

（六）完整细化编制验收方案。采购人或其委托的采购代理机构应当根据项目特点制定验收方案，明确履约验收的时间、方式、程序等内容。技术复杂、社会影响较大的货物类项目，可以根据需要设置出厂检验、到货检验、安装调试检验、配套服务检验等多重验收环节；服务类项目，可根据项目特点对服务期内的服务实施情况进行分期考核，结合考核情况和服务效果进行验收；工程类项目应当按照行业管理部门规定的标准、方法和内容进行验收。

（七）完善验收方式。对于采购人和使用人分离的采购项目，应当邀请实际使用人参与验收。采购人、采购代理机构可以邀请参加本项目的其他供应商或第三方专业机构及专家参与验收，相关验收意见作为验收书的参考资料。政府向社会公众提供的公共服务项目，验收时应当邀请服务对象参与并出具意见，验收结果应当向社会公告。

（八）严格按照采购合同开展履约验收。采购人或者采购代理机构应当成立验收小组，按照采购合同的约定对供应商履约情况进行验收。验收时，应当按照采购合同的约定对每一项技术、服务、安全标准的履约情况进行确认。验收结束后，应当出具验收书，列明各项标准的验收情况及项目总体评价，由验收双方共同签署。验收结果应当与采购合同约定的资金支付及履约保证金返还条件挂钩。履约验收的各项资料应当存档备查。

（九）严格落实履约验收责任。验收合格的项目，采购人应当根据采购合同的约定及时向供应商支付采购资金、退还履约保证金。验收不合格的项目，采购人应当依法及时处理。采购合同的履行、违约责任和解决争议的方式等适用《中华人民共和国合同法》。供应商在履约过程中有政府采购法律法规规定的违法违规情形的，采购人应当及时报告本级财政部门。

四、工作要求

（十）强化采购人对采购需求和履约验收的主体责任。采购人应当切实做好需求编制和履约验收工作，完善内部机制、强化内部监督、细化内部流程，把采购需求和履约验收嵌入本单位内控管理流程，加强相关工作的组织、人员和经费保障。

（十一）加强采购需求和履约验收的业务指导。各级财政部门应当按照结果导向的改革要求，积极研究制定通用产品需求标准和采购文件标准文本，探索建立供应商履约评价制度，推动在政府采购评审中应用履约验收和绩效评价结果。

（十二）细化相关制度规定。各地区、各部门可根据本意见精神，研究制定符合本地区、本部门实际情况的具体办法和工作细则，切实加强政府采购活动中的需求和履约验收管理。

财政部

2016 年 11 月 25 日

财政部办公厅　国家知识产权局办公室关于印发《专利商标代理服务政府采购需求标准（试行）》的通知

财办库〔2024〕275 号

各省、自治区、直辖市、计划单列市财政厅（局）、知识产权局，新疆生产建设兵团财政局、知识产权局，党中央有关部门办公厅（室），国务院各部委、各直属机构办公厅（室），全国人大常委会办公厅秘书局，全国政协办公厅秘书局，最高人民法院办公厅，最高人民检察院办公厅，各民主党派中央办公厅，有关人民团体办公厅（室）：

为贯彻落实《深化政府采购制度改革方案》有关要求，按照国务院办公厅《政府采购领域“整顿市场秩序、建设法规体系、促进产业发展”三年行动方案（2024—2026 年）》（国办发〔2024〕33 号）和《专利转化运用专项行动方案（2023—2025 年）》（国办发〔2023〕37 号）工作部署，财政部会同国家知识产权局制定了《专利商标代理服务政府采购需求标准（试行）》，供采购人参考使用。

各有关方面对本需求标准的意见建议，请通过 czbgkszfcgglc@163.com 向财政部国库司反馈。

附件：专利商标代理服务政府采购需求标准（试行）

财政部办公厅 国家知识产权局办公室

2024 年 12 月 26 日

附件

专利商标代理服务政府采购需求标准（试行）

一、使用说明

（一）本标准文本适用于采购人使用财政性资金开展的专利商标代理服务政府采购项目。

（二）采购人应按照《政府采购需求管理办法》（财库〔2021〕22 号）的要求，结合采购项目实际情况，确定采购需求，可以对本标准文本所列的服务内容及服务标准作必要的调整，也可以对相关指标提出更高要求，但不得超出实际需要。采购需求的所有内容，应当包含在合同文本中。

（三）采购人应加强履约验收管理，按照采购合同约定对供应商提供的专利商标代理服务进行验收，不得违反合同约定拖欠服务费用。对于供应商未按合同约定提供专利商标代理服务的，采购人应当依法追究其违约责任。

（四）采购人应按照政府采购有关规定，在省级以上人民政府财政部门指定的媒体上及时发布项目信息，但涉及国家秘密、商业秘密的信息，以及其他依照法律、行政法规和国家有关规定不得公开的信息除外。采购人确定采购需求，应审慎研究，不宜对外公开的信息，不予公开。

（五）由于专利商标代理服务专业性强，服务质量直接关系创新成果和品牌保护效果，采购评审时应当综合考量专利商标代理机构的代理服务方案、质量管理保障、人员专业能力等因素，确保提供的服务内容与采购需求相匹配，一般采用招标、磋商方式采购，通过综合性评审选择优质优价的服务。采购文件应当结合代理服务内容和复杂程度细分不同的等次、规格或标准，合理设置最高限价，与服务内容和工作要求相匹配。评价专利商标代理机构代理费用报价时，代理费用报价要素所占权重分值建议占总分的 10%—15%。鼓励采购人针对不同服务类别、不同重要程度、不同时限要求的专利商标代理服务，分类确定服务内容和质量标准等要求。

二、采购项目

（一）采购项目名称：________________。（采购人 + 采购项目）

（二）采购项目内容：________________。（阐述采购人专利商标代理服务事项的应用场景、工作内容、拟实现的目标等，例如，采购具体涉及机械、电学、生物等领

域专利代理，或者商标代理等，总预算金额为＊＊）

三、服务内容及质量标准

（一）总体要求。

1. 专利商标代理机构为采购人提供的专利商标代理服务，其服务质量应当符合法律、法规、部门规章和规范性文件的规定，以及双方的明文约定，提供的专利商标代理服务或出具的专利商标代理服务文书应当合法合规，满足采购人的实际需求，协助采购人有效防范或者降低法律风险，确保采购人的创新成果和品牌得到全面有效的保护。

2. 专利商标代理机构对采购人提出的专利商标代理服务事项安排应当及时作出响应，提供优质高效的专利商标代理服务。

3. 专利商标代理机构以及相关人员对在提供专利商标代理服务过程中知悉的采购人技术秘密、商业秘密和非公开信息等负有保密义务。未经采购人书面同意，专利商标代理机构以及相关人员不得直接或间接以任何形式把未公开的代理事项及其他保密信息泄露给其他机构和个人；如依照司法或行政程序，需要披露保密信息，专利商标代理机构应当在披露有关保密信息之前通知采购人，并配合采购人采取适当和有效的措施，依法避免或限制保密信息的不当扩散；保密信息部分公开的，专利商标代理机构以及相关人员仍有义务对保密信息未公开部分履行保密义务。

4. 专利商标代理机构应当对委托事项进行利益冲突审查，同一专利商标代理机构或其关联机构不得就同一专利申请、商标申请或者专利权、商标权的事务，为有利益冲突的双方或者多方当事人同时提供专利商标代理服务。

5. 专利商标代理机构应当妥善保存完整的专利商标代理服务工作记录；专利商标代理机构应当对涉及采购人的原始证据、官方文件、财务票据等妥善保管，及时归档。

6. 专利商标代理机构应当建立重大事项集体讨论机制、服务投诉处理机制等，保障专利商标代理服务质量。

（二）服务内容及质量标准。

专利代理服务包括办理国内专利申请、国外专利申请、宣告专利权无效以及其他专利事务。商标代理服务包括国内商标代理、国外商标代理、商标变更、无效宣告、商标权处分和续展以及其他商标事务。

采购人根据项目实际需求，选择或者补充说明需要专利商标代理机构提供的具体服务内容及要求，对于所需服务内容，在“服务内容”列□内划“√”。

序号	服务类型	服务内容	服务质量标准
1	专利代理服务		
1.1	国内专利申请	□1.1.1 专利布局：开展专利信息分析等服务，制定国内专利申请布局策略	按照采购人要求，针对专利申请相关技术领域开展专利信息分析等服务，结合技术优势、研发阶段、市场目标和技术领域内专利布局情况等，开展核心技术提炼与组合，制定国内专利申请布局策略，提出申请的专利类型、数量、申请时机、加快审查、延迟审查等建议。
		□1.1.2 申请：国内专利申请前检索、可专利性分析；撰写并提交专利申请的相关文件，包括专利申请文件、实质审查请求书、意见陈述书、修改文件等，直至申请结案	（1）申请前检索：根据采购人提供的技术方案或技术内容，检索申请日前公开的，相同或相近技术领域内，世界主要国家或地区专利数据库和国内非专利文献数据库，必要时还应当检索具有明显技术优势的特定国家或地区的专利数据库。检索后出具技术方案可专利性的检索分析报告，提出合理的专利保护范围建议。 如检索出现误检、错检、漏检，导致检索分析报告有误的，应当重新进行检索并出具检索报告。 （2）文件准备：申请文件、委托书、优先权相关手续等文件信息填写完整、准确，特别是发明人填写应真实、准确，并在采购人要求期限内提交。 发明、实用新型：权利要求书应当以说明书为依据，清楚、简要地限定要求专利保护的范围，能够合理概括发明构思，包含必要技术特征，涉及的各功能性特征能够得到实施例的充分支持，保护范围层次分明，为采购人争取合理保护范围；说明书应当对发明或者实用新型作出清楚、完整说明，并达到所属技术领域的技术人员能够实现的程度，解决的技术问题、技术效果应当表述清楚；说明书附图制图规范，布局合理，各部件配合关系明确，线条清晰，使人能够直观地、形象化地理解发明或者实用新型的每个技术特征和整体技术方案。 外观设计：图片或照片能够清楚显示要保护的产品外观设计，具有颜色的着色牢固、不易褪色；简要说明包含产品名称、用途、设计要点，并指定一幅最能表明设计要点的图片或者照片。 （3）通知书答复：在采购人要求的期限内，将通知书转交申请人，及时与申请人沟通，根据通知书要求撰写意见陈述书、提出申请文件修改建议，协助申请人准备补正文件，经申请人审核同意后，在通知书要求期限内提交相关文件，必要时协助申请人在期限届满前提出延长答复期限的请求。另外，提醒申请人注意主动修改的时机。 （4）文件格式：办理专利申请等事务，提交文件采用 XML 格式或者其他符合要求的文件格式。 （5）期限管理：应当健全流程管理机制，采用流程管理软件等智能化方式，在规定期限以及采购人要求期限内办理专利申请相关事务。
		□1.1.3 加快审查：按照采购人提出的要求，通过优先审查、快速预审等方式，提出加快审查请求并办理相关手续	（1）优先审查：按照采购人提出的专利申请优先审查要求，办理相关手续。专利申请进入优先审查程序后，及时准确办理通知书答复等事务。 （2）快速预审：按照采购人提出的快速预审要求，协助采购人在知识产权保护中心办理专利快速预审备案及专利申请快速预审相关手续。专利申请进入快速预审程序后，及时准确办理通知书答复等事务。

续表

序号	服务类型	服务内容	服务质量标准
1.1	国内专利申请	□ 1.1.4　延迟审查：按照采购人提出的要求，提出延迟审查请求并办理相关手续	按照采购人提出的延迟审查要求，根据相关规定，协助采购人提出延迟审查请求。
		□ 1.1.5　复审：按照采购人提出的复审请求，撰写并提交复审相关文件，包括复审请求书、意见陈述书、修改文件等，直至复审结案	（1）评估分析：对专利申请的驳回决定进行分析，评估进行复审的必要性，以便采购人决定是否提出复审请求。 （2）复审文件：请求书、委托书等文件信息填写完整、准确；根据驳回决定指出的问题，撰写意见陈述书、提出申请文件修改建议，协助申请人准备证明文件等，并在规定期限内提交相关文件。 （3）通知书答复：在采购人要求的期限内，将通知书转交申请人，及时与申请人沟通，根据通知书要求，撰写并提交意见陈述书等文件。 （4）文件格式：办理复审等事务，提交文件采用 XML 格式或者其他符合要求的文件格式。 （5）期限管理：应当健全流程管理机制，采用流程管理软件等智能化方式，在规定期限以及采购人要求期限内办理复审相关事务。
1.2	国外专利申请	□ 1.2.1　专利布局：开展专利信息分析等服务，制定国外专利申请布局策略	按照采购人要求，对相关技术领域开展专利信息分析等服务，结合技术优势、研发阶段、市场目标和技术领域内专利布局情况等，开展核心技术提炼与组合，制定国外专利申请布局策略，提出申请的专利类型、数量、目标国家或地区、申请时机、加快审查等建议。
		□ 1.2.2　申请：包括国外专利申请前检索、可专利性分析；提交保密审查请求；按照采购人要求，选择按照专利合作条约（PCT）、巴黎公约或海牙协定等约定的方式进行国外专利申请，撰写并提交专利申请程序中的相关文件，直至申请结案	（1）申请前检索：根据采购人提供的技术方案文件或技术内容，检索申请日前公开的，相同或相近技术领域内，世界主要国家或地区专利数据库和国内非专利文献数据库，必要时还应当检索具有明显技术优势的特定国家或地区专利数据库。检索后出具技术方案可专利性的检索分析报告，提出合理的专利保护范围建议。如检索出现误检、错检、漏检，导致检索分析报告有误的，应当重新进行检索并出具检索报告。 （2）提交保密审查请求：向外国申请专利或者向有关国外机构提交专利国际申请，应当事先向国家知识产权局提出保密审查请求，并详细说明其技术方案。 （3）提交国际申请： ①专利合作条约（PCT）：在国际阶段，按照采购人要求，向世界知识产权组织受理局提交申请，办理相关手续。请求书等申请文件信息填写完整、准确。权利要求书应当以说明书为依据清楚、简要地限定要求专利保护的范围，能够合理概括发明构思，包含必要技术特征，涉及的各功能性特征能够得到实施例的充分支持，保护范围层次分明，为采购人争取合理保护范围；说明书应当对发明或者实用新型作出清楚、完整说明，并达到所属技术领域的技术人员能够实现的程度，解决的技术问题、技术效果应当表述清楚；说明书附图制图规范，布局合理，各部件配合关系明确，线条清晰。办理 PCT 申请国际阶段相关事务，提交文件应当采用 XML 格式或者其他符合要求的文件格式。分析是否提出国际初步审查请求。 在国家阶段，应当就国际申请进入各指定国家或地区的期限建立完善的监控机制，通知采购人在进入国家阶段期限届满前明确是否启动进入国家阶段程序。因采购人未答复导致超期无法启动进入国家阶段程序的，专利代理机构不承担相应责任。对于超出进入国家阶段规定期限的，采购人提出关于在目标国家或地区是否有宽限期、宽限期限、费用情况等问题，应当给予及时有效答复。

续表

<table>
<tr><th>序号</th><th>服务类型</th><th>服务内容</th><th>服务质量标准</th></tr>
<tr><td rowspan="3">1.2</td><td rowspan="3">国外专利申请</td><td>□ 1.2.2 申请：包括国外专利申请前检索、可专利性分析；提交保密审查请求；按照采购人要求，选择按照专利合作条约（PCT）、巴黎公约或海牙协定等约定的方式进行国外专利申请，撰写并提交专利申请程序中的相关文件，直至申请结案</td><td>②巴黎公约：根据巴黎公约申请国外专利的，申请文件应当符合目标国家或地区相关规定要求。以在中国提交的在先申请为优先权的专利申请，应当及时从国家知识产权局获取在先申请副本证明文件或DAS码，根据相关国家或地区以及条约规定，按照采购人要求，在优先权期限届满前将申请文件提交至目标国家或地区专利局。
③海牙协定：根据海牙协定申请外观专利的，请求书等申请文件信息填写完整、准确；有关图片或照片能够清楚显示要保护的产品外观设计，具有颜色的着色牢固、不易褪色；简要说明包含产品名称、用途、设计要点，并指定一副最能表明设计要点的图片或者照片。
（4）通知书答复：在采购人要求的期限内，将通知书等文件转交申请人，及时与申请人沟通，根据通知书要求，撰写并提交意见陈述书、补正文件、修改文件等。
（5）期限管理：应当健全流程管理机制，采用流程管理软件等智能化方式，在规定期限以及采购人要求期限内办理专利申请相关事务。</td></tr>
<tr><td>□ 1.2.3 翻译：将专利申请文件翻译成目标国家或地区的官方语言</td><td>专利译文应满足完整性、准确性、时效性和一致性等要求：确保交付译文的完整性，译文不得缺项、漏项；确保交付译文的准确性；确保按照期限要求完成相应专利翻译；确保译文的技术术语等相关信息保持一致。</td></tr>
<tr><td>□ 1.2.4 加快审查：通过专利审查高速路（PPH）等方式，提出加快审查请求并办理相关手续</td><td>通过专利审查高速路（PPH）或相关国家认可的方式加快审查的，应当确保请求书等申请文件信息填写完整、准确，按规定办理相关手续。</td></tr>
<tr><td>1.3</td><td>宣告专利权无效</td><td>□ 办理宣告专利权无效相关手续，撰写并提交宣告专利权无效过程中的请求、答复等相关文件，协助举证、参加口头审理等</td><td>采购人为无效宣告请求人的，应当根据采购人的实际需要，与采购人商议形成宣告专利权无效请求的策略，根据宣告专利权无效请求策略明确无效事务办理的重点和步骤，确定相应的理由和证据；按照规定期限办理宣告专利权无效请求的提交、意见陈述、口头审理等事务。
采购人为专利权人的，应当与采购人商议形成应对策略，明确应对宣告专利权无效请求事务办理的重点和步骤，确定相应的理由和证据；按照规定期限办理意见陈述、口头审理等事务。
（3）对于采购人以宣告专利权无效作为不正当竞争手段，恶意提起无效宣告请求的，应当拒绝接受委托。</td></tr>
<tr><td rowspan="2">1.4</td><td rowspan="2">其他专利事务</td><td>□ 1.4.1 办理授权登记：办理授权登记相关手续</td><td>专利代理机构应当在规定期限内办理专利登记手续、足额缴纳相关费用，按照采购人要求，在案件结案授权后及时将授权通知书及专利证书等文件转交采购人。</td></tr>
<tr><td>□ 1.4.2 专利维持管理：协助监控、提醒和代缴国内外专利维持费等费用</td><td>（1）在国内外专利费用代缴服务中，应当通过信息化系统协助监控、提醒和代缴国内外专利维持费用，确保专利费用管理的准确无误，避免费用错缴、漏缴导致的专利权失效风险。
（2）应当按照采购人要求，定期提供专利费用的明细单和凭证，明细单包括专利官费和服务费等费用详细清单，凭证包括官费收据及专利代理机构开具的各项费用发票等。</td></tr>
</table>

续表

序号	服务类型	服务内容	服务质量标准
1.4	其他专利事务	□ 1.4.3 著录项目变更：办理著录项目变更相关手续	（1）按照采购人要求，办理申请人、专利权人、专利代理机构、联系方式等著录项目变更事务，应当准确填写请求书等相关文件，协助准备相关证明文件，并按要求及时提交。 （2）专利代理机构应当对发明人核实确认，避免出现发明人姓名填写错误、漏填情况，不得随意变更发明人。
		□ 1.4.4 权利恢复：办理权利恢复相关手续	办理权利恢复相关事务，应当准确填写请求书等相关文件，协助准备相关证明文件，并按要求及时提交。
		□ 1.4.5 要求优先权：办理要求优先权相关手续	办理要求优先权相关事务，应当协助准备要求优先权声明、在先申请文件副本等相关文件，并按要求及时提交。
		□ 1.4.6 专利咨询培训：提供专利咨询培训服务，解答采购人在专利事务方面的疑问	按照采购人要求，开展专利代理相关咨询或知识产权培训，准确全面解答采购人在专利事务方面的疑问。
		□ 1.4.7 其他：按照采购人要求，办理专利权评价报告、申请延长期限请求、财政资助科研项目形成专利声明、专利许可、转让、质押等其他专利事务	按照采购人要求，办理专利权评价报告、延长期限请求、财政资助科研项目形成专利声明、专利许可、转让、质押等其他专利事务，应当积极与采购人沟通，明确需求并按照期限要求高质量完成。
2	商标代理服务		
2.1	国内商标代理	□ 2.1.1 商标设计：按照采购人要求，开展商标图形、文字、声音等设计	商标设计应当符合采购人需要，并符合我国相关法律法规规定，不得与在先商标相同、近似，不得抄袭、复制，不得有害于道德风尚或者有其他不良影响。
		□ 2.1.2 商标注册申请：开展国内商标注册申请前查询检索；根据尼斯分类，进行商标服务分类申报，撰写并提交商标申请文件、补正文件、意见陈述，直至申请结案	（1）商标注册申请前的查询检索，应当出具检索报告，包括商标可注册性评估、与在先商标冲突概率的评估、商标注册申请建议等，详细分析商标注册申请的可行性。 （2）申请文件：商标注册申请或办理其他商标事宜应当使用商标局制定并公布的书式，不得修改格式；优先采用电子方式提交申请，并按照规定通过互联网在约定期限内在线如实填写；以纸质方式提交申请的，申请书应当打字或印刷。 （3）商品和服务项目名称：商标注册申请时，应当按规定的商品服务分类表填报使用商标的商品服务类别和商品服务名称；申请注册商标拟申请类别未在商品服务分类表的，应与采购人协商是否更改申请类别。 （4）通知书答复：在采购人要求的期限内，及时将审查意见及补正通知书等文件转交申请人，深入分析审查意见及补正通知书要求，有理有据地答复审查意见，适时补充证明文件。 （5）期限管理：应当健全流程管理机制，采用流程管理软件等智能化方式，在规定期限以及采购人要求期限内办理商标申请代理相关事务。

续表

序号	服务类型	服务内容	服务质量标准
2.1	国内商标代理	□2.1.3　商标异议：撰写并提交异议申请及相关材料、异议答辩书及相关材料，办理异议人变更及撤回异议申请等手续	办理商标异议提出和答复等相关事务，应当按照规定期限及时撰写并提交异议过程中的各种文件。办理商标异议申请，申请书中应当重点详细写明注册商标不应被核准注册的事实和理由。
2.1	国内商标代理	□2.1.4　商标复审：撰写并提交驳回复审、不予注册复审、撤销或不予撤销复审、无效宣告复审申请文件、补充理由及证据	办理商标驳回复审、不予注册复审、撤销或不予撤销复审、无效宣告复审等商标评审相关事务，应当按照规定期限及时撰写并提交评审过程中的各种文件。办理商标驳回复审，复审申请书中应当针对商标局驳回的理由阐述商标可以被核准注册的详细理由。
2.1	国内商标代理	□2.1.5　撤销注册商标：办理撤销连续三年不使用注册商标、撤销成为通用名称注册商标相关事务	（1）申请撤销连续三年不使用注册商标的，应当核实该注册商标是否已满足提出撤销的时间要求，应当自国家知识产权局作出的准予注册决定生效之日起满三年后提出申请；应当在撤销理由中说明被申请商标连续三年不使用的有关情况，并附送被申请商标三年不使用的调查证据，如网络搜索结果、市场调查报告等。对已经使用或者正在使用的商标不得恶意提出撤销注册商标申请。 （2）申请撤销成为通用名称的注册商标的，应当具体列明撤销理由，特别是关于商标的功能是否是区分不同商品。还应当核实是否满足注册商标在其获准注册之时尚未成为其核定使用商品的通用名称，在市场实际使用过程中丧失了其识别商品来源的功能，在被提出撤销申请时已成为其核定使用商品的通用名称。 （3）按照采购人要求，办理撤销注册商标答辩的，应当在规定期限内提交相关证据材料并说明理由。
2.2	国外商标代理	□2.2.1　商标设计：按照采购人要求，开展商标图形、文字、声音等设计	商标设计应当符合采购人需要，并符合目标国家或地区有关规定，不得与在先商标相同、近似，不得抄袭、复制，不得有害于道德风尚或者有其他不良影响。
2.2	国外商标代理	□2.2.2　翻译：将商标商品和服务项目翻译成目标国家或地区的官方语言	将商标商品和服务项目翻译成目标国家或地区的官方语言，译文应当满足完整性、准确性、时效性和一致性等要求。
2.2	国外商标代理	□2.2.3　商标国际注册申请：开展国外商标注册申请前查询检索；按照采购人要求，选择通过马德里体系、单一国家、区域注册性组织等途径进行商标国际注册申请	（1）商标国际注册申请前的查询检索，应当出具检索报告，包括商标可注册性评估、与在先商标冲突概率的评估、商标注册申请建议等，详细分析商标国际注册申请的可行性。 （2）申请文件及答复：办理马德里体系商标国际注册申请，申请文件应当符合《马德里协定》以及《马德里议定书实施细则》的要求，尤其应当确定商品和服务的表述是否正确，商品和服务的类别划分是否准确；收到世界知识产权组织国际局的不规范通知书，应当及时与采购人沟通，形成答复意见并在规定期限内提交世界知识产权组织国际局。办理单一国家、区域商标国际注册申请，申请文件应当符合目标国家、地区或区域法律规定；应当及时与采购人沟通，并在规定期限内办理相关手续。 （3）期限管理：应当健全流程管理机制，采用流程管理软件等智能化方式，在规定期限以及采购人要求时限内办理商标国际注册申请代理相关事务。

续表

序号	服务类型	服务内容	服务质量标准
2.2	国外商标代理	□ 2.2.4 商标国际异议：撰写并提交异议申请及相关材料、异议答辩书及相关材料，办理异议人变更及撤回异议申请等手续	办理商标国际异议提出和答复等相关事务，应当按照规定期限及时撰写并提交异议过程中的各种文件。办理商标国际异议申请，申请书中应当详细写明商标国际注册不应被核准注册的事实和理由。
		□ 2.2.5 领土延伸申请：提出领土延伸申请和后期领土延伸申请，提出实质审查请求	提出领土延伸申请和后期领土延伸申请，商标代理机构应当在指定期限内，及时提交有关申请材料，提出实质审查请求。
		□ 2.2.6 商标国际复审：撰写并提交驳回复审、不予注册复审、撤销或不予撤销复审、无效宣告复审申请文件、补充理由及证据	办理商标国际驳回复审、不予注册复审、撤销或不予撤销复审、无效宣告复审等商标相关复审事务，应当按照法定期限及时撰写并提交评审过程中的各种文件。办理商标驳回复审，复审申请书中应当针对商标局驳回的理由详细阐述商标可以被核准注册的理由。
2.3	商标变更	□ 注册人/申请人名称或地址变更、文件接收人变更、申请/注册事项的更正、商标注册申请人的商标代理机构的变更、商标申请/注册事项的更正	协助采购人办理商标注册人/申请人名称或地址变更、文件接收人变更、商标注册申请人的商标代理机构的变更、申请/注册事项的更正等，准备变更/更正申请材料，确保材料齐全并按期提交变更申请。
2.4	无效宣告	□办理无效宣告请求的提交、答辩、质证	(1) 根据采购人提出商标无效宣告请求的正当性、合理性，为采购人设计并确认商标无效宣告请求的策略，根据无效请求策略明确无效事务办理的重点和步骤，确定相应的无效宣告请求理由和证据。 (2) 按照采购人要求，办理商标无效宣告请求答辩或质证的，应当在规定期限内提交相关证据材料并说明理由。 (3) 对于采购人以无效宣告作为不正当竞争手段，恶意提起无效宣告请求的，应当拒绝接受委托。
2.5	商标权处分和续展	□ 2.5.1 商标权处分：办理注册商标/注册申请的转让、转移、注册商标使用许可备案、专用权质押登记、注销、注册申请商品/服务项目的删减等事务	办理注册商标/注册申请的转让、转移、注册商标使用许可备案、专用权质押登记、注销、注册申请商品/服务项目的删减等事务，应当协助准备申请材料，确保材料齐全并按期提交变更申请。

续表

序号	服务类型	服务内容	服务质量标准
2.5	商标权处分和续展	□2.5.2　商标续展：办理商标续展手续，协助监控、提醒和代缴国内外商标续展费用及提交相关文件	(1) 在国内外商标续展费用管理服务中，应当通过信息化系统协助监控、提醒和代缴国内外商标续展费用及相关文件，应当确保商标费用管理准确无误，避免费用错缴、漏缴导致的商标权失效。 (2) 应当定期向采购人提交商标费用的明细单和凭证，明细单可包括商标官费和服务费等费用详细清单。凭证包括官费收据或其他证明材料。
2.6	其他商标事务	□2.6.1　商标咨询培训：提供商标咨询培训服务，解答采购人在商标事务方面的疑问	按照采购人要求，开展商标代理相关咨询或知识产权培训，准确全面解答采购人在商标事务方面的疑问。
		□2.6.2　其他：按照采购人要求，办理其他商标事务	按照采购人要求，办理其他商标事务，应当积极与采购人沟通，明确需求并按照期限要求高质量完成。

四、专利商标代理机构及人员要求

采购人根据项目实际需求，选择专利代理或者商标代理，在□内划"√"。专利商标代理机构及人员具体要求中的空格由采购人自行填写，可补充相关要求。

序号	类型	内容	具体要求
1	□专利代理	1.1　机构服务资质	专利代理机构应当取得国家知识产权局颁发的专利代理机构执业许可证。
		1.2　机构信用等级	专利代理机构信用等级在____级及以上①。
		1.3　机构人员稳定性	代理服务团队组成人员，未经采购人同意，原则上不得减少、更换成员，可根据需要增加。代理服务团队人员调整不得影响采购需求实现，如替换比例超过____%，采购人有权单方面解除合同。
		1.4　机构需提供的材料	(1) 专利代理机构执业许可证复印件、专利代理人资格证书复印件。
			(2) 专利代理人员信息表，应当包括姓名、身份证号、资格证号、学历、专业、执业年限、信用等级等基本信息。
			(3) 采购人需要的其他材料。(如未在经营异常名录和严重违法失信名单中证明材料)

① 专利代理机构和专利代理师的信用评级按照《专利代理信用评价管理办法（试行）》（国知发运字〔2023〕10号）执行，信用等级按照从高到低顺序分为"A+""A""B""C""D"级，具体以国家知识产权局专利代理管理系统公示的为准。查询地址为：http://dlgl.cnipa.gov.cn/txnqueryAgencyOrg.do。

续表

序号	类型	内容		具体要求
1	□ 专利代理	1.5	服务团队负责人	（1）取得专利代理师资格证并具有____年以上相关领域专利代理服务执业经历。
				（2）负责人的专利代理师信用等级均在____级及以上。
		1.6	服务专利代理师	（1）取得专利代理师资格证并具有____年以上专利代理服务执业经历的专利代理师占比达到____%以上。
				（2）涉外服务的专利代理师中，具有____年以上涉外专利代理业务经验的人员占比达到____%以上，且具有相关语言能力证书。
				（3）专利代理师的信用等级均在____级及以上。
		1.7	服务流程管理人员	至少1名服务流程管理人员从事专利流程管理工作____年以上。
2	□ 商标代理	2.1	机构服务资质	商标代理机构应当在国家知识产权局备案。
		2.2	机构信用等级	商标代理机构属于商标代理信用评价管理试点省份的，信用等级在____级及以上①。商标代理信用评价管理办法在全国范围内正式实施后，所有商标代理机构信用等级在____级及以上。
		2.3	机构人员稳定性	代理服务团队组成人员，未经采购人同意，原则上不得减少、更换成员，可根据需要增加。代理服务团队人员调整不得影响采购需求实现，如替换比例超过____%，采购人有权单方面解除合同。
		2.4	机构需提供的证明材料	（1）商标代理机构及商标代理从业人员备案信息复印件。
				（2）商标代理人员信息表，应当包括姓名、身份证号、学历、专业、从业年限、信用等级等基本信息。
				（3）采购人需要的其他材料。（如未在经营异常名录和严重违法失信名单中证明材料）
		2.5	服务团队负责人	（1）具有____年以上商标代理服务经验。
				（2）商标代理信用评价管理试点省份的团队负责人的商标代理信用等级在____级及以上。商标代理信用评价管理办法在全国范围内正式实施后，团队负责人的商标代理信用等级在____级及以上。

① 在河北省、辽宁省、江苏省、安徽省、湖北省等商标代理信用评价试点省份设立的商标代理机构和商标代理从业人员，信用评级按照《商标代理信用评价管理办法（试行）》（国知办函运字〔2023〕1046号）执行，具体以商标代理信用评价管理系统及试点省份政府网站公示为准。

续表

序号	类型	内容	具体要求
2	□ 商标代理	2.6 服务商标代理从业人员	(1) 具有____年以上商标代理服务经验的从业人员占比达到____%以上。
			(2) 涉外代理人员中具有____年以上涉外商标代理业务经验的人员占比达到____%以上，且具有相关语言能力证书。
			(3) 商标代理信用评价管理试点省份的商标代理从业人员的信用等级均在____级及以上。商标代理信用评价管理办法在全国范围内正式实施后，商标代理从业人员的商标代理信用等级均在____级及以上。
		2.7 服务流程管理人员	至少1名服务流程管理人员从事商标流程管理工作____年以上。

注：

(1) 供应商应按国家相关法律法规，合理确定服务人员工资标准，确保工作时间符合国家劳动法的规定。

(2) 供应商应自行为团队人员办理必需的保险。

五、商务要求

(一) 服务期限。

【填写实施期限】

(二) 服务费用支付。

【填写付款方式，可以按照如下方式和双方约定支付专利商标代理服务费用】

□ 采购人支付预付款的，预付款为合同总金额的____%，其余款项按双方约定的时间及工作量支付。

□ 采购人分期支付，每(月或季或半年) 支付一次，付清为止。

□ 采购人按服务工作量完成情况支付，每完成____件专利商标代理案件支付一次，付清为止。

(三) 其他费用。

专利商标代理机构办理采购人委托事项（包括但不限于办理宣告专利权无效过程中协助调查取证、参加口头审理等）所发生的下列费用：

1. 交通费、食宿费等，参照采购人（公务员）标准执行。

2. 其他费用：________________。(如公证费、专家费、鉴定费、调查取证费等)

涉及以下情形的，相关费用包含在专利商标代理服务采购合同金额之内，由供应商承担：________________。

涉及以下情形的，由采购人承担：________________。

六、需落实的政府采购政策

采购人应当落实政府采购政策，包括但不限于促进中小企业发展、促进残疾人就业采购政策等。

七、履约考核参考标准

序号	考核内容	考核明细及分值	评分标准
1	信用等级及人员稳定性（30分）	代理机构规范经营和信用评级（15分）	履约期间，同一机构在不同代理案件中出现非正常专利申请占比超过3%、恶意商标注册申请情况，或被通报、约谈、惩戒的，出现一次扣5分；机构信用等级每降一级扣7.5分（信用等级由A+级降至A级的不扣分），信用等级降至D级的，采购人应当解除合同关系；机构因代理质量等问题受到行政处罚的，出现一次扣10分；扣完为止。
		团队人员信用评级（10分）	履约期间服务团队人员信用等级每降一级扣5分（信用等级由A+级降至A级的不扣分），扣完为止。人员信用等级降至D级的，采购人应当停止使用该专利代理师或商标代理从业人员。
		人员稳定性（5分）	未征得采购人同意更换团队负责人的，每出现一人次扣3分，未征得采购人同意更换代理人员的，每出现一人次扣1分，扣完为止。
2	服务质量（50分）	质量数据评价（15分）	根据履约期间专利申请数量、授权率、驳回率、视为撤回率、专利权无效宣告成功率及相关专利申请文件的平均权利要求项数、独立权利要求项数、说明书的完整程度等；商标申请、异议数量、通过率、复审及无效宣告成功率等数据，综合开展服务质量数据评价，得0—15分。
		服务内容评价（15分）	根据履约期间是否按照代理业务服务质量标准和双方约定高效开展专利商标代理服务，以及是否采用专业化专利商标检索工具、应用智能化流程管理软件等，综合开展评价，得0—15分。
		期限管理评价（10分）	（1）因专利商标代理机构过错，超出要求期限提交相关文件但未造成案件审查程序终止（结），出现1次扣1分，扣完为止； （2）因专利商标代理机构过错，出现案件审查程序终止（结），通过缴纳官费仍可恢复的，出现1次扣5分，扣完为止； （3）因专利商标代理机构过错，出现案件审查程序终止（结），无法通过缴纳官费予以恢复的，出现1次扣10分，扣完为止。
		保障管理评价（10分）	（1）质量管理、利益冲突审查、恶意申请筛查、投诉处理、保密管理、人员管理、财务管理、档案管理等制度完善且有效执行，业务培训体系健全，得8—10分。 （2）质量管理、利益冲突审查、恶意申请筛查、投诉处理、保密管理、人员管理、财务管理、档案管理等制度基本完善且履约期间能够执行，业务培训体系基本健全、得5—7分。 （3）质量管理、利益冲突审查、恶意申请筛查、投诉处理、保密管理、人员管理、财务管理、档案管理等制度不完善且未在履约期间执行，业务培训体系不健全，得0—4分。

续表

序号	考核内容	考核明细及分值	评分标准
3	服务体验和效果（20分）	服务响应度评价（10分）	（1）履约期间，及时沟通并解决问题的，得10分。 （2）履约期间，采购人的诉求未在有效时间内进行沟通并解决的，出现1次扣2分，扣完为止。
		服务满意度评价（10分）	（1）履约期间，耐心倾听采购人的诉求、详细解答采购人的疑问的，得10分。 （2）履约期间，未对采购人的诉求或者疑问解答的，出现1次扣2分，扣完为止。

财政部办公厅关于印发《物业管理服务政府采购需求标准（办公场所类）（试行）》的通知

2024 年 5 月 31 日　财办库〔2024〕113 号

各省、自治区、直辖市、计划单列市财政厅（局），新疆生产建设兵团财政局，党中央有关部门办公厅（室），国务院各部委、各直属机构办公厅（室），全国人大常委会办公厅秘书局，全国政协办公厅秘书局，最高人民法院办公厅，最高人民检察院办公厅，各民主党派中央办公厅，有关人民团体办公厅（室）：

为贯彻落实中央全面深化改革委员会审议通过的《深化政府采购制度改革方案》有关要求，推动政府采购需求标准建设，财政部制定了《物业管理服务政府采购需求标准（办公场所类）（试行）》，供采购人参考使用。

各有关方面对本需求标准的意见建议，请通过 wyglxqbz_mof@ 163. com 向财政部国库司反馈。

附件：物业管理服务政府采购需求标准（办公场所类）（试行）

财政部办公厅

2024 年 5 月 31 日

附件：

物业管理服务政府采购需求标准（办公场所类）（试行）

使用说明

1. 本需求标准适用于办公场所的物业管理服务政府采购项目。

2. 采购人应当按照《政府采购需求管理办法》（财库〔2021〕22 号）的要求，结合采购项目实际情况，确定采购需求。采购人可以对本需求标准所列的服务内容及服务标准作必要的调整，也可以对相关指标提出更高要求，但不得超出实际需要。采购需求的所有内容，应当包含在合同文本中。

3. 采购人应当加强履约验收管理，按照采购合同约定对供应商提供的物业管理服务进行验收，对于供应商未按合同约定提供物业管理服务的，采购人应当依法追究其违约责任。

4. 采购人应当按照政府采购有关规定，在省级以上人民政府财政部门指定的媒体上及时发布项目信息，但涉及国家秘密、商业秘密的信息，以及其他依照法律、行政法规和国家有关规定不得公开的信息除外。采购人应当审慎研究，不宜对外公开的信息不得公开。

5. 采购人设定供应商资格、技术、商务条件等不得以不合理的条件对供应商实行差别待遇或者歧视待遇。需由经许可的单位提供的服务，如锅炉、压力容器、电梯等特种设备维修等，采购人可另行采购，也可将相关内容包含在物业管理服务中采购。将相关内容包含在物业管理服务中采购的，采购人应当在采购文件中明确相应资格条件，接受联合体或同意采取分包方式履行。

1. 项目基本情况

1.1　物业情况

物业名称	物业地址
物业名称 1 填写某单位办公点或大厦（楼）名称	填写办公点具体地址或大厦（楼）具体地址
物业名称 2 填写某单位办公点或大厦（楼）名称	填写办公点具体地址或大厦（楼）具体地址
……	……

注：物业管理服务项目涉及多处物业的，可以分不同地址在上表中列明各物业名称和地址。

本需求标准中的省略号为自行添加部分。

1.2　采购人提供供应商使用的场地、设施、设备、材料等（结合“4. 供应商履行合同所需的设备”、“7. 需要说明的其他事项”统筹考虑）

如采购人拥有与物业管理服务有关的且可以无偿提供给供应商在本项目中使用的设施、设备、材料、场地等，可在此列明。例如：

（1）采购人可提供的办公室，需明确办公室数量、大小、办公室内可用设施设备清单等；

（2）采购人可提供的物业管理服务设备，需明确设备名称、用途、主要技术指标、数量等；

（3）采购人可提供的食堂，餐费由供应商自理；

（4）采购人可提供的住宿，需明确房间数量、房间内设施情况、床位数量等；

（5）采购人可提供的零星维修材料；

（6）采购人可提供的低值易耗品；

（7）采购人可提供的苗木；

（8）采购人可提供的客耗品，需明确客耗品名称及数量，如厕纸、洗手液、擦手纸等。（可参照上一年同类型客耗品实际数据进行增删拟定本次需求）；

……

供应商应当承担除以上所列场地、设施、设备、材料外，与物业管理服务有关的其他场地、设施、设备、材料等。

2. 物业服务范围

【物业名称 1】

（1）物业管理（建筑物）

名称		明细	服务内容及标准
建筑 1 名称		例如 1 号楼、2 号楼、综合楼	
总面积	建筑面积（m^2）	填写总建筑面积	见“3.6 保安服务”
	需保洁面积（m^2）	填写总保洁面积	见“3.4 保洁服务”
门窗	门窗总数量（个）及总面积（m^2）	列明门窗总数量及总面积	见“3.2 房屋维护服务”“3.4 保洁服务”
地面	地面各材质及总面积（m^2）	例如列明环氧地坪总面积、耐磨漆总面积、瓷砖总面积、石材总面积、水磨石总面积、地胶板总面积、地板总面积、地毯总面积……	见“3.2 房屋维护服务”“3.4 保洁服务”
内墙饰面	内墙饰面各材质及总面积（m^2）	例如列明内墙饰面乳胶漆总面积、墙纸总面积、木饰面总面积、石材总面积、金属板总面积……	见“3.2 房屋维护服务”“3.4 保洁服务”

续表

名称		明细	服务内容及标准
顶面	顶面各材质及总面积（m^2）	例如列明顶面乳胶漆总面积、铝板总面积、铝扣板总面积、格栅总面积、木饰面总面积、蜂窝铝板总面积……	见“3.2 房屋维护服务”“3.4 保洁服务”
外墙	外墙各材质及总面积（m^2）	例如列明外墙涂料（普通涂料、弹性涂料等）总面积、真石漆总面积、面砖总面积、保温一体板总面积、铝板总面积、干挂石材总面积、玻璃幕墙总面积……	见“3.2 房屋维护服务”“3.4 保洁服务”
	外墙需清洗面积（m^2）	填写清洗面积	见“3.4 保洁服务”
会议室	室内设施说明	列明室内设施情况，如会议桌、会议椅、投影机、话筒等相关设施的数量……	见“3.2 房屋维护服务”“3.4 保洁服务”“3.7 会议服务”
	会议室数量（个）及总面积（m^2）	列明会议室总数量及总面积	见“3.4 保洁服务”“3.7 会议服务”
报告厅	室内设施说明	列明室内设施情况，如会议桌、会议椅、投影机、话筒等相关设施的数量……	见“3.4 保洁服务”“3.7 会议服务”
	报告厅数量（个）及总面积（m^2）	列明报告厅数量及总面积	见“3.4 保洁服务”“3.7 会议服务”
卫生间	卫生间数量（个）及总面积（m^2）	列明卫生间数量及总面积	见“3.4 保洁服务”
垃圾存放点	各垃圾存放点位置、面积（m^2）及数量（个）	列明各垃圾存放点位置、面积及数量	见“3.4 保洁服务”
车位数	地下车位数	填写地下车位数量（其中充电桩车位数量）	见“3.6 保安服务”
	地面车位数	填写地面车位数量（其中充电桩车位数量）	见“3.6 保安服务”
车行/人行口	车行口	填写车行口数量	见“3.6 保安服务”
	人行口	填写人行口数量	见“3.6 保安服务”
设施设备（可另行附表）	电梯系统	填写消防梯数量、货梯数量、客梯数量 填写消防梯的功率、是否在质保期内 填写货梯的功率、是否在质保期内 填写客梯的功率、是否在质保期内	见“3.6 保安服务”“3.3 公用设施设备维护服务”
	空调系统	填写中央空调形式，例如空气源空调系统、水冷空调系统、多联式空调系统等 填写中央空调总功率、是否在质保期内 填写立式单元式空调的数量、总功率、是否在质保期内 填写壁挂式单元式空调的数量、总功率、是否在质保期内	见“3.6 保安服务”“3.3 公用设施设备维护服务”

续表

名称		明细	服务内容及标准
设施设备（可另行附表）	采暖系统	填写采暖系统形式，例如地采暖、散热片 填写采暖系统的构成 填写采暖设备的数量、总功率、是否在质保期内	见“3.6保安服务”“3.3公用设施设备维护服务”
	给排水系统	填写给排水系统构成，例如潜水泵、集水井、污水处理设备等 填写给排水设备的数量、总功率、是否在质保期内	见“3.6保安服务”“3.3公用设施设备维护服务”
	消防系统	填写消防系统的构成 填写消防设备的数量、是否在质保期内	见“3.6保安服务”“3.3公用设施设备维护服务”
	锅炉设备	填写锅炉系统的构成 填写锅炉设备的数量、总功率、是否在质保期内	见“3.6保安服务”“3.3公用设施设备维护服务”
	安防系统	填写安防系统的构成 填写安防设备的数量、是否在质保期内	见“3.6保安服务”“3.3公用设施设备维护服务”
	照明系统	填写照明系统的构成 填写照明设备的数量、是否在质保期内	见“3.6保安服务”“3.3公用设施设备维护服务”
	供配电系统	填写高压柜、低压柜数量及功率	见“3.3公用设施设备维护服务”
	……		

注：此表格详细列出了不同建筑物的物业管理指标项及其明细。若存在“建筑2”，则相应增加内容，以此类推。

以上内容体现需要供应商进行物业管理的物业的情况、边界、范围。指标的设置要充分考虑可能影响供应商报价和项目实施风险的因素。

（2）物业管理（室外）

名称	明细	服务内容及标准
室外面积	填写室外面积	见“3.4保洁服务”“3.6保安服务”
绿化	填写绿化面积	见“3.4保洁服务”“3.5绿化服务”
广场	填写广场面积	见“3.4保洁服务”“3.6保安服务”
路灯、草坪灯、音箱	填写路灯、草坪灯、音箱数量	见“3.4保洁服务”“3.3公用设施设备维护服务”
消防栓	填写消防栓数量	见“3.4保洁服务”“3.3公用设施设备维护服务”
垃圾箱	填写垃圾箱数量	见“3.4保洁服务”
室外配电箱	填写室外配电箱数量	见“3.4保洁服务”“3.3公用设施设备维护服务”
门前三包	填写门前三包面积	见“3.4保洁服务”
露台	填写露台面积	见“3.2房屋维护服务”“3.4保洁服务”
监控	填写监控数量	见“3.4保洁服务”“3.3公用设施设备维护服务”
指示牌、显示屏	填写指示牌、显示屏数量	见“3.4保洁服务”“3.3公用设施设备维护服务”
……		

【物业名称2】……

……

注：以上内容体现需要供应商进行物业管理的物业的情况、边界、范围。指标的设置要充分考虑可能影响供应商报价和项目实施风险的因素。

3. 物业管理服务内容及标准

物业管理服务包括基本服务、房屋维护服务、公用设施设备维护服务、保洁服务、绿化服务、保安服务、会议服务等。

3.1 基本服务

序号	服务内容	服务标准
1	目标与责任	□（1）结合采购人要求及物业服务实际情况，制定年度管理目标，明确责任分工，并制定配套实施方案。
		□（2）……
2	服务人员要求	□（1）每季度至少开展1次岗位技能、职业素质、服务知识、客户文化、绿色节能环保等教育培训，并进行适当形式的考核。
		□（2）根据采购人要求对服务人员进行从业资格审查，审查结果向采购人报备。
		□（3）服务人员的年龄、学历、工作经验及资格条件应当与所在岗位能力要求相匹配，到岗前应当经过必要的岗前培训以达到岗位能力要求，国家、行业规定应当取得职业资格证书或特种作业证书的，应当按规定持证上岗。
		□（4）如采购人认为服务人员不适应岗位要求或存在其他影响工作的，可要求供应商进行调换。如因供应商原因对服务人员进行调换，应当经采购人同意，更换比例不得超过本项目服务人员总数的20%。本项目服务人员不得在其他项目兼职。
		□（5）着装分类统一，佩戴标识。仪容整洁、姿态端正、举止文明。用语文明礼貌，态度温和耐心。
		□（6）……
3	保密和思想政治教育	□（1）建立保密管理制度。制度内容应当包括但不限于：①明确重点要害岗位保密职责。②对涉密工作岗位的保密要求。
		□（2）根据采购人要求与涉密工作岗位的服务人员签订保密协议。保密协议应当向采购人报备。
		□（3）每季度至少开展1次对服务人员进行保密、思想政治教育的培训，提高服务人员保密意识和思想政治意识。新入职员工应当接受保密、思想政治教育培训，进行必要的人员经历审查，合格后签订保密协议方可上岗。
		□（4）发现服务人员违法违规或重大过失，及时报告采购人，并采取必要补救措施。
		□（5）……

续表

序号	服务内容	服务标准
4	档案管理	□（1）建立物业信息，准确、及时地对文件资料和服务记录进行归档保存，并确保其物理安全。
		□（2）档案和记录齐全，包括但不限于：①采购人建议与投诉等。教育培训和考核记录。保密、思想政治教育培训记录。②房屋维护服务：房屋台账、使用说明、房屋装修、维保记录等。③公用设施设备维护服务：设备台账、设备卡、使用说明、维保记录、巡查记录、设施设备安全运行、设施设备定期巡检、维护保养、维修档案等。④保安服务：监控记录、突发事件演习与处置记录等。⑤保洁服务：工作日志、清洁检查表、用品清单、客户反馈表等。⑥绿化服务：绿化总平面图、清洁整改记录、消杀记录等。⑦其他：客户信息、财务明细、合同协议、信报信息登记、大件物品进出登记等。
		□（3）遵守采购人的信息、档案资料保密要求，未经许可，不得将建筑物平面图等资料转作其他用途或向其他单位、个人提供。
		□（4）履约结束后，相关资料交还采购人，采购人按政府采购相关规定存档。
		□（5）……
5	分包供应商管理	□（1）合理控制外包服务人员数量和流动率。
		□（2）根据采购人要求明确对分包供应商的要求，确定工作流程。
		□（3）明确安全管理责任和保密责任，签订安全管理责任书和保密责任书。
		□（4）开展服务检查和监管，评估服务效果，必要时进行服务流程调整。
		□（5）根据工作反馈意见与建议，持续提升服务品质。
		□（6）……
6	服务改进	□（1）明确负责人，定期对物业服务过程进行自查，结合反馈意见与评价结果采取改进措施，持续提升管理与服务水平。
		□（2）对不合格服务进行控制，对不合格服务的原因进行识别和分析，及时采取纠正措施，消除不合格的原因，防止不合格再发生。
		□（3）需整改问题及时整改完成。
		□（4）……
7	重大活动后勤保障	□（1）制订流程。配合采购人制订重大活动后勤保障工作流程，需对任务进行详细了解，并根据工作安排制定详细的后勤保障计划。
		□（2）实施保障。按计划在关键区域和重点部位进行部署，确保任务顺利进行，对活动区域进行全面安全检查，发现并排除安全隐患，对车辆进行有序引导和管理，确保交通安全畅通，以礼貌、专业的态度对待来宾，展现良好形象。
		□（3）收尾工作。对现场进行检查，做好清理工作。
		□（4）……

续表

序号	服务内容	服务标准
8	应急保障预案	□（1）重点区域及安全隐患排查。结合项目的实际情况，对重点部位及危险隐患进行排查，并建立清单/台账；应当对危险隐患进行风险分析，制定相应措施进行控制或整改并定期监控；随着设施设备、服务内容的变化，及时更新清单/台账，使风险隐患始终处于受控状态。
		□（2）应急预案的建立。根据办公楼隐患排查的结果和实际情况，制定专项预案，包括但不限于：火情火警紧急处理应急预案、紧急疏散应急预案、停水停电应急预案、有限空间救援应急预案、高空作业救援应急预案、恶劣天气应对应急预案等。
		□（3）应急预案的培训和演练。应急预案定期培训和演练，组织相关岗位每半年至少开展一次专项应急预案演练；留存培训及演练记录和影像资料，并对预案进行评价，确保与实际情况相结合。
		□（4）应急物资的管理。根据专项预案中的应对需要、必要的应急物资，建立清单或台账，并由专人定期对应急物资进行检查，如有应急物资不足，及时通知采购人购置齐全，确保能够随时正常使用。
		□（5）……
9	服务方案及工作制度	□（1）制定工作制度，主要包括：人员录用制度、档案管理制度、物业服务管理制度、公用设施设备相关管理制度等。
		□（2）制定项目实施方案，主要包括：交接方案、人员培训方案、人员稳定性方案、保密方案等。
		□（3）制定物业服务方案，主要包括：房屋维护服务方案、公用设施设备维护服务方案、绿化服务方案、保洁服务方案、保安服务方案、会议服务方案等。
		□（4）……
10	信报服务	□（1）对邮件、包裹和挂号信等进行正确分理、安全检查和防疫卫生检查。
		□（2）及时投送或通知收件人领取。
		□（3）大件物品出入向采购人报告，待采购人确认无误后放行。
		□（4）……
11	服务热线及紧急维修	□（1）设置24小时报修服务热线。
		□（2）紧急维修应当15分钟内到达现场，不间断维修直至修复。
		□（3）……

3.2 房屋维护服务

序号	服务内容	服务标准
1	主体结构、围护结构、部品部件	□（1）每季度至少开展1次房屋结构安全巡视，发现外观有变形、开裂等现象，及时建议采购人申请房屋安全鉴定，并采取必要的避险和防护措施。
		□（2）每季度至少开展1次外墙贴饰面、幕墙玻璃、雨篷、散水、空调室外机支撑构件等检查，发现破损，及时向采购人报告，按采购人要求出具维修方案，待采购人同意后按维修方案实施维修。

续表

序号	服务内容	服务标准
1	主体结构、围护结构、部品部件	□（3）每半月至少开展1次公用部位的门、窗、楼梯、通风道、室内地面、墙面、吊顶和室外屋面等巡查，发现破损，及时向采购人报告，按采购人要求出具维修方案，待采购人同意后按维修方案实施维修。
		□（4）每年强降雨天气前后、雨雪季节检查屋面防水和雨落管等，发现破损，及时向采购人报告，按采购人要求出具维修方案，待采购人同意后按维修方案实施维修。
		□（5）办公楼外观完好，建筑装饰面无脱落、无破损、无污渍，玻璃幕墙清洁明亮、无破损。
		□（6）通道、楼梯、门窗等设施的完好和正常使用。
		□（7）……
2	其他设施	□（1）每半月至少开展1次大门、围墙、道路、场地、管井、沟渠等巡查，每半月至少检查1次雨污水管井、化粪池等巡查，发现破损，及时向采购人报告，按采购人要求出具维修方案，待采购人同意后按维修方案实施维修。
		□（2）每年至少开展1次防雷装置检测，发现失效，及时向采购人报告，按采购人要求出具维修方案，待采购人同意后按维修方案实施维修。
		□（3）路面状态良好，地漏通畅不堵塞。
		□（4）接到采购人家具报修服务后，及时通知家具供货商对保修期内的家具进行维修，及时对保修期外的家具进行维修。
		□（5）……
3	装饰装修监督管理	□（1）装饰装修前，供应商应当与采购人或采购人委托的装修企业签订装饰装修管理服务协议，告知装饰装修须知，并对装饰装修过程进行管理服务。
		□（2）根据协议内容，做好装修垃圾临时堆放、清运等。
		□（3）受采购人委托对房屋内装修进行严格的监督管理，发现问题及时上报，确保不因装修而危及大楼结构安全、人身安全和影响正常办公秩序。
		□（4）……
4	标识标牌	□（1）标识标牌符合《公共信息图形符号第1部分：通用符号》（GB/T 10001.1）的相关要求，消防与安全标识符合《安全标志及其使用导则》（GB2894）、《消防安全标志　第1部分：标志》（GB13495.1）的相关要求。
		□（2）每月至少检查1次标识标牌和消防与安全标识。应当规范清晰、路线指引正确、安装稳固。
		□（3）……

3.3　公用设施设备维护服务

序号	服务内容	服务标准
1	基本要求	□（1）重大节假日及恶劣天气前后，组织系统巡检1次。
		□（2）具备设施设备安全、稳定运行的环境和场所（含有限空间），温湿度、照度、粉尘和烟雾浓度等符合相关安全规范。
		□（3）……

续表

序号	服务内容	服务标准
2	设备机房	□（1）设备机房门口有机房类别及安全标志。落实各类机房责任人、督查人，且设备系统图、应急预案流程图、管理制度、特种作业人员资格证书等上墙文件或证书符合各设备机房国家标准规范要求，机房巡视及外来人员记录清晰完整，标识统一。
		□（2）设备机房门窗、锁具应当完好、有效。
		□（3）每半月至少开展1次清洁，整洁有序、无杂物、无积尘、无鼠、无虫害，温湿度符合设备运行要求。
		□（4）按各设备机房国家标准规范规定维护/保管消防、通风、应急照明，防止小动物进入。
		□（5）安全防护用具配置齐全，检验合格。
		□（6）应急设施设备用品应当齐全、完备，可随时启用。
		□（7）……
3	给排水系统	□（1）生活饮用水卫生符合《生活饮用水卫生标准》（GB5749）的相关要求。
		□（2）二次供水卫生符合《二次供水设施卫生规范》（GB17051）的相关要求。
		□（3）设施设备、阀门、管道等运行正常，无跑、冒、滴、漏现象。
		□（4）有水泵房、水箱间的，每日至少巡视1次。每年至少养护1次水泵。
		□（5）遇供水单位限水、停水，按规定时间通知采购人。
		□（6）每季度至少开展1次对排水管进行疏通、清污，保证室内外排水系统通畅。
		□（7）……
4	电梯系统	□（1）电梯运行平稳、无异响、平层、开关正常。每周至少开展2次电梯的安全状况检查。
		□（2）电梯准用证、年检合格证等证件齐全。相关证件、紧急救援电话和乘客注意事项置于轿厢醒目位置。
		□（3）每年至少开展1次对电梯的全面检测，并出具检测报告，核发电梯使用标志。
		□（4）电梯维保应当符合《电梯维护保养规则》（TSG T5002）的有关要求。
		□（5）电梯使用应当符合《特种设备使用管理规则》（TSG 08）的有关要求。
		□（6）有电梯突发事件或事故的应急措施与救援预案，每年至少开展演练1次。电梯出现故障，物业服务人员10分钟内到场应急处理，维保专业人员30分钟内到场应急处理。
		□（7）到场进行救助和排除故障。电梯紧急电话保持畅通。
		□（8）电梯维修、保养时在现场设置提示标识和防护围栏。
		□（9）根据采购人需求，合理设置电梯开启的数量、时间。
		□（10）……

续表

序号	服务内容	服务标准
5	空调系统	□（1）空调通风系统运行管理符合《空调通风系统运行管理标准》（GB50365）的相关要求。
		□（2）办公楼内温湿度、空气质量等符合《室内空气质量标准》（GB/T18883）的相关要求。
		□（3）定期维保并做好记录，保证空调设施设备处于良好状态。
		□（4）中央空调运行前对冷水机组、循环水泵、冷却塔、风机等设施设备进行系统检查，运行期间每日至少开展1次运行情况巡查。
		□（5）每半年至少开展1次管道、阀门检查并除锈。
		□（6）每年至少开展1次系统整体性维修养护，检验1次压力容器、仪表及冷却塔噪声。
		□（7）每年至少开展1次新风机、空气处理机滤网等清洗消毒；每2年至少开展1次风管清洗消毒。
		□（8）每年至少开展1次分体式空调主机（含空调过滤网）和室外机清洁。每月至少开展1次挂机和室外支架稳固性巡查。
		□（9）制冷、供暖系统温度设定及启用时间符合节能要求。
		□（10）发现故障或损坏应当在30分钟内到场，紧急维修应当在15分钟内到达现场，在12小时内维修完毕。
		□（11）……
6	消防系统	□（1）消防设施的维护管理符合《建筑消防设施的维护管理》（GB25201）的相关要求。
		□（2）消防设备检测符合《建筑消防设施检测技术规程》（GA503或XF503）的相关要求。
		□（3）消防设施平面图、火警疏散示意图、防火分区图等按幢设置在楼层醒目位置。
		□（4）消防系统各设施设备使用说明清晰，宜图文结合。
		□（5）自动喷水灭火系统启动正常。
		□（6）消火栓箱、防火门、灭火器、消防水泵、红外线报警器、应急照明、安全疏散等系统运行正常。
		□（7）消防监控系统运行良好，自动和手动报警设施启动正常。
		□（8）正压送风、防排烟系统运行正常。
		□（9）……

续表

序号	服务内容	服务标准
7	供配电系统	□（1）建立24小时运行值班监控制度。
		□（2）对供电范围内的电气设备定期巡视维护，加强高低压配电柜、配电箱、控制柜及线路等重点部位监测。
		□（3）公共使用的照明、指示灯具线路、开关、接地等保持完好，确保用电安全。
		□（4）核心部位用电建立高可控用电保障和配备应急发电设备，定期维护应急发电设备。
		□（5）发生非计划性停电的，应当在事件发生后及时通知采购人，快速恢复或启用应急电源，并做好应急事件上报及处理工作。
		□（6）复杂故障涉及供电部门维修处置的及时与供电部门联系，并向采购人报告。
		□（7）……
8	弱电系统	□（1）安全防范系统维护保养符合《安全防范系统维护保养规范》（GA/T 1081）的相关要求。
		□（2）保持监控系统、门禁系统、安全防范系统等运行正常，有故障及时排除。
		□（3）……
9	照明系统	□（1）外观整洁无缺损、无松落。
		□（2）更换的照明灯具应当选用节能环保产品，亮度与更换前保持一致。
		□（3）每周至少开展1次公共区域照明设备巡视。
		□（4）……
10	锅炉设备/热力站	□（1）建立24小时值班监控制度。
		□（2）每年至少开展1次锅炉设备的全面检查。
		□（3）每年至少开展1次锅炉设备及其辅助设备检测，确保各类设备、仪器仪表、水管线路运行正常。
		□（4）每年至少开展1次锅炉水质检测，确保水质合格。
		□（5）按锅炉厂家制定的检修规程对锅炉进行检修。
		□（6）……
11	采暖系统	□（1）定期检查供暖管道、阀门运行情况，确保正常无隐患。
		□（2）负责暖气片、阀门龙头等新装布置及旧装拆除、日常维修更换及管线的跑、冒、滴、漏的维修。
		□（3）做好供暖前检查等相关准备工作。
		□（4）暖气片上水前，提前通知采购人。
		□（5）供暖期间做好日常检查、维护、抢修、登记上报等工作。
		□（6）根据天气情况适时调节供暖设备运行工况，节约能源。
		□（7）……

注：电梯系统、锅炉设备等设施设备的安装改造维修应当由具备相应资质的供应商完成，如供应商自身不具备，可进行分包由具有相应资质的单位完成。服务标准涉及的国家标准有更新的，执行国家最新标准。

3.4 保洁服务

<table>
<tr><th>序号</th><th>服务内容</th><th>服务标准</th></tr>
<tr><td rowspan="5">1</td><td rowspan="5">基本要求</td><td>□（1）建立保洁服务的工作制度及工作计划，并按照执行。</td></tr>
<tr><td>□（2）做好保洁服务工作记录，记录填写规范、保存完好。</td></tr>
<tr><td>□（3）作业时采取安全防护措施，防止对作业人员或他人造成伤害。相关耗材的环保、安全性等应当符合国家相关规定要求。</td></tr>
<tr><td>□（4）进入保密区域时，有采购人相关人员全程在场。</td></tr>
<tr><td>□（5）……</td></tr>
<tr><td rowspan="11">2</td><td rowspan="11">办公用房
区域保洁</td><td>□（1）大厅、楼内公共通道：
①公共通道保持干净，无异味、无杂物、无积水，每日至少开展1次清洁作业。
②门窗玻璃干净无尘，透光性好，每周至少开展1次清洁作业。
③指示牌干净，无污渍，每日至少开展1次清洁作业。</td></tr>
<tr><td>□（2）电器、消防等设施设备：
①配电箱、设备机房、会议室音视频设备、消防栓及开关插座等保持表面干净，无尘无污迹，每月至少开展1次清洁作业。
②监控摄像头、门禁系统等表面光亮，无尘、无斑点，每月至少开展1次清洁作业。</td></tr>
<tr><td>□（3）楼梯及楼梯间保持干净、无异味、无杂物、无积水，每日至少开展1次清洁作业。</td></tr>
<tr><td>□（4）开水间保持干净、无异味、无杂物、无积水，每日至少开展1次清洁作业。</td></tr>
<tr><td>□（5）作业工具间：
①保持干净，无异味、无杂物、无积水，每日至少开展1次清洁作业。
②作业工具摆放整齐有序，表面干净无渍，每日消毒。</td></tr>
<tr><td>□（6）公共卫生间：
①保持干净，无异味，垃圾无溢出，每日至少开展1次清洁作业。
②及时补充厕纸等必要用品。</td></tr>
<tr><td>□（7）电梯轿厢：
①保持干净，无污渍、无粘贴物、无异味，每日至少开展1次清洁作业。
②灯具、操作指示板明亮。</td></tr>
<tr><td>□（8）平台、屋顶、天沟保持干净，有杂物及时清扫，每月至少开展1次清洁作业。</td></tr>
<tr><td>□（9）石材地面、内墙做好养护工作，每季度开展1次清洁作业。（各类材质地面、内墙服务管理标准详见3.4.1）</td></tr>
<tr><td>□（10）地毯干净、无油渍、无污渍、无褪色，每月至少开展1次清洁作业。</td></tr>
<tr><td>□（11）……</td></tr>
<tr><td rowspan="4">3</td><td rowspan="4">公共场地
区域保洁</td><td>□（1）每日清扫道路地面、停车场等公共区域2次，保持干净、无杂物、无积水。</td></tr>
<tr><td>□（2）雪、冰冻等恶劣天气时及时清扫积水、积雪，并采取安全防护措施。</td></tr>
<tr><td>□（3）各种路标、宣传栏等保持干净，每月至少开展1次清洁作业。</td></tr>
<tr><td>□（4）清洁室外照明设备，每月至少开展1次清洁作业。</td></tr>
</table>

续表

序号	服务内容	服务标准
3	公共场地区域保洁	□（5）绿地内无杂物、无改变用途和破坏、践踏、占用现象，每天至少开展1次巡查。
		□（6）办公区外立面定期清洗、2米以上外窗玻璃擦拭，每年至少开展1次清洗。（各类材质外立面服务标准详见3.4.1）
		□（7）……
4	垃圾处理	□（1）在指定位置摆放分类垃圾桶，并在显著处张贴垃圾分类标识。分类垃圾桶和垃圾分类标识根据所在城市的要求设置。
		□（2）桶身表面干净无污渍，每日开展至少1次清洁作业。
		□（3）垃圾中转房保持整洁，无明显异味，每日至少开展1次清洁作业。
		□（4）化粪池清掏，无明显异味，每半年至少开展1次清洁作业。
		□（5）每个工作日内要对楼层产生的垃圾，进行清理分类，并运至垃圾集中堆放点。
		□（6）垃圾装袋，日产日清。
		□（7）建立垃圾清运台账，交由规范的渠道回收处理。
		□（8）做好垃圾分类管理的宣传工作，督促并引导全员参与垃圾分类投放。
		□（9）垃圾分类投放管理工作的执行标准，按所在城市的要求执行。
		□（10）……
5	卫生消毒	□（1）办公用房区域、公共场所区域和周围环境预防性卫生消毒，消毒后及时通风，每周至少开展1次作业。
		□（2）采取综合措施消灭老鼠、蟑螂，控制室内外蚊虫孳生，达到基本无蝇，每季度至少开展1次作业。
		□（3）发生公共卫生事件时，邀请专业单位开展消毒、检测等工作。
		□（4）……

3.4.1 具体清洁要求

序号	材质	清洁要求
1	环氧地坪地面	□（1）清理垃圾：清理地面上的垃圾和杂物。
		□（2）清洗地面：用专业的清洁剂或去污剂清洗地面。清洁剂和去污剂的选取要根据污垢的性质而定。环氧地坪一般使用弱酸性或弱碱性的清洁剂，避免使用酸性或碱性强的清洁剂。
		□（3）滚刷或颗粒机进行深层清洗：对于顽固沉积物，需要使用滚刷或颗粒机进行深层清洗。
		□（4）浸泡：将清洁剂或去污剂浸泡在环氧地坪上，加强去除污渍的效果。
		□（5）冲洗：用清水将地面冲洗干净，以去除残留的清洁剂或去污剂。
		□（6）……

续表

序号	材质	清洁要求
2	耐磨漆地面	□（1）日常清洁：使用软质拖把或地板清洁机，配合清水和中性清洁剂进行清洁。避免使用酸性或碱性清洁剂，以免损坏地面表面。定期清理地面上的污渍和杂物，保持地面干净整洁。
		□（2）打蜡：为了增加耐磨地面的光亮度和耐磨性，可以进行打蜡处理。使用适合聚氨酯地面的蜡进行均匀涂抹，待蜡干燥后使用抛光机或拖把清理地面，使其变得光滑而有光泽。
		□（3）……
3	瓷砖地面	□（1）日常清洁：推尘，保持地面干净无杂物。
		□（2）深度清洁：使用洗洁精或肥皂水清理。
		□（3）……
4	石材地面	□（1）根据各区域的人流量及大理石的实际磨损程度制定大理石的晶面保养计划。
		□（2）启动晶面机，使用中性清洁剂清洁，避免使用强酸或强碱清洁剂，定期进行基础维护。
		□（3）……
5	水磨石地面	□（1）日常清洁：推尘，保持地面干净无杂物。
		□（2）深度清洁：使用洗洁精或肥皂水清理。
		□（3）……
6	地胶板地面	□（1）定期保养。使用中性清洁剂清洁，避免使用强酸或强碱清洁剂，定期进行基础维护。
		□（2）日常维护。使用湿润的拖把清洁，污染严重时局部清洁，每月对地胶板地面进行打蜡处理。
		□（3）……
7	地板地面	□（1）定期保养。使用中性清洁剂清洁，避免使用强酸或强碱清洁剂，定期进行基础维护。
		□（2）日常维护。使用湿润的拖把清洁，污染严重时局部清洁，每月对地板进行打蜡处理。
		□（3）……
8	地毯地面	□（1）日常用吸尘机除尘，局部脏污用湿布配中性清洁液重点清洁。
		□（2）用地毯清洗机进行整体清洗，除螨。
		□（3）……
9	乳胶漆内墙	□有污渍时用半干布擦拭。
10	墙纸内墙	□有污渍时用半干布擦拭。
11	木饰面内墙	□有污渍时用中性清洁剂、半干布擦拭。
12	石材内墙	□有污渍时用半干布擦拭。
13	金属板内墙	□有污渍时用半干布擦拭。

续表

序号	材质	清洁要求
14	涂料外墙	□定期专业清洗。
15	真石漆外墙	□定期专业清洗。
16	瓷砖外墙	□定期专业清洗。
17	保温一体板外墙	□定期专业清洗。
18	铝板外墙	□定期专业清洗。
19	干挂石材外墙	□定期专业清洗。
20	玻璃幕墙外墙	□定期专业清洗。

注：根据物业用材情况选择清洁要求

3.5 绿化服务

序号	服务内容	服务标准
1	基本要求	□（1）制定绿化服务的工作制度及工作计划，并按照执行。
		□（2）做好绿化服务工作记录，填写规范。
		□（3）作业时采取安全防护措施，防止对作业人员或他人造成伤害。
		□（4）相关耗材的环保、安全性应当符合规定要求。
		□（5）……
2	室外绿化养护	□（1）根据生长环境、植物特性进行除草、灌溉、施肥、整形修剪、防治病虫害等。
		□（2）根据生长情况修剪绿地，绿地内无枯草、无杂物，无干枯坏死和病虫侵害，基本无裸露土地。
		□（3）定期修剪树木、花卉等，灌乔木生长正常、造型美观自然、花枝新鲜，无枯叶、无病虫、无死树缺株。
		□（4）绿篱生长造型正常，颜色正常，修剪及时，基本无死株和干死株，有虫株率在10%以下。
		□（5）清除花坛和花景的花蒂、黄叶、杂草、垃圾，做好病虫害防治。
		□（6）水池水面定期清理，无枯枝落叶、水质清洁。
		□（7）根据病虫害发生规律实施综合治理，通常在病虫率高时，以药剂杀死病虫，以确保植物良好生长。产生垃圾的主要区域和路段做到日产日清。
		□（8）雨雪、冰冻等恶劣天气来临前，专人巡查，对绿植做好预防措施，排除安全隐患。
		□（9）恶劣天气后，及时清除倒树断枝，疏通道路，尽快恢复原状。
		□（10）……

3.6　保安服务

序号	服务内容	服务标准
1	基本要求	□（1）建立保安服务相关制度，并按照执行。
		□（2）对巡查、值守及异常情况等做好相关记录，填写规范，保存完好。
		□（3）配备保安服务必要的器材。
		□（4）……
2	出入管理	□（1）办公楼（区）主出入口应当实行24小时值班制。
		□（2）设置门岗。
		□（3）在出入口对外来人员及其携带大件物品、外来车辆进行询问和记录，并与相关部门取得联系，同意后方可进入。
		□（4）大件物品搬出有相关部门开具的证明和清单，经核实后放行。
		□（5）排查可疑人员，对于不出示证件、不按规定登记、不听劝阻而强行闯入者，及时劝离，必要时通知公安机关进行处理。
		□（6）配合相关部门积极疏导上访人员，有效疏导如出入口人群集聚、车辆拥堵、货物堵塞道路等情况。
		□（7）根据物业服务合同约定，对物品进出实行安检、登记、电话确认等分类管理措施。大宗物品进出会同接收单位收件人审检，严防违禁品（包括毒品、军火弹药、管制刀具、易燃易爆品等）、限带品（包括动物、任何未经授权的专业摄影设备、无人机等）进入。
		□（8）提供现场接待服务。 ①做好来访人员、车辆进出证件登记，及时通报。 ②严禁无关人员、可疑人员和危险物品进入办公楼（区）内。 ③物品摆放整齐有序、分类放置。 ④现场办理等待时间不超过5分钟，等待较长时间应当及时沟通。 ⑤对来访人员咨询、建议、求助等事项，及时处理或答复，处理和答复率100%。 ⑥接待服务工作时间应当覆盖采购人工作时间（上班时间为—______－______）。 ⑦与被访人进行核实确认；告知被访人的办公室门牌号；告知访客注意事项（根据实际需要填写注意事项）。
		□（9）……
3	值班巡查	□（1）建立24小时值班巡查制度。
		□（2）制定巡查路线，按照指定时间和路线执行，加强重点区域、重点部位及装修区域的巡查。
		□（3）巡查期间保持通信设施设备畅通，遇到异常情况立即上报并在现场采取相应措施。
		□（4）收到监控室指令后，巡查人员及时到达指定地点并迅速采取相应措施。
		□（5）……

续表

序号	服务内容	服务标准
4	监控值守	□（1）监控室环境符合系统设备运行要求，定期进行检查和检测，确保系统功能正常。
		□（2）监控设备24小时正常运行，监控室实行专人24小时值班制度。
		□（3）监控记录画面清晰，视频监控无死角、无盲区。
		□（4）值班期间遵守操作规程和保密制度，做好监控记录的保存工作。
		□（5）监控记录保持完整，保存时间不应少于90天。
		□（6）无关人员进入监控室或查阅监控记录，经授权人批准并做好相关记录。
		□（7）监控室收到火情等报警信号、其他异常情况信号后，及时报警并安排其他安保人员前往现场进行处理。
		□（8）……
5	车辆停放	□（1）车辆行驶路线设置合理、规范，导向标志完整、清晰。
		□（2）合理规划车辆停放区域，张贴车辆引导标识，对车辆及停放区域实行规范管理。
		□（3）严禁在办公楼的公用走道、楼梯间、安全出口处等公共区域停放车辆或充电。
		□（4）非机动车定点有序停放。
		□（5）发现车辆异常情况及时通知车主，并做好登记；发生交通事故、自然灾害等意外事故时及时赶赴现场疏导和协助处理，响应时间不超过3分钟。
		□（6）……
6	消防安全管理	□（1）建立消防安全责任制，确定各级消防安全责任人及其职责。
		□（2）消防控制室实行24小时值班制度，每班不少于2人。
		□（3）消火栓、应急照明、应急物资、消防及人员逃生通道、消防车通道可随时正常使用。
		□（4）易燃易爆品设专区专人管理，做好相关记录。
		□（5）定期组织消防安全宣传，每半年至少开展1次消防演练。
		□（6）……
7	突发事件处理	□（1）制定突发事件安全责任书，明确突发事件责任人及应承担的安全责任。
		□（2）建立应急突发事件处置队伍，明确各自的职责。
		□（3）识别、分析各种潜在风险，针对不同风险类型制定相应解决方案，并配备应急物资。
		□（4）每半年至少开展1次突发事件应急演练，并有相应记录。
		□（5）发生意外事件时，及时采取应急措施，维护办公区域物业服务正常进行，保护人身财产安全。
		□（6）办公区域物业服务应急预案终止实施后，积极采取措施，在尽可能短的时间内，消除事故带来的不良影响，妥善安置和慰问受害及受影响的人员和部门。
		□（7）事故处理后，及时形成事故应急总结报告，完善应急救援工作方案。
		□（8）……

续表

序号	服务内容	服务标准
8	大型活动秩序	□（1）制定相应的活动秩序维护方案，合理安排人员，并对场所的安全隐患进行排查。
		□（2）应当保障通道、出入口、停车场等区域畅通。
		□（3）活动举办过程中，做好现场秩序的维护和突发事故的处置工作，确保活动正常进行。
		□（4）……

3.7 会议服务

序号	服务内容	服务标准
1	会议受理	□接受会议预订，记录会议需求。
2	会前准备	□根据会议需求、场地大小、用途，明确会议桌椅、物品、设备、文具等摆放规定，音、视频设施保障措施。
3	引导服务	□做好引导牌并放置在指定位置，引导人员引导手势规范，语言标准。
4	会中服务	□会议期间按要求加水。
5	会后整理	□对会议现场进行检查，做好会场清扫工作。

4. 供应商履行合同所需的设备

采购人根据项目实际需求，需要供应商提供作业设备（自有或租赁）用于物业管理服务的，可在下表中列出，举例如下：

序号	用途	作业设备名称	数量	单位
1	基本服务	如：AED……	1	个
2	房屋维修服务	如：移动登高车……	1	台
3	公用设施设备维护服务	如：管道探测仪……	1	台
4	保洁服务	如：地毯清洗机……	1	台
5	绿化服务	如：绿篱机……	1	台
6	保安服务	如：对讲机……	10	套
7	会议服务	如：签到机……	1	台

注：采购人已无偿提供的作业设备，不在此重复要求。

5. 物业管理服务人员需求

部门职能	岗位	同时在岗人数	岗位所需总人数	备注（岗位所需服务时长或时段、需具备的上岗资格证、人员学历、工作经验等要求）
服务中心	项目经理	1	1	如：8 小时，合同期内在岗率______。
基本服务	主管			
	前台（或传达室）			
	内勤			
	客服（24 小时服务热线）			
房屋维护服务	主管			
	综合维修			
公用设施设备维护服务	主管			
	弱电维修			
	高配工			如：特种作业操作证（高压电工作业）
	水电工			如：特种作业操作证（低压电工作业）
	暖通工			
	锅炉工			如：特种设备作业人员证（锅炉）
	电梯工			
保洁服务	主管			
	保洁员			
	垃圾清运工			
绿化服务	绿化工			
保安服务	主管			
	领班			如：24 小时
	门岗			比如：包括但不限于保安员证，由供应商出具承诺书
	消控岗			如：24 小时
	巡逻岗			
	车管岗			
	……			
会议服务	会务			如：08：00－17：00

注：供应商应当按国家相关法律法规，合理确定服务人员工资标准、工作时间等。
供应商应当自行为服务人员办理必需的保险，有关人员伤亡及第三者责任险均应当考虑在报价因素中。

6. 商务要求

6.1 实施期限

【填写实施期限】

6.2　付款方式

【填写付款方式】

6.3　验收标准与要求

【填写具体验收标准与要求】

7. 需要说明的其他事项

7.1　零星维修材料费用

☐ 涉及以下情形的，相关费用包含在物业管理服务采购合同金额之内，由供应商承担：____________________（明确涉及的零星维修材料以及关于费用方面的规定）。

☐　涉及以下情形的，由采购人承担：____________________（明确涉及的零星维修材料以及关于费用方面的规定）。

7.2　低值易耗品费用

☐ 涉及以下情形的，相关费用包含在物业管理服务采购合同金额之内，由供应商承担：____________________（明确涉及的环境维护、绿化养护等服务中需要的低值易耗品以及关于费用方面的规定）。

☐ 涉及以下情形的，由采购人承担：____________________（明确涉及的环境维护、绿化养护等服务中需要的低值易耗品以及关于费用方面的规定）。

7.3　苗木费用

☐ 涉及以下情形的，相关费用包含在物业管理服务采购合同金额之内，由供应商承担：____________________（明确涉及的苗木以及关于费用方面的规定）。

☐ 涉及以下情形的，由采购人承担：____________________（明确涉及的苗木以及关于费用方面的规定）。

7.4　客耗品费用

☐ 涉及以下情形的，相关费用包含在物业管理服务采购合同金额之内，由供应商承担：____________________（明确涉及的客耗品以及关于费用方面的规定）。

☐ 涉及以下情形的，由采购人承担：____________________（明确涉及的客耗品以及关于费用方面的规定）。

注：本款涉及的零星维修材料、低值易耗品、苗木、客耗品等费用，不论是由供应商，还是采购人承担，涉及的相关服务由供应商承担，服务费用包含在物业服务项目合同金额之内。

8. 采购项目需落实的政府采购政策

采购人应当落实政府采购政策，包括但不限于促进中小企业发展、促进残疾人就业、政府绿色采购政策等。

财政部 工业和信息化部关于印发《数据库政府采购需求标准（2023 年版）》的通知

2023 年 12 月 16 日 财库〔2023〕35 号

党中央有关部门，国务院各部委、各直属机构，全国人大常委会办公厅，全国政协办公厅，最高人民法院，最高人民检察院，各民主党派中央，有关人民团体，各省、自治区、直辖市、计划单列市财政厅（局）、工业和信息化主管部门，新疆生产建设兵团财政局、工业和信息化局：

为提高数据库政府采购需求管理的科学化、规范化水平，进一步落实政府采购公平竞争原则，优化营商环境，营造良好的产业生态，财政部、工业和信息化部制定了《数据库政府采购需求标准（2023 年版）》（以下简称《需求标准》）。现就有关事项通知如下：

一、采购人采购数据库应当按照《需求标准》实施相关采购活动。

二、对于既包含数据库、服务器等软硬件产品也包含集成服务的采购项目，采购人应当合理划分采购包，尽可能将数据库、服务器等软硬件产品与集成服务分包采购。采购的数据库、服务器等软硬件产品总额达到分散采购限额标准的，应当单独分包采购。

三、采购人应当加强采购需求管理，按照《政府采购需求管理办法》（财库〔2021〕22 号）要求，结合具体应用场景，根据《需求标准》确定采购需求，明确所需数据库的功能、质量等指标要求，并据此编制采购文件。

采购人应当将《需求标准》中加“＊”的指标纳入采购需求，并作为采购文件中的实质性要求。其中，乡镇以上党政机关，以及乡镇以上党委和政府直属事业单位及部门所属为机关提供支持保障的事业单位在采购数据库时，应当将数据库符合安全可靠测评要求纳入采购需求，其他单位可不在采购需求中提出此项要求。对于未加

“＊”的指标，采购人可以根据实际需要自行确定是否纳入采购需求。

采购人在采购需求中，可以对《需求标准》中的指标提出更高要求，也可以根据实际需要增加《需求标准》以外的指标，但不得超出实际需要。

四、供应商在投标、响应环节出具关于所提供数据库满足采购文件要求承诺函的，即视为相关产品符合要求。采购人在供应商投标、响应环节不得对数据库进行检测、认证，也不得要求供应商提供检测报告、认证报告。

五、采购人应加强履约验收管理，按照采购合同约定对供应商提供的数据库进行验收，必要时委托依法取得检测、认证资质的机构进行检测、认证。对于供应商未按合同约定提供数据库的，采购人应当依法追究其违约责任。

六、本通知自印发之日起施行。

附件：数据库政府采购需求标准（2023 年版）（扫描下方二维码，可查阅或下载附件）

财政部　工业和信息化部

2023 年 12 月 16 日

财政部　工业和信息化部关于印发《操作系统政府采购需求标准（2023年版）》的通知

2023 年 12 月 16 日　财库〔2023〕34 号

党中央有关部门，国务院各部委、各直属机构，全国人大常委会办公厅，全国政协办公厅，最高人民法院，最高人民检察院，各民主党派中央，有关人民团体，各省、自治区、直辖市、计划单列市财政厅（局）、工业和信息化主管部门，新疆生产建设兵团财政局、工业和信息化局：

为提高操作系统政府采购需求管理的科学化、规范化水平，进一步落实政府采购公平竞争原则，优化营商环境，营造良好的产业生态，财政部、工业和信息化部制定了《操作系统政府采购需求标准（2023 年版）》（以下简称《需求标准》）。现就有关事项通知如下：

一、采购人采购操作系统应当按照《需求标准》实施相关采购活动。

二、对于既包含操作系统、服务器等软硬件产品也包含集成服务的采购项目，采购人应当合理划分采购包，尽可能将操作系统、服务器等软硬件产品与集成服务分包采购。采购的操作系统、服务器等软硬件产品总额达到分散采购限额标准的，应当单独分包采购。

三、采购人应当加强采购需求管理，按照《政府采购需求管理办法》（财库〔2021〕22 号）要求，结合具体应用场景，根据《需求标准》确定采购需求，明确所需操作系统的功能、质量等指标要求，并据此编制采购文件。

采购人应当将《需求标准》中加“＊”的指标纳入采购需求，并作为采购文件中的实质性要求。其中，乡镇以上党政机关，以及乡镇以上党委和政府直属事业单位及部门所属为机关提供支持保障的事业单位在采购操作系统时，应当将操作系统符合安全可靠测评要求纳入采购需求，其他单位可不在采购需求中提出此项要求。对于未加“＊”的指标，采购人可以根据实际需要自行确定是否纳入采购需求。

采购人在采购需求中，可以对《需求标准》中的指标提出更高要求，也可以根据实际需要增加《需求标准》以外的指标，但不得超出实际需要。

四、供应商在投标、响应环节出具关于所提供操作系统满足采购文件要求承诺函的，即视为相关产品符合要求。采购人在供应商投标、响应环节不得对操作系统进行检测、认证，也不得要求供应商提供检测报告、认证报告。

五、采购人应加强履约验收管理，按照采购合同约定对供应商提供的操作系统进行验收，必要时委托依法取得检测、认证资质的机构进行检测、认证。对于供应商未按合同约定提供操作系统的，采购人应当依法追究其违约责任。

六、本通知自印发之日起施行。

附件：操作系统政府采购需求标准（2023 年版）（扫描下方二维码，可查阅或下载附件）

财政部　工业和信息化部

2023 年 12 月 16 日

财政部　工业和信息化部关于印发《通用服务器政府采购需求标准（2023年版）》的通知

2023年12月16日　财库〔2023〕33号

党中央有关部门，国务院各部委、各直属机构，全国人大常委会办公厅，全国政协办公厅，最高人民法院，最高人民检察院，各民主党派中央，有关人民团体，各省、自治区、直辖市、计划单列市财政厅（局）、工业和信息化主管部门，新疆生产建设兵团财政局、工业和信息化局：

为提高通用服务器政府采购需求管理的科学化、规范化水平，进一步落实政府采购公平竞争原则，优化营商环境，营造良好的产业生态，财政部、工业和信息化部制定了《通用服务器政府采购需求标准（2023年版）》（以下简称《需求标准》）。现就有关事项通知如下：

一、采购人采购通用服务器应当按照《需求标准》实施相关采购活动。

二、对于既包含通用服务器、数据库等软硬件产品也包含集成服务的采购项目，采购人应当合理划分采购包，尽可能将通用服务器、数据库等软硬件产品与集成服务分包采购。采购的通用服务器、数据库等软硬件产品总额达到分散采购限额标准的，应当单独分包采购。

三、采购人应当加强采购需求管理，按照《政府采购需求管理办法》（财库〔2021〕22号）要求，结合具体应用场景，根据《需求标准》确定采购需求，明确所需通用服务器的功能、质量等指标要求，并据此编制采购文件。

采购人应当将《需求标准》中加“*”的指标纳入采购需求，并作为采购文件中的实质性要求。其中，乡镇以上党政机关，以及乡镇以上党委和政府直属事业单位及部门所属为机关提供支持保障的事业单位在采购通用服务器时，应当将CPU、操作系统符合安全可靠测评要求纳入采购需求，其他单位可不在采购需求中提出此项要求。对于未加“＊”的指标，采购人可以根据实际需要自行确定是否纳入采购需求。

采购人在采购需求中，可以对《需求标准》中的指标提出更高要求，也可以根据实际需要增加《需求标准》以外的指标，但不得超出实际需要。

四、供应商在投标、响应环节出具关于所提供通用服务器满足采购文件要求承诺函的，即视为相关产品符合要求。采购人在供应商投标、响应环节不得对通用服务器进行检测、认证，也不得要求供应商提供检测报告、认证报告。

五、采购人应加强履约验收管理，按照采购合同约定对供应商提供的通用服务器进行验收，必要时委托依法取得检测、认证资质的机构进行检测、认证。对于供应商未按合同约定提供通用服务器的，采购人应当依法追究其违约责任。

六、本通知自印发之日起施行。

附件：通用服务器政府采购需求标准（2023 年版）（扫描下方二维码，可查阅或下载附件）

财政部　工业和信息化部

2023 年 12 月 16 日

财政部　工业和信息化部关于印发《工作站政府采购需求标准（2023年版）》的通知

2023 年 12 月 16 日　财库〔2023〕32 号

党中央有关部门，国务院各部委、各直属机构，全国人大常委会办公厅，全国政协办公厅，最高人民法院，最高人民检察院，各民主党派中央，有关人民团体，各省、自治区、直辖市、计划单列市财政厅（局）、工业和信息化主管部门，新疆生产建设兵团财政局、工业和信息化局：

为提高工作站政府采购需求管理的科学化、规范化水平，进一步落实政府采购公平竞争原则，优化营商环境，营造良好的产业生态，财政部、工业和信息化部制定了《工作站政府采购需求标准（2023 年版）》（以下简称《需求标准》）。现就有关事项通知如下：

一、采购人采购工作站应当按照《需求标准》实施相关采购活动。

二、对于既包含工作站、数据库等软硬件产品也包含集成服务的采购项目，采购人应当合理划分采购包，尽可能将工作站、数据库等软硬件产品与集成服务分包采购。采购的工作站、数据库等软硬件产品总额达到分散采购限额标准的，应当单独分包采购。

三、采购人应当加强采购需求管理，按照《政府采购需求管理办法》（财库〔2021〕22 号）要求，结合具体应用场景，根据《需求标准》确定采购需求，明确所需工作站的功能、质量等指标要求，并据此编制采购文件。

采购人应当将《需求标准》中加“＊”的指标纳入采购需求，并作为采购文件中的实质性要求。其中，乡镇以上党政机关，以及乡镇以上党委和政府直属事业单位及部门所属为机关提供支持保障的事业单位在采购工作站时，应当将 CPU、操作系统符合安全可靠测评要求纳入采购需求，其他单位可不在采购需求中提出此项要求。对于未加“＊”的指标，采购人可以根据实际需要自行确定是否纳入采购需求。

采购人在采购需求中，可以对《需求标准》中的指标提出更高要求，也可以根据实际需要增加《需求标准》以外的指标，但不得超出实际需要。

四、供应商在投标、响应环节出具关于所提供工作站满足采购文件要求承诺函的，即视为相关产品符合要求。采购人在供应商投标、响应环节不得对工作站进行检测、认证，也不得要求供应商提供检测报告、认证报告。

五、采购人应加强履约验收管理，按照采购合同约定对供应商提供的工作站进行验收，必要时委托依法取得检测、认证资质的机构进行检测、认证。对于供应商未按合同约定提供工作站的，采购人应当依法追究其违约责任。

六、本通知自印发之日起施行。

附件：工作站政府采购需求标准（2023 年版）（扫描下方二维码，可查阅或下载附件）

财政部　工业和信息化部

2023 年 12 月 16 日

财政部　工业和信息化部关于印发《一体式计算机政府采购需求标准（2023年版）》的通知

2023 年 12 月 16 日　财库〔2023〕31 号

党中央有关部门，国务院各部委、各直属机构，全国人大常委会办公厅，全国政协办公厅，最高人民法院，最高人民检察院，各民主党派中央，有关人民团体，各省、自治区、直辖市、计划单列市财政厅（局）、工业和信息化主管部门，新疆生产建设兵团财政局、工业和信息化局：

为提高一体式计算机政府采购需求管理的科学化、规范化水平，进一步落实政府采购公平竞争原则，优化营商环境，营造良好的产业生态，财政部、工业和信息化部制定了《一体式计算机政府采购需求标准（2023 年版）》（以下简称《需求标准》）。现就有关事项通知如下：

一、采购人采购一体式计算机应当按照《需求标准》实施相关采购活动。

二、对于既包含一体式计算机、数据库等软硬件产品也包含集成服务的采购项目，采购人应当合理划分采购包，尽可能将一体式计算机、数据库等软硬件产品与集成服务分包采购。采购的一体式计算机、数据库等软硬件产品总额达到分散采购限额标准的，应当单独分包采购。

三、采购人应当加强采购需求管理，按照《政府采购需求管理办法》（财库〔2021〕22 号）要求，结合具体应用场景，根据《需求标准》确定采购需求，明确所需一体式计算机的功能、质量等指标要求，并据此编制采购文件。

采购人应当将《需求标准》中加“＊”的指标纳入采购需求，并作为采购文件中的实质性要求。其中，乡镇以上党政机关，以及乡镇以上党委和政府直属事业单位及部门所属为机关提供支持保障的事业单位在采购一体式计算机时，应当将 CPU、操作系统符合安全可靠测评要求纳入采购需求，其他单位可不在采购需求中提出此项要求。对于未加“＊”的指标，采购人可以根据实际需要自行确定是否纳入采购需求。

采购人在采购需求中，可以对《需求标准》中的指标提出更高要求，也可以根据实际需要增加《需求标准》以外的指标，但不得超出实际需要。

四、供应商在投标、响应环节出具关于所提供一体式计算机满足采购文件要求承诺函的，即视为相关产品符合要求。采购人在供应商投标、响应环节不得对一体式计算机进行检测、认证，也不得要求供应商提供检测报告、认证报告。

五、采购人应加强履约验收管理，按照采购合同约定对供应商提供的一体式计算机进行验收，必要时委托依法取得检测、认证资质的机构进行检测、认证。对于供应商未按合同约定提供一体式计算机的，采购人应当依法追究其违约责任。

六、本通知自印发之日起施行。

附件：一体式计算机政府采购需求标准（2023 年版）（扫描下方二维码，可查阅或下载附件）

财政部　工业和信息化部

2023 年 12 月 16 日

财政部 工业和信息化部关于印发《便携式计算机政府采购需求标准（2023年版）》的通知

2023 年 12 月 16 日 财库〔2023〕30 号

党中央有关部门，国务院各部委、各直属机构，全国人大常委会办公厅，全国政协办公厅，最高人民法院，最高人民检察院，各民主党派中央，有关人民团体，各省、自治区、直辖市、计划单列市财政厅（局）、工业和信息化主管部门，新疆生产建设兵团财政局、工业和信息化局：

为提高便携式计算机政府采购需求管理的科学化、规范化水平，进一步落实政府采购公平竞争原则，优化营商环境，营造良好的产业生态，财政部、工业和信息化部制定了《便携式计算机政府采购需求标准（2023 年版）》（以下简称《需求标准》）。现就有关事项通知如下：

一、采购人采购便携式计算机应当按照《需求标准》实施相关采购活动。

二、对于既包含便携式计算机、数据库等软硬件产品也包含集成服务的采购项目，采购人应当合理划分采购包，尽可能将便携式计算机、数据库等软硬件产品与集成服务分包采购。采购的便携式计算机、数据库等软硬件产品总额达到分散采购限额标准的，应当单独分包采购。

三、采购人应当加强采购需求管理，按照《政府采购需求管理办法》（财库〔2021〕22 号）要求，结合具体应用场景，根据《需求标准》确定采购需求，明确所需便携式计算机的功能、质量等指标要求，并据此编制采购文件。

采购人应当将《需求标准》中加“＊”的指标纳入采购需求，并作为采购文件中的实质性要求。其中，乡镇以上党政机关，以及乡镇以上党委和政府直属事业单位及部门所属为机关提供支持保障的事业单位在采购便携式计算机时，应当将 CPU、操作系统符合安全可靠测评要求纳入采购需求，其他单位可不在采购需求中提出此项要求。对于未加“＊”的指标，采购人可以根据实际需要自行确定是否纳入采购需求。

采购人在采购需求中，可以对《需求标准》中的指标提出更高要求，也可以根据实际需要增加《需求标准》以外的指标，但不得超出实际需要。

四、供应商在投标、响应环节出具关于所提供便携式计算机满足采购文件要求承诺函的，即视为相关产品符合要求。采购人在供应商投标、响应环节不得对便携式计算机进行检测、认证，也不得要求供应商提供检测报告、认证报告。

五、采购人应加强履约验收管理，按照采购合同约定对供应商提供的便携式计算机进行验收，必要时委托依法取得检测、认证资质的机构进行检测、认证。对于供应商未按合同约定提供便携式计算机的，采购人应当依法追究其违约责任。

六、本通知自印发之日起施行。

附件：便携式计算机政府采购需求标准（2023 年版）（扫描下方二维码，可查阅或下载附件）

财政部　工业和信息化部

2023 年 12 月 16 日

财政部 工业和信息化部关于印发《台式计算机政府采购需求标准（2023年版）》的通知

2023 年 12 月 16 日　财库〔2023〕29 号

党中央有关部门，国务院各部委、各直属机构，全国人大常委会办公厅，全国政协办公厅，最高人民法院，最高人民检察院，各民主党派中央，有关人民团体，各省、自治区、直辖市、计划单列市财政厅（局）、工业和信息化主管部门，新疆生产建设兵团财政局、工业和信息化局：

为提高台式计算机政府采购需求管理的科学化、规范化水平，进一步落实政府采购公平竞争原则，优化营商环境，营造良好的产业生态，财政部、工业和信息化部制定了《台式计算机政府采购需求标准（2023 年版）》（以下简称《需求标准》）。现就有关事项通知如下：

一、采购人采购台式计算机应当按照《需求标准》实施相关采购活动。

二、对于既包含台式计算机、数据库等软硬件产品也包含集成服务的采购项目，采购人应当合理划分采购包，尽可能将台式计算机、数据库等软硬件产品与集成服务分包采购。采购的台式计算机、数据库等软硬件产品总额达到分散采购限额标准的，应当单独分包采购。

三、采购人应当加强采购需求管理，按照《政府采购需求管理办法》（财库〔2021〕22 号）要求，结合具体应用场景，根据《需求标准》确定采购需求，明确所需台式计算机的功能、质量等指标要求，并据此编制采购文件。

采购人应当将《需求标准》中加“＊”的指标纳入采购需求，并作为采购文件中的实质性要求。其中，乡镇以上党政机关，以及乡镇以上党委和政府直属事业单位及部门所属为机关提供支持保障的事业单位在采购台式计算机时，应当将 CPU、操作系统符合安全可靠测评要求纳入采购需求，其他单位可不在采购需求中提出此项要求。对于未加“＊”的指标，采购人可以根据实际需要自行确定是否纳入采购需求。

采购人在采购需求中，可以对《需求标准》中的指标提出更高要求，也可以根据实际需要增加《需求标准》以外的指标，但不得超出实际需要。

四、供应商在投标、响应环节出具关于所提供台式计算机满足采购文件要求承诺函的，即视为相关产品符合要求。采购人在供应商投标、响应环节不得对台式计算机进行检测、认证，也不得要求供应商提供检测报告、认证报告。

五、采购人应加强履约验收管理，按照采购合同约定对供应商提供的台式计算机进行验收，必要时委托依法取得检测、认证资质的机构进行检测、认证。对于供应商未按合同约定提供台式计算机的，采购人应当依法追究其违约责任。

六、本通知自印发之日起施行。

附件：台式计算机政府采购需求标准（2023 年版）（扫描下方二维码，可查阅或下载附件）

财政部　工业和信息化部

2023 年 12 月 16 日

财政部　生态环境部　工业和信息化部关于印发《绿色数据中心政府采购需求标准（试行）》的通知

2023 年 3 月 20 日　财库〔2023〕7 号

党中央有关部门，国务院各部委、各直属机构，全国人大常委会办公厅，全国政协办公厅，最高人民法院，最高人民检察院，各民主党派中央，有关人民团体，各省、自治区、直辖市、计划单列市财政厅（局）、生态环境厅（局）、工业和信息化主管部门，新疆生产建设兵团财政局、生态环境局、工业和信息化局：

数字产业绿色低碳发展是落实党中央、国务院碳达峰、碳中和重大战略决策的重要内容。为加快数据中心绿色转型，财政部、生态环境部、工业和信息化部制定了《绿色数据中心政府采购需求标准（试行)》（以下简称《需求标准》)，现就有关事项通知如下：

一、采购人采购数据中心相关设备、运维服务，应当有利于节约能源、环境保护和资源循环利用，按照《需求标准》实施相关采购活动。

二、采购人应当加强采购需求管理，根据《需求标准》提出的指标编制数据中心相关设备、运维服务政府采购项目的采购文件，并在合同中明确对相关指标的验收方式和违约责任。

三、采购人在项目的投标、响应环节，原则上不对数据中心相关设备、服务进行检测、认证，也不要求供应商提供检测报告、认证报告，供应商出具符合相关要求的承诺函可视为符合规定。

四、采购人应当在履约验收中对供应商提供的产品或服务进行抽查检测，必要时可委托取得相关资质的第三方机构对其进行检测、认证。因检测、认证涉及生产过程或检测时间长等原因，不能在验收过程中开展检测、认证的，可要求供应商在验收阶段提供相关检测报告、认证报告。

五、对于供应商未按合同约定提供设备或服务的，采购人应当依法追究其违约责任。对于供应商提供虚假材料谋取中标、成交的，依法予以处理。

六、本通知自 2023 年 6 月 1 日起施行。

附件：绿色数据中心政府采购需求标准（试行）（略）

（扫描下方二维码查阅或下载）

财政部　生态环境部　工业和信息化部

2023 年 3 月 20 日

四、

政府采购预算

中华人民共和国预算法

（1994年3月22日第八届全国人民代表大会第二次会议通过　根据2014年8月31日第十二届全国人民代表大会常务委员会第十次会议《关于修改〈中华人民共和国预算法〉的决定》第一次修正　根据2018年12月29日第十三届全国人民代表大会常务委员会第七次会议《关于修改〈中华人民共和国产品质量法〉等五部法律的决定》第二次修正）

目　录

第一章 总 则

第一条 为了规范政府收支行为，强化预算约束，加强对预算的管理和监督，建立健全全面规范、公开透明的预算制度，保障经济社会的健康发展，根据宪法，制定本法。

第二条 预算、决算的编制、审查、批准、监督，以及预算的执行和调整，依照本法规定执行。

第三条 国家实行一级政府一级预算，设立中央，省、自治区、直辖市，设区的市、自治州，县、自治县、不设区的市、市辖区，乡、民族乡、镇五级预算。

全国预算由中央预算和地方预算组成。地方预算由各省、自治区、直辖市总预算组成。

地方各级总预算由本级预算和汇总的下一级总预算组成；下一级只有本级预算的，下一级总预算即指下一级的本级预算。没有下一级预算的，总预算即指本级预算。

第四条 预算由预算收入和预算支出组成。

政府的全部收入和支出都应当纳入预算。

第五条 预算包括一般公共预算、政府性基金预算、国有资本经营预算、社会保险基金预算。

一般公共预算、政府性基金预算、国有资本经营预算、社会保险基金预算应当保持完整、独立。政府性基金预算、国有资本经营预算、社会保险基金预算应当与一般公共预算相衔接。

第六条 一般公共预算是对以税收为主体的财政收入，安排用于保障和改善民生、推动经济社会发展、维护国家安全、维持国家机构正常运转等方面的收支预算。

中央一般公共预算包括中央各部门（含直属单位，下同）的预算和中央对地方的税收返还、转移支付预算。

中央一般公共预算收入包括中央本级收入和地方向中央的上解收入。中央一般公共预算支出包括中央本级支出、中央对地方的税收返还和转移支付。

第七条 地方各级一般公共预算包括本级各部门（含直属单位，下同）的预算和税收返还、转移支付预算。

地方各级一般公共预算收入包括地方本级收入、上级政府对本级政府的税收返还和转移支付、下级政府的上解收入。地方各级一般公共预算支出包括地方本级支出、对上级政府的上解支出、对下级政府的税收返还和转移支付。

第八条 各部门预算由本部门及其所属各单位预算组成。

第九条 政府性基金预算是对依照法律、行政法规的规定在一定期限内向特定对象征收、收取或者以其他方式筹集的资金，专项用于特定公共事业发展的收支预算。

政府性基金预算应当根据基金项目收入情况和实际支出需要，按基金项目编制，做到以收定支。

第十条 国有资本经营预算是对国有资本收益作出支出安排的收支预算。

国有资本经营预算应当按照收支平衡的原则编制，不列赤字，并安排资金调入一般公共预算。

第十一条 社会保险基金预算是对社会保险缴款、一般公共预算安排和其他方式筹集的资金，专项用于社会保险的收支预算。

社会保险基金预算应当按照统筹层次和社会保险项目分别编制，做到收支平衡。

第十二条 各级预算应当遵循统筹兼顾、勤俭节约、量力而行、讲求绩效和收支平衡的原则。

各级政府应当建立跨年度预算平衡机制。

第十三条 经人民代表大会批准的预算，非经法定程序，不得调整。各级政府、各部门、各单位的支出必须以经批准的预算为依据，未列入预算的不得支出。

第十四条 经本级人民代表大会或者本级人民代表大会常务委员会批准的预算、预算调整、决算、预算执行情况的报告及报表，应当在批准后二十日内由本级政府财政部门向社会公开，并对本级政府财政转移支付安排、执行的情况以及举借债务的情况等重要事项作出说明。

经本级政府财政部门批复的部门预算、决算及报表，应当在批复后二十日内由各部门向社会公开，并对部门预算、决算中机关运行经费的安排、使用情况等重要事项作出说明。

各级政府、各部门、各单位应当将政府采购的情况及时向社会公开。

本条前三款规定的公开事项，涉及国家秘密的除外。

第十五条 国家实行中央和地方分税制。

第十六条 国家实行财政转移支付制度。财政转移支付应当规范、公平、公开，以推进地区间基本公共服务均等化为主要目标。

财政转移支付包括中央对地方的转移支付和地方上级政府对下级政府的转移支付，以为均衡地区间基本财力、由下级政府统筹安排使用的一般性转移支付为主体。

按照法律、行政法规和国务院的规定可以设立专项转移支付，用于办理特定事项。建立健全专项转移支付定期评估和退出机制。市场竞争机制能够有效调节的事项不得设立专项转移支付。

上级政府在安排专项转移支付时，不得要求下级政府承担配套资金。但是，按照国务院的规定应当由上下级政府共同承担的事项除外。

第十七条 各级预算的编制、执行应当建立健全相互制约、相互协调的机制。

第十八条 预算年度自公历一月一日起，至十二月三十一日止。

第十九条 预算收入和预算支出以人民币元为计算单位。

第二章 预算管理职权

第二十条 全国人民代表大会审查中央和地方预算草案及中央和地方预算执行情况的报告；批准中央预算和中央预算执行情况的报告；改变或者撤销全国人民代表大会常务委员会关于预算、决算的不适当的决议。

全国人民代表大会常务委员会监督中央和地方预算的执行；审查和批准中央预算的调整方案；审查和批准中央决算；撤销国务院制定的同宪法、法律相抵触的关于预算、决算的行政法规、决定和命令；撤销省、自治区、直辖市人民代表大会及其常务委员会制定的同宪法、法律和行政法规相抵触的关于预算、决算的地方性法规和决议。

第二十一条 县级以上地方各级人民代表大会审查本级总预算草案及本级总预算执行情况的报告；批准本级预算和本级预算执行情况的报告；改变或者撤销本级人民代表大会常务委员会关于预算、决算的不适当的决议；撤销本级政府关于预算、决算的不适当的决定和命令。

县级以上地方各级人民代表大会常务委员会监督本级总预算的执行；审查和批准本级预算的调整方案；审查和批准本级决算；撤销本级政府和下一级人民代表大会及其常务委员会关于预算、决算的不适当的决定、命令和决议。

乡、民族乡、镇的人民代表大会审查和批准本级预算和本级预算执行情况的报告；监督本级预算的执行；审查和批准本级预算的调整方案；审查和批准本级决算；撤销本级政府关于预算、决算的不适当的决定和命令。

第二十二条 全国人民代表大会财政经济委员会对中央预算草案初步方案及上一年预算执行情况、中央预算调整初步方案和中央决算草案进行初步审查，提出初步审查意见。

省、自治区、直辖市人民代表大会有关专门委员会对本级预算草案初步方案及上一年预算执行情况、本级预算调整初步方案和本级决算草案进行初步审查，提出初步审查意见。

设区的市、自治州人民代表大会有关专门委员会对本级预算草案初步方案及上一年预算执行情况、本级预算调整初步方案和本级决算草案进行初步审查，提出初步审查意见，未设立专门委员会的，由本级人民代表大会常务委员会有关工作机构研究提出意见。

县、自治县、不设区的市、市辖区人民代表大会常务委员会对本级预算草案初步方案及上一年预算执行情况进行初步审查，提出初步审查意见。县、自治县、不设区的市、市辖区人民代表大会常务委员会有关工作机构对本级预算调整初步方案和本级决算草案研究提出意见。

设区的市、自治州以上各级人民代表大会有关专门委员会进行初步审查、常务委员会有关工作机构研究提出意见时，应当邀请本级人民代表大会代表参加。

对依照本条第一款至第四款规定提出的意见，本级政府财政部门应当将处理情况及时反馈。

依照本条第一款至第四款规定提出的意见以及本级政府财政部门反馈的处理情况报告，应当印发本级人民代表大会代表。

全国人民代表大会常务委员会和省、自治区、直辖市、设区的市、自治州人民代表大会常务委员会有关工作机构，依照本级人民代表大会常务委员会的决定，协助本级人民代表大会财政经济委员会或者有关专门委员会承担审查预算草案、预算调整方案、决算草案和监督预算执行等方面的具体工作。

第二十三条 国务院编制中央预算、决算草案；向全国人民代表大会作关于中央和地方预算草案的报告；将省、自治区、直辖市政府报送备案的预算汇总后报全国人民代表大会常务委员会备案；组织中央和地方预算的执行；决定中央预算预备费的动用；编制中央预算调整方案；监督中央各部门和地方政府的预算执行；改变或者撤销中央各部门和地方政府关于预算、决算的不适当的决定、命令；向全国人民代表大会、全国人民代表大会常务委员会报告中央和地方预算的执行情况。

第二十四条 县级以上地方各级政府编制本级预算、决算草案；向本级人民代表大会作关于本级总预算草案的报告；将下一级政府报送备案的预算汇总后报本级人民代表大会常务委员会备案；组织本级总预算的执行；决定本级预算预备费的动用；编制本级预算的调整方案；监督本级各部门和下级政府的预算执行；改变或者撤销本级各部门和下级政府关于预算、决算的不适当的决定、命令；向本级人民代表大会、本级人民代表大会常务委员会报告本级总预算的执行情况。

乡、民族乡、镇政府编制本级预算、决算草案；向本级人民代表大会作关于本级预算草案的报告；组织本级预算的执行；决定本级预算预备费的动用；编制本级预算的调整方案；向本级人民代表大会报告本级预算的执行情况。

经省、自治区、直辖市政府批准，乡、民族乡、镇本级预算草案、预算调整方案、决算草案，可以由上一级政府代编，并依照本法第二十一条的规定报乡、民族乡、镇的人民代表大会审查和批准。

第二十五条 国务院财政部门具体编制中央预算、决算草案；具体组织中央和地方预算的执行；提出中央预算预备费动用方案；具体编制中央预算的调整方案；定期向国务院报告中央和地方预算的执行情况。

地方各级政府财政部门具体编制本级预算、决算草案；具体组织本级总预算的执行；提出本级预算预备费动用方案；具体编制本级预算的调整方案；定期向本级政府和上一级政府财政部门报告本级总预算的执行情况。

第二十六条 各部门编制本部门预算、决算草案；组织和监督本部门预算的执行；定期向本级政府财政部门报告预算的执行情况。

各单位编制本单位预算、决算草案；按照国家规定上缴预算收入，安排预算支出，并接受国家有关部门的监督。

第三章 预算收支范围

第二十七条 一般公共预算收入包括各项税收收入、行政事业性收费收入、国有资源（资产）有偿使用收入、转移性收入和其他收入。

一般公共预算支出按照其功能分类，包括一般公共服务支出，外交、公共安全、国防支出，农业、环境保护支出，教育、科技、文化、卫生、体育支出，社会保障及就业支出和其他支出。

一般公共预算支出按照其经济性质分类，包括工资福利支出、商品和服务支出、资本性支出和其他支出。

第二十八条 政府性基金预算、国有资本经营预算和社会保险基金预算的收支范围，按照法律、行政法规和国务院的规定执行。

第二十九条 中央预算与地方预算有关收入和支出项目的划分、地方向中央上解收入、中央对地方税收返还或者转移支付的具体办法，由国务院规定，报全国人民代表大会常务委员会备案。

第三十条 上级政府不得在预算之外调用下级政府预算的资金。下级政府不得挤占或者截留属于上级政府预算的资金。

第四章 预算编制

第三十一条 国务院应当及时下达关于编制下一年预算草案的通知。编制预算草案的具体事项由国务院财政部门部署。

各级政府、各部门、各单位应当按照国务院规定的时间编制预算草案。

第三十二条 各级预算应当根据年度经济社会发展目标、国家宏观调控总体要求和跨年度预算平衡的需要，参考上一年预算执行情况、有关支出绩效评价结果和本年度收支预测，按照规定程序征求各方面意见后，进行编制。

各级政府依据法定权限作出决定或者制定行政措施，凡涉及增加或者减少财政收入或者支出的，应当在预算批准前提出并在预算草案中作出相应安排。

各部门、各单位应当按照国务院财政部门制定的政府收支分类科目、预算支出标准和要求，以及绩效目标管理等预算编制规定，根据其依法履行职能和事业发展的需要以及存量资产情况，编制本部门、本单位预算草案。

前款所称政府收支分类科目，收入分为类、款、项、目；支出按其功能分类分为类、款、项，按其经济性质分类分为类、款。

第三十三条 省、自治区、直辖市政府应当按照国务院规定的时间，将本级总预算草案报国务院审核汇总。

第三十四条 中央一般公共预算中必需的部分资金，可以通过举借国内和国外债务等方式筹措，举借债务应当控制适当的规模，保持合理的结构。

对中央一般公共预算中举借的债务实行余额管理，余额的规模不得超过全国人民代表大会批准的限额。

国务院财政部门具体负责对中央政府债务的统一管理。

第三十五条 地方各级预算按照量入为出、收支平衡的原则编制，除本法另有规定外，不列赤字。

经国务院批准的省、自治区、直辖市的预算中必需的建设投资的部分资金，可以在国务院确定的限额内，通过发行地方政府债券举借债务的方式筹措。举借债务的规模，由国务院报全国人民代表大会或者全国人民代表大会常务委员会批准。省、自治区、直辖市依照国务院下达的限额举借的债务，列入本级预算调整方案，报本级人民代表大会常务委员会批准。举借的债务应当有偿还计划和稳定的偿还资金来源，只能用于公益性资本支出，不得用于经常性支出。

除前款规定外，地方政府及其所属部门不得以任何方式举借债务。

除法律另有规定外，地方政府及其所属部门不得为任何单位和个人的债务以任何方式提供担保。

国务院建立地方政府债务风险评估和预警机制、应急处置机制以及责任追究制度。国务院财政部门对地方政府债务实施监督。

第三十六条 各级预算收入的编制，应当与经济社会发展水平相适应，与财政政策相衔接。

各级政府、各部门、各单位应当依照本法规定，将所有政府收入全部列入预算，不得隐瞒、少列。

第三十七条 各级预算支出应当依照本法规定，按其功能和经济性质分类编制。

各级预算支出的编制，应当贯彻勤俭节约的原则，严格控制各部门、各单位的机关运行经费和楼堂馆所等基本建设支出。

各级一般公共预算支出的编制，应当统筹兼顾，在保证基本公共服务合理需要的前提下，优先安排国家确定的重点支出。

第三十八条 一般性转移支付应当按照国务院规定的基本标准和计算方法编制。专项转移支付应当分地区、分项目编制。

县级以上各级政府应当将对下级政府的转移支付预计数提前下达下级政府。

地方各级政府应当将上级政府提前下达的转移支付预计数编入本级预算。

第三十九条 中央预算和有关地方预算中应当安排必要的资金，用于扶助革命老区、民族地区、边疆地区、贫困地区发展经济社会建设事业。

第四十条 各级一般公共预算应当按照本级一般公共预算支出额的百分之一至百分之三设置预备费，用于当年预算执行中的自然灾害等突发事件处理增加的支出及其他难以预见的开支。

第四十一条 各级一般公共预算按照国务院的规定可以设置预算周转金，用于本级政府调剂预算年度内季节性收支差额。

各级一般公共预算按照国务院的规定可以设置预算稳定调节基金，用于弥补以后年度预算资金的不足。

第四十二条 各级政府上一年预算的结转资金，应当在下一年用于结转项目的支出；连续两年未用完的结转资金，应当作为结余资金管理。

各部门、各单位上一年预算的结转、结余资金按照国务院财政部门的规定办理。

第五章 预算审查和批准

第四十三条 中央预算由全国人民代表大会审查和批准。

地方各级预算由本级人民代表大会审查和批准。

第四十四条 国务院财政部门应当在每年全国人民代表大会会议举行的四十五日前，将中央预算草案的初步方案提交全国人民代表大会财政经济委员会进行初步审查。

省、自治区、直辖市政府财政部门应当在本级人民代表大会会议举行的三十日前，将本级预算草案的初步方案提交本级人民代表大会有关专门委员会进行初步审查。

设区的市、自治州政府财政部门应当在本级人民代表大会会议举行的三十日前，将本级预算草案的初步方案提交本级人民代表大会有关专门委员会进行初步审查，或者送交本级人民代表大会常务委员会有关工作机构征求意见。

县、自治县、不设区的市、市辖区政府应当在本级人民代表大会会议举行的三十日前，将本级预算草案的初步方案提交本级人民代表大会常务委员会进行初步审查。

第四十五条 县、自治县、不设区的市、市辖区、乡、民族乡、镇的人民代表大会举行会议审查预算草案前，应当采用多种形式，组织本级人民代表大会代表，听取选民和社会各界的意见。

第四十六条 报送各级人民代表大会审查和批准的预算草案应当细化。本级一般公共预算支出，按其功能分类应当编列到项；按其经济性质分类，基本支出应当编列到款。本级政府性基金预算、国有资本经营预算、社会保险基金预算支出，按其功能分类应当编列到项。

第四十七条 国务院在全国人民代表大会举行会议时，向大会作关于中央和地方预算草案以及中央和地方预算执行情况的报告。

地方各级政府在本级人民代表大会举行会议时，向大会作关于总预算草案和总预算执行情况的报告。

第四十八条 全国人民代表大会和地方各级人民代表大会对预算草案及其报告、预算执行情况的报告重点审查下列内容：

（一）上一年预算执行情况是否符合本级人民代表大会预算决议的要求；

（二）预算安排是否符合本法的规定；

（三）预算安排是否贯彻国民经济和社会发展的方针政策，收支政策是否切实可行；

（四）重点支出和重大投资项目的预算安排是否适当；

（五）预算的编制是否完整，是否符合本法第四十六条的规定；

（六）对下级政府的转移性支出预算是否规范、适当；

（七）预算安排举借的债务是否合法、合理，是否有偿还计划和稳定的偿还资金来源；

（八）与预算有关重要事项的说明是否清晰。

第四十九条 全国人民代表大会财政经济委员会向全国人民代表大会主席团提出关于中央和地方预算草案及中央和地方预算执行情况的审查结果报告。

省、自治区、直辖市、设区的市、自治州人民代表大会有关专门委员会，县、自治县、不设区的市、市辖区人民代表大会常务委员会，向本级人民代表大会主席团提出关于总预算草案及上一年总预算执行情况的审查结果报告。

审查结果报告应当包括下列内容：

（一）对上一年预算执行和落实本级人民代表大会预算决议的情况作出评价；

（二）对本年度预算草案是否符合本法的规定，是否可行作出评价；

（三）对本级人民代表大会批准预算草案和预算报告提出建议；

（四）对执行年度预算、改进预算管理、提高预算绩效、加强预算监督等提出意见和建议。

第五十条 乡、民族乡、镇政府应当及时将经本级人民代表大会批准的本级预算报上一级政府备案。县级以上地方各级政府应当及时将经本级人民代表大会批准的本级预算及下一级政府报送备案的预算汇总，报上一级政府备案。

县级以上地方各级政府将下一级政府依照前款规定报送备案的预算汇总后，报本级人民代表大会常务委员会备案。国务院将省、自治区、直辖市政府依照前款规定报送备案的预算汇总后，报全国人民代表大会常务委员会备案。

第五十一条 国务院和县级以上地方各级政府对下一级政府依照本法第五十条规定报送备案的预算，认为有同法律、行政法规相抵触或者有其他不适当之处，需要撤销批准预算的决议的，应当提请本级人民代表大会常务委员会审议决定。

第五十二条 各级预算经本级人民代表大会批准后，本级政府财政部门应当在二十日内向本级各部门批复预算。各部门应当在接到本级政府财政部门批复的本部门预算后十五日内向所属各单位批复预算。

中央对地方的一般性转移支付应当在全国人民代表大会批准预算后三十日内正式下达。中央对地方的专项转移支付应当在全国人民代表大会批准预算后九十日内正式下达。

省、自治区、直辖市政府接到中央一般性转移支付和专项转移支付后，应当在三十日内正式下达到本行政区域县级以上各级政府。

县级以上地方各级预算安排对下级政府的一般性转移支付和专项转移支付，应当分别在本级人民代表大会批准预算后的三十日和六十日内正式下达。

对自然灾害等突发事件处理的转移支付，应当及时下达预算；对据实结算等特殊项目的转移支付，可以分期下达预算，或者先预付后结算。

县级以上各级政府财政部门应当将批复本级各部门的预算和批复下级政府的转移支付预算，抄送本级人民代表大会财政经济委员会、有关专门委员会和常务委员会有关工作机构。

第六章 预算执行

第五十三条 各级预算由本级政府组织执行，具体工作由本级政府财政部门负责。

各部门、各单位是本部门、本单位的预算执行主体，负责本部门、本单位的预算执行，并对执行结果负责。

第五十四条 预算年度开始后，各级预算草案在本级人民代表大会批准前，可以安排下列支出：

（一）上一年度结转的支出；

（二）参照上一年同期的预算支出数额安排必须支付的本年度部门基本支出、项目支出，以及对下级政府的转移性支出；

（三）法律规定必须履行支付义务的支出，以及用于自然灾害等突发事件处理的支出。

根据前款规定安排支出的情况，应当在预算草案的报告中作出说明。

预算经本级人民代表大会批准后，按照批准的预算执行。

第五十五条 预算收入征收部门和单位，必须依照法律、行政法规的规定，及时、足额征收应征的预算收入。不得违反法律、行政法规规定，多征、提前征收或者减征、免征、缓征应征的预算收入，不得截留、占用或者挪用预算收入。

各级政府不得向预算收入征收部门和单位下达收入指标。

第五十六条 政府的全部收入应当上缴国家金库（以下简称国库），任何部门、单位和个人不得截留、占用、挪用或者拖欠。

对于法律有明确规定或者经国务院批准的特定专用资金，可以依照国务院的规定设立财政专户。

第五十七条 各级政府财政部门必须依照法律、行政法规和国务院财政部门的规定，及时、足额地拨付预算支出资金，加强对预算支出的管理和监督。

各级政府、各部门、各单位的支出必须按照预算执行，不得虚假列支。

各级政府、各部门、各单位应当对预算支出情况开展绩效评价。

第五十八条 各级预算的收入和支出实行收付实现制。

特定事项按照国务院的规定实行权责发生制的有关情况，应当向本级人民代表大会常务委员会报告。

第五十九条 县级以上各级预算必须设立国库；具备条件的乡、民族乡、镇也应当设立国库。

中央国库业务由中国人民银行经理，地方国库业务依照国务院的有关规定办理。

各级国库应当按照国家有关规定，及时准确地办理预算收入的收纳、划分、留解、退付和预算支出的拨付。

各级国库库款的支配权属于本级政府财政部门。除法律、行政法规另有规定外，未经本级政府财政部门同意，任何部门、单位和个人都无权冻结、动用国库库款或者以其他方式支配已入国库的库款。

各级政府应当加强对本级国库的管理和监督，按照国务院的规定完善国库现金管理，合理调节国库资金余额。

第六十条 已经缴入国库的资金，依照法律、行政法规的规定或者国务院的决定需要退付的，各级政府财政部门或者其授权的机构应当及时办理退付。按照规定应当由财政支出安排的事项，不得用退库处理。

第六十一条 国家实行国库集中收缴和集中支付制度，对政府全部收入和支出实行国库集中收付管理。

第六十二条 各级政府应当加强对预算执行的领导，支持政府财政、税务、海关等预算收入的征收部门依法组织预算收入，支持政府财政部门严格管理预算支出。

财政、税务、海关等部门在预算执行中，应当加强对预算执行的分析；发现问题时应当及时建议本级政府采取措施予以解决。

第六十三条 各部门、各单位应当加强对预算收入和支出的管理，不得截留或者动用应当上缴的预算收入，不得擅自改变预算支出的用途。

第六十四条 各级预算预备费的动用方案，由本级政府财政部门提出，报本级政府决定。

第六十五条 各级预算周转金由本级政府财政部门管理，不得挪作他用。

第六十六条 各级一般公共预算年度执行中有超收收入的，只能用于冲减赤字或者补充预算稳定调节基金。

各级一般公共预算的结余资金，应当补充预算稳定调节基金。

省、自治区、直辖市一般公共预算年度执行中出现短收，通过调入预算稳定调节基金、减少支出等方式仍不能实现收支平衡的，省、自治区、直辖市政府报本级人民代表大会或者其常务委员会批准，可以增列赤字，报国务院财政部门备案，并应当在下一年度预算中予以弥补。

第七章 预算调整

第六十七条 经全国人民代表大会批准的中央预算和经地方各级人民代表大会批准的地方各级预算，在执行中出现下列情况之一的，应当进行预算调整：

（一）需要增加或者减少预算总支出的；

（二）需要调入预算稳定调节基金的；

（三）需要调减预算安排的重点支出数额的；

（四）需要增加举借债务数额的。

第六十八条 在预算执行中，各级政府一般不制定新的增加财政收入或者支出的政策和措施，也不制定减少财政收入的政策和措施；必须作出并需要进行预算调整的，应当在预算调整方案中作出安排。

第六十九条 在预算执行中，各级政府对于必须进行的预算调整，应当编制预算调整方案。预算调整方案应当说明预算调整的理由、项目和数额。

在预算执行中，由于发生自然灾害等突发事件，必须及时增加预算支出的，应当先动支预备费；预备费不足支出的，各级政府可以先安排支出，属于预算调整的，列入预算调整方案。

国务院财政部门应当在全国人民代表大会常务委员会举行会议审查和批准预算调整方案的三十日前，将预算调整初步方案送交全国人民代表大会财政经济委员会进行初步审查。

省、自治区、直辖市政府财政部门应当在本级人民代表大会常务委员会举行会议审查和批准预算调整方案的三十日前，将预算调整初步方案送交本级人民代表大会有关专门委员会进行初步审查。

设区的市、自治州政府财政部门应当在本级人民代表大会常务委员会举行会议审查和批准预算调整方案的三十日前，将预算调整初步方案送交本级人民代表大会有关专门委员会进行初步审查，或者送交本级人民代表大会常务委员会有关工作机构征求意见。

县、自治县、不设区的市、市辖区政府财政部门应当在本级人民代表大会常务委员会举行会议审查和批准预算调整方案的三十日前，将预算调整初步方案送交本级人民代表大会常务委员会有关工作机构征求意见。

中央预算的调整方案应当提请全国人民代表大会常务委员会审查和批准。县级以上地方各级预算的调整方案应当提请本级人民代表大会常务委员会审查和批准；乡、民族乡、镇预算的调整方案应当提请本级人民代表大会审查和批准。未经批准，不得调整预算。

第七十条 经批准的预算调整方案，各级政府应当严格执行。未经本法第六十九条规定的程序，各级政府不得作出预算调整的决定。

对违反前款规定作出的决定，本级人民代表大会、本级人民代表大会常务委员会或者上级政府应当责令其改变或者撤销。

第七十一条 在预算执行中，地方各级政府因上级政府增加不需要本级政府提供配套资金的专项转移支付而引起的预算支出变化，不属于预算调整。

接受增加专项转移支付的县级以上地方各级政府应当向本级人民代表大会常务委员会报告有关情况；接受增加专项转移支付的乡、民族乡、镇政府应当向本级人民代表大会报告有关情况。

第七十二条 各部门、各单位的预算支出应当按照预算科目执行。严格控制不同预算科目、预算级次或者项目间的预算资金的调剂，确需调剂使用的，按照国务院财政部门的规定办理。

第七十三条 地方各级预算的调整方案经批准后，由本级政府报上一级政府备案。

第八章 决　　算

第七十四条 决算草案由各级政府、各部门、各单位，在每一预算年度终了后按照国务院规定的时间编制。

编制决算草案的具体事项，由国务院财政部门部署。

第七十五条 编制决算草案，必须符合法律、行政法规，做到收支真实、数额准确、内容完整、报送及时。

决算草案应当与预算相对应，按预算数、调整预算数、决算数分别列出。一般公共预算支出应当按其功能分类编列到项，按其经济性质分类编列到款。

第七十六条 各部门对所属各单位的决算草案，应当审核并汇总编制本部门的决算草案，在规定的期限内报本级政府财政部门审核。

各级政府财政部门对本级各部门决算草案审核后发现有不符合法律、行政法规规定的，有权予以纠正。

第七十七条 国务院财政部门编制中央决算草案，经国务院审计部门审计后，报国务院审定，由国务院提请全国人民代表大会常务委员会审查和批准。

县级以上地方各级政府财政部门编制本级决算草案，经本级政府审计部门审计后，报本级政府审定，由本级政府提请本级人民代表大会常务委员会审查和批准。

乡、民族乡、镇政府编制本级决算草案，提请本级人民代表大会审查和批准。

第七十八条 国务院财政部门应当在全国人民代表大会常务委员会举行会议审查和批准中央决算草案的三十日前，将上一年度中央决算草案提交全国人民代表大会财政经济委员会进行初步审查。

省、自治区、直辖市政府财政部门应当在本级人民代表大会常务委员会举行会议审查和批准本级决算草案的三十日前，将上一年度本级决算草案提交本级人民代表大会有关专门委员会进行初步审查。

设区的市、自治州政府财政部门应当在本级人民代表大会常务委员会举行会议审查和批准本级决算草案的三十日前，将上一年度本级决算草案提交本级人民代表大会有关专门委员会进行初步审查，或者送交本级人民代表大会常务委员会有关工作机构征求意见。

县、自治县、不设区的市、市辖区政府财政部门应当在本级人民代表大会常务委员会举行会议审查和批准本级决算草案的三十日前，将上一年度本级决算草案送交本级人民代表大会常务委员会有关工作机构征求意见。

全国人民代表大会财政经济委员会和省、自治区、直辖市、设区的市、自治州人民代表大会有关专门委员会，向本级人民代表大会常务委员会提出关于本级决算草案的审查结果报告。

第七十九条 县级以上各级人民代表大会常务委员会和乡、民族乡、镇人民代表大会对本级决算草案，重点审查下列内容：

（一）预算收入情况；

（二）支出政策实施情况和重点支出、重大投资项目资金的使用及绩效情况；

（三）结转资金的使用情况；

（四）资金结余情况；

（五）本级预算调整及执行情况；

（六）财政转移支付安排执行情况；

（七）经批准举借债务的规模、结构、使用、偿还等情况；

（八）本级预算周转金规模和使用情况；

（九）本级预备费使用情况；

（十）超收收入安排情况，预算稳定调节基金的规模和使用情况；

（十一）本级人民代表大会批准的预算决议落实情况；

（十二）其他与决算有关的重要情况。

县级以上各级人民代表大会常务委员会应当结合本级政府提出的上一年度预算执行和其他财政收支的审计工作报告，对本级决算草案进行审查。

第八十条 各级决算经批准后，财政部门应当在二十日内向本级各部门批复决算。各部门应当在接到本级政府财政部门批复的本部门决算后十五日内向所属单位批复决算。

第八十一条 地方各级政府应当将经批准的决算及下一级政府上报备案的决算汇总，报上一级政府备案。

县级以上各级政府应当将下一级政府报送备案的决算汇总后，报本级人民代表大会常务委员会备案。

第八十二条 国务院和县级以上地方各级政府对下一级政府依照本法第八十一条规定报送备案的决算，认为有同法律、行政法规相抵触或者有其他不适当之处，需要撤销批准该项决算的决议的，应当提请本级人民代表大会常务委员会审议决定；经审议决定撤销的，该下级人民代表大会常务委员会应当责成本级政府依照本法规定重新编制决算草案，提请本级人民代表大会常务委员会审查和批准。

第九章 监 督

第八十三条 全国人民代表大会及其常务委员会对中央和地方预算、决算进行监督。

县级以上地方各级人民代表大会及其常务委员会对本级和下级预算、决算进行监督。

乡、民族乡、镇人民代表大会对本级预算、决算进行监督。

第八十四条 各级人民代表大会和县级以上各级人民代表大会常务委员会有权就预算、决算中的重大事项或者特定问题组织调查，有关的政府、部门、单位和个人应当如实反映情况和提供必要的材料。

第八十五条 各级人民代表大会和县级以上各级人民代表大会常务委员会举行会议时，人民代表大会代表或者常务委员会组成人员，依照法律规定程序就预算、决算中的有关问题提出询问或者质询，受询问或者受质询的有关的政府或者财政部门必须及时给予答复。

第八十六条 国务院和县级以上地方各级政府应当在每年六月至九月期间向本级人民代表大会常务委员会报告预算执行情况。

第八十七条 各级政府监督下级政府的预算执行；下级政府应当定期向上一级政府报告预算执行情况。

第八十八条 各级政府财政部门负责监督本级各部门及其所属各单位预算管理有关工作，并向本级政府和上一级政府财政部门报告预算执行情况。

第八十九条 县级以上政府审计部门依法对预算执行、决算实行审计监督。

对预算执行和其他财政收支的审计工作报告应当向社会公开。

第九十条 政府各部门负责监督检查所属各单位的预算执行，及时向本级政府财政部门反映本部门预算执行情况，依法纠正违反预算的行为。

第九十一条 公民、法人或者其他组织发现有违反本法的行为，可以依法向有关国家机关进行检举、控告。

接受检举、控告的国家机关应当依法进行处理，并为检举人、控告人保密。任何单位或者个人不得压制和打击报复检举人、控告人。

第十章 法律责任

第九十二条 各级政府及有关部门有下列行为之一的，责令改正，对负有直接责任的主管人员和其他直接责任人员追究行政责任：

（一）未依照本法规定，编制、报送预算草案、预算调整方案、决算草案和部门预算、决算以及批复预算、决算的；

（二）违反本法规定，进行预算调整的；

（三）未依照本法规定对有关预算事项进行公开和说明的；

（四）违反规定设立政府性基金项目和其他财政收入项目的；

（五）违反法律、法规规定使用预算预备费、预算周转金、预算稳定调节基金、超收收入的；

（六）违反本法规定开设财政专户的。

第九十三条 各级政府及有关部门、单位有下列行为之一的，责令改正，对负有直接责任的主管人员和其他直接责任人员依法给予降级、撤职、开除的处分：

（一）未将所有政府收入和支出列入预算或者虚列收入和支出的；

（二）违反法律、行政法规的规定，多征、提前征收或者减征、免征、缓征应征预算收入的；

（三）截留、占用、挪用或者拖欠应当上缴国库的预算收入的；

（四）违反本法规定，改变预算支出用途的；

（五）擅自改变上级政府专项转移支付资金用途的；

（六）违反本法规定拨付预算支出资金，办理预算收入收纳、划分、留解、退付，或者违反本法规定冻结、动用国库库款或者以其他方式支配已入国库库款的。

第九十四条 各级政府、各部门、各单位违反本法规定举借债务或者为他人债务提供担保，或者挪用重点支出资金，或者在预算之外及超预算标准建设楼堂馆所的，责令改正，对负有直接责任的主管人员和其他直接责任人员给予撤职、开除的处分。

第九十五条 各级政府有关部门、单位及其工作人员有下列行为之一的，责令改正，追回骗取、使用的资金，有违法所得的没收违法所得，对单位给予警告或者通报批评；对负有直接责任的主管人员和其他直接责任人员依法给予处分：

（一）违反法律、法规的规定，改变预算收入上缴方式的；

（二）以虚报、冒领等手段骗取预算资金的；

（三）违反规定扩大开支范围、提高开支标准的；

（四）其他违反财政管理规定的行为。

第九十六条 本法第九十二条、第九十三条、第九十四条、第九十五条所列违法行为，其他法律对其处理、处罚另有规定的，依照其规定。

违反本法规定，构成犯罪的，依法追究刑事责任。

第十一章 附 则

第九十七条 各级政府财政部门应当按年度编制以权责发生制为基础的政府综合财务报告，报告政府整体财务状况、运行情况和财政中长期可持续性，报本级人民代表大会常务委员会备案。

第九十八条 国务院根据本法制定实施条例。

第九十九条 民族自治地方的预算管理，依照民族区域自治法的有关规定执行；民族区域自治法没有规定的，依照本法和国务院的有关规定执行。

第一百条 省、自治区、直辖市人民代表大会或者其常务委员会根据本法，可以制定有关预算审查监督的决定或者地方性法规。

第一百零一条 本法自1995年1月1日起施行。1991年10月21日国务院发布的《国家预算管理条例》同时废止。

中华人民共和国预算法实施条例

（1995年11月22日中华人民共和国国务院令第186号发布　2020年8月3日中华人民共和国国务院令第729号修订）

第一章　总　　则

第一条　根据《中华人民共和国预算法》（以下简称预算法），制定本条例。

第二条　县级以上地方政府的派出机关根据本级政府授权进行预算管理活动，不作为一级预算，其收支纳入本级预算。

第三条　社会保险基金预算应当在精算平衡的基础上实现可持续运行，一般公共预算可以根据需要和财力适当安排资金补充社会保险基金预算。

第四条　预算法第六条第二款所称各部门，是指与本级政府财政部门直接发生预算缴拨款关系的国家机关、军队、政党组织、事业单位、社会团体和其他单位。

第五条　各部门预算应当反映一般公共预算、政府性基金预算、国有资本经营预算安排给本部门及其所属各单位的所有预算资金。

各部门预算收入包括本级财政安排给本部门及其所属各单位的预算拨款收入和其他收入。各部门预算支出为与部门预算收入相对应的支出，包括基本支出和项目支出。

本条第二款所称基本支出，是指各部门、各单位为保障其机构正常运转、完成日常工作任务所发生的支出，包括人员经费和公用经费；所称项目支出，是指各部门、各单位为完成其特定的工作任务和事业发展目标所发生的支出。

各部门及其所属各单位的本级预算拨款收入和其相对应的支出，应当在部门预算中单独反映。

部门预算编制、执行的具体办法，由本级政府财政部门依法作出规定。

第六条　一般性转移支付向社会公开应当细化到地区。专项转移支付向社会公开应当细化到地区和项目。

政府债务、机关运行经费、政府采购、财政专户资金等情况，按照有关规定向社会公开。

部门预算、决算应当公开基本支出和项目支出。部门预算、决算支出按其功能分类应当公开到项；按其经济性质分类，基本支出应当公开到款。

各部门所属单位的预算、决算及报表，应当在部门批复后20日内由单位向社会公开。单位预算、决算应当公开基本支出和项目支出。单位预算、决算支出按其功能分类应当公开到项；按其经济性质分类，基本支出应当公开到款。

第七条 预算法第十五条所称中央和地方分税制，是指在划分中央与地方事权的基础上，确定中央与地方财政支出范围，并按税种划分中央与地方预算收入的财政管理体制。

分税制财政管理体制的具体内容和实施办法，按照国务院的有关规定执行。

第八条 县级以上地方各级政府应当根据中央和地方分税制的原则和上级政府的有关规定，确定本级政府对下级政府的财政管理体制。

第九条 预算法第十六条第二款所称一般性转移支付，包括：

（一）均衡性转移支付；

（二）对革命老区、民族地区、边疆地区、贫困地区的财力补助；

（三）其他一般性转移支付。

第十条 预算法第十六条第三款所称专项转移支付，是指上级政府为了实现特定的经济和社会发展目标给予下级政府，并由下级政府按照上级政府规定的用途安排使用的预算资金。

县级以上各级政府财政部门应当会同有关部门建立健全专项转移支付定期评估和退出机制。对评估后的专项转移支付，按照下列情形分别予以处理：

（一）符合法律、行政法规和国务院规定，有必要继续执行的，可以继续执行；

（二）设立的有关要求变更，或者实际绩效与目标差距较大、管理不够完善的，应当予以调整；

（三）设立依据失效或者废止的，应当予以取消。

第十一条 预算收入和预算支出以人民币元为计算单位。预算收支以人民币以外的货币收纳和支付的，应当折合成人民币计算。

第二章 预算收支范围

第十二条 预算法第二十七条第一款所称行政事业性收费收入，是指国家机关、事业单位等依照法律法规规定，按照国务院规定的程序批准，在实施社会公共管理以及在向公民、法人和其他组织提供特定公共服务过程中，按照规定标准向特定对象收取费用形成的收入。

预算法第二十七条第一款所称国有资源（资产）有偿使用收入，是指矿藏、水流、海域、无居民海岛以及法律规定属于国家所有的森林、草原等国有资源有偿使用收入，按照规定纳入一般公共预算管理的国有资产收入等。

预算法第二十七条第一款所称转移性收入，是指上级税收返还和转移支付、下级上解收入、调入资金以及按照财政部规定列入转移性收入的无隶属关系政府的无偿援助。

第十三条　转移性支出包括上解上级支出、对下级的税收返还和转移支付、调出资金以及按照财政部规定列入转移性支出的给予无隶属关系政府的无偿援助。

第十四条　政府性基金预算收入包括政府性基金各项目收入和转移性收入。

政府性基金预算支出包括与政府性基金预算收入相对应的各项目支出和转移性支出。

第十五条　国有资本经营预算收入包括依照法律、行政法规和国务院规定应当纳入国有资本经营预算的国有独资企业和国有独资公司按照规定上缴国家的利润收入、从国有资本控股和参股公司获得的股息红利收入、国有产权转让收入、清算收入和其他收入。

国有资本经营预算支出包括资本性支出、费用性支出、向一般公共预算调出资金等转移性支出和其他支出。

第十六条　社会保险基金预算收入包括各项社会保险费收入、利息收入、投资收益、一般公共预算补助收入、集体补助收入、转移收入、上级补助收入、下级上解收入和其他收入。

社会保险基金预算支出包括各项社会保险待遇支出、转移支出、补助下级支出、上解上级支出和其他支出。

第十七条　地方各级预算上下级之间有关收入和支出项目的划分以及上解、返还或者转移支付的具体办法，由上级地方政府规定，报本级人民代表大会常务委员会备案。

第十八条　地方各级社会保险基金预算上下级之间有关收入和支出项目的划分以及上解、补助的具体办法，按照统筹层次由上级地方政府规定，报本级人民代表大会常务委员会备案。

第三章　预算编制

第十九条　预算法第三十一条所称预算草案，是指各级政府、各部门、各单位编制的未经法定程序审查和批准的预算。

第二十条 预算法第三十二条第一款所称绩效评价，是指根据设定的绩效目标，依据规范的程序，对预算资金的投入、使用过程、产出与效果进行系统和客观的评价。

绩效评价结果应当按照规定作为改进管理和编制以后年度预算的依据。

第二十一条 预算法第三十二条第三款所称预算支出标准，是指对预算事项合理分类并分别规定的支出预算编制标准，包括基本支出标准和项目支出标准。

地方各级政府财政部门应当根据财政部制定的预算支出标准，结合本地区经济社会发展水平、财力状况等，制定本地区或者本级的预算支出标准。

第二十二条 财政部于每年6月15日前部署编制下一年度预算草案的具体事项，规定报表格式、编报方法、报送期限等。

第二十三条 中央各部门应当按照国务院的要求和财政部的部署，结合本部门的具体情况，组织编制本部门及其所属各单位的预算草案。

中央各部门负责本部门所属各单位预算草案的审核，并汇总编制本部门的预算草案，按照规定报财政部审核。

第二十四条 财政部审核中央各部门的预算草案，具体编制中央预算草案；汇总地方预算草案或者地方预算，汇编中央和地方预算草案。

第二十五条 省、自治区、直辖市政府按照国务院的要求和财政部的部署，结合本地区的具体情况，提出本行政区域编制预算草案的要求。

县级以上地方各级政府财政部门应当于每年6月30日前部署本行政区域编制下一年度预算草案的具体事项，规定有关报表格式、编报方法、报送期限等。

第二十六条 县级以上地方各级政府各部门应当根据本级政府的要求和本级政府财政部门的部署，结合本部门的具体情况，组织编制本部门及其所属各单位的预算草案，按照规定报本级政府财政部门审核。

第二十七条 县级以上地方各级政府财政部门审核本级各部门的预算草案，具体编制本级预算草案，汇编本级总预算草案，经本级政府审定后，按照规定期限报上一级政府财政部门。

省、自治区、直辖市政府财政部门汇总的本级总预算草案或者本级总预算，应当于下一年度1月10日前报财政部。

第二十八条 县级以上各级政府财政部门审核本级各部门的预算草案时，发现不符合编制预算要求的，应当予以纠正；汇编本级总预算草案时，发现下级预算草案不符合上级政府或者本级政府编制预算要求的，应当及时向本级政府报告，由本级政府予以纠正。

第二十九条 各级政府财政部门编制收入预算草案时，应当征求税务、海关等预算收入征收部门和单位的意见。

预算收入征收部门和单位应当按照财政部门的要求提供下一年度预算收入征收预测情况。

第三十条 财政部门会同社会保险行政部门部署编制下一年度社会保险基金预算草案的具体事项。

社会保险经办机构具体编制下一年度社会保险基金预算草案，报本级社会保险行政部门审核汇总。社会保险基金收入预算草案由社会保险经办机构会同社会保险费征收机构具体编制。财政部门负责审核并汇总编制社会保险基金预算草案。

第三十一条 各级政府财政部门应当依照预算法和本条例规定，制定本级预算草案编制规程。

第三十二条 各部门、各单位在编制预算草案时，应当根据资产配置标准，结合存量资产情况编制相关支出预算。

第三十三条 中央一般公共预算收入编制内容包括本级一般公共预算收入、从国有资本经营预算调入资金、地方上解收入、从预算稳定调节基金调入资金、其他调入资金。

中央一般公共预算支出编制内容包括本级一般公共预算支出、对地方的税收返还和转移支付、补充预算稳定调节基金。

中央政府债务余额的限额应当在本级预算中单独列示。

第三十四条 地方各级一般公共预算收入编制内容包括本级一般公共预算收入、从国有资本经营预算调入资金、上级税收返还和转移支付、下级上解收入、从预算稳定调节基金调入资金、其他调入资金。

地方各级一般公共预算支出编制内容包括本级一般公共预算支出、上解上级支出、对下级的税收返还和转移支付、补充预算稳定调节基金。

第三十五条 中央政府性基金预算收入编制内容包括本级政府性基金各项目收入、上一年度结余、地方上解收入。

中央政府性基金预算支出编制内容包括本级政府性基金各项目支出、对地方的转移支付、调出资金。

第三十六条 地方政府性基金预算收入编制内容包括本级政府性基金各项目收入、上一年度结余、下级上解收入、上级转移支付。

地方政府性基金预算支出编制内容包括本级政府性基金各项目支出、上解上级支出、对下级的转移支付、调出资金。

第三十七条 中央国有资本经营预算收入编制内容包括本级收入、上一年度结余、地方上解收入。

中央国有资本经营预算支出编制内容包括本级支出、向一般公共预算调出资金、对地方特定事项的转移支付。

第三十八条 地方国有资本经营预算收入编制内容包括本级收入、上一年度结余、上级对特定事项的转移支付、下级上解收入。

地方国有资本经营预算支出编制内容包括本级支出、向一般公共预算调出资金、对下级特定事项的转移支付、上解上级支出。

第三十九条 中央和地方社会保险基金预算收入、支出编制内容包括本条例第十六条规定的各项收入和支出。

第四十条 各部门、各单位预算收入编制内容包括本级预算拨款收入、预算拨款结转和其他收入。

各部门、各单位预算支出编制内容包括基本支出和项目支出。

各部门、各单位的预算支出，按其功能分类应当编列到项，按其经济性质分类应当编列到款。

第四十一条 各级政府应当加强项目支出管理。各级政府财政部门应当建立和完善项目支出预算评审制度。各部门、各单位应当按照本级政府财政部门的规定开展预算评审。

项目支出实行项目库管理，并建立健全项目入库评审机制和项目滚动管理机制。

第四十二条 预算法第三十四条第二款所称余额管理，是指国务院在全国人民代表大会批准的中央一般公共预算债务的余额限额内，决定发债规模、品种、期限和时点的管理方式；所称余额，是指中央一般公共预算中举借债务未偿还的本金。

第四十三条 地方政府债务余额实行限额管理。各省、自治区、直辖市的政府债务限额，由财政部在全国人民代表大会或者其常务委员会批准的总限额内，根据各地区债务风险、财力状况等因素，并考虑国家宏观调控政策等需要，提出方案报国务院批准。

各省、自治区、直辖市的政府债务余额不得突破国务院批准的限额。

第四十四条 预算法第三十五条第二款所称举借债务的规模，是指各地方政府债务余额限额的总和，包括一般债务限额和专项债务限额。一般债务是指列入一般公共预算用于公益性事业发展的一般债券、地方政府负有偿还责任的外国政府和国际经济组织贷款转贷债务；专项债务是指列入政府性基金预算用于有收益的公益性事业发展的专项债券。

第四十五条 省、自治区、直辖市政府财政部门依照国务院下达的本地区地方政府债务限额，提出本级和转贷给下级政府的债务限额安排方案，报本级政府批准后，将增加举借的债务列入本级预算调整方案，报本级人民代表大会常务委员会批准。

接受转贷并向下级政府转贷的政府应当将转贷债务纳入本级预算管理。使用转贷并负有直接偿还责任的政府，应当将转贷债务列入本级预算调整方案，报本级人民代表大会常务委员会批准。

地方各级政府财政部门负责统一管理本地区政府债务。

第四十六条 国务院可以将举借的外国政府和国际经济组织贷款转贷给省、自治区、直辖市政府。

国务院向省、自治区、直辖市政府转贷的外国政府和国际经济组织贷款，省、自治区、直辖市政府负有直接偿还责任的，应当纳入本级预算管理。省、自治区、直辖市政府未能按时履行还款义务的，国务院可以相应抵扣对该地区的税收返还等资金。

省、自治区、直辖市政府可以将国务院转贷的外国政府和国际经济组织贷款再转贷给下级政府。

第四十七条 财政部和省、自治区、直辖市政府财政部门应当建立健全地方政府债务风险评估指标体系，组织评估地方政府债务风险状况，对债务高风险地区提出预警，并监督化解债务风险。

第四十八条 县级以上各级政府应当按照本年度转移支付预计执行数的一定比例将下一年度转移支付预计数提前下达至下一级政府，具体下达事宜由本级政府财政部门办理。

除据实结算等特殊项目的转移支付外，提前下达的一般性转移支付预计数的比例一般不低于90%；提前下达的专项转移支付预计数的比例一般不低于70%。其中，按照项目法管理分配的专项转移支付，应当一并明确下一年度组织实施的项目。

第四十九条 经本级政府批准，各级政府财政部门可以设置预算周转金，额度不得超过本级一般公共预算支出总额的1%。年度终了时，各级政府财政部门可以将预算周转金收回并用于补充预算稳定调节基金。

第五十条 预算法第四十二条第一款所称结转资金，是指预算安排项目的支出年度终了时尚未执行完毕，或者因故未执行但下一年度需要按原用途继续使用的资金；连续两年未用完的结转资金，是指预算安排项目的支出在下一年度终了时仍未用完的资金。

预算法第四十二条第一款所称结余资金，是指年度预算执行终了时，预算收入实际完成数扣除预算支出实际完成数和结转资金后剩余的资金。

第四章 预算执行

第五十一条 预算执行中，政府财政部门的主要职责：

（一）研究和落实财政税收政策措施，支持经济社会健康发展；

（二）制定组织预算收入、管理预算支出以及相关财务、会计、内部控制、监督等制度和办法；

（三）督促各预算收入征收部门和单位依法履行职责，征缴预算收入；

（四）根据年度支出预算和用款计划，合理调度、拨付预算资金，监督各部门、各单位预算资金使用管理情况；

（五）统一管理政府债务的举借、支出与偿还，监督债务资金使用情况；

（六）指导和监督各部门、各单位建立健全财务制度和会计核算体系，规范账户管理，健全内部控制机制，按照规定使用预算资金；

（七）汇总、编报分期的预算执行数据，分析预算执行情况，按照本级人民代表大会常务委员会、本级政府和上一级政府财政部门的要求定期报告预算执行情况，并提出相关政策建议；

（八）组织和指导预算资金绩效监控、绩效评价；

（九）协调预算收入征收部门和单位、国库以及其他有关部门的业务工作。

第五十二条 预算法第五十六条第二款所称财政专户，是指财政部门为履行财政管理职能，根据法律规定或者经国务院批准开设的用于管理核算特定专用资金的银行结算账户；所称特定专用资金，包括法律规定可以设立财政专户的资金，外国政府和国际经济组织的贷款、赠款，按照规定存储的人民币以外的货币，财政部会同有关部门报国务院批准的其他特定专用资金。

开设、变更财政专户应当经财政部核准，撤销财政专户应当报财政部备案，中国人民银行应当加强对银行业金融机构开户的核准、管理和监督工作。

财政专户资金由本级政府财政部门管理。除法律另有规定外，未经本级政府财政部门同意，任何部门、单位和个人都无权冻结、动用财政专户资金。

财政专户资金应当由本级政府财政部门纳入统一的会计核算，并在预算执行情况、决算和政府综合财务报告中单独反映。

第五十三条 预算执行中，各部门、各单位的主要职责：

（一）制定本部门、本单位预算执行制度，建立健全内部控制机制；

（二）依法组织收入，严格支出管理，实施绩效监控，开展绩效评价，提高资金使用效益；

（三）对单位的各项经济业务进行会计核算；

（四）汇总本部门、本单位的预算执行情况，定期向本级政府财政部门报送预算执行情况报告和绩效评价报告。

第五十四条 财政部门会同社会保险行政部门、社会保险费征收机构制定社会保险基金预算的收入、支出以及财务管理的具体办法。

社会保险基金预算由社会保险费征收机构和社会保险经办机构具体执行，并按照规定向本级政府财政部门和社会保险行政部门报告执行情况。

第五十五条 各级政府财政部门和税务、海关等预算收入征收部门和单位必须依法组织预算收入，按照财政管理体制、征收管理制度和国库集中收缴制度的规定征收预算收入，除依法缴入财政专户的社会保险基金等预算收入外，应当及时将预算收入缴入国库。

第五十六条 除依法缴入财政专户的社会保险基金等预算收入外，一切有预算收入上缴义务的部门和单位，必须将应当上缴的预算收入，按照规定的预算级次、政府收支分类科目、缴库方式和期限缴入国库，任何部门、单位和个人不得截留、占用、挪用或者拖欠。

第五十七条 各级政府财政部门应当加强对预算资金拨付的管理，并遵循下列原则：

（一）按照预算拨付，即按照批准的年度预算和用款计划拨付资金。除预算法第五十四条规定的在预算草案批准前可以安排支出的情形外，不得办理无预算、无用款计划、超预算或者超计划的资金拨付，不得擅自改变支出用途；

（二）按照规定的预算级次和程序拨付，即根据用款单位的申请，按照用款单位的预算级次、审定的用款计划和财政部门规定的预算资金拨付程序拨付资金；

（三）按照进度拨付，即根据用款单位的实际用款进度拨付资金。

第五十八条 财政部应当根据全国人民代表大会批准的中央政府债务余额限额，合理安排发行国债的品种、结构、期限和时点。

省、自治区、直辖市政府财政部门应当根据国务院批准的本地区政府债务限额，合理安排发行本地区政府债券的结构、期限和时点。

第五十九条 转移支付预算下达和资金拨付应当由财政部门办理，其他部门和单位不得对下级政府部门和单位下达转移支付预算或者拨付转移支付资金。

第六十条 各级政府、各部门、各单位应当加强对预算支出的管理，严格执行预算，遵守财政制度，强化预算约束，不得擅自扩大支出范围、提高开支标准；严格按照预算规定的支出用途使用资金，合理安排支出进度。

第六十一条 财政部负责制定与预算执行有关的财务规则、会计准则和会计制度。各部门、各单位应当按照本级政府财政部门的要求建立健全财务制度，加强会计核算。

第六十二条 国库是办理预算收入的收纳、划分、留解、退付和库款支拨的专门机构。国库分为中央国库和地方国库。

中央国库业务由中国人民银行经理。未设中国人民银行分支机构的地区，由中国人民银行商财政部后，委托有关银行业金融机构办理。

地方国库业务由中国人民银行分支机构经理。未设中国人民银行分支机构的地区，由上级中国人民银行分支机构商有关地方政府财政部门后，委托有关银行业金融机构办理。

具备条件的乡、民族乡、镇，应当设立国库。具体条件和标准由省、自治区、直辖市政府财政部门确定。

第六十三条 中央国库业务应当接受财政部的指导和监督，对中央财政负责。

地方国库业务应当接受本级政府财政部门的指导和监督，对地方财政负责。

省、自治区、直辖市制定的地方国库业务规程应当报财政部和中国人民银行备案。

第六十四条 各级国库应当及时向本级政府财政部门编报预算收入入库、解库、库款拨付以及库款余额情况的日报、旬报、月报和年报。

第六十五条 各级国库应当依照有关法律、行政法规、国务院以及财政部、中国人民银行的有关规定，加强对国库业务的管理，及时准确地办理预算收入的收纳、划分、留解、退付和预算支出的拨付。

各级国库和有关银行业金融机构必须遵守国家有关预算收入缴库的规定，不得延解、占压应当缴入国库的预算收入和国库库款。

第六十六条 各级国库必须凭本级政府财政部门签发的拨款凭证或者支付清算指令于当日办理资金拨付，并及时将款项转入收款单位的账户或者清算资金。

各级国库和有关银行业金融机构不得占压财政部门拨付的预算资金。

第六十七条 各级政府财政部门、预算收入征收部门和单位、国库应当建立健全相互之间的预算收入对账制度，在预算执行中按月、按年核对预算收入的收纳以及库款拨付情况，保证预算收入的征收入库、库款拨付和库存金额准确无误。

第六十八条 中央预算收入、中央和地方预算共享收入退库的办法，由财政部制定。地方预算收入退库的办法，由省、自治区、直辖市政府财政部门制定。

各级预算收入退库的审批权属于本级政府财政部门。中央预算收入、中央和地方预算共享收入的退库，由财政部或者财政部授权的机构批准。地方预算收入的退库，由地方政府财政部门或者其授权的机构批准。具体退库程序按照财政部的有关规定办理。

办理预算收入退库，应当直接退给申请单位或者申请个人，按照国家规定用途使用。任何部门、单位和个人不得截留、挪用退库款项。

第六十九条 各级政府应当加强对本级国库的管理和监督，各级政府财政部门负责协调本级预算收入征收部门和单位与国库的业务工作。

第七十条 国务院各部门制定的规章、文件，凡涉及减免应缴预算收入、设立和改变收入项目和标准、罚没财物处理、经费开支标准和范围、国有资产处置和收益分配以及会计核算等事项的，应当符合国家统一的规定；凡涉及增加或者减少财政收入或者支出的，应当征求财政部意见。

第七十一条 地方政府依据法定权限制定的规章和规定的行政措施，不得涉及减免中央预算收入、中央和地方预算共享收入，不得影响中央预算收入、中央和地方预算共享收入的征收；违反规定的，有关预算收入征收部门和单位有权拒绝执行，并应当向上级预算收入征收部门和单位以及财政部报告。

第七十二条 各级政府应当加强对预算执行工作的领导，定期听取财政部门有关预算执行情况的汇报，研究解决预算执行中出现的问题。

第七十三条 各级政府财政部门有权监督本级各部门及其所属各单位的预算管理有关工作，对各部门的预算执行情况和绩效进行评价、考核。

各级政府财政部门有权对与本级各预算收入相关的征收部门和单位征收本级预算收入的情况进行监督，对违反法律、行政法规规定多征、提前征收、减征、免征、缓征或者退还预算收入的，责令改正。

第七十四条 各级政府财政部门应当每月向本级政府报告预算执行情况，具体报告内容、方式和期限由本级政府规定。

第七十五条 地方各级政府财政部门应当定期向上一级政府财政部门报送本行政区域预算执行情况，包括预算执行旬报、月报、季报，政府债务余额统计报告，国库库款报告以及相关文字说明材料。具体报送内容、方式和期限由上一级政府财政部门规定。

第七十六条 各级税务、海关等预算收入征收部门和单位应当按照财政部门规定的期限和要求，向财政部门和上级主管部门报送有关预算收入征收情况，并附文字说明材料。

各级税务、海关等预算收入征收部门和单位应当与相关财政部门建立收入征管信息共享机制。

第七十七条 各部门应当按照本级政府财政部门规定的期限和要求，向本级政府财政部门报送本部门及其所属各单位的预算收支情况等报表和文字说明材料。

第七十八条 预算法第六十六条第一款所称超收收入，是指年度本级一般公共预算收入的实际完成数超过经本级人民代表大会或者其常务委员会批准的预算收入数的部分。

预算法第六十六条第三款所称短收，是指年度本级一般公共预算收入的实际完成数小于经本级人民代表大会或者其常务委员会批准的预算收入数的情形。

前两款所称实际完成数和预算收入数，不包括转移性收入和政府债务收入。

省、自治区、直辖市政府依照预算法第六十六条第三款规定增列的赤字，可以通过在国务院下达的本地区政府债务限额内发行地方政府一般债券予以平衡。

设区的市、自治州以下各级一般公共预算年度执行中出现短收的，应当通过调入预算稳定调节基金或者其他预算资金、减少支出等方式实现收支平衡；采取上述措施仍不能实现收支平衡的，可以通过申请上级政府临时救助平衡当年预算，并在下一年度预算中安排资金归还。

各级一般公共预算年度执行中厉行节约、节约开支，造成本级预算支出实际执行数小于预算总支出的，不属于预算调整的情形。

各级政府性基金预算年度执行中有超收收入的，应当在下一年度安排使用并优先用于偿还相应的专项债务；出现短收的，应当通过减少支出实现收支平衡。国务院另有规定的除外。

各级国有资本经营预算年度执行中有超收收入的，应当在下一年度安排使用；出现短收的，应当通过减少支出实现收支平衡。国务院另有规定的除外。

第七十九条 年度预算确定后，部门、单位改变隶属关系引起预算级次或者预算关系变化的，应当在改变财务关系的同时，相应办理预算、资产划转。

第五章 决 算

第八十条 预算法第七十四条所称决算草案，是指各级政府、各部门、各单位编制的未经法定程序审查和批准的预算收支和结余的年度执行结果。

第八十一条 财政部应当在每年第四季度部署编制决算草案的原则、要求、方法和报送期限，制发中央各部门决算、地方决算以及其他有关决算的报表格式。

省、自治区、直辖市政府按照国务院的要求和财政部的部署，结合本地区的具体情况，提出本行政区域编制决算草案的要求。

县级以上地方政府财政部门根据财政部的部署和省、自治区、直辖市政府的要求，部署编制本级政府各部门和下级政府决算草案的原则、要求、方法和报送期限，制发本级政府各部门决算、下级政府决算以及其他有关决算的报表格式。

第八十二条 地方政府财政部门根据上级政府财政部门的部署，制定本行政区域决算草案和本级各部门决算草案的具体编制办法。

各部门根据本级政府财政部门的部署，制定所属各单位决算草案的具体编制办法。

第八十三条 各级政府财政部门、各部门、各单位在每一预算年度终了时，应当清理核实全年预算收入、支出数据和往来款项，做好决算数据对账工作。

决算各项数据应当以经核实的各级政府、各部门、各单位会计数据为准，不得以估计数据替代，不得弄虚作假。

各部门、各单位决算应当列示结转、结余资金。

第八十四条 各单位应当按照主管部门的布置，认真编制本单位决算草案，在规定期限内上报。

各部门在审核汇总所属各单位决算草案基础上，连同本部门自身的决算收入和支出数据，汇编成本部门决算草案并附详细说明，经部门负责人签章后，在规定期限内报本级政府财政部门审核。

第八十五条 各级预算收入征收部门和单位应当按照财政部门的要求，及时编制收入年报以及有关资料并报送财政部门。

第八十六条 各级政府财政部门应当根据本级预算、预算会计核算数据等相关资料编制本级决算草案。

第八十七条 年度预算执行终了，对于上下级财政之间按照规定需要清算的事项，应当在决算时办理结算。

县级以上各级政府财政部门编制的决算草案应当及时报送本级政府审计部门审计。

第八十八条 县级以上地方各级政府应当自本级决算经批准之日起30日内，将本级决算以及下一级政府上报备案的决算汇总，报上一级政府备案；将下一级政府报送备案的决算汇总，报本级人民代表大会常务委员会备案。

乡、民族乡、镇政府应当自本级决算经批准之日起30日内，将本级决算报上一级政府备案。

第六章 监 督

第八十九条 县级以上各级政府应当接受本级和上级人民代表大会及其常务委员会对预算执行情况和决算的监督，乡、民族乡、镇政府应当接受本级人民代表大会和上级人民代表大会及其常务委员会对预算执行情况和决算的监督；按照本级人民代表大会或者其常务委员会的要求，报告预算执行情况；认真研究处理本级人民代表大会代表或者其常务委员会组成人员有关改进预算管理的建议、批评和意见，并及时答复。

第九十条 各级政府应当加强对下级政府预算执行情况的监督，对下级政府在预算执行中违反预算法、本条例和国家方针政策的行为，依法予以制止和纠正；对本级预算执行中出现的问题，及时采取处理措施。

下级政府应当接受上级政府对预算执行情况的监督；根据上级政府的要求，及时提供资料，如实反映情况，不得隐瞒、虚报；严格执行上级政府作出的有关决定，并将执行结果及时上报。

第九十一条 各部门及其所属各单位应当接受本级政府财政部门对预算管理有关工作的监督。

财政部派出机构根据职责和财政部的授权，依法开展工作。

第九十二条 各级政府审计部门应当依法对本级预算执行情况和决算草案，本级各部门、各单位和下级政府的预算执行情况和决算，进行审计监督。

第七章　法律责任

第九十三条　预算法第九十三条第六项所称违反本法规定冻结、动用国库库款或者以其他方式支配已入国库库款，是指：

（一）未经有关政府财政部门同意，冻结、动用国库库款；

（二）预算收入征收部门和单位违反规定将所收税款和其他预算收入存入国库之外的其他账户；

（三）未经有关政府财政部门或者财政部门授权的机构同意，办理资金拨付和退付；

（四）将国库库款挪作他用；

（五）延解、占压国库库款；

（六）占压政府财政部门拨付的预算资金。

第九十四条　各级政府、有关部门和单位有下列行为之一的，责令改正；对负有直接责任的主管人员和其他直接责任人员，依法给予处分：

（一）突破一般债务限额或者专项债务限额举借债务；

（二）违反本条例规定下达转移支付预算或者拨付转移支付资金；

（三）擅自开设、变更账户。

第八章　附　　则

第九十五条　预算法第九十七条所称政府综合财务报告，是指以权责发生制为基础编制的反映各级政府整体财务状况、运行情况和财政中长期可持续性的报告。政府综合财务报告包括政府资产负债表、收入费用表等财务报表和报表附注，以及以此为基础进行的综合分析等。

第九十六条　政府投资年度计划应当和本级预算相衔接。政府投资决策、项目实施和监督管理按照政府投资有关行政法规执行。

第九十七条　本条例自 2020 年 10 月 1 日起施行。

国务院关于进一步深化预算管理制度改革的意见

2021 年 3 月 7 日 国发〔2021〕5 号

各省、自治区、直辖市人民政府，国务院各部委、各直属机构：

预算体现国家的战略和政策，反映政府的活动范围和方向，是推进国家治理体系和治理能力现代化的重要支撑，是宏观调控的重要手段。党的十八大以来，按照党中央、国务院决策部署，预算管理制度不断改革完善，为建立现代财政制度奠定了坚实基础。当前和今后一个时期，财政处于紧平衡状态，收支矛盾较为突出，加之预算管理中存在统筹力度不足、政府过紧日子意识尚未牢固树立、预算约束不够有力、资源配置使用效率有待提高、预算公开范围和内容仍需拓展等问题，影响了财政资源统筹和可持续性。为落实《中华人民共和国预算法》及其实施条例有关规定，规范管理、提高效率、挖掘潜力、释放活力，现就进一步深化预算管理制度改革提出以下意见。

一、总体要求

（一）指导思想。以习近平新时代中国特色社会主义思想为指导，深入贯彻党的十九大和十九届二中、三中、四中、五中全会精神，全面贯彻党的基本理论、基本路线、基本方略，坚持稳中求进工作总基调，立足新发展阶段、贯彻新发展理念、构建新发展格局，以推动高质量发展为主题，以深化供给侧结构性改革为主线，以改革创新为根本动力，以满足人民日益增长的美好生活需要为根本目的，更加有效保障和改善民生，进一步完善预算管理制度，更好发挥财政在国家治理中的基础和重要支柱作用，为全面建设社会主义现代化国家提供坚实保障。

（二）基本原则。

坚持党的全面领导。将坚持和加强党的全面领导贯穿预算管理制度改革全过程。

坚持以人民为中心，兜牢基本民生底线。坚持系统观念，加强财政资源统筹，集中力量办大事，坚决落实政府过紧日子要求，强化预算对落实党和国家重大政策的保障能力，实现有限公共资源与政策目标有效匹配。

坚持预算法定。增强法治观念，强化纪律意识，严肃财经纪律，更加注重强化约束，着力提升制度执行力，维护法律的权威性和制度的刚性约束力。明确地方和部门的主体责任，切实强化预算约束，加强对权力运行的制约和监督。

坚持目标引领。按照建立现代财税体制的要求，坚持目标导向和问题导向相结合，完善管理手段，创新管理技术，破除管理瓶颈，推进预算和绩效管理一体化，以信息化推进预算管理现代化，加强预算管理各项制度的系统集成、协同高效，提高预算管理规范化、科学化、标准化水平和预算透明度。

坚持底线思维。把防风险摆在更加突出的位置，统筹发展和安全、当前和长远，杜绝脱离实际的过高承诺，形成稳定合理的社会预期。加强政府债务和中长期支出事项管理，牢牢守住不发生系统性风险的底线。

二、加大预算收入统筹力度，增强财政保障能力

（三）规范政府收入预算管理。实事求是编制收入预算，考虑经济运行和实施减税降费政策等因素合理测算。严禁将财政收入规模、增幅纳入考核评比。严格落实各项减税降费政策，严禁收取过头税费、违规设置收费项目或提高收费标准。依照法律法规及时足额征收应征的预算收入，如实反映财政收入情况，提高收入质量，严禁虚收空转。不得违法违规制定实施各种形式的歧视性税费减免政策，维护全国统一市场和公平竞争。严禁将政府非税收入与征收单位支出挂钩。

（四）加强政府性资源统筹管理。将依托行政权力、国有资源（资产）获取的收入以及特许经营权拍卖收入等按规定全面纳入预算，加大预算统筹力度。完善收费基金清单管理，将列入清单的收费基金按规定纳入预算。将应当由政府统筹使用的基金项目转列一般公共预算。合理确定国有资本收益上交比例。

（五）强化部门和单位收入统筹管理。各部门和单位要依法依规将取得的各类收入纳入部门或单位预算，未纳入预算的收入不得安排支出。各部门应当加强所属单位事业收入、事业单位经营收入等非财政拨款收入管理，在部门和单位预算中如实反映非财政拨款收入情况。加强行政事业性国有资产收入管理，资产出租、处置等收入按规定上缴国库或纳入单位预算。

（六）盘活各类存量资源。盘活财政存量资金，完善结余资金收回使用机制。新增资产配置要与资产存量挂钩，依法依规编制相关支出预算。严格各类资产登记和核算，所有资本性支出应当形成资产并予以全程登记。各级行政事业单位要将资产使用

管理责任落实到人，确保资产安全完整、高效利用。推动国有资产共享共用，促进长期低效运转、闲置和超标准配置资产以及临时配置资产调剂使用，有条件的部门和地区可以探索建立公物仓，按规定处置不需使用且难以调剂的国有资产，提高财政资源配置效益。

三、规范预算支出管理，推进财政支出标准化

（七）加强重大决策部署财力保障。各级预算安排要将落实党中央、国务院重大决策部署作为首要任务，贯彻党的路线方针政策，增强对国家重大战略任务、国家发展规划的财力保障。完善预算决策机制和程序，各级预算、决算草案提请本级人大或其常委会审查批准前，应当按程序报本级党委和政府审议；各部门预算草案应当报本部门党组（党委）审议。

（八）合理安排支出预算规模。坚持量入为出原则，积极运用零基预算理念，打破支出固化僵化格局，合理确定支出预算规模，调整完善相关重点支出的预算编制程序，不再与财政收支增幅或生产总值层层挂钩。充分发挥财政政策逆周期调节作用，安排财政赤字和举借债务要与经济逆周期调节相适应，将政府杠杆率控制在合理水平，并预留应对经济周期变化的政策空间。

（九）大力优化财政支出结构。各级预算安排要突出重点，坚持“三保”（保基本民生、保工资、保运转）支出在财政支出中的优先顺序，坚决兜住“三保”底线，不留硬缺口。严格控制竞争性领域财政投入，强化对具有正外部性创新发展的支持。不折不扣落实过紧日子要求，厉行节约办一切事业，建立节约型财政保障机制，精打细算，严控一般性支出。严禁违反规定乱开口子、随意追加预算。严格控制政府性楼堂馆所建设，严格控制和执行资产配置标准，暂时没有标准的要从严控制、避免浪费。清理压缩各种福利性、普惠性、基数化奖励。优化国有资本经营预算支出结构，强化资本金注入，推动国有经济布局优化和结构调整。

（十）完善财政资金直达机制。在保持现行财政体制、资金管理权限和保障主体责任基本稳定的前提下，稳步扩大直达资金范围。完善直达资金分配审核流程，加强对地方分配直达资金情况的监督，确保资金安排符合相关制度规定、体现政策导向。建立健全直达资金监控体系，加强部门协同联动，强化从资金源头到使用末端的全过程、全链条、全方位监管，资金监管“一竿子插到底”，确保资金直达使用单位、直接惠企利民，防止挤占挪用、沉淀闲置等，提高财政资金使用的有效性和精准性。

（十一）推进支出标准体系建设。建立国家基础标准和地方标准相结合的基本公共服务保障标准体系，由财政部会同中央有关职能部门按程序制定国家基础标准，地方结合公共服务状况、支出成本差异、财政承受能力等因素因地制宜制定地方标准，

按程序报上级备案后执行。鼓励各地区结合实际在国家尚未出台基础标准的领域制定地方标准。各地区要围绕“三保”等基本需要研究制定县级标准。根据支出政策、项目要素及成本、财力水平等，建立不同行业、不同地区、分类分档的预算项目支出标准体系。根据经济社会发展、物价变动和财力变化等动态调整支出标准。加强对项目执行情况的分析和结果运用，将科学合理的实际执行情况作为制定和调整标准的依据。加快推进项目要素、项目文本、绩效指标等标准化规范化。将支出标准作为预算编制的基本依据，不得超标准编制预算。

四、严格预算编制管理，增强财政预算完整性

（十二）改进政府预算编制。上级政府应当依法依规提前下达转移支付和新增地方政府债务限额预计数，增强地方预算编制的完整性、主动性。下级政府应当严格按照提前下达数如实编制预算，既不得虚列收支、增加规模，也不得少列收支、脱离监督。进一步优化转移支付体系，完善转移支付资金分配方法，健全转移支付定期评估和动态调整、退出机制，提高转移支付管理的规范性、科学性、合理性。规范国有资本经营预算编制，经本级人大或其常委会批准，国有资本规模较小或国有企业数量较少的市县可以不编制本级国有资本经营预算。

（十三）加强跨年度预算平衡。加强中期财政规划管理，进一步增强与国家发展规划的衔接，强化中期财政规划对年度预算的约束。对各类合规确定的中长期支出事项和跨年度项目，要根据项目预算管理等要求，将全生命周期内对财政支出的影响纳入中期财政规划。地方政府举借债务应当严格落实偿债资金来源，科学测算评估预期偿债收入，合理制定偿债计划，并在中期财政规划中如实反映。鼓励地方结合项目偿债收入情况，建立政府偿债备付金制度。

（十四）加强部门和单位预算管理。政府的全部收入和支出都应当依法纳入预算，执行统一的预算管理制度。落实部门和单位预算管理主体责任，部门和单位要对预算完整性、规范性、真实性以及执行结果负责。各部门要统筹各类资金资产，结合本部门非财政拨款收入情况统筹申请预算，保障合理支出需求。将项目作为部门和单位预算管理的基本单元，预算支出全部以项目形式纳入预算项目库，实施项目全生命周期管理，未纳入预算项目库的项目一律不得安排预算。有关部门负责安排的建设项目，要按规定纳入部门项目库并纳入预算项目库。实行项目标准化分类，规范立项依据、实施期限、支出标准、预算需求等要素。建立健全项目入库评审机制和项目滚动管理机制。做实做细项目储备，纳入预算项目库的项目应当按规定完成可行性研究论证、制定具体实施计划等各项前期工作，做到预算一经批准即可实施，并按照轻重缓急等排序，突出保障重点。推进运用成本效益分析等方法研究开展事前绩效评估。依法依

规管理预算代编事项，除应急、救灾等特殊事项外，部门不得代编应由所属单位实施的项目预算。

（十五）完善政府财务报告体系。建立完善权责发生制政府综合财务报告制度，全面客观反映政府资产负债与财政可持续性情况。健全财政总预算会计制度，将财政财务信息内容从预算收支信息扩展至资产、负债、投资等信息。推动预算单位深化政府会计改革，全面有效实施政府会计标准体系，完善权责发生制会计核算基础。完善国有资产管理情况报告制度，做好与政府综合财务报告的衔接。

五、强化预算执行和绩效管理，增强预算约束力

（十六）强化预算对执行的控制。严格执行人大批准的预算，预算一经批准非经法定程序不得调整。对预算指标实行统一规范的核算管理，精准反映预算指标变化，实现预算指标对执行的有效控制。坚持先有预算后有支出，严禁超预算、无预算安排支出或开展政府采购，严禁将国库资金违规拨入财政专户。严禁出台溯及以前年度的增支政策，新的增支政策原则上通过以后年度预算安排支出。规范预算调剂行为。规范按权责发生制列支事项，市县级财政国库集中支付结余不再按权责发生制列支。严禁以拨代支，进一步加强地方财政暂付性款项管理，除已按规定程序审核批准的事项外，不得对未列入预算的项目安排支出。加强对政府投资基金设立和出资的预算约束，提高资金使用效益。加强国有资本管理与监督，确保国有资本安全和保值增值。

（十七）推动预算绩效管理提质增效。将落实党中央、国务院重大决策部署作为预算绩效管理重点，加强财政政策评估评价，增强政策可行性和财政可持续性。加强重点领域预算绩效管理，分类明确转移支付绩效管理重点，强化引导约束。加强对政府和社会资本合作、政府购买服务等项目的全过程绩效管理。加强国有资本资产使用绩效管理，提高使用效益。加强绩效评价结果应用，将绩效评价结果与完善政策、调整预算安排有机衔接，对低效无效资金一律削减或取消，对沉淀资金一律按规定收回并统筹安排。加大绩效信息公开力度，推动绩效目标、绩效评价结果向社会公开。

（十八）优化国库集中收付管理。对政府全部收入和支出实行国库集中收付管理。完善国库集中支付控制体系和集中校验机制，实行全流程电子支付，优化预算支出审核流程，全面提升资金支付效率。根据预算收入进度和资金调度需要等，合理安排国债、地方政府债券的发行规模和节奏，节省资金成本。优化国债品种期限结构，发挥国债收益率曲线定价基准作用。完善财政收支和国库现金流量预测体系，建立健全库款风险预警机制，统筹协调国库库款管理、政府债券发行与国库现金运作。

（十九）拓展政府采购政策功能。建立政府采购需求标准体系，鼓励相关部门结合部门和行业特点提出政府采购相关政策需求，推动在政府采购需求标准中嵌入支持

创新、绿色发展等政策要求。细化政府采购预算编制，确保与年度预算相衔接。建立支持创新产品及服务、中小企业发展等政策落实的预算编制和资金支付控制机制。对于适合以市场化方式提供的服务事项，应当依法依规实施政府购买服务，坚持费随事转，防止出现“一边购买服务，一边养人办事”的情况。

六、加强风险防控，增强财政可持续性

（二十）健全地方政府依法适度举债机制。健全地方政府债务限额确定机制，一般债务限额与一般公共预算收入相匹配，专项债务限额与政府性基金预算收入及项目收益相匹配。完善专项债券管理机制，专项债券必须用于有一定收益的公益性建设项目，建立健全专项债券项目全生命周期收支平衡机制，实现融资规模与项目收益相平衡，专项债券期限要与项目期限相匹配，专项债券项目对应的政府性基金收入、专项收入应当及时足额缴入国库，保障专项债券到期本息偿付。完善以债务率为主的政府债务风险评估指标体系，建立健全政府债务与项目资产、收益相对应的制度，综合评估政府偿债能力。加强风险评估预警结果应用，有效前移风险防控关口。依法落实到期法定债券偿还责任。健全地方政府债务信息公开及债券信息披露机制，发挥全国统一的地方政府债务信息公开平台作用，全面覆盖债券参与主体和机构，打通地方政府债券管理全链条，促进形成市场化融资自律约束机制。

（二十一）防范化解地方政府隐性债务风险。把防范化解地方政府隐性债务风险作为重要的政治纪律和政治规矩，坚决遏制隐性债务增量，妥善处置和化解隐性债务存量。完善常态化监控机制，进一步加强日常监督管理，决不允许新增隐性债务上新项目、铺新摊子。强化国有企事业单位监管，依法健全地方政府及其部门向企事业单位拨款机制，严禁地方政府以企业债务形式增加隐性债务。严禁地方政府通过金融机构违规融资或变相举债。金融机构要审慎合规经营，尽职调查、严格把关，严禁要求或接受地方党委、人大、政府及其部门出具担保性质文件或者签署担保性质协议。清理规范地方融资平台公司，剥离其政府融资职能，对失去清偿能力的要依法实施破产重整或清算。健全市场化、法治化的债务违约处置机制，鼓励债务人、债权人协商处置存量债务，切实防范恶意逃废债，保护债权人合法权益，坚决防止风险累积形成系统性风险。加强督查审计问责，严格落实政府举债终身问责制和债务问题倒查机制。

（二十二）防范化解财政运行风险隐患。推进养老保险全国统筹，坚持精算平衡，加强基金运行监测，防范待遇支付风险。加强医疗、失业、工伤等社保基金管理，推进省级统筹，根据收支状况及时调整完善缴费和待遇政策，促进收支基本平衡。各地区出台涉及增加财政支出的重大政策或实施重大政府投资项目前，要按规定进行财政承受能力评估，未通过评估的不得安排预算。规范政府和社会资本合作项目管理。各

部门出台政策时要考虑地方财政承受能力。除党中央、国务院统一要求以及共同事权地方应负担部分外，上级政府及其部门不得出台要求下级配套或以达标评比、考核评价等名目变相配套的政策。加强政府中长期支出事项管理，客观评估对财政可持续性的影响。

七、增强财政透明度，提高预算管理信息化水平

（二十三）改进预决算公开。加大各级政府预决算公开力度，大力推进财政政策公开。扩大部门预决算公开范围，各部门所属预算单位预算、决算及相关报表应当依法依规向社会公开。推进政府投资基金、收费基金、国有资本收益、政府采购意向等信息按规定向社会公开。建立民生项目信息公示制度。细化政府预决算公开内容，转移支付资金管理办法及绩效目标、预算安排情况等应当依法依规向社会公开。细化部门预决算公开内容，项目预算安排、使用情况等项目信息应当依法依规向社会公开。推进按支出经济分类公开政府预决算和部门预决算。

（二十四）发挥多种监督方式的协同效应。充分发挥党内监督的主导作用，加强财会监督，促进财会监督与党内监督、监察监督、行政监督、司法监督、审计监督、统计监督、群众监督、舆论监督等协同发力。各级政府、各部门要依法接受各级人大及其常委会、审计部门的监督。推进人大预算联网监督工作。各级财政部门要做好财税法规和政策执行情况、预算管理有关监督工作，构建日常监管与专项监督协调配合的监督机制。强化监督结果运用，对监督发现的问题，严格依规依纪依法追究有关单位和人员责任，加大处理结果公开力度。

（二十五）实现中央和地方财政系统信息贯通。用信息化手段支撑中央和地方预算管理，规范各级预算管理工作流程等，统一数据标准，推动数据共享。以省级财政为主体加快建设覆盖本地区的预算管理一体化系统并与中央财政对接，动态反映各级预算安排和执行情况，力争 2022 年底全面运行。中央部门根据国家政务信息化建设进展同步推进相关信息系统建设。建立完善全覆盖、全链条的转移支付资金监控机制，实时记录和动态反映转移支付资金分配、拨付、使用情况，实现资金从预算安排源头到使用末端全过程来源清晰、流向明确、账目可查、账实相符。

（二十六）推进部门间预算信息互联共享。预算管理一体化系统集中反映单位基础信息和会计核算、资产管理、账户管理等预算信息，实现财政部门与主管部门共享共用。积极推动财政与组织、人力资源和社会保障、税务、人民银行、审计、公安、市场监管等部门实现基础信息按规定共享共用。落实部门和单位财务管理主体责任，强化部门对所属单位预算执行的监控管理职责。

各地区、各部门要充分认识到进一步深化预算管理制度改革的重要意义，把思想

认识和行动统一到党中央、国务院的决策部署上来，增强“四个意识”、坚定“四个自信”、做到“两个维护”，主动谋划，精心组织，扎实推进改革。各地区要按照本意见要求，结合本地区实际，细化各项政策措施，切实加强制度建设，夯实改革基础，推进人才队伍建设，确保各项改革任务及时落地见效，推动预算管理水平再上新台阶。

国务院

2021 年 3 月 7 日

财政部关于加强和改进中央部门项目支出预算管理的通知

2015年5月18日　财预〔2015〕82号

党中央有关部门，国务院各部委、各直属机构，全国人大常委会办公厅，全国政协办公厅，高法院，高检院，各民主党派中央，有关人民团体，新疆生产建设兵团，有关中央管理企业：

为深化预算管理制度改革，全面提高部门预算管理水平，现就加强和改进中央部门项目支出预算管理有关问题通知如下：

一、充分认识加强和改进项目支出预算管理的重要性

部门预算改革以来，经过各方面的共同努力，中央部门项目支出预算管理日趋规范，结构不断优化，绩效逐年提高，有力地保障了国家重大方针政策的贯彻落实和中央部门履行职能的需要，部门预算管理水平不断提高。

近年来，部门预算管理的内外部环境发生了深刻变化，与改革发展的新形势相比，项目支出预算管理还存在一些不相适应的地方，主要表现在：与政府宏观政策联系不紧密，缺少前瞻性；与部门职能衔接不够，存在交叉重叠现象；缺乏科学合理的立项和分类标准，项目数量多但重点不突出；预算决策机制不完善，重分轻管现象较为普遍；项目库建设滞后，在预算编制中的作用发挥不充分；绩效管理和预算评审需要加强，预算透明度有待提高等。

《国务院关于深化预算管理制度改革的决定》（国发〔2014〕45号）对预算改革进行了全面部署。加强和改进项目支出预算管理，是贯彻落实国务院要求的重要举措，是改进预算管理方式，实施中期财政规划管理的重要支撑；是深化中央部门预算改革，实施全面规范、公开透明预算制度的迫切需要；是优化支出结构，提高财政资源配置效率

和使用绩效的必然要求；是更好履行财政职能，实现政府施政目标的必由之路。

二、准确把握加强和改进项目支出预算管理的总体方向

（一）指导思想。

加强和改进中央部门项目支出预算管理，要全面贯彻党的十八大和十八届二中、三中、四中全会精神，按照党中央、国务院的决策部署，落实预算管理制度改革总体要求，进一步转变政府职能，完善管理制度，创新管理方式，规范管理行为，提升管理水平，构建全面规范、公开透明的预算制度。

（二）基本原则。

理顺关系原则。进一步理顺预算管理权责，更好地发挥各部门和所属单位的预算编制和执行主体作用，以及财政部的审核主体作用，同时各部门和单位要对预算编制和执行的结果负责。

政策导向原则。项目支出预算要以国家战略发展规划、宏观调控政策为导向，以相关行业、领域中长期发展规划和年度工作重点为依据，结合部门职能和事业发展需要合理安排。

财力约束原则。各部门项目支出预算安排要严格按照部门三年滚动规划进行控制，要做好部门规划与三年滚动规划的衔接，强化部门三年滚动规划对年度预算的约束。

突出重点原则。根据中央与地方事权划分，中央部门项目支出预算要体现中央本级支出责任，聚焦重大改革、重要政策和重点项目，突出部门主要职能。强化项目排序，优先保障重点项目。

讲求绩效原则。要把绩效管理的理念和要求融入项目支出预算管理各个环节，建立事前有目标、事中有监控、事后有评价、结果要运用的全过程绩效运行机制。

（三）总体思路。

从编制2016年部门预算起，项目支出按新的管理方式运行，力争用3年的时间构建起以三年滚动规划为牵引，以宏观政策目标为导向，以规范的项目库管理为基础，以预算评审和绩效管理为支撑，以资源合理配置和高效利用为目的，以有效的激励约束机制为保障，规模适度、结构合理、重点突出、管理规范、运转高效的中央部门项目支出预算管理新模式，充分发挥预算的资源配置功能和政策工具作用。

三、全面落实加强和改进项目支出预算管理各项工作

（一）完善项目设置规则。科学规范设置项目，集中反映中央部门主要职责，具备可执行性，在保障运行维护合理需要的前提下，更加突出重点，聚集国家的重大改

革、重要政策和重点项目，有效避免交叉重复。2015 年中央部门要按照新的设置标准，对现有项目进行全面的清理和规范。

（二）改进项目管理方式。项目实行分级、分类管理。项目按层次分为一级和二级项目。一级项目根据部门履行职能的需要设置并包含若干二级项目。二级项目的设立要与对应的一级项目相匹配。完善项目分类标准，构建多层次、多维度的分类体系。推进项目支出预算标准体系建设。

（三）加强项目库建设和管理。项目全部纳入项目库管理，做实项目库，充实项目储备，列入预算安排的项目必须从项目库中选取。入库项目必须有充分的立项依据、明确的实施期限、合理的预算需求和绩效目标等。纳入项目库的项目实行全周期滚动管理，建立中央部门项目库与财政部项目库的信息交流机制。

（四）推进预算评审和绩效管理。将项目评审嵌入预算管理流程，进入部门项目库的项目原则上都要组织评审。纳入财政部项目库的项目，由财政部根据管理的需要组织开展再评审。推进全过程项目支出绩效管理，加强绩效目标管理，开展绩效监控，实施绩效评价，强化评价结果的运用。

（五）强化项目执行管理。硬化预算约束，执行中除救灾等应急支出外，一般不出台增加当年支出的政策，必须出台的政策纳入以后年度预算安排，必须追加当年预算的，首先通过调整部门当年支出结构解决。提前做好预算执行准备工作，加强执行监管，加快预算执行进度。建立预算执行与预算编制相结合的机制。

（六）实行中期财政规划管理。要完善项目生成机制，将国家宏观政策和部门、行业发展规划落实到具体项目，提高政策和规划的可实施性。部门、行业规划确定的项目要与中期财政规划相衔接，合理安排项目实施节奏和力度，促进政策与预算相结合，提高预算的前瞻性。

四、切实做好加强和改进项目支出预算管理的实施保障

加强和改进项目支出预算管理涉及部门预算管理方式的转变、业务流程的整合和利益关系的调整，时间紧迫，任务艰巨。各部门要充分认识加强和改进项目支出预算管理的重要意义，以改革创新精神，加大工作力度，认真落实各项改革措施。要加强统筹协调，理顺内部业务和经费管理关系，完善相关管理制度，切实加强组织领导，确保改革顺利实施。

附件：加强和改进中央部门项目支出预算管理工作实施方案

财政部

2015 年 5 月 18 日

附件：

加强和改进中央部门项目支出预算管理工作实施方案

为进一步加强和改进中央部门项目支出预算管理工作，制定本方案。本方案实施范围为一般公共预算，政府性基金预算、国有资本经营预算管理按有关规定执行。

一、改进项目设置和管理方式

（一）关于项目设置规则。

中央部门预算项目要体现中央本级支出责任，由中央部门直接组织实施。完善项目生成机制，项目要在深入的政策研究和充分论证的基础上设立，并具备可执行性，预算批复后即可实施。着力推进部门和行业规划的项目化，提高规划可实施性。项目内容要反映政府施政目标、部门主要职责和发展规划，并避免与公用经费及其他项目交叉重复。规范项目实施主体，部门预算项目实施主体为中央部门及所属单位，非部门所属单位不得作为项目的实施主体纳入部门预算。要按照“职责与经费相匹配”的原则确定部门内部项目实施主体，一般不得将应由本级承担的项目列入下级单位预算，或将应由下级单位承担的项目列入本级预算，也不得将应由行政单位承担的项目列入事业单位预算。

（二）关于项目管理方式。

中央部门预算项目实行分级管理，分为一级项目和二级项目两个层次。

一级项目明细到支出功能分类的款级科目，按照部门主要职责设立并由部门作为项目实施主体，每个一级项目包含若干二级项目。一级项目要有明确的名称、实施内容、支出范围和总体绩效目标，项目数量要严格控制，项目名称、实施内容和支出范围等在年度间要保持相对稳定。

二级项目包括在现有项目基础上规范整合而成的项目和新设立的项目，立项单位为项目实施主体。二级项目的设立，要与对应的一级项目相匹配，有充分的立项依据、具体的支出内容、明确合理的绩效目标。二级项目明细到支出功能分类的项级科目，年初部门预算按二级项目批复。

（三）关于项目分类。

按照使用范围，部门一级项目分为通用项目和专用项目。通用项目，指根据部门的共性项目设立并由各部门共同使用的一级项目。通用项目由财政部根据管理需要统一设立，主要包括有预算分配权部门管理的项目和归口管理的项目等。专用项目，指部门根据履行职能的需要自行设立和使用的一级项目。专用项目由中央部门提出建议，报财政部核准后设立。

按照项目的重要性，二级项目划分为重大改革发展项目、专项业务费项目和其他项目三类。重大改革发展项目，指党中央、国务院文件明确规定中央财政给予支持的改革发展项目，以及其他必须由中央财政保障的重大支出项目等。专项业务费项目，指中央部门为履行职能，开展专项业务而持续、长期发生的支出项目，如：大型设施、大型设备运行费，执法办案费，经常性监管、监测、审查经费，以及国际组织会费、捐款及维和支出等。其他项目，指除上述两类项目之外，中央部门为完成特定任务需安排的支出项目。基本建设项目统一列为其他项目，并按管理主体分为国家发展改革委安排的基建项目、中央财政安排的基建项目和其他主管部门安排的基建项目。

除上述分类外，根据管理需要，中央部门和财政部可对二级项目补充其他分类并加以标识。

（四）关于项目实施周期。

二级项目要有明确的实施周期。项目实施周期应与国民经济社会发展规划、部门或行业发展规划的期限相适应，与中期财政规划相衔接。除业务主管部门已明确批复实施周期外，项目实施周期一般不超过5年，项目到期后需继续安排的，应按程序重新立项。专项业务费项目到期后，可补充编制后续年度的支出计划，实施周期相应顺延。其他项目周期一经确定，原则上不得调整；确需调整的，按程序报批。

（五）关于项目代码。

为保证项目信息的完整、连续、可识别，对项目实行代码化管理。

一级项目代码为8位数字，部门通用项目代码为“999＋5位顺序码”，部门专用项目代码为“3位部门预算代码＋5位顺序码”，部门专用的其他项目代码为“3位部门预算代码＋5位功能分类类款级科目编码”。

二级项目代码为18位数字，由“3位部门预算代码＋3位二级预算单位代码＋3位三级预算单位代码（或000）＋3位四级预算单位代码（或000）＋2位项目编制年份码＋4位顺序码”组成。

二、加强项目库建设和管理

（一）关于项目库的构架和主要内容。

中央本级项目库实行分层设立、分级管理。财政部、中央部门和所属单位按照项目管理的相关规定，分别设立项目库，对一级和二级项目进行维护和管理。财政部项目库由中央部门上报的项目构成；中央部门项目库由本级和下级单位上报的项目构成；基层单位项目库由本单位立项和实施的项目构成。

（二）关于项目库管理方式。

中央部门和所属单位的项目库实行开放式管理。各单位可根据工作需要设置二级项目，审核后纳入单位项目库，实时或定期上报，经逐级审核后纳入中央部门项目库，作为部门预算备选项目。编制年度部门预算和部门三年滚动规划时，结合财政部下达的支出控制数，中央部门在预算备选项目中择优选取项目报财政部，未纳入部门项目库的项目原则上不得向财政部申报。各部门申报项目汇总形成财政部项目库，作为财政部进行项目管理、审核年度部门预算和部门三年滚动规划的基础。中央部门和单位如需对已入库项目进行调整，须编制项目调整计划，按上述审核程序报批。

（三）关于项目滚动管理。

以项目库为载体实现项目的全周期滚动管理。编制年度部门预算和部门三年滚动规划前，中央部门要完成项目的储备工作，纳入部门项目库的项目需填写规范的项目文本，包括立项依据、实施主体、支出范围、实施周期、预算需求、绩效目标、可行性论证、评审结果等内容，作为项目审核和管理的依据。纳入预算安排的项目，中央部门和单位要在项目库中对项目的执行、调剂、结转结余、绩效等信息及时进行更新和维护。纳入预算安排的延续性项目，原则上滚动纳入下年度预算。未纳入预算安排的预算备选项目，可滚动进入以后年度项目库。

三、积极推进预算评审和绩效管理

（一）关于项目支出预算评审。

除个别不宜评审和无需评审的项目外，部门二级项目在入库前都要进行评审。归口管理的项目评审工作由主管部门负责，部门不再评审，其他项目由中央部门组织评审。预算评审由部门内部负责预算管理的机构组织，可采取集中评审和分级评审的方法，形成评审结果并随项目支出预算一并报财政部。纳入财政部项目库的项目，由财政部根据需要开展再评审。对延续项目，财政部将有选择地开展再评审，力争实现项目预算评审全覆盖。项目支出预算评审的具体规定另行通知。

（二）关于项目支出绩效管理。

纳入项目库管理的项目都必须设定绩效目标，未按要求设定绩效目标或绩效目标不合理且未进行调整完善的，不得纳入项目库。纳入执行监控的项目，都应开展绩效监控，作为预算执行的重要组成部分。执行完毕的项目都要由项目承担单位对照事先设定的绩效目标开展绩效自评，在此基础上，中央部门和财政部选择部分重大项目开展重点绩效评价，并积极推进中期绩效评价试点。绩效评价结果要与项目库建设和预算安排有机结合，健全项目退出机制。预算绩效管理的具体规定另行通知。

四、规范项目支出预算编制和执行

（一）关于项目支出预算编制。

项目支出预算由基层预算单位编制，逐级审核汇总后，由中央部门按照“一级项

目 + 二级项目”的方式向财政部申报预算，根据二级项目的增减变化情况提出一级项目预算需求。二级项目预算按照经济分类科目编制，项目类别由部门在申报预算时一并提出，财政部审核。二级项目纳入预算安排后，项目类别在项目实施周期内不得调整。财政部对部门报送的项目支出预算进行审核，并按一级项目下达预算控制数，由部门按照审核后的项目类别和排序，安排二级项目预算。

（二）关于项目支出预算执行。

要做好项目支出预算执行的各项前期准备工作，相关工作在部门预算“二上”后即可着手开展。严格按照预算批复的功能分类科目、用款计划、项目进度、有关合同和规定程序做好项目支出预算执行工作，涉及政府采购的应严格执行政府采购有关规定。硬化预算约束，年度预算执行中除救灾等应急支出和少量年初未确定事项外，一般不追加当年项目预算支出，必须出台的政策通过以后年度预算安排。如部门认为必须追加当年支出的，应首先在已批复的预算额度内，通过调整当年支出结构解决并按程序报批。加强预算执行监管，提高预算资金使用的规范性、安全性和有效性，并将预算执行结果与以后年度预算安排相结合。

五、其他事项

中国人民解放军和中国人民武装警察部队参照本方案有关规定执行。

各部门要按照本方案要求，认真落实加强和改进中央部门项目支出预算管理的各项工作。对实施中发现的问题，要尽快与财政部沟通，以便及时研究解决。对实施过程中好的经验和做法也要及时总结并向财政部反馈，以便加以推广，共同努力，不断提高项目支出预算编制质量和管理水平。

财政部关于编制中央部门2025—2027年支出规划和2025年部门预算的通知

2024年6月11日　财预〔2024〕49号

党中央有关部门，国务院各部委、各直属机构，中央军委后勤保障部，全国人大常委会办公厅，全国政协办公厅，最高人民法院，最高人民检察院，各民主党派中央，有关人民团体，各中央管理企业，其他中央预算单位：

按照《中华人民共和国预算法》及其实施条例、《中共中央　国务院关于全面实施预算绩效管理的意见》、《国务院关于进一步深化预算管理制度改革的意见》（国发〔2021〕5号）等有关规定，现就编制中央部门2025—2027年支出规划和2025年部门预算通知如下：

一、总体要求

以习近平新时代中国特色社会主义思想为指导，全面贯彻落实党的二十大和二十届二中全会精神，完整、准确、全面贯彻新发展理念，加快构建新发展格局，着力推动高质量发展，按照党中央、国务院决策部署，坚持党政机关习惯过紧日子，继续严控一般性支出，从紧安排“三公”经费不放松；强化国家重大战略任务财力保障，集中财力办大事，运用零基预算理念引导财政科学管理，强化资源统筹和合理分配，持续优化财政支出结构；进一步完善项目库管理，把好项目立项关，强化事前绩效评估和绩效目标审核，全面开展预算评审；加快支出标准建设和应用，努力提高财政管理法治化、科学化、规范化水平，增强部门预算编制的精准性和严肃性，持续推动部门预算管理规范透明、约束有力、讲求绩效。

二、重点任务

（一）坚持党政机关习惯过紧日子，从紧安排“三公”经费不放松。中央部门和单位带头树立习惯过紧日子的思想，将过紧日子作为预算安排的基本方针。鼓励采取线上方式开展公务活动，大幅压缩精简论坛、节庆、展会等活动。严格新增资产配置管理，强化与存量资产的统筹，单位房屋、车辆等资产存在闲置、对外出租的，原则上不得申请新增同类资产。实事求是编制“三公”经费预算，强化财政拨款“三公”经费限额管理。2024 年“三公”经费预计结转下年使用的，须在 2025 年预算重新申请“三公”经费额度。公务用车购置费、运行费要与新增购置车辆、存量车辆情况保持衔接。对非财政拨款安排的“三公”经费，各部门应从严控制规模，强化对支出事项的细化审核，行政和参公事业单位不得使用非财政拨款安排因公出国（境）费。

（二）加强国家重大战略任务财力保障，运用零基预算理念引导财政科学管理。将党中央、国务院决策部署的重大战略、重要任务、重点项目放在中央部门预算安排的首要位置，坚定不移推动高质量发展，支持推进中国式现代化。统筹安排超长期特别国债资金，支持国家重大战略和重点领域安全能力建设。各部门和单位要以零基预算理念为引导，优化项目支出设置，打破固化的支出结构，健全有保有压、讲求绩效的预算分配机制。各部门要实事求是提出具体项目支出安排建议，工作任务减少的要如实减少安排，新增重大任务的要从严提出安排建议，主动调整支出结构保障增支事项。2025 年部门项目支出规划“一上”建议数总规模原则上应控制在上年的 110% 以内。

（三）把好项目立项和入库关，强化事前绩效评估和预算评审。各部门和单位要加强项目入库审核，确保立项依据充分并具备可实施条件。各部门要按规定对储备项目开展事前绩效评估和部门评审。新增项目和到期延续实施的重大项目，包括支出总额超过 2000 万元或年度需求超过 1000 万元等项目应开展事前绩效评估。除人员类和公用经费、支出总额小于 100 万元等之外的储备项目都要经过部门评审。科学合理设定项目支出绩效目标，使绩效目标能够突出项目核心产出和效果、与预算金额相匹配。项目入库后，按规定对资金量大、专业性强、技术复杂项目开展财政评审，属于优先评审范围的要应评尽评。做细做实项目排序，年初预算要优先保障党中央、国务院部署的重大项目和按既定政策据实保障项目，预算执行中除党中央、国务院新交办任务外，不得新增支出事项，不得将年初重点保障的刚性重点项目、专项业务费等支出调剂用于其他项目。管好预算项目库，对实施周期内的项目实行滚动管理，结合绩效评价结果合理调整支出政策、支出标准和预算安排，对绩效较差的项目调减预算，已完工项目予以追责问责。

（四）加快支出标准建设和应用，有效发挥标准对预算编制的支撑作用。进一步健全基本支出标准体系，完善基本支出定员定额管理，健全基础信息报送机制，改进预算管理一体化系统功能，提高预算编制规范性和报送时效性。中央部门继续推进内部标准建设，项目已经制定标准的，要结合标准执行情况及时调整完善；项目没有制定标准的，要结合现有水平、市场价格等提出暂定标准。财政部加快推进通用标准和重点领域专用标准建设，扩大财政标准覆盖面。强化支出标准应用，“一上”预算申报时，各部门和单位原则上都要按照支出标准编制和审核预算，并对支出标准应用情况作出说明。

（五）做好预算管理基础工作，加强部门预算资源统筹。各部门要认真履行预算管理主体责任，指导下属单位严格落实预算管理要求，特别是层级多、链条长的部门，应加强对基层单位的培训指导。各部门和单位要按照量入为出、以收定支原则，综合各类资金渠道确定全口径预算收支，规范在下属事业单位之间统筹调配非财政拨款资金，加强非财政拨款支出管理。各单位执行中非财政拨款收入超过年初预算的，未经预算程序不得新增安排支出。各部门要结合财会监督、过紧日子评估、预算执行监管和决算审核等发现的各类问题，督促下属单位落实整改要求，对于反复多次发现的问题，要找出管理中的薄弱环节，切实提出有效措施。各部门应严格按规定时间要求编报预算。

三、编制流程

中央部门按照“二上二下”程序，编制一般公共预算、政府性基金预算、国有资本经营预算拨款及其他收支的 2025 年预算，同步编制一般公共预算和政府性基金预算拨款 2025—2027 年支出规划，具体要求见附件。

四、时间安排

（一）2024 年 7 月 26 日前，中央部门完成预算管理一体化系统新增项目申报和现有项目调整工作，将事前绩效评估、项目说明等材料报送财政部。

（二）2024 年 8 月 20 日前，中央部门将“一上”基础信息、三年支出规划和年度预算建议等材料报送财政部。

（三）2024 年 12 月 20 日前，中央部门根据财政部下达的控制数和管理要求，编制 2025—2027 年支出规划和 2025 年部门预算草案，报送财政部。

附件：1. 中央部门 2025—2027 年支出规划和 2025 年预算编制流程

2. 中央部门 2025—2027 年支出规划表
3. 中央部门 2025 年预算表
4. 中央部门 2025 年预算附表
5. 事前绩效评估情况表和报告参考提纲

财政部

2024 年 6 月 11 日

附件 1

中央部门 2025—2027 年支出规划和 2025 年预算编制流程

一、编制范围和主要任务

（一）编制范围。机关事业单位编制一般公共预算拨款、政府性基金预算拨款、国有资本经营预算拨款、财政专户管理资金以及事业收入、事业单位经营收入等单位资金的收支预算，中央企业编制财政拨款收支预算。各部门编制 2025—2027 年一般公共预算拨款、政府性基金预算拨款三年支出规划。

（二）主要任务。中央部门预算按照“二上二下”程序编制。部门的主要任务包括：做好项目储备，维护基础信息，编制“一上”支出规划和年度预算建议，编制“二上”支出规划和年度预算草案。

二、预算编制准备

（一）变更预算单位信息。中央部门根据本部门机构设置变化等情况，及时向财政部提出新增、撤销或变更预算单位信息的申请（附有关批复文件、统一社会信用代码证等证明材料），财政部同意后予以变更。预算单位设置是预算编制、执行和资产管理的基础，部门在变更预算单位信息时，应统筹做好当年预算、结转结余、资产权属等工作衔接。

（二）优化一级项目设置。中央部门根据本部门职责和任务变化等情况，向财政部提出新增、撤销或调整专用一级项目的申请，财政部同意后予以设置。对于现有通用一级项目能够涵盖的支出事项，部门不需要新设专用一级项目。

（三）维护支出标准库。中央部门将本部门新制定或修订的支出标准维护到预算管理一体化系统（以下简称一体化系统）支出标准库中，作为编制预算的依据。财政部制定或修订的支出标准由财政部负责维护，并授权中央部门使用。

（四）维护绩效指标库。一级指标、二级指标和三级指标中的共性指标和各行业领域核心指标由财政部统一设置，其他三级指标由部门和单位维护，并根据项目管理需要进行动态更新。

（五）完善系统权限和安全管理。加强一体化系统用户权限管理，根据人员变动情况及时更新配置用户权限。严格遵守国家安全保密制度，不得在政务外网一体化系统中上传、处理涉密信息。强化预算数据保密管理，按照“谁产生、谁定密”原则，合理确定项目名称、文本等信息的密级。

三、项目储备入库

（一）提前谋划项目。中央部门组织所属单位根据事业发展规划和新承担任务等情况提前谋划项目，开展可行性论证、制定实施计划等前期工作。

（二）完善项目编报。

1. 根据支出性质和用途，明确项目使用的支出功能分类项级科目，严格控制使用款级、项级科目中的其他支出科目。

2. 测算支出总额，从不同资金来源全口径反映项目支出需求。其中，人员类项目和公用经费项目根据人员、编制、资产等基础信息和对应支出标准测算；其他运转类项目根据大型公用设施等资产情况和对应支出标准测算；特定目标类项目根据工作内容、任务量等和对应支出标准测算。

3. 确定实施周期，人员类项目、运转类项目与机构存续期及资产使用期限一致，按1年编报并实行滚动管理；特定目标类项目的实施周期由各单位根据项目实际情况合理确定，并据此提出分年支出计划。

4. 设定项目实施期总体绩效目标，描述最终期望达到的效果，突出项目核心产出和效果，合理设定绩效指标值。

（三）开展事前绩效评估。对支出总额超过2000万元或年度资金需求超过1000万元的申请新增和到期延续实施的项目（所有包含财政拨款资金的项目，横向项目参照执行），部门要从立项必要性、投入经济性、绩效目标合理性、实施方案可行性、筹资合规性及项目资金需求测算等方面开展事前绩效评估。对部门所属多个单位共同实施、具有相同性质、合计年度资金需求超过1000万元的项目，部门要打捆开展评估。评估情况通过一体化系统填写《政策、项目事前绩效评估情况表》，重大项目应形成事前绩效评估报告。评估结果作为项目入库、申请预算的前置条件。

（四）开展部门预算评审。除人员类和公用经费、支出总额小于100万元的项目、按规定由项目主管部门评审的项目以及按照法定标准测算的项目之外，其他储备项目都要经过部门评审。评审结果作为项目入库、申报预算和改进管理的重要依据。事前绩效评估对项目资金需求出具明确意见的，无需重复开展部门评审。

（五）项目入库审核程序。人员类项目、公用经费项目，由单位审核后入库。其他运转类项目和特定目标类项目，不包含财政拨款资金的，由单位报部门审核后入库；包含财政拨款资金的，由部门报送财政部审核通过后入库。“一上”预算之后，部门应当从严从紧控制申报项目，确需申报的，应充分说明理由，最迟在“二上”预算之前完成入库。

四、维护和报送基础信息

（一）单位维护基础信息。各单位将本单位截至2024年7月底的人员编制、实有人数、存量资产等基础信息维护到一体化系统，自动生成“一上”基础信息逐级提交给部门。相关数据较上年有较大变化的，应说明原因并提供证明文件。

（二）部门报送基础信息。部门汇总审核部门本级及所属单位的“一上”基础信息，于8月20日前通过一体化系统提交财政审核。部门未按时提交的，由一体化系统自动提取8月20日部门和单位已维护的基础信息。

五、部门编制“一上”支出规划和年度预算建议

（一）细化项目信息。启动编制2025年预算时，首先需要对已储备入库且拟纳入当年预算的项目进行细化，准确编制支出经济分类，合理确定资金来源、资产配置、绩效目标、政府采购等信息。对于延续性项目，应当准确预计上年结转资金，结转下年按原用途继续使用。机动经费项目暂按上年情况编报，统一列部门本级。

（二）提出三年支出规划建议。部门根据轻重缓急和项目排序情况，从项目库中选取拟申报财政拨款资金的非横向项目，汇总提出本部门三年支出规划建议。对于相关业务主管部门管理的项目（如国家发展改革委、国家国防科工局安排的基本建设项目等），由业务主管部门编制三年支出规划建议。

（三）编制收入预算建议。各部门和单位应根据经济形势、事业计划、经营状况等增收减收因素，合理预计当年财政拨款收入、财政专户管理资金收入、单位资金收入和结转结余情况，除按规定交回财政的财政拨款结余资金外，其他收入全部纳入预算，做到收支平衡。

（四）编制支出预算建议。

1. 基本支出预算编制。从项目库中选取人员类项目、公用经费项目分别形成人员经费、公用经费预算建议。认真做好养老保险和医疗保险单位缴费补助支出测算等工作。

科学编制住房改革支出预算，住房公积金、提租补贴和购房补贴预算应当分别编制，专款专用，原则上不得相互调剂。优先消化住房改革支出财政拨款结转资金，统筹考虑其他资金，减少申请财政拨款资金。应当优先将预计2024年末公房出售收入扣除应计提住宅专项维修资金后余额的20%用于发放购房补贴，不足的部分再申请动用其他资金和财政拨款资金。各部门要加强对单位公房出售收入发放购房补贴的审核，切实加大动用公房出售收入发放购房补贴的力度，达不到规定比例的部门应当说明情况。

2. 项目支出预算编制。从项目库中选取其他运转类项目和特定目标类项目形成项目支出预算建议。部门经营往来支出情况通过选取上缴上级支出项目、事业单位经营支出项目和对附属单位补助支出项目单独反映。

（五）其他编报事项。

1. 部门新增购置房屋、车辆、单价100万元以上设备，租用土地和房屋的，应单独申报新增资产配置预算。购置车辆的，应落实新能源汽车的相关推广应用政策。

2. 编制“三公”经费支出。各部门要严格按照有关规定和支出经济分类口径编制“三公”经费预算建议。财政拨款“三公”经费支出纳入限额管理，“三公”经费额度仅限当年使用，相关资金需结转下年使用的，需重新申请2025年“三公”经费额度。对非财政拨款“三公”经费支出，各部门要履行主体责任加强管理，严格控制规模，从严审核支出事项的合规性和必要性，严禁超标准、超范围安排预算。行政和参公事业单位不得使用非财政拨款安排因公出国（境）费。

3. 部门要积极支持并督促属地中央预算单位配合财政部各地监管局开展部门预算监管工作。纳入财政部当地监管局监管范围的中央二级及以下预算单位，应按要求和规定时限将2025年“一上”预算申报材料逐级汇总后报送财政部当地监管局备查，并提供预算编制有关政策依据、证明文件等。

4. 部门要认真填报部门职能、机构设置、资产配置、人员编制等情况，说明项目排序、绩效评价结果运用、项目支出标准建设、非财政拨款收支等情况。按照保密规定标注文件和数据的密级。

六、下达三年支出规划和年度预算控制数

（一）财政下达控制数。中央财政综合平衡后，核定下达部门2025—2027年支出规划和2025年财政拨款“一下”控制数。基本支出控制数一般明确到具体单位和科目，项目支出控制数根据管理需要明确到一级项目或二级项目。

（二）部门分解控制数。部门将财政部下达的控制数细化分解到具体单位和具体项目，优先保障党中央、国务院确定的重大改革、重要政策和排序靠前的项目。在一级项目控制数规模内，部门可调整二级项目支出计划或增减替换二级项目，增加的项目应当是已入库项目。部门如需调整一级项目、据实结算项目、机动经费项目及财政

已明确的二级项目控制数，应当商财政部同意。

七、部门编制“二上”支出规划和年度预算草案

（一）编制“二上”支出规划。部门根据控制数分解情况，从项目库中选取非横向财政拨款资金项目，编制形成“二上”支出规划。

（二）编制年度预算草案。调整完善收入预算，财政拨款收入应当与财政部下达的预算控制数一致，财政专户管理资金、单位资金等各项收入结合最新情况进行必要调整，按规定全部纳入预算。根据财政部下达的预算控制数和预计收入情况完善相关项目信息，编制支出预算，做到收支平衡。根据预算安排等情况进一步调整完善绩效目标。

（三）编制政府采购预算。部门预算支出凡涉及政府采购的，严格按经济分类、政府采购品目和具体采购项目编制政府采购预算，应编尽编。政府采购预算直接控制政府采购计划和合同执行，需准确编制。部门应按照《政府采购促进中小企业发展管理办法》（财库〔2020〕46号）规定面向中小微企业预留一定份额政府采购预算。具备条件的部门可在“一上”提前开展政府采购预算编制工作。

附件 2

单位代码：

单位名称：

中央部门 2025—2027 年支出规划表

编制日期：　　年　月　日

财务负责人：　　　　制表人：　　　　规划表 1

一般公共预算 2025—2027 年支出规划表

填报单位：　　　　单位：万元

支出类别/项目名称	单位名称	单位代码	科目代码	科目名称	项目代码	2024 年支出规划	2025 年		2026 年		2027 年	
							支出计划	比上年增减额	支出计划	比上年增减额	支出计划	比上年增减额
基本支出	×××	×××	—	—	—							
人员经费	×××	×××	—	—	—							
一级项目 1												
二级项目 1												
……												
公用经费	×××	×××	—	—	—							
一级项目 1												
二级项目 1												
……												

续表

支出类别/项目名称	单位名称	单位代码	科目代码	科目名称	项目代码	2024 年 支出规划	2025 年		2026 年		2027 年	
							支出计划	比上年 增减额	支出计划	比上年 增减额	支出计划	比上年 增减额
项目支出	×××	×××	—	—	—							
一级项目 1												
二级项目 1												
二级项目 2												
……												
一级项目 2												
二级项目 1												
二级项目 2												
……												
……												
……												
……												
……												
……												
……												
……												
……												
合　计												

规划表 2

政府性基金预算 2025—2027 年支出规划表

填报单位：　　　　单位：万元

支出类别/项目名称	单位名称	单位代码	科目代码	科目名称	项目代码	2024 年支出规划	2025 年		2026 年		2027 年	
							支出计划	比上年增减额	支出计划	比上年增减额	支出计划	比上年增减额
基本支出	×××	×××	—	—	—							
人员经费	×××	×××	—	—	—							
一级项目 1												
二级项目 1												
……												
公用经费	×××	×××	—	—	—							
一级项目 1												
二级项目 1												
……												
项目支出	×××	×××	—	—	—							
一级项目 1												
二级项目 1												
二级项目 2												
……												

续表

支出类别/项目名称	单位名称	单位代码	科目代码	科目名称	项目代码	2024 年支出规划	2025 年		2026 年		2027 年	
							支出计划	比上年增减额	支出计划	比上年增减额	支出计划	比上年增减额
一级项目 2												
二级项目 1												
二级项目 2												
……												
……												
……												
……												
……												
……												
……												
……												
……												
……												
……												
……												
合 计												

附件 3

单位代码：

单位名称：

中央部门 2025 年预算表

编制日期：　　年　月　日

财务负责人：　　　　制表人：　　　　预算表 1

收支预算总表

填报单位：　　　　单位：万元

收入		支出	
项目	预算数	项目	预算数
一、一般公共预算拨款收入		一、一般公共服务支出	
二、政府性基金预算拨款收入		二、外交支出	
三、国有资本经营预算拨款收入		三、国防支出	
四、事业收入		四、教育支出	
五、事业单位经营收入		五、科学技术支出	
六、其他收入		六、文化旅游体育与传媒支出	
		……	
本年收入合计		本年支出合计	
使用非财政拨款结余		结转下年（非财政拨款）	
上年结转			
收入总计		支出总计	

预算表2

收入预算总表

填报单位：　　　　　　　　　　　　　　　　　　　　　　单位：万元

单位名称	单位代码	合计	上年结转						本年收入													使用非财政拨款结余
													事业收入			往来收入			其他收入			
			小计	一般公共预算拨款结转资金	政府性基金预算拨款结转资金	国有资本经营预算拨款结转资金	财政专户管理资金	单位资金	小计	一般公共预算拨款收入	政府性基金预算拨款收入	国有资本经营预算拨款收入	金额	其中：财政专户管理资金	事业单位经营收入	小计	上级补助收入	附属单位上缴收入	金额	其中：定向国外无偿援助资金		
合计																						

预算表3

支出预算总表

填报单位：　　　　　　　　　　　　　　　　　　　　　　　　单位：万元

科目代码	科目名称	单位代码	合计	基本支出	项目支出	上缴上级支出	事业单位经营支出	对附属单位补助支出
	合计							

预算表 4

财政拨款收支预算总表

填报单位：　　　　单位：万元

收入		支出				
项 目	预算数	项 目	合计	一般公共预算拨款	政府性基金预算拨款	国有资本经营预算拨款
一、本年收入		一、本年支出				
（一）一般公共预算拨款		（一）一般公共服务支出				
（二）政府性基金预算拨款		（二）外交支出				
（三）国有资本经营预算拨款		（三）国防支出				
		（四）教育支出				
二、上年结转		（五）科学技术支出				
（一）一般公共预算拨款		（六）文化旅游体育与传媒支出				
（二）政府性基金预算拨款		……				
（三）国有资本经营预算拨款						
收入总计		支出总计				

预算表 5

一般公共预算拨款支出表

填报单位：　　　　　　　　　　　　　　　　　　　　单位：万元

科目代码	科目名称	单位代码	本年一般公共预算拨款支出				
			合计	基本支出			项目支出
				小计	人员经费	公用经费	
	合计						

预算表6

政府性基金预算拨款支出表

填报单位：　　　　　　　　　　　　　　　　　　　　　　　　　　单位：万元

科目代码	科目名称	单位代码	本年政府性基金预算拨款支出				
			合计	基本支出			项目支出
				小计	人员经费	公用经费	
	合计						

预算表 7

国有资本经营预算拨款支出表

填报单位：　　　　　　　　　　　　　　　　　　　　　　　　单位：万元

科目代码	科目名称	本年国有资本经营预算拨款支出		
		合计	基本支出	项目支出
223	国有资本经营预算支出			
22301	解决历史遗留问题及改革成本支出			
2230101	厂办大集体改革支出			
	……			
	合计			

预算表 8

一般公共预算基本支出表

填报单位：　　　　　　　　　　　　　　　　　　　　　　　　　　　　　单位：万元

部门预算支出经济分类科目		本年一般公共预算拨款基本支出		
科目代码	科目名称	合计	人员经费	公用经费
301	工资福利支出			
30101	基本工资			
30102	津贴补贴			
	……			
	合计			

预算表 9

“三公”经费支出表

填报单位：　　　　　　　　　　　　　　　　　　　　　　　　单位：万元

科目代码	单位名称	单位代码	“三公”经费																								
			“三公”经费合计					因公出国（境）费					公务用车购置费					公务用车运行费					公务接待费				
			小计	财政拨款	财政拨款结转资金	财政专户管理资金	单位资金	小计	财政拨款	财政拨款结转资金	财政专户管理资金	单位资金	小计	财政拨款	财政拨款结转资金	财政专户管理资金	单位资金	小计	财政拨款	财政拨款结转资金	财政专户管理资金	单位资金	小计	财政拨款	财政拨款结转资金	财政专户管理资金	单位资金
	合计																										

附件 4

单位代码：

中央部门2025年预算附表

预算附表 1

一般公共预算经济分类支出表

填报单位：　　　　　　　　　　　　　　　　　　　　单位：万元

政府预算支出经济分类科目		本年一般公共预算拨款支出				
科目代码	科目名称	合计	基本支出			项目支出
			小计	人员经费	公用经费	
501	机关工资福利支出					
50101	工资奖金津补贴					
50102	社会保障缴费					
	……					
	合计					

预算附表 2

一般公共预算基本支出表

填报单位：　　　　　　　　　　　　　　　　　　　　　　　　　　　　单位：万元

科目代码	科目名称	单位名称	单位代码	密级	合计			本年财政拨款			财政拨款结转资金			财政专户管理资金			单位资金		
					小计	人员经费	公用经费	小计	人员经费	公用经费	小计	人员经费	公用经费	小计	人员经费	公用经费	小计	人员经费	公用经费
	合计																		

预算附表 3

一般公共预算项目支出表

填报单位：　　　　　　　　　　　　　　　　　　　　　　　　单位：万元

科目代码	科目名称	项目名称	项目代码	项目单位	项目密级	是否中央基建投资项目	合计	本年拨款	财政拨款结转资金	财政专户管理资金	单位资金
	合计										

预算附表 4

中央行政事业单位住房改革支出表

填报单位：　　　　　　　　　　　　　　　　　　　　单位：万元

项目	支出总额	2024 年年末结转		2024 年年末售房收入余额		用其他资金安排本年支出	用财政拨款安排本年支出
		小计	其中：安排本年支出	小计	其中：安排本年支出		
一、行政单位							
（一）住房公积金							
（二）提租补贴							
（三）购房补贴							
1. 按月补贴							
2. 无房一次性补贴							
3. 未达标补贴							
4. 级差补贴							
5. 其他补贴							
二、参公单位							
（一）住房公积金							
（二）提租补贴							
（三）购房补贴							
……							

续表

项目	支出总额	2024 年年末结转		2024 年年末售房收入余额		用其他资金安排本年支出	用财政拨款安排本年支出
		小计	其中：安排本年支出	小计	其中：安排本年支出		
三、事业单位							
（一）住房公积金							
（二）提租补贴							
（三）购房补贴							
……							
四、合计							
（一）住房公积金							
（二）提租补贴							
（三）购房补贴							
1. 按月补贴							
2. 无房一次性补贴							
3. 未达标补贴							
4. 级差补贴							
5. 其他补贴							

预算附表 5

政府性基金预算支出表

填报单位：　　　　　　　　　　　　　　　　　　　　　　　　　　　　单位：万元

科目代码	科目名称	项目名称（支出类型）	项目代码	单位名称	单位代码	密级	合计	基本支出									项目支出			
								合计	人员经费				公用经费				小计	本年拨款	结转资金	单位资金
									小计	本年拨款	结转资金	单位资金	小计	本年拨款	结转资金	单位资金				
	合计																			

预算附表 6

政府性基金预算经济分类支出表

填报单位：　　　　　　　　　　　　　　　　　　　　　　单位：万元

政府预算支出经济分类科目		合计	基本支出			项目支出
科目代码	科目名称		小计	人员经费	公用经费	
501	机关工资福利支出					
50101	工资奖金津补贴					
50102	社会保障缴费					
	……					
	合计					

预算附表 7

国有资本经营预算支出表

填报单位：　　　　　　　　　　　　　　　　　　　　　　　　　　　单位：万元

科目代码	科目名称	项目名称（支持方向）	项目代码	单位名称	单位代码	密级	项目支出		
							合计	本年财政拨款	财政拨款结转资金
	合计								

预算附表 8

国有资本经营预算经济分类支出表

填报单位：　　　　　　　　　　　　　　　　　　　　　　　　单位：万元

部门预算支出经济分类科目		本年国有资本经营预算支出			对应政府预算支出经济分类科目	
科目代码	科目名称	合计	基本支出	项目支出	科目代码	科目名称
	合计					

预算附表 9

中央行政事业单位新增资产配置表

填报单位：

单位名称	单位代码	资产用途	车辆编制数	资产存量情况																		2025年计划处置数量											2025年新增资产数										
				车辆实有数（辆/台）						土地（平方米）		房屋（平方米）									单价100万元及以上的设备实有数（台/套）	车辆（辆/台）						土地（平方米）	房屋（平方米）			单价100万元及以上的设备数（台/套）	车辆（辆/台）						租用土地（平方米）	房屋（平方米）			单价100万元及以上的设备（台/套）
													自有房屋						租用房屋																								
				小计	轿车	越野汽车	小型载客汽车	大中型载客汽车	其他车型	小计	其中租用面积	小计	办公用房	闲置	对外出租	业务用房	其中：闲置	对外租	办公用房	业务用房		小计	轿车	越野汽车	小型载客汽车	大中型载客汽车	其他车型		小计	办公用房	业务用房		小计	轿车	越野汽车	小型载客汽车	大中型载客汽车	其他车型		小计	租用房屋	购置房屋	

注：1. 单位报送的新增车辆申请应当符合《党政机关公务用车管理办法》、《党政机关公务用车预算决算管理办法》（财行（201）9 号）、《党政机关执法执勤用车配备使用管理办法》（财行（2011180 号）规定的标准。

2. 想要通信用车填写用于传递，运送机要文件利涉密级体的机车辆．应急保腾用库写用于处理突发事性，地险教灾或者其他震急公务的阻动车辆。执法损勤用车模写中央批准的执法执物部们（系统）用于一级执法执勤公务的动车辆。特种专业技术用 车赣国是语要业接设富，角孩希爆工作务的丽动率，块福半填写除级导竿罐解军、机要通信用军，应象像障解军、预法预用库和语种专业技术丽车之外，用于两保公务活动的机动车编，包括中管平部用车，离退休干翻用车等。

3. 行政单位报送的租用办公用房申请应当是报经机关事务主管部门或有关主管部门审核同意的项目。单位报送的新增租用土地和房屋包含新租和续租（续租是指继续租用且需要在本年支付当年费用）

4. 办公用房填写行政事业单位办公室用房、公共服务用房、设备用房和附属用房，应当符合（党政机关办公用房建设标准》（发改投资（20）2871 号）规定的标准：业务用房填写行致事业单位为开展各类业务设置的特殊技术业务场所 5. 单位申报新增各类资产时，应当在预算编报软件中详细填报新增资产明细情况表，说明新增资产的必要性。

预算附表 10

政府采购支出表

填报单位：　　　　单位：万元

科目代码	单位/科目名称/项目	资金性质	项目代码	单位代码	单位类型	采购品目	政府采购金额																				其中：面向中小企业采购金额			
							合计				本年财政拨款				财政拨款结转资金				财政专户管理资金				单位资金							
							合计	货物	工程	服务	小计	货物	工程	服务	小计	货物	工程	服务	小计	货物	工程	服务	小计	货物	工程	服务	小计	货物	工程	服务
	基本支出					—																								
201	般公共服务支出					—																								
20101	人大事务					—																								
2010101	行政运行	般公共预算				—																								
	采购项目 1																													
	采购项目 2																													
……	……	……																												
	项目支出					—																								
201	般公共服务支出					—																								
20101	人大事务					—																								
2010102	般行政管理事务					—																								
2010102	项目 1	般公共预算				—																								
	采购项目 1																													
	采购项目 2																													
	……																													
2010102	项目 2	政府性基金预算				—																								
……	……	……																												
	合计																													

注：1. 政府采购支出应当细化到具体采购项目，按照《政府采购品目分类目录》列明货物、工程、服务类型和预算金额等信息，明确到相关经济分类。

2. 部门应当列明面向中小企业的采购安排。按照《政府采购促进中小企业发展管理办法》（财库（202046 号）规定，各部门对适宜由中小企业提供的，应足额预留专门面向中小企业采购份额。

预算附表 11

政府购买服务支出表

填报单位：　　　　　　　　　　　　　　　　　　　　　　　　　　　　单位：万元

科目代码	单位/科目名称/项目	资金性质	项目代码	单位代码	单位类型	购买服务内容	购买服务金额			
							合计	财政拨款	财政拨款结转资金	单位资金
	基本支出									
201	一般公共服务支出									
20101	人大事务									
2010101	行政运行	一般公共预算								
……	……	政府性基金预算								—
	项目支出									
201	一般公共服务支出									
20101	人大事务									
2010102	一般行政管理事务									
2010102	项目 1	一般公共预算								
2010102	项目 2	一般公共预算								
……	……	政府性基金预算								—
……	事业单位经营支出	……						—	—	
201	一般公共服务支出	……						—	—	
20101	人大事务	……						—	—	
2010101	行政运行	……						—	—	
……	……	……						—	—	
……	……	……						—	—	
	合计									

预算附表12

经营及往来支出表

填报单位：

单位：万元

科目代码	单位代码	单位名称（科目）	单位类型	是否冲抵行	合计	上缴上级支出	对下级单位补助支出	事业单位经营支出	备注
		合计							

注：本单位对所属下级单位（包含独立核算和非独立核算的，相关支出纳入和未纳入部门预算的下级单位）的全部补助支出，应填在本表“对下级单位补助支出”列。

附件 5

事前绩效评估情况表和报告参考提纲

政策、项目事前绩效评估情况表

政策/项目名称			
主管部门		实施单位	
支出计划			
评估事项	评估具体情况		
一、立项必要性 主要评估项目是否有明确的立项依据（如党中央和国务院政策文件、国民经济社会发展五年规划、法律法规规定的政府义务、部门单位职责）；立项意义和必要性是否充分显著；项目是否有迫切的实际需求、明确的产出效益；是否属于财政资金支持范围，是否符合市场在资源配置中起决定性作用和更好发挥政府作用的要求；是否属于中央事权，与地方政府的职责关系是否明确；是否属于本部门（单位）职责范围；是否与现有项目存在交叉重复等。			
二、投入经济性 主要评估成本测算是否充分；成本控制措施是否科学有效；项目投入产出比是否合理（与同类项目比较，投入产出比是否合理；从项目自身看，是否采用最优方案）等。			
三、绩效目标合理性 主要评估项目是否有明确清晰的绩效目标；绩效目标是否与立项相关政策、规划、工作目标相符，是否与实际工作需要相匹配，是否具有一定的前瞻性和约束力；绩效指标是否全面充分、细化量化、可衡量、易获取；指标值是否合理（符合客观实际、符合行业正常水平和事业发展规律）、可考核等。			
四、实施方案可行性 主要评估实施方案是否内容完整、计划合理、步骤清晰、切实可行；项目实施与目标实现是否有显著关联；项目组织机构是否健全且运转正常，职责分工是否明确；项目人员、技术等相关基础保障条件是否具备；是否制定有效的过程控制措施；是否充分预计不确定因素和风险并明确应对措施等。			
五、筹资合规性 主要评估项目资金来源渠道是否明确；筹资规模是否合理；筹资行为和程序是否合法合规；财政投入方式是否合理；筹资风险是否可控等。			

续表

六、项目资金需求测算或初步匡算 主要通过评估项目实施期限设置的合理性，支出内容的真实性，开支标准的合规性等，结合部门预计收入情况，落实过紧日子要求，提出项目实施期及年度经费需求的测算或初步匡算情况。	
评估结论	

政策、项目事前绩效评估报告参考提纲

一、评估对象

（一）基本情况，包括政策/项目名称、实施单位、主管部门等。

（二）预算情况，包括申请预算及构成、测算依据等。

二、评估方式和方法

（一）评估程序。

（二）评估思路及方法。

（三）评估方式。

三、评估内容与结论

（一）立项必要性。

（二）投入经济性。

（三）绩效目标合理性。

（四）实施方案可行性。

（五）筹资合规性。

（六）项目资金需求测算或初步匡算。

（七）总体结论。

四、存在问题及建议

五、其他需要说明的内容

财政部办公厅

2024 年 6 月 14 日印发

财政部关于印发《政府采购品目分类目录》的通知

2022年9月2日　财库〔2022〕31号

党中央有关部门，国务院各部委、各直属机构，全国人大常委会办公厅，全国政协办公厅，最高人民法院，最高人民检察院，各民主党派中央，有关人民团体，新疆生产建设兵团，各省、自治区、直辖市、计划单列市财政厅（局）：

为适应深化政府采购制度改革和预算管理一体化工作需要，财政部对《政府采购品目分类目录》（财库〔2013〕189号）进行了修订。现将修订后的目录印发给你们，自印发之日起执行。

执行中的有关意见和建议，请及时向财政部国库司反馈，联系电话：010－68552389。《政府采购品目分类目录》修订情况对照表，请登录中国政府采购网（www. ccgp. gov. cn）下载。

附件：《政府采购品目分类目录（2022年印发）》

（扫描右侧二维码查阅或下载）

《政府采购品目分类目录》修订情况对照表（略）

（扫描下方二维码查阅或下载）

财政部

2022年9月2日

财政部关于印发《预算管理一体化规范（2.0版）》的通知

财办〔2023〕12 号

各省、自治区、直辖市、计划单列市财政厅（局），新疆生产建设兵团财政局：

为全面贯彻落实《国务院关于进一步深化预算管理制度改革的意见》（国发〔2021〕5 号），深入推进预算管理一体化建设，有力支撑健全现代预算制度，财政部对《预算管理一体化规范（试行）》进行修订，形成了《预算管理一体化规范（2.0 版）》（以下简称《规范（2.0 版）》），现予以印发，自印发之日起施行。《财政部关于印发〈预算管理一体化规范（试行）〉的通知》（财办〔2020〕13 号）同时废止。现就推广实施有关事项通知如下：

一、加快拓展预算管理一体化业务范围。《规范（2.0 版）》将政府债务管理、资产管理、绩效管理等业务纳入一体化，涵盖了预算管理全流程各环节。各级财政部门要在预算管理一体化系统全面运行基础上，对标《规范（2.0 版）》加快拓展一体化系统覆盖的业务范围，尽快实现预算管理全流程的一体化管理。

二、切实将统一的业务规范落实到一体化系统中。《规范（2.0 版）》进一步细化完善了全国各级预算管理的主要工作流程、基本控制规则、核心管理要素。各级财政部门要将《规范（2.0 版）》作为目标模式，对标完善实施细则、业务需求和操作规程，切实将全国统一的业务规范落实到一体化系统和日常业务办理中。

三、加强预算管理一体化宣传与业务培训。各级财政部门要结合《规范（2.0 版）》推广实施，积极宣传预算管理一体化重要意义和显著成效，全面深入开展一体化业务培训，进一步提升各级财政财务人员的思想认识和业务能力。

附件：预算管理一体化规范（2.0 版）（略）

财政部

2023 年 3 月 2 日

财政部关于印发《中央部门预算执行监管实施办法（试行）》的通知

财办〔2024〕12号

有关中央预算单位，部内有关单位：

为加强预算执行日常监管，强化财经纪律约束，提高财政资金管理使用的安全性、规范性、有效性，根据《中华人民共和国预算法》等法律法规、《党政机关厉行节约反对浪费条例》和财政国库管理制度，我们制定了《中央部门预算执行监管实施办法（试行）》。现予印发，请遵照执行。

执行过程中如遇有关问题，请及时反映。（联系单位及电话：财政部预算执行监管工作组办公室 010—68552046；信息网络中心 010—63819275）

附件：中央部门预算执行监管实施办法（试行）

财政部

2024年3月5日

附件：

中央部门预算执行监管实施办法（试行）

第一章 总 则

第一条 为推进现代财税体制改革和现代预算制度建设，加强预算执行日常监管，健全财会监督体系，强化财经纪律约束，提高财政资金管理使用的安全性、规范性、有效性，根据《中华人民共和国预算法》等法律法规、《党政机关厉行节约反对浪费条例》和财政国库管理制度，制定本办法。

第二条 本办法所称中央部门预算执行监管（以下简称预算执行监管），是以中央预算管理一体化系统（以下简称一体化系统）为依托，通过部门预算执行监控模块（以下简称监控模块），对中央部门财政资金进行动态监管，及时纠错纠偏、防范风险，促进提升财政资源配置效率和财政资金使用效益的管理活动。

第三条 预算执行监管工作遵循以下原则：

（一）坚持问题导向。围绕贯彻落实党中央、国务院重大决策部署，依托一体化系统监控模块，强化对日常预算执行过程中存在的违规问题实时预警、及时纠正，督促整改落实。

（二）坚持归位尽责。各相关部门和单位按照本办法明确的职责分工，各司其职，分别落实监管责任和主体责任，协同做好预算执行监管工作。

（三）坚持闭环管理。健全工作保障机制，加强预算执行监管结果的运用，治标与治本相结合，推动完善预算管理和内部控制制度建设，形成监管闭环。

第四条 财政部在职责范围内组织开展预算执行监管，建立统分结合、运转高效的管理机制。中央部门对本部门预算执行负有主体责任，对所属预算单位预算执行负有监管责任。相关部门依法对预算执行实行监督。

第五条 本办法适用于非涉密资金和非涉密项目。涉密资金和涉密项目预算执行监管参照本办法执行，按照归口管理原则，由财政部部门预算管理司结合实际确定年度监管项目，审慎稳妥推进，逐步实现全覆盖。

第二章 预算执行监管范围和内容

第六条 预算执行监管范围为中央部门使用的财政资金，以及收支管理中的有关事项。

第七条 预算执行监管的基本要素信息包括但不限于收付款人和账户、交易金额、交易时间、用途、结算方式、收入科目、支出功能分类科目、支出经济分类科目、项目相关信息等。

第八条 预算执行监管主要内容为：

（一）是否违反预算管理相关制度。

（二）是否违反国库管理相关制度。

（三）是否违反财务管理相关制度。

（四）是否违反会计管理相关制度。

（五）是否违反资产管理相关制度。

（六）是否违反政府采购管理相关制度。

（七）是否违反现金管理相关制度。

（八）是否违反“三公”经费管理相关制度。

（九）是否违反“过紧日子”要求。

（十）其他需要监管的内容。

第三章　预算执行监管流程

第九条　预算执行监管依托一体化系统监控模块开展，相关信息数据在监管权限范围内全程共享。监管流程主要包括预警提示、自查自纠、抽查核实、督促整改、争议处理、定期报告等环节。

第十条　预警提示包括系统预警和人工预警。系统预警是指通过一体化系统监控模块中设置的预警规则，实时产生预警信息，提示有关单位及时查看、处理。人工预警是指财政部部门预算管理司、各地监管局、中央部门通过一体化系统监控模块设置条件筛选相关数据，生成人工预警信息，提示有关单位及时查看、处理。

第十一条　中央部门本级、中央部门二级及以下所属预算单位在接收到系统预警信息后，应及时开展自查，在5个工作日内，通过一体化系统监控模块逐条核实本单位预警信息，确认是否存在问题并通过系统反馈核实处理情况。

（一）认为存在问题的，及时纠正并制作处理单、上传佐证材料。其中，对因理解偏差、操作失误等原因发生违规行为的，应按照规范方式及时纠正；对违反财政预算和执行管理有关规定的，应采取退回违规资金、调整账目、补办手续等方式及时纠正。

（二）认为不存在问题的，制作处理单、上传佐证材料。

第十二条　财政部部门预算管理司、各地监管局、中央部门根据职责督促有关预算单位及时反馈预警信息核实处理情况，结合重点领域、重点项目、重点资金等，对有关预算单位自查反馈的预警信息核实处理情况予以抽查。认为需要进一步核实情况的，通过线上补充资料、线下电话核实、调阅材料、实地核证、部门协查等方式进行核实，核实结果不一致的，通知有关单位进行整改；核实结果一致的，作确认处理。

（一）财政部部门预算管理司每月对不少于5家对口中央部门本级的预警信息核实处理情况进行抽查，对口中央部门不足5家的，覆盖所有部门，视情况抽查中央部门二级及以下预算单位的预警信息核实处理情况。

（二）财政部各地监管局每月对属地中央预算单位的预警信息核实处理情况进行抽查。属地中央预算单位1000家以上的（含1000家，下同），抽查单位数不少于20家；属地预算单位500家以上的，抽查单位数不少于10家；属地预算单位500家以下的，抽查单位数不少于5家。

（三）中央部门根据本部门实际，结合突出问题，确定对所属预算单位及项目进行抽查的个数、比例等，并开展抽查工作。

第十三条 财政部部门预算管理司、各地监管局、中央部门根据职责督促有关单位落实整改意见，并加强管理、举一反三、完善制度，建立整改工作长效机制。

（一）对不及时整改、未按要求整改或虚报整改情况的，制发书面整改意见，要求有关单位限期予以整改。

（二）对未在限期内落实书面整改意见的，依据有关规定，采取必要的处理措施，并视情节严重程度，在一定范围内予以通报。

（三）对重大问题线索信息，按照规定移送有关部门。第十四条相关单位对违规问题确认、定性、处理等存在争议的，应依法有据、协商解决。一个月内沟通仍达不成一致的，由财政部部门预算管理司会同财政部相关司局、预算执行监管工作组办公室研究处理。

第十五条 财政部部门预算管理司、各地监管局、中央部门按照相关要求，定期报送预算执行监管工作情况，重点反映预警信息核查情况、问题整改情况及有关工作建议等。

第四章 职责分工

第十六条 财政部成立预算执行监管工作组，下设办公室，办公室设在国库司，负有统筹协调责任，主要职责为：

（一）研究制定预算执行监管制度。

（二）负责总体监管，组织开展预算执行监管日常工作和专项核查。

（三）推动各相关单位落实主体责任和监管责任，加强预算执行监管情况分析。

（四）强化监管结果运用，定期汇总、报告预算执行监管工作开展情况，及时向有关部门移送重大问题线索信息。

（五）会同相关单位建设一体化系统监控模块，统一管理监控模块数据信息，研究确定预算执行监管业务需求。

（六）牵头常态化开展预警规则研究工作，动态优化预警规则。

第十七条 财政部部门预算管理司、各地监管局对有关预算单位预算执行情况负有监管责任，其中：

财政部部门预算管理司主要职责为：

（一）对归口部门预算执行情况进行监管，具体承担部门本级预警信息核查、违规问题处理等工作，重大问题及时上报。

（二）督促部门落实对所属预算单位预算执行的监管责任，推动预算单位落实预算执行主体责任。

（三）根据预算执行监管要求，提出监管业务需求、预警规则等意见建议。

（四）归口监管中央部门相关工作，指导监管局预算执行监管工作，解释有关政策性问题。

（五）定期向预算执行监管工作组办公室反馈监管情况，完善相关管理制度。

财政部各地监管局主要职责为：

（一）研究制定属地中央预算单位预算执行监管操作规范。

（二）对监管范围内的属地中央预算单位预算执行情况进行监管，开展预警信息核查、违规问题处理等工作，重大问题及时上报。

（三）根据财政部安排和属地预算监管工作需要，开展预算执行监管日常专项核查。

（四）按规定及时向预算执行监管工作组办公室报送监管情况并抄送财政部预算司、部门预算管理司，促进监管结果运用。

（五）结合属地预算单位监管实际，提出监管业务需求、预警规则等意见建议。

第十八条 财政部预算司、监督评价局负有协同责任，其中：

预算司主要职责为：

（一）组织运用监管结果，改进预算编制，完善相关制度，硬化预算约束。

（二）结合预算管理有关要求，提出监管业务需求、预警规则、问题定性处理等意见建议。

监督评价局主要职责为：

（一）参考预算执行监管情况，确定财会监督专项检查重点。

（二）结合财会监督相关工作要求，提出监管业务需求、预警规则、问题定性处理等意见建议。

第十九条 财政部信息网络中心负有保障责任，负责提供一体化系统监控模块日常维护、升级完善、信息管理、数据安全等技术支持。

第二十条 中央部门对本部门预算执行负有主体责任，对所属预算单位预算执行负有监管责任，主要职责为：

（一）研究制定本部门预算执行监管制度。

（二）按照财政预算和国库管理有关规定使用财政资金，做好部门本级财务管理和会计核算工作，核实、反馈本级预警信息，按要求及时对违规问题进行整改。

（三）对所属预算单位预算执行情况进行监管，督促所属预算单位按规定核实、反馈本单位预警信息，指导其对违规问题进行整改。

（四）强化监管结果运用，结合本部门实际情况，完善相关制度，加强内控管理。

（五）对预算执行监管预警规则等提出意见建议。

第二十一条 预算单位负预算执行主体责任，主要职责为：

（一）按照财政预算和国库管理有关规定使用财政资金，做好财务管理和会计核算工作，核实、反馈本单位预警信息，按要求及时对违规问题进行整改。

（二）强化预算执行监管结果运用，结合本单位实际情况，完善相关制度，加强内控管理。

（三）对预算执行监管预警规则等提出意见建议。

第五章　工作机制

第二十二条　财政部建立健全工作调度、工作会商、工作考评、工作核查、工作报告等预算执行监管保障机制，提高预算执行监管质效。

第二十三条　完善工作调度机制，定期召开工作调度会，统筹财政部相关司局、各地监管局、中央部门监管力量，及时掌握预算执行监管情况，部署有关工作任务，着力解决阻点难点问题，提高监管实效。

第二十四条　完善工作会商机制，及时研究新情况、新问题和重点难点问题的政策口径，保障各单位沟通渠道畅通，协同联动形成合力，快速响应和处理问题。

第二十五条　完善工作考评机制，瞄准监管目标和存在的问题，确定评价维度、指标和评分方法，通报评价结果，发挥“指挥棒”作用。

第二十六条　完善工作核查机制，突出问题导向和过程监管，结合日常监管情况，聚焦重点资金、重点项目、重点部门，开展日常专项核查，提高监管效能。

第二十七条　完善工作报告机制，定期报送预算执行监管情况，及时反映重大问题，服务决策管理，推动形成监管闭环，进一步提高财政治理效能。

第六章　成果运用

第二十八条　财政部加强预算执行监管成果运用，主要方式：

（一）及时总结预算执行监管工作成效、经验做法和存在的问题，持续提升预算执行监管工作质效，强化预算执行对国家重大战略任务和中央预算单位日常运转的基础保障。

（二）将监管结果与预算安排、财政专项检查、绩效评价等工作紧密结合，形成激励约束机制，推动预算单位完善制度、改进管理。

（三）定期或不定期将预算执行中的共性问题、典型案例、潜在风险等反馈给各监管主体，督促落实责任，加强制度建设，促进标本兼治和闭环管理，从根本上解决问题。

第二十九条　中央部门结合部门管理实际情况，建立预算执行监管结果部内通报、定向反馈等机制，完善相关制度，将监管结果纳入有关考核与激励范围。

预算单位将预算执行监管问题整改作为完善内部管理的重要抓手，对照问题加强排查，严格执行制度规定，不断提高单位财政资金管理水平。

第七章　附　　则

第三十条　各相关部门和单位应当严格遵守工作纪律和保密纪律，加强安全保密管理，防止出现失泄密问题。

第三十一条　本办法自2024年4月1日起施行。《中央财政预算执行动态监控管理办法》（财库〔2020〕3号）同时废止。

财政部办公厅

2024年3月13日印发

财政部关于进一步完善中央财政科技和教育资金预算执行管理有关事宜的通知

2018 年 12 月 28 日　财库〔2018〕96 号

国务院有关部委、有关直属机构，各中央高校、科研院所，有关中央管理企业，各中央国库集中支付代理银行，西藏自治区财政厅，财政部驻各省、自治区、直辖市、计划单列市财政监察专员办事处：

根据《中华人民共和国预算法》和财政国库管理制度有关规定，现就进一步完善中央财政科技和教育资金预算执行管理有关事宜通知如下：

一、优化资金支付管理，提高预算单位用款自主权

（一）落实科研项目主管部门和管理专业机构主体责任，国家科技重大专项（民口）资金、国家重点研发计划重点专项资金、国家自然科学基金资助项目资金、青年千人计划项目资金，全部实行财政授权支付。

（二）根据教育经费管理规律和特点，教育主管部门和中央高校管理的奖助学金、国家助学贷款贴息及风险补偿金、来华留学经费、出国留学经费，全部实行财政授权支付。同时，中央高校基建类项目（含基本建设与改善基本办学条件专项）资金，在高校内部已建立完备内部控制体系的条件下，全部实行财政授权支付。

（三）提高预算执行效率，允许部分科研项目和教育资金从本单位零余额账户向本单位或本部门其他预算单位实有资金账户划转。具体包括：按照有关制度规定由预算单位与科研项目承担单位签订委托协议或合同，按约定确需将资金支付到科研项目承担单位的；中央高校、科研单位内部机构之间合理的结算支出，如测试化验加工费

用、成本分摊费用等；由于零余额账户开户行外币种类不全等原因，确需先转入可提供该币种银行现有实有资金账户的购汇资金；承担中央财政资金安排的事后补助类项目资金；高等学校哲学社会科学繁荣计划专项中的间接费用。

二、完善公务卡管理，放宽科研项目中公务卡结算要求

（四）中央高校、科研院所等单位承担中央财政科研项目，所发生支出中属于中央预算单位公务卡强制结算目录范围的，在不具备刷卡条件的情况下，如市内交通费、野外科考工作中发生的支出等，经单位财务部门批准后可不使用公务卡结算。

（五）对于参与中央财政科研项目1年以上，并负责科研经费支出报销业务的项目聘用人员，经项目管理部门和财务部门批准后，可以办理并使用公务卡。

（六）中央财政科研项目中的临时聘用人员、研究生等不具备公务卡办卡资格的参与人员，因执行项目任务产生的差旅费等费用，经项目负责人和单位财务部门批准后，可不使用公务卡结算，但原则上不得使用现金。

三、简化科研仪器设备采购管理，提高政府采购效率

（七）简化科研仪器设备进口产品备案内容。2019年1月1日起，中央高校、科研院所进口科研仪器设备，采购单位可单次或批量通过“政府采购计划管理系统”备案，备案事项不再填报主要性能指标、性能等内容。

（八）优化科研仪器设备变更采购方式审批程序。中央高校、科研院所达到公开招标数额标准的科研仪器设备采购项目需要变更采购方式的，可在一次申请中提出多个项目，通过“政府采购计划管理系统”申报并标注“科研仪器设备”，由主管部门归集后向财政部（国库司）一揽子申报。财政部（国库司）将通过建立科研仪器设备审批“绿色通道”，实现特事特办、急事急办。

（九）本通知自2019年1月1日起施行。其他有关规定与本通知不符的，以本通知为准。

财政部

2018年12月28日

财政部关于对中央预算单位政府采购执行情况实行动态监管的通知

2016年11月17日　财办库〔2016〕413号

党中央有关部门办公厅（室），国务院各部委、各直属机构办公厅（室），全国人大常委会办公厅秘书局，全国政协办公厅秘书局，高法院办公厅，高检院办公厅，各民主党派中央办公厅，有关人民团体办公厅（室），新疆生产建设兵团财务局，各省、自治区、直辖市、计划单列市财政厅（局）：

为切实加强对中央预算单位政府采购活动的事中事后监管，推动中央预算单位依法依规开展政府采购活动，财政部决定对中央预算单位政府采购执行情况实行动态监管。现将有关事项通知如下：

一、推进中央预算单位采购执行情况动态监管

财政部（国库司）依托中国政府采购网、政府采购计划管理系统等信息系统，对采购项目采购预算和计划编报、单一来源采购审核前公示、采购公告、中标（成交）结果公告和采购合同公告等环节的数据信息进行核对校验，对中央预算单位政府采购项目执行情况实行动态监管。财政部（国库司）将动态监管中发现的疑点问题定期反馈主管预算单位核实，对违法违规问题依法进行处理。

二、动态监管的主要内容

（一）政府采购预算和计划编报情况。重点监管中央预算单位是否违规调剂政府采购预算，规避公开招标和政府采购；是否超采购预算或计划开展采购活动。

（二）政府采购审核审批事项执行情况。重点监管中央预算单位达到公开招标数

额标准以上的货物、服务采购项目采用公开招标以外采购方式的，在发布采购公告前是否按规定报财政部审批；采购进口产品的采购项目，在发布采购公告前是否按规定报财政部审核或备案。

（三）政府采购信息公开情况。重点监管中央预算单位是否按规定在中国政府采购网发布招标公告、竞争性谈判公告、竞争性磋商公告、询价公告、中标（成交）结果公告和采购合同公告。

三、有关工作要求

各主管预算单位应加强本系统政府采购项目执行管理，督促所属预算单位做好政府采购活动的内控管理，积极配合财政部（国库司）对动态监管中发现疑点问题的核实处理，对违法违规问题及时进行整改，切实提高政府采购规范化管理水平。

各地区可参照本通知精神，结合实际，开展本地区预算单位政府采购执行情况动态监管工作。

财政部办公厅

2016 年 11 月 17 日

财政部对十三届全国人大四次会议第8584号建议的答复

2021年6月23日　财库函〔2021〕6号

关礼等9位代表：

你们提出的《关于加强公益性医院政府采购监管的建议》收悉。经研究并商国家卫生健康委，现答复如下：

关于政府采购“财政性资金”概念问题。《政府采购法实施条例》对此已作了明确规定，“财政性资金”是指“纳入预算管理的资金”。按照《预算法》规定，政府的全部收入和支出都应当纳入预算管理，包括公益性医院在内的国家机关、事业单位和团体组织都应当按照《预算法》规定，将所有政府收入全部列入预算。公益性医院的财政补助收入以及事业收入、经营性收入和其他收入等“自有资金”，均应纳入部门预算管理。公益性医院凡使用纳入部门预算管理的资金开展的政府采购活动，无论资金来源，都应当执行政府采购规定。一些地方公益性医院在执行中未将使用“自有资金”的采购纳入政府采购范畴，是对政策口径理解不准确不到位，属于法律法规执行层面的问题。各地应加强对公益性医院的政策宣传和指导，督促公益性医院在部门预算编制环节“应编尽编”，从源头上加以规范，依法依规开展政府采购活动。

关于政府采购信息公开问题。为提高政府采购透明度，促进优化营商环境，财政部积极推进政府采购信息公开工作。2015年印发了《关于做好政府采购信息公开工作的通知》，要求各预算单位依法公开采购公告、采购项目预算金额以及采购结果等政府采购项目信息。2019年修订了政府采购信息公告管理的部门规章，规范政府采购信息发布行为。2020年，印发了《政府采购公告和公示信息格式规范（2020年版）》，要求预算单位和采购代理机构按照规定格式编制发布各项政府采购信息，解决各地各部门信息公开不够、公开程度不一等问题。同时，印发《关于开展政府采购意向公开工作的通知》，分步推进政府采购意向公开工作。目前，中央和省级预算单位已全面实施，2022 年 1 月 1 日起省级以下各级预算单位将开始实施，实现政府采购意向在全国范围的全面公开。下一步，财政部将结合《政府采购法》、《政府采购货物和服务招标投标管理办法》等法律制度的修订，增加采购意向公开等透明度规定，督促各地落实好政府采购信息公开规定，进一步促进“阳光采购”。

关于加强公益性医院政府采购监督管理问题。近年来，国家卫生健康委采取多项措施，加强公益性医院政府采购监管。一是制定加强采购管理工作方案，通过采取政府采购管理、经济管理、预算管理等综合举措，明确具体任务措施，推动建立政府采购监管工作长效机制。二是 2020 年印发《关于进一步规范和加强政府采购管理工作的通知》，在卫生健康系统开展三年专项行动，进一步明确政府采购主体责任，从严格依法采购、严格政府采购预算管理等十方面全面规范政府采购行为。三是持续督促各地公益性医院所有涉及采购的项目全面开展自查自纠。同时，加大监督检查力度，开展各地各单位现场监督检查，对检查发现问题实行挂牌督办、限时整改。四是突出重点，开展大型医院巡查。针对行风问题高发、机制建设薄弱的重点区域，2019 年组织开展了新一轮大型医院巡查工作，要求医院严格执行国家财经法律法规和制度规定，严格财务管理。下一步，财政部将督促指导各地财政部门加强对公益性医院政府采购工作的监督管理，加强对公益性医院政府采购业务培训，依法处理政府采购活动中的违法违规行为，提高政府采购规范化管理水平。国家卫生健康委也将继续利用医疗机构依法执业自查、国家随机监督抽查、大型医院巡查等多种手段，督促医疗机构落实主体责任，强化政府采购监督管理。

感谢你们对财政工作的关心和支持，欢迎再提宝贵意见。

联系单位及电话：财政部国库司 010－68552389

财政部

2021 年 6 月 23 日

财政部关于政府购买服务有关预算管理问题的通知

2014年1月24日　财预〔2014〕13号

党中央有关部门，国务院各部委、各直属机构，总后勤部，武警各部队，全国人大常委会办公厅，全国政协办公厅，高法院，高检院，有关人民团体，新疆生产建设兵团财务局，有关中央管理企业，各省、自治区、直辖市、计划单列市财政厅（局）：

为全面贯彻落实党的十八大和十八届二中、三中全会精神，加快政府职能转变，改进政府提供公共服务方式，优化资源配置，提高财政资金使用效益，根据《国务院办公厅关于政府向社会力量购买服务的指导意见》（国办发〔2013〕96号）有关要求，现就推进政府购买服务有关预算管理工作通知如下：

一、妥善安排购买服务所需资金

政府购买服务所需资金列入财政预算，从部门预算经费或经批准的专项资金等既有预算中统筹安排。对预算已安排资金且明确通过购买方式提供的服务项目，按相关规定执行；对预算已安排资金但尚未明确通过购买方式提供的服务，可根据实际情况，调整通过政府购买服务的方式交由社会力量承办。既要禁止一些单位将本应由自身承担的职责，转嫁给社会力量承担，产生“养懒人”现象，也要避免将不属于政府职责范围的服务大包大揽，增加财政支出压力。

二、健全购买服务预算管理体系

要加强调查研究，总结试点经验，立足成本效益分析，加快建立购买服务支出标准体系，推进购买服务项目库建设，逐步在预算编报、资金安排、预算批复等方面建立规范流程，不断健全预算编制体系，提高购买服务预算编制的科学化、规范化。

三、强化购买服务预算执行监控

财政部门和预算单位要对购买服务提供进行全过程跟踪，对合同履行、绩效目标实施等，发现偏离目标要及时采取措施予以纠正，确保资金规范管理、安全使用和绩效目标如期实现。承接主体要认真履行合同规定，采取有效措施增强服务能力，提高服务水平，确保提供服务的数量、质量等达到预期目标。

四、推进购买服务预算信息公开

严格执行《中华人民共和国政府信息公开条例》有关规定，建立健全购买服务信息公开机制，拓宽公开渠道，搭建公开平台，及时将购买的服务项目、服务标准、服务要求、服务内容、预算安排、购买程序、绩效评价标准、绩效评价结果等购买服务预算信息向社会公开，提高预算透明度，回应社会关切，接受社会监督。

五、实施购买服务预算绩效评价

购买服务预算绩效评价是全过程预算绩效管理的有机组成部分。要按照建立全过程预算绩效管理机制的要求，强调结果导向，大力推进购买服务预算绩效评价工作，将预算绩效管理理念贯穿于购买服务预算管理全过程，强化部门支出责任，加强成本效益分析，控制降低公共成本，节约社会资源，加强绩效评价和结果应用。评价结果作为以后年度编制预算和选择承接主体的重要参考依据，不断提高对财政资金使用效益和公共服务的质量。

六、严格购买服务资金监督检查

使用购买服务预算资金要严格遵守相关财政财务管理规定，不得截留和挪用财政资金。要加强对政府购买服务预算资金使用的监督检查，适时开展抽查检查，确保预算资金的规范管理和合理使用。对发现的违法行为，依照《财政违法行为处罚处分条例》（国务院令第427号）等有关规定追究法律责任。

财政部

2014年1月24日

财政部关于印发《党政机关公务用车预算决算管理办法》的通知

2011 年 2 月 25 日　财行〔2011〕9 号

党中央有关部门，国务院各部委、各直属机构，全国人大常委会办公厅，全国政协办公厅，高法院，高检院，有关人民团体，各省、自治区、直辖市、计划单列市财政厅(局)，新疆生产建设兵团财务局：

为了加强和规范党政机关公务用车预算、决算管理，根据《党政机关公务用车配备使用管理办法》(中办发［2011］2 号）等有关规定，我们制定了《党政机关公务用车预算决算管理办法》。现印发给你们，请遵照执行。执行中遇到的问题，请及时向我部反映。

财政部

二〇一一年二月二十五日

党政机关公务用车预算决算管理办法

第一章　总　　则

第一条　为了规范和加强党政机关公务用车预算决算管理，提高资金使用效益，降低行政成本，促进党风廉政建设，根据《党政机关公务用车配备使用管理办法》(中办发［2011］2 号）和《中华人民共和国预算法》等国家法律法规，制定本办法。

第二条　各级党政机关及其所属行政单位的公务用车预算决算管理适用本办法。

各级党政机关包括各级共产党机关、人大机关、行政机关、政协机关、审判机关、检察机关、民主党派机关等。

第三条 本办法所称公务用车预算决算管理，是指为了保证党政机关公务用车的配备更新和正常使用，对所安排的公务用车购置费用和运行费用实施的预算编制、预算执行、决算编制等管理工作。

第四条 本办法所称公务用车，是指党政机关用于履行公务的机动车辆，分为一般公务用车、领导干部用车、执法执勤用车、特种专业技术用车和其他用车。

一般公务用车是指用于办理公务、机要通信等公务活动的机动车辆。

领导干部用车是指用于领导干部公务活动的机动车辆。

执法执勤用车是指用于办案、监察、稽查、税务征管等执法执勤公务的专用机动车辆。

特种专业技术用车是指加装特殊专业设备，用于通讯指挥、技术侦查、刑事勘查、抢险救灾、检验检疫、环境监测、救护、工程技术等的机动车辆。

其他用车是指上述四种用车之外的机动车辆，如大中型载客车辆、载货车辆等。

第五条 党政机关配备更新公务用车应当严格执行中央有关文件规定的配备标准。

第六条 党政机关公务用车实行编制管理。车辆编制按照中央有关文件规定，根据人员编制、领导职数和工作需要等因素确定。

第二章 公务用车配备更新计划

第七条 各有关部门根据公务用车的配备更新标准、编制数量和现状，在编制部门预算之前，编制年度公务用车配备更新计划，作为财政部门安排公务用车预算的重要依据。

第八条 中央和国家机关本级一般公务用车和部级干部用车配备更新计划，分别归口由国务院机关事务管理局、中共中央直属机关事务管理局、全国人大常委会办公厅机关事务管理局、全国政协办公厅机关事务管理局（以下简称四个管理局）负责编制。

中央和国家机关本级执法执勤用车、特种专业技术用车和其他用车配备更新计划，由各部门负责编制。

第九条 中央垂直管理部门所属单位的一般公务用车、执法执勤用车、特种专业技术用车和其他用车配备更新计划，由各主管部门负责编制。

第十条 地方各级党政机关公务用车配备更新计划，由地方各有关部门负责编制。

第三章 公务用车购置费用预算编制

第十一条 公务用车购置费用包括公务用车购置价款、车辆购置税和其他相关支出。

第十二条　对各有关部门编制的年度公务用车配备更新计划，财政部门应当按照公务用车管理规定严格审核。在此基础上，统筹安排公务用车购置费用，并实行严格管理。

第十三条　中央和国家机关本级一般公务用车和部级干部用车购置费用，分别归口列入四个管理局的部门预算。

中央和国家机关本级执法执勤用车、特种专业技术用车和其他用车购置费用，列入各部门的部门预算。

第十四条　中央垂直管理部门所属单位的一般公务用车、执法执勤用车、特种专业技术用车和其他用车购置费用，列入各主管部门的部门预算。

第十五条　地方各级党政机关公务用车购置费用，按照地方部门预算管理有关规定，列入地方各有关部门的部门预算。

第十六条　在编制部门预算时，党政机关公务用车购置费用列《政府收支分类科目》支出经济分类科目“基本建设支出”类或者“其他资本性支出”类下的“公务用车购置”款级科目。预算编制没有细化到经济分类的，应当将“公务用车购置”预算单独列示。

第四章　公务用车运行费用预算编制

第十七条　公务用车运行费用包括公务用车燃料费、维修费、保险费、过路过桥费、停车费和其他相关支出。

第十八条　财政部门应当根据实际需要，结合政府财力状况，科学制定公务用车运行费用定额标准。

第十九条　财政部门根据各单位编制内公务用车数量和运行费用定额标准，核定公务用车运行费用预算，按照隶属关系列入各部门的部门预算。

第二十条　在编制部门预算时，党政机关公务用车运行费用列《政府收支分类科目》支出经济分类科目“商品和服务支出”类下的“公务用车运行维护费”款级科目。预算编制没有细化到经济分类的，应当将“公务用车运行维护费”预算单独列示。

第五章　公务用车预算执行和决算编制

第二十一条　公务用车预算下达后，各部门、各单位应当严格执行，原则上不予调整。因特殊情况确需调整的，应当按照规定程序报经财政部门审批。资金支付按财政国库管理制度有关规定执行。

第二十二条　年度终了，各部门在编制部门年度决算时，应当统计汇总本部门及其所属单位公务用车增减变动和预算执行情况，并就有关情况作出说明，报送财政部门。

第二十三条 地方各级财政部门在审核批复本级各部门年度决算、汇总编制本级和本地区部门决算时，应当统计汇总党政机关公务用车增减变动和预算执行情况，并就有关情况作出说明。

第二十四条 财政部在汇总编制中央本级和全国部门决算时，负责统计汇总中央本级和地方各级党政机关公务用车增减变动和预算执行情况。

第六章 附 则

第二十五条 参照公务员法管理并执行行政单位财务会计制度的事业单位和社会团体的公务用车预算决算管理，依照本办法执行。

第二十六条 地方各级财政部门可以根据本办法及上级财政部门的规定，制定本地区和本级的具体办法，并报上一级财政部门备案。

第二十七条 本办法自发布之日起施行。此前有关公务用车预算决算管理的规定，凡与本办法不一致的，按照本办法执行。

五、

政府采购组织形式

（一）集中采购

财政部关于印发《中央单位政府集中采购管理实施办法》的通知

2007年1月10日　财库〔2007〕3号

党中央有关部门，国务院各部委、各直属机构，全国人大常委会办公厅，全国政协办公厅，高法院，高检院，有关人民团体，各省、自治区、直辖市、计划单列市财政厅（局），新疆生产建设兵团财务局，中央国家机关政府采购中心，中共中央直属机关采购中心，全国人大机关采购中心：

为了加强中央单位政府集中采购管理，规范集中采购行为，完善和规范中央单位政府集中采购运行机制，财政部依据《中华人民共和国政府采购法》和有关制度规定，制定了《中央单位政府集中采购管理实施办法》，现印发给你们，请认真执行。

附件：中央单位政府集中采购管理实施办法

中华人民共和国财政部

2007年1月10日

附件：

中央单位政府集中采购管理实施办法

第一章　总　　则

第一条　为了加强中央单位政府集中采购管理，完善和规范政府集中采购运行机制，根据《中华人民共和国政府采购法》（以下简称《政府采购法》）和有关制度规定，制定本办法。

第二条 中央单位实施纳入政府集中采购范围的采购活动，适用本办法。

政府集中采购范围，按照国务院颁布的年度“中央预算单位政府集中采购目录及标准”（以下简称目录及标准）执行。

第三条 政府集中采购组织形式分为集中采购机构采购和部门集中采购。

集中采购机构采购，是指集中采购机构代理目录及标准规定的政府集中采购目录中项目的采购活动。

部门集中采购，是指主管预算单位（主管部门）组织本部门、本系统列入目录及标准的部门集中采购项目的采购活动。

第四条 政府集中采购实行监督管理职能与操作执行职能相分离的管理体制。

财政部是中央单位政府采购工作的监督管理部门，负责政府集中采购活动中的各项监督管理职责。

中央单位和集中采购机构履行操作执行职能，接受财政部的监督管理。其中，中央单位作为采购人，应当依法实施集中采购。集中采购机构，作为采购代理机构和非营利事业法人，应当依法接受中央单位的委托办理集中采购事宜。

第五条 主管部门应当明确内设机构牵头负责政府采购工作。属于政府集中采购目录的项目，应当按照规定委托集中采购机构代理采购。属于部门集中采购项目，已经设立部门集中采购机构的，应当由部门集中采购机构具体组织实施；未设立的，可以委托集中采购机构或经财政部门认定资格的政府采购代理机构（以下简称社会代理机构）具体组织实施。

第六条 集中采购项目达到国务院规定的公开招标数额标准的，应当采用公开招标方式。因特殊情况需要采用邀请招标、竞争性谈判、询价或单一来源等采购方式的，中央单位应当在采购活动开始前报经财政部批准。

因废标需要采取其他采购方式采购的，应当在作出废标处理决定后由中央单位或集中采购机构报财政部审批。

第七条 政府集中采购信息应当按照财政部《政府采购信息公告管理办法》的规定，在财政部指定的政府采购信息发布媒体（以下简称指定媒体）上公告。

第八条 政府集中采购活动中所需评审专家应当按照财政部、监察部《政府采购评审专家管理办法》的规定，从财政部建立的中央单位政府采购评审专家库中抽取。

经抽取，专家库不能满足需要的，可以另行选取专家，但应当在评审工作结束后10 日内，将评审专家名单报财政部。

第九条 政府集中采购活动中签订的合同应当使用财政部监制的政府采购格式合同文本，具体办法和实施步骤另行规定。

按照政府采购格式合同文本签订的合同是政府集中采购活动合法有效的证明文件和采购资金支付报销的有效凭证。

第十条 中央单位应当依据采购文件和政府采购合同约定，组织对供应商履约的验收，不得另行增加或者改变验收内容和标准。凡符合采购文件和政府采购合同约定的，即为验收合格。

第十一条 财政部负责政府集中采购活动中相关备案和审批事宜，其中，备案事项不需要财政部回复意见，审批事项应当经财政部依法批准后才能组织实施。

需要财政部审批的事项，中央单位应当提出书面申请。财政部应当在收到申请后15个工作日内批复。

第二章 预算和计划管理

第十二条 中央单位在编制下一财政年度部门预算时，应当在部门预算中单独列出该财政年度政府采购的项目及资金预算，按照程序逐级上报，由主管部门审核汇总后报财政部。

年度政府采购项目，是指目录及标准规定的项目。

第十三条 财政部对部门预算中政府采购的项目及资金预算进行审核，并批复各主管部门。

第十四条 主管部门应当自财政部批复部门预算之日起40个工作日内，编制政府集中采购目录和部门集中采购项目的实施计划，报财政部备案，并将政府集中采购目录实施计划抄送集中采购机构。

政府集中采购目录实施计划，是指主管部门对部门预算中属于政府集中采购目录的项目，按照项目构成、使用单位、采购数量、技术规格、使用时间等内容编制的操作计划。

部门集中采购项目实施计划，是指主管部门对部门预算中属于部门集中采购项目和依本部门实际制定的部门集中采购项目编制的操作计划。

第十五条 在年度预算执行中，因未报、漏报和预算调整等增加政府采购项目预算的，中央单位应当在采购活动开始前报财政部备案。

第十六条 中央单位应当严格按照部门预算中编列的政府采购项目和资金预算开展政府集中采购活动。

第十七条 政府集中采购资金的支付按照财政国库管理制度相关规定执行。

第三章 目录及标准制定与执行

第十八条 目录及标准由财政部拟订，报国务院批准。

中央单位和集中采购机构应当按照目录及标准的规定执行。

第十九条 中央单位不得将集中采购机构代理的政府集中采购目录项目委托社会代理机构采购或者自行采购。

集中采购机构不得拒绝中央单位的委托，也不得将政府集中采购目录项目转委托或以其他方式转交给社会代理机构和人员采购。

第二十条 集中采购机构代理的政府集中采购目录项目，因特殊情况确需转为部门集中采购或分散采购的，中央单位或集中采购机构应当报经财政部批准。

第二十一条 中央单位和集中采购机构在执行目录及标准中遇到问题，应当及时向财政部反映，并由财政部按有关规定进行处理。

第二十二条 集中采购机构应当在目录及标准发布后20日内，按政府集中采购目录项目类别制定具体操作方案，并报财政部备案。

第四章 集中采购机构采购

第二十三条 集中采购机构采购活动应当包括以下基本工作程序：根据中央单位政府集中采购目录实施计划确定采购方式，办理委托代理事宜，制定采购文件，组织实施采购，提交中标或成交结果，确定中标或成交结果，签订政府采购合同，履约验收。

第二十四条 主管部门可以按照项目或者一个年度与集中采购机构签订委托代理协议。

主管部门所属各级预算单位就本单位政府集中采购项目与集中采购机构签订委托代理协议的，应当事先获得主管部门同意。

第二十五条 委托代理协议应当就下列事项明确中央单位与集中采购机构双方的权利和义务：

（一）采购需求和采购完成时间的确定；

（二）采购文件的编制与发售、采购信息的发布、评审标准的制定、评审专家的抽取、供应商资格的审查等；

（三）中标或成交供应商的确定和履约验收；

（四）询问或质疑的答复、申请审批或报送备案文件和双方违约责任及争议解决方式等；

（五）双方约定的其他事项。

因协议内容不清而无法确定权利和义务的，由中央单位承担责任。

第二十六条 中央单位在实施具体采购项目委托时，不得指定供应商或者品牌，不得在商务和技术等方面提出排他性要求。

第二十七条 集中采购机构应当坚持规范与效率相结合，做好代理采购项目的具体实施工作。

集中采购机构工作人员不得参与评审，不得干预或影响政府集中采购正常评审工作。

第二十八条 集中采购机构应当按照有关规定和委托代理协议的约定开展采购活动，并按照协议约定的时间发出中标或成交供应商通知书。中央单位应当在接到中标或成交供应商通知书后30日内，确定中标结果并与中标商或者成交商签订政府采购合同。

集中采购机构可以在不影响政府集中采购代理工作的前提下，接受中央单位委托，代理其他项目采购事宜。

第二十九条 集中采购机构应当在每个季度结束后10日内，向财政部报送政府集中采购项目季度执行情况。执行情况包括：目录及标准中各个项目执行的数量及规模，委托采购的单位及项目内容，采购计划完成情况，项目采购时间、采购方式和信息发布等执行情况，答复质疑情况等。

第三十条 在供应商签订政府采购合同并履约后，中央单位应当根据政府采购合同对供应商提供的产品及时组织验收，集中采购机构应当做好配合工作。

第三十一条 政府集中采购目录中规格及标准相对统一，品牌较多，日常采购频繁的通用类产品和通用的服务类项目，可以分别实行协议供货采购和定点采购。

第三十二条 在协议供货采购和定点采购工作中，财政部负责对协议供货或定点采购的管理、执行要求和处罚等作出规定。集中采购机构负责确定和公告协议供货和定点采购中标货物、服务项目目录和供应商名单。中央单位应当按照财政部规定和集中采购机构公告的协议供货和定点采购货物、服务项目目录和供应商名单实施采购。

第三十三条 集中采购机构应当在协议供货或定点采购活动开始前征求中央单位和供应商等方面的意见，制定采购方案。采购方案应当在确定货物、服务项目目录和供应商名单前报财政部备案。

采购方案包括：拟采用的采购方式、采购进度计划、供应商资格条件、评标或评审标准、中标或成交供应商数量或淘汰比例、服务承诺条件、协议有效期等内容。

第三十四条 中央单位执行协议供货或定点采购时，一次性采购金额达到公开招标限额标准的，可以单独委托集中采购机构另行组织公开招标采购。

第三十五条 协议供货或者定点采购的执行以财政部规定和指定媒体及相关媒体共同公告的货物、服务项目目录和供应商名单为准，媒体公告结果不一致时，以财政部指定媒体为准。中央单位因特殊原因确需采购协议供货或定点范围外产品或服务的，中央单位应当在采购前报财政部批准。

第三十六条 集中采购机构应当在投标截止日期后15个工作日内完成协议供货、定点采购的中标货物、服务项目目录和供应商名单公告工作，其中，应当在10个工作日内将中标货物、服务项目目录和供应商名单报财政部备案。

第三十七条 协议供货或定点采购实施中，集中采购机构应当根据协议约定对实施情况进行跟踪和市场调查，督促中标供应商按照协议规定履行价格和服务的承诺。

供应商违反协议或者不遵守中标承诺的，中央单位可以向集中采购机构反映，也可以向财政部反映。集中采购机构可以根据协议约定追究其违约责任。涉及对中标供应商处以罚款、禁止参加政府采购活动、列入不良行为记录名单等处罚的，应当由财政部依法作出决定。

第五章 部门集中采购

第三十八条 部门集中采购活动应当包括以下基本工作程序：根据部门预算编制部门集中采购实施计划、制定采购方案、选择采购代理机构、组织实施采购、确定中标或成交结果、签订政府采购合同、履约验收、支付采购资金。

第三十九条 列入目录及标准的部门集中采购项目的，主管部门应当编制集中采购实施计划，并报财政部备案。

主管部门可以根据本部门、本系统的实际情况，增加实施部门集中采购的项目范围，报财政部备案。

第四十条 中央单位应当按照财政部批准的采购方式和规定的程序开展采购活动。对符合《政府采购法》规定情形的采购项目，需要采用公开招标以外采购方式的，应当在采购活动开始前，向财政部提出采购方式变更申请。

第四十一条 部门集中采购项目的招投标事务，中央单位可以自行选择采购代理机构（集中采购机构或社会代理机构）代理，并签订委托代理协议。

社会代理机构必须是获得财政部门颁发代理资格证书的社会中介机构。

第四十二条 中央单位应当在中标或者成交通知书发出之日起30日内，与中标或成交供应商签订政府采购合同。任何一方无故拒绝签订政府采购合同的，应当承担相应的违约责任。

第四十三条 主管部门应当在每个季度结束后10日内，向财政部报送部门集中采购项目季度执行情况。执行情况包括：各个采购项目执行的数量及规模，执行的单位范围及项目内容，项目采购时间、采购方式和信息发布等执行情况，答复质疑情况等。

第四十四条 在实施部门集中采购中，本部门、本系统的政府采购工作人员以及其他工作人员不得以评审专家身份参加本部门政府采购项目的评标、谈判或询价工作。

第六章 监督检查

第四十五条 财政部应当依法对中央单位、集中采购机构、供应商执行政府采购法律、行政法规和规章制度情况进行监督检查。

第四十六条 财政部对中央单位监督检查的主要内容是：

（一）政府采购预算编制情况；

（二）政府集中采购项目委托集中采购机构采购情况；

（三）政府采购审批或备案事项的执行情况；

（四）政府采购信息公告情况；

（五）政府采购方式、采购程序和评审专家使用情况；

（六）政府采购合同的订立和资金支付情况；

（七）对供应商询问和质疑的处理情况；

（八）有关政府采购的法律、行政法规和规章制度的执行情况。

第四十七条 财政部对集中采购机构监督检查的主要内容是：

（一）内部制度建设和监督制约机制落实情况；

（二）政府集中采购项目以及集中采购规定政策的执行情况；

（三）集中采购委托代理协议的签订和履行情况；

（四）政府采购审批或备案事项执行情况；

（五）政府采购信息公告情况；

（六）政府采购方式、采购程序和评审专家使用的情况；

（七）采购效率、采购价格和资金节约率情况；

（八）工作作风、服务质量和信誉状况；

（九）对供应商询问和质疑处理情况；

（十）有关政府采购的法律、行政法规和规章制度的执行情况。

第四十八条 财政部对社会代理机构监督检查的主要内容是：

（一）有关政府采购的法律、行政法规和规章制度执行情况；

（二）对供应商询问和质疑处理情况；

（三）服务质量和信誉状况；

（四）被投诉情况。

第四十九条 财政部应当加强采购资金支付管理。有下列情况之一的，属于不符合采购资金申请条件，财政部或者中央单位不予支付资金：

（一）未按规定在财政部指定媒体公告信息的；

（二）采购方式和程序不符合规定的；

（三）未使用财政部监制的政府采购合同标准文本的。

第五十条 主管部门应当对本部门、本系统政府集中采购工作情况实施监督检查。

第五十一条 集中采购机构应当加强内部管理，建立内部监督制约机制，规范高效地为中央单位做好集中采购项目的代理采购活动。

第五十二条 中央单位或供应商有违反政府采购法律、行政法规或者规章制度规定行为的，集中采购机构应当及时向财政部报告，由财政部依法予以处理。

第五十三条 财政部依法加强对供应商参与政府采购活动情况的监督管理，建立投诉处理报告制度，定期在指定媒体上公告投诉处理情况。供应商因违反规定受到财政部行政处罚的，列入不良行为记录名单。

第五十四条 财政部作出的投诉处理决定、对中央单位和集中采购机构违法行为的处理决定，在财政部指定政府采购信息指定媒体上公告。

第七章　附　　则

第五十五条 主管部门可以按照本规定制定具体实施办法。

第五十六条 本办法自发布之日起施行。

国务院办公厅关于印发中央预算单位政府集中采购目录及标准（2020年版）的通知

2019 年 12 月 26 日　国办发〔2019〕55 号

国务院各部委、各直属机构：

《中央预算单位政府集中采购目录及标准（2020 年版）》已经国务院同意，现印发给你们，请遵照执行。

《中央预算单位政府集中采购目录及标准（2020 年版）》自 2020 年 1 月 1 日起实施，2016 年 12 月 21 日印发的《中央预算单位 2017—2018 年政府集中采购目录及标准》同时废止。

国务院办公厅

2019 年 12 月 26 日

中央预算单位政府集中采购目录及标准（2020 年版）

一、集中采购机构采购项目

以下项目必须按规定委托集中采购机构代理采购：

目录项目	适用范围	备注
一、货物类		
台式计算机		不包括图形工作站
便携式计算机		不包括移动工作站

续表

目录项目	适用范围	备注
计算机软件		指非定制的通用商业软件，不包括行业专用软件
服务器		10 万元以下的系统集成项目除外
计算机网络设备		指单项或批量金额在 1 万元以上的网络交换机、网络路由器、网络存储设备、网络安全产品，10 万元以下的系统集成项目除外
复印机		不包括印刷机
视频会议系统及会议室音频系统		指单项或批量金额在 20 万元以上的视频会议多点控制器（MCU）、视频会议终端、视频会议系统管理平台、录播服务器、中控系统、会议室音频设备、信号处理设备、会议室视频显示设备、图像采集系统
多功能一体机		指单项或批量金额在 5 万元以上的多功能一体机
打印设备		指喷墨打印机、激光打印机、热式打印机，不包括针式打印机和条码专用打印机
扫描仪		指平板式扫描仪、高速文档扫描仪、书刊扫描仪和胶片扫描仪，不包括档案、工程专用的大幅面扫描仪
投影仪		指单项或批量金额在 5 万元以上的投影仪
复印纸	京内单位	不包括彩色复印纸
打印用通用耗材	京内单位	指非原厂生产的兼容耗材
乘用车		指轿车、越野车、商务车、皮卡，包含新能源汽车
客车		指小型客车、大中型客车，包含新能源汽车
电梯	京内单位	指单项或批量金额在 100 万元以上的电梯
空调机	京内单位	指除中央空调（包括冷水机组、溴化锂吸收式冷水机组、水源热泵机组等）、多联式空调（指由一台或多台室外机与多台室内机组成的空调机组）以外的空调
办公家具	京内单位	指单项或批量金额在 20 万元以上的木制或木制为主、钢制或钢制为主、铝制或铝制为主的家具
二、工程类		
限额内工程	京内单位	指投资预算在 120 万元以上的建设工程，适用招标投标法的建设工程项目除外
装修工程	京内单位	指投资预算在 120 万元以上，与建筑物、构筑物新建改建、扩建无关的装修工程
拆除工程	京内单位	指投资预算在 120 万元以上，与建筑物、构筑物新建、改建、扩建无关的拆除工程
修缮工程	京内单位	指投资预算在 120 万元以上，与建筑物、构筑物新建、改建、扩建无关的修缮工程
三、服务类		
车辆维修保养及加油服务	京内单位	指在京内执行的车辆维修保养及加油服务
机动车保险服务	京内单位	

续表

目录项目	适用范围	备注
印刷服务	京内单位	指单项或批量金额在20万元以上的本单位文印部门（含本单位下设的出版部门）不能承担的票据、证书、期刊、文件、公文用纸、资料汇编、信封等印刷业务（不包括出版服务）
工程造价咨询服务	京内单位	指单项或批量金额在20万元以上的在京内执行的工程造价咨询服务
工程监理服务	京内单位	指单项或批量金额在20万元以上的在京内执行的建设工程（包括建筑物和构筑物的新建、改建、扩建、装修、拆除、修缮）项目的监理服务，适用招标投标法的工程监理服务项目除外
物业管理服务	京内单位	指单项或批量金额在100万元以上的本单位物业管理服务部门不能承担的在京内执行的机关办公场所水电供应、设备运行、建筑物门窗保养维护、保洁、保安、绿化养护等项目，多单位共用物业的物业管理服务除外
云计算服务		指单项或批量金额在100万元以上的基础设施服务（Infrastructure as a Service，IaaS），包括云主机、块存储、对象存储等，系统集成项目除外
互联网接入服务	京内单位	指单项或批量金额在20万元以上的互联网接入服务

注：①表中“适用范围”栏中未注明的，均适用于所有中央预算单位。

②表中所列项目不包括部门集中采购项目和中央高校、科研院所采购的科研仪器设备。

二、部门集中采购项目

部门集中采购项目是指部门或系统有特殊要求，需要由部门或系统统一配置的货物、工程和服务类专用项目。各中央预算单位可按实际工作需要确定，报财政部备案后组织实施采购。

三、分散采购限额标准

除集中采购机构采购项目和部门集中采购项目外，各部门自行采购单项或批量金额达到100万元以上的货物和服务的项目、120万元以上的工程项目应按《中华人民共和国政府采购法》和《中华人民共和国招标投标法》有关规定执行。

四、公开招标数额标准

政府采购货物或服务项目，单项采购金额达到200万元以上的，必须采用公开招标方式。政府采购工程以及与工程建设有关的货物、服务公开招标数额标准按照国务院有关规定执行。

关于印发《中央国家机关政府集中采购目录实施方案（2020年版）》的通知

2020 年 3 月 12 日　国机采〔2020〕7 号

中央国家机关各部门、各单位办公厅（室）：

根据政府采购法律法规和《国务院办公厅关于印发中央预算单位政府集中采购目录及标准（2020 年版）的通知》（国办发〔2019〕55 号），结合中央国家机关政府集中采购工作实际，我们制定了《中央国家机关政府集中采购目录实施方案（2020 年版）》。现印发你们，请按照执行。执行过程中遇到的问题，请及时反馈。

中央国家机关政府采购中心

2020 年 3 月 12 日

中央国家机关政府集中采购目录实施方案（2020 年版）

为贯彻落实深化政府采购制度改革方案精神，进一步做好中央国家机关政府集中采购工作，根据政府采购法律法规和《国务院办公厅关于印发中央预算单位政府集中采购目录及标准（2020 年版）的通知》（国办发〔2019〕55 号）（以下简称目录）要求，制定本实施方案。

一、目录主要变化

（一）为落实"放管服"改革精神，强化采购人主体责任，部门集中采购项目不再列入目录，由各中央部门自行确定，报财政部备案后实施。

（二）集中采购机构采购项目，新增“互联网接入服务”，在“办公家具”品目备注中增加“铝制或铝制为主家具”的表述。

（三）公开招标数额标准中，将原“政府采购工程公开招标数额标准按照国务院有关规定执行”，调整为“政府采购工程以及与工程建设有关的货物、服务公开招标数额标准按照国务院有关规定执行”。

二、执行方式

（一）货物类

1. 台式计算机、便携式计算机、复印机、打印设备、空调机（包括分体变频壁挂机、分体变频柜机、分体定速壁挂机、分体定速柜机）。符合批量集中采购配置标准的，应执行批量集中采购。各单位应按批量集中采购配置标准的要求编报采购计划，报送一级预算单位。一级预算单位每月 10 日前汇总本系统批量集中采购计划，通过“中央政府采购网”采购人平台报送中央国家机关政府采购中心（以下简称国采中心），国采中心统一组织采购。不符合批量集中采购配置标准或因时间紧急、零星特殊采购不能通过批量集中采购的品目，各单位报经主管预算单位同意后，单项或批量金额在 100 万元（含）以上的，作为单独项目委托国采中心按照法律法规规定的方式执行，其中，预算金额在 200 万元（含）以上的，采用公开招标方式。单项或批量金额在 100 万元以下的，可按照电子卖场采购通知执行。其中，预算金额在 50 万元以下的，可选择通过电子卖场直购、比价、反拍等方式执行，50 万元（含）以上的，必须组织比价或反拍。电子卖场无所需产品的，可选择电子竞价采购方式。各部门电子卖场（含电子竞价）采购数量不得超过同类品目上年购买总数的 30%。

2. 服务器、多功能一体机、扫描仪、投影仪、复印纸、打印用通用耗材。预算金额在 100 万元（含）以上的，作为单独项目委托国采中心按照法律法规规定的方式执行，其中，预算金额在 200 万元（含）以上的，采用公开招标方式。预算金额在 100 万元以下的，按照电子卖场采购通知执行。其中，预算金额在 50 万元以下的，可选择通过电子卖场直购、比价、反拍等方式执行；50 万元（含）以上的，必须组织比价或反拍；电子卖场无所需产品的，可选择电子竞价采购方式。

3. 计算机软件、计算机网络设备、视频会议系统及会议室音频系统、空调机（指精密空调、机房空调等商用空调）。预算金额在 100 万元（含）以上的，作为单独项目委托国采中心按照法律法规规定的方式执行，其中，预算金额在 200 万元（含）以上的，采用公开招标方式。预算金额在 100 万元以下的，按照对应品目协议供货通知执行，协议供货无所需产品的，可选择电子竞价采购方式。

4. 乘用车、客车。预算金额在 200 万元（含）以上的，作为单独项目委托国采中心采用公开招标方式执行。预算金额在200万元以下的，按照该品目协议供货通知及有关规定执行。新车购置以及原有车辆的报废更新，应按相关主管部门规定执行。

5. 电梯。预算金额在200万元（含）以上的，作为单独项目委托国采中心采用公开招标、邀请招标等方式执行。预算金额在200万元以下的，按照该品目定点采购通知执行。

6. 办公家具。预算金额在100万元（含）以上的，作为单独项目委托国采中心按照法律法规规定的方式执行，其中，预算金额在200万元（含）以上的，采用公开招标方式。预算金额在100万元以下的，按照该品目定点采购通知执行。

（二）工程类

1. 限额内工程。投资预算金额在120万元（含）以上的建设工程项目（适用招标投标法的建设工程项目除外），委托国采中心按照法律法规规定的方式执行。其中，预算金额在定点采购标准范围内的，按照该品目定点采购通知执行。

2. 装修、拆除、修缮工程。投资预算金额在120万元（含）以上的，与建筑物、构筑物新建、改建、扩建无关的单独装修、拆除、修缮工程，委托国采中心按照法律法规规定的方式执行。其中，预算金额在定点采购标准范围内的，按照该品目定点采购通知执行。

（三）服务类

1. 印刷服务。预算金额在100万元（含）以上的，作为单独项目委托国采中心按照法律法规规定的方式执行，其中，预算金额在200万元（含）以上的，采用公开招标方式。预算金额在100万元以下的，按照对应品目定点采购通知执行。

2. 车辆维修保养及加油、机动车保险。按照对应品目定点采购通知执行。

3. 物业管理服务。预算金额在200万元（含）以上的，作为单独项目委托国采中心采用公开招标方式执行。预算金额在200万元以下的，按照该品目政府集中采购有关通知执行。

4. 云计算服务。预算金额在100万元（含）以上的，作为单独项目委托国采中心按照法律法规规定的方式执行，其中，预算金额在200万元（含）以上的，采用公开招标方式。

5. 互联网接入服务。预算金额在200万元（含）以上的，作为单独项目委托国采中心采用公开招标方式执行。预算金额在200万元以下的，按照该品目定点采购通知执行。

6. 工程造价咨询服务。预算金额在100万元（含）以上的，作为单独项目委托国采中心采用公开招标、邀请招标等方式执行，预算金额在100万元以下的，按照该品目定点采购通知执行。

7. 工程监理服务。预算金额在100万元（含）以上的，作为单独项目委托国采中心采用公开招标、邀请招标等方式执行，预算金额在100万元以下的，按照该品目定点采购通知执行。

三、执行要求

（一）履行采购人主体责任。各采购单位应当切实履行在采购活动中的主体责任，对采购需求和采购结果负责。在确定采购需求前，应当认真开展采购需求调查，根据国家经济和社会发展政策、部门预算及绩效目标、采购管理制度、市场情况编写采购需求；确定采购方式时，应当根据需求特点合理选择，依法依规采用邀请招标、竞争性谈判、竞争性磋商等非公开招标方式，避免因过度公开招标影响采购执行效率；项目完成后，应当严格按照采购合同开展履约验收工作，确保采购结果实现相关的绩效和政策目标。国采中心将继续加强各品目采购需求标准体系建设，为各单位编制采购需求提供参考；不断完善电子卖场、协议供货、定点采购等小额分散采购项目供应商履约管理机制，加强单独委托项目履约服务，协助各单位开展履约验收工作。

（二）落实政策功能。各采购单位应当积极落实节约能源、保护环境、扶持不发达地区和少数民族地区、促进中小企业发展等政府采购政策。国采中心将不断完善采购文件范本，将政府采购相关政策要求嵌入采购需求，并要素化为各采购品目具体的技术、服务指标，优化评价权重设计，为各单位落实政策功能提供参考；加强政府采购政策实施的电子化工具运用，在电子卖场中积极探索特色场馆、加挂标识、搜索排序等技术手段，保障采购政策实施效果。

（三）完善内控管理。各部门主管预算单位应当积极发挥本部门（本系统）政府采购监督管理职责，建立健全本部门（本系统）政府采购内控管理机制，各采购单位应当加强对采购各环节的内部控制和风险管理。国采中心将进一步优化升级电子交易系统，交易信息按照统一格式在网上公示，接受社会监督，同时，将系统发现的采购人规避公开招标和批量集中采购、采购价格畸高等异常情况及时推送至各部门主管预算单位，通过技术手段，帮助各单位加强内控管理。

（四）其他有关事项。相关品目采购执行方式、限额标准等，将根据政策制度变化及时调整，具体执行通知详见中央政府采购网“通知公告”专栏。关于涉密政府采购项目、工程建设项目招投标等采购服务事宜，将另行通知。

（二）批量集中采购

财政部关于印发《中央预算单位批量集中采购管理暂行办法》的通知

2013年8月21日　财库〔2013〕109号

党中央有关部门，国务院各部委、各直属机构，全国人大常委会办公厅，全国政协办公厅，高法院，高检院，有关人民团体，中共中央直属机关采购中心、中央国家机关政府采购中心、全国人大机关采购中心：

为了深化政府集中采购改革，进一步规范政府采购行为，提高财政资金使用效益，根据党中央、国务院厉行节约反对浪费要求和政府采购有关法律制度规定，财政部制定了《中央预算单位批量集中采购管理暂行办法》，现予印发，请遵照执行。执行中发现的有关问题，请及时向财政部反映。

实施批量集中采购的品目和相应配置标准财政部将另行通知。

附件：中央预算单位批量集中采购管理暂行办法

财政部

2013年8月21日

附件：

中央预算单位批量集中采购管理暂行办法

第一条　为了深化政府集中采购改革，进一步规范政府采购行为，提高财政资金使用效益，根据党中央、国务院厉行节约反对浪费要求和政府采购有关法律制度规定，制定本办法。

第二条 列入国务院公布的《中央预算单位政府集中采购目录及标准》中的集中采购机构采购品目应当逐步实施批量集中采购，中央预算单位要严格执行批量集中采购相关规定。对已纳入批量集中采购范围，因时间紧急或零星特殊采购不能通过批量集中采购的品目，中央预算单位可报经主管预算单位同意后通过协议供货方式采购，但各部门协议供货采购数量不得超过同类品目上年购买总数的10%。

第三条 实行批量集中采购的通用办公设备、家具的经费预算应当严格执行《中央行政单位通用办公设备家具购置费预算标准（试行）》（财行〔2011〕78号）规定，用于科研、测绘等特殊用途的专用办公设备、家具及其他采购品目经费预算应当按财政部批复的部门预算执行。

第四条 财政部定期公布批量集中采购品目，集中采购机构应当按照相关工作安排，综合考虑预算标准、办公需要、市场行情及产业发展等因素，提出相应品目完整、明确、符合国家法律法规及政府采购政策要求的采购需求技术服务标准报财政部。财政部在组织完成对相关技术服务标准的论证后发布中央预算单位批量集中采购品目基本配置标准（以下简称基本配置标准）。

第五条 中央预算单位应当执行基本配置标准，并根据预算及实际工作需要，确定当次采购品目不同的档次或规格。部分主管预算单位因特殊原因需要另行制定本部门统一执行的通用或专用办公设备等配置标准的，应当按基本配置标准规范确定相应配置指标，且相关指标不得指向特定的品牌或供应商。同时，还应明确专用办公设备等品目的预算金额上限。

第六条 中央预算单位应当加强对批量集中采购工作的计划安排，协调处理好采购周期、采购数量与品目配备时限的关系。应当认真组织填报批量集中采购计划，保证品目名称、配置标准、采购数量、配送地点和最终用户联系方式等内容的准确完整。各主管预算单位应于当月十日前向财政部报送本部门批量集中采购汇总计划，并明确当期采购工作的部门联系人。

第七条 集中采购机构应当广泛征求中央预算单位、供应商及相关专家意见，科学合理编制采购文件。应当根据每期不同品目的需求特点及计划数量，依法采用公开招标、询价等采购方式，于二十五个工作日内完成采购活动。应当及时将中标供应商名称、中标产品完整的技术服务标准等信息在中国政府采购网和各集中采购机构网站上公告。因需求特殊等原因导致采购活动失败的，应当及时通知相关中央预算单位调整需求标准，并重新组织采购。

第八条 中央预算单位应当通过中国政府采购网或各集中采购机构网站查询相关中标信息，严格按照计划填报数量和当期中标结果，及时与中标供应商或授权供货商签订采购合同。验收时，应当根据中标公告中的技术服务标准，认真核对送货时间、产品配置技术指标等内容并填写验收书。验收后，应当按照合同约定及时付款。对中标供应商在履约过程中存在的违约问题，应当通过验收书或其他书面形式向集中采购机构反映。

第九条 集中采购机构应当根据采购文件约定，督促供应商在中标通知公告发出后二十个工作日内，将中标产品送到中央预算单位指定地点。应当统一协调处理合同签订、产品送达、产品验收及款项支付等履约过程中出现的问题，分清责任。对于中央预算单位在验收书上或书面反映的产品质量、服务问题，应当及时组织核查或第三方检测机构检测，并按采购文件及有关合同的约定追究中标供应商赔偿责任。

第十条 各主管预算单位应当加强对本部门批量集中采购工作的管理，建立健全配置标准的制定和适用、协议供货方式审核、合同签订及验收付款等内部管理制度。应当指定专人配合集中采购机构统一协调处理计划执行、合同签订、产品验收及款项支付等事宜，对未按规定超标准采购及规避批量集中采购等行为，应当追究相关人员责任。

第十一条 集中采购机构应当切实做好批量集中采购执行工作。应当按照财政部推进批量集中采购工作安排，及时拟定包括需求标准、评审方式、合同草案条款及采购方式适用标准等内容的实施方案，并按照实施方案组织好采购活动，协调处理履约相关问题，保障批量集中采购活动规范、优质、高效的协调推进。应当将违约处理情况和季度批量集中采购执行情况报财政部备案。

第十二条 财政部应当加强对批量集中采购工作的组织监督管理，将批量集中采购工作纳入集中采购机构的业务考核范围。对主管预算单位及所属单位规避批量集中采购、不执行采购计划以及无故延期付款等行为应当及时进行通报批评。应当根据集中采购机构提供的报告，对中标供应商虚假承诺或拒不按合同履约的行为进行严肃处理。

第十三条 本办法自2013年9月1日起施行。《关于进一步推进中央单位批量集中采购试点工作的通知》（财办库〔2011〕87号）、《关于完善台式计算机和打印机批量集中采购试点工作的补充通知》（财办库〔2012〕340号）同时废止。

财政部关于进一步做好中央预算单位批量集中采购有关工作的通知

2016年11月24日　财办库〔2016〕425号

党中央有关部门办公厅（室），国务院各部委、各直属机构办公厅（室），全国人大常委会办公厅秘书局，全国政协办公厅秘书局，高法院办公厅，高检院办公厅，各民主党派中央办公厅，有关人民团体办公厅（室），新疆生产建设兵团财务局，中共中央直属机关采购中心、中央国家机关政府采购中心、全国人大机关采购中心：

为进一步做好中央预算单位集中采购，完善批量集中采购及协议供货执行，充分发挥集中规模及价格优势、提高采购效率和效果，现将有关事项通知如下：

一、中央集中采购机构应当建立健全批量集中采购与协议供货价格联动机制。已纳入批量集中采购范围的品目，原则上不再单独组织协议供货入围采购，随批量集中采购一并确定协议供货产品，相应产品协议供货价格与批量集中采购中标、成交价格或报价实行联动。

二、中央集中采购机构应当根据不同品目的需求特点和产业发展状况，研究制定分品目、分期限的售后服务单独采购方案，供采购人灵活选择、按需采购。研究开展批量集中采购产品质量和服务评价，探索评价结果在后续采购活动中的应用，鼓励引导供应商持续提升售后服务质量和采购结果满意度。

三、鉴于空调机采购季节性需求强、时效性要求高，京外中央预算单位空调机采购不再实施批量集中采购，京内中央预算单位空调机批量集中采购的频次调整为第二、三季度按月执行，第一、四季度按季度执行。

四、实行价格联动后，适当提高《中央预算单位批量集中采购管理暂行办法》（财库〔2013〕109号）第二条规定的协议供货采购数量上限。各主管预算单位应当加强本部门协议供货采购管理，完善协议供货采购内部审核，将协议供货采购数量严格控制在同类品目上年购买总数的30%以内。

本通知自2017年1月1日起执行。

财政部办公厅

2016年11月24日

财政部关于加强中央预算单位批量集中采购管理有关事项的通知

财库〔2014〕120号

党中央有关部门，国务院各部委、各直属机构，全国人大常委会办公厅，全国政协办公厅，高法院，高检院，有关人民团体，中共中央直属机关采购中心、中央国家机关政府采购中心、全国人大机关采购中心，国家税务总局集中采购中心、海关总署物资装备采购中心、中国人民银行集中采购中心、公安部警用装备采购中心：

为进一步深化中央预算单位批量集中采购工作，强化合同和履约管理，提高采购效率，推动落实《中央预算单位批量集中采购管理暂行办法》（财库〔2013〕109号）和《关于中央预算单位实施批量集中采购工作的通知》（财办库〔2013〕334号），现就批量集中采购执行中有关事项通知如下：

一、批量集中采购品目的适用范围遵循国务院办公厅定期发布的政府集中采购目录及标准。自2014年12月1日起，传真机、扫描仪、碎纸机不再纳入批量集中采购范围。

二、集中采购机构可以根据采购品目的不同需求特点和计划数量，灵活选择采购方式，不断提高批量集中采购效率和服务质量。采购活动无法在预定时间内完成的，集中采购机构应当以适当方式通知中央预算单位；出现采购活动失败情形的，集中采购机构应当在中国政府采购网上公告后重新组织采购；因采购需求原因无法重新组织采购的，集中采购机构应当及时通知中央预算单位修改采购需求。

三、集中采购机构拟定的采购文件应当包含其与中标（成交）供应商签订的框架协议和采购人与中标（成交）供应商签订的采购合同文本，并对签订框架协议、采购合同以及送货的时间做出明确的约定。框架协议应当列明集中采购机构和中标（成交）供应商的权利和义务；采购合同签订、履行的期限和要求；无正当理由不依法签订合同或不履行合同义务的责任和救济措施等。采购合同文本应当详细列明中央预算单位、中标（成交）供应商及其授权供应商的权利和义务、产品名称、数量、质量、价格、履行期限以及地点和方式、违约责任、争议解决方法等内容。

四、集中采购机构应当在中标（成交）结果公告之日起3个工作日内，与中标（成交）供应商签订框架协议。中标（成交）供应商无正当理由拒不签订框架协议的，集中采购机构可以与排位在中标（成交）供应商之后第一位的候选供应商签订框架协议，并予公告，同时将有关情况报财政部处理。

五、框架协议签订后，中标（成交）供应商或其授权供应商应当在中标（成交）结果公告之日起5个工作日内，主动与中央预算单位联系，根据采购文件约定的内容签订采购合同，并在中标（成交）结果公告之日起20个工作日内完成送货。因中央预算单位原因未在规定期限内签订合同的，供应商应当将书面催告文件提交集中采购机构协调处理，经协调后中央预算单位仍拒不签约的，供应商可以依法不再与其签订采购合同。采购合同签订后，中央预算单位不履行合同义务或履行义务不符合约定的，中标（成交）供应商可以依法解除合同，并依照法律规定及合同约定追究对方的违约责任，同时将相关情况书面反馈给集中采购机构。

六、因中标（成交）供应商原因未在规定期限内签订采购合同的，中央预算单位应当将书面催告文件提交集中采购机构协调处理，经协调后，供应商仍拒不签约的，中央预算单位可以依法不再与其签订采购合同，并在预算金额内通过协议供货购买。采购合同签订后，中标（成交）供应商不履行合同义务或履行义务不符合约定的，中央预算单位可以依法解除合同，并依照法律规定及合同约定追究对方的违约责任，同时将相关情况书面反馈给集中采购机构。

七、集中采购机构应当根据框架协议，加强对批量集中采购项目的执行管理，督促中央预算单位、中标（成交）供应商在规定时间内签订采购合同，督促中标（成交）供应商在规定时间内完成送货，协调处理合同签订、履约过程中出现的问题，提请财政部对中央预算单位、供应商的违法违规问题进行处理。

八、集中采购机构不依法签订框架协议或者中央预算单位不依法签订采购合同的，财政部将依据《中华人民共和国政府采购法》第71条的规定，责令限期改正，给予警告。中标（成交）供应商不依法签订框架协议或者采购合同、拒绝履行框架协议或者合同义务的，财政部将依据《政府采购货物和服务招标投标管理办法》（财政部令第18号）第75条、《政府采购非招标采购方式管理办法》（财政部令第74号）第54条的规定，将中标（成交）供应商列入不良行为记录名单，在一至三年内禁止其参加政府采购活动，并予以通报。

九、本通知自2014年12月1日起施行。各单位在填报计划时如遇口径等政策问题，请及时与财政部国库司政府采购管理一处联系。如遇供应商送货等履约问题，请及时与集中采购机构联系。如遇系统软件操作问题请及时与中软公司联系。

财政部国库司政府采购管理一处 010－68553724；中央国家机关政府采购中心 010－83084967，63099478（空调）；中共中央直属机关采购中心 010－82273285；中软公司 4008101996。

中华人民共和国财政部

2014 年 9 月 19 日

关于中央国家机关批量集中采购有关事宜的通知

2019 年 1 月 29 日　国机采〔2019〕3 号

中央国家机关各部门、各单位办公厅（室）：

根据《关于 2019 年中央预算单位政府采购计划执行情况和信息统计报表编报工作的通知》（财库〔2018〕84 号）和《关于调整批量采购产品配置标准和执行方案的复函》（财库便函〔2019〕031 号），“从 2019 年 1 月 1 日起，财政部不再统一组织台式计算机等 6 个品目的批量集中采购工作”，“集中采购机构对各部门通用配置需求，应当统一归集后实行批量集中采购，发挥规模效益”。为保证中央国家机关批量集中采购项目平稳过渡，中央国家机关政府采购中心（以下简称国采中心）对批量采购配置标准和执行方式进行了调整。现将有关事宜通知如下。

一、品目范围

中央国家机关批量集中采购品目调整为台式计算机、便携式计算机、打印机、复印机和空调（京内单位）。

复印纸（京内单位）不再纳入批量集中采购范围，预算金额低于 100 万元的，可采用协议供货、网上商城或网上竞价方式采购（各方式执行标准详见中央政府采购网相关文件专栏）；预算金额在 100 万元（含）－200 万元之间的，须委托国采中心按照政府采购非招标方式管理办法单独组织；预算金额超过 200 万元（含）的，须委托国采中心单独组织公开招标。

二、更新批量集中采购配置标准

根据财政部国库司《关于调整批量采购产品配置标准和执行方案的复函》（财库

便函〔2019〕031 号），中央国家机关批量集中采购各品目从即日起采用《2019 年度中央国家机关批量集中采购台式计算机、便携式计算机、打印机、复印机、空调配置参考标准》（附件 1），请各单位根据自身实际需求选择相应配置。

三、批量集中采购执行要求

（一）通用配置

各部门采购需求在《2019 年度中央国家机关批量集中采购台式计算机、便携式计算机、打印机、复印机、空调配置参考标准》范围内的属于通用配置。国采中心在中央政府采购网采购人平台开辟“批量采购”模块，收集整理批量集中采购计划。各一级预算单位每月 10 日之前汇总本部门各级单位下月采购计划，登录中央政府采购网采购人平台导入计划。各部门每月计划由国采中心汇总后组织竞争性磋商。

（二）特殊配置

通用配置无法满足采购人实际需求的，采购人可自行编写技术指标和服务要求形成特殊配置。由于特殊配置不符合“通用性强、技术规格统一、便于归集”等特点，无法形成批量，因此采购人采购特殊配置产品按目录内非批量集中采购品目执行，项目预算金额不超过协议供货限额的，按协议供货方式执行；超过协议供货限额小于 200 万元的，单独委托国采中心按非标方式组织采购；超过 200 万元的，单独委托国采中心按公开招标方式组织采购。

（三）其他情况

各部门因时间紧急或零星特殊采购不能通过批量集中采购的，可通过协议供货或网上竞价方式采购，同时应严格按照财政部《关于进一步做好中央预算单位批量集中采购有关工作的通知》（财办库〔2016〕425 号）“各主管预算单位应当加强本部门协议供货采购管理，完善协议供货采购内部审核，将协议供货采购数量严格控制在同类品目上年购买总数的 30% 以内”的要求执行。

四、批量集中采购操作流程

（一）通用配置

1. 申请开通权限。各一级预算单位确定唯一“中央政府采购网”采购人账号，指定 1－3 名批量集中采购部门联系人后，填写《中央国家机关批量集中采购权限开通申请表》（附件 2），加盖公章后发送至 hanlu@ ggj. gov. cn。采购人可登录央采网账号查看权限开通情况。

2. 填报计划。各一级预算单位每月10日之前汇总本部门各级单位下一个月的采购计划，各级单位填写计划时应明确相应配置的三个参考品牌。一级预算单位汇总填写《中央国家机关批量集中采购实施计划配送信息表》（附件3），登录中央政府采购网采购人平台，点击“批量采购”模块，上传本部门《中央国家机关批量集中采购实施计划配送信息表》，导入计划。

3. 成交结果查询。各级采购人可根据所报批量集中采购期次和配置，到“中央政府采购网”首页左侧“批量采购”模块内对应期次的成交公告中查询成交供应商和成交产品。

4. 成交产品配送状态查询。各级采购人在成交公告的附件中找到本单位唯一对应的订单号后，在“中央政府采购网”首页左侧“批量采购”模块内的“成交产品配送状态查询”处输入订单号查询产品状态和供应商联系人及联系方式。各一级预算单位登录“中央政府采购网”采购人平台后，可在“批量采购”模块查看本部门所有计划的执行情况，并对成交产品的质量和成交供应商的服务进行评价。

5. 成交产品验收。根据《政府采购货物和服务招标投标管理办法》（财政部令第87号）“采购人应当及时对采购项目进行验收”，各级采购人应当根据《中央国家机关批量集中采购简易合同》自行组织产品验收，验收合格后按合同约定及时向协议供货商支付货款。如遇产品质量、服务等问题，可及时与成交供应商沟通或向国采中心反映，国采中心将按照《中央国家机关政府采购中心批量集中采购履约管理办法》相关规定执行。

（二）特殊配置

预算金额不超过协议供货限额的特殊配置产品，采购人可通过协议供货或网上竞价方式采购；超过协议供货限额的，或协议供货、网上竞价等采购方式不能满足采购需求的，各级采购人登录中央政府采购网采购人平台，点击“单独项目委托”模块，按照单独项目流程填报相关信息。

五、政策功能相关规定

（一）执行中央行政单位通用办公设备配置标准制度。各采购单位应根据自身情况，按配置标准采购。

（二）执行政府强制采购节能产品制度。列入《节能产品政府采购清单》强制采购范围的品目，应在最新一期节能清单包含的品牌和型号中选择。

（三）执行环境标志产品政府采购制度。各采购单位应优先采购列入最新一期《环境标志产品政府采购清单》的产品。

六、其他事项

各一级预算单位应将本通知传达到所属各级单位并监督其严格按通知要求开展批量集中采购工作。

实际执行过程中发现的问题和有关工作建议，各采购单位可向国采中心和财政部国库司反映。国采中心将严格依照有关规定，进行相关调查核实和处理，不断优化改进工作。

国采中心联系电话：010－55602388/83087090。

附件：1. 2019 年度中央国家机关批量集中采购台式计算机、便携式计算机、打印机、复印机、空调配置参考标准（略）

2. 中央国家机关批量集中采购权限开通申请表（略）

3. 中央国家机关批量集中采购实施计划配送信息表（略）

（扫描下方二维码，可查阅或下载附件）

中央国家机关政府采购中心

2019 年 1 月 29 日

关于更新中央国家机关台式计算机、便携式计算机批量集中采购配置标准的通知

2024年3月11日　国机采〔2024〕7号

中央国家机关各部门、各单位办公厅（室）：

经财政部国库司同意，中央国家机关台式计算机、便携式计算机批量集中采购配置标准已更新为2024年版。

《关于印发〈台式计算机政府采购需求标准（2023年版）〉的通知》（财库〔2023〕29号）和《关于印发〈便携式计算机政府采购需求标准（2023年版）〉的通知》（财库〔2023〕30号）明确要求，乡镇以上党政机关，以及乡镇以上党委和政府直属事业单位及部门所属为机关提供支持保障的事业单位在采购台式计算机、便携式计算机时，应当将CPU、操作系统符合安全可靠测评要求纳入采购需求。

即日起，填报台式计算机、便携式计算机批量集中采购计划时，请严格遵守财库〔2023〕29号、30号文要求，根据实际需求在2024版配置包中合理选择相应配置。

特此通知。

附件：1. 台式计算机批量集中采购配置标准（2024年版）

2. 便携式计算机批量集中采购配置标准（2024年版）

中央国家机关政府采购中心

2024年3月11日

附件 1

中央国家机关台式计算机批量集中采购配置标准－2024 版

序号	指标项	配置 1	配置 2	配置 3	配置 4	配置 5	配置 6	配置 7（采购单位选此项配置应符合相关管理要求）
1	预算上限（人民币元）	5000	5000	5000	5000	5000	5000	5000
2	CPU 品牌	龙芯	飞腾	兆芯	华为鲲鹏	海光	申威	Intel/AMD
3	CPU 型号	≥3A5000	≥D2000	≥KX－U6780A	/	≥C86 3350	≥WY831	≥I5 12500 或≥Ryzen5 5600G
4	CPU 主频（GHz）	≥2. 3	≥2. 3	≥2. 7	/	≥2. 8	≥2. 5	≥2. 1
5	CPU 核数	≥4	≥8	≥8	/	≥8	≥8	≥6
6	主板芯片组型号	/	/	/	/	/	/	≥Q670 或 Pro565
7	显示屏尺寸（英寸）	≥23. 8	≥23. 8	≥23. 8	≥23. 8	≥23. 8	≥23. 8	≥23. 8
8	显示屏分辨率	≥1920 * 1080	≥1920 * 1080	≥1920 * 1080	≥1920 * 1080	≥1920 * 1080	≥1920 * 1080	≥1920 * 1080
9	显示屏色准	最大 ΔE ≤4	最大 ΔE ≤4	最大 ΔE ≤4	最大 ΔE ≤4	最大 ΔE ≤4	最大 ΔE ≤4	最大 ΔE ≤4
10	显示屏响应时间（ms）	≤8	≤8	≤8	≤8	≤8	≤8	≤8
11	显示屏可视角度	≥170°/160°	≥170°/160°	≥170°/160°	≥170°/160°	≥170°/160°	≥170°/160°	≥170°/160°
12	显示器材质	VA/IPS	VA/IPS	VA/IPS	VA/IPS	VA/IPS	VA/IPS	VA/IPS
13	显示屏屏幕比例	16 : 9	16 : 9	16 : 9	16 : 9	16 : 9	16 : 9	16 : 9
14	内存配置容量	≥8GB	≥8GB	≥8GB	≥8GB	≥8GB	≥8GB	≥16GB
15	内存扩展接口（板载内存不涉及）	≥2	≥2	≥2	≥2	≥2	≥2	≥2

续表

序号	指标项	配置 1	配置 2	配置 3	配置 4	配置 5	配置 6	配置 7（采购单位选此项配置应符合相关管理要求）
16	硬盘类型	机械硬盘 + 固态硬盘	机械硬盘 + 固态硬盘	机械硬盘 + 固态硬盘	机械硬盘 + 固态硬盘	机械硬盘 + 固态硬盘	机械硬盘 + 固态硬盘	机械硬盘 + 固态硬盘
17	机械硬盘接口方式	SATAIII	SATAIII	SATAIII	SATAIII	SATAIII	SATAIII	SATAIII
18	机械硬盘转速（RPM）	≥5400	≥5400	≥5400	≥5400	≥5400	≥5400	≥7200
19	机械硬盘总容量	≥1TB	≥1TB	≥1TB	≥1TB	≥1TB	≥1TB	≥1TB
20	固态存储容量	≥256GB	≥256GB	≥256GB	≥256GB	≥256GB	≥256GB	≥512GB
21	显卡类型	独立显卡	独立显卡	集成显卡	集成显卡	独立显卡	独立显卡	集成显卡
22	独立显卡显存容量	≥1GB	≥1GB	/	/	≥1GB	≥1GB	/
23	独立显卡显存位宽（bit）	≥64	≥64	/	/	≥64	≥64	/
24	独立显卡显存类型	≥DDR3	≥DDR3	/	/	≥DDR3	≥DDR3	/
25	预装操作系统	麒麟/统信 UOS/中科方德/其他符合安全可靠测评要求的操作系统	麒麟/统信 UOS/中科方德/其他符合安全可靠测评要求的操作系统	麒麟/统信 UOS/中科方德/其他符合安全可靠测评要求的操作系统	麒麟/统信 UOS/中科方德/其他符合安全可靠测评要求的操作系统	麒麟/统信 UOS/中科方德/其他符合安全可靠测评要求的操作系统	麒麟/统信 UOS/中科方德/其他符合安全可靠测评要求的操作系统	Windows10 神州网信版
26	显示器和机身颜色	黑色/灰色/银色	黑色/灰色/银色	黑色/灰色/银色	黑色/灰色/银色	黑色/灰色/银色	黑色/灰色/银色	黑色/灰色/银色
27	是否有刻录光驱	是	是	是	是	是	是	是
28	内置集成声卡	是	是	是	是	是	是	是
29	有线网卡数量	≥1	≥1	≥1	≥1	≥1	≥1	≥1
30	鼠标	有线（USB）	有线（USB）	有线（USB）	有线（USB）	有线（USB）	有线（USB）	有线（USB）
31	键盘	有线（USB）	有线（USB）	有线（USB）	有线（USB）	有线（USB）	有线（USB）	有线（USB）
32	键盘按键数目	104 键	104 键	104 键	104 键	104 键	104 键	104 键

续表

序号	指标项	配置 1	配置 2	配置 3	配置 4	配置 5	配置 6	配置 7（采购单位选此项配置应符合相关管理要求）
33	有线键盘连接线	≥1.5 米	≥1.5 米	≥1.5 米	≥1.5 米	≥1.5 米	≥1.5 米	≥1.5 米
34	USB2.0 接口	USB 接口数量 USB 接口≥8，含 4 个 USB3.0 及以上接口	USB 接口数量 USB 接口≥8，含 4 个 USB3.0 及以上接口	USB 接口数量 USB 接口≥8，含 4 个 USB3.0 及以上接口	USB 接口数量 USB 接口≥8，含 4 个 USB3.0 及以上接口	USB 接口数量 USB 接口≥8，含 4 个 USB3.0 及以上接口	USB 接口数量 USB 接口≥8，含 4 个 USB3.0 及以上接口	USB 接口数量 USB 接口≥8，含 4 个 USB3.0 及以上接口
35	HDMI 接口	≥1	≥1	≥1	≥1	≥1	≥1	≥1
36	VGA 接口	≥1	≥1	≥1	≥1	≥1	≥1	≥1
37	网络接口	≥1	≥1	≥1	≥1	≥1	≥1	≥1
38	关键部件安全要求	CPU 和操作系统等关键部件应当符合安全可靠测评要求	CPU 和操作系统等关键部件应当符合安全可靠测评要求	CPU 和操作系统等关键部件应当符合安全可靠测评要求	CPU 和操作系统等关键部件应当符合安全可靠测评要求	CPU 和操作系统等关键部件应当符合安全可靠测评要求	CPU 和操作系统等关键部件应当符合安全可靠测评要求	/
39	其他要求	财政部《台式计算机政府采购需求标准》中规定的其他＊内容	财政部《台式计算机政府采购需求标准》中规定的其他＊内容	财政部《台式计算机政府采购需求标准》中规定的其他＊内容	财政部《台式计算机政府采购需求标准》中规定的其他＊内容	财政部《台式计算机政府采购需求标准》中规定的其他＊内容	财政部《台式计算机政府采购需求标准》中规定的其他＊内容	财政部《台式计算机政府采购需求标准》中规定的其他＊内容
40	是否具有节能认证证书	是	是	是	是	是	是	是
41	是否为进口产品	否	否	否	否	否	否	否
42	整机质量服务要求	免费服务周期（含换件和维修）≥3 年	免费服务周期（含换件和维修）≥3 年	免费服务周期（含换件和维修）≥3 年	免费服务周期（含换件和维修）≥3 年	免费服务周期（含换件和维修）≥3 年	免费服务周期（含换件和维修）≥3 年	免费服务周期（含换件和维修）≥3 年

续表

序号	指标项	配置 1	配置 2	配置 3	配置 4	配置 5	配置 6	配置 7（采购单位选此项配置应符合相关管理要求）
43	服务标准	a）供应商提供电话、电子邮件、远程连接等多种形式服务； b）供应商提供同城 4h、异地 12h 技术响应服务，2 个工作日解决问题，对于未能解决的问题和故障应提供可行的升级方案，并提供周转设备或更换设备； c）建立全国技术服务体系和服务团体，符合专业服务体系标准要求，提供原厂中文服务； d）服务周期内提供产品的维修、换件和升级服务； e）免费送货到中央单位指定的地点						

附件 2

中央国家机关便携式计算机批量集中采购配置标准－2024 版

序号	指标项	配置 1	配置 2	配置 3	配置 4	配置 5	配置 6（采购单位选此项配置应符合相关管理要求）
1	预算上限（人民币 元）	7000	7000	7000	7000	7000	7000
2	显示屏尺寸（英寸）	14－14.9	14－14.9	14－14.9	14－14.9	14－14.9	14－14.9
3	显示屏分辨率	≥1920＊1080	≥1920＊1080	≥1920＊1080	≥1920＊1080	≥1920＊1080	≥1920＊1080
4	CPU 品牌	龙芯	飞腾	兆芯	华为鲲鹏	申威	Intel/AMD
5	CPU 型号	≥3A5000	≥D2000	≥KX－6640MA	≥麒麟 9006C	≥申威 SW421	≥ I7－1355U 或≥Ryzen7 7730U
6	CPU 物理核数	≥4	≥8	≥4	≥8	≥4	≥8
7	CPU 主频（基准时钟频率）GHz	≥2.0	≥2.0	≥2.2	≥3.1	≥1.8	≥1.8
8	固态存储容量	≥512GB	≥512GB	≥512GB	≥512GB	≥512GB	≥512GB
9	机械硬盘总容量	/	/	/	/	/	/
10	内存配置容量	≥16GB	≥16GB	≥16GB	≥16GB	≥16GB	≥16GB
11	内存读写速率	≥2666MT/s	≥2666MT/s	≥2666MT/s	≥2666MT/s	≥2666MT/s	≥2666MT/s
12	内存插槽数量（板载内存不涉及）	≥1	≥1	≥1	≥1	≥1	≥1
13	显卡类型	独立显卡	独立显卡	集成显卡	集成显卡	集成显卡	集成显卡
14	独立显卡显存容量	≥1GB	≥2GB	/	/	/	/

续表

序号	指标项	配置1	配置2	配置3	配置4	配置5	配置6（采购单位选此项配置应符合相关管理要求）
15	独立显卡显存类型	≥DDR4	≥DDR4	/	/	/	/
16	独立显卡显存位宽（bit）	≥32	≥64	/	/	/	/
17	光驱类型	DVDRW	DVDRW	DVDRW	DVDRW	DVDRW	DVDRW
18	光驱接口	USB（外置）或SATA	USB（外置）或SATA	USB（外置）或SATA	USB（外置）或SATA	USB（外置）或SATA	USB（外置）或SATA
19	有线网卡	10/100/1000M自适应（可转接，需提供转接线）	10/100/1000M自适应（可转接，需提供转接线）	10/100/1000M自适应（可转接，需提供转接线）	10/100/1000M自适应（可转接，需提供转接线）	10/100/1000M自适应（可转接，需提供转接线）	10/100/1000M自适应（可转接，需提供转接线）
20	USB接口数量	≥3个，至少包含1个USB3.0及以上标准接口，USB Type－C接口数量≥1	≥3个，至少包含1个USB3.0及以上标准接口，USB Type－C接口数量≥1	≥3个，至少包含1个USB3.0及以上标准接口，USB Type－C接口数量≥1	≥3个，至少包含1个USB3.0及以上标准接口，USB Type－C接口数量≥1	≥3个，至少包含1个USB3.0及以上标准接口，USB Type－C接口数量≥1	≥3个，至少包含1个USB3.0及以上标准接口，USB Type－C接口数量≥1
21	预装操作系统	麒麟/统信UOS/中科方德/其他符合安全可靠测评要求的操作系统	麒麟/统信UOS/中科方德/其他符合安全可靠测评要求的操作系统	麒麟/统信UOS/中科方德/其他符合安全可靠测评要求的操作系统	麒麟/统信UOS/中科方德/其他符合安全可靠测评要求的操作系统	麒麟/统信UOS/中科方德/其他符合安全可靠测评要求的操作系统	Windows10神州网信版
22	电池额定能量	≥50WH	≥50WH	≥50WH	≥50WH	≥50WH	≥50WH
23	机身颜色	黑色/灰色/银色等商务色系	黑色/灰色/银色等商务色系	黑色/灰色/银色等商务色系	黑色/灰色/银色等商务色系	黑色/灰色/银色等商务色系	黑色/灰色/银色等商务色系
24	机身材质	双面合金/碳纤维	双面合金/碳纤维	双面合金/碳纤维	双面合金/碳纤维	双面合金/碳纤维	双面合金/碳纤维
25	整机重量	≤1.7kg	≤1.7kg	≤1.7kg	≤1.7kg	≤1.7kg	≤1.7kg

续表

序号	指标项	配置 1	配置 2	配置 3	配置 4	配置 5	配置 6（采购单位选此项配置应符合相关管理要求）
26	整机厚度（不含脚垫）	≤20mm	≤20mm	≤20mm	≤20mm	≤22mm	≤20mm
27	电脑包	黑色/灰色/银色等商务色系	黑色/灰色/银色等商务色系	黑色/灰色/银色等商务色系	黑色/灰色/银色等商务色系	黑色/灰色/银色等商务色系	黑色/灰色/银色等商务色系
28	摄像头数量	≥1 个	≥1 个	≥1 个	≥1 个	≥1 个	≥1 个
29	摄像头像素	≥100 万	≥100 万	≥100 万	≥100 万	≥100 万	≥100 万
30	摄像头分辨率	≥1280×720	≥1280×720	≥1280×720	≥1280×720	≥1280×720	≥1280×720
31	显示屏色准	最大 ΔE ≤4	最大 ΔE ≤4	最大 ΔE ≤4	最大 ΔE ≤4	最大 ΔE ≤4	最大 ΔE ≤4
32	鼠标	有线 USB 接口	有线 USB 接口	有线 USB 接口	有线 USB 接口	有线 USB 接口	有线 USB 接口
33	关键部件安全要求	CPU 和操作系统等关键部件应当符合安全可靠测评要求	CPU 和操作系统等关键部件应当符合安全可靠测评要求	CPU 和操作系统等关键部件应当符合安全可靠测评要求	CPU 和操作系统等关键部件应当符合安全可靠测评要求	CPU 和操作系统等关键部件应当符合安全可靠测评要求	/
34	其他要求	财政部《便携式计算机政府采购需求标准》中规定的其他＊内容	财政部《便携式计算机政府采购需求标准》中规定的其他＊内容	财政部《便携式计算机政府采购需求标准》中规定的其他＊内容	财政部《便携式计算机政府采购需求标准》中规定的其他＊内容	财政部《便携式计算机政府采购需求标准》中规定的其他＊内容	财政部《便携式计算机政府采购需求标准》中规定的其他＊内容
35	是否具有节能产品认证证书（有效期内）	是	是	是	是	是	是
36	是否为进口产品	否	否	否	否	否	否
37	整机质量服务要求	免费服务周期（含换件和维修）≥3年	免费服务周期（含换件和维修）≥3年	免费服务周期（含换件和维修）≥3年	免费服务周期（含换件和维修）≥3年	免费服务周期（含换件和维修）≥3年	免费服务周期（含换件和维修）≥3年

续表

序号	指标项	配置 1	配置 2	配置 3	配置 4	配置 5	配置 6（采购单位选此项配置应符合相关管理要求）
38	服务标准	a）提供产品 3 年维保及上门服务（满足同城 4 小时、异地 12 小时响应要求）； b）提供政企专线 7 * 24 在线服务； c）现场保障技术服务团队员，国内上门服务地级市覆盖率达 100%； d）服务周期内提供产品的维修、换件和升级服务； e）免费送货到中央单位指定的地点。					

（三）定点采购与协议供货

关于延长2021—2022年办公家具、印刷服务、车辆维修保养、车辆加油、车辆保险定点采购和汽车协议供货、CAD软件协议供货有效期的通知

2022 年 12 月 30 日

各相关单位：

中央国家机关 2021—2022 年办公家具、印刷服务、车辆维修保养、车辆加油、车辆保险定点采购和汽车协议供货、CAD 软件协议供货有效期将于 2022 年 12 月 31 日届满，相关品目的征集工作正在按照《政府采购框架协议采购方式管理暂行办法》积极推进。为保障中央国家机关相关采购业务顺利开展，现将上述品目的定点采购和协议供货有效期延长至对应品目框架协议采购征集结果生效之日。

特此通知。

中央国家机关政府采购中心

2022 年 12 月 30 日

（四）电子卖场

关于修订《中央国家机关政府采购电子卖场管理办法》的通知

2023 年 12 月 27 日　国机采〔2023〕20 号

各采购人、供应商：

为进一步规范中央国家机关电子卖场产品管理、交易方式和规则、履约管理等行为，贯彻深化政府采购制度改革方案精神，落实支持创新、绿色发展、促进中小企业发展、乡村振兴等政府采购政策，提高小额零散采购效率，依据《中华人民共和国政府采购法》《中华人民共和国政府采购法实施条例》及政府采购相关法律法规，结合中央国家机关政府采购电子卖场运行管理情况，我们对《中央国家机关政府采购电子卖场管理办法》进行了修订，现予公布，请遵照执行。

中央国家机关政府采购中心
2023 年 12 月 27 日

中央国家机关政府采购电子卖场管理办法

第一章　总　则

第一条　为了规范中央国家机关政府采购电子卖场（以下简称电子卖场）运行，贯彻深改方案精神，落实政府采购政策，加强小额零散采购日常管理，根据《中华人民共和国政府采购法》和《中华人民共和国政府采购法实施条例》及相关法律法规等，制定本办法。

第二条 本办法所称电子卖场，是指中央国家机关政府采购中心（以下简称国采中心）建设的供采购人、供应商进行限额标准下、多频次货物服务工程零散采购的电子化交易平台。

第三条 电子卖场的交易行为，应当坚持公开透明、公平竞争、诚实信用、讲求绩效原则。

第四条 电子卖场应当落实支持创新、绿色发展、促进中小企业发展、乡村振兴等政府采购政策。

第五条 国采中心根据电子卖场运行实际，适时发布《中央国家机关政府采购电子卖场运行规则》，就产品的上下架、信息维护、交易规则以及违约情形、奖惩措施等作出说明，保障电子卖场规范运行。

第二章 产品管理

第六条 国采中心建设电子卖场参数库。对通用性强、技术规格统一的产品，按规定程序，将技术（服务）参数嵌入电子卖场，纳入参数库管理。对建筑企业、工程监理企业、注册建造师、监理工程师等企业及人员资质，按照规定程序，嵌入电子卖场，纳入参数库管理。

通用性强、技术规格统一的产品，应当从电子卖场设定的参数库中选取参数值、填写产品信息（包括但不限于视频、图像、文本、数值、链接等）。

工程类企业资质按照电子卖场设定的参数库进行填写，包括资质类别、资质名称、资质证书号、发证日期、发证有效期发证机关、证书信息等。

工程类人员资质按照电子卖场设定的参数库进行填写，包括姓名、身份证号、注册类别、注册号（执业印章号）、注册专业等。

第七条 拟为电子卖场提供货物、服务、工程的供应商，应参加国采中心组织的征集活动。参与征集的供应商应按征集文件要求投报产品，并对投报信息的真实性、有效性、合法性负责。

第八条 国采中心根据征集文件的规定，按相应程序确定入围供应商后，为其开通电子卖场相关权限。

货物类入围生产厂商（或其唯一代理商）可通过其在电子卖场审批通过的代理商销售入围产品，其自身也可以代理商身份销售入围产品。

第九条 入围供应商上架的产品，应符合国采中心规定的上架规则，背离政府采购法律法规或相关规则的，将被系统标识为无法交易或作下架处理。

第十条 经征集程序入围的供应商如申请退出电子卖场，须经国采中心审核通过，确保交易各方权益无争议后，相关产品方可做下架处理。

第三章　交易方式和规则

第十一条　电子卖场设定的交易方式，包括但不限于直购、比价、反拍等。

第十二条　直购是指采购人直接选择电子卖场中某款产品，自主确定与提供该产品的供应商成交。直购方式下，采购人可与供应商就产品的价格在线议价，争取更加优惠的价格。经议价成交的，供应商不得降低产品和服务的质量和标准。

第十三条　比价是指采购人明确采购最高限价和一个（含）以上技术参数，由系统自动筛选出符合要求的多个品牌的多个产品，采购人从中择优选择三个及以上不同品牌的产品，发布比价需求公告，所选产品的供应商自愿参与报价。报价时间截止后，以系统记录的供应商最终报价作为评判依据，价格最低的供应商成交。

比价适用于通用性强、技术规格统一且纳入国采中心参数库管理的产品。

第十四条　反拍是指采购人选择某款产品，设定报价截止时间、单价降幅区间，发布反拍需求公告，所选产品供应商自愿参与报价。报价时间截止后，以系统记录的供应商最终报价作为评判依据，价格最低的供应商成交。

报价截止时间内，供应商可在单价降幅区间内，以不高于上一轮的价格向下多轮报价。

第十五条　需求公告发布前，采购人应仔细核对比价、反拍需求内容，公告一经发布，原则上不得修改、取消。

比价或反拍从需求公告发布至报价截止，时间不得少于3个工作日。供应商参与报价，视同其承诺能够以该价格按时提供需求公告指定的原厂正品或不低于需求公告要求标准的服务。

第十六条　比价或反拍报价截止后，已报价供应商不少于3家的，价格最低的成交；已报价供应商不足3家的，该项目终止。最低报价有多家供应商的，最早报出该价格的供应商成交；最终报价时间相同的，由系统随机确定成交供应商。比价、反拍项目成交后，系统自动发布成交公告。

第十七条　成交供应商应当及时确认订单。订单确认后，系统自动生成具有唯一编号的电子验收单，作为政府采购凭证。成交供应商应及时供货，并提供发票和加盖公章的电子验收单。

第十八条　电子卖场采购合同由采购人与成交供应商自行拟定签署，合同实质内容应与电子验收单一致。

第四章　履约管理

第十九条　采购人应根据采购合同规定的技术、服务要求对成交供应商履约情况进行验收。验收合格后，按照合同约定方式向成交供应商付款。

第二十条 订单完成后，采购人、成交供应商可针对采购交易情况进行互评，互评结果由系统记录并向采购人和供应商公开，为采购交易相关方提供参考。

第二十一条 履约过程中出现纠纷的，采购人、供应商应当协商解决，协商未果的可在线向国采中心发起申诉纠纷，或通过政府采购法律法规规定的途径解决。

同一产品同时出现两个以上不同采购人申请协调解决纠纷的，国采中心将暂时冻结该供应商上架产品和交易权限，直至纠纷解决。

第五章 监测预警

第二十二条 国采中心对标准化程度较高、成交量大、价格分布有梯度的产品进行价格监测，根据交易数据定期计算不同配置产品的参考价，作为价格预警的依据。

第二十三条 供应商报价超过参考价上限一定比例的，由系统自动拦截该报价。

采购人下单商品价格超出参考价上限的，系统将在采购人下单时给出相应提示预警。

第二十四条 国采中心发现产品的市场价格降低时，入围供应商必须将产品价格降低至市场平均价以下。不同意降价的，将暂停其相应产品的销售资格。

第六章 违约责任

第二十五条 供应商出现下列情形之一的，国采中心将暂停其当期电子卖场交易权限3个月并予以公示：

（一）未按上架规则上架产品的；

（二）虚报低价、无法按报价成交的；

（三）未在规定时间内确认比价、反拍等竞争性方式已成交订单的；

（四）不能按照响应征集入围时所承诺的服务标准提供服务的；

（五）其他违反电子卖场上下架和交易原则情形的。

第二十六条 供应商出现下列情形之一的，国采中心将暂停其当期电子卖场交易权限6个月并予以公示：

（一）比价、反拍项目成交供应商确认订单后，因自身原因未及时与采购人签订合同的；

（二）比价、反拍项目成交供应商确认订单后，因自身原因取消订单的；

（三）没有在承诺的供货期限内及时供货或提供售后服务的；

（四）提供的产品与电子卖场产品信息、电子验收单及采购合同不一致的；

（五）产品质量、服务等不满足公告中明确的采购需求的；

（六）其他违反入围协议约定和履约承诺情形的。

第二十七条 供应商出现下列情形之一的，国采中心将终止其当期电子卖场交易权限并予以公示，视情节报请政府采购监督管理部门进一步处理：

（一）提供来源不明、假冒伪劣等不合格产品的；

（二）提供虚假材料或虚假证明谋取入围已经核实的；

（三）与其他供应商串通，谋取成交的；

（四）入围有效期内不再具备相应行业有效的生产服务资格条件的；

（五）入围有效期内被列入失信被执行人、重大税收违法案件当事人名单、政府采购严重违法失信行为记录名单及其他不符合《中华人民共和国政府采购法》第二十二条规定条件的；

（六）未按有关规定支付生产服务人员工资，造成人员聚众上访等事件的；

（七）履约过程中因管理或人为原因造成安全等级事故的；

（八）未经采购人允许将所承担项目的非主体、非关键性工作分包给他人的；

（九）将所承担项目的主体、关键性工作分包给他人，或将政府采购合同转包的；

（十）其他违反法律法规的情形。

第二十八条 入围生产厂商（或其入围时的唯一授权代理商）的代理商销售产品出现问题的，入围生产厂商及其入围时的唯一代理商承担连带责任，具体约定通过入围协议明确。

第七章 附 则

第二十九条 本办法由国采中心负责解释。

第三十条 本办法自2024年1月1日起施行。《中央国家机关政府采购电子卖场管理办法》（国机采〔2021〕16号）同时废止。

（五）电子竞价

关于发布《中央国家机关政府采购中心电子竞价采购管理办法》的通知

2021 年 8 月 18 日　国机采〔2021〕17 号

各采购人、供应商：

为贯彻落实中央深化政府采购制度改革的精神要求，提高采购便利性，落实政府采购政策功能，依据《中华人民共和国政府采购法》、《中华人民共和国政府采购法实施条例》及政府采购相关法律法规，结合中央国家机关电子竞价运行管理实际，我们修订了《中央国家机关政府采购中心电子竞价采购管理办法》。现予公布，请遵照执行。

附件：中央国家机关政府采购中心电子竞价采购管理办法

中央国家机关政府采购中心

2021 年 8 月 18 日

附件：

中央国家机关政府采购中心电子竞价采购管理办法

第一章　总　　则

第一条　为规范中央国家机关政府采购电子竞价采购行为，落实政府采购政策，提高采购效率，依据《中华人民共和国政府采购法》、《中华人民共和国政府采购法实施条例》及相关规章制度，制定本办法。

第二条 本办法所称电子竞价，是指采购人公开发布采购信息，供应商在规定时间内在线报价，满足采购需求的最低报价者成交的电子化采购形式。

第三条 电子竞价适用于分散采购限额标准下，纳入电子竞价品目范围内且采购人无法通过框架协议实现采购的项目。电子竞价品目范围由中央国家机关政府采购中心（以下简称国采中心）根据政策法规相关规定和实际需求制定并更新。

第四条 电子竞价的交易行为应当遵循公开公平、诚实守信、程序合规、讲求绩效的原则。

第五条 电子竞价应当落实支持创新、绿色发展、促进中小企业发展、乡村振兴等政府采购政策。

第二章　电子竞价当事人

第六条 电子竞价当事人是指《中华人民共和国政府采购法》规定的采购人、供应商和集采机构（本办法指国采中心）。

第七条 采购人应当在中央政府采购网（http：//www.zycg.gov.cn/）注册，登录综合采购系统，在线发起竞价项目。

第八条 供应商应当在中央政府采购网注册，办理数字认证证书（CA证书）后，登录综合采购系统参与竞价。参与竞价的供应商应当符合政府采购及相应行业法律法规规定的资格条件，遵守国采中心制定的电子竞价有关规则。

第九条 国采中心负责电子竞价的规则设计和信息系统的建设运营，根据法律法规发布《中央国家机关政府采购电子竞价运行规则》，对具体违约情形处理并公示。

第十条 采购人、供应商应当妥善保管用户名和密码，凡通过系统账户发布的竞价需求和报价行为，均视同当事人意思的真实表示，当事人均应当承担法律责任。

第三章　电子竞价需求

第十一条 电子竞价标的为电子竞价品目范围内的货物或服务，超出品目范围的竞价项目将无法成交。

一个预算项目下的同一品目或类别的货物或服务，预算金额超过分散采购限额标准的，采购人不得以化整为零方式进行电子竞价采购。

第十二条 电子竞价需求公告应当包括项目基本信息、售后服务要求、采购产品需求清单等。

第十三条 电子竞价需求应当符合法律法规、政府采购政策和国家有关规定，符合国家强制性标准，遵循预算、资产和财务等管理制度，符合项目特点和实际需要。

电子竞价需求表述应当含义准确完整、标准清晰规范、逻辑严谨合理，不得包含歧视性、排他性内容。技术需求中不得包含商务条款。不得将规模及生产厂家授权、承诺、证明、背书等条款设置为采购需求。

第十四条 电子竞价需求原则上须填写三个（含）以上同一档次的参考品牌和型号，满足需求的供应商均可参与竞价。

第十五条 符合下列情形之一的货物，可以按单一品牌方式进行电子竞价采购：

（一）因货物技术唯一性只能选择唯一品牌产品的；

（二）必须保证原有采购项目一致性或者配套兼容要求，需要添购同一品牌产品、指定配件或耗材的。

拟采购单一品牌产品的，采购人需上传单一品牌采购申请函。

第十六条 电子竞价项目应当严格执行《财政部 发展改革委 生态环境部 市场监管总局关于调整优化节能产品、环境标志产品政府采购执行机制的通知》（财库〔2019〕9号）、《关于印发节能产品政府采购品目清单的通知》（财库〔2019〕19号）、《关于印发环境标志产品政府采购品目清单的通知》（财库〔2019〕18号）。

第十七条 根据《政府采购促进中小企业发展管理办法》（财库〔2020〕46号），供应商提供的货物/服务均由小微企业制造/承接的，按照报价扣除6%后的价格进行排序，供应商最终成交价格以实际报价为准。

第十八条 确需采购进口产品的，采购人应当严格按照《财政部关于印发〈政府采购进口产品管理办法〉的通知》（财库〔2007〕119号）及《财政部关于政府采购进口产品管理有关问题的通知》（财办库〔2008〕248号）等有关规定执行。

第四章 电子竞价程序

第十九条 采购人发布竞价需求公告。竞价需求公告一经发布，采购人不可调整、变更或撤销。竞价需求公告发布至竞价截止时间不得少于3个工作日。

第二十条 参与竞价的供应商应当认真阅读、理解竞价需求公告，响应采购人提出的全部需求并提供相应证明材料，未实质性响应采购需求或报价超预算的供应商将被拒绝。

第二十一条 参与竞价的供应商应当对报价行为承担法律责任，不得通过虚假应答、串通等行为谋取不正当利益。竞价时间截止后不得对报价及相关内容做任何更改或退出。

第二十二条 报价时间截止后，系统按报价由低到高顺序排序，列出成交供应商候选人名单。采购人应当在满足竞价需求的供应商中，选择排名第一的供应商为成交供应商。报价相同时，按报价时间先后顺序排序。

第二十三条 采购人应当在竞价截止时间后5个工作日内，提请国采中心审核经其确认的成交供应商并发布成交公告；采购人逾期不确认的，系统自动推荐排名第一的供应商作为成交供应商，经审核后发布成交公告。

第二十四条 出现下列情形之一的，应当终止电子竞价项目并发布终止公告：

（一）采购需求不符合本办法第三章相关规定的；

（二）满足采购需求条件的供应商不足三家的；

（三）报价未超过项目总预算及分项预算的供应商不足三家的；

（四）采购人因重大变故导致采购任务取消的。

采购人因重大变故导致采购任务取消的，应当在竞价截止时间后5个工作日内提交书面说明。

第二十五条 成交公告发布后72小时内，供应商应当确认订单，在竞价需求公布的时间内主动与采购人联系，商定供货、合同签订等事宜。供应商未在规定时间内确认订单的，应承担相应责任。

第二十六条 成交供应商未按要求确认订单的，成交候选人满足法定数量时，采购人可以按照成交候选人名单排序确定下一候选人为成交供应商。

第二十七条 出现下列情形的，采购人可以就原预算项目重新发起电子竞价：

（一）发生第二十四条（一）、（二）、（三）情形的；

（二）成交供应商未按要求确认订单的；

（三）成交供应商在订单确认后不履约或未按竞价需求履约的。

第二十八条 供应商对电子竞价项目有疑问的，可以向采购人或国采中心提出询问，采购人或国采中心应及时作出答复。

第二十九条 供应商对电子竞价项目需求和成交结果进行质疑和投诉的，按政府采购法律法规规定办理。

第五章 履约管理

第三十条 电子竞价订单经确认后，系统自动生成具有唯一编号的电子验收单，作为政府采购凭证。

第三十一条 电子竞价采购合同由采购人与成交供应商自行拟定签署，合同实质内容应当与电子验收单一致。

第三十二条 电子竞价付款方式为先供货、后付款。采购人负责组织货物验收，验收合格后凭双方签字盖章《电子验收单》、采购合同及发票支付款项。

第三十三条 订单履约过程中出现纠纷的，采购人、供应商应当协商解决，也可在线向国采中心提出协调申请，或通过政府采购法律法规规定的途径解决。

在一个年度内，两个以上不同采购人对同一供应商发出纠纷协调申请的，国采中心将暂时冻结该供应商电子竞价权限，直至纠纷解决。

第六章　违约责任

第三十四条　采购人出现下列情形之一的，国采中心将有关情况报采购人的主管预算单位：

（一）因采购人自身原因终止采购项目的；

（二）逾期不签订合同或不按时向供应商付款的；

（三）其他应当向主管预算单位报送的情形。

第三十五条　供应商出现下列情形之一的，国采中心将暂停其电子竞价交易权限3个月并予以公示：

（一）竞价截止至成交公告发布期间退出竞价项目的；

（二）成交公告发布后未按要求确认订单的；

（三）不配合国采中心处理电子竞价相关争议的；

（四）其他违反电子竞价项目交易规则的情形。

第三十六条　供应商出现下列情形之一的，国采中心将暂停其电子竞价交易权限6个月并予以公示：

（一）成交订单确认后未及时与采购人签订合同的；

（二）没有在承诺的供货期限内及时供货或提供售后服务的；

（三）提供货物或服务与电子验收单不一致的；

（四）产品质量、服务等不满足公告中明确的采购需求的；

（五）其他在履约环节出现的违约违规情形的。

第三十七条　供应商出现下列情形之一的，国采中心将暂停其电子竞价交易权限一至三年并予以公示。情节严重的，国采中心将报请政府采购监督管理部门进一步处理：

（一）提供来源不明、假冒伪劣等不合格产品的；

（二）提供虚假材料或虚假证明的；

（三）与其他供应商串通，谋取成交的；

（四）在处罚暂停期间以任何形式重复注册和参与电子竞价的；

（五）被列入失信被执行人、重大税收违法案件当事人名单、政府采购严重违法失信行为记录名单及其他不符合《中华人民共和国政府采购法》第二十二条规定条件的；

（六）其他违反法律法规的情形。

第三十八条　国采中心应当依法依规履行电子竞价监督管理职责。国采中心及其工作人员在履行监督管理职责中存在滥用职权、玩忽职守、徇私舞弊等违法违纪行为的，依照法律法规及国家有关规定追究相应责任；涉嫌犯罪的，移送司法机关处理。

第七章　附　　则

第三十九条　本办法由国采中心负责解释。

第四十条　本办法自2021年8月18日起施行，《中央国家机关政府采购中心电子竞价管理办法》（国机采〔2020〕9号）同时废止。

关于发布《中央国家机关政府采购电子竞价运行规则》（第5期）的通知

国机采〔2024〕11 号

各采购人、供应商：

为进一步规范电子竞价业务，按照《中央国家机关政府采购中心电子竞价采购管理办法》有关规定，我们制定了《中央国家机关政府采购电子竞价运行规则》（第 5 期），现予公布，请严格遵守。

特此通知。

中央国家机关政府采购中心

2024 年 5 月 17 日

中央国家机关政府采购电子竞价运行规则
（第 5 期）

为进一步规范电子竞价业务，根据《中央国家机关政府采购中心电子竞价采购管理办法》和《财政部工业和信息化部关于印发〈台式计算机政府采购需求标准（2023 年版）〉的通知》（财库〔2023〕29 号）等 7 个文件的精神，结合电子竞价运营管理实际，现就电子竞价项目的品目范围更新调整和台式计算机、便携式计算机、一体式计算机、工作站、通用服务器、操作系统、数据库等 7 个品目政府采购需求标准执行规定如下，请遵照执行。

一、对电子竞价项目的品目范围进行调整更新，更新后的品目范围详见《中央国家机关政府采购中心 2024 年电子竞价品目表》（附件 1），请采购人严格按照更新后的品目范围发布竞价需求。

二、为落实财库〔2023〕29 号、30 号、31 号、32 号、33 号、34 号、35 号等 7 个文件精神，严格执行台式计算机、便携式计算机、一体式计算机、工作站、通用服务器、操作系统、数据库等 7 个品目政府采购需求标准，对采购人电子竞价承诺书、供应商电子竞价报价承诺函的相关内容进行补充调整（详见附件 2、附件 3）。

本期规则自 2024 年 5 月 22 日 0：00 起生效。

附件：1. 《2024 年中央国家机关政府采购中心电子竞价品目表》（略）

2. 《采购人电子竞价承诺书》（略）

3. 《电子竞价报价承诺函》（略）

关于发布《中央国家机关政府采购电子竞价运行规则》（第4期）的通知

国机采〔2023〕19号

各采购人、供应商：

为进一步规范电子竞价秩序，营造公平竞争和诚实守信氛围，按照《中央国家机关政府采购中心电子竞价采购管理办法》有关规定，我们制定了《中央国家机关政府采购电子竞价运行规则》（第4期），现予公布，请严格遵守。

特此通知。

中央国家机关政府采购中心

2024年1月4日

中央国家机关政府采购电子竞价运行规则（第4期）

为进一步规范电子竞价秩序，营造公平竞争和诚实守信氛围，根据《中央国家机关政府采购中心电子竞价采购管理办法》，结合电子竞价运营管理实际，现就电子竞价项目的现场考察需求、中小企业声明函、成交结果公告前供应商退出竞价的处理、相关承诺书内容等事项做如下规定。

一、电子竞价项目，仅在采购音视频会议系统、视频监控设备、工程投影仪、机房空调、中央空调品目时，采购人才可根据实际需要设置现场考察需求。供应商参加现场考察的，可按照本项目公示的现场考察价格优惠率确定的价格参与排名。

二、供应商参加电子竞价项目，如其响应的产品的生产厂商均为小微企业，则可在系统中勾选“小微企业生产”，并上传《中小企业声明函》。声明函格式和内容正确并符合相关规定的，按照本项目公示的小微企业价格优惠率确定的价格参与排名，否则，无法享受价格优惠。

三、供应商违反《中央国家机关政府采购中心电子竞价采购管理办法》第三十五条“（一）竞价截止至成交公告发布期间退出竞价项目的”，严格按照办法规定暂停其电子竞价权限3个月并公示。

四、调整《采购人电子竞价承诺书》和《电子竞价报价承诺函》内容，详见附件。

本期规则自公布之日起生效。

附件：1.《采购人电子竞价承诺书》（略）

2.《电子竞价报价承诺函》（略）

关于发布《中央国家机关政府采购电子竞价运行规则》（第3期）的通知

国机采〔2023〕8号

各采购人、供应商：

为进一步做好电子竞价管理，营造公平竞争和诚实守信氛围，按照《中央国家机关政府采购中心电子竞价采购管理办法》有关规定，我们制定了《中央国家机关政府采购电子竞价运行规则》（第3期），现予公布，请严格遵守。

特此通知。

中央国家机关政府采购中心

2023年3月21日

中央国家机关政府采购中心电子竞价运行规则（第3期）

根据《中央国家机关政府采购中心电子竞价采购管理办法》，结合电子竞价运营管理实际，现就电子竞价项目提出质疑方式和供应商售后服务协议相关内容规定如下。

一、供应商认为竞价需求、竞价过程、成交结果使自己的合法权益受到损害的，可以在知道或者应当知道其权益受到损害之日起7个工作日内，按照国采中心质疑函模板拟定质疑函并将质疑函纸质文件送达国采中心。

二、供应商参加电子竞价项目，如需提供当地售后服务资料的，请按照附件中

《售后服务合作协议》的格式和内容填写，并在响应报价时上传相关材料，材料不合格的将承担响应无效的风险。

本期规则自公布之日起生效。

附件：《售后服务合作协议》（略）

关于发布《中央国家机关政府采购电子竞价运行规则》(第2期)的通知

国机采〔2022〕4号

各采购人、供应商：

为进一步规范中央国家机关政府采购中心电子竞价需求管理，按照《中央国家机关政府采购中心电子竞价采购管理办法》有关规定，我们制定了《中央国家机关政府采购中心电子竞价运行规则》(第2期)，现予公布，请严格遵守。

特此通知。

中央国家机关政府采购中心

2022年2月22日

中央国家机关政府采购中心电子竞价运行规则
(第2期)

根据《中央国家机关政府采购中心电子竞价采购管理办法》第十三条，结合电子竞价业务运行实际，为进一步规范电子竞价需求管理，中央国家机关政府采购中心对电子竞价需求提交及公告发布制定规则如下：

采购人依规填写竞价需求，仔细阅读《采购人电子竞价承诺书》(见附件)后选择“承诺并提交”。采购人提交的竞价需求经国采中心审核通过后，发布电子竞价需求公告。

本期规则自公布之日起生效。

附件：采购人电子竞价承诺书(略)

关于发布《中央国家机关政府采购中心电子竞价运行规则》（第1期）的通知

国机采〔2021〕22号

各采购人、供应商：

为进一步规范中央国家机关政府采购中心电子竞价程序，按照《中央国家机关政府采购中心电子竞价采购管理办法》有关规定，我们制定了《中央国家机关政府采购中心电子竞价运行规则》（第1期），现予公布，请严格遵守。

特此通知。

中央国家机关政府采购中心

2021年9月23日

中央国家机关政府采购中心电子竞价运行规则
（第1期）

根据《中央国家机关政府采购中心电子竞价采购管理办法》（以下简称《管理办法》），现就采购人发布竞价需求和供应商报价时应提交的承诺等规定如下：

一、采购人发布竞价需求须仔细阅读《采购人电子竞价承诺书》，完全理解其表述意义后选择“承诺并发布”，承诺书具体内容详见附件1；

二、供应商报价时须仔细阅读《电子竞价报价承诺函》，完全理解其表述意义后选择“承诺并提交”即报价成功，承诺函具体内容详见附件2；

三、《管理办法》第三十五条第（二）项“成交公告发布后未按要求确认订单的”将启动自动处罚机制，暂停相关供应商电子竞价交易权限3个月。

本期规则自公布之日起生效。

附件 1

采购人电子竞价承诺书

我单位在国采中心电子竞价系统实施采购时，承诺知悉并认可以下事项：

一、所填写的电子竞价项目需求完整、明确、合规，无任何歧视性、排他性内容，技术指标栏中不包含商务条款和限制性服务条款；未有将除进口货物以外的生产厂家授权、承诺、证明、背书作为竞价需求等对投标人实行差别待遇或者歧视待遇的情形。

二、所填写的技术指标已覆盖所有参考品牌和型号。

三、仅在视频会议系统、视频监控设备、工程投影仪或机房空调品目根据实际设置现场踏勘需求；其他品目采购未有填写现场勘探的要求，否则无法成交。

四、所采产品如属于《节能产品政府采购品目清单》范围内执行强制节能采购政策的，即表示所需产品应当具备国家认可的认证机构出具的、处于有效期之内的节能产品认证证书。

五、该项目采购中不包括任何进口产品；如须采购进口产品时，应当严格按照有关规定执行。

六、电子竞价项目的采购公告时间不少于 3 个工作日。

七、充分知晓电子竞价需求公告一旦发布，将无法调整、变更或取消。我单位已慎重核对电子竞价需求内容，确定发布该项目需求公告。

八、充分知晓在竞价截止时间后 5 个工作日内须提交成交或废标结果并提请国采中心审核后发布公告；逾期不确认的，系统自动确认排名第一的供应商为成交供应商。

附件 2

电子竞价报价承诺函

本公司遵循诚实守信原则参与电子竞价项目，对填报的产品信息、价格等承担相应责任，并对下述事项作出承诺：

一、本公司已通过国采中心网站注册并获得安全认证（CA 证书），参与本项目报价期间未被列入失信被执行人、重大税收违法案件当事人名单、政府采购严重违法失信行为记录名单及中央政府采购网电子竞价系统黑名单。

二、本公司已认真阅读理解竞价需求公告所有内容，合理报价，并承诺按照成交价格提供所投报的满足技术指标、品牌、型号的产品和采购需求中明确的送货、安装、集成等服务。

三、本次报价已响应采购人提出的所有需求并按照要求提供相应证明材料，承担证明材料不合格所导致的报价响应无效的风险。

四、按照《政府采购促进中小企业发展管理办法》（财库〔2020〕46 号）要求，报价时如选择“小微企业生产”必须提供格式内容正确的《中小企业声明函》。否则自愿承担报价响应无效的责任和后果。

五、本次报价过程中及成交后履约过程中如违反《中央国家机关政府采购中心电子竞价采购管理办法》相关规定，本公司自愿承担相应违约责任。

中央国家机关政府采购中心

2021 年 9 月 23 日印发

六、

政府采购方式及程序

（一）招标投标

中华人民共和国招标投标法

（1999年8月30日第九届全国人民代表大会常务委员会第十一次会议通过 根据2017年12月27日第十二届全国人民代表大会常务委员会第三十一次会议《关于修改〈中华人民共和国招标投标法〉、〈中华人民共和国计量法〉的决定》修正）

目 录

第一章 总 则

第一条 为了规范招标投标活动，保护国家利益、社会公共利益和招标投标活动当事人的合法权益，提高经济效益，保证项目质量，制定本法。

第二条 在中华人民共和国境内进行招标投标活动，适用本法。

第三条 在中华人民共和国境内进行下列工程建设项目包括项目的勘察、设计、施工、监理以及与工程建设有关的重要设备、材料等的采购，必须进行招标：

（一）大型基础设施、公用事业等关系社会公共利益、公众安全的项目；

（二）全部或者部分使用国有资金投资或者国家融资的项目；

（三）使用国际组织或者外国政府贷款、援助资金的项目。

前款所列项目的具体范围和规模标准，由国务院发展计划部门会同国务院有关部门制订，报国务院批准。

法律或者国务院对必须进行招标的其他项目的范围有规定的，依照其规定。

第四条 任何单位和个人不得将依法必须进行招标的项目化整为零或者以其他任何方式规避招标。

第五条 招标投标活动应当遵循公开、公平、公正和诚实信用的原则。

第六条 依法必须进行招标的项目，其招标投标活动不受地区或者部门的限制。任何单位和个人不得违法限制或者排斥本地区、本系统以外的法人或者其他组织参加投标，不得以任何方式非法干涉招标投标活动。

第七条 招标投标活动及其当事人应当接受依法实施的监督。

有关行政监督部门依法对招标投标活动实施监督，依法查处招标投标活动中的违法行为。

对招标投标活动的行政监督及有关部门的具体职权划分，由国务院规定。

第二章 招 标

第八条 招标人是依照本法规定提出招标项目、进行招标的法人或者其他组织。

第九条 招标项目按照国家有关规定需要履行项目审批手续的，应当先履行审批手续，取得批准。

招标人应当有进行招标项目的相应资金或者资金来源已经落实，并应当在招标文件中如实载明。

第十条 招标分为公开招标和邀请招标。

公开招标，是指招标人以招标公告的方式邀请不特定的法人或者其他组织投标。

邀请招标，是指招标人以投标邀请书的方式邀请特定的法人或者其他组织投标。

第十一条 国务院发展计划部门确定的国家重点项目和省、自治区、直辖市人民政府确定的地方重点项目不适宜公开招标的，经国务院发展计划部门或者省、自治区、直辖市人民政府批准，可以进行邀请招标。

第十二条 招标人有权自行选择招标代理机构，委托其办理招标事宜。任何单位和个人不得以任何方式为招标人指定招标代理机构。

招标人具有编制招标文件和组织评标能力的，可以自行办理招标事宜。任何单位和个人不得强制其委托招标代理机构办理招标事宜。

依法必须进行招标的项目，招标人自行办理招标事宜的，应当向有关行政监督部门备案。

第十三条 招标代理机构是依法设立、从事招标代理业务并提供相关服务的社会中介组织。

招标代理机构应当具备下列条件：

（一）有从事招标代理业务的营业场所和相应资金；

（二）有能够编制招标文件和组织评标的相应专业力量。

第十四条 招标代理机构与行政机关和其他国家机关不得存在隶属关系或者其他利益关系。

第十五条 招标代理机构应当在招标人委托的范围内办理招标事宜，并遵守本法关于招标人的规定。

第十六条 招标人采用公开招标方式的，应当发布招标公告。依法必须进行招标的项目的招标公告，应当通过国家指定的报刊、信息网络或者其他媒介发布。

招标公告应当载明招标人的名称和地址、招标项目的性质、数量、实施地点和时间以及获取招标文件的办法等事项。

第十七条 招标人采用邀请招标方式的，应当向三个以上具备承担招标项目的能力、资信良好的特定的法人或者其他组织发出投标邀请书。

投标邀请书应当载明本法第十六条第二款规定的事项。

第十八条 招标人可以根据招标项目本身的要求，在招标公告或者投标邀请书中，要求潜在投标人提供有关资质证明文件和业绩情况，并对潜在投标人进行资格审查；国家对投标人的资格条件有规定的，依照其规定。

招标人不得以不合理的条件限制或者排斥潜在投标人，不得对潜在投标人实行歧视待遇。

第十九条 招标人应当根据招标项目的特点和需要编制招标文件。招标文件应当包括招标项目的技术要求、对投标人资格审查的标准、投标报价要求和评标标准等所有实质性要求和条件以及拟签订合同的主要条款。

国家对招标项目的技术、标准有规定的，招标人应当按照其规定在招标文件中提出相应要求。

招标项目需要划分标段、确定工期的，招标人应当合理划分标段、确定工期，并在招标文件中载明。

第二十条 招标文件不得要求或者标明特定的生产供应者以及含有倾向或者排斥潜在投标人的其他内容。

第二十一条 招标人根据招标项目的具体情况，可以组织潜在投标人踏勘项目现场。

第二十二条 招标人不得向他人透露已获取招标文件的潜在投标人的名称、数量以及可能影响公平竞争的有关招标投标的其他情况。

招标人设有标底的，标底必须保密。

第二十三条 招标人对已发出的招标文件进行必要的澄清或者修改的，应当在招标文件要求提交投标文件截止时间至少十五日前，以书面形式通知所有招标文件收受人。该澄清或者修改的内容为招标文件的组成部分。

第二十四条 招标人应当确定投标人编制投标文件所需要的合理时间；但是，依法必须进行招标的项目，自招标文件开始发出之日起至投标人提交投标文件截止之日止，最短不得少于二十日。

第三章 投 标

第二十五条 投标人是响应招标、参加投标竞争的法人或者其他组织。

依法招标的科研项目允许个人参加投标的，投标的个人适用本法有关投标人的规定。

第二十六条 投标人应当具备承担招标项目的能力；国家有关规定对投标人资格条件或者招标文件对投标人资格条件有规定的，投标人应当具备规定的资格条件。

第二十七条 投标人应当按照招标文件的要求编制投标文件。投标文件应当对招标文件提出的实质性要求和条件作出响应。

招标项目属于建设施工的，投标文件的内容应当包括拟派出的项目负责人与主要技术人员的简历、业绩和拟用于完成招标项目的机械设备等。

第二十八条 投标人应当在招标文件要求提交投标文件的截止时间前，将投标文件送达投标地点。招标人收到投标文件后，应当签收保存，不得开启。投标人少于三个的，招标人应当依照本法重新招标。

在招标文件要求提交投标文件的截止时间后送达的投标文件，招标人应当拒收。

第二十九条 投标人在招标文件要求提交投标文件的截止时间前，可以补充、修改或者撤回已提交的投标文件，并书面通知招标人。补充、修改的内容为投标文件的组成部分。

第三十条 投标人根据招标文件载明的项目实际情况，拟在中标后将中标项目的部分非主体、非关键性工作进行分包的，应当在投标文件中载明。

第三十一条 两个以上法人或者其他组织可以组成一个联合体，以一个投标人的身份共同投标。

联合体各方均应当具备承担招标项目的相应能力；国家有关规定或者招标文件对投标人资格条件有规定的，联合体各方均应当具备规定的相应资格条件。由同一专业的单位组成的联合体，按照资质等级较低的单位确定资质等级。

联合体各方应当签订共同投标协议，明确约定各方拟承担的工作和责任，并将共同投标协议连同投标文件一并提交招标人。联合体中标的，联合体各方应当共同与招标人签订合同，就中标项目向招标人承担连带责任。

招标人不得强制投标人组成联合体共同投标，不得限制投标人之间的竞争。

第三十二条 投标人不得相互串通投标报价，不得排挤其他投标人的公平竞争，损害招标人或者其他投标人的合法权益。

投标人不得与招标人串通投标，损害国家利益、社会公共利益或者他人的合法权益。

禁止投标人以向招标人或者评标委员会成员行贿的手段谋取中标。

第三十三条 投标人不得以低于成本的报价竞标，也不得以他人名义投标或者以其他方式弄虚作假，骗取中标。

第四章 开标、评标和中标

第三十四条 开标应当在招标文件确定的提交投标文件截止时间的同一时间公开进行；开标地点应当为招标文件中预先确定的地点。

第三十五条 开标由招标人主持，邀请所有投标人参加。

第三十六条 开标时，由投标人或者其推选的代表检查投标文件的密封情况，也可以由招标人委托的公证机构检查并公证；经确认无误后，由工作人员当众拆封，宣读投标人名称、投标价格和投标文件的其他主要内容。

招标人在招标文件要求提交投标文件的截止时间前收到的所有投标文件，开标时都应当当众予以拆封、宣读。

开标过程应当记录，并存档备查。

第三十七条 评标由招标人依法组建的评标委员会负责。

依法必须进行招标的项目，其评标委员会由招标人的代表和有关技术、经济等方面的专家组成，成员人数为五人以上单数，其中技术、经济等方面的专家不得少于成员总数的三分之二。

前款专家应当从事相关领域工作满八年并具有高级职称或者具有同等专业水平，由招标人从国务院有关部门或者省、自治区、直辖市人民政府有关部门提供的专家名册或者招标代理机构的专家库内的相关专业的专家名单中确定；一般招标项目可以采取随机抽取方式，特殊招标项目可以由招标人直接确定。

与投标人有利害关系的人不得进入相关项目的评标委员会；已经进入的应当更换。

评标委员会成员的名单在中标结果确定前应当保密。

第三十八条 招标人应当采取必要的措施，保证评标在严格保密的情况下进行。

任何单位和个人不得非法干预、影响评标的过程和结果。

第三十九条 评标委员会可以要求投标人对投标文件中含义不明确的内容作必要的澄清或者说明，但是澄清或者说明不得超出投标文件的范围或者改变投标文件的实质性内容。

第四十条 评标委员会应当按照招标文件确定的评标标准和方法，对投标文件进行评审和比较；设有标底的，应当参考标底。评标委员会完成评标后，应当向招标人提出书面评标报告，并推荐合格的中标候选人。

招标人根据评标委员会提出的书面评标报告和推荐的中标候选人确定中标人。招标人也可以授权评标委员会直接确定中标人。

国务院对特定招标项目的评标有特别规定的，从其规定。

第四十一条 中标人的投标应当符合下列条件之一：

（一）能够最大限度地满足招标文件中规定的各项综合评价标准；

（二）能够满足招标文件的实质性要求，并且经评审的投标价格最低；但是投标价格低于成本的除外。

第四十二条 评标委员会经评审，认为所有投标都不符合招标文件要求的，可以否决所有投标。

依法必须进行招标的项目的所有投标被否决的，招标人应当依照本法重新招标。

第四十三条 在确定中标人前，招标人不得与投标人就投标价格、投标方案等实质性内容进行谈判。

第四十四条 评标委员会成员应当客观、公正地履行职务，遵守职业道德，对所提出的评审意见承担个人责任。

评标委员会成员不得私下接触投标人，不得收受投标人的财物或者其他好处。

评标委员会成员和参与评标的有关工作人员不得透露对投标文件的评审和比较、中标候选人的推荐情况以及与评标有关的其他情况。

第四十五条 中标人确定后，招标人应当向中标人发出中标通知书，并同时将中标结果通知所有未中标的投标人。

中标通知书对招标人和中标人具有法律效力。中标通知书发出后，招标人改变中标结果的，或者中标人放弃中标项目的，应当依法承担法律责任。

第四十六条 招标人和中标人应当自中标通知书发出之日起三十日内，按照招标文件和中标人的投标文件订立书面合同。招标人和中标人不得再行订立背离合同实质性内容的其他协议。

招标文件要求中标人提交履约保证金的，中标人应当提交。

第四十七条 依法必须进行招标的项目，招标人应当自确定中标人之日起十五日内，向有关行政监督部门提交招标投标情况的书面报告。

第四十八条 中标人应当按照合同约定履行义务，完成中标项目。中标人不得向他人转让中标项目，也不得将中标项目肢解后分别向他人转让。

中标人按照合同约定或者经招标人同意，可以将中标项目的部分非主体、非关键性工作分包给他人完成。接受分包的人应当具备相应的资格条件，并不得再次分包。

中标人应当就分包项目向招标人负责，接受分包的人就分包项目承担连带责任。

第五章　法律责任

第四十九条 违反本法规定，必须进行招标的项目而不招标的，将必须进行招标的项目化整为零或者以其他任何方式规避招标的，责令限期改正，可以处项目合同金额千分之五以上千分之十以下的罚款；对全部或者部分使用国有资金的项目，可以暂停项目执行或者暂停资金拨付；对单位直接负责的主管人员和其他直接责任人员依法给予处分。

第五十条 招标代理机构违反本法规定，泄露应当保密的与招标投标活动有关的情况和资料的，或者与招标人、投标人串通损害国家利益、社会公共利益或者他人合法权益的，处五万元以上二十五万元以下的罚款；对单位直接负责的主管人员和其他直接责任人员处单位罚款数额百分之五以上百分之十以下的罚款；有违法所得的，并处没收违法所得；情节严重的，禁止其一年至二年内代理依法必须进行招标的项目并予以公告，直至由工商行政管理机关吊销营业执照；构成犯罪的，依法追究刑事责任。给他人造成损失的，依法承担赔偿责任。

前款所列行为影响中标结果的，中标无效。

第五十一条 招标人以不合理的条件限制或者排斥潜在投标人的，对潜在投标人实行歧视待遇的，强制要求投标人组成联合体共同投标的，或者限制投标人之间竞争的，责令改正，可以处一万元以上五万元以下的罚款。

第五十二条 依法必须进行招标的项目的招标人向他人透露已获取招标文件的潜在投标人的名称、数量或者可能影响公平竞争的有关招标投标的其他情况的，或者泄露标底的，给予警告，可以并处一万元以上十万元以下的罚款；对单位直接负责的主管人员和其他直接责任人员依法给予处分；构成犯罪的，依法追究刑事责任。

前款所列行为影响中标结果的，中标无效。

第五十三条 投标人相互串通投标或者与招标人串通投标的，投标人以向招标人或者评标委员会成员行贿的手段谋取中标的，中标无效，处中标项目金额千分之五以上千分之十以下的罚款，对单位直接负责的主管人员和其他直接责任人员处单位罚款数额百分之五以上百分之十以下的罚款；有违法所得的，并处没收违法所得；情节严重的，取消其一年至二年内参加依法必须进行招标的项目的投标资格并予以公告，直至由工商行政管理机关吊销营业执照；构成犯罪的，依法追究刑事责任。给他人造成损失的，依法承担赔偿责任。

第五十四条 投标人以他人名义投标或者以其他方式弄虚作假，骗取中标的，中标无效，给招标人造成损失的，依法承担赔偿责任；构成犯罪的，依法追究刑事责任。

依法必须进行招标的项目的投标人有前款所列行为尚未构成犯罪的，处中标项目金额千分之五以上千分之十以下的罚款，对单位直接负责的主管人员和其他直接责任人员处单位罚款数额百分之五以上百分之十以下的罚款；有违法所得的，并处没收违法所得；情节严重的，取消其一年至三年内参加依法必须进行招标的项目的投标资格并予以公告，直至由工商行政管理机关吊销营业执照。

第五十五条 依法必须进行招标的项目，招标人违反本法规定，与投标人就投标价格、投标方案等实质性内容进行谈判的，给予警告，对单位直接负责的主管人员和其他直接责任人员依法给予处分。

前款所列行为影响中标结果的，中标无效。

第五十六条 评标委员会成员收受投标人的财物或者其他好处的，评标委员会成员或者参加评标的有关工作人员向他人透露对投标文件的评审和比较、中标候选人的推荐以及与评标有关的其他情况的，给予警告，没收收受的财物，可以并处三千元以上五万元以下的罚款，对有所列违法行为的评标委员会成员取消担任评标委员会成员的资格，不得再参加任何依法必须进行招标的项目的评标；构成犯罪的，依法追究刑事责任。

第五十七条 招标人在评标委员会依法推荐的中标候选人以外确定中标人的，依法必须进行招标的项目在所有投标被评标委员会否决后自行确定中标人的，中标无效，责令改正，可以处中标项目金额千分之五以上千分之十以下的罚款；对单位直接负责的主管人员和其他直接责任人员依法给予处分。

第五十八条 中标人将中标项目转让给他人的，将中标项目肢解后分别转让给他人的，违反本法规定将中标项目的部分主体、关键性工作分包给他人的，或者分包人再次分包的，转让、分包无效，处转让、分包项目金额千分之五以上千分之十以下的罚款；有违法所得的，并处没收违法所得；可以责令停业整顿；情节严重的，由工商行政管理机关吊销营业执照。

第五十九条 招标人与中标人不按照招标文件和中标人的投标文件订立合同的，或者招标人、中标人订立背离合同实质性内容的协议的，责令改正；可以处中标项目金额千分之五以上千分之十以下的罚款。

第六十条 中标人不履行与招标人订立的合同的，履约保证金不予退还，给招标人造成的损失超过履约保证金数额的，还应当对超过部分予以赔偿；没有提交履约保证金的，应当对招标人的损失承担赔偿责任。

中标人不按照与招标人订立的合同履行义务，情节严重的，取消其二年至五年内参加依法必须进行招标的项目的投标资格并予以公告，直至由工商行政管理机关吊销营业执照。

因不可抗力不能履行合同的，不适用前两款规定。

第六十一条 本章规定的行政处罚，由国务院规定的有关行政监督部门决定。本法已对实施行政处罚的机关作出规定的除外。

第六十二条 任何单位违反本法规定，限制或者排斥本地区、本系统以外的法人或者其他组织参加投标的，为招标人指定招标代理机构的，强制招标人委托招标代理机构办理招标事宜的，或者以其他方式干涉招标投标活动的，责令改正；对单位直接负责的主管人员和其他直接责任人员依法给予警告、记过、记大过的处分，情节较重的，依法给予降级、撤职、开除的处分。

个人利用职权进行前款违法行为的，依照前款规定追究责任。

第六十三条 对招标投标活动依法负有行政监督职责的国家机关工作人员徇私舞弊、滥用职权或者玩忽职守，构成犯罪的，依法追究刑事责任；不构成犯罪的，依法给予行政处分。

第六十四条 依法必须进行招标的项目违反本法规定，中标无效的，应当依照本法规定的中标条件从其余投标人中重新确定中标人或者依照本法重新进行招标。

第六章 附　　则

第六十五条 投标人和其他利害关系人认为招标投标活动不符合本法有关规定的，有权向招标人提出异议或者依法向有关行政监督部门投诉。

第六十六条 涉及国家安全、国家秘密、抢险救灾或者属于利用扶贫资金实行以工代赈、需要使用农民工等特殊情况，不适宜进行招标的项目，按照国家有关规定可以不进行招标。

第六十七条 使用国际组织或者外国政府贷款、援助资金的项目进行招标，贷款方、资金提供方对招标投标的具体条件和程序有不同规定的，可以适用其规定，但违背中华人民共和国的社会公共利益的除外。

第六十八条 本法自2000年1月1日起施行。

中华人民共和国招标投标法实施条例

(2011 年 12 月 20 日中华人民共和国国务院令第 613 号公布　根据 2017 年 3 月 1 日《国务院关于修改和废止部分行政法规的决定》第一次修订　根据2018 年 3 月 19 日《国务院关于修改和废止部分行政法规的决定》第二次修订　根据 2019 年 3 月 2 日《国务院关于修改部分行政法规的决定》第三次修订)

第一章　总　　则

第一条　为了规范招标投标活动，根据《中华人民共和国招标投标法》(以下简称招标投标法)，制定本条例。

第二条　招标投标法第三条所称工程建设项目，是指工程以及与工程建设有关的货物、服务。

前款所称工程，是指建设工程，包括建筑物和构筑物的新建、改建、扩建及其相关的装修、拆除、修缮等；所称与工程建设有关的货物，是指构成工程不可分割的组成部分，且为实现工程基本功能所必需的设备、材料等；所称与工程建设有关的服务，是指为完成工程所需的勘察、设计、监理等服务。

第三条　依法必须进行招标的工程建设项目的具体范围和规模标准，由国务院发展改革部门会同国务院有关部门制订，报国务院批准后公布施行。

第四条　国务院发展改革部门指导和协调全国招标投标工作，对国家重大建设项目的工程招标投标活动实施监督检查。国务院工业和信息化、住房城乡建设、交通运输、铁道、水利、商务等部门，按照规定的职责分工对有关招标投标活动实施监督。

县级以上地方人民政府发展改革部门指导和协调本行政区域的招标投标工作。县级以上地方人民政府有关部门按照规定的职责分工，对招标投标活动实施监督，依法查处招标投标活动中的违法行为。县级以上地方人民政府对其所属部门有关招标投标活动的监督职责分工另有规定的，从其规定。

财政部门依法对实行招标投标的政府采购工程建设项目的政府采购政策执行情况实施监督。

监察机关依法对与招标投标活动有关的监察对象实施监察。

第五条 设区的市级以上地方人民政府可以根据实际需要，建立统一规范的招标投标交易场所，为招标投标活动提供服务。招标投标交易场所不得与行政监督部门存在隶属关系，不得以营利为目的。

国家鼓励利用信息网络进行电子招标投标。

第六条 禁止国家工作人员以任何方式非法干涉招标投标活动。

第二章 招 标

第七条 按照国家有关规定需要履行项目审批、核准手续的依法必须进行招标的项目，其招标范围、招标方式、招标组织形式应当报项目审批、核准部门审批、核准。项目审批、核准部门应当及时将审批、核准确定的招标范围、招标方式、招标组织形式通报有关行政监督部门。

第八条 国有资金占控股或者主导地位的依法必须进行招标的项目，应当公开招标；但有下列情形之一的，可以邀请招标：

（一）技术复杂、有特殊要求或者受自然环境限制，只有少量潜在投标人可供选择；

（二）采用公开招标方式的费用占项目合同金额的比例过大。

有前款第二项所列情形，属于本条例第七条规定的项目，由项目审批、核准部门在审批、核准项目时作出认定；其他项目由招标人申请有关行政监督部门作出认定。

第九条 除招标投标法第六十六条规定的可以不进行招标的特殊情况外，有下列情形之一的，可以不进行招标：

（一）需要采用不可替代的专利或者专有技术；

（二）采购人依法能够自行建设、生产或者提供；

（三）已通过招标方式选定的特许经营项目投资人依法能够自行建设、生产或者提供；

（四）需要向原中标人采购工程、货物或者服务，否则将影响施工或者功能配套要求；

（五）国家规定的其他特殊情形。

招标人为适用前款规定弄虚作假的，属于招标投标法第四条规定的规避招标。

第十条 招标投标法第十二条第二款规定的招标人具有编制招标文件和组织评标能力，是指招标人具有与招标项目规模和复杂程度相适应的技术、经济等方面的专业人员。

第十一条 国务院住房城乡建设、商务、发展改革、工业和信息化等部门，按照规定的职责分工对招标代理机构依法实施监督管理。

第十二条 招标代理机构应当拥有一定数量的具备编制招标文件、组织评标等相应能力的专业人员。

第十三条 招标代理机构在招标人委托的范围内开展招标代理业务，任何单位和个人不得非法干涉。

招标代理机构代理招标业务，应当遵守招标投标法和本条例关于招标人的规定。招标代理机构不得在所代理的招标项目中投标或者代理投标，也不得为所代理的招标项目的投标人提供咨询。

第十四条 招标人应当与被委托的招标代理机构签订书面委托合同，合同约定的收费标准应当符合国家有关规定。

第十五条 公开招标的项目，应当依照招标投标法和本条例的规定发布招标公告、编制招标文件。

招标人采用资格预审办法对潜在投标人进行资格审查的，应当发布资格预审公告、编制资格预审文件。

依法必须进行招标的项目的资格预审公告和招标公告，应当在国务院发展改革部门依法指定的媒介发布。在不同媒介发布的同一招标项目的资格预审公告或者招标公告的内容应当一致。指定媒介发布依法必须进行招标的项目的境内资格预审公告、招标公告，不得收取费用。

编制依法必须进行招标的项目的资格预审文件和招标文件，应当使用国务院发展改革部门会同有关行政监督部门制定的标准文本。

第十六条 招标人应当按照资格预审公告、招标公告或者投标邀请书规定的时间、地点发售资格预审文件或者招标文件。资格预审文件或者招标文件的发售期不得少于5日。

招标人发售资格预审文件、招标文件收取的费用应当限于补偿印刷、邮寄的成本支出，不得以营利为目的。

第十七条 招标人应当合理确定提交资格预审申请文件的时间。依法必须进行招标的项目提交资格预审申请文件的时间，自资格预审文件停止发售之日起不得少于5日。

第十八条 资格预审应当按照资格预审文件载明的标准和方法进行。

国有资金占控股或者主导地位的依法必须进行招标的项目，招标人应当组建资格审查委员会审查资格预审申请文件。资格审查委员会及其成员应当遵守招标投标法和本条例有关评标委员会及其成员的规定。

第十九条 资格预审结束后，招标人应当及时向资格预审申请人发出资格预审结果通知书。未通过资格预审的申请人不具有投标资格。

通过资格预审的申请人少于 3 个的，应当重新招标。

第二十条 招标人采用资格后审办法对投标人进行资格审查的，应当在开标后由评标委员会按照招标文件规定的标准和方法对投标人的资格进行审查。

第二十一条 招标人可以对已发出的资格预审文件或者招标文件进行必要的澄清或者修改。澄清或者修改的内容可能影响资格预审申请文件或者投标文件编制的，招标人应当在提交资格预审申请文件截止时间至少 3 日前，或者投标截止时间至少 15 日前，以书面形式通知所有获取资格预审文件或者招标文件的潜在投标人；不足 3 日或者 15 日的，招标人应当顺延提交资格预审申请文件或者投标文件的截止时间。

第二十二条 潜在投标人或者其他利害关系人对资格预审文件有异议的，应当在提交资格预审申请文件截止时间 2 日前提出；对招标文件有异议的，应当在投标截止时间 10 日前提出。招标人应当自收到异议之日起 3 日内作出答复；作出答复前，应当暂停招标投标活动。

第二十三条 招标人编制的资格预审文件、招标文件的内容违反法律、行政法规的强制性规定，违反公开、公平、公正和诚实信用原则，影响资格预审结果或者潜在投标人投标的，依法必须进行招标的项目的招标人应当在修改资格预审文件或者招标文件后重新招标。

第二十四条 招标人对招标项目划分标段的，应当遵守招标投标法的有关规定，不得利用划分标段限制或者排斥潜在投标人。依法必须进行招标的项目的招标人不得利用划分标段规避招标。

第二十五条 招标人应当在招标文件中载明投标有效期。投标有效期从提交投标文件的截止之日起算。

第二十六条 招标人在招标文件中要求投标人提交投标保证金的，投标保证金不得超过招标项目估算价的 2%。投标保证金有效期应当与投标有效期一致。

依法必须进行招标的项目的境内投标单位，以现金或者支票形式提交的投标保证金应当从其基本账户转出。

招标人不得挪用投标保证金。

第二十七条 招标人可以自行决定是否编制标底。一个招标项目只能有一个标底。标底必须保密。

接受委托编制标底的中介机构不得参加受托编制标底项目的投标，也不得为该项目的投标人编制投标文件或者提供咨询。

招标人设有最高投标限价的，应当在招标文件中明确最高投标限价或者最高投标限价的计算方法。招标人不得规定最低投标限价。

第二十八条 招标人不得组织单个或者部分潜在投标人踏勘项目现场。

第二十九条 招标人可以依法对工程以及与工程建设有关的货物、服务全部或者部分实行总承包招标。以暂估价形式包括在总承包范围内的工程、货物、服务属于依法必须进行招标的项目范围且达到国家规定规模标准的，应当依法进行招标。

前款所称暂估价，是指总承包招标时不能确定价格而由招标人在招标文件中暂时估定的工程、货物、服务的金额。

第三十条 对技术复杂或者无法精确拟定技术规格的项目，招标人可以分两阶段进行招标。

第一阶段，投标人按照招标公告或者投标邀请书的要求提交不带报价的技术建议，招标人根据投标人提交的技术建议确定技术标准和要求，编制招标文件。

第二阶段，招标人向在第一阶段提交技术建议的投标人提供招标文件，投标人按照招标文件的要求提交包括最终技术方案和投标报价的投标文件。

招标人要求投标人提交投标保证金的，应当在第二阶段提出。

第三十一条 招标人终止招标的，应当及时发布公告，或者以书面形式通知被邀请的或者已经获取资格预审文件、招标文件的潜在投标人。已经发售资格预审文件、招标文件或者已经收取投标保证金的，招标人应当及时退还所收取的资格预审文件、招标文件的费用，以及所收取的投标保证金及银行同期存款利息。

第三十二条 招标人不得以不合理的条件限制、排斥潜在投标人或者投标人。

招标人有下列行为之一的，属于以不合理条件限制、排斥潜在投标人或者投标人：

（一）就同一招标项目向潜在投标人或者投标人提供有差别的项目信息；

（二）设定的资格、技术、商务条件与招标项目的具体特点和实际需要不相适应或者与合同履行无关；

（三）依法必须进行招标的项目以特定行政区域或者特定行业的业绩、奖项作为加分条件或者中标条件；

（四）对潜在投标人或者投标人采取不同的资格审查或者评标标准；

（五）限定或者指定特定的专利、商标、品牌、原产地或者供应商；

（六）依法必须进行招标的项目非法限定潜在投标人或者投标人的所有制形式或者组织形式；

（七）以其他不合理条件限制、排斥潜在投标人或者投标人。

第三章　投　　标

第三十三条　投标人参加依法必须进行招标的项目的投标，不受地区或者部门的限制，任何单位和个人不得非法干涉。

第三十四条　与招标人存在利害关系可能影响招标公正性的法人、其他组织或者个人，不得参加投标。

单位负责人为同一人或者存在控股、管理关系的不同单位，不得参加同一标段投标或者未划分标段的同一招标项目投标。

违反前两款规定的，相关投标均无效。

第三十五条　投标人撤回已提交的投标文件，应当在投标截止时间前书面通知招标人。招标人已收取投标保证金的，应当自收到投标人书面撤回通知之日起 5 日内退还。

投标截止后投标人撤销投标文件的，招标人可以不退还投标保证金。

第三十六条　未通过资格预审的申请人提交的投标文件，以及逾期送达或者不按照招标文件要求密封的投标文件，招标人应当拒收。

招标人应当如实记载投标文件的送达时间和密封情况，并存档备查。

第三十七条　招标人应当在资格预审公告、招标公告或者投标邀请书中载明是否接受联合体投标。

招标人接受联合体投标并进行资格预审的，联合体应当在提交资格预审申请文件前组成。资格预审后联合体增减、更换成员的，其投标无效。

联合体各方在同一招标项目中以自己名义单独投标或者参加其他联合体投标的，相关投标均无效。

第三十八条　投标人发生合并、分立、破产等重大变化的，应当及时书面告知招标人。投标人不再具备资格预审文件、招标文件规定的资格条件或者其投标影响招标公正性的，其投标无效。

第三十九条　禁止投标人相互串通投标。

有下列情形之一的，属于投标人相互串通投标：

（一）投标人之间协商投标报价等投标文件的实质性内容；

（二）投标人之间约定中标人；

（三）投标人之间约定部分投标人放弃投标或者中标；

（四）属于同一集团、协会、商会等组织成员的投标人按照该组织要求协同投标；

（五）投标人之间为谋取中标或者排斥特定投标人而采取的其他联合行动。

第四十条　有下列情形之一的，视为投标人相互串通投标：

（一）不同投标人的投标文件由同一单位或者个人编制；

（二）不同投标人委托同一单位或者个人办理投标事宜；

（三）不同投标人的投标文件载明的项目管理成员为同一人；

（四）不同投标人的投标文件异常一致或者投标报价呈规律性差异；

（五）不同投标人的投标文件相互混装；

（六）不同投标人的投标保证金从同一单位或者个人的账户转出。

第四十一条 禁止招标人与投标人串通投标。

有下列情形之一的，属于招标人与投标人串通投标：

（一）招标人在开标前开启投标文件并将有关信息泄露给其他投标人；

（二）招标人直接或者间接向投标人泄露标底、评标委员会成员等信息；

（三）招标人明示或者暗示投标人压低或者抬高投标报价；

（四）招标人授意投标人撤换、修改投标文件；

（五）招标人明示或者暗示投标人为特定投标人中标提供方便；

（六）招标人与投标人为谋求特定投标人中标而采取的其他串通行为。

第四十二条 使用通过受让或者租借等方式获取的资格、资质证书投标的，属于招标投标法第三十三条规定的以他人名义投标。

投标人有下列情形之一的，属于招标投标法第三十三条规定的以其他方式弄虚作假的行为：

（一）使用伪造、变造的许可证件；

（二）提供虚假的财务状况或者业绩；

（三）提供虚假的项目负责人或者主要技术人员简历、劳动关系证明；

（四）提供虚假的信用状况；

（五）其他弄虚作假的行为。

第四十三条 提交资格预审申请文件的申请人应当遵守招标投标法和本条例有关投标人的规定。

第四章 开标、评标和中标

第四十四条 招标人应当按照招标文件规定的时间、地点开标。

投标人少于3个的，不得开标；招标人应当重新招标。

投标人对开标有异议的，应当在开标现场提出，招标人应当当场作出答复，并制作记录。

第四十五条 国家实行统一的评标专家专业分类标准和管理办法。具体标准和办法由国务院发展改革部门会同国务院有关部门制定。

省级人民政府和国务院有关部门应当组建综合评标专家库。

第四十六条 除招标投标法第三十七条第三款规定的特殊招标项目外，依法必须进行招标的项目，其评标委员会的专家成员应当从评标专家库内相关专业的专家名单中以随机抽取方式确定。任何单位和个人不得以明示、暗示等任何方式指定或者变相指定参加评标委员会的专家成员。

依法必须进行招标的项目的招标人非因招标投标法和本条例规定的事由，不得更换依法确定的评标委员会成员。更换评标委员会的专家成员应当依照前款规定进行。

评标委员会成员与投标人有利害关系的，应当主动回避。

有关行政监督部门应当按照规定的职责分工，对评标委员会成员的确定方式、评标专家的抽取和评标活动进行监督。行政监督部门的工作人员不得担任本部门负责监督项目的评标委员会成员。

第四十七条 招标投标法第三十七条第三款所称特殊招标项目，是指技术复杂、专业性强或者国家有特殊要求，采取随机抽取方式确定的专家难以保证胜任评标工作的项目。

第四十八条 招标人应当向评标委员会提供评标所必需的信息，但不得明示或者暗示其倾向或者排斥特定投标人。

招标人应当根据项目规模和技术复杂程度等因素合理确定评标时间。超过三分之一的评标委员会成员认为评标时间不够的，招标人应当适当延长。

评标过程中，评标委员会成员有回避事由、擅离职守或者因健康等原因不能继续评标的，应当及时更换。被更换的评标委员会成员作出的评审结论无效，由更换后的评标委员会成员重新进行评审。

第四十九条 评标委员会成员应当依照招标投标法和本条例的规定，按照招标文件规定的评标标准和方法，客观、公正地对投标文件提出评审意见。招标文件没有规定的评标标准和方法不得作为评标的依据。

评标委员会成员不得私下接触投标人，不得收受投标人给予的财物或者其他好处，不得向招标人征询确定中标人的意向，不得接受任何单位或者个人明示或者暗示提出的倾向或者排斥特定投标人的要求，不得有其他不客观、不公正履行职务的行为。

第五十条 招标项目设有标底的，招标人应当在开标时公布。标底只能作为评标的参考，不得以投标报价是否接近标底作为中标条件，也不得以投标报价超过标底上下浮动范围作为否决投标的条件。

第五十一条 有下列情形之一的，评标委员会应当否决其投标：

（一）投标文件未经投标单位盖章和单位负责人签字；

（二）投标联合体没有提交共同投标协议；

（三）投标人不符合国家或者招标文件规定的资格条件；

（四）同一投标人提交两个以上不同的投标文件或者投标报价，但招标文件要求提交备选投标的除外；

（五）投标报价低于成本或者高于招标文件设定的最高投标限价；

（六）投标文件没有对招标文件的实质性要求和条件作出响应；

（七）投标人有串通投标、弄虚作假、行贿等违法行为。

第五十二条 投标文件中有含义不明确的内容、明显文字或者计算错误，评标委员会认为需要投标人作出必要澄清、说明的，应当书面通知该投标人。投标人的澄清、说明应当采用书面形式，并不得超出投标文件的范围或者改变投标文件的实质性内容。

评标委员会不得暗示或者诱导投标人作出澄清、说明，不得接受投标人主动提出的澄清、说明。

第五十三条 评标完成后，评标委员会应当向招标人提交书面评标报告和中标候选人名单。中标候选人应当不超过3个，并标明排序。

评标报告应当由评标委员会全体成员签字。对评标结果有不同意见的评标委员会成员应当以书面形式说明其不同意见和理由，评标报告应当注明该不同意见。评标委员会成员拒绝在评标报告上签字又不书面说明其不同意见和理由的，视为同意评标结果。

第五十四条 依法必须进行招标的项目，招标人应当自收到评标报告之日起3日内公示中标候选人，公示期不得少于3日。

投标人或者其他利害关系人对依法必须进行招标的项目的评标结果有异议的，应当在中标候选人公示期间提出。招标人应当自收到异议之日起3日内作出答复；作出答复前，应当暂停招标投标活动。

第五十五条 国有资金占控股或者主导地位的依法必须进行招标的项目，招标人应当确定排名第一的中标候选人为中标人。排名第一的中标候选人放弃中标、因不可抗力不能履行合同、不按照招标文件要求提交履约保证金，或者被查实存在影响中标结果的违法行为等情形，不符合中标条件的，招标人可以按照评标委员会提出的中标候选人名单排序依次确定其他中标候选人为中标人，也可以重新招标。

第五十六条 中标候选人的经营、财务状况发生较大变化或者存在违法行为，招标人认为可能影响其履约能力的，应当在发出中标通知书前由原评标委员会按照招标文件规定的标准和方法审查确认。

第五十七条 招标人和中标人应当依照招标投标法和本条例的规定签订书面合同，合同的标的、价款、质量、履行期限等主要条款应当与招标文件和中标人的投标文件的内容一致。招标人和中标人不得再行订立背离合同实质性内容的其他协议。

招标人最迟应当在书面合同签订后5日内向中标人和未中标的投标人退还投标保证金及银行同期存款利息。

第五十八条 招标文件要求中标人提交履约保证金的，中标人应当按照招标文件的要求提交。履约保证金不得超过中标合同金额的10%。

第五十九条 中标人应当按照合同约定履行义务，完成中标项目。中标人不得向他人转让中标项目，也不得将中标项目肢解后分别向他人转让。

中标人按照合同约定或者经招标人同意，可以将中标项目的部分非主体、非关键性工作分包给他人完成。接受分包的人应当具备相应的资格条件，并不得再次分包。

中标人应当就分包项目向招标人负责，接受分包的人就分包项目承担连带责任。

第五章 投诉与处理

第六十条 投标人或者其他利害关系人认为招标投标活动不符合法律、行政法规规定的，可以自知道或者应当知道之日起10日内向有关行政监督部门投诉。投诉应当有明确的请求和必要的证明材料。

就本条例第二十二条、第四十四条、第五十四条规定事项投诉的，应当先向招标人提出异议，异议答复期间不计算在前款规定的期限内。

第六十一条 投诉人就同一事项向两个以上有权受理的行政监督部门投诉的，由最先收到投诉的行政监督部门负责处理。

行政监督部门应当自收到投诉之日起3个工作日内决定是否受理投诉，并自受理投诉之日起30个工作日内作出书面处理决定；需要检验、检测、鉴定、专家评审的，所需时间不计算在内。

投诉人捏造事实、伪造材料或者以非法手段取得证明材料进行投诉的，行政监督部门应当予以驳回。

第六十二条 行政监督部门处理投诉，有权查阅、复制有关文件、资料，调查有关情况，相关单位和人员应当予以配合。必要时，行政监督部门可以责令暂停招标投标活动。

行政监督部门的工作人员对监督检查过程中知悉的国家秘密、商业秘密，应当依法予以保密。

第六章 法律责任

第六十三条 招标人有下列限制或者排斥潜在投标人行为之一的，由有关行政监督部门依照招标投标法第五十一条的规定处罚：

（一）依法应当公开招标的项目不按照规定在指定媒介发布资格预审公告或者招标公告；

（二）在不同媒介发布的同一招标项目的资格预审公告或者招标公告的内容不一致，影响潜在投标人申请资格预审或者投标。

依法必须进行招标的项目的招标人不按照规定发布资格预审公告或者招标公告，构成规避招标的，依照招标投标法第四十九条的规定处罚。

第六十四条 招标人有下列情形之一的，由有关行政监督部门责令改正，可以处10万元以下的罚款：

（一）依法应当公开招标而采用邀请招标；

（二）招标文件、资格预审文件的发售、澄清、修改的时限，或者确定的提交资格预审申请文件、投标文件的时限不符合招标投标法和本条例规定；

（三）接受未通过资格预审的单位或者个人参加投标；

（四）接受应当拒收的投标文件。

招标人有前款第一项、第三项、第四项所列行为之一的，对单位直接负责的主管人员和其他直接责任人员依法给予处分。

第六十五条 招标代理机构在所代理的招标项目中投标、代理投标或者向该项目投标人提供咨询的，接受委托编制标底的中介机构参加受托编制标底项目的投标或者为该项目的投标人编制投标文件、提供咨询的，依照招标投标法第五十条的规定追究法律责任。

第六十六条 招标人超过本条例规定的比例收取投标保证金、履约保证金或者不按照规定退还投标保证金及银行同期存款利息的，由有关行政监督部门责令改正，可以处5万元以下的罚款；给他人造成损失的，依法承担赔偿责任。

第六十七条 投标人相互串通投标或者与招标人串通投标的，投标人向招标人或者评标委员会成员行贿谋取中标的，中标无效；构成犯罪的，依法追究刑事责任；尚不构成犯罪的，依照招标投标法第五十三条的规定处罚。投标人未中标的，对单位的罚款金额按照招标项目合同金额依照招标投标法规定的比例计算。

投标人有下列行为之一的，属于招标投标法第五十三条规定的情节严重行为，由有关行政监督部门取消其1年至2年内参加依法必须进行招标的项目的投标资格：

（一）以行贿谋取中标；

（二）3年内2次以上串通投标；

（三）串通投标行为损害招标人、其他投标人或者国家、集体、公民的合法利益，造成直接经济损失30万元以上；

（四）其他串通投标情节严重的行为。

投标人自本条第二款规定的处罚执行期限届满之日起3年内又有该款所列违法行

为之一的，或者串通投标、以行贿谋取中标情节特别严重的，由工商行政管理机关吊销营业执照。

法律、行政法规对串通投标报价行为的处罚另有规定的，从其规定。

第六十八条 投标人以他人名义投标或者以其他方式弄虚作假骗取中标的，中标无效；构成犯罪的，依法追究刑事责任；尚不构成犯罪的，依照招标投标法第五十四条的规定处罚。依法必须进行招标的项目的投标人未中标的，对单位的罚款金额按照招标项目合同金额依照招标投标法规定的比例计算。

投标人有下列行为之一的，属于招标投标法第五十四条规定的情节严重行为，由有关行政监督部门取消其 1 年至 3 年内参加依法必须进行招标的项目的投标资格：

（一）伪造、变造资格、资质证书或者其他许可证件骗取中标；

（二）3 年内 2 次以上使用他人名义投标；

（三）弄虚作假骗取中标给招标人造成直接经济损失 30 万元以上；

（四）其他弄虚作假骗取中标情节严重的行为。

投标人自本条第二款规定的处罚执行期限届满之日起 3 年内又有该款所列违法行为之一的，或者弄虚作假骗取中标情节特别严重的，由工商行政管理机关吊销营业执照。

第六十九条 出让或者出租资格、资质证书供他人投标的，依照法律、行政法规的规定给予行政处罚；构成犯罪的，依法追究刑事责任。

第七十条 依法必须进行招标的项目的招标人不按照规定组建评标委员会，或者确定、更换评标委员会成员违反招标投标法和本条例规定的，由有关行政监督部门责令改正，可以处10万元以下的罚款，对单位直接负责的主管人员和其他直接责任人员依法给予处分；违法确定或者更换的评标委员会成员作出的评审结论无效，依法重新进行评审。

国家工作人员以任何方式非法干涉选取评标委员会成员的，依照本条例第八十条的规定追究法律责任。

第七十一条 评标委员会成员有下列行为之一的，由有关行政监督部门责令改正；情节严重的，禁止其在一定期限内参加依法必须进行招标的项目的评标；情节特别严重的，取消其担任评标委员会成员的资格：

（一）应当回避而不回避；

（二）擅离职守；

（三）不按照招标文件规定的评标标准和方法评标；

（四）私下接触投标人；

（五）向招标人征询确定中标人的意向或者接受任何单位或者个人明示或者暗示提出的倾向或者排斥特定投标人的要求；

（六）对依法应当否决的投标不提出否决意见；

（七）暗示或者诱导投标人作出澄清、说明或者接受投标人主动提出的澄清、说明；

（八）其他不客观、不公正履行职务的行为。

第七十二条 评标委员会成员收受投标人的财物或者其他好处的，没收收受的财物，处3000元以上5万元以下的罚款，取消担任评标委员会成员的资格，不得再参加依法必须进行招标的项目的评标；构成犯罪的，依法追究刑事责任。

第七十三条 依法必须进行招标的项目的招标人有下列情形之一的，由有关行政监督部门责令改正，可以处中标项目金额10‰以下的罚款；给他人造成损失的，依法承担赔偿责任；对单位直接负责的主管人员和其他直接责任人员依法给予处分：

（一）无正当理由不发出中标通知书；

（二）不按照规定确定中标人；

（三）中标通知书发出后无正当理由改变中标结果；

（四）无正当理由不与中标人订立合同；

（五）在订立合同时向中标人提出附加条件。

第七十四条 中标人无正当理由不与招标人订立合同，在签订合同时向招标人提出附加条件，或者不按照招标文件要求提交履约保证金的，取消其中标资格，投标保证金不予退还。对依法必须进行招标的项目的中标人，由有关行政监督部门责令改正，可以处中标项目金额10‰以下的罚款。

第七十五条 招标人和中标人不按照招标文件和中标人的投标文件订立合同，合同的主要条款与招标文件、中标人的投标文件的内容不一致，或者招标人、中标人订立背离合同实质性内容的协议的，由有关行政监督部门责令改正，可以处中标项目金额5‰以上10‰以下的罚款。

第七十六条 中标人将中标项目转让给他人的，将中标项目肢解后分别转让给他人的，违反招标投标法和本条例规定将中标项目的部分主体、关键性工作分包给他人的，或者分包人再次分包的，转让、分包无效，处转让、分包项目金额5‰以上10‰以下的罚款；有违法所得的，并处没收违法所得；可以责令停业整顿；情节严重的，由工商行政管理机关吊销营业执照。

第七十七条 投标人或者其他利害关系人捏造事实、伪造材料或者以非法手段取得证明材料进行投诉，给他人造成损失的，依法承担赔偿责任。

招标人不按照规定对异议作出答复，继续进行招标投标活动的，由有关行政监督部门责令改正，拒不改正或者不能改正并影响中标结果的，依照本条例第八十一条的规定处理。

第七十八条 国家建立招标投标信用制度。有关行政监督部门应当依法公告对招标人、招标代理机构、投标人、评标委员会成员等当事人违法行为的行政处理决定。

第七十九条 项目审批、核准部门不依法审批、核准项目招标范围、招标方式、招标组织形式的，对单位直接负责的主管人员和其他直接责任人员依法给予处分。

有关行政监督部门不依法履行职责，对违反招标投标法和本条例规定的行为不依法查处，或者不按照规定处理投诉、不依法公告对招标投标当事人违法行为的行政处理决定的，对直接负责的主管人员和其他直接责任人员依法给予处分。

项目审批、核准部门和有关行政监督部门的工作人员徇私舞弊、滥用职权、玩忽职守，构成犯罪的，依法追究刑事责任。

第八十条 国家工作人员利用职务便利，以直接或者间接、明示或者暗示等任何方式非法干涉招标投标活动，有下列情形之一的，依法给予记过或者记大过处分；情节严重的，依法给予降级或者撤职处分；情节特别严重的，依法给予开除处分；构成犯罪的，依法追究刑事责任：

（一）要求对依法必须进行招标的项目不招标，或者要求对依法应当公开招标的项目不公开招标；

（二）要求评标委员会成员或者招标人以其指定的投标人作为中标候选人或者中标人，或者以其他方式非法干涉评标活动，影响中标结果；

（三）以其他方式非法干涉招标投标活动。

第八十一条 依法必须进行招标的项目的招标投标活动违反招标投标法和本条例的规定，对中标结果造成实质性影响，且不能采取补救措施予以纠正的，招标、投标、中标无效，应当依法重新招标或者评标。

第七章 附 则

第八十二条 招标投标协会按照依法制定的章程开展活动，加强行业自律和服务。

第八十三条 政府采购的法律、行政法规对政府采购货物、服务的招标投标另有规定的，从其规定。

第八十四条 本条例自2012年2月1日起施行。

国务院办公厅关于创新完善体制机制推动招标投标市场规范健康发展的意见

2024年5月2日　国办发〔2024〕21号

各省、自治区、直辖市人民政府，国务院各部委、各直属机构：

招标投标市场是全国统一大市场和高标准市场体系的重要组成部分，对提高资源配置效率效益、持续优化营商环境具有重要作用。为创新完善体制机制，推动招标投标市场规范健康发展，经国务院同意，现提出如下意见。

一、总体要求

创新完善体制机制，推动招标投标市场规范健康发展，要坚持以习近平新时代中国特色社会主义思想为指导，深入贯彻党的二十大精神，完整、准确、全面贯彻新发展理念，加快构建新发展格局，着力推动高质量发展，坚持有效市场和有为政府更好结合，聚焦发挥招标投标竞争择优作用，改革创新招标投标制度设计，纵深推进数字化转型升级，加快实现全流程全链条监管，坚持全国一盘棋，坚决打破条块分割、行业壁垒，推动形成高效规范、公平竞争、充分开放的招标投标市场，促进商品要素资源在更大范围内畅通流动，为建设高标准市场体系、构建高水平社会主义市场经济体制提供坚强支撑。

——坚持问题导向、标本兼治。直面招标投标领域突出矛盾和深层次问题，采取针对性措施纠治制度规则滞后、主体责任不落实、交易壁垒难破除、市场秩序不规范等顽瘴痼疾，逐步形成推动招标投标市场规范健康发展的长效机制。

——坚持系统观念、协同联动。加强前瞻性思考、全局性谋划、战略性布局、整体性推进，深化制度、技术、数据融合，提升跨地区跨行业协作水平，更好调动各方面积极性，推动形成共建共治共享格局，有效凝聚招标投标市场建设合力。

——坚持分类施策、精准发力。按照统分结合、分级分类的思路完善招标投标制度、规则、标准，统筹短期和中长期政策举措，提升招标投标市场治理精准性有效性。

——坚持创新引领、赋能增效。不断强化招标投标制度规则创新、运行模式创新、交易机制创新、监管体制创新，提升交易效率、降低交易成本、规范市场秩序，推动招标投标市场转型升级。

二、完善招标投标制度体系

（一）优化制度规则设计。加快推动招标投标法、政府采购法及相关实施条例修订工作，着力破除制约高标准市场体系建设的制度障碍。加快完善分类统一的招标投标交易基本规则和实施细则，优化招标投标交易程序，促进要素自主有序流动。探索编制招标投标市场公平竞争指数。加快构建科学规范的招标投标交易标准体系，按照不同领域和专业制定数字化招标采购技术标准，满足各类项目专业化交易需求。建立招标投标领域统一分级分类的信用评价指标体系，规范招标投标信用评价应用。

（二）强化法规政策协同衔接。落实招标投标领域公平竞争审查规则，健全招标投标交易壁垒投诉、处理、回应机制，及时清理违反公平竞争的规定和做法。各级政府及其部门制定涉及招标投标的法规政策，要严格落实公开征求意见、合法性审核、公平竞争审查等要求，不得干涉招标人、投标人自主权，禁止在区域、行业、所有制形式等方面违法设置限制条件。

三、落实招标人主体责任

（三）强化招标人主体地位。尊重和保障招标人法定权利，任何单位和个人不得干涉招标人选择招标代理机构、编制招标文件、委派代表参加评标等自主权。分类修订勘察、设计、监理、施工、总承包等招标文件示范文本。加强招标需求管理和招标方案策划，规范招标计划发布，鼓励招标文件提前公示。加大招标公告、中标合同、履约信息公开力度，招标公告应当载明招标投标行政监督部门。落实招标人组织招标、处理异议、督促履约等方面责任。将国有企业组织招标和参与投标纳入经营投资责任追究制度从严管理。

（四）健全招标代理机构服务机制。制定招标代理服务标准和行为规范，加强招标代理行业自律，完善招标人根据委托合同管理约束招标代理活动的机制。加快推进招标采购专业人员能力评价工作，研究完善招标采购相关人才培养机制，提升招标采购专业服务水平。治理招标代理领域乱收费，打击价外加价等价格违法行为。对严重违法的招标代理机构及其直接责任人员依法予以处理并实行行业禁入。

（五）推进招标采购机制创新。全面对接国际高标准经贸规则，优化国内招标采购方式。支持企业集中组织实施招标采购，探索形成符合企业生产经营和供应链管理需要的招标采购管理机制。加强招标采购与非招标采购的衔接，支持科技创新、应急抢险、以工代赈、村庄建设、造林种草等领域项目采用灵活方式发包。

四、完善评标定标机制

（六）改进评标方法和评标机制。规范经评审的最低投标价法适用范围，一般适用于具有通用技术、性能标准或者招标人对技术、性能没有特殊要求的招标项目。在勘察设计项目评标中突出技术因素、相应增加权重。完善评标委员会对异常低价的甄别处理程序，依法否决严重影响履约的低价投标。合理确定评标时间和评标委员会成员人数。全面推广网络远程异地评标。推行隐藏投标人信息的暗标评审。积极试行投标人资格、业绩、信用等客观量化评审，提升评标质量效率。

（七）优化中标人确定程序。厘清专家评标和招标人定标的职责定位，进一步完善定标规则，保障招标人根据招标项目特点和需求依法自主选择定标方式并在招标文件中公布。建立健全招标人对评标报告的审核程序，招标人发现评标报告存在错误的，有权要求评标委员会进行复核纠正。探索招标人从评标委员会推荐的中标候选人范围内自主研究确定中标人。实行定标全过程记录和可追溯管理。

（八）加强评标专家全周期管理。加快实现评标专家资源跨地区跨行业共享。优化评标专家专业分类，强化评标专家入库审查、业务培训、廉洁教育，提升履职能力。依法保障评标专家独立开展评标，不受任何单位或者个人的干预。评标专家库组建单位应当建立健全从专家遴选到考核监督的全过程全链条管理制度体系，完善评标专家公正履职承诺、保密管理等制度规范，建立评标专家日常考核评价、动态调整轮换等机制，实行评标专家对评标结果终身负责。

五、推进数字化智能化转型升级

（九）加快推广数智技术应用。推动招标投标与大数据、云计算、人工智能、区块链等新技术融合发展。制定实施全国统一的电子招标投标技术标准和数据规范，依法必须进行招标的项目推广全流程电子化交易。加快推进全国招标投标交易主体信息互联互通，实现经营主体登记、资格、业绩、信用等信息互认共享。加快实现招标投标领域数字证书全国互认，支持电子营业执照推广应用。推动固定资产投资项目代码与招标投标交易编码关联应用。全面推广以电子保函（保险）等方式缴纳投标保证金、履约保证金、工程质量保证金。

（十）优化电子招标投标平台体系。统筹规划电子招标投标平台建设，提高集约化水平。设区的市级以上人民政府要按照政府主导、互联互通、开放共享原则，优化电子招标投标公共服务平台。支持社会力量按照市场化、专业化、标准化原则建设运营招标投标电子交易系统。电子交易系统应当开放对接各类专业交易工具。任何单位和个人不得为经营主体指定特定的电子交易系统、交易工具。

六、加强协同高效监督管理

（十一）压实行政监督部门责任。进一步理顺招标投标行政监督体制，探索建立综合监管与行业监管相结合的协同机制。理清责任链条，分领域编制行政监督责任清单，明确主管部门和监管范围、程序、方式，消除监管盲区。对监管边界模糊、职责存在争议的事项，由地方人民政府按照领域归口、精简高效原则明确主管部门和监管责任。

（十二）强化多层次立体化监管。加强招标投标与投资决策、质量安全、竣工验收等环节的有机衔接，打通审批和监管业务信息系统，提升工程建设一体化监管能力，强化招标投标交易市场与履约现场联动，完善事前事中事后全链条全领域监管。推行信用分级分类监管。发挥行业组织作用，提升行业自律水平。完善招标投标行政监督部门向纪检监察机关、司法机关等移送线索的标准和程序，推动加大巡视巡察、审计监督力度，将损害国家利益或者社会公共利益行为的线索作为公益诉讼线索向检察机关移送，将串通投标情节严重行为的线索向公安机关移送，将党政机关、国有企事业单位、人民团体等单位公职人员利用职权谋取非法利益和受贿行为的线索向纪检监察机关移送。建立移送线索办理情况反馈机制，形成管理闭环。

（十三）加快推进智慧监管。创新招标投标数字化监管方式，推动现场监管向全流程数字化监管转变，完善招标投标电子监督平台功能，畅通招标投标行政监督部门、纪检监察机关、司法机关、审计机关监督监管通道，建立开放协同的监管网络。招标投标行政监督部门要建立数字化执法规则标准，运用非现场、物联感知、掌上移动、穿透式等新型监管手段，进一步提升监管效能。加大招标文件随机抽查力度，运用数字化手段强化同类项目资格、商务条件分析比对，对异常招标文件进行重点核查。

七、营造规范有序市场环境

（十四）严厉打击招标投标违法活动。建立健全招标投标行政执法标准规范，完善行政处罚裁量权基准。依法加大对排斥限制潜在投标人、规避招标、串通投标、以行贿手段谋取中标等违法犯罪行为的惩处力度，严厉打击转包、违法分包行为。适时组织开展跨部门联合执法，集中整治工程建设领域突出问题。推动修订相关刑事法律，依法严肃惩治招标投标犯罪活动。发挥调解、仲裁、诉讼等争议解决机制作用，支持经营主体依据民事合同维护自身合法权益，推动招标投标纠纷多元化解。完善招标投标投诉处理机制，遏制恶意投诉行为。

（十五）持续清理妨碍全国统一大市场建设和公平竞争的规定、做法。开展招标投标法规政策文件专项清理，对法规、规章、规范性文件及其他政策文件和示范文本进行全面排查，存在所有制歧视、行业壁垒、地方保护等不合理限制的按照规定权限和程序予以修订、废止。清理规范招标投标领域行政审批、许可、备案、注册、登记、报名等事项，不得以公共服务、交易服务等名义变相实施行政审批。

八、提升招标投标政策效能

（十六）健全支持创新的激励机制。完善首台（套）重大技术装备招标投标机制，首台（套）重大技术装备参与招标投标视同满足市场占有率、使用业绩等要求，对已投保的首台（套）重大技术装备一般不再收取质量保证金。鼓励国有企业通过招标投标首购、订购创新产品和服务。

（十七）优化绿色招标采购推广应用机制。编制绿色招标采购示范文本，引导招标人合理设置绿色招标采购标准，对原材料、生产制造工艺等明确环保、节能、低碳要求。鼓励招标人综合考虑生产、包装、物流、销售、服务、回收和再利用等环节确定评标标准，建立绿色供应链管理体系。

（十八）完善支持中小企业参与的政策体系。优化工程建设招标投标领域支持中小企业发展政策举措，通过预留份额、完善评标标准、提高首付款比例等方式，加大对中小企业参与招标投标的支持力度。鼓励大型企业与中小企业组成联合体参与投标，促进企业间优势互补、资源融合。探索将支持中小企业参与招标投标情况列为国有企业履行社会责任考核内容。

九、强化组织实施保障

（十九）加强组织领导。坚持加强党的全面领导和党中央集中统一领导，把党的领导贯彻到推动招标投标市场规范健康发展各领域全过程。国家发展改革委要加强统筹协调，细化实化各项任务，清单化推进落实。工业和信息化部、公安部、住房城乡建设部、交通运输部、水利部、农业农村部、商务部、国务院国资委等要根据职责，健全工作推进机制，扎实推动各项任务落实落细。省级人民政府要明确时间表、路线图，整合力量、扭住关键、狠抓落实，确保各项任务落地见效。健全常态化责任追究机制，对监管不力、执法缺位的，依规依纪依法严肃追责问责。重大事项及时向党中央、国务院请示报告。

（二十）营造良好氛围。尊重人民首创精神，鼓励地方和基层积极探索，在改革招标投标管理体制、完善评标定标机制、推行全流程电子化招标投标、推进数字化智慧监管等方面鼓励大胆创新。国家发展改革委要会同有关部门及时跟进创新完善招标投标体制机制的工作进展，加强动态监测和定期评估，对行之有效的经验做法以适当形式予以固化并在更大范围推广。加强宣传解读和舆论监督，营造有利于招标投标市场规范健康发展的社会环境。

国务院办公厅

2024 年 5 月 2 日

招标投标领域公平竞争审查规则

(2024 年 1 月 31 日经国家发展改革委第 8 次委务会通过　2024 年 3 月 25 日国家发展改革委、工业和信息化部、住房城乡建设部、交通运输部、水利部、农业农村部、商务部、市场监管总局令第 16 号公布　自 2024 年 5 月 1 日起施行)

第一章　总　　则

第一条　为加强和规范招标投标领域公平竞争审查，维护公平竞争市场秩序，根据《中华人民共和国招标投标法》《中华人民共和国招标投标法实施条例》等有关规定，制定本规则。

第二条　招标投标领域公平竞争审查工作，适用本规则。

第三条　本规则所称公平竞争审查，是指行政机关和法律、法规授权的具有管理公共事务职能的组织（以下统称政策制定机关）对拟制定的招标投标领域涉及经营主体经济活动的规章、行政规范性文件、其他政策性文件以及具体政策措施（以下统称政策措施）是否存在排除、限制竞争情形进行审查评估的活动。

除法律、行政法规或者国务院规定的公平竞争审查例外情形，未经公平竞争审查或者经审查存在排除、限制竞争情形的，不得出台有关政策措施。

第四条　政策制定机关履行公平竞争审查职责。政策制定机关应当确定专门机构具体负责政策措施的公平竞争审查工作。

多个部门联合制定政策措施的，由牵头部门组织开展公平竞争审查，各参与部门对职责范围内的政策措施负责。

第二章　审查标准

第五条　政策制定机关应当尊重和保障招标人组织招标、选择招标代理机构、编制资格预审文件和招标文件的自主权，不得制定以下政策措施：

（一）为招标人指定招标代理机构或者违法限定招标人选择招标代理机构的方式；

（二）为招标人指定投标资格、技术、商务条件；

（三）为招标人指定特定类型的资格审查方法或者评标方法；

（四）为招标人指定具体的资格审查标准或者评标标准；

（五）为招标人指定评标委员会成员；

（六）对于已经纳入统一的公共资源交易平台体系的电子交易系统，限制招标人自主选择；

（七）强制招标人或者招标代理机构选择电子认证服务；

（八）为招标人或者招标代理机构指定特定交易工具；

（九）为招标人指定承包商（供应商）预选库、资格库或者备选名录等；

（十）要求招标人依照本地区创新产品名单、优先采购产品名单等地方性扶持政策开展招标投标活动；

（十一）以其他不合理条件限制招标人自主权的政策措施。

第六条 政策制定机关应当落实全国统一的市场准入条件，对经营主体参与投标活动，不得制定以下政策措施：

（一）对市场准入负面清单以外的行业、领域、业务，要求经营主体在参与投标活动前取得行政许可；

（二）要求经营主体在本地区设立分支机构、缴纳税收社保或者与本地区经营主体组成联合体；

（三）要求经营主体取得本地区业绩或者奖项；

（四）要求经营主体取得培训合格证、上岗证等特定地区或者特定行业组织颁发的相关证书；

（五）要求经营主体取得特定行业组织成员身份；

（六）以其他不合理条件限制经营主体参与投标的政策措施。

第七条 政策制定机关制定标准招标文件（示范文本）和标准资格预审文件（示范文本），应当平等对待不同地区、所有制形式的经营主体，不得在标准招标文件（示范文本）和标准资格预审文件（示范文本）中设置以下内容：

（一）根据经营主体取得业绩的区域设置差异性得分；

（二）根据经营主体的所有制形式设置差异性得分；

（三）根据经营主体投标产品的产地设置差异性得分；

（四）根据经营主体的规模、注册地址、注册资金、市场占有率、负债率、净资产规模等设置差异性得分；

（五）根据联合体成员单位的注册地址、所有制形式等设置差异性得分；

（六）其他排除或者限制竞争的内容。

第八条 政策制定机关制定定标相关政策措施，应当尊重和保障招标人定标权，落实招标人定标主体责任，不得制定以下政策措施：

（一）为招标人指定定标方法；

（二）为招标人指定定标单位或者定标人员；

（三）将定标权交由招标人或者其授权的评标委员会以外的其他单位或者人员行使；

（四）规定直接以抽签、摇号、抓阄等方式确定合格投标人、中标候选人或者中标人；

（五）以其他不合理条件限制招标人定标权的政策措施。

第九条 政策制定机关可以通过组织开展信用评价引导经营主体诚信守法参与招标投标活动，并可以通过制定实施相应政策措施鼓励经营主体应用信用评价结果，但应当平等对待不同地区、所有制形式的经营主体，依法保障经营主体自主权，不得制定以下政策措施：

（一）在信用信息记录、归集、共享等方面对不同地区或者所有制形式的经营主体作出区别规定；

（二）对不同地区或者所有制形式经营主体的资质、资格、业绩等采用不同信用评价标准；

（三）根据经营主体的所在地区或者所有制形式采取差异化的信用监管措施；

（四）没有法定依据，限制经营主体参考使用信用评价结果的自主权；

（五）其他排除限制竞争或者损害经营主体合法权益的政策措施。

第十条 政策制定机关制定涉及招标投标交易监管和服务的政策措施，应当平等保障各类经营主体参与，不得在交易流程上制定以下政策措施：

（一）规定招标投标交易服务机构行使审批、备案、监管、处罚等具有行政管理性质的职能；

（二）强制非公共资源交易项目进入公共资源交易平台交易；

（三）对能够通过告知承诺和事后核验核实真伪的事项，强制投标人在投标环节提供原件；

（四）在获取招标文件、开标环节违法要求投标人的法定代表人、技术负责人、项目负责人或者其他特定人员到场；

（五）其他不当限制经营主体参与招标投标的政策措施。

第十一条 政策制定机关制定涉及保证金的政策措施，不得设置以下不合理限制：

（一）限制招标人依法收取保证金；

（二）要求经营主体缴纳除投标保证金、履约保证金、工程质量保证金、农民工工资保证金以外的其他保证金；

（三）限定经营主体缴纳保证金的形式；

（四）要求经营主体从特定机构开具保函（保险）；

（五）在招标文件之外设定保证金退还的前置条件；

（六）其他涉及保证金的不合理限制措施。

第三章　审查机制

第十二条　政策制定机关应当建立本机关公平竞争审查工作机制，明确公平竞争审查负责机构、审查标准和审查流程，规范公平竞争审查行为。

第十三条　政策措施应当在提请审议或者报批前完成公平竞争审查。

政策制定机关应当作出符合或者不符合审查标准的书面审查结论。适用有关法律、行政法规或者国务院规定的公平竞争审查例外情形的，应当在审查结论中说明理由。

第十四条　政策制定机关在对政策措施开展公平竞争审查过程中，应当以适当方式听取有关经营主体、行业协会商会等意见；除依法保密外，应当向社会公开征求意见。

在起草政策措施的其他环节已经向社会公开征求意见或者征求过有关方面意见的，可以不再专门就公平竞争审查征求意见。

第十五条　政策制定机关可以委托第三方机构对拟出台政策措施的公平竞争影响、已出台政策措施的竞争效果和本地区招标投标公平竞争审查制度总体实施情况、市场竞争状况等开展评估。

第四章　监督管理

第十六条　地方各级招标投标指导协调部门会同招标投标行政监督部门，应当定期组织开展政策措施评估，发现违反公平竞争审查有关规定的，应当及时纠正。

第十七条　公民、法人或者其他组织认为政策措施妨碍公平竞争的，有权向政策制定机关及其上一级机关反映。

地方各级招标投标指导协调部门、招标投标行政监督部门应当建立招标投标市场壁垒线索征集机制，动态清理废止各类有违公平竞争的政策措施。

第十八条　公民、法人或者其他组织认为资格预审文件、招标文件存在排斥、限制潜在投标人不合理条件的，有权依照《招标投标法》及其实施条例相关规定提出异议和投诉。招标投标行政监督部门、招标人应当按照规定程序处理。

第十九条 政策制定机关未进行公平竞争审查或者违反审查标准出台政策措施的，由上级机关责令改正；拒不改正或者不及时改正的，对直接负责的主管人员和其他相关责任人员依照《中华人民共和国公职人员政务处分法》第三十九条、《中华人民共和国公务员法》第六十一条等有关规定依法给予处分。

第五章 附 则

第二十条 政策制定机关作为招标人编制招标公告、资格预审文件和招标文件，以及公共资源交易平台运行服务机构制定招标投标交易服务文件，应当参照本规则开展公平竞争审查。

第二十一条 本规则由国家发展改革委会同有关部门负责解释。

第二十二条 本规则自 2024 年 5 月 1 日起施行。

政府采购货物和服务招标投标管理办法

2017年7月11日　财政部令第87号

第一章　总　则

第一条　为了规范政府采购当事人的采购行为，加强对政府采购货物和服务招标投标活动的监督管理，维护国家利益、社会公共利益和政府采购招标投标活动当事人的合法权益，依据《中华人民共和国政府采购法》（以下简称政府采购法）、《中华人民共和国政府采购法实施条例》（以下简称政府采购法实施条例）和其他有关法律法规规定，制定本办法。

第二条　本办法适用于在中华人民共和国境内开展政府采购货物和服务（以下简称货物服务）招标投标活动。

第三条　货物服务招标分为公开招标和邀请招标。

公开招标，是指采购人依法以招标公告的方式邀请非特定的供应商参加投标的采购方式。

邀请招标，是指采购人依法从符合相应资格条件的供应商中随机抽取3家以上供应商，并以投标邀请书的方式邀请其参加投标的采购方式。

第四条　属于地方预算的政府采购项目，省、自治区、直辖市人民政府根据实际情况，可以确定分别适用于本行政区域省级、设区的市级、县级公开招标数额标准。

第五条　采购人应当在货物服务招标投标活动中落实节约能源、保护环境、扶持不发达地区和少数民族地区、促进中小企业发展等政府采购政策。

第六条　采购人应当按照行政事业单位内部控制规范要求，建立健全本单位政府采购内部控制制度，在编制政府采购预算和实施计划、确定采购需求、组织采购活动、履约验收、答复询问质疑、配合投诉处理及监督检查等重点环节加强内部控制管理。

采购人不得向供应商索要或者接受其给予的赠品、回扣或者与采购无关的其他商品、服务。

第七条 采购人应当按照财政部制定的《政府采购品目分类目录》确定采购项目属性。按照《政府采购品目分类目录》无法确定的，按照有利于采购项目实施的原则确定。

第八条 采购人委托采购代理机构代理招标的，采购代理机构应当在采购人委托的范围内依法开展采购活动。

采购代理机构及其分支机构不得在所代理的采购项目中投标或者代理投标，不得为所代理的采购项目的投标人参加本项目提供投标咨询。

第二章 招　　标

第九条 未纳入集中采购目录的政府采购项目，采购人可以自行招标，也可以委托采购代理机构在委托的范围内代理招标。

采购人自行组织开展招标活动的，应当符合下列条件：

（一）有编制招标文件、组织招标的能力和条件；

（二）有与采购项目专业性相适应的专业人员。

第十条 采购人应当对采购标的的市场技术或者服务水平、供应、价格等情况进行市场调查，根据调查情况、资产配置标准等科学、合理地确定采购需求，进行价格测算。

第十一条 采购需求应当完整、明确，包括以下内容：

（一）采购标的需实现的功能或者目标，以及为落实政府采购政策需满足的要求；

（二）采购标的需执行的国家相关标准、行业标准、地方标准或者其他标准、规范；

（三）采购标的需满足的质量、安全、技术规格、物理特性等要求；

（四）采购标的的数量、采购项目交付或者实施的时间和地点；

（五）采购标的需满足的服务标准、期限、效率等要求；

（六）采购标的的验收标准；

（七）采购标的的其他技术、服务等要求。

第十二条 采购人根据价格测算情况，可以在采购预算额度内合理设定最高限价，但不得设定最低限价。

第十三条 公开招标公告应当包括以下主要内容：

（一）采购人及其委托的采购代理机构的名称、地址和联系方法；

（二）采购项目的名称、预算金额，设定最高限价的，还应当公开最高限价；

（三）采购人的采购需求；

（四）投标人的资格要求；

（五）获取招标文件的时间期限、地点、方式及招标文件售价；

（六）公告期限；

（七）投标截止时间、开标时间及地点；

（八）采购项目联系人姓名和电话。

第十四条 采用邀请招标方式的，采购人或者采购代理机构应当通过以下方式产生符合资格条件的供应商名单，并从中随机抽取 3 家以上供应商向其发出投标邀请书：

（一）发布资格预审公告征集；

（二）从省级以上人民政府财政部门（以下简称财政部门）建立的供应商库中选取；

（三）采购人书面推荐。

采用前款第一项方式产生符合资格条件供应商名单的，采购人或者采购代理机构应当按照资格预审文件载明的标准和方法，对潜在投标人进行资格预审。

采用第一款第二项或者第三项方式产生符合资格条件供应商名单的，备选的符合资格条件供应商总数不得少于拟随机抽取供应商总数的两倍。

随机抽取是指通过抽签等能够保证所有符合资格条件供应商机会均等的方式选定供应商。随机抽取供应商时，应当有不少于两名采购人工作人员在场监督，并形成书面记录，随采购文件一并存档。

投标邀请书应当同时向所有受邀请的供应商发出。

第十五条 资格预审公告应当包括以下主要内容：

（一）本办法第十三条第一至四项、第六项和第八项内容；

（二）获取资格预审文件的时间期限、地点、方式；

（三）提交资格预审申请文件的截止时间、地点及资格预审日期。

第十六条 招标公告、资格预审公告的公告期限为 5 个工作日。公告内容应当以省级以上财政部门指定媒体发布的公告为准。公告期限自省级以上财政部门指定媒体最先发布公告之日起算。

第十七条 采购人、采购代理机构不得将投标人的注册资本、资产总额、营业收入、从业人员、利润、纳税额等规模条件作为资格要求或者评审因素，也不得通过将除进口货物以外的生产厂家授权、承诺、证明、背书等作为资格要求，对投标人实行差别待遇或者歧视待遇。

第十八条 采购人或者采购代理机构应当按照招标公告、资格预审公告或者投标邀请书规定的时间、地点提供招标文件或者资格预审文件，提供期限自招标公告、资格预审公告发布之日起计算不得少于5个工作日。提供期限届满后，获取招标文件或者资格预审文件的潜在投标人不足3家的，可以顺延提供期限，并予公告。

公开招标进行资格预审的，招标公告和资格预审公告可以合并发布，招标文件应当向所有通过资格预审的供应商提供。

第十九条 采购人或者采购代理机构应当根据采购项目的实施要求，在招标公告、资格预审公告或者投标邀请书中载明是否接受联合体投标。如未载明，不得拒绝联合体投标。

第二十条 采购人或者采购代理机构应当根据采购项目的特点和采购需求编制招标文件。招标文件应当包括以下主要内容：

（一）投标邀请；

（二）投标人须知（包括投标文件的密封、签署、盖章要求等）；

（三）投标人应当提交的资格、资信证明文件；

（四）为落实政府采购政策，采购标的需满足的要求，以及投标人须提供的证明材料；

（五）投标文件编制要求、投标报价要求和投标保证金交纳、退还方式以及不予退还投标保证金的情形；

（六）采购项目预算金额，设定最高限价的，还应当公开最高限价；

（七）采购项目的技术规格、数量、服务标准、验收等要求，包括附件、图纸等；

（八）拟签订的合同文本；

（九）货物、服务提供的时间、地点、方式；

（十）采购资金的支付方式、时间、条件；

（十一）评标方法、评标标准和投标无效情形；

（十二）投标有效期；

（十三）投标截止时间、开标时间及地点；

（十四）采购代理机构代理费用的收取标准和方式；

（十五）投标人信用信息查询渠道及截止时点、信用信息查询记录和证据留存的具体方式、信用信息的使用规则等；

（十六）省级以上财政部门规定的其他事项。

对于不允许偏离的实质性要求和条件，采购人或者采购代理机构应当在招标文件中规定，并以醒目的方式标明。

第二十一条 采购人或者采购代理机构应当根据采购项目的特点和采购需求编制资格预审文件。资格预审文件应当包括以下主要内容：

（一）资格预审邀请；

（二）申请人须知；

（三）申请人的资格要求；

（四）资格审核标准和方法；

（五）申请人应当提供的资格预审申请文件的内容和格式；

（六）提交资格预审申请文件的方式、截止时间、地点及资格审核日期；

（七）申请人信用信息查询渠道及截止时点、信用信息查询记录和证据留存的具体方式、信用信息的使用规则等内容；

（八）省级以上财政部门规定的其他事项。

资格预审文件应当免费提供。

第二十二条 采购人、采购代理机构一般不得要求投标人提供样品，仅凭书面方式不能准确描述采购需求或者需要对样品进行主观判断以确认是否满足采购需求等特殊情况除外。

要求投标人提供样品的，应当在招标文件中明确规定样品制作的标准和要求、是否需要随样品提交相关检测报告、样品的评审方法以及评审标准。需要随样品提交检测报告的，还应当规定检测机构的要求、检测内容等。

采购活动结束后，对于未中标人提供的样品，应当及时退还或者经未中标人同意后自行处理；对于中标人提供的样品，应当按照招标文件的规定进行保管、封存，并作为履约验收的参考。

第二十三条 投标有效期从提交投标文件的截止之日起算。投标文件中承诺的投标有效期应当不少于招标文件中载明的投标有效期。投标有效期内投标人撤销投标文件的，采购人或者采购代理机构可以不退还投标保证金。

第二十四条 招标文件售价应当按照弥补制作、邮寄成本的原则确定，不得以营利为目的，不得以招标采购金额作为确定招标文件售价的依据。

第二十五条 招标文件、资格预审文件的内容不得违反法律、行政法规、强制性标准、政府采购政策，或者违反公开透明、公平竞争、公正和诚实信用原则。

有前款规定情形，影响潜在投标人投标或者资格预审结果的，采购人或者采购代理机构应当修改招标文件或者资格预审文件后重新招标。

第二十六条 采购人或者采购代理机构可以在招标文件提供期限截止后，组织已获取招标文件的潜在投标人现场考察或者召开开标前答疑会。

组织现场考察或者召开答疑会的，应当在招标文件中载明，或者在招标文件提供期限截止后以书面形式通知所有获取招标文件的潜在投标人。

第二十七条 采购人或者采购代理机构可以对已发出的招标文件、资格预审文件、投标邀请书进行必要的澄清或者修改，但不得改变采购标的和资格条件。澄清或者修改应当在原公告发布媒体上发布澄清公告。澄清或者修改的内容为招标文件、资格预审文件、投标邀请书的组成部分。

澄清或者修改的内容可能影响投标文件编制的，采购人或者采购代理机构应当在投标截止时间至少15日前，以书面形式通知所有获取招标文件的潜在投标人；不足15日的，采购人或者采购代理机构应当顺延提交投标文件的截止时间。

澄清或者修改的内容可能影响资格预审申请文件编制的，采购人或者采购代理机构应当在提交资格预审申请文件截止时间至少3日前，以书面形式通知所有获取资格预审文件的潜在投标人；不足3日的，采购人或者采购代理机构应当顺延提交资格预审申请文件的截止时间。

第二十八条 投标截止时间前，采购人、采购代理机构和有关人员不得向他人透露已获取招标文件的潜在投标人的名称、数量以及可能影响公平竞争的有关招标投标的其他情况。

第二十九条 采购人、采购代理机构在发布招标公告、资格预审公告或者发出投标邀请书后，除因重大变故采购任务取消情况外，不得擅自终止招标活动。

终止招标的，采购人或者采购代理机构应当及时在原公告发布媒体上发布终止公告，以书面形式通知已经获取招标文件、资格预审文件或者被邀请的潜在投标人，并将项目实施情况和采购任务取消原因报告本级财政部门。已经收取招标文件费用或者投标保证金的，采购人或者采购代理机构应当在终止采购活动后5个工作日内，退还所收取的招标文件费用和所收取的投标保证金及其在银行产生的孳息。

第三章 投　　标

第三十条 投标人，是指响应招标、参加投标竞争的法人、其他组织或者自然人。

第三十一条 采用最低评标价法的采购项目，提供相同品牌产品的不同投标人参加同一合同项下投标的，以其中通过资格审查、符合性审查且报价最低的参加评标；报价相同的，由采购人或者采购人委托评标委员会按照招标文件规定的方式确定一个参加评标的投标人，招标文件未规定的采取随机抽取方式确定，其他投标无效。

使用综合评分法的采购项目，提供相同品牌产品且通过资格审查、符合性审查的不同投标人参加同一合同项下投标的，按一家投标人计算，评审后得分最高的同品牌投标人获得中标人推荐资格；评审得分相同的，由采购人或者采购人委托评标委员会按照招标文件规定的方式确定一个投标人获得中标人推荐资格，招标文件未规定的采取随机抽取方式确定，其他同品牌投标人不作为中标候选人。

非单一产品采购项目，采购人应当根据采购项目技术构成、产品价格比重等合理确定核心产品，并在招标文件中载明。多家投标人提供的核心产品品牌相同的，按前两款规定处理。

第三十二条 投标人应当按照招标文件的要求编制投标文件。投标文件应当对招标文件提出的要求和条件作出明确响应。

第三十三条 投标人应当在招标文件要求提交投标文件的截止时间前，将投标文件密封送达投标地点。采购人或者采购代理机构收到投标文件后，应当如实记载投标文件的送达时间和密封情况，签收保存，并向投标人出具签收回执。任何单位和个人不得在开标前开启投标文件。

逾期送达或者未按照招标文件要求密封的投标文件，采购人、采购代理机构应当拒收。

第三十四条 投标人在投标截止时间前，可以对所递交的投标文件进行补充、修改或者撤回，并书面通知采购人或者采购代理机构。补充、修改的内容应当按照招标文件要求签署、盖章、密封后，作为投标文件的组成部分。

第三十五条 投标人根据招标文件的规定和采购项目的实际情况，拟在中标后将中标项目的非主体、非关键性工作分包的，应当在投标文件中载明分包承担主体，分包承担主体应当具备相应资质条件且不得再次分包。

第三十六条 投标人应当遵循公平竞争的原则，不得恶意串通，不得妨碍其他投标人的竞争行为，不得损害采购人或者其他投标人的合法权益。

在评标过程中发现投标人有上述情形的，评标委员会应当认定其投标无效，并书面报告本级财政部门。

第三十七条 有下列情形之一的，视为投标人串通投标，其投标无效：

（一）不同投标人的投标文件由同一单位或者个人编制；

（二）不同投标人委托同一单位或者个人办理投标事宜；

（三）不同投标人的投标文件载明的项目管理成员或者联系人员为同一人；

（四）不同投标人的投标文件异常一致或者投标报价呈规律性差异；

（五）不同投标人的投标文件相互混装；

（六）不同投标人的投标保证金从同一单位或者个人的账户转出。

第三十八条 投标人在投标截止时间前撤回已提交的投标文件的，采购人或者采购代理机构应当自收到投标人书面撤回通知之日起5个工作日内，退还已收取的投标保证金，但因投标人自身原因导致无法及时退还的除外。

采购人或者采购代理机构应当自中标通知书发出之日起5个工作日内退还未中标人的投标保证金，自采购合同签订之日起5个工作日内退还中标人的投标保证金或者转为中标人的履约保证金。

采购人或者采购代理机构逾期退还投标保证金的，除应当退还投标保证金本金外，还应当按中国人民银行同期贷款基准利率上浮20%后的利率支付超期资金占用费，但因投标人自身原因导致无法及时退还的除外。

第四章 开标、评标

第三十九条 开标应当在招标文件确定的提交投标文件截止时间的同一时间进行。开标地点应当为招标文件中预先确定的地点。

采购人或者采购代理机构应当对开标、评标现场活动进行全程录音录像。录音录像应当清晰可辨，音像资料作为采购文件一并存档。

第四十条 开标由采购人或者采购代理机构主持，邀请投标人参加。评标委员会成员不得参加开标活动。

第四十一条 开标时，应当由投标人或者其推选的代表检查投标文件的密封情况；经确认无误后，由采购人或者采购代理机构工作人员当众拆封，宣布投标人名称、投标价格和招标文件规定的需要宣布的其他内容。

投标人不足3家的，不得开标。

第四十二条 开标过程应当由采购人或者采购代理机构负责记录，由参加开标的各投标人代表和相关工作人员签字确认后随采购文件一并存档。

投标人代表对开标过程和开标记录有疑义，以及认为采购人、采购代理机构相关工作人员有需要回避的情形的，应当场提出询问或者回避申请。采购人、采购代理机构对投标人代表提出的询问或者回避申请应当及时处理。

投标人未参加开标的，视同认可开标结果。

第四十三条 公开招标数额标准以上的采购项目，投标截止后投标人不足3家或者通过资格审查或符合性审查的投标人不足3家的，除采购任务取消情形外，按照以下方式处理：

（一）招标文件存在不合理条款或者招标程序不符合规定的，采购人、采购代理机构改正后依法重新招标；

（二）招标文件没有不合理条款、招标程序符合规定，需要采用其他采购方式采购的，采购人应当依法报财政部门批准。

第四十四条 公开招标采购项目开标结束后，采购人或者采购代理机构应当依法对投标人的资格进行审查。

合格投标人不足3家的，不得评标。

第四十五条 采购人或者采购代理机构负责组织评标工作，并履行下列职责：

（一）核对评审专家身份和采购人代表授权函，对评审专家在政府采购活动中的职责履行情况予以记录，并及时将有关违法违规行为向财政部门报告；

（二）宣布评标纪律；

（三）公布投标人名单，告知评审专家应当回避的情形；

（四）组织评标委员会推选评标组长，采购人代表不得担任组长；

（五）在评标期间采取必要的通讯管理措施，保证评标活动不受外界干扰；

（六）根据评标委员会的要求介绍政府采购相关政策法规、招标文件；

（七）维护评标秩序，监督评标委员会依照招标文件规定的评标程序、方法和标准进行独立评审，及时制止和纠正采购人代表、评审专家的倾向性言论或者违法违规行为；

（八）核对评标结果，有本办法第六十四条规定情形的，要求评标委员会复核或者书面说明理由，评标委员会拒绝的，应予记录并向本级财政部门报告；

（九）评审工作完成后，按照规定向评审专家支付劳务报酬和异地评审差旅费，不得向评审专家以外的其他人员支付评审劳务报酬；

（十）处理与评标有关的其他事项。

采购人可以在评标前说明项目背景和采购需求，说明内容不得含有歧视性、倾向性意见，不得超出招标文件所述范围。说明应当提交书面材料，并随采购文件一并存档。

第四十六条 评标委员会负责具体评标事务，并独立履行下列职责：

（一）审查、评价投标文件是否符合招标文件的商务、技术等实质性要求；

（二）要求投标人对投标文件有关事项作出澄清或者说明；

（三）对投标文件进行比较和评价；

（四）确定中标候选人名单，以及根据采购人委托直接确定中标人；

（五）向采购人、采购代理机构或者有关部门报告评标中发现的违法行为。

第四十七条 评标委员会由采购人代表和评审专家组成，成员人数应当为 5 人以上单数，其中评审专家不得少于成员总数的三分之二。

采购项目符合下列情形之一的，评标委员会成员人数应当为 7 人以上单数：

（一）采购预算金额在 1000 万元以上；

（二）技术复杂；

（三）社会影响较大。

评审专家对本单位的采购项目只能作为采购人代表参与评标，本办法第四十八条第二款规定情形除外。采购代理机构工作人员不得参加由本机构代理的政府采购项目的评标。

评标委员会成员名单在评标结果公告前应当保密。

第四十八条 采购人或者采购代理机构应当从省级以上财政部门设立的政府采购评审专家库中，通过随机方式抽取评审专家。

对技术复杂、专业性强的采购项目，通过随机方式难以确定合适评审专家的，经主管预算单位同意，采购人可以自行选定相应专业领域的评审专家。

第四十九条 评标中因评标委员会成员缺席、回避或者健康等特殊原因导致评标委员会组成不符合本办法规定的，采购人或者采购代理机构应当依法补足后继续评标。被更换的评标委员会成员所作出的评标意见无效。

无法及时补足评标委员会成员的，采购人或者采购代理机构应当停止评标活动，封存所有投标文件和开标、评标资料，依法重新组建评标委员会进行评标。原评标委员会所作出的评标意见无效。

采购人或者采购代理机构应当将变更、重新组建评标委员会的情况予以记录，并随采购文件一并存档。

第五十条 评标委员会应当对符合资格的投标人的投标文件进行符合性审查，以确定其是否满足招标文件的实质性要求。

第五十一条 对于投标文件中含义不明确、同类问题表述不一致或者有明显文字和计算错误的内容，评标委员会应当以书面形式要求投标人作出必要的澄清、说明或者补正。

投标人的澄清、说明或者补正应当采用书面形式，并加盖公章，或者由法定代表人或其授权的代表签字。投标人的澄清、说明或者补正不得超出投标文件的范围或者改变投标文件的实质性内容。

第五十二条 评标委员会应当按照招标文件中规定的评标方法和标准，对符合性审查合格的投标文件进行商务和技术评估，综合比较与评价。

第五十三条 评标方法分为最低评标价法和综合评分法。

第五十四条 最低评标价法，是指投标文件满足招标文件全部实质性要求，且投标报价最低的投标人为中标候选人的评标方法。

技术、服务等标准统一的货物服务项目，应当采用最低评标价法。

采用最低评标价法评标时，除了算术修正和落实政府采购政策需进行的价格扣除外，不能对投标人的投标价格进行任何调整。

第五十五条 综合评分法，是指投标文件满足招标文件全部实质性要求，且按照评审因素的量化指标评审得分最高的投标人为中标候选人的评标方法。

评审因素的设定应当与投标人所提供货物服务的质量相关，包括投标报价、技术或者服务水平、履约能力、售后服务等。资格条件不得作为评审因素。评审因素应当在招标文件中规定。

评审因素应当细化和量化，且与相应的商务条件和采购需求对应。商务条件和采购需求指标有区间规定的，评审因素应当量化到相应区间，并设置各区间对应的不同分值。

评标时，评标委员会各成员应当独立对每个投标人的投标文件进行评价，并汇总每个投标人的得分。

货物项目的价格分值占总分值的比重不得低于30%；服务项目的价格分值占总分值的比重不得低于10%。执行国家统一定价标准和采用固定价格采购的项目，其价格不列为评审因素。

价格分应当采用低价优先法计算，即满足招标文件要求且投标价格最低的投标报价为评标基准价，其价格分为满分。其他投标人的价格分统一按照下列公式计算：

投标报价得分＝(评标基准价/投标报价)×100

评标总得分＝F1×A1＋F2×A2＋……＋Fn×An

F1、F2……Fn 分别为各项评审因素的得分；

A1、A2、……An 分别为各项评审因素所占的权重（A1＋A2＋……＋An＝1）。

评标过程中，不得去掉报价中的最高报价和最低报价。

因落实政府采购政策进行价格调整的，以调整后的价格计算评标基准价和投标报价。

第五十六条 采用最低评标价法的，评标结果按投标报价由低到高顺序排列。投标报价相同的并列。投标文件满足招标文件全部实质性要求且投标报价最低的投标人为排名第一的中标候选人。

第五十七条 采用综合评分法的，评标结果按评审后得分由高到低顺序排列。得分相同的，按投标报价由低到高顺序排列。得分且投标报价相同的并列。投标文件满足招标文件全部实质性要求，且按照评审因素的量化指标评审得分最高的投标人为排名第一的中标候选人。

第五十八条 评标委员会根据全体评标成员签字的原始评标记录和评标结果编写评标报告。评标报告应当包括以下内容：

（一）招标公告刊登的媒体名称、开标日期和地点；

（二）投标人名单和评标委员会成员名单；

（三）评标方法和标准；

（四）开标记录和评标情况及说明，包括无效投标人名单及原因；

（五）评标结果，确定的中标候选人名单或者经采购人委托直接确定的中标人；

（六）其他需要说明的情况，包括评标过程中投标人根据评标委员会要求进行的澄清、说明或者补正，评标委员会成员的更换等。

第五十九条 投标文件报价出现前后不一致的，除招标文件另有规定外，按照下列规定修正：

（一）投标文件中开标一览表（报价表）内容与投标文件中相应内容不一致的，以开标一览表（报价表）为准；

（二）大写金额和小写金额不一致的，以大写金额为准；

（三）单价金额小数点或者百分比有明显错位的，以开标一览表的总价为准，并修改单价；

（四）总价金额与按单价汇总金额不一致的，以单价金额计算结果为准。

同时出现两种以上不一致的，按照前款规定的顺序修正。修正后的报价按照本办法第五十一条第二款的规定经投标人确认后产生约束力，投标人不确认的，其投标无效。

第六十条 评标委员会认为投标人的报价明显低于其他通过符合性审查投标人的报价，有可能影响产品质量或者不能诚信履约的，应当要求其在评标现场合理的时间内提供书面说明，必要时提交相关证明材料；投标人不能证明其报价合理性的，评标委员会应当将其作为无效投标处理。

第六十一条 评标委员会成员对需要共同认定的事项存在争议的，应当按照少数服从多数的原则作出结论。持不同意见的评标委员会成员应当在评标报告上签署不同意见及理由，否则视为同意评标报告。

第六十二条 评标委员会及其成员不得有下列行为：

（一）确定参与评标至评标结束前私自接触投标人；

（二）接受投标人提出的与投标文件不一致的澄清或者说明，本办法第五十一条规定的情形除外；

（三）违反评标纪律发表倾向性意见或者征询采购人的倾向性意见；

（四）对需要专业判断的主观评审因素协商评分；

（五）在评标过程中擅离职守，影响评标程序正常进行的；

（六）记录、复制或者带走任何评标资料；

（七）其他不遵守评标纪律的行为。

评标委员会成员有前款第一至五项行为之一的，其评审意见无效，并不得获取评审劳务报酬和报销异地评审差旅费。

第六十三条 投标人存在下列情况之一的，投标无效：

（一）未按照招标文件的规定提交投标保证金的；

（二）投标文件未按招标文件要求签署、盖章的；

（三）不具备招标文件中规定的资格要求的；

（四）报价超过招标文件中规定的预算金额或者最高限价的；

（五）投标文件含有采购人不能接受的附加条件的；

（六）法律、法规和招标文件规定的其他无效情形。

第六十四条 评标结果汇总完成后，除下列情形外，任何人不得修改评标结果：

（一）分值汇总计算错误的；

（二）分项评分超出评分标准范围的；

（三）评标委员会成员对客观评审因素评分不一致的；

（四）经评标委员会认定评分畸高、畸低的。

评标报告签署前，经复核发现存在以上情形之一的，评标委员会应当当场修改评标结果，并在评标报告中记载；评标报告签署后，采购人或者采购代理机构发现存在以上情形之一的，应当组织原评标委员会进行重新评审，重新评审改变评标结果的，书面报告本级财政部门。

投标人对本条第一款情形提出质疑的，采购人或者采购代理机构可以组织原评标委员会进行重新评审，重新评审改变评标结果的，应当书面报告本级财政部门。

第六十五条 评标委员会发现招标文件存在歧义、重大缺陷导致评标工作无法进行，或者招标文件内容违反国家有关强制性规定的，应当停止评标工作，与采购人或者采购代理机构沟通并作书面记录。采购人或者采购代理机构确认后，应当修改招标文件，重新组织采购活动。

第六十六条 采购人、采购代理机构应当采取必要措施，保证评标在严格保密的情况下进行。除采购人代表、评标现场组织人员外，采购人的其他工作人员以及与评标工作无关的人员不得进入评标现场。

有关人员对评标情况以及在评标过程中获悉的国家秘密、商业秘密负有保密责任。

第六十七条 评标委员会或者其成员存在下列情形导致评标结果无效的，采购人、采购代理机构可以重新组建评标委员会进行评标，并书面报告本级财政部门，但采购合同已经履行的除外：

（一）评标委员会组成不符合本办法规定的；

（二）有本办法第六十二条第一至五项情形的；

（三）评标委员会及其成员独立评标受到非法干预的；

（四）有政府采购法实施条例第七十五条规定的违法行为的。

有违法违规行为的原评标委员会成员不得参加重新组建的评标委员会。

第五章 中标和合同

第六十八条 采购代理机构应当在评标结束后 2 个工作日内将评标报告送采购人。

采购人应当自收到评标报告之日起 5 个工作日内，在评标报告确定的中标候选人名单中按顺序确定中标人。中标候选人并列的，由采购人或者采购人委托评标委员会按照招标文件规定的方式确定中标人；招标文件未规定的，采取随机抽取的方式确定。

采购人自行组织招标的，应当在评标结束后 5 个工作日内确定中标人。

采购人在收到评标报告 5 个工作日内未按评标报告推荐的中标候选人顺序确定中

标人，又不能说明合法理由的，视同按评标报告推荐的顺序确定排名第一的中标候选人为中标人。

第六十九条 采购人或者采购代理机构应当自中标人确定之日起 2 个工作日内，在省级以上财政部门指定的媒体上公告中标结果，招标文件应当随中标结果同时公告。

中标结果公告内容应当包括采购人及其委托的采购代理机构的名称、地址、联系方式，项目名称和项目编号，中标人名称、地址和中标金额，主要中标标的的名称、规格型号、数量、单价、服务要求，中标公告期限以及评审专家名单。

中标公告期限为 1 个工作日。

邀请招标采购人采用书面推荐方式产生符合资格条件的潜在投标人的，还应当将所有被推荐供应商名单和推荐理由随中标结果同时公告。

在公告中标结果的同时，采购人或者采购代理机构应当向中标人发出中标通知书；对未通过资格审查的投标人，应当告知其未通过的原因；采用综合评分法评审的，还应当告知未中标人本人的评审得分与排序。

第七十条 中标通知书发出后，采购人不得违法改变中标结果，中标人无正当理由不得放弃中标。

第七十一条 采购人应当自中标通知书发出之日起 30 日内，按照招标文件和中标人投标文件的规定，与中标人签订书面合同。所签订的合同不得对招标文件确定的事项和中标人投标文件作实质性修改。

采购人不得向中标人提出任何不合理的要求作为签订合同的条件。

第七十二条 政府采购合同应当包括采购人与中标人的名称和住所、标的、数量、质量、价款或者报酬、履行期限及地点和方式、验收要求、违约责任、解决争议的方法等内容。

第七十三条 采购人与中标人应当根据合同的约定依法履行合同义务。

政府采购合同的履行、违约责任和解决争议的方法等适用《中华人民共和国合同法》。

第七十四条 采购人应当及时对采购项目进行验收。采购人可以邀请参加本项目的其他投标人或者第三方机构参与验收。参与验收的投标人或者第三方机构的意见作为验收书的参考资料一并存档。

第七十五条 采购人应当加强对中标人的履约管理，并按照采购合同约定，及时向中标人支付采购资金。对于中标人违反采购合同约定的行为，采购人应当及时处理，依法追究其违约责任。

第七十六条 采购人、采购代理机构应当建立真实完整的招标采购档案，妥善保存每项采购活动的采购文件。

第六章　法律责任

第七十七条　采购人有下列情形之一的，由财政部门责令限期改正；情节严重的，给予警告，对直接负责的主管人员和其他直接责任人员由其行政主管部门或者有关机关依法给予处分，并予以通报；涉嫌犯罪的，移送司法机关处理：

（一）未按照本办法的规定编制采购需求的；

（二）违反本办法第六条第二款规定的；

（三）未在规定时间内确定中标人的；

（四）向中标人提出不合理要求作为签订合同条件的。

第七十八条　采购人、采购代理机构有下列情形之一的，由财政部门责令限期改正，情节严重的，给予警告，对直接负责的主管人员和其他直接责任人员，由其行政主管部门或者有关机关给予处分，并予通报；采购代理机构有违法所得的，没收违法所得，并可以处以不超过违法所得 3 倍、最高不超过 3 万元的罚款，没有违法所得的，可以处以 1 万元以下的罚款：

（一）违反本办法第八条第二款规定的；

（二）设定最低限价的；

（三）未按照规定进行资格预审或者资格审查的；

（四）违反本办法规定确定招标文件售价的；

（五）未按规定对开标、评标活动进行全程录音录像的；

（六）擅自终止招标活动的；

（七）未按照规定进行开标和组织评标的；

（八）未按照规定退还投标保证金的；

（九）违反本办法规定进行重新评审或者重新组建评标委员会进行评标的；

（十）开标前泄露已获取招标文件的潜在投标人的名称、数量或者其他可能影响公平竞争的有关招标投标情况的；

（十一）未妥善保存采购文件的；

（十二）其他违反本办法规定的情形。

第七十九条　有本办法第七十七条、第七十八条规定的违法行为之一，经改正后仍然影响或者可能影响中标结果的，依照政府采购法实施条例第七十一条规定处理。

第八十条　政府采购当事人违反本办法规定，给他人造成损失的，依法承担民事责任。

第八十一条　评标委员会成员有本办法第六十二条所列行为之一的，由财政部门责令限期改正；情节严重的，给予警告，并对其不良行为予以记录。

第八十二条 财政部门应当依法履行政府采购监督管理职责。财政部门及其工作人员在履行监督管理职责中存在懒政怠政、滥用职权、玩忽职守、徇私舞弊等违法违纪行为的，依照政府采购法、《中华人民共和国公务员法》、《中华人民共和国行政监察法》、政府采购法实施条例等国家有关规定追究相应责任；涉嫌犯罪的，移送司法机关处理。

第七章 附 则

第八十三条 政府采购货物服务电子招标投标、政府采购货物中的进口机电产品招标投标有关特殊事宜，由财政部另行规定。

第八十四条 本办法所称主管预算单位是指负有编制部门预算职责，向本级财政部门申报预算的国家机关、事业单位和团体组织。

第八十五条 本办法规定按日计算期间的，开始当天不计入，从次日开始计算。期限的最后一日是国家法定节假日的，顺延到节假日后的次日为期限的最后一日。

第八十六条 本办法所称的“以上”、“以下”、“内”、“以内”，包括本数；所称的“不足”，不包括本数。

第八十七条 各省、自治区、直辖市财政部门可以根据本办法制定具体实施办法。

第八十八条 本办法自 2017 年 10 月 1 日起施行。财政部 2004 年 8 月 11 日发布的《政府采购货物和服务招标投标管理办法》（财政部令第 18 号）同时废止。

国家发展改革委等部门关于严格执行招标投标法规制度进一步规范招标投标主体行为的若干意见

2022年7月18日　发改法规规〔2022〕1117号

各省、自治区、直辖市、新疆生产建设兵团发展改革委、工业和信息化主管部门、公安厅（局）、住房城乡建设厅（委、局）、交通运输厅（局、委）、水利（水务）厅（局）、农业农村厅（局、委）、商务厅（局）、审计厅（局）、广播电视局、能源局、招标投标指导协调工作牵头部门、公共资源交易平台整合工作牵头部门，各省、自治区、直辖市通信管理局，审计署各特派员办事处、国家能源局各派出机构、各地区铁路监管局、民航各地区管理局，全国公共资源交易平台、中国招标投标公共服务平台：

招标投标制度是社会主义市场经济体制的重要组成部分，对于充分发挥市场在资源配置中的决定性作用，更好发挥政府作用，深化投融资体制改革，提高国有资金使用效益，预防惩治腐败具有重要意义。近年来，各地区、各部门认真执行《招标投标法》及配套法规规章，全社会依法招标投标意识不断增强，招标投标活动不断规范，在维护国家利益、社会公共利益和招标投标活动当事人合法权益方面发挥了重要作用。但是当前招标投标市场还存在不少突出问题，招标人主体责任落实不到位，各类不合理限制和隐性壁垒尚未完全消除，规避招标、虚假招标、围标串标、有关部门及领导干部插手干预等违法行为仍然易发高发，招标代理服务水平参差不齐，一些评标专家不公正、不专业，导致部分项目中标结果不符合实际需求或者实施效果不佳，制约了招标投标制度竞争择优功能的发挥。为全面贯彻党的十九大和十九届历次全会精神，按照第十九届中央纪委第六次全会、国务院第五次廉政工作会议部署，现就严格执行招标投标法规制度、进一步规范招标投标各方主体行为提出以下意见。

一、强化招标人主体责任

（一）依法落实招标自主权。切实保障招标人在选择招标代理机构、编制招标文件、在统一的公共资源交易平台体系内选择电子交易系统和交易场所、组建评标委员会、委派代表参加评标、确定中标人、签订合同等方面依法享有的自主权。任何单位和个人不得以任何方式为招标人指定招标代理机构，不得违法限定招标人选择招标代理机构的方式，不得强制具有自行招标能力的招标人委托招标代理机构办理招标事宜。任何单位不得设定没有法律、行政法规依据的招标文件审查等前置审批或审核环节。对实行电子招标投标的项目，取消招标文件备案或者实行网上办理。

（二）严格执行强制招标制度。依法经项目审批、核准部门确定的招标范围、招标方式、招标组织形式，未经批准不得随意变更。依法必须招标项目拟不进行招标的、依法应当公开招标的项目拟邀请招标的，必须符合法律法规规定情形并履行规定程序；除涉及国家秘密或者商业秘密的外，应当在实施采购前公示具体理由和法律法规依据。不得以支解发包、化整为零、招小送大、设定不合理的暂估价或者通过虚构涉密项目、应急项目等形式规避招标；不得以战略合作、招商引资等理由搞“明招暗定”“先建后招”的虚假招标；不得通过集体决策、会议纪要、函复意见、备忘录等方式将依法必须招标项目转为采用谈判、询比、竞价或者直接采购等非招标方式。对于涉及应急抢险救灾、疫情防控等紧急情况，以及重大工程建设项目经批准增加的少量建设内容，可以按照《招标投标法》第六十六条和《招标投标法实施条例》第九条规定不进行招标，同时强化项目单位在资金使用、质量安全等方面责任。不得随意改变法定招标程序；不得采用抽签、摇号、抓阄等违规方式直接选择投标人、中标候选人或中标人。除交易平台暂不具备条件等特殊情形外，依法必须招标项目应当实行全流程电子化交易。

（三）规范招标文件编制和发布。招标人应当高质量编制招标文件，鼓励通过市场调研、专家咨询论证等方式，明确招标需求，优化招标方案；对于委托招标代理机构编制的招标文件，应当认真组织审查，确保合法合规、科学合理、符合需求；对于涉及公共利益、社会关注度较高的项目，以及技术复杂、专业性强的项目，鼓励就招标文件征求社会公众或行业意见。依法必须招标项目的招标文件，应当使用国家规定的标准文本，根据项目的具体特点与实际需要编制。招标文件中资质、业绩等投标人资格条件要求和评标标准应当以符合项目具体特点和满足实际需要为限度审慎设置，不得通过设置不合理条件排斥或者限制潜在投标人。依法必须招标项目不得提出注册地址、所有制性质、市场占有率、特定行政区域或者特定行业业绩、取得非强制资质认证、设立本地分支机构、本地缴纳税收社保等要求，不得套用特定生产供应者的条件设定投标人资格、技术、商务条件。简化投标文件形式要求，一般不得将装订、纸张、明显的文字错误等列为否决投标情形。鼓励参照《公平竞争审查制度实施细则》，建立依法必须招标项目招标文件公平竞争审查机制。鼓励建立依法必须招标项目招标文件公示或公开制度。严禁设置投标报名等没有法律法规依据的前置环节。

（四）规范招标人代表条件和行为。招标人应当选派或者委托责任心强、熟悉业务、公道正派的人员作为招标人代表参加评标，并遵守利益冲突回避原则。严禁招标人代表私下接触投标人、潜在投标人、评标专家或相关利害关系人；严禁在评标过程中发表带有倾向性、误导性的言论或者暗示性的意见建议，干扰或影响其他评标委员会成员公正独立评标。招标人代表发现其他评标委员会成员不按照招标文件规定的评标标准和方法评标的，应当及时提醒、劝阻并向有关招标投标行政监督部门（以下简称行政监督部门）报告。

（五）加强评标报告审查。招标人应当在中标候选人公示前认真审查评标委员会提交的书面评标报告，发现异常情形的，依照法定程序进行复核，确认存在问题的，依照法定程序予以纠正。重点关注评标委员会是否按照招标文件规定的评标标准和方法进行评标；是否存在对客观评审因素评分不一致，或者评分畸高、畸低现象；是否对可能低于成本或者影响履约的异常低价投标和严重不平衡报价进行分析研判；是否依法通知投标人进行澄清、说明；是否存在随意否决投标的情况。加大评标情况公开力度，积极推进评分情况向社会公开、投标文件被否决原因向投标人公开。

（六）畅通异议渠道。招标人是异议处理的责任主体，应当畅通异议渠道，在招标公告和公示信息中公布受理异议的联系人和联系方式，在法定时限内答复和处理异议，积极引导招标投标活动当事人和利害关系人按照法定程序维护自身权益。实行电子招标投标的，应当支持系统在线提出异议、跟踪处理进程、接收异议答复。不得故意拖延、敷衍，无故回避实质性答复，或者在作出答复前继续进行招标投标活动。

（七）落实合同履约管理责任。招标人应当高度重视合同履约管理，健全管理机制，落实管理责任。依法必须招标项目的招标人应当按照《公共资源交易领域基层政务公开标准指引》要求，及时主动公开合同订立信息，并积极推进合同履行及变更信息公开。加强对依法必须招标项目合同订立、履行及变更的行政监督，强化信用管理，防止“阴阳合同”“低中高结”等违法违规行为发生，及时依法查处违法违规行为。

（八）加强招标档案管理。招标人应当按照有关规定加强招标档案管理，及时收集、整理、归档招标投标交易和合同履行过程中产生的各种文件资料和信息数据，并采取有效措施确保档案的完整和安全，不得篡改、损毁、伪造或者擅自销毁招标档案。加快推进招标档案电子化、数字化。招标人未按照规定进行归档，篡改、损毁、伪造、擅自销毁招标档案，或者在依法开展的监督检查中不如实提供招标档案的，由行政监督部门责令改正。

（九）强化内部控制管理。招标人应当建立健全招标投标事项集体研究、合法合规性审查等议事决策机制，积极发挥内部监督作用；对招标投标事项管理集中的部门和岗位实行分事行权、分岗设权、分级授权，强化内部控制。依法必须招标项目应当在组织招标前，按照权责匹配原则落实主要负责人和相关负责人。鼓励招标人建立招标项目绩效评价机制和招标采购专业化队伍，加大对招标项目管理人员的问责问效力度，将招标投标活动合法合规性、交易结果和履约绩效与履职评定、奖励惩处挂钩。

二、坚决打击遏制违法投标和不诚信履约行为

（十）严格规范投标和履约行为。投标人应当严格遵守有关法律法规和行业标准规范，依法诚信参加投标，自觉维护公平竞争秩序。不得通过受让、租借或者挂靠资质投标；不得伪造、变造资质、资格证书或者其他许可证件，提供虚假业绩、奖项、项目负责人等材料，或者以其他方式弄虚作假投标；不得与招标人、招标代理机构或其他投标人串通投标；不得与评标委员会成员私下接触，或向招标人、招标代理机构、交易平台运行服务机构、评标委员会成员、行政监督部门人员等行贿谋取中标；不得恶意提出异议、投诉或者举报，干扰正常招标投标活动。中标人不得无正当理由不与招标人订立合同，在签订合同时向招标人提出附加条件，不按照招标文件要求提交履约保证金或履约保函，或者将中标项目转包、违法分包。

（十一）加大违法投标行为打击力度。密切关注中标率异常低、不以中标为目的投标的“陪标专业户”。重点关注投标人之间存在关联关系、不同投标人高级管理人员之间存在交叉任职、人员混用或者亲属关系、经常性“抱团”投标等围标串标高风险迹象。严厉打击操纵投标或出借资质等行为导致中标率异常高的“标王”及其背后的违法犯罪团伙。经查实存在违法行为的，行政监督部门严格依法实施行政处罚，并按照规定纳入信用记录；对其中负有责任的领导人员和直接责任人员，需要给予党纪、政务处分或组织处理的，移交有关机关、单位依规依纪依法处理；涉嫌犯罪的，及时向有关机关移送。不得以行政约谈、内部处理等代替行政处罚，不得以行政处罚代替刑事处罚。

三、加强评标专家管理

（十二）严肃评标纪律。评标专家应当认真、公正、诚实、廉洁、勤勉地履行专家职责，按时参加评标，严格遵守评标纪律。评标专家与投标人有利害关系的，应当主动提出回避；不得对其他评标委员会成员的独立评审施加不当影响；不得私下接触投标人，不得收受投标人、中介人、其他利害关系人的财物或者其他好处，不得接受任何单位或者个人明示或者暗示提出的倾向或者排斥特定投标人的要求；不得透露评标委员会成员身份和评标项目；不得透露对投标文件的评审和比较、中标候选人的推荐情况、在评标过程中知悉的国家秘密和商业秘密以及与评标有关的其他情况；不得故意拖延评标时间，或者敷衍塞责随意评标；不得在合法的评标劳务费之外额外索取、接受报酬或者其他好处；严禁组建或者加入可能影响公正评标的微信群、QQ 群等网络通讯群组。招标人、招标代理机构、投标人发现评标专家有违法行为的，应当及时向行政监督部门报告。行政监督部门对评标专家违法行为应当依法严肃查处，并通报评标专家库管理单位、评标专家所在单位和入库审查单位，不得简单以暂停或者取消评标专家资格代替行政处罚；暂停或者取消评标专家资格的决定应当公开，强化社会监督；涉嫌犯罪的，及时向有关机关移送。

（十三）提高评标质量。评标委员会成员应当遵循公平、公正、科学、择优的原则，认真研究招标文件，根据招标文件规定的评标标准和方法，对投标文件进行系统地评审和比较。评标过程中发现问题的，应当及时向招标人提出处理建议；发现招标文件内容违反有关强制性规定或者招标文件存在歧义、重大缺陷导致评标无法进行时，应当停止评标并向招标人说明情况；发现投标文件中含义不明确、对同类问题表述不一致、有明显文字和计算错误、投标报价可能低于成本影响履约的，应当先请投标人作必要的澄清、说明，不得直接否决投标；有效投标不足三个的，应当对投标是否明显缺乏竞争和是否需要否决全部投标进行充分论证，并在评标报告中记载论证过程和结果；发现违法行为的，以及评标过程和结果受到非法影响或者干预的，应当及时向行政监督部门报告。招标人既要重视发挥评标专家的专业和经验优势，又要通过科学设置评标标准和方法，引导专家在专业技术范围内规范行使自由裁量权；根据招标项目实际需要，合理设置专家抽取专业，并保证充足的评标时间。积极探索完善智能辅助评标等机制，减轻专家不必要的工作量。鼓励有条件的地方和单位探索招标人按照工作价值灵活确定评标劳务费支付标准的新机制。

（十四）强化评标专家动态管理。充分依托省级人民政府组建的综合评标专家库和国务院有关部门组建的评标专家库，建立健全对评标专家的入库审查、岗前培训、继续教育、考核评价和廉洁教育等管理制度。加强专家库及评标专家信息保密管理，除依法配合有关部门调查外，任何单位和个人不得泄露相关信息。严格规范评标专家抽取工作，做到全程留痕、可追溯。评标专家库管理单位应当建立评标专家动态考核机制，将专家依法客观公正履职情况作为主要考核内容，根据考核情况及时清退不合格专家。

（十五）严格规范和优化评标组织方式。积极推广网络远程异地评标，打破本地评标专家“小圈子”，推动优质专家资源跨省市、跨行业互联共享。评标场所应当封闭运行，配备专门装置设备，严禁评标期间评标委员会成员与外界的一切非正常接触和联系，实现所有人员的语言、行为、活动轨迹全过程可跟踪、可回溯。有关部门应当规范隔夜评标管理，落实行政监督责任；评标场所应当为隔夜评标提供便利条件，做好配套服务保障。

四、规范招标代理服务行为

（十六）切实规范招标代理行为。招标代理机构及其从业人员应当依法依规、诚信自律经营，严禁采取行贿、提供回扣或者输送不正当利益等非法手段承揽业务；对于招标人、投标人、评标专家等提出的违法要求应当坚决抵制、及时劝阻，不得背离职业道德无原则附和；不得泄露应当保密的与招标投标活动有关的情况和资料；不得以营利为目的收取高额的招标文件等资料费用；招标代理活动结束后，及时向招标人提交全套招标档案资料，不得篡改、损毁、伪造或擅自销毁；不得与招标人、投标人、评标专家、交易平台运行服务机构等串通损害国家利益、社会公共利益和招标投标活动当事人合法权益。

（十七）加强招标代理机构及从业人员管理。行政监督部门应当加强对在本地区执业的招标代理机构及从业人员的动态监管，将招标代理行为作为“双随机、一公开”监管的重点内容，纳入跨部门联合抽查范围，对参与围标串标等扰乱市场秩序的行为严格依法实施行政处罚，并按照规定纳入信用记录。加强招标代理行业自律建设，鼓励行业协会完善招标代理服务标准规范，开展招标代理机构信用评价和从业人员专业技术能力评价，为招标人选择招标代理机构提供参考，推动提升招标代理服务能力。

五、进一步落实监督管理职责

（十八）健全监管机制。各地行政监督部门要按照职责分工，畅通投诉渠道，依法处理招标投标违法行为投诉，投诉处理结果反馈当事人的同时按规定向社会公开，接受社会监督；合理利用信访举报及时发现违法问题线索，鼓励建立内部举报人制度，对举报严重违法行为和提供重要线索的有功人员予以奖励和保护；建立投诉举报案件定期统计分析制度，聚焦突出问题，开展专项整治。积极适应招标投标全流程电子化新形势，加快推进“互联网＋监管”，充分依托行政监督平台在线获取交易信息、履行监管职责；不断探索完善智慧监管手段，及时预警、发现和查证违法行为；加强电子招标投标信息的防伪溯源监督管理，防止招标投标电子文件伪造、篡改、破坏等风险发生。健全各行政监督部门协同监管和信息共享机制，监管执法过程中涉及其他部门职责的，及时移交有关部门处理或联合处理，着力解决多头处理、职责交叉、不同行业间行政处罚裁量权标准不一致等问题，提高执法水平和效率。指导公共资源交易平台坚持公共服务定位，健全内部控制机制，切实守住廉洁和安全底线，自觉接受行政监督，并积极配合支持行政监督部门履行职责。加强对行政监督部门及其工作人员的监督约束，严禁以规范和监管之名行违规审批、插手干预、地方保护、行业垄断之实。

（十九）加大监管力度。各地行政监督部门要进一步深化“放管服”改革，切实将监管重心从事前审批核准向事中事后全程监管转移。全面推行“双随机、一公开”监管，提升监管主动性和覆盖面。坚决克服监管执法中的地方保护、行业保护，以零容忍态度打击招标投标违法行为，对影响恶劣的案件依法从严从重处罚并通报曝光。招标人发生违法行为的，依法严肃追究负有责任的主管人员和直接责任人员的法律责任，不得以他人插手干预招标投标活动为由减轻或免除责任。与公安机关建立有效的协调联动机制，加大对围标串标等违法犯罪行为的打击力度。加强与纪检监察机关、审计机关协作配合，按照规定做好招标投标领域违规违纪违法问题线索移交，对收到的问题线索认真核查处理。加强地方监管执法力量建设，鼓励监管体制改革创新，推动人财物更多投入到监管一线，加强监管的技术保障和资源保障。

（二十）健全信用体系。加快推进招标投标领域信用体系建设，构建以信用为基础、衔接标前标中标后各环节的新型监管机制。严格执行具有一定社会影响的行政处罚决定依法公开的规定，并及时推送至全国信用信息共享平台和公共资源交易平台，同步通过“信用中国”网站依法公示。坚持行政监督、社会监督和行业自律相结合，科学建立招标投标市场主体信用评价指标和标准，推动信用信息在招标投标活动中的合理规范应用。对违法失信主体依法依规实施失信惩戒，情节严重的依法实施市场禁入措施。

各地招标投标指导协调工作牵头部门和行政监督部门要进一步强化政治站位，认真履职尽责，推动招标投标法规制度切实执行，大力营造公开、公平、公正和诚实信用的市场环境。国家发展改革委会同国务院有关部门加强对各地招标投标工作的指导协调和典型经验复制推广，适时开展专项督查检查，对监管职责不履行、责任落实不到位的地方和单位，视情进行督办、通报、向有关方面提出问责建议。

本意见自 2022 年 9 月 1 日起施行，有效期至 2027 年 8 月 31 日。

国家发展改革委
工业和信息化部
公安部
住房和城乡建设部
交通运输部
水利部
农业农村部
商务部
审计署
广电总局
国家能源局
国家铁路局
民航局
2022 年 7 月 18 日

工程建设项目施工招标投标办法

（2003年3月8日国家计委、建设部、铁道部、交通部、信息产业部、水利部、民航总局令第30号公布　自2003年5月1日起施行　根据2013年3月11日国家发展改革委、工业和信息化部、财政部、住房城乡建设部、交通运输部、铁道部、水利部、广电总局、民航局令第23号修订）

为了规范工程建设项目施工招标投标活动，根据《中华人民共和国招标投标法》和国务院有关部门的职责分工，国家计委、建设部、铁道部、交通部、信息产业部、水利部、中国民用航空总局审议通过了《工程建设项目施工招标投标办法》，现予发布，自2003年5月1日起施行。

2003年3月8日

工程建设项目施工招标投标办法

第一章　总　　则

第一条　为规范工程建设项目施工（以下简称工程施工）招标投标活动，根据《中华人民共和国招标投标法》、《中华人民共和国招标投标法实施条例》和国务院有关部门的职责分工，制定本办法。

第二条　在中华人民共和国境内进行工程施工招标投标活动，适用本办法。

第三条　工程建设项目符合《工程建设项目招标范围和规模标准规定》（国家计委令第3号）规定的范围和标准的，必须通过招标选择施工单位。

任何单位和个人不得将依法必须进行招标的项目化整为零或者以其他任何方式规避招标。

第四条 工程施工招标投标活动应当遵循公开、公平、公正和诚实信用的原则。

第五条 工程施工招标投标活动，依法由招标人负责。任何单位和个人不得以任何方式非法干涉工程施工招标投标活动。

施工招标投标活动不受地区或者部门的限制。

第六条 各级发展改革、工业和信息化、住房城乡建设、交通运输、铁道、水利、商务、民航等部门依照《国务院办公厅印发国务院有关部门实施招标投标活动行政监督的职责分工意见的通知》（国办发〔2000〕34 号）和各地规定的职责分工，对工程施工招标投标活动实施监督，依法查处工程施工招标投标活动中的违法行为。

第二章　招　　标

第七条 工程施工招标人是依法提出施工招标项目、进行招标的法人或者其他组织。

第八条 依法必须招标的工程建设项目，应当具备下列条件才能进行施工招标：

（一）招标人已经依法成立；

（二）初步设计及概算应当履行审批手续的，已经批准；

（三）有相应资金或资金来源已经落实；

（四）有招标所需的设计图纸及技术资料。

第九条 工程施工招标分为公开招标和邀请招标。

第十条 按照国家有关规定需要履行项目审批、核准手续的依法必须进行施工招标的工程建设项目，其招标范围、招标方式、招标组织形式应当报项目审批部门审批、核准。项目审批、核准部门应当及时将审批、核准确定的招标内容通报有关行政监督部门。

第十一条 依法必须进行公开招标的项目，有下列情形之一的，可以邀请招标：

（一）项目技术复杂或有特殊要求，或者受自然地域环境限制，只有少量潜在投标人可供选择；

（二）涉及国家安全、国家秘密或者抢险救灾，适宜招标但不宜公开招标；

（三）采用公开招标方式的费用占项目合同金额的比例过大。

有前款第二项所列情形，属于本办法第十条规定的项目，由项目审批、核准部门在审批、核准项目时作出认定；其他项目由招标人申请有关行政监督部门作出认定。

全部使用国有资金投资或者国有资金投资占控股或者主导地位的并需要审批的工程建设项目的邀请招标，应当经项目审批部门批准，但项目审批部门只审批立项的，由有关行政监督部门审批。

第十二条 依法必须进行施工招标的工程建设项目有下列情形之一的，可以不进行施工招标：

（一）涉及国家安全、国家秘密、抢险救灾或者属于利用扶贫资金实行以工代赈需要使用农民工等特殊情况，不适宜进行招标；

（二）施工主要技术采用不可替代的专利或者专有技术；

（三）已通过招标方式选定的特许经营项目投资人依法能够自行建设；

（四）采购人依法能够自行建设；

（五）在建工程追加的附属小型工程或者主体加层工程，原中标人仍具备承包能力，并且其他人承担将影响施工或者功能配套要求；

（六）国家规定的其他情形。

第十三条 采用公开招标方式的，招标人应当发布招标公告，邀请不特定的法人或者其他组织投标。依法必须进行施工招标项目的招标公告，应当在国家指定的报刊和信息网络上发布。

采用邀请招标方式的，招标人应当向三家以上具备承担施工招标项目的能力、资信良好的特定的法人或者其他组织发出投标邀请书。

第十四条 招标公告或者投标邀请书应当至少载明下列内容：

（一）招标人的名称和地址；

（二）招标项目的内容、规模、资金来源；

（三）招标项目的实施地点和工期；

（四）获取招标文件或者资格预审文件的地点和时间；

（五）对招标文件或者资格预审文件收取的费用；

（六）对投标人的资质等级的要求。

第十五条 招标人应当按招标公告或者投标邀请书规定的时间、地点出售招标文件或资格预审文件。自招标文件或者资格预审文件出售之日起至停止出售之日止，最短不得少于五日。

招标人可以通过信息网络或者其他媒介发布招标文件，通过信息网络或者其他媒介发布的招标文件与书面招标文件具有同等法律效力，出现不一致时以书面招标文件为准，国家另有规定的除外。

对招标文件或者资格预审文件的收费应当限于补偿印刷、邮寄的成本支出，不得以营利为目的。对于所附的设计文件，招标人可以向投标人酌收押金；对于开标后投标人退还设计文件的，招标人应当向投标人退还押金。

招标文件或者资格预审文件售出后，不予退还。除不可抗力原因外，招标人在发布招标公告、发出投标邀请书后或者售出招标文件或资格预审文件后不得终止招标。

第十六条 招标人可以根据招标项目本身的特点和需要，要求潜在投标人或者投标人提供满足其资格要求的文件，对潜在投标人或者投标人进行资格审查；国家对潜在投标人或者投标人的资格条件有规定的，依照其规定。

第十七条 资格审查分为资格预审和资格后审。

资格预审，是指在投标前对潜在投标人进行的资格审查。资格后审，是指在开标后对投标人进行的资格审查。

进行资格预审的，一般不再进行资格后审，但招标文件另有规定的除外。

第十八条 采取资格预审的，招标人应当发布资格预审公告。资格预审公告适用本办法第十三条、第十四条有关招标公告的规定。

采取资格预审的，招标人应当在资格预审文件中载明资格预审的条件、标准和方法；采取资格后审的，招标人应当在招标文件中载明对投标人资格要求的条件、标准和方法。

招标人不得改变载明的资格条件或者以没有载明的资格条件对潜在投标人或者投标人进行资格审查。

第十九条 经资格预审后，招标人应当向资格预审合格的潜在投标人发出资格预审合格通知书，告知获取招标文件的时间、地点和方法，并同时向资格预审不合格的潜在投标人告知资格预审结果。资格预审不合格的潜在投标人不得参加投标。

经资格后审不合格的投标人的投标应予否决。

第二十条 资格审查应主要审查潜在投标人或者投标人是否符合下列条件：

（一）具有独立订立合同的权利；

（二）具有履行合同的能力，包括专业、技术资格和能力，资金、设备和其他物质设施状况，管理能力，经验、信誉和相应的从业人员；

（三）没有处于被责令停业，投标资格被取消，财产被接管、冻结，破产状态；

（四）在最近三年内没有骗取中标和严重违约及重大工程质量问题；

（五）国家规定的其他资格条件。

资格审查时，招标人不得以不合理的条件限制、排斥潜在投标人或者投标人，不得对潜在投标人或者投标人实行歧视待遇。任何单位和个人不得以行政手段或者其他不合理方式限制投标人的数量。

第二十一条 招标人符合法律规定的自行招标条件的，可以自行办理招标事宜。任何单位和个人不得强制其委托招标代理机构办理招标事宜。

第二十二条 招标代理机构应当在招标人委托的范围内承担招标事宜。招标代理机构可以在其资格等级范围内承担下列招标事宜：

（一）拟订招标方案，编制和出售招标文件、资格预审文件；

（二）审查投标人资格；

（三）编制标底；

（四）组织投标人踏勘现场；

（五）组织开标、评标，协助招标人定标；

（六）草拟合同；

（七）招标人委托的其他事项。

招标代理机构不得无权代理、越权代理，不得明知委托事项违法而进行代理。

招标代理机构不得在所代理的招标项目中投标或者代理投标，也不得为所代理的招标项目的投标人提供咨询；未经招标人同意，不得转让招标代理业务。

第二十三条 工程招标代理机构与招标人应当签订书面委托合同，并按双方约定的标准收取代理费；国家对收费标准有规定的，依照其规定。

第二十四条 招标人根据施工招标项目的特点和需要编制招标文件。招标文件一般包括下列内容：

（一）招标公告或投标邀请书；

（二）投标人须知；

（三）合同主要条款；

（四）投标文件格式；

（五）采用工程量清单招标的，应当提供工程量清单；

（六）技术条款；

（七）设计图纸；

（八）评标标准和方法；

（九）投标辅助材料。

招标人应当在招标文件中规定实质性要求和条件，并用醒目的方式标明。

第二十五条 招标人可以要求投标人在提交符合招标文件规定要求的投标文件外，提交备选投标方案，但应当在招标文件中作出说明，并提出相应的评审和比较办法。

第二十六条 招标文件规定的各项技术标准应符合国家强制性标准。

招标文件中规定的各项技术标准均不得要求或标明某一特定的专利、商标、名称、设计、原产地或生产供应者，不得含有倾向或者排斥潜在投标人的其他内容。如果必须引用某一生产供应者的技术标准才能准确或清楚地说明拟招标项目的技术标准时，则应当在参照后面加上“或相当于”的字样。

第二十七条 施工招标项目需要划分标段、确定工期的，招标人应当合理划分标段、确定工期，并在招标文件中载明。对工程技术上紧密相联、不可分割的单位工程不得分割标段。

招标人不得以不合理的标段或工期限制或者排斥潜在投标人或者投标人。依法必须进行施工招标的项目的招标人不得利用划分标段规避招标。

第二十八条 招标文件应当明确规定所有评标因素，以及如何将这些因素量化或者据以进行评估。

在评标过程中，不得改变招标文件中规定的评标标准、方法和中标条件。

第二十九条 招标文件应当规定一个适当的投标有效期，以保证招标人有足够的时间完成评标和与中标人签订合同。投标有效期从投标人提交投标文件截止之日起计算。

在原投标有效期结束前，出现特殊情况的，招标人可以书面形式要求所有投标人延长投标有效期。投标人同意延长的，不得要求或被允许修改其投标文件的实质性内容，但应当相应延长其投标保证金的有效期；投标人拒绝延长的，其投标失效，但投标人有权收回其投标保证金。因延长投标有效期造成投标人损失的，招标人应当给予补偿，但因不可抗力需要延长投标有效期的除外。

第三十条 施工招标项目工期较长的，招标文件中可以规定工程造价指数体系、价格调整因素和调整方法。

第三十一条 招标人应当确定投标人编制投标文件所需要的合理时间；但是，依法必须进行招标的项目，自招标文件开始发出之日起至投标人提交投标文件截止之日止，最短不得少于二十日。

第三十二条 招标人根据招标项目的具体情况，可以组织潜在投标人踏勘项目现场，向其介绍工程场地和相关环境的有关情况。潜在投标人依据招标人介绍情况作出的判断和决策，由投标人自行负责。

招标人不得单独或者分别组织任何一个投标人进行现场踏勘。

第三十三条 对于潜在投标人在阅读招标文件和现场踏勘中提出的疑问，招标人可以书面形式或召开投标预备会的方式解答，但需同时将解答以书面方式通知所有购买招标文件的潜在投标人。该解答的内容为招标文件的组成部分。

第三十四条 招标人可根据项目特点决定是否编制标底。编制标底的，标底编制过程和标底在开标前必须保密。

招标项目编制标底的，应根据批准的初步设计、投资概算，依据有关计价办法，参照有关工程定额，结合市场供求状况，综合考虑投资、工期和质量等方面的因素合理确定。

标底由招标人自行编制或委托中介机构编制。一个工程只能编制一个标底。

任何单位和个人不得强制招标人编制或报审标底，或干预其确定标底。

招标项目可以不设标底，进行无标底招标。

招标人设有最高投标限价的，应当在招标文件中明确最高投标限价或者最高投标限价的计算方法。招标人不得规定最低投标限价。

第三章 投 标

第三十五条 投标人是响应招标、参加投标竞争的法人或者其他组织。招标人的任何不具独立法人资格的附属机构（单位），或者为招标项目的前期准备或者监理工作提供设计、咨询服务的任何法人及其任何附属机构（单位），都无资格参加该招标项目的投标。

第三十六条 投标人应当按照招标文件的要求编制投标文件。投标文件应当对招标文件提出的实质性要求和条件作出响应。

投标文件一般包括下列内容：

（一）投标函；

（二）投标报价；

（三）施工组织设计；

（四）商务和技术偏差表。

投标人根据招标文件载明的项目实际情况，拟在中标后将中标项目的部分非主体、非关键性工作进行分包的，应当在投标文件中载明。

第三十七条 招标人可以在招标文件中要求投标人提交投标保证金。投标保证金除现金外，可以是银行出具的银行保函、保兑支票、银行汇票或现金支票。

投标保证金不得超过项目估算价的百分之二，但最高不得超过八十万元人民币。投标保证金有效期应当与投标有效期一致。

投标人应当按照招标文件要求的方式和金额，将投标保证金随投标文件提交给招标人或其委托的招标代理机构。

依法必须进行施工招标的项目的境内投标单位，以现金或者支票形式提交的投标保证金应当从其基本账户转出。

第三十八条 投标人应当在招标文件要求提交投标文件的截止时间前，将投标文件密封送达投标地点。招标人收到投标文件后，应当向投标人出具标明签收人和签收时间的凭证，在开标前任何单位和个人不得开启投标文件。

在招标文件要求提交投标文件的截止时间后送达的投标文件，招标人应当拒收。

依法必须进行施工招标的项目提交投标文件的投标人少于三个的，招标人在分析招标失败的原因并采取相应措施后，应当依法重新招标。重新招标后投标人仍少于三个的，属于必须审批、核准的工程建设项目，报经原审批、核准部门批准后可以不再进行招标；其他工程建设项目，招标人可自行决定不再进行招标。

第三十九条 投标人在招标文件要求提交投标文件的截止时间前，可以补充、修改、替代或者撤回已提交的投标文件，并书面通知招标人。补充、修改的内容为投标文件的组成部分。

第四十条 在提交投标文件截止时间后到招标文件规定的投标有效期终止之前，投标人不得撤销其投标文件，否则招标人可以不退还其投标保证金。

第四十一条 在开标前，招标人应妥善保管好已接收的投标文件、修改或撤回通知、备选投标方案等投标资料。

第四十二条 两个以上法人或者其他组织可以组成一个联合体，以一个投标人的身份共同投标。

联合体各方签订共同投标协议后，不得再以自己名义单独投标，也不得组成新的联合体或参加其他联合体在同一项目中投标。

第四十三条 招标人接受联合体投标并进行资格预审的，联合体应当在提交资格预审申请文件前组成。资格预审后联合体增减、更换成员的，其投标无效。

第四十四条 联合体各方应当指定牵头人，授权其代表所有联合体成员负责投标和合同实施阶段的主办、协调工作，并应当向招标人提交由所有联合体成员法定代表人签署的授权书。

第四十五条 联合体投标的，应当以联合体各方或者联合体中牵头人的名义提交投标保证金。以联合体中牵头人名义提交的投标保证金，对联合体各成员具有约束力。

第四十六条 下列行为均属投标人串通投标报价：

（一）投标人之间相互约定抬高或压低投标报价；

（二）投标人之间相互约定，在招标项目中分别以高、中、低价位报价；

（三）投标人之间先进行内部竞价，内定中标人，然后再参加投标；

（四）投标人之间其他串通投标报价的行为。

第四十七条 下列行为均属招标人与投标人串通投标：

（一）招标人在开标前开启投标文件并将有关信息泄露给其他投标人，或者授意投标人撤换、修改投标文件；

（二）招标人向投标人泄露标底、评标委员会成员等信息；

（三）招标人明示或者暗示投标人压低或抬高投标报价；

（四）招标人明示或者暗示投标人为特定投标人中标提供方便；

（五）招标人与投标人为谋求特定中标人中标而采取的其他串通行为。

第四十八条 投标人不得以他人名义投标。

前款所称以他人名义投标，指投标人挂靠其他施工单位，或从其他单位通过受让或租借的方式获取资格或资质证书，或者由其他单位及其法定代表人在自己编制的投标文件上加盖印章和签字等行为。

第四章 开标、评标和定标

第四十九条 开标应当在招标文件确定的提交投标文件截止时间的同一时间公开进行；开标地点应当为招标文件中确定的地点。

投标人对开标有异议的，应当在开标现场提出，招标人应当当场作出答复，并制作记录。

第五十条 投标文件有下列情形之一的，招标人应当拒收：

（一）逾期送达；

（二）未按招标文件要求密封。

有下列情形之一的，评标委员会应当否决其投标：

（一）投标文件未经投标单位盖章和单位负责人签字；

（二）投标联合体没有提交共同投标协议；

（三）投标人不符合国家或者招标文件规定的资格条件；

（四）同一投标人提交两个以上不同的投标文件或者投标报价，但招标文件要求提交备选投标的除外；

（五）投标报价低于成本或者高于招标文件设定的最高投标限价；

（六）投标文件没有对招标文件的实质性要求和条件作出响应；

（七）投标人有串通投标、弄虚作假、行贿等违法行为。

第五十一条 评标委员会可以书面方式要求投标人对投标文件中含义不明确、对同类问题表述不一致或者有明显文字和计算错误的内容作必要的澄清、说明或补正。评标委员会不得向投标人提出带有暗示性或诱导性的问题，或向其明确投标文件中的遗漏和错误。

第五十二条 投标文件不响应招标文件的实质性要求和条件的，评标委员会不得允许投标人通过修正或撤销其不符合要求的差异或保留，使之成为具有响应性的投标。

第五十三条 评标委员会在对实质上响应招标文件要求的投标进行报价评估时，除招标文件另有约定外，应当按下述原则进行修正：

（一）用数字表示的数额与用文字表示的数额不一致时，以文字数额为准；

（二）单价与工程量的乘积与总价之间不一致时，以单价为准。若单价有明显的小数点错位，应以总价为准，并修改单价。

按前款规定调整后的报价经投标人确认后产生约束力。

投标文件中没有列入的价格和优惠条件在评标时不予考虑。

第五十四条 对于投标人提交的优越于招标文件中技术标准的备选投标方案所产生的附加收益，不得考虑进评标价中。符合招标文件的基本技术要求且评标价最低或综合评分最高的投标人，其所提交的备选方案方可予以考虑。

第五十五条 招标人设有标底的，标底在评标中应当作为参考，但不得作为评标的唯一依据。

第五十六条 评标委员会完成评标后，应向招标人提出书面评标报告。评标报告由评标委员会全体成员签字。

依法必须进行招标的项目，招标人应当自收到评标报告之日起三日内公示中标候选人，公示期不得少于三日。

中标通知书由招标人发出。

第五十七条 评标委员会推荐的中标候选人应当限定在一至三人，并标明排列顺序。招标人应当接受评标委员会推荐的中标候选人，不得在评标委员会推荐的中标候选人之外确定中标人。

第五十八条 国有资金占控股或者主导地位的依法必须进行招标的项目，招标人应当确定排名第一的中标候选人为中标人。排名第一的中标候选人放弃中标、因不可抗力提出不能履行合同、不按照招标文件的要求提交履约保证金，或者被查实存在影响中标结果的违法行为等情形，不符合中标条件的，招标人可以按照评标委员会提出的中标候选人名单排序依次确定其他中标候选人为中标人。依次确定其他中标候选人与招标人预期差距较大，或者对招标人明显不利的，招标人可以重新招标。

招标人可以授权评标委员会直接确定中标人。

国务院对中标人的确定另有规定的，从其规定。

第五十九条 招标人不得向中标人提出压低报价、增加工作量、缩短工期或其他违背中标人意愿的要求，以此作为发出中标通知书和签订合同的条件。

第六十条 中标通知书对招标人和中标人具有法律效力。中标通知书发出后，招标人改变中标结果的，或者中标人放弃中标项目的，应当依法承担法律责任。

第六十一条 招标人全部或者部分使用非中标单位投标文件中的技术成果或技术方案时，需征得其书面同意，并给予一定的经济补偿。

第六十二条 招标人和中标人应当在投标有效期内并在自中标通知书发出之日起三十日内，按照招标文件和中标人的投标文件订立书面合同。招标人和中标人不得再行订立背离合同实质性内容的其他协议。

招标人要求中标人提供履约保证金或其他形式履约担保的，招标人应当同时向中标人提供工程款支付担保。

招标人不得擅自提高履约保证金，不得强制要求中标人垫付中标项目建设资金。

第六十三条 招标人最迟应当在与中标人签订合同后五日内，向中标人和未中标的投标人退还投标保证金及银行同期存款利息。

第六十四条 合同中确定的建设规模、建设标准、建设内容、合同价格应当控制在批准的初步设计及概算文件范围内；确需超出规定范围的，应当在中标合同签订前，报原项目审批部门审查同意。凡应报经审查而未报的，在初步设计及概算调整时，原项目审批部门一律不予承认。

第六十五条 依法必须进行施工招标的项目，招标人应当自发出中标通知书之日起十五日内，向有关行政监督部门提交招标投标情况的书面报告。

前款所称书面报告至少应包括下列内容：

（一）招标范围；

（二）招标方式和发布招标公告的媒介；

（三）招标文件中投标人须知、技术条款、评标标准和方法、合同主要条款等内容；

（四）评标委员会的组成和评标报告；

（五）中标结果。

第六十六条 招标人不得直接指定分包人。

第六十七条 对于不具备分包条件或者不符合分包规定的，招标人有权在签订合同或者中标人提出分包要求时予以拒绝。发现中标人转包或违法分包时，可要求其改正；拒不改正的，可终止合同，并报请有关行政监督部门查处。

监理人员和有关行政部门发现中标人违反合同约定进行转包或违法分包的，应当要求中标人改正，或者告知招标人要求其改正；对于拒不改正的，应当报请有关行政监督部门查处。

第五章 法律责任

第六十八条 依法必须进行招标的项目而不招标的，将必须进行招标的项目化整为零或者以其他任何方式规避招标的，有关行政监督部门责令限期改正，可以处项目合同金额千分之五以上千分之十以下的罚款；对全部或者部分使用国有资金的项目，项目审批部门可以暂停项目执行或者暂停资金拨付；对单位直接负责的主管人员和其他直接责任人员依法给予处分。

第六十九条 招标代理机构违法泄露应当保密的与招标投标活动有关的情况和资料的，或者与招标人、投标人串通损害国家利益、社会公共利益或者他人合法权益的，由有关行政监督部门处五万元以上二十五万元以下罚款，对单位直接负责的主管人员和其他直接责任人员处单位罚款数额百分之五以上百分之十以下罚款；有违法所得的，并处没收违法所得；情节严重的，有关行政监督部门可停止其一定时期内参与相关领域的招标代理业务，资格认定部门可暂停直至取消招标代理资格；构成犯罪的，由司法部门依法追究刑事责任。给他人造成损失的，依法承担赔偿责任。

前款所列行为影响中标结果，并且中标人为前款所列行为的受益人的，中标无效。

第七十条 招标人以不合理的条件限制或者排斥潜在投标人的，对潜在投标人实行歧视待遇的，强制要求投标人组成联合体共同投标的，或者限制投标人之间竞争的，有关行政监督部门责令改正，可处一万元以上五万元以下罚款。

第七十一条 依法必须进行招标项目的招标人向他人透露已获取招标文件的潜在投标人的名称、数量或者可能影响公平竞争的有关招标投标的其他情况的，或者泄露标底的，有关行政监督部门给予警告，可以并处一万元以上十万元以下的罚款；对单位直接负责的主管人员和其他直接责任人员依法给予处分；构成犯罪的，依法追究刑事责任。

前款所列行为影响中标结果的，中标无效。

第七十二条 招标人在发布招标公告、发出投标邀请书或者售出招标文件或资格预审文件后终止招标的，应当及时退还所收取的资格预审文件、招标文件的费用，以及所收取的投标保证金及银行同期存款利息。给潜在投标人或者投标人造成损失的，应当赔偿损失。

第七十三条 招标人有下列限制或者排斥潜在投标人行为之一的，由有关行政监督部门依照招标投标法第五十一条的规定处罚；其中，构成依法必须进行施工招标的项目的招标人规避招标的，依照招标投标法第四十九条的规定处罚：

（一）依法应当公开招标的项目不按照规定在指定媒介发布资格预审公告或者招标公告；

（二）在不同媒介发布的同一招标项目的资格预审公告或者招标公告的内容不一致，影响潜在投标人申请资格预审或者投标。

招标人有下列情形之一的，由有关行政监督部门责令改正，可以处 10 万元以下的罚款：

（一）依法应当公开招标而采用邀请招标；

（二）招标文件、资格预审文件的发售、澄清、修改的时限，或者确定的提交资格预审申请文件、投标文件的时限不符合招标投标法和招标投标法实施条例规定；

（三）接受未通过资格预审的单位或者个人参加投标；

（四）接受应当拒收的投标文件。

招标人有前款第一项、第三项、第四项所列行为之一的，对单位直接负责的主管人员和其他直接责任人员依法给予处分。

第七十四条 投标人相互串通投标或者与招标人串通投标的，投标人以向招标人或者评标委员会成员行贿的手段谋取中标的，中标无效，由有关行政监督部门处中标项目金额千分之五以上千分之十以下的罚款，对单位直接负责的主管人员和其他直接责任人员处单位罚款数额百分之五以上百分之十以下的罚款；有违法所得的，并处没收违法所得；情节严重的，取消其一至二年的投标资格，并予以公告，直至由工商行政管理机关吊销营业执照；构成犯罪的，依法追究刑事责任。给他人造成损失的，依法承担赔偿责任。投标人未中标的，对单位的罚款金额按照招标项目合同金额依照招标投标法规定的比例计算。

第七十五条 投标人以他人名义投标或者以其他方式弄虚作假，骗取中标的，中标无效，给招标人造成损失的，依法承担赔偿责任；构成犯罪的，依法追究刑事责任。

依法必须进行招标项目的投标人有前款所列行为尚未构成犯罪的，有关行政监督部门处中标项目金额千分之五以上千分之十以下的罚款，对单位直接负责的主管人员和其他直接责任人员处单位罚款数额百分之五以上百分之十以下的罚款；有违法所得的，并处没收违法所得；情节严重的，取消其一至三年投标资格，并予以公告，直至由工商行政管理机关吊销营业执照。投标人未中标的，对单位的罚款金额按照招标项目合同金额依照招标投标法规定的比例计算。

第七十六条 依法必须进行招标的项目，招标人违法与投标人就投标价格、投标方案等实质性内容进行谈判的，有关行政监督部门给予警告，对单位直接负责的主管人员和其他直接责任人员依法给予处分。

前款所列行为影响中标结果的，中标无效。

第七十七条 评标委员会成员收受投标人的财物或者其他好处的，没收收受的财物，可以并处三千元以上五万元以下的罚款，取消担任评标委员会成员的资格并予以公告，不得再参加依法必须进行招标的项目的评标；构成犯罪的，依法追究刑事责任。

第七十八条 评标委员会成员应当回避而不回避，擅离职守，不按照招标文件规定的评标标准和方法评标，私下接触投标人，向招标人征询确定中标人的意向或者接受任何单位或者个人明示或者暗示提出的倾向或者排斥特定投标人的要求，对依法应当否决的投标不提出否决意见，暗示或者诱导投标人作出澄清、说明或者接受投标人主动提出的澄清、说明，或者有其他不能客观公正地履行职责行为的，有关行政监督部门责令改正；情节严重的，禁止其在一定期限内参加依法必须进行招标的项目的评标；情节特别严重的，取消其担任评标委员会成员的资格。

第七十九条 依法必须进行招标的项目的招标人不按照规定组建评标委员会，或者确定、更换评标委员会成员违反招标投标法和招标投标法实施条例规定的，由有关行政监督部门责令改正，可以处10万元以下的罚款，对单位直接负责的主管人员和其他直接责任人员依法给予处分；违法确定或者更换的评标委员会成员作出的评审决定无效，依法重新进行评审。

第八十条 依法必须进行招标的项目的招标人有下列情形之一的，由有关行政监督部门责令改正，可以处中标项目金额千分之十以下的罚款；给他人造成损失的，依法承担赔偿责任；对单位直接负责的主管人员和其他直接责任人员依法给予处分：

（一）无正当理由不发出中标通知书；

（二）不按照规定确定中标人；

（三）中标通知书发出后无正当理由改变中标结果；

（四）无正当理由不与中标人订立合同；

（五）在订立合同时向中标人提出附加条件。

第八十一条 中标通知书发出后，中标人放弃中标项目的，无正当理由不与招标人签订合同的，在签订合同时向招标人提出附加条件或者更改合同实质性内容的，或者拒不提交所要求的履约保证金的，取消其中标资格，投标保证金不予退还；给招标人的损失超过投标保证金数额的，中标人应当对超过部分予以赔偿；没有提交投标保证金的，应当对招标人的损失承担赔偿责任。对依法必须进行施工招标的项目的中标人，由有关行政监督部门责令改正，可以处中标金额千分之十以下罚款。

第八十二条 中标人将中标项目转让给他人的，将中标项目肢解后分别转让给他人的，违法将中标项目的部分主体、关键性工作分包给他人的，或者分包人再次分包的，转让、分包无效，有关行政监督部门处转让、分包项目金额千分之五以上千分之十以下的罚款；有违法所得的，并处没收违法所得；可以责令停业整顿；情节严重的，由工商行政管理机关吊销营业执照。

第八十三条 招标人与中标人不按照招标文件和中标人的投标文件订立合同的，合同的主要条款与招标文件、中标人的投标文件的内容不一致，或者招标人、中标人订立背离合同实质性内容的协议的，有关行政监督部门责令改正；可以处中标项目金额千分之五以上千分之十以下的罚款。

第八十四条 中标人不履行与招标人订立的合同的，履约保证金不予退还，给招标人造成的损失超过履约保证金数额的，还应当对超过部分予以赔偿；没有提交履约保证金的，应当对招标人的损失承担赔偿责任。

中标人不按照与招标人订立的合同履行义务，情节严重的，有关行政监督部门取消其二至五年参加招标项目的投标资格并予以公告，直至由工商行政管理机关吊销营业执照。

因不可抗力不能履行合同的，不适用前两款规定。

第八十五条 招标人不履行与中标人订立的合同的，应当返还中标人的履约保证金，并承担相应的赔偿责任；没有提交履约保证金的，应当对中标人的损失承担赔偿责任。

因不可抗力不能履行合同的，不适用前款规定。

第八十六条 依法必须进行施工招标的项目违反法律规定，中标无效的，应当依照法律规定的中标条件从其余投标人中重新确定中标人或者依法重新进行招标。

中标无效的，发出的中标通知书和签订的合同自始没有法律约束力，但不影响合同中独立存在的有关解决争议方法的条款的效力。

第八十七条 任何单位违法限制或者排斥本地区、本系统以外的法人或者其他组织参加投标的，为招标人指定招标代理机构的，强制招标人委托招标代理机构办理招标事宜的，或者以其他方式干涉招标投标活动的，有关行政监督部门责令改正；对单位直接负责的主管人员和其他直接责任人员依法给予警告、记过、记大过的处分，情节较重的，依法给予降级、撤职、开除的处分。

个人利用职权进行前款违法行为的，依照前款规定追究责任。

第八十八条 对招标投标活动依法负有行政监督职责的国家机关工作人员徇私舞弊、滥用职权或者玩忽职守，构成犯罪的，依法追究刑事责任；不构成犯罪的，依法给予行政处分。

第八十九条 投标人或者其他利害关系人认为工程建设项目施工招标投标活动不符合国家规定的，可以自知道或者应当知道之日起 10 日内向有关行政监督部门投诉。投诉应当有明确的请求和必要的证明材料。

第六章 附 则

第九十条 使用国际组织或者外国政府贷款、援助资金的项目进行招标，贷款方、资金提供方对工程施工招标投标活动的条件和程序有不同规定的，可以适用其规定，但违背中华人民共和国社会公共利益的除外。

第九十一条 本办法由国家发展改革委会同有关部门负责解释。

第九十二条 本办法自 2003 年 5 月 1 日起施行。

工程建设项目勘察设计招标投标办法

2013年3月11日

（2003年6月12日国家发展改革委、建设部、铁道部、交通部、信息产业部、水利部、民航总局、广电总局令第2号公布　自2003年8月1日起施行　根据2013年3月11日国家发展改革委、工业和信息化部、财政部、住房城乡建设部、交通运输部、铁道部、水利部、广电总局、民航局令第23号修订）

为规范工程建设项目勘察设计招标投标活动，提高经济效益，保证工程质量，依据《中华人民共和国招标投标法》，特制定《工程建设项目勘察设计招标投标办法》，现予以发布，自2003年8月1日起施行。

2003年6月12日

工程建设项目勘察设计招标投标办法

第一章　总　　则

第一条　为规范工程建设项目勘察设计招标投标活动，提高投资效益，保证工程质量，根据《中华人民共和国招标投标法》、《中华人民共和国招标投标法实施条例》制定本办法。

第二条　在中华人民共和国境内进行工程建设项目勘察设计招标投标活动，适用本办法。

第三条　工程建设项目符合《工程建设项目招标范围和规模标准规定》（国家计

委令第3号）规定的范围和标准的，必须依据本办法进行招标。

任何单位和个人不得将依法必须进行招标的项目化整为零或者以其他任何方式规避招标。

第四条 按照国家规定需要履行项目审批、核准手续的依法必须进行招标的项目，有下列情形之一的，经项目审批、核准部门审批、核准，项目的勘察设计可以不进行招标：

（一）涉及国家安全、国家秘密、抢险救灾或者属于利用扶贫资金实行以工代赈、需要使用农民工等特殊情况，不适宜进行招标；

（二）主要工艺、技术采用不可替代的专利或者专有技术，或者其建筑艺术造型有特殊要求；

（三）采购人依法能够自行勘察、设计；

（四）已通过招标方式选定的特许经营项目投资人依法能够自行勘察、设计；

（五）技术复杂或专业性强，能够满足条件的勘察设计单位少于三家，不能形成有效竞争；

（六）已建成项目需要改、扩建或者技术改造，由其他单位进行设计影响项目功能配套性；

（七）国家规定其他特殊情形。

第五条 勘察设计招标工作由招标人负责。任何单位和个人不得以任何方式非法干涉招标投标活动。

第六条 各级发展改革、工业和信息化、住房城乡建设、交通运输、铁道、水利、商务、广电、民航等部门依照《国务院办公厅印发国务院有关部门实施招标投标活动行政监督的职责分工意见的通知》（国办发［2000］34号）和各地规定的职责分工，对工程建设项目勘察设计招标投标活动实施监督，依法查处招标投标活动中的违法行为。

第二章 招 标

第七条 招标人可以依据工程建设项目的不同特点，实行勘察设计一次性总体招标；也可以在保证项目完整性、连续性的前提下，按照技术要求实行分段或分项招标。

招标人不得利用前款规定限制或者排斥潜在投标人或者投标。依法必须进行招标的项目的招标人不得利用前款规定规避招标。

第八条 依法必须招标的工程建设项目，招标人可以对项目的勘察、设计、施工以及与工程建设有关的重要设备、材料的采购，实行总承包招标。

第九条 依法必须进行勘察设计招标的工程建设项目，在招标时应当具备下列条件：

（一）招标人已经依法成立；

（二）按照国家有关规定需要履行项目审批、核准或者备案手续的，已经审批、核准或者备案；

（三）勘察设计有相应资金或者资金来源已经落实；

（四）所必需的勘察设计基础资料已经收集完成；

（五）法律法规规定的其他条件。

第十条 工程建设项目勘察设计招标分为公开招标和邀请招标。

国有资金投资占控股或者主导地位的工程建设项目，以及国务院发展和改革部门确定的国家重点项目和省、自治区、直辖市人民政府确定的地方重点项目，除符合本办法第十一条规定条件并依法获得批准外，应当公开招标。

第十一条 依法必须进行公开招标的项目，在下列情况下可以进行邀请招标：

（一）技术复杂、有特殊要求或者受自然环境限制，只有少量潜在投标人可供选择；

（二）采用公开招标方式的费用占项目合同金额的比例过大。

有前款第二项所列情形，属于按照国家有关规定需要履行项目审批、核准手续的项目，由项目审批、核准部门在审批、核准项目时作出认定；其他项目由招标人申请有关行政监督部门作出认定。

招标人采用邀请招标方式的，应保证有三个以上具备承担招标项目勘察设计的能力，并具有相应资质的特定法人或者其他组织参加投标。

第十二条 招标人应当按照资格预审公告、招标公告或者投标邀请书规定的时间、地点出售招标文件或者资格预审文件。自招标文件或者资格预审文件出售之日起至停止出售之日止，最短不得少于五日。

第十三条 进行资格预审的，招标人只向资格预审合格的潜在投标人发售招标文件，并同时向资格预审不合格的潜在投标人告知资格预审结果。

第十四条 凡是资格预审合格的潜在投标人都应被允许参加投标。

招标人不得以抽签、摇号等不合理条件限制或者排斥资格预审合格的潜在投标人参加投标。

第十五条 招标人应当根据招标项目的特点和需要编制招标文件。

勘察设计招标文件应当包括下列内容：

（一）投标须知；

（二）投标文件格式及主要合同条款；

（三）项目说明书，包括资金来源情况；

（四）勘察设计范围，对勘察设计进度、阶段和深度要求；

（五）勘察设计基础资料；

（六）勘察设计费用支付方式，对未中标人是否给予补偿及补偿标准；

（七）投标报价要求；

（八）对投标人资格审查的标准；

（九）评标标准和方法；

（十）投标有效期。

投标有效期，从提交投标文件截止日起计算。

对招标文件的收费应仅限于补偿印刷、邮寄的成本支出，招标人不得通过出售招标文件谋取利益。

第十六条 招标人负责提供与招标项目有关的基础资料，并保证所提供资料的真实性、完整性。涉及国家秘密的除外。

第十七条 对于潜在投标人在阅读招标文件和现场踏勘中提出的疑问，招标人可以书面形式或召开投标预备会的方式解答，但需同时将解答以书面方式通知所有招标文件收受人。该解答的内容为招标文件的组成部分。

第十八条 招标人可以要求投标人在提交符合招标文件规定要求的投标文件外，提交备选投标文件，但应当在招标文件中做出说明，并提出相应的评审和比较办法。

第十九条 招标人应当确定潜在投标人编制投标文件所需要的合理时间。

依法必须进行勘察设计招标的项目，自招标文件开始发出之日起至投标人提交投标文件截止之日止，最短不得少于二十日。

第二十条 除不可抗力原因外，招标人在发布招标公告或者发出投标邀请书后不得终止招标，也不得在出售招标文件后终止招标。

第三章 投　　标

第二十一条 投标人是响应招标、参加投标竞争的法人或者其他组织。

在其本国注册登记，从事建筑、工程服务的国外设计企业参加投标的，必须符合中华人民共和国缔结或者参加的国际条约、协定中所作的市场准入承诺以及有关勘察设计市场准入的管理规定。

投标人应当符合国家规定的资质条件。

第二十二条 投标人应当按照招标文件或者投标邀请书的要求编制投标文件。投标文件中的勘察设计收费报价，应当符合国务院价格主管部门制定的工程勘察设计收费标准。

第二十三条 投标人在投标文件有关技术方案和要求中不得指定与工程建设项目有关的重要设备、材料的生产供应者，或者含有倾向或者排斥特定生产供应者的内容。

第二十四条 招标文件要求投标人提交投标保证金的，保证金数额不得超过勘察设计估算费用的百分之二，最多不超过十万元人民币。

依法必须进行招标的项目的境内投标单位，以现金或者支票形式提交的投标保证金应当从其基本账户转出。

第二十五条 在提交投标文件截止时间后到招标文件规定的投标有效期终止之前，投标人不得撤销其投标文件，否则招标人可以不退还投标保证金。

第二十六条 投标人在投标截止时间前提交的投标文件，补充、修改或撤回投标文件的通知，备选投标文件等，都必须加盖所在单位公章，并且由其法定代表人或授权代表签字，但招标文件另有规定的除外。

招标人在接收上述材料时，应检查其密封或签章是否完好，并向投标人出具标明签收人和签收时间的回执。

第二十七条 以联合体形式投标的，联合体各方应签订共同投标协议，连同投标文件一并提交招标人。

联合体各方不得再单独以自己名义，或者参加另外的联合体投同一个标。

招标人接受联合体投标并进行资格预审的，联合体应当在提交资格预审申请文件前组成。资格预审后联合体增减、更换成员的，其投标无效。

第二十八条 联合体中标的，应指定牵头人或代表，授权其代表所有联合体成员与招标人签订合同，负责整个合同实施阶段的协调工作。但是，需要向招标人提交由所有联合体成员法定代表人签署的授权委托书。

第二十九条 投标人不得以他人名义投标，也不得利用伪造、转让、无效或者租借的资质证书参加投标，或者以任何方式请其他单位在自己编制的投标文件代为签字盖章，损害国家利益、社会公共利益和招标人的合法权益。

第三十条 投标人不得通过故意压低投资额、降低施工技术要求、减少占地面积，或者缩短工期等手段弄虚作假，骗取中标。

第四章 开标、评标和中标

第三十一条 开标应当在招标文件确定的提交投标文件截止时间的同一时间公开进行；除不可抗力原因外，招标人不得以任何理由拖延开标，或者拒绝开标。

投标人对开标有异议的，应当在开标现场提出，招标人应当当场作出答复，并制作记录。

第三十二条 评标工作由评标委员会负责。评标委员会的组成方式及要求，按《中华人民共和国招标投标法》、《中华人民共和国招标投标法实施条例》及《评标委员会和评标方法暂行规定》（国家计委等七部委联合令第 12 号）的有关规定执行。

第三十三条 勘察设计评标一般采取综合评估法进行。评标委员会应当按照招标文件确定的评标标准和方法，结合经批准的项目建议书、可行性研究报告或者上阶段设计批复文件，对投标人的业绩、信誉和勘察设计人员的能力以及勘察设计方案的优劣进行综合评定。

招标文件中没有规定的标准和方法，不得作为评标的依据。

第三十四条 评标委员会可以要求投标人对其技术文件进行必要的说明或介绍，但不得提出带有暗示性或诱导性的问题，也不得明确指出其投标文件中的遗漏和错误。

第三十五条 根据招标文件的规定，允许投标人投备选标的，评标委员会可以对中标人所提交的备选标进行评审，以决定是否采纳备选标。不符合中标条 件的投标人的备选标不予考虑。

第三十六条 投标文件有下列情况之一的，评标委员会应当否决其投标：

（一）未经投标单位盖章和单位负责人签字；

（二）投标报价不符合国家颁布的勘察设计取费标准，或者低于成本，或者高于招标文件设定的最高投标限价；

（三）未响应招标文件的实质性要求和条件。

第三十七条 投标人有下列情况之一的，评标委员会应当否决其投标：

（一）不符合国家或者招标文件规定的资格条件；

（二）与其他投标人或者与招标人串通投标；

（三）以他人名义投标，或者以其他方式弄虚作假；

（四）以向招标人或者评标委员会成员行贿的手段谋取中标；

（五）以联合体形式投标，未提交共同投标协议；

（六）提交两个以上不同的投标文件或者投标报价，但招标文件要求提交备选投标的除外。

第三十八条 评标委员会完成评标后，应当向招标人提出书面评标报告，推荐合格的中标候选人。

评标报告的内容应当符合《评标委员会和评标方法暂行规定》第四十二条的规定。但是，评标委员会决定否决所有投标的，应在评标报告中详细说明理由。

第三十九条 评标委员会推荐的中标候选人应当限定在一至三人，并标明排列顺序。

能够最大限度地满足招标文件中规定的各项综合评价标准的投标人，应当推荐为中标候选人。

第四十条 国有资金占控股或者主导地位的依法必须招标的项目，招标人应当确定排名第一的中标候选人为中标人。

排名第一的中标候选人放弃中标、因不可抗力提出不能履行合同，不按照招标文件要求提交履约保证金，或者被查实存在影响中标结果的违法行为等情形，不符合中标条件的，招标人可以按照评标委员会提出的中标候选人名单排序依次确定其他中标候选人为中标人。依次确定其他中标候选人与招标人预期差距较大，或者对招标人明显不利的，招标人可以重新招标。

招标人可以授权评标委员会直接确定中标人。

国务院对中标人的确定另有规定的，从其规定。

第四十一条 招标人应在接到评标委员会的书面评标报告之日起三日内公示中标候选人，公示期不少于三日。

第四十二条 招标人和中标人应当在投标有效期内并在自中标通知书发出之日起三十日内，按照招标文件和中标人的投标文件订立书面合同。

中标人履行合同应当遵守《合同法》以及《建设工程勘察设计管理条例》中勘察设计文件编制实施的有关规定。

第四十三条 招标人不得以压低勘察设计费、增加工作量、缩短勘察设计周期等作为发出中标通知书的条件，也不得与中标人再行订立背离合同实质性内容的其他协议。

第四十四条 招标人与中标人签订合同后五日内，应当向中标人和未中标人一次性退还投标保证金及银行同期存款利息。招标文件中规定给予未中标人经济补偿的，也应在此期限内一并给付。

招标文件要求中标人提交履约保证金的，中标人应当提交；经中标人同意，可将其投标保证金抵作履约保证金。

第四十五条 招标人或者中标人采用其他未中标人投标文件中技术方案的，应当征得未中标人的书面同意，并支付合理的使用费。

第四十六条 评标定标工作应当在投标有效期内完成，不能如期完成的，招标人应当通知所有投标人延长投标有效期。

同意延长投标有效期的投标人应当相应延长其投标担保的有效期，但不得修改投标文件的实质性内容。

拒绝延长投标有效期的投标人有权收回投标保证金。招标文件中规定给予未中标人补偿的，拒绝延长的投标人有权获得补偿。

第四十七条 依法必须进行勘察设计招标的项目，招标人应当在确定中标人之日起十五日内，向有关行政监督部门提交招标投标情况的书面报告。

书面报告一般应包括以下内容：

（一）招标项目基本情况；

（二）投标人情况；

（三）评标委员会成员名单；

（四）开标情况；

（五）评标标准和方法；

（六）否决投标情况；

（七）评标委员会推荐的经排序的中标候选人名单；

（八）中标结果；

（九）未确定排名第一的中标候选人为中标人的原因；

（十）其他需说明的问题。

第四十八条 在下列情况下，依法必须招标项目的招标人在分析招标失败的原因并采取相应措施后，应当依照本办法重新招标：

（一）资格预审合格的潜在投标人不足三个的；

（二）在投标截止时间前提交投标文件的投标人少于三个的；

（三）所有投标均被否决的；

（四）评标委员会否决不合格投标后，因有效投标不足三个使得投标明显缺乏竞争，评标委员会决定否决全部投标的；

（五）根据第四十六条规定，同意延长投标有效期的投标人少于三个的。

第四十九条 招标人重新招标后，发生本办法第四十八条情形之一的，属于按照国家规定需要政府审批、核准的项目，报经原项目审批、核准部门审批、核准后可以不再进行招标；其他工程建设项目，招标人可自行决定不再进行招标。

第五章 罚 则

第五十条 招标人有下列限制或者排斥潜在投标人行为之一的，由有关行政监督部门依照招标投标法第五十一条的规定处罚；其中，构成依法必须进行勘察设计招标的项目的招标人规避招标的，依照招标投标法第四十九条的规定处罚：

（一）依法必须公开招标的项目不按照规定在指定媒介发布资格预审公告或者招标公告；

（二）在不同媒介发布的同一招标项目的资格预审公告或者招标公告的内容不一致，影响潜在投标人申请资格预审或者投标。

第五十一条 招标人有下列情形之一的，由有关行政监督部门责令改正，可以处10万元以下的罚款：

（一）依法应当公开招标而采用邀请招标；

（二）招标文件、资格预审文件的发售、澄清、修改的时限，或者确定的提交资格预审申请文件、投标文件的时限不符合招标投标法和招标投标法实施条例规定；

（三）接受未通过资格预审的单位或者个人参加投标；

（四）接受应当拒收的投标文件。

招标人有前款第一项、第三项、第四项所列行为之一的，对单位直接负责的主管人员和其他直接责任人员依法给予处分。

第五十二条 依法必须进行招标的项目的投标人以他人名义投标，利用伪造、转让、租借、无效的资质证书参加投标，或者请其他单位在自己编制的投标文件上代为签字盖章，弄虚作假，骗取中标的，中标无效。尚未构成犯罪的，处中标项目金额千分之五以上千分之十以下的罚款，对单位直接负责的主管人员和其他直接责任人员处单位罚款数额百分之五以上百分之十以下的罚款；有违法所得的，并处没收违法所得；情节严重的，取消其一年至三年内参加依法必须进行招标的项目的投标资格并予以公告，直至由工商行政管理机关吊销营业执照。

第五十三条 招标人以抽签、摇号等不合理的条件限制或者排斥资格预审合格的潜在投标人参加投标，对潜在投标人实行歧视待遇的，强制要求投标人组成联合体共同投标的，或者限制投标人之间竞争的，责令改正，可以处一万元以上五万元以下的罚款。

依法必须进行招标的项目的招标人不按照规定组建评标委员会，或者确定、更换评标委员会成员违反招标投标法和招标投标法实施条例规定的，由有关行政监督部门责令改正，可以处10万元以下的罚款，对单位直接负责的主管人员和其他直接责任人员依法给予处分；违法确定或者更换的评标委员会成员作出的评审结论无效，依法重新进行评审。

第五十四条 评标委员会成员有下列行为之一的，由有关行政监督部门责令改正；情节严重的，禁止其在一定期限内参加依法必须进行招标的项目的评标；情节特别严重的，取消其担任评标委员会成员的资格：

（一）不按照招标文件规定的评标标准和方法评标；

（二）应当回避而不回避；

（三）擅离职守；

（四）私下接触投标人；

（五）向招标人征询确定中标人的意向或者接受任何单位或者个人明示或者暗示提出的倾向或者排斥特定投标人的要求；

（六）对依法应当否决的投标不提出否决意见；

（七）暗示或者诱导投标人作出澄清、说明或者接受投标人主动提出的澄清、说明；

（八）其他不客观、不公正履行职务的行为。

第五十五条 招标人与中标人不按照招标文件和中标人的投标文件订立合同，责令改正，可以处中标项目金额千分之五以上千分之十以下的罚款。

第五十六条 本办法对违法行为及其处罚措施未做规定的，依据《中华人民共和国招标投标法》、《中华人民共和国招标投标法实施条例》和有关法律、行政法规的规定执行。

第六章 附 则

第五十七条 使用国际组织或者外国政府贷款、援助资金的项目进行招标，贷款方、资金提供方对工程勘察设计招标投标的条件和程序另有规定的，可以适用其规定，但违背中华人民共和国社会公共利益的除外。

第五十八条　本办法发布之前有关勘察设计招标投标的规定与本办法不一致的，以本办法为准。法律或者行政法规另有规定的，从其规定。

第五十九条　本办法由国家发展和改革委员会会同有关部门负责解释。

第六十条　本办法自 2003 年 8 月 1 日起施行。

工程建设项目货物招标投标办法

2013年3月11日

(2005年1月18日国家发展改革委、建设部、铁道部、交通部、信息产业部、水利部、民航总局令第27号公布　自2005年3月1日起施行　根据2013年3月11日国家发展改革委、工业和信息化部、财政部、住房城乡建设部、交通运输部、铁道部、水利部、广电总局、民航局令第23号修订)

为了规范工程建设项目的货物招标投标活动，保护国家利益、社会公共利益和招标投标活动当事人的合法权益，保证工程质量，提高投资效益，根据《中华人民共和国招标投标法》和国务院有关部门的职责分工，国家发展改革委、建设部、铁道部、交通部、信息产业部、水利部、中国民用航空总局审议通过了《工程建设项目货物招标投标办法》，现予发布，自2005年3月1日起施行。

2005年1月18日

工程建设项目货物招标投标办法

第一章　总　　则

第一条　为规范工程建设项目的货物招标投标活动，保护国家利益、社会公共利益和招标投标活动当事人的合法权益，保证工程质量，提高投资效益，根据《中华人民共和国招标投标法》、《中华人民共和国招标投标法实施条例》和国务院有关部门的职责分工，制定本办法。

第二条　本办法适用于在中华人民共和国境内工程建设项目货物招标投标活动。

第三条 工程建设项目符合《工程建设项目招标范围和规模标准规定》（原国家计委令第3号）规定的范围和标准的，必须通过招标选择货物供应单位。

任何单位和个人不得将依法必须进行招标的项目化整为零或者以其他任何方式规避招标。

第四条 工程建设项目货物招标投标活动应当遵循公开、公平、公正和诚实信用的原则。货物招标投标活动不受地区或者部门的限制。

第五条 工程建设项目货物招标投标活动，依法由招标人负责。

工程建设项目招标人对项目实行总承包招标时，未包括在总承包范围内的货物属于依法必须进行招标的项目范围且达到国家规定规模标准的，应当由工程建设项目招标人依法组织招标。

工程建设项目实行总承包招标时，以暂估价形式包括在总承包范围内的货物属于依法必须进行招标的项目范围且达到国家规定规模标准的，应当依法组织招标。

第六条 各级发展改革、工业和信息化、住房城乡建设、交通运输、铁道、水利、民航等部门依照国务院和地方各级人民政府关于工程建设项目行政监督的职责分工，对工程建设项目中所包括的货物招标投标活动实施监督，依法查处货物招标投标活动中的违法行为。

第二章 招　　标

第七条 工程建设项目招标人是依法提出招标项目、进行招标的法人或者其他组织。本办法第五条总承包中标人单独或者共同招标时，也为招标人。

第八条 依法必须招标的工程建设项目，应当具备下列条件才能进行货物招标：

（一）招标人已经依法成立；

（二）按照国家有关规定应当履行项目审批、核准或者备案手续的，已经审批、核准或者备案；

（三）有相应资金或者资金来源已经落实；

（四）能够提出货物的使用与技术要求。

第九条 依法必须进行招标的工程建设项目，按国家有关规定需要履行审批、核准手续的，招标人应当在报送的可行性研究报告、资金申请报告或者项目申请报告中将货物招标范围、招标方式（公开招标或邀请招标）、招标组织形式（自行招标或委托招标）等有关招标内容报项目审批、核准部门审批、核准。项目审批、核准部门应当将审批、核准的招标内容通报有关行政监督部门。

第十条 货物招标分为公开招标和邀请招标。

第十一条 依法应当公开招标的项目，有下列情形之一的，可以邀请招标：

（一）技术复杂、有特殊要求或者受自然环境限制，只有少量潜在投标人可供选择；

（二）采用公开招标方式的费用占项目合同金额的比例过大；

（三）涉及国家安全、国家秘密或者抢险救灾，适宜招标但不宜公开招标。

有前款第二项所列情形，属于按照国家有关规定需要履行项目审批、核准手续的依法必须进行招标的项目，由项目审批、核准部门认定；其他项目由招标人申请有关行政监督部门作出认定。

第十二条 采用公开招标方式的，招标人应当发布资格预审公告或者招标公告。依法必须进行货物招标的招标公告，应当在国家指定的报刊或者信息网络上发布。

采用邀请招标方式的，招标人应当向三家以上具备货物供应的能力、资信良好的特定的法人或者其他组织发出投标邀请书。

第十三条 招标公告或者投标邀请书应当载明下列内容：

（一）招标人的名称和地址；

（二）招标货物的名称、数量、技术规格、资金来源；

（三）交货的地点和时间；

（四）获取招标文件或者资格预审文件的地点和时间；

（五）对招标文件或者资格预审文件收取的费用；

（六）提交资格预审申请书或者投标文件的地点和截止日期；

（七）对投标人的资格要求。

第十四条 招标人应当按照资格预审公告、招标公告或者投标邀请书规定的时间、地点发售招标文件或者资格预审文件。自招标文件或者资格预审文件发售之日起至停止发售之日止，最短不得少于五日。

招标人可以通过信息网络或者其他媒介发布招标文件，通过信息网络或者其他媒介发布的招标文件与书面招标文件具有同等法律效力，出现不一致时以书面招标文件为准，但国家另有规定的除外。

对招标文件或者资格预审文件的收费应当限于补偿印刷、邮寄的成本支出，不得以营利为目的。

除不可抗力原因外，招标文件或者资格预审文件发出后，不予退还；招标人在发布招标公告、发出投标邀请书后或者发出招标文件或资格预审文件后不得终止招标。招标人终止招标的，应当及时发布公告，或者以书面形式通知被邀请的或者已经获取资格预审文件、招标文件的潜在投标人。已经发售资格预审文件、招标文件或者已经收取投标保证金的，招标人应当及时退还所收取的资格预审文件、招标文件的费用，以及所收取的投标保证金及银行同期存款利息。

第十五条 招标人可以根据招标货物的特点和需要，对潜在投标人或者投标人进行资格审查；国家对潜在投标人或者投标人的资格条件有规定的，依照其规定。

第十六条 资格审查分为资格预审和资格后审。

资格预审，是指招标人出售招标文件或者发出投标邀请书前对潜在投标人进行的资格审查。资格预审一般适用于潜在投标人较多或者大型、技术复杂货物的招标。

资格后审，是指在开标后对投标人进行的资格审查。资格后审一般在评标过程中的初步评审开始时进行。

第十七条 采取资格预审的，招标人应当发布资格预审公告。资格预审公告适用本办法第十二条、第十三条有关招标公告的规定。

第十八条 资格预审文件一般包括下列内容：

（一）资格预审公告；

（二）申请人须知；

（三）资格要求；

（四）其他业绩要求；

（五）资格审查标准和方法；

（六）资格预审结果的通知方式。

第十九条 采取资格预审的，招标人应当在资格预审文件中详细规定资格审查的标准和方法；采取资格后审的，招标人应当在招标文件中详细规定资格审查的标准和方法。

招标人在进行资格审查时，不得改变或补充载明的资格审查标准和方法或者以没有载明的资格审查标准和方法对潜在投标人或者投标人进行资格审查。

第二十条 经资格预审后，招标人应当向资格预审合格的潜在投标人发出资格预审合格通知书，告知获取招标文件的时间、地点和方法，并同时向资格预审不合格的潜在投标人告知资格预审结果。依法必须招标的项目通过资格预审的申请人不足三个的，招标人在分析招标失败的原因并采取相应措施后，应当重新招标。

对资格后审不合格的投标人，评标委员会应当否决其投标。

第二十一条 招标文件一般包括下列内容：

（一）招标公告或者投标邀请书；

（二）投标人须知；

（三）投标文件格式；

（四）技术规格、参数及其他要求；

（五）评标标准和方法；

（六）合同主要条款。

招标人应当在招标文件中规定实质性要求和条件，说明不满足其中任何一项实质性要求和条件的投标将被拒绝，并用醒目的方式标明；没有标明的要求和条件在评标时不得作为实质性要求和条件。对于非实质性要求和条件，应规定允许偏差的最大范围、最高项数，以及对这些偏差进行调整的方法。

国家对招标货物的技术、标准、质量等有规定的，招标人应当按照其规定在招标文件中提出相应要求。

第二十二条 招标货物需要划分标包的，招标人应合理划分标包，确定各标包的交货期，并在招标文件中如实载明。

招标人不得以不合理的标包限制或者排斥潜在投标人或者投标人。依法必须进行招标的项目的招标人不得利用标包划分规避招标。

第二十三条 招标人允许中标人对非主体货物进行分包的，应当在招标文件中载明。主要设备、材料或者供货合同的主要部分不得要求或者允许分包。

除招标文件要求不得改变标准货物的供应商外，中标人经招标人同意改变标准货物的供应商的，不应视为转包和违法分包。

第二十四条 招标人可以要求投标人在提交符合招标文件规定要求的投标文件外，提交备选投标方案，但应当在招标文件中作出说明。不符合中标条件的投标人的备选投标方案不予考虑。

第二十五条 招标文件规定的各项技术规格应当符合国家技术法规的规定。

招标文件中规定的各项技术规格均不得要求或标明某一特定的专利技术、商标、名称、设计、原产地或供应者等，不得含有倾向或者排斥潜在投标人的其他内容。如果必须引用某一供应者的技术规格才能准确或清楚地说明拟招标货物的技术规格时，则应当在参照后面加上“或相当于”的字样。

第二十六条 招标文件应当明确规定评标时包含价格在内的所有评标因素，以及据此进行评估的方法。

在评标过程中，不得改变招标文件中规定的评标标准、方法和中标条件。

第二十七条 招标人可以在招标文件中要求投标人以自己的名义提交投标保证金。投标保证金除现金外，可以是银行出具的银行保函、保兑支票、银行汇票或现金支票，也可以是招标人认可的其他合法担保形式。依法必须进行招标的项目的境内投标单位，以现金或者支票形式提交的投标保证金应当从其基本账户转出。

投标保证金不得超过项目估算价的百分之二，但最高不得超过八十万元人民币。投标保证金有效期应当与投标有效期一致。

投标人应当按照招标文件要求的方式和金额，在提交投标文件截止时间前将投标保证金提交给招标人或其委托的招标代理机构。

第二十八条 招标文件应当规定一个适当的投标有效期，以保证招标人有足够的时间完成评标和与中标人签订合同。投标有效期从招标文件规定的提交投标文件截止之日起计算。

在原投标有效期结束前，出现特殊情况的，招标人可以书面形式要求所有投标人延长投标有效期。投标人同意延长的，不得要求或被允许修改其投标文件的实质性内容，但应当相应延长其投标保证金的有效期；投标人拒绝延长的，其投标失效，但投标人有权收回其投标保证金及银行同期存款利息。

依法必须进行招标的项目同意延长投标有效期的投标人少于三个的，招标人在分析招标失败的原因并采取相应措施后，应当重新招标。

第二十九条 对于潜在投标人在阅读招标文件中提出的疑问，招标人应当以书面形式、投标预备会方式或者通过电子网络解答，但需同时将解答以书面方式通知所有购买招标文件的潜在投标人。该解答的内容为招标文件的组成部分。

除招标文件明确要求外，出席投标预备会不是强制性的，由潜在投标人自行决定，并自行承担由此可能产生的风险。

第三十条 招标人应当确定投标人编制投标文件所需的合理时间。依法必须进行招标的货物，自招标文件开始发出之日起至投标人提交投标文件截止之日止，最短不得少于二十日。

第三十一条 对无法精确拟定其技术规格的货物，招标人可以采用两阶段招标程序。

在第一阶段，招标人可以首先要求潜在投标人提交技术建议，详细阐明货物的技术规格、质量和其他特性。招标人可以与投标人就其建议的内容进行协商和讨论，达成一个统一的技术规格后编制招标文件。

在第二阶段，招标人应当向第一阶段提交了技术建议的投标人提供包含统一技术规格的正式招标文件，投标人根据正式招标文件的要求提交包括价格在内的最后投标文件。

招标人要求投标人提交投标保证金的，应当在第二阶段提出。

第三章 投 标

第三十二条 投标人是响应招标、参加投标竞争的法人或者其他组织。

法定代表人为同一个人的两个及两个以上法人，母公司、全资子公司及其控股公司，都不得在同一货物招标中同时投标。

一个制造商对同一品牌同一型号的货物，仅能委托一个代理商参加投标。

违反前两款规定的，相关投标均无效。

第三十三条 投标人应当按照招标文件的要求编制投标文件。投标文件应当对招标文件提出的实质性要求和条件作出响应。投标文件一般包括下列内容：

（一）投标函；

（二）投标一览表；

（三）技术性能参数的详细描述；

（四）商务和技术偏差表；

（五）投标保证金；

（六）有关资格证明文件；

（七）招标文件要求的其他内容。

投标人根据招标文件载明的货物实际情况，拟在中标后将供货合同中的非主要部分进行分包的，应当在投标文件中载明。

第三十四条 投标人应当在招标文件要求提交投标文件的截止时间前，将投标文件密封送达招标文件中规定的地点。招标人收到投标文件后，应当向投标人出具标明签收人和签收时间的凭证，在开标前任何单位和个人不得开启投标文件。

在招标文件要求提交投标文件的截止时间后送达的投标文件，招标人应当拒收。

依法必须进行招标的项目，提交投标文件的投标人少于三个的，招标人在分析招标失败的原因并采取相应措施后，应当重新招标。重新招标后投标人仍少于三个，按国家有关规定需要履行审批、核准手续的依法必须进行招标的项目，报项目审批、核准部门审批、核准后可以不再进行招标。

第三十五条 投标人在招标文件要求提交投标文件的截止时间前，可以补充、修改、替代或者撤回已提交的投标文件，并书面通知招标人。补充、修改的内容为投标文件的组成部分。

第三十六条 在提交投标文件截止时间后，投标人不得撤销其投标文件，否则招标人可以不退还其投标保证金。

第三十七条 招标人应妥善保管好已接收的投标文件、修改或撤回通知、备选投标方案等投标资料，并严格保密。

第三十八条 两个以上法人或者其他组织可以组成一个联合体，以一个投标人的身份共同投标。

联合体各方签订共同投标协议后，不得再以自己名义单独投标，也不得组成或参加其他联合体在同一项目中投标；否则相关投标均无效。

联合体中标的，应当指定牵头人或代表，授权其代表所有联合体成员与招标人签订合同，负责整个合同实施阶段的协调工作。但是，需要向招标人提交由所有联合体成员法定代表人签署的授权委托书。

第三十九条 招标人接受联合体投标并进行资格预审的，联合体应当在提交资格预审申请文件前组成。资格预审后联合体增减、更换成员的，其投标无效。

招标人不得强制资格预审合格的投标人组成联合体。

第四章 开标、评标和定标

第四十条 开标应当在招标文件确定的提交投标文件截止时间的同一时间公开进行；开标地点应当为招标文件中确定的地点。

投标人或其授权代表有权出席开标会，也可以自主决定不参加开标会。

投标人对开标有异议的，应当在开标现场提出，招标人应当当场作出答复，并制作记录。

第四十一条 投标文件有下列情形之一的，招标人应当拒收：

（一）逾期送达；

（二）未按招标文件要求密封。

有下列情形之一的，评标委员会应当否决其投标：

（一）投标文件未经投标单位盖章和单位负责人签字；

（二）投标联合体没有提交共同投标协议；

（三）投标人不符合国家或者招标文件规定的资格条件；

（四）同一投标人提交两个以上不同的投标文件或者投标报价，但招标文件要求提交备选投标的除外；

（五）投标标价低于成本或者高于招标文件设定的最高投标限价；

（六）投标文件没有对招标文件的实质性要求和条件作出响应；

（七）投标人有串通投标、弄虚作假、行贿等违法行为。

依法必须招标的项目评标委员会否决所有投标的，或者评标委员会否决一部分投标后其他有效投标不足三个使得投标明显缺乏竞争，决定否决全部投标的，招标人在分析招标失败的原因并采取相应措施后，应当重新招标。

第四十二条 评标委员会可以书面方式要求投标人对投标文件中含义不明确、对同类问题表述不一致或者有明显文字和计算错误的内容作必要的澄清、说明或补正。评标委员会不得向投标人提出带有暗示性或诱导性的问题，或向其明确投标文件中的遗漏和错误。

第四十三条 投标文件不响应招标文件的实质性要求和条件的，评标委员会不得允许投标人通过修正或撤销其不符合要求的差异或保留，使之成为具有响应性的投标。

第四十四条 技术简单或技术规格、性能、制作工艺要求统一的货物，一般采用经评审的最低投标价法进行评标。技术复杂或技术规格、性能、制作工艺要求难以统一的货物，一般采用综合评估法进行评标。

第四十五条 符合招标文件要求且评标价最低或综合评分最高而被推荐为中标候选人的投标人，其所提交的备选投标方案方可予以考虑。

第四十六条 评标委员会完成评标后，应向招标人提出书面评标报告。评标报告由评标委员会全体成员签字。

第四十七条 评标委员会在书面评标报告中推荐的中标候选人应当限定在一至三人，并标明排列顺序。招标人应当接受评标委员会推荐的中标候选人，不得在评标委员会推荐的中标候选人之外确定中标人。

依法必须进行招标的项目，招标人应当自收到评标报告之日起三日内公示中标候选人，公示期不得少于三日。

第四十八条 国有资金占控股或者主导地位的依法必须进行招标的项目，招标人应当确定排名第一的中标候选人为中标人。排名第一的中标候选人放弃中标、因不可抗力提出不能履行合同、不按照招标文件要求提交履约保证金，或者被查实存在影响中标结果的违法行为等情形，不符合中标条件的，招标人可以按照评标委员会提出的中标候选人名单排序依次确定其他中标候选人为中标人。依次确定其他中标候选人与招标人预期差距较大，或者对招标人明显不利的，招标人可以重新招标。

招标人可以授权评标委员会直接确定中标人。

国务院对中标人的确定另有规定的，从其规定。

第四十九条 招标人不得向中标人提出压低报价、增加配件或者售后服务量以及其他超出招标文件规定的违背中标人意愿的要求，以此作为发出中标通知书和签订合同的条件。

第五十条 中标通知书对招标人和中标人具有法律效力。中标通知书发出后，招标人改变中标结果的，或者中标人放弃中标项目的，应当依法承担法律责任。

中标通知书由招标人发出，也可以委托其招标代理机构发出。

第五十一条 招标人和中标人应当在投标有效期内并在自中标通知书发出之日起三十日内，按照招标文件和中标人的投标文件订立书面合同。招标人和中标人不得再行订立背离合同实质性内容的其他协议。

招标文件要求中标人提交履约保证金或者其他形式履约担保的，中标人应当提交；拒绝提交的，视为放弃中标项目。招标人要求中标人提供履约保证金或其他形式履约担保的，招标人应当同时向中标人提供货物款支付担保。

履约保证金不得超过中标合同金额的10%。

第五十二条 招标人最迟应当在书面合同签订后五日内，向中标人和未中标的投标人一次性退还投标保证金及银行同期存款利息。

第五十三条 必须审批的工程建设项目，货物合同价格应当控制在批准的概算投资范围内；确需超出范围的，应当在中标合同签订前，报原项目审批部门审查同意。项目审批部门应当根据招标的实际情况，及时作出批准或者不予批准的决定；项目审批部门不予批准的，招标人应当自行平衡超出的概算。

第五十四条 依法必须进行货物招标的项目，招标人应当自确定中标人之日起十五日内，向有关行政监督部门提交招标投标情况的书面报告。

前款所称书面报告至少应包括下列内容：

（一）招标货物基本情况；

（二）招标方式和发布招标公告或者资格预审公告的媒介；

（三）招标文件中投标人须知、技术条款、评标标准和方法、合同主要条款等内容；

（四）评标委员会的组成和评标报告；

（五）中标结果。

第五章　罚　　则

第五十五条　招标人有下列限制或者排斥潜在投标行为之一的，由有关行政监督部门依照招标投标法第五十一条的规定处罚；其中，构成依法必须进行招标的项目的招标人规避招标的，依照招标投标法第四十九条的规定处罚：

（一）依法应当公开招标的项目不按照规定在指定媒介发布资格预审公告或者招标公告；

（二）在不同媒介发布的同一招标项目的资格预审公告或者招标公告内容不一致，影响潜在投标人申请资格预审或者投标。

第五十六条　招标人有下列情形之一的，由有关行政监督部门责令改正，可以处10万元以下的罚款：

（一）依法应当公开招标而采用邀请招标；

（二）招标文件、资格预审文件的发售、澄清、修改的时限，或者确定的提交资格预审申请文件、投标文件的时限不符合招标投标法和招标投标法实施条例规定；

（三）接受未通过资格预审的单位或者个人参加投标；

（四）接受应当拒收的投标文件。

招标人有前款第一项、第三项、第四项所列行为之一的，对单位直接负责的主管人员和其他直接责任人员依法给予处分。

第五十七条　评标委员会成员有下列行为之一的，由有关行政监督部门责令改正；情节严重的，禁止其在一定期限内参加依法必须进行招标的项目的评标；情节特别严重的，取消其担任评标委员会成员的资格：

（一）应当回避而不回避；

（二）擅离职守；

（三）不按照招标文件规定的评标标准和方法评标；

（四）私下接触投标人；

（五）向招标人征询确定中标人的意向或者接受任何单位或者个人明示或者暗示提出的倾向或者排斥特定投标人的要求；

（六）对依法应当否决的投标不提出否决意见；

（七）暗示或者诱导投标人作出澄清、说明或者接受投标人主动提出的澄清、说明；

（八）其他不客观、不公正履行职务的行为。

第五十八条　依法必须进行招标的项目的招标人有下列情形之一的，由有关行政监督部门责令改正，可以处中标项目金额千分之十以下的罚款；给他人造成损失的，依法承担赔偿责任；对单位直接负责的主管人员和其他直接责任人员依法给予处分：

（一）无正当理由不发出中标通知书；

（二）不按照规定确定中标人；

（三）中标通知书发出后无正当理由改变中标结果；

（四）无正当理由不与中标人订立合同；

（五）在订立合同时向中标人提出附加条件。

中标通知书发出后，中标人放弃中标项目的，无正当理由不与招标人签订合同的，在签订合同时向招标人提出附加条件或者更改合同实质性内容的，或者拒不提交所要求的履约保证金的，取消其中标资格，投标保证金不予退还；给招标人的损失超过投标保证金数额的，中标人应当对超过部分予以赔偿；没有提交投标保证金的，应当对招标人的损失承担赔偿责任。对依法必须进行招标的项目的中标人，由有关行政监督部门责令改正，可以处中标金额千分之十以下罚款。

第五十九条 招标人不履行与中标人订立的合同的，应当返还中标人的履约保证金，并承担相应的赔偿责任；没有提交履约保证金的，应当对中标人的损失承担赔偿责任。

因不可抗力不能履行合同的，不适用前款规定。

第六十条 中标无效的，发出的中标通知书和签订的合同自始没有法律约束力，但不影响合同中独立存在的有关解决争议方法的条款的效力。

第六章 附 则

第六十一条 不属于工程建设项目，但属于固定资产投资的货物招标投标活动，参照本办法执行。

第六十二条 使用国际组织或者外国政府贷款、援助资金的项目进行招标，贷款方、资金提供方对货物招标投标活动的条件和程序有不同规定的，可以适用其规定，但违背中华人民共和国社会公共利益的除外。

第六十三条 本办法由国家发展和改革委员会会同有关部门负责解释。

第六十四条 本办法自2005年3月1日起施行。

必须招标的工程项目规定

2018年3月27日　中华人民共和国国家发展和改革委员会令第16号

(2018年3月27日《必须招标的工程项目规定》已经国务院批准，现予公布，自2018年6月1日起施行。中华人民共和国国家发展和改革委员会令第16号)

第一条　为了确定必须招标的工程项目，规范招标投标活动，提高工作效率、降低企业成本、预防腐败，根据《中华人民共和国招标投标法》第三条的规定，制定本规定。

第二条　全部或者部分使用国有资金投资或者国家融资的项目包括：

（一）使用预算资金200万元人民币以上，并且该资金占投资额10%以上的项目；

（二）使用国有企业事业单位资金，并且该资金占控股或者主导地位的项目。

第三条　使用国际组织或者外国政府贷款、援助资金的项目包括：

（一）使用世界银行、亚洲开发银行等国际组织贷款、援助资金的项目；

（二）使用外国政府及其机构贷款、援助资金的项目。

第四条　不属于本规定第二条、第三条规定情形的大型基础设施、公用事业等关系社会公共利益、公众安全的项目，必须招标的具体范围由国务院发展改革部门会同国务院有关部门按照确有必要、严格限定的原则制订，报国务院批准。

第五条　本规定第二条至第四条规定范围内的项目，其勘察、设计、施工、监理以及与工程建设有关的重要设备、材料等的采购达到下列标准之一的，必须招标：

（一）施工单项合同估算价在400万元人民币以上；

（二）重要设备、材料等货物的采购，单项合同估算价在200万元人民币以上；

（三）勘察、设计、监理等服务的采购，单项合同估算价在100万元人民币以上。

同一项目中可以合并进行的勘察、设计、施工、监理以及与工程建设有关的重要设备、材料等的采购，合同估算价合计达到前款规定标准的，必须招标。

第六条　本规定自2018年6月1日起施行。

工程项目招投标领域营商环境专项整治工作方案

2019年8月20日　发改办法规〔2019〕862号

根据《国务院办公厅关于聚焦企业关切进一步推动优化营商环境政策落实的通知》（国办发〔2018〕104号）部署和全国深化“放管服”改革优化营商环境电视电话会议精神，为消除招投标过程中对不同所有制企业设置的各类不合理限制和壁垒，维护公平竞争的市场秩序，国家发展改革委、工业和信息化部、住房城乡建设部、交通运输部、水利部、商务部、铁路局、民航局决定在全国开展工程项目招投标领域营商环境专项整治。为有力有序推进专项整治工作，制定本方案。

一、工作目标

坚持以习近平新时代中国特色社会主义思想为指导，全面贯彻党的十九大和十九届二中、三中全会精神，深刻学习领会习近平总书记在民营企业座谈会上的重要讲话精神，把思想和行动统一到党中央、国务院关于支持民营企业发展、平等对待外商投资企业、优化营商环境的决策部署上来，通过深入开展工程项目招投标领域营商环境专项整治，消除招投标过程中对不同所有制企业特别是民营企业、外资企业设置的各类不合理限制和壁垒，促进招标人依法履行招标采购主体责任，依法规范招标代理机构和评标专家行为，督促各级招投标行政监督部门依法履行监管职责，切实有效解决招投标活动中市场主体反映强烈的突出问题，保障不同所有制企业公平参与市场竞争。

二、整治范围和内容

（一）整治范围

本次专项整治的范围包括：各地区、各部门现行涉及工程项目招投标的部门规章、地方性法规、地方政府规章、规范性文件及其他政策文件，以及没有体现到制度文件中的实践做法；2018 年 6 月 1 日至 2019 年 11 月 20 日期间根据《必须招标的工程项目规定》（国家发展改革委令第 16 号）和《必须招标的基础设施和公用事业项目范围规定》（发改法规规〔2018〕843 号）依法必须进行招标的项目。

（二）整治内容

根据《招标投标法》《招标投标法实施条例》等有关规定，清理、排查、纠正在招投标法规政策文件、招标公告、投标邀请书、资格预审公告、资格预审文件、招标文件以及招投标实践操作中，对不同所有制企业设置的各类不合理限制和壁垒。重点针对以下问题：

1. 违法设置的限制、排斥不同所有制企业参与招投标的规定，以及虽然没有直接限制、排斥，但实质上起到变相限制、排斥效果的规定。

2. 违法限定潜在投标人或者投标人的所有制形式或者组织形式，对不同所有制投标人采取不同的资格审查标准。

3. 设定企业股东背景、年平均承接项目数量或者金额、从业人员、纳税额、营业场所面积等规模条件；设置超过项目实际需要的企业注册资本、资产总额、净资产规模、营业收入、利润、授信额度等财务指标。

4. 设定明显超出招标项目具体特点和实际需要的过高的资质资格、技术、商务条件或者业绩、奖项要求。

5. 将国家已经明令取消的资质资格作为投标条件、加分条件、中标条件；在国家已经明令取消资质资格的领域，将其他资质资格作为投标条件、加分条件、中标条件。

6. 将特定行政区域、特定行业的业绩、奖项作为投标条件、加分条件、中标条件；将政府部门、行业协会商会或者其他机构对投标人作出的荣誉奖励和慈善公益证明等作为投标条件、中标条件。

7. 限定或者指定特定的专利、商标、品牌、原产地、供应商或者检验检测认证机构（法律法规有明确要求的除外）。

8. 要求投标人在本地注册设立子公司、分公司、分支机构，在本地拥有一定办公面积，在本地缴纳社会保险等。

9. 没有法律法规依据设定投标报名、招标文件审查等事前审批或者审核环节。

10. 对仅需提供有关资质证明文件、证照、证件复印件的，要求必须提供原件；

对按规定可以采用“多证合一”电子证照的，要求必须提供纸质证照。

11. 在开标环节要求投标人的法定代表人必须到场，不接受经授权委托的投标人代表到场。

12. 评标专家对不同所有制投标人打分畸高或畸低，且无法说明正当理由。

13. 明示或暗示评标专家对不同所有制投标人采取不同的评标标准、实施不客观公正评价。

14. 采用抽签、摇号等方式直接确定中标候选人。

15. 限定投标保证金、履约保证金只能以现金形式提交，或者不按规定或者合同约定返还保证金。

16. 简单以注册人员、业绩数量等规模条件或者特定行政区域的业绩奖项评价企业的信用等级，或者设置对不同所有制企业构成歧视的信用评价指标。

17. 不落实《必须招标的工程项目规定》《必须招标的基础设施和公用事业项目范围规定》，违法干涉社会投资的房屋建筑等工程建设单位发包自主权。

18. 其他对不同所有制企业设置的不合理限制和壁垒。

请各地区、各部门突出工作重点，围绕上述问题组织开展专项整治。对不属于本次专项整治重点的其他招投标违法违规行为，依法依规开展日常监管执法。

三、整治方式

本次专项整治工作重在抓落实、查问题、出成效，主要采取法规文件清理、随机抽查、重点核查等整治方式。

（一）法规文件清理。国务院有关部门对本部门制定的部门规章、规范性文件及其他政策文件进行全面自查；各地对本地区及有关部门制定的地方性法规、地方政府规章、规范性文件及其他政策文件进行全面自查。对违反竞争中性原则、限制或者排斥不同所有制企业招投标、妨碍建立统一开放竞争有序现代市场体系的制度规定，根据权限修订、废止，或者提请本级人大、政府修订或废止。在此基础上，按照《关于建立清理和规范招标投标有关规定长效机制的意见》（发改法规〔2015〕787号）要求，对经清理后保留的招投标规章和规范性文件实行目录管理并向社会公布。

（二）随机抽查。各地区、各部门按照监管职责分工，组织对整治范围内招标项目的招标公告、投标邀请书、资格预审公告、资格预审文件、招标文件等开展事中事后随机抽查，抽查项目数量由各地区、各部门结合实际自行确定，抽查比例原则上不低于整治范围内招标项目总数的20%。鼓励各地区、各部门依托各级招投标公共服务平台、公共资源交易平台、行业招投标管理平台等，运用大数据分析等现代信息技术手段，对整治范围内招标项目进行全面筛查，对招投标活动进行动态监测分析，及时发现并纠正限制、排斥不同所有制企业招投标的违法违规行为。各地区、各部门应当对随机抽查记录建立台账，存档备查。

（三）重点核查。各地区、各部门进一步畅通招投标投诉举报渠道，建立健全投诉举报接收、转办、反馈工作机制，对涉及本次整治内容的投诉举报进行重点核查。同时，针对本次专项整治开展线索征集，国务院各有关部门、地方各级招投标工作牵头部门和有关行政监督部门网站，各级招投标公共服务平台、公共资源交易平台应当在显著位置公布专项整治线索征集电子邮箱等渠道，并建立线索转交转办以及对下级单位督办机制。对于征集到的明确可查的线索，有关行政监督部门应当组织力量进行重点核查。

鼓励各地区、各部门围绕本次专项整治目标，结合本地区、本行业实际，运用科学方法，创新整治方式，提升整治实效。

四、工作步骤

本次专项整治自本通知印发之日起开展，12 月 15 日之前结束，主要工作步骤和时间节点如下。

（一）动员部署。各地区、各部门深入学习党中央、国务院关于优化营商环境、支持民营企业发展、平等对待外商投资企业的决策部署。各省级招投标工作牵头部门会同有关部门，结合实际制定印发具体实施方案，对省市县三级开展专项整治工作进行部署，9 月 20 日前将实施方案抄报国家发展改革委。同时，指定 1 名处级干部作为联络员，8 月 31 日前报送国家发展改革委法规司。

（二）过程推进。10 月 31 日前，国务院有关部门完成本部门规章、规范性文件及其他政策文件清理工作，各省级招投标工作牵头部门汇总本地区法规文件清理情况，报送国家发展改革委，并于 2019 年年底前完成法规文件修订和废止工作。同时，各省级招投标工作牵头部门对省本级开展随机抽查和重点核查的情况进行阶段性总结，10 月 31 日前一并报送国家发展改革委。国家发展改革委将会同国务院有关部门，根据各地报送的实施方案和阶段性工作进展，对工作部署不力、社会反映强烈、整治效果不明显，特别是不按期报送材料或者报送“零报告”的地区进行重点督导；对存在严重问题的单位和个人，通报地方政府严肃问责。

（三）总结报告。各省级招投标工作牵头部门会同有关部门对本地区专项整治工作开展情况进行认真总结，形成总结报告（包括专项整治工作开展情况和主要做法、发现的主要问题和处理情况、建立的长效机制、可复制推广的典型经验、下一步工作打算以及对国家层面的意见建议等），连同省市县三级开展随机抽查和重点核查的情况，于 12 月 15 日前报送国家发展改革委。国家发展改革委会同国务院有关部门在各地报告基础上汇总形成总报告，呈报国务院。

各地区铁路、民航领域专项整治实施方案、阶段性进展报告和总结报告由各地区铁路监管局、民航各地区管理局按上述时间节点和要求直接报送国家铁路局、国家民航局。国家铁路局、国家民航局汇总后转送国家发展改革委。

五、工作要求

（一）强化组织领导。本次专项整治工作是贯彻落实全国深化“放管服”改革优化营商环境电视电话会议精神的重要举措，各地区、各部门要强化政治站位，提高思想认识，强化组织领导，周密抓好实施。国家发展改革委会同工业和信息化部、住房城乡建设部、交通运输部、水利部、商务部、铁路局、民航局，按照职责分工，指导督促各地区、各部门落实专项整治任务。各地招投标工作牵头部门是本地区专项整治的统筹部门，要加强组织协调，形成部门合力，确保按时保质完成整治任务。各地招投标行政监督部门是本地区专项整治的责任主体，要切实担负起行业监管职责，将整治任务落实到位。各级招投标公共服务平台、公共资源交易平台要积极配合有关部门，提供信息和技术支持，协助做好专项整治工作。

（二）依法纠正查处。各地区、各部门对随机抽查、重点核查过程中发现的限制、排斥不同所有制企业招投标的违法违规行为，要依法予以处理。对尚未截止投标的项目，招标公告、投标邀请书、资格预审公告、资格预审文件、招标文件设置限制、排斥不同所有制投标人内容的，责令及时改正，取消不合理的条件限制；对已截止投标但尚未确定中标候选人的项目，视违法情节严重程度责令改正；对已经完成招标的项目，也应严肃指出违法情形，责令承诺不再发生相关违法行为。违法行为严重的，依法实施行政处罚，记入有关责任单位和责任人信用记录，通过“信用中国”网站公开。对地方各级公共资源交易中心在招投标活动中存在违法违规行为的，依法严肃处理。对地方各级招投标行政监督部门不依法履行监管职责的，进行严肃问责。

（三）加强宣传教育。各地区、各部门要通过多种途径加强宣传教育和舆论引导，充分彰显党中央、国务院持续优化营商环境、推动各种所有制企业共同发展的坚定决心，进一步增强企业发展信心，稳定市场预期，为专项整治工作营造良好舆论氛围。要大力开展行业警示教育，通过多种渠道曝光一批典型违法违规案例，增强相关市场主体对招投标违法违规行为危害性的认识，自觉维护公平竞争市场秩序。

（四）建立长效机制。建立统一开放、竞争有序的现代市场体系是一项长期任务，各地区、各部门要在开展专项整治工作的基础上，健全管理制度，完善工作机制，加强日常监管，坚决防止违法违规行为反弹。同时，注重广泛听取招投标市场主体、行业协会等方面意见建议，加快建立健全保障不同所有制企业平等参与市场竞争、支持不同所有制企业健康发展的长效机制，巩固专项整治成果。

国家发展改革委关于印发《必须招标的基础设施和公用事业项目范围规定》的通知

2018 年 6 月 6 日　发改法规规〔2018〕843 号

各省、自治区、直辖市人民政府，国务院各部委、各直属机构：《必须招标的基础设施和公用事业项目范围规定》已经国务院批准，现印发你们，请按照执行。

附件：必须招标的基础设施和公用事业项目范围规定

国家发展改革委
2018 年 6 月 6 日

附件

必须招标的基础设施和公用事业项目范围规定

第一条　为明确必须招标的大型基础设施和公用事业项目范围，根据《中华人民共和国招标投标法》和《必须招标的工程项目规定》，制定本规定。

第二条　不属于《必须招标的工程项目规定》第二条、第三条规定情形的大型基础设施、公用事业等关系社会公共利益、公众安全的项目，必须招标的具体范围包括：

（一）煤炭、石油、天然气、电力、新能源等能源基础设施项目；

（二）铁路、公路、管道、水运，以及公共航空和 A1 级通用机场等交通运输基础设施项目；

（三）电信枢纽、通信信息网络等通信基础设施项目；

（四）防洪、灌溉、排涝、引（供）水等水利基础设施项目；

（五）城市轨道交通等城建项目。

第三条 本规定自 2018 年 6 月 6 日起施行。

关于工程总承包项目和政府采购工程建设项目办理施工许可手续有关事项的通知

建办市〔2017〕46号

各省、自治区住房城乡建设厅，直辖市建委，新疆生产建设兵团建设局：

为贯彻落实《国务院办公厅关于促进建筑业持续健康发展的意见》(国办发〔2017〕19号)，进一步深化建筑业“放管服”改革，完善建筑工程施工许可制度，依法为工程总承包项目和政府采购工程建设项目办理施工许可手续，现将有关事项通知如下：

一、关于工程总承包项目施工许可

对采用工程总承包模式的工程建设项目，在施工许可证及其申请表中增加“工程总承包单位”和“工程总承包项目经理”栏目。各级住房城乡建设主管部门可以根据工程总承包合同及分包合同确定设计、施工单位，依法办理施工许可证。

对在工程总承包项目中承担分包工作，且已与工程总承包单位签订分包合同的设计单位或施工单位，各级住房城乡建设主管部门不得要求其与建设单位签订设计合同或施工合同，也不得将上述要求作为申请领取施工许可证的前置条件。

二、关于政府采购工程建设项目施工许可

对依法通过竞争性谈判或单一来源方式确定供应商的政府采购工程建设项目，应严格执行建筑法、《建筑工程施工许可管理办法》等规定，对符合申请条件的，应当颁发施工许可证。

中华人民共和国住房和城乡建设部办公厅

2017年7月13日

机电产品国际招标投标实施办法（试行）

2014 年 2 月 21 日　商务部令 2014 年第 1 号

（《机电产品国际招标投标实施办法（试行）》已于 2013 年 12 月 9 日经中华人民共和国商务部 2013 年第 10 次部务会议审议通过，现予公布，自 2014 年 4 月 1 日起施行。原《机电产品国际招标投标实施办法》（商务部 2004 年第 13 号令）同时废止）

目　录

第一章 总 则

第一条 为了规范机电产品国际招标投标活动，保护国家利益、社会公共利益和招标投标活动当事人的合法权益，提高经济效益，保证项目质量，根据《中华人民共和国招标投标法》（以下简称招标投标法）、《中华人民共和国招标投标法实施条例》（以下简称招标投标法实施条例）等法律、行政法规以及国务院对有关部门实施招标投标活动行政监督的职责分工，制定本办法。

第二条 在中华人民共和国境内进行机电产品国际招标投标活动，适用本办法。

本办法所称机电产品国际招标投标活动，是指中华人民共和国境内的招标人根据采购机电产品的条件和要求，在全球范围内以招标方式邀请潜在投标人参加投标，并按照规定程序从投标人中确定中标人的一种采购行为。

本办法所称机电产品，是指机械设备、电气设备、交通运输工具、电子产品、电器产品、仪器仪表、金属制品等及其零部件、元器件。机电产品的具体范围见附件1。

第三条 机电产品国际招标投标活动应当遵循公开、公平、公正、诚实信用和择优原则。机电产品国际招标投标活动不受地区或者部门的限制。

第四条 商务部负责管理和协调全国机电产品的国际招标投标工作，制定相关规定；根据国家有关规定，负责调整、公布机电产品国际招标范围；负责监督管理全国机电产品国际招标代理机构（以下简称招标机构）；负责利用国际组织和外国政府贷款、援助资金（以下简称国外贷款、援助资金）项目机电产品国际招标投标活动的行政监督；负责组建和管理机电产品国际招标评标专家库；负责建设和管理机电产品国际招标投标电子公共服务和行政监督平台。

各省、自治区、直辖市、计划单列市、新疆生产建设兵团、沿海开放城市及经济特区商务主管部门、国务院有关部门机电产品进出口管理机构负责本地区、本部门的机电产品国际招标投标活动的行政监督和协调；负责本地区、本部门所属招标机构的监督和管理；负责本地区、本部门机电产品国际招标评标专家的日常管理。

各级机电产品进出口管理机构（以下简称主管部门）及其工作人员应当依法履行职责，不得以任何方式非法干涉招标投标活动。主管部门的工作人员对监督检查过程中知悉的国家秘密、商业秘密，应当依法予以保密。

第五条 商务部委托专门网站为机电产品国际招标投标活动提供公共服务和行政监督的平台（以下简称招标网）。机电产品国际招标投标应当在招标网上完成招标项目建档、招标过程文件存档和备案、资格预审公告发布、招标公告发布、评审专家抽取、评标结果公示、异议投诉、中标结果公告等招标投标活动的相关程序，但涉及国家秘密的招标项目除外。

招标网承办单位应当在商务部委托的范围内提供网络服务，应当遵守法律、行政法规以及本办法的规定，不得损害国家利益、社会公共利益和招投标活动当事人的合法权益，不得泄露应当保密的信息，不得拒绝或者拖延办理委托范围内事项，不得利用委托范围内事项向有关当事人收取费用。

第二章　招标范围

第六条　通过招标方式采购原产地为中国关境外的机电产品，属于下列情形的必须进行国际招标：

（一）关系社会公共利益、公众安全的基础设施、公用事业等项目中进行国际采购的机电产品；

（二）全部或者部分使用国有资金投资项目中进行国际采购的机电产品；

（三）全部或者部分使用国家融资项目中进行国际采购的机电产品；

（四）使用国外贷款、援助资金项目中进行国际采购的机电产品；

（五）政府采购项目中进行国际采购的机电产品；

（六）其他依照法律、行政法规的规定需要国际招标采购的机电产品。

已经明确采购产品的原产地在中国关境内的，可以不进行国际招标。必须通过国际招标方式采购的，任何单位和个人不得将前款项目化整为零或者以国内招标等其他任何方式规避国际招标。

商务部制定、调整并公布本条第一项所列项目包含主要产品的国际招标范围。

第七条　有下列情形之一的，可以不进行国际招标：

（一）国（境）外赠送或无偿援助的机电产品；

（二）采购供生产企业及科研机构研究开发用的样品样机；

（三）单项合同估算价在国务院规定的必须进行招标的标准以下的；

（四）采购旧机电产品；

（五）采购供生产配套、维修用零件、部件；

（六）采购供生产企业生产需要的专用模具；

（七）根据法律、行政法规的规定，其他不适宜进行国际招标采购的机电产品。

招标人不得为适用前款规定弄虚作假规避招标。

第八条　鼓励采购人采用国际招标方式采购不属于依法必须进行国际招标项目范围内的机电产品。

第三章　招　　标

第九条　招标人应当在所招标项目确立、资金到位或资金来源落实并具备招标所需的技术资料和其他条件后开展国际招标活动。

按照国家有关规定需要履行项目审批、核准手续的依法必须进行招标的项目，其招标范围、招标方式、招标组织形式应当先获得项目审批、核准部门的审批、核准。

第十条 国有资金占控股或者主导地位的依法必须进行机电产品国际招标的项目，应当公开招标；但有下列情形之一的，可以邀请招标：

（一）技术复杂、有特殊要求或者受自然环境限制，只有少量潜在投标人可供选择；

（二）采用公开招标方式的费用占项目合同金额的比例过大。

有前款第二项所列情形，属于本办法第九条第二款规定的项目，招标人应当在招标前向相应的主管部门提交项目审批、核准部门审批、核准邀请招标方式的文件；其他项目采用邀请招标方式应当由招标人申请相应的主管部门作出认定。

第十一条 招标人采用委托招标的，有权自行选择招标机构为其办理招标事宜。任何单位和个人不得以任何方式为招标人指定招标机构。

招标人自行办理招标事宜的，应当具有与招标项目规模和复杂程度相适应的技术、经济等方面专业人员，具备编制国际招标文件（中、英文）和组织评标的能力。依法必须进行招标的项目，招标人自行办理招标事宜的，应当向相应主管部门备案。

第十二条 招标机构应当具备从事招标代理业务的营业场所和相应资金；具备能够编制招标文件（中、英文）和组织评标的相应专业力量；拥有一定数量的取得招标职业资格的专业人员。

招标机构从事机电产品国际招标代理业务，应当在招标网免费注册，注册时应当在招标网在线填写机电产品国际招标机构登记表。

招标机构应当在招标人委托的范围内开展招标代理业务，任何单位和个人不得非法干涉。招标机构从事机电产品国际招标业务的人员应当为与本机构依法存在劳动合同关系的员工。招标机构可以依法跨区域开展业务，任何地区和部门不得以登记备案等方式加以限制。

招标机构代理招标业务，应当遵守招标投标法、招标投标法实施条例和本办法关于招标人的规定；在招标活动中，不得弄虚作假，损害国家利益、社会公共利益和招标人、投标人的合法权益。

招标人应当与被委托的招标机构签订书面委托合同，载明委托事项和代理权限，合同约定的收费标准应当符合国家有关规定。

招标机构不得接受招标人违法的委托内容和要求；不得在所代理的招标项目中投标或者代理投标，也不得为所代理的招标项目的投标人提供咨询。

招标机构管理办法由商务部另行制定。

第十三条 发布资格预审公告、招标公告或发出投标邀请书前，招标人或招标机构应当在招标网上进行项目建档，建档内容包括项目名称、招标人名称及性质、招标方式、招标组织形式、招标机构名称、资金来源及性质、委托招标金额、项目审批或核准部门、主管部门等。

第十四条 招标人采用公开招标方式的，应当发布招标公告。

招标人采用邀请招标方式的，应当向3个以上具备承担招标项目能力、资信良好的特定法人或者其他组织发出投标邀请书。

第十五条 资格预审公告、招标公告或者投标邀请书应当载明下列内容：

（一）招标项目名称、资金到位或资金来源落实情况；

（二）招标人或招标机构名称、地址和联系方式；

（三）招标产品名称、数量、简要技术规格；

（四）获取资格预审文件或者招标文件的地点、时间、方式和费用；

（五）提交资格预审申请文件或者投标文件的地点和截止时间；

（六）开标地点和时间；

（七）对资格预审申请人或者投标人的资格要求。

第十六条 招标人不得以招标投标法实施条例第三十二条规定的情形限制、排斥潜在投标人或者投标人。

第十七条 公开招标的项目，招标人可以对潜在投标人进行资格预审。资格预审按照招标投标法实施条例的有关规定执行。国有资金占控股或者主导地位的依法必须进行招标的项目，资格审查委员会及其成员应当遵守本办法有关评标委员会及其成员的规定。

第十八条 编制依法必须进行机电产品国际招标的项目的资格预审文件和招标文件，应当使用机电产品国际招标标准文本。

第十九条 招标人根据所采购机电产品的特点和需要编制招标文件。招标文件主要包括下列内容：

（一）招标公告或投标邀请书；

（二）投标人须知及投标资料表；

（三）招标产品的名称、数量、技术要求及其他要求；

（四）评标方法和标准；

（五）合同条款；

（六）合同格式；

（七）投标文件格式及其他材料要求：

1. 投标书；

2. 开标一览表；

3. 投标分项报价表；

4. 产品说明一览表；

5. 技术规格响应/偏离表；
6. 商务条款响应/偏离表；
7. 投标保证金银行保函；
8. 单位负责人授权书；
9. 资格证明文件；
10. 履约保证金银行保函；
11. 预付款银行保函；
12. 信用证样本；
13. 要求投标人提供的其他材料。

第二十条 招标文件中应当明确评标方法和标准。机电产品国际招标的评标一般采用最低评标价法。技术含量高、工艺或技术方案复杂的大型或成套设备招标项目可采用综合评价法进行评标。所有评标方法和标准应当作为招标文件不可分割的一部分并对潜在投标人公开。招标文件中没有规定的评标方法和标准不得作为评标依据。

最低评标价法，是指在投标满足招标文件商务、技术等实质性要求的前提下，按照招标文件中规定的价格评价因素和方法进行评价，确定各投标人的评标价格，并按投标人评标价格由低到高的顺序确定中标候选人的评标方法。

综合评价法，是指在投标满足招标文件实质性要求的前提下，按照招标文件中规定的各项评价因素和方法对投标进行综合评价后，按投标人综合评价的结果由优到劣的顺序确定中标候选人的评标方法。

综合评价法应当由评价内容、评价标准、评价程序及推荐中标候选人原则等组成。综合评价法应当根据招标项目的具体需求，设定商务、技术、价格、服务及其他评价内容的标准，并对每一项评价内容赋予相应的权重。

机电产品国际招标投标综合评价法实施规范由商务部另行制定。

第二十一条 招标文件的技术、商务等条款应当清晰、明确、无歧义，不得设立歧视性条款或不合理的要求排斥潜在投标人。招标文件编制内容原则上应当满足3个以上潜在投标人能够参与竞争。招标文件的编制应当符合下列规定：

（一）对招标文件中的重要条款（参数）应当加注星号（“＊”），并注明如不满足任一带星号（“＊”）的条款（参数）将被视为不满足招标文件实质性要求，并导致投标被否决。

构成投标被否决的评标依据除重要条款（参数）不满足外，还可以包括超过一般条款（参数）中允许偏离的最大范围、最多项数。

采用最低评标价法评标的，评标依据中应当包括：一般商务和技术条款（参数）在允许偏离范围和条款数内进行评标价格调整的计算方法，每个一般技术条款（参数）的偏离加价一般为该设备投标价格的0.5%，最高不得超过该设备投标价格的

1%，投标文件中没有单独列出该设备分项报价的，评标价格调整时按投标总价计算；交货期、付款条件等商务条款的偏离加价计算方法在招标文件中可以另行规定。

采用综合评价法的，应当集中列明招标文件中所有加注星号（“*”）的重要条款（参数）。

（二）招标文件应当明确规定在实质性响应招标文件要求的前提下投标文件分项报价允许缺漏项的最大范围或比重，并注明如缺漏项超过允许的最大范围或比重，该投标将被视为实质性不满足招标文件要求，并将导致投标被否决。

（三）招标文件应当明确规定投标文件中投标人应当小签的相应内容，其中投标文件的报价部分、重要商务和技术条款（参数）响应等相应内容应当逐页小签。

（四）招标文件应当明确规定允许的投标货币和报价方式，并注明该条款是否为重要商务条款。招标文件应当明确规定不接受选择性报价或者附加条件的报价。

（五）招标人设有最高投标限价的，应当在招标文件中明确最高投标限价或者最高投标限价的计算方法。招标人不得规定最低投标限价。

（六）招标文件应当明确规定评标依据以及对投标人的业绩、财务、资信等商务条款和技术参数要求，不得使用模糊的、无明确界定的术语或指标作为重要商务或技术条款（参数）或以此作为价格调整的依据。招标文件对投标人资质提出要求的，应当列明所要求资质的名称及其认定机构和提交证明文件的形式，并要求相应资质在规定的期限内真实有效。

（七）招标人可以在招标文件中将有关行政监督部门公布的信用信息作为对投标人的资格要求的依据。

（八）招标文件内容应当符合国家有关安全、卫生、环保、质量、能耗、标准、社会责任等法律法规的规定。

（九）招标文件允许联合体投标的，应当明确规定对联合体牵头人和联合体各成员的资格条件及其他相应要求。

（十）招标文件允许投标人提供备选方案的，应当明确规定投标人在投标文件中只能提供一个备选方案并注明主选方案，且备选方案的投标价格不得高于主选方案。

（十一）招标文件应当明确计算评标总价时关境内、外产品的计算方法，并应当明确指定到货地点。除国外贷款、援助资金项目外，评标总价应当包含货物到达招标人指定到货地点之前的所有成本及费用。其中：

关境外产品为：CIF 价 + 进口环节税 + 国内运输、保险费等（采用 CIP、DDP 等其他报价方式的，参照此方法计算评标总价）；其中投标截止时间前已经进口的产品为：销售价（含进口环节税、销售环节增值税）+ 国内运输、保险费等。关境内制造的产品为：出厂价（含增值税）+ 消费税（如适用）+ 国内运输、保险费等。有价格调整的，计算评标总价时，应当包含偏离加价。

（十二）招标文件应当明确投标文件的大写金额和小写金额不一致的，以大写金额为准；投标总价金额与按分项报价汇总金额不一致的，以分项报价金额计算结果为准；分项报价金额小数点有明显错位的，应以投标总价为准，并修改分项报价；应当明确招标文件、投标文件和评标报告使用语言的种类；使用两种以上语言的，应当明确当出现表述内容不一致时以何种语言文本为准。

第二十二条 招标文件应当载明投标有效期，以保证招标人有足够的时间完成组织评标、定标以及签订合同。投标有效期从招标文件规定的提交投标文件的截止之日起算。

第二十三条 招标人在招标文件中要求投标人提交投标保证金的，投标保证金不得超过招标项目估算价的2%。投标保证金有效期应当与投标有效期一致。

依法必须进行招标的项目的境内投标单位，以现金或者支票形式提交的投标保证金应当从其基本账户转出。

投标保证金可以是银行出具的银行保函或不可撤销信用证、转账支票、银行即期汇票，也可以是招标文件要求的其他合法担保形式。

联合体投标的，应当以联合体共同投标协议中约定的投标保证金缴纳方式予以提交，可以是联合体中的一方或者共同提交投标保证金，以一方名义提交投标保证金的，对联合体各方均具有约束力。

招标人不得挪用投标保证金。

第二十四条 招标人或招标机构应当在资格预审文件或招标文件开始发售之日前将资格预审文件或招标文件发售稿上传招标网存档。

第二十五条 依法必须进行招标的项目的资格预审公告和招标公告应当在符合法律规定的媒体和招标网上发布。

第二十六条 招标人应当确定投标人编制投标文件所需的合理时间。依法必须进行招标的项目，自招标文件开始发售之日起至投标截止之日止，不得少于20日。

招标文件的发售期不得少于5个工作日。

招标人发售的纸质招标文件和电子介质的招标文件具有同等法律效力，除另有约定的，出现不一致时以纸质招标文件为准。

第二十七条 招标公告规定未领购招标文件不得参加投标的，招标文件发售期截止后，购买招标文件的潜在投标人少于3个的，招标人可以依照本办法重新招标。重新招标后潜在投标人或投标人仍少于3个的，可以依照本办法第四十六条第二款有关规定执行。

第二十八条 开标前，招标人、招标机构和有关工作人员不得向他人透露已获取招标文件的潜在投标人的名称、数量以及可能影响公平竞争的有关招标投标的其他信息。

第二十九条 招标人可以对已发出的资格预审文件或者招标文件进行必要的澄清或者修改。澄清或者修改的内容可能影响资格预审申请文件或者投标文件编制的，招标人或招标机构应当在提交资格预审文件截止时间至少 3 日前，或者投标截止时间至少 15 日前，以书面形式通知所有获取资格预审文件或者招标文件的潜在投标人，并上传招标网存档；不足 3 日或者 15 日的，招标人或招标机构应当顺延提交资格预审申请文件或者投标文件的截止时间。该澄清或者修改内容为资格预审文件或者招标文件的组成部分。澄清或者修改的内容涉及到与资格预审公告或者招标公告内容不一致的，应当在原资格预审公告或者招标公告发布的媒体和招标网上发布变更公告。

因异议或投诉处理而导致对资格预审文件或者招标文件澄清或者修改的，应当按照前款规定执行。

第三十条 招标人顺延投标截止时间的，至少应当在招标文件要求提交投标文件的截止时间 3 日前，将变更时间书面通知所有获取招标文件的潜在投标人，并在招标网上发布变更公告。

第三十一条 除不可抗力原因外，招标文件或者资格预审文件发出后，不予退还；招标人在发布招标公告、发出投标邀请书后或者发出招标文件或资格预审文件后不得终止招标。

招标人终止招标的，应当及时发布公告，或者以书面形式通知被邀请的或者已经获取资格预审文件、招标文件的潜在投标人。已经发售资格预审文件、招标文件或者已经收取投标保证金的，招标人应当及时退还所收取的资格预审文件、招标文件的费用，以及所收取的投标保证金及银行同期存款利息。

第四章 投 标

第三十二条 投标人是响应招标、参加投标竞争的法人或其他组织。

与招标人存在利害关系可能影响招标公正性的法人或其他组织不得参加投标；接受委托参与项目前期咨询和招标文件编制的法人或其他组织不得参加受托项目的投标，也不得为该项目的投标人编制投标文件或者提供咨询。

单位负责人为同一人或者存在控股、管理关系的不同单位，不得参加同一招标项目包投标，共同组成联合体投标的除外。

违反前三款规定的，相关投标均无效。

第三十三条 投标人应当根据招标文件要求编制投标文件，并根据自己的商务能力、技术水平对招标文件提出的要求和条件在投标文件中作出真实的响应。投标文件的所有内容在投标有效期内应当有效。

第三十四条 投标人对加注星号（“＊”）的重要技术条款（参数）应当在投标

文件中提供技术支持资料。

技术支持资料以制造商公开发布的印刷资料、检测机构出具的检测报告或招标文件中允许的其他形式为准，凡不符合上述要求的，应当视为无效技术支持资料。

第三十五条 投标人应当提供在开标日前3个月内由其开立基本账户的银行开具的银行资信证明的原件或复印件。

第三十六条 潜在投标人或者其他利害关系人对资格预审文件有异议的，应当在提交资格预审申请文件截止时间2日前向招标人或招标机构提出，并将异议内容上传招标网；对招标文件有异议的，应当在投标截止时间10日前向招标人或招标机构提出，并将异议内容上传招标网。招标人或招标机构应当自收到异议之日起3日内作出答复，并将答复内容上传招标网；作出答复前，应当暂停招标投标活动。

第三十七条 招标人编制的资格预审文件、招标文件的内容违反法律、行政法规的强制性规定，违反公开、公平、公正和诚实信用原则，影响资格预审结果或者潜在投标人投标的，依法必须进行招标的项目的招标人应当在修改资格预审文件或者招标文件后重新招标。

第三十八条 投标人在招标文件要求的投标截止时间前，应当在招标网免费注册，注册时应当在招标网在线填写招投标注册登记表，并将由投标人加盖公章的招投标注册登记表及工商营业执照（复印件）提交至招标网；境外投标人提交所在地登记证明材料（复印件），投标人无印章的，提交由单位负责人签字的招投标注册登记表。投标截止时间前，投标人未在招标网完成注册的不得参加投标，有特殊原因的除外。

第三十九条 投标人在招标文件要求的投标截止时间前，应当将投标文件送达招标文件规定的投标地点。投标人可以在规定的投标截止时间前书面通知招标人，对已提交的投标文件进行补充、修改或撤回。补充、修改的内容应当作为投标文件的组成部分。投标人不得在投标截止时间后对投标文件进行补充、修改。

第四十条 投标人应当按照招标文件要求对投标文件进行包装和密封。投标人在投标截止时间前提交价格变更等相关内容的投标声明的，应与开标一览表一并或者单独密封，并加施明显标记，以便在开标时一并唱出。

第四十一条 未通过资格预审的申请人提交的投标文件，以及逾期送达或者不按照招标文件要求密封的投标文件，招标人应当拒收。

招标人或招标机构应当如实记载投标文件的送达时间和密封情况，并存档备查。

第四十二条 招标文件允许联合体投标的，两个以上法人或者其他组织可以组成一个联合体，以一个投标人的身份共同投标。

联合体各方均应当具备承担招标项目的相应能力；国家有关规定或者招标文件对投标人资格条件有规定的，联合体各方均应当具备规定的相应资格条件。由同一专业的单位组成的联合体，按照资质等级较低的单位确定资质等级。

联合体各方应当签订共同投标协议，明确约定各方拟承担的工作和责任，并将共同投标协议连同投标文件一并提交招标人。联合体中标的，联合体各方应当共同与招标人签订合同，就中标项目向招标人承担连带责任。

联合体各方在同一招标项目包中以自己名义单独投标或者参加其他联合体投标的，相关投标均无效。

第四十三条 投标人应当按照招标文件的要求，在提交投标文件截止时间前将投标保证金提交给招标人或招标机构。

投标人在投标截止时间前撤回已提交的投标文件，招标人或招标机构已收取投标保证金的，应当自收到投标人书面撤回通知之日起 5 日内退还。

投标截止后投标人撤销投标文件的，招标人可以不退还投标保证金。招标人主动要求延长投标有效期但投标人拒绝的，招标人应当退还投标保证金。

第四十四条 投标人发生合并、分立、破产等重大变化的，应当及时书面告知招标人。投标人不再具备资格预审文件、招标文件规定的资格条件或者其投标影响招标公正性的，其投标无效。

第四十五条 禁止招标投标法实施条例第三十九条、第四十条、第四十一条、第四十二条所规定的投标人相互串通投标、招标人与投标人串通投标、投标人以他人名义投标或者以其他方式弄虚作假的行为。

第五章 开标和评标

第四十六条 开标应当在招标文件确定的提交投标文件截止时间的同一时间公开进行；开标地点应当为招标文件中预先确定的地点。开标由招标人或招标机构主持，邀请所有投标人参加。

投标人少于 3 个的，不得开标，招标人应当依照本办法重新招标；开标后认定投标人少于 3 个的应当停止评标，招标人应当依照本办法重新招标。重新招标后投标人仍少于 3 个的，可以进入两家或一家开标评标；按国家有关规定需要履行审批、核准手续的依法必须进行招标的项目，报项目审批、核准部门审批、核准后可以不再进行招标。

认定投标人数量时，两家以上投标人的投标产品为同一家制造商或集成商生产的，按一家投标人认定。对两家以上集成商或代理商使用相同制造商产品作为其项目包的一部分，且相同产品的价格总和均超过该项目包各自投标总价 60% 的，按一家投标人认定。

对于国外贷款、援助资金项目，资金提供方规定当投标截止时间到达时，投标人少于 3 个可直接进入开标程序的，可以适用其规定。

第四十七条 开标时，由投标人或者其推选的代表检查投标文件的密封情况，也可以由招标人委托的公证机构检查并公证；经确认无误后，由工作人员当众拆封，宣读投标人名称、投标价格和投标文件的其他主要内容。

招标人在招标文件要求提交投标文件的截止时间前收到的所有投标文件，开标时都应当当众予以拆封、宣读。

投标人的开标一览表、投标声明（价格变更或其他声明）都应当在开标时一并唱出，否则在评标时不予认可。投标总价中不应当包含招标文件要求以外的产品或服务的价格。

第四十八条 投标人对开标有异议的，应当在开标现场提出，招标人或招标机构应当当场作出答复，并制作记录。

第四十九条 招标人或招标机构应当在开标时制作开标记录，并在开标后 3 个工作日内上传招标网存档。

第五十条 评标由招标人依照本办法组建的评标委员会负责。依法必须进行招标的项目，其评标委员会由招标人的代表和从事相关领域工作满 8 年并具有高级职称或者具有同等专业水平的技术、经济等相关领域专家组成，成员人数为 5 人以上单数，其中技术、经济等方面专家人数不得少于成员总数的 2/3。

第五十一条 依法必须进行招标的项目，机电产品国际招标评标所需专家原则上由招标人或招标机构在招标网上从国家、地方两级专家库内相关专业类别中采用随机抽取的方式产生。任何单位和个人不得以明示、暗示等任何方式指定或者变相指定参加评标委员会的专家成员。但技术复杂、专业性强或者国家有特殊要求，采取随机抽取方式确定的专家难以保证其胜任评标工作的特殊招标项目，报相应主管部门后，可以由招标人直接确定评标专家。

抽取评标所需的评标专家的时间不得早于开标时间 3 个工作日；同一项目包评标中，来自同一法人单位的评标专家不得超过评标委员会总人数的 1/3。

随机抽取专家人数为实际所需专家人数。一次招标金额在 1000 万美元以上的国际招标项目包，所需专家的 1/2 以上应当从国家级专家库中抽取。

抽取工作应当使用招标网评标专家随机抽取自动通知系统。除专家不能参加和应当回避的情形外，不得废弃随机抽取的专家。

机电产品国际招标评标专家及专家库管理办法由商务部另行制定。

第五十二条 与投标人或其制造商有利害关系的人不得进入相关项目的评标委员会，评标专家不得参加与自己有利害关系的项目评标，且应当主动回避；已经进入的应当更换。主管部门的工作人员不得担任本机构负责监督项目的评标委员会成员。

依法必须进行招标的项目的招标人非因招标投标法、招标投标法实施条例和本办法规定的事由，不得更换依法确定的评标委员会成员。更换评标委员会的专家成员应当依照本办法第五十一条规定进行。

第五十三条 评标委员会成员名单在中标结果确定前应当保密，如有泄密，除追究当事人责任外，还应当报相应主管部门后及时更换。

评标前，任何人不得向评标专家透露其即将参与的评标项目招标人、投标人的有关情况及其他应当保密的信息。

招标人和招标机构应当采取必要的措施保证评标在严格保密的情况下进行。任何单位和个人不得非法干预、影响评标的过程和结果。

泄密影响中标结果的，中标无效。

第五十四条 招标人应当向评标委员会提供评标所必需的信息，但不得向评标委员会成员明示或者暗示其倾向或者排斥特定投标人。

招标人应当根据项目规模和技术复杂程度等因素合理确定评标时间。超过 1/3 的评标委员会成员认为评标时间不够的，招标人应当适当延长。

评标过程中，评标委员会成员有回避事由、擅离职守或者因健康等原因不能继续评标的，应当于评标当日报相应主管部门后按照所缺专家的人数重新随机抽取，及时更换。被更换的评标委员会成员作出的评审结论无效，由更换后的评标委员会成员重新进行评审。

第五十五条 评标委员会应当在开标当日开始进行评标。有特殊原因当天不能评标的，应当将投标文件封存，并在开标后 48 小时内开始进行评标。评标委员会成员应当依照招标投标法、招标投标法实施条例和本办法的规定，按照招标文件规定的评标方法和标准，独立、客观、公正地对投标文件提出评审意见。招标文件没有规定的评标方法和标准不得作为评标的依据。

评标委员会成员不得私下接触投标人，不得收受投标人给予的财物或者其他好处，不得向招标人征询确定中标人的意向，不得接受任何单位或者个人明示或者暗示提出的倾向或者排斥特定投标人的要求，不得有其他不客观、不公正履行职务的行为。

第五十六条 采用最低评标价法评标的，在商务、技术条款均实质性满足招标文件要求时，评标价格最低者为排名第一的中标候选人；采用综合评价法评标的，在商务、技术条款均实质性满足招标文件要求时，综合评价最优者为排名第一的中标候选人。

第五十七条 在商务评议过程中，有下列情形之一者，应予否决投标：

（一）投标人或其制造商与招标人有利害关系可能影响招标公正性的；

（二）投标人参与项目前期咨询或招标文件编制的；

（三）不同投标人单位负责人为同一人或者存在控股、管理关系的；

（四）投标文件未按招标文件的要求签署的；

（五）投标联合体没有提交共同投标协议的；

（六）投标人的投标书、资格证明材料未提供，或不符合国家规定或者招标文件要求的；

（七）同一投标人提交两个以上不同的投标方案或者投标报价的，但招标文件要求提交备选方案的除外；

（八）投标人未按招标文件要求提交投标保证金或保证金金额不足、保函有效期不足、投标保证金形式或出具投标保函的银行不符合招标文件要求的；

（九）投标文件不满足招标文件加注星号（“*”）的重要商务条款要求的；

（十）投标报价高于招标文件设定的最高投标限价的；

（十一）投标有效期不足的；

（十二）投标人有串通投标、弄虚作假、行贿等违法行为的；

（十三）存在招标文件中规定的否决投标的其他商务条款的。

前款所列材料在开标后不得澄清、后补；招标文件要求提供原件的，应当提供原件，否则将否决其投标。

第五十八条 对经资格预审合格、且商务评议合格的投标人不能再因其资格不合格否决其投标，但在招标周期内该投标人的资格发生了实质性变化不再满足原有资格要求的除外。

第五十九条 技术评议过程中，有下列情形之一者，应予否决投标：

（一）投标文件不满足招标文件技术规格中加注星号（“*”）的重要条款（参数）要求，或加注星号（“*”）的重要条款（参数）无符合招标文件要求的技术资料支持的；

（二）投标文件技术规格中一般参数超出允许偏离的最大范围或最多项数的；

（三）投标文件技术规格中的响应与事实不符或虚假投标的；

（四）投标人复制招标文件的技术规格相关部分内容作为其投标文件中一部分的；

（五）存在招标文件中规定的否决投标的其他技术条款的。

第六十条 采用最低评标价法评标的，价格评议按下列原则进行：

（一）按招标文件中的评标依据进行评标。计算评标价格时，对需要进行价格调整的部分，要依据招标文件和投标文件的内容加以调整并说明。投标总价中包含的招标文件要求以外的产品或服务，在评标时不予核减；

（二）除国外贷款、援助资金项目外，计算评标总价时，以货物到达招标人指定到货地点为依据；

（三）招标文件允许以多种货币投标的，在进行价格评标时，应当以开标当日中国银行总行首次发布的外币对人民币的现汇卖出价进行投标货币对评标货币的转换以计算评标价格。

第六十一条 采用综合评价法评标时，按下列原则进行：

（一）评标办法应当充分考虑每个评价指标所有可能的投标响应，且每一种可能的投标响应应当对应一个明确的评价值，不得对应多个评价值或评价值区间，采用两步评价方法的除外。

对于总体设计、总体方案等难以量化比较的评价内容，可以采取两步评价方法：第一步，评标委员会成员独立确定投标人该项评价内容的优劣等级，根据优劣等级对应的评价值算术平均后确定该投标人该项评价内容的平均等级；第二步，评标委员会成员根据投标人的平均等级，在对应的分值区间内给出评价值。

（二）价格评价应当符合低价优先、经济节约的原则，并明确规定评议价格最低的有效投标人将获得价格评价的最高评价值，价格评价的最大可能评价值和最小可能评价值应当分别为价格最高评价值和零评价值。

（三）评标委员会应当根据综合评价值对各投标人进行排名。综合评价值相同的，依照价格、技术、商务、服务及其他评价内容的优先次序，根据分项评价值进行排名。

第六十二条 招标文件允许备选方案的，评标委员会对有备选方案的投标人进行评审时，应当以主选方案为准进行评标。备选方案应当实质性响应招标文件要求。凡提供两个以上备选方案或者未按要求注明主选方案的，该投标应当被否决。凡备选方案的投标价格高于主选方案的，该备选方案将不予采纳。

第六十三条 投标人应当根据招标文件要求和产品技术要求列出供货产品清单和分项报价。投标人投标报价缺漏项超出招标文件允许的范围或比重的，为实质性偏离招标文件要求，评标委员会应当否决其投标。缺漏项在招标文件允许的范围或比重内的，评标时应当要求投标人确认缺漏项是否包含在投标价中，确认包含的，将其他有效投标中该项的最高价计入其评标总价，并依据此评标总价对其一般商务和技术条款（参数）偏离进行价格调整；确认不包含的，评标委员会应当否决其投标；签订合同时以投标价为准。

第六十四条 投标文件中有含义不明确的内容、明显文字或者计算错误，评标委员会认为需要投标人作出必要澄清、说明的，应当书面通知该投标人。投标人的澄清、说明应当采用书面形式在评标委员会规定的时间内提交，并不得超出投标文件的范围或者改变投标文件的实质性内容。

投标人的投标文件不响应招标文件加注星号（“＊”）的重要商务和技术条款（参数），或加注星号（“＊”）的重要技术条款（参数）未提供符合招标文件要求的技术支持资料的，评标委员会不得要求其进行澄清或后补。

评标委员会不得暗示或者诱导投标人作出澄清、说明，不得接受投标人主动提出的澄清、说明。

第六十五条 评标委员会经评审，认为所有投标都不符合招标文件要求的，可以否决所有投标。

依法必须进行招标的项目的所有投标被否决的，招标人应当依照本办法重新招标。

第六十六条 评标完成后，评标委员会应当向招标人提交书面评标报告和中标候选人名单。中标候选人应当不超过3个，并标明排序。

评标委员会的每位成员应当分别填写评标委员会成员评标意见表（见附件2），评标意见表是评标报告必不可少的一部分。评标报告应当由评标委员会全体成员签字。对评标结果有不同意见的评标委员会成员应当以书面形式说明其不同意见和理由，评标报告应当注明该不同意见。评标委员会成员拒绝在评标报告上签字又不说明其不同意见和理由的，视为同意评标结果。

专家受聘承担的具体项目评审工作结束后，招标人或者招标机构应当在招标网对专家的能力、水平、履行职责等方面进行评价，评价结果分为优秀、称职和不称职。

第六章 评标结果公示和中标

第六十七条 依法必须进行招标的项目，招标人或招标机构应当依据评标报告填写《评标结果公示表》，并自收到评标委员会提交的书面评标报告之日起3日内在招标网上进行评标结果公示。评标结果应当一次性公示，公示期不得少于3日。

采用最低评标价法评标的，《评标结果公示表》中的内容包括“中标候选人排名”、“投标人及制造商名称”、“评标价格”和“评议情况”等。每个投标人的评议情况应当按商务、技术和价格评议三个方面在《评标结果公示表》中分别填写，填写的内容应当明确说明招标文件的要求和投标人的响应内容。对一般商务和技术条款（参数）偏离进行价格调整的，在评标结果公示时，招标人或招标机构应当明确公示价格调整的依据、计算方法、投标文件偏离内容及相应的调整金额。

采用综合评价法评标的，《评标结果公示表》中的内容包括“中标候选人排名”、“投标人及制造商名称”、“综合评价值”、“商务、技术、价格、服务及其他等大类评价项目的评价值”和“评议情况”等。每个投标人的评议情况应当明确说明招标文件的要求和投标人的响应内容。

使用国外贷款、援助资金的项目，招标人或招标机构应当自收到评标委员会提交的书面评标报告之日起3日内向资金提供方报送评标报告，并自获其出具不反对意见之日起3日内在招标网上进行评标结果公示。资金提供方对评标报告有反对意见的，招标人或招标机构应当及时将资金提供方的意见报相应的主管部门，并依照本办法重新招标或者重新评标。

第六十八条 评标结果进行公示后，各方当事人可以通过招标网查看评标结果公示的内容。招标人或招标机构应当应投标人的要求解释公示内容。

第六十九条 投标人或者其他利害关系人对依法必须进行招标的项目的评标结果

有异议的，应当于公示期内向招标人或招标机构提出，并将异议内容上传招标网。招标人或招标机构应当在收到异议之日起 3 日内作出答复，并将答复内容上传招标网；作出答复前，应当暂停招标投标活动。

异议答复应当对异议问题逐项说明，但不得涉及其他投标人的投标秘密。未在评标报告中体现的不满足招标文件要求的其他方面的偏离不能作为答复异议的依据。

经原评标委员会按照招标文件规定的方法和标准审查确认，变更原评标结果的，变更后的评标结果应当依照本办法进行公示。

第七十条 招标人根据评标委员会提出的书面评标报告和推荐的中标候选人确定中标人。招标人也可以授权评标委员会直接确定中标人。国有资金占控股或者主导地位的依法必须进行招标的项目，以及使用国外贷款、援助资金的项目，招标人应当确定排名第一的中标候选人为中标人。排名第一的中标候选人放弃中标、因不可抗力不能履行合同、不按招标文件要求提交履约保证金，或者被查实存在影响中标结果的违法行为等情形，不符合中标条件的，招标人可以按照评标委员会提出的中标候选人名单排序依次确定其他中标候选人为中标人，也可以重新招标。

第七十一条 评标结果公示无异议的，公示期结束后该评标结果自动生效并进行中标结果公告；评标结果公示有异议，但是异议答复后 10 日内无投诉的，异议答复 10 日后按照异议处理结果进行公告；评标结果公示有投诉的，相应主管部门做出投诉处理决定后，按照投诉处理决定进行公告。

第七十二条 依法必须进行招标的项目，中标人确定后，招标人应当在中标结果公告后 20 日内向中标人发出中标通知书，并在中标结果公告后 15 日内将评标情况的报告（见附件 3）提交至相应的主管部门。中标通知书也可以由招标人委托其招标机构发出。

使用国外贷款、援助资金的项目，异议或投诉的结果与报送资金提供方的评标报告不一致的，招标人或招标机构应当按照异议或投诉的结果修改评标报告，并将修改后的评标报告报送资金提供方，获其不反对意见后向中标人发出中标通知书。

第七十三条 中标结果公告后 15 日内，招标人或招标机构应当在招标网完成该项目包招标投标情况及其相关数据的存档。存档的内容应当与招标投标实际情况一致。

第七十四条 中标候选人的经营、财务状况发生较大变化或者存在违法行为，招标人认为可能影响其履约能力的，应当在发出中标通知书前由原评标委员会按照招标文件规定的方法和标准审查确认。

第七十五条 中标通知书对招标人和中标人具有法律效力。中标通知书发出后，招标人改变中标结果的，或者中标人放弃中标项目的，应当依法承担法律责任。

第七十六条 招标人和中标人应当自中标通知书发出之日起 30 日内，依照招标投标法、招标投标法实施条例和本办法的规定签订书面合同，合同的标的、价款、质量、履行期限等主要条款应当与招标文件和中标人的投标文件的内容一致。招标人或中标人不得拒绝或拖延与另一方签订合同。招标人和中标人不得再行订立背离合同实质性内容的其他协议。

招标人最迟应当在书面合同签订后 5 日内向中标人和未中标的投标人退还投标保证金及银行同期存款利息。

第七十七条 招标文件要求中标人提交履约保证金的，中标人应当按照招标文件的要求提交。履约保证金不得超过中标合同金额的 10%。

第七十八条 中标产品来自关境外的，由招标人按照国家有关规定办理进口手续。

第七十九条 中标人应当按照合同约定履行义务，完成中标项目。中标人不得向他人转让中标项目，也不得将中标项目肢解后分别向他人转让。

第八十条 依法必须进行招标的项目，在国际招标过程中，因招标人的采购计划发生重大变更等原因，经项目主管部门批准，报相应的主管部门后，招标人可以重新组织招标。

第八十一条 招标人或招标机构应当按照有关规定妥善保存招标委托协议、资格预审公告、招标公告、资格预审文件、招标文件、资格预审申请文件、投标文件、异议及答复等相关资料，以及与评标相关的评标报告、专家评标意见、综合评价法评价原始记录表等资料，并对评标情况和资料严格保密。

第七章 投诉与处理

第八十二条 投标人或者其他利害关系人认为招标投标活动不符合法律、行政法规及本办法规定的，可以自知道或者应当知道之日起 10 日内向相应主管部门投诉。就本办法第三十六条规定事项进行投诉的，潜在投标人或者其他利害关系人应当在自领购资格预审文件或招标文件 10 日内向相应的主管部门提出；就本办法第四十八条规定事项进行投诉的，投标人或者其他利害关系人应当在自开标 10 日内向相应的主管部门提出；就本办法第六十九条规定事项进行投诉的，投标人或者其他利害关系人应当在自评标结果公示结束 10 日内向相应的主管部门提出。

就本办法第三十六条、第四十八条、第六十九条规定事项投诉的，应当先向招标人提出异议，异议答复期间不计算在前款规定的期限内。就异议事项投诉的，招标人或招标机构应当在该项目被网上投诉后 3 日内，将异议相关材料提交相应的主管部门。

第八十三条 投诉人应当于投诉期内在招标网上填写《投诉书》（见附件 4）（就

异议事项进行投诉的，应当提供异议和异议答复情况及相关证明材料），并将由投诉人单位负责人或单位负责人授权的人签字并盖章的《投诉书》、单位负责人证明文件及相关材料在投诉期内送达相应的主管部门。境外投诉人所在企业无印章的，以单位负责人或单位负责人授权的人签字为准。

投诉应当有明确的请求和必要的证明材料。投诉有关材料是外文的，投诉人应当同时提供其中文译本，并以中文译本为准。

投诉人应保证其提出投诉内容及相应证明材料的真实性及来源的合法性，并承担相应的法律责任。

第八十四条 主管部门应当自收到书面投诉书之日起 3 个工作日内决定是否受理投诉，并将是否受理的决定在招标网上告知投诉人。主管部门应当自受理投诉之日起 30 个工作日内作出书面处理决定（见附件 5），并将书面处理决定在招标网上告知投诉人；需要检验、检测、鉴定、专家评审的，以及监察机关依法对与招标投标活动有关的监察对象实施调查并可能影响投诉处理决定的，所需时间不计算在内。使用国外贷款、援助资金的项目，需征求资金提供方意见的，所需时间不计算在内。

主管部门在处理投诉时，有权查阅、复制有关文件、资料，调查有关情况，相关单位和人员应当予以配合。必要时，主管部门可以责令暂停招标投标活动。

主管部门在处理投诉期间，招标人或招标机构应当就投诉的事项协助调查。

第八十五条 有下列情形之一的投诉，不予受理：

（一）就本办法第三十六条、第四十八条、第六十九条规定事项投诉，其投诉内容在提起投诉前未按照本办法的规定提出异议的；

（二）投诉人不是投标人或者其他利害关系人的；

（三）《投诉书》未按本办法有关规定签字或盖章，或者未提供单位负责人证明文件的；

（四）没有明确请求的，或者未按本办法提供相应证明材料的；

（五）涉及招标评标过程具体细节、其他投标人的商业秘密或其他投标人的投标文件具体内容但未能说明内容真实性和来源合法性的；

（六）未在规定期限内在招标网上提出的；

（七）未在规定期限内将投诉书及相关证明材料送达相应主管部门的。

第八十六条 在评标结果投诉处理过程中，发现招标文件重要商务或技术条款（参数）出现内容错误、前后矛盾或与国家相关法律法规不一致的情形，影响评标结果公正性的，当次招标无效，主管部门将在招标网上予以公布。

第八十七条 招标人对投诉的内容无法提供充分解释和说明的，主管部门可以自行组织或者责成招标人、招标机构组织专家就投诉的内容进行评审。

就本办法第三十六条规定事项投诉的，招标人或招标机构应当从专家库中随机抽取 3 人以上单数评审专家。评审专家不得作为同一项目包的评标专家。

就本办法第六十九条规定事项投诉的，招标人或招标机构应当从国家级专家库中随机抽取评审专家，国家级专家不足时，可由地方级专家库中补充，但国家级专家不得少于 2/3。评审专家不得包含参与该项目包评标的专家，并且专家人数不得少于评标专家人数。

第八十八条 投诉人拒绝配合主管部门依法进行调查的，被投诉人不提交相关证据、依据和其他有关材料的，主管部门按照现有可获得的材料对相关投诉依法作出处理。

第八十九条 投诉处理决定作出前，经主管部门同意，投诉人可以撤回投诉。投诉人申请撤回投诉的，应当以书面形式提交给主管部门，并同时在网上提出撤回投诉申请。已经查实投诉内容成立的，投诉人撤回投诉的行为不影响投诉处理决定。投诉人撤回投诉的，不得以同一的事实和理由再次进行投诉。

第九十条 主管部门经审查，对投诉事项可作出下列处理决定：

（一）投诉内容未经查实前，投诉人撤回投诉的，终止投诉处理；

（二）投诉缺乏事实根据或者法律依据的，以及投诉人捏造事实、伪造材料或者以非法手段取得证明材料进行投诉的，驳回投诉；

（三）投诉情况属实，招标投标活动确实存在不符合法律、行政法规和本办法规定的，依法作出招标无效、投标无效、中标无效、修改资格预审文件或者招标文件等决定。

第九十一条 商务部在招标网设立信息发布栏，包括下列内容：

（一）投诉汇总统计，包括年度内受到投诉的项目、招标人、招标机构名称和投诉处理结果等；

（二）招标机构代理项目投诉情况统计，包括年度内项目投诉数量、投诉率及投诉处理结果等；

（三）投标人及其他利害关系人投诉情况统计，包括年度内项目投诉数量、投诉率及不予受理投诉、驳回投诉、不良投诉（本办法第九十六条第四项的投诉行为）等；

（四）违法统计，包括年度内在招标投标活动过程中违反相关法律、行政法规和本办法的当事人、项目名称、违法情况和处罚结果。

第九十二条 主管部门应当建立投诉处理档案，并妥善保存。

第八章 法律责任

第九十三条 招标人对依法必须进行招标的项目不招标或化整为零以及以其他任何方式规避国际招标的，由相应主管部门责令限期改正，可以处项目合同金额 0.5%

以上1%以下的罚款；对全部或者部分使用国有资金的项目，可以通告项目主管机构暂停项目执行或者暂停资金拨付；对单位直接负责的主管人员和其他直接责任人员依法给予处分。

第九十四条 招标人有下列行为之一的，依照招标投标法、招标投标法实施条例的有关规定处罚：

（一）依法应当公开招标而采用邀请招标的；

（二）以不合理的条件限制、排斥潜在投标人的，对潜在投标人实行歧视待遇的，强制要求投标人组成联合体共同投标的，或者限制投标人之间竞争的；

（三）招标文件、资格预审文件的发售、澄清、修改的时限，或者确定的提交资格预审申请文件、投标文件的时限不符合规定的；

（四）不按照规定组建评标委员会，或者确定、更换评标委员会成员违反规定的；

（五）接受未通过资格预审的单位或者个人参加投标，或者接受应当拒收的投标文件的；

（六）违反规定，在确定中标人前与投标人就投标价格、投标方案等实质性内容进行谈判的；

（七）不按照规定确定中标人的；

（八）不按照规定对异议作出答复，继续进行招标投标活动的；

（九）无正当理由不发出中标通知书，或者中标通知书发出后无正当理由改变中标结果的；

（十）无正当理由不与中标人订立合同，或者在订立合同时向中标人提出附加条件的；

（十一）不按照招标文件和中标人的投标文件与中标人订立合同，或者与中标人订立背离合同实质性内容的协议的；

（十二）向他人透露已获取招标文件的潜在投标人的名称、数量或者可能影响公平竞争的有关招标投标的其他情况的，或者泄露标底的。

第九十五条 招标人有下列行为之一的，给予警告，并处3万元以下罚款；该行为影响到评标结果的公正性的，当次招标无效：

（一）与投标人相互串通、虚假招标投标的；

（二）以不正当手段干扰招标投标活动的；

（三）不履行与中标人订立的合同的；

（四）除本办法第九十四条第十二项所列行为外，其他泄漏应当保密的与招标投标活动有关的情况、材料或信息的；

（五）对主管部门的投诉处理决定拒不执行的；

（六）其他违反招标投标法、招标投标法实施条例和本办法的行为。

第九十六条 投标人有下列行为之一的，依照招标投标法、招标投标法实施条例的有关规定处罚：

（一）与其他投标人或者与招标人相互串通投标的；

（二）以向招标人或者评标委员会成员行贿的手段谋取中标的；

（三）以他人名义投标或者以其他方式弄虚作假，骗取中标的；

（四）捏造事实、伪造材料或者以非法手段取得证明材料进行投诉的。

有前款所列行为的投标人不得参与该项目的重新招标。

第九十七条 投标人有下列行为之一的，当次投标无效，并给予警告，并处3万元以下罚款：

（一）虚假招标投标的；

（二）以不正当手段干扰招标、评标工作的；

（二）投标文件及澄清资料与事实不符，弄虚作假的；

（四）在投诉处理过程中，提供虚假证明材料的；

（五）中标通知书发出之前与招标人签订合同的；

（六）中标的投标人不按照其投标文件和招标文件与招标人签订合同的或提供的产品不符合投标文件的；

（七）其他违反招标投标法、招标投标法实施条例和本办法的行为。

有前款所列行为的投标人不得参与该项目的重新招标。

第九十八条 中标人有下列行为之一的，依照招标投标法、招标投标法实施条例的有关规定处罚：

（一）无正当理由不与招标人订立合同的，或者在签订合同时向招标人提出附加条件的；

（二）不按照招标文件要求提交履约保证金的；

（三）不履行与招标人订立的合同的。

有前款所列行为的投标人不得参与该项目的重新招标。

第九十九条 招标机构有下列行为之一的，依照招标投标法、招标投标法实施条例的有关规定处罚：

（一）与招标人、投标人串通损害国家利益、社会公共利益或者他人合法权益的；

（二）在所代理的招标项目中投标、代理投标或者向该项目投标人提供咨询的；

（三）参加受托编制标底项目的投标或者为该项目的投标人编制投标文件、提供咨询的；

（四）泄漏应当保密的与招标投标活动有关的情况和资料的。

第一百条 招标机构有下列行为之一的，给予警告，并处3万元以下罚款；该行为影响到整个招标公正性的，当次招标无效：

（一）与招标人、投标人相互串通、搞虚假招标投标的；

（二）在进行机电产品国际招标机构登记时填写虚假信息或提供虚假证明材料的；

（三）无故废弃随机抽取的评审专家的；

（四）不按照规定及时向主管部门报送材料或者向主管部门提供虚假材料的；

（五）未在规定的时间内将招标投标情况及其相关数据上传招标网，或者在招标网上发布、公示或存档的内容与招标公告、招标文件、投标文件、评标报告等相应书面内容存在实质性不符的；

（六）不按照本办法规定对异议作出答复的，或者在投诉处理的过程中未按照主管部门要求予以配合的；

（七）因招标机构的过失，投诉处理结果为招标无效或中标无效，6 个月内累计 2 次，或一年内累计 3 次的；

（八）不按照本办法规定发出中标通知书或者擅自变更中标结果的；

（九）其他违反招标投标法、招标投标法实施条例和本办法的行为。

第一百零一条 评标委员会成员有下列行为之一的，依照招标投标法、招标投标法实施条例的有关规定处罚：

（一）应当回避而不回避的；

（二）擅离职守的；

（三）不按照招标文件规定的评标方法和标准评标的；

（四）私下接触投标人的；

（五）向招标人征询确定中标人的意向或者接受任何单位或者个人明示或者暗示提出的倾向或者排斥特定投标人的要求的；

（六）暗示或者诱导投标人作出澄清、说明或者接受投标人主动提出的澄清、说明的；

（七）对依法应当否决的投标不提出否决意见的；

（八）向他人透露对投标文件的评审和比较、中标候选人的推荐以及与评标有关的其他情况的。

第一百零二条 评标委员会成员有下列行为之一的，将被从专家库名单中除名，同时在招标网上予以公告：

（一）弄虚作假，谋取私利的；

（二）在评标时拒绝出具明确书面意见的；

（三）除本办法第一百零一条第八项所列行为外，其他泄漏应当保密的与招标投标活动有关的情况和资料的；

（四）与投标人、招标人、招标机构串通的；

（五）专家 1 年内 2 次被评价为不称职的；

（六）专家无正当理由拒绝参加评标的；

（七）其他不客观公正地履行职责的行为，或违反招标投标法、招标投标法实施条例和本办法的行为。

前款所列行为影响中标结果的，中标无效。

第一百零三条 除评标委员会成员之外的其他评审专家有本办法第一百零一条和第一百零二条所列行为之一的，将被从专家库名单中除名，同时在招标网上予以公告。

第一百零四条 招标网承办单位有下列行为之一的，商务部予以警告并责令改正；情节严重的或拒不改正的，商务部可以中止或终止其委托服务协议；给招标投标活动当事人造成损失的，应当承担赔偿责任；构成犯罪的，依法追究刑事责任：

（一）超出商务部委托范围从事与委托事项相关活动的；

（二）利用承办商务部委托范围内事项向有关当事人收取费用的；

（三）无正当理由拒绝或者延误潜在投标人于投标截止时间前在招标网免费注册的；

（四）泄露应当保密的与招标投标活动有关情况和资料的；

（五）在委托范围内，利用有关当事人的信息非法获取利益的；

（六）擅自修改招标人、投标人或招标机构上传资料的；

（七）与招标人、投标人、招标机构相互串通、搞虚假招标投标的；

（八）其他违反招标投标法、招标投标法实施条例及本办法的。

第一百零五条 主管部门在处理投诉过程中，发现被投诉人单位直接负责的主管人员和其他直接责任人员有违法、违规或者违纪行为的，应当建议其行政主管机关、纪检监察部门给予处分；情节严重构成犯罪的，移送司法机关处理。

第一百零六条 主管部门不依法履行职责，对违反招标投标法、招标投标法实施条例和本办法规定的行为不依法查处，或者不按照规定处理投诉、不依法公告对招标投标当事人违法行为的行政处理决定的，对直接负责的主管人员和其他直接责任人员依法给予处分。

主管部门工作人员在招标投标活动监督过程中徇私舞弊、滥用职权、玩忽职守，构成犯罪的，依法追究刑事责任。

第一百零七条 出让或者出租资格、资质证书供他人投标的，依照法律、行政法规的规定给予行政处罚；构成犯罪的，依法追究刑事责任。

第一百零八条 依法必须进行招标的项目的招标投标活动违反招标投标法、招标投标法实施条例和本办法的规定，对中标结果造成实质性影响，且不能采取补救措施予以纠正的，招标、投标、中标无效，应当依照本办法重新招标或者重新评标。

重新评标应当由招标人依照本办法组建新的评标委员会负责。前一次参与评标的专家不得参与重新招标或者重新评标。依法必须进行招标的项目，重新评标的结果应当依照本办法进行公示。

除法律、行政法规和本办法规定外，招标人不得擅自决定重新招标或重新评标。

第一百零九条 本章规定的行政处罚，由相应的主管部门决定。招标投标法、招标投标法实施条例已对实施行政处罚的机关作出规定的除外。

第九章 附 则

第一百一十条 不属于工程建设项目，但属于固定资产投资项目的机电产品国际招标投标活动，按照本办法执行。

第一百一十一条 与机电产品有关的设计、方案、技术等国际招标投标，可参照本办法执行。

第一百一十二条 使用国外贷款、援助资金进行机电产品国际招标的，应当按照本办法的有关规定执行。贷款方、资金提供方对招标投标的具体条件和程序有不同规定的，可以适用其规定，但违背中华人民共和国的国家安全或社会公共利益的除外。

第一百一十三条 机电产品国际招标投标活动采用电子招标投标方式的，应当按照本办法和国家有关电子招标投标的规定执行。

第一百一十四条 本办法所称“单位负责人”，是指单位法定代表人或者法律、行政法规规定代表单位行使职权的主要负责人。

第一百一十五条 本办法所称“日”为日历日，期限的最后一日是国家法定节假日的，顺延到节假日后的次日为期限的最后一日。

第一百一十六条 本办法中 CIF、CIP、DDP 等贸易术语，应当根据国际商会（ICC）现行最新版本的《国际贸易术语解释通则》的规定解释。

第一百一十七条 本办法由商务部负责解释。

第一百一十八条 本办法自 2014 年 4 月 1 日起施行。《机电产品国际招标投标实施办法》（商务部 2004 年第 13 号令）同时废止。

附件：1. 机电产品范围 . doc（略）

2. 评标委员会成员评标意见表 . doc（略）

3. 评标情况的报告 . doc（略）

4. 投诉书 . doc（略）

5. 投诉处理决定书 . doc（略）

关于印发《中央国家机关政府采购中心京外远程开标管理暂行办法》的通知

2019 年 10 月 23 日　国机采办〔2019〕17 号

各处（室）：

为落实“放管服”改革要求，贯彻深化政府采购制度改革精神，进一步规范完善京外远程开标工作，更好地服务于京外中央预算单位和供应商，特制订《中央国家机关政府采购中心京外远程开标管理暂行办法》，现予印发，请遵照执行。

中央国家机关政府采购中心办公室

2019 年 10 月 23 日

中央国家机关政府采购中心京外远程开标管理暂行办法

第一章　总则

第一条　为贯彻深化政府采购制度改革和落实“放管服”改革精神要求，积极稳妥推进京外远程开标工作，依据《中华人民共和国政府采购法》及相关法律法规，结合中央国家机关政府采购中心（以下简称“国采中心”）京外远程开标工作实际情况，制订本办法。

第二条　本办法所称京外远程开标是国采中心和京外远程开标合作单位（以下简称“合作单位”）对京外中央预算单位委托的单独采购项目，利用电子招投标系统，在国采中心和合作单位同时进行投标文件解密和开标的工作。

第三条 京外远程开标工作的管理，应当充分体现政府集中采购的公益性、服务性、专业化、信息化等特点，推动政府采购事业高质量发展。

第二章 国采中心职责

第四条 国采中心负责统筹协调合作单位、供应商和相关当事人，及时、准确、高效地完成各采购项目京外远程开标工作。

第五条 国采中心综合考虑京外中央预算单位委托采购项目数量、地理区位特点、交通便利程度、服务辐射范围以及合作意愿等因素，合理选定合作单位。

第六条 国采中心针对京外远程开标项目，对相关招标文件范本进行修订。

第七条 国采中心充分利用京外远程开标资源，结合采购项目情况和合作单位实际，在采购公告和招标文件中准确载明远程开标时间、地点以及必要的注意事项。

第八条 国采中心优化完善电子招投标系统，满足京外远程开标需要，及时处理京外远程开标过程中存在的技术问题。

第九条 国采中心明确京外远程开标设置条件，负责部署相关视频会议设备和招投标工具，负责指导合作单位的软硬件建设。

第十条 国采中心负责对各合作单位的工作人员进行必要的业务培训和技术指导。

第三章 合作单位职责

第十一条 合作单位负责京外远程开标场所的建设、管理和维护，确保开标场所内设备设施正常运行。

第十二条 合作单位负责安排有政府采购相关经验的工作人员，协同国采中心组织实施京外远程开标工作。

第十三条 在协同组织远程开标过程中，合作单位有关工作人员接受国采中心的合理安排，及时反馈问题或异常情况，做好应急处理工作。

第十四条 合作单位负责为参与京外远程开标的供应商提供公平对等的开标服务，按规定为其通行、停车等提供便利。

第十五条 合作单位负责汇总统计开标点供应商数量情况，并归集保存相关文档资料，定期向国采中心移交。

第四章 其他主体职责

第十六条 各京外中央预算单位在委托国采中心实施招标采购时，对适宜京外远程开标的项目，应积极配合国采中心做好京外远程开标、项目评审等相关工作。

第十七条 参与京外远程开标的供应商，应当按招标公告和招标文件要求做好远程开标各项准备工作，并遵守京外远程开标合作单位的相关规定，共同维护开标秩序。

第五章　工作机制

第十八条　国采中心与合作单位签订京外远程开标合作协议，采用政府购买服务方式，综合远程开标场地、设备设施、人员服务等成本因素对合作单位予以补偿。

第十九条　国采中心和相关合作单位以联合工作组方式组织开展京外远程开标工作，联合工作组适时召开协调会，讨论远程开标相关事宜。

第二十条　国采中心会同相关合作单位适时开展业务交流，评估协助办理的采购项目情况，结合工作需要，研究改进京外远程开标工作措施和进一步合作意向。

第六章　附　　则

第二十一条　本办法由国采中心负责解释。

第二十二条　采用电子化方式的非公开招标项目参照本办法执行。

第二十三条　本办法自发布之日起施行。

中央国家机关政府采购中心办公室

2019 年 10 月 23 日印发

（二）非招标采购

政府采购非招标采购方式管理办法

2013年12月19日　财政部令第74号

第一章　总　　则

第一条　为了规范政府采购行为，加强对采用非招标采购方式采购活动的监督管理，维护国家利益、社会公共利益和政府采购当事人的合法权益，依据《中华人民共和国政府采购法》（以下简称政府采购法）和其他法律、行政法规的有关规定，制定本办法。

第二条　采购人、采购代理机构采用非招标采购方式采购货物、工程和服务的，适用本办法。

本办法所称非招标采购方式，是指竞争性谈判、单一来源采购和询价采购方式。

竞争性谈判是指谈判小组与符合资格条件的供应商就采购货物、工程和服务事宜进行谈判，供应商按照谈判文件的要求提交响应文件和最后报价，采购人从谈判小组提出的成交候选人中确定成交供应商的采购方式。

单一来源采购是指采购人从某一特定供应商处采购货物、工程和服务的采购方式。

询价是指询价小组向符合资格条件的供应商发出采购货物询价通知书，要求供应商一次报出不得更改的价格，采购人从询价小组提出的成交候选人中确定成交供应商的采购方式。

第三条　采购人、采购代理机构采购以下货物、工程和服务之一的，可以采用竞争性谈判、单一来源采购方式采购；采购货物的，还可以采用询价采购方式：

（一）依法制定的集中采购目录以内，且未达到公开招标数额标准的货物、服务；

（二）依法制定的集中采购目录以外、采购限额标准以上，且未达到公开招标数额标准的货物、服务；

（三）达到公开招标数额标准、经批准采用非公开招标方式的货物、服务；

（四）按照招标投标法及其实施条例必须进行招标的工程建设项目以外的政府采购工程。

第二章　一般规定

第四条　达到公开招标数额标准的货物、服务采购项目，拟采用非招标采购方式的，采购人应当在采购活动开始前，报经主管预算单位同意后，向设区的市、自治州以上人民政府财政部门申请批准。

第五条　根据本办法第四条申请采用非招标采购方式采购的，采购人应当向财政部门提交以下材料并对材料的真实性负责：

（一）采购人名称、采购项目名称、项目概况等项目基本情况说明；

（二）项目预算金额、预算批复文件或者资金来源证明；

（三）拟申请采用的采购方式和理由。

第六条　采购人、采购代理机构应当按照政府采购法和本办法的规定组织开展非招标采购活动，并采取必要措施，保证评审在严格保密的情况下进行。

任何单位和个人不得非法干预、影响评审过程和结果。

第七条　竞争性谈判小组或者询价小组由采购人代表和评审专家共 3 人以上单数组成，其中评审专家人数不得少于竞争性谈判小组或者询价小组成员总数的 2/3。采购人不得以评审专家身份参加本部门或本单位采购项目的评审。采购代理机构人员不得参加本机构代理的采购项目的评审。

达到公开招标数额标准的货物或者服务采购项目，或者达到招标规模标准的政府采购工程，竞争性谈判小组或者询价小组应当由 5 人以上单数组成。

采用竞争性谈判、询价方式采购的政府采购项目，评审专家应当从政府采购评审专家库内相关专业的专家名单中随机抽取。技术复杂、专业性强的竞争性谈判采购项目，通过随机方式难以确定合适的评审专家的，经主管预算单位同意，可以自行选定评审专家。技术复杂、专业性强的竞争性谈判采购项目，评审专家中应当包含 1 名法律专家。

第八条　竞争性谈判小组或者询价小组在采购活动过程中应当履行下列职责：

（一）确认或者制定谈判文件、询价通知书；

（二）从符合相应资格条件的供应商名单中确定不少于 3 家的供应商参加谈判或

者询价；

（三）审查供应商的响应文件并作出评价；

（四）要求供应商解释或者澄清其响应文件；

（五）编写评审报告；

（六）告知采购人、采购代理机构在评审过程中发现的供应商的违法违规行为。

第九条 竞争性谈判小组或者询价小组成员应当履行下列义务：

（一）遵纪守法，客观、公正、廉洁地履行职责；

（二）根据采购文件的规定独立进行评审，对个人的评审意见承担法律责任；

（三）参与评审报告的起草；

（四）配合采购人、采购代理机构答复供应商提出的质疑；

（五）配合财政部门的投诉处理和监督检查工作。

第十条 谈判文件、询价通知书应当根据采购项目的特点和采购人的实际需求制定，并经采购人书面同意。采购人应当以满足实际需求为原则，不得擅自提高经费预算和资产配置等采购标准。

谈判文件、询价通知书不得要求或者标明供应商名称或者特定货物的品牌，不得含有指向特定供应商的技术、服务等条件。

第十一条 谈判文件、询价通知书应当包括供应商资格条件、采购邀请、采购方式、采购预算、采购需求、采购程序、价格构成或者报价要求、响应文件编制要求、提交响应文件截止时间及地点、保证金交纳数额和形式、评定成交的标准等。

谈判文件除本条第一款规定的内容外，还应当明确谈判小组根据与供应商谈判情况可能实质性变动的内容，包括采购需求中的技术、服务要求以及合同草案条款。

第十二条 采购人、采购代理机构应当通过发布公告、从省级以上财政部门建立的供应商库中随机抽取或者采购人和评审专家分别书面推荐的方式邀请不少于 3 家符合相应资格条件的供应商参与竞争性谈判或者询价采购活动。

符合政府采购法第二十二条第一款规定条件的供应商可以在采购活动开始前加入供应商库。财政部门不得对供应商申请入库收取任何费用，不得利用供应商库进行地区和行业封锁。

采取采购人和评审专家书面推荐方式选择供应商的，采购人和评审专家应当各自出具书面推荐意见。采购人推荐供应商的比例不得高于推荐供应商总数的 50%。

第十三条 供应商应当按照谈判文件、询价通知书的要求编制响应文件，并对其提交的响应文件的真实性、合法性承担法律责任。

第十四条 采购人、采购代理机构可以要求供应商在提交响应文件截止时间之前交纳保证金。保证金应当采用支票、汇票、本票、网上银行支付或者金融机构、担保机构出具的保函等非现金形式交纳。保证金数额应当不超过采购项目预算的 2%。

供应商为联合体的，可以由联合体中的一方或者多方共同交纳保证金，其交纳的保证金对联合体各方均具有约束力。

第十五条 供应商应当在谈判文件、询价通知书要求的截止时间前，将响应文件密封送达指定地点。在截止时间后送达的响应文件为无效文件，采购人、采购代理机构或者谈判小组、询价小组应当拒收。

供应商在提交询价响应文件截止时间前，可以对所提交的响应文件进行补充、修改或者撤回，并书面通知采购人、采购代理机构。补充、修改的内容作为响应文件的组成部分。补充、修改的内容与响应文件不一致的，以补充、修改的内容为准。

第十六条 谈判小组、询价小组在对响应文件的有效性、完整性和响应程度进行审查时，可以要求供应商对响应文件中含义不明确、同类问题表述不一致或者有明显文字和计算错误的内容等作出必要的澄清、说明或者更正。供应商的澄清、说明或者更正不得超出响应文件的范围或者改变响应文件的实质性内容。

谈判小组、询价小组要求供应商澄清、说明或者更正响应文件应当以书面形式作出。供应商的澄清、说明或者更正应当由法定代表人或其授权代表签字或者加盖公章。由授权代表签字的，应当附法定代表人授权书。供应商为自然人的，应当由本人签字并附身份证明。

第十七条 谈判小组、询价小组应当根据评审记录和评审结果编写评审报告，其主要内容包括：

（一）邀请供应商参加采购活动的具体方式和相关情况，以及参加采购活动的供应商名单；

（二）评审日期和地点，谈判小组、询价小组成员名单；

（三）评审情况记录和说明，包括对供应商的资格审查情况、供应商响应文件评审情况、谈判情况、报价情况等；

（四）提出的成交候选人的名单及理由。

评审报告应当由谈判小组、询价小组全体人员签字认可。谈判小组、询价小组成员对评审报告有异议的，谈判小组、询价小组按照少数服从多数的原则推荐成交候选人，采购程序继续进行。对评审报告有异议的谈判小组、询价小组成员，应当在报告上签署不同意见并说明理由，由谈判小组、询价小组书面记录相关情况。谈判小组、询价小组成员拒绝在报告上签字又不书面说明其不同意见和理由的，视为同意评审报告。

第十八条 采购人或者采购代理机构应当在成交供应商确定后2个工作日内，在省级以上财政部门指定的媒体上公告成交结果，同时向成交供应商发出成交通知书，并将竞争性谈判文件、询价通知书随成交结果同时公告。成交结果公告应当包括以下内容：

（一）采购人和采购代理机构的名称、地址和联系方式；

（二）项目名称和项目编号；

（三）成交供应商名称、地址和成交金额；

（四）主要成交标的的名称、规格型号、数量、单价、服务要求；

（五）谈判小组、询价小组成员名单及单一来源采购人员名单。

采用书面推荐供应商参加采购活动的，还应当公告采购人和评审专家的推荐意见。

第十九条 采购人与成交供应商应当在成交通知书发出之日起 30 日内，按照采购文件确定的合同文本以及采购标的、规格型号、采购金额、采购数量、技术和服务要求等事项签订政府采购合同。

采购人不得向成交供应商提出超出采购文件以外的任何要求作为签订合同的条件，不得与成交供应商订立背离采购文件确定的合同文本以及采购标的、规格型号、采购金额、采购数量、技术和服务要求等实质性内容的协议。

第二十条 采购人或者采购代理机构应当在采购活动结束后及时退还供应商的保证金，但因供应商自身原因导致无法及时退还的除外。未成交供应商的保证金应当在成交通知书发出后 5 个工作日内退还，成交供应商的保证金应当在采购合同签订后 5 个工作日内退还。

有下列情形之一的，保证金不予退还：

（一）供应商在提交响应文件截止时间后撤回响应文件的；

（二）供应商在响应文件中提供虚假材料的；

（三）除因不可抗力或谈判文件、询价通知书认可的情形以外，成交供应商不与采购人签订合同的；

（四）供应商与采购人、其他供应商或者采购代理机构恶意串通的；

（五）采购文件规定的其他情形。

第二十一条 除资格性审查认定错误和价格计算错误外，采购人或者采购代理机构不得以任何理由组织重新评审。采购人、采购代理机构发现谈判小组、询价小组未按照采购文件规定的评定成交的标准进行评审的，应当重新开展采购活动，并同时书面报告本级财政部门。

第二十二条 除不可抗力等因素外，成交通知书发出后，采购人改变成交结果，或者成交供应商拒绝签订政府采购合同的，应当承担相应的法律责任。

成交供应商拒绝签订政府采购合同的，采购人可以按照本办法第三十六条第二款、第四十九条第二款规定的原则确定其他供应商作为成交供应商并签订政府采购合同，也可以重新开展采购活动。拒绝签订政府采购合同的成交供应商不得参加对该项目重新开展的采购活动。

第二十三条 在采购活动中因重大变故，采购任务取消的，采购人或者采购代理机构应当终止采购活动，通知所有参加采购活动的供应商，并将项目实施情况和采购任务取消原因报送本级财政部门。

第二十四条 采购人或者采购代理机构应当按照采购合同规定的技术、服务等要求组织对供应商履约的验收，并出具验收书。验收书应当包括每一项技术、服务等要求的履约情况。大型或者复杂的项目，应当邀请国家认可的质量检测机构参加验收。验收方成员应当在验收书上签字，并承担相应的法律责任。

第二十五条 谈判小组、询价小组成员以及与评审工作有关的人员不得泄露评审情况以及评审过程中获悉的国家秘密、商业秘密。

第二十六条 采购人、采购代理机构应当妥善保管每项采购活动的采购文件。采购文件包括采购活动记录、采购预算、谈判文件、询价通知书、响应文件、推荐供应商的意见、评审报告、成交供应商确定文件、单一来源采购协商情况记录、合同文本、验收证明、质疑答复、投诉处理决定以及其他有关文件、资料。采购文件可以电子档案方式保存。

采购活动记录至少应当包括下列内容：

（一）采购项目类别、名称；

（二）采购项目预算、资金构成和合同价格；

（三）采购方式，采用该方式的原因及相关说明材料；

（四）选择参加采购活动的供应商的方式及原因；

（五）评定成交的标准及确定成交供应商的原因；

（六）终止采购活动的，终止的原因。

第三章 竞争性谈判

第二十七条 符合下列情形之一的采购项目，可以采用竞争性谈判方式采购：

（一）招标后没有供应商投标或者没有合格标的，或者重新招标未能成立的；

（二）技术复杂或者性质特殊，不能确定详细规格或者具体要求的；

（三）非采购人所能预见的原因或者非采购人拖延造成采用招标所需时间不能满足用户紧急需要的；

（四）因艺术品采购、专利、专有技术或者服务的时间、数量事先不能确定等原因不能事先计算出价格总额的。

公开招标的货物、服务采购项目，招标过程中提交投标文件或者经评审实质性响应招标文件要求的供应商只有两家时，采购人、采购代理机构按照本办法第四条经本级财政部门批准后可以与该两家供应商进行竞争性谈判采购，采购人、采购代理机构应当根据招标文件中的采购需求编制谈判文件，成立谈判小组，由谈判小组对谈判文件进行确认。符合本款情形的，本办法第三十三条、第三十五条中规定的供应商最低数量可以为两家。

第二十八条 符合本办法第二十七条第一款第一项情形和第二款情形，申请采用竞争性谈判采购方式时，除提交本办法第五条第一至三项规定的材料外，还应当提交下列申请材料：

（一）在省级以上财政部门指定的媒体上发布招标公告的证明材料；

（二）采购人、采购代理机构出具的对招标文件和招标过程是否有供应商质疑及质疑处理情况的说明；

（三）评标委员会或者3名以上评审专家出具的招标文件没有不合理条款的论证意见。

第二十九条 从谈判文件发出之日起至供应商提交首次响应文件截止之日止不得少于3个工作日。

提交首次响应文件截止之日前，采购人、采购代理机构或者谈判小组可以对已发出的谈判文件进行必要的澄清或者修改，澄清或者修改的内容作为谈判文件的组成部分。澄清或者修改的内容可能影响响应文件编制的，采购人、采购代理机构或者谈判小组应当在提交首次响应文件截止之日3个工作日前，以书面形式通知所有接收谈判文件的供应商，不足3个工作日的，应当顺延提交首次响应文件截止之日。

第三十条 谈判小组应当对响应文件进行评审，并根据谈判文件规定的程序、评定成交的标准等事项与实质性响应谈判文件要求的供应商进行谈判。未实质性响应谈判文件的响应文件按无效处理，谈判小组应当告知有关供应商。

第三十一条 谈判小组所有成员应当集中与单一供应商分别进行谈判，并给予所有参加谈判的供应商平等的谈判机会。

第三十二条 在谈判过程中，谈判小组可以根据谈判文件和谈判情况实质性变动采购需求中的技术、服务要求以及合同草案条款，但不得变动谈判文件中的其他内容。实质性变动的内容，须经采购人代表确认。

对谈判文件作出的实质性变动是谈判文件的有效组成部分，谈判小组应当及时以书面形式同时通知所有参加谈判的供应商。

供应商应当按照谈判文件的变动情况和谈判小组的要求重新提交响应文件，并由其法定代表人或授权代表签字或者加盖公章。由授权代表签字的，应当附法定代表人授权书。供应商为自然人的，应当由本人签字并附身份证明。

第三十三条 谈判文件能够详细列明采购标的的技术、服务要求的，谈判结束后，谈判小组应当要求所有继续参加谈判的供应商在规定时间内提交最后报价，提交最后报价的供应商不得少于3家。

谈判文件不能详细列明采购标的的技术、服务要求，需经谈判由供应商提供最终设计方案或解决方案的，谈判结束后，谈判小组应当按照少数服从多数的原则投票推荐3家以上供应商的设计方案或者解决方案，并要求其在规定时间内提交最后报价。

最后报价是供应商响应文件的有效组成部分。

第三十四条 已提交响应文件的供应商，在提交最后报价之前，可以根据谈判情况退出谈判。采购人、采购代理机构应当退还退出谈判的供应商的保证金。

第三十五条 谈判小组应当从质量和服务均能满足采购文件实质性响应要求的供应商中，按照最后报价由低到高的顺序提出3名以上成交候选人，并编写评审报告。

第三十六条 采购代理机构应当在评审结束后2个工作日内将评审报告送采购人确认。

采购人应当在收到评审报告后5个工作日内，从评审报告提出的成交候选人中，根据质量和服务均能满足采购文件实质性响应要求且最后报价最低的原则确定成交供应商，也可以书面授权谈判小组直接确定成交供应商。采购人逾期未确定成交供应商且不提出异议的，视为确定评审报告提出的最后报价最低的供应商为成交供应商。

第三十七条 出现下列情形之一的，采购人或者采购代理机构应当终止竞争性谈判采购活动，发布项目终止公告并说明原因，重新开展采购活动：

（一）因情况变化，不再符合规定的竞争性谈判采购方式适用情形的；

（二）出现影响采购公正的违法、违规行为的；

（三）在采购过程中符合竞争要求的供应商或者报价未超过采购预算的供应商不足3家的，但本办法第二十七条第二款规定的情形除外。

第四章 单一来源采购

第三十八条 属于政府采购法第三十一条第一项情形，且达到公开招标数额的货物、服务项目，拟采用单一来源采购方式的，采购人、采购代理机构在按照本办法第四条报财政部门批准之前，应当在省级以上财政部门指定媒体上公示，并将公示情况一并报财政部门。公示期不得少于5个工作日，公示内容应当包括：

（一）采购人、采购项目名称和内容；

（二）拟采购的货物或者服务的说明；

（三）采用单一来源采购方式的原因及相关说明；

（四）拟定的唯一供应商名称、地址；

（五）专业人员对相关供应商因专利、专有技术等原因具有唯一性的具体论证意见，以及专业人员的姓名、工作单位和职称；

（六）公示的期限；

（七）采购人、采购代理机构、财政部门的联系地址、联系人和联系电话。

第三十九条 任何供应商、单位或者个人对采用单一来源采购方式公示有异议的，可以在公示期内将书面意见反馈给采购人、采购代理机构，并同时抄送相关财政部门。

第四十条 采购人、采购代理机构收到对采用单一来源采购方式公示的异议后，应当在公示期满后5个工作日内，组织补充论证，论证后认为异议成立的，应当依法采取其他采购方式；论证后认为异议不成立的，应当将异议意见、论证意见与公示情况一并报相关财政部门。

采购人、采购代理机构应当将补充论证的结论告知提出异议的供应商、单位或者个人。

第四十一条 采用单一来源采购方式采购的，采购人、采购代理机构应当组织具有相关经验的专业人员与供应商商定合理的成交价格并保证采购项目质量。

第四十二条 单一来源采购人员应当编写协商情况记录，主要内容包括：

（一）依据本办法第三十八条进行公示的，公示情况说明；

（二）协商日期和地点，采购人员名单；

（三）供应商提供的采购标的成本、同类项目合同价格以及相关专利、专有技术等情况说明；

（四）合同主要条款及价格商定情况。

协商情况记录应当由采购全体人员签字认可。对记录有异议的采购人员，应当签署不同意见并说明理由。采购人员拒绝在记录上签字又不书面说明其不同意见和理由的，视为同意。

第四十三条 出现下列情形之一的，采购人或者采购代理机构应当终止采购活动，发布项目终止公告并说明原因，重新开展采购活动：

（一）因情况变化，不再符合规定的单一来源采购方式适用情形的；

（二）出现影响采购公正的违法、违规行为的；

（三）报价超过采购预算的。

第五章　询　　价

第四十四条 询价采购需求中的技术、服务等要求应当完整、明确，符合相关法律、行政法规和政府采购政策的规定。

第四十五条 从询价通知书发出之日起至供应商提交响应文件截止之日止不得少于3个工作日。

提交响应文件截止之日前，采购人、采购代理机构或者询价小组可以对已发出的询价通知书进行必要的澄清或者修改，澄清或者修改的内容作为询价通知书的组成部分。澄清或者修改的内容可能影响响应文件编制的，采购人、采购代理机构或者询价小组应当在提交响应文件截止之日3个工作日前，以书面形式通知所有接收询价通知书的供应商，不足3个工作日的，应当顺延提交响应文件截止之日。

第四十六条 询价小组在询价过程中，不得改变询价通知书所确定的技术和服务等要求、评审程序、评定成交的标准和合同文本等事项。

第四十七条 参加询价采购活动的供应商，应当按照询价通知书的规定一次报出不得更改的价格。

第四十八条 询价小组应当从质量和服务均能满足采购文件实质性响应要求的供应商中，按照报价由低到高的顺序提出3名以上成交候选人，并编写评审报告。

第四十九条 采购代理机构应当在评审结束后2个工作日内将评审报告送采购人确认。

采购人应当在收到评审报告后5个工作日内，从评审报告提出的成交候选人中，根据质量和服务均能满足采购文件实质性响应要求且报价最低的原则确定成交供应商，也可以书面授权询价小组直接确定成交供应商。采购人逾期未确定成交供应商且不提出异议的，视为确定评审报告提出的最后报价最低的供应商为成交供应商。

第五十条 出现下列情形之一的，采购人或者采购代理机构应当终止询价采购活动，发布项目终止公告并说明原因，重新开展采购活动：

（一）因情况变化，不再符合规定的询价采购方式适用情形的；

（二）出现影响采购公正的违法、违规行为的；

（三）在采购过程中符合竞争要求的供应商或者报价未超过采购预算的供应商不足3家的。

第六章 法律责任

第五十一条 采购人、采购代理机构有下列情形之一的，责令限期改正，给予警告；有关法律、行政法规规定处以罚款的，并处罚款；涉嫌犯罪的，依法移送司法机关处理：

（一）未按照本办法规定在指定媒体上发布政府采购信息的；

（二）未按照本办法规定组成谈判小组、询价小组的；

（三）在询价采购过程中与供应商进行协商谈判的；

（四）未按照政府采购法和本办法规定的程序和要求确定成交候选人的；

（五）泄露评审情况以及评审过程中获悉的国家秘密、商业秘密的。

采购代理机构有前款情形之一，情节严重的，暂停其政府采购代理机构资格3至6个月；情节特别严重或者逾期不改正的，取消其政府采购代理机构资格。

第五十二条 采购人有下列情形之一的，责令限期改正，给予警告；有关法律、行政法规规定处以罚款的，并处罚款：

（一）未按照政府采购法和本办法的规定采用非招标采购方式的；

（二）未按照政府采购法和本办法的规定确定成交供应商的；

（三）未按照采购文件确定的事项签订政府采购合同，或者与成交供应商另行订立背离合同实质性内容的协议的；

（四）未按规定将政府采购合同副本报本级财政部门备案的。

第五十三条 采购人、采购代理机构有本办法第五十一条、第五十二条规定情形之一，且情节严重或者拒不改正的，其直接负责的主管人员和其他直接责任人员属于国家机关工作人员的，由任免机关或者监察机关依法给予处分，并予通报。

第五十四条 成交供应商有下列情形之一的，责令限期改正，情节严重的，列入不良行为记录名单，在1至3年内禁止参加政府采购活动，并予以通报：

（一）未按照采购文件确定的事项签订政府采购合同，或者与采购人另行订立背离合同实质性内容的协议的；

（二）成交后无正当理由不与采购人签订合同的；

（三）拒绝履行合同义务的。

第五十五条 谈判小组、询价小组成员有下列行为之一的，责令改正，给予警告；有关法律、行政法规规定处以罚款的，并处罚款；涉嫌犯罪的，依法移送司法机关处理：

（一）收受采购人、采购代理机构、供应商、其他利害关系人的财物或者其他不正当利益的；

（二）泄露评审情况以及评审过程中获悉的国家秘密、商业秘密的；

（三）明知与供应商有利害关系而不依法回避的；

（四）在评审过程中擅离职守，影响评审程序正常进行的；

（五）在评审过程中有明显不合理或者不正当倾向性的；

（六）未按照采购文件规定的评定成交的标准进行评审的。

评审专家有前款情形之一，情节严重的，取消其政府采购评审专家资格，不得再参加任何政府采购项目的评审，并在财政部门指定的政府采购信息发布媒体上予以公告。

第五十六条 有本办法第五十一条、第五十二条、第五十五条违法行为之一，并且影响或者可能影响成交结果的，应当按照下列情形分别处理：

（一）未确定成交供应商的，终止本次采购活动，依法重新开展采购活动；

（二）已确定成交供应商但采购合同尚未履行的，撤销合同，从合格的成交候选人中另行确定成交供应商，没有合格的成交候选人的，重新开展采购活动；

（三）采购合同已经履行的，给采购人、供应商造成损失的，由责任人依法承担赔偿责任。

第五十七条 政府采购当事人违反政府采购法和本办法规定，给他人造成损失的，应当依照有关民事法律规定承担民事责任。

第五十八条 任何单位或者个人非法干预、影响评审过程或者结果的，责令改正；该单位责任人或者个人属于国家机关工作人员的，由任免机关或者监察机关依法给予处分。

第五十九条 财政部门工作人员在实施监督管理过程中违法干预采购活动或者滥用职权、玩忽职守、徇私舞弊的，依法给予处分；涉嫌犯罪的，依法移送司法机关处理。

第七章 附 则

第六十条 本办法所称主管预算单位是指负有编制部门预算职责，向同级财政部门申报预算的国家机关、事业单位和团体组织。

第六十一条 各省、自治区、直辖市人民政府财政部门可以根据本办法制定具体实施办法。

第六十二条 本办法自 2014 年 2 月 1 日起施行。

财政部关于未达到公开招标数额标准政府采购项目采购方式适用等问题的函

2015 年 5 月 28 日　财办库〔2015〕111 号

山西财政厅：

《山西省财政厅关于未达到公开招标数额标准符合政府采购法第三十一条第一项规定情形的政府采购项目可否采用单一来源方式采购的请示》（晋财购〔2015〕16 号）收悉。经研究，现答复如下：

根据《中华人民共和国政府采购法》第二十七条规定，未达到公开招标数额标准符合政府采购法第三十一条第一项规定情形只能从唯一供应商处采购的政府采购项目，可以依法采用单一来源采购方式。此类项目在采购活动开始前，无需获得设区的市、自治州以上人民政府采购监督管理部门的批准，也不用按照政府采购法实施条例第三十八条的规定在省级以上财政部门指定媒体上公示。对于此类采购项目，采购人、采购代理机构应当严格按照《政府采购非招标采购方式管理办法》（财政部令第 74 号）的有关规定，组织具有相关经验的专业人员与供应商商定合理的成交价格并保证采购项目质量，做好协商情况记录。

对于未达到公开招标数额标准的政府采购项目，采购人要建立和完善内部管理制度，强化采购、财务和业务部门（岗位）责任，结合采购项目具体情况，依法选择适用的采购方式，防止随意采用和滥用采购方式。

财政部办公厅

2015 年 5 月 28 日

（三）竞争性磋商

财政部关于印发《政府采购竞争性磋商采购方式管理暂行办法》的通知

2014 年 12 月 31 日　财库〔2014〕214 号

党中央有关部门，国务院各部委、各直属机构，全国人大常委会办公厅，全国政协办公厅，高法院，高检院，有关人民团体，各省、自治区、直辖市、计划单列市财政厅(局)，新疆生产建设兵团财务局，各集中采购机构：

为了深化政府采购制度改革，适应推进政府购买服务、推广政府和社会资本合作（PPP）模式等工作需要，根据《中华人民共和国政府采购法》和有关法律法规，财政部制定了《政府采购竞争性磋商采购方式管理暂行办法》。现印发给你们，请遵照执行。

附件：政府采购竞争性磋商采购方式管理暂行办法

财政部

2014 年 12 月 31 日

附件：

政府采购竞争性磋商采购方式管理暂行办法

第一章　总　　则

第一条　为了规范政府采购行为，维护国家利益、社会公共利益和政府采购当事人的合法权益，依据《中华人民共和国政府采购法》（以下简称政府采购法）第二十六条第一款第六项规定，制定本办法。

第二条 本办法所称竞争性磋商采购方式，是指采购人、政府采购代理机构通过组建竞争性磋商小组（以下简称磋商小组）与符合条件的供应商就采购货物、工程和服务事宜进行磋商，供应商按照磋商文件的要求提交响应文件和报价，采购人从磋商小组评审后提出的候选供应商名单中确定成交供应商的采购方式。

第三条 符合下列情形的项目，可以采用竞争性磋商方式开展采购：

（一）政府购买服务项目；

（二）技术复杂或者性质特殊，不能确定详细规格或者具体要求的；

（三）因艺术品采购、专利、专有技术或者服务的时间、数量事先不能确定等原因不能事先计算出价格总额的；

（四）市场竞争不充分的科研项目，以及需要扶持的科技成果转化项目；

（五）按照招标投标法及其实施条例必须进行招标的工程建设项目以外的工程建设项目。

第二章 磋商程序

第四条 达到公开招标数额标准的货物、服务采购项目，拟采用竞争性磋商采购方式的，采购人应当在采购活动开始前，报经主管预算单位同意后，依法向设区的市、自治州以上人民政府财政部门申请批准。

第五条 采购人、采购代理机构应当按照政府采购法和本办法的规定组织开展竞争性磋商，并采取必要措施，保证磋商在严格保密的情况下进行。

任何单位和个人不得非法干预、影响磋商过程和结果。

第六条 采购人、采购代理机构应当通过发布公告、从省级以上财政部门建立的供应商库中随机抽取或者采购人和评审专家分别书面推荐的方式邀请不少于 3 家符合相应资格条件的供应商参与竞争性磋商采购活动。

符合政府采购法第二十二条第一款规定条件的供应商可以在采购活动开始前加入供应商库。财政部门不得对供应商申请入库收取任何费用，不得利用供应商库进行地区和行业封锁。

采取采购人和评审专家书面推荐方式选择供应商的，采购人和评审专家应当各自出具书面推荐意见。采购人推荐供应商的比例不得高于推荐供应商总数的50%。

第七条 采用公告方式邀请供应商的，采购人、采购代理机构应当在省级以上人民政府财政部门指定的政府采购信息发布媒体发布竞争性磋商公告。竞争性磋商公告应当包括以下主要内容：

（一）采购人、采购代理机构的名称、地点和联系方法；

（二）采购项目的名称、数量、简要规格描述或项目基本概况介绍；

（三）采购项目的预算；

（四）供应商资格条件；

（五）获取磋商文件的时间、地点、方式及磋商文件售价；

（六）响应文件提交的截止时间、开启时间及地点；

（七）采购项目联系人姓名和电话。

第八条 竞争性磋商文件（以下简称磋商文件）应当根据采购项目的特点和采购人的实际需求制定，并经采购人书面同意。采购人应当以满足实际需求为原则，不得擅自提高经费预算和资产配置等采购标准。

磋商文件不得要求或者标明供应商名称或者特定货物的品牌，不得含有指向特定供应商的技术、服务等条件。

第九条 磋商文件应当包括供应商资格条件、采购邀请、采购方式、采购预算、采购需求、政府采购政策要求、评审程序、评审方法、评审标准、价格构成或者报价要求、响应文件编制要求、保证金交纳数额和形式以及不予退还保证金的情形、磋商过程中可能实质性变动的内容、响应文件提交的截止时间、开启时间及地点以及合同草案条款等。

第十条 从磋商文件发出之日起至供应商提交首次响应文件截止之日止不得少于10日。

磋商文件售价应当按照弥补磋商文件制作成本费用的原则确定，不得以营利为目的，不得以项目预算金额作为确定磋商文件售价依据。磋商文件的发售期限自开始之日起不得少于5个工作日。

提交首次响应文件截止之日前，采购人、采购代理机构或者磋商小组可以对已发出的磋商文件进行必要的澄清或者修改，澄清或者修改的内容作为磋商文件的组成部分。澄清或者修改的内容可能影响响应文件编制的，采购人、采购代理机构应当在提交首次响应文件截止时间至少5日前，以书面形式通知所有获取磋商文件的供应商；不足5日的，采购人、采购代理机构应当顺延提交首次响应文件截止时间。

第十一条 供应商应当按照磋商文件的要求编制响应文件，并对其提交的响应文件的真实性、合法性承担法律责任。

第十二条 采购人、采购代理机构可以要求供应商在提交响应文件截止时间之前交纳磋商保证金。磋商保证金应当采用支票、汇票、本票或者金融机构、担保机构出具的保函等非现金形式交纳。磋商保证金数额应当不超过采购项目预算的2%。供应商未按照磋商文件要求提交磋商保证金的，响应无效。

供应商为联合体的，可以由联合体中的一方或者多方共同交纳磋商保证金，其交纳的保证金对联合体各方均具有约束力。

第十三条 供应商应当在磋商文件要求的截止时间前，将响应文件密封送达指定地点。在截止时间后送达的响应文件为无效文件，采购人、采购代理机构或者磋商小组应当拒收。

供应商在提交响应文件截止时间前，可以对所提交的响应文件进行补充、修改或者撤回，并书面通知采购人、采购代理机构。补充、修改的内容作为响应文件的组成部分。补充、修改的内容与响应文件不一致的，以补充、修改的内容为准。

第十四条 磋商小组由采购人代表和评审专家共 3 人以上单数组成，其中评审专家人数不得少于磋商小组成员总数的 2/3。采购人代表不得以评审专家身份参加本部门或本单位采购项目的评审。采购代理机构人员不得参加本机构代理的采购项目的评审。

采用竞争性磋商方式的政府采购项目，评审专家应当从政府采购评审专家库内相关专业的专家名单中随机抽取。符合本办法第三条第四项规定情形的项目，以及情况特殊、通过随机方式难以确定合适的评审专家的项目，经主管预算单位同意，可以自行选定评审专家。技术复杂、专业性强的采购项目，评审专家中应当包含 1 名法律专家。

第十五条 评审专家应当遵守评审工作纪律，不得泄露评审情况和评审中获悉的商业秘密。

磋商小组在评审过程中发现供应商有行贿、提供虚假材料或者串通等违法行为的，应当及时向财政部门报告。

评审专家在评审过程中受到非法干涉的，应当及时向财政、监察等部门举报。

第十六条 磋商小组成员应当按照客观、公正、审慎的原则，根据磋商文件规定的评审程序、评审方法和评审标准进行独立评审。未实质性响应磋商文件的响应文件按无效响应处理，磋商小组应当告知提交响应文件的供应商。

磋商文件内容违反国家有关强制性规定的，磋商小组应当停止评审并向采购人或者采购代理机构说明情况。

第十七条 采购人、采购代理机构不得向磋商小组中的评审专家作倾向性、误导性的解释或者说明。

采购人、采购代理机构可以视采购项目的具体情况，组织供应商进行现场考察或召开磋商前答疑会，但不得单独或分别组织只有一个供应商参加的现场考察和答疑会。

第十八条 磋商小组在对响应文件的有效性、完整性和响应程度进行审查时，可以要求供应商对响应文件中含义不明确、同类问题表述不一致或者有明显文字和计算错误的内容等作出必要的澄清、说明或者更正。供应商的澄清、说明或者更正不得超出响应文件的范围或者改变响应文件的实质性内容。

磋商小组要求供应商澄清、说明或者更正响应文件应当以书面形式作出。供应商的澄清、说明或者更正应当由法定代表人或其授权代表签字或者加盖公章。由授权代表签字的，应当附法定代表人授权书。供应商为自然人的，应当由本人签字并附身份证明。

第十九条 磋商小组所有成员应当集中与单一供应商分别进行磋商，并给予所有参加磋商的供应商平等的磋商机会。

第二十条 在磋商过程中，磋商小组可以根据磋商文件和磋商情况实质性变动采购需求中的技术、服务要求以及合同草案条款，但不得变动磋商文件中的其他内容。实质性变动的内容，须经采购人代表确认。

对磋商文件作出的实质性变动是磋商文件的有效组成部分，磋商小组应当及时以书面形式同时通知所有参加磋商的供应商。

供应商应当按照磋商文件的变动情况和磋商小组的要求重新提交响应文件，并由其法定代表人或授权代表签字或者加盖公章。由授权代表签字的，应当附法定代表人授权书。供应商为自然人的，应当由本人签字并附身份证明。

第二十一条 磋商文件能够详细列明采购标的的技术、服务要求的，磋商结束后，磋商小组应当要求所有实质性响应的供应商在规定时间内提交最后报价，提交最后报价的供应商不得少于 3 家。

磋商文件不能详细列明采购标的的技术、服务要求，需经磋商由供应商提供最终设计方案或解决方案的，磋商结束后，磋商小组应当按照少数服从多数的原则投票推荐 3 家以上供应商的设计方案或者解决方案，并要求其在规定时间内提交最后报价。

最后报价是供应商响应文件的有效组成部分。符合本办法第三条第四项情形的，提交最后报价的供应商可以为 2 家。

第二十二条 已提交响应文件的供应商，在提交最后报价之前，可以根据磋商情况退出磋商。采购人、采购代理机构应当退还退出磋商的供应商的磋商保证金。

第二十三条 经磋商确定最终采购需求和提交最后报价的供应商后，由磋商小组采用综合评分法对提交最后报价的供应商的响应文件和最后报价进行综合评分。

综合评分法，是指响应文件满足磋商文件全部实质性要求且按评审因素的量化指标评审得分最高的供应商为成交候选供应商的评审方法。

第二十四条 综合评分法评审标准中的分值设置应当与评审因素的量化指标相对应。磋商文件中没有规定的评审标准不得作为评审依据。

评审时，磋商小组各成员应当独立对每个有效响应的文件进行评价、打分，然后汇总每个供应商每项评分因素的得分。

综合评分法货物项目的价格分值占总分值的比重（即权值）为 30% 至 60%，服务项目的价格分值占总分值的比重（即权值）为 10% 至 30%。采购项目中含不同采购对象的，以占项目资金比例最高的采购对象确定其项目属性。符合本办法第三条第三项的规定和执行统一价格标准的项目，其价格不列为评分因素。有特殊情况需要在上述规定范围外设定价格分权重的，应当经本级人民政府财政部门审核同意。

综合评分法中的价格分统一采用低价优先法计算，即满足磋商文件要求且最后报价最低的供应商的价格为磋商基准价，其价格分为满分。其他供应商的价格分统一按照下列公式计算：

磋商报价得分 =（磋商基准价/最后磋商报价）× 价格权值 ×100

项目评审过程中，不得去掉最后报价中的最高报价和最低报价。

第二十五条 磋商小组应当根据综合评分情况，按照评审得分由高到低顺序推荐 3 名以上成交候选供应商，并编写评审报告。符合本办法第二十一条第三款情形的，可以推荐 2 家成交候选供应商。评审得分相同的，按照最后报价由低到高的顺序推荐。评审得分且最后报价相同的，按照技术指标优劣顺序推荐。

第二十六条 评审报告应当包括以下主要内容：

（一）邀请供应商参加采购活动的具体方式和相关情况；

（二）响应文件开启日期和地点；

（三）获取磋商文件的供应商名单和磋商小组成员名单；

（四）评审情况记录和说明，包括对供应商的资格审查情况、供应商响应文件评审情况、磋商情况、报价情况等；

（五）提出的成交候选供应商的排序名单及理由。

第二十七条 评审报告应当由磋商小组全体人员签字认可。磋商小组成员对评审报告有异议的，磋商小组按照少数服从多数的原则推荐成交候选供应商，采购程序继续进行。对评审报告有异议的磋商小组成员，应当在报告上签署不同意见并说明理由，由磋商小组书面记录相关情况。磋商小组成员拒绝在报告上签字又不书面说明其不同意见和理由的，视为同意评审报告。

第二十八条 采购代理机构应当在评审结束后 2 个工作日内将评审报告送采购人确认。

采购人应当在收到评审报告后 5 个工作日内，从评审报告提出的成交候选供应商中，按照排序由高到低的原则确定成交供应商，也可以书面授权磋商小组直接确定成交供应商。采购人逾期未确定成交供应商且不提出异议的，视为确定评审报告提出的排序第一的供应商为成交供应商。

第二十九条 采购人或者采购代理机构应当在成交供应商确定后 2 个工作日内，在省级以上财政部门指定的政府采购信息发布媒体上公告成交结果，同时向成交供应商发出成交通知书，并将磋商文件随成交结果同时公告。成交结果公告应当包括以下内容：

（一）采购人和采购代理机构的名称、地址和联系方式；

（二）项目名称和项目编号；

（三）成交供应商名称、地址和成交金额；

（四）主要成交标的的名称、规格型号、数量、单价、服务要求；

（五）磋商小组成员名单。

采用书面推荐供应商参加采购活动的，还应当公告采购人和评审专家的推荐意见。

第三十条 采购人与成交供应商应当在成交通知书发出之日起 30 日内，按照磋商文件确定的合同文本以及采购标的、规格型号、采购金额、采购数量、技术和服务要求等事项签订政府采购合同。

采购人不得向成交供应商提出超出磋商文件以外的任何要求作为签订合同的条件，不得与成交供应商订立背离磋商文件确定的合同文本以及采购标的、规格型号、采购金额、采购数量、技术和服务要求等实质性内容的协议。

第三十一条 采购人或者采购代理机构应当在采购活动结束后及时退还供应商的磋商保证金，但因供应商自身原因导致无法及时退还的除外。未成交供应商的磋商保证金应当在成交通知书发出后 5 个工作日内退还，成交供应商的磋商保证金应当在采购合同签订后 5 个工作日内退还。

有下列情形之一的，磋商保证金不予退还：

（一）供应商在提交响应文件截止时间后撤回响应文件的；

（二）供应商在响应文件中提供虚假材料的；

（三）除因不可抗力或磋商文件认可的情形以外，成交供应商不与采购人签订合同的；

（四）供应商与采购人、其他供应商或者采购代理机构恶意串通的；

（五）磋商文件规定的其他情形。

第三十二条 除资格性检查认定错误、分值汇总计算错误、分项评分超出评分标准范围、客观分评分不一致、经磋商小组一致认定评分畸高、畸低的情形外，采购人或者采购代理机构不得以任何理由组织重新评审。采购人、采购代理机构发现磋商小组未按照磋商文件规定的评审标准进行评审的，应当重新开展采购活动，并同时书面报告本级财政部门。

采购人或者采购代理机构不得通过对样品进行检测、对供应商进行考察等方式改变评审结果。

第三十三条 成交供应商拒绝签订政府采购合同的，采购人可以按照本办法第二十八条第二款规定的原则确定其他供应商作为成交供应商并签订政府采购合同，也可以重新开展采购活动。拒绝签订政府采购合同的成交供应商不得参加对该项目重新开展的采购活动。

第三十四条 出现下列情形之一的，采购人或者采购代理机构应当终止竞争性磋商采购活动，发布项目终止公告并说明原因，重新开展采购活动：

（一）因情况变化，不再符合规定的竞争性磋商采购方式适用情形的；

（二）出现影响采购公正的违法、违规行为的；

（三）除本办法第二十一条第三款规定的情形外，在采购过程中符合要求的供应商或者报价未超过采购预算的供应商不足 3 家的。

第三十五条 在采购活动中因重大变故，采购任务取消的，采购人或者采购代理机构应当终止采购活动，通知所有参加采购活动的供应商，并将项目实施情况和采购任务取消原因报送本级财政部门。

第三章　附　　则

第三十六条 相关法律制度对政府和社会资本合作项目采用竞争性磋商采购方式另有规定的，从其规定。

第三十七条 本办法所称主管预算单位是指负有编制部门预算职责，向同级财政部门申报预算的国家机关、事业单位和团体组织。

第三十八条 本办法自发布之日起施行。

财政部关于政府采购竞争性磋商采购方式管理暂行办法有关问题的补充通知

2015年6月30日 财库〔2015〕124号

党中央有关部门，国务院各部委、各直属机构，全国人大常委会办公厅，全国政协办公厅，高法院，高检院，各民主党派中央，有关人民团体，各省、自治区、直辖市、计划单列市财政厅（局），新疆生产建设兵团财务局，各集中采购机构：

为了深入推进政府采购制度改革和政府购买服务工作，促进实现“物有所值”价值目标，提高政府采购效率，现就《财政部关于印发〈政府采购竞争性磋商采购方式管理暂行办法〉的通知》（财库〔2014〕214号）有关问题补充通知如下：

采用竞争性磋商采购方式采购的政府购买服务项目（含政府和社会资本合作项目），在采购过程中符合要求的供应商（社会资本）只有2家的，竞争性磋商采购活动可以继续进行。采购过程中符合要求的供应商（社会资本）只有1家的，采购人（项目实施机构）或者采购代理机构应当终止竞争性磋商采购活动，发布项目终止公告并说明原因，重新开展采购活动。

请遵照执行。

财政部

2015年6月30日

（四）单一来源

财政部关于中央预算单位申请单一来源采购方式审核前公示有关事项的通知

2015年1月19日　财办库〔2015〕8号

党中央有关部门办公厅（室），国务院各部委、各直属机构办公厅（室），全国人大常委会办公厅秘书局，全国政协办公厅秘书局，高法院办公厅，高检院办公厅，有关人民团体办公厅（室），新疆生产建设兵团财务局：

根据《政府采购非招标采购方式管理办法》和《中央预算单位变更政府采购方式审批管理办法》（财库〔2015〕36号）的有关规定，现将中央预算单位申请变更单一来源采购方式审核前公示的有关事项通知如下：

一、自2015年3月1日起，中央预算单位对符合政府采购法第三十一条第一项规定情形的采购项目，申请变更单一来源采购方式的，需经主管预算单位同意，并在中国政府采购网上按规定格式和要求进行公示。

二、中央预算单位应使用数字安全证书（UKEY）登陆中国政府采购网点击右上方“财政部政府采购管理交易系统”（以下简称系统）或访问网（http：//pub.ccgp.gov.cn/loginx/）进入公示操作界面。中央预算单位申请UKEY需填写《外部用户证书申请及变更表（外网）》（见附件），由主管预算单位汇总后交财政部信息网络中心统一制发。财政部原则上为每个单位提供2个UKEY。

三、中央主管预算单位可通过系统为所属单位变更单一来源采购方式进行统一公示，也可在系统中设置本部门所属预算单位的公示权限，由预算单位自主公示。中央主管预算单位应在2015年2月10日前将本部门系统管理人员及所属预算单位的UKEY申请表交财政部信息网络中心，联系电话：4008101996－8。

财政部办公厅

2015年1月19日

附件：

外部用户证书申请及变更表（外网）

外部用户证书申请及变更表（外网）

1. 申请人及单位信息

申请人姓名		人员类型	□正式 □借调	联系电话	
身份证件号码					
* 申请人电子邮箱					
申请人单位全称					
通信地址				邮编	
机构类型	□预算单位 □商业银行 □其他______				
组织机构编码		预算单位编码			

申请人签字：

年 月 日

2. 证书业务申请

申请类型	□证书申请 □证书延期 □证书更新 □证书补办
	□证书冻结 □证书解冻 □证书注销
申请理由	单一来源方式变更申请自主公示
USBKEY 序列号	

3. 证书权限

	序号	应用系统名称	财政部业务主管单位
访问的应用系统	1	财政部政府采购管理交易系统	国库司
	2		
	3		

4. 申请单位审核意见

申请单位（盖章）： 年 月 日

5. 财政部业务主管单位审核意见

财政部业务主管单位（盖章）： 年 月 日

续表

6. 财政部信息网络中心意见

财政部信息网络中心（盖章）：　　　　年　月　日

7. 证书领取

签字：　　　　年　月　日

说明：

1. 带＊为选填项，不带＊为必填项；

2. 对带有选项的，在确定的选项前打√；																		

3. “USBkey 序列号”只在申请证书延期、更新、注销时由申请人填写。

（五）框架协议

政府采购框架协议采购方式管理暂行办法

2022 年 1 月 14 日　财政部令第 110 号

第一章　总　　则

第一条　为了规范多频次、小额度采购活动，提高政府采购项目绩效，根据《中华人民共和国政府采购法》、《中华人民共和国政府采购法实施条例》等法律法规规定，制定本办法。

第二条　本办法所称框架协议采购，是指集中采购机构或者主管预算单位对技术、服务等标准明确、统一，需要多次重复采购的货物和服务，通过公开征集程序，确定第一阶段入围供应商并订立框架协议，采购人或者服务对象按照框架协议约定规则，在入围供应商范围内确定第二阶段成交供应商并订立采购合同的采购方式。

前款所称主管预算单位是指负有编制部门预算职责，向本级财政部门申报预算的国家机关、事业单位和团体组织。

第三条　符合下列情形之一的，可以采用框架协议采购方式采购：

（一）集中采购目录以内品目，以及与之配套的必要耗材、配件等，属于小额零星采购的；

（二）集中采购目录以外，采购限额标准以上，本部门、本系统行政管理所需的法律、评估、会计、审计等鉴证咨询服务，属于小额零星采购的；

（三）集中采购目录以外，采购限额标准以上，为本部门、本系统以外的服务对象提供服务的政府购买服务项目，需要确定 2 家以上供应商由服务对象自主选择的；

（四）国务院财政部门规定的其他情形。

前款所称采购限额标准以上，是指同一品目或者同一类别的货物、服务年度采购预算达到采购限额标准以上。

属于本条第一款第二项情形，主管预算单位能够归集需求形成单一项目进行采购，通过签订时间、地点、数量不确定的采购合同满足需求的，不得采用框架协议采购方式。

第四条　框架协议采购包括封闭式框架协议采购和开放式框架协议采购。

封闭式框架协议采购是框架协议采购的主要形式。除法律、行政法规或者本办法另有规定外，框架协议采购应当采用封闭式框架协议采购。

第五条　集中采购目录以内品目以及与之配套的必要耗材、配件等，采用框架协议采购的，由集中采购机构负责征集程序和订立框架协议。

集中采购目录以外品目采用框架协议采购的，由主管预算单位负责征集程序和订立框架协议。其他预算单位确有需要的，经其主管预算单位批准，可以采用框架协议采购方式采购。其他预算单位采用框架协议采购方式采购的，应当遵守本办法关于主管预算单位的规定。

主管预算单位可以委托采购代理机构代理框架协议采购，采购代理机构应当在委托的范围内依法开展采购活动。

集中采购机构、主管预算单位及其委托的采购代理机构，本办法统称征集人。

第六条　框架协议采购遵循竞争择优、讲求绩效的原则，应当有明确的采购标的和定价机制，不得采用供应商符合资格条件即入围的方法。

第七条　框架协议采购应当实行电子化采购。

第八条　集中采购机构采用框架协议采购的，应当拟定采购方案，报本级财政部门审核后实施。主管预算单位采用框架协议采购的，应当在采购活动开始前将采购方案报本级财政部门备案。

第二章　一般规定

第九条　封闭式框架协议采购是指符合本办法第三条规定情形，通过公开竞争订立框架协议后，除经过框架协议约定的补充征集程序外，不得增加协议供应商的框架协议采购。

封闭式框架协议的公开征集程序，按照政府采购公开招标的规定执行，本办法另有规定的，从其规定。

第十条　开放式框架协议采购是指符合本条第二款规定情形，明确采购需求和付费标准等框架协议条件，愿意接受协议条件的供应商可以随时申请加入的框架协议采购。开放式框架协议的公开征集程序，按照本办法规定执行。

符合下列情形之一的，可以采用开放式框架协议采购：

（一）本办法第三条第一款第一项规定的情形，因执行政府采购政策不宜淘汰供应商的，或者受基础设施、行政许可、知识产权等限制，供应商数量在3家以下且不宜淘汰供应商的；

（二）本办法第三条第一款第三项规定的情形，能够确定统一付费标准，因地域等服务便利性要求，需要接纳所有愿意接受协议条件的供应商加入框架协议，以供服务对象自主选择的。

第十一条 集中采购机构或者主管预算单位应当确定框架协议采购需求。框架协议采购需求在框架协议有效期内不得变动。

确定框架协议采购需求应当开展需求调查，听取采购人、供应商和专家等意见。面向采购人和供应商开展需求调查时，应当选择具有代表性的调查对象，调查对象一般各不少于3个。

第十二条 框架协议采购需求应当符合以下规定：

（一）满足采购人和服务对象实际需要，符合市场供应状况和市场公允标准，在确保功能、性能和必要采购要求的情况下促进竞争；

（二）符合预算标准、资产配置标准等有关规定，厉行节约，不得超标准采购；

（三）按照《政府采购品目分类目录》，将采购标的细化到底级品目，并细分不同等次、规格或者标准的采购需求，合理设置采购包；

（四）货物项目应当明确货物的技术和商务要求，包括功能、性能、材料、结构、外观、安全、包装、交货期限、交货的地域范围、售后服务等；

（五）服务项目应当明确服务内容、服务标准、技术保障、服务人员组成、服务交付或者实施的地域范围，以及所涉及的货物的质量标准、服务工作量的计量方式等。

第十三条 集中采购机构或者主管预算单位应当在征集公告和征集文件中确定框架协议采购的最高限制单价。征集文件中可以明确量价关系折扣，即达到一定采购数量，价格应当按照征集文件中明确的折扣降低。在开放式框架协议中，付费标准即为最高限制单价。

最高限制单价是供应商第一阶段响应报价的最高限价。入围供应商第一阶段响应报价（有量价关系折扣的，包括量价关系折扣，以下统称协议价格）是采购人或者服务对象确定第二阶段成交供应商的最高限价。

确定最高限制单价时，有政府定价的，执行政府定价；没有政府定价的，应当通过需求调查，并根据需求标准科学确定，属于本办法第十条第二款第一项规定情形的采购项目，需要订立开放式框架协议的，与供应商协商确定。

货物项目单价按照台（套）等计量单位确定，其中包含售后服务等相关服务费用。服务项目单价按照单位采购标的价格或者人工单价等确定。服务项目所涉及的货物的费用，能够折算入服务项目单价的应当折入，需要按实结算的应当明确结算规则。

第十四条 框架协议应当包括以下内容：

（一）集中采购机构或者主管预算单位以及入围供应商的名称、地址和联系方式；

（二）采购项目名称、编号；

（三）采购需求以及最高限制单价；

（四）封闭式框架协议第一阶段的入围产品详细技术规格或者服务内容、服务标准，协议价格；

（五）入围产品升级换代规则；

（六）确定第二阶段成交供应商的方式；

（七）适用框架协议的采购人或者服务对象范围，以及履行合同的地域范围；

（八）资金支付方式、时间和条件；

（九）采购合同文本，包括根据需要约定适用的简式合同或者具有合同性质的凭单、订单；

（十）框架协议期限；

（十一）入围供应商清退和补充规则；

（十二）协议方的权利和义务；

（十三）需要约定的其他事项。

第十五条 集中采购机构或者主管预算单位应当根据工作需要和采购标的市场供应及价格变化情况，科学合理确定框架协议期限。货物项目框架协议有效期一般不超过1年，服务项目框架协议有效期一般不超过2年。

第十六条 集中采购机构或者主管预算单位应当根据框架协议约定，组织落实框架协议的履行，并履行下列职责：

（一）为第二阶段合同授予提供工作便利；

（二）对第二阶段最高限价和需求标准执行情况进行管理；

（三）对第二阶段确定成交供应商情况进行管理；

（四）根据框架协议约定，在质量不降低、价格不提高的前提下，对入围供应商因产品升级换代、用新产品替代原入围产品的情形进行审核；

（五）建立用户反馈和评价机制，接受采购人和服务对象对入围供应商履行框架协议和采购合同情况的反馈与评价，并将用户反馈和评价情况向采购人和服务对象公开，作为第二阶段直接选定成交供应商的参考；

（六）公开封闭式框架协议的第二阶段成交结果；

（七）办理入围供应商清退和补充相关事宜。

第十七条 采购人或者服务对象采购框架协议约定的货物、服务，应当将第二阶段的采购合同授予入围供应商，但是本办法第三十七条另有规定的除外。

同一框架协议采购应当使用统一的采购合同文本，采购人、服务对象和供应商不得擅自改变框架协议约定的合同实质性条款。

第十八条 货物项目框架协议的入围供应商应当为入围产品生产厂家或者生产厂家唯一授权供应商。入围供应商可以委托一家或者多家代理商，按照框架协议约定接受采购人合同授予，并履行采购合同。入围供应商应当在框架协议中提供委托协议和委托的代理商名单。

第十九条 入围供应商有下列情形之一，尚未签订框架协议的，取消其入围资格；已经签订框架协议的，解除与其签订的框架协议：

（一）恶意串通谋取入围或者合同成交的；

（二）提供虚假材料谋取入围或者合同成交的；

（三）无正当理由拒不接受合同授予的；

（四）不履行合同义务或者履行合同义务不符合约定，经采购人请求履行后仍不履行或者仍未按约定履行的；

（五）框架协议有效期内，因违法行为被禁止或限制参加政府采购活动的；

（六）框架协议约定的其他情形。

被取消入围资格或者被解除框架协议的供应商不得参加同一封闭式框架协议补充征集，或者重新申请加入同一开放式框架协议。

第二十条 封闭式框架协议入围供应商无正当理由，不得主动放弃入围资格或者退出框架协议。

开放式框架协议入围供应商可以随时申请退出框架协议。集中采购机构或者主管预算单位应当在收到退出申请2个工作日内，发布入围供应商退出公告。

第二十一条 征集人应当建立真实完整的框架协议采购档案，妥善保存每项采购活动的采购文件资料。除征集人和采购人另有约定外，合同授予的采购文件资料由采购人负责保存。

采购档案可以采用电子形式保存，电子档案和纸质档案具有同等效力。

第三章 封闭式框架协议采购

第一节 封闭式框架协议的订立

第二十二条 征集人应当发布征集公告。征集公告应当包括以下主要内容：

（一）征集人的名称、地址、联系人和联系方式；

（二）采购项目名称、编号，采购需求以及最高限制单价，适用框架协议的采购人或者服务对象范围，能预估采购数量的，还应当明确预估采购数量；

（三）供应商的资格条件；

（四）框架协议的期限；

（五）获取征集文件的时间、地点和方式；

（六）响应文件的提交方式、提交截止时间和地点，开启方式、时间和地点；

（七）公告期限；

（八）省级以上财政部门规定的其他事项。

第二十三条 征集人应当编制征集文件。征集文件应当包括以下主要内容：

（一）参加征集活动的邀请；

（二）供应商应当提交的资格材料；

（三）资格审查方法和标准；

（四）采购需求以及最高限制单价；

（五）政府采购政策要求以及政策执行措施；

（六）框架协议的期限；

（七）报价要求；

（八）确定第一阶段入围供应商的评审方法、评审标准、确定入围供应商的淘汰率或者入围供应商数量上限和响应文件无效情形；

（九）响应文件的编制要求，提交方式、提交截止时间和地点，开启方式、时间和地点，以及响应文件有效期；

（十）拟签订的框架协议文本和采购合同文本；

（十一）确定第二阶段成交供应商的方式；

（十二）采购资金的支付方式、时间和条件；

（十三）入围产品升级换代规则；

（十四）用户反馈和评价机制；

（十五）入围供应商的清退和补充规则；

（十六）供应商信用信息查询渠道及截止时点、信用信息查询记录和证据留存的具体方式、信用信息的使用规则等；

（十七）采购代理机构代理费用的收取标准和方式；

（十八）省级以上财政部门规定的其他事项。

第二十四条 供应商应当按照征集文件要求编制响应文件，对响应文件的真实性和合法性承担法律责任。

供应商响应的货物和服务的技术、商务等条件不得低于采购需求，货物原则上应当是市场上已有销售的规格型号，不得是专供政府采购的产品。对货物项目每个采购包只能用一个产品进行响应，征集文件有要求的，应当同时对产品的选配件、耗材进行报价。服务项目包含货物的，响应文件中应当列明货物清单及质量标准。

第二十五条 确定第一阶段入围供应商的评审方法包括价格优先法和质量优先法。

价格优先法是指对满足采购需求且响应报价不超过最高限制单价的货物、服务，按照响应报价从低到高排序，根据征集文件规定的淘汰率或者入围供应商数量上限，确定入围供应商的评审方法。

质量优先法是指对满足采购需求且响应报价不超过最高限制单价的货物、服务进行质量综合评分，按照质量评分从高到低排序，根据征集文件规定的淘汰率或者入围供应商数量上限，确定入围供应商的评审方法。货物项目质量因素包括采购标的的技术水平、产品配置、售后服务等，服务项目质量因素包括服务内容、服务水平、供应商的履约能力、服务经验等。质量因素中的可量化指标应当划分等次，作为评分项；质量因素中的其他指标可以作为实质性要求，不得作为评分项。

有政府定价、政府指导价的项目，以及对质量有特别要求的检测、实验等仪器设备，可以采用质量优先法，其他项目应当采用价格优先法。

第二十六条 对耗材使用量大的复印、打印、实验、医疗等仪器设备进行框架协议采购的，应当要求供应商同时对3年以上约定期限内的专用耗材进行报价。评审时应当考虑约定期限的专用耗材使用成本，修正仪器设备的响应报价或者质量评分。

征集人应当在征集文件、框架协议和采购合同中规定，入围供应商在约定期限内，应当以不高于其报价的价格向适用框架协议的采购人供应专用耗材。

第二十七条 确定第一阶段入围供应商时，提交响应文件和符合资格条件、实质性要求的供应商应当均不少于2家，淘汰比例一般不得低于20%，且至少淘汰一家供应商。

采用质量优先法的检测、实验等仪器设备采购，淘汰比例不得低于40%，且至少淘汰一家供应商。

第二十八条 入围结果公告应当包括以下主要内容：

（一）采购项目名称、编号；

（二）征集人的名称、地址、联系人和联系方式；

（三）入围供应商名称、地址及排序；

（四）最高入围价格或者最低入围分值；

（五）入围产品名称、规格型号或者主要服务内容及服务标准，入围单价；

（六）评审小组成员名单；

（七）采购代理服务收费标准及金额；

（八）公告期限；

（九）省级以上财政部门规定的其他事项。

第二十九条 集中采购机构或者主管预算单位应当在入围通知书发出之日起30日内和入围供应商签订框架协议，并在框架协议签订后7个工作日内，将框架协议副本报本级财政部门备案。

框架协议不得对征集文件确定的事项以及入围供应商的响应文件作实质性修改。

第三十条 征集人应当在框架协议签订后3个工作日内通过电子化采购系统将入围信息告知适用框架协议的所有采购人或者服务对象。

入围信息应当包括所有入围供应商的名称、地址、联系方式、入围产品信息和协议价格等内容。入围产品信息应当详细列明技术规格或者服务内容、服务标准等能反映产品质量特点的内容。

征集人应当确保征集文件和入围信息在整个框架协议有效期内随时可供公众查阅。

第三十一条 除剩余入围供应商不足入围供应商总数70%且影响框架协议执行的情形外，框架协议有效期内，征集人不得补充征集供应商。

征集人补充征集供应商的，补充征集规则应当在框架协议中约定，补充征集的条件、程序、评审方法和淘汰比例应当与初次征集相同。补充征集应当遵守原框架协议的有效期。补充征集期间，原框架协议继续履行。

第二节 采购合同的授予

第三十二条 确定第二阶段成交供应商的方式包括直接选定、二次竞价和顺序轮候。

直接选定方式是确定第二阶段成交供应商的主要方式。除征集人根据采购项目特点和提高绩效等要求，在征集文件中载明采用二次竞价或者顺序轮候方式外，确定第二阶段成交供应商应当由采购人或者服务对象依据入围产品价格、质量以及服务便利性、用户评价等因素，从第一阶段入围供应商中直接选定。

第三十三条 二次竞价方式是指以框架协议约定的入围产品、采购合同文本等为依据，以协议价格为最高限价，采购人明确第二阶段竞价需求，从入围供应商中选择所有符合竞价需求的供应商参与二次竞价，确定报价最低的为成交供应商的方式。

进行二次竞价应当给予供应商必要的响应时间。

二次竞价一般适用于采用价格优先法的采购项目。

第三十四条 顺序轮候方式是指根据征集文件中确定的轮候顺序规则，对所有入围供应商依次授予采购合同的方式。

每个入围供应商在一个顺序轮候期内，只有一次获得合同授予的机会。合同授予顺序确定后，应当书面告知所有入围供应商。除清退入围供应商和补充征集外，框架协议有效期内不得调整合同授予顺序。

顺序轮候一般适用于服务项目。

第三十五条 以二次竞价或者顺序轮候方式确定成交供应商的，征集人应当在确定成交供应商后2个工作日内逐笔发布成交结果公告。

成交结果单笔公告可以在省级以上财政部门指定的媒体上发布，也可以在开展框架协议采购的电子化采购系统发布，发布成交结果公告的渠道应当在征集文件或者框架协议中告知供应商。单笔公告应当包括以下主要内容：

（一）采购人的名称、地址和联系方式；

（二）框架协议采购项目名称、编号；

（三）成交供应商名称、地址和成交金额；

（四）成交标的名称、规格型号或者主要服务内容及服务标准、数量、单价；

（五）公告期限。

征集人应当在框架协议有效期满后10个工作日内发布成交结果汇总公告。汇总公告应当包括前款第一项、第二项内容和所有成交供应商的名称、地址及其成交合同总数和总金额。

第三十六条 框架协议采购应当订立固定价格合同。

根据实际采购数量和协议价格确定合同总价的，合同中应当列明实际采购数量或者计量方式，包括服务项目用于计算合同价的工日数、服务工作量等详细工作量清单。采购人应当要求供应商提供能证明其按照合同约定数量或者工作量清单履约的相关记录或者凭证，作为验收资料一并存档。

第三十七条 采购人证明能够以更低价格向非入围供应商采购相同货物，且入围供应商不同意将价格降至非入围供应商以下的，可以将合同授予非入围供应商。

采购项目适用前款规定的，征集人应当在征集文件中载明并在框架协议中约定。

采购人将合同授予非入围供应商的，应当在确定成交供应商后1个工作日内，将成交结果抄送征集人，由征集人按照单笔公告要求发布成交结果公告。采购人应当将相关证明材料和采购合同一并存档备查。

第四章　开放式框架协议采购

第三十八条 订立开放式框架协议的，征集人应当发布征集公告，邀请供应商加入框架协议。征集公告应当包括以下主要内容：

（一）本办法第二十二条第一项至四项和第二十三条第二项至三项、第十三项至十六项内容；

（二）订立开放式框架协议的邀请；

（三）供应商提交加入框架协议申请的方式、地点，以及对申请文件的要求；

（四）履行合同的地域范围、协议方的权利和义务、入围供应商的清退机制等框架协议内容；

（五）采购合同文本；

（六）付费标准，费用结算及支付方式；

（七）省级以上财政部门规定的其他事项。

第三十九条 征集公告发布后至框架协议期满前，供应商可以按照征集公告要求，随时提交加入框架协议的申请。征集人应当在收到供应商申请后 7 个工作日内完成审核，并将审核结果书面通知申请供应商。

第四十条 征集人应当在审核通过后 2 个工作日内，发布入围结果公告，公告入围供应商名称、地址、联系方式及付费标准，并动态更新入围供应商信息。

征集人应当确保征集公告和入围结果公告在整个框架协议有效期内随时可供公众查阅。

第四十一条 征集人可以根据采购项目特点，在征集公告中申明是否与供应商另行签订书面框架协议。申明不再签订书面框架协议的，发布入围结果公告，视为签订框架协议。

第四十二条 第二阶段成交供应商由采购人或者服务对象从第一阶段入围供应商中直接选定。

供应商履行合同后，依据框架协议约定的凭单、订单以及结算方式，与采购人进行费用结算。

第五章 法律责任

第四十三条 主管预算单位、采购人、采购代理机构违反本办法规定的，由财政部门责令限期改正；情节严重的，给予警告，对直接负责的主管人员和其他责任人员，由其行政主管部门或者有关机关依法给予处分，并予以通报。

第四十四条 违反本办法规定，经责令改正后仍然影响或者可能影响入围结果或者成交结果的，依照政府采购法等有关法律、行政法规处理。

第四十五条 供应商有本办法第十九条第一款第一项至三项情形之一，以及无正当理由放弃封闭式框架协议入围资格或者退出封闭式框架协议的，依照政府采购法等有关法律、行政法规追究法律责任。

第四十六条 政府采购当事人违反本办法规定，给他人造成损失的，依法承担民事责任。

第四十七条 财政部门及其工作人员在履行监督管理职责中存在滥用职权、玩忽职守、徇私舞弊等违法违纪行为的，依法追究相应责任。

第六章 附　　则

第四十八条 除本办法第三十五条规定外，本办法规定的公告信息，应当在省级以上财政部门指定的媒体上发布。

第四十九条 本办法规定按日计算期间的，开始当天不计入，从次日开始计算。期限的最后一日是国家法定节假日的，顺延到节假日后的次日为期限的最后一日。

第五十条 本办法所称的“以上”、“以下”、“内”、“以内”、“不少于”、“不超过”，包括本数；所称的“不足”、“低于”，不包括本数。

第五十一条 各省、自治区、直辖市财政部门可以根据本办法制定具体实施办法。

第五十二条 本办法自2022年3月1日起施行。

财政部关于做好政府采购框架协议采购工作有关问题的通知

2022年5月16日　财库〔2022〕17号

各中央预算单位，各省、自治区、直辖市、计划单列市财政厅（局），新疆生产建设兵团财政局，有关集中采购机构：

《政府采购框架协议采购方式管理暂行办法》（财政部令第110号，以下简称《办法》）已于2022年3月1日开始施行。为进一步做好政府采购框架协议采购工作，提升《办法》实施效果，现就有关问题通知如下：

一、加强框架协议采购组织协调。《办法》对多频次、小额度采购活动进行了规范，是落实《深化政府采购制度改革方案》的重要内容，也是对政府采购管理制度的一次重要完善与创新。各级集中采购机构、主管预算单位要充分理解把握《办法》对框架协议采购的规范性要求，切实做好需求标准确定、采购方案拟定、供应商入围征集和合同履约管理等工作。各级财政部门要认真做好组织协调，进一步清理违规设置的供应商备选库、名录库、资格库，加强对框架协议采购方案的审核备案管理，切实抓好《办法》确定的公平竞争机制建设，平稳有序推进框架协议采购的实施。

二、处理好集中采购相关问题的衔接。《办法》施行后，财政部关于协议供货、定点采购的规定不再执行，地方各级财政部门要对涉及协议供货、定点采购的制度规定进行清理规范。《办法》施行前订立的协议供货、定点采购协议，可以继续执行至期限届满。已实施批量集中采购的品目，按现有规定继续推进和完善批量集中采购工作。

对一些地方或者部门缺乏专业实施力量的问题，省级财政部门可以结合本地实际，通过修订集中采购目录或者制定专门办法，适当调整相关品目实施的组织形式。有条件的地方，还可以通过跨级次、跨地区统筹确定征集主体推进实施，并同步开展集中采购机构竞争试点。

三、推动采购需求标准的制定。各级财政部门要指导集中采购机构、主管预算单位结合业务特点合理确定各类产品的需求标准，逐步提高标准的科学性和完整程度，做到客观、细化、可评判、可验证，无明确需求标准的不得开展框架协议采购。要合理确定不同等次、规格产品的最高限制单价，综合考虑采购历史成交价格与市场调查情况，平衡采购需求标准与成本价格的关系，做到最高限制单价与采购需求标准相匹配。

集中采购机构、主管预算单位应当高度重视服务项目需求标准的制定工作。对实施开放式框架协议的服务类采购，特别是向社会提供公共服务的项目，各级财政部门要对主管预算单位的市场调查情况及成本构成重点把关，严禁服务内容及最高限制单价突破预算和其他购买公共服务的政策要求。条件成熟时，省级财政部门可以会同相关部门制定发布统一的服务需求标准。对新开展的公共服务类框架协议采购项目，财政部门可以指导相关部门先以封闭式框架协议采购开展试点，时机成熟后再按规定实施开放式框架协议采购。

四、加强采购方案审核备案管理。集中采购机构、主管预算单位应当按照不同品目分类拟定采购方案，报本级财政部门审核或者备案。各级财政部门要按照公平公正、促进竞争、讲求绩效的原则，加强对集中采购机构框架协议采购方案的审核。重点包括：一是实施范围审核。要认真落实“适用于小额零星采购”以及“以封闭式框架协议为主”的基本原则，严格把控相应实施范围。其中，小额零星采购严格限定在采购人需要多频次采购，且单笔采购金额未达到政府采购限额标准的范围内。严禁出现《办法》对政府限价服务、专用设备、公共服务等采购的一些特殊规定在适用范围上的扩大。二是竞争机制审核。要严格执行“需求明确、竞争价格”的评审要求，同时把握对各品目分级、分类、分包的合理性，防止品目拆分过细带来的竞争不充分等问题。对专用设备采购，要严格控制质量优先法的适用，加强对需求标准、最高限制单价以及竞争淘汰率的匹配性审核。三是其他重要问题审核。包括落实政府采购政策，以及防止政府采购“专供”、高价专用耗材捆绑问题的措施等。

主管预算单位的框架协议采购方案实行备案管理。财政部门在备案中发现存在擅自扩大适用范围、需求标准不合理不明确、开放式框架协议采购缺乏供应商申请办法、公共服务标准及最高限制单价不符合相关规定等问题的，可以要求相关单位改正后实施，也可以通过监督检查或者投诉处理进行监管。

五、落实政府采购政策。框架协议采购要落实政府采购政策，细化政策执行措施。政府绿色采购、促进中小企业发展等采购政策原则上在框架协议采购的第一阶段落实，第二阶段交易不再作要求；政府采购进口产品管理要求在第二阶段落实。在落实绿色采购政策方面，对实施强制采购或者执行强制性绿色采购标准的品目，应当将符合绿色采购政策作为实质性要求，对实施优先采购或者执行推荐性绿色采购标准的品目，应当在评审时给予相关供应商评审优惠；在支持中小企业政策方面，对符合条件的小微企业，应当按照《政府采购促进中小企业发展管理办法》的规定给予价格扣除优惠政策；在进口产品管理方面，对检测、实验、医疗等专用仪器设备，确有采购进口产品需求的，采购方案中可以就相应的进口产品设置采购包，但第二阶段采购人在采购入围进口产品前，需按规定履行相关核准程序。

省级财政部门可以探索选择特定货物、服务品目，专门面向残疾人福利性单位、基层群众性自治组织等特殊主体设置采购包，要求采购人在采购相关货物、服务时，将合同授予该采购包的入围供应商。

六、推进框架协议电子化采购系统建设。省级财政部门应当按照《办法》确定的业务规则、预算管理一体化规范和技术标准，统筹协调电子化采购系统的建设和拓展完善，实现互联互通和业务协同。集中采购目录以外、未达到采购限额标准的采购活动，可以继续通过电子卖场开展，但不得强制采购人通过电子卖场交易。

在框架协议采购全流程电子系统建设完成之前，框架协议采购可以在已有电子采购系统上分阶段实施，第一阶段入围征集活动可以依托项目采购的相关系统，第二阶段确定成交供应商可以依托电子卖场等系统，按照《办法》确定的规则开展。

七、维护供应商合法权益。货物采购中，入围供应商可以委托代理商接受采购人合同授予并履行采购合同，代理商根据与入围供应商签订的委托协议开展活动，其行为的法律后果由入围供应商承担。框架协议有效期内，入围供应商可以根据征集文件的规定调整代理商名单，征集人应当提供便利。对于代理商拒不履行合同义务的，征集人应当依法追究入围供应商责任，并按协议约定解除代理商在该框架协议中接受合同授予的资格。征集人不得未经入围供应商同意，擅自增减变动代理商。

各地区、各部门要加强统筹协调，认真安排部署，全面总结框架协议采购中好的经验和做法，对于执行中发现的问题，要研究完善办法措施，并及时向财政部反映。

财政部

2022 年 5 月 16 日

关于中央国家机关2024—2025年度互联网接入服务框架协议采购有关事宜的通知

2024 年 10 月 14 日　国机采〔2024〕22 号

中央国家机关各部门、各单位办公厅（室）：

根据《中央预算单位政府集中采购目录及标准（2020 年版）》（国办发〔2019〕55 号）以及《政府采购框架协议采购方式管理暂行办法》（财政部令第 110 号），中央国家机关政府采购中心（以下简称国采中心）通过框架协议采购方式确定了中央国家机关 2024－2025 年度互联网接入服务框架协议采购入围供应商、入围产品及其最高限价，已在中央政府采购网公布。现将有关执行事宜通知如下：

一、适用范围

办公地点在北京的中央国家机关各部门、各单位及其所属各级行政事业单位（以下称采购人），在采购单项或批量金额在 100 万元（不含）以下的“互联网接入服务”时，可在 2024－2025 年度互联网接入服务框架协议采购入围供应商、入围产品范围内采购。

在中央政府采购网注册的其他采购人自愿或参照本通知的规定执行政府集中采购。

二、品目范围及执行有效期

本次征集的“互联网接入服务”对应政府采购品目分类目录（2022 年版）中的

网络接入服务（编码：C17010200），指通过信息采集与共享的传输通道，利用传输技术完成用户与网络的连接服务，不包括中国教育和科研计算机网、中国科学技术网等公益性互联网络。

本次互联网接入服务框架协议入围供应商及入围产品的有效期为自本通知印发之日起至2025年12月31日。如有政策调整，将通过中央政府采购网另行告知。

三、采购程序

（一）执行方式。

入围供应商、入围产品及其最高限价在国采中心电子卖场展示。采购人根据采购需求，按照财政部令第110号规定，通过直接选定或二次竞价方式自主确定第二阶段成交供应商和产品。直接选定方式是确定第二阶段成交供应商的主要方式。国采中心电子卖场支持的直接选定方式即直购，支持的二次竞价方式即比价。

直购是指采购人直接选择供应商和产品下单的采购模式。在直购的基础上，采购人还可以向供应商发起在线议价，在不超过产品最高限价基础上就产品价格再次协商后下单。

比价是指采购人选择不少于三家供应商的同类型产品发布比价需求公告，最终报价最低的供应商成交的采购模式。

（二）采购流程。

同一预算年度内采购金额在20万元以下的互联网接入服务，由采购人自行组织采购，或在国采中心电子卖场采购。

同一预算年度内采购金额在20万元（含）至100万元（不含）之间的，由采购人在电子卖场选择对应产品通过直购、在线议价完成采购，或选择不少于三家供应商的同类型产品进行比价，并选定报价最低的产品完成采购。

同一预算年度内采购金额在100万元（含）以上的，须单独委托国采中心按规定组织采购。

当采购两年期（或三年期）的产品时，需按照产品详情页“规格参数”中约定的“2年期（或3年期）折扣率”，通过在线议价的方式实施采购，且每年内采购金额不得超过100万元。

（三）电子验收单和采购合同。

采购人在电子卖场下单，成交供应商确认订单后，系统自动生成《中央国家机关政府采购电子验收单》（以下简称电子验收单）。电子验收单是实施政府集中采购的凭证。电子卖场提供采购合同范本，采购人可与供应商自行协商签署采购合同。

四、监督管理

（一）价格监测。

国采中心对互联网接入服务产品价格进行日常监管，发现产品价格高于入围最高限价或市场均价的，可以要求供应商调低价格，供应商拒不降价的，国采中心有权暂停其产品入围资格。

（二）履约管理。

采购记录在中央政府采购网进行公示。国采中心对采购记录进行日常监测，对供应商面向不同采购人差异化报价、采购人拆单等异常记录进行分析并通过警告、约谈、限期整改等途径及时处理。采购人或其他相关方可向国采中心反映供应商恶意竞争、乱报价、不诚信履约等行为。反映问题经核实的，国采中心要求供应商限期纠正，拒不整改或情节严重的，国采中心按规定报政府采购监管部门予以处罚。

五、其他事项

各部门政府采购主管机构应将本通知要求逐级传达到所属京内预算单位，严格按要求开展采购工作。任何单位和个人发现采购单位、供应商有违反本通知行为的，可向国采中心反映。国采中心将及时调查核实，并严格按照有关规定处理。

执行过程中发现的问题或有工作建议，请及时向国采中心反映。

技术支持电话：83086951 55604403

业务咨询电话：63099478 83084971

中央国家机关政府采购中心

2024 年 10 月 14 日

关于中央国家机关2024年度台式计算机框架协议采购有关事宜的通知

2024 年 8 月 29 日　国机采〔2024〕17 号

中央国家机关各部门、各单位办公厅（室）：

根据《中央预算单位政府集中采购目录及标准（2020 年版）》（国办发〔2019〕55 号）以及《政府采购框架协议采购方式管理暂行办法》（财政部令第 110 号），中央国家机关政府采购中心（以下简称国采中心）通过框架协议采购方式确定了中央国家机关 2024 年度台式计算机框架协议采购入围供应商、入围产品及其最高限价，并已在中央政府采购网公布。现将有关执行事宜通知如下：

一、适用范围

中央国家机关各部门、各单位及其所属各级行政事业单位（以下简称采购人），在采购台式计算机时，符合批量集中采购配置标准的，应执行批量集中采购；不符合批量集中采购配置标准，或因时间紧急，并且单项或批量金额在 100 万元以下的，可在 2024 年度台式计算机框架协议采购入围供应商、入围产品范围内采购。各部门以框架协议方式采购的台式计算机数量不得超过同类品目上年购买总数的 30%。

在中央政府采购网注册的其他采购人自愿或参照本通知的规定执行政府集中采购。

二、执行有效期

本次台式计算机框架协议入围供应商及入围产品的有效期为自本通知印发之日起至 2025 年 7 月 31 日止。如有政策调整，将通过中央政府采购网另行告知。

三、采购程序

（一）执行方式

入围供应商、入围产品及其最高限价在国采中心电子卖场展示。采购人根据采购需求，按照财政部令第110号规定，通过直接选定或二次竞价方式自主确定第二阶段成交供应商和产品。直接选定方式是确定第二阶段成交供应商的主要方式。国采中心电子卖场支持的直接选定方式即直购，支持的二次竞价方式有比价、反拍等。

直购是指采购人直接选择供应商和产品下单的采购模式。

比价是指采购人选择不少于三家供应商的同类型产品发布比价需求公告，最终报价最低的供应商成交的采购模式。

反拍是指采购人选择某款产品，设定报价截止时间、单价降幅区间，发布反拍需求公告，所选产品供应商自愿参与报价。报价时间截止后，以系统记录的供应商最终报价作为评判依据，价格最低的供应商成交。

（二）电子验收单和采购合同

采购人在电子卖场下单，成交供应商确认订单后，系统自动生成《中央国家机关政府采购电子验收单》（以下简称电子验收单）。电子验收单是实施政府集中采购的凭证。电子卖场提供采购合同范本，采购人可与供应商自行协商签署采购合同。

四、监督管理

采购人或其他相关方可向国采中心反映供应商恶意竞争、乱报价、不诚信履约等行为。反映问题经核实的，国采中心要求供应商限期改正，拒不整改或情节严重的，国采中心按规定报政府采购监管部门予以处罚。

五、其他事项

各部门政府采购主管机构应将本通知要求逐级传达到所属预算单位，严格按要求开展采购工作。任何单位和个人如发现采购单位、供应商有违反本通知行为的，可向国采中心反映。国采中心将及时开展调查核实，并严格按照有关规定处理。

执行过程中发现的问题和提出的建议，请及时向国采中心反映。

技术支持电话：83086951/55604403

业务咨询电话：83084965

中央国家机关政府采购中心

2024年8月29日

关于中央国家机关2024年工程监理服务框架协议采购有关事宜的通知

2024年7月5日　国机采〔2024〕15号

中央国家机关各部门、各单位办公厅（室）：

为做好中央国家机关工程监理服务项目多频次、小额度采购工作，满足采购人实际需要，进一步提高采购效率，根据《政府采购框架协议采购方式管理暂行办法》（财政部令第110号）要求，经财政部国库司批复，中央国家机关政府采购中心（以下简称国采中心）完成了中央国家机关2024年工程监理服务框架协议采购第一阶段供应商征集入围工作。现将第二阶段采购有关事宜通知如下：

一、适用范围

中央国家机关各部门及其在京所属各级行政机关、事业单位和团体组织，使用财政性资金，单项或批量预算金额在20万元（含）—100万元（不含）的在京内执行的工程监理服务。

预算金额在20万元（不含）以下的工程监理服务，采用框架协议采购方式成交的，按本通知有关规定执行，并享受相应优惠。

二、执行期限

本通知自2024年8月1日起执行，有效期至2025年7月31日。有效期届满时，如遇新一期采购工作正在进行，有效期延长至新一期通知公布生效时止。

有效期满仍未执行完毕的项目合同，继续执行。

三、第一阶段入围供应商信息及优惠

（一）供应商信息

入围供应商名单、项目履约联系人及联系方式、承诺最低优惠率等信息均公布在国采中心电子卖场框架协议栏目中，采购人可根据需要查阅。上述信息进行变更的，以栏目最新展示信息为准，不再另行通知。

（二）政府采购优惠

入围供应商均已承诺给予预算金额在 20 万元（含）—100 万元（不含）的工程监理服务框架协议采购项目相应优惠率，该优惠率是指成交（合同）金额相对于预算（或最高限价）的最低优惠比例。采购人与入围供应商应按照不低于该优惠率的标准签订合同。

预算金额在 20 万元（不含）以下，采购人与入围供应商协商一致，采用框架协议采购方式成交的，享受同等优惠。

四、第二阶段执行方式

（一）确定拟成交供应商

采购人可自行选择通过直接选定、二次竞价或顺序轮候方式确定第二阶段拟成交供应商。

直接选定方式是指由采购人依据入围供应商承诺优惠率、服务质量以及服务便利性、用户评价等因素，从第一阶段入围供应商中直接选定拟成交供应商，并与之订立采购合同。

二次竞价方式是指由采购人明确第二阶段竞价需求，从第一阶段入围供应商中选择所有符合竞价需求的供应商参与二次竞价，在报价截止时间后，确定报价最低的供应商为拟成交供应商并与之订立采购合同。

顺序轮候方式是指由采购人根据框架协议交易系统展示的轮候顺序规则（由征集文件中确定），共同对所有入围供应商依次授予采购合同的方式。

（二）审核备案

拟成交供应商确定后 3 日内，由供应商通过国采中心框架协议采购业务信息系统，网上填写《中央国家机关工程监理服务框架协议采购备案表》（以下简称备案表），经采购人网上确认后提交国采中心审核备案。审核备案通过后，系统将通过电子化平台即时发布成交结果公告，采购人与供应商均可下载打印《备案表》，凭《备案表》签订合同。

属于涉密政府采购等特殊情况的，采用纸质方式办理。

（三）评价及归档

采购人与供应商完成交易订单后，双方均可针对采购交易情况进行评价，评价情况由系统记录并向所有采购人和供应商公开，作为第二阶段确定成交供应商的参考。采购人应做好全流程采购档案归档工作。

（四）结算支付

采购人应按合同约定的结算方式向供应商支付款项，不得无故拖欠。因付款问题引起的法律责任，由违规单位承担。

采购人办理资金支付手续时需提供《备案表》，作为政府采购凭证。

上述执行方式具体操作流程参见《中央国家机关政府采购中心框架协议项目采购人操作手册（采购合同授予阶段－工程类）》（附件）。

五、框架协议采购管理

（一）履约管理

国采中心将加强对框架协议采购项目的履约管理，落实采购人主体责任，规范采购程序，减少事前审核，加强事中事后对采购需求和项目履约的管理。在确保供应商充分参与和竞争的基础上，从严开展动态管理，对存在失信或重大违法记录等问题的及时清退。

对于未按照规定执行的框架协议采购项目，国采中心将督促相关各方予以纠正，情节严重的，报政府采购监督管理部门处理，确保框架协议采购的执行效果。

（二）信息公开

根据《财政部关于进一步做好政府采购信息公开工作有关事项的通知》（财库〔2017〕86号），框架协议采购备案相关信息全部在“中央政府采购网”进行公示。

请各部门、各单位严格按照本通知要求认真做好工程监理服务框架协议采购工作，及时将本通知转发到所属各级单位，并对所属单位的工程监理服务框架协议采购工作进行监督指导。执行中如有问题和意见，及时向国采中心工程招标与采购处反映。

中央国家机关政府采购中心

2024年7月5日

关于中央国家机关2024年工程造价咨询服务框架协议采购有关事宜的通知

2024 年 7 月 5 日　国机采〔2024〕14 号

中央国家机关各部门、各单位办公厅（室）：

为做好中央国家机关工程造价咨询服务项目多频次、小额度采购工作，满足采购人实际需要，进一步提高采购效率，根据《政府采购框架协议采购方式管理暂行办法》（财政部令第 110 号）要求，经财政部国库司批复，中央国家机关政府采购中心（以下简称国采中心）完成了中央国家机关 2024 年工程造价咨询服务框架协议采购第一阶段供应商征集入围工作。现将第二阶段采购有关事宜通知如下：

一、适用范围

中央国家机关各部门及其在京所属各级行政机关、事业单位和团体组织，使用财政性资金，单项或批量预算金额在 20 万元（含）—100 万元（不含）的在京内执行的工程造价咨询服务。

预算金额在 20 万元（不含）以下的工程造价咨询服务，采用框架协议采购方式成交的，按本通知有关规定执行，并享受相应优惠。

二、执行期限

本通知自 2024 年 8 月 1 日起执行，有效期至 2025 年 7 月 31 日。有效期届满时，如遇新一期采购工作正在进行，有效期延长至新一期通知公布生效时止。

有效期满仍未执行完毕的项目合同，继续执行。

三、第一阶段入围供应商信息及优惠

（一）供应商信息

入围供应商名单、项目履约联系人及联系方式、承诺最低优惠率等信息均公布在国采中心电子卖场框架协议栏目中，采购人可根据需要查阅。上述信息进行变更的，以栏目最新展示信息为准，不再另行通知。

（二）政府采购优惠

入围供应商均已承诺给予预算金额在20万元（含）—100万元（不含）的工程造价咨询服务框架协议采购项目相应优惠率，该优惠率是指成交（合同）金额相对于预算（或最高限价）的最低优惠比例。采购人与入围供应商应按照不低于该优惠率的标准签订合同。

预算金额在20万元（不含）以下，采购人与入围供应商协商一致，采用框架协议采购方式成交的，享受同等优惠。

四、第二阶段执行方式

（一）确定拟成交供应商

采购人可自行选择通过直接选定、二次竞价或顺序轮候方式确定第二阶段拟成交供应商。

直接选定方式是指由采购人依据入围供应商承诺优惠率、服务质量以及服务便利性、用户评价等因素，从第一阶段入围供应商中直接选定拟成交供应商，并与之订立采购合同。

二次竞价方式是指由采购人明确第二阶段竞价需求，从第一阶段入围供应商中选择所有符合竞价需求的供应商参与二次竞价，在报价截止时间后，确定报价最低的供应商为拟成交供应商并与之订立采购合同。

顺序轮候方式是指由采购人根据框架协议交易系统展示的轮候顺序规则（由征集文件中确定），共同对所有入围供应商依次授予采购合同的方式。

（二）审核备案

拟成交供应商确定后3日内，由供应商通过国采中心框架协议采购业务信息系统，网上填写《中央国家机关工程造价咨询服务框架协议采购备案表》（以下简称备案表），经采购人网上确认后提交国采中心审核备案。审核备案通过后，系统将通过电子化平台即时发布成交结果公告，采购人与供应商均可下载打印《备案表》，凭《备案表》签订合同。

属于涉密政府采购等特殊情况的，采用纸质方式办理。

（三）评价及归档

采购人与供应商完成交易订单后，双方均可针对采购交易情况进行评价，评价情况由系统记录并向所有采购人和供应商公开，作为第二阶段确定成交供应商的参考。采购人应做好全流程采购档案归档工作。

（四）结算支付

采购人应按合同约定的结算方式向供应商支付款项，不得无故拖欠。因付款问题引起的法律责任，由违规单位承担。

采购人办理资金支付手续时需提供《备案表》，作为政府采购凭证。

上述执行方式具体操作流程参见《中央国家机关政府采购中心框架协议项目采购人操作手册（采购合同授予阶段－工程类）》（附件）。

五、框架协议采购管理

（一）履约管理

国采中心将加强对框架协议采购项目的履约管理，落实采购人主体责任，规范采购程序，减少事前审核，加强事中事后对采购需求和项目履约的管理。在确保供应商充分参与和竞争的基础上，从严开展动态管理，对存在失信或重大违法记录等问题的及时清退。

对于未按照规定执行的框架协议采购项目，国采中心将督促相关各方予以纠正，情节严重的，报政府采购监督管理部门处理，确保框架协议采购的执行效果。

（二）信息公开

根据《财政部关于进一步做好政府采购信息公开工作有关事项的通知》（财库〔2017〕86 号），框架协议采购备案相关信息全部在“中央政府采购网”进行公示。

请各部门、各单位严格按照本通知要求认真做好工程造价咨询服务框架协议采购工作，及时将本通知转发到所属各级单位，并对所属单位的工程造价咨询服务框架协议采购工作进行监督指导。执行中如有问题和意见，及时向国采中心工程招标与采购处反映。

中央国家机关政府采购中心

2024 年 7 月 5 日

关于中央国家机关2024年度扫描仪、投影仪框架协议采购有关事宜的通知

2024 年 1 月 18 日　国机采〔2024〕4 号

中央国家机关各部门、各单位办公厅（室）：

根据《中央预算单位政府集中采购目录及标准（2020 年版）》（国办发〔2019〕55 号）以及《政府采购框架协议采购方式管理暂行办法》（财政部令第 110 号），中央国家机关政府采购中心（以下简称国采中心）通过框架协议采购方式确定了中央国家机关 2024 年度扫描仪、投影仪框架协议采购入围供应商、入围产品及其最高限价，并已在中央政府采购网公布。现将有关执行事宜通知如下：

一、适用范围

中央国家机关各部门、各单位及其所属各级行政事业单位（以下简称采购人），在采购单项或批量金额在 100 万元（不含）以下的扫描仪，以及 5 万元（含）以上、100 万元（不含）以下的投影仪时，应按照本通知的规定执行政府集中采购。

在中央政府采购网注册的其他采购人自愿或参照本通知的规定执行政府集中采购。

二、执行有效期

本次扫描仪、投影仪框架协议入围供应商及入围产品的有效期为自本通知印发之日起至 2025 年 1 月 15 日止。如有政策调整，将通过中央政府采购网另行告知。

三、采购程序

（一）执行方式

入围供应商、入围产品及其最高限价在国采中心电子卖场展示。采购人根据采购需求，按照财政部令第 110 号规定，通过直接选定或二次竞价方式自主确定第二阶段成交供应商和产品。直接选定方式是确定第二阶段成交供应商的主要方式。国采中心电子卖场支持的直接选定方式即直购（含在线议价），支持的二次竞价方式有比价、反拍等。

直购是指采购人直接选择供应商和产品下单的采购模式。

比价是指采购人选择不少于三家供应商的同类型产品发布比价需求公告，最终报价最低的供应商成交的采购模式。

反拍是指采购人选择某款产品，设定报价截止时间、单价降幅区间，发布反拍需求公告，所选产品供应商自愿参与报价。报价时间截止后，以系统记录的供应商最终报价作为评判依据，价格最低的供应商成交。

在线议价是指采购人与供应商在不超过产品最高限价基础上就产品价格再次协商后下单的采购模式。

（二）采购流程

单项或批量金额在 100 万元（不含）以下的扫描仪，以及 5 万元（含）以上、100 万元（不含）以下投影仪，由采购人在电子卖场选择对应产品，通过直购、比价、反拍或在线议价模式选择第二阶段成交供应商完成采购。

同一预算年度内，采购预算在 100 万元（含）以上的，须单独委托国采中心按规定采购方式组织采购。

（三）电子验收单和采购合同

采购人在电子卖场下单，成交供应商确认订单后，系统自动生成《中央国家机关政府采购电子验收单》（以下简称电子验收单）。电子验收单是实施政府集中采购的凭证。电子卖场提供采购合同范本，采购人可与供应商自行协商签署采购合同。

四、监督管理

（一）价格监测

国采中心对扫描仪、投影仪产品价格进行日常监管，发现产品价格高于市场平均价的，可以要求供应商调低价格，供应商拒不降价的，有权暂停产品入围资格。

（二）履约管理

成交结果在中央政府采购网进行公示。国采中心对成交结果进行日常监测，对供应商面向不同采购人差异化报价、采购人拆单等异常记录进行分析并通过警告、约谈、限期整改等途径及时处理。采购人或其他相关方可向国采中心反映供应商恶意竞争、乱报价、不诚信履约等行为。反映问题经核实的，国采中心要求供应商限期改正，拒不整改或情节严重的，国采中心按规定报政府采购监管部门予以处罚。

五、其他事项

各部门政府采购主管机构应将本通知要求逐级传达到所属预算单位，严格按要求开展采购工作。任何单位和个人如发现采购单位、供应商有违反本通知行为的，可向国采中心反映。国采中心将及时开展调查核实，并严格按照有关规定处理。

执行过程中发现的问题和提出的建议，请及时向国采中心反映。

技术支持电话：83086951/55604403

业务咨询电话：55602388/63099478

中央国家机关政府采购中心

2024 年 1 月 18 日

关于中央国家机关2023年度民用空调、机房空调、复印纸、信封印刷等四类品目框架协议采购有关事宜的通知

中央国家机关各部门、各单位办公厅（室）：

根据《中央预算单位政府集中采购目录及标准（2020 年版）》（国办发〔2019〕55 号）以及《政府采购框架协议采购方式管理暂行办法》（财政部令第 110 号），中央国家机关政府采购中心（以下简称国采中心）通过框架协议采购方式确定了中央国家机关 2023 年度民用空调、机房空调、复印纸、信封印刷等四类品目框架协议采购入围供应商、入围产品及其最高限价，并已在中央政府采购网公布。现将有关执行事宜通知如下：

一、适用范围

中央国家机关各部门、各单位及其所属在京各级行政事业单位，以及在中央政府采购网注册的在京各类采购人（以下简称采购人），在采购单项或批量金额在 100 万元（不含）以下的民用空调、机房空调、复印纸，以及 20 万元（含）以上、100 万元（不含）以下的信封印刷时，应按照本通知的规定执行政府集中采购。在中央政府采购网注册的京外各类采购人，可自愿在国采中心电子卖场采购上述货物或服务。

二、执行有效期

本次民用空调、机房空调、复印纸、信封印刷等四类品目框架协议入围供应商及入围产品有效期为自本通知印发之日起至 2024 年 6 月 30 日止。如有政策调整，将通过中央政府采购网另行告知。

三、采购程序

（一）执行方式

入围供应商、入围产品及其最高限价在国采中心电子卖场民用空调、机房空调、复印纸、信封印刷采购专区集中展示，采购人根据采购需求，自主选择相应的供应商和产品，按照财政部令第110号规定，通过直购，或比价、反拍、在线议价等二次竞价方式完成采购。

直购是指采购人直接选择供应商和产品下单的采购模式。

比价是指采购人选择不少于三家供应商的同类型产品发布比价需求公告，最终报价最低的供应商成交的采购模式。

反拍是指采购人选择某款产品，设定报价截止时间、单价降幅区间，发布反拍需求公告，所选产品供应商自愿参与报价。报价时间截止后，以系统记录的供应商最终报价作为评判依据，价格最低的供应商成交。

在线议价是指采购人与供应商在不超过产品最高限价基础上就产品价格再次协商后下单的采购模式。

（二）采购流程

同一预算年度内采购预算在20万元以下的信封印刷，由采购人自行组织采购，或在国采中心电子卖场采购。

单项或批量金额在100万元（不含）以下的民用空调、机房空调、复印纸，20万元（含）以上、100万元（不含）以下的信封印刷，由采购人在电子卖场选择对应产品通过直购、比价、反拍或在线议价完成采购。

同一预算年度内采购预算在100万元（含）以上的，须单独委托国采中心按规定采购方式组织采购。

（三）电子验收单和采购合同

采购人在电子卖场中下单，成交供应商确认订单后，系统自动生成《中央国家机关政府采购电子验收单》（以下简称电子验收单）。电子验收单是实施政府集中采购的凭证。电子卖场提供采购合同范本，采购人可与供应商自行协商签署采购合同。

四、监督管理

（一）价格监测

国采中心对民用空调、机房空调、复印纸、信封印刷等四类品目产品价格进行日常监管，发现产品价格高于市场均价的，可以要求供应商调低价格，供应商拒不降价的，有权暂停产品入围资格。

（二）履约管理

成交结果在中央政府采购网进行公示。国采中心对成交结果进行日常监测，对供应商面向不同采购人差异化报价、采购人拆单等异常记录进行分析并通过警告、约谈、限期整改等途径及时处理。采购人或其他相关方可向国采中心反映供应商恶意竞争、乱报价、不诚信履约等行为，经核实的，要求供应商限期纠正，拒不整改或情节严重的，按规定报政府采购监管部门予以处罚。

五、其他事项

各部门政府采购主管机构应将本通知要求逐级传达到所属预算单位，严格按要求开展采购工作。任何单位和个人如发现采购单位、供应商有违反本通知行为的，可向国采中心反映。国采中心将及时开展调查核实，并严格按照有关规定处理。

执行过程中发现的问题和建议，请及时向国采中心反映。

技术支持电话：83086951/55604403

业务咨询电话：民用空调、复印纸 55602388/63099478

机房空调 83084971/83084965

信封印刷 55602386/55601750

中央国家机关政府采购中心

2023 年 6 月 29 日

关于中央国家机关2021—2023年互联网接入服务框架协议采购有关事宜的通知

2022 年 1 月 4 日　国机采〔2022〕3 号

中央国家机关各部门、各单位办公厅（室）：

根据《中央预算单位政府集中采购目录及标准（2020 年版）》（国办发〔2019〕55 号），中央国家机关政府采购中心（以下简称国采中心）通过公开征集方式确定了中央国家机关 2021－2023 年互联网接入服务框架协议采购入围供应商、入围产品及其最高限价，并已在中央政府采购网公布。现将有关执行事宜通知如下：

一、适用范围

中央国家机关各部门、各单位及其所属在京各级行政事业单位，以及在中央政府采购网注册的在京各类采购人（以下简称采购人），在采购单项或批量金额在 20 万元（含）以上、200 万元（不含）以下的“互联网接入服务”时，应按照本通知的规定执行政府集中采购。

二、品目范围及执行有效期

本次采购的“互联网接入服务”是指利用接入服务器和相应的软硬件资源建立业务节点，并利用公用通信基础设施将业务节点与互联网骨干网相连接，为各类用户提供接入互联网的服务。对应工信部《电信业务分类目录》（2015 版）B14 项“互联网接入服务业务”。

本次集中采购供应商服务有效期为自本通知印发之日起至 2023 年 12 月 31 日。国采中心将根据执行情况决定是否延长本次供应商入围资格有效期，如有政策调整，将通过中央政府采购网另行告知。

三、采购程序

（一）执行方式

入围供应商、入围产品及其最高限价在国采中心电子卖场互联网接入服务采购专区集中列出，采购人根据采购需求自主选择相应的供应商和产品，通过直购、在线议价、比价等方式完成采购。

直购是指采购人直接选择供应商和产品下单的采购模式。

在线议价是指采购人与供应商在不超过产品最高限价基础上就产品价格再次协商后下单的采购模式。

比价是指采购人选择不少于三家供应商的同类型产品发布比价需求公告，最终报价最低的供应商成交的采购模式。

（二）采购流程

同一预算年度内采购预算在 20 万元以下的互联网接入服务，由采购人自行组织采购，或在国采中心电子采购平台采购。

预算金额在 20 万元（含）至 100 万元（不含）之间的，由采购人在电子卖场选择对应产品通过直购、在线议价完成采购，或由采购人选择不少于三家供应商的同类型产品进行比价，并选择报价最低的产品完成采购。预算金额在 100 万元（含）至 200 万元（不含）之间的，经采购人评估确需与原服务供应商直接续约的，可在电子采购平台选择对应产品通过直购、在线议价完成采购；其他情况（如新接入或可以更换供应商等情况）由采购人选择不少于三家供应商的同类型产品进行在线比价，并选择报价最低的产品完成采购（其中教育科研网项目可不比价，直接向赛尔网络采购）。

同一预算年度内采购预算在 200 万元（含）以上的，须单独委托国采中心按规定组织采购。

当采购两年期（或三年期）的产品时，需按照产品详情页“规格参数”中约定的“2 年期（或 3 年期）折扣率”，通过在线议价的方式实施采购，且单次采购金额不得超过 200 万元。

（三）电子验收单和采购合同

采购人在电子卖场中下单，成交供应商确认订单后，系统自动生成《中央国家机关政府采购电子验收单》（以下简称电子验收单）。电子验收单是实施政府集中采购的凭证。电子卖场不统一提供采购合同，采购人可与供应商自行协商签署采购合同。

四、监督管理

（一）价格监测

国采中心对互联网接入服务产品价格进行日常监管，发现产品价格高于入围最高限价或市场均价的，可以要求供应商调低价格，供应商拒不降价的，有权暂停产品入围资格。

（二）履约管理

采购记录在中央政府采购网进行公示。国采中心对采购记录进行日常监测，对供应商面向不同采购人差异化报价、采购人拆单等异常记录进行分析并通过警告、约谈、限期整改等途径及时处理。采购人或其他相关方可向国采中心反映供应商恶意竞争、乱报价、不诚信履约等行为，经核实的，要求供应商限期纠正，拒不整改或情节严重的，按规定报财政监管部门予以处罚。

五、其他事项

各部门政府采购主管机构应将本通知要求逐级传达到所属京内预算单位，严格按要求开展采购工作。任何单位和个人如发现采购单位、供应商有违反本通知行为的，可向国采中心反映。国采中心将及时开展调查核实，并严格按照有关规定处理。

执行过程中发现的问题和建议，请及时向国采中心反映。

技术支持电话：83086951/55604403

业务咨询电话：83084965/83084971

中央国家机关政府采购中心

2022 年 1 月 4 日

（六）创新合作

财政部关于印发《政府采购合作创新采购方式管理暂行办法》的通知

2024 年 4 月 24 日　财库〔2024〕13 号

各中央预算单位，各省、自治区、直辖市、计划单列市财政厅（局），新疆生产建设兵团财政局：

为贯彻落实《深化政府采购制度改革方案》，完善政府采购支持科技创新制度，财政部制定了《政府采购合作创新采购方式管理暂行办法》，现印发给你们，请遵照执行。

附件：政府采购合作创新采购方式管理暂行办法

财政部

2024 年 4 月 24 日

附件：

政府采购合作创新采购方式管理暂行办法

第一章　总　　则

第一条　为贯彻落实党中央、国务院关于加快实施创新驱动发展战略有关要求，支持应用科技创新，根据《中华人民共和国政府采购法》和《中华人民共和国科学技术进步法》等有关法律，制定本办法。

第二条 合作创新采购是指采购人邀请供应商合作研发，共担研发风险，并按研发合同约定的数量或者金额购买研发成功的创新产品的采购方式。合作创新采购方式分为订购和首购两个阶段。

订购是指采购人提出研发目标，与供应商合作研发创新产品并共担研发风险的活动。

首购是指采购人对于研发成功的创新产品，按照研发合同约定采购一定数量或者一定金额相应产品的活动。

前款所称创新产品，应当具有实质性的技术创新，包含新的技术原理、技术思想或者技术方法。对现有产品的改型以及对既有技术成果的验证、测试和使用等没有实质性技术创新的，不属于本办法规定的创新产品范围。

第三条 采购项目符合国家科技和相关产业发展规划，有利于落实国家重大战略目标任务，并且具有下列情形之一的，可以采用合作创新采购方式采购：

（一）市场现有产品或者技术不能满足要求，需要进行技术突破的；

（二）以研发创新产品为基础，形成新范式或者新的解决方案，能够显著改善功能性能，明显提高绩效的；

（三）国务院财政部门规定的其他情形。

第四条 中央和省级（含计划单列市）主管预算单位对符合本办法第三条规定情形的采购项目，可以采用合作创新采购方式。中央和省级主管预算单位可以开展合作创新采购，也可以授权所属预算单位开展合作创新采购。设区的市级主管预算单位经省级主管部门批准，可以采用合作创新采购方式。实施合作创新采购的，应当在部门预算中列明研发经费。

采购人可以委托采购代理机构代理合作创新采购，采购代理机构应当在委托的范围内依法开展采购活动。

第五条 合作创新采购应当建立合理的风险分担与激励机制，鼓励有研发能力的国有企业、民营企业、外商投资企业，高等院校，科研机构等各类供应商积极参与，发挥财政资金对全社会应用技术研发的辐射效应，促进科技创新。

第六条 合作创新采购应当落实国家安全有关法律法规要求。国家有关部门依法对涉及国家安全的合作创新采购活动开展安全审查。

第二章 需求管理

第七条 采购人开展合作创新采购前，应当开展市场调研和专家论证，科学设定合作创新采购项目的最低研发目标、最高研发费用和研发期限。

最低研发目标包括创新产品的主要功能、性能，主要服务内容、服务标准及其他产出目标。

最高研发费用包括该项目用于研发成本补偿的费用和创新产品的首购费用，还可以设定一定的激励费用。

第八条 合作创新采购，除只能从有限范围或者唯一供应商处采购以外，采购人应当通过公开竞争确定研发供应商。

第九条 合作创新采购中，采购人应当按照有利于降低研发风险的要求，围绕供应商需具备的研发能力设定资格条件，可以包括合作创新采购项目所必需的已有专利、计算机软件著作权、专有技术类别，同类项目的研发业绩，供应商已具备的研究基础等。

两个以上的供应商可以组成一个联合体，参与合作创新采购。

合作创新采购的研发活动应当在中国境内进行。除涉及国家安全和国家秘密的采购项目外，采购人应当保障内外资企业平等参与合作创新采购活动。

第十条 采购人开展合作创新采购应当落实政府采购支持中小企业发展相关政策。采购人应当结合采购项目情况和中小企业承接能力设置采购包，专门面向中小企业采购；对于工作内容难以分割的综合性采购项目，采购人应当要求获得采购合同的供应商将采购项目中的一定比例分包给中小企业，推动中小企业参与创新研发活动。

第十一条 合作创新采购中产生的各类知识产权，按照《中华人民共和国民法典》、《中华人民共和国科学技术进步法》以及知识产权等相关法律规定，原则上属于供应商享有，但是法律另有规定或者研发合同另有约定的除外。

知识产权涉及国家安全、国家利益或者重大社会公共利益的，应当约定由采购人享有或者约定共同享有。

第十二条 采购人开展合作创新采购前，应当制定采购方案。采购方案包括以下内容：

（一）创新产品的最低研发目标、最高研发费用、应用场景和研发期限；

（二）供应商邀请方式；

（三）谈判小组组成，评审专家选取办法，评审方法以及初步的评审标准；

（四）给予研发成本补偿的成本范围及该项目用于研发成本补偿的费用限额；

（五）是否开展研发中期谈判；

（六）关于知识产权权属、利益分配、使用方式的初步意见；

（七）创新产品的迭代升级服务要求；

（八）研发合同应当包括的主要条款；

（九）研发风险分析和风险管控措施；

（十）需要确定的其他事项。

采购人应当对采购方案的科学性、可行性、合规性等开展咨询论证，并按照《政府采购需求管理办法》有关规定履行内部审查、核准程序后实施。

第十三条 采购人应当按照政府采购有关规定，在省级以上人民政府财政部门指定的媒体上及时发布合作创新采购项目信息，包括采购意向、采购公告、研发谈判文件、成交结果、研发合同、首购协议等，但涉及国家秘密、商业秘密的信息，以及其他依照法律、行政法规和国家有关规定不得公开的信息除外。

第十四条 采购人、供应商、评审专家以及相关人员应当严格保守参与合作创新采购活动中所获悉的国家秘密、工作秘密和商业秘密。除已公开的信息外，未经当事人同意，不得将其提供的信息用于其他目的。

第三章 订购程序

第十五条 采购人应当组建谈判小组，谈判小组由采购人代表和评审专家共五人以上单数组成。采购人应当自行选定相应专业领域的评审专家。评审专家中应当包含一名法律专家和一名经济专家。谈判小组具体人员组成比例，评审专家选取办法及采购过程中的人员调整程序按照采购人内部控制管理制度确定。

谈判小组负责供应商资格审查、创新概念交流、研发竞争谈判、研发中期谈判和首购评审等工作。

第十六条 采购人应当发布合作创新采购公告邀请供应商，但受基础设施、行政许可、确需使用不可替代的知识产权或者专有技术等限制，只能从有限范围或者唯一供应商处采购的，采购人可以直接向所有符合条件的供应商发出合作创新采购邀请书。

以公告形式邀请供应商的，公告期限不得少于五个工作日。合作创新采购公告、合作创新采购邀请书应当包括采购人和采购项目名称，创新产品的最低研发目标、最高研发费用、应用场景及研发期限，对供应商的资格要求以及供应商提交参与合作创新采购申请文件的时间和地点等。同时，采购人应当在合作创新采购公告、合作创新采购邀请书中明确，最低研发目标、最高研发费用可能根据创新概念交流情况进行实质性调整。

提交参与合作创新采购申请文件的时间自采购公告、邀请书发出之日起不得少于二十个工作日。采购人应当在合作创新采购公告、合作创新采购邀请书中载明是否接受联合体参与。如未载明，不得拒绝联合体参与。

谈判小组依法对供应商的资格进行审查。提交申请文件或者通过资格审查的供应商只有两家或者一家的，可以按照本办法规定继续开展采购活动。

第十七条 谈判小组集中与所有通过资格审查的供应商共同进行创新概念交流，交流内容包括创新产品的最低研发目标、最高研发费用、应用场景及采购方案的其他相关内容。

创新概念交流中，谈判小组应当全面及时回答供应商提问。必要时，采购人或者其授权的谈判小组可以组织供应商进行集中答疑和现场考察。

采购人根据创新概念交流情况，对采购方案内容进行实质性调整的，应当按照内部控制管理制度有关规定，履行必要的内部审查、核准程序。

第十八条　采购人根据创新概念交流结果，形成研发谈判文件。研发谈判文件主要内容包括：

（一）创新产品的最低研发目标、最高研发费用、应用场景、研发期限及有关情况说明；

（二）研发供应商数量；

（三）给予单个研发供应商的研发成本补偿的成本范围和限额，另设激励费用的，明确激励费用的金额；

（四）创新产品首购数量或者金额；

（五）评审方法与评审标准，在谈判过程中不得更改的主要评审因素及其权重，以及是否采用两阶段评审；

（六）对研发进度安排及相应的研发中期谈判阶段划分的响应要求；

（七）各阶段研发成本补偿的成本范围和金额、标志性成果的响应要求；

（八）研发成本补偿费用的支付方式、时间和条件；

（九）创新产品的验收方法与验收标准；

（十）首购产品的评审标准；

（十一）关于知识产权权属、利益分配、使用方式等的响应要求；

（十二）落实支持中小企业发展等政策的要求；

（十三）创新产品的迭代升级服务要求；

（十四）研发合同的主要条款；

（十五）响应文件编制要求，提交方式、提交截止时间和地点，以及响应文件有效期；

（十六）省级以上财政部门规定的其他事项。

本办法所称评审因素，主要包括供应商研发方案，供应商提出的研发成本补偿金额和首购产品金额的报价，研发完成时间，创新产品的售后服务方案等。其中，供应商研发方案的分值占总分值的比重不得低于百分之五十。

本办法所称标志性成果，包括形成创新产品的详细设计方案、技术原理在实验室环境获得验证通过、创新产品的关键部件研制成功、生产出符合要求的模型样机以及创新产品通过采购人试用和履约验收等。

第十九条　采购人应当向所有参与创新概念交流的供应商提供研发谈判文件，邀请其参与研发竞争谈判。从研发谈判文件发出之日起至供应商提交首次响应文件截止之日止不得少于十个工作日。

采购人可以对已发出的研发谈判文件进行必要的澄清或者修改，但不得改变采购标的和资格条件。澄清或者修改的内容可能影响响应文件编制，导致供应商准备时间不足的，采购人按照研发谈判文件规定，顺延提交响应文件的时间。

第二十条 供应商应当根据研发谈判文件编制响应文件，对研发谈判文件的要求作出实质性响应。响应文件包括以下内容：

（一）供应商的研发方案；

（二）研发完成时间；

（三）响应报价，供应商应当对研发成本补偿金额和首购产品金额分别报价，且各自不得高于研发谈判文件规定的给予单个研发供应商的研发成本补偿限额和首购费用。首购产品金额除创新产品本身的购买费用以外，还包括创新产品未来一定期限内的运行维护等费用；

（四）各阶段的研发成本补偿的成本范围和金额；

（五）创新产品的验收方法与验收标准；

（六）创新产品的售后服务方案；

（七）知识产权权属、利益分配、使用方式等；

（八）创新产品的迭代升级服务方案；

（九）落实支持中小企业发展等政策要求的响应内容；

（十）其他需要响应的内容。

本办法所称供应商的研发方案，包括研发产品预计能实现的功能、性能，服务内容、服务标准及其他产出目标；研发拟采用的技术路线及其优势；可能出现的影响研发的风险及其管控措施；研发团队组成、团队成员的专业能力和经验；研发进度安排和各阶段标志性成果说明等。

第二十一条 谈判小组集中与单一供应商分别进行谈判，对相关内容进行细化调整。谈判主要内容包括：

（一）创新产品的最低研发目标、验收方法与验收标准；

（二）供应商的研发方案；

（三）研发完成时间；

（四）研发成本补偿的成本范围和金额，及首购产品金额；

（五）研发竞争谈判的评审标准；

（六）各阶段研发成本补偿的成本范围和金额；

（七）首购产品的评审标准；

（八）知识产权权属、利益分配、使用方式等；

（九）创新产品的迭代升级服务方案；

（十）研发合同履行中可能出现的风险及其管控措施。

在谈判中，谈判小组可以根据谈判情况实质性变动谈判文件有关内容，但不得降低最低研发目标、提高最高研发费用，也不得改变谈判文件中的主要评审因素及其权重。

谈判结束后，谈判小组根据谈判结果，确定最终的谈判文件，并以书面形式同时通知所有参加谈判的供应商。供应商按要求提交最终响应文件，谈判小组给予供应商的响应时间应当不少于五个工作日。提交最终响应文件的供应商只有两家或者一家的，可以按照本办法规定继续开展采购活动。

第二十二条 谈判小组对响应文件满足研发谈判文件全部实质性要求的供应商开展评审，按照评审得分从高到低排序，推荐成交候选人。

谈判小组根据谈判文件规定，可以对供应商响应文件的研发方案部分和其他部分采取两阶段评审，先评审研发方案部分，对研发方案得分达到规定名次的，再综合评审其他部分，按照总得分从高到低排序，确定成交候选人。

第二十三条 采购人根据谈判文件规定的研发供应商数量和谈判小组推荐的成交候选人顺序，确定研发供应商，也可以书面授权谈判小组直接确定研发供应商。研发供应商数量最多不得超过三家。成交候选人数量少于谈判文件规定的研发供应商数量的，采购人可以确定所有成交候选人为研发供应商，也可以重新开展政府采购活动。采购人应当依法与研发供应商签订研发合同。

只能从唯一供应商处采购的，采购人与供应商应当遵照本办法规定的原则，根据研发成本和可参照的同类项目合同价格协商确定合理价格，明确创新产品的功能、性能，研发完成时间，研发成本补偿的成本范围和金额，首购产品金额，研发进度安排及相应的研发中期谈判阶段划分等合同条件。

第二十四条 采购人根据研发合同约定，组织谈判小组与研发供应商在研发不同阶段就研发进度、标志性成果及其验收方法与标准、研发成本补偿的成本范围和金额等问题进行研发中期谈判，根据研发进展情况对相关内容细化调整，但每个研发供应商各阶段补偿成本范围不得超过研发合同约定的研发成本补偿的成本范围，且各阶段成本补偿金额之和不得超过研发合同约定的研发成本补偿金额。研发中期谈判应当在每一阶段开始前完成。

每一阶段约定期限到期后，研发供应商应当提交成果报告和成本说明，采购人根据研发合同约定和研发中期谈判结果支付研发成本补偿费用。研发供应商提供的标志性成果满足要求的，进入下一研发阶段；研发供应商未按照约定完成标志性成果的，予以淘汰并终止研发合同。

第二十五条 对于研发供应商提交的最终定型的创新产品和符合条件的样品，采购人应当按照研发合同约定的验收方法与验收标准开展验收，验收时可以邀请谈判小组成员参与。

第四章　首购程序

第二十六条　采购人按照研发合同约定开展创新产品首购。

只有一家研发供应商研制的创新产品通过验收的，采购人直接确定其为首购产品。有两家以上研发供应商研制的创新产品通过验收的，采购人应当组织谈判小组评审，根据研发合同约定的评审标准确定一家研发供应商的创新产品为首购产品。

首购评审综合考虑创新产品的功能、性能、价格、售后服务方案等，按照性价比最优的原则确定首购产品。此时研发供应商对首购产品金额的报价不得高于研发谈判文件规定的首购费用。

采购人应当在确定首购产品后十个工作日内在省级以上人民政府财政部门指定的媒体上发布首购产品信息，并按照研发合同约定的创新产品首购数量或者金额，与首购产品供应商签订创新产品首购协议，明确首购产品的功能、性能，服务内容和服务标准，首购的数量、单价和总金额，首购产品交付时间，资金支付方式和条件等内容，作为研发合同的补充协议。

第二十七条　研发合同有效期内，供应商按照研发合同约定提供首购产品迭代升级服务，用升级后的创新产品替代原首购产品。

因采购人调整创新产品功能、性能目标需要调整费用的，增加的费用不得超过首购金额的百分之十。

第二十八条　其他采购人有需求的，可以直接采购指定媒体上公布的创新产品，也可以在不降低创新产品核心技术参数的前提下，委托供应商对创新产品进行定制化改造后采购。

其他采购人采购创新产品的，应当在该创新产品研发合同终止之日前，以不高于首购价格的价格与供应商平等自愿签订采购合同。

第二十九条　国务院财政部门会同国务院相关行业主管部门选择首购产品中的重点产品制定相应的采购需求标准，推荐在政府采购中使用；对涉及国家安全的创新产品，可以实行强制采购。

第五章　研发合同管理

第三十条　采购人应当根据研发谈判文件的所有实质性要求以及研发供应商的响应文件签订研发合同。研发合同应当包括以下内容：

（一）采购人以及研发供应商的名称、地址和联系方式；

（二）采购项目名称、编号；

（三）创新产品的功能、性能，服务内容、服务标准及其他产出目标；

（四）研发成本补偿的成本范围和金额，另设激励费用的，激励费用的金额；

（五）创新产品首购的数量、单价和总金额；

（六）研发进度安排及相应的研发中期谈判阶段划分；

（七）各阶段研发成本补偿的成本范围和金额、标志性成果；

（八）研发成本补偿费用的支付方式、时间和条件；

（九）创新产品验收方法与验收标准；

（十）首购产品评审标准；

（十一）创新产品的售后服务和迭代升级服务方案；

（十二）知识产权权属约定、利益分配、使用方式等；

（十三）落实支持中小企业发展等政策的要求；

（十四）研发合同期限；

（十五）合同履行中可能出现的风险及其管控措施；

（十六）技术信息和资料的保密；

（十七）合同解除情形；

（十八）违约责任；

（十九）争议解决方式；

（二十）需要约定的其他事项。

研发合同约定的各阶段补偿成本范围和金额、标志性成果，在研发中期谈判中作出细化调整的，采购人应当就变更事项与研发供应商签订补充协议。

第三十一条 研发合同期限包括创新产品研发、迭代升级以及首购交付的期限，一般不得超过两年，属于重大合作创新采购项目的，不得超过三年。

第三十二条 研发合同为成本补偿合同。成本补偿的范围包括供应商在研发过程中实际投入的设备费、业务费、劳务费以及间接费用等。

采购人应当按照研发合同约定向研发供应商支付研发成本补偿费用和激励费用。

预留份额专门面向中小企业的合作创新采购项目，联合协议或者分包意向协议应当明确按照研发合同成本补偿规定分担风险。

第三十三条 采购人应当向首购产品供应商支付预付款用于创新产品生产制造。预付款金额不得低于首购协议约定的首购总金额的百分之三十。

第三十四条 研发合同履行中，因市场已出现拟研发创新产品的同类产品等情形，采购人认为研发合同继续履行没有意义的，应当及时通知研发供应商终止研发合同，并按研发合同约定向研发供应商支付相应的研发成本补偿费用。

因出现无法克服的技术困难，致使研发失败或者部分失败的，研发供应商应当及时通知采购人终止研发合同，并采取适当补救措施减少损失，采购人按研发合同约定向研发供应商支付相应的研发成本补偿费用。因研发供应商违反合同约定致使研发工作发生重大延误、停滞或者失败的，采购人可以解除研发合同，研发供应商承担相应违约责任。

第六章　争议处理、监督检查和法律责任

第三十五条　供应商认为邀请参与合作创新采购的过程、资格审查的过程使自己的合法权益受到损害的，可以依法提起质疑、投诉。

参与研发竞争谈判、研发中期谈判、首购评审的供应商认为研发谈判文件、采购过程和成交结果使自己的合法权益受到损害的，可以依法提起质疑、投诉。

第三十六条　财政部门应当依法加强对合作创新采购活动的监督检查，检查发现采购人、采购代理机构、供应商存在违反本办法规定行为的，由财政部门责令限期改正。

第三十七条　违反本办法规定，经责令限期改正后仍然影响或者可能影响成交结果或者合同履行的，依照政府采购法律、行政法规、规章处理。

第三十八条　政府采购当事人违反本办法规定，给他人造成损失的，依法承担民事责任。

第七章　附　　则

第三十九条　合作创新采购项目涉及国家秘密的，其采购代理机构委托、供应商资格条件、竞争范围、信息发布等按照涉密政府采购有关规定执行。

第四十条　各省、自治区、直辖市财政部门可以根据本办法制定具体实施办法。

第四十一条　本办法所称中国境内，是指适用《中华人民共和国海关法》的中华人民共和国行政管辖区域，不包括香港、澳门和台湾金马等单独关境地区。

第四十二条　本办法自 2024 年 6 月 1 日起施行。

（七）变更政府采购方式

财政部关于印发《中央预算单位变更政府采购方式审批管理办法》的通知

2015年1月15日　财库〔2015〕36号

党中央有关部门，国务院各部委、各直属机构，全国人大常委会办公厅，全国政协办公厅，高法院，高检院，中共中央直属机关采购中心，中央国家机关政府采购中心，人大机关采购中心，有关人民团体，新疆生产建设兵团财务局：

为进一步加强中央预算单位政府采购管理，规范中央预算单位变更政府采购方式审批管理工作，根据《中华人民共和国政府采购法》、《政府采购非招标采购方式管理办法》及政府采购相关制度规定，我们制定了《中央预算单位变更政府采购方式审批管理办法》，现印发给你们，请遵照执行。

附件：《中央预算单位变更政府采购方式审批管理办法》

财政部

2015年1月15日

附件：

中央预算单位变更政府采购方式审批管理办法

第一章　总　则

第一条　为了加强中央预算单位政府采购管理，规范中央预算单位变更政府采购方式审批管理工作，根据《中华人民共和国政府采购法》、《政府采购非招标采购方式管理办法》及政府采购相关制度规定，制定本办法。

第二条 中央预算单位达到公开招标数额标准的货物、服务采购项目，需要采用公开招标以外采购方式的，应当在采购活动开始前，按照本办法规定申请变更政府采购方式。

本办法所称公开招标以外的采购方式，是指邀请招标、竞争性谈判、竞争性磋商、单一来源采购、询价以及财政部认定的其他采购方式。

第三条 变更政府采购方式申请应当由中央主管预算单位向财政部提出。财政部应当按照政府采购法和本办法规定进行审批。

第四条 中央主管预算单位应当加强对本部门所属预算单位变更政府采购方式工作的指导和监督。中央预算单位应当提交完整、明确、合规的申请材料，并对申请材料的真实性负责。

第二章 变更方式申请

第五条 中央预算单位应当建立和完善采购方式变更内部管理制度，明确采购、财务、业务相关部门（岗位）责任。业务部门应当结合工作实际，根据经费预算和资产配置等采购标准，提出合理采购需求。采购部门（岗位）应当组织财务、业务等相关部门（岗位），根据采购需求和相关行业、产业发展状况，对拟申请采用采购方式的理由及必要性进行内部会商。会商意见应当由相关部门（岗位）人员共同签字认可。

第六条 中央预算单位申请单一来源采购方式，符合政府采购法第三十一条第一项情形的，在进行单位内部会商前，应先组织 3 名以上专业人员对只能从唯一供应商处采购的理由进行论证。专业人员论证意见应当完整、清晰和明确，意见不明确或者含混不清的，属于无效意见，不作为审核依据。专业人员论证意见中应当载明专业人员姓名、工作单位、职称、联系电话和身份证号码。专业人员不能与论证项目有直接利害关系，不能是本单位或者潜在供应商及其关联单位的工作人员。

第七条 中央预算单位申请采用公开招标以外采购方式的，应当提交以下材料：

（一）中央主管预算单位出具的变更采购方式申请公文，公文中应当载明以下内容：中央预算单位名称、采购项目名称、项目概况等项目基本情况说明，拟申请采用的采购方式和理由，联系人及联系电话等。申请变更为单一来源采购方式的，还需提供拟定的唯一供应商名称、地址；

（二）项目预算金额、预算批复文件或者资金来源证明；

（三）单位内部会商意见。申请变更为单一来源采购方式的，如符合政府采购法第三十一条第一项情形，还需提供专业人员论证意见。

第八条 非中央预算单位所能预见的原因或者非中央预算单位拖延造成采用招标所需时间不能满足需要而申请变更采购方式的，中央预算单位应当提供项目紧急原因的说明材料。

第九条 中央预算单位因采购任务涉及国家秘密需要变更采购方式的，应当提供由国家保密机关出具的本项目为涉密采购项目的证明文件。

第十条 中央预算单位符合《政府采购非招标采购方式管理办法》第二十七条第一款第一项情形和第二款情形，申请采用竞争性谈判采购方式的；公开招标过程中提交投标文件或者经评审实质性响应招标文件要求的供应商只有一家时，申请单一来源采购方式的，除按照本办法第七条第一项和第二项要求提供有关申请材料外，还应当提供以下材料：

（一）在中国政府采购网发布招标公告的证明材料；

（二）中央预算单位、采购代理机构出具的对招标文件和招标过程没有供应商质疑的说明材料；

（三）评标委员会或 3 名以上评审专家出具的招标文件没有不合理条款的论证意见。

第十一条 中央主管预算单位在同一预算年度内，对所属多个预算单位因相同采购需求和原因采购同一品目的货物或者服务，拟申请采用同一种采购方式的，可统一组织一次内部会商后，向财政部报送一揽子方式变更申请。

第十二条 中央预算单位一般应通过“政府采购计划管理系统”报送采购方式变更申请，对系统中已导入政府采购预算的，不再提供部门预算批复文件复印件。因采购任务涉及国家秘密需要变更采购方式的，应当通过纸质文件报送。

第十三条 中央预算单位申请采用单一来源采购方式，符合政府采购法第三十一条第一项情形的，在向财政部提出变更申请前，经中央主管预算单位同意后，在中国政府采购网上进行公示，并将公示情况一并报财政部。

因采购任务涉及国家秘密需要变更为单一来源采购方式的，可不进行公示。

第十四条 中央预算单位申请变更为单一来源采购方式的申请前公示，公示期不得少于 5 个工作日，公示材料为单一来源采购征求意见公示文书和专业人员论证意见。因公开招标过程中提交投标文件或者经评审实质性响应招标文件要求的供应商只有一家时，申请采用单一来源采购方式的，公示材料还包括评审专家和代理机构分别出具的招标文件无歧视性条款、招标过程未受质疑相关意见材料。

单一来源采购征求意见公示文书内容应包括：中央预算单位、采购项目名称和内容；公示的期限；拟采购的唯一供应商名称；中央主管预算单位、财政部政府采购监管部门的联系地址、联系人和联系电话。

第十五条 任何供应商、单位或者个人对采用单一来源采购方式公示有异议的，可以在公示期内将书面意见反馈给中央预算单位，并同时抄送中央主管预算单位和财政部。

第十六条 中央预算单位收到对采用单一来源采购方式公示的异议后，应当在公示期满5个工作日内，组织补充论证，论证后认为异议成立的，应当依法采取其他采购方式；论证后认为异议不成立的，应当将异议意见、论证意见与公示情况一并报财政部。

第三章 审批管理

第十七条 财政部收到变更采购方式申请后应当及时审查，并按下列情形限时办结：

（一）变更政府采购方式申请的理由和申请材料符合政府采购法和本办法规定的，财政部应当在收到材料之日起，7个工作日内予以批复。

（二）申请材料不符合本办法规定的，财政部应当在3个工作日内通知中央主管预算单位修改补充。办结日期以财政部重新收到申报材料时算起。

（三）变更政府采购方式申请的理由不符合政府采购法规定的，财政部应当在收到材料之日起，3个工作日内予以答复，并将不予批复的理由告知中央主管预算单位。

第十八条 中央预算单位应当按照财政部的批复文件，依法开展政府采购活动，未经批准，擅自采用公开招标以外采购方式的，财政部将依据政府采购法及有关法律法规予以处理。

第四章 附 则

第十九条 中央预算单位采购限额标准以上公开招标数额标准以下的货物、工程和服务，以及达到招标规模标准依法可不进行招标的政府采购工程建设项目，需要采用公开招标以外采购方式的，由单位根据《政府采购非招标采购方式管理办法》及有关制度规定，自主选择相应采购方式。

第二十条 本办法自2015年3月1日起实施。原《中央单位变更政府采购方式审批管理暂行办法》（财库〔2009〕48号）、《财政部关于对中央单位申请单一来源采购实行审核前公示相关问题的通知》（财库〔2011〕130号）停止执行。

财政部关于简化优化中央预算单位变更政府采购方式和采购进口产品审批审核有关事宜的通知

2016年11月18日 财办库〔2016〕416号

党中央有关部门办公厅（室），国务院各部委、各直属机构办公厅（室），全国人大常委会办公厅秘书局，全国政协办公厅秘书局，高法院办公厅，高检院办公厅，各民主党派中央办公厅（室），有关人民团体办公厅（室）：

为简化优化中央预算单位变更政府采购方式和采购进口产品审批审核程序，提高审批审核工作效率，保障中央预算单位政府采购活动的顺利开展，现将有关事宜通知如下：

一、推行变更政府采购方式一揽子申报和批复

主管预算单位应加强本部门变更政府采购方式申报管理，定期归集所属预算单位申请项目，向财政部（国库司）一揽子申报，财政部（国库司）一揽子批复。归集的周期和频次由主管预算单位结合实际自行确定。时间紧急或临时增加的采购项目可单独申报和批复。

二、推行采购进口产品集中论证和统一报批

主管预算单位应按年度汇总所属预算单位的采购进口产品申请，组织专家集中论证后向财政部（国库司）申报，财政部（国库司）统一批复。时间紧急或临时增加的采购项目可单独申报和批复。

三、提高申报和审批审核效率

主管预算单位应完善内部管理规定和流程，明确时间节点和工作要求，及时做好所属预算单位变更政府采购方式和采购进口产品申报工作。对于中央预算单位变更政府采购方式和采购进口产品申请，财政部（国库司）实行限时办结制。对于申请理由不符合规定的项目，财政部（国库司）及时退回并告知原因；对于申请材料不完善和不符合规定的，财政部（国库司）一次性告知主管预算单位修改补充事项；对于符合规定的申请项目，财政部（国库司）自收到申请材料起5个工作日内完成批复。

中央预算单位变更政府采购方式和采购进口产品的其他事宜，按照《财政部关于印发〈中央预算单位变更政府采购方式审批管理办法〉的通知》（财库〔2015〕36号）、《财政部关于印发〈政府采购进口产品管理办法〉的通知》（财库〔2007〕119号）和《财政部关于完善中央单位政府采购预算管理和中央高校、科研院所科研仪器设备采购管理有关事项的通知》（财库〔2016〕194号）的有关规定执行。

本通知自2017年1月1日起执行。

财政部办公厅

2016年11月18日

七、

政府采购合同

国务院办公厅关于清理规范工程建设领域保证金的通知

2016 年 6 月 23 日　国办发〔2016〕49 号

各省、自治区、直辖市人民政府，国务院各部委、各直属机构：

清理规范工程建设领域保证金，是推进简政放权、放管结合、优化服务改革的必要措施，有利于减轻企业负担、激发市场活力，有利于发展信用经济、建设统一市场、促进公平竞争、加快建筑业转型升级。为做好清理规范工程建设领域保证金工作，经国务院同意，现就有关事项通知如下：

一、全面清理各类保证金。对建筑业企业在工程建设中需缴纳的保证金，除依法依规设立的投标保证金、履约保证金、工程质量保证金、农民工工资保证金外，其他保证金一律取消。对取消的保证金，自本通知印发之日起，一律停止收取。

二、转变保证金缴纳方式。对保留的投标保证金、履约保证金、工程质量保证金、农民工工资保证金，推行银行保函制度，建筑业企业可以银行保函方式缴纳。

三、按时返还保证金。对取消的保证金，各地要抓紧制定具体可行的办法，于 2016 年底前退还相关企业；对保留的保证金，要严格执行相关规定，确保按时返还。未按规定或合同约定返还保证金的，保证金收取方应向建筑业企业支付逾期返还违约金。

四、严格工程质量保证金管理。工程质量保证金的预留比例上限不得高于工程价款结算总额的 5%。在工程项目竣工前，已经缴纳履约保证金的，建设单位不得同时预留工程质量保证金。

五、实行农民工工资保证金差异化缴存办法。对一定时期内未发生工资拖欠的企业，实行减免措施；对发生工资拖欠的企业，适当提高缴存比例。

六、规范保证金管理制度。对保留的保证金，要抓紧修订相关法律法规，完善保证金管理制度和具体办法。对取消的保证金，要抓紧修订或废止与清理规范工作要求不一致的制度规定。在清理规范保证金的同时，要通过纳入信用体系等方式，逐步建立监督约束建筑业企业的新机制。

七、严禁新设保证金项目。未经国务院批准，各地区、各部门一律不得以任何形式在工程建设领域新设保证金项目。要全面推进工程建设领域保证金信息公开，建立举报查处机制，定期公布查处结果，曝光违规收取保证金的典型案例。

各地区、各部门要加强组织领导，制定具体方案，强化监督检查，积极稳妥推进，切实将清理规范工程建设领域保证金工作落实到位。各地区要明确责任分工和时限要求，并于2017年1月底前将落实情况报送住房城乡建设部、财政部。住房城乡建设部、财政部要会同有关部门密切跟踪进展，加强统筹协调，对不按要求清理规范、瞒报保证金收取等情况的，要严肃追究责任，确保清理规范工作取得实效，并及时将落实情况上报国务院。

国务院办公厅

2016年6月23日

住房城乡建设部　财政部关于印发建设工程质量保证金管理办法的通知

2017 年 6 月 20 日　建质〔2017〕138 号

党中央有关部门，国务院各部委、各直属机构，高法院，高检院，有关人民团体，各中央管理企业，各省、自治区、直辖市、计划单列市住房城乡建设厅（建委、建设局）、财政厅（局），新疆生产建设兵团建设局、财务局：

为贯彻落实国务院关于进一步清理规范涉企收费、切实减轻建筑业企业负担的精神，规范建设工程质量保证金管理，住房城乡建设部、财政部对《建设工程质量保证金管理办法》（建质〔2016〕295 号）进行了修订。现印发给你们，请结合本地区、本部门实际认真贯彻执行。

住房城乡建设部
财政部
2017 年 6 月 20 日

建设工程质量保证金管理办法

第一条　为规范建设工程质量保证金管理，落实工程在缺陷责任期内的维修责任，根据《中华人民共和国建筑法》、《建设工程质量管理条例》、《国务院办公厅关于清理规范工程建设领域保证金的通知》和《基本建设财务管理规则》等相关规定，制定本办法。

第二条　本办法所称建设工程质量保证金（以下简称保证金）是指发包人与承包人在建设工程承包合同中约定，从应付的工程款中预留，用以保证承包人在缺陷责任期内对建设工程出现的缺陷进行维修的资金。

缺陷是指建设工程质量不符合工程建设强制性标准、设计文件，以及承包合同的约定。

缺陷责任期一般为1年，最长不超过2年，由发、承包双方在合同中约定。

第三条 发包人应当在招标文件中明确保证金预留、返还等内容，并与承包人在合同条款中对涉及保证金的下列事项进行约定：

（一）保证金预留、返还方式；

（二）保证金预留比例、期限；

（三）保证金是否计付利息，如计付利息，利息的计算方式；

（四）缺陷责任期的期限及计算方式；

（五）保证金预留、返还及工程维修质量、费用等争议的处理程序；

（六）缺陷责任期内出现缺陷的索赔方式；

（七）逾期返还保证金的违约金支付办法及违约责任。

第四条 缺陷责任期内，实行国库集中支付的政府投资项目，保证金的管理应按国库集中支付的有关规定执行。其他政府投资项目，保证金可以预留在财政部门或发包方。缺陷责任期内，如发包方被撤销，保证金随交付使用资产一并移交使用单位管理，由使用单位代行发包人职责。

社会投资项目采用预留保证金方式的，发、承包双方可以约定将保证金交由第三方金融机构托管。

第五条 推行银行保函制度，承包人可以银行保函替代预留保证金。

第六条 在工程项目竣工前，已经缴纳履约保证金的，发包人不得同时预留工程质量保证金。

采用工程质量保证担保、工程质量保险等其他保证方式的，发包人不得再预留保证金。

第七条 发包人应按照合同约定方式预留保证金，保证金总预留比例不得高于工程价款结算总额的3%。合同约定由承包人以银行保函替代预留保证金的，保函金额不得高于工程价款结算总额的3%。

第八条 缺陷责任期从工程通过竣工验收之日起计。由于承包人原因导致工程无法按规定期限进行竣工验收的，缺陷责任期从实际通过竣工验收之日起计。由于发包人原因导致工程无法按规定期限进行竣工验收的，在承包人提交竣工验收报告90天后，工程自动进入缺陷责任期。

第九条 缺陷责任期内，由承包人原因造成的缺陷，承包人应负责维修，并承担鉴定及维修费用。如承包人不维修也不承担费用，发包人可按合同约定从保证金或银行保函中扣除，费用超出保证金额的，发包人可按合同约定向承包人进行索赔。承包人维修并承担相应费用后，不免除对工程的损失赔偿责任。

由他人原因造成的缺陷，发包人负责组织维修，承包人不承担费用，且发包人不得从保证金中扣除费用。

第十条 缺陷责任期内，承包人认真履行合同约定的责任，到期后，承包人向发包人申请返还保证金。

第十一条 发包人在接到承包人返还保证金申请后，应于14天内会同承包人按照合同约定的内容进行核实。如无异议，发包人应当按照约定将保证金返还给承包人。对返还期限没有约定或者约定不明确的，发包人应当在核实后14天内将保证金返还承包人，逾期未返还的，依法承担违约责任。发包人在接到承包人返还保证金申请后14天内不予答复，经催告后14天内仍不予答复，视同认可承包人的返还保证金申请。

第十二条 发包人和承包人对保证金预留、返还以及工程维修质量、费用有争议的，按承包合同约定的争议和纠纷解决程序处理。

第十三条 建设工程实行工程总承包的，总承包单位与分包单位有关保证金的权利与义务的约定，参照本办法关于发包人与承包人相应权利与义务的约定执行。

第十四条 本办法由住房城乡建设部、财政部负责解释。

第十五条 本办法自2017年7月1日起施行，原《建设工程质量保证金管理办法》（建质〔2016〕295号）同时废止。

财政部关于印发《政府采购货物买卖合同（试行）》的通知

2024 年 4 月 25 日　财办库〔2024〕84 号

各省、自治区、直辖市、计划单列市财政厅（局），新疆生产建设兵团财政局，各中央预算单位办公厅（室），有关集中采购机构：

为推进政府采购标准化建设，规范政府采购合同签订行为，财政部制定了《政府采购货物买卖合同（试行）》，供采购人参考使用。

《政府采购货物买卖合同（试行）》电子版，请登录中国政府采购网（www. ccgp. gov. cn）下载。

附件：政府采购货物买卖合同（试行）

财政部办公厅
2024 年 4 月 25 日

附件：

政府采购货物买卖合同（试行）

项目名称：________________________

合同编号：________________________

甲　　方：________________________

乙　　方：________________________

签订时间：________________________

使用说明

1. 本合同标准文本适用于购买现成货物的采购项目，不包括需要供应商定制开发、创新研发的货物采购项目。

2. 本合同标准文本为政府采购货物买卖合同编制提供参考，可以结合采购项目具体情况，对文本作必要的调整修订后使用。

3. 本合同标准文本各条款中，如涉及填写多家供应商、制造商，多种采购标的、分包主要内容等信息的，可根据采购项目具体情况添加信息项。

第一节　政府采购合同协议书

甲方（全称）：______________________（采购人、受采购人委托签订合同的单位或采购文件约定的合同甲方）

乙方 1（全称）：____________________（供应商）

乙方 2（全称）：____________________（联合体成员供应商或其他合同主体）（如有）

乙方 3（全称）：____________________（联合体成员供应商或其他合同主体）（如有）

依据《中华人民共和国民法典》、《中华人民共和国政府采购法》等有关的法律法规，以及本采购项目的招标/谈判文件等采购文件、乙方的《投标（响应）文件》及《中标（成交）通知书》，甲乙双方同意签订本合同。具体情况及要求如下：

1. 项目信息

（1）采购项目名称：________________________

采购项目编号：________________________

（2）采购计划编号：________________________

（3）项目内容：

采购标的及数量（台/套/个/架/组等）：__________________

品牌：______________规格型号：______________________

采购标的的技术要求、商务要求具体见附件。

①涉及信息类产品，请填写该产品关键部件的品牌、型号：

标的名称：______________________

关键部件：_________品牌：_________型号：______

关键部件：_________品牌：_________型号：______

关键部件：__________品牌：________型号：_____

（注：关键部件是指财政部会同有关部门发布的政府采购需求标准规定的需要通过国家有关部门指定的测评机构开展的安全可靠测评的软硬件，如 CPU 芯片、操作系统、数据库等。）

②涉及车辆采购，请填写是否属于新能源汽车：

□是,《政府采购品目分类目录》底级品目名称：____数量：____金额：____

□否

（4）政府采购组织形式：

□政府集中采购　□部门集中采购　□分散采购

（5）政府采购方式：

□公开招标　□邀请招标　□竞争性谈判　□竞争性磋商

□询价　□单一来源　□框架协议　□其他：__________

（注：在框架协议采购的第二阶段，可选择使用该合同文本）

（6）中标（成交）采购标的制造商是否为中小企业：

□是　□否

本合同是否为专门面向中小企业的采购合同（中小企业预留合同）：

□是　□否

若本项目不专门面向中小企业采购，是否给予小微企业评审优惠：

□是　□否

中标（成交）采购标的制造商是否为残疾人福利性单位：

□是　□否

中标（成交）采购标的制造商是否为监狱企业：

□是　□否

（7）合同是否分包：

□是　□否

分包主要内容：______________________________

分包供应商/制造商名称（如供应商和制造商不同，请分别填写）：

____

____

分包供应商/制造商类型（如果供应商和制造商不同，只填写制造商类型）：

□大型企业　□中型企业　□小微型企业　□残疾人福利性单位

□监狱企业　□其他

（8）中标（成交）供应商是否为外商投资企业：

□是　□否

外商投资企业类型：

□全部由外国投资者投资　　　　　　　□部分由外国投资者投资

（9）是否涉及进口产品：

□是，《政府采购品目分类目录》底级品目名称：________金额：______

国别：______________品牌：______________规格型号：______________

□否

（10）是否涉及节能产品：

□是，《节能产品政府采购品目清单》的底级品目名称：______________

□强制采购　　　　□优先采购　　　　□否

是否涉及环境标志产品：

□是，《环境标志产品政府采购品目清单》的底级品目名称：______________

□强制采购　　　　□优先采购　　　　□否

是否涉及绿色产品：

□是，绿色产品政府采购相关政策确定的底级品目名称：______________

□强制采购　　　　□优先采购　　　　□否

（11）涉及商品包装和快递包装的，是否参考《商品包装政府采购需求标准（试行）》、《快递包装政府采购需求标准（试行）》明确产品及相关快递服务的具体包装要求：

□是　　　　□否　　　　□不涉及

2. 合同金额

（1）合同金额小写：______________________________

　　　　　　大写：______________________________

　分包金额（如有）小写：______________________

　　　　　　　　　大写：______________________

（注：固定单价合同应填写单价和最高限价）

（2）合同定价方式（采用组合定价方式的，可以勾选多项）：

□固定总价　　　　□固定单价　　　　□固定费率　　　　□成本补偿

□绩效激励　　　　□其他______

（3）付款方式（按项目实际勾选填写）：

□全额付款：（应明确一次性支付合同款项的条件）

□分期付款：（应明确分期支付合同款项的各期比例和支付条件，各期支付条件应与分期履约验收情况挂钩），其中涉及预付款的：（应明确预付款的支付比例和支付条件）

□成本补偿：（应明确按照成本补偿方式的支付方式和支付条件）

□绩效激励：（应明确按照绩效激励方式的支付方式和支付条件）

3. 合同履行

（1）起始日期：____年__月__日，完成日期：____年__月__日。

（2）履约地点：______________________________

（3）履约担保：是否收取履约保证金：

□是　　　　　　　□否

收取履约保证金形式：______________________

收取履约保证金金额：______________________

履约担保期限：__________________________

（4）分期履行要求：____

（5）风险处置措施和替代方案：____________________________________

---

4. 合同验收

（1）验收组织方式：

□自行组织　　　　　□委托第三方组织

验收主体：______________

是否邀请本项目的其他供应商参加验收：

□是　　　　　　　□否

是否邀请专家参加验收：

□是　　　　　　　□否

是否邀请服务对象参加验收：

□是　　　　　　　□否

是否邀请第三方检测机构参加验收：

□是　　　　　　　□否

是否进行抽查检测：

□是，抽查比例：______________　　　□否

是否存在破坏性检测：

□是，(应明确对被破坏的检测产品的处理方式)

□否

验收组织的其他事项：______________

（2）履约验收时间：(计划于何时验收/供应商提出验收申请之日起　日内组织验收)

（3）履约验收方式：

□一次性验收

□分期/分项验收：(应明确分期/分项验收的工作安排)

（4）履约验收程序：____

（5）履约验收的内容：（应当包括每一项技术和商务要求的履约情况，特别是落实政府采购扶持中小企业，支持绿色发展和乡村振兴等政策情况）

（6）履约验收标准：____________________

（7）是否以采购活动中供应商提供的样品作为参考：

□是　　　　　　□否

（8）履约验收其他事项：______（产权过户登记等）______

5. 组成合同的文件

本协议书与下列文件一起构成合同文件，如下述文件之间有任何抵触、矛盾或歧义，应按以下顺序解释：

（1）政府采购合同协议书及其变更、补充协议

（2）政府采购合同专用条款

（3）政府采购合同通用条款

（4）中标（成交）通知书

（5）投标（响应）文件

（6）采购文件

（7）有关技术文件，图纸

（8）国家法律、行政法规和规章制度规定或合同约定的作为合同组成部分的其他文件

6. 合同生效

本合同自____________________生效。

7. 合同份数

本合同一式____份，甲方执____份，乙方执____份，均具有同等法律效力。

合同订立时间：________年______月______日

合同订立地点：____________________

附件：具体标的及其技术要求和商务要求、联合协议、分包意向协议等。

甲方（采购人、受采购人委托签订合同的单位或采购文件约定的合同甲方）		乙方（供应商）	
单位名称（公章或合同章）		单位名称（公章或合同章）	
法定代表人或其委托代理人（签章）		法定代表人或其委托代理人（签章）	
		拥有者性别	

续表

甲方（采购人、受采购人委托签订合同的单位或采购文件约定的合同甲方）		乙方（供应商）	
住所		住所	
联系人		联系人	
联系电话		联系电话	
通信地址		通信地址	
邮政编码		邮政编码	
电子邮箱		电子邮箱	
统一社会信用代码		统一社会信用代码	
		开户名称	
		开户银行	
		银行账号	

注：涉及联合体或其他合同主体的信息应按上表格式加列。

第二节　政府采购合同通用条款

1. 定义

1.1　合同当事人

（1）采购人（以下称甲方）是指使用财政性资金，通过政府采购方式向供应商购买货物及其相关服务的国家机关、事业单位、团体组织。

（2）供应商（以下称乙方）是指参加政府采购活动并且中标（成交），向采购人提供合同约定的货物及其相关服务的法人、非法人组织或者自然人。

（3）其他合同主体是指除采购人和供应商以外，依法参与合同缔结或履行，享有权利、承担义务的合同当事人。

1.2　本合同下列术语应解释为：

（1）“合同”系指合同当事人意思表示达成一致的任何协议，包括签署的政府采购合同协议书及其变更、补充协议，政府采购合同专用条款，政府采购合同通用条款，中标（成交）通知书，投标（响应）文件，采购文件，有关技术文件和图纸，以及国家法律、行政法规和规章制度规定或合同约定的作为合同组成部分的其他文件。

（2）“合同价款”系指根据本合同规定乙方在全面履行合同义务后甲方应支付给乙方的价款。

（3）“货物”系指乙方根据本合同规定须向甲方提供的各种形态和种类的物品，包括原材料、设备、产品（包括软件）及相关的其备品备件、工具、手册及其他技术资料和材料等。

(4)“相关服务”系指根据合同规定，乙方应提供的与货物有关的技术、管理和其他服务，包括但不限于：管理和质量保证、运输、保险、检验、现场准备、安装、集成、调试、培训、维修、废弃处置、技术支持等以及合同中规定乙方应承担的其他义务。

(5)“分包”系指中标（成交）供应商按采购文件、投标（响应）文件的规定，根据分包意向协议，将中标（成交）项目中的部分履约内容，分给具有相应资质条件的供应商履行合同的行为。

(6)“联合体”系指由两个以上的自然人、法人或者非法人组织组成，以一个供应商的身份共同参加政府采购的主体。联合体各方应在签订合同协议书前向甲方提交联合协议，且明确牵头人及各成员单位的工作分工、权利、义务、责任，联合体各方应共同与甲方签订合同，就合同约定的事项对甲方承担连带责任。联合体具体要求见【政府采购合同专用条款】。

(7)其他术语解释，见【政府采购合同专用条款】。

2. 合同标的及金额

2.1 合同标的及金额应与中标（成交）结果一致。乙方为履行本合同而发生的所有费用均应包含在合同价款中，甲方不再另行支付其他任何费用。

3. 履行合同的时间、地点和方式

3.1 乙方应当在约定的时间、地点，按照约定方式履行合同。

4. 甲方的权利和义务

4.1 签署合同后，甲方应确定项目负责人（或项目联系人），负责与本合同有关的事务。甲方有权对乙方的履约行为进行检查，并及时确认乙方提交的事项。甲方应当配合乙方完成相关项目实施工作。

4.2 甲方有权要求乙方按时提交各阶段有关安排计划，并有权定期核对乙方提供货物数量、规格、质量等内容。甲方有权督促乙方工作并要求乙方更换不符合要求的货物。

4.3 甲方有权要求乙方对缺陷部分予以修复，并按合同约定享有货物保修及其他合同约定的权利。

4.4 甲方应当按照合同约定及时对交付的货物进行验收，未在【政府采购合同专用条款】约定的期限内对乙方履约提出任何异议或者向乙方作出任何说明的，视为验收通过。

4.5 甲方应当根据合同约定及时向乙方支付合同价款，不得以内部人员变更、履行内部付款流程等为由，拒绝或迟延支付。

4.6 国家法律法规规定及【政府采购合同专用条款】约定应由甲方承担的其他义务和责任。

5. 乙方的权利和义务

5.1 签署合同后，乙方应确定项目负责人（或项目联系人），负责与本合同有关的事务。

5.2 乙方应按照合同要求履约，充分合理安排，确保提供的货物及相关服务符合合同有关要求。接受项目行业管理部门及政府有关部门的指导，配合甲方的履约检查及验收，并负责项目实施过程中的所有协调工作。

5.3 乙方有权根据合同约定向甲方收取合同价款。

5.4 国家法律法规规定及【政府采购合同专用条款】约定应由乙方承担的其他义务和责任。

6. 合同履行

6.1 甲乙双方应当按照【政府采购合同专用条款】约定顺序履行合同义务；如果没有先后顺序的，应当同时履行。

6.2 甲乙双方按照合同约定顺序履行合同义务时，应当先履行一方未履行的，后履行一方有权拒绝其履行请求。先履行一方履行不符合约定的，后履行一方有权拒绝其相应的履行请求。

7. 货物包装、运输、保险和交付要求

7.1 本合同涉及商品包装、快递包装的，除【政府采购合同专用条款】另有约定外，包装应适应远距离运输、防潮、防震、防锈和防野蛮装卸等要求，确保货物安全无损地运抵【政府采购合同专用条款】约定的指定现场。

7.2 除【政府采购合同专用条款】另有约定外，乙方负责办理将货物运抵本合同规定的交货地点，并装卸、交付至甲方的一切运输事项，相关费用应包含在合同价款中。

7.3 货物保险要求按【政府采购合同专用条款】规定执行。

7.4 除采购活动对商品包装、快递包装达成具体约定外，乙方提供产品及相关快递服务涉及到具体包装要求的，应不低于《商品包装政府采购需求标准（试行）》《快递包装政府采购需求标准（试行）》标准，并作为履约验收的内容，必要时甲方可以要求乙方在履约验收环节出具检测报告。

7.5 乙方在运输到达之前应提前通知甲方，并提示货物运输装卸的注意事项，甲方配合乙方做好货物的接收工作。

7.6 如因包装、运输问题导致货物损毁、丢失或者品质下降，甲方有权要求降价、换货、拒收部分或整批货物，由此产生的费用和损失，均由乙方承担。

8. 质量标准和保证

8.1 质量标准

（1）本合同下提供的货物应符合合同约定的品牌、规格型号、技术性能、配置、质量、数量等要求。质量要求不明确的，按照强制性国家标准履行；没有强制性国家标准的，按照推荐性国家标准履行；没有推荐性国家标准的，按照行业标准履行；没有国家标准、行业标准的，按照通常标准或者符合合同目的的特定标准履行。

（2）采用中华人民共和国法定计量单位。

（3）乙方所提供的货物应符合国家有关安全、环保、卫生的规定。

（4）乙方应向甲方提交所提供货物的技术文件，包括相应的中文技术文件，如：产品目录、图纸、操作手册、使用说明、维护手册或服务指南等。上述文件应包装好随货物一同发运。

8.2　保证

（1）乙方应保证提供的货物完全符合合同规定的质量、规格和性能要求。乙方应保证货物在正确安装、正常使用和保养条件下，在其使用寿命期内具备合同约定的性能。存在质量保证期的，货物最终交付验收合格后在【政府采购合同专用条款】规定或乙方书面承诺（两者以较长的为准）的质量保证期内，本保证保持有效。

（2）在质量保证期内所发现的缺陷，甲方应尽快以书面形式通知乙方。

（3）乙方收到通知后，应在【政府采购合同专用条款】规定的响应时间内以合理的速度免费维修或更换有缺陷的货物或部件。

（4）在质量保证期内，如果货物的质量或规格与合同不符，或证实货物是有缺陷的，包括潜在的缺陷或使用不符合要求的材料等，甲方可以根据本合同第15.1条规定以书面形式追究乙方的违约责任。

（5）乙方在约定的时间内未能弥补缺陷，甲方可采取必要的补救措施，但其风险和费用将由乙方承担，甲方根据合同约定对乙方行使的其他权利不受影响。

9. 权利瑕疵担保

9.1　乙方保证对其出售的货物享有合法的权利。

9.2　乙方保证在交付的货物上不存在抵押权等担保物权。

9.3　如甲方使用上述货物构成对第三人侵权的，则由乙方承担全部责任。

10. 知识产权保护

10.1　乙方对其所销售的货物应当享有知识产权或经权利人合法授权，保证没有侵犯任何第三人的知识产权等权利。因违反前述约定对第三人构成侵权的，应当由乙方向第三人承担法律责任；甲方依法向第三人赔偿后，有权向乙方追偿。甲方有其他损失的，乙方应当赔偿。

11. 保密义务

11.1　甲、乙双方对采购和合同履行过程中所获悉的国家秘密、工作秘密、商业秘密或者其他应当保密的信息，均有保密义务且不受合同有效期所限，直至该信息成为公开信息。泄露、不正当地使用国家秘密、工作秘密、商业秘密或者其他应当保密的信息，应当承担相应责任。其他应当保密的信息由双方在【政府采购合同专用条款】中约定。

12. 合同价款支付

12.1　合同价款支付按照国库集中支付制度及财政管理相关规定执行。

12.2　对于满足合同约定支付条件的，甲方原则上应当自收到发票后10个工作日内将资金支付到合同约定的乙方账户，不得以机构变动、人员更替、政策调整等为由迟延付款，不得将采购文件和合同中未规定的义务作为向乙方付款的条件。具体合同价款支付时间在【政府采购合同专用条款】中约定。

13. 履约保证金

13.1　乙方应当以支票、汇票、本票或者金融机构、担保机构出具的保函等非现金形式提交。

13.2　如果乙方出现【政府采购合同专用条款】约定情形的，履约保证金不予退还；如果乙方未能按合同约定全面履行义务，甲方有权从履约保证金中取得补偿或赔偿，且不影响甲方要求乙方承担合同约定的超过履约保证金的违约责任的权利。

13.3　甲方在项目通过验收后按照【政府采购合同专用条款】规定的时间内将履约保证金退还乙方；逾期退还的，乙方可要求甲方支付违约金，违约金按照【政府采购合同专用条款】规定支付。

14. 售后服务

14.1　除项目不涉及或采购活动中明确约定无须承担外，乙方还应提供下列服务：

（1）货物的现场移动、安装、调试、启动监督及技术支持；

（2）提供货物组装和维修所需的专用工具和辅助材料；

（3）在【政府采购合同专用条款】约定的期限内对所有的货物实施运行监督、维修，但前提条件是该服务并不能免除乙方在质量保证期内所承担的义务；

（4）在制造商所在地或指定现场就货物的安装、启动、运营、维护、废弃处置等对甲方操作人员进行培训；

（5）依照法律、行政法规的规定或者按照【政府采购合同专用条款】约定，货物在有效使用年限届满后应予回收的，乙方负有自行或者委托第三人对货物予以回收的义务；

（6）【政府采购合同专用条款】规定由乙方提供的其他服务。

14.2　乙方提供的售后服务的费用已包含在合同价款中，甲方不再另行支付。

15. 违约责任

15.1　质量瑕疵的违约责任

乙方提供的产品不符合合同约定的质量标准或存在产品质量缺陷，甲方有权要求乙方根据【政府采购合同专用条款】要求及时修理、重作、更换，并承担由此给甲方造成的损失。

15.2　迟延交货的违约责任

（1）乙方应按照本合同规定的时间、地点交货和提供相关服务。在履行合同过程中，如果乙方遇到可能影响按时交货和提供服务的情形时，应及时以书面形式将迟延的事实、可能迟延的期限和理由通知甲方。甲方在收到乙方通知后，应尽快对情况进行评价，并确定是否同意延长交货时间或延期提供服务。

（2）如果乙方没有按照合同规定的时间交货和提供相关服务，甲方有权从货款中扣除误期赔偿费而不影响合同项下的其他补救方法，赔偿费按【政府采购合同专用条款】规定执行。如果涉及公共利益，且赔偿金额无法弥补公共利益损失，甲方可要求继续履行或者采取其他补救措施。

15.3　迟延支付的违约责任

甲方存在迟延支付乙方合同款项的，应当承担【政府采购合同专用条款】规定的逾期付款利息。

15.4　其他违约责任根据项目实际需要按【政府采购合同专用条款】规定执行。

16. 合同变更、中止与终止

16.1　合同的变更

政府采购合同履行中，在不改变合同其他条款的前提下，甲方可以在合同价款10%的范围内追加与合同标的相同的货物，并就此与乙方协商一致后签订补充协议。

16.2　合同的中止

（1）合同履行过程中因供应商就采购文件、采购过程或结果提起投诉的，甲方认为有必要的，可以中止合同的履行。

（2）合同履行过程中，如果乙方出现以下情形之一的：1. 经营状况严重恶化；2. 转移财产、抽逃资金，以逃避债务；3. 丧失商业信誉；4. 有丧失或者可能丧失履约能力的其他情形，乙方有义务及时告知甲方。甲方有权以书面形式通知乙方中止合同并要求乙方在合理期限内消除相关情形或者提供适当担保。乙方提供适当担保的，合同继续履行；乙方在合理期限内未恢复履约能力且未提供适当担保的，视为拒绝继续履约，甲方有权解除合同并要求乙方承担由此给甲方造成的损失。

（3）乙方分立、合并或者变更住所的，应当及时以书面形式告知甲方。乙方没有及时告知甲方，致使合同履行发生困难的，甲方可以中止合同履行并要求乙方承担由此给甲方造成的损失。

（4）甲方不得以行政区划调整、政府换届、机构或者职能调整以及相关责任人更替为由中止合同。

16.3　合同的终止

（1）合同因有效期限届满而终止；

（2）乙方未按合同约定履行，构成根本性违约的，甲方有权终止合同，并追究乙方的违约责任。

16.4　涉及国家利益、社会公共利益的情形

政府采购合同继续履行将损害国家利益和社会公共利益的，双方当事人应当变更、中止或者终止合同。有过错的一方应当承担赔偿责任，双方都有过错的，各自承担相应的责任。

17. 合同分包

17.1　乙方不得将合同转包给其他供应商。涉及合同分包的，乙方应根据采购文件和投标（响应）文件规定进行合同分包。

17.2　乙方执行政府采购政策向中小企业依法分包的，乙方应当按采购文件和投标（响应）文件签订分包意向协议，分包意向协议属于本合同组成部分。

18. 不可抗力

18.1　不可抗力是指合同双方不能预见、不能避免且不能克服的客观情况。

18.2　任何一方对由于不可抗力造成的部分或全部不能履行合同不承担违约责任。但迟延履行后发生不可抗力的，不能免除责任。

18.3　遇有不可抗力的一方，应及时将事件情况以书面形式告知另一方，并在事件发生后及时向另一方提交合同不能履行或部分不能履行或需要延期履行的详细报告，以及证明不可抗力发生及其持续时间的证据。

19. 解决争议的方法

19.1　因本合同及合同有关事项发生的争议，由甲乙双方友好协商解决。协商不成时，可以向有关组织申请调解。合同一方或双方不愿调解或调解不成的，可以通过仲裁或诉讼的方式解决争议。

19.2　选择仲裁的，应在【政府采购合同专用条款】中明确仲裁机构及仲裁地；通过诉讼方式解决的，可以在【政府采购合同专用条款】中进一步约定选择与争议有实际联系的地点的人民法院管辖，但管辖法院的约定不得违反级别管辖和专属管辖的规定。

19.3　如甲乙双方有争议的事项不影响合同其他部分的履行，在争议解决期间，合同其他部分应当继续履行。

20. 政府采购政策

20.1　本合同应当按照规定执行政府采购政策。

20.2　本合同依法执行政府采购政策的方式和内容，属于合同履约验收的范围。甲乙双方未按规定要求执行政府采购政策造成损失的，有过错的一方应当承担赔偿责任，双方都有过错的，各自承担相应的责任。

20.3　对于为落实中小企业支持政策，通过采购项目整体预留、设置采购包专门

预留、要求以联合体形式参加或者合同分包等措施签订的采购合同，应当明确标注本合同为中小企业预留合同。其中，要求以联合体形式参加采购活动或者合同分包的，须将联合协议或者分包意向协议作为采购合同的组成部分。

21. 法律适用

21.1　本合同的订立、生效、解释、履行及与本合同有关的争议解决，均适用法律、行政法规。

21.2　本合同条款与法律、行政法规的强制性规定不一致的，双方当事人应按照法律、行政法规的强制性规定修改本合同的相关条款。

22. 通知

22.1　本合同任何一方向对方发出的通知、信件、数据电文等，应当发送至本合同第一部分《政府采购合同协议书》所约定的通讯地址、联系人、联系电话或电子邮箱。

22.2　一方当事人变更名称、住所、联系人、联系电话或电子邮箱等信息的，应当在变更后 3 日内及时书面通知对方，对方实际收到变更通知前的送达仍为有效送达。

22.3　本合同一方给另一方的通知均应采用书面形式，传真或快递送到本合同中规定的对方的地址和办理签收手续。

22.4　通知以送达之日或通知书中规定的生效之日起生效，两者中以较迟之日为准。

23. 合同未尽事项

23.1　合同未尽事项见【政府采购合同专用条款】。

23.2　合同附件与合同正文具有同等的法律效力。

第三节　政府采购合同专用条款

第二节第 1.2（6）项	联合体具体要求	
第二节第 1.2（7）项	其他术语解释	
第二节第 4.4 款	履约验收中甲方提出异议或作出说明的期限	
第二节第 4.6 款	约定甲方承担的其他义务和责任	
第二节第 5.4 款	约定乙方承担的其他义务和责任	
第二节第 6.1 款	履行合同义务的顺序	
第二节第 7.1 款	包装特殊要求	
	指定现场	
第二节第 7.2 款	运输特殊要求	

续表

第二节第7.3款	保险要求	
第二节第8.2（1）项	质量保证期	
第二节第8.2（3）项	货物质量缺陷响应时间	
第二节第11.1款	其他应当保密的信息	
第二节第12.2款	合同价款支付时间	
第二节第13.2款	履约保证金不予退还的情形	
第二节第13.3款	履约保证金退还时间及逾期退还的违约金	
第二节第14.1（3）项	运行监督、维修期限	
第二节第14.1（5）项	货物回收的约定	
第二节第14.1（6）项	乙方提供的其他服务	
第二节第15.1款	修理、重作、更换相关具体规定	
第二节第15.2（2）项	迟延交货赔偿费	
第二节第15.3款	逾期付款利息	
第二节第15.4款	其他违约责任	
第二节第19.2款	解决争议的方法	因本合同及合同有关事项发生的争议，按下列第____种方式解决： （1）向____________________仲裁委员会申请仲裁，仲裁地点为__________； （2）向____________________人民法院起诉。
第二节第23.1款	其他专用条款	

财政部关于进一步提高政府采购透明度和采购效率相关事项的通知

2023年12月8日　财办库〔2023〕243号

各中央预算单位办公厅（室），各省、自治区、直辖市、计划单列市财政厅（局），新疆生产建设兵团财政局，有关集中采购机构：

为打造市场化法治化国际化营商环境，进一步提高政府采购透明度和采购效率，方便各类经营主体参与政府采购活动，现就相关事项通知如下：

一、推进政府采购合同变更信息公开。政府采购合同的双方当事人不得擅自变更合同，依照政府采购法确需变更政府采购合同内容的，采购人应当自合同变更之日起2个工作日内在省级以上财政部门指定的媒体上发布政府采购合同变更公告，但涉及国家秘密、商业秘密的信息和其他依法不得公开的信息除外。政府采购合同变更公告应当包括原合同编号、名称和文本，原合同变更的条款号，变更后作为原合同组成部分的补充合同文本，合同变更时间，变更公告日期等。

二、完善中标、成交结果信息公开。采购人、采购代理机构应当按照政府采购法、政府采购法实施条例以及《政府采购信息发布管理办法》等法律制度规定，进一步做好信息公开工作。项目采购采用最低评标（审）价法的，公告中标、成交结果时应当同时公告因落实政府采购政策等原因进行价格扣除后中标、成交供应商的评审报价；项目采购采用综合评分法的，公告中标、成交结果时应当同时公告中标、成交供应商的评审总得分。

三、推进采购项目电子化实施。鼓励各部门、各地区利用数据电文形式和电子信息网络开展政府采购活动，除涉密政府采购项目外，具备电子化实施条件的部门和地区，应当推进政府采购项目全流程电子化交易，实现在线公开采购意向、发布采购公告、提供采购文件、提交投标（响应）文件、提交投标（履约）保证金（包括金融机构、担保机构出具的保函、保险等）、签订采购合同、提交发票、支付资金，并逐步完善履约验收、信用评价、用户反馈等功能。省级财政部门可以按照统一规范和技术标准组织建设本地区政府采购全流程电子化平台。各电子化政府采购平台应当完善平台注册供应商查询功能，方便各方主体及时了解供应商信息。

四、提高采购合同签订效率。采购人应当严格按照政府采购法有关规定，在中标、成交通知书发出之日起 30 日内，按照采购文件确定的事项与中标、成交供应商签订政府采购合同。采购人因不可抗力原因迟延签订合同的，应当自不可抗力事由消除之日起 7 日内完成合同签订事宜。鼓励采购人通过完善内部流程进一步缩短合同签订期限。

五、加快支付采购资金。采购人要进一步落实《关于促进政府采购公平竞争优化营商环境的通知》（财库〔2019〕38 号）有关要求，在政府采购合同中约定资金支付的方式、时间和条件，明确逾期支付资金的违约责任。对于有预付安排的合同，鼓励采购人将合同预付款比例提高到 30% 以上。对于满足合同约定支付条件的，采购人原则上应当自收到发票后 10 个工作日内将资金支付到合同约定的供应商账户，鼓励采购人完善内部流程，自收到发票后 1 个工作日内完成资金支付事宜。采购人和供应商对资金支付产生争议的，应当按照法律规定和合同约定及时解决，保证资金支付效率。

六、支持开展政府采购融资。省级财政部门要以省为单位，积极推进与银行业金融机构共享本省范围内的政府采购信息，支持银行业金融机构以政府采购合同为基础向中标、成交供应商提供融资。要优化完善政府采购融资业务办理，推动银行业金融机构逐步实现供应商在线申请、在线审批、在线提款的全流程电子化运行，为供应商提供快捷高效的融资服务。

各部门、各地区要充分认识优化政府采购营商环境，提高政府采购透明度和采购效率的重要意义，加强组织领导，积极协调推动，细化落实举措，强化监督检查，确保各项要求落实到位。

本通知自印发之日起施行。

财政部办公厅

2023 年 12 月 8 日

人力资源社会保障部 住房和城乡建设部 交通运输部 水利部 银保监会 铁路局 民航局关于印发《工程建设领域农民工工资保证金规定》的通知

2021 年 8 月 17 日 人社部发〔2021〕65 号

各省、自治区、直辖市及新疆生产建设兵团人力资源社会保障厅（局）、住房和城乡建设厅（委、管委、局）、交通运输厅（局、委）、水利（水务）厅（局），各银保监局，各地区铁路监管局，民航各地区管理局：

根据《保障农民工工资支付条例》授权，人力资源社会保障部、住房和城乡建设部、交通运输部、水利部、银保监会、铁路局及民航局制定了《工程建设领域农民工工资保证金规定》。现印发给你们，请贯彻执行。

人力资源社会保障部
住房和城乡建设部
交通运输部
水利部
银保监会
铁路局
民航局
2021 年 8 月 17 日

第一章　总　　则

第一条　为依法保护农民工工资权益，发挥工资保证金在解决拖欠农民工工资问题中的重要作用，根据《保障农民工工资支付条例》，制定本规定。

第二条　本规定所指工资保证金，是指工程建设领域施工总承包单位（包括直接承包建设单位发包工程的专业承包企业）在银行设立账户并按照工程施工合同额的一定比例存储，专项用于支付为所承包工程提供劳动的农民工被拖欠工资的专项资金。

工资保证金可以用银行类金融机构出具的银行保函替代，有条件的地区还可探索引入工程担保公司保函或工程保证保险。

第三条　工程建设领域工资保证金的存储比例、存储形式、减免措施以及使用返还等事项适用本规定。

第四条　各省级人力资源社会保障行政部门负责组织实施本行政区工资保证金制度。

地方人力资源社会保障行政部门应建立健全与本地区行业工程建设主管部门和金融监管部门的会商机制，加强信息通报和执法协作，确保工资保证金制度规范平稳运行。

第五条　工资保证金制度原则上由地市级人力资源社会保障行政部门具体管理，有条件的地区可逐步将管理层级上升为省级人力资源社会保障行政部门。

实施具体管理的地市级或省级人力资源社会保障行政部门，以下简称“属地人力资源社会保障行政部门”；对应的行政区，以下统称“工资保证金管理地区”。

同一工程地理位置涉及两个或两个以上工资保证金管理地区，发生管辖争议的，由共同的上一级人力资源社会保障行政部门商同级行业工程建设主管部门指定管辖。

第二章　工资保证金存储

第六条　施工总承包单位应当在工程所在地的银行存储工资保证金或申请开立银行保函。

第七条　经办工资保证金的银行（以下简称经办银行）依法办理工资保证金账户开户、存储、查询、支取、销户及开立保函等业务，应具备以下条件：

（一）在工程所在的工资保证金管理地区设有分支机构；

（二）信用等级良好、服务水平优良，并承诺按照监管要求提供工资保证金业务服务。

第八条　施工总承包单位应当自工程取得施工许可证（开工报告批复）之日起20个工作日内（依法不需要办理施工许可证或批准开工报告的工程自签订施工合同之

日起 20 个工作日之内），持营业执照副本、与建设单位签订的施工合同在经办银行开立工资保证金专门账户存储工资保证金。

行业工程建设主管部门应当在颁发施工许可证或批准开工报告时告知相关单位及时存储工资保证金。

第九条 存储工资保证金的施工总承包单位应与经办银行签订《农民工工资保证金存款协议书》，并将协议书副本送属地人力资源社会保障行政部门备案。

第十条 经办银行应当规范工资保证金账户开户工作，为存储工资保证金提供必要的便利，与开户单位核实账户性质，在业务系统中对工资保证金账户进行特殊标识，并在相关网络查控平台、电子化专线信息传输系统等作出整体限制查封、冻结或划拨设置，防止被不当查封、冻结或划拨，保障资金安全。

第十一条 工资保证金按工程施工合同额（或年度合同额）的一定比例存储，原则上不低于 1%，不超过 3%，单个工程合同额较高的，可设定存储上限。

施工总承包单位在同一工资保证金管理地区有多个在建工程，存储比例可适当下浮但不得低于施工合同额（或年度合同额）的 0.5%。

施工合同额低于 300 万元的工程，且该工程的施工总承包单位在签订施工合同前一年内承建的工程未发生工资拖欠的，各地区可结合行业保障农民工工资支付实际，免除该工程存储工资保证金。

前款规定的施工合同额可适当调整，调整范围由省级人力资源社会保障行政部门会同行业工程建设主管部门确定，并报人力资源社会保障部、住房和城乡建设部、交通运输部、水利部、铁路局、民航局备案。

第十二条 施工总承包单位存储工资保证金或提交银行保函后，在工资保证金管理地区承建工程连续 2 年未发生工资拖欠的，其新增工程应降低存储比例，降幅不低于 50%；连续 3 年未发生工资拖欠且按要求落实用工实名制管理和农民工工资专用账户制度的，其新增工程可免于存储工资保证金。

施工总承包单位存储工资保证金或提交银行保函前 2 年内在工资保证金管理地区承建工程发生工资拖欠的，工资保证金存储比例应适当提高，增幅不低于 50%；因拖欠农民工工资被纳入“严重失信主体名单”的，增幅不低于 100%。

第十三条 工资保证金具体存储比例及浮动办法由省级人力资源社会保障行政部门商同级行业工程建设主管部门研究确定，报人力资源社会保障部备案。工资保证金存储比例应根据本行政区保障农民工工资支付实际情况实行定期动态调整，主动向社会公布。

第十四条 工资保证金账户内本金和利息归开立账户的施工总承包单位所有。在工资保证金账户被监管期间，企业可自由提取和使用工资保证金的利息及其他合法收益。

除符合本规定第十九条规定的情形，其他任何单位和个人不得动用工资保证金账户内本金。

第十五条 施工总承包单位可选择以银行保函替代现金存储工资保证金，保函担保金额不得低于按规定比例计算应存储的工资保证金数额。

保函正本由属地人力资源社会保障行政部门保存。

第十六条 银行保函应以属地人力资源社会保障行政部门为受益人，保函性质为不可撤销见索即付保函。

施工总承包单位所承包工程发生拖欠农民工工资，经人力资源社会保障行政部门依法作出责令限期清偿或先行清偿的行政处理决定，到期拒不清偿时，由经办银行依照保函承担担保责任。

第十七条 施工总承包单位应在其工程施工期内提供有效的保函，保函有效期至少为1年并不得短于合同期。工程未完工保函到期的，属地人力资源社会保障行政部门应在保函到期前一个月提醒施工总承包单位更换新的保函或延长保函有效期。

第十八条 属地人力资源社会保障行政部门应当将存储工资保证金或开立银行保函的施工总承包单位名单及对应的工程名称向社会公布，施工总承包单位应当将本工程落实工资保证金制度情况纳入维权信息告示牌内容。

第三章 工资保证金使用

第十九条 施工总承包单位所承包工程发生拖欠农民工工资的，经人力资源社会保障行政部门依法作出责令限期清偿或先行清偿的行政处理决定，施工总承包单位到期拒不履行的，属地人力资源社会保障行政部门可以向经办银行出具《农民工工资保证金支付通知书》（以下简称《支付通知书》），书面通知有关施工总承包单位和经办银行。经办银行应在收到《支付通知书》5个工作日内，从工资保证金账户中将相应数额的款项以银行转账方式支付给属地人力资源社会保障行政部门指定的被拖欠工资农民工本人。

施工总承包单位采用银行保函替代工资保证金，发生前款情形的，提供银行保函的经办银行应在收到《支付通知书》5个工作日内，依照银行保函约定支付农民工工资。

第二十条 工资保证金使用后，施工总承包单位应当自使用之日起10个工作日内将工资保证金补足。

采用银行保函替代工资保证金发生前款情形的，施工总承包单位应在10个工作日内提供与原保函相同担保范围和担保金额的新保函。施工总承包单位开立新保函后，原保函即行失效。

第二十一条 经办银行应每季度分别向施工总承包单位和属地人力资源社会保障行政部门提供工资保证金存款对账单。

第二十二条 工资保证金对应的工程完工，施工总承包单位作出书面承诺该工程不存在未解决的拖欠农民工工资问题，并在施工现场维权信息告示牌及属地人力资源社会保障行政部门门户网站公示30日后，可以申请返还工资保证金或银行保函正本。

属地人力资源社会保障行政部门自施工总承包单位提交书面申请5个工作日内审核完毕，并在审核完毕3个工作日内向经办银行和施工总承包单位出具工资保证金返还（销户）确认书。经办银行收到确认书后，工资保证金账户解除监管，相应款项不再属于工资保证金，施工总承包单位可自由支配账户资金或办理账户销户。

选择使用银行保函替代现金存储工资保证金并符合本条第一款规定的，属地人力资源社会保障行政部门自施工总承包单位提交书面申请5个工作日内审核完毕，并在审核完毕3个工作日内返还银行保函正本。

属地人力资源社会保障行政部门在审核过程中发现工资保证金对应工程存在未解决的拖欠农民工工资问题，应在审核完毕3个工作日内书面告知施工总承包单位，施工总承包单位依法履行清偿（先行清偿）责任后，可再次提交返还工资保证金或退还银行保函正本的书面申请。

属地人力资源社会保障行政部门应建立工资保证金定期（至少每半年一次）清查机制，对经核实工程完工且不存在拖欠农民工工资问题，施工总承包单位在一定期限内未提交返还申请的，应主动启动返还程序。

第二十三条 施工总承包单位认为行政部门的行政行为损害其合法权益的，可以依法申请行政复议或者向人民法院提起行政诉讼。

第四章 工资保证金监管

第二十四条 工资保证金实行专款专用，除用于清偿或先行清偿施工总承包单位所承包工程拖欠农民工工资外，不得用于其他用途。

除法律另有规定外，工资保证金不得因支付为本工程提供劳动的农民工工资之外的原因被查封、冻结或者划拨。

第二十五条 人力资源社会保障行政部门应加强监管，对施工总承包单位未依据《保障农民工工资支付条例》和本规定存储、补足工资保证金（或提供、更新保函）的，应按照《保障农民工工资支付条例》第五十五条规定追究其法律责任。

第二十六条 属地人力资源社会保障行政部门要建立工资保证金管理台账，严格规范财务、审计制度，加强账户监管，确保专款专用。

行业工程建设主管部门对在日常监督检查中发现的未按规定存储工资保证金问

题，应及时通报同级人力资源社会保障行政部门。对未按规定执行工资保证金制度的施工单位，除依法给予行政处罚（处理）外，应按照有关规定计入其信用记录，依法实施信用惩戒。

对行政部门擅自减免、超限额收缴、违规挪用、无故拖延返还工资保证金的，要严肃追究责任，依法依规对有关责任人员实行问责；涉嫌犯罪的，移送司法机关处理。

第五章　附　　则

第二十七条　房屋市政、铁路、公路、水路、民航、水利领域之外的其他工程，参照本规定执行。

采用工程担保公司保函或工程保证保险方式代替工资保证金的，参照银行保函的相关规定执行。

第二十八条　本规定由人力资源社会保障部会同住房和城乡建设部、交通运输部、水利部、银保监会、铁路局、民航局负责解释。各地区可根据本规定并结合工作实际，制定具体实施办法，并向人力资源社会保障部、住房和城乡建设部、交通运输部、水利部、银保监会、铁路局、民航局备案。在贯彻实施中遇到的重大问题，请及时向人力资源社会保障部报告。

第二十九条　本规定自2021年11月1日起施行。

本规定施行前已按属地原有工资保证金政策存储的工资保证金或保函继续有效，其日常管理、动用和返还等按照原有规定执行；本规定施行后新开工工程和尚未存储工资保证金的在建工程工资保证金按照本规定及各地区具体实施办法执行。

八、

政府采购信息公开

政府采购信息发布管理办法

2019年11月27日　财政部令第101号

第一条　为了规范政府采购信息发布行为，提高政府采购透明度，根据《中华人民共和国政府采购法》、《中华人民共和国政府采购法实施条例》等有关法律、行政法规，制定本办法。

第二条　政府采购信息发布，适用本办法。

第三条　本办法所称政府采购信息，是指依照政府采购有关法律制度规定应予公开的公开招标公告、资格预审公告、单一来源采购公示、中标（成交）结果公告、政府采购合同公告等政府采购项目信息，以及投诉处理结果、监督检查处理结果、集中采购机构考核结果等政府采购监管信息。

第四条　政府采购信息发布应当遵循格式规范统一、渠道相对集中、便于查找获得的原则。

第五条　财政部指导和协调全国政府采购信息发布工作，并依照政府采购法律、行政法规有关规定，对中央预算单位的政府采购信息发布活动进行监督管理。

地方各级人民政府财政部门（以下简称财政部门）对本级预算单位的政府采购信息发布活动进行监督管理。

第六条　财政部对中国政府采购网进行监督管理。省级（自治区、直辖市、计划单列市）财政部门对中国政府采购网省级分网进行监督管理。

第七条　政府采购信息应当按照财政部规定的格式编制。

第八条　中央预算单位政府采购信息应当在中国政府采购网发布，地方预算单位政府采购信息应当在所在行政区域的中国政府采购网省级分网发布。

除中国政府采购网及其省级分网以外，政府采购信息可以在省级以上财政部门指定的其他媒体同步发布。

第九条　财政部门、采购人和其委托的采购代理机构（以下统称发布主体）应当对其提供的政府采购信息的真实性、准确性、合法性负责。

中国政府采购网及其省级分网和省级以上财政部门指定的其他媒体（以下统称指定媒体）应当对其收到的政府采购信息发布的及时性、完整性负责。

第十条 发布主体发布政府采购信息不得有虚假和误导性陈述，不得遗漏依法必须公开的事项。

第十一条 发布主体应当确保其在不同媒体发布的同一政府采购信息内容一致。

在不同媒体发布的同一政府采购信息内容、时间不一致的，以在中国政府采购网或者其省级分网发布的信息为准。同时在中国政府采购网和省级分网发布的，以在中国政府采购网上发布的信息为准。

第十二条 指定媒体应当采取必要措施，对政府采购信息发布主体的身份进行核验。

第十三条 指定媒体应当及时发布收到的政府采购信息。

中国政府采购网或者其省级分网应当自收到政府采购信息起1个工作日内发布。

第十四条 指定媒体应当加强安全防护，确保发布的政府采购信息不被篡改、不遗漏，不得擅自删除或者修改信息内容。

第十五条 指定媒体应当向发布主体免费提供信息发布服务，不得向市场主体和社会公众收取信息查阅费用。

第十六条 采购人或者其委托的采购代理机构未依法在指定媒体上发布政府采购项目信息的，依照政府采购法实施条例第六十八条追究法律责任。

采购人或者其委托的采购代理机构存在其他违反本办法规定行为的，由县级以上财政部门依法责令限期改正，给予警告，对直接负责的主管人员和其他直接责任人员，建议其行政主管部门或者有关机关依法依规处理，并予通报。

第十七条 指定媒体违反本办法规定的，由实施指定行为的省级以上财政部门依法责令限期改正，对直接负责的主管人员和其他直接责任人员，建议其行政主管部门或者有关机关依法依规处理，并予通报。

第十八条 财政部门及其工作人员在政府采购信息发布活动中存在懒政怠政、滥用职权、玩忽职守、徇私舞弊等违法违纪行为的，依照《中华人民共和国政府采购法》、《中华人民共和国公务员法》、《中华人民共和国监察法》、《中华人民共和国政府采购法实施条例》等国家有关规定追究相应责任；涉嫌犯罪的，依法移送有关国家机关处理。

第十九条 涉密政府采购项目信息发布，依照国家有关规定执行。

第二十条 省级财政部门可以根据本办法制定具体实施办法。

第二十一条 本办法自2020年3月1日起施行。财政部2004年9月11日颁布实施的《政府采购信息公告管理办法》（财政部令第19号）同时废止。

财政部关于进一步提高政府采购信息查询使用便利度的通知

2024年2月4日 财办库〔2024〕30号

各省、自治区、直辖市、计划单列市财政厅（局），新疆生产建设兵团财政局：

为加强全国政府采购数据共享共用，进一步提高政府采购信息查询使用便利度，现就有关事项通知如下：

一、自2024年4月1日起，中国政府采购网地方分网（以下简称地方分网）应当将本地区全部政府采购项目（含低于500万元的项目）的各类公告和公示信息推送至中国政府采购网中央主网（以下简称中央主网）发布。中央主网提供全国政府采购项目信息的“一站式”查询服务。

二、中央主网开通政府采购代理机构登记信息共享接口。自2024年4月1日起，地方分网可通过接口获取在中央主网登记的政府采购代理机构登记信息。

三、中央主网开设“数据标准及规范”专栏，发布相关数据接口规范。请各地方分网根据数据接口规范组织完成相关信息系统的接口调试工作，确保政府采购数据共享渠道畅通。

财政部办公厅

2024年2月4日

财政部关于开展政府采购意向公开工作的通知

2020 年 3 月 2 日　财库〔2020〕10 号

各中央预算单位，各省、自治区、直辖市、计划单列市财政厅（局），新疆生产建设兵团财政局：

为进一步提高政府采购透明度，优化政府采购营商环境，根据《深化政府采购制度改革方案》和《财政部关于促进政府采购公平竞争优化营商环境的通知》（财库〔2019〕38 号）有关要求，现就政府采购意向公开有关工作安排通知如下：

一、高度重视采购意向公开工作

推进采购意向公开是优化政府采购营商环境的重要举措。做好采购意向公开工作有助于提高政府采购透明度，方便供应商提前了解政府采购信息，对于保障各类市场主体平等参与政府采购活动，提升采购绩效，防范抑制腐败具有重要作用。各地区、各部门要充分认识此项工作的重要意义，高度重视、精心组织，认真做好采购意向公开工作。

二、关于采购意向公开工作推进步骤

采购意向公开工作遵循“试点先行，分步实施”的原则。2020 年在中央预算单位和北京市、上海市、深圳市市本级预算单位开展试点。对 2020 年 7 月 1 日起实施的采购项目，中央预算单位和北京市、上海市、深圳市市本级预算单位应当按规定公开采购意向。各试点地区应根据地方实际尽快推进其他各级预算单位采购意向公开。其他地区可根据地方实际确定采购意向公开时间，原则上省级预算单位 2021

年 1 月 1 日起实施的采购项目，省级以下各级预算单位 2022 年 1 月 1 日起实施的采购项目，应当按规定公开采购意向；具备条件的地区可适当提前开展采购意向公开工作。

三、关于采购意向公开的主体和渠道

采购意向由预算单位负责公开。中央预算单位的采购意向在中国政府采购网（www. ccgp. gov. cn）中央主网公开，地方预算单位的采购意向在中国政府采购网地方分网公开，采购意向也可在省级以上财政部门指定的其他媒体同步公开。主管预算单位可汇总本部门、本系统所属预算单位的采购意向集中公开，有条件的部门可在其部门门户网站同步公开本部门、本系统的采购意向。

四、关于采购意向公开的内容

采购意向按采购项目公开。除以协议供货、定点采购方式实施的小额零星采购和由集中采购机构统一组织的批量集中采购外，按项目实施的集中采购目录以内或者采购限额标准以上的货物、工程、服务采购均应当公开采购意向。

采购意向公开的内容应当包括采购项目名称、采购需求概况、预算金额、预计采购时间等，政府采购意向公开参考文本见附件。其中，采购需求概况应当包括采购标的名称，采购标的需实现的主要功能或者目标，采购标的数量，以及采购标的需满足的质量、服务、安全、时限等要求。采购意向应当尽可能清晰完整，便于供应商提前做好参与采购活动的准备。采购意向仅作为供应商了解各单位初步采购安排的参考，采购项目实际采购需求、预算金额和执行时间以预算单位最终发布的采购公告和采购文件为准。

五、关于采购意向公开的依据和时间

采购意向由预算单位定期或者不定期公开。部门预算批复前公开的采购意向，以部门预算“二上”内容为依据；部门预算批复后公开的采购意向，以部门预算为依据。预算执行中新增采购项目应当及时公开采购意向。采购意向公开时间应当尽量提前，原则上不得晚于采购活动开始前 30 日公开采购意向。因预算单位不可预见的原因急需开展的采购项目，可不公开采购意向。

六、工作要求

各中央预算单位要加强采购活动的计划性，按照本通知要求及时、全面公开采购意向。各中央主管预算单位应当做好统筹协调工作，及时安排部署，加强对本部门所属预算单位的督促和指导，确保所属预算单位严格按规定公开采购意向，做到不遗漏、不延误。

各省级财政部门要根据本通知要求抓紧制定具体工作方案，对本地区采购意向公开工作进行布置，着重加强对市县级预算单位政府采购意向公开工作的指导，并在中国政府采购网地方分网设置相关专栏，确保本地区各级预算单位按要求完成采购意向公开工作。

各地区、各部门要认真总结采购意向公开工作中好的做法和经验，对推进过程中遇到的新情况、新问题，要研究完善有关举措，并及时向财政部反映。财政部将结合政府采购透明度评估工作，对采购意向公开情况进行检查并对检查结果予以通报。

特此通知。

附件：政府采购意向公开参考文本

财政部

2020 年 3 月 2 日

附件：

政府采购意向公开参考文本

（单位名称）____年____（至）____月

政府采购意向

为便于供应商及时了解政府采购信息，根据《财政部关于开展政府采购意向公开工作的通知》（财库〔2020〕10 号）等有关规定，现将（单位名称）年（至）月采购意向公开如下：

序号	采购项目名称	采购需求概况	预算金额（万元）	预计采购时间（填写到月）	备注
	填写具体采购项目的名称	填写采购标的名称，采购标的需实现的主要功能或者目标，采购标的数量，以及采购标的需满足的质量、服务、安全、时限等要求	精确到万元	填写到月	其他需要说明的情况
	……				
	……				

本次公开的采购意向是本单位政府采购工作的初步安排，具体采购项目情况以相关采购公告和采购文件为准。

××（单位名称）

年　月　日

关于印发《政府采购公告和公示信息格式规范（2020年版）》的通知

财办库〔2020〕50 号

各中央预算单位办公厅（室），各省、自治区、直辖市、计划单列市财政厅（局），新疆生产建设兵团财政局：

为规范政府采购公告和公示信息发布行为，提高政府采购活动透明度，财政部研究制定了《政府采购公告和公示信息格式规范（2020 年版）》，现印发给你们，请遵照执行。

各部门、各地区要高度重视政府采购信息公开工作，督促指导采购单位和采购代理机构自 2020 年 7 月 1 日起按照本格式规范编制发布政府采购信息。执行中如遇政策问题，请及时向财政部国库司反馈。

附件：政府采购公告和公示信息格式规范（2020 年版）

财政部办公厅

2020 年 3 月 18 日

附件

政府采购公告和公示信息格式规范（2020 年版）

目 录

政府采购意向公告

（单位名称）______年____（至）____月政府采购意向

为便于供应商及时了解政府采购信息，根据《财政部关于开展政府采购意向公开工作的通知》（财库〔2020〕10 号）等有关规定，现将（单位名称）____年____（至）____月采购意向公开如下：

序号	采购项目名称	采购需求概况	预算金额（万元）	预计采购时间（填写到月）	备注
	（填写具体采购项目的名称）	（填写采购标的名称，采购标的需实现的主要功能或者目标，采购标的数量，以及采购标的需满足的质量、服务、安全、时限等要求）	（精确到万元）	（填写到月）	（其他需要说明的情况）
	……				
	……				

本次公开的采购意向是本单位政府采购工作的初步安排，具体采购项目情况以相关采购公告和采购文件为准。

（单位名称）

年　月　日

资格预审公告

项目概况

（采购标的）招标项目的潜在资格预审申请人应在（地址）领取资格预审文件，并于＿＿年＿月＿日＿点＿分（北京时间）前提交申请文件。

一、项目基本情况

项目编号（或招标编号、政府采购计划编号、采购计划备案文号等，如有）：

项目名称：

采购方式：□公开招标　□邀请招标

预算金额：

最高限价（如有）：

采购需求：（包括但不限于标的的名称、数量、简要技术需求或服务要求等）

合同履行期限：

本项目（是/否）接受联合体投标。

二、申请人的资格要求：

1. 满足《中华人民共和国政府采购法》第二十二条规定；

2. 落实政府采购政策需满足的资格要求：（如属于专门面向中小企业采购的项目，供应商应为中小微企业、监狱企业、残疾人福利性单位）

3. 本项目的特定资格要求：（如项目接受联合体投标，对联合体应提出相关资格要求；如属于特定行业项目，供应商应当具备特定行业法定准入要求。）

三、领取资格预审文件

时间：____年__月__日至____年__月__日（提供期限自本公告发布之日起不得少于5个工作日），每天上午____至____，下午____至____（北京时间，法定节假日除外）

地点：

方式：

四、资格预审申请文件的组成及格式

（可详见附件）

五、资格预审的审查标准及方法

六、拟邀请参加投标的供应商数量

□采用随机抽取的方式邀请____家供应商参加投标。如通过资格预审供应商数量少于拟邀请供应商数量，采用下列方式（□ 1 或□ 2）。（适用于邀请招标）

1. 如通过资格预审供应商数量少于拟邀请供应商数量，但不少于三家则邀请全部通过资格预审供应商参加投标。

2. 如通过资格预审供应商数量少于拟邀请供应商数量，则重新组织招标活动。

□邀请全部通过资格预审供应商参加投标。（适用于公开招标）

七、申请文件提交

应在____年__月__日__点__分（北京时间）前，将申请文件提交至____。

八、资格预审日期

资格预审日期为申请文件提交截止时间至____年__月__日前

九、公告期限

自本公告发布之日起 5 个工作日。

十、其他补充事宜

十一、凡对本次资格预审提出询问，请按以下方式联系

1. 采购人信息

名　　称：________________________________

地　　址：________________________________

联系方式：________________________________

2. 采购代理机构信息（如有）

名　　称：________________________________

地　　址：________________________________

联系方式：________________________________

3. 项目联系方式

项目联系人：（组织本项目采购活动的具体工作人员姓名）

电　　话：________________________________

（说明：1. 采用竞争性谈判、竞争性磋商、询价等非招标方式采购过程中，如需要使用资格预审的，可参照上述格式发布公告。2. 格式规范文本中标注斜体的部分是对文件相关内容提示或说明，下同。）

招标公告

项目概况 （采购标的）招标项目的潜在投标人应在（地址）获取招标文件，并于____年　月　日　　点　　分（北京时间）前递交投标文件。

一、项目基本情况

项目编号（或招标编号、政府采购计划编号、采购计划备案文号等，如有）：

项目名称：
预算金额：
最高限价（如有）：
采购需求：（包括但不限于标的的名称、数量、简要技术需求或服务要求等）
合同履行期限：
本项目（是/否）接受联合体投标。

二、申请人的资格要求：

1. 满足《中华人民共和国政府采购法》第二十二条规定；
2. 落实政府采购政策需满足的资格要求：（如属于专门面向中小企业采购的项目，供应商应为中小微企业、监狱企业、残疾人福利性单位）
3. 本项目的特定资格要求：（如项目接受联合体投标，对联合体应提出相关资格要求；如属于特定行业项目，供应商应当具备特定行业法定准入要求。）

三、获取招标文件

时间：____年 月 日至____年 月 日（提供期限自本公告发布之日起不得少于5个工作日），每天上午____至____，下午____至____（北京时间，法定节假日除外）
地点：
方式：
售价：

四、提交投标文件截止时间、开标时间和地点

____年 月 日 点 分（北京时间）（自招标文件开始发出之日起至投标人提交投标文件截止之日止，不得少于20日）
地点：

五、公告期限

自本公告发布之日起5个工作日。

六、其他补充事宜

七、对本次招标提出询问，请按以下方式联系。

1. 采购人信息
名　　称：________________

地　　址：________________

联系方式：________________

2. 采购代理机构信息（如有）

名　　称：________________

地　　址：________________

联系方式：________________

3. 项目联系方式

项目联系人：（组织本项目采购活动的具体工作人员姓名）

电　　话：________________

竞争性谈判（竞争性磋商、询价）公告

项目概况 （采购标的）采购项目的潜在供应商应在（地址）获取采购文件，并于____年　月　日　　点　　分（北京时间）前提交响应文件。

一、项目基本情况

项目编号（或招标编号、政府采购计划编号、采购计划备案文号等，如有）：

项目名称：

采购方式：□竞争性谈判　□竞争性磋商　□询价

预算金额：

最高限价（如有）：

采购需求：（包括但不限于标的的名称、数量、简要技术需求或服务要求等）

合同履行期限：

本项目（是/否）接受联合体。

二、申请人的资格要求：

1. 满足《中华人民共和国政府采购法》第二十二条规定；

2. 落实政府采购政策需满足的资格要求：（如属于专门面向中小企业采购的项目，供应商应为中小微企业、监狱企业、残疾人福利性单位）

3. 本项目的特定资格要求：（如项目接受联合体投标，对联合体应提出相关资格

要求；如属于特定行业项目，供应商应当具备特定行业法定准入要求。）

三、获取采购文件

时间：____年__月__日至____年__月__日（磋商文件的发售期限自开始之日起不得少于5个工作日），每天上午____至____，下午____至____（北京时间，法定节假日除外）

地点：

方式：

售价：

四、响应文件提交

截止时间：____年__月__日____点____分（北京时间）（从磋商文件开始发出之日起至供应商提交首次响应文件截止之日止不得少于10日；从谈判文件开始发出之日起至供应商提交首次响应文件截止之日止不得少于3个工作日；从询价通知书开始发出之日起至供应商提交响应文件截止之日止不得少于3个工作日）

地点：

五、开启（竞争性磋商方式必须填写）

时间：____年____月__日____点____分（北京时间）

地点：

六、公告期限

自本公告发布之日起3个工作日。

七、其他补充事宜

八、凡对本次采购提出询问，请按以下方式联系。

1. 采购人信息

名　　称：________________________

地　　址：________________________

联系方式：________________________

2. 采购代理机构信息（如有）

名　　称：________________________

地　　址：________________________

联系方式：________________________

3. 项目联系方式

项目联系人：（组织本项目采购活动的具体工作人员姓名）

电　　话：______________________

中标（成交）结果公告

一、项目编号（或招标编号、政府采购计划编号、采购计划备案文号等，如有）：

二、项目名称：

三、中标（成交）信息

供应商名称：

供应商地址：

中标（成交）金额：（可填写下浮率、折扣率或费率）

四、主要标的信息

货物类	服务类	工程类
名称： 品牌（如有）： 规格型号： 数量： 单价：	名称： 服务范围： 服务要求： 服务时间： 服务标准：	名称： 施工范围： 施工工期： 项目经理： 执业证书信息：

五、评审专家（单一来源采购人员）名单：

六、代理服务收费标准及金额：

七、公告期限

自本公告发布之日起 1 个工作日。

八、其他补充事宜

九、凡对本次公告内容提出询问，请按以下方式联系。

1. 采购人信息

名　　称：______________________

地　　址：________________

联系方式：________________

2. 采购代理机构信息（如有）

名　　称：________________

地　　址：________________

联系方式：________________

3. 项目联系方式

项目联系人：（组织本项目采购活动的具体工作人员姓名）

电　　话：________________

十、附件

1. 采购文件（已公告的可不重复公告）

2. 被推荐供应商名单和推荐理由（适用于邀请招标、竞争性谈判、询价、竞争性磋商采用书面推荐方式产生符合资格条件的潜在供应商的）

3. 中标、成交供应商为中小企业的，应公告其《中小企业声明函》

4. 中标、成交供应商为残疾人福利性单位的，应公告其《残疾人福利性单位声明函》

5. 中标、成交供应商为注册地在国家级贫困县域内物业公司的，应公告注册所在县扶贫部门出具的聘用建档立卡贫困人员具体数量的证明。

更正公告

一、项目基本情况

原公告的采购项目编号（或招标编号、政府采购计划编号、采购计划备案文号等，如有）：________________

原公告的采购项目名称：________________

首次公告日期：________________

二、更正信息

更正事项：□采购公告　□采购文件　□采购结果

更正内容：（采购结果更正，还需同时在附件中公告变更后的中标（成交）供应商的相关信息）

更正日期：________________

三、其他补充事宜

四、凡对本次公告内容提出询问，请按以下方式联系。

1. 采购人信息

名　　称：________________

地　　址：________________

联系方式：________________

2. 采购代理机构信息（如有）

名　　称：________________

地　　址：________________

联系方式：________________

3. 项目联系方式

项目联系人：（组织本项目采购活动的具体工作人员姓名）

电　　话：________________

五、附件（适用于更正中标、成交供应商）

1. 中标、成交供应商为中小企业的，应公告其《中小企业声明函》

2. 中标、成交供应商为残疾人福利性单位的，应公告其《残疾人福利性单位声明函》

3. 中标、成交供应商为注册地在国家级贫困县域内物业公司的，应公告注册所在县扶贫部门出具的聘用建档立卡贫困人员具体数量的证明。

终止公告

一、项目基本情况

采购项目编号（或招标编号、政府采购计划编号、采购计划备案文号等，如有）：

____

采购项目名称：________________

二、项目终止的原因

三、其他补充事宜

四、凡对本次公告内容提出询问，请按以下方式联系。

1. 采购人信息

名　　称：________________

地　　址：________________

联系方式：________________

2. 采购代理机构信息（如有）

名　　称：________________

地　　址：________________

联系方式：________________

3. 项目联系方式

项目联系人：（组织本项目采购活动的具体工作人员姓名）

电　　话：________________

合同公告

一、合同编号：________________

二、合同名称：________________

三、项目编号（或招标编号、政府采购计划编号、采购计划备案文号等，如有）：

____

四、项目名称：________________

五、合同主体

采购人（甲方）：________________

地　　址：________________

联系方式：________________

供应商（乙方）：________________

地　　址：________________

联系方式：________________

六、合同主要信息

主要标的名称：________________

规格型号（或服务要求）：________________

主要标的数量：________________

主要标的单价：________________

合同金额：________________

履约期限、地点等简要信息：________________

采购方式：（如公开招标、竞争性磋商、单一来源采购等）

七、合同签订日期：________________

八、合同公告日期：________________

九、其他补充事宜：________________

附件：上传合同（采购人应当按照《政府采购法实施条例》有关要求，将政府采购合同中涉及国家秘密、商业秘密的内容删除后予以公开）

公共服务项目验收结果公告

一、合同编号：________________

二、合同名称：________________

三、项目编号（或招标编号、政府采购计划编号、采购计划备案文号等，如有）：

____

四、项目名称：________________

五、合同主体

采购人（甲方）：________________

地　　址：________________

联系方式：________________

供应商（乙方）：________________

地　　址：________________

联系方式：________________

六、合同主要信息

服务内容：________________

服务要求：________________

服务期限：________________

服务地点：________________

七、验收日期：________________

八、验收组成员（应当邀请服务对象参与）：________________

九、验收意见：________________

十、其他补充事宜：________________

单一来源采购公示

一、项目信息

采购人：________________

项目名称：________________

拟采购的货物或服务的说明：________________

拟采购的货物或服务的预算金额：________________

采用单一来源采购方式的原因及说明：________________

二、拟定供应商信息

名称：________________

地址：________________

三、公示期限

____年　月　日至____年　月　日（公示期限不得少于5个工作日）

四、其他补充事宜：

五、联系方式

1. 采购人

联 系 人：________________

联系地址：________________

联系电话：________________

2. 财政部门

联 系 人：________________

联系地址：________________

联系电话：________________

3. 采购代理机构（如有）

联 系 人：________________

联系地址：________________

联系电话：________________

六、附件

专业人员论证意见（格式见附件）

附件

单一来源采购方式专业人员论证意见

专业人员信息	姓名：	
	职称：	
	工作单位：	
项目信息	项目名称：	
	供应商名称：	
专业人员论证意见	（专业人员论证意见应当完整、清晰和明确的表达从唯一供应商处采购的理由）	
专业人员签字		日期　年　月　日

注：本表格中专业人员论证意见由专业人员手工填写。

投诉处理结果公告

一、项目编号（或招标编号、政府采购计划编号、采购计划备案文号等，如有）：

____

二、项目名称：______________________________

三、相关当事人

投 诉 人：______________________________

地　　址：______________________________

被投诉人：______________________________

地　　址：______________________________

相关供应商：______________________________

地　　址：______________________________

当 事 人：______________________________

地　　址：______________________________

四、基本情况

五、处理依据及结果

六、其他补充事宜

（执法机关名称）

年　月　日

监督检查处理结果公告

一、项目编号（或招标编号、政府采购计划编号、采购计划备案文号等，如有）：

____

二、项目名称：______________________________

三、相关当事人

当事人1：______________________________

地　　址：________________________

当事人2：________________________

地　　址：________________________

……

四、基本情况

五、处理依据及结果

六、其他补充事宜

（执法机关名称）

年　月　日

集中采购机构考核结果公告

一、考核单位名称：________________________

二、被考核单位名称：________________________

三、考核内容

四、考核方法

五、工作成效及存在问题

六、考核结果

七、其他补充事宜

年　月　日

财政部关于进一步做好政府采购信息公开工作有关事项的通知

2017 年 4 月 25 日　财库〔2017〕86 号

党中央有关部门，国务院各部委、各直属机构，全国人大常委会办公厅，全国政协办公厅，高法院，高检院，各民主党派中央，有关人民团体，各省、自治区、直辖市、计划单列市财政厅（局），新疆生产建设兵团财务局：

近年来，各地区、各部门落实建立政府采购全过程信息公开机制的要求，信息公开工作取得了积极进展，但也存在部分地区政府采购信息公开平台建设不到位、一些单位信息发布不及时不全面等问题。为了切实提高政府采购透明度，现就进一步做好政府采购信息公开工作有关事项通知如下：

一、推进各地区政府采购信息发布网络平台建设

（一）加强中国政府采购网地方分网建设。中国政府采购网（www. ccgp. gov. cn）是财政部依法指定的、向世界贸易组织秘书处备案的唯一全国性政府采购信息发布网络媒体，中国政府采购网地方分网（以下简称地方分网）是其有机组成部分。省级（含计划单列市，下同）财政部门是地方分网建设管理的第一责任主体，应当切实做好地方分网的建设维护工作，把地方分网建成本地区政府采购信息的统一发布平台。

（二）规范地方分网域名管理。省级财政部门应当严格执行中国政府采购网统一域名制度，使用财政部指定域名建设地方分网。地方分网采用双域名的，应当确保财政部指定域名可以正常访问，不得以其他网络媒体替代地方分网。

（三）提升地方分网服务功能。各地区要做好地方分网的升级改造和安全防护，改进栏目设置，完善地方分网信息发布和查询使用功能，确保数据安全和运行稳定。

要建立健全地方分网与公共资源交易平台的信息互联互通机制，实现与公共资源交易电子服务系统之间的信息共享。

二、完整全面发布政府采购信息

（四）严格执行政府采购信息发布制度。各地区、各部门应当按照《政府采购法》、《政府采购法实施条例》和《财政部关于做好政府采购信息公开工作的通知》（财库〔2015〕135 号）规定，认真做好政府采购信息公开工作。采购人或者其委托的采购代理机构应当切实做好采购项目公告、采购文件、采购项目预算金额、采购结果、采购合同等采购项目信息公开工作，实现政府采购项目的全过程信息公开。对于采购项目预算金额、更正事项、采购合同、公共服务项目采购需求和验收结果等信息公开薄弱环节，应当进一步完善相关工作机制，切实履行公开责任。各级财政部门应当严格按照财库〔2015〕135 号文件规定的时间、内容等要求，及时完整公开投诉和监督检查处理决定、集中采购机构考核结果以及违法失信行为记录等监管处罚信息。

（五）推进协议供货和定点采购等信息公开。集中采购机构应当切实推进协议供货和定点采购信息公开，自 2017 年 9 月 1 日开始，除按照规定在中国政府采购网及地方分网公开入围采购阶段的相关信息外，还应当公开具体成交记录，包括采购人和成交供应商的名称、成交金额以及成交标的的名称、规格型号、数量、单价等。电子卖场、电子商城、网上超市等的具体成交记录，也应当予以公开。

三、健全政府采购信息发布工作机制

（六）加强政府采购信息公开内控管理。采购人和集中采购机构应当将政府采购信息公开作为本部门、本单位政务信息公开工作的重要内容，列入主动公开基本目录，嵌入内控管理环节，确保政府采购信息发布的及时、完整、准确。

（七）严格政府采购信息发布和推送机制。中央预算单位的政府采购信息应当在中国政府采购网中央主网（以下简称中央主网）发布，地方预算单位的政府采购信息应当在地方分网发布。地方分网应当按照财库〔2015〕135 号文件的规定向中央主网推送信息。

四、加强对政府采购信息公开工作的考核与监督

（八）加强监督检查。各级财政部门应当加大对政府采购信息公开情况的监督检查力度，将信息公开情况作为对集中采购机构考核和对采购人、社会代理机构监督检

查的重点内容，进一步完善考核与检查指标体系，对监督检查中发现的信息公开违法违规行为依法追究责任。

（九）实施动态监管和大数据分析。各级财政部门应当将政府采购项目全流程信息公开纳入动态监管范围，重点加强对单一来源公示、采购文件、采购结果和采购合同等信息的比对，运用大数据分析技术开展对采购项目执行情况和信息公开情况的核查和动态监管，不断推进信息公开工作。

（十）开展第三方评估。从2017年开始，财政部将委托社会力量开展对政府采购透明度的第三方评估，重点围绕政府采购信息发布平台建设管理、信息发布和信息推送的及时性完整性等情况进行综合评估，并对评估结果予以通报。

财政部

2017年4月25日

财政部关于做好政府采购信息公开工作的通知

2015 年 7 月 17 日　财库〔2015〕135 号

党中央有关部门，国务院各部委、各直属机构，全国人大常委会办公厅，全国政协办公厅，高法院，高检院，各民主党派中央，有关人民团体，各省、自治区、直辖市、计划单列市财政厅（局），新疆生产建设兵团财务局：

为深入贯彻落实党的十八届三中、四中全会精神，按照深化财税体制改革、实施公开透明预算制度的总体部署，根据《中华人民共和国政府采购法》、《中华人民共和国政府采购法实施条例》、《中华人民共和国政府信息公开条例》、《党政机关厉行节约反对浪费条例》等法律法规的规定，现就依法做好政府采购信息公开工作有关事项通知如下：

一、高度重视政府采购信息公开工作

公开透明是政府采购管理制度的重要原则。做好政府采购信息公开工作，既是全面深化改革、建立现代财政制度的必然要求，也是加强改进社会监督，提升政府公信力的重要举措，对于规范政府采购行为，维护政府采购活动的公开、公平和公正具有重要意义。《中华人民共和国预算法》、《中华人民共和国政府采购法实施条例》和《党政机关厉行节约反对浪费条例》从不同层面和角度提出了提高政府采购透明度、推进信息公开、加强社会监督的新要求，并确定了政府采购全过程信息公开的目标导向。各地区、各部门要依法公开政府采购项目信息，并按照财政预决算公开的要求，公布本单位政府采购预算安排及执行的总体情况，实现从采购预算到采购过程及采购结果的全过程信息公开。各地区、各部门要高度重视，充分认识政府采购信息公开工作的重要性和紧迫性，认真做好政府采购信息公开工作，将政府采购活动置于阳光之下，管好“乱伸的权力之手”。

二、认真做好政府采购信息公开工作

（一）总体要求。

建立健全责任明确的工作机制、简便顺畅的操作流程和集中统一的发布渠道，确保政府采购信息发布的及时、完整、准确，实现政府采购信息的全流程公开透明。

（二）公开范围及主体。

1. 采购项目信息，包括采购项目公告、采购文件、采购项目预算金额、采购结果等信息，由采购人或者其委托的采购代理机构负责公开；

2. 监管处罚信息，包括财政部门作出的投诉、监督检查等处理决定，对集中采购机构的考核结果，以及违法失信行为记录等信息，由财政部门负责公开；

3. 法律、法规和规章规定应当公开的其他政府采购信息，由相关主体依法公开。

（三）公开渠道。

中央预算单位的政府采购信息应当在财政部指定的媒体上公开，地方预算单位的政府采购信息应当在省级（含计划单列市，下同）财政部门指定的媒体上公开。财政部指定的政府采购信息发布媒体包括中国政府采购网（www.ccgp.gov.cn）、《中国财经报》（《中国政府采购报》）、《中国政府采购杂志》、《中国财政杂志》等。省级财政部门应当将中国政府采购网地方分网作为本地区指定的政府采购信息发布媒体之一。

为了便于政府采购当事人获取信息，在其他政府采购信息发布媒体公开的政府采购信息应当同时在中国政府采购网发布。对于预算金额在500万元以上的地方采购项目信息，中国政府采购网各地方分网应当通过数据接口同时推送至中央主网发布（相关标准规范和说明详见中国政府采购网）。政府采购违法失信行为信息记录应当在中国政府采购网中央主网发布。

（四）政府采购项目信息的公开要求。

1. 公开招标公告、资格预审公告。

招标公告的内容应当包括采购人和采购代理机构的名称、地址和联系方法，采购项目的名称、数量、简要规格描述或项目基本概况介绍，采购项目预算金额，采购项目需要落实的政府采购政策，投标人的资格要求，获取招标文件的时间、地点、方式及招标文件售价，投标截止时间、开标时间及地点，采购项目联系人姓名和电话。

资格预审公告的内容应当包括采购人和采购代理机构的名称、地址和联系方法；采购项目名称、数量、简要规格描述或项目基本概况介绍；采购项目预算金额；采购项目需要落实的政府采购政策；投标人的资格要求，以及审查标准、方法；获取资格预审文件的时间、地点、方式；投标人应当提供的资格预审申请文件的组成和格式；提交资格预审申请文件的截止时间及资格审查日期、地点；采购项目联系人姓名和电话。

招标公告、资格预审公告的公告期限为5个工作日。

2. 竞争性谈判公告、竞争性磋商公告和询价公告。

竞争性谈判公告、竞争性磋商公告和询价公告的内容应当包括采购人和采购代理机构的名称、地址和联系方法，采购项目的名称、数量、简要规格描述或项目基本概况介绍，采购项目预算金额，采购项目需要落实的政府采购政策，对供应商的资格要求，获取谈判、磋商、询价文件的时间、地点、方式及文件售价，响应文件提交的截止时间、开启时间及地点，采购项目联系人姓名和电话。

竞争性谈判公告、竞争性磋商公告和询价公告的公告期限为3个工作日。

3. 采购项目预算金额。

采购项目预算金额应当在招标公告、资格预审公告、竞争性谈判公告、竞争性磋商公告和询价公告等采购公告，以及招标文件、谈判文件、磋商文件、询价通知书等采购文件中公开。采购项目的预算金额以财政部门批复的部门预算中的政府采购预算为依据；对于部门预算批复前进行采购的项目，以预算“二上数”中的政府采购预算为依据。对于部门预算已列明具体采购项目的，按照部门预算中具体采购项目的预算金额公开；部门预算未列明采购项目的，应当根据工作实际对部门预算进行分解，按照分解后的具体采购项目预算金额公开。对于部门预算分年度安排但不宜按年度拆分的采购项目，应当公开采购项目的采购年限、概算总金额和当年安排数。

4. 中标、成交结果。

中标、成交结果公告的内容应当包括采购人和采购代理机构名称、地址、联系方式；项目名称和项目编号；中标或者成交供应商名称、地址和中标或者成交金额；主要中标或者成交标的的名称、规格型号、数量、单价、服务要求或者标的的基本概况；评审专家名单。协议供货、定点采购项目还应当公告入围价格、价格调整规则和优惠条件。采用书面推荐供应商参加采购活动的，还应当公告采购人和评审专家的推荐意见。

中标、成交结果应当自中标、成交供应商确定之日起2个工作日内公告，公告期限为1个工作日。

5. 采购文件。

招标文件、竞争性谈判文件、竞争性磋商文件和询价通知书应当随中标、成交结果同时公告。中标、成交结果公告前采购文件已公告的，不再重复公告。

6. 更正事项。

采购人或者采购代理机构对已发出的招标文件、资格预审文件，以及采用公告方式邀请供应商参与的竞争性谈判文件、竞争性磋商文件进行必要的澄清或者修改的，应当在原公告发布媒体上发布更正公告，并以书面形式通知所有获取采购文件的潜在供应商。采购信息更正公告的内容应当包括采购人和采购代理机构名称、地址、联系方式，原公告的采购项目名称及首次公告日期，更正事项、内容及日期，采购项目联系人和电话。

澄清或者修改的内容可能影响投标文件、资格预审申请文件、响应文件编制的，采购人或者采购代理机构发布澄清公告并以书面形式通知潜在供应商的时间，应当在投标截止时间至少15日前、提交资格预审申请文件截止时间至少3日前，或者提交首次响应文件截止之日3个工作日前；不足上述时间的，应当顺延提交投标文件、资格预审申请文件或响应文件的截止时间。

7. 采购合同。

政府采购合同应当自合同签订之日起2个工作日内公告。批量集中采购项目应当公告框架协议。政府采购合同中涉及国家秘密、商业秘密的部分可以不公告，但其他内容应当公告。政府采购合同涉及国家秘密的内容，由采购人依据《保守国家秘密法》等法律制度规定确定。采购合同中涉及商业秘密的内容，由采购人依据《反不正当竞争法》、《最高人民法院关于适用〈中华人民共和国民事诉讼法〉若干问题的意见》（法发〔1992〕22号）等法律制度的规定，与供应商在合同中约定。其中，合同标的名称、规格型号、单价及合同金额等内容不得作为商业秘密。合同中涉及个人隐私的姓名、联系方式等内容，除征得权利人同意外，不得对外公告。

2015年3月1日以后签订的政府采购合同，未按要求公告的，应当于2015年10月31日以前补充公告。

8. 单一来源公示。

达到公开招标数额标准，符合《中华人民共和国政府采购法》第三十一条第一项规定情形，只能从唯一供应商处采购的，采购人、采购代理机构应当在省级以上财政部门指定媒体上进行公示。公示内容应当包括采购人、采购项目名称；拟采购的货物或者服务的说明、拟采购的货物或者服务的预算金额；采用单一来源方式的原因及相关说明；拟定的唯一供应商名称、地址；专业人员对相关供应商因专利、专有技术等原因具有唯一性的具体论证意见，以及专业人员的姓名、工作单位和职称；公示的期限；采购人、采购代理机构、财政部门的联系地址、联系人和联系电话。公示期限不得少于5个工作日。

9. 终止公告。

依法需要终止招标、竞争性谈判、竞争性磋商、询价、单一来源采购活动的，采购人或者采购代理机构应当发布项目终止公告并说明原因。

10. 政府购买公共服务项目。

对于政府向社会公众提供的公共服务项目，除按有关规定公开相关采购信息外，采购人还应当就确定采购需求在指定媒体上征求社会公众的意见，并将验收结果于验收结束之日起2个工作日内向社会公告。

（五）监管处罚信息的公开要求。

财政部门作出的投诉、监督检查等处理决定公告的内容应当包括相关当事人名称及地址、投诉涉及采购项目名称及采购日期、投诉事项或监督检查主要事项、处理依据、处理结果、执法机关名称、公告日期等。投诉或监督检查处理决定应当自完成并履行有关报审程序后 5 个工作日内公告。

财政部门对集中采购机构的考核结果公告的内容应当包括集中采购机构名称、考核内容、考核方法、考核结果、存在问题、考核单位等。考核结果应当自完成并履行有关报审程序后 5 个工作日内公告。

供应商、采购代理机构和评审专家的违法失信行为记录公告的内容应当包括当事人名称、违法失信行为的具体情形、处理依据、处理结果、处理日期、执法机关名称等。供应商、采购代理机构和评审专家的违法失信行为信息月度记录应当不晚于次月 10 日前公告。

三、工作要求

（一）加强组织领导。各级财政部门、各部门、各单位要建立政府采购信息公开工作机制，落实责任分工，切实履行政府采购信息公开的责任和义务。省级财政部门要加强对本地区政府采购信息公开工作的指导和督促，指定并管理政府采购信息公开媒体，确保政府采购信息公开工作落到实处。

（二）落实技术保障。各级财政部门要及时做好相关信息系统和网络媒体的升级改造，创新信息公开方式，完善信息公开功能，提高政府采购信息公开的自动化水平，为政府采购信息公开和社会监督创造便利条件。中国政府采购网地方分网应当在 2015 年 8 月 31 日以前完成主要技术改造工作，确保合同公开等新的信息公开要求落到实处。

（三）强化监督检查。各级财政部门要将政府采购信息公开作为监督检查的重要内容，对采购人、采购代理机构未依法发布政府采购项目信息的，要依照《中华人民共和国政府采购法》第七十一条、第七十八条和《中华人民共和国政府采购法实施条例》第六十八条等规定追究法律责任。

（四）做好跟踪回应。各地区、各部门要主动回应信息公开工作中出现的情况和问题，做好预判、预案和跟踪，主动发声，及时解惑。各政府采购信息发布媒体要以高度负责的精神做好政府采购信息公开工作，及时、完整、准确地免费刊登信息。

财政部

2015 年 7 月 17 日

九、

政府采购验收及付款

（一）履约验收

关于进一步加强政府采购需求和履约验收管理的指导意见

2016年11月25日　财库〔2016〕205号

党中央有关部门，国务院各部委、各直属机构，全国人大常委会办公厅，全国政协办公厅，高法院、高检院，各民主党派中央，有关人民团体，各省、自治区、直辖市、计划单列市财政厅（局），新疆生产建设兵团财务局：

近年来，各地区、各部门认真贯彻政府采购结果导向改革要求，落实《中华人民共和国政府采购法》及其实施条例有关规定，不断加强政府采购需求和履约验收管理，取得了初步成效。但从总体上看，政府采购需求和履约验收管理还存在认识不到位、责任不清晰、措施不细化等问题。为了进一步提高政府采购需求和履约验收管理的科学化、规范化水平，现就有关工作提出以下意见：

一、高度重视政府采购需求和履约验收管理

依法加强政府采购需求和履约验收管理，是深化政府采购制度改革、提高政府采购效率和质量的重要保证。科学合理确定采购需求是加强政府采购源头管理的重要内容，是执行政府采购预算、发挥采购政策功能、落实公平竞争交易规则的重要抓手，在采购活动整体流程中具有承上启下的重要作用。严格规范开展履约验收是加强政府采购结果管理的重要举措，是保证采购质量、开展绩效评价、形成闭环管理的重要环节，对实现采购与预算、资产及财务等管理工作协调联动具有重要意义。各地区、各部门要充分认识政府采购需求和履约验收管理的重要性和必要性，切实加强政府采购

活动的源头和结果管理。

二、科学合理确定采购需求

（一）采购人负责确定采购需求。采购人负责组织确定本单位采购项目的采购需求。采购人委托采购代理机构编制采购需求的，应当在采购活动开始前对采购需求进行书面确认。

（二）采购需求应当合规、完整、明确。采购需求应当符合国家法律法规规定，执行国家相关标准、行业标准、地方标准等标准规范，落实政府采购支持节能环保、促进中小企业发展等政策要求。除因技术复杂或者性质特殊，不能确定详细规格或者具体要求外，采购需求应当完整、明确。必要时，应当就确定采购需求征求相关供应商、专家的意见。采购需求应当包括采购对象需实现的功能或者目标，满足项目需要的所有技术、服务、安全等要求，采购对象的数量、交付或实施的时间和地点，采购对象的验收标准等内容。采购需求描述应当清楚明了、规范表述、含义准确，能够通过客观指标量化的应当量化。

（三）加强需求论证和社会参与。采购人可以根据项目特点，结合预算编制、相关可行性论证和需求调研情况对采购需求进行论证。政府向社会公众提供的公共服务项目，采购人应当就确定采购需求征求社会公众的意见。需求复杂的采购项目可引入第三方专业机构和专家，吸纳社会力量参与采购需求编制及论证。

（四）严格依据采购需求编制采购文件及合同。采购文件及合同应当完整反映采购需求的有关内容。采购文件设定的评审因素应当与采购需求对应，采购需求相关指标有区间规定的，评审因素应当量化到相应区间。采购合同的具体条款应当包括项目的验收要求、与履约验收挂钩的资金支付条件及时间、争议处理规定、采购人及供应商各自权利义务等内容。采购需求、项目验收标准和程序应当作为采购合同的附件。

三、严格规范开展履约验收

（五）采购人应当依法组织履约验收工作。采购人应当根据采购项目的具体情况，自行组织项目验收或者委托采购代理机构验收。采购人委托采购代理机构进行履约验收的，应当对验收结果进行书面确认。

（六）完整细化编制验收方案。采购人或其委托的采购代理机构应当根据项目特点制定验收方案，明确履约验收的时间、方式、程序等内容。技术复杂、社会影响较大的货物类项目，可以根据需要设置出厂检验、到货检验、安装调试检验、配套服务检验等多重验收环节；服务类项目，可根据项目特点对服务期内的服务实施情况进行分期考核，结合考核情况和服务效果进行验收；工程类项目应当按照行业管理部门规定的标准、方法和内容进行验收。

（七）完善验收方式。对于采购人和使用人分离的采购项目，应当邀请实际使用人参与验收。采购人、采购代理机构可以邀请参加本项目的其他供应商或第三方专业机构及专家参与验收，相关验收意见作为验收书的参考资料。政府向社会公众提供的公共服务项目，验收时应当邀请服务对象参与并出具意见，验收结果应当向社会公告。

（八）严格按照采购合同开展履约验收。采购人或者采购代理机构应当成立验收小组，按照采购合同的约定对供应商履约情况进行验收。验收时，应当按照采购合同的约定对每一项技术、服务、安全标准的履约情况进行确认。验收结束后，应当出具验收书，列明各项标准的验收情况及项目总体评价，由验收双方共同签署。验收结果应当与采购合同约定的资金支付及履约保证金返还条件挂钩。履约验收的各项资料应当存档备查。

（九）严格落实履约验收责任。验收合格的项目，采购人应当根据采购合同的约定及时向供应商支付采购资金、退还履约保证金。验收不合格的项目，采购人应当依法及时处理。采购合同的履行、违约责任和解决争议的方式等适用《中华人民共和国合同法》。供应商在履约过程中有政府采购法律法规规定的违法违规情形的，采购人应当及时报告本级财政部门。

四、工作要求

（十）强化采购人对采购需求和履约验收的主体责任。采购人应当切实做好需求编制和履约验收工作，完善内部机制、强化内部监督、细化内部流程，把采购需求和履约验收嵌入本单位内控管理流程，加强相关工作的组织、人员和经费保障。

（十一）加强采购需求和履约验收的业务指导。各级财政部门应当按照结果导向的改革要求，积极研究制定通用产品需求标准和采购文件标准文本，探索建立供应商履约评价制度，推动在政府采购评审中应用履约验收和绩效评价结果。

（十二）细化相关制度规定。各地区、各部门可根据本意见精神，研究制定符合本地区、本部门实际情况的具体办法和工作细则，切实加强政府采购活动中的需求和履约验收管理。

财政部

2016 年 11 月 25 日

关于印发《中央国家机关政府采购中心批量集中采购履约管理办法（试行）》的通知

2016年6月12日　国机采字〔2016〕7号

中央国家机关各部门、各单位办公厅（室）：

为贯彻落实《政府采购法实施条例》，进一步提高批量集中采购履约管理水平，我们制定了《中央国家机关政府采购中心批量集中采购履约管理办法（试行）》，现印发你们，请遵照执行。

附件：《中央国家机关政府采购中心批量集中采购履约管理办法（试行）》

中央国家机关政府采购中心

2016年6月12日

附件：

中央国家机关政府采购中心批量集中采购履约管理办法（试行）

第一章　总　　则

第一条　为进一步做好中央国家机关预算单位批量集中采购工作，强化合同和履约管理，提高采购质量和效率，根据《中华人民共和国政府采购法》、《中华人民共和国政府采购法实施条例》、《中华人民共和国经济合同法》、《中央预算单位批量集中采购管理暂行办法》等有关法律制度规定，制定本办法。

第二条 本办法所称批量集中采购是指将一些通用性强、技术规格统一、便于归集的政府采购品目，由采购人按规定的标准配置归集采购计划，经财政部汇总后，交由中央国家机关政府采购中心（以下简称国采中心）统一组织实施的采购模式。

第三条 本办法所称履约管理包括政府采购当事人按照各自职责，组织履约验收，签订采购合同，并按照合同约定按时供货、提供售后服务，以及支付货款等内容。

第四条 政府采购当事人应按照遵规守纪、诚实信用、服务高效的原则完成批量集中采购履约工作。

第二章 采购人职责

第五条 采购人应当在收到中标（成交）供应商提供的采购合同 2 个工作日内与中标（成交）供应商签订采购合同。

属中标（成交）供应商方面原因未在规定期限内签订采购合同的，采购人应当将书面催告文件提交国采中心协调处理，经协调后，供应商仍拒不签约的，采购人可以依法不再与其签订采购合同，并可在预算金额内按有关规定通过协议供货购买。

采购合同签订后，中标（成交）供应商不履行合同义务或履行义务不符合约定的，采购人可以依照法律规定及合同约定追究对方的违约责任，同时将相关情况书面反馈给国采中心，由国采中心公示违约情况。

第六条 采购人负责组织对批量集中采购项目的履约验收工作，并在规定时间内对中标（成交）供应商履约情况做出评价。

第七条 采购人应按照合同约定及时向中标（成交）供应商付款。

第八条 采购人应积极主动配合中标（成交）供应商送货及安装。

第三章 中标（成交）供应商责任

第九条 中标（成交）供应商应当在中标（成交）结果公告之日起 3 个工作日内，与国采中心签订框架协议。

第十条 框架协议签订后，中标（成交）供应商或其授权供应商应当在中标（成交）结果公告之日起 5 个工作日内，主动与采购人联系，向采购人提供采购合同文本，并根据采购文件和投报文件约定的内容签订采购合同，在中标（成交）结果公告生效之日起 20 个工作日内完成送货。

第十一条 中标（成交）供应商应按照合同内容供货，不得擅自更改产品的型号、配置。

第十二条 中标（成交）供应商应按照合同内容提供售后服务，不得对采购文件约定的服务额外收费。

第十三条 中标（成交）供应商应提供中标产品配送状态网上查询服务，并在规定时间向国采中心报送下列情况：

（一）截至中标（成交）结果公告之日起5个工作日与采购人联系情况；

（二）截至中标（成交）结果公告之日起20个工作日的送货完成情况。

第十四条 采购合同签订后，采购人不履行合同义务或履行义务不符合约定的，中标（成交）供应商可以依照法律规定及合同约定追究对方的违约责任，同时将相关情况书面反馈给国采中心，由国采中心公示违约情况。

第四章　集采机构职责

第十五条 组织与中标（成交）供应商在中标（成交）公告之日起3个工作日内签订框架协议。

第十六条 督促采购人、中标（成交）供应商在规定时间内签订合同。

第十七条 统一协调处理合同签订、产品送达、产品验收及款项支付等履约过程中出现的问题。

第十八条 负责组织核查、委托专家或第三方检测机构检测工作中发现的以及采购人反映的质量、服务问题，并按采购文件及框架协议的约定追究中标供应商赔偿责任。

第十九条 按照法律法规、本办法及分类项目有关规定，根据采购人评价情况对中标（成交）供应商进行履约管理。

第二十条 负责将违法违规问题提请财政部处理。

第五章　评价机制

第二十一条 采购人应当在中标（成交）供应商履行合同义务结束后15个工作日内，在供应商评价管理系统中，对中标（成交）供应商的合同履约、产品质量、配送安装、服务品质等职责履行情况做出评价，并按“优、良、中、差”评定等级。

第二十二条 对诚信守法、质量可靠、配送及时、服务优质、交易规范，且履约效率、质量优于合同约定的中标（成交）供应商，评价应为“优”。

第二十三条 对按合同约定履约的中标（成交）供应商，评价应为“良”。

第二十四条 出现下列情形之一的，应对中标（成交）供应商评价为“中”：

（一）所提供产品与其介绍有差异，但不影响使用且符合采购文件约定的；

（二）履行合同中，售后服务不够及时的；

（三）未能及时向采购人提供有效政府采购凭证的。

第二十五条 出现下列情形之一的，应对中标（成交）供应商评价为“差”，并提供书面说明：

（一）提供假冒伪劣产品或虚假信息，以次充好的；

（二）产品质量低劣，无法满足采购人正常使用的；

（三）交易、供货过程中有瑕疵的；

（四）未在约定时间内及时供货，不履行合同承诺，或擅自放弃项目成交的；

（五）履行合同中，拒绝提供售后服务或服务水平较差的；

（六）始终未能向采购人提供有效政府采购凭证的；

（七）违反具体项目或其他有关规定的。

第二十六条 中标（成交）供应商评价结果与后续批量集中采购活动挂钩，具体包括平台曝光、扣分等措施。

第二十七条 中标（成交）供应商不得诱导、威胁或更改他人评价。任何单位或个人不得进行不实恶意评价。

第二十八条 评价一经做出一般不予更改，确需做重大更改或对评价有异议的，采购人或中标（成交）供应商应向国采中心提出书面更改申请，并附有关证明材料。国采中心对有争议的评价进行调查、核实和处理。

第二十九条 国采中心将对违约中标（成交）供应商在中央政府采购网参与的其他项目一并展开核查，并依照各品目或项目单项规定执行管理措施。

第六章　附　　则

第三十条 本办法由国采中心负责解释。

第三十一条 本办法自发布之日起施行。

中央国家机关政府采购中心办公室

2016 年 6 月 12 日印发

（二）采购付款

关于印发《中央财政预算管理一体化资金支付管理办法（试行）》的通知

2022 年 1 月 14 日　财库〔2022〕5 号

有关中央预算单位，有关中央国库集中支付代理银行、北京银行，财政部各地监管局：

为了保证中央财政预算管理一体化建设试点工作顺利进行，根据《国务院关于进一步深化预算管理制度改革的意见》（国发〔2021〕5 号）及中央财政预算管理一体化建设有关要求，现将《中央财政预算管理一体化资金支付管理办法（试行）》印发给你们，请遵照执行。

本办法执行中发现的问题，请及时向财政部（国库司）、人民银行（国库局）反馈。

附件：中央财政预算管理一体化资金支付管理办法（试行）

财政部　人民银行

2022 年 1 月 14 日

附件：

中央财政预算管理一体化资金支付管理办法（试行）

第一章　总　　则

第一条　为加快推进中央财政预算管理一体化建设（以下简称中央一体化），进一步优化预算单位资金支付管理和规范预算单位资金支付行为，根据《中华人民共和国预算法》及其实施条例、《中华人民共和国国家金库条例》及其实施细则、《国务院关于进一步深化预算管理制度改革的意见》（国发〔2021〕5号）、《财政部关于印发〈预算管理一体化规范（试行）〉的通知》（财办〔2020〕13号）以及财政国库管理有关制度规定，制定本办法。

第二条 中央一体化试点部门（以下简称试点部门）及其所属相关预算单位（以下简称试点单位）财政拨款资金、教育收费专户管理资金、单位资金的支付管理（以下简称资金支付）适用本办法。

第三条 资金支付实行全流程电子化管理，通过中央预算管理一体化系统（以下简称中央一体化系统）办理业务。

第四条 除单位资金中按往来收入管理的资金外，其他资金支付坚持先有预算后有支出，根据预算指标、国库库款或有关账户余额情况拨付资金。

第五条 试点单位应当按照中央一体化试点有关要求，配合做好以下信息维护管理工作：

（一）本单位工作人员的工资卡卡号、公务卡卡号等与预算执行业务有关的人员类信息；

（二）本单位零余额账户和实有资金账户信息；

（三）单位财务公章等电子印鉴信息；

（四）其他需要试点单位维护管理的信息。

第二章 用款计划

第六条 用款计划主要用于财政国库现金流量控制及资金清算管理，不再按项目编制。财政拨款资金和教育收费专户管理资金应当编制用款计划，单位资金暂不编制用款计划。

第七条 试点单位月度用款计划当月开始生效，当年累计支付金额（不含单位资金支付金额）不得超过当年累计已批复的用款计划。

第八条 试点单位应当加强预算执行事前规划，严格依据预算指标（含部门预算“二上”控制数）、项目实施进度以及用款需求等编制分月用款计划，情况发生变化时应当及时上报调整用款计划。除特殊情况外，试点部门不得代替所属试点单位编制用款计划。

第九条 试点部门审核汇总所属试点单位用款计划后报送财政部。财政部根据预算指标、库款情况等批复分月用款计划，不再向中央国库集中支付业务代理银行（以下简称代理银行）下达用款额度。

第十条 财政部根据批复的用款计划生成国库集中支付汇总清算额度通知单，按时签章发送人民银行，作为人民银行与代理银行清算国库集中支付资金的依据。用款计划变化导致国库集中支付汇总清算额度调整的，财政部及时将调整结果发送人民银行。

第三章 资金支付一般规定

第十一条 试点单位办理资金支付业务时，应当通过中央一体化系统填报资金支付申请。财政部（国库司）对资金支付申请集中校验（审核）后，向代理银行发送支付凭证。代理银行根据支付凭证支付资金，不再对试点单位资金支付进行额度控制。试点单位原则上应当通过预算单位零余额账户支付资金，未开设预算单位零余额账户的试点单位通过财政零余额账户支付资金。具体流程如下：

（一）试点单位按规定通过中央一体化系统填报资金支付申请。通过预算单位零余额账户支付资金的，试点单位在提交资金支付申请时预生成支付凭证并按规定加盖电子签章（签名）。

（二）财政部根据预算指标和批复的用款计划对试点单位资金支付申请进行控制。预算指标的基本控制口径为：单位、指标类型、资金性质、支出功能分类科目（底级）、政府预算支出经济分类科目（类级）、预算项目、金额。用款计划的基本控制口径为：单位、支出功能分类科目、资金性质、支付方式、指标类型、金额。

（三）中央一体化系统根据预设的校验规则对资金支付申请进行校验，校验不通过的，转为试点部门人工审核；试点部门人工审核后提交资金支付申请，系统校验仍不通过的，按规定转为财政部（国库司）人工审核。

（四）校验（审核）通过后，财政部（国库司）将支付凭证发送代理银行。代理银行支付资金后，向财政部和试点单位发送国库集中支付凭证回单，作为财政总预算会计和单位会计核算的依据。

第十二条 按照支出活动的具体特点和管理要求，资金支付分为以下类型：

（一）购买性支出。购买性支出包括所有编制政府采购预算的支出，以及部门预算支出经济分类科目特定范围内的支出。

编制政府采购预算的购买性支出，资金支付申请应当匹配政府采购合同。中央一体化系统校验政府采购合同中的收款人信息、合同金额等信息，校验不通过的原则上不允许支付资金。

部门预算支出经济分类科目特定范围内的购买性支出，资金支付申请应当按规定匹配相关合同或协议。中央一体化系统校验相关合同或协议，校验不通过的原则上不允许支付资金；无法提供相关合同或协议的，按规定转为人工审核。

（二）公务卡还款。公务卡发卡银行应当通过中央一体化系统向财政部（国库司）按时提供公务卡消费明细信息。试点单位比对持卡人报销还款信息和公务卡消费信息后，按照本办法第十一条有关规定办理公务卡还款。

公务卡原则上只能用于公务支出活动。

（三）纳入财政统发范围的工资和离退休经费（以下简称统发工资）通过财政零余额账户办理资金支付。统发工资预算指标余额不足时，中央一体化系统对试点单位进行预警提示，试点单位应当按照预算管理规定及时补足预算指标。未及时补足预算指标的，由试点单位按照本办法第十一条有关规定自行发放工资。

（四）委托收款。试点单位办理水费、电费、燃气费、电话费、网络费用、社会保险缴费、个人所得税缴纳等委托收款业务时，应当提前指定用于委托收款的预算指标。委托收款扣款时，代理银行通过中央一体化系统发送委托扣款申请，系统验证通过后自动进行资金支付。

委托收款预算指标额度不足时，试点单位可以另行选择预算指标，或按照本办法第十一条有关规定办理资金支付。

第十三条 除下列情形外，试点单位不得从本单位零余额账户向本单位或本部门其他预算单位实有资金账户划转资金：

（一）根据政府购买服务相关政策，按合同约定向本部门所属事业单位支付的政府购买服务支出；

（二）确需划转的工会经费、住房改革支出、应缴或代扣代缴的税款，以及符合相关制度规定的工资代扣事项；

（三）暂不能通过零余额账户委托收款的社会保险缴费、职业年金缴费、水费、电费、取暖费等；

（四）按规定允许划转的科研项目和教育资金；

（五）财政部（国库司）规定的其他情形。

第十四条 代理银行应当在营业时间内办理国库集中支付业务，并在人民银行（国库局）规定的清算时限内向其发送已完成支付的申请划款凭证及所附划款明细，申请清算资金。除另有规定外，超出营业时间代理银行原则上不办理资金支付。

代理银行完成资金清算后，应当按日对资金支付明细信息进行核对；发现错误的，及时告知财政部（国库司）、人民银行（国库局），并按规定办理更正。

第十五条 资金支付完成后，因技术性差错等原因误用预算指标或支出经济分类的，试点单位应当通过中央一体化系统填报支付更正申请，经系统自动校验或人工审核后，更正相关信息。涉及国库集中支付汇总清算额度调整的，财政部（国库司）及时将调整结果发送人民银行（国库局），同步更正信息。

第十六条 资金退回业务按以下方式办理：

（一）因收款人账户名称或账号填写错误等原因导致的当年资金退回或项目未结束的跨年资金退回，代理银行应当将资金退回零余额账户，不得转存银行内部账户，在匹配原支付凭证的当日（超过清算时间的，于下一个工作日）将资金退回国库，并生成财政资金退回通知书发送财政部和试点单位。财政部（国库司）和试点单位根据退回通知书进行会计核算，并恢复试点单位相应预算指标。

（二）除另有规定外，项目结束或收回结余资金导致的资金退回，试点部门应当通过其实有资金账户汇总相关资金，按规定填写一般缴款书或银行汇款单后，统一上缴国库。财政部（国库司）和试点单位根据相关回单进行会计核算。

（三）对于错误缴入预算单位零余额账户的资金，试点单位应当向代理银行开具资金退回凭证。代理银行按资金退回凭证退回资金后，向试点单位发送回单。

第四章　资金支付特殊规定

第十七条　教育收费专户管理资金通过中央一体化系统进行集中校验和人工审核后，直接拨付到试点单位实有资金账户，不再由试点部门转拨。具体流程如下：

（一）试点单位按规定通过中央一体化系统填报资金支付申请。

（二）财政部根据预算指标、用款计划、教育收费专户资金余额等校验审核资金支付申请，审核通过后向教育收费专户开户银行发送支付凭证。教育收费专户开户银行支付资金后，向财政部发送相关支付凭证回单，作为财政总预算会计核算的依据。

（三）因收款人账户名称或账号填写错误等原因发生资金退回的，教育收费专户开户银行应当在匹配原支付凭证信息后，向财政部报送财政专户退款通知书，同时将资金退回教育收费专户。财政部根据财政专户退款通知书进行会计核算，并相应恢复试点单位预算指标。

第十八条　单位资金包括资金收入管理、资金支付管理、支付更正管理和资金退回管理。

（一）资金收入管理。试点单位基本存款账户开户银行应当通过中央一体化系统及时向试点单位发送账户收款及余额变动信息，试点单位应当根据资金到账通知书，按单位资金收入、往来收入、退回资金三种类型对入账资金予以确认。

按本办法第十三条规定转入试点单位基本存款账户的财政拨款资金，按照往来收入管理。

（二）资金支付管理。试点单位基本存款账户开户银行根据中央一体化系统发送的支付凭证办理单位资金支付。除另有规定外，试点单位基本存款账户开户银行原则上不得接受中央一体化系统以外的单位资金支付指令。

属于单位资金收入的，试点单位按规定通过中央一体化系统填报资金支付申请。中央一体化系统根据预算指标及账户余额信息（编制政府采购预算的资金支付应当对应政府采购合同）进行校验，校验通过后向试点单位基本存款账户开户银行发送支付凭证。

属于往来收入的，试点单位按规定通过中央一体化系统填报资金支付申请。中央一体化系统根据试点单位基本存款账户余额信息进行校验，校验通过后向试点单位基本存款账户开户银行发送支付凭证。

（三）支付更正管理。属于单位资金收入的，试点单位应当按规定通过中央一体化系统填报支付更正申请，经系统自动校验通过后完成更正。

（四）资金退回管理。退回资金中能够匹配原支付凭证（信息）的，试点单位应当自行确认是否恢复对应的预算指标；无法匹配原支付凭证（信息）的，按照往来收入管理。

第五章　监督管理

第十九条　财政部（国库司）对资金支付组织开展动态监控，核实疑点信息，及时纠错纠偏。

第二十条　财政部各地监管局按规定通过中央一体化系统对属地试点单位预算执行进行全过程查询和监管，不再对资金支付申请进行前置审核。

第二十一条　人民银行对商业银行办理的国库集中支付业务进行监督检查。

第二十二条　试点部门在资金支付中的主要职责是：

（一）负责按照部门预算管理使用资金，并做好相应的财务管理和会计核算工作；

（二）负责本部门及所属试点单位资金支付管理的相关工作；

（三）组织本部门及所属试点单位编制用款计划，审核汇总所属试点单位用款计划；

（四）配合财政部对本部门及所属试点单位预算执行、资金申请与拨付和账户管理等情况进行监督管理。

第二十三条　试点单位在资金支付中的主要职责是：

（一）负责按单位预算使用资金，并做好相应的财务管理和会计核算工作；

（二）负责编制本单位用款计划；

（三）按规定填报资金支付申请，预生成有关电子凭证，并保证凭证的真实性、合规性。

（四）配合财政部及主管部门对本单位预算执行、资金申请与拨付和账户管理等情况进行监督管理。

第二十四条　有关商业银行在资金支付中的主要职责是：

（一）按照与财政部签订的委托代理协议及有关规定办理账户和资金支付业务，定期对账。严格按照中央一体化系统发送的支付凭证支付资金，不得违规支付资金，不得占压挪用资金。接受财政部监督，业务办理情况纳入财政部年度综合考评。

（二）按规定开发与维护代理中央一体化资金支付业务的信息管理系统并与财政

部、人民银行联网，按要求向财政部、人民银行反馈资金支付相关信息。妥善保管有关支付凭证及资料，并负有保密义务。

（三）按照与人民银行签订的资金支付清算协议及有关规定办理资金支付清算等业务，定期对账，接受人民银行的监督检查。

第六章　附　则

第二十五条　本办法施行前有关规定与本办法不一致的，以本办法为准；本办法未作出规定的，按照现行制度规定执行。

第二十六条　资金支付具体业务细则按照有关中央一体化试点操作规程办理。

第二十七条　本办法由财政部会同人民银行负责解释。

第二十八条　本办法自印发之日起施行。

附：中央财政预算管理一体化资金支付管理凭证样式（略）

财政部关于实施中央预算单位公务卡强制结算目录的通知

2011 年 11 月 25 日　财库〔2011〕160 号

党中央有关部门，国务院各部委、各直属机构，武警部队，新疆生产建设兵团，全国人大常委会办公厅，全国政协办公厅，高法院，高检院，有关人民团体：

为加强和规范公务支出管理，进一步推进公务卡制度改革，扩大公务卡使用范围，切实减少公务支出中的现金提取和使用，根据《财政部中国人民银行关于印发〈中央预算单位公务卡管理暂行办法〉的通知》（财库〔2007〕63 号）等有关规定，决定在中央预算单位实施公务卡强制结算目录。现就有关事项通知如下：

一、充分认识实施公务卡强制结算目录的必要性

公务卡制度改革自 2007 年推行以来，改革覆盖面迅速扩大，公务卡发卡量快速增长，对减少预算单位现金支付结算、规范公务支出的政策效应逐步显现。但同时也存在公务卡使用范围偏窄、使用率不高的问题，“有卡不用”现象较为普遍。建立公务卡强制结算目录，严格规定预算单位公务支出中必须使用公务卡结算的项目，有利于提高公务卡使用率，充分发挥公务卡制度优势，进一步加强和规范公务支出管理。各部门各单位要从党风廉政建设和源头预防腐败的高度，切实提高对实施公务卡强制结算目录必要性和重要性的认识，认真抓好落实工作。

二、严格执行公务卡强制结算目录

（一）所有实行公务卡制度改革的中央预算单位，都应严格执行中央预算单位公务卡强制结算目录。

（二）凡目录规定的公务支出项目，应按规定使用公务卡结算，原则上不再使用现金结算。原使用转账方式结算的，可继续使用转账方式。

（三）下列情况可暂不使用公务卡结算：

1. 在县级以下（不包括县级）地区发生的公务支出；

2. 在县级及县级以上地区不具备刷卡条件的场所发生的单笔消费在200元以下的公务支出；

3. 按规定支付给个人的支出；

4. 签证费、快递费、过桥过路费、出租车费用等目前只能使用现金结算的支出。

除上述情况外，因特殊情形确实不能使用公务卡结算的，应报经单位财务部门批准。

三、有关工作要求

（一）制定具体细则。各部门应尽快制定本部门实施公务卡强制结算目录的管理办法，并于2011年12月31日前报财政部备案。各部门要加强对所属预算单位的指导，要求各单位制定相应的实施细则，重点明确不能使用公务卡结算情况下的财务审批程序和报销手续。各部门各单位应从严控制不使用公务卡结算的支出事项，必要时报销申请人应提供不能使用公务卡结算的证明材料。

（二）加强培训宣传。各部门各单位要加强公务卡管理政策培训，使单位财务人员和工作人员熟练掌握公务卡强制结算目录。同时要加强宣传，在本部门本单位形成良好的主动用卡、自觉用卡氛围。

（三）加大改革力度。各部门要于2012年底前将公务卡制度改革推进到所有基层预算单位，并督促基层预算单位严格执行公务卡强制结算目录。

本通知自2012年1月1日起实施。

附件：中央预算单位公务卡强制结算目录

财政部

2011年11月25日

附件：

中央预算单位公务卡强制结算目录

序号	公务卡结算项目	备注
01	办公费	指单位购买按财务会计制度规定不符合固定资产确认标准的日常办公用品、书报杂志等支出。
02	印刷费	指单位的印刷费支出。
03	咨询费	指单位咨询方面的支出。
04	手续费	指单位支付的手续费支出。
05	水电费	指单位支付的水电费支出。
06	邮电费	指单位开支的电话费、电报费、传真费、网络通讯费等支出。
07	物业管理费	指单位开支的办公用房、职工及离退休人员宿舍等的物业管理费，包括综合治理、绿化、卫生等方面的支出。
08	差旅费	指单位工作人员因出差支付的住宿费、购买机票支出等。
09	维修（护）费	指单位日常开支的固定资产（不包括车船等交通工具）修理和维护费用，网络信息系统运行与维护费用。
10	租赁费	指租赁办公用房、宿舍、专用通讯网以及其他设备等方面的费用。
11	会议费	指会议中按规定开支的房租费、伙食补助费以及文件资料的印刷费、会议场地租用费等。
12	培训费	指各类培训支出。
13	公务接待费	指单位按规定开支的各类公务接待（含外宾接待）费用。
14	专用材料费	指单位购买日常专用材料的支出。具体包括药品及医疗耗材，农用材料，兽医用品，实验室用品，专用服装，消耗性体育用品，专用工具和仪器，艺术部门专用材料和用品，广播电视台发射台发射机的电力、材料等方面的支出。
15	公务用车运行维护费	指公务用车的燃料费、维修费、保险费等支出。
16	其他交通费用	指单位除公务用车运行维护费以外的其他交通费用。如飞机、船舶等的燃料费、维修费、保险费等。

财政部　中国人民银行关于印发《中央预算单位公务卡管理暂行办法》的通知

2007 年 7 月 12 日　财库〔2007〕63 号

党中央有关部门，国务院各部委、各直属机构，武警总部，全国人大常委会办公厅，全国政协办公厅，高法院，高检院，有关人民团体，新疆生产建设兵团财务局，国库集中支付各代理银行：

为进一步深化国库集中支付制度改革，方便预算单位用款，减少现金结算，提高支付透明度，加强预算执行监控管理，根据《财政国库管理制度改革试点方案》（财库〔2001〕24 号）和《银行卡业务管理办法》（银发〔1999〕17 号）、《支付结算办法》（银发〔1997〕393 号）等有关规定，财政部、中国人民银行制定了《中央预算单位公务卡管理暂行办法》，现予印发，请遵照执行。执行中有何问题，请及时向财政部、中国人民银行反映。

各中央预算部门实施公务卡试点的时间等事项，财政部将另行通知。

附件：中央预算单位公务卡管理暂行办法

附件：

中央预算单位公务卡管理暂行办法

第一章　总　　则

第一条　为进一步深化国库集中支付制度改革，规范中央预算单位财政授权支付业务，减少现金支付结算，提高支付透明度，加强财政监督，方便预算单位用款，根据《财政国库管理制度改革试点方案》（财库〔2001〕24 号）和《银行卡业务管理办法》（银发〔1999〕17 号）、《支付结算办法》（银发〔1997〕393 号）等相关规定，制定本办法。

第二条 本办法所称公务卡，是指中央预算单位工作人员持有的，主要用于日常公务支出和财务报销业务的信用卡。

第三条 中央预算单位财政授权支付业务中原使用现金结算的公用经费支出，包括差旅费、会议费、招待费和 5 万元（以人民币为单位，下同）以下的零星购买支出等，一般应当使用公务卡结算。中央预算单位应根据银行卡受理环境等情况，积极扩大公务卡使用范围，尽量减少现金支出。

第四条 公务卡的发卡银行（以下简称发卡行）是指办理国库集中支付业务的代理银行，预算单位在确定的代理银行范围内，自行选择本单位公务卡发卡行。

第五条 与公务卡管理有关的信息维护、财务报销、银行划款和动态监控等业务，通过专门的公务卡支持系统辅助办理。

第六条 持有公务卡的工作人员（以下统称持卡人）应当妥善保管公务卡，规范使用公务卡办理公务支出的支付结算业务，并及时向所在单位财务部门申请办理报销手续。

第七条 预算单位财务部门应当依托公务卡支持系统，认真审核公务卡报销事项。对于批准报销的公务卡消费支出，应当按规定时间，通过零余额账户办理向公务卡的资金还款手续。

第二章 公务卡日常管理

第八条 公务卡由中央预算单位统一组织本单位工作人员向发卡行申办。公务卡申办成功后，经预算单位确认核实，由发卡行将持卡人姓名和卡号等信息统一录入公务卡支持系统管理。

第九条 预算单位在工作人员新增或调动、退休时，应及时组织办理公务卡的申领或停止使用等手续，并通知发卡行及时维护公务卡支持系统。现有工作人员涉及公务卡的相关信息变动时，应及时通知发卡行维护公务卡支持系统。

第十条 公务卡应当使用银联标准信用卡。试点阶段，公务卡原则上仅用于办理人民币支出结算业务。

第十一条 公务卡主要用于公务支出的支付结算。公务支出发生后，由持卡人及时向所在单位财务部门申请办理报销手续。公务卡也可用于个人支付结算业务，但不得办理财务报销手续，单位不承担私人消费行为引致的一切责任。

第十二条 公务卡的信用额度，由预算单位根据银行卡管理规定和业务需要，与发卡行协商设定。原则上每张公务卡的信用额度不超过5万元、不少于2万元。持卡人在规定的信用额度和免息还款期内先支付，后还款。

第十三条 发卡行可根据持卡人资信情况对其公务卡信用额度进行调整，并及时通知持卡人和持卡人所在单位财务部门。其中，调增信用额度的，须事前商持卡人所在单位财务部门同意。

第十四条 公务卡的卡片和密码均由个人负责保管。公务卡遗失或损毁后的补办等事项由个人自行到发卡行申请办理，并通过单位财务部门及时通知发卡行维护公务卡支持系统。

第十五条 发卡行应按月向持卡人提供公务卡对账单，并按照与持卡人约定的方式，及时向持卡人提供公务卡账户资金变动情况和还款提示等重要信息。

第十六条 持卡人对公务消费交易发生疑义，可按发卡行的相关规定等提出交易查询。

第三章 公务卡支付管理

第十七条 对于差旅、会议、购买等公务支出，使用公务卡结算的，应在公务卡信用额度内，先通过公务卡结算，并须取得发票等财务报销凭证和有关银行卡消费凭证。持卡人所在单位财务部门对于公务支出有事前审批要求的，持卡人应事先按要求履行相关审批手续。

第十八条 原则上同一持卡人信用消费单笔不得超过2万元，月透支余额不得超过5万元。

第十九条 特殊情况下公务卡信用额度不能满足公务支付需要时，持卡人可通过单位财务部门提前向发卡行申请临时增加信用额度，增加的额度和使用期限等具体事项，按照发卡行有关规定执行。

第二十条 持卡人在执行公务中原则上不允许通过公务卡提取现金。确有特殊需要，应当事前经过单位财务部门批准，未经批准的提现业务，提现手续费等费用由持卡人承担。

第四章 公务卡财务报销管理

第二十一条 持卡人使用公务卡消费结算的各项公务支出，必须在发卡行规定的免息还款期内，到所在单位财务部门报销。因个人报销不及时造成的罚息、滞纳金等相关费用，由持卡人承担；因持卡人所在单位报销不及时造成的利息等费用，以及由此带来的对个人资信影响等责任，由单位承担。

第二十二条 持卡人办理公务卡消费支出报销业务时，应当按照所在单位财务部门要求填写报销审批单，并附有关财务报销凭证及公务卡消费凭证，按照单位规定的财务报销程序报请审批。

第二十三条 确因工作需要，持卡人不能在规定的免息还款期内返回单位办理报销手续的，可由持卡人或其所在单位相关人员向单位财务部门提供持卡人姓名、交易日期和每笔交易金额的明细信息，办理相关借款手续，经财务部门审核批准，于免息还款期之前，先将资金转入公务卡，持卡人返回单位后按财务部门规定时间补办报销手续。

第二十四条 单位财务人员登录公务卡支持系统，根据持卡人提供的姓名、交易日期和消费金额等信息，查询核对公务消费的真实性，审核确认后批准报销。

第二十五条 单位财务人员对批准报销的公务卡消费支出，按以下规定办理报销还款手续：

（一）通过公务卡支持系统，编制“还款明细表”，生成“还款汇总表”，并以电子文档形式将“还款汇总表”及“还款明细表”提交发卡行。

（二）签发财政授权支付指令（支票等支付凭证），附加盖单位财务公章的“还款汇总表”，通知发卡行向指定的公务卡还款。

（三）原则上应在公务卡免息还款期的前三个工作日内，统一办理报销资金的还款手续；对于确需提前还款的业务，预算单位可及时签发财政授权支付指令办理公务卡报销还款手续。

第二十六条 “还款明细表”应包含流水号、预算单位组织机构代码、零余额账户账号、持卡人姓名、公务卡号、交易日期、交易金额、报销金额、商户名称、预算管理类型、预算科目（功能分类和经济分类）、支出类型、用途、创建用户、创建时间、复核用户、复核时间、处理状态等要素。

第二十七条 “还款汇总表”在“还款明细表”基础上生成，应包含还款记录序号、持卡人姓名、公务卡号、报销金额、预算科目（功能分类）、支票号码、汇总还款金额等要素。

第二十八条 “还款汇总表”电子信息与纸质信息必须确保一致。预算单位提交发卡行的“还款汇总表”必须从公务卡支持系统直接打印，不得使用另行编辑或下载修改的“还款汇总表”。

第二十九条 中央预算单位填写所有用于公务卡还款的财政授权支付指令时，国库集中支付制度原规定必须填写的12位连续代码中的后四位代码（3位经济分类代码和1位支出类型代码），改为统一填写“3000”代码。“还款明细表”中经济分类代码和支出类型代码，填写规定不变。财政授权支付指令收款人统一填写持卡人所在单位名称。

第三十条 代理银行根据预算单位签发的支付指令和“还款汇总表”信息，于收到支付指令的当日，将资金支付到公务卡账户。

第三十一条 因特殊原因导致发卡行当日无法将资金划转到公务卡账户，发卡行应于第二个工作日上午与预算单位沟通核实并重新划款。3 个工作日内仍无法完成划款的，须及时通知预算单位，由预算单位按照财政授权支付业务流程，签发《财政授权支付更正（退回）通知书》，向零余额账户办理资金退回手续。

第三十二条 因向供应商退货等原因导致已报销资金退回公务卡的，持卡人应及时将相应款项退回所在单位财务部门，并由单位财务部门及时退回零余额账户。持卡人退款的财务审核手续按所在单位内部财务制度规定执行。

第三十三条 预算单位办理公务卡报销和资金退回等业务的账务处理，按照《财政部关于印发〈财政国库管理制度改革试点会计核算暂行办法〉的通知》（财库〔2001〕54 号）等规定执行。

第三十四条 发卡行应当按财政部要求，向财政部动态监控系统实时、全面、准确反馈零余额账户向公务卡还款的支付信息，以及该笔报销业务所对应的公务卡明细消费信息。

第三十五条 发卡行应以纸质或电子形式按月向预算单位提供公务卡报销信息对账单。对账单区分预算科目，按日期、姓名、卡号、报销金额、退回金额等内容编制。

第五章 管理职责

第三十六条 财政部在公务卡管理工作中的主要职责是：

（一）会同中国人民银行组织制定公务卡管理的有关制度规定，组织管理中央预算单位公务卡试点和实施工作。

（二）指导和督促发卡行按照双方签署的协议，做好公务卡实施的系统建设、信息传递和资金还款等工作。

（三）管理国库动态监控系统，对中央预算单位公务卡项下的公务消费支出和报销事项进行监控管理，对重大问题进行调研或组织核查。

（四）协调有关部门，解决公务卡实施中的有关政策衔接问题，并协同推动银行卡受理环境的改善和银行卡产业发展。

第三十七条 中国人民银行在公务卡管理中的主要职责是：

（一）配合财政部组织制定公务卡管理的有关制度规定，共同推进公务卡实施工作。

（二）加强对发卡行在公务卡应用推广方面的指导和管理，引导推动发卡行不断加强公务卡应用方面的软、硬件设施建设。

（三）加强与有关方面的协调配合，落实与公务卡有关的配套措施建设，推动有关方面共同创造良好的公务卡用卡环境。

第三十八条 预算单位在公务卡管理工作中的主要职责是：

（一）选择本单位公务卡发卡行，签订公务卡服务协议。

（二）组织本单位工作人员统一办理公务卡，做好新增、调动、退休等人员的公务卡管理工作。

（三）督促本单位持卡人及时办理公务卡项下公务消费支出的财务报销手续。协助发卡行向本单位有逾期欠款的持卡人催收欠款。

（四）通过公务卡支持系统，审核本单位持卡人提请报销的公务卡消费信息，及时办理公务卡报销还款和资金退回等业务，及时下载保存报销还款信息，做好相关账务处理工作，并按月与发卡行就公务卡报销还款情况进行对账。

（五）配合财政部做好公务卡监督管理等有关工作。

第三十九条 发卡行在公务卡管理工作中的主要职责是：

（一）加强与公务卡管理有关的内部制度规范和信息系统建设，积极扩大银行卡机具布设范围，规范有关银行卡机具使用和银行卡消费信息的收集、存储、传送等方面的管理，提供良好的公务卡应用环境。

（二）按照与财政部所签订协议的要求定制公务卡，在试点初期开发维护或协助维护公务卡支持系统，及时、准确为财政部传送零余额账户资金支付及公务卡中的公务消费支出等动态监控信息，并确保信息传送的及时性、准确性和保密性。

（三）按照与预算单位签订的公务卡服务协议，为预算单位工作人员办理公务卡，维护公务卡支持系统，为公务卡报销、审核与支付还款业务提供及时、准确、规范、便捷的服务。

（四）按照本办法规定，与预算单位协商设定公务卡信用额度，为持卡人提供公务卡使用、挂失、注销等方面的便捷优质服务，并及时向持卡人反馈资金还款信息。

第四十条 中央预算单位工作人员除有涉密任务外，原则上均应在单位统一组织下申请办理公务卡。持卡人的主要职责是：

（一）按规定申请办理公务卡，妥善保管卡片和密码，并承担因个人保管不善等原因引起的公务卡有关费用。

（二）执行公务所需支出，原则上应使用公务卡结算和报销，并接受财政部门和所在单位财务部门对公务支出的监控管理。

（三）及时归还公务卡项下银行欠款。因离职、退休等原因离开所在单位，应按单位要求清理公务卡项下债权债务，停止公务卡的使用。

（四）遵守国家关于银行卡使用管理的法律法规和本办法有关规定，规范使用公务卡。

第四十一条 严禁预算单位将非本单位工作人员纳入公务卡管理范围、违规办理公务卡报销业务或查询、泄漏本单位公务卡持卡人的私人交易信息；严禁持卡人违规使用公务卡、恶意透支、拖欠还款或将非公务支出用于公务报销；严禁发卡行对外泄漏与公务卡支出有关的各种数据资料。违反规定的，追究单位负责人和直接责任人的行政责任，情节严重涉嫌犯罪的，移交司法机关，依法追究刑事责任。

第六章 附 则

第四十二条 试点阶段，发卡行应为预算单位零余额账户的开户行。

第四十三条 试点阶段，对于特殊情况的，经单位财务部门审核同意，工作人员可向单位财务预借现金支付，并按现行财务规定办理报销手续。

第四十四条 中央预算单位财务部门应根据本办法规定，结合单位财务内部控制规范，制定本单位公务卡报销管理细则，加强财务管理，并认真做好对本单位持卡人的宣传培训等工作。

第四十五条 本办法未尽事宜，有相关规定的，按相关规定执行，没有相关规定的，由财政部会同中国人民银行负责解释。

第四十六条 本办法自印发之日起执行。

十、

政府采购监督

政府采购质疑和投诉办法

2017年12月26日　财政部令第94号

第一章　总　　则

第一条　为了规范政府采购质疑和投诉行为，保护参加政府采购活动当事人的合法权益，根据《中华人民共和国政府采购法》、《中华人民共和国政府采购法实施条例》和其他有关法律法规规定，制定本办法。

第二条　本办法适用于政府采购质疑的提出和答复、投诉的提起和处理。

第三条　政府采购供应商（以下简称供应商）提出质疑和投诉应当坚持依法依规、诚实信用原则。

第四条　政府采购质疑答复和投诉处理应当坚持依法依规、权责对等、公平公正、简便高效原则。

第五条　采购人负责供应商质疑答复。采购人委托采购代理机构采购的，采购代理机构在委托授权范围内作出答复。

县级以上各级人民政府财政部门（以下简称财政部门）负责依法处理供应商投诉。

第六条　供应商投诉按照采购人所属预算级次，由本级财政部门处理。

跨区域联合采购项目的投诉，采购人所属预算级次相同的，由采购文件事先约定的财政部门负责处理，事先未约定的，由最先收到投诉的财政部门负责处理；采购人所属预算级次不同的，由预算级次最高的财政部门负责处理。

第七条　采购人、采购代理机构应当在采购文件中载明接收质疑函的方式、联系部门、联系电话和通讯地址等信息。

县级以上财政部门应当在省级以上财政部门指定的政府采购信息发布媒体公布受理投诉的方式、联系部门、联系电话和通讯地址等信息。

第八条 供应商可以委托代理人进行质疑和投诉。其授权委托书应当载明代理人的姓名或者名称、代理事项、具体权限、期限和相关事项。供应商为自然人的，应当由本人签字；供应商为法人或者其他组织的，应当由法定代表人、主要负责人签字或者盖章，并加盖公章。

代理人提出质疑和投诉，应当提交供应商签署的授权委托书。

第九条 以联合体形式参加政府采购活动的，其投诉应当由组成联合体的所有供应商共同提出。

第二章 质疑提出与答复

第十条 供应商认为采购文件、采购过程、中标或者成交结果使自己的权益受到损害的，可以在知道或者应知其权益受到损害之日起7个工作日内，以书面形式向采购人、采购代理机构提出质疑。

采购文件可以要求供应商在法定质疑期内一次性提出针对同一采购程序环节的质疑。

第十一条 提出质疑的供应商（以下简称质疑供应商）应当是参与所质疑项目采购活动的供应商。

潜在供应商已依法获取其可质疑的采购文件的，可以对该文件提出质疑。对采购文件提出质疑的，应当在获取采购文件或者采购文件公告期限届满之日起7个工作日内提出。

第十二条 供应商提出质疑应当提交质疑函和必要的证明材料。质疑函应当包括下列内容：

（一）供应商的姓名或者名称、地址、邮编、联系人及联系电话；

（二）质疑项目的名称、编号；

（三）具体、明确的质疑事项和与质疑事项相关的请求；

（四）事实依据；

（五）必要的法律依据；

（六）提出质疑的日期。

供应商为自然人的，应当由本人签字；供应商为法人或者其他组织的，应当由法定代表人、主要负责人，或者其授权代表签字或者盖章，并加盖公章。

第十三条 采购人、采购代理机构不得拒收质疑供应商在法定质疑期内发出的质疑函，应当在收到质疑函后7个工作日内作出答复，并以书面形式通知质疑供应商和其他有关供应商。

第十四条 供应商对评审过程、中标或者成交结果提出质疑的，采购人、采购代理机构可以组织原评标委员会、竞争性谈判小组、询价小组或者竞争性磋商小组协助答复质疑。

第十五条 质疑答复应当包括下列内容：

（一）质疑供应商的姓名或者名称；

（二）收到质疑函的日期、质疑项目名称及编号；

（三）质疑事项、质疑答复的具体内容、事实依据和法律依据；

（四）告知质疑供应商依法投诉的权利；

（五）质疑答复人名称；

（六）答复质疑的日期。

质疑答复的内容不得涉及商业秘密。

第十六条 采购人、采购代理机构认为供应商质疑不成立，或者成立但未对中标、成交结果构成影响的，继续开展采购活动；认为供应商质疑成立且影响或者可能影响中标、成交结果的，按照下列情况处理：

（一）对采购文件提出的质疑，依法通过澄清或者修改可以继续开展采购活动的，澄清或者修改采购文件后继续开展采购活动；否则应当修改采购文件后重新开展采购活动。

（二）对采购过程、中标或者成交结果提出的质疑，合格供应商符合法定数量时，可以从合格的中标或者成交候选人中另行确定中标、成交供应商的，应当依法另行确定中标、成交供应商；否则应当重新开展采购活动。

质疑答复导致中标、成交结果改变的，采购人或者采购代理机构应当将有关情况书面报告本级财政部门。

第三章 投诉提起

第十七条 质疑供应商对采购人、采购代理机构的答复不满意，或者采购人、采购代理机构未在规定时间内作出答复的，可以在答复期满后 15 个工作日内向本办法第六条规定的财政部门提起投诉。

第十八条 投诉人投诉时，应当提交投诉书和必要的证明材料，并按照被投诉采购人、采购代理机构（以下简称被投诉人）和与投诉事项有关的供应商数量提供投诉书的副本。投诉书应当包括下列内容：

（一）投诉人和被投诉人的姓名或者名称、通讯地址、邮编、联系人及联系电话；

（二）质疑和质疑答复情况说明及相关证明材料；

（三）具体、明确的投诉事项和与投诉事项相关的投诉请求；

（四）事实依据；

（五）法律依据；

（六）提起投诉的日期。

投诉人为自然人的，应当由本人签字；投诉人为法人或者其他组织的，应当由法定代表人、主要负责人，或者其授权代表签字或者盖章，并加盖公章。

第十九条 投诉人应当根据本办法第七条第二款规定的信息内容，并按照其规定的方式提起投诉。

投诉人提起投诉应当符合下列条件：

（一）提起投诉前已依法进行质疑；

（二）投诉书内容符合本办法的规定；

（三）在投诉有效期限内提起投诉；

（四）同一投诉事项未经财政部门投诉处理；

（五）财政部规定的其他条件。

第二十条 供应商投诉的事项不得超出已质疑事项的范围，但基于质疑答复内容提出的投诉事项除外。

第四章 投诉处理

第二十一条 财政部门收到投诉书后，应当在5个工作日内进行审查，审查后按照下列情况处理：

（一）投诉书内容不符合本办法第十八条规定的，应当在收到投诉书5个工作日内一次性书面通知投诉人补正。补正通知应当载明需要补正的事项和合理的补正期限。未按照补正期限进行补正或者补正后仍不符合规定的，不予受理。

（二）投诉不符合本办法第十九条规定条件的，应当在3个工作日内书面告知投诉人不予受理，并说明理由。

（三）投诉不属于本部门管辖的，应当在3个工作日内书面告知投诉人向有管辖权的部门提起投诉。

（四）投诉符合本办法第十八条、第十九条规定的，自收到投诉书之日起即为受理，并在收到投诉后8个工作日内向被投诉人和其他与投诉事项有关的当事人发出投诉答复通知书及投诉书副本。

第二十二条 被投诉人和其他与投诉事项有关的当事人应当在收到投诉答复通知书及投诉书副本之日起5个工作日内，以书面形式向财政部门作出说明，并提交相关证据、依据和其他有关材料。

第二十三条 财政部门处理投诉事项原则上采用书面审查的方式。财政部门认为有必要时，可以进行调查取证或者组织质证。

财政部门可以根据法律、法规规定或者职责权限，委托相关单位或者第三方开展调查取证、检验、检测、鉴定。

质证应当通知相关当事人到场，并制作质证笔录。质证笔录应当由当事人签字确认。

第二十四条 财政部门依法进行调查取证时，投诉人、被投诉人以及与投诉事项有关的单位及人员应当如实反映情况，并提供财政部门所需要的相关材料。

第二十五条 应当由投诉人承担举证责任的投诉事项，投诉人未提供相关证据、依据和其他有关材料的，视为该投诉事项不成立；被投诉人未按照投诉答复通知书要求提交相关证据、依据和其他有关材料的，视同其放弃说明权利，依法承担不利后果。

第二十六条 财政部门应当自收到投诉之日起30个工作日内，对投诉事项作出处理决定。

第二十七条 财政部门处理投诉事项，需要检验、检测、鉴定、专家评审以及需要投诉人补正材料的，所需时间不计算在投诉处理期限内。

前款所称所需时间，是指财政部门向相关单位、第三方、投诉人发出相关文书、补正通知之日至收到相关反馈文书或材料之日。

财政部门向相关单位、第三方开展检验、检测、鉴定、专家评审的，应当将所需时间告知投诉人。

第二十八条 财政部门在处理投诉事项期间，可以视具体情况书面通知采购人和采购代理机构暂停采购活动，暂停采购活动时间最长不得超过30日。

采购人和采购代理机构收到暂停采购活动通知后应当立即中止采购活动，在法定的暂停期限结束前或者财政部门发出恢复采购活动通知前，不得进行该项采购活动。

第二十九条 投诉处理过程中，有下列情形之一的，财政部门应当驳回投诉：

（一）受理后发现投诉不符合法定受理条件。

（二）投诉事项缺乏事实依据，投诉事项不成立。

（三）投诉人捏造事实或者提供虚假材料。

（四）投诉人以非法手段取得证明材料。证据来源的合法性存在明显疑问，投诉人无法证明其取得方式合法的，视为以非法手段取得证明材料。

第三十条 财政部门受理投诉后，投诉人书面申请撤回投诉的，财政部门应当终止投诉处理程序，并书面告知相关当事人。

第三十一条 投诉人对采购文件提起的投诉事项，财政部门经查证属实的，应当认定投诉事项成立。经认定成立的投诉事项不影响采购结果的，继续开展采购活动；影响或者可能影响采购结果的，财政部门按照下列情况处理：

（一）未确定中标或者成交供应商的，责令重新开展采购活动。

（二）已确定中标或者成交供应商但尚未签订政府采购合同的，认定中标或者成交结果无效，责令重新开展采购活动。

（三）政府采购合同已经签订但尚未履行的，撤销合同，责令重新开展采购活动。

（四）政府采购合同已经履行，给他人造成损失的，相关当事人可依法提起诉讼，由责任人承担赔偿责任。

第三十二条 投诉人对采购过程或者采购结果提起的投诉事项，财政部门经查证属实的，应当认定投诉事项成立。经认定成立的投诉事项不影响采购结果的，继续开展采购活动；影响或者可能影响采购结果的，财政部门按照下列情况处理：

（一）未确定中标或者成交供应商的，责令重新开展采购活动。

（二）已确定中标或者成交供应商但尚未签订政府采购合同的，认定中标或者成交结果无效。合格供应商符合法定数量时，可以从合格的中标或者成交候选人中另行确定中标或者成交供应商的，应当要求采购人依法另行确定中标、成交供应商；否则责令重新开展采购活动。

（三）政府采购合同已经签订但尚未履行的，撤销合同。合格供应商符合法定数量时，可以从合格的中标或者成交候选人中另行确定中标或者成交供应商的，应当要求采购人依法另行确定中标、成交供应商；否则责令重新开展采购活动。

（四）政府采购合同已经履行，给他人造成损失的，相关当事人可依法提起诉讼，由责任人承担赔偿责任。

投诉人对废标行为提起的投诉事项成立的，财政部门应当认定废标行为无效。

第三十三条 财政部门作出处理决定，应当制作投诉处理决定书，并加盖公章。投诉处理决定书应当包括下列内容：

（一）投诉人和被投诉人的姓名或者名称、通讯地址等；

（二）处理决定查明的事实和相关依据，具体处理决定和法律依据；

（三）告知相关当事人申请行政复议的权利、行政复议机关和行政复议申请期限，以及提起行政诉讼的权利和起诉期限；

（四）作出处理决定的日期。

第三十四条 财政部门应当将投诉处理决定书送达投诉人和与投诉事项有关的当事人，并及时将投诉处理结果在省级以上财政部门指定的政府采购信息发布媒体上公告。

投诉处理决定书的送达，参照《中华人民共和国民事诉讼法》关于送达的规定执行。

第三十五条 财政部门应当建立投诉处理档案管理制度，并配合有关部门依法进行的监督检查。

第五章 法律责任

第三十六条 采购人、采购代理机构有下列情形之一的，由财政部门责令限期改正；情节严重的，给予警告，对直接负责的主管人员和其他直接责任人员，由其行政主管部门或者有关机关给予处分，并予通报：

（一）拒收质疑供应商在法定质疑期内发出的质疑函；

（二）对质疑不予答复或者答复与事实明显不符，并不能作出合理说明；

（三）拒绝配合财政部门处理投诉事宜。

第三十七条 投诉人在全国范围 12 个月内 3 次以上投诉查无实据的，由财政部门列入不良行为记录名单。

投诉人有下列行为之一的，属于虚假、恶意投诉，由财政部门列入不良行为记录名单，禁止其 1 至 3 年内参加政府采购活动：

（一）捏造事实。

（二）提供虚假材料。

（三）以非法手段取得证明材料。证据来源的合法性存在明显疑问，投诉人无法证明其取得方式合法的，视为以非法手段取得证明材料。

第三十八条 财政部门及其工作人员在履行投诉处理职责中违反本办法规定及存在其他滥用职权、玩忽职守、徇私舞弊等违法违纪行为的，依照《中华人民共和国政府采购法》、《中华人民共和国公务员法》、《中华人民共和国行政监察法》、《中华人民共和国政府采购法实施条例》等国家有关规定追究相应责任；涉嫌犯罪的，依法移送司法机关处理。

第六章 附 则

第三十九条 质疑函和投诉书应当使用中文。质疑函和投诉书的范本，由财政部制定。

第四十条 相关当事人提供外文书证或者外国语视听资料的，应当附有中文译本，由翻译机构盖章或者翻译人员签名。

相关当事人向财政部门提供的在中华人民共和国领域外形成的证据，应当说明来源，经所在国公证机关证明，并经中华人民共和国驻该国使领馆认证，或者履行中华人民共和国与证据所在国订立的有关条约中规定的证明手续。

相关当事人提供的在香港特别行政区、澳门特别行政区和台湾地区内形成的证据，应当履行相关的证明手续。

第四十一条 财政部门处理投诉不得向投诉人和被投诉人收取任何费用。但因处理投诉发生的第三方检验、检测、鉴定等费用，由提出申请的供应商先行垫付。投诉处理决定明确双方责任后，按照“谁过错谁负担”的原则由承担责任的一方负担；双方都有责任的，由双方合理分担。

第四十二条 本办法规定的期间开始之日，不计算在期间内。期间届满的最后1日是节假日的，以节假日后的第1日为期间届满的日期。期间不包括在途时间，质疑和投诉文书在期满前交邮的，不算过期。

本办法规定的“以上”、“以下”均含本数。

第四十三条 对在质疑答复和投诉处理过程中知悉的国家秘密、商业秘密、个人隐私和依法不予公开的信息，财政部门、采购人、采购代理机构等相关知情人应当保密。

第四十四条 省级财政部门可以根据本办法制定具体实施办法。

第四十五条 本办法自2018年3月1日起施行。财政部2004年8月11日发布的《政府采购供应商投诉处理办法》（财政部令第20号）同时废止。

财政部关于加强政府采购活动内部控制管理的指导意见

2016 年 6 月 29 日　财库〔2016〕99 号

党中央有关部门，国务院各部委、各直属机构，全国人大常委会办公厅，全国政协办公厅，高法院，高检院，各民主党派中央，有关人民团体，中央国家机关政府采购中心，中共中央直属机关采购中心，全国人大机关采购中心，各省、自治区、直辖市、计划单列市财政厅（局）、政府采购中心，新疆生产建设兵团财务局、政府采购中心：

加强对政府采购活动的内部控制管理，是贯彻《中共中央关于全面推进依法治国若干重大问题的决定》的重要举措，也是深化政府采购制度改革的内在要求，对落实党风廉政建设主体责任、推进依法采购具有重要意义。近年来，一些采购人、集中采购机构和政府采购监管部门积极探索建立政府采购活动内部控制制度，取得了初步成效，但总体上还存在体系不完整、制度不健全、发展不平衡等问题。为了进一步规范政府采购活动中的权力运行，强化内部流程控制，促进政府采购提质增效，现提出如下意见：

一、总体要求

（一）指导思想。

贯彻党的十八大和十八届三中、四中、五中全会精神，按照“四个全面”战略布局，适应政府职能转变和构建现代财政制度需要，落实政府采购法律法规要求，执行《行政事业单位内部控制规范（试行）》（财会〔2012〕21 号）和《财政部关于全面推进行政事业单位内部控制建设的指导意见》（财会〔2015〕24 号）相关规定，坚持底线思维和问题导向，创新政府采购管理手段，切实加强政府采购活动中的权力运行监督，有效防范舞弊和预防腐败，提升政府采购活动的组织管理水平和财政资金使用效益，提高政府采购公信力。

（二）基本原则。

1. 全面管控与突出重点并举。将政府采购内部控制管理贯穿于政府采购执行与监管的全流程、各环节，全面控制，重在预防。抓住关键环节、岗位和重大风险事项，从严管理，重点防控。

2. 分工制衡与提升效能并重。发挥内部机构之间，相关业务、环节和岗位之间的相互监督和制约作用，合理安排分工，优化流程衔接，提高采购绩效和行政效能。

3. 权责对等与依法惩处并行。在政府采购执行与监管过程中贯彻权责一致原则，因权定责、权责对应。严格执行法律法规的问责条款，有错必究、失责必惩。

（三）主要目标。

以“分事行权、分岗设权、分级授权”为主线，通过制定制度、健全机制、完善措施、规范流程，逐步形成依法合规、运转高效、风险可控、问责严格的政府采购内部运转和管控制度，做到约束机制健全、权力运行规范、风险控制有力、监督问责到位，实现对政府采购活动内部权力运行的有效制约。

二、主要任务

（一）落实主体责任。

采购人应当做好政府采购业务的内部归口管理和所属单位管理，明确内部工作机制，重点加强对采购需求、政策落实、信息公开、履约验收、结果评价等的管理。

集中采购机构应当做好流程控制，围绕委托代理、编制采购文件和拟订合同文本、执行采购程序、代理采购绩效等政府采购活动的重点内容和环节加强管理。

监管部门应当强化依法行政意识，围绕放管服改革要求，重点完善采购方式审批、采购进口产品审核、投诉处理、监督检查等内部管理制度和工作规程。

（二）明确重点任务。

1. 严防廉政风险。牢固树立廉洁是政府采购生命线的根本理念，把纪律和规矩挺在前面。针对政府采购岗位设置、流程设计、主体责任、与市场主体交往等重点问题，细化廉政规范、明确纪律规矩，形成严密、有效的约束机制。

2. 控制法律风险。切实提升采购人、集中采购机构和监管部门的法治观念，依法依规组织开展政府采购活动，提高监管水平，切实防控政府采购执行与监管中的法律风险。

3. 落实政策功能。准确把握政府采购领域政策功能落实要求，严格执行政策规定，切实发挥政府采购在实现国家经济和社会发展政策目标中的作用。

4. 提升履职效能。落实精简、统一、效能的要求，科学确定事权归属、岗位责任、流程控制和授权关系，推进政府采购流程优化、执行顺畅，提升政府采购整体效率、效果和效益。

三、主要措施

（一）明晰事权，依法履职尽责。采购人、采购代理机构和监管部门应当根据法定职责开展工作，既不能失职不作为，也不得越权乱作为。

1. 实施归口管理。采购人应当明确内部归口管理部门，具体负责本单位、本系统的政府采购执行管理。归口管理部门应当牵头建立本单位政府采购内部控制制度，明确本单位相关部门在政府采购工作中的职责与分工，建立政府采购与预算、财务（资金）、资产、使用等业务机构或岗位之间沟通协调的工作机制，共同做好编制政府采购预算和实施计划、确定采购需求、组织采购活动、履约验收、答复询问质疑、配合投诉处理及监督检查等工作。

2. 明确委托代理权利义务。委托采购代理机构采购的，采购人应当和采购代理机构依法签订政府采购委托代理协议，明确代理采购的范围、权限和期限等具体事项。采购代理机构应当严格按照委托代理协议开展采购活动，不得超越代理权限。

3. 强化内部监督。采购人、集中采购机构和监管部门应当发挥内部审计、纪检监察等机构的监督作用，加强对采购执行和监管工作的常规审计和专项审计。畅通问题反馈和受理渠道，通过检查、考核、设置监督电话或信箱等多种途径查找和发现问题，有效分析、预判、管理、处置风险事项。

（二）合理设岗，强化权责对应。合理设置岗位，明确岗位职责、权限和责任主体，细化各流程、各环节的工作要求和执行标准。

1. 界定岗位职责。采购人、集中采购机构和监管部门应当结合自身特点，对照政府采购法律、法规、规章及制度规定，认真梳理不同业务、环节、岗位需要重点控制的风险事项，划分风险等级，建立制度规则、风险事项等台账，合理确定岗位职责。

2. 不相容岗位分离。采购人、集中采购机构应当建立岗位间的制衡机制，采购需求制定与内部审核、采购文件编制与复核、合同签订与验收等岗位原则上应当分开设置。

3. 相关业务多人参与。采购人、集中采购机构对于评审现场组织、单一来源采购项目议价、合同签订、履约验收等相关业务，原则上应当由 2 人以上共同办理，并明确主要负责人员。

4. 实施定期轮岗。采购人、集中采购机构和监管部门应当按规定建立轮岗交流制度，按照政府采购岗位风险等级设定轮岗周期，风险等级高的岗位原则上应当缩短轮岗年限。不具备轮岗条件的应当定期采取专项审计等控制措施。建立健全政府采购在岗监督、离岗审查和项目责任追溯制度。

（三）分级授权，推动科学决策。明确不同级别的决策权限和责任归属，按照分级授权的决策模式，建立与组织机构、采购业务相适应的内部授权管理体系。

1. 加强所属单位管理。主管预算单位应当明确与所属预算单位在政府采购管理、执行等方面的职责范围和权限划分，细化业务流程和工作要求，加强对所属预算单位的采购执行管理，强化对政府采购政策落实的指导。

2. 完善决策机制。采购人、集中采购机构和监管部门应当建立健全内部政府采购事项集体研究、合法性审查和内部会签相结合的议事决策机制。对于涉及民生、社会影响较大的项目，采购人在制定采购需求时，还应当进行法律、技术咨询或者公开征求意见。监管部门处理政府采购投诉应当建立健全法律咨询机制。决策过程要形成完整记录，任何个人不得单独决策或者擅自改变集体决策。

3. 完善内部审核制度。采购人、集中采购机构确定采购方式、组织采购活动，监管部门办理审批审核事项、开展监督检查、做出处理处罚决定等，应当依据法律制度和有关政策要求细化内部审核的各项要素、审核标准、审核权限和工作要求，实行办理、复核、审定的内部审核机制，对照要求逐层把关。

（四）优化流程，实现重点管控。加强对采购活动的流程控制，突出重点环节，确保政府采购项目规范运行。

1. 增强采购计划性。采购人应当提高编报与执行政府采购预算、实施计划的系统性、准确性、及时性和严肃性，制定政府采购实施计划执行时间表和项目进度表，有序安排采购活动。

2. 加强关键环节控制。采购人、集中采购机构应当按照有关法律法规及业务流程规定，明确政府采购重点环节的控制措施。未编制采购预算和实施计划的不得组织采购，无委托代理协议不得开展采购代理活动，对属于政府采购范围未执行政府采购规定、采购方式或程序不符合规定的及时予以纠正。

3. 明确时限要求。采购人、集中采购机构和监管部门应当提高政府采购效率，对信息公告、合同签订、变更采购方式、采购进口产品、答复询问质疑、投诉处理以及其他有时间要求的事项，要细化各个节点的工作时限，确保在规定时间内完成。

4. 强化利益冲突管理。采购人、集中采购机构和监管部门应当厘清利益冲突的主要对象、具体内容和表现形式，明确与供应商等政府采购市场主体、评审专家交往的基本原则和界限，细化处理原则、处理方式和解决方案。采购人员及相关人员与供应商有利害关系的，应当严格执行回避制度。

5. 健全档案管理。采购人、集中采购机构和监管部门应当加强政府采购记录控制，按照规定妥善保管与政府采购管理、执行相关的各类文件。

四、保障措施

采购人、集中采购机构和监管部门要深刻领会政府采购活动中加强内部控制管理的重要性和必要性，结合廉政风险防控机制建设、防止权力滥用的工作要求，准确把握政府采购工作的内在规律，加快体制机制创新，强化硬的制度约束，切实提高政府采购内部控制管理水平。

（一）加强组织领导。建立政府采购内部控制管理工作的领导、协调机制，做好政府采购内部控制管理各项工作。要严格执行岗位分离、轮岗交流等制度，暂不具备条件的要创造条件逐步落实，确不具备条件的基层单位可适当放宽要求。集中采购机构以外的采购代理机构可以参照本意见建立和完善内部控制管理制度，防控代理执行风险。

（二）加快建章立制。抓紧梳理和评估本部门、本单位政府采购执行和监管中存在的风险，明确标准化工作要求和防控措施，完善内部管理制度，形成较为完备的内部控制体系。

（三）完善技术保障。运用信息技术落实政府采购内部控制管理措施，政府采购管理交易系统及采购人内部业务系统应当重点强化人员身份验证、岗位业务授权、系统操作记录、电子档案管理等系统功能建设。探索大数据分析在政府采购内部控制管理中的应用，将信息数据科学运用于项目管理、风险控制、监督预警等方面。

（四）强化运行监督。建立内部控制管理的激励约束机制，将内部控制制度的建设和执行情况纳入绩效考评体系，将日常评价与重点监督、内部分析和外部评价相结合，定期对内部控制的有效性进行总结，加强评估结果应用，不断改进内部控制管理体系。财政部门要将政府采购内部控制制度的建设和执行情况作为政府采购监督检查和对集中采购机构考核的重要内容，加强监督指导。

财政部

2016 年 6 月 29 日

财政部关于印发《行政事业单位内部控制规范（试行）》的通知

2012年11月29日　财会〔2012〕21号

党中央有关部门，国务院各部委、各直属机构，全国人大常委会办公厅，全国政协办公厅，高法院，高检院，各民主党派中央，有关人民团体，各省、自治区、直辖市、计划单列市财政厅（局），新疆生产建设兵团财务局：

为了进一步提高行政事业单位内部管理水平，规范内部控制，加强廉政风险防控机制建设，根据《中华人民共和国会计法》《中华人民共和国预算法》等法律法规和相关规定，我部制定了《行政事业单位内部控制规范（试行）》，现印发给你们，自2014年1月1日起施行。执行中有何问题，请及时反馈我部。

附件：行政事业单位内部控制规范（试行）

财政部

2012年11月29日

附件：

行政事业单位内部控制规范（试行）

第一章　总　　则

第一条　为了进一步提高行政事业单位内部管理水平，规范内部控制，加强廉政风险防控机制建设，根据《中华人民共和国会计法》、《中华人民共和国预算法》等法律法规和相关规定，制定本规范。

第二条 本规范适用于各级党的机关、人大机关、行政机关、政协机关、审判机关、检察机关、各民主党派机关、人民团体和事业单位（以下统称单位）经济活动的内部控制。

第三条 本规范所称内部控制，是指单位为实现控制目标，通过制定制度、实施措施和执行程序，对经济活动的风险进行防范和管控。

第四条 单位内部控制的目标主要包括：合理保证单位经济活动合法合规、资产安全和使用有效、财务信息真实完整，有效防范舞弊和预防腐败，提高公共服务的效率和效果。

第五条 单位建立与实施内部控制，应当遵循下列原则：

（一）全面性原则。内部控制应当贯穿单位经济活动的决策、执行和监督全过程，实现对经济活动的全面控制。

（二）重要性原则。在全面控制的基础上，内部控制应当关注单位重要经济活动和经济活动的重大风险。

（三）制衡性原则。内部控制应当在单位内部的部门管理、职责分工、业务流程等方面形成相互制约和相互监督。

（四）适应性原则。内部控制应当符合国家有关规定和单位的实际情况，并随着外部环境的变化、单位经济活动的调整和管理要求的提高，不断修订和完善。

第六条 单位负责人对本单位内部控制的建立健全和有效实施负责。

第七条 单位应当根据本规范建立适合本单位实际情况的内部控制体系，并组织实施。具体工作包括梳理单位各类经济活动的业务流程，明确业务环节，系统分析经济活动风险，确定风险点，选择风险应对策略，在此基础上根据国家有关规定建立健全单位各项内部管理制度并督促相关工作人员认真执行。

第二章 风险评估和控制方法

第八条 单位应当建立经济活动风险定期评估机制，对经济活动存在的风险进行全面、系统和客观评估。

经济活动风险评估至少每年进行一次；外部环境、经济活动或管理要求等发生重大变化的，应及时对经济活动风险进行重估。

第九条 单位开展经济活动风险评估应当成立风险评估工作小组，单位领导担任组长。

经济活动风险评估结果应当形成书面报告并及时提交单位领导班子，作为完善内部控制的依据。

第十条 单位进行单位层面的风险评估时，应当重点关注以下方面：

（一）内部控制工作的组织情况。包括是否确定内部控制职能部门或牵头部门；是否建立单位各部门在内部控制中的沟通协调和联动机制。

（二）内部控制机制的建设情况。包括经济活动的决策、执行、监督是否实现有效分离；权责是否对等；是否建立健全议事决策机制、岗位责任制、内部监督等机制。

（三）内部管理制度的完善情况。包括内部管理制度是否健全；执行是否有效。

（四）内部控制关键岗位工作人员的管理情况。包括是否建立工作人员的培训、评价、轮岗等机制；工作人员是否具备相应的资格和能力。

（五）财务信息的编报情况。包括是否按照国家统一的会计制度对经济业务事项进行账务处理；是否按照国家统一的会计制度编制财务会计报告。

（六）其他情况。

第十一条 单位进行经济活动业务层面的风险评估时，应当重点关注以下方面：

（一）预算管理情况。包括在预算编制过程中单位内部各部门间沟通协调是否充分，预算编制与资产配置是否相结合、与具体工作是否相对应；是否按照批复的额度和开支范围执行预算，进度是否合理，是否存在无预算、超预算支出等问题；决算编报是否真实、完整、准确、及时。

（二）收支管理情况。包括收入是否实现归口管理，是否按照规定及时向财会部门提供收入的有关凭据，是否按照规定保管和使用印章和票据等；发生支出事项时是否按照规定审核各类凭据的真实性、合法性，是否存在使用虚假票据套取资金的情形。

（三）政府采购管理情况。包括是否按照预算和计划组织政府采购业务；是否按照规定组织政府采购活动和执行验收程序；是否按照规定保存政府采购业务相关档案。

（四）资产管理情况。包括是否实现资产归口管理并明确使用责任；是否定期对资产进行清查盘点，对账实不符的情况及时进行处理；是否按照规定处置资产。

（五）建设项目管理情况。包括是否按照概算投资；是否严格履行审核审批程序；是否建立有效的招投标控制机制；是否存在截留、挤占、挪用、套取建设项目资金的情形；是否按照规定保存建设项目相关档案并及时办理移交手续。

（六）合同管理情况。包括是否实现合同归口管理；是否明确应签订合同的经济活动范围和条件；是否有效监控合同履行情况，是否建立合同纠纷协调机制。

（七）其他情况。

第十二条 单位内部控制的控制方法一般包括：

（一）不相容岗位相互分离。合理设置内部控制关键岗位，明确划分职责权限，实施相应的分离措施，形成相互制约、相互监督的工作机制。

（二）内部授权审批控制。明确各岗位办理业务和事项的权限范围、审批程序和相关责任，建立重大事项集体决策和会签制度。相关工作人员应当在授权范围内行使职权、办理业务。

（三）归口管理。根据本单位实际情况，按照权责对等的原则，采取成立联合工作小组并确定牵头部门或牵头人员等方式，对有关经济活动实行统一管理。

（四）预算控制。强化对经济活动的预算约束，使预算管理贯穿于单位经济活动的全过程。

（五）财产保护控制。建立资产日常管理制度和定期清查机制，采取资产记录、实物保管、定期盘点、账实核对等措施，确保资产安全完整。

（六）会计控制。建立健全本单位财会管理制度，加强会计机构建设，提高会计人员业务水平，强化会计人员岗位责任制，规范会计基础工作，加强会计档案管理，明确会计凭证、会计账簿和财务会计报告处理程序。

（七）单据控制。要求单位根据国家有关规定和单位的经济活动业务流程，在内部管理制度中明确界定各项经济活动所涉及的表单和票据，要求相关工作人员按照规定填制、审核、归档、保管单据。

（八）信息内部公开。建立健全经济活动相关信息内部公开制度，根据国家有关规定和单位的实际情况，确定信息内部公开的内容、范围、方式和程序。

第三章　单位层面内部控制

第十三条　单位应当单独设置内部控制职能部门或者确定内部控制牵头部门，负责组织协调内部控制工作。同时，应当充分发挥财会、内部审计、纪检监察、政府采购、基建、资产管理等部门或岗位在内部控制中的作用。

第十四条　单位经济活动的决策、执行和监督应当相互分离。

单位应当建立健全集体研究、专家论证和技术咨询相结合的议事决策机制。

重大经济事项的内部决策，应当由单位领导班子集体研究决定。重大经济事项的认定标准应当根据有关规定和本单位实际情况确定，一经确定，不得随意变更。

第十五条　单位应当建立健全内部控制关键岗位责任制，明确岗位职责及分工，确保不相容岗位相互分离、相互制约和相互监督。

单位应当实行内部控制关键岗位工作人员的轮岗制度，明确轮岗周期。不具备轮岗条件的单位应当采取专项审计等控制措施。

内部控制关键岗位主要包括预算业务管理、收支业务管理、政府采购业务管理、资产管理、建设项目管理、合同管理以及内部监督等经济活动的关键岗位。

第十六条　内部控制关键岗位工作人员应当具备与其工作岗位相适应的资格和能力。

单位应当加强内部控制关键岗位工作人员业务培训和职业道德教育，不断提升其业务水平和综合素质。

第十七条 单位应当根据《中华人民共和国会计法》的规定建立会计机构，配备具有相应资格和能力的会计人员。

单位应当根据实际发生的经济业务事项按照国家统一的会计制度及时进行账务处理、编制财务会计报告，确保财务信息真实、完整。

第十八条 单位应当充分运用现代科学技术手段加强内部控制。对信息系统建设实施归口管理，将经济活动及其内部控制流程嵌入单位信息系统中，减少或消除人为操纵因素，保护信息安全。

第四章 业务层面内部控制

第一节 预算业务控制

第十九条 单位应当建立健全预算编制、审批、执行、决算与评价等预算内部管理制度。

单位应当合理设置岗位，明确相关岗位的职责权限，确保预算编制、审批、执行、评价等不相容岗位相互分离。

第二十条 单位的预算编制应当做到程序规范、方法科学、编制及时、内容完整、项目细化、数据准确。

（一）单位应当正确把握预算编制有关政策，确保预算编制相关人员及时全面掌握相关规定。

（二）单位应当建立内部预算编制、预算执行、资产管理、基建管理、人事管理等部门或岗位的沟通协调机制，按照规定进行项目评审，确保预算编制部门及时取得和有效运用与预算编制相关的信息，根据工作计划细化预算编制，提高预算编制的科学性。

第二十一条 单位应当根据内设部门的职责和分工，对按照法定程序批复的预算在单位内部进行指标分解、审批下达，规范内部预算追加调整程序，发挥预算对经济活动的管控作用。

第二十二条 单位应当根据批复的预算安排各项收支，确保预算严格有效执行。

单位应当建立预算执行分析机制。定期通报各部门预算执行情况，召开预算执行分析会议，研究解决预算执行中存在的问题，提出改进措施，提高预算执行的有效性。

第二十三条 单位应当加强决算管理，确保决算真实、完整、准确、及时，加强决算分析工作，强化决算分析结果运用，建立健全单位预算与决算相互反映、相互促进的机制。

第二十四条 单位应当加强预算绩效管理，建立“预算编制有目标、预算执行有监控、预算完成有评价、评价结果有反馈、反馈结果有应用”的全过程预算绩效管理机制。

第二节 收支业务控制

第二十五条 单位应当建立健全收入内部管理制度。

单位应当合理设置岗位，明确相关岗位的职责权限，确保收款、会计核算等不相容岗位相互分离。

第二十六条 单位的各项收入应当由财会部门归口管理并进行会计核算，严禁设立账外账。

业务部门应当在涉及收入的合同协议签订后及时将合同等有关材料提交财会部门作为账务处理依据，确保各项收入应收尽收，及时入账。财会部门应当定期检查收入金额是否与合同约定相符；对应收未收项目应当查明情况，明确责任主体，落实催收责任。

第二十七条 有政府非税收入收缴职能的单位，应当按照规定项目和标准征收政府非税收入，按照规定开具财政票据，做到收缴分离、票款一致，并及时、足额上缴国库或财政专户，不得以任何形式截留、挪用或者私分。

第二十八条 单位应当建立健全票据管理制度。财政票据、发票等各类票据的申领、启用、核销、销毁均应履行规定手续。单位应当按照规定设置票据专管员，建立票据台账，做好票据的保管和序时登记工作。票据应当按照顺序号使用，不得拆本使用，做好废旧票据管理。负责保管票据的人员要配置单独的保险柜等保管设备，并做到人走柜锁。

单位不得违反规定转让、出借、代开、买卖财政票据、发票等票据，不得擅自扩大票据适用范围。

第二十九条 单位应当建立健全支出内部管理制度，确定单位经济活动的各项支出标准，明确支出报销流程，按照规定办理支出事项。

单位应当合理设置岗位，明确相关岗位的职责权限，确保支出申请和内部审批、付款审批和付款执行、业务经办和会计核算等不相容岗位相互分离。

第三十条 单位应当按照支出业务的类型，明确内部审批、审核、支付、核算和归档等支出各关键岗位的职责权限。实行国库集中支付的，应当严格按照财政国库管理制度有关规定执行。

（一）加强支出审批控制。明确支出的内部审批权限、程序、责任和相关控制措施。审批人应当在授权范围内审批，不得越权审批。

（二）加强支出审核控制。全面审核各类单据。重点审核单据来源是否合法，内容是否真实、完整，使用是否准确，是否符合预算，审批手续是否齐全。

支出凭证应当附反映支出明细内容的原始单据，并由经办人员签字或盖章，超出规定标准的支出事项应由经办人员说明原因并附审批依据，确保与经济业务事项相符。

（三）加强支付控制。明确报销业务流程，按照规定办理资金支付手续。签发的支付凭证应当进行登记。使用公务卡结算的，应当按照公务卡使用和管理有关规定办理业务。

（四）加强支出的核算和归档控制。由财会部门根据支出凭证及时准确登记账簿；与支出业务相关的合同等材料应当提交财会部门作为账务处理的依据。

第三十一条 根据国家规定可以举借债务的单位应当建立健全债务内部管理制度，明确债务管理岗位的职责权限，不得由一人办理债务业务的全过程。大额债务的举借和偿还属于重大经济事项，应当进行充分论证，并由单位领导班子集体研究决定。

单位应当做好债务的会计核算和档案保管工作。加强债务的对账和检查控制，定期与债权人核对债务余额，进行债务清理，防范和控制财务风险。

第三节 政府采购业务控制

第三十二条 单位应当建立健全政府采购预算与计划管理、政府采购活动管理、验收管理等政府采购内部管理制度。

第三十三条 单位应当明确相关岗位的职责权限，确保政府采购需求制定与内部审批、招标文件准备与复核、合同签订与验收、验收与保管等不相容岗位相互分离。

第三十四条 单位应当加强对政府采购业务预算与计划的管理。建立预算编制、政府采购和资产管理等部门或岗位之间的沟通协调机制。根据本单位实际需求和相关标准编制政府采购预算，按照已批复的预算安排政府采购计划。

第三十五条 单位应当加强对政府采购活动的管理。对政府采购活动实施归口管理，在政府采购活动中建立政府采购、资产管理、财会、内部审计、纪检监察等部门或岗位相互协调、相互制约的机制。

单位应当加强对政府采购申请的内部审核，按照规定选择政府采购方式、发布政府采购信息。对政府采购进口产品、变更政府采购方式等事项应当加强内部审核，严格履行审批手续。

第三十六条 单位应当加强对政府采购项目验收的管理。根据规定的验收制度和政府采购文件，由指定部门或专人对所购物品的品种、规格、数量、质量和其他相关内容进行验收，并出具验收证明。

第三十七条 单位应当加强对政府采购业务质疑投诉答复的管理。指定牵头部门负责、相关部门参加，按照国家有关规定做好政府采购业务质疑投诉答复工作。

第三十八条 单位应当加强对政府采购业务的记录控制。妥善保管政府采购预算与计划、各类批复文件、招标文件、投标文件、评标文件、合同文本、验收证明等政府采购业务相关资料。定期对政府采购业务信息进行分类统计，并在内部进行通报。

第三十九条 单位应当加强对涉密政府采购项目安全保密的管理。对于涉密政府采购项目，单位应当与相关供应商或采购中介机构签订保密协议或者在合同中设定保密条款。

第四节 资产控制

第四十条 单位应当对资产实行分类管理，建立健全资产内部管理制度。

单位应当合理设置岗位，明确相关岗位的职责权限，确保资产安全和有效使用。

第四十一条 单位应当建立健全货币资金管理岗位责任制，合理设置岗位，不得由一人办理货币资金业务的全过程，确保不相容岗位相互分离。

（一）出纳不得兼管稽核、会计档案保管和收入、支出、债权、债务账目的登记工作。

（二）严禁一人保管收付款项所需的全部印章。财务专用章应当由专人保管，个人名章应当由本人或其授权人员保管。负责保管印章的人员要配置单独的保管设备，并做到人走柜锁。

（三）按照规定应当由有关负责人签字或盖章的，应当严格履行签字或盖章手续。

第四十二条 单位应当加强对银行账户的管理，严格按照规定的审批权限和程序开立、变更和撤销银行账户。

第四十三条 单位应当加强货币资金的核查控制。指定不办理货币资金业务的会计人员定期和不定期抽查盘点库存现金，核对银行存款余额，抽查银行对账单、银行日记账及银行存款余额调节表，核对是否账实相符、账账相符。对调节不符、可能存在重大问题的未达账项应当及时查明原因，并按照相关规定处理。

第四十四条 单位应当加强对实物资产和无形资产的管理，明确相关部门和岗位的职责权限，强化对配置、使用和处置等关键环节的管控。

（一）对资产实施归口管理。明确资产使用和保管责任人，落实资产使用人在资产管理中的责任。贵重资产、危险资产、有保密等特殊要求的资产，应当指定专人保管、专人使用，并规定严格的接触限制条件和审批程序。

（二）按照国有资产管理相关规定，明确资产的调剂、租借、对外投资、处置的程序、审批权限和责任。

（三）建立资产台账，加强资产的实物管理。单位应当定期清查盘点资产，确保账实相符。财会、资产管理、资产使用等部门或岗位应当定期对账，发现不符的，应当及时查明原因，并按照相关规定处理。

（四）建立资产信息管理系统，做好资产的统计、报告、分析工作，实现对资产的动态管理。

第四十五条 单位应当根据国家有关规定加强对对外投资的管理。

（一）合理设置岗位，明确相关岗位的职责权限，确保对外投资的可行性研究与评估、对外投资决策与执行、对外投资处置的审批与执行等不相容岗位相互分离。

（二）单位对外投资，应当由单位领导班子集体研究决定。

（三）加强对投资项目的追踪管理，及时、全面、准确地记录对外投资的价值变动和投资收益情况。

（四）建立责任追究制度。对在对外投资中出现重大决策失误、未履行集体决策程序和不按规定执行对外投资业务的部门及人员，应当追究相应的责任。

第五节 建设项目控制

第四十六条 单位应当建立健全建设项目内部管理制度。

单位应当合理设置岗位，明确内部相关部门和岗位的职责权限，确保项目建议和可行性研究与项目决策、概预算编制与审核、项目实施与价款支付、竣工决算与竣工审计等不相容岗位相互分离。

第四十七条 单位应当建立与建设项目相关的议事决策机制，严禁任何个人单独决策或者擅自改变集体决策意见。决策过程及各方面意见应当形成书面文件，与相关资料一同妥善归档保管。

第四十八条 单位应当建立与建设项目相关的审核机制。项目建议书、可行性研究报告、概预算、竣工决算报告等应当由单位内部的规划、技术、财会、法律等相关工作人员或者根据国家有关规定委托具有相应资质的中介机构进行审核，出具评审意见。

第四十九条 单位应当依据国家有关规定组织建设项目招标工作，并接受有关部门的监督。

单位应当采取签订保密协议、限制接触等必要措施，确保标底编制、评标等工作在严格保密的情况下进行。

第五十条 单位应当按照审批单位下达的投资计划和预算对建设项目资金实行专款专用，严禁截留、挪用和超批复内容使用资金。

财会部门应当加强与建设项目承建单位的沟通，准确掌握建设进度，加强价款支付审核，按照规定办理价款结算。实行国库集中支付的建设项目，单位应当按照财政国库管理制度相关规定支付资金。

第五十一条 单位应当加强对建设项目档案的管理。做好相关文件、材料的收集、整理、归档和保管工作。

第五十二条 经批准的投资概算是工程投资的最高限额，如有调整，应当按照国家有关规定报经批准。

单位建设项目工程洽商和设计变更应当按照有关规定履行相应的审批程序。

第五十三条 建设项目竣工后，单位应当按照规定的时限及时办理竣工决算，组织竣工决算审计，并根据批复的竣工决算和有关规定办理建设项目档案和资产移交等工作。

建设项目已实际投入使用但超时限未办理竣工决算的，单位应当根据对建设项目的实际投资暂估入账，转作相关资产管理。

第六节 合同控制

第五十四条 单位应当建立健全合同内部管理制度。

单位应当合理设置岗位，明确合同的授权审批和签署权限，妥善保管和使用合同专用章，严禁未经授权擅自以单位名义对外签订合同，严禁违规签订担保、投资和借贷合同。

单位应当对合同实施归口管理，建立财会部门与合同归口管理部门的沟通协调机制，实现合同管理与预算管理、收支管理相结合。

第五十五条 单位应当加强对合同订立的管理，明确合同订立的范围和条件。对于影响重大、涉及较高专业技术或法律关系复杂的合同，应当组织法律、技术、财会等工作人员参与谈判，必要时可聘请外部专家参与相关工作。谈判过程中的重要事项和参与谈判人员的主要意见，应当予以记录并妥善保管。

第五十六条 单位应当对合同履行情况实施有效监控。合同履行过程中，因对方或单位自身原因导致可能无法按时履行的，应当及时采取应对措施。

单位应当建立合同履行监督审查制度。对合同履行中签订补充合同，或变更、解除合同等应当按照国家有关规定进行审查。

第五十七条 财会部门应当根据合同履行情况办理价款结算和进行账务处理。未按照合同条款履约的，财会部门应当在付款之前向单位有关负责人报告。

第五十八条 合同归口管理部门应当加强对合同登记的管理，定期对合同进行统计、分类和归档，详细登记合同的订立、履行和变更情况，实行对合同的全过程管理。与单位经济活动相关的合同应当同时提交财会部门作为账务处理的依据。

单位应当加强合同信息安全保密工作，未经批准，不得以任何形式泄露合同订立与履行过程中涉及的国家秘密、工作秘密或商业秘密。

第五十九条 单位应当加强对合同纠纷的管理。合同发生纠纷的，单位应当在规定时效内与对方协商谈判。合同纠纷协商一致的，双方应当签订书面协议；合同纠纷经协商无法解决的，经办人员应向单位有关负责人报告，并根据合同约定选择仲裁或诉讼方式解决。

第五章　评价与监督

第六十条　单位应当建立健全内部监督制度，明确各相关部门或岗位在内部监督中的职责权限，规定内部监督的程序和要求，对内部控制建立与实施情况进行内部监督检查和自我评价。

内部监督应当与内部控制的建立和实施保持相对独立。

第六十一条　内部审计部门或岗位应当定期或不定期检查单位内部管理制度和机制的建立与执行情况，以及内部控制关键岗位及人员的设置情况等，及时发现内部控制存在的问题并提出改进建议。

第六十二条　单位应当根据本单位实际情况确定内部监督检查的方法、范围和频率。

第六十三条　单位负责人应当指定专门部门或专人负责对单位内部控制的有效性进行评价并出具单位内部控制自我评价报告。

第六十四条　国务院财政部门及其派出机构和县级以上地方各级人民政府财政部门应当对单位内部控制的建立和实施情况进行监督检查，有针对性地提出检查意见和建议，并督促单位进行整改。

国务院审计机关及其派出机构和县级以上地方各级人民政府审计机关对单位进行审计时，应当调查了解单位内部控制建立和实施的有效性，揭示相关内部控制的缺陷，有针对性地提出审计处理意见和建议，并督促单位进行整改。

第六章　附　　则

第六十五条　本规范自2014年1月1日起施行。

关于坚决制止地方以政府购买服务名义违法违规融资的通知

2017 年 5 月 28 日　财预〔2017〕87 号

各省、自治区、直辖市、计划单列市财政厅（局）：

《国务院办公厅关于政府向社会力量购买服务的指导意见》（国办发〔2013〕96 号）印发后，各地稳步推进政府购买服务工作，取得了良好成效。同时，一些地区存在违法违规扩大政府购买服务范围、超越管理权限延长购买服务期限等问题，加剧了财政金融风险。根据《中华人民共和国预算法》、《中华人民共和国政府采购法》、《国务院关于实行中期财政规划管理的意见》（国发〔2015〕3 号）、国办发〔2013〕96 号文件等规定，为规范政府购买服务管理，制止地方政府违法违规举债融资行为，防范化解财政金融风险，现就有关事项通知如下：

一、坚持政府购买服务改革正确方向。推广政府购买服务是党的十八届三中全会决定明确的一项重要改革任务，有利于加快转变政府职能、改善公共服务供给、推进财政支出方式改革。政府购买服务所需资金应当在年度预算和中期财政规划中据实足额安排。实施政府购买服务改革，要坚持费随事转，注重与事业单位改革、行业协会商会与行政主管部门脱钩转制改革、支持社会组织培育发展等政策相衔接，带动和促进政事分开、政社分开。地方政府及其所属部门要始终准确把握并牢固坚持政府购买服务改革的正确方向，依法依规、积极稳妥地加以推进。

二、严格按照规定范围实施政府购买服务。政府购买服务内容应当严格限制在属于政府职责范围、适合采取市场化方式提供、社会力量能够承担的服务事项，重点是有预算安排的基本公共服务项目。科学制定并适时完善分级分部门政府购买服务指导性目录，增强指导性目录的约束力。对暂时未纳入指导性目录又确需购买的服务事项，应当报财政部门审核备案后调整实施。

严格按照《中华人民共和国政府采购法》确定的服务范围实施政府购买服务，不得将原材料、燃料、设备、产品等货物，以及建筑物和构筑物的新建、改建、扩建及其相关的装修、拆除、修缮等建设工程作为政府购买服务项目。严禁将铁路、公路、机场、通讯、水电煤气，以及教育、科技、医疗卫生、文化、体育等领域的基础设施建设，储备土地前期开发，农田水利等建设工程作为政府购买服务项目。严禁将建设工程与服务打包作为政府购买服务项目。严禁将金融机构、融资租赁公司等非金融机构提供的融资行为纳入政府购买服务范围。政府建设工程项目确需使用财政资金，应当依照《中华人民共和国政府采购法》及其实施条例、《中华人民共和国招标投标法》规范实施。

三、严格规范政府购买服务预算管理。政府购买服务要坚持先有预算、后购买服务，所需资金应当在既有年度预算中统筹考虑，不得把政府购买服务作为增加预算单位财政支出的依据。地方各级财政部门应当充分考虑实际财力水平，妥善做好政府购买服务支出与年度预算、中期财政规划的衔接，足额安排资金，保障服务承接主体合法权益。年度预算未安排资金的，不得实施政府购买服务。购买主体应当按照批准的预算执行，从部门预算经费或经批准的专项资金等既有年度预算中统筹安排购买服务资金。购买主体签订购买服务合同，应当确认涉及的财政支出已在年度预算和中期财政规划中安排。政府购买服务期限应严格限定在年度预算和中期财政规划期限内。党中央、国务院统一部署的棚户区改造、易地扶贫搬迁工作中涉及的政府购买服务事项，按照相关规定执行。

四、严禁利用或虚构政府购买服务合同违法违规融资。金融机构涉及政府购买服务的融资审查，必须符合政府预算管理制度相关要求，做到依法合规。承接主体利用政府购买服务合同向金融机构融资时，应当配合金融机构做好合规性管理，相关合同在购买内容和期限等方面必须符合政府购买服务有关法律和制度规定。地方政府及其部门不得利用或虚构政府购买服务合同为建设工程变相举债，不得通过政府购买服务向金融机构、融资租赁公司等非金融机构进行融资，不得以任何方式虚构或超越权限签订应付（收）账款合同帮助融资平台公司等企业融资。

五、切实做好政府购买服务信息公开。各地应当将年度预算中政府购买服务总金额、纳入中期财政规划的政府购买服务总金额以及政府购买服务项目有关预算信息，按规定及时向社会公开，提高预算透明度。购买主体应当依法在中国政府采购网及其地方分网及时公开政府购买服务项目相关信息，包括政府购买服务内容、购买方式、承接主体、合同金额、分年财政资金安排、合同期限、绩效评价等，确保政府购买服务项目信息真实准确，可查询、可追溯。坚决防止借政府购买服务名义进行利益输送等违法违规行为。

各省级财政部门要充分认识规范政府购买服务管理、防范财政金融风险的重要性，统一思想，加强领导，周密部署，报经省级政府批准后，会同相关部门组织全面摸底排查本地区政府购买服务情况，发现违法违规问题的，督促相关地区和单位限期依法依规整改到位，并将排查和整改结果于2017年10月底前报送财政部。

特此通知。

财政部

2017年5月28日

关于修订《中央国家机关政府采购中心供应商质疑答复实施细则》的通知

2020年9月7日　国机采〔2020〕13号

中央国家机关各部门、各单位办公厅（室）：

根据《中华人民共和国政府采购法》及其实施条例、《政府采购质疑和投诉办法》（财政部令第94号），结合具体业务实践，我中心对《中央国家机关政府采购中心供应商质疑答复实施细则》进行了修订，现予公布实施。

中央国家机关政府采购中心

2020年9月7日

中央国家机关政府采购中心供应商质疑答复实施细则

第一章　总　　则

第一条　为保护政府采购活动当事人合法权益，规范政府采购询问、质疑工作，根据《中华人民共和国政府采购法》《中华人民共和国政府采购法实施条例》和《政府采购质疑和投诉办法》（财政部令第94号）等规定，制定本实施细则。

第二条　参与中央国家机关政府采购中心（以下简称采购中心）组织实施采购活动的供应商依法向采购中心提出询问、质疑，采购中心在采购人委托授权范围内受理和答复询问、质疑。

第三条　答复询问、质疑应当坚持依法依规、诚实信用、公正公平、简便高效的原则。

第四条　采购中心应当在采购文件中载明接收质疑函的方式、联系部门、联系电话和通讯地址等信息。

第五条 供应商可以委托代理人进行质疑。代理人提出质疑的，应当提交供应商签署的授权委托书。

第六条 供应商质疑实行实名制。质疑应当有明确的请求和必要的证明材料，不得进行虚假和恶意质疑。

第七条 采购中心答复质疑时不得向质疑人和被质疑人收取任何费用。

第二章 询 问

第八条 供应商对政府采购活动事项有疑问的，如认为采购文件表述有歧义或表述不清，或了解本公司投标被拒绝详细理由等事项，可以通过电话、信函、电子邮件、传真等方式向采购中心或采购人提出询问。

第九条 采购中心应当在3个工作日内，以适当方式答复询问供应商。

第十条 如供应商询问事项涉及依法应当保密的内容，采购中心不予答复，向供应商说明理由和依据。

询问事项超出采购人委托授权范围的，采购中心应当告知供应商向采购人提出询问。

第三章 质疑的提出与受理

第十一条 提出质疑的供应商（以下简称质疑供应商）应当是参与所质疑项目采购活动的供应商。

潜在供应商已依法获取其可质疑的采购文件的，可以对该文件提出质疑。

第十二条 供应商认为采购文件、采购过程、中标或者成交结果使自己的权益受到损害的，可以在知道或者应当知道其权益受到损害之日起7个工作日内，按照采购文件中载明的接收质疑函方式以书面形式向采购中心或采购人提出质疑。

通过电子采购系统提出的，提出时间以系统记录的成功递交时间为准；通过邮寄、快递方式提出的，提出时间以邮寄件上的寄出邮戳时间、快递件上签注的寄出时间为准。

质疑事项超出采购人委托授权范围的，采购中心应当告知供应商向采购人提出质疑。

第十三条 供应商知道或者应当知道其权益受到损害之日，是指：

（一）对采购文件提出质疑的，为收到采购文件之日或者采购文件公告期限届满之日；

（二）对采购过程提出质疑的，为各采购程序环节结束之日；

（三）对中标或者成交结果提出质疑的，为中标或者成交结果公告期限届满之日。

对于发布采购文件更正公告的项目，潜在供应商对更正事项提出质疑的，应当在更正公告期限届满之日起 7 个工作日内提出。对未发生变更的采购文件内容进行质疑的，期限起算时间为首次公告期限届满之日。

第十四条 一份质疑函只能针对一个项目提出质疑，且针对同一采购程序环节的质疑应当一次性提出。质疑供应商对一个项目的不同包提出质疑的，应当将各包质疑事项集中在一份质疑函中提出。

第十五条 质疑函应当使用中文。供应商提供外文书证或者外国语视听资料的，应当附有中文译本，由翻译机构盖章或者翻译人员签名。

第十六条 质疑函应当包括下列内容：

（一）供应商的名称（或姓名）、地址、邮编、联系人及联系电话；

（二）质疑项目的名称、编号；

（三）具体、明确的质疑事项和与质疑事项相关的请求；

（四）事实依据；

（五）必要的法律依据；

（六）提出质疑的日期。

供应商为自然人的，应当由本人签字；供应商为法人或者其他组织的，应当由法定代表人、主要负责人，或者其授权代表签字或者盖章，并加盖公章。

第十七条 质疑函存在以下情形的，采购中心不予受理：

（一）质疑主体不满足第十一条规定的；

（二）供应商自身权益未受到损害的；

（三）供应商超过法定质疑期提出质疑的；

（四）质疑函未按要求签署或盖章的；

（五）其他不符合受理条件情形的。

供应商递交的质疑函不符合本实施细则第十六条相关要求的，采购中心应当一次性告知供应商需更正或补充的内容。供应商未在质疑期限内递交更正、补充材料或重新提交的材料仍不符合要求的，采购中心不予受理，并告知理由。

供应商以质疑函形式递交，但无具体、明确质疑事项，实质内容为询问的，采购中心可视为书面询问受理并及时告知供应商，后续事宜按照询问答复流程办理。

第四章 质疑的答复

第十八条 采购中心应当在收到质疑函后 7 个工作日内作出答复，并以书面形式通知质疑供应商和其他有关供应商。

法定期限内针对同一采购程序环节，供应商多次更正或补充质疑材料的，以最后一次收到材料的时间为准。

第十九条 质疑答复应当包括下列内容：

（一）质疑供应商的姓名或者名称；

（二）收到质疑函的日期、质疑项目名称及编号；

（三）质疑事项和答复的具体内容、事实依据和法律依据；

（四）告知质疑供应商依法投诉的权利；

（五）质疑答复人名称；

（六）答复质疑的日期。

质疑答复的内容不得涉及商业秘密。

第二十条 针对采购文件通用条款、采购程序的质疑答复主体应当为采购中心。针对采购需求、评审标准的质疑答复主体应当为采购人，采购中心可以协助配合，采购人应当针对质疑事项逐一进行书面回复并提供相关佐证材料，书面材料须加盖单位公章。

必要时，采购中心可以召开质疑论证会，邀请或随机抽取行业专家进行论证，采购人可以选派代表出席论证会介绍情况并参与讨论，采购中心可以通知相关供应商参会。

第二十一条 针对采购结果的质疑由采购中心先行复核，如发现响应文件内容可能不符合或无法从形式上判断是否符合采购文件要求，以及可能存在评标委员会、评审小组对客观项判定错误等情形的，采购中心可以组织原评标委员会、评审小组召开质疑复核会。

原评标委员会、评审小组有义务协助采购中心复核质疑事项，并出具复核意见。

第二十二条 质疑复核会原则上应有过半数原评标委员会、评审小组成员出席。因特殊情况，在质疑答复的法定期限内无法召集过半数成员现场复核的，可通过电子邮件、手机短信、微信等方式征求未出席人员意见，邮件内容打印页面及短信、微信截屏打印存档备查，并在复核报告中如实记录。

第二十三条 出席质疑复核会的评标委员会、评审小组成员应当就复核情况形成书面报告，对质疑的问题逐一进行正面答复。复核报告按照少数服从多数原则做出结论，由出席的全体成员签字确认。持不同意见者应当在报告上签署不同意见并说明理由，否则视为同意。

第二十四条 质疑论证会、复核会应当全程录音录像，参会的采购人代表及供应商均不得干预专家独立做出结论。

第二十五条 质疑复核遵循以下基本原则：

（一）复核范围不得超出质疑事项；

（二）复核依据一般为采购文件、响应文件和评审资料，原则上不在复核环节开展质证和调查取证等活动；

（三）除法定情形外，不得改变中标、成交结果；

（四）评标委员会、评审小组复核意见作为参考。

第二十六条 经复核，认为供应商质疑不成立，或者成立但未对中标、成交结果构成影响的，继续开展采购活动；认为供应商质疑成立且影响或者可能影响中标、成交结果的，按照下列情况处理：

（一）对采购文件提出的质疑，依法通过澄清或者修改可以继续开展采购活动的，澄清或者修改采购文件后继续开展采购活动；否则应当修改采购文件后重新开展采购活动。

（二）对采购过程、中标或者成交结果提出的质疑，合格供应商符合法定数量时，可以从合格的中标或者成交候选人中另行确定中标、成交供应商的，应当依法另行确定中标、成交供应商；否则应当重新开展采购活动。

质疑答复导致中标、成交结果改变的，采购中心应当将有关情况函告采购监管部门。

第二十七条 供应商对以下情形提出质疑的，采购中心可以组织原评标委员会或评审小组进行重新评审：

（一）分值汇总计算错误的；

（二）分项评分超出评分标准范围的；

（三）法律法规规定的其他情形。

重新评审改变评标结果的，应当函告采购监管部门。

第二十八条 质疑答复结果通过电子采购系统、现场领取、邮寄、传真等适当方式送达质疑供应商和相关当事人。必要时，采购中心可以就质疑答复结果与质疑供应商进行现场或电话沟通。

因质疑供应商所留联系方式不准确，或者因质疑供应商原因导致通知书无法送达的，视为质疑供应商主动放弃知晓质疑答复结果的权利。

第二十九条 质疑答复工作结束前，质疑供应商需要撤销质疑的，可以通过电子采购系统直接撤销或向采购中心提交质疑撤销函。提交质疑撤销函，质疑供应商为自然人的，应当由本人签字；质疑供应商为法人或者其他组织的，应当加盖公章。质疑撤销后，质疑答复工作终止。

第三十条 质疑供应商有下列行为之一的，属于虚假或恶意质疑，采购中心有权对质疑供应商行为进行公开通报，并将有关情况函告采购监管部门，依法对质疑供应商进行处罚：

（一）捏造事实；

（二）提供虚假材料；

（三）以非法、非正当手段取得证明材料。证据来源的合法性、正当性存在明显疑问，质疑供应商无法证明其取得方式合法正当的，视为以非法、非正当手段取得证明材料。

第三十一条 采购中心按照政府采购信息公开的有关规定，在中央政府采购网等媒体上公告质疑答复的相关事项。

第五章 附 则

第三十二条 本实施细则规定的期间开始之日，不计算在期间内。期间届满的最后一日是节假日的，以节假日后的第一日为期间届满的日期。期间不包括在途时间，质疑函和答复文书在期满前交邮的，不算过期。

第三十三条 对适用《招标投标法》的工程类项目进行质疑的，可参照本实施细则答复；《招标投标法》及实施条例有明确规定的，从其规定；必要时，采购中心可视情况转交有关建设行政主管部门处理。

第三十四条 本实施细则由采购中心负责解释。

第三十五条 本实施细则自发布之日起施行，2018 年 9 月 17 日发布的《中央国家机关政府采购中心供应商质疑答复实施细则》（国机采〔2018〕14 号）同时废止。

附：

质疑函和询问函模板

质疑函

质疑项目基本情况	项目名称			
	项目编号		包号	
	采购人名称			
	采购公告时间	____年__月__日	中标（成交）公告时间	____年__月__日
	更正公告时间（包含采购文件和采购结果更正公告）	____年__月__日	终止公告时间（包含废标和采购任务取消）	____年__月__日
质疑供应商基本信息	单位名称			
	地址		邮编	
	联系人		联系电话	
	授权代表		联系电话	
	分类	□采购文件　□采购过程　□中标或成交结果		
质疑事项及相关请求（纸张不够另附）	请逐条列明质疑事项、事实依据和法律依据，并提供必要的证明材料。 质疑事项1： 事实依据： 法律依据： 相关请求： 质疑事项2 ……			
签字或盖人名章		公章		
		日期		

质疑函制作说明：

1. 供应商提出质疑时，应提交质疑函和必要的证明材料；质疑函存在《中央国家机关政府采购中心供应商质疑答复实施细则》（国机采〔2020〕13号）第十七条所列情形的，采购中心不予受理。
2. 质疑函的质疑事项应具体、明确，并有必要的事实依据和法律依据；质疑函的质疑请求应与质疑事项相关。
3. 质疑供应商若委托代理人进行质疑的，质疑函应按要求列明“授权代表”的有关内容，并在附件中提交由质疑供应商签署的授权委托书。授权委托书应载明代理人的姓名或者名称、代理事项、具体权限、期限和相关事项。
4. 质疑供应商为自然人的，质疑函应由本人签字；质疑供应商为法人或者其他组织的，质疑函应由法定代表人、主要负责人，或者其授权代表签字或者盖章，并加盖公章。

询问函

<table>
<tr><td rowspan="6">询问项目
基本情况</td><td>项目名称</td><td colspan="3"></td></tr>
<tr><td>项目编号</td><td></td><td>包号</td><td></td></tr>
<tr><td>采购人名称</td><td colspan="3"></td></tr>
<tr><td>采购公告时间</td><td>____年__月__日</td><td>中标（成交）公告时间</td><td>____年__月__日</td></tr>
<tr><td>更正公告时间（包含采购文件和采购结果更正公告）</td><td>____年__月__日</td><td>终止公告时间
（包含废标和采购任务取消）</td><td>____年__月__日</td></tr>
<tr><td colspan="4"></td></tr>
<tr><td rowspan="4">询问供应商
基本信息</td><td>单位名称</td><td colspan="3"></td></tr>
<tr><td>地址</td><td></td><td>邮编</td><td></td></tr>
<tr><td>联系人</td><td></td><td>联系电话</td><td></td></tr>
<tr><td>授权代表</td><td></td><td>联系电话</td><td></td></tr>
<tr><td rowspan="2">询问事项及
相关请求
（纸张不够另附）</td><td>分类</td><td colspan="3">☐采购文件 ☐采购过程 ☐中标或成交结果</td></tr>
<tr><td colspan="4">请逐条列明询问事项及相关请求。
询问事项 1：
相关请求：
询问事项 2
……</td></tr>
<tr><td rowspan="2">签字
或盖人名章</td><td rowspan="2"></td><td>公章</td><td colspan="2"></td></tr>
<tr><td>日期</td><td colspan="2"></td></tr>
</table>

询问函制作说明：

1. 供应商对政府采购活动事项有疑问的，如认为采购文件表述有歧义或表述不清，或了解本公司投标被拒绝详细理由等事项，可以通过电话、信函、电子邮件、传真等方式向采购中心或采购人提出询问。
2. 采购中心在 3 个工作日内，以适当方式答复询问供应商。
3. 如供应商询问事项涉及依法应当保密的内容，采购中心不予答复，向供应商说明理由和依据。

询问事项超出采购人委托授权范围的，采购中心应当告知供应商向采购人提出询问。

4. 询问供应商为自然人的，质疑函应由本人签字；质疑供应商为法人或者其他组织的，质疑函应由法定代表人、主要负责人，或者其授权代表签字或者盖章，并加盖公章。

中央国家机关政府采购中心

2020 年 9 月 7 日印发

财政部关于印发《政府采购代理机构监督检查暂行办法》的通知

财库〔2024〕27号

各省、自治区、直辖市、计划单列市财政厅（局），新疆生产建设兵团财政局：

为贯彻落实《深化政府采购制度改革方案》及其实施意见的要求，依法加强对政府采购代理机构的监督检查，确保执法检查合法、公正、高效，财政部制定了《政府采购代理机构监督检查暂行办法》，现印发给你们，请遵照执行。

附件：政府采购代理机构监督检查暂行办法

财政部

2024年11月21日

附件

政府采购代理机构监督检查暂行办法

第一章　总　　则

第一条　为加强对政府采购代理机构（以下简称代理机构）的监督检查，确保执法检查合法、公正、高效，根据《中华人民共和国政府采购法》、《中华人民共和国行政处罚法》、《中华人民共和国政府采购法实施条例》、《财政检查工作办法》（财政部令第32号）、《财政部门监督办法》（财政部令第69号）等规定，制定本办法。

第二条 本办法所称代理机构是指集中采购机构以外的从事政府采购代理业务的社会中介机构。县级以上人民政府财政部门开展年度代理机构监督检查工作适用本办法。

第三条 财政部负责组织、指导、统筹全国代理机构监督检查工作，建立健全部门协同、央地联动、社会参与的代理机构监督检查工作机制，并对开展中央政府采购业务的代理机构实施检查。

省级财政部门按照统一部署，统筹负责本地区的代理机构监督检查工作，省级、市级、县级财政部门分别对开展本级政府采购业务的代理机构实施检查。

第四条 代理机构监督检查应当坚持依法依规、公正高效、公开透明的原则。

第五条 代理机构监督检查应落实“双随机、一公开”要求，随机抽取检查对象，随机选派执法检查人员，及时公开抽查情况和查处结果。

第二章　监督检查分级分类

第六条 省级财政部门对在本省（区、市）进行工商登记注册且具有独立法人资格的代理机构，归口统计其在全国范围内的执业数据信息。

第七条 对符合下列条件之一的具有独立法人资格的代理机构，原则上每年检查一次，由财政部或工商登记注册所在地的省级财政部门统筹实施。财政部检查的代理机构，其工商登记注册所在地的省级财政部门当年不再检查。

（一）上年度为50家以上中央及省级预算单位开展政府采购业务的代理机构；

（二）上年度代理150个以上中央及省级政府采购项目的代理机构；

（三）上年度代理政府采购项目中标成交金额累计在15亿元以上的代理机构；

（四）上年末登记备案政府采购专职从业人员数量为50人以上的代理机构。

第八条 对符合下列条件之一的具有独立法人资格的代理机构，原则上每三年检查一次，由工商登记注册所在地的省级财政部门统筹实施。

（一）上年度为20家以上、50家以下中央及省级预算单位开展政府采购业务的代理机构；

（二）上年度代理50个以上、150个以下中央及省级政
府采购项目的代理机构；

（三）上年度代理政府采购项目中标成交金额累计在6亿元以上、15亿元以下的代理机构；

（四）上年末登记备案政府采购专职从业人员数量为30人以上、50人以下的代理机构。

第九条 财政部门应当将存在下列情形的代理机构列为当年重点检查对象。

（一）已开展政府采购业务，未按照要求进行名录登记的；

（二）检查前一年开展的政府采购业务被投诉举报且查证属实达到三次以上的；

（三）检查前三年因政府采购执业行为受到两次以上行政处罚的；

（四）存在重大违法违规线索的。

第十条 对新登记的代理机构，自首次代理政府采购业务起，原则上前两年内至少检查一次，此后每五年检查一次，如符合本办法第七条、第八条、第九条规定的，按照前述规定执行。

第十一条 对本办法第七条、第八条、第九条、第十条规定情形之外的代理机构，原则上每五年检查一次。

第十二条 对于符合本办法第七条规定的代理机构数量超过 10 家，或者符合第八条规定的代理机构数量超过 30 家的，省级财政部门可结合工作实际、检查力量等情况，统筹

确定检查频次和检查数量。

第三章 监督检查重点内容

第十三条 财政部门对代理机构开展的本级政府采购业务实施检查。检查范围包括名录登记信息、委托代理协议、采购方式适用、采购文件编制、评审组织、信息发布、收费及保证金收退、质疑投诉、合同签订及履行、档案管理等内容。

第十四条 对代理机构名录登记信息应当重点检查是否存在下列违法违规行为：

（一）登记的机构、人员信息不真实；

（二）在自有场所组织评审工作的，不具备必要的评审场地和录音录像等监控设备设施；

（三）专职从业人员不足 5 人。

第十五条 对采购文件应当重点检查是否存在下列违法违规行为：

（一）采购需求指向、限定或指定特定供应商、特定产品等；

（二）以限定供应商注册地、要求供应商在当地设立分支机构等方式阻碍外地供应商进入本地市场；

（三）以供应商注册资本、资产总额、营业收入、经营年限、从业人员等不合理条件对中小企业实行差别歧视待遇；

（四）以供应商所有制形式、组织形式、股权结构、投

资者国别等不合理条件对外资企业实行差别歧视待遇；

（五）未落实和执行绿色发展、中小企业、科技创新、乡村振兴等政府采购政策；

（六）违反法律、行政法规和国家有关规定中的强制性规定。

第十六条 对采购方式与程序应当重点检查是否存在下列违法违规行为：

（一）未按照法定采购方式及程序实施采购活动；

（二）违规委托或代理集中采购目录内的货物、工程和服务；

（三）违规收取费用，逾期退还保证金；

（四）未按规定发布信息公告。

第十七条 对评审活动应当重点检查是否存在下列违法违规行为：

（一）未按规定组建评审委员会；

（二）未按照采购文件规定的评审程序、评审方法和评审标准进行独立评审；

（三）在评审活动中发表倾向性言论，影响政府采购公平公正；

（四）评审现场管理不规范，未采取必要的通讯设备管理措施；

（五）未按规定对评审活动进行录音录像；

（六）泄露评审文件、评审情况。

第十八条 对采购结果应当重点检查是否存在下列违法违规行为：

（一）违规改变采购结果，或者擅自终止采购活动；

（二）中标成交后无正当理由拒不签订政府采购合同；

（三）未按照采购文件约定的事项签订政府采购合同；

（四）将政府采购合同转包或者违法分包；

（五）提供虚假材料谋取中标；

（六）供应商、采购人、代理机构恶意串通。

第四章 组织实施监督检查

第十九条 财政部按照年度财政督查检查考核计划，组织部署全国代理机构监督检查工作，印发检查通知，明确检查重点和内容，统一检查指标和处理处罚标准。

第二十条 财政部门应当成立检查组，检查人员由财政部门工作人员组成。根据需要，财政部门可以聘请专门机构或具有专门知识的人员协助检查人员开展检查工作。每组检查人员中，行政执法人员不得少于2人。

检查组人员与被检查单位有利害关系的，应当回避。

第二十一条 检查实施前，财政部门对检查组人员开展集中业务培训和工作纪律培训，明确检查重点、检查标准及工作要求等。

第二十二条 财政部门按照本办法的规定确定被检查的代理机构名单，向代理机构送达检查通知书。代理机构自收到检查通知书之日起5个工作日内，按要求报送其在检查当

期内代理的所有政府采购项目清单。

第二十三条 财政部门随机选取一定数量的检查项目，书面通知代理机构。代理机构自收到通知之日起10个工作日内，按要求整理被检查项目的相关文件、数据和资料，形成自查报告，一并报送财政部门。

第二十四条 检查组对代理机构提供的文件、数据和资料进行书面审查，如实记录和编制工作底稿，并将相关证明材料作为工作底稿附件。

第二十五条 结合书面审查发现的问题，检查组对代理机构实施现场检查，进一步查阅相关资料，沟通并确认工作底稿。

第二十六条 财政部门在实施检查过程中，有权要求代理机构说明情况，调阅项目资料，必要时可延伸检查项目涉及的采购人、评审专家、供应商，向相关单位和个人调查、核实有关情况。

前款规定的单位和个人应当积极配合监督检查，如实提供相关资料，不得拒绝、拖延、阻挠、逃避检查，不得转移、隐匿、销毁相关证据材料。

第五章 处理处罚及结果运用

第二十七条 检查中发现代理机构存在违法违规行为的，由财政部门按照《中华人民共和国政府采购法》及其实施条例等有关规定作出处理处罚。同时，延伸检查中发现采购人、评审专家、供应商存在违法违规行为的，由财政部门

依法作出处理处罚。

检查中发现国家公职人员涉嫌违法违规的，移送纪检监察机关处理。检查中发现涉嫌犯罪的，依法移送有关机关处理。

采购人、代理机构、供应商拒绝监督检查的，由财政部门按照《中华人民共和国政府采购法》有关规定作出处理处罚。

第二十八条 依法应予公开的处理处罚信息应当在省级以上财政部门指定的媒体上发布。

第二十九条 处理处罚决定作出后，相关当事人申请行政复议或提起行政诉讼的，财政部门依法依规做好行政复议或行政诉讼应对工作。

第三十条 省级财政部门在处理处罚结束后的15个工作日内，汇总本地区检查情况及处理处罚信息，撰写检查工作报告报送财政部。财政部汇总各地区检查情况及处理处罚信息，形成全国检查工作报告。

第三十一条 检查结束后，财政部门将全部检查资料立卷归档并妥善保管。

第三十二条 财政部门应加强代理机构专业评价，将处理处罚结果作为评价的参考依据，强化评价结果运用，引导采购人自主择优选择代理机构。

第六章 附　　则

第三十三条 检查组人员应当遵守国家有关保密规定，

不得泄露检查中知悉的国家秘密、商业秘密及个人隐私，不得将检查中取得的资料、获取的信息用于与检查工作无关的事项。

第三十四条 检查组人员在检查工作中滥用职权、玩忽职守、徇私舞弊的，依法追究有关人员的责任。

第三十五条 本办法第七条、第八条所称政府采购项目为检查当期内已产生中标成交结果的项目。政府采购项目有分包或多次采购过程（废标、中止、重新采购）的，按一个项目计算。

第三十六条 本办法所称的“以上”、“内”，包括本数；所称的“以下”、“超过”，不包括本数。

第三十七条 本办法自2025年1月1日起施行。

关于在相关自由贸易试验区和自由贸易港开展推动解决政府采购异常低价问题试点工作的通知

财办库〔2024〕265号

北京市财政局、天津市财政局、上海市财政局、福建省财政厅、广东省财政厅、海南省财政厅：

为促进政府采购公平竞争，持续优化政府采购营商环境，推进优质优价采购，财政部决定在北京、天津、上海、福建、广东自由贸易试验区和海南自由贸易港开展推动解决政府采购异常低价问题试点工作。现就有关事项通知如下：

一、加强政府采购需求管理

试点地区采购人应当根据实际工作需要，综合考虑项目历史成交信息与市场调查情况，形成科学、完整、清晰的采购需求，合理设定最高限价，为供应商竞争报价提供基础。要考虑技术、成本效益、促进竞争等因素，按照专业类型和专业领域，对采购项目合理分类分包。鼓励采购人引入全生命周期成本，在采购文件中要求供应商对约定期限内的后续专用耗材、升级服务费用等全生命周期成本进行报价，作为评审时考虑的因素。

试点地区采购人应当加强对信息化建设、耗材使用量大的仪器设备等采购项目的管理。对于信息化建设项目，采购人应当要求供应商严格落实相关开放性、兼容性标准和规范要求，按合同约定提供服务，在系统运行过程中，不得在合同约定之外以任何名义向相关服务对象收取费用。

二、强化政府采购异常低价审查

试点地区采购人应当在采购文件中明确异常低价投标（响应）审查的有关内容，

主要包括：

政府采购评审中出现下列情形之一的，评审委员会应当启动异常低价投标（响应）审查程序：（一）投标（响应）报价低于全部通过符合性审查供应商投标（响应）报价平均值 50% 的，即投标（响应）报价 < 全部通过符合性审查供应商投标（响应）报价平均值 ×50%；（二）投标（响应）报价低于通过符合性审查且报价次低供应商投标（响应）报价 50% 的，即投标（响应）报价 < 通过符合性审查且报价次低供应商投标（响应）报价 ×50%；（三）投标（响应）报价低于采购项目最高限价 45% 的，即投标（响应）报价 < 采购项目最高限价 ×45%；（四）其他评审委员会认为供应商报价过低，有可能影响产品质量或者不能诚信履约的情形。

评审委员会启动异常低价投标（响应）审查后，应当要求相关供应商在评审现场合理的时间内提供书面说明及必要的证明材料，对投标（响应）价格作出解释。书面说明、证明材料主要是项目具体成本测算等与报价合理性相关的说明、材料。

评审委员会应当结合同类产品在主要电商平台的价格、该行业当地薪资水平等情况，依据专业经验对报价合理性进行判断。如果投标（响应）供应商不提供书面说明、证明材料，或者提供的书面说明、证明材料不能证明其报价合理性的，应当将其作为无效投标（响应）处理。审查相关情况应当在评审报告中记录。

三、压实评审专家责任

试点地区财政部门应当加强对评审专家的指导和监管，进一步压实评审专家的责任。出现本通知规定的异常低价情形，评审委员会未根据采购文件规定作出处理的，试点地区财政部门按照《中华人民共和国政府采购法实施条例》第七十五条追究评审专家的法律责任。

试点地区要充分认识解决政府采购异常低价问题的重要意义，更好发挥自由贸易试验区和自由贸易港的先行先试作用，加强组织领导，周密安排部署，强化监督指导，结合地区实际通过完善采购文件标准文本、加强履约担保等措施进一步细化工作举措，确保各项要求落实到位。

本通知自 2025 年 2 月 1 日起施行。

财政部办公厅

2024 年 12 月 18 日

十一、

政府采购政策功能

（一）中小企业

中华人民共和国中小企业促进法

（2002 年 6 月 29 日第九届全国人民代表大会常务委员会第二十八次会议通过
2017 年 9 月 1 日第十二届全国人民代表大会常务委员会第二十九次会议修订）

目　录

第一章 总 则

第一条 为了改善中小企业经营环境，保障中小企业公平参与市场竞争，维护中小企业合法权益，支持中小企业创业创新，促进中小企业健康发展，扩大城乡就业，发挥中小企业在国民经济和社会发展中的重要作用，制定本法。

第二条 本法所称中小企业，是指在中华人民共和国境内依法设立的，人员规模、经营规模相对较小的企业，包括中型企业、小型企业和微型企业。

中型企业、小型企业和微型企业划分标准由国务院负责中小企业促进工作综合管理的部门会同国务院有关部门，根据企业从业人员、营业收入、资产总额等指标，结合行业特点制定，报国务院批准。

第三条 国家将促进中小企业发展作为长期发展战略，坚持各类企业权利平等、机会平等、规则平等，对中小企业特别是其中的小型微型企业实行积极扶持、加强引导、完善服务、依法规范、保障权益的方针，为中小企业创立和发展创造有利的环境。

第四条 中小企业应当依法经营，遵守国家劳动用工、安全生产、职业卫生、社会保障、资源环境、质量标准、知识产权、财政税收等方面的法律、法规，遵循诚信原则，规范内部管理，提高经营管理水平；不得损害劳动者合法权益，不得损害社会公共利益。

第五条 国务院制定促进中小企业发展政策，建立中小企业促进工作协调机制，统筹全国中小企业促进工作。

国务院负责中小企业促进工作综合管理的部门组织实施促进中小企业发展政策，对中小企业促进工作进行宏观指导、综合协调和监督检查。

国务院有关部门根据国家促进中小企业发展政策，在各自职责范围内负责中小企业促进工作。

县级以上地方各级人民政府根据实际情况建立中小企业促进工作协调机制，明确相应的负责中小企业促进工作综合管理的部门，负责本行政区域内的中小企业促进工作。

第六条 国家建立中小企业统计监测制度。统计部门应当加强对中小企业的统计调查和监测分析，定期发布有关信息。

第七条 国家推进中小企业信用制度建设，建立社会化的信用信息征集与评价体系，实现中小企业信用信息查询、交流和共享的社会化。

第二章　财税支持

第八条　中央财政应当在本级预算中设立中小企业科目，安排中小企业发展专项资金。

县级以上地方各级人民政府应当根据实际情况，在本级财政预算中安排中小企业发展专项资金。

第九条　中小企业发展专项资金通过资助、购买服务、奖励等方式，重点用于支持中小企业公共服务体系和融资服务体系建设。

中小企业发展专项资金向小型微型企业倾斜，资金管理使用坚持公开、透明的原则，实行预算绩效管理。

第十条　国家设立中小企业发展基金。国家中小企业发展基金应当遵循政策性导向和市场化运作原则，主要用于引导和带动社会资金支持初创期中小企业，促进创业创新。

县级以上地方各级人民政府可以设立中小企业发展基金。

中小企业发展基金的设立和使用管理办法由国务院规定。

第十一条　国家实行有利于小型微型企业发展的税收政策，对符合条件的小型微型企业按照规定实行缓征、减征、免征企业所得税、增值税等措施，简化税收征管程序，减轻小型微型企业税收负担。

第十二条　国家对小型微型企业行政事业性收费实行减免等优惠政策，减轻小型微型企业负担。

第三章　融资促进

第十三条　金融机构应当发挥服务实体经济的功能，高效、公平地服务中小企业。

第十四条　中国人民银行应当综合运用货币政策工具，鼓励和引导金融机构加大对小型微型企业的信贷支持，改善小型微型企业融资环境。

第十五条　国务院银行业监督管理机构对金融机构开展小型微型企业金融服务应当制定差异化监管政策，采取合理提高小型微型企业不良贷款容忍度等措施，引导金融机构增加小型微型企业融资规模和比重，提高金融服务水平。

第十六条　国家鼓励各类金融机构开发和提供适合中小企业特点的金融产品和服务。

国家政策性金融机构应当在其业务经营范围内，采取多种形式，为中小企业提供金融服务。

第十七条　国家推进和支持普惠金融体系建设，推动中小银行、非存款类放贷机构和互联网金融有序健康发展，引导银行业金融机构向县域和乡镇等小型微型企业金融服务薄弱地区延伸网点和业务。

国有大型商业银行应当设立普惠金融机构，为小型微型企业提供金融服务。国家推动其他银行业金融机构设立小型微型企业金融服务专营机构。

地区性中小银行应当积极为其所在地的小型微型企业提供金融服务，促进实体经济发展。

第十八条 国家健全多层次资本市场体系，多渠道推动股权融资，发展并规范债券市场，促进中小企业利用多种方式直接融资。

第十九条 国家完善担保融资制度，支持金融机构为中小企业提供以应收账款、知识产权、存货、机器设备等为担保品的担保融资。

第二十条 中小企业以应收账款申请担保融资时，其应收账款的付款方，应当及时确认债权债务关系，支持中小企业融资。

国家鼓励中小企业及付款方通过应收账款融资服务平台确认债权债务关系，提高融资效率，降低融资成本。

第二十一条 县级以上人民政府应当建立中小企业政策性信用担保体系，鼓励各类担保机构为中小企业融资提供信用担保。

第二十二条 国家推动保险机构开展中小企业贷款保证保险和信用保险业务，开发适应中小企业分散风险、补偿损失需求的保险产品。

第二十三条 国家支持征信机构发展针对中小企业融资的征信产品和服务，依法向政府有关部门、公用事业单位和商业机构采集信息。

国家鼓励第三方评级机构开展中小企业评级服务。

第四章　创业扶持

第二十四条 县级以上人民政府及其有关部门应当通过政府网站、宣传资料等形式，为创业人员免费提供工商、财税、金融、环境保护、安全生产、劳动用工、社会保障等方面的法律政策咨询和公共信息服务。

第二十五条 高等学校毕业生、退役军人和失业人员、残疾人员等创办小型微型企业，按照国家规定享受税收优惠和收费减免。

第二十六条 国家采取措施支持社会资金参与投资中小企业。创业投资企业和个人投资者投资初创期科技创新企业的，按照国家规定享受税收优惠。

第二十七条 国家改善企业创业环境，优化审批流程，实现中小企业行政许可便捷，降低中小企业设立成本。

第二十八条 国家鼓励建设和创办小型微型企业创业基地、孵化基地，为小型微型企业提供生产经营场地和服务。

第二十九条 地方各级人民政府应当根据中小企业发展的需要，在城乡规划中安排必要的用地和设施，为中小企业获得生产经营场所提供便利。

国家支持利用闲置的商业用房、工业厂房、企业库房和物流设施等，为创业者提供低成本生产经营场所。

第三十条 国家鼓励互联网平台向中小企业开放技术、开发、营销、推广等资源，加强资源共享与合作，为中小企业创业提供服务。

第三十一条 国家简化中小企业注销登记程序，实现中小企业市场退出便利化。

第五章 创新支持

第三十二条 国家鼓励中小企业按照市场需求，推进技术、产品、管理模式、商业模式等创新。

中小企业的固定资产由于技术进步等原因，确需加速折旧的，可以依法缩短折旧年限或者采取加速折旧方法。

国家完善中小企业研究开发费用加计扣除政策，支持中小企业技术创新。

第三十三条 国家支持中小企业在研发设计、生产制造、运营管理等环节应用互联网、云计算、大数据、人工智能等现代技术手段，创新生产方式，提高生产经营效率。

第三十四条 国家鼓励中小企业参与产业关键共性技术研究开发和利用财政资金设立的科研项目实施。

国家推动军民融合深度发展，支持中小企业参与国防科研和生产活动。

国家支持中小企业及中小企业的有关行业组织参与标准的制定。

第三十五条 国家鼓励中小企业研究开发拥有自主知识产权的技术和产品，规范内部知识产权管理，提升保护和运用知识产权的能力；鼓励中小企业投保知识产权保险；减轻中小企业申请和维持知识产权的费用等负担。

第三十六条 县级以上人民政府有关部门应当在规划、用地、财政等方面提供支持，推动建立和发展各类创新服务机构。

国家鼓励各类创新服务机构为中小企业提供技术信息、研发设计与应用、质量标准、实验试验、检验检测、技术转让、技术培训等服务，促进科技成果转化，推动企业技术、产品升级。

第三十七条 县级以上人民政府有关部门应当拓宽渠道，采取补贴、培训等措施，引导高等学校毕业生到中小企业就业，帮助中小企业引进创新人才。

国家鼓励科研机构、高等学校和大型企业等创造条件向中小企业开放试验设施，开展技术研发与合作，帮助中小企业开发新产品，培养专业人才。

国家鼓励科研机构、高等学校支持本单位的科技人员以兼职、挂职、参与项目合作等形式到中小企业从事产学研合作和科技成果转化活动，并按照国家有关规定取得相应报酬。

第六章　市场开拓

第三十八条　国家完善市场体系，实行统一的市场准入和市场监管制度，反对垄断和不正当竞争，营造中小企业公平参与竞争的市场环境。

第三十九条　国家支持大型企业与中小企业建立以市场配置资源为基础的、稳定的原材料供应、生产、销售、服务外包、技术开发和技术改造等方面的协作关系，带动和促进中小企业发展。

第四十条　国务院有关部门应当制定中小企业政府采购的相关优惠政策，通过制定采购需求标准、预留采购份额、价格评审优惠、优先采购等措施，提高中小企业在政府采购中的份额。

向中小企业预留的采购份额应当占本部门年度政府采购项目预算总额的百分之三十以上；其中，预留给小型微型企业的比例不低于百分之六十。中小企业无法提供的商品和服务除外。

政府采购不得在企业股权结构、经营年限、经营规模和财务指标等方面对中小企业实行差别待遇或者歧视待遇。

政府采购部门应当在政府采购监督管理部门指定的媒体上及时向社会公开发布采购信息，为中小企业获得政府采购合同提供指导和服务。

第四十一条　县级以上人民政府有关部门应当在法律咨询、知识产权保护、技术性贸易措施、产品认证等方面为中小企业产品和服务出口提供指导和帮助，推动对外经济技术合作与交流。

国家有关政策性金融机构应当通过开展进出口信贷、出口信用保险等业务，支持中小企业开拓境外市场。

第四十二条　县级以上人民政府有关部门应当为中小企业提供用汇、人员出入境等方面的便利，支持中小企业到境外投资，开拓国际市场。

第七章　服务措施

第四十三条　国家建立健全社会化的中小企业公共服务体系，为中小企业提供服务。

第四十四条　县级以上地方各级人民政府应当根据实际需要建立和完善中小企业公共服务机构，为中小企业提供公益性服务。

第四十五条　县级以上人民政府负责中小企业促进工作综合管理的部门应当建立

跨部门的政策信息互联网发布平台，及时汇集涉及中小企业的法律法规、创业、创新、金融、市场、权益保护等各类政府服务信息，为中小企业提供便捷无偿服务。

第四十六条 国家鼓励各类服务机构为中小企业提供创业培训与辅导、知识产权保护、管理咨询、信息咨询、信用服务、市场营销、项目开发、投资融资、财会税务、产权交易、技术支持、人才引进、对外合作、展览展销、法律咨询等服务。

第四十七条 县级以上人民政府负责中小企业促进工作综合管理的部门应当安排资金，有计划地组织实施中小企业经营管理人员培训。

第四十八条 国家支持有关机构、高等学校开展针对中小企业经营管理及生产技术等方面的人员培训，提高企业营销、管理和技术水平。

国家支持高等学校、职业教育院校和各类职业技能培训机构与中小企业合作共建实习实践基地，支持职业教育院校教师和中小企业技术人才双向交流，创新中小企业人才培养模式。

第四十九条 中小企业的有关行业组织应当依法维护会员的合法权益，反映会员诉求，加强自律管理，为中小企业创业创新、开拓市场等提供服务。

第八章 权益保护

第五十条 国家保护中小企业及其出资人的财产权和其他合法权益。任何单位和个人不得侵犯中小企业财产及其合法收益。

第五十一条 县级以上人民政府负责中小企业促进工作综合管理的部门应当建立专门渠道，听取中小企业对政府相关管理工作的意见和建议，并及时向有关部门反馈，督促改进。

县级以上地方各级人民政府有关部门和有关行业组织应当公布联系方式，受理中小企业的投诉、举报，并在规定的时间内予以调查、处理。

第五十二条 地方各级人民政府应当依法实施行政许可，依法开展管理工作，不得实施没有法律、法规依据的检查，不得强制或者变相强制中小企业参加考核、评比、表彰、培训等活动。

第五十三条 国家机关、事业单位和大型企业不得违约拖欠中小企业的货物、工程、服务款项。

中小企业有权要求拖欠方支付拖欠款并要求对拖欠造成的损失进行赔偿。

第五十四条 任何单位不得违反法律、法规向中小企业收取费用，不得实施没有法律、法规依据的罚款，不得向中小企业摊派财物。中小企业对违反上述规定的行为有权拒绝和举报、控告。

第五十五条 国家建立和实施涉企行政事业性收费目录清单制度，收费目录清单及其实施情况向社会公开，接受社会监督。

任何单位不得对中小企业执行目录清单之外的行政事业性收费，不得对中小企业擅自提高收费标准、扩大收费范围；严禁以各种方式强制中小企业赞助捐赠、订购报刊、加入社团、接受指定服务；严禁行业组织依靠代行政府职能或者利用行政资源擅自设立收费项目、提高收费标准。

第五十六条 县级以上地方各级人民政府有关部门对中小企业实施监督检查应当依法进行，建立随机抽查机制。同一部门对中小企业实施的多项监督检查能够合并进行的，应当合并进行；不同部门对中小企业实施的多项监督检查能够合并完成的，由本级人民政府组织有关部门实施合并或者联合检查。

第九章 监督检查

第五十七条 县级以上人民政府定期组织对中小企业促进工作情况的监督检查；对违反本法的行为及时予以纠正，并对直接负责的主管人员和其他直接责任人员依法给予处分。

第五十八条 国务院负责中小企业促进工作综合管理的部门应当委托第三方机构定期开展中小企业发展环境评估，并向社会公布。

地方各级人民政府可以根据实际情况委托第三方机构开展中小企业发展环境评估。

第五十九条 县级以上人民政府应当定期组织开展对中小企业发展专项资金、中小企业发展基金使用效果的企业评价、社会评价和资金使用动态评估，并将评价和评估情况及时向社会公布，接受社会监督。

县级以上人民政府有关部门在各自职责范围内，对中小企业发展专项资金、中小企业发展基金的管理和使用情况进行监督，对截留、挤占、挪用、侵占、贪污中小企业发展专项资金、中小企业发展基金等行为依法进行查处，并对直接负责的主管人员和其他直接责任人员依法给予处分；构成犯罪的，依法追究刑事责任。

第六十条 县级以上地方各级人民政府有关部门在各自职责范围内，对强制或者变相强制中小企业参加考核、评比、表彰、培训等活动的行为，违法向中小企业收费、罚款、摊派财物的行为，以及其他侵犯中小企业合法权益的行为进行查处，并对直接负责的主管人员和其他直接责任人员依法给予处分。

第十章 附 则

第六十一条 本法自 2018 年 1 月 1 日起施行。

中华人民共和国国务院令

第 802 号

《保障中小企业款项支付条例》已经 2024 年 10 月 18 日国务院第 43 次常务会议修订通过，现予公布，自 2025 年 6 月 1 日起施行。

总理　李　强

2025 年 3 月 17 日

保障中小企业款项支付条例

（2020 年 7 月 5 日中华人民共和国国务院令第 728 号公布　2025 年 3 月 17 日中华人民共和国国务院令第 802 号修订）

第一章　总　　则

第一条　为了促进机关、事业单位和大型企业及时支付中小企业款项，维护中小企业合法权益，优化营商环境，根据《中华人民共和国中小企业促进法》等法律，制定本条例。

第二条　机关、事业单位和大型企业采购货物、工程、服务支付中小企业款项，应当遵守本条例。

第三条　本条例所称中小企业，是指在中华人民共和国境内依法设立，依据国务院批准的中小企业划分标准确定的中型企业、小型企业和微型企业；所称大型企业，是指中小企业以外的企业。

中小企业、大型企业依合同订立时的企业规模类型确定。中小企业与机关、事业单位、大型企业订立合同时，应当主动告知其属于中小企业。

第四条 保障中小企业款项支付工作，应当贯彻落实党和国家的路线方针政策、决策部署，坚持支付主体负责、行业规范自律、政府依法监管、社会协同监督的原则，依法防范和治理拖欠中小企业款项问题。

第五条 国务院负责中小企业促进工作综合管理的部门对保障中小企业款项支付工作进行综合协调、监督检查。国务院发展改革、财政、住房城乡建设、交通运输、水利、金融管理、国有资产监管、市场监督管理等有关部门应当按照职责分工，负责保障中小企业款项支付相关工作。

省、自治区、直辖市人民政府对本行政区域内保障中小企业款项支付工作负总责，加强组织领导、统筹协调，健全制度机制。县级以上地方人民政府负责本行政区域内保障中小企业款项支付的管理工作。

县级以上地方人民政府负责中小企业促进工作综合管理的部门和发展改革、财政、住房城乡建设、交通运输、水利、金融管理、国有资产监管、市场监督管理等有关部门应当按照职责分工，负责保障中小企业款项支付相关工作。

第六条 有关行业协会商会应当按照法律法规和组织章程，加强行业自律管理，规范引导本行业大型企业履行及时支付中小企业款项义务、不得利用优势地位拖欠中小企业款项，为中小企业提供信息咨询、权益保护、纠纷处理等方面的服务，保护中小企业合法权益。

鼓励大型企业公开承诺向中小企业采购货物、工程、服务的付款期限与方式。

第七条 机关、事业单位和大型企业不得要求中小企业接受不合理的付款期限、方式、条件和违约责任等交易条件，不得拖欠中小企业的货物、工程、服务款项。

中小企业应当依法经营，诚实守信，按照合同约定提供合格的货物、工程和服务。

第二章 款项支付规定

第八条 机关、事业单位使用财政资金从中小企业采购货物、工程、服务，应当严格按照批准的预算执行，不得无预算、超预算开展采购。

政府投资项目所需资金应当按照国家有关规定确保落实到位，不得由施工单位垫资建设。

第九条 机关、事业单位从中小企业采购货物、工程、服务，应当自货物、工程、服务交付之日起30日内支付款项；合同另有约定的，从其约定，但付款期限最长不得超过60日。

大型企业从中小企业采购货物、工程、服务，应当自货物、工程、服务交付之日起60日内支付款项；合同另有约定的，从其约定，但应当按照行业规范、交易习惯合理约定付款期限并及时支付款项，不得约定以收到第三方付款作为向中小企业支付款项的条件或者按照第三方付款进度比例支付中小企业款项。

法律、行政法规或者国家有关规定对本条第一款、第二款付款期限另有规定的，从其规定。

合同约定采取履行进度结算、定期结算等结算方式的，付款期限应当自双方确认结算金额之日起算。

第十条 机关、事业单位和大型企业与中小企业约定以货物、工程、服务交付后经检验或者验收合格作为支付中小企业款项条件的，付款期限应当自检验或者验收合格之日起算。

合同双方应当在合同中约定明确、合理的检验或者验收期限，并在该期限内完成检验或者验收，法律、行政法规或者国家有关规定对检验或者验收期限另有规定的，从其规定。机关、事业单位和大型企业拖延检验或者验收的，付款期限自约定的检验或者验收期限届满之日起算。

第十一条 机关、事业单位和大型企业使用商业汇票、应收账款电子凭证等非现金支付方式支付中小企业款项的，应当在合同中作出明确、合理约定，不得强制中小企业接受商业汇票、应收账款电子凭证等非现金支付方式，不得利用商业汇票、应收账款电子凭证等非现金支付方式变相延长付款期限。

第十二条 机关、事业单位和国有大型企业不得强制要求以审计机关的审计结果作为结算依据，法律、行政法规另有规定的除外。

第十三条 除依法设立的投标保证金、履约保证金、工程质量保证金、农民工工资保证金外，工程建设中不得以任何形式收取其他保证金。保证金的收取比例、方式应当符合法律、行政法规和国家有关规定。

机关、事业单位和大型企业不得将保证金限定为现金。中小企业以金融机构出具的保函等提供保证的，机关、事业单位和大型企业应当接受。

机关、事业单位和大型企业应当依法或者按照合同约定，在保证期限届满后及时与中小企业对收取的保证金进行核算并退还。

第十四条 机关、事业单位和大型企业不得以法定代表人或者主要负责人变更，履行内部付款流程，或者在合同未作约定的情况下以等待竣工验收备案、决算审计等为由，拒绝或者迟延支付中小企业款项。

第十五条 机关、事业单位和大型企业与中小企业的交易，部分存在争议但不影响其他部分履行的，对于无争议部分应当履行及时付款义务。

第十六条 鼓励、引导、支持商业银行等金融机构增加对中小企业的信贷投放，降低中小企业综合融资成本，为中小企业以应收账款、知识产权、政府采购合同、存货、机器设备等为担保品的融资提供便利。

中小企业以应收账款融资的，机关、事业单位和大型企业应当自中小企业提出确权请求之日起30日内确认债权债务关系，支持中小企业融资。

第十七条 机关、事业单位和大型企业迟延支付中小企业款项的，应当支付逾期利息。双方对逾期利息的利率有约定的，约定利率不得低于合同订立时1年期贷款市场报价利率；未作约定的，按照每日利率万分之五支付逾期利息。

第十八条 机关、事业单位应当于每年3月31日前将上一年度逾期尚未支付中小企业款项的合同数量、金额等信息通过网站、报刊等便于公众知晓的方式公开。

大型企业应当将逾期尚未支付中小企业款项的合同数量、金额等信息纳入企业年度报告，依法通过国家企业信用信息公示系统向社会公示。

第十九条 大型企业应当将保障中小企业款项支付工作情况，纳入企业风险控制与合规管理体系，并督促其全资或者控股子公司及时支付中小企业款项。

第二十条 机关、事业单位和大型企业及其工作人员不得以任何形式对提出付款请求或者投诉的中小企业及其工作人员进行恐吓、打击报复。

第三章 监督管理

第二十一条 县级以上人民政府及其有关部门通过监督检查、函询约谈、督办通报、投诉处理等措施，加大对机关、事业单位和大型企业拖欠中小企业款项的清理力度。

第二十二条 县级以上地方人民政府部门应当每年定期将上一年度逾期尚未支付中小企业款项情况按程序报告本级人民政府。事业单位、国有大型企业应当每年定期将上一年度逾期尚未支付中小企业款项情况按程序报其主管部门或者监管部门。

县级以上地方人民政府应当每年定期听取本行政区域内保障中小企业款项支付工作汇报，加强督促指导，研究解决突出问题。

第二十三条 省级以上人民政府建立督查制度，对保障中小企业款项支付工作进行监督检查，对政策落实不到位、工作推进不力的部门和地方人民政府主要负责人进行约谈。

县级以上人民政府负责中小企业促进工作综合管理的部门对拖欠中小企业款项的机关、事业单位和大型企业，可以进行函询约谈，对情节严重的，予以督办通报，必要时可以会同拖欠单位上级机关、行业主管部门、监管部门联合进行。

第二十四条 省级以上人民政府负责中小企业促进工作综合管理的部门（以下统称受理投诉部门）应当建立便利畅通的渠道，受理对机关、事业单位和大型企业拖欠中小企业款项的投诉。

国务院负责中小企业促进工作综合管理的部门建立国家统一的拖欠中小企业款项

投诉平台，加强投诉处理机制建设，与相关部门、地方人民政府信息共享、协同配合。

第二十五条 受理投诉部门应当按照“属地管理、分级负责，谁主管谁负责、谁监管谁负责”的原则，自正式受理之日起10个工作日内，按程序将投诉转交有关部门或者地方人民政府指定的部门（以下统称处理投诉部门）处理。

处理投诉部门应当自收到投诉材料之日起30日内形成处理结果，以书面形式反馈投诉人，并反馈受理投诉部门。情况复杂或者有其他特殊原因的，经部门负责人批准，可适当延长，但处理期限最长不得超过90日。

被投诉人应当配合处理投诉部门工作。处理投诉部门应当督促被投诉人及时反馈情况。被投诉人未及时反馈或者未按规定反馈的，处理投诉部门应当向其发出督办书；收到督办书仍拒不配合的，处理投诉部门可以约谈、通报被投诉人，并责令整改。

投诉人应当与被投诉人存在合同关系，不得虚假、恶意投诉。

受理投诉部门和处理投诉部门的工作人员，对在履行职责中获悉的国家秘密、商业秘密和个人信息负有保密义务。

第二十六条 机关、事业单位和大型企业拖欠中小企业款项依法依规被认定为失信的，受理投诉部门和有关部门按程序将有关失信情况记入相关主体信用记录。情节严重或者造成严重不良社会影响的，将相关信息纳入全国信用信息共享平台和国家企业信用信息公示系统，向社会公示；对机关、事业单位在公务消费、办公用房、经费安排等方面采取必要的限制措施，对大型企业在财政资金支持、投资项目审批、融资获取、市场准入、资质评定、评优评先等方面依法依规予以限制。

第二十七条 审计机关依法对机关、事业单位和国有大型企业支付中小企业款项情况实施审计监督。

第二十八条 国家依法开展中小企业发展环境评估和营商环境评价时，应当将保障中小企业款项支付工作情况纳入评估和评价内容。

第二十九条 国务院负责中小企业促进工作综合管理的部门依据国务院批准的中小企业划分标准，建立企业规模类型测试平台，提供中小企业规模类型自测服务。

对中小企业规模类型有争议的，可以向主张为中小企业一方所在地的县级以上地方人民政府负责中小企业促进工作综合管理的部门申请认定。人力资源社会保障、市场监督管理、统计等相关部门应当应认定部门的请求，提供必要的协助。

第三十条 国家鼓励法律服务机构为与机关、事业单位和大型企业存在支付纠纷的中小企业提供公益法律服务。

新闻媒体应当开展对保障中小企业款项支付相关法律法规政策的公益宣传，依法加强对机关、事业单位和大型企业拖欠中小企业款项行为的舆论监督。

第四章 法律责任

第三十一条 机关、事业单位违反本条例，有下列情形之一的，由其上级机关、主管部门责令改正；拒不改正的，对负有责任的领导人员和直接责任人员依法给予处分：

（一）未在规定的期限内支付中小企业货物、工程、服务款项；

（二）拖延检验、验收；

（三）强制中小企业接受商业汇票、应收账款电子凭证等非现金支付方式，或者利用商业汇票、应收账款电子凭证等非现金支付方式变相延长付款期限；

（四）没有法律、行政法规依据，要求以审计机关的审计结果作为结算依据；

（五）违法收取保证金，拒绝接受中小企业以金融机构出具的保函等提供保证，或者不及时与中小企业对保证金进行核算并退还；

（六）以法定代表人或者主要负责人变更，履行内部付款流程，或者在合同未作约定的情况下以等待竣工验收备案、决算审计等为由，拒绝或者迟延支付中小企业款项；

（七）未按照规定公开逾期尚未支付中小企业款项信息。

第三十二条 机关、事业单位有下列情形之一的，依法追究责任：

（一）使用财政资金从中小企业采购货物、工程、服务，未按照批准的预算执行；

（二）要求施工单位对政府投资项目垫资建设。

第三十三条 国有大型企业拖欠中小企业款项，造成不良后果或者影响的，对负有责任的国有企业管理人员依法给予处分。

国有大型企业没有法律、行政法规依据，要求以审计机关的审计结果作为结算依据的，由其监管部门责令改正；拒不改正的，对负有责任的国有企业管理人员依法给予处分。

第三十四条 大型企业违反本条例，未按照规定在企业年度报告中公示逾期尚未支付中小企业款项信息或者隐瞒真实情况、弄虚作假的，由市场监督管理部门依法处理。

第三十五条 机关、事业单位和大型企业及其工作人员对提出付款请求或者投诉的中小企业及其工作人员进行恐吓、打击报复，或者有其他滥用职权、玩忽职守、徇私舞弊行为的，对负有责任的领导人员和直接责任人员依法给予处分或者处罚；构成犯罪的，依法追究刑事责任。

第五章 附 则

第三十六条 部分或者全部使用财政资金的团体组织采购货物、工程、服务支付中小企业款项，参照本条例对机关、事业单位的有关规定执行。

军队采购货物、工程、服务支付中小企业款项，按照军队的有关规定执行。

第三十七条 本条例自 2025 年 6 月 1 日起施行。

国务院关于进一步促进中小企业发展的若干意见

2009年9月19日　国发〔2009〕36号

各省、自治区、直辖市人民政府，国务院各部委、各直属机构：

中小企业是我国国民经济和社会发展的重要力量，促进中小企业发展，是保持国民经济平稳较快发展的重要基础，是关系民生和社会稳定的重大战略任务。受国际金融危机冲击，去年下半年以来，我国中小企业生产经营困难。中央及时出台相关政策措施，加大财税、信贷等扶持力度，改善中小企业经营环境，中小企业生产经营出现了积极变化，但发展形势依然严峻。主要表现在：融资难、担保难问题依然突出，部分扶持政策尚未落实到位，企业负担重，市场需求不足，产能过剩，经济效益大幅下降，亏损加大等。必须采取更加积极有效的政策措施，帮助中小企业克服困难，转变发展方式，实现又好又快发展。现就进一步促进中小企业发展提出以下意见：

一、进一步营造有利于中小企业发展的良好环境

（一）完善中小企业政策法律体系。落实扶持中小企业发展的政策措施，清理不利于中小企业发展的法律法规和规章制度。深化垄断行业改革，扩大市场准入范围，降低准入门槛，进一步营造公开、公平的市场环境。加快制定融资性担保管理办法，修订《贷款通则》，修订中小企业划型标准，明确对小型企业的扶持政策。

（二）完善政府采购支持中小企业的有关制度。制定政府采购扶持中小企业发展的具体办法，提高采购中小企业货物、工程和服务的比例。进一步提高政府采购信息发布透明度，完善政府公共服务外包制度，为中小企业创造更多的参与机会。

（三）加强对中小企业的权益保护。组织开展对中小企业相关法律和政策特别是金融、财税政策贯彻落实情况的监督检查，发挥新闻舆论和社会监督的作用，加强政

策效果评价。坚持依法行政，保护中小企业及其职工的合法权益。

（四）构建和谐劳动关系。采取切实有效措施，加大对劳动密集型中小企业的支持，鼓励中小企业不裁员、少裁员，稳定和增加就业岗位。对中小企业吸纳困难人员就业、签订劳动合同并缴纳社会保险费的，在相应期限内给予基本养老保险补贴、基本医疗保险补贴、失业保险补贴。对受金融危机影响较大的困难中小企业，将阶段性缓缴社会保险费或降低费率政策执行期延长至2010年底，并按规定给予一定期限的社会保险补贴或岗位补贴、在岗培训补贴等。中小企业可与职工就工资、工时、劳动定额进行协商，符合条件的，可向当地人力资源社会保障部门申请实行综合计算工时和不定时工作制。

二、切实缓解中小企业融资困难

（五）全面落实支持小企业发展的金融政策。完善小企业信贷考核体系，提高小企业贷款呆账核销效率，建立完善信贷人员尽职免责机制。鼓励建立小企业贷款风险补偿基金，对金融机构发放小企业贷款按增量给予适度补助，对小企业不良贷款损失给予适度风险补偿。

（六）加强和改善对中小企业的金融服务。国有商业银行和股份制银行都要建立小企业金融服务专营机构，完善中小企业授信业务制度，逐步提高中小企业中长期贷款的规模和比重。提高贷款审批效率，创新金融产品和服务方式。完善财产抵押制度和贷款抵押物认定办法，采取动产、应收账款、仓单、股权和知识产权质押等方式，缓解中小企业贷款抵质押不足的矛盾。对商业银行开展中小企业信贷业务实行差异化的监管政策。建立和完善中小企业金融服务体系。加快研究鼓励民间资本参与发起设立村镇银行、贷款公司等股份制金融机构的办法；积极支持民间资本以投资入股的方式，参与农村信用社改制为农村商业（合作）银行、城市信用社改制为城市商业银行以及城市商业银行的增资扩股。支持、规范发展小额贷款公司，鼓励有条件的小额贷款公司转为村镇银行。

（七）进一步拓宽中小企业融资渠道。加快创业板市场建设，完善中小企业上市育成机制，扩大中小企业上市规模，增加直接融资。完善创业投资和融资租赁政策，大力发展创业投资和融资租赁企业。鼓励有关部门和地方政府设立创业投资引导基金，引导社会资金设立主要支持中小企业的创业投资企业，积极发展股权投资基金。发挥融资租赁、典当、信托等融资方式在中小企业融资中的作用。稳步扩大中小企业集合债券和短期融资券的发行规模，积极培育和规范发展产权交易市场，为中小企业产权和股权交易提供服务。

（八）完善中小企业信用担保体系。设立包括中央、地方财政出资和企业联合组建的多层次中小企业融资担保基金和担保机构。各级财政要加大支持力度，综合运用资本注入、风险补偿和奖励补助等多种方式，提高担保机构对中小企业的融资担保能力。落实好对符合条件的中小企业信用担保机构免征营业税、准备金提取和代偿损失税前扣除的政策。国土资源、住房城乡建设、金融、工商等部门要为中小企业和担保机构开展抵押物和出质的登记、确权、转让等提供优质服务。加强对融资性担保机构的监管，引导其规范发展。鼓励保险机构积极开发为中小企业服务的保险产品。

（九）发挥信用信息服务在中小企业融资中的作用。推进中小企业信用制度建设，建立和完善中小企业信用信息征集机制和评价体系，提高中小企业的融资信用等级。完善个人和企业征信系统，为中小企业融资提供方便快速的查询服务。构建守信受益、失信惩戒的信用约束机制，增强中小企业信用意识。

三、加大对中小企业的财税扶持力度

（十）加大财政资金支持力度。逐步扩大中央财政预算扶持中小企业发展的专项资金规模，重点支持中小企业技术创新、结构调整、节能减排、开拓市场、扩大就业，以及改善对中小企业的公共服务。加快设立国家中小企业发展基金，发挥财政资金的引导作用，带动社会资金支持中小企业发展。地方财政也要加大对中小企业的支持力度。

（十一）落实和完善税收优惠政策。国家运用税收政策促进中小企业发展，具体政策由财政部、税务总局会同有关部门研究制定。为有效应对国际金融危机，扶持中小企业发展，自2010年1月1日至2010年12月31日，对年应纳税所得额低于3万元（含3万元）的小型微利企业，其所得减按50%计入应纳税所得额，按20%的税率缴纳企业所得税。中小企业投资国家鼓励类项目，除《国内投资项目不予免税的进口商品目录》所列商品外，所需的进口自用设备以及按照合同随设备进口的技术及配套件、备件，免征进口关税。中小企业缴纳城镇土地使用税确有困难的，可按有关规定向省级财税部门或省级人民政府提出减免税申请。中小企业因有特殊困难不能按期纳税的，可依法申请在三个月内延期缴纳。

（十二）进一步减轻中小企业社会负担。凡未按规定权限和程序批准的行政事业性收费项目和政府性基金项目，均一律取消。全面清理整顿涉及中小企业的收费，重点是行政许可和强制准入的中介服务收费、具有垄断性的经营服务收费，能免则免，能减则减，能缓则缓。严格执行收费项目公示制度，公开前置性审批项目、程序和收费标准，严禁地方和部门越权设立行政事业性收费项目，不得擅自将行政事业性收费转为经营服务性收费。进一步规范执收行为，全面实行中小企业缴费登记卡制度，设立各级政府中小企业负担举报电话。健全各级政府中小企业负担监督制度，严肃查处乱收费、乱罚款及各种摊派行为。任何部门和单位不得通过强制中小企业购买产品、接受指定服务等手段牟利。严格执行税收征收管理法律法规，不得违规向中小企业提前征税或者摊派税款。

四、加快中小企业技术进步和结构调整

（十三）支持中小企业提高技术创新能力和产品质量。支持中小企业加大研发投入，开发先进适用的技术、工艺和设备，研制适销对路的新产品，提高产品质量。加强产学研联合和资源整合，加强知识产权保护，重点在轻工、纺织、电子等行业推进品牌建设，引导和支持中小企业创建自主品牌。支持中华老字号等传统优势中小企业申请商标注册，保护商标专用权，鼓励挖掘、保护、改造民间特色传统工艺，提升特色产业。

（十四）支持中小企业加快技术改造。按照重点产业调整和振兴规划要求，支持中小企业采用新技术、新工艺、新设备、新材料进行技术改造。中央预算内技术改造专项投资中，要安排中小企业技术改造资金，地方政府也要安排中小企业技术改造专项资金。中小企业的固定资产由于技术进步原因需加速折旧的，可按规定缩短折旧年限或者采取加速折旧的方法。

（十五）推进中小企业节能减排和清洁生产。促进重点节能减排技术和高效节能环保产品、设备在中小企业的推广应用。按照发展循环经济的要求，鼓励中小企业间资源循环利用。鼓励专业服务机构为中小企业提供合同能源管理、节能设备租赁等服务。充分发挥市场机制作用，综合运用金融、环保、土地、产业政策等手段，依法淘汰中小企业中的落后技术、工艺、设备和产品，防止落后产能异地转移。严格控制过剩产能和"两高一资"行业盲目发展。对纳入环境保护、节能节水企业所得税优惠目录的投资项目，按规定给予企业所得税优惠。

（十六）提高企业协作配套水平。鼓励中小企业与大型企业开展多种形式的经济技术合作，建立稳定的供应、生产、销售等协作关系。鼓励大型企业通过专业分工、服务外包、订单生产等方式，加强与中小企业的协作配套，积极向中小企业提供技术、人才、设备、资金支持，及时支付货款和服务费用。

（十七）引导中小企业集聚发展。按照布局合理、特色鲜明、用地集约、生态环保的原则，支持培育一批重点示范产业集群。加强产业集群环境建设，改善产业集聚条件，完善服务功能，壮大龙头骨干企业，延长产业链，提高专业化协作水平。鼓励东部地区先进的中小企业通过收购、兼并、重组、联营等多种形式，加强与中西部地区中小企业的合作，实现产业有序转移。

（十八）加快发展生产性服务业。鼓励支持中小企业在科技研发、工业设计、技

术咨询、信息服务、现代物流等生产性服务业领域发展。积极促进中小企业在软件开发、服务外包、网络动漫、广告创意、电子商务等新兴领域拓展，扩大就业渠道，培育新的经济增长点。

五、支持中小企业开拓市场

（十九）支持引导中小企业积极开拓国内市场。支持符合条件的中小企业参与家电、农机、汽车摩托车下乡和家电、汽车“以旧换新”等业务。中小企业专项资金、技术改造资金等要重点支持销售渠道稳定、市场占有率高的中小企业。采取财政补助、降低展费标准等方式，支持中小企业参加各类展览展销活动。支持建立各类中小企业产品技术展示中心，办好中国国际中小企业博览会等展览展销活动。鼓励电信、网络运营企业以及新闻媒体积极发布市场信息，帮助中小企业宣传产品，开拓市场。

（二十）支持中小企业开拓国际市场。进一步落实出口退税等支持政策，研究完善稳定外需、促进外贸发展的相关政策措施，稳定和开拓国际市场。充分发挥中小企业国际市场开拓资金和出口信用保险的作用，加大优惠出口信贷对中小企业的支持力度。鼓励支持有条件的中小企业到境外开展并购等投资业务，收购技术和品牌，带动产品和服务出口。

（二十一）支持中小企业提高自身市场开拓能力。引导中小企业加强市场分析预测，把握市场机遇，增强质量、品牌和营销意识，改善售后服务，提高市场竞争力。提升和改造商贸流通业，推广连锁经营、特许经营等现代经营方式和新型业态，帮助和鼓励中小企业采用电子商务，降低市场开拓成本。支持餐饮、旅游、休闲、家政、物业、社区服务等行业拓展服务领域，创新服务方式，促进扩大消费。

六、努力改进对中小企业的服务

（二十二）加快推进中小企业服务体系建设。加强统筹规划，完善服务网络和服务设施，积极培育各级中小企业综合服务机构。通过资格认定、业务委托、奖励等方式，发挥工商联以及行业协会（商会）和综合服务机构的作用，引导和带动专业服务机构的发展。建立和完善财政补助机制，支持服务机构开展信息、培训、技术、创业、质量检验、企业管理等服务。

（二十三）加快中小企业公共服务基础设施建设。通过引导社会投资、财政资金支持等多种方式，重点支持在轻工、纺织、电子信息等领域建设一批产品研发、检验检测、技术推广等公共服务平台。支持小企业创业基地建设，改善创业和发展环境。

鼓励高等院校、科研院所、企业技术中心开放科技资源，开展共性关键技术研究，提高服务中小企业的水平。完善中小企业信息服务网络，加快发展政策解读、技术推广、人才交流、业务培训和市场营销等重点信息服务。

（二十四）完善政府对中小企业的服务。深化行政审批制度改革，全面清理并进一步减少、合并行政审批事项，实现审批内容、标准和程序的公开化、规范化。投资、工商、税务、质检、环保等部门要简化程序、缩短时限、提高效率，为中小企业设立、生产经营等提供便捷服务。地方各级政府在制定和实施土地利用总体规划和年度计划时，要统筹考虑中小企业投资项目用地需求，合理安排用地指标。

七、提高中小企业经营管理水平

（二十五）引导和支持中小企业加强管理。支持培育中小企业管理咨询机构，开展管理咨询活动。引导中小企业加强基础管理，强化营销和风险管理，完善治理结构，推进管理创新，提高经营管理水平。督促中小企业苦练内功、降本增效，严格遵守安全、环保、质量、卫生、劳动保障等法律法规，诚实守信经营，履行社会责任。

（二十六）大力开展对中小企业各类人员的培训。实施中小企业银河培训工程，加大财政支持力度，充分发挥行业协会（商会）、中小企业培训机构的作用，广泛采用网络技术等手段，开展政策法规、企业管理、市场营销、专业技能、客户服务等各类培训。高度重视对企业经营管理者的培训，在 3 年内选择 100 万家成长型中小企业，对其经营管理者实施全面培训。

（二十七）加快推进中小企业信息化。继续实施中小企业信息化推进工程，加快推进重点区域中小企业信息化试点，引导中小企业利用信息技术提高研发、管理、制造和服务水平，提高市场营销和售后服务能力。鼓励信息技术企业开发和搭建行业应用平台，为中小企业信息化提供软硬件工具、项目外包、工业设计等社会化服务。

八、加强对中小企业工作的领导

（二十八）加强指导协调。成立国务院促进中小企业发展工作领导小组，加强对中小企业工作的统筹规划、组织领导和政策协调，领导小组办公室设在工业和信息化部。各地可根据工作需要，建立相应的组织机构和工作机制。

（二十九）建立中小企业统计监测制度。统计部门要建立和完善对中小企业的分类统计、监测、分析和发布制度，加强对规模以下企业的统计分析工作。有关部门要及时向社会公开发布发展规划、产业政策、行业动态等信息，逐步建立中小企业市场监测、风险防范和预警机制。

促进中小企业健康发展既是一项长期战略任务，也是当前保增长、扩内需、调结构、促发展、惠民生的紧迫任务。各地区、各有关部门要进一步提高认识，统一思想，结合实际，尽快制定贯彻本意见的具体办法，并切实抓好落实。

国务院

2009 年 9 月 19 日

财政部关于进一步加大政府采购支持中小企业力度的通知

2022 年 5 月 30 日　财库〔2022〕19 号

各中央预算单位，各省、自治区、直辖市、计划单列市财政厅（局），新疆生产建设兵团财政局：

为贯彻落实《国务院关于印发扎实稳住经济一揽子政策措施的通知》（国发〔2022〕12 号）有关要求，做好财政政策支持中小企业纾困解难工作，助力经济平稳健康发展，现就加大政府采购支持中小企业力度有关事项通知如下：

一、严格落实支持中小企业政府采购政策。各地区、各部门要按照国务院的统一部署，认真落实《政府采购促进中小企业发展管理办法》（财库〔2020〕46 号）的规定，规范资格条件设置，降低中小企业参与门槛，灵活采取项目整体预留、合理预留采购包、要求大企业与中小企业组成联合体、要求大企业向中小企业分包等形式，确保中小企业合同份额。要通过提高预付款比例、引入信用担保、支持中小企业开展合同融资、免费提供电子采购文件等方式，为中小企业参与采购活动提供便利。要严格按规定及时支付采购资金，不得收取没有法律法规依据的保证金，有效减轻中小企业资金压力。

二、调整对小微企业的价格评审优惠幅度。货物服务采购项目给予小微企业的价格扣除优惠，由财库〔2020〕46 号文件规定的 6%—10% 提高至 10%—20%。大中型企业与小微企业组成联合体或者大中型企业向小微企业分包的，评审优惠幅度由 2%—3% 提高至 4%—6%。政府采购工程的价格评审优惠按照财库〔2020〕46 号文件的规定执行。自本通知执行之日起发布采购公告或者发出采购邀请的货物服务采购项目，按照本通知规定的评审优惠幅度执行。

三、提高政府采购工程面向中小企业预留份额。400 万元以下的工程采购项目适宜由中小企业提供的，采购人应当专门面向中小企业采购。超过 400 万元的工程采购项目中适宜由中小企业提供的，在坚持公开公正、公平竞争原则和统一质量标准的前提下，2022 年下半年面向中小企业的预留份额由 30% 以上阶段性提高至 40% 以上。发展改革委会同相关工程招投标行政监督部门完善工程招投标领域落实政府采购支持中小企业政策相关措施。省级财政部门要积极协调发展改革、工业和信息化、住房和城乡建设、交通、水利、商务、铁路、民航等部门调整完善工程招投标领域有关标准文本、评标制度等规定和做法，并于 2022 年 6 月 30 日前将落实情况汇总报财政部。

四、认真做好组织实施。各地区、各部门应当加强组织领导，明确工作责任，细化执行要求，强化监督检查，确保国务院部署落实到位，对通知执行中出现的问题要及时向财政部报告。

本通知自 2022 年 7 月 1 日起执行。

财政部

2022 年 5 月 30 日

关于加大中央国家机关工程施工定点采购支持中小企业力度的通知

2022 年 6 月 17 日

各采购人、施工定点供应商：

为贯彻落实《国务院关于印发扎实稳住经济一揽子政策措施的通知》（国发〔2022〕12 号）精神，根据财政部《关于进一步加大政府采购支持中小企业力度的通知》（财库〔2022〕19 号）有关要求，现就有关事项通知如下：

一、预算在 400 万元以下的工程项目，采用定点采购方式成交的，采购人应当专门面向中小企业采购。2022 年 7 月 1 日起，拟成交供应商不属于中小企业的，不再备案。

不专门面向中小企业的，采购人须说明理由，作为单独项目委托国采中心组织采购，供应商从施工定点入围企业中选择。

二、属于《政府采购促进中小企业发展管理办法》（财库〔2020〕46 号）》第二条所定义的中小企业，但未提交声明函的施工定点供应商，请尽快通过央采网业务平台工程施工定点采购栏目，按照“供应商信息变更”流程补充提交《中小企业声明函》（格式见附件）。

特此通知。

中央国家机关政府采购中心

2022 年 6 月 17 日

附件：

中小企业声明函（工程）

本公司郑重声明，根据《政府采购促进中小企业发展管理办法》（财库〔2020〕

46号）的规定，本公司参加中央国家机关政府采购中心的中央国家机关2021—2022年工程施工定点供应商征集项目/补充征集项目采购活动，工程的施工单位全部为符合政策要求的中小企业。相关企业的具体情况如下：

施工，属于建筑业；承建（承接）企业为（企业名称）______________，从业人员/人，营业收入为______万元，资产总额为___万元，属于（中型企业/小型企业/微型企业）；

以上企业，不属于大企业的分支机构，不存在控股股东为大企业的情形，也不存在与大企业的负责人为同一人的情形。

本企业对上述声明内容的真实性负责。如有虚假，将依法承担相应责任。

企业名称（盖章）：

日期：　　年　月　日

说明：

1. 从业人员、营业收入、资产总额填报上一年度数据，新成立企业应参照国务院批准的中小企业划分标准，根据企业自身情况如实判断。认为本企业属于中小企业的，可按照《政府采购促进中小企业发展管理办法》的规定出具《中小企业声明函》，享受相关扶持政策。

2. 响应人提供由省级以上监狱管理局、戒毒管理局（含新疆生产建设兵团）出具的属于监狱企业证明文件的，视同为小型和微型企业。

注：根据《关于印发中小企业划型标准规定的通知》（工信部联企业〔2011〕300号），施工属于“建筑业”。营业收入80000万元以下或资产总额80000万元以下的为中小微型企业。其中：营业收入6000万元及以上，且资产总额5000万元及以上的为中型企业；营业收入300万元及以上，且资产总额300万元及以上的为小型企业；营业收入300万元以下或资产总额300万元以下的为微型企业。

附件：

残疾人福利性单位声明函

本单位郑重声明，根据《财政部　民政部　中国残疾人联合会关于促进残疾人就业政府采购政策的通知》（财库〔2017〕141号）的规定，本单位为符合条件的残疾人福利性单位，且本单位参加中央国家机关政府采购中心的中央国家机关2021－2022

年工程施工定点供应商征集项目/补充征集项目采购活动由本单位承担工程。

本单位对上述声明的真实性负责。如有虚假，将依法承担相应责任。

单位名称（盖章）：

日期：　　年　月　日

注：财库〔2017〕141 号文件规定残疾人福利性单位视同小型、微型企业。

工业和信息化部　统计局　发展改革委财政部关于印发中小企业划型标准规定的通知

2011 年 6 月 18 日　工信部联企业〔2011〕300 号

各省、自治区、直辖市人民政府，国务院各部委、各直属机构及有关单位：

为贯彻落实《中华人民共和国中小企业促进法》和《国务院关于进一步促进中小企业发展的若干意见》（国发〔2009〕36 号），工业和信息化部、国家统计局、发展改革委、财政部研究制定了《中小企业划型标准规定》。经国务院同意，

现印发给你们，请遵照执行。

工业和信息化部　国家统计局

国家发展和改革委员会　财政部

2011 年 6 月 18 日

中小企业划型标准规定

一、根据《中华人民共和国中小企业促进法》和《国务院关于进一步促进中小企业发展的若干意见》（国发〔2009〕36 号），制定本规定。

二、中小企业划分为中型、小型、微型三种类型，具体标准根据企业从业人员、营业收入、资产总额等指标，结合行业特点制定。

三、本规定适用的行业包括：农、林、牧、渔业，工业（包括采矿业，制造业，电力、热力、燃气及水生产和供应业），建筑业，批发业，零售业，交通运输业（不含铁路运输业），仓储业，邮政业，住宿业，餐饮业，信息传输业（包括电信、互联

网和相关服务），软件和信息技术服务业，房地产开发经营，物业管理，租赁和商务服务业，其他未列明行业（包括科学研究和技术服务业，水利、环境和公共设施管理业，居民服务、修理和其他服务业，社会工作，文化、体育和娱乐业等）。

四、各行业划型标准为：

（一）农、林、牧、渔业。营业收入 20000 万元以下的为中小微型企业。其中，营业收入 500 万元及以上的为中型企业，营业收入 50 万元及以上的为小型企业，营业收入 50 万元以下的为微型企业。

（二）工业。从业人员 1000 人以下或营业收入 40000 万元以下的为中小微型企业。其中，从业人员 300 人及以上，且营业收入 2000 万元及以上的为中型企业；从业人员 20 人及以上，且营业收入 300 万元及以上的为小型企业；从业人员 20 人以下或营业收入 300 万元以下的为微型企业。

（三）建筑业。营业收入 80000 万元以下或资产总额 80000 万元以下的为中小微型企业。其中，营业收入 6000 万元及以上，且资产总额 5000 万元及以上的为中型企业；营业收入 300 万元及以上，且资产总额 300 万元及以上的为小型企业；营业收入 300 万元以下或资产总额 300 万元以下的为微型企业。

（四）批发业。从业人员 200 人以下或营业收入 40000 万元以下的为中小微型企业。其中，从业人员 20 人及以上，且营业收入 5000 万元及以上的为中型企业；从业人员 5 人及以上，且营业收入 1000 万元及以上的为小型企业；从业人员 5 人以下或营业收入 1000 万元以下的为微型企业。

（五）零售业。从业人员 300 人以下或营业收入 20000 万元以下的为中小微型企业。其中，从业人员 50 人及以上，且营业收入 500 万元及以上的为中型企业；从业人员 10 人及以上，且营业收入 100 万元及以上的为小型企业；从业人员 10 人以下或营业收入 100 万元以下的为微型企业。

（六）交通运输业。从业人员 1000 人以下或营业收入 30000 万元以下的为中小微型企业。其中，从业人员 300 人及以上，且营业收入 3000 万元及以上的为中型企业；从业人员 20 人及以上，且营业收入 200 万元及以上的为小型企业；从业人员 20 人以下或营业收入 200 万元以下的为微型企业。

（七）仓储业。从业人员 200 人以下或营业收入 30000 万元以下的为中小微型企业。其中，从业人员 100 人及以上，且营业收入 1000 万元及以上的为中型企业；从业人员 20 人及以上，且营业收入 100 万元及以上的为小型企业；从业人员 20 人以下或营业收入 100 万元以下的为微型企业。

（八）邮政业。从业人员 1000 人以下或营业收入 30000 万元以下的为中小微型企业。其中，从业人员 300 人及以上，且营业收入 2000 万元及以上的为中型企业；从业人员 20 人及以上，且营业收入 100 万元及以上的为小型企业；从业人员 20 人以下或营业收入100万元以下的为微型企业。

（九）住宿业。从业人员300人以下或营业收入10000万元以下的为中小微型企业。其中，从业人员100人及以上，且营业收入2000万元及以上的为中型企业；从业人员10人及以上，且营业收入100万元及以上的为小型企业；从业人员10人以下或营业收入100万元以下的为微型企业。

（十）餐饮业。从业人员300人以下或营业收入10000万元以下的为中小微型企业。其中，从业人员100人及以上，且营业收入2000万元及以上的为中型企业；从业人员10人及以上，且营业收入100万元及以上的为小型企业；从业人员10人以下或营业收入100万元以下的为微型企业。

（十一）信息传输业。从业人员2000人以下或营业收入100000万元以下的为中小微型企业。其中，从业人员100人及以上，且营业收入1000万元及以上的为中型企业；从业人员10人及以上，且营业收入100万元及以上的为小型企业；从业人员10人以下或营业收入100万元以下的为微型企业。

（十二）软件和信息技术服务业。从业人员300人以下或营业收入10000万元以下的为中小微型企业。其中，从业人员100人及以上，且营业收入1000万元及以上的为中型企业；从业人员10人及以上，且营业收入50万元及以上的为小型企业；从业人员10人以下或营业收入50万元以下的为微型企业。

（十三）房地产开发经营。营业收入200000万元以下或资产总额10000万元以下的为中小微型企业。其中，营业收入1000万元及以上，且资产总额5000万元及以上的为中型企业；营业收入100万元及以上，且资产总额2000万元及以上的为小型企业；营业收入100万元以下或资产总额2000万元以下的为微型企业。

（十四）物业管理。从业人员1000人以下或营业收入5000万元以下的为中小微型企业。其中，从业人员300人及以上，且营业收入1000万元及以上的为中型企业；从业人员100人及以上，且营业收入500万元及以上的为小型企业；从业人员100人以下或营业收入500万元以下的为微型企业。

（十五）租赁和商务服务业。从业人员300人以下或资产总额120000万元以下的为中小微型企业。其中，从业人员100人及以上，且资产总额8000万元及以上的为中型企业；从业人员10人及以上，且资产总额100万元及以上的为小型企业；从业人员10人以下或资产总额100万元以下的为微型企业。

（十六）其他未列明行业。从业人员300人以下的为中小微型企业。其中，从业人员100人及以上的为中型企业；从业人员10人及以上的为小型企业；从业人员10人以下的为微型企业。

五、企业类型的划分以统计部门的统计数据为依据。

六、本规定适用于在中华人民共和国境内依法设立的各类所有制和各种组织形式的企业。个体工商户和本规定以外的行业，参照本规定进行划型。

七、本规定的中型企业标准上限即为大型企业标准的下限，国家统计部门据此制定大中小微型企业的统计分类。国务院有关部门据此进行相关数据分析，不得制定与本规定不一致的企业划型标准。

八、本规定由工业和信息化部、国家统计局会同有关部门根据《国民经济行业分类》修订情况和企业发展变化情况适时修订。

九、本规定由工业和信息化部、国家统计局会同有关部门负责解释。

十、本规定自发布之日起执行，原国家经贸委、原国家计委、财政部和国家统计局2003年颁布的《中小企业标准暂行规定》同时废止。

财政部 工业和信息化部关于印发《政府采购促进中小企业发展管理办法》的通知

2020年12月18日 财库〔2020〕46号

各中央预算单位办公厅（室），各省、自治区、直辖市、计划单列市财政厅（局）、工业和信息化主管部门，新疆生产建设兵团财政局、工业和信息化主管部门：

为贯彻落实《关于促进中小企业健康发展的指导意见》，发挥政府采购政策功能，促进中小企业发展，根据《中华人民共和国政府采购法》、《中华人民共和国中小企业促进法》等法律法规，财政部、工业和信息化部制定了《政府采购促进中小企业发展管理办法》。现印发给你们，请遵照执行。

附件：政府采购促进中小企业发展管理办法

财政部　工业和信息化部

2020年12月18日

附件：

政府采购促进中小企业发展管理办法

第一条　为了发挥政府采购的政策功能，促进中小企业健康发展，根据《中华人民共和国政府采购法》、《中华人民共和国中小企业促进法》等有关法律法规，制定本办法。

第二条 本办法所称中小企业，是指在中华人民共和国境内依法设立，依据国务院批准的中小企业划分标准确定的中型企业、小型企业和微型企业，但与大企业的负责人为同一人，或者与大企业存在直接控股、管理关系的除外。符合中小企业划分标准的个体工商户，在政府采购活动中视同中小企业。

第三条 采购人在政府采购活动中应当通过加强采购需求管理，落实预留采购份额、价格评审优惠、优先采购等措施，提高中小企业在政府采购中的份额，支持中小企业发展。

第四条 在政府采购活动中，供应商提供的货物、工程或者服务符合下列情形的，享受本办法规定的中小企业扶持政策：

（1）在货物采购项目中，货物由中小企业制造，即货物由中小企业生产且使用该中小企业商号或者注册商标；

（2）在工程采购项目中，工程由中小企业承建，即工程施工单位为中小企业；

（3）在服务采购项目中，服务由中小企业承接，即提供服务的人员为中小企业依照《中华人民共和国劳动合同法》订立劳动合同的从业人员。在货物采购项目中，供应商提供的货物既有中小企业制造货物，也有大型企业制造货物的，不享受本办法规定的中小企业扶持政策。以联合体形式参加政府采购活动，联合体各方均为中小企业的，联合体视同中小企业。其中，联合体各方均为小微企业的，联合体视同小微企业。

第五条 采购人在政府采购活动中应当合理确定采购项目的采购需求，不得以企业注册资本、资产总额、营业收入、从业人员、利润、纳税额等规模条件和财务指标作为供应商的资格要求或者评审因素，不得在企业股权结构、经营年限等方面对中小企业实行差别待遇或者歧视待遇。

第六条 主管预算单位应当组织评估本部门及所属单位政府采购项目，统筹制定面向中小企业预留采购份额的具体方案，对适宜由中小企业提供的采购项目和采购包，预留采购份额专门面向中小企业采购，并在政府采购预算中单独列示。符合下列情形之一的，可不专门面向中小企业预留采购份额：

（1）法律法规和国家有关政策明确规定优先或者应当面向事业单位、社会组织等非企业主体采购的；

（2）因确需使用不可替代的专利、专有技术，基础设施限制，或者提供特定公共服务等原因，只能从中小企业之外的供应商处采购的；

（3）按照本办法规定预留采购份额无法确保充分供应、充分竞争，或者存在可能影响政府采购目标实现的情形；

（4）框架协议采购项目；

（5）省级以上人民政府财政部门规定的其他情形。

除上述情形外，其他均为适宜由中小企业提供的情形。

第七条 采购限额标准以上，200 万元以下的货物和服务采购项目、400 万元以下的工程采购项目，适宜由中小企业提供的，采购人应当专门面向中小企业采购。

第八条 超过 200 万元的货物和服务采购项目、超过 400 万元的工程采购项目中适宜由中小企业提供的，预留该部分采购项目预算总额的 30% 以上专门面向中小企业采购，其中预留给小微企业的比例不低于 60%。预留份额通过下列措施进行：

（1）将采购项目整体或者设置采购包专门面向中小企业采购；

（2）要求供应商以联合体形式参加采购活动，且联合体中中小企业承担的部分达到一定比例；

（3）要求获得采购合同的供应商将采购项目中的一定比例分包给一家或者多家中小企业。组成联合体或者接受分包合同的中小企业与联合体内其他企业、分包企业之间不得存在直接控股、管理关系。

第九条 对于经主管预算单位统筹后未预留份额专门面向中小企业采购的采购项目，以及预留份额项目中的非预留部分采购包，采购人、采购代理机构应当对符合本办法规定的小微企业报价给予 6%—10%（工程项目为 3%—5%）的扣除，用扣除后的价格参加评审。适用招标投标法的政府采购工程建设项目，采用综合评估法但未采用低价优先法计算价格分的，评标时应当在采用原报价进行评分的基础上增加其价格得分的 3%—5% 作为其价格分。接受大中型企业与小微企业组成联合体或者允许大中型企业向一家或者多家小微企业分包的采购项目，对于联合协议或者分包意向协议约定小微企业的合同份额占到合同总金额 30% 以上的，采购人、采购代理机构应当对联合体或者大中型企业的报价给予 2%—3%（工程项目为 1%—2%）的扣除，用扣除后的价格参加评审。适用招标投标法的政府采购工程建设项目，采用综合评估法但未采用低价优先法计算价格分的，评标时应当在采用原报价进行评分的基础上增加其价格得分的 1%—2% 作为其价格分。组成联合体或者接受分包的小微企业与联合体内其他企业、分包企业之间存在直接控股、管理关系的，不享受价格扣除优惠政策。价格扣除比例或者价格分加分比例对小型企业和微型企业同等对待，不作区分。具体采购项目的价格扣除比例或者价格分加分比例，由采购人根据采购标的相关行业平均利润率、市场竞争状况等，在本办法规定的幅度内确定。

第十条 采购人应当严格按照本办法规定和主管预算单位制定的预留采购份额具体方案开展采购活动。预留份额的采购项目或者采购包，通过发布公告方式邀请供应商后，符合资格条件的中小企业数量不足 3 家的，应当中止采购活动，视同未预留份额的采购项目或者采购包，按照本办法第九条有关规定重新组织采购活动。

第十一条 中小企业参加政府采购活动，应当出具本办法规定的《中小企业声明函》（附 1），否则不得享受相关中小企业扶持政策。任何单位和个人不得要求供应商提供《中小企业声明函》之外的中小企业身份证明文件。

第十二条 采购项目涉及中小企业采购的，采购文件应当明确以下内容：

（1）预留份额的采购项目或者采购包，明确该项目或相关采购包专门面向中小企业采购，以及相关标的及预算金额；

（2）要求以联合体形式参加或者合同分包的，明确联合协议或者分包意向协议中中小企业合同金额应当达到的比例，并作为供应商资格条件；

（3）非预留份额的采购项目或者采购包，明确有关价格扣除比例或者价格分加分比例；

（4）规定依据本办法规定享受扶持政策获得政府采购合同的，小微企业不得将合同分包给大中型企业，中型企业不得将合同分包给大型企业；

（5）采购人认为具备相关条件的，明确对中小企业在资金支付期限、预付款比例等方面的优惠措施；

（6）明确采购标的对应的中小企业划分标准所属行业；

（7）法律法规和省级以上人民政府财政部门规定的其他事项。

第十三条 中标、成交供应商享受本办法规定的中小企6业扶持政策的，采购人、采购代理机构应当随中标、成交结果公开中标、成交供应商的《中小企业声明函》。适用招标投标法的政府采购工程建设项目，应当在公示中标候选人时公开中标候选人的《中小企业声明函》。

第十四条 对于通过预留采购项目、预留专门采购包、要求以联合体形式参加或者合同分包等措施签订的采购合同，应当明确标注本合同为中小企业预留合同。其中，要求以联合体形式参加采购活动或者合同分包的，应当将联合协议或者分包意向协议作为采购合同的组成部分。

第十五条 鼓励各地区、各部门在采购活动中允许中小企业引入信用担保手段，为中小企业在投标（响应）保证、履约保证等方面提供专业化服务。鼓励中小企业依法合规通过政府采购合同融资。

第十六条 政府采购监督检查、投诉处理及政府采购行政处罚中对中小企业的认定，由货物制造商或者工程、服务供应商注册登记所在地的县级以上人民政府中小企业主管部门负责。中小企业主管部门应当在收到财政部门或者有关招标投标行政监督部门关于协助开展中小企业认定函后10个工作日内做出书面答复。

第十七条 各地区、各部门应当对涉及中小企业采购的预算项目实施全过程绩效管理，合理设置绩效目标和指标，落实扶持中小企业有关政策要求，定期开展绩效监控和评价，强化绩效评价结果应用。

第十八条 主管预算单位应当自2022年起向同级财政部门报告本部门上一年度面向中小企业预留份额和采购的具体情况，并在中国政府采购网公开预留项目执行情况（附2）。未达到本办法规定的预留份额比例的，应当作出说明。

第十九条 采购人未按本办法规定为中小企业预留采购份额，采购人、采购代理机构未按照本办法规定要求实施价格扣除或者价格分加分的，属于未按照规定执行政府采购政策，依照《中华人民共和国政府采购法》等国家有关规定追究法律责任。

第二十条 供应商按照本办法规定提供声明函内容不实的，属于提供虚假材料谋取中标、成交，依照《中华人民共和国政府采购法》等国家有关规定追究相应责任。适用招标投标法的政府采购工程建设项目，投标人按照本办法规定提供声明函内容不实的，属于弄虚作假骗取中标，依照《中华人民共和国招标投标法》等国家有关规定追究相应责任。

第二十一条 财政部门、中小企业主管部门及其工作人员在履行职责中违反本办法规定及存在其他滥用职权、玩忽职守、徇私舞弊等违法违纪行为的，依照《中华人民共和国政府采购法》、《中华人民共和国公务员法》、《中华人民共和国监察法》、《中华人民共和国政府采购法实施条例》等国家有关规定追究相应责任；涉嫌犯罪的，依法移送有关国家机关处理。

第二十二条 对外援助项目、国家相关资格或者资质管理制度另有规定的项目，不适用本办法。

第二十三条 关于视同中小企业的其他主体的政府采购扶持政策，由财政部会同有关部门另行规定。

第二十四条 省级财政部门可以会同中小企业主管部门根据本办法的规定制定具体实施办法。

第二十五条 本办法自2021年1月1日起施行。《财政部 工业和信息化部关于印发〈政府采购促进中小企业发展暂行办法〉的通知》（财库〔2011〕181号）同时废止。

附：1. 中小企业声明函

2. 面向中小企业预留项目执行情况公告

附1

中小企业声明函（货物）

本公司（联合体）郑重声明，根据《政府采购促进中小企业发展管理办法》（财库〔2020〕46号）的规定，本公司（联合体）参加（单位名称）的（项目名称）采购活动，提供的货物全部由符合政策要求的中小企业制造。相关企业（含联合体中的中小企业、签订分包意向协议的中小企业）的具体情况如下：

1.（标的名称），属于（采购文件中明确的所属行业）行业；制造商为（企业名称），从业人员____人，营业收入为____万元，资产总额为____万元①，属于（中型企业、小型企业、微型企业）；

2.（标的名称），属于（采购文件中明确的所属行业）行业；制造商为（企业名称），从业人员____人，营业收入为____万元，资产总额为____万元，属于（中型企业、小型企业、微型企业）；

……

以上企业，不属于大企业的分支机构，不存在控股股东为大企业的情形，也不存在与大企业的负责人为同一人的情形。

本企业对上述声明内容的真实性负责。如有虚假，将依法承担相应责任。

企业名称（盖章）：

日期：

中小企业声明函（工程、服务）

本公司（联合体）郑重声明，根据《政府采购促进中小企业发展管理办法》（财库〔2020〕46号）的规定，本公司（联合体）参加（单位名称）的（项目名称）采购活动，工程的施工单位全部为符合政策要求的中小企业（或者：服务全部由符合政策要求的中小企业承接）。相关企业（含联合体中的中小企业、签订分包意向协议的中小企业）的具体情况如下：

1.（标的名称），属于（采购文件中明确的所属行业）；承建（承接）企业为（企业名称），从业人员____人，营业收入为____万元，资产总额为____万元②，属于（中型企业、小型企业、微型企业）；

2.（标的名称），属于（采购文件中明确的所属行业）；承建（承接）企业为（企业名称），从业人员____人，营业收入为____万元，资产总额为____万元，属于（中型企业、小型企业、微型企业）；

……

① 从业人员、营业收入、资产总额填报上一年度数据，无上一年度数据的新成立企业可不填报

② 从业人员、营业收入、资产总额填报上一年度数据，无上一年度数据的新成立企业可不填报。

以上企业，不属于大企业的分支机构，不存在控股股东为大企业的情形，也不存在与大企业的负责人为同一人的情形。本企业对上述声明内容的真实性负责。如有虚假，将依法承担相应责任。

企业名称（盖章）：

日期：

附 2

（单位名称）××年面向中小企业预留项目执行情况公告

根据《政府采购促进中小企业发展管理办法》（财库〔2020〕46 号）要求，现对本部门（单位）××年面向中小企业预留项目执行情况公告如下：

本部门（单位）××年预留项目面向中小企业采购共计××万元，其中，面向小微企业采购××万元，占××%。

面向中小企业预留项目明细

序号	项目名称	预留选项	面向中小企业采购金额	合同链接
	（填写集中采购目录以内或者采购限额标准以上的采购项目）	（填写“采购项目整体预留”、“设置专门采购包”、“要求以联合体形式参加”或者“要求合同分包”，除“采购项目全部预留”外，还应当填写预留给中小企业的比例）	（精确到万元）	（填写合同在中国政府采购网公开的网址，合同中应当包含有关联合体协议或者分包意向协议）
……	……	……	……	……

部门（单位）名称：

日期：

财政部发布《政府采购促进中小企业发展政策问答》

2021年2月20日

《政府采购促进中小企业发展管理办法》（财库〔2020〕46号）已于2021年1月1日起实施。现对各方面普遍关注的问题解答如下：

一、关于政策扶持范围

1. 对于未预留份额专门面向中小企业采购的货物采购项目，以及预留份额项目中的非预留部分货物采购包，大中型企业提供的货物全部为小微企业制造，是否可以享受6%—10%的报价扣除？是否还有“双小”（即直接参与采购活动的企业是中小企业，且货物由中小企业制造）的要求？

答：按照《政府采购促进中小企业发展管理办法》（财库〔2020〕46号，以下称《办法》）规定，在货物采购项目中，货物由中小企业制造（货物由中小企业生产且使用该中小企业商号或者注册商标）的，可享受中小企业扶持政策。如果一个采购项目或采购包含有多个采购标的的，则每个采购标的均应由中小企业制造。在问题所述的采购项目或者采购包中，大型企业提供的所有采购标的均为小微企业制造的，可享受价格评审优惠政策。

2. 在货物采购项目中，供应商提供的货物既有小微企业制造货物，也有中型企业制造货物的，是否享受《办法》规定的小微企业扶持政策？

答：在货物采购项目中，供应商提供的货物既有中型企业制造，也有小微企业制造的，不享受办法规定的小微企业扶持政策。

3. 有些货物采购项目涉及多种货物和多个制造商，投标人从批发商或者经销商处拿货，而非从制造商处直接拿货，难以获知所有制造商的从业人员、营业收入、资产总额等数据。如果制造商提供给投标人的数据有误或者故意提供虚假的数据，是否认定投标人虚假投标（投标人没有主观故意）？

答：投标人应当对其出具的《中小企业声明函》真实性负责，投标人出具的《中小企业声明函》内容不实的，属于提供虚假材料谋取中标。在实际操作中，投标人希望获得《办法》规定政策支持的，应从制造商处获得充分、准确的信息。对相关制造商信息了解不充分，或者不能确定相关信息真实、准确的，不建议出具《中小企业声明函》。

4. 对于既有货物又有服务的采购项目，应当如何判断供应商是否属于中小企业？

答：采购人应当根据政府采购有关规定和采购项目的实际情况，确定拟采购项目是货物、工程还是服务项目。享受中小企业扶持政策的供应商应当满足下列条件：在货物采购项目中，货物应当由中小企业制造，不对其中涉及的服务的承接商作出要求；在工程采购项目中，工程应当由中小企业承建，不对其中涉及的货物的制造商和服务的承接商作出要求；在服务采购项目中，服务的承接商应当为中小企业，不对其中涉及的货物的制造商作出要求。

5. 对于200万元以下的货物和服务采购项目、400万元以下的工程采购项目，适宜由中小企业提供的，联合体是否享受对中小企业的预留份额政策？

答：联合体参与政府采购项目的，联合体各方所提供货物、工程、服务均为中小企业制造、承建、承接的，联合体视同中小企业，享受对中小企业的预留份额政策；联合体各方提供货物、工程、服务均为小微企业制造、承建、承接的，联合体视同小微企业，享受对小微企业的预留份额政策。

6.《办法》第二条中“但与大企业的负责人为同一人，或者与大企业存在直接控股、管理关系的除外。”负责人是什么意思？控股是否有股权比例的要求？管理关系是什么意思？

答：按照相关法律法规规定，负责人是指单位法定代表人或者法律、行政法规规定代表单位行使职权的主要负责人。控股是指出资额占有限责任公司资本总额百分之五十以上或者其持有的股份占股份有限公司股本总额百分之五十以上的，以及出资额或者持有股份的比例虽然不足百分之五十，但依其出资额或者持有的股份所享有的表决权已足以对股东会、股东大会的决议产生重大影响。管理关系是指与不具有出资持股关系的单位之间存在的其他管理与被管理关系。与大企业之间存在上述情形的中小企业可依法参加政府采购活动，但不享受政府采购对中小企业的扶持政策。

二、关于可不专门面向中小企业采购的情形

1.《办法》第六条中“基础设施限制”是指什么？

答：“基础设施限制”主要是指受供水、供电、供气、供热、道路和交通设施等

基础设施条件限制。采购人可根据实际情况做出判断。

三、关于预留份额

1.《办法》第八条规定："超过200万元的货物和服务采购项目、超过400万元的工程采购项目中适宜由中小企业提供的，预留该部分采购项目预算总额的30%以上专门面向中小企业采购，其中预留给小微企业的比例不低于60%。""该部分采购项目预算总额"中"该部分"是指哪些？

答："该部分"是指超过200万元的货物和服务采购项目、超过400万元的工程采购项目中适宜由中小企业提供的采购项目。

四、关于价格评审优惠

1. 在未预留份额专门面向中小企业的货物采购项目中，小微供应商提供的货物既有中型企业制造货物，也有小微型企业制造货物的，是否予以6%—10%的价格扣除？如扣除，那么是整体报价予以扣除，还是针对小微企业制造货物的报价部分予以扣除？

答：按照《办法》规定，如果题中所述货物采购项目含有多个采购标的，只有当供应商提供的每个标的均由小微企业制造，才能享受6%—10%的价格扣除政策。如果小微供应商提供的货物既有中型企业制造货物，也有小微企业制造货物的，不享受价格扣除相关政策。

2. 专门面向中小企业采购的采购项目或者采购包，是否还需执行价格评审优惠的扶持政策？如需的话，中型企业是否享受价格扣除？

答：专门面向中小企业采购的项目或者采购包，不再执行价格评审优惠的扶持政策。

3.《办法》第九条规定："适用招标投标法的政府采购工程建设项目，采用综合评估法但未采用低价优先法计算价格分的，评标时应当在采用原报价进行评分的基础上增加其价格得分的3%—5%作为其价格分。"若小微企业在工程建设项目中价格分为满分，是否在满分基础上增加其价格分的3%—5%作为其价格分？

答：政府采购工程项目中对中小企业价格分加分属于政策性加分，小微企业价格分即使是满分也应当享受政策优惠，再给予加分。

4.《办法》第九条规定："接受大中型企业与小微企业组成联合体或者允许大中型企业向一家或者多家小微企业分包的采购项目，对于联合协议或者分包意向协议约定小微企业的合同份额占到合同总金额30%以上的……"此处的"小微企业"在货物采购项目中是指企业本身，还是按照第四条的指其提供的产品属于何种类型企业制造？

答：《政府采购促进中小企业发展管理办法》（财库〔2020〕46号）第九条中关于联合体和分包的规定中的“小微企业”应当满足《办法》第四条的相关规定，“小微企业的合同份额”应当为小微企业制造的货物、承建的工程和承接的服务的合同份额。

五、关于采购标的所属行业的确定

1.《办法》第十二条规定，采购文件应当明确采购标的对应的中小企业划分标准所属行业。若一个采购项目中包含多个不同品种的产品，采购人或者采购代理机构要明确每种产品的行业吗？

答：采购人、采购代理机构应当依据国务院批准的中小企业划分标准，根据采购项目具体情况，在采购文件中明确采购标的对应的中小企业划分标准所属行业。如果一个采购项目涉及多个采购标的的，应当在采购文件中逐一明确所有采购标的对应的中小企业划分标准所属行业。供应商根据采购文件中明确的行业所对应的划分标准，判断是否属于中小企业。现行中小企业划分标准行业包括农、林、牧、渔业，工业，建筑业，批发业，零售业，交通运输业，仓储业，邮政业，住宿业，餐饮业，信息传输业，软件和信息技术服务业，房地产开发经营，物业管理，租赁和商业服务业和其他未列明行业等十六类。

六、关于《中小企业声明函》

1. 附件1《中小企业声明函》规定，无上一年度数据的新成立企业可不填报从业人员、营业收入、资产总额等相关数据，是否可以理解为，新成立企业全部划分为中小企业？

答：新成立企业应参照国务院批准的中小企业划分标准，根据企业自身情况如实判断。认为本企业属于中小企业的，可按照《办法》的规定出具《中小企业声明函》，享受相关扶持政策。

2. 供应商需在《中小企业声明函》中填写相关企业（含联合体中的中小企业、签订分包意向协议的中小企业）的具体情况。请问联合体和分包企业均需按照声明函格式提供企业信息吗？

答：《中小企业声明函》由参加政府采购活动的供应商出具。以联合体形式参加政府采购活动或者合同分包的，《中小企业声明函》中需填写联合体中的中小企业或签订分包意向协议的中小企业相关信息。

3. 是否只要供应商出具《中小企业声明函》，即可在政府采购活动中享受《办法》规定的中小企业扶持政策？

答：符合《办法》规定条件的供应商只要出具《中小企业声明函》，即可在政府采购活动中享受相关扶持政策，任何单位和个人不得要求供应商提供声明函之外的中小企业身份证明文件。

4.《中小企业声明函》要求："提供的货物全部由符合政策要求的中小企业制造"、"工程的施工单位全部为符合政策要求的中小企业（或者：服务全部由符合政策要求的中小企业承接）"。这是否与《办法》中规定的联合体参加、分包等措施相矛盾？

答：对于联合体中由中小企业承担的部分，或者分包给中小企业的部分，必须全部由中小企业制造、承建或者承接。供应商应当在声明函"项目名称"部分标明联合体中中小企业承担的具体内容或者中小企业的具体分包内容。

七、其他问题

1. 残疾人福利性单位参与政府采购活动如何享受《办法》规定的相关扶持政策？民办非企业等社会组织是否可以享受促进中小企业发展的政府采购政策？

答：关于残疾人福利性单位享受政府采购支持中小企业有关措施的问题，财政部正在研究完善与《办法》的衔接措施，在相关文件印发前，仍按照《关于促进残疾人就业政府采购政策的通知》（财库〔2017〕141 号）有关规定执行。

关于社会组织享受促进中小企业发展政府采购政策问题，财政部正会同有关部门研究制订相关规定。

（二）残疾人及监狱企业

财政部　民政部　中国残疾人联合会
关于促进残疾人就业政府采购政策的通知

2017年8月22日　财库〔2017〕141号

党中央有关部门，国务院各部委、各直属机构，全国人大常委会办公厅，全国政协办公厅，高法院，高检院，各民主党派中央，有关人民团体，各省、自治区、直辖市、计划单列市财政厅（局）、民政厅（局）、残疾人联合会，新疆生产建设兵团财务局、民政局、残疾人联合会：

为了发挥政府采购促进残疾人就业的作用，进一步保障残疾人权益，依照《政府采购法》、《残疾人保障法》等法律法规及相关规定，现就促进残疾人就业政府采购政策通知如下：

一、享受政府采购支持政策的残疾人福利性单位应当同时满足以下条件：

（一）安置的残疾人占本单位在职职工人数的比例不低于25%（含25%），并且安置的残疾人人数不少于10人（含10人）；

（二）依法与安置的每位残疾人签订了一年以上（含一年）的劳动合同或服务协议；

（三）为安置的每位残疾人按月足额缴纳了基本养老保险、基本医疗保险、失业保险、工伤保险和生育保险等社会保险费；

（四）通过银行等金融机构向安置的每位残疾人，按月支付了不低于单位所在区县适用的经省级人民政府批准的月最低工资标准的工资；

（五）提供本单位制造的货物、承担的工程或者服务（以下简称产品），或者提供其他残疾人福利性单位制造的货物（不包括使用非残疾人福利性单位注册商标的货物）。

前款所称残疾人是指法定劳动年龄内，持有《中华人民共和国残疾人证》或者

《中华人民共和国残疾军人证（1至8级）》的自然人，包括具有劳动条件和劳动意愿的精神残疾人。在职职工人数是指与残疾人福利性单位建立劳动关系并依法签订劳动合同或者服务协议的雇员人数。

二、符合条件的残疾人福利性单位在参加政府采购活动时，应当提供本通知规定的《残疾人福利性单位声明函》（见附件），并对声明的真实性负责。任何单位或者个人在政府采购活动中均不得要求残疾人福利性单位提供其他证明声明函内容的材料。

中标、成交供应商为残疾人福利性单位的，采购人或者其委托的采购代理机构应当随中标、成交结果同时公告其《残疾人福利性单位声明函》，接受社会监督。

供应商提供的《残疾人福利性单位声明函》与事实不符的，依照《政府采购法》第七十七条第一款的规定追究法律责任。

三、在政府采购活动中，残疾人福利性单位视同小型、微型企业，享受预留份额、评审中价格扣除等促进中小企业发展的政府采购政策。向残疾人福利性单位采购的金额，计入面向中小企业采购的统计数据。残疾人福利性单位属于小型、微型企业的，不重复享受政策。

四、采购人采购公开招标数额标准以上的货物或者服务，因落实促进残疾人就业政策的需要，依法履行有关报批程序后，可采用公开招标以外的采购方式。

五、对于满足要求的残疾人福利性单位产品，集中采购机构可直接纳入协议供货或者定点采购范围。各地区建设的政府采购电子卖场、电子商城、网上超市等应当设立残疾人福利性单位产品专栏。鼓励采购人优先选择残疾人福利性单位的产品。

六、省级财政部门可以结合本地区残疾人生产、经营的实际情况，细化政府采购支持措施。对符合国家有关部门规定条件的残疾人辅助性就业机构，可通过上述措施予以支持。各地制定的有关文件应当报财政部备案。

七、本通知自2017年10月1日起执行。

财政部　民政部　中国残疾人联合会

2017年8月22日

附件

残疾人福利性单位声明函

本单位郑重声明，根据《财政部　民政部　中国残疾人联合会关于促进残疾人就业政府采购政策的通知》（财库〔2017〕141 号）的规定，本单位为符合条件的残疾人福利性单位，且本单位参加________单位的________项目采购活动提供本单位制造的货物（由本单位承担工程/提供服务），或者提供其他残疾人福利性单位制造的货物（不包括使用非残疾人福利性单位注册商标的货物）。

本单位对上述声明的真实性负责。如有虚假，将依法承担相应责任。

单位名称（盖章）：

日期：

财政部　司法部关于政府采购支持监狱企业发展有关问题的通知

2014 年 6 月 10 日　财库〔2014〕68 号

党中央有关部门，国务院各部委、各直属机构，全国人大常委会办公厅，全国政协办公厅，高法院，高检院，有关人民团体，中央国家机关政府采购中心，中共中央直属机关采购中心，全国人大机关采购中心，各省、自治区、直辖市、计划单列市财政厅（局）、司法厅（局），新疆生产建设兵团财务局、司法局、监狱管理局：

政府采购支持监狱和戒毒企业（以下简称监狱企业）发展对稳定监狱企业生产，提高财政资金使用效益，为罪犯和戒毒人员提供长期可靠的劳动岗位，提高罪犯和戒毒人员的教育改造质量，减少重新违法犯罪，确保监狱、戒毒场所安全稳定，促进社会和谐稳定具有十分重要的意义。为进一步贯彻落实国务院《关于解决监狱企业困难的实施方案的通知》（国发〔2003〕7 号）精神，发挥政府采购支持监狱企业发展的作用，现就有关事项通知如下：

一、监狱企业是指由司法部认定的为罪犯、戒毒人员提供生产项目和劳动对象，且全部产权属于司法部监狱管理局、戒毒管理局、直属煤矿管理局，各省、自治区、直辖市监狱管理局、戒毒管理局，各地（设区的市）监狱、强制隔离戒毒所、戒毒康复所，以及新疆生产建设兵团监狱管理局、戒毒管理局的企业。监狱企业参加政府采购活动时，应当提供由省级以上监狱管理局、戒毒管理局（含新疆生产建设兵团）出具的属于监狱企业的证明文件。

二、在政府采购活动中，监狱企业视同小型、微型企业，享受预留份额、评审中价格扣除等政府采购促进中小企业发展的政府采购政策。向监狱企业采购的金额，计入面向中小企业采购的统计数据。

三、各地区、各部门要积极通过预留采购份额支持监狱企业。有制服采购项目的部门，应加强对政府采购预算和计划编制工作的统筹，预留本部门制服采购项目预算总额的30%以上，专门面向监狱企业采购。省级以上政府部门组织的公务员考试、招生考试、等级考试、资格考试的试卷印刷项目原则上应当在符合有关资质的监狱企业范围内采购。各地在免费教科书政府采购工作中，应当根据符合教科书印制资质的监狱企业情况，提出由监狱企业印刷的比例要求。

四、各地区可以结合本地区实际，对监狱企业生产的办公用品、家具用具、车辆维修和提供的保养服务、消防设备等，提出预留份额等政府采购支持措施，加大对监狱企业产品的采购力度。

五、各地区、各部门要高度重视，加强组织管理和监督，做好政府采购支持监狱企业发展的相关工作。有关部门要加强监管，确保面向监狱企业采购的工作依法依规进行。各监狱企业要不断提高监狱企业产品的质量和服务水平，为做好监狱企业产品政府采购工作提供有力保障。

财政部　司法部

2014年6月10日

（三）信息安全

中华人民共和国网络安全法

（2016年11月7日第十二届全国人民代表大会常务委员会第二十四次会议通过）

目 录

第一章　总　　则

第一条　为了保障网络安全，维护网络空间主权和国家安全、社会公共利益，保护公民、法人和其他组织的合法权益，促进经济社会信息化健康发展，制定本法。

第二条　在中华人民共和国境内建设、运营、维护和使用网络，以及网络安全的监督管理，适用本法。

第三条　国家坚持网络安全与信息化发展并重，遵循积极利用、科学发展、依法管理、确保安全的方针，推进网络基础设施建设和互联互通，鼓励网络技术创新和应用，支持培养网络安全人才，建立健全网络安全保障体系，提高网络安全保护能力。

第四条　国家制定并不断完善网络安全战略，明确保障网络安全的基本要求和主要目标，提出重点领域的网络安全政策、工作任务和措施。

第五条　国家采取措施，监测、防御、处置来源于中华人民共和国境内外的网络安全风险和威胁，保护关键信息基础设施免受攻击、侵入、干扰和破坏，依法惩治网络违法犯罪活动，维护网络空间安全和秩序。

第六条　国家倡导诚实守信、健康文明的网络行为，推动传播社会主义核心价值观，采取措施提高全社会的网络安全意识和水平，形成全社会共同参与促进网络安全的良好环境。

第七条　国家积极开展网络空间治理、网络技术研发和标准制定、打击网络违法犯罪等方面的国际交流与合作，推动构建和平、安全、开放、合作的网络空间，建立多边、民主、透明的网络治理体系。

第八条　国家网信部门负责统筹协调网络安全工作和相关监督管理工作。国务院电信主管部门、公安部门和其他有关机关依照本法和有关法律、行政法规的规定，在各自职责范围内负责网络安全保护和监督管理工作。

县级以上地方人民政府有关部门的网络安全保护和监督管理职责，按照国家有关规定确定。

第九条　网络运营者开展经营和服务活动，必须遵守法律、行政法规，尊重社会公德，遵守商业道德，诚实信用，履行网络安全保护义务，接受政府和社会的监督，承担社会责任。

第十条　建设、运营网络或者通过网络提供服务，应当依照法律、行政法规的规定和国家标准的强制性要求，采取技术措施和其他必要措施，保障网络安全、稳定运行，有效应对网络安全事件，防范网络违法犯罪活动，维护网络数据的完整性、保密性和可用性。

第十一条　网络相关行业组织按照章程，加强行业自律，制定网络安全行为规范，指导会员加强网络安全保护，提高网络安全保护水平，促进行业健康发展。

第十二条 国家保护公民、法人和其他组织依法使用网络的权利，促进网络接入普及，提升网络服务水平，为社会提供安全、便利的网络服务，保障网络信息依法有序自由流动。

任何个人和组织使用网络应当遵守宪法法律，遵守公共秩序，尊重社会公德，不得危害网络安全，不得利用网络从事危害国家安全、荣誉和利益，煽动颠覆国家政权、推翻社会主义制度，煽动分裂国家、破坏国家统一，宣扬恐怖主义、极端主义，宣扬民族仇恨、民族歧视，传播暴力、淫秽色情信息，编造、传播虚假信息扰乱经济秩序和社会秩序，以及侵害他人名誉、隐私、知识产权和其他合法权益等活动。

第十三条 国家支持研究开发有利于未成年人健康成长的网络产品和服务，依法惩治利用网络从事危害未成年人身心健康的活动，为未成年人提供安全、健康的网络环境。

第十四条 任何个人和组织有权对危害网络安全的行为向网信、电信、公安等部门举报。收到举报的部门应当及时依法作出处理；不属于本部门职责的，应当及时移送有权处理的部门。

有关部门应当对举报人的相关信息予以保密，保护举报人的合法权益。

第二章 网络安全支持与促进

第十五条 国家建立和完善网络安全标准体系。国务院标准化行政主管部门和国务院其他有关部门根据各自的职责，组织制定并适时修订有关网络安全管理以及网络产品、服务和运行安全的国家标准、行业标准。

国家支持企业、研究机构、高等学校、网络相关行业组织参与网络安全国家标准、行业标准的制定。

第十六条 国务院和省、自治区、直辖市人民政府应当统筹规划，加大投入，扶持重点网络安全技术产业和项目，支持网络安全技术的研究开发和应用，推广安全可信的网络产品和服务，保护网络技术知识产权，支持企业、研究机构和高等学校等参与国家网络安全技术创新项目。

第十七条 国家推进网络安全社会化服务体系建设，鼓励有关企业、机构开展网络安全认证、检测和风险评估等安全服务。

第十八条 国家鼓励开发网络数据安全保护和利用技术，促进公共数据资源开放，推动技术创新和经济社会发展。

国家支持创新网络安全管理方式，运用网络新技术，提升网络安全保护水平。

第十九条 各级人民政府及其有关部门应当组织开展经常性的网络安全宣传教

育，并指导、督促有关单位做好网络安全宣传教育工作。

大众传播媒介应当有针对性地面向社会进行网络安全宣传教育。

第二十条 国家支持企业和高等学校、职业学校等教育培训机构开展网络安全相关教育与培训，采取多种方式培养网络安全人才，促进网络安全人才交流。

第三章 网络运行安全

第一节 一般规定

第二十一条 国家实行网络安全等级保护制度。网络运营者应当按照网络安全等级保护制度的要求，履行下列安全保护义务，保障网络免受干扰、破坏或者未经授权的访问，防止网络数据泄露或者被窃取、篡改：

（一）制定内部安全管理制度和操作规程，确定网络安全负责人，落实网络安全保护责任；

（二）采取防范计算机病毒和网络攻击、网络侵入等危害网络安全行为的技术措施；

（三）采取监测、记录网络运行状态、网络安全事件的技术措施，并按照规定留存相关的网络日志不少于六个月；

（四）采取数据分类、重要数据备份和加密等措施；

（五）法律、行政法规规定的其他义务。

第二十二条 网络产品、服务应当符合相关国家标准的强制性要求。网络产品、服务的提供者不得设置恶意程序；发现其网络产品、服务存在安全缺陷、漏洞等风险时，应当立即采取补救措施，按照规定及时告知用户并向有关主管部门报告。

网络产品、服务的提供者应当为其产品、服务持续提供安全维护；在规定或者当事人约定的期限内，不得终止提供安全维护。

网络产品、服务具有收集用户信息功能的，其提供者应当向用户明示并取得同意；涉及用户个人信息的，还应当遵守本法和有关法律、行政法规关于个人信息保护的规定。

第二十三条 网络关键设备和网络安全专用产品应当按照相关国家标准的强制性要求，由具备资格的机构安全认证合格或者安全检测符合要求后，方可销售或者提供。国家网信部门会同国务院有关部门制定、公布网络关键设备和网络安全专用产品目录，并推动安全认证和安全检测结果互认，避免重复认证、检测。

第二十四条 网络运营者为用户办理网络接入、域名注册服务，办理固定电话、移动电话等入网手续，或者为用户提供信息发布、即时通讯等服务，在与用户签订协议或者确认提供服务时，应当要求用户提供真实身份信息。用户不提供真实身份信息的，网络运营者不得为其提供相关服务。

国家实施网络可信身份战略，支持研究开发安全、方便的电子身份认证技术，推动不同电子身份认证之间的互认。

第二十五条 网络运营者应当制定网络安全事件应急预案，及时处置系统漏洞、计算机病毒、网络攻击、网络侵入等安全风险；在发生危害网络安全的事件时，立即启动应急预案，采取相应的补救措施，并按照规定向有关主管部门报告。

第二十六条 开展网络安全认证、检测、风险评估等活动，向社会发布系统漏洞、计算机病毒、网络攻击、网络侵入等网络安全信息，应当遵守国家有关规定。

第二十七条 任何个人和组织不得从事非法侵入他人网络、干扰他人网络正常功能、窃取网络数据等危害网络安全的活动；不得提供专门用于从事侵入网络、干扰网络正常功能及防护措施、窃取网络数据等危害网络安全活动的程序、工具；明知他人从事危害网络安全的活动的，不得为其提供技术支持、广告推广、支付结算等帮助。

第二十八条 网络运营者应当为公安机关、国家安全机关依法维护国家安全和侦查犯罪的活动提供技术支持和协助。

第二十九条 国家支持网络运营者之间在网络安全信息收集、分析、通报和应急处置等方面进行合作，提高网络运营者的安全保障能力。

有关行业组织建立健全本行业的网络安全保护规范和协作机制，加强对网络安全风险的分析评估，定期向会员进行风险警示，支持、协助会员应对网络安全风险。

第三十条 网信部门和有关部门在履行网络安全保护职责中获取的信息，只能用于维护网络安全的需要，不得用于其他用途。

第二节 关键信息基础设施的运行安全

第三十一条 国家对公共通信和信息服务、能源、交通、水利、金融、公共服务、电子政务等重要行业和领域，以及其他一旦遭到破坏、丧失功能或者数据泄露，可能严重危害国家安全、国计民生、公共利益的关键信息基础设施，在网络安全等级保护制度的基础上，实行重点保护。关键信息基础设施的具体范围和安全保护办法由国务院制定。

国家鼓励关键信息基础设施以外的网络运营者自愿参与关键信息基础设施保护体系。

第三十二条 按照国务院规定的职责分工，负责关键信息基础设施安全保护工作的部门分别编制并组织实施本行业、本领域的关键信息基础设施安全规划，指导和监督关键信息基础设施运行安全保护工作。

第三十三条 建设关键信息基础设施应当确保其具有支持业务稳定、持续运行的性能，并保证安全技术措施同步规划、同步建设、同步使用。

第三十四条 除本法第二十一条的规定外，关键信息基础设施的运营者还应当履行下列安全保护义务：

（一）设置专门安全管理机构和安全管理负责人，并对该负责人和关键岗位的人员进行安全背景审查；

（二）定期对从业人员进行网络安全教育、技术培训和技能考核；

（三）对重要系统和数据库进行容灾备份；

（四）制定网络安全事件应急预案，并定期进行演练；

（五）法律、行政法规规定的其他义务。

第三十五条 关键信息基础设施的运营者采购网络产品和服务，可能影响国家安全的，应当通过国家网信部门会同国务院有关部门组织的国家安全审查。

第三十六条 关键信息基础设施的运营者采购网络产品和服务，应当按照规定与提供者签订安全保密协议，明确安全和保密义务与责任。

第三十七条 关键信息基础设施的运营者在中华人民共和国境内运营中收集和产生的个人信息和重要数据应当在境内存储。因业务需要，确需向境外提供的，应当按照国家网信部门会同国务院有关部门制定的办法进行安全评估；法律、行政法规另有规定的，依照其规定。

第三十八条 关键信息基础设施的运营者应当自行或者委托网络安全服务机构对其网络的安全性和可能存在的风险每年至少进行一次检测评估，并将检测评估情况和改进措施报送相关负责关键信息基础设施安全保护工作的部门。

第三十九条 国家网信部门应当统筹协调有关部门对关键信息基础设施的安全保护采取下列措施：

（一）对关键信息基础设施的安全风险进行抽查检测，提出改进措施，必要时可以委托网络安全服务机构对网络存在的安全风险进行检测评估；

（二）定期组织关键信息基础设施的运营者进行网络安全应急演练，提高应对网络安全事件的水平和协同配合能力；

（三）促进有关部门、关键信息基础设施的运营者以及有关研究机构、网络安全服务机构等之间的网络安全信息共享；

（四）对网络安全事件的应急处置与网络功能的恢复等，提供技术支持和协助。

第四章　网络信息安全

第四十条 网络运营者应当对其收集的用户信息严格保密，并建立健全用户信息保护制度。

第四十一条 网络运营者收集、使用个人信息，应当遵循合法、正当、必要的原则，公开收集、使用规则，明示收集、使用信息的目的、方式和范围，并经被收集者同意。

网络运营者不得收集与其提供的服务无关的个人信息，不得违反法律、行政法规的规定和双方的约定收集、使用个人信息，并应当依照法律、行政法规的规定和与用户的约定，处理其保存的个人信息。

第四十二条 网络运营者不得泄露、篡改、毁损其收集的个人信息；未经被收集者同意，不得向他人提供个人信息。但是，经过处理无法识别特定个人且不能复原的除外。

网络运营者应当采取技术措施和其他必要措施，确保其收集的个人信息安全，防止信息泄露、毁损、丢失。在发生或者可能发生个人信息泄露、毁损、丢失的情况时，应当立即采取补救措施，按照规定及时告知用户并向有关主管部门报告。

第四十三条 个人发现网络运营者违反法律、行政法规的规定或者双方的约定收集、使用其个人信息的，有权要求网络运营者删除其个人信息；发现网络运营者收集、存储的其个人信息有错误的，有权要求网络运营者予以更正。网络运营者应当采取措施予以删除或者更正。

第四十四条 任何个人和组织不得窃取或者以其他非法方式获取个人信息，不得非法出售或者非法向他人提供个人信息。

第四十五条 依法负有网络安全监督管理职责的部门及其工作人员，必须对在履行职责中知悉的个人信息、隐私和商业秘密严格保密，不得泄露、出售或者非法向他人提供。

第四十六条 任何个人和组织应当对其使用网络的行为负责，不得设立用于实施诈骗，传授犯罪方法，制作或者销售违禁物品、管制物品等违法犯罪活动的网站、通讯群组，不得利用网络发布涉及实施诈骗，制作或者销售违禁物品、管制物品以及其他违法犯罪活动的信息。

第四十七条 网络运营者应当加强对其用户发布的信息的管理，发现法律、行政法规禁止发布或者传输的信息的，应当立即停止传输该信息，采取消除等处置措施，防止信息扩散，保存有关记录，并向有关主管部门报告。

第四十八条 任何个人和组织发送的电子信息、提供的应用软件，不得设置恶意程序，不得含有法律、行政法规禁止发布或者传输的信息。

电子信息发送服务提供者和应用软件下载服务提供者，应当履行安全管理义务，知道其用户有前款规定行为的，应当停止提供服务，采取消除等处置措施，保存有关记录，并向有关主管部门报告。

第四十九条 网络运营者应当建立网络信息安全投诉、举报制度，公布投诉、举报方式等信息，及时受理并处理有关网络信息安全的投诉和举报。

网络运营者对网信部门和有关部门依法实施的监督检查，应当予以配合。

第五十条 国家网信部门和有关部门依法履行网络信息安全监督管理职责，发现法律、行政法规禁止发布或者传输的信息的，应当要求网络运营者停止传输，采取消除等处置措施，保存有关记录；对来源于中华人民共和国境外的上述信息，应当通知有关机构采取技术措施和其他必要措施阻断传播。

第五章 监测预警与应急处置

第五十一条 国家建立网络安全监测预警和信息通报制度。国家网信部门应当统筹协调有关部门加强网络安全信息收集、分析和通报工作，按照规定统一发布网络安全监测预警信息。

第五十二条 负责关键信息基础设施安全保护工作的部门，应当建立健全本行业、本领域的网络安全监测预警和信息通报制度，并按照规定报送网络安全监测预警信息。

第五十三条 国家网信部门协调有关部门建立健全网络安全风险评估和应急工作机制，制定网络安全事件应急预案，并定期组织演练。

负责关键信息基础设施安全保护工作的部门应当制定本行业、本领域的网络安全事件应急预案，并定期组织演练。

网络安全事件应急预案应当按照事件发生后的危害程度、影响范围等因素对网络安全事件进行分级，并规定相应的应急处置措施。

第五十四条 网络安全事件发生的风险增大时，省级以上人民政府有关部门应当按照规定的权限和程序，并根据网络安全风险的特点和可能造成的危害，采取下列措施：

（一）要求有关部门、机构和人员及时收集、报告有关信息，加强对网络安全风险的监测；

（二）组织有关部门、机构和专业人员，对网络安全风险信息进行分析评估，预测事件发生的可能性、影响范围和危害程度；

（三）向社会发布网络安全风险预警，发布避免、减轻危害的措施。

第五十五条 发生网络安全事件，应当立即启动网络安全事件应急预案，对网络安全事件进行调查和评估，要求网络运营者采取技术措施和其他必要措施，消除安全隐患，防止危害扩大，并及时向社会发布与公众有关的警示信息。

第五十六条 省级以上人民政府有关部门在履行网络安全监督管理职责中，发现网络存在较大安全风险或者发生安全事件的，可以按照规定的权限和程序对该网络的运营者的法定代表人或者主要负责人进行约谈。网络运营者应当按照要求采取措施，进行整改，消除隐患。

第五十七条 因网络安全事件，发生突发事件或者生产安全事故的，应当依照《中华人民共和国突发事件应对法》、《中华人民共和国安全生产法》等有关法律、行政法规的规定处置。

第五十八条 因维护国家安全和社会公共秩序，处置重大突发社会安全事件的需要，经国务院决定或者批准，可以在特定区域对网络通信采取限制等临时措施。

第六章 法律责任

第五十九条 网络运营者不履行本法第二十一条、第二十五条规定的网络安全保护义务的，由有关主管部门责令改正，给予警告；拒不改正或者导致危害网络安全等后果的，处一万元以上十万元以下罚款，对直接负责的主管人员处五千元以上五万元以下罚款。

关键信息基础设施的运营者不履行本法第三十三条、第三十四条、第三十六条、第三十八条规定的网络安全保护义务的，由有关主管部门责令改正，给予警告；拒不改正或者导致危害网络安全等后果的，处十万元以上一百万元以下罚款，对直接负责的主管人员处一万元以上十万元以下罚款。

第六十条 违反本法第二十二条第一款、第二款和第四十八条第一款规定，有下列行为之一的，由有关主管部门责令改正，给予警告；拒不改正或者导致危害网络安全等后果的，处五万元以上五十万元以下罚款，对直接负责的主管人员处一万元以上十万元以下罚款：

（一）设置恶意程序的；

（二）对其产品、服务存在的安全缺陷、漏洞等风险未立即采取补救措施，或者未按照规定及时告知用户并向有关主管部门报告的；

（三）擅自终止为其产品、服务提供安全维护的。

第六十一条 网络运营者违反本法第二十四条第一款规定，未要求用户提供真实身份信息，或者对不提供真实身份信息的用户提供相关服务的，由有关主管部门责令改正；拒不改正或者情节严重的，处五万元以上五十万元以下罚款，并可以由有关主管部门责令暂停相关业务、停业整顿、关闭网站、吊销相关业务许可证或者吊销营业执照，对直接负责的主管人员和其他直接责任人员处一万元以上十万元以下罚款。

第六十二条 违反本法第二十六条规定，开展网络安全认证、检测、风险评估等活动，或者向社会发布系统漏洞、计算机病毒、网络攻击、网络侵入等网络安全信息的，由有关主管部门责令改正，给予警告；拒不改正或者情节严重的，处一万元以上十万元以下罚款，并可以由有关主管部门责令暂停相关业务、停业整顿、关闭网站、吊销相关业务许可证或者吊销营业执照，对直接负责的主管人员和其他直接责任人员处五千元以上五万元以下罚款。

第六十三条 违反本法第二十七条规定，从事危害网络安全的活动，或者提供专门用于从事危害网络安全活动的程序、工具，或者为他人从事危害网络安全的活动提供技术支持、广告推广、支付结算等帮助，尚不构成犯罪的，由公安机关没收违法所得，处五日以下拘留，可以并处五万元以上五十万元以下罚款；情节较重的，处五日以上十五日以下拘留，可以并处十万元以上一百万元以下罚款。

单位有前款行为的，由公安机关没收违法所得，处十万元以上一百万元以下罚款，并对直接负责的主管人员和其他直接责任人员依照前款规定处罚。

违反本法第二十七条规定，受到治安管理处罚的人员，五年内不得从事网络安全管理和网络运营关键岗位的工作；受到刑事处罚的人员，终身不得从事网络安全管理和网络运营关键岗位的工作。

第六十四条 网络运营者、网络产品或者服务的提供者违反本法第二十二条第三款、第四十一条至第四十三条规定，侵害个人信息依法得到保护的权利的，由有关主管部门责令改正，可以根据情节单处或者并处警告、没收违法所得、处违法所得一倍以上十倍以下罚款，没有违法所得的，处一百万元以下罚款，对直接负责的主管人员和其他直接责任人员处一万元以上十万元以下罚款；情节严重的，并可以责令暂停相关业务、停业整顿、关闭网站、吊销相关业务许可证或者吊销营业执照。

违反本法第四十四条规定，窃取或者以其他非法方式获取、非法出售或者非法向他人提供个人信息，尚不构成犯罪的，由公安机关没收违法所得，并处违法所得一倍以上十倍以下罚款，没有违法所得的，处一百万元以下罚款。

第六十五条 关键信息基础设施的运营者违反本法第三十五条规定，使用未经安全审查或者安全审查未通过的网络产品或者服务的，由有关主管部门责令停止使用，处采购金额一倍以上十倍以下罚款；对直接负责的主管人员和其他直接责任人员处一万元以上十万元以下罚款。

第六十六条 关键信息基础设施的运营者违反本法第三十七条规定，在境外存储网络数据，或者向境外提供网络数据的，由有关主管部门责令改正，给予警告，没收违法所得，处五万元以上五十万元以下罚款，并可以责令暂停相关业务、停业整顿、关闭网站、吊销相关业务许可证或者吊销营业执照；对直接负责的主管人员和其他直接责任人员处一万元以上十万元以下罚款。

第六十七条 违反本法第四十六条规定，设立用于实施违法犯罪活动的网站、通讯群组，或者利用网络发布涉及实施违法犯罪活动的信息，尚不构成犯罪的，由公安机关处五日以下拘留，可以并处一万元以上十万元以下罚款；情节较重的，处五日以上十五日以下拘留，可以并处五万元以上五十万元以下罚款。关闭用于实施违法犯罪活动的网站、通讯群组。

单位有前款行为的，由公安机关处十万元以上五十万元以下罚款，并对直接负责的主管人员和其他直接责任人员依照前款规定处罚。

第六十八条　网络运营者违反本法第四十七条规定，对法律、行政法规禁止发布或者传输的信息未停止传输、采取消除等处置措施、保存有关记录的，由有关主管部门责令改正，给予警告，没收违法所得；拒不改正或者情节严重的，处十万元以上五十万元以下罚款，并可以责令暂停相关业务、停业整顿、关闭网站、吊销相关业务许可证或者吊销营业执照，对直接负责的主管人员和其他直接责任人员处一万元以上十万元以下罚款。

电子信息发送服务提供者、应用软件下载服务提供者，不履行本法第四十八条第二款规定的安全管理义务的，依照前款规定处罚。

第六十九条　网络运营者违反本法规定，有下列行为之一的，由有关主管部门责令改正；拒不改正或者情节严重的，处五万元以上五十万元以下罚款，对直接负责的主管人员和其他直接责任人员，处一万元以上十万元以下罚款：

（一）不按照有关部门的要求对法律、行政法规禁止发布或者传输的信息，采取停止传输、消除等处置措施的；

（二）拒绝、阻碍有关部门依法实施的监督检查的；

（三）拒不向公安机关、国家安全机关提供技术支持和协助的。

第七十条　发布或者传输本法第十二条第二款和其他法律、行政法规禁止发布或者传输的信息的，依照有关法律、行政法规的规定处罚。

第七十一条　有本法规定的违法行为的，依照有关法律、行政法规的规定记入信用档案，并予以公示。

第七十二条　国家机关政务网络的运营者不履行本法规定的网络安全保护义务的，由其上级机关或者有关机关责令改正；对直接负责的主管人员和其他直接责任人员依法给予处分。

第七十三条　网信部门和有关部门违反本法第三十条规定，将在履行网络安全保护职责中获取的信息用于其他用途的，对直接负责的主管人员和其他直接责任人员依法给予处分。

网信部门和有关部门的工作人员玩忽职守、滥用职权、徇私舞弊，尚不构成犯罪的，依法给予处分。

第七十四条　违反本法规定，给他人造成损害的，依法承担民事责任。

违反本法规定，构成违反治安管理行为的，依法给予治安管理处罚；构成犯罪的，依法追究刑事责任。

第七十五条 境外的机构、组织、个人从事攻击、侵入、干扰、破坏等危害中华人民共和国的关键信息基础设施的活动，造成严重后果的，依法追究法律责任；国务院公安部门和有关部门并可以决定对该机构、组织、个人采取冻结财产或者其他必要的制裁措施。

第七章　附　则

第七十六条 本法下列用语的含义：

（一）网络，是指由计算机或者其他信息终端及相关设备组成的按照一定的规则和程序对信息进行收集、存储、传输、交换、处理的系统。

（二）网络安全，是指通过采取必要措施，防范对网络的攻击、侵入、干扰、破坏和非法使用以及意外事故，使网络处于稳定可靠运行的状态，以及保障网络数据的完整性、保密性、可用性的能力。

（三）网络运营者，是指网络的所有者、管理者和网络服务提供者。

（四）网络数据，是指通过网络收集、存储、传输、处理和产生的各种电子数据。

（五）个人信息，是指以电子或者其他方式记录的能够单独或者与其他信息结合识别自然人个人身份的各种信息，包括但不限于自然人的姓名、出生日期、身份证件号码、个人生物识别信息、住址、电话号码等。

第七十七条 存储、处理涉及国家秘密信息的网络的运行安全保护，除应当遵守本法外，还应当遵守保密法律、行政法规的规定。

第七十八条 军事网络的安全保护，由中央军事委员会另行规定。

第七十九条 本法自2017年6月1日起施行。

关于调整《网络关键设备和网络安全专用产品目录》的公告

2023 年 7 月 3 日　2023 年第 2 号

依据《中华人民共和国网络安全法》，国家互联网信息办公室会同工业和信息化部、公安部、国家认证认可监督管理委员会等部门更新了《网络关键设备和网络安全专用产品目录》，现予以公布，自印发之日起施行。

2017 年国家互联网信息办公室、工业和信息化部、公安部、国家认证认可监督管理委员会联合发布的《关于发布〈网络关键设备和网络安全专用产品目录（第一批）〉的公告》（2017 年第 1 号）中的网络关键设备和网络安全专用产品目录同步废止。

特此公告。

国家互联网信息办公室
工业和信息化部
公安部
国家认证认可监督管理委员会
2023 年 7 月 3 日

附件：

网络关键设备和网络安全专用产品目录

一、网络关键设备

序号	设备类别	范围
1	路由器	整系统吞吐量（双向）≥12Tbps 整系统路由表容量≥55 万条
2	交换机	整系统吞吐量（双向）≥30Tbps 整系统包转发率≥10Gpps
3	服务器（机架式）	CPU 数量≥8 个 单 CPU 内核数≥14 个 内存容量≥256GB
4	可编程逻辑控制器（PLC 设备）	控制器指令执行时间≤0.08 微秒

二、网络安全专用产品

序号	设备类别	范围
1	数据备份与恢复产品	能够对信息系统数据进行备份和恢复，且对备份与恢复过程进行管理的产品。
2	防火墙	对经过的数据流进行解析，并实现访问控制及安全防护功能的产品。
3	入侵检测系统（IDS）	以网络上的数据包作为数据源，监听所保护网络节点的所有数据包并进行分析，从而发现异常行为的产品。
4	入侵防御系统（IPS）	以网桥或网关形式部署在网络通路上，通过分析网络流量发现具有入侵特征的网络行为，在其传入被保护网络前进行拦截的产品。
5	网络和终端隔离产品	在不同的网络终端和网络安全域之间建立安全控制点，实现在不同的网络终端和网络安全域之间提供访问可控服务的产品。
6	反垃圾邮件产品	能够对垃圾邮件进行识别和处理的软件或软硬件组合，包括但不限于反垃圾邮件网关、反垃圾邮件系统、安装于邮件服务器的反垃圾邮件软件，以及与邮件服务器集成的反垃圾邮件产品等。

续表

序号	设备类别	范围
7	网络安全审计产品	采集网络、信息系统及其组件的记录与活动数据，并对这些数据进行存储和分析，以实现事件追溯、发现安全违规或异常的产品。
8	网络脆弱性扫描产品	利用扫描手段检测目标网络系统中可能存在的安全弱点的软件或软硬件组合的产品。
9	安全数据库系统	从系统设计、实现、使用和管理等各个阶段都遵循一套完整的系统安全策略的数据库系统，目的是在数据库层面保障数据安全。
10	网站数据恢复产品	提供对网站数据的监测、防篡改，并实现数据备份和恢复等安全功能的产品。
11	虚拟专用网产品	在互联网链路等公共通信基础网络上建立专用安全传输通道的产品。
12	防病毒网关	部署于网络和网络之间，通过分析网络层和应用层的通信，根据预先定义的过滤规则和防护策略实现对网络内病毒防护的产品。
13	统一威胁管理产品（UTM）	通过统一部署的安全策略，融合多种安全功能，针对面向网络及应用系统的安全威胁进行综合防御的网关型设备或系统。
14	病毒防治产品	用于检测发现或阻止恶意代码的传播以及对主机操作系统应用软件和用户文件的篡改、窃取和破坏等的产品。
15	安全操作系统	从系统设计、实现到使用等各个阶段都遵循了一套完整的安全策略的操作系统，目的是在操作系统层面保障系统安全。
16	安全网络存储	通过网络基于不同协议连接到服务器的专用存储设备。
17	公钥基础设施	支持公钥管理体制，提供鉴别、加密、完整性和不可否认服务的基础设施。
18	网络安全态势感知产品	通过采集网络流量、资产信息、日志、漏洞信息、告警信息、威胁信息等数据，分析和处理网络行为及用户行为等因素，掌握网络安全状态，预测网络安全趋势，并进行展示和监测预警的产品。
19	信息系统安全管理平台	对信息系统的安全策略以及执行该策略的安全计算环境、安全区域边界和安全通信网络等方面的安全机制实施统一管理的平台。
20	网络型流量控制产品	对安全域的网络进行流量监测和带宽控制的流量管理系统。
21	负载均衡产品	提供链路负载均衡、服务器负载均衡、网络流量优化和智能处理等功能的产品。
22	信息过滤产品	对文本、图片等网络信息进行筛选控制的产品。

续表

序号	设备类别	范围
23	抗拒绝服务攻击产品	用于识别和拦截拒绝服务攻击、保障系统可用性的产品。
24	终端接入控制产品	提供对接入网络的终端进行访问控制功能的产品。
25	USB 移动存储介质管理系统	对移动存储设备采取身份认证、访问控制、审计机制等管理手段，实现移动存储设备与主机设备之间可信访问的产品。
26	文件加密产品	用于防御攻击者窃取以文件等形式存储的数据、保障存储数据安全的产品。
27	数据泄露防护产品	通过对安全域内部敏感信息输出的主要途径进行控制和审计，防止安全域内部敏感信息被非授权泄露的产品。
28	数据销毁软件产品	采用信息技术进行逻辑级底层数据清除，彻底销毁存储介质所承载数据的产品。
29	安全配置检查产品	基于安全配置要求实现对资产的安全配置检测和合规性分析，生成安全配置建议和合规性报告的产品。
30	运维安全管理产品	对信息系统重要资产维护过程实现单点登录、集中授权、集中管理和审计的产品。
31	日志分析产品	采集信息系统中的日志数据，并进行集中存储和分析的安全产品。
32	身份鉴别产品	要求用户提供以电子信息或生物信息为载体的身份鉴别信息，确认应用系统使用者身份的产品。
33	终端安全监测产品	对终端进行安全性监测和控制，发现和阻止系统和网络资源非授权使用的产品。
34	电子文档安全管理产品	通过制作安全电子文档或将电子文档转换为安全电子文档，对安全电子文档进行统一管理、监控和审计的产品。

关于调整网络安全专用产品安全管理有关事项的公告

2023 年 4 月 12 日　2023 年第 1 号

加强网络安全专用产品安全管理，推动安全认证和安全检测结果互认，避免重复认证、检测，依据《中华人民共和国网络安全法》、《关于发布〈网络关键设备和网络安全专用产品目录（第一批）〉的公告》(2017 年第 1 号)、《国家认监委　工业和信息化部　公安部　国家互联网信息办公室关于发布承担网络关键设备和网络安全专用产品安全认证和安全检测任务机构名录（第一批）的公告》(2018 年第 12 号)、《关于统一发布网络关键设备和网络安全专用产品安全认证和安全检测结果的公告》(2022 年第 1 号)，现将调整网络安全专用产品安全管理有关事项公告如下：

一、自 2023 年 7 月 1 日起，列入《网络关键设备和网络安全专用产品目录》的网络安全专用产品应当按照《信息安全技术网络安全专用产品安全技术要求》等相关国家标准的强制性要求，由具备资格的机构安全认证合格或者安全检测符合要求后，方可销售或者提供。

具备资格的机构是指列入《承担网络关键设备和网络安全专用产品安全认证和安全检测任务机构名录》的机构。

国家互联网信息办公室、工业和信息化部、公安部、国家认证认可监督管理委员会发布更新《网络关键设备和网络安全专用产品目录》、《承担网络关键设备和网络安全专用产品安全认证和安全检测任务机构名录》。

二、自 2023 年 7 月 1 日起，停止颁发《计算机信息系统安全专用产品销售许可证》(简称销售许可证)，产品生产者无需申领。此前已经获得销售许可证的产品在有效期内可继续销售或者提供。

三、自 2023 年 7 月 1 日起，停止执行《关于调整信息安全产品强制性认证实施要求的公告》(原国家质检总局、财政部、国家认证认可监督管理委员会 2009 年第 33

号）和《财政部　工业和信息化部　质检总局　认监委关于信息安全产品实施政府采购的通知》（财库〔2010〕48 号）。

四、国家互联网信息办公室会同工业和信息化部、公安部、国家认证认可监督管理委员会统一公布和更新符合要求的网络关键设备和网络安全专用产品清单，供社会查询和使用。

特此公告。

国家互联网信息办公室
工业和信息化部
公安部
财政部
国家认证认可监督管理委员会
2023 年 4 月 12 日

国家互联网信息办公室有关负责人就《关于调整网络安全专用产品安全管理有关事项的公告》答记者问

近日，国家互联网信息办公室、工业和信息化部、公安部、财政部、国家认证认可监督管理委员会联合发布《关于调整网络安全专用产品安全管理有关事项的公告》(以下简称《公告》)。国家互联网信息办公室有关负责人就《公告》相关问题回答了记者提问。

问：请介绍一下《公告》发布的背景。

答：1994 年，《计算机信息系统安全保护条例》规定国家对计算机信息系统安全专用产品的销售实行许可证制度，公安部自 1997 年开始实施产品销售许可行政审批工作。2008 年，原国家质检总局、国家认监委发布《关于部分信息安全产品实施强制性认证的公告》，将 13 种信息安全产品纳入强制性认证管理范围；2009 年，又联合财政部发布《关于调整信息安全产品强制性认证实施要求的公告》，将信息安全产品强制性认证要求调整为在政府采购法范围内实施。2010 年，财政部、工业和信息化部、原国家质检总局、国家认监委联合印发《关于信息安全产品实施政府采购的通知》，再次明确使用财政性资金采购信息安全产品的，应当采购经国家认证的产品。这两项制度对规范管理网络安全产品发挥了重要作用，但管理内容有交叉，在一定程度上存在重复认证检测情况。

2017 年 6 月实施的《网络安全法》明确规定“网络关键设备和网络安全专用产品应当按照相关国家标准的强制性要求，由具备资格的机构安全认证合格或者安全检测符合要求后，方可销售或者提供。国家网信部门会同国务院有关部门制定、公布网络关键设备和网络安全专用产品目录，并推动安全认证和安全检测结果互认，避免重复认证、检测”。为落实《网络安全法》有关规定，国家网信办会同工业和信息化部、公安部、国家认监委等部门相继发布网络关键设备和网络安全专用产品目录，确定承担安全认证和安全检测任务的机构，明确认证检测结果统一发布流程，制定《信息安全技术网络安全专用产品安全技术要求》强制性国家标准。

这次五部门联合发布《公告》，统一网络安全专用产品认证检测制度，停止颁发《计算机信息系统安全专用产品销售许可证》，停止执行政府采购领域信息安全产品强制认证要求，是落实《网络安全法》关于推动安全认证和安全检测结果互认规定的重要举措，对统一网络安全产品安全要求、提升产品整体安全防护能力，减轻网络安全企业负担、营造良好产业发展环境，发展强大网络安全产业、增强国家网络安全能力具有重要意义。

问：哪些网络安全专用产品需要按照《公告》要求开展安全认证或者安全检测？

答：2017 年，国家网信办会同相关部门发布了《网络关键设备和网络安全专用产品目录（第一批）》，包括数据备份一体机、防火墙、WEB 应用防火墙、入侵检测系统、入侵防御系统、安全隔离与信息交换产品、反垃圾邮件产品、网络综合审计系统、网络脆弱性扫描产品、安全数据库系统、网站恢复产品等 11 类网络安全专用产品，并通过性能指标界定了范围。列入这个目录且在性能指标要求范围内的网络安全专用产品，需要按照《公告》要求进行安全认证或安全检测。

目前，国家网信办正会同工业和信息化部、公安部、国家认监委等部门，根据技术发展情况和监管要求，参考有关国家标准，动态调整《网络关键设备和网络安全专用产品目录》。请大家密切关注国家网信办后续发布的有关公告。

问：哪些认证检测机构是具备资格的机构？

答：具备资格的认证检测机构是指《国家认监委　工业和信息化部　公安部　国家互联网信息办公室关于发布承担网络关键设备和网络安全专用产品安全认证和安全检测任务机构名录（第一批）的公告》中认证检测范围包含网络安全专用产品的机构。

国家网信办将会同相关部门建立健全认证检测机构监督管理制度，对认证检测机构定期开展评估，不符合工作要求的，依法依规进行处罚。各认证检测机构不得要求企业对多种检测项目开展捆绑检测。企业发现认证检测机构违规行为的，可以向国家网信办举报。

问：安全认证和安全检测依据什么标准？

答：网络安全专用产品依据 GB 42250《信息安全技术网络安全专用产品安全技术要求》强制性国家标准开展安全认证和安全检测。

认证检测过程中也将参考与之相配套的、针对具体产品类别的国家标准。全国信息安全标准化技术委员会已发布一系列具体产品类别的国家标准，如 GB/T 20281－2020《信息安全技术防火墙安全技术要求和测试评价方法》、GB/T 20275－2021《信息安全技术　网络入侵检测系统技术要求和测试评价方法》、GB/T 28451－2012《信

息安全技术 网络型入侵防御产品技术要求和测试评价方法》、GB/T 30282－2013《信息安全技术反垃圾邮件产品技术要求和测试评价方法》、GB/T 20278－2022《信息安全技术 网络脆弱性扫描产品安全技术要求和测试评价方法》等。

问：产品生产者是否还需要申请《计算机信息系统安全专用产品销售许可证》？

答：自2023年7月1日起，《计算机信息系统安全专用产品销售许可证》停止颁发，产品生产者无需申领。

问：政府采购领域如何执行《公告》要求？

答：2023年7月1日之前，在政府采购活动中采购网络安全产品的，仍然执行原规定，即国家信息安全产品认证在政府采购法规定的范围内强制实施，各级国家机关、事业单位和团体组织使用财政性资金采购信息安全产品的，应当采购经国家认证的信息安全产品。

2023年7月1日起，在政府采购活动中采购网络安全产品的，不需产品提供国家信息安全产品认证证书。政府采购活动中不得要求或者采取加分等措施变相要求投标产品同时满足安全认证合格和安全检测符合要求。

问：安全认证和安全检测结果如何发布？

答：认证检测机构会直接通过网络关键设备和网络安全专用产品认证检测结果发布系统报送安全认证合格或者安全检测符合要求的网络安全专用产品清单，有关主管部门审核后，由国家网信部门会同工业和信息化部、公安部、国家认监委统一公布，供社会查询和使用。

问：2023年7月1日起，产品生产者是否需要同时进行安全认证和安全检测？

答：不需要。安全认证合格或者安全检测符合要求，具有同等市场准入效力，产品生产者不必重复申请。同一款产品在有效期内重复申请的，国家网信办不再公布认证检测结果。

2023年7月1日起，列入《网络关键设备和网络安全专用产品目录》的网络安全专用产品应至少符合以下条件之一，方可销售或者提供：一是依据《公告》要求，按照《信息安全技术网络安全专用产品安全技术要求》等相关国家标准强制性要求，由具备资格的机构安全认证合格或安全检测符合要求的；二是此前已经获得《计算机信息系统安全专用产品销售许可证》，且在有效期内的。

未列入《网络关键设备和网络安全专用产品目录》的其他相关产品，如法律法规没有特殊规定，可按照市场需求销售或者提供。

关于统一发布网络关键设备和网络安全专用产品安全认证和安全检测结果的公告

2022 年 1 月 25 日　2022 年第 1 号

为加强网络关键设备和网络安全专用产品安全管理，依据《中华人民共和国网络安全法》《关于发布〈网络关键设备和网络安全专用产品目录（第一批）〉的公告》（国家互联网信息办公室、工业和信息化部、公安部、国家认证认可监督管理委员会公告 2017 年第 1 号），国家互联网信息办公室会同工业和信息化部、公安部、国家认证认可监督管理委员会统一发布网络关键设备和网络安全专用产品安全认证和安全检测结果（以下简称认证和检测结果），对经具备资格的机构安全认证或检测，符合相关国家标准强制性要求的产品予以公布。

认证和检测结果通过中国网信网、工业和信息化部网站、公安部网站和认监委网站同步公布和更新。

特此公告。

国家互联网信息办公室
工业和信息化部
公安部
国家认证认可监督管理委员会
2022 年 1 月 25 日

国家认监委 工业和信息化部 公安部 国家互联网信息办公室关于发布承担网络关键设备和网络安全专用产品安全认证和安全检测任务机构名录（第一批）的公告

2018年3月15日 2018年第12号

根据《中华人民共和国网络安全法》《关于发布〈网络关键设备和网络安全专用产品目录（第一批）〉的公告》（国家互联网信息办公室、工业和信息化部、公安部、国家认监委公告2017年第1号），经确认，现将承担网络关键设备和网络安全专用产品安全认证和安全检测任务的机构名录（第一批）予以公布。

国家认监委
工业和信息化部
公安部
国家互联网信息办公室
2018年3月15日

承担网络关键设备和网络安全专用产品安全认证和安全检测任务机构名录（第一批）

序号	机构名称	对应法人单位	机构地址	联系方式	机构安全认证/检测范围*	说明
1	中国信息安全认证中心	中国信息安全认证中心	北京市朝阳区朝外大街甲10号	联系人：布宁 电话：010－65994550 传真：010－65994271 E－mail：product@ iscсc. gov. cn 网址：www. isccc. gov. cn	网络关键设备和网络安全专用产品安全认证	选择认证方式的网络关键设备和网络安全专用产品，安全认证合格后，由认证机构报国家认证认可监督管理委员会。
2	中国信息通信研究院/中国泰尔实验室	中国信息通信研究院	北京市海淀区花园北路52号	联系人：孟艾立 电话：010－62301781 传真：010－62304104 E－mail：mengaili@ caict. ac. cn 网址：www. caict. ac. cn	网络关键设备安全检测联系方式	选择检测方式的网络关键设备，安全检测符合要求后，由检测机构报工业和信息化部。
3	国家计算机网络与信息安全管理中心	国家计算机网络与信息安全管理中心	北京市朝阳区裕民路甲3号	联系人：舒敏 电话：010－82000285 传真：010－82991001 E－mail：shumin@ cert. org. cn 网址：www. cert. org. cn		
4	国家工业控制系统与产品安全质量监督检验中心	工业和信息化部电子科学技术情报研究所（工业和信息化部电子第一研究所）	北京市石景山区鲁谷路35号	联系人：张格 电话：010－88686441 传真：010－88686134 E－mail：zhangge@ etiri. org. cn 网址：www. etiri. org. cn		
5	中国电子技术标准化研究院赛西实验室	中国电子技术标准化研究院	北京市东城区安定门东大街一号	联系人：徐克超 电话：010－64102728 传真：010－64102681 E－mail：xukc@ cesi. cn 网址：www. cesi. cn		

续表

序号	机构名称	对应法人单位	机构地址	联系方式	机构安全认证/检测范围*	说明
6	工业和信息化部电子第五研究所	工业和信息化部电子第五研究所	广东省广州市天河区东莞庄路110号	联系人：杨林 电话：020－85131193 传真：020－87236171 E－mail：lynny@ceopei.biz 网址：www.ceprei.com		
7	信息产业数据通信产品质量监督检验中心	北京通和实益电信科学技术研究所有限公司	北京市海淀区学院路40号研7楼B座	联系人：朱小舟 电话：010－62301146 传真：010－62301146 E－mail：jczx@chinawllc.com 网址：www.chinawllc.com		
8	国家电话交换机质量监督检验中心	电信科学技术第一研究所	上海市平江路8号	联系人：凌巍 电话：021－64032150－8024 传真：021－64437412 E－mail：lingw@tftxlab.com 网址：www.fritt.com.cn		
9	信息产业无线通信产品质量监督检验中心	西安通和电信设备检测有限公司	西安市翠华路275号	联系人：闫赟 电话：029－85231236 传真：029－85231236 E－mail：Wxzj1236@163.com 网址：www.radio－qtc.com	网络关键设备安全检测联系方式	选择检测方式的网络关键设备，安全检测符合要求后，由检测机构报工业和信息化部。
10	信息产业有线通信产品质量监督检验中心	成都泰瑞通信设备检测有限公司	成都市大慈寺路22号	联系人：甘露 电话：028－86763710 传真：028－86763700 E－mail：ganlu@cdtr－lab.cn		
11	信息产业光通信产品质量监督检验中心	武汉网锐实验室（信息产业光通信产品质量监督检验中心）	武汉市江夏区藏龙岛谭湖路2号1号楼	联系人：胡春琳 电话：027－87691311 传真：027－87691139 E－mail：clhu@wri.com.cn 网址：lab.wri.com.cn		
12	信息产业广州电话交换设备质量监督检验中心	中国电信集团公司广东分公司	广州市天河区中山大道西109号5号楼	联系人：王志中 电话：020－38639371 传真：020－38639370 E－mail：wangzz@gsta.com 网址：www.atlab.com.cn		

续表

序号	机构名称	对应法人单位	机构地址	联系方式	机构安全认证/检测范围 *	说明
13	公安部计算机信息系统安全产品质量监督检验中心	公安部第三研究所	上海市岳阳路76号	联系人：顾健 电话：021 - 64335070 传真：021 - 64335838 E - mail：mail@ mctc. org. cn 网址：www. mctc. org. cn	网络安全专用产品安全检测	选择检测方式的网络安全专用产品，安全检测符合要求后，由检测机构报公安部。
14	公安部安全与警用电子产品质量检测中心	公安部第一研究所	北京市首体南路一号	联系人：范红 电话：010 - 68773196 传真：010 - 68773344 E - mail：jczx68773764@ 163. com 网址：www. tcspbj. com		
15	国家计算机病毒应急处理中心计算机病毒防治产品检验实验室	国家计算机病毒应急处理中心	天津经济技术开发区第四大街80号天大科技园C6	联系人：陈建民 电话：022 - 66211255 传真：022 - 66211155 E - mail：contect@ cverc. org. cn 网址：www. cverv. org. cn		
16	信息产业信息安全测评中心	中国电子科技集团公司第十五研究所	北京市海淀区北四环中路211号华北计算技术研究所	联系人：刘健 电话：010 - 89056104 传真：010 - 89055529 E - mail：liuj@ itstec. org. cn 网址：www. itstec. org. cn		

* 各机构具体的安全认证或安全检测范围应依据国家认证认可监督管理委员会批准的认证机构业务范围或检验检测机构资质认定范围。

关于加强党政部门云计算服务网络安全管理的意见

2014年12月30日　中网办发文〔2014〕14号

各省、自治区、直辖市党委网络安全和信息化领导小组办公室，中央和国家机关各部委、各人民团体网络安全和信息化相关工作机构：

为加强党政部门云计算服务网络安全管理，维护国家网络安全，现就党政部门云计算服务网络安全管理提出以下意见。

一、充分认识加强党政部门云计算服务网络安全管理的必要性

云计算服务是以云计算技术与模式为主要特征的信息技术服务，包括SaaS（软件即服务）、PaaS（平台即服务）、IaaS（基础设施即服务）等。党政部门采购云计算服务，有利于提高资源利用率和为民服务效率与水平，同时，安全风险也很突出：用户对数据、系统的控制管理能力减弱；安全责任不明确，一些单位可能由于数据和业务的外包而放松安全管理；云计算平台更加复杂，风险和隐患增多，控制和监管手段不足；云计算平台间的互操作和移植比较困难，用户数据和业务迁移到云计算平台后容易形成对云计算服务提供者（以下称服务商）的过度依赖。对此，各级党政部门务必高度重视，增强风险意识、责任意识，切实加强采购和使用云计算服务过程中的网络安全管理。

二、进一步明确党政部门云计算服务网络安全管理的基本要求党政部门在采购使用云计算服务过程中应遵守，并通过合同等手段要求为党政部门提供云计算服务的服务商遵守以下要求：

——安全管理责任不变。网络安全管理责任不随服务外包而外包，无论党政部门数据和业务是位于内部信息系统还是服务商云计算平台上，党政部门始终是网络安全的最终责任人，应加强安全管理，通过签订合同、持续监督等方式要求服务商严格履行安全责任和义务，确保党政部门数据和业务的机密性、完整性、可用性，以及互操

作性、可移植性。

——数据归属关系不变。党政部门提供给服务商的数据、设备等资源，以及云计算平台上党政业务系统运行过程中收集、产生、存储的数据和文档等资源属党政部门所有。服务商应保障党政部门对这些资源的访问、利用、支配，未经党政部门授权，不得访问、修改、披露、利用、转让、销毁党政部门数据；在服务合同终止时，应按要求做好数据、文档等资源的移交和清除工作。

——安全管理标准不变。承载党政部门数据和业务的云计算平台要参照党政信息系统进行网络安全管理，服务商应遵守党政信息系统的网络安全政策规定、信息安全等级保护要求、技术标准，落实安全管理和防护措施，接受党政部门和网络安全主管部门的网络安全监管。

——敏感信息不出境。为党政部门提供服务的云计算服务平台、数据中心等要设在境内。敏感信息未经批准不得在境外传输、处理、存储。

三、合理确定采用云计算服务的数据和业务范围

党政部门要参照《信息安全技术云计算服务安全指南》等国家标准，对数据的敏感程度、业务的重要性进行分类，全面分析、综合平衡采用云计算服务后的安全风险和效益，科学规划和确定采用云计算服务的数据、业务范围和进度安排。对于涉及国家秘密、工作秘密的业务，不得采用社会化云计算服务。对于包含大量敏感信息和公民隐私信息、直接影响党政机关运转和公众生活工作的关键业务，应在确保安全的前提下再考虑向云计算平台迁移。对于保护等级四级以上的信息系统，以及一旦出现问题可能造成重大经济损失，甚至危害国家安全的业务不宜采用社会化云计算服务。

四、统一组织党政部门云计算服务网络安全审查

中央网信办会同有关部门建立云计算服务安全审查机制，对为党政部门提供云计算服务的服务商，参照有关网络安全国家标准，组织第三方机构进行网络安全审查，重点审查云计算服务的安全性、可控性。党政部门采购云计算服务时，应逐步通过采购文件或合同等手段，明确要求服务商应通过安全审查。鼓励重点行业优先采购和使用通过安全审查的服务商提供的云计算服务。

五、加强云计算服务过程的持续指导和监督

党政部门应按照合同管理等有关要求，参考相关技术标准和指南，同服务商签订服务合同、协议。合同和协议要充分体现网络安全管理要求，明确合同双方的网络安全责任义务。直接参与党政业务系统运行管理的服务商人员应签订安全保密协议，必要时要对其进行背景调查。

党政部门要认真履行合同规定的责任义务，监督服务商加强安全防护管理，要求服务商在发生网络安全案件或重大事件时，及时向有关部门报告，配合开展调查工作。要组织对云计算服务的安全监测，加强安全检查，及时发现和通报安全隐患。

六、强化保密审查和安全意识培养

党政部门应建立健全云计算服务保密审查制度，指定机构和人员负责对迁移到云计算平台上的数据、业务进行保密审查，确保数据和业务不涉及国家秘密。综合分析数据关联性，防止因数据汇聚涉及国家秘密，不得使用非涉密网络中的云计算平台处理涉及国家秘密的信息。党政部门在使用云计算服务前，要集中组织开展机关工作人员网络安全和保密教育培训，明示使用云计算服务面临的安全保密风险；要求服务商加强对员工的安全和保密教育，自觉维护党政部门云计算服务安全。

中央网络安全和信息化领导小组办公室

2014 年 12 月 30 日

（四）进口产品

财政部关于印发《政府采购进口产品管理办法》的通知

2007 年 12 月 27 日 财库〔2007〕119 号

党中央有关部门，国务院各部委、各直属机构，全国人大常委会办公厅，全国政协办公厅，高法院，高检院，有关人民团体，各省、自治区、直辖市、计划单列市财政厅（局），新疆生产建设兵团财务局，各集中采购机构：

为了贯彻落实《国务院关于实施〈国家中长期科学和技术发展规划纲要（2006—2020 年）〉若干配套政策的通知》（国发〔2006〕6 号），推动和促进自主创新政府采购政策的实施，规范进口产品政府采购行为，根据《中华人民共和国政府采购法》和有关法律法规，财政部制定了《政府采购进口产品管理办法》。现印发给你们，请遵照执行。

附件：政府采购进口产品管理办法

2007 年 12 月 27 日

附件：

政府采购进口产品管理办法

第一章 总 则

第一条 为了贯彻落实《国务院关于实施〈国家中长期科学和技术发展规划纲要

(2006—2020 年)〉若干配套政策的通知》(国发〔2006〕6 号),推动和促进自主创新政府采购政策的实施,规范进口产品政府采购行为,根据《中华人民共和国政府采购法》等法律法规规定,制定本办法。

第二条 国家机关、事业单位和团体组织(以下统称采购人)使用财政性资金以直接进口或委托方式采购进口产品(包括已进入中国境内的进口产品)的活动,适用本办法。

第三条 本办法所称进口产品是指通过中国海关报关验放进入中国境内且产自关境外的产品。

第四条 政府采购应当采购本国产品,确需采购进口产品的,实行审核管理。

第五条 采购人采购进口产品时,应当坚持有利于本国企业自主创新或消化吸收核心技术的原则,优先购买向我方转让技术、提供培训服务及其他补偿贸易措施的产品。

第六条 设区的市、自治州以上人民政府财政部门(以下简称为财政部门)应当依法开展政府采购进口产品审核活动,并实施监督管理。

第二章 审核管理

第七条 采购人需要采购的产品在中国境内无法获取或者无法以合理的商业条件获取,以及法律法规另有规定确需采购进口产品的,应当在获得财政部门核准后,依法开展政府采购活动。

第八条 采购人报财政部门审核时,应当出具以下材料:

(一)《政府采购进口产品申请表》(详见附 1);

(二)关于鼓励进口产品的国家法律法规政策文件复印件;

(三)进口产品所属行业的设区的市、自治州以上主管部门出具的《政府采购进口产品所属行业主管部门意见》(详见附 2);

(四)专家组出具的《政府采购进口产品专家论证意见》(详见附 3)。

第九条 采购人拟采购的进口产品属于国家法律法规政策明确规定鼓励进口产品的,在报财政部门审核时,应当出具第八条第(一)款、第(二)款材料。

第十条 采购人拟采购的进口产品属于国家法律法规政策明确规定限制进口产品的,在报财政部门审核时,应当出具第八条第(一)款、第(三)款和第(四)款材料。

采购人拟采购国家限制进口的重大技术装备和重大产业技术的,应当出具发展改革委的意见。采购人拟采购国家限制进口的重大科学仪器和装备的,应当出具科技部的意见。

第十一条 采购人拟采购其他进口产品的,在报财政部门审核时,应当出具第八条第（一）款材料，并同时出具第（三）款或者第（四）款材料。

第十二条 本办法所称专家组应当由五人以上的单数组成，其中，必须包括一名法律专家，产品技术专家应当为非本单位并熟悉该产品的专家。

采购人代表不得作为专家组成员参与论证。

第十三条 参与论证的专家不得作为采购评审专家参与同一项目的采购评审工作。

第三章 采购管理

第十四条 政府采购进口产品应当以公开招标为主要方式。因特殊情况需要采用公开招标以外的采购方式的，按照政府采购有关规定执行。

第十五条 采购人及其委托的采购代理机构在采购进口产品的采购文件中应当载明优先采购向我国企业转让技术、与我国企业签订消化吸收再创新方案的供应商的进口产品。

第十六条 采购人因产品的一致性或者服务配套要求，需要继续从原供应商处添购原有采购项目的，不需要重新审核，但添购资金总额不超过原合同采购金额的10%。

第十七条 政府采购进口产品合同履行中，采购人确需追加与合同标的相同的产品，在不改变合同其他条款的前提下，且所有补充合同的采购金额不超过原合同采购金额的10%的，可以与供应商协商签订补充合同，不需要重新审核。

第十八条 政府采购进口产品合同应当将维护国家利益和社会公共利益作为必备条款。合同履行过程中出现危害国家利益和社会公共利益问题的，采购人应当立即终止合同。

第十九条 采购人或者其委托的采购代理机构应当依法加强对进口产品的验收工作，防止假冒伪劣产品。

第二十条 采购人申请支付进口产品采购资金时，应当出具政府采购进口产品相关材料和财政部门的审核文件。否则不予支付资金。

第四章 监督检查

第二十一条 采购人未获得财政部门采购进口产品核准，有下列情形之一的，责令限期改正，并给予警告，对直接负责的主管人员和其他直接责任人员，由其行政主管部门或者有关机关给予处分，并予通报：

（1）擅自采购进口产品的；

（2）出具不实申请材料的；

（3）违反本办法规定的其他情形。

第二十二条 采购代理机构在代理政府采购进口产品业务中有违法行为的，给予警告，可以按照有关法律规定并处罚款；情节严重的，可以依法取消其进行相关业务的资格；构成犯罪的，依法追究刑事责任。

第二十三条 供应商有下列情形之一的，处以采购金额5‰以上10‰以下的罚款，列入不良行为记录名单，在1－3年内禁止参加政府采购活动，有违法所得的，并处没收违法所得，情节严重的，由工商行政管理机关吊销营业执照；涉嫌犯罪的，移送司法机关处理：

（1）提供虚假材料谋取中标、成交的；

（2）采取不正当手段诋毁、排挤其他供应商的；

（3）与采购人、其他供应商或者采购代理机构恶意串通的；

（4）向采购人、采购代理机构行贿或者提供其他不正当利益的；

（5）在招标采购过程中与采购人进行协商谈判的；

（6）拒绝有关部门监督检查或者提供虚假情况的。

供应商有前款第（一）至（五）项情形之一的，中标、成交无效。

第二十四条 专家出具不实论证意见的，按照有关法律规定追究法律责任。

第五章 附 则

第二十五条 采购人采购进口产品的，应当同时遵守国家其他有关法律法规的规定。涉及进口机电产品招标投标的，应当按照国际招标有关办法执行。

第二十六条 本办法未作出规定的，按照政府采购有关规定执行。

第二十七条 涉及国家安全和秘密的项目不适用本办法。

第二十八条 本办法自印发之日起施行。

附：1. 政府采购进口产品申请表

2. 政府采购进口产品所属行业主管部门见

3. 政府采购进口产品专家论证意见

表1 **政府采购进口产品申请表**

申请单位	
申请文件名称	
申请文号	
采购项目名称	
采购项目金额	
采购项目所属项目名称	

续表

采购项目所属项目金额	
项目使用单位	
项目组织单位	
申请理由	 盖章 年　月　日

表 2　　政府采购进口产品所属行业主管部门意见

一、基本情况	
申请单位	
拟采购产品名称	
拟采购产品金额	
采购项目所属项目名称	
采购项目所属项目金额	
二、申请理由	
□1. 中国境内无法获取；	
□2. 无法以合理的商业条件获取；	
□3. 其他。	
原因阐述：	
三、进口产品所属行业主管部门意见 盖章 年　月　日	

表 3 **政府采购进口产品专家论证意见**

一、基本情况	
申请单位	
拟采购产品名称	
拟采购产品金额	
采购项目所属项目名称	
采购项目所属项目金额	
二、申请理由	
□1. 中国境内无法获取：	
□2. 无法以合理的商业条件获取：	
□3. 其他。	
原因阐述：	
三、专家论证意见	
专家签字	
年 月 日	

财政部关于政府采购进口产品管理有关问题的通知

2008 年 7 月 9 日　财办库〔2008〕248 号

各省、自治区、直辖市、计划单列市财政厅（局）、新疆生产建设兵团财务局，党中央有关部门办公厅（室），国务院各部委、各直属机构办公厅（室），全国人大常委会办公厅秘书局，全国政协办公厅机关事务管理局，高法院办公厅，高检院办公厅，有关人民团体办公厅（室）：

财政部于 2007 年 12 月印发了《政府采购进口产品管理办法》（财库〔2007〕119 号）。该办法印发后，各地采取措施贯彻落实，对规范政府部门采购进口产品行为发挥了积极作用。但在实际工作中，也反映了一些具体操作性问题，经与海关总署研究，现就进口产品采购中有关问题规定如下：

一、关于办法适用范围

根据《中华人民共和国政府采购法》的规定，财库〔2007〕119 号文件的适用范围为，各级国家机关、事业单位和团体组织使用财政性资金采购省级以上人民政府公布的政府集中采购目录以内或者采购限额标准以上的进口产品。

二、关于关境和海关特殊监管区域产品认定

根据《中华人民共和国海关法》（以下简称海关法）的规定，我国现行关境是指适用海关法的中华人民共和国行政管辖区域，不包括香港、澳门和台湾金马等单独关境地区。保税区、出口加工区、保税港区、珠澳跨境工业区珠海园区、中哈霍尔果斯国际边境合作中心中方配套区、综合保税区等区域，为海关特殊监管区域，这些区域

仅在关税待遇及贸易管制方面实施不同于我国关境内其他地区的特殊政策，但仍属于中华人民共和国关境内区域，由海关按照海关法实施监管．因此，凡在海关特殊监管区域内企业生产或加工（包括从境外进口料件）销往境内其他地区的产品，不作为政府采购项下进口产品。对从境外进入海关特殊监管区域，再经办理报关手续后从海关特殊监管区进入境内其他地区的产品，应当认定为进口产品。

三、关于已在境内多次流转进口产品认定

对经过多次流转、无法提供报关单证的产品，应按照以下方法进行查证：

（一）通过正常渠道进口的产品，无论在境内流转多少次，尽管中间商业环节没有保留进口报关单证，但通过层层倒推，最终可以找到进口代理商或者进口收货人，从而可以向海关查询进口报关记录。这种方法一般适用于生产设备、机械、汽车等大宗商品。

（二）通过走私违法方式进口的产品，由于未进行进口申报，不存在进口报关记录，因此，应当通过商品或者其包装上的原产地标识等其他证据来间接证明其为境外生产的产品。

四、关于行业主管部门意见

财库〔2007〕119 号文件规定的国家限制进口产品，是指商务部、发展改革委、科技部等部门制订的相关目录。采购人采购产品属于国家限制进口产品时，除需要向设区的市、自治州以上人民政府财政部门（以下简称财政部门）出具专家论证意见外，还要同时出具产品所属行业主管部门的意见，其中，产品属于国家限制进口的重大技术装备和重大产业技术的，应当出具发展改革委的意见；属于国家限制进口的重大科学仪器和装备的，应当出具科技部的意见。当采购人的行政主管部门也是采购产品所属行业主管部门时，以产品所属行业主管部门出具意见。当采购人的行政主管部门与采购产品所属行业主管部门不一致时，仍以产品所属行业主管部门出具的意见为有效意见。

五、关于采购执行问题

采购人采购进口产品时，必须在采购活动开始前向财政部门提出申请并获得财政部门审核同意后，才能开展采购活动。在采购活动开始前没有获得财政部门同意而开展采购活动的，视同为拒绝采购进口产品，应当在采购文件中明确作出不允许

进口产品参加的规定。未在采购文件中明确规定不允许进口产品参加的，也视为拒绝进口产品参加。采购活动组织开始后才报经财政部门审核同意的采购活动，属于违规行为。

财政部门审核同意购买进口产品的，应当在采购文件中明确规定可以采购进口产品，但如果因信息不对称等原因，仍有满足需求的国内产品要求参与采购竞争的，采购人及其委托的采购代理机构不得对其加以限制，应当按照公平竞争原则实施采购。

六、关于政府集中采购执行

对于实行协议供货的政府集中采购目录产品，集中采购机构在组织采购时，可以不限制进口产品入围，但采购人在采购入围进口产品前，需要报经财政部门审核同意。对于非协议供货的政府集中采购目录产品，采购人没有出具财政部门同意采购进口产品审核意见的，集中采购机构一律不得为其组织采购进口产品。

对于政府集中采购目录内的、采购量小且采购次数多的经常性产品，可以实行批量审核，即采购人向财政部门提出一揽子采购进口产品清单的申请、所需证明材料和采购计划，经财政部门审核同意后，在本年内随时按规定组织购买，无需再逐一申请报批。

七、关于论证专家问题

进口产品专家论证意见原则上由采购人自行组织，其论证专家应当是熟悉该产品，并且与采购人或采购代理机构没有经济和行政隶属等关系。因进口产品论证与采购文件评审不同，进口产品论证专家可以不从财政部门建立的专家库中抽取专家作为进口产品论证专家，凡从财政部门专家库中抽取的专家，应当告知被抽取专家其论证内容和相应的责任。财政部门应当制定相应的论证专家考核标准和监督办法，加强对论证专家的管理，确保论证意见科学准确，原则上不得承担或组织其专家论证工作。

八、关于资金支付问题

采购人向财政部门申请支付政府采购进口产品资金时，应当提供财政部门审核同意文件、采购合同和产品报关单等材料，以确保所采购的产品规格、数量金额等与审批或采购文件规定的一致，否则不予支付。

九、关于文件执行时间衔接

财库〔2007〕119号文件规定，自2007年12月27日印发之日起施行。对于在该日期前已经通过公开招标等方式确定采购货物涉及进口产品的，在该日期前采购程序已经启动或启动后采购项目经财政部门批准需重新招标或采用其他采购方式的，不需要办理进口产品审核手续。

财政部办公厅

2008年7月9日

国务院关于国家重大科研基础设施和大型科研仪器向社会开放的意见

2014年12月31日 国发〔2014〕70号

各省、自治区、直辖市人民政府，国务院各部委、各直属机构：

国家重大科研基础设施和大型科研仪器（以下称科研设施与仪器）是用于探索未知世界、发现自然规律、实现技术变革的复杂科学研究系统，是突破科学前沿、解决经济社会发展和国家安全重大科技问题的技术基础和重要手段。近年来，科研设施与仪器规模持续增长，覆盖领域不断拓展，技术水平明显提升，综合效益日益显现。同时，科研设施与仪器利用率和共享水平不高的问题也逐渐凸显出来，部分科研设施与仪器重复建设和购置，存在部门化、单位化、个人化的倾向，闲置浪费现象比较严重，专业化服务能力有待提高，科研设施与仪器对科技创新的服务和支撑作用没有得到充分发挥。为加快推进科研设施与仪器向社会开放，进一步提高科技资源利用效率，现提出以下意见。

一、总体要求

（一）指导思想。以邓小平理论、“三个代表”重要思想、科学发展观为指导，深入贯彻党的十八大和十八届二中、三中、四中全会精神，认真落实党中央和国务院的决策部署，围绕健全国家创新体系和提高全社会创新能力，通过深化改革和制度创新，加快推进科研设施与仪器向高校、科研院所、企业、社会研发组织等社会用户开放，实现资源共享，避免部门分割、单位独占，充分释放服务潜能，为科技创新和社会需求服务，为实施创新驱动发展战略提供有效支撑。

（二）主要目标。力争用三年时间，基本建成覆盖各类科研设施与仪器、统一规范、功能强大的专业化、网络化管理服务体系，科研设施与仪器开放共享制度、标准和机制更加健全，建设布局更加合理，开放水平显著提升，分散、重复、封闭、低效的问题基本解决，资源利用率进一步提高。

（三）基本原则。

制度推动。制定促进科研设施与仪器开放的管理制度和办法，明确管理部门和单位的责任，理顺开放运行的管理机制，逐步纳入法制化轨道，推动非涉密和无特殊规定限制的科研设施与仪器一律向社会开放。

信息共享。搭建统一的网络管理平台，实现科研设施与仪器配置、管理、服务、监督、评价的全链条有机衔接。

资源统筹。既要盘活存量，统筹管理，挖掘现有科研设施与仪器的潜力，促进利用效率最大化；又要调控增量，合理布局新增科研设施与仪器，以开放共享推动解决重复购置和闲置浪费的问题。

奖惩结合。建立以用为主、用户参与的评估监督体系，形成科研设施与仪器向社会服务的数量质量与利益补偿、后续支持紧密挂钩的奖惩机制。

分类管理。对于不同类型的科研设施与仪器，采取不同的开放方式，制定相应的管理制度、支撑措施及评价办法。

（四）适用范围。科研设施与仪器包括大型科学装置、科学仪器中心、科学仪器服务单元和单台套价值在50万元及以上的科学仪器设备等，主要分布在高校、科研院所和部分企业的各类重点实验室、工程（技术）研究中心、分析测试中心、野外科学观测研究站及大型科学设施中心等研究实验基地。其中，科学仪器设备可以分为分析仪器、物理性能测试仪器、计量仪器、电子测量仪器、海洋仪器、地球探测仪器、大气探测仪器、特种检测仪器、激光器、工艺试验仪器、计算机及其配套设备、天文仪器、医学科研仪器、核仪器、其他仪器等15类。

二、重点措施

（一）所有符合条件的科研设施与仪器都纳入统一网络平台管理。

科技部会同有关部门和地方建立统一开放的国家网络管理平台，并将所有符合条件的科研设施与仪器纳入平台管理。科研设施与仪器管理单位（以下简称管理单位）按照统一的标准和规范，建立在线服务平台，公开科研设施与仪器使用办法和使用情况，实时提供在线服务。管理单位的服务平台统一纳入国家网络管理平台，逐步形成跨部门、跨领域、多层次的网络服务体系。

管理单位建立完善科研设施与仪器运行和开放情况的记录，并通过国家网络管理平台，向社会发布科研设施与仪器开放制度及实施情况，公布科研设施与仪器分布、利用和开放共享情况等信息。

（二）按照科研设施与仪器功能实行分类开放共享。

对于大型科学装置、科学仪器中心，有关部门和管理单位要将向社会开放纳入日常运行管理工作。对于科学仪器服务单元和单台套价值在 50 万元及以上的科学仪器设备，科技行政主管部门要加强统筹协调，按不同专业领域或仪器功能，打破管理单位的界限，推动形成专业化、网络化的科学仪器服务机构群。对于单台套价值在 50 万元以下的科学仪器设备，可采取管理单位自愿申报、行政主管部门择优加入的方式，纳入国家网络管理平台管理。对于通用科学仪器设备，通过建设仪器中心、分析测试中心等方式，集中集约管理，促进开放共享和高效利用。对于拟新建设施和新购置仪器，应强化查重评议工作，并将开放方案纳入建设或购置计划。管理单位应当自科研设施与仪器完成安装使用验收之日起 30 个工作日内，将科研设施与仪器名称、规格、功能等情况和开放制度提交国家网络管理平台。

鼓励国防科研单位在不涉密条件下探索开展科研设施与仪器向社会开放服务。

对于利用科研设施与仪器形成的科学数据、科技文献（论文）、科技报告等科技资源，要根据各自特点采取相应的方式对外开放共享。开放共享情况要作为科技资源建设和科技计划项目管理考核的重要内容。

（三）建立促进开放的激励引导机制。

管理单位对外提供开放共享服务，可以按照成本补偿和非盈利性原则收取材料消耗费和水、电等运行费，还可以根据人力成本收取服务费，服务收入纳入单位预算，由单位统一管理。管理单位对各类科研设施与仪器向社会开放服务建立公开透明的成本核算和服务收费标准，行政主管部门要加强管理和监督。对于纳入国家网络管理平台统一管理、享受科教用品和科技开发用品进口免税政策的科学仪器设备，在符合监管条件的前提下，准予用于其他单位的科技开发、科学研究和教学活动。探索建立用户引导机制，鼓励共享共用。

统筹考虑和严格控制在新上科研项目中购置科学仪器设备。将优先利用现有科研设施与仪器开展科研活动作为各科研单位获得国家科技计划（专项、基金等）支持的重要条件。

鼓励企业和社会力量以多种方式参与共建国家重大科研基础设施，组建专业的科学仪器设备服务机构，促进科学仪器设备使用的社会化服务。

（四）建立科研设施与仪器开放评价体系和奖惩办法。

科技部会同有关部门建立评价制度，制定评价标准和办法，引入第三方专业评估机制，定期对科研设施与仪器的运行情况、管理单位开放制度的合理性、开放程度、服务质量、服务收费和开放效果进行评价考核。评价考核结果向社会公布，并作为科研设施与仪器更新的重要依据。对于通用科研设施与仪器，重点评价用户使用率、用户的反馈意见、有效服务机时、服务质量以及相关研究成果的产出、水平与贡献；对于专用科研设施与仪器，重点评价是否有效组织了高水平的设施应用专业团队以及相关研究成果的产出、水平与贡献。

管理单位应在满足单位科研教学需求的基础上，最大限度推进科研设施与仪器对外开放，不断提高资源利用率。对于科研设施与仪器开放效果好、用户评价高的管理单位，同级财政部门会同有关部门根据评价考核结果和财政预算管理的要求，建立开放共享后补助机制，调动管理单位开放共享积极性。对于不按规定如实上报科研设施与仪器数据、不按规定公开开放与利用信息、开放效果差、使用效率低的管理单位，科技行政主管部门会同有关部门在网上予以通报，限期整改，并采取停止管理单位新购仪器设备、在申报科技计划（专项、基金等）项目时不准购置仪器设备等方式予以约束。对于通用性强但开放共享差的科研设施与仪器，结合科技行政主管部门的评价考核结果，相关行政主管部门和财政部门可以按规定在部门内或跨部门无偿划拨，管理单位也可以在单位内部调配。科技行政主管部门、相关行政主管部门要建立投诉渠道，接受社会对科研设施与仪器调配的监督。

（五）加强开放使用中形成的知识产权管理。

用户独立开展科学实验形成的知识产权由用户自主拥有，所完成的著作、论文等发表时，应明确标注利用科研设施与仪器情况。加强网络防护和网络环境下数据安全管理，管理单位应当保护用户身份信息以及在使用过程中形成的知识产权、科学数据和技术秘密。

（六）强化管理单位的主体责任。

管理单位是科研设施与仪器向社会开放的责任主体，要强化法人责任，切实履行开放职责，自觉接受相关部门的考核评估和社会监督。要根据科研设施与仪器的类型和用户需求，建立相应的开放、运行、维护、使用管理制度，保障科研设施与仪器的良好运行与开放共享。要落实实验技术人员岗位、培训、薪酬、评价等政策。科学仪器设备集中使用的单位，要建立专业化的技术服务团队，不断提高实验技术水平和开放水平。

各行政主管部门要切实履行对管理单位开放情况的管理和监督职责，实施年度考核，把开放水平和结果作为年度考核的重要内容。

三、组织实施和进度安排

改革分阶段实施，在 2014 年科技部会同有关部门和地方启动现有科研设施与仪器的资源调查，摸清家底，建立科研设施与仪器资源数据库的基础上，逐步实现科研设施与仪器向社会开放的全覆盖。

2015 年，科技部会同有关部门充分利用现有全国大型科学仪器设备协作共用平台，启动统一开放的科研设施与仪器国家网络管理平台建设，年底前基本建立。遴选状态良好、管理制度健全、开放绩效突出并具有代表性的科研设施与仪器，先行开展向社会开放试点。制定管理单位服务平台的标准规范，制定并发布统一的评价办法，开展评价考核工作，财政部门会同有关部门建立开放共享后补助机制。完善科技部、财政部、教育部、中科院等相关部门对新购科学仪器设备的查重和联合评议机制。所有管理单位制定完善的开放制度，并在国家网络管理平台上发布。

2016 年，科技部会同有关部门和地方建成覆盖各类科研设施与仪器、统一规范、功能强大的专业化、网络化国家网络管理平台，将所有符合条件的科研设施与仪器纳入平台管理。所有管理单位按照统一的标准规范建成各自的服务平台，明确服务方式、服务内容、服务流程，纳入国家网络管理平台，形成跨部门、跨领域、多层次的网络服务体系。所有管理单位在国家网络管理平台上发布符合开放条件的科研设施与仪器开放清单和开放信息。

2017 年，科技行政主管部门对管理单位的科研设施与仪器向社会开放情况进行评价考核，并向社会公布评价考核结果。

国务院

2014 年 12 月 31 日

科技部办公厅关于印发《国家重大科研基础设施和大型科研仪器开放共享评价考核实施细则》的通知

2022 年 7 月 1 日　国科办基〔2022〕93 号

各有关单位：

为进一步落实《国务院关于国家重大科研基础设施和大型科研仪器向社会开放的意见》（国发〔2014〕70 号）和《国家重大科研基础设施和大型科研仪器开放共享管理办法》（国科发基〔2017〕289 号）的相关要求，规范国家重大科研基础设施和大型科研仪器开放共享评价考核和奖惩工作，科技部会同财政部制定了《国家重大科研基础设施和大型科研仪器开放共享评价考核实施细则》。现予以印发，请参照执行。

科技部办公厅

2022 年 7 月 1 日

国家重大科研基础设施和大型科研仪器开放共享评价考核实施细则

第一条　为加强和规范国家重大科研基础设施和大型科研仪器（以下简称“科研设施与仪器”）开放共享评价考核，发挥奖惩机制的激励引导作用，提高科研设施与仪器使用效益，根据《中华人民共和国科学技术进步法》《国务院关于国家重大科研基础设施和大型科研仪器向社会开放的意见》（国发〔2014〕70 号）《国家重大科研基础设施和大型科研仪器开放共享管理办法》等法律法规，制定本实施细则。

第二条 本细则所指科研设施与仪器，主要包括政府预算资金投入建设和购置的用于科学研究和技术开发活动的各类重大科研基础设施和单台套价值在50万元及以上的科学仪器设备。

第三条 科技部、财政部会同有关部门，按年度对中央级高等学校和科研院所等单位科研设施与仪器管理、运行以及开放共享总体情况进行评价考核，并向社会公布评价考核结果。具体工作委托国家科技基础条件平台中心承担。

第四条 充分发挥科研设施与仪器国家网络管理平台作用，实时、客观记录科研设施与仪器开放率、有效工作机时、对外服务机时等信息，为科学有效开展评价考核提供基础性支撑。

第五条 评价考核指标包括运行使用、共享服务和组织管理等3个一级指标和8个二级指标。

（一）组织管理情况

1. 科研仪器购置统筹管理。包括科研仪器购置论证机制建设情况、仪器集中集约化管理情况等。

2. 科研仪器开放率。已纳入平台开放仪器原值占可以用于共享的仪器的总原值比例。

3. 实验技术队伍建设。包括建立专业化的技术服务团队情况，对实验技术人员开放服务成效的考核和激励情况，实验技术人员职位职称晋升和职业发展体系建设情况，组织实验技术人员开展技术和安全培训、仪器功能开发情况等。

4. 在线服务平台建设。包括在线服务平台建设及对接国家网络管理平台情况、在线服务平台可预约仪器比例等。

（二）运行使用情况

1. 仪器运行机时。指科研仪器年平均有效工作机时。

2. 运行使用成效。包括支撑国家重大科研任务情况以及相关研究成果的产出、水平与贡献等。

（三）共享服务成效

1. 共享率。科研仪器年平均对外服务机时与年平均运行机时的比值。

2. 对外服务成效及用户评价。包括服务其他单位科研任务情况以及相关研究成果的产出、水平与贡献，用户评价情况等。

第六条 评价考核工作实行单位自评价和综合评价考核相结合的工作机制。在综合评价考核中，应充分利用科研设施与仪器国家网络管理平台记录的客观数据，确保考核结果真实有效。

第七条 科技部、财政部会同相关部门结合上一年度评价考核结果和各单位实际情况，确定年度评价考核单位范围，组织开展当年度评价考核工作。具体工作流程如下：

（一）发布通知文件。科技部、财政部联合发布评价考核通知，明确评价考核具体内容和要求。

（二）提交材料。被评价考核单位按照科技部、财政部联合发布评价考核通知要求，开展自评价，并依托科研设施与仪器国家网络管理平台提交自评价报告。

（三）集中审核。国家科技基础条件平台中心组织专家对各单位提交的自评价报告进行审核，并结合科研设施与仪器国家网络管理平台客观数据，对照评价考核指标体系进行综合评价打分。

（四）现场核查。在集中审核的基础上，对存在异常情况的单位，有针对性地开展现场核查，重点核查仪器运行使用记录等。

第八条 综合集中审核评分和现场核查情况，按照综合评分进行排序，并确定评价考核结果。考核结果分为优秀、良好、合格、较差等四档。

对于存在弄虚作假等违背科研诚信要求的，当年评为“较差”等次，取消相关单位一定期限参加评价考核资格，并按程序纳入科研诚信失信记录。

第九条 对考核结果为优秀和良好的单位给予后补助奖励，调动高校院所等单位开放共享积极性。

第十条 对考核结果为较差的单位进行通报批评，限期一年整改，整改完成后方可参加下一年度评价考核，并在下年度中央级科学事业单位改善科研条件专项、全国重点实验室建设、国家重点研发计划等项目中限制新购仪器。

第十一条 对连续两次评价考核结果为较差的单位，相关主管部门可根据需要，按相关规定对其通用性强但使用率比较低、开放共享差的科研仪器在部门内或跨部门无偿划拨，或由高校院所在单位内部调配。

第十二条 本细则由科技部负责解释。

附件：1. 科研设施与仪器开放共享自评报告（提纲）

2. 国家重大科研基础设施和大型科研仪器开放共享评价考核实施细则指标表

附件1

科研设施与仪器开放共享自评报告（提纲）

一、运行使用情况

重大科研基础设施和大型科研仪器基本信息，年度运行使用情况，支撑国家重大科技创新主要成效等。

二、共享服务成效

重大科研基础设施和大型科研仪器对法人单位以外的单位提供共享服务情况和收入情况（需提供服务收入记录清单），服务支撑外单位科技创新及产生的重要成果等。

三、组织管理情况

科研设施与仪器新建和新购统筹管理情况，应开放仪器数量，纳入国家网络管理平台开放仪器数量，在线服务平台与国家网络管理平台对接情况，仪器开放共享信息的完整性和准确性，实验队伍建设情况等。

附件2

国家重大科研基础设施和大型科研仪器开放共享评价考核实施细则指标表

一级指标	二级指标
组织管理情况（40分）	科研仪器购置统筹管理情况（10分）
	原值50万元以上仪器开放率（5分）
	实验技术队伍建设情况（10分）
	在线服务平台建设（15分）
运行使用情况（40分）	仪器年平均有效工作机时（20分）
	运行使用成效（20分）
共享服务成效（20分）	共享率（10分）
	对外服务成效及用户评价（10分）

＊指标体系和评分标准可根据工作情况进行调整

科技部　发展改革委　财政部关于印发《国家重大科研基础设施和大型科研仪器开放共享管理办法》的通知

2017 年 9 月 20 日　国科发基〔2017〕289 号

各省、自治区、直辖市及计划单列市科技厅（委、局）、财政厅（局），新疆生产建设兵团科技局、财务局，国务院有关部委、有关直属机构，有关单位：

为落实《国务院关于国家重大科研基础设施和大型科研仪器向社会开放的意见》（国发〔2014〕70 号），推动国家重大科研基础设施和大型科研仪器的开放共享，科技部、发展改革委、财政部三部门共同研究制定了《国家重大科研基础设施和大型科研仪器开放共享管理办法》。现印发你们，请遵照执行。

科技部
发展改革委
财政部
2017 年 9 月 20 日

国家重大科研基础设施和大型科研仪器开放共享管理办法

第一章　总　　则

第一条　为推动国家重大科研基础设施和大型科研仪器的开放共享，充分释放服务潜能，提高使用效率，根据《中华人民共和国科学技术进步法》、《国务院关于国家重大科研基础设施和大型科研仪器向社会开放的意见》（国发〔2014〕70 号），制定本办法。

第二条 本办法所指的国家重大科研基础设施和大型科研仪器（以下简称科研设施与仪器）主要包括政府预算资金投入建设和购置的用于科学研究和技术开发活动的各类重大科研基础设施和单台套价值在50万元及以上的科学仪器设备。

对于单台套价值在50万元以下的科学仪器设备，由管理单位自愿申报，主管部门择优纳入国家网络管理平台。

第三条 本办法所称管理单位是指科研设施与仪器所依托管理的法人单位。

本办法适用于中央级研究开发机构、高等院校以及其他机构。

第四条 本规定所称的开放共享，是指管理单位将科研设施与仪器向社会开放，由其他单位、个人用于科学研究和技术开发的行为。

第五条 科研设施与仪器原则上都应当对社会开放共享，为其他高校、科研院所、企业、社会研发组织以及个人等社会用户提供服务，尤其要为创新创业、中小微企业发展提供支撑保障。法律法规另有特殊规定的除外。

第六条 免税进口仪器设备纳入国家网络管理平台对外开放，应符合国家的有关规定。对于纳入国家网络管理平台统一管理、符合支持科技创新进口税收政策规定的免税进口的科学仪器设备，在符合监管的条件下准予用于其他单位的科学研究、科技开发和教学活动，未经海关审核同意不得擅自转让、移作他用或者进行其他处置。

第二章 管理职责

第七条 科技部牵头负责科研设施与仪器开放共享的宏观管理与综合协调，其主要职责是：

（1）按国务院要求协调、推动和监督科研设施与仪器开放共享工作；

（2）研究制定科研设施与仪器开放共享的政策措施和标准规范；

（3）会同有关部门建立和管理科研设施与仪器国家网络管理平台，指导管理单位建立在线服务平台；

（4）会同有关部门建立考核评价制度，组织开展科研设施与仪器开放共享评价考核工作。

第八条 财政部协同推动科研设施与仪器的开放共享工作，主要职责是：

（1）会同有关部门开展科研设施与仪器开放共享的评价考核工作；

（2）依据评价考核结果对科研设施与仪器开放效果好、用户评价高的管理单位通过后补助机制予以支持；

（3）会同有关部门，根据评价考核结果，推动科研设施与仪器优化配置。

第九条 国务院有关部门（以下简称主管部门）在推动科研设施与仪器开放共享的主要职责是：

（1）建立健全本部门科研设施与仪器开放共享的政策和规章制度，鼓励直属研究机构、高等院校及其他单位分享仪器设备、实验平台等创新资源。

（2）审核所属管理单位报送至国家网络管理平台的科研设施与仪器相关信息，监督指导本部门所属管理单位的开放共享工作。

（3）组织开展本部门所属管理单位开放共享的评价考核。按照国家开放共享评价考核工作的要求，组织做好相关工作。

第十条 管理单位是科研设施与仪器开放共享的责任主体，主要职责是：

（1）落实国家有关政策要求，制定本单位科研设施与仪器开放共享规章制度；

（2）建立健全科研设施与仪器开放共享的激励和约束机制；

（3）建设科研设施与仪器开放共享在线服务平台；

（4）加强实验技术人才队伍建设；

（5）配合有关部门做好开放共享评价考核工作，并接受社会监督。

第三章 开放共享

第十一条 管理单位应当自科研设施与仪器完成安装使用验收之日起30个工作日内，将符合开放条件的科研设施与仪器的有关信息按照统一标准及要求报送至国家网络管理平台。报送采取网络上传方式，需经上级行政主管部门审核。

第十二条 管理单位应按照统一的标准规范建立在线服务平台，把科研设施与仪器纳入国家网络管理平台统一管理，公布科研设施与仪器目录、开放共享管理制度、服务方式、服务内容、服务流程、收费标准等信息，实时提供在线服务。

科研设施与仪器不纳入国家网络管理平台应有正当理由，由管理单位提出申请，经主管部门审核同意后，报科技部备案。

第十三条 管理单位提供开放共享服务，应当与用户订立合同，约定服务内容、知识产权归属、保密要求、损害赔偿、违约责任、争议处理等事项。

第十四条 管理单位提供开放共享服务可按照成本补偿和非盈利原则收取费用，开放服务收费标准应采取适当方式向社会公布。行政事业单位相关收入按国有资产有偿使用收入有关规定执行。

第十五条 管理单位要建立完善的科研设施与仪器运行和开放情况记录，每季度向国家网络管理平台报送一次。报送方式和流程参照第十一条规定办理。

第十六条 管理单位应建立和稳定高水平专业化的实验技术队伍，在岗位设置、业务培训、薪酬待遇、职称晋升和评价考核等方面实行富有激励性的政策措施。

第十七条 管理单位应当建立知识产权管理工作机制，保护科研设施与仪器用户身份信息及在使用过程中形成的知识产权和科学数据。

用户独立开展科学实验形成的知识产权由用户自主拥有；用户与管理单位联合开展科学实验形成的知识产权，双方应事先约定知识产权归属或比例。

用户使用科研设施与仪器形成的著作、论文等发表时，应明确标注利用科研设施与仪器情况。

第四章　考核和奖惩

第十八条　科技部会同相关部门按照分类、分级、分步的原则，制定考核标准和办法，组织实施科研设施与仪器开放共享评价考核工作，在国家网络管理平台上公布考核结果。

第十九条　评价考核应按照科研设施与仪器不同类型特点制定相应的考核指标，实施分类考核。国家重大科技基础设施的考核要符合《国家重大科技基础设施管理办法》的有关规定。

第二十条　评价考核采取试点先行、分步实施的方式组织开展。选择科研仪器多、大型仪器集中、开放共享需求大的管理单位先行考核，在取得经验的基础上逐步推开。

第二十一条　财政部会同有关部门，根据评价考核结果和财政预算管理的要求，对开放服务效果好、用户评价高的管理单位，安排后补助经费予以支持，调动管理单位开放共享积极性。

考核结果应作为科研设施与仪器建设和配置的依据。有关部门要结合考核结果和仪器设备资产存量情况，对拟新建设施和新购置仪器开展查重评议工作，避免资源重复建设。

第二十二条　利用政府预算资金购置大型科学仪器、设备后，不履行大型科学仪器、设备等科学技术资源共享使用义务的，由有关主管部门责令改正，对直接负责的主管人员和其他直接责任人员依法给予处分。

第二十三条　对于使用效率低、开放效果差、考核结果较差的管理单位，科技部会同有关部门将给予警告、公开通报并责令其限期整改；并视情节采取核减管理单位修缮购置资金、在申报科技计划（专项、基金）项目时不准购置仪器设备等措施予以约束。

对于通用性强但使用率比较低、开放共享差的科研设施与仪器，可以按规定在部门内或跨部门无偿划拨，管理单位也可以在单位内部调配。

第五章　附　　则

第二十四条　本办法由科技部负责解释。

第二十五条　有关部门按照本办法结合实际制定或修订相关管理规定和实施细则。地方可参照本办法执行。

第二十六条　本办法自公布之日起施行。

财政部　科技部关于印发《中央级新购大型科研仪器设备查重评议管理办法》的通知

2019年1月8日　财科教〔2019〕1号

各有关部门（单位）：

为规范中央级新购大型科研仪器设备查重评议工作，减少重复浪费，促进资源共享，提高财政资金的使用效益，依据《国务院关于国家重大科研基础设施和大型科研仪器向社会开放的意见》（国发〔2014〕70号）等规定，财政部会同科技部研究制定了《中央级新购大型科研仪器设备查重评议管理办法》，现印发你们，请遵照执行。

附件：中央级新购大型科研仪器设备查重评议管理办法

财政部科技部

2019年1月8日

附件

中央级新购大型科研仪器设备查重评议管理办法

第一条　为规范中央级新购大型科研仪器设备查重评议工作，减少重复浪费，促进资源共享，提高财政资金的使用效益，依据《国务院关于国家重大科研基础设施和大型科研仪器向社会开放的意见》（国发〔2014〕70 号）等规定，对中央和地方所属高等院校、科研院所及其他科研机构利用中央财政资金申请购置大型科研仪器设备实施查重评议，特制定本办法。

第二条 本办法所称“大型科研仪器设备”是指利用中央财政资金购置的单台（套）价格在 200 万元人民币及以上，用于科学研究、技术开发及其他科技活动的科研仪器设备。

“查重评议”是指有关单位申请购置大型科研仪器设备预算时，提请负责审核批复仪器设备购置事项预算的部门或单位（以下简称组织查重部门）按本办法规定对新购大型科研仪器设备的学科相关性、必要性、合理性等进行评议，从源头上避免仪器设备重复购置，提高利用效率。

第三条 有关单位申请购置大型科研仪器经费预算时，需提请组织查重部门进行查重评议并提交购置申请报告。购置申请报告主要内容包括：拟购仪器设备基本情况、购置的必要性以及本单位同类仪器设备保有和运行开放情况等（概要模版附后）。

第四条 组织查重部门是查重评议工作的责任主体，负责自行组织或委托第三方机构利用重大科研基础设施和大型科研仪器国家网络管理平台中仪器设备数据和相关信息开展，并将查重评议结果作为批准新购大型科研仪器设备事项的重要依据。

组织查重部门要改进服务和管理，统筹做好与项目评审、预算审核等工作的衔接。

第五条 查重评议的主要内容包括：

（一）申购单位相关学科发展和承担科研任务需要购置仪器设备的必要性。

（二）申购单位及所在地区（一般指所在的直辖市、省会城市或地级市，下同）同类仪器设备的保有情况（包括分布情况、共享情况、利用情况及年平均有效机时）。

（三）申购仪器设备功能及相关技术指标的先进性、适用性、合理性。

（四）申购单位实验队伍支撑情况。

（五）申购单位物理条件（安置地点、水电环境等）支撑情况。

第六条 查重评议的原则包括：

符合下列条件之一的建议购置：

（一）申购单位及所在地区无同类仪器设备或有同类仪器设备但其功能无法满足当前研究需要。

（二）申购单位及所在地区虽有同类设备但机时饱满（原则上年平均机时达 1200 小时以上），无法满足当前研究需要。

（三）申购单位及所在地区虽有同类仪器设备，但由于实验性质和条件所限不适合共享。

（四）申购仪器设备为在线仪器设备或对已有设备的配套和升级改造等。

具有下述情况之一的不建议购置：

（一）申购单位及本地区现存同类仪器设备较多且功能可以满足当前研究需要，可以通过共享支撑当前研究（一般按照现有共享仪器设备利用机时不足1200小时来判断）。

（二）申购仪器设备与本项目的研究方向不符。

（三）对申购仪器设备刻意拆分、打包或未使用规范名称。

（四）申购单位缺乏合适的专职/兼职实验管理人员、仪器设备操作人员。

第七条 组织查重部门自行开展查重评议的，要根据本办法制定具体的操作办法；采取委托第三方评议机构开展的，应要求第三方评议机构根据本办法制定具体的操作办法，充分利用信息化手段，遴选符合条件的专家，公平、公正、高效地开展评议工作。

第八条 组织查重部门应将查重评议的结果，及时反馈有关单位。

第九条 有关单位对查重评议结果有异议的，应提请组织查重部门进行研究并提出处理意见。

第十条 财政部会同科技部等负责查重评议制度设计，推进完善国家网络平台管理，对组织查重部门、第三方评议机构等开展查重评议情况进行监督指导。

第十一条 对有关单位提交虚假材料申购仪器设备等行为、组织查重部门未按规定开展查重评议等行为，以及第三方评议机构徇私舞弊等行为，财政部将会同有关部门，采取扣减仪器设备购置预算、计入法人单位科研严重失信行为记录等方式，予以惩戒。

第十二条 为应对应急突发事件需购置大型科研仪器设备的，可不进行查重评议。涉及国防领域大型科研仪器设备购置，不适用本办法。购置单台（套）价格在200万元人民币以下的，有关单位要合理统筹利用仪器设备资源，减少重复购买，提高资源和资金利用效率。

第十三条 本办法由财政部负责解释。

第十四条 本办法自2019年1月1日起施行，《中央级新购大型科学仪器设备联合评议工作管理办法（试行）》（财教〔2004〕33号）同时废止。

附：大型科研仪器设备购置申请报告（概要模版）

大型科研仪器设备购置申请报告

（概要模版）

一、科研仪器设备基本信息。主要包括：名称、型号、功能、产地国别、数量、单价、经费预算和来源、采购方式以及供货来源等。

二、科研仪器设备购置必要性。主要包括：该仪器设备适用的科研领域和对当前科研工作的作用。

三、本单位现有同类大型科研仪器设备使用管理情况。主要包括：本单位现有同类仪器设备的购置年代、型号、原值、使用情况（含年平均有效机时、开放共享、平均报废时间等）以及本单位科研仪器设备运维保障情况等。

四、本单位现有实验队伍支撑情况。主要包括：本单位配备专职/兼职实验管理人员和仪器设备操作人员的总人数、资质状况、日平均有效工作时长、培训学习情况等。

五、开放共享方案。主要包括：本单位对于拟购置大型科研仪器设备开放共享的有关安排。

财政部关于完善中央单位政府采购预算管理和中央高校、科研院所科研仪器设备采购管理有关事项的通知

2016年11月10日 财库〔2016〕194号

党中央有关部门，国务院各部委、各直属机构，全国人大常委会办公厅，全国政协办公厅，高法院，高检院，各民主党派中央，有关人民团体，中央国家机关政府采购中心，中共中央直属机关采购中心，全国人大机关采购中心，各省、自治区、直辖市、计划单列市财政厅（局）：

为进一步完善中央单位政府采购预算管理，落实中共中央办公厅、国务院办公厅《关于进一步完善中央财政科研项目资金管理等政策的有关意见》有关中央高校、科研院所科研仪器设备采购管理的要求，现将有关事项通知如下：

一、完善中央单位政府采购预算管理

全面完整编制政府采购预算是加强政府采购管理的重要基础。中央单位应随部门预算编制一并编制政府采购预算。预算执行中部门预算资金调剂（包括追加、追减或调整结构）需要明确政府采购预算的，应按部门预算调剂的有关程序和规定一并办理，由主管预算单位报财政部（部门预算管理司）审核批复。

除部门预算资金调剂情形外，中央单位预算执行中预算支出总金额不变但需要单独调剂政府采购预算的类别（货物、工程、服务）和金额，以及使用非财政拨款资金采购需要明确政府采购预算的，由主管预算单位报财政部（国库司）备案。备案文件中应当载明中央单位名称、预算项目名称及编码、采购项目名称以及政府采购预算的类别、金额和调剂原因等项目基本情况说明。备案由主管预算单位组织在现行的“政

府采购计划管理系统”（以下简称采购计划系统）中录入政府采购预算，并上传备案文件的电子扫描件。录入的政府采购预算作为中央单位编报政府采购计划、申请变更政府采购方式和采购进口产品的依据。

中央单位应准确区分不同类型，根据采购项目情况据实进行政府采购预算的报批和备案管理，不得随意调减政府采购预算以规避政府采购和公开招标。

二、完善中央高校、科研院所科研仪器设备采购管理

（一）中央高校、科研院所可自行采购科研仪器设备。

中央高校、科研院所可自行组织或委托采购代理机构采购各类科研仪器设备，采购活动应按照政府采购法律制度规定执行。

（二）对中央高校、科研院所采购进口科研仪器设备实行备案制管理。

中央高校、科研院所采购进口科研仪器设备，应按规定做好专家论证工作，参与论证的专家可自行选定，专家论证意见随采购文件存档备查。中央高校、科研院所通过采购计划系统对采购进口科研仪器设备进行备案，可单次或分次批量在采购计划系统“中央高校、科研院所科研仪器设备进口”模块中编报采购计划。

（三）简化中央高校、科研院所科研仪器设备变更政府采购方式审批流程。

中央高校、科研院所达到公开招标数额标准的科研仪器设备采购项目需要采用公开招标以外采购方式的，申请变更政府采购方式时可不再提供单位内部会商意见，但应将单位内部会商意见随采购文件存档备查。中央高校、科研院所申请变更政府采购方式时可注明“科研仪器设备”，财政部将予以优先审批。申请变更为单一来源采购方式的专业人员论证和审核前公示，以及提交一揽子变更申请等工作，按《中央预算单位变更政府采购方式审批管理办法》（财库〔2015〕36 号）的规定执行。

（四）中央高校、科研院所可自行选择科研仪器设备评审专家。

中央高校、科研院所科研仪器设备采购，可在政府采购评审专家库外自行选择评审专家。自行选择的评审专家与供应商有利害关系的，应严格执行回避有关规定。评审活动完成后，中央高校、科研院所应在评审专家名单中对自行选定的评审专家进行标注，并随同中标、成交结果一并公告。

（五）加强对科研仪器设备采购的内部控制管理。

中央高校、科研院所应按照《财政部关于加强政府采购活动内部管理的指导意见》（财库〔2016〕99 号）的规定，进一步完善内部管理规定，加强科研仪器设备采购的内控管理，严格执行政府采购相关规定，主动公开政府采购相关信息，做到科研仪器设备采购的全程公开、透明、可追溯。

本通知自2017年1月1日起开始执行。

各地区可参照本通知精神，结合实际，完善相关管理规定。

财政部

2016年11月10日

（五）节能产品

国务院办公厅关于建立政府强制采购节能产品制度的通知

2007年7月30日　国办发〔2007〕51号

各省、自治区、直辖市人民政府，国务院各部委、各直属机构：

《国务院关于加强节能工作的决定》（国发〔2006〕28号）和《国务院关于印发节能减排综合性工作方案的通知》（国发〔2007〕15号）提出，为切实加强政府机构节能工作，发挥政府采购的政策导向作用，建立政府强制采购节能产品制度，在积极推进政府机构优先采购节能（包括节水）产品的基础上，选择部分节能效果显著、性能比较成熟的产品，予以强制采购。经国务院同意，现就有关问题通知如下：

一、充分认识建立政府强制采购节能产品制度的重要意义

近年来，各级国家机关、事业单位和团体组织（以下统称政府机构）在政府采购活动中，积极采购、使用节能产品，大大降低了能耗水平，对在全社会形成节能风尚起到了良好的引导作用。同时也要看到，由于认识不够到位，措施不够配套，工作力度不够等原因，在一些地区和部门，政府机构采购节能产品的比例还比较低。目前，政府机构人均能耗、单位建筑能耗均高于社会平均水平，节能潜力较大，有责任、有义务严格按照规定采购节能产品，模范地做好节能工作。建立健全和严格执行政府强制采购节能产品制度，是贯彻落实《中华人民共和国政府采购法》以及国务院加强节能减排工作要求的有力措施，不仅有利于降低政府机构能耗水平，节约财政资金，而且有利于促进全社会做好节能减排工作。从短期看，使用节能产品可能会增加一次性投入，但从长远的节能效果看，经济效益是明显的。各地区、各部门和有关单位要充

分认识政府强制采购节能产品的重要意义，增强执行制度的自觉性，采取措施大力推动政府采购节能产品工作。

二、明确政府强制采购节能产品的总体要求

各级政府机构使用财政性资金进行政府采购活动时，在技术、服务等指标满足采购需求的前提下，要优先采购节能产品，对部分节能效果、性能等达到要求的产品，实行强制采购，以促进节约能源，保护环境，降低政府机构能源费用开支。建立节能产品政府采购清单管理制度，明确政府优先采购的节能产品和政府强制采购的节能产品类别，指导政府机构采购节能产品。

采购单位应在政府采购招标文件（含谈判文件、询价文件）中载明对产品的节能要求、对节能产品的优惠幅度，以及评审标准和方法等，以体现优先采购的导向。拟采购产品属于节能产品政府采购清单规定必须强制采购的，应当在招标文件中明确载明，并在评审标准中予以充分体现。同时，采购招标文件不得指定特定的节能产品或供应商，不得含有倾向性或者排斥潜在供应商的内容，以达到充分竞争、择优采购的目的。

三、科学制定节能产品政府采购清单

节能产品政府采购清单由财政部、发展改革委负责制订。列入节能产品政府采购清单中的产品由财政部、发展改革委从国家采信的节能产品认证机构认证的节能产品中，根据节能性能、技术水平和市场成熟程度等因素择优确定，并在中国政府采购网、发展改革委门户网、中国节能节水认证网等媒体上定期向社会公布。

优先采购的节能产品应该符合下列条件：一是产品属于国家采信的节能产品认证机构认证的节能产品，节能效果明显；二是产品生产批量较大，技术成熟，质量可靠；三是产品具有比较健全的供应体系和良好的售后服务能力；四是产品供应商符合政府采购法对政府采购供应商的条件要求。

在优先采购的节能产品中，实行强制采购的按照以下原则确定：一是产品具有通用性，适合集中采购，有较好的规模效益；二是产品节能效果突出，效益比较显著；三是产品供应商数量充足，一般不少于5家，确保产品具有充分的竞争性，采购人具有较大的选择空间。

财政部、发展改革委要根据上述要求，在近几年开展的优先采购节能产品工作的基础上，抓紧修订、公布新的节能产品政府采购清单，并组织好节能产品采购工作。

四、规范节能产品政府采购清单管理

节能产品政府采购清单是实施政府优先采购和强制采购的重要依据，财政部、发展改革委要建立健全制定、公布和调整机制，做到制度完备、范围明确、操作规范、方法科学，确保政府采购节能产品公开、公正、公平进行。要对节能产品政府采购清单实行动态管理，定期调整。建立健全专家咨询论证、社会公示制度。采购清单和调整方案正式公布前，要在中国政府采购网等指定的媒体上对社会公示，公示时间不少于15个工作日。对经公示确实不具备条件的产品，不列入采购清单。建立举报制度、奖惩制度，明确举报方式、受理机构和奖惩办法，接受社会监督。

五、加强组织领导和督促检查

各有关部门要按照职责分工，明确责任和任务，确保政府强制采购节能产品制度的贯彻落实。财政部、发展改革委要加强与有关部门的沟通协商，共同研究解决政策实施中的问题。要完善节能产品政府采购信息发布和数据统计工作，及时掌握采购工作进展情况。要加强对节能产品政府采购工作的指导，积极开展调查研究，多方听取意见，及时发现问题，研究提出对策。要督促进入优先采购和强制采购产品范围的生产企业建立健全质量保证体系，认真落实国家有关产品质量、标准、检验等要求，确保节能等性能和质量持续稳定。质检总局要加强对节能产品认证机构的监管，督促其认真履行职责，提高认证质量和水平。国家采信的节能产品认证机构和相关检测机构应当严格按照国家有关规定，客观公正地开展认证和检测工作，并对纳入政府优先采购和强制采购清单的节能产品实施有效的跟踪调查。对于不能持续符合认证要求的，认证机构应当暂停生产企业使用直至撤销认证证书，并及时报告财政部和发展改革委。

各级财政部门要切实加强对政府采购节能产品的监督检查，加大对违规采购行为的处罚力度。对未按强制采购规定采购节能产品的单位，财政部门要及时采取有效措施责令其改正。拒不改正的，属于采购单位责任的，财政部门要给予通报批评，并不得拨付采购资金；属于政府采购代理机构责任的，财政部门要依法追究相关单位和责任人员的责任。

国务院办公厅
2007年7月30日

财政部 发展改革委关于印发节能产品政府采购品目清单的通知

2019 年 4 月 2 日 财库〔2019〕19 号

有关中央预算单位，各省、自治区、直辖市、计划单列市财政厅（局）、发展改革委（经信委、工信委、工信厅、经信局），新疆生产建设兵团财政局、发展改革委：

根据《财政部 发展改革委 生态环境部 市场监管总局关于调整优化节能产品环境标志产品政府采购执行机制的通知》（财库〔2019〕9 号），我们研究制定节能产品政府采购品目清单，现印发给你们，请遵照执行。

附件：节能产品政府采购品目清单（略）

（扫描下方二维码查阅或下载）

财政部 发展改革委

2019 年 4 月 2 日

财政部　生态环境部关于印发环境标志产品政府采购品目清单的通知

2019 年 3 月 29 日　财库〔2019〕18 号

有关中央预算单位，各省、自治区、直辖市、计划单列市财政厅（局）、生态环境厅（局），新疆生产建设兵团财政局、环境保护局：

根据《财政部　发展改革委　生态环境部　市场监管总局关于调整优化节能产品环境标志产品政府采购执行机制的通知》（财库〔2019〕9 号），我们研究制定了环境标志产品政府采购品目清单，现印发给你们，请遵照执行。

附件：环境标志产品政府采购品目清单（略）

（扫描下方二维码查阅或下载）

财政部　生态环境部

2019 年 3 月 29 日

财政部 发展改革委 生态环境部 市场监管总局关于调整优化节能产品、环境标志产品政府采购执行机制的通知

2019年2月1日 财库〔2019〕9号

有关中央预算单位，各省、自治区、直辖市、计划单列市财政厅（局）、发展改革委（经信委、工信委、工信厅、经信局）、生态环境厅（局）、市场监管部门，新疆生产建设兵团财政局、发展改革委、工信委、环境保护局、市场监管局：

为落实“放管服”改革要求，完善政府绿色采购政策，简化节能（节水）产品、环境标志产品政府采购执行机制，优化供应商参与政府采购活动的市场环境，现就节能产品、环境标志产品政府采购有关事项通知如下：

一、对政府采购节能产品、环境标志产品实施品目清单管理。财政部、发展改革委、生态环境部等部门根据产品节能环保性能、技术水平和市场成熟程度等因素，确定实施政府优先采购和强制采购的产品类别及所依据的相关标准规范，以品目清单的形式发布并适时调整。不再发布“节能产品政府采购清单”和“环境标志产品政府采购清单”。

二、依据品目清单和认证证书实施政府优先采购和强制采购。采购人拟采购的产品属于品目清单范围的，采购人及其委托的采购代理机构应当依据国家确定的认证机构出具的、处于有效期之内的节能产品、环境标志产品认证证书，对获得证书的产品实施政府优先采购或强制采购。

三、逐步扩大节能产品、环境标志产品认证机构范围。根据认证机构发展状况，市场监管总局商有关部门按照试点先行、逐步放开、有序竞争的原则，逐步增加实施节能产品、环境标志产品认证的机构。加强对相关认证市场监管力度，推行“双随机、一公开”监管，建立认证机构信用监管机制，严厉打击认证违法行为。

四、发布认证机构和获证产品信息。市场监管总局组织建立节能产品、环境标志

产品认证结果信息发布平台，公布相关认证机构和获证产品信息。节能产品、环境标志产品认证机构应当建立健全数据共享机制，及时向认证结果信息发布平台提供相关信息。中国政府采购网（www. ccgp. gov. cn）建立与认证结果信息发布平台的链接，方便采购人和采购代理机构查询、了解认证机构和获证产品相关情况。

五、加大政府绿色采购力度。对于已列入品目清单的产品类别，采购人可在采购需求中提出更高的节约资源和保护环境要求，对符合条件的获证产品给予优先待遇。对于未列入品目清单的产品类别，鼓励采购人综合考虑节能、节水、环保、循环、低碳、再生、有机等因素，参考相关国家标准、行业标准或团体标准，在采购需求中提出相关绿色采购要求，促进绿色产品推广应用。

六、本通知自2019年4月1日起执行。《财政部　生态环境部关于调整公布第二十二期环境标志产品政府采购清单的通知》（财库〔2018〕70号）和《财政部　国家发展改革委关于调整公布第二十四期节能产品政府采购清单的通知》（财库〔2018〕73号）同时停止执行。

财政部　发展改革委　生态环境部　市场监管总局

2019年2月1日

（六）扶贫与乡村振兴

国务院办公厅关于深入开展消费扶贫助力打赢脱贫攻坚战的指导意见

2018年12月30日　国办发〔2018〕129号

各省、自治区、直辖市人民政府，国务院各部委、各直属机构：

消费扶贫是社会各界通过消费来自贫困地区和贫困人口的产品与服务，帮助贫困人口增收脱贫的一种扶贫方式，是社会力量参与脱贫攻坚的重要途径。大力实施消费扶贫，有利于动员社会各界扩大贫困地区产品和服务消费，调动贫困人口依靠自身努力实现脱贫致富的积极性，促进贫困人口稳定脱贫和贫困地区产业持续发展。近年来，有关地区和部门在消费扶贫方面积极探索实践，积累了一些有益的经验和做法，需要进一步加强引导和完善政策。为贯彻落实《中共中央　国务院关于打赢脱贫攻坚战三年行动的指导意见》，深入开展消费扶贫，助力打赢脱贫攻坚战，经国务院同意，现提出如下意见。

一、总体要求

以习近平新时代中国特色社会主义思想为指导，全面贯彻党的十九大和十九届二中、三中全会精神，紧紧围绕统筹推进“五位一体”总体布局和协调推进“四个全面”战略布局，深入落实习近平总书记关于扶贫工作的重要论述，按照党中央、国务院决策部署，坚持新发展理念，坚持精准扶贫精准脱贫基本方略，围绕促进贫困人口稳定脱贫和贫困地区长远发展，坚持政府引导、社会参与、市场运作、创新机制，着力激发全社会参与消费扶贫的积极性，着力拓宽贫困地区农产品销售渠道，着力提升贫困地区农产品供应水平和质量，着力推动贫困地区休闲农业和乡村旅游加快发展，在生产、流通、消费各环节打通制约消费扶贫的痛点、难点和堵点，推动贫困地区产品和服务融入全国大市场，为助力打赢脱贫攻坚战、推进实施乡村振兴战略作出积极贡献。

二、动员社会各界扩大贫困地区产品和服务消费

（一）推动各级机关和国有企事业单位等带头参与消费扶贫。将消费扶贫纳入中央单位定点扶贫和地方各级结对帮扶工作内容。鼓励各级机关、国有企事业单位、金融机构、大专院校、城市医疗及养老服务机构等在同等条件下优先采购贫困地区产品，优先从贫困地区聘用工勤人员，引导干部职工自发购买贫困地区产品和到贫困地区旅游。鼓励各级工会按照有关规定组织职工到贫困地区开展工会活动，在同等条件下优先采购贫困地区产品。组织开展贫困地区农产品定向直供直销机关、学校、医院和企事业单位食堂活动。结合军队帮扶工作，鼓励有关部队特别是驻贫困地区部队积极参与消费扶贫。（扶贫办、中央统战部、中央和国家机关工委、教育部、卫生健康委、人民银行、国资委、国管局、中央军委政治工作部、全国总工会等和各省级人民政府负责）

（二）推动东西部地区建立消费扶贫协作机制。将消费扶贫纳入东西部扶贫协作和对口支援政策框架。帮扶省市要组织引导本地区农产品批发市场、商贸流通企业和机关、学校、医院、企事业单位等与贫困地区建立长期稳定的供销关系。受帮扶省市要主动对接帮扶省市农产品需求，依托当地特色资源禀赋，调整优化农业产业结构，提升农产品质量、扩大供给规模，积极吸引企业投资兴办农产品深加工企业，推动贫困地区农产品就地加工，带动贫困人口增收脱贫。建立和完善东西部地区劳务精准对接机制，积极购买贫困地区劳务，帮助贫困劳动力就业。（扶贫办、发展改革委、人力资源社会保障部、商务部等和各有关省级人民政府负责）

（三）动员民营企业等社会力量参与消费扶贫。将消费扶贫纳入“万企帮万村”精准扶贫行动，鼓励民营企业采取“以购代捐”、“以买代帮”等方式采购贫困地区产品和服务，帮助贫困人口增收脱贫。发挥行业协会、商会、慈善机构等社会组织作用，组织动员爱心企业、爱心人士等社会力量参与消费扶贫。依托“中国农民丰收节”、中国社会扶贫网等平台，针对贫困地区策划相关活动，推动参与消费扶贫各类主体的需求与贫困地区特色产品供给信息精准对接，推广乡村特色美食和美景。在国家扶贫日前后积极开展消费扶贫活动，发出倡议，引导全社会参与。（全国工商联、发展改革委、民政部、农业农村部、扶贫办、全国总工会、共青团中央、全国妇联等和各省级人民政府负责）

三、大力拓宽贫困地区农产品流通和销售渠道

（四）打通供应链条。支持大中城市和贫困地区引导和扶持一批消费扶贫示范企业，重点开展流通基础设施建设、供应链服务、生产基地建设。发挥示范企业引领作用，带动产地和消费地以骨干企业为平台，以县乡村三级物流配送体系为载体，形成农产品从田间到餐桌的全链条联动。（商务部、发展改革委、农业农村部等和各有关省级人民政府负责）

（五）拓展销售途径。支持贫困地区完善网络基础设施和公共服务平台，为农村电商经营者提供产品开发、包装设计、网店运营、产品追溯、人才培训等专业服务，不断提高贫困人口使用网络和用户终端等能力。扩大电子商务进农村综合示范覆盖面。在有条件的贫困地区设立电商产业孵化园，培育规模化电商企业。鼓励大型电商企业为贫困地区设立扶贫专卖店、电商扶贫馆和扶贫频道，并给予流量等支持。依托粮食、肉类等储备制度，探索优先收储贫困地区符合条件的农产品，在贫困地区建设农产品收储基地。鼓励大中城市与贫困地区联合举办形式多样的农产品产销对接活动，建立长期稳定的产销关系。支持贫困地区参加农博会、农贸会、展销会，专设消费扶贫展区，集中推介、展示、销售特色农产品。指导贫困地区供销合作组织与农产品加工、流通企业建立长期稳定的产销联系，积极开展购销活动。鼓励贫困地区在景区景点、宾馆饭店、游客集散中心、高速公路服务区开设农产品销售专区，集中销售特色优势农产品。建立贫困地区农产品滞销预警机制，制定应急处置预案，组织大型电商企业、商贸流通企业和农产品批发市场到贫困地区集中采购滞销农产品。（商务部、扶贫办、发展改革委、工业和信息化部、财政部、交通运输部、农业农村部、文化和旅游部、粮食和储备局、供销合作总社等和各有关省级人民政府负责）

（六）加快流通服务网点建设。鼓励贫困地区因地制宜新建或改建一批产地仓、气调库、冷藏冷冻保鲜库等设施，以租赁、共享等方式降低参与消费扶贫企业的运营成本。鼓励供销合作社、邮政和大型电商企业、商贸流通企业、农产品批发市场等，整合产地物流设施资源，推动产地仓升级，增强仓储、分拣、包装、初加工、运输等综合服务能力，探索建立从产地到餐桌的冷链物流服务体系。深入实施快递下乡工程，完善贫困地区快递服务网络，支持快递企业与农业、供销、商贸企业加强合作。（商务部、发展改革委、交通运输部、邮政局、供销合作总社等和各有关省级人民政府负责）

四、全面提升贫困地区农产品供给水平和质量

（七）加快农产品标准化体系建设。以优质、安全、绿色为导向，加强贫困地区

农产品原产地保护，支持开展标准化生产示范。鼓励和引导农业院校、科研院所、龙头企业依托贫困地区资源禀赋，培育和研发适合不同贫困地区的农产品品种，因地制宜推广先进适用种养技术。开辟贫困地区绿色食品、有机食品、地理标志农产品认证或登记的绿色通道，鼓励贫困地区制定特色农产品地方标准，开展标准化生产。在贫困地区推广食用农产品安全控制规范和技术规程，推广应用国家农产品质量安全追溯平台，扩大贫困地区特色农产品质量安全追溯覆盖面。加强贫困地区农产品质量安全监管，强化产地与消费地监管信息共享、协调对接。（农业农村部、科技部、市场监管总局等和各有关省级人民政府负责）

（八）提升农产品规模化供给水平。支持贫困地区深入挖掘特色农产品品种资源，优化农产品品种和区域布局，做大做强产业规模。鼓励龙头企业、农产品批发市场、电商企业、大型超市采取“农户＋合作社＋企业”等模式，在贫困地区建立生产基地，大力发展订单农业，提高农产品供给的规模化组织化水平，增强农产品持续供给能力。落实农产品产地初加工补助政策，扶持贫困地区提升农产品储藏保鲜、分拣分级等能力，提高贫困地区农产品初加工率。引导农产品加工企业向贫困地区县域、重点乡镇、易地扶贫搬迁集中安置点和产业园区集聚。（农业农村部、财政部、商务部等和各有关省级人民政府负责）

（九）打造区域性特色农产品品牌。指导贫困地区以省、地级市或集中连片特殊困难地区为单元统一制定区域性扶贫产品标识，采取共享共用共推等方式，合力打造区域性特色农产品品牌，提高贫困地区特色农产品的辨识度。组织各类媒体通过新闻报道、公益广告等多种方式，运用新媒体平台资源，广泛宣传贫困地区发展特色农产品的经验做法，推介农产品品牌。依托全国“质量月”、“中国品牌日”等专项活动，鼓励贫困地区开展特色农产品、民族手工艺品等品牌展示和推介。加强对贫困地区农产品生产、加工、流通企业和相关合作社的信用监管，对市场主体实行守信激励、失信惩戒。（中央宣传部、农业农村部、商务部、发展改革委、人民银行、市场监管总局等和各有关省级人民政府负责）

五、大力促进贫困地区休闲农业和乡村旅游提质升级

（十）加大基础设施建设力度。改造提升贫困地区休闲农业和乡村旅游道路、通村公路、景区景点连接线通行能力，提升交通通达性和游客便利度。结合推进农村人居环境整治，提升休闲农业、乡村旅游基础设施和公共服务设施水平，对从事休闲农业和乡村旅游的贫困户实施改厨、改厕、改客房、整理院落“三改一整”工程，优化消费环境。加大对休闲农业和乡村旅游基础设施建设的用地倾斜。依托贫困地区自然生态、民俗文化、农耕文化等资源禀赋，扶持建设一批设施齐备、特色突出的美丽休

闲乡村（镇）和乡村旅游精品景区等，满足消费者多样化需求。（农业农村部、文化和旅游部、住房城乡建设部、发展改革委、自然资源部、交通运输部等和各有关省级人民政府负责）

（十一）提升服务能力。依托东西部扶贫协作和对口支援、中央单位定点扶贫等机制，动员相关科研机构和高等院校，通过“请进来”、“走出去”等方式，帮助贫困地区培训休闲农业和乡村旅游人才，提供营销、服务、管理指导。支持贫困人口参加相关专业技能和业务培训，提升服务规范化和标准化水平。鼓励贫困地区组建休闲农业和乡村旅游协会、产业及区域品牌联盟等组织，形成经营主体自我管理、自我监督、自我服务的管理服务体系。（农业农村部、文化和旅游部、人力资源社会保障部、市场监管总局、扶贫办、发展改革委等和各有关省级人民政府负责）

（十二）做好规划设计。加强对贫困地区休闲农业和乡村旅游资源调查，深入挖掘贫困地区自然生态、历史文化、地域特色文化、民族民俗文化、传统农耕文化等资源，因地制宜明确重点发展方向和区域。动员旅游规划设计单位开展扶贫公益行动，为贫困地区编制休闲农业和乡村旅游规划，鼓励旅游院校和旅游企业为贫困地区提供旅游线路设计、产品开发、品牌宣传等指导。（农业农村部、文化和旅游部等和各有关省级人民政府负责）

（十三）加强宣传推介。支持贫困地区组织开展休闲农业和乡村旅游相关主题活动。组织各类媒体安排版面时段，运用新媒体平台，分时分类免费向社会推介贫困地区精品景点线路。大力发展“乡村旅游＋互联网”模式，依托电商企业等载体，开展多种形式的旅游扶贫公益宣传，集中推介一批贫困地区休闲农业和乡村旅游精品目的地。（农业农村部、文化和旅游部、中央宣传部、广电总局、商务部等和各有关省级人民政府负责）

六、保障措施

（十四）加强组织领导。发展改革委、扶贫办、农业农村部、商务部、文化和旅游部、供销合作总社、财政部等部门要加强对消费扶贫工作的统筹协调，制定实施方案，细化实化相关政策举措。各省（区、市）人民政府要高度重视本地区消费扶贫工作，根据产地、消费地的不同定位，明确目标任务，制定配套政策，建立工作机制，积极推动消费扶贫深入开展。及时总结和宣传推广消费扶贫工作中涌现出来的经验做法、先进典型，营造全社会参与消费扶贫的良好氛围。（发展改革委、扶贫办、农业农村部、商务部、文化和旅游部、供销合作总社、财政部等和各省级人民政府负责）

（十五）完善利益机制。完善公司、合作社、致富带头人与贫困人口的利益联结机制，提高贫困人口在农产品销售和休闲农业、乡村旅游中的参与度，切实保障贫困人口分享收益。发挥消费扶贫对集体经济和贫困人口增收的辐射带动作用，扶持村集体经济组织发展壮大，增强贫困人口与市场的对接能力。（农业农村部、文化和旅游部、扶贫办、财政部等和各有关省级人民政府负责）

（十六）加大政策激励。统筹相关政策资源和资金项目，以供应链建设为重点，支持开展消费扶贫示范。对在贫困地区从事农产品加工、仓储物流和休闲农业、乡村旅游的企业，在金融、土地等方面给予政策倾斜。对参与消费扶贫有突出贡献的企业、社会组织和个人，采取适当方式给予奖励激励。探索建立消费扶贫台账，重点统计购买建档立卡贫困村、贫困户和带贫成效突出企业、合作社的产品相关数据，并作为政策支持、评先评优等重要依据。（发展改革委、财政部、自然资源部、农业农村部、商务部、文化和旅游部、人民银行、扶贫办等和各省级人民政府负责）

（十七）强化督促落实。加强对消费扶贫工作的督促指导，及时跟踪进展情况，协调解决工作推进中的困难和问题。将消费扶贫工作开展情况作为考核中央单位定点扶贫、东西部扶贫协作和对口支援工作的重要内容。将消费扶贫纳入年度脱贫攻坚工作计划，积极探索创新方式方法，加大工作力度，推动消费扶贫各项任务和政策落到实处。（发展改革委、扶贫办、农业农村部、商务部、文化和旅游部、供销合作总社、财政部等和各有关省级人民政府负责）

国务院办公厅

2018 年 12 月 30 日

财政部　农业农村部　国家乡村振兴局　中华全国供销合作总社关于深入开展政府采购脱贫地区农副产品工作推进乡村产业振兴的实施意见

2021 年 4 月 24 日　财库〔2021〕20 号

各中央预算单位，各省、自治区、直辖市、计划单列市财政厅（局）、农业农村（农牧）厅（局、委）、乡村振兴局（扶贫办）、供销合作社，新疆生产建设兵团财政局、农业农村局、乡村振兴局（扶贫办）、供销合作社：

为贯彻党中央、国务院关于调整优化政府采购政策继续支持脱贫地区产业发展的工作部署，落实《财政部　农业农村部　国家乡村振兴局关于运用政府采购政策支持乡村产业振兴的通知》（财库〔2021〕19 号），我们制定了《关于深入开展政府采购脱贫地区农副产品工作推进乡村产业振兴的实施意见》。现将实施意见印发给你们，请结合本单位、本地区实际情况，认真贯彻执行。《财政部　国务院扶贫办　中华全国供销合作总社关于印发〈政府采购贫困地区农副产品实施方案〉的通知》（财库〔2019〕41 号）同时废止。

附件：关于深入开展政府采购脱贫地区农副产品工作推进乡村产业振兴的实施意见

财政部
农业农村部
国家乡村振兴局
中华全国供销合作总社
2021 年 4 月 24 日

附件：

关于深入开展政府采购脱贫地区农副产品工作推进乡村产业振兴的实施意见

为贯彻党中央、国务院关于调整优化政府采购政策继续支持脱贫地区产业发展的工作部署，落实《财政部　农业农村部　国家乡村振兴局关于运用政府采购政策支持乡村产业振兴的通知》（财库〔2021〕19号），深入开展政府采购脱贫地区农副产品工作，推进乡村产业振兴，现提出以下实施意见。

一、总体要求

（一）指导思想。以习近平新时代中国特色社会主义思想为指导，全面贯彻党的十九大和十九届二中、三中、四中、五中全会精神，牢固树立新发展理念，落实党中央、国务院关于实现巩固拓展脱贫攻坚成果同乡村振兴有效衔接总体部署和“四个不摘”工作要求，继续实施政府采购脱贫地区农副产品工作，突出产业提升和机制创新，进一步激发全社会参与积极性，接续推进脱贫地区产业发展，促进农民群众持续增收，助力巩固拓展脱贫攻坚成果和乡村振兴。

（二）基本原则。

聚焦重点，精准施策。严格农副产品产地认定，将政策支持范围聚焦在832个脱贫县，通过预留份额、搭建平台等方式促进脱贫地区农副产品销售，带动脱贫人口稳定增收。

创新驱动，融合发展。将政府采购脱贫地区农副产品工作与打造农业特色品牌、提升产品品质相结合，根据预算单位采购需求优化创新农副产品产销模式，促进脱贫地区特色产业发展。

政府引导，市场协同。坚持政府引导与市场机制结合，发挥政府采购需求牵引作用，助力打通脱贫地区农副产品生产、流通的难点和堵点，激发脱贫地区发展生产的内生动力。

（三）主要目标。力争用3到5年时间，依托脱贫地区农副产品网络销售平台（以下简称“832平台”），实现预算单位食堂食材采购与脱贫地区农副产品供给有效对接，培育壮大乡村特色产业，探索形成适应不同区域特点、组织形式和发展阶段的脱贫地区农副产品产销模式，推动脱贫地区农副产品进一步融入全国大市场，为巩固拓展脱贫攻坚成果同乡村振兴有效衔接提供有力支撑。

二、加强脱贫地区农副产品产销对接

（一）加强脱贫地区农副产品货源组织。脱贫地区县级农业农村部门会同乡村振兴部门建立“832 平台”供应商审核推荐机制，积极推荐 832 个脱贫县产业带动能力强、增收效果好的农副产品供应商入驻“832 平台”，优先从农业产业化龙头企业、“一村一品”示范村镇经营主体以及使用食用农产品达标合格证、取得绿色有机地理标志认证的供应商中推荐。对已入驻“832 平台”的供应商重新核查，保留产品产地、增收效果符合要求供应商的平台销售资格。要依据供应商产量核定上架产品供应量，督促供应商按照平台要求进行产品包装和标识并加强自控自检，协调有关部门按照国家农产品和食品质量安全标准对平台在售产品开展质量安全检测，推动实现“832 平台”农副产品带证销售和质量可追溯。

（二）组织预算单位采购。自 2021 年起，各级财政部门组织本地区所属预算单位做好预留份额填报和脱贫地区农副产品采购工作，并对采购情况进行考核。各中央主管预算单位组织做好本部门所属预算单位预留份额填报和脱贫地区农副产品采购工作。各级预算单位要按照不低于 10% 的预留比例在“832 平台”填报预留份额，并遵循质优价廉、竞争择优的原则，通过“832 平台”在全国 832 个脱贫县范围内采购农副产品，及时在线支付货款，不得拖欠。鼓励各级预算单位工会组织通过“832 平台”采购工会福利、慰问品等，有关采购金额计入本单位年度采购总额。

三、加强网络销售平台运营管理

（一）优化平台运营模式。“832 平台”结合预算单位食堂食材需求特点，设置需求订制、电子反拍、统采分送等交易模式，优化线上交易、支付、结算流程。丰富农副产品展示维度，对拥有食用农产品达标合格证、绿色有机地理标志认证等资质的产品优先展示，培育脱贫地区优质特色品牌。加强供销全流程数据收集分析，将预算单位需求反馈脱贫地区，推广“农户 + 合作社 + 平台”的产销对接模式，促进脱贫地区产业优化升级。通过开设助销专区、发布滞销信息等方式，积极协助销售脱贫地区滞销农副产品。进一步完善平台服务功能，为企业、工会组织、个人采购脱贫地区农副产品提供便利条件，拓展销售渠道，提升社会参与度。

（二）严格供应商管理。“832 平台”应发布操作指引明确产品上架标准，制定完善产品价格、质量安全等管理办法，严格供应商管理，建立价格监测、质量监督、履约评价机制，配合有关部门加强质量检测，及时向社会公开产品成交价格、质检报告、承诺函、用户评价等信息，接受社会监督。对价格虚高、质量不达标和不履行承诺的供应商，由“832 平台”通过约谈、产品下架等措施督促整改；对情节严重或拒不改正的，由“832 平台”提请有关地区农业农村部门、乡村振兴部门取消供应商资格。

（三）加强平台物流建设。“832 平台”依托产（销）地仓，积极探索建立定时、定点、定线的物流配送机制，促进平台在售农副产品分拣、包装、仓储、物流、质检等环节标准化和规范化。脱贫地区农业农村部门、乡村振兴部门和供销合作社要加强与有关部门协调配合，积极支持相关物流基础设施与“832 平台”对接，降低物流成本、提高物流效率。

（四）提升平台服务能力。“832 平台”除按市场通行规则收取必要的产品检测费、支付通道费以及履约保证金外，不向供应商、预算单位收取交易费、平台使用费。编制操作手册，指引预算单位开展采购活动，并提供工会福利发放等个性化服务，提升平台用户体验。根据供应商需求，提供产品开发、包装设计、仓储物流等服务，提升供应商线上运营能力。基于农副产品信息流、物流、资金流等信息，支持金融机构在线开展脱贫地区供应商融资、增信等服务。认真做好交易信息统计工作，为各级预算单位和各有关部门加强管理提供服务保障。

四、加强组织实施

各有关部门要加强协作，共同做好政府采购脱贫地区农副产品工作。财政部负责预算单位采购管理，农业农村部会同国家乡村振兴局统筹脱贫地区农副产品货源组织和质量安全监管工作，供销总社保障“832 平台”建设运营。各省级财政部门要切实加强采购管理，通过召开工作推进会、定期通报等措施，督促预算单位按期完成采购任务。脱贫地区财政部门要会同农业农村部门、乡村振兴部门、供销合作社等部门建立工作协调机制，将政府采购脱贫地区农副产品工作作为支持乡村产业振兴的重要抓手，及时跟踪分析供应商推荐、产品检测、物流管理、品牌打造等相关工作实施进展及成效，协调解决工作推进过程中面临的困难和问题，推动政府采购支持乡村产业振兴政策取得实效。

财政部　农业农村部　国家乡村振兴局关于运用政府采购政策支持乡村产业振兴的通知

2021年4月24日　财库〔2021〕19号

各中央预算单位，各省、自治区、直辖市、计划单列市财政厅（局）、农业农村（农牧）厅（局、委）、乡村振兴局（扶贫办），新疆生产建设兵团财政局、农业农村局、乡村振兴局（扶贫办）：

为深入贯彻习近平总书记关于实施乡村振兴战略的重要论述和党的十九届五中全会精神，认真落实《中共中央　国务院关于实现巩固拓展脱贫攻坚成果同乡村振兴有效衔接的意见》关于调整优化政府采购政策继续支持脱贫地区产业发展的工作部署，进一步做好运用政府采购政策支持乡村产业振兴工作，现就有关事项通知如下：

一、充分认识运用政府采购政策支持乡村产业振兴的重要意义

党的十九届五中全会提出巩固拓展脱贫攻坚成果同乡村振兴有效衔接，对全面建设社会主义现代化国家和实现第二个百年奋斗目标具有十分重要的意义。运用政府采购政策，组织预算单位采购脱贫地区农副产品，通过稳定的采购需求持续激发脱贫地区发展生产的内生动力，促进乡村产业振兴，是贯彻落实党中央、国务院关于调整优化政府采购政策支持脱贫地区产业发展工作部署，构建以国内大循环为主体新发展格局的具体举措，有助于推动脱贫地区实现更宽领域、更高层次的发展。各级财政、农业农村、乡村振兴部门及各级预算单位要充分认识运用政府采购政策支持乡村产业振兴的重要意义，以高度的责任感、使命感、紧迫感投身到政府采购脱贫地区农副产品工作中，确保政策取得实效。

二、预留份额采购脱贫地区农副产品

自2021年起，各级预算单位应当按照不低于10%的比例预留年度食堂食材采购份额，通过脱贫地区农副产品网络销售平台（原贫困地区农副产品网络销售平台）采购脱贫地区农副产品。脱贫地区农副产品是指在832个脱贫县域内注册的企业、农民专业合作社、家庭农场等出产的农副产品。确因地域、相关政策限制等特殊原因难以完成10%预留份额任务的预算单位，可由中央主管预算单位或省级财政部门报经财政部（国库司）审核同意后，适当放宽预留比例要求。

三、建立健全相关保障措施

财政部会同农业农村部、国家乡村振兴局等部门制定政府采购脱贫地区农副产品工作的实施意见，加强脱贫地区农副产品货源组织、供应链管理和网络销售平台运营管理，积极组织预算单位采购脱贫地区农副产品。地方各级财政、农业农村和乡村振兴部门要细化工作措施，加大工作力度，确保政府采购脱贫地区农副产品相关政策落实落细。

本通知自印发之日起施行。《财政部　国务院扶贫办关于运用政府采购政策支持脱贫攻坚的通知》（财库〔2019〕27号）同时废止。

财政部　农业农村部　国家乡村振兴局

2021年4月24日

（七）绿色建材

财政部 住房城乡建设部 工业和信息化部关于进一步扩大政府采购支持绿色建材促进建筑品质提升政策实施范围的通知

财库〔2024〕36 号

各省、自治区、直辖市、计划单列市财政厅（局）、住房城乡建设厅（委、管委、局）、工业和信息化主管部门，新疆生产建设兵团财政局、住房城乡建设局、工业和信息化局：

为深入贯彻落实党的二十届三中全会精神，按照国务院办公厅《政府采购领域“整顿市场秩序、建设法规体系、促进产业发展”三年行动方案（2024—2026 年）》（国办发〔2024〕33 号）完善政府绿色采购政策有关部署，积极推广绿色建筑和绿色建材，在前期政府采购支持绿色建材促进建筑品质提升政策实施基础上，财政部、住房城乡建设部、工业和信息化部决定进一步扩大政策实施范围。现将有关事项通知如下：

一、实施范围

自 2025 年 1 月 1 日起，在北京市朝阳区等 101 个市（市辖区）实施政府采购支持绿色建材促进建筑品质提升政策（具体城市名单见附件 1）。纳入政策实施范围的项目包括医院、学校、办公楼、综合体、展览馆、会展中心、体育馆、保障性住房以及旧城改造项目等政府采购工程项目，含适用招标投标法的政府采购工程项目。鼓励各政策实施城市将其他政府投资项目纳入实施范围。

二、主要任务

各政策实施城市要深入贯彻习近平生态文明思想，以推动城乡建设绿色发展为目标，运用政府采购政策积极推广应用绿色建筑和绿色建材，大力发展装配式、智能化等新型建筑工业化建造方式，建设绿色建筑，形成支持建筑领域绿色低碳转型的长效机制，引领建材和建筑产业高质量发展，着力建设安全、舒适、绿色、智慧的好房子，打造宜居、绿色、低碳城市。

（一）落实政府采购政策要求。各政策实施城市要严格执行《绿色建筑和绿色建材政府采购需求标准（2025 年版）》（以下简称《需求标准》，见附件 2），按照《财政部办公厅 住房城乡建设部办公厅 工业和信息化部办公厅关于印发〈政府采购支持绿色建材促进建筑品质提升政策项目实施指南〉的通知》（财办库〔2023〕52 号）要求，在纳入政策实施范围项目的可研编制、设计与审查、政府采购、施工、检测、验收、第三方机构（预）评价全流程的相关活动中，落实政府采购支持绿色建材促进建筑品质提升政策。鼓励通过验收的项目申报绿色建筑标识，充分发挥政府采购工程项目的示范作用。

（二）加强绿色建材采购管理。政府采购工程项目使用的建材属于《需求标准》明确为“必选类”的，应当全部采购和使用符合相关标准的绿色建材；属于《需求标准》明确为“可选类”的，政策实施城市可结合自身区域位置、产业发展等实际情况，自主选择使用性价比高的绿色建材产品，选用种类应不低于建筑项目所涉及的建材种类的 40%。各政策实施城市要探索实施对通用类绿色建材的批量集中采购，由政府集中采购机构或部门集中采购机构定期归集采购人的绿色建材采购计划，开展集中带量采购。要积极推进绿色建材电子化采购交易，逐步将所有符合条件的绿色建材产品纳入电子平台交易，提高绿色建材采购效率和透明度。绿色建材供应商在供货时应当出具所提供建材产品符合需求标准的证明性文件，包括国家统一推行的绿色建材产品认证证书，或符合需求标准的有效检测报告等。

（三）优先开展工程价款结算。纳入政策实施范围的工程项目，要提高工程价款结算比例，工程进度款支付比例不低于已完工程价款的 80%。推行施工过程结算，发承包双方通过合同约定，将施工过程按时间或进度节点划分施工周期，对周期内已完成且无争议的工程项目进行价款计算、确认和支付。经双方确认的过程结算文件作为竣工结算文件的组成部分，竣工后原则上不再重复审核。

三、工作要求

（一）明确部门职责。政策实施城市财政、住房城乡建设、工业和信息化部门要各司其职，加强协调配合，形成政策合力。财政部门要组织采购人落实《需求标准》，指导集中采购机构开展绿色建材批量集中采购工作，加强对采购活动的监督管理。住房城乡建设部门要加强对纳入政策实施范围的工程项目的监管，培育绿色建材应用示范工程和高品质绿色建筑项目。工业和信息化部门要结合区域特点，因地制宜发展绿色建材产业，培育绿色建材骨干企业和重点产品。

（二）精心组织实施。省级财政、住房城乡建设、工业和信息化部门收到本通知后要及时转发至纳入政策实施范围城市的财政、住房城乡建设、工业和信息化部门，切实加强工作指导。政策实施城市要根据政策要求，研究制定本地区实施方案，明确各有关部门的责任分工，完善组织协调机制，积极总结工作经验，提炼可复制、可推广的先进经验和典型做法，对实践中出现的问题要及时研究和妥善处理，确保扩大实施范围工作顺利推进，取得扎实成效。

（三）强化政策落实。财政部会同住房城乡建设部、工业和信息化部进一步加强政策指导，对部分城市先进经验和典型做法予以宣传推广。省级财政部门会同住房城乡建设、工业和信息化部门要结合本地区实际，探索建立激励评估机制，确保政策落地见效。各有关地区和部门要加强政策解读和宣传培训，及时回应社会关切，调动相关各方的积极性，营造良好的工作氛围。

附件：1. 政府采购支持绿色建材促进建筑品质提升政策实施城市名单

2. 绿色建筑和绿色建材政府采购需求标准（2025 年版）

财政部　住房城乡建设部　工业和信息化部

2024 年 12 月 31 日

附件 1

政府采购支持绿色建材促进建筑品质提升政策实施城市名单

一、北京市

1. 朝阳区
2. 通州区
3. 昌平区
4. 怀柔区

二、天津市

5. 滨海新区
6. 静海区

三、河北省

7. 石家庄市
8. 唐山市
9. 保定市
10. 雄安新区

四、山西省

11. 太原市

五、内蒙古自治区

12. 呼和浩特市
13. 鄂尔多斯市

六、辽宁省

14. 沈阳市
15. 大连市
16. 鞍山市

七、吉林省

17. 长春市
18. 延边州

八、黑龙江省

19. 大庆市

九、上海市

20. 普陀区
21. 宝山区

十、江苏省

22. 南京市
23. 常州市
24. 淮安市
25. 盐城市
26. 泰州市
27. 宿迁市

十一、浙江省

28. 杭州市
29. 宁波市
30. 湖州市
31. 绍兴市
32. 台州市

十二、安徽省

33. 合肥市
34. 蚌埠市
35. 淮南市
36. 滁州市
37. 芜湖市
38. 铜陵市

十三、福建省

39. 福州市
40. 厦门市
41. 泉州市
42. 三明市
43. 龙岩市

十四、江西省

44. 吉安市

十五、山东省

45. 济南市
46. 青岛市
47. 淄博市
48. 枣庄市
49. 东营市
50. 烟台市
51. 潍坊市
52. 济宁市
53. 泰安市
54. 威海市
55. 日照市
56. 临沂市
57. 德州市
58. 聊城市
59. 滨州市
60. 菏泽市

十六、河南省

61. 开封市
62. 洛阳市
63. 安阳市
64. 漯河市
65. 三门峡市
66. 信阳市
67. 济源示范区

十七、湖北省

68. 武汉市
69. 襄阳市
70. 宜昌市
71. 黄石市
72. 十堰市
73. 黄冈市
74. 随州市

十八、湖南省

75. 衡阳市
76. 株洲市

十九、广东省

77. 广州市
78. 深圳市
79. 佛山市
80. 梅州市
81. 惠州市
82. 东莞市

二十、广西壮族自治区

83. 北海市
84. 贺州市

二十一、海南省

85. 海口市
86. 三亚市
87. 儋州市

二十二、重庆市

88. 荣昌区

二十三、四川省

89. 成都市
90. 泸州市
91. 德阳市

二十四、云南省

92. 玉溪市

二十五、西藏自治区

93. 日喀则市
94. 林芝市

二十六、陕西省

95. 西安市

二十七、甘肃省

96. 兰州市
97. 兰州新区

二十八、青海省

98. 西宁市

二十九、宁夏回族自治区

99. 银川市

三十、新疆维吾尔自治区

100. 喀什地区

三十一、新疆生产建设兵团

101. 石河子市

附件 2

绿色建筑和绿色建材政府采购需求标准
（2025 年版）

2024 年 12 月

前　言

按照国务院办公厅《政府采购领域“整顿市场秩序、建设法规体系、促进产业发展”三年行动方案（2024—2026 年）》（国办发〔2024〕33 号）完善政府绿色采购政策有关部署，标准编制组经深入调查研究，认真总结实践经验，参考有关标准，在广泛征求意见的基础上，编制形成了《绿色建筑和绿色建材政府采购需求标准（2025 年版）》（以下简称《需求标准》）。

《需求标准》的主要内容是：1. 总则；2. 基本规定；3. 建筑品质提升要求；4. 必选类绿色建材要求；5. 可选类绿色建材要求。

与上一版《绿色建筑和绿色建材政府采购需求标准（2022 年版）》相比，此次修订的主要内容是：1. 增加关于建筑品质提升的要求，突出政府采购绿色建材对提升建筑品质、建设好房子的支撑作用；2. 绿色建材的选用规则调整为“必选类和可选类”，方便各地因地制宜进行采购；3. 增加了砌体材料、磷石膏制品和竹制品等33种绿色建材产品，提升绿色建材的供给水平；4. 鼓励绿色建材生产企业开展产品碳足迹自评价或第三方评价工作，发挥绿色建材在推动碳达峰碳中和的重要作用。

《需求标准》由财政部国库司、住房城乡建设部标准定额司、工业和信息化部原材料工业司负责管理，由中国建筑标准设计研究院、住房城乡建设部科技与产业化发展中心、中国建筑材料工业规划研究院负责具体技术内容的解释。

编写指导： 李先忠　姚天玮　杜　强　白正盛　夏　玲
张立帅　杨国强　高　萍

编写人员： 高　鹏　陈　伟　徐　韬　王广明　路瑞娟
张澜沁　刘珊珊　南　锟　马晨光　刘莉馨
章　超　牛凯征　刘　洋

目　录

4.3 建筑装饰装修材料

Ⅰ 隔墙隔断材料

4.3.1 隔墙材料

Ⅱ 墙面材料

4.3.2 涂料

5 可选类绿色建材要求

5.1 围护结构材料

5.1.1 砌体材料

5.1.2 外墙板

5.1.3 防水卷材

5.1.4 防水涂料

5.1.5 防火涂料

5.1.6 刚性防水材料

5.1.7 防腐材料

5.1.8 硅酮密封胶

5.1.9 其他密封胶

5.1.10 遮阳产品

5.1.11 混凝土结构外防护材料

5.1.12 建筑结构加固胶

5.1.13 工程修复材料

5.2 建筑装饰装修材料

Ⅰ 隔墙隔断材料

5.2.1 纸面石膏板

5.2.2 吊顶材料

5.2.3 泡沫铝板

5.2.4 其他

Ⅱ 墙面材料

5.2.5 墙面陶瓷砖（板）

5.2.6 空气净化材料

5.2.7 反射隔热涂料

5.2.8 壁纸壁布

5.2.9 石材

5.2.10 镁质装饰材料

1 总 则

1.0.1 为积极推广绿色建筑和绿色建材，完善政府绿色采购政策体系，规范纳入政府采购支持绿色建材促进建筑品质提升政策实施范围项目的实施，制定《需求标准》。

1.0.2 《需求标准》适用于医院、学校、办公楼、综合体、展览馆、会展中心、体育馆、保障性住房、旧城改造等政府采购工程项目。

1.0.3 政府采购工程项目，应以推动城乡建设绿色发展为目标，着力建设安全、舒适、绿色、智慧好房子，遵循因地制宜的原则，选用性价比高的绿色建材。

2 基本规定

2.0.1 应在政府采购工程的项目立项、建筑设计、招标采购、工程施工、质量验收等关键环节，严格落实《需求标准》的指标要求。

2.0.2 政府采购绿色建材分为必选类和可选类，分类详见表 1。政府采购工程项目选用绿色建材时，应满足下列要求：

1 涉及必选类时，每一必选小类均应选用绿色建材；

2 涉及可选类时，绿色建材选用量应不低于建筑项目所涉及的建材小类的 40%。

注：当某一绿色建材的使用比例不低于同一小类建材用量的 80% 时，视为该类建材选用了绿色建材，建材用量以产品对应的量纲计算，包括重量、体积或面积等，如：某建筑项目使用干混砌筑砂浆 100t，其中绿色干混砌筑砂浆用量不低于 80t（80%）时，即可认定为该建筑项目使用了绿色干混砌筑砂浆；第 2 款中绿色建材选用量按比例计算，如：某建筑项目在建材选用时，涉及可选类产品中的非烧结类砌体材料、刚性防水材料、防腐涂料等 40 个小类产品，按比例计算时，应至少选用 16 个（40%）小类绿色建材。

表 1　　政府采购绿色建材产品目录

大类	中类	小类
主体和地基基础材料	钢结构构件★a	钢结构构件★a
	混凝土结构构件★a	混凝土结构构件★a
	预拌混凝土★	预拌混凝土★
	预拌砂浆★	水泥基预拌砂浆★、石膏砂浆★、磷石膏抹灰砂浆★、磷石膏基自流平砂浆★
	钢筋★	热轧钢筋★
围护结构材料	门窗★	门窗★、门窗配件及型材★、中空玻璃★
	保温隔热材料★	岩棉制品★、挤塑聚苯乙烯泡沫塑料制品（XPS）★、模塑聚苯乙烯泡沫塑料制品（EPS）★、玻璃棉★、保温一体化装饰板★

续表

<table>
<tr><th colspan="2">大类</th><th>中类</th><th>小类</th></tr>
<tr><td colspan="2" rowspan="15">围护结构材料</td><td>砌体材料</td><td>烧结类砌体材料、非烧结类砌体材料、复合保温砌体材料</td></tr>
<tr><td>外墙板</td><td>蒸压加气混凝土外墙板、建筑外墙用结构保温复合板、夹芯复合外墙板</td></tr>
<tr><td>防水卷材</td><td>改性沥青防水卷材、高分子防水卷材</td></tr>
<tr><td>防水涂料</td><td>水性防水涂料、高固含量型防水涂料</td></tr>
<tr><td>防火涂料</td><td>钢结构防火涂料、饰面型防火涂料</td></tr>
<tr><td>刚性防水材料</td><td>刚性防水材料</td></tr>
<tr><td>防腐材料</td><td>防腐涂料、防腐砂浆</td></tr>
<tr><td>硅酮密封胶</td><td>建筑用硅酮结构密封胶、建筑用硅酮密封胶、中空玻璃用硅酮密封胶、中空玻璃用硅酮结构密封胶</td></tr>
<tr><td>其他密封胶</td><td>中空玻璃用丁基热熔密封胶、建筑用聚氨酯密封胶、建筑用聚硫密封胶、建筑用硅烷封端聚醚密封胶</td></tr>
<tr><td>遮阳产品</td><td>建筑遮阳产品</td></tr>
<tr><td>混凝土结构外防护材料</td><td>成膜型和渗透型有机类防护涂料及聚合物防护涂料（液料组分）、无机水性渗透结晶型材料、外涂型钢筋阻锈剂</td></tr>
<tr><td>建筑结构加固胶</td><td>粘贴钢材用结构胶（以混凝土为基材）、粘贴纤维复合材用结构胶（以混凝土为基材）、锚固用结构胶（以混凝土为基材）、粘贴钢加固件用结构胶（以钢为基材）、粘贴碳纤维复合材用结构胶（以钢为基材）、粘贴木材用结构胶（以木材为基材）、混凝土和砌体结构构件裂缝用压注胶、干挂石材幕墙用胶粘剂</td></tr>
<tr><td>工程修复材料</td><td>水泥基修复材料、聚合物树脂基快速修补材料、聚合物灌浆料</td></tr>
<tr><td rowspan="14">建筑装饰装修材料</td><td rowspan="5">隔墙隔断材料</td><td>隔墙材料★</td><td>隔墙条板★、磷石膏空心砌块★</td></tr>
<tr><td>纸面石膏板</td><td>纸面石膏板</td></tr>
<tr><td>吊顶材料</td><td>矿物棉装饰吸声板、集成吊顶</td></tr>
<tr><td>泡沫铝板</td><td>泡沫铝板</td></tr>
<tr><td>其他</td><td>隔断材料</td></tr>
<tr><td rowspan="9">墙面材料</td><td>涂料★</td><td>水性墙面涂料★、无机干粉涂覆材料★</td></tr>
<tr><td>墙面陶瓷砖（板）</td><td>墙面陶瓷砖（板）</td></tr>
<tr><td>空气净化材料</td><td>空气净化材料</td></tr>
<tr><td>反射隔热涂料</td><td>反射隔热涂料</td></tr>
<tr><td>壁纸壁布</td><td>壁纸、壁布</td></tr>
<tr><td>石材</td><td>石材</td></tr>
<tr><td>镁质装饰材料</td><td>建筑用菱镁装饰板</td></tr>
<tr><td>镀锌轻钢龙骨</td><td>镀锌轻钢龙骨</td></tr>
<tr><td>重组材</td><td>重组竹、重组木</td></tr>
</table>

续表

大类		中类	小类
建筑装饰装修材料	地面材料	地面陶瓷砖（板）	地面陶瓷砖（板）
		木地板	木地板
		竹集成材地板	竹集成材地板
		竹材饰面木质地板	竹材饰面木质地板
		弹性地板	聚氯乙烯类弹性地板、橡胶类弹性地板、软木类弹性地板
		透水铺装材料	透水路面砖及透水路面板类材料、透水水泥混凝土类材料、透水沥青混合料类材料
	五金卫浴	卫生洁具	便器、智能坐便器
		五金配件	水嘴
	其他	合成材料面层运动场地	合成材料面层运动场地
设备设施	给水排水	管材管件	塑料管材管件、不锈钢管及管件、铜管及管件、铸铁管及管件、压接式涂覆碳钢管及管件
		阀门	建筑用阀门
		中水处理设备	中水处理设备
		净水设备	净水设备
		软化设备	软化设备
		雨水回收系统	雨水处理设备
		二次供水设备	二次供水设备
	暖通空调	冷热源设备	冷水机组、空气源热泵、地源热泵
		通风系统设备	组合式空调机组、新风净化系统
	建筑电气	太阳能光伏发电系统	太阳能光伏发电系统、太阳能光伏组件
		电气照明	室内照明用 LED 产品、室外照明用 LED 投光灯
		高低压配电柜	高低压配电柜（板）
		母线槽	密集绝缘母线槽

注：标注*的产品为必选类绿色建材；

[a]钢结构构件仅要求钢结构建筑必选，混凝土结构构件仅要求装配式混凝土结构建筑必选。

2.0.3 《需求标准》中涉及的产品、材料及设备除应符合《需求标准》技术指标外，还应符合现行国家法律法规、强制性标准及使用地的地方标准要求。

2.0.4 不得使用附录 A 中规定的禁止使用的产品。

3　建筑品质提升要求

3.1　一般要求

3.1.1 政府采购工程项目应达到《绿色建筑评价标准》GB/T 50378 的要求。

3.1.2 宜通过集成应用绿色建材提升建筑的耐久性，并满足下列要求：

1　提升建筑适变性：建筑结构与建筑设备管线分离；

2　提升建筑部品部件耐久性：使用耐腐蚀、抗老化、耐久性能好的管材、管线、管件，活动配件选用长寿命产品，并考虑部品组合的同寿命性；不同使用寿命的部品组合时，采用便于分别拆换、更新和升级的构造；

3　提高建筑结构材料的耐久性：按 100 年进行耐久性设计；

4　合理采用耐久性好、易维护的装饰装修建筑材料：采用耐久性好、易维护的室内装饰装修材料。

注：部分常见的耐腐蚀、抗老化、耐久性能好的部品部件及要求详见表 2。

表 2　　部分常见的耐腐蚀、抗老化、耐久性能好的部品部件及要求

常见类型	要求
管材、管线、管件	室内给水系统采用铜管、不锈钢管、综合性能好的塑料管道（同时应符合现行国家标准《建筑给水排水设计标准》GB 50015 对给水系统管材选用的规定）等。
	电气系统采用低烟低毒阻燃型线缆、矿物绝缘类不燃性电缆等，且导体材料采用铜芯。
活动配件	门窗反复启闭性能达到现行国家标准《建筑幕墙、门窗通用技术条件》GB/T 31433、《建筑门窗五金件 通用要求》GB/T 32223 等相应产品标准要求的 2 倍。
	遮阳产品机械耐久性达到《建筑遮阳通用技术要求》JG/T 274 等相应产品标准要求的最高级。
	水嘴寿命达到《陶瓷片密封水嘴》GB 18145、《数控恒温水嘴》GB/T 24293 等相应产品标准要求的 1. 3 倍。

3. 1. 3　宜通过集成应用绿色建材提升建筑的保温隔热性能，并满足下列要求：

1　围护结构热工性能提高比例不低于5%，或建筑供暖空调负荷降低比例不低于3%；

2　严寒和寒冷地区住宅建筑外窗传热系数降低比例不低于 10%；

3　外窗气密性能符合国家现行相关节能设计标准的规定，且外窗洞口与外窗本体的结合部位应严密。

注：围护结构热工性能的提高基准、严寒和寒冷地区住宅建筑外窗传热系数降低基准均为现行强制性工程建设规范《建筑节能与可再生能源利用通用规范》GB 55015 的要求。

3. 1. 4　新建政府采购工程项目的主要功能房间的隔声性能宜满足下表要求：

表 3　　主要功能房间隔声性能标准

<table>
<tr><th>建筑类型</th><th colspan="2">构件或房间名称</th><th>指标要求</th></tr>
<tr><td rowspan="3">住宅建筑</td><td colspan="2">卧室含窗外墙</td><td>计权标准化声压级差与交通噪声频谱修正量之和 $D_{2m,nT,w}+C_{tr}\geqslant 35$dB</td></tr>
<tr><td rowspan="2">相邻两户房间之间空气声隔声</td><td>隔墙两侧房间之间</td><td rowspan="2">计权标准化声压级差与交通噪声频谱修正量之和 $D_{nT,w}+C_{tr}\geqslant 50$dB（卧室与邻户房间之间）且计权标准化声压级差与粉红噪声频谱修正量之和 $D_{nT,w}+C\geqslant 50$dB（其他相邻两户房间之间）</td></tr>
<tr><td>楼板上下房间之间</td></tr>
</table>

续表

<table>
<tr><th>建筑类型</th><th colspan="2">构件或房间名称</th><th>指标要求</th></tr>
<tr><td rowspan="4">公共建筑</td><td colspan="2">外围护结构</td><td>计权标准化声压级差与交通噪声频谱修正量之和 $D_{2m,nT,w}+C_{tr} \geqslant 30dB$</td></tr>
<tr><td rowspan="2">房间之间空气声隔声</td><td>隔墙两侧房间之间</td><td rowspan="2">比国家民用建筑隔声设计标准规定限值高 3dB 及以上</td></tr>
<tr><td>楼板两侧房间之间</td></tr>
<tr><td colspan="2">楼板撞击声隔声</td><td>比国家民用建筑隔声设计标准规定限值低 5dB 及以上</td></tr>
</table>

3.1.5 宜通过集成应用绿色建材提高建筑的室内空气质量，室内空气中的氨、甲醛、苯、总挥发性有机化合物等污染物浓度，与现行国家标准《室内空气质量标准》GB/T 18883 规定限值相比，应降低 10% 以上。

3.1.6 鼓励政府采购工程项目优先采用高效益、高质量、低消耗、低排放的新型建造方式。

3.1.7 宜采用设计、采购、生产、施工一体化模式，实行装饰装修与主体结构、机电设备协同施工。

3.2 部品部件要求

3.2.1 装配式混凝土结构住宅常用预制构件的节点、接口尺寸宜符合《装配式混凝土结构住宅主要构件尺寸指南》的规定。

3.2.2 装配式隔墙及墙面系统、装配式地面系统、装配式顶面系统、门窗、集成式厨房、装配式卫生间、整体收纳等部品部件及其接口尺寸宜符合《住宅装配化装修主要部品部件尺寸指南》的规定。

3.2.3 型钢产品的截面形式、尺寸和长度、连接节点宜符合《钢结构住宅主要构件尺寸指南》的规定。

3.3 碳减排要求

3.3.1 宜对政府采购工程应用绿色建材的碳减排效益进行分析，鼓励绿色建材生产企业开展产品碳足迹自评价或第三方评价工作。

注：绿色建材的碳减排效益应从全生命周期角度进行分析；当产品的全生命周期内碳减排效益分析有困难时，分析边界应至少包括原材料生产及运输、产品生产、产品厂内运输三个阶段。

3.3.2 在设计选材时宜考虑材料的可再循环和可再利用性能。在保证安全和不污染环境的情况下，可再循环材料和可再利用材料的使用重量占所用建筑材料总重量的 10% 以上。

注：本条可再循环材料和可再利用材料是指永久性安装在工程中的建筑材料，不包括电梯等设备。范围包括：在不改变材料的物质形态情况下直接进行再利用，或经

过简单组合、修复后可直接再利用的建筑材料，如有些材质的门、窗等；通过改变物质形态实现循环利用的建筑材料，如难以直接回用的钢筋、玻璃等，可以回炉再生产；既可以直接再利用又可以回炉后再循环利用的建筑材料，如标准尺寸的钢结构型材等。

3.3.3 距离施工现场500km以内的工厂生产的建筑材料重量应占建筑材料总重量的60%以上。

3.3.4 办公建筑屋顶总面积可安装光伏发电比例宜不低于50%；学校、医院等公共建筑屋顶总面积可安装光伏发电比例宜不低于40%。

4 必选类绿色建材要求

4.1 主体和地基基础材料

4.1.1 钢结构构件

主要材料（系统）：结构柱、结构梁、楼梯、支撑。

材料性能要求见表4：

表4

品质属性要求
1. 强度355MPa及以上钢材使用率≥50% 2. 螺栓连接等非现场焊接节点占现场全部连接、拼接节点的数量比例达到50%
注：依据GB 50017、GB/T 50378和GB/T 51232。

4.1.2 混凝土结构构件

主要材料（系统）：混凝土墙、板、梁、柱、楼梯。

材料性能要求见表5：

表5

品质属性要求
1. 产品力学性能评定指标：连续6个批次均<1.4，且≥1.0 2. 外观质量无一般缺陷（按产品标准检测）
注：依据GB 50010、GB/T 51231和T/CECS 10025。

4.1.3 预拌混凝土

主要材料（系统）：预拌混凝土。

材料性能要求见表6：

表6

绿色要求	品质属性要求
1. 水溶性六价铬含量≤200mg/t 2. 氨释放量≤0.2mg/m^3	1. 实测标准偏差与该强度等级标准偏差上限的比值≤0.8 2. 混凝土竖向承重结构采用强度等级不小于C50混凝土用量占竖向承重结构中混凝土总量的比例达到50%

注：1. 依据GB/T 50010、GB/T 50378、GB/T 51231和T/CECS 10047等；
2. 优先使用高性能混凝土。

4.1.4 预拌砂浆

（1）主要材料（系统）：水泥基预拌砂浆（湿拌砂浆、干混砌筑砂浆、干混抹灰砂浆、干混地面砂浆、干混普通防水砂浆和其他干混砂浆）。

材料性能要求见表7：

表7

绿色要求	品质属性要求
1. 放射性比活度：I_{Ra}≤0.6；I_r≤0.6 2. 其他干混砂浆可溶性重金属[a]： 铅Pb≤90mg/kg；镉Cd≤75mg/kg； 铬Cr≤60mg/kg；汞Hg≤60mg/kg	1. 湿拌砂浆、干混砂浆冻融循环后抗压强度损失率≤16%；拉伸粘结强度实测值与设计值的比值[b]≥1.05 2. 其他干混砂浆抗压、抗折强度实测值与设计值的比值[b]≥1.1；拉伸粘结强度实测值与设计值的比值[b]≥1.1

注：依据GB 18582、GB 6566、JGJ/T 70、GB/T 17671、T/CECS 10048；
[a]本条款适用于生产过程中添加固体废弃物的预拌砂浆产品，不适用于未添加固体废弃物的预拌砂浆产品；
[b]当适用的产品标准未规定相关指标时，该产品不参评此指标，设计值为产品标准中规定的强度等级值。

（2）主要材料（系统）：石膏砂浆。

材料性能要求见表8：

表8

绿色要求	品质属性要求
1. 放射性核素限量：I_{Ra}≤0.6；I_r≤0.6 2. 可溶性重金属[a]：铅Pb≤90mg/kg；镉Cd≤75mg/kg；铬Cr≤60mg/kg；汞Hg≤60mg/kg	1. 抗压、抗折强度实测值与设计值的比值[b]≥1.1 2. 抗拉强度实测值与设计值的比值[b]≥1.1

注：依据GB 18582、GB 6566、T/CECS 10049；
[a]本条款适用于生产过程中添加固体废弃物的石膏砂浆产品，不适用于未添加固体废弃物的石膏砂浆产品；
[b]当适用的产品标准未规定相关指标时，该产品不参评此指标，设计值为产品标准中规定的强度等级值。

（3）主要材料（系统）：磷石膏抹灰砂浆。

材料性能要求见表9：

表 9

绿色要求	品质属性要求
1. 放射性核素限量：I_{Ra}≤0.6；I_r≤0.6 2. 可溶性重金属：铅 Pb≤90mg/kg；镉 Cd≤75mg/kg；铬 Cr≤60mg/kg；汞 Hg≤60mg/kg 3. 水溶性氟离子含量（干基）≤0.1%	1. 抗压、抗折强度实测值与设计值的比值[a]≥1.1 2. 拉伸粘结强度实测值与设计值的比值[a]≥1.1
注：依据 GB 18582、GB 6566、JC/T 2073、GB/T 28627、JC/T 2474； [a]设计值为产品标准中规定的强度等级值。	

（4）主要材料（系统）：磷石膏基自流平砂浆。

材料性能要求见表 10：

表 10

绿色要求	品质属性要求
1. 放射性核素限量：I_{Ra}≤0.6；I_r≤0.6 2. 可溶性重金属：铅 Pb≤90mg/kg；镉 Cd≤75mg/kg；铬 Cr≤60mg/kg；汞 Hg≤60mg/kg 3. 水溶性氟离子含量（干基）≤0.1%	1. 绝干抗压、抗折强度实测值与设计值的比值[a]≥1.1 2. 绝干拉伸粘结强度实测值与设计值的比值[a]≥1.1
注：依据 GB 18582、GB 6566、JC/T 2073、JC/T 1023； [a]设计值为产品标准中规定的强度等级值。	

4.1.5 钢筋

主要材料（系统）：热轧钢筋。

材料性能要求见表 11：

表 11

品质属性要求
强度 400MPa 及以上强度等级钢筋应用比例≥85%
注：依据 GB 50010、GB/T 50378 和 GB/T 51231。

4.2 围护结构材料

4.2.1 门窗

（1）主要材料（系统）：门窗。

材料性能要求见表 12：

表 12

绿色要求	品质属性要求
1. 气密性能不应低于七级 2. 空气声隔声性能：外窗≥33dB；外门≥25dB	1. 传热系数：严寒地区：≤1.5W/(m^2·K)；寒冷地区：≤2.0W/(m^2·K)；夏热冬冷地区：≤2.4W/(m^2·K)；夏热冬暖地区：≤2.8W/(m^2·K) 2. 太阳得热系数：寒冷地区：≤0.35；夏热冬冷地区：≤0.30；夏热冬暖地区：≤0.25
注：依据 GB/T 50378、T/CECS 10026。	

（2）主要材料（系统）：门窗配件及型材。

材料性能要求见表13：

表13

绿色要求	品质属性要求
1. 密封胶条：拉伸强度≥8.5MPa；加热失重（100℃×168h）≤2% 2. 密封胶位移能力达到25	1. 铝合金型材表面涂层质量：阳极氧化达到15μm；电泳涂漆达到Ⅲ级；喷粉型材达到Ⅱ级；覆膜、木纹等型材达到Ⅱ级；喷漆型材经1000h加速耐候性试验后，光泽保持率≥75%，色差≤2.5，粉化为0级 2. 塑料型材低温落锤冲击达到Ⅱ级
注：依据T/CECS 10026、T/CECS 10041。	

（3）主要材料（系统）：中空玻璃。

材料性能要求见表14：

表14

绿色要求	品质属性要求
水气密封耐久性：水分渗透指数I≤0.20，平均值I_{av}≤0.10	1. 色差≤2.0 2. 可见光透射比≥40.0% 3. 可见光反射比（室外）<20.0%
注：依据T/CECS 10034、GB/T 11944、GB/T 18915.1。	

4.2.2 保温隔热材料

（1）主要材料（系统）：岩棉制品。

材料性能要求见表15：

表15

绿色要求	品质属性要求
导热系数（平均温度25℃）：外墙板≤0.040 W/(m·K)；幕墙、钢结构、内保温用≤0.038 W/(m·K)；岩棉条≤0.048 W/(m·K)	1. 外墙板垂直于表面抗拉强度≥10kPa 2. 外墙板垂直于表面抗拉强度保留率≥40% 3. 密度均匀性≤13% 4. 7d全浸体积吸水率（外墙板）≤5.0% 5. 酸度系数≥1.8
注：依据T/CECS 10032。	

（2）主要材料（系统）：挤塑聚苯乙烯泡沫塑料制品（XPS）。

材料性能要求见表16：

表 16

绿色要求	品质属性要求
1. 带表皮：导热系数（平均温度 25℃）≤0.025 W/(m·K) 2. 不带表皮：导热系数（平均温度 25℃）≤0.030 W/(m·K) 3. 不得使用六溴环十二烷阻燃剂[a] 4. 不得使用氟氯烃发泡剂[a]	1. 带表皮：吸水率（浸水 96h）≤1.0%，水蒸气透过系数（23℃ ±1℃，相对湿度 50% ±5%）≤2.5 ng/m·s·Pa 2. 不带表皮：吸水率（浸水 96h）≤1.5%，水蒸气透过系数（23℃ ±1℃，相对湿度 50% ±5%）≤3.0 ng/m·s·Pa 3. 燃烧性能等级达到 B_1 级

注：依据 T/CECS 10032；
[a]以自我声明的方式提供证实性资料。

（3）主要材料（系统）：模塑聚苯乙烯泡沫塑料制品（EPS）。

材料性能要求见表 17：

表 17

绿色要求	品质属性要求
1. 导热系数（平均温度 25℃）≤0.035W/(m·K) 2. 不得使用六溴环十二烷阻燃剂[a] 3. 不得使用氟氯烃发泡剂[a]	1. 弯曲断裂荷载≥20N 2. 弯曲变形≥20mm 3. 燃烧性能等级达到 B_1 级，烟毒性达到 t1 级

注：依据 T/CECS 10032；
[a]以自我声明的方式提供证实性资料。

（4）主要材料（系统）：玻璃棉。

材料性能要求见表 18：

表 18

绿色要求	品质属性要求
1. 甲醛释放量≤0.5 mg/L 2. 导热系数（平均温度 25℃）（毡，密度 48kg/m³）≤0.033W/(m·K) 3. 导热系数（平均温度 25℃）（毡，密度 24kg/m³）≤0.040W/(m·K) 4. 导热系数（平均温度 25℃）（毡，密度 16kg/m³）≤0.042W/(m·K) 5. 导热系数（平均温度 25℃）（板，密度 48kg/m³）≤0.039W/(m·K) 6. 导热系数（平均温度 25℃）（条，密度 48kg/m³）≤0.049W/(m·K)	1. 标称密度（毡）≥16kg/m³ 2. 标称密度（板）≥32kg/m³ 3. 标称密度（条）≥48kg/m³ 4. 纤维平均直径（毡）≤6.0μm

注：依据 T/CECS 10032。

（5）主要材料（系统）：保温一体化装饰板。

材料性能要求见表 19：

表 19

绿色要求	品质属性要求
耐久性（装饰性漆膜综合等级）：耐老化 1500h，不低于 1 级	1. 单位面积质量：Ⅰ型[a] $<20kg/m^2$；Ⅱ型[b] $\leqslant 30kg/m^2$ 且 $\geqslant 20kg/m^2$ 2. 拉伸粘结强度：Ⅰ型≥0.12MPa；Ⅱ型≥0.17MPa 3. 保温材料导热系数（平均温度 25℃）：B_1 级≤0.040W/(m·K)；A 级≤0.060W/(m·K) 4. 保温材料燃烧性能：不低于 B_1 级

注：依据 T/CECS 10230，保温一体化装饰板芯材不得使用挤塑聚苯乙烯泡沫塑料制品（XPS）和模塑聚苯乙烯泡沫塑料制品（EPS）等热塑性保温材料；

[a]单位面积质量 $<20kg/m^2$ 的保温装饰一体化板；

[b]单位面积质量 $\leqslant 30kg/m^2$ 且 $\geqslant 20kg/m^2$ 的保温装饰一体化板。

4.3 建筑装饰装修材料

Ⅰ 隔墙隔断材料

4.3.1 隔墙材料

（1）主要材料（系统）：隔墙条板（蒸压加气混凝土板、发泡陶瓷板、混凝土轻质条板、石膏空心条板、复合隔墙板等）。

材料性能要求见表 20：

表 20

绿色要求	品质属性要求
1. 空气声计权隔声量[a] ≥45dB 2. 耐火极限[a]： 蒸压加气混凝土板、混凝土轻质条板、石膏空心条板≥1.5h 发泡陶瓷板、复合隔墙板≥1.0h	1. 抗冲击性能≥5 次 2. 吊挂力：荷载 1000N 静置 24 小时，板面无宽度超过 0.5mm 的裂缝 3. 粘结强度[b]：不小于对应产品标准相应级别要求的 1.05 倍

注：依据 T/CECS 10234；

[a]应使用板厚≤200 mm 的产品进行检测；

[b]仅适用于复合隔墙板，纤维水泥夹芯复合墙板不要求此项。

（2）主要材料（系统）：磷石膏空心砌块。

材料性能要求见表 21：

表 21

绿色要求	品质属性要求
1. 空气声计权隔声量：不小于对应产品标准相应要求的 1.05 倍 2. 耐火极限≥1.5h 3. 产品浸出液中氟离子含量≤0.4% 4. 放射性核素限量：内照射指数 $I_{Ra}\leqslant 0.6$；外照射指数 $I_r\leqslant 0.6$	1. 断裂荷载：不小于对应产品标准相应要求的 1.1 倍 2. 吊挂力：荷载 1000N 静置 24 小时，板面无宽度超过 0.5mm 的裂缝

注：依据 GB/T 19889.3、GB/T 9978.1、GB/T 23456、GB 6566、GB/T 23450、JC/T 698。

Ⅱ 墙面材料

4.3.2 涂料

（1）主要材料（系统）：水性墙面涂料。

材料性能要求见表22：

表22

绿色要求	品质属性要求
1. 内墙涂料挥发性有机化合物含量（60°光泽≤10）≤50g/L 2. 内墙涂料挥发性有机化合物含量（60°光泽＞10）≤80g/L 3. 外墙涂料挥发性有机化合物含量≤80g/L 4. 甲醛含量（乙酰丙酮法）内墙涂料≤30mg/kg；甲醛含量（乙酰丙酮法）外墙涂料≤40mg/kg 5. 苯、甲苯、乙苯、二甲苯总和≤80 mg/kg	1. 耐人工气候老化性[a]： 老化时间：水性多彩≥1200h，水性氟涂料≥4000h，其他≥600h 外观：不起泡、不剥落、无裂纹 粉化：平涂1级，质感0级 变色[b]：平涂2级，质感1级 2. 耐沾污性[a]：平涂弹性涂料≤20%，平涂其他≤15%，粗糙表面1级 3. 耐洗刷性[c]：内墙涂料≥6000次，外墙涂料≥3000次

注：依据T/CECS 10039；

[a]适用于外墙水性涂料；

[b]变色指标仅针对白色和浅色，浅色是指以白色涂料为主，添加适量颜料后配制的涂料形成的涂膜所呈现的浅颜色，按GB/T 15608的规定，明度值为6～9（三刺激值中的Y_{D65}≥31.26），其他颜色涂料的变色指标商定；

[c]适用于平涂面漆，且不含弹性产品。

（2）主要材料（系统）：无机干粉涂覆材料。

材料性能要求见表23：

表23

绿色要求	品质属性要求
1. 游离甲醛含量≤10mg/kg 2. 苯、甲苯、乙苯、二甲苯总和≤50 mg/kg 3. 挥发性有机化合物含量≤2g/kg 4. 放射性：内照射指数≤1.0；外照射指数≤1.3	1. 耐人工气候老化性[a]：老化时间≥1000h，外观不起泡、不剥落、无裂纹，粉化≤1级，变色[b]≤2级 2. 耐沾污性[a]≤15% 3. 耐洗刷性≥2000次

注：依据T/CECS 10039；

[a]适用于外墙用无机粉体涂料；

[b]变色指标仅针对白色和浅色，浅色是指以白色涂料为主，添加适量颜料后配制的涂料形成的涂膜所呈现的浅颜色，按GB/T 15608的规定，明度值为6～9（Y_{D65}≥31.26），其他颜色涂料的变色指标商定。

5 可选类绿色建材要求

5.1 围护结构材料

5.1.1 砌体材料

（1）主要材料（系统）：烧结类砌体材料。

材料性能要求见表24：

表 24

绿色要求	品质属性要求
放射性核素限量：I_{Ra}≤0.8；I_r≤0.8	1. 实测强度与设计强度[a]的比值≥1.10 2. 设计密度[b]与实测密度的比值≥1.05 3. 抗冻性：不应出现裂纹、分层、掉皮、缺棱掉角等

注：依据 GB 6566、T/CECS 10031。
[a]设计强度为相关产品的国家或产品标准中的强度值；
[b]设计密度为相关产品的国家或产品标准中的密度值。

（2）主要材料（系统）：非烧结类砌体材料。

材料性能要求见表25：

表 25

绿色要求	品质属性要求
放射性核素限量：I_{Ra}≤0.8；I_r≤0.8	1. 实测强度与设计强度[a]的比值： 非烧结类（常压养护）≥1.15 非烧结类（蒸压养护）≥1.10 2. 设计密度[b]与实测密度的比值≥1.05 3. 抗冻性：质量损失率≤3.0%，强度损失率≤12%

注：依据 GB 6566、T/CECS 10031；
[a]设计强度为相关产品的国家或产品标准中的强度值；
[b]设计密度为相关产品的国家或产品标准中的密度值。

（3）主要材料（系统）：复合保温砌体材料。

材料性能要求见表26：

表 26

绿色要求	品质属性要求
放射性核素限量：I_{Ra}≤0.8；I_r≤0.8	1. 实测强度与设计强度[a]的比值： 烧结类：≥1.10 非烧结类：≥1.15 2. 设计密度[b]与实测密度的比值≥1.05 3. 抗冻性： 烧结类：不应出现裂纹、分层、掉皮、缺棱掉角等 非烧结类：质量损失率≤3.0%，强度损失率≤12% 4. 耐火极限：非承重外墙≥1h；住宅建筑单元之间的墙和分户墙≥2h

注：依据 GB 6566、T/CECS 10031；
[a]设计强度为相关产品的国家或产品标准中的强度值；
[b]设计密度为相关产品的国家或产品标准中的密度值。

5.1.2 外墙板

（1）主要材料（系统）：蒸压加气混凝土外墙板。

材料性能要求见表27：

表27

绿色要求	品质属性要求
1. 空气声计权隔声量[a]：≥45dB 2. 耐火极限[a]：≥2.0h	1. 抗冻性[b]：质量损失率≤3.0%；冻后强度/冻前强度≥0.80 2. 钢筋防锈要求：锈蚀面积≤4.5%；钢筋粘着力≥1.2MPa 3. 导热系数：不大于产品标准相应级别指标的95%

注：依据T/CECS 10232；

[a]应选用墙板厚度≤250mm的产品进行评价检测；

[b]夏热冬暖地区、温和地区不评价此项。

（2）主要材料（系统）：建筑外墙用结构保温复合板。

材料性能要求见表28：

表28

绿色要求	品质属性要求
1. 空气声计权隔声量[a]：≥48dB 2. 耐火极限[a]：≥2.0h	1. 抗冻性[b]：冻融后的抗弯强度/冻融前的抗弯强度≥0.85 2. 抗弯极限承载力：不小于对应产品标准相应级别要求的1.10倍 3. 抗撞击性能：≥12次

注：依据T/CECS 10232；

[a]应选用墙板厚度≤250mm的产品进行评价检测；

[b]金属面复合板不评价此项，夏热冬暖地区、温和地区不评价此项。

（3）主要材料（系统）：夹芯复合外墙板。

材料性能要求见表29：

表29

绿色要求	品质属性要求
1. 空气声计权隔声量[a]：≥45dB 2. 耐火极限[a]：≥2.0h	1. 面密度：≤300 kg/m^2 2. 抗弯荷载（自重倍数）：≥2 3. 抗冲击强度：≥10次 4. 耐冻融性能[b]：80次冻融循环后，无空鼓、脱落，无渗水裂缝

注：依据T/CECS 10232；

[a]应选用墙板厚度≤250mm的产品进行评价检测；

[b]夏热冬暖地区、温和地区不评价此项。

5.1.3 防水卷材

（1）主要材料（系统）：改性沥青防水卷材。

材料性能要求见表30：

表30

绿色要求	品质属性要求
1. 弹性体改性沥青卷材沥青软化点[a]≤130℃ 2. 塑性体改性沥青卷材沥青软化点[a]≤145℃ 3. 不得添加列入附录B的有害物质[b]	耐水性能：浸泡时间168h，拉伸强度保持率≥80%

注：依据T/CECS 10038；
[a]道桥等特殊用途不适用；
[b]以自我声明的方式提供证实性资料。

（2）主要材料（系统）：高分子防水卷材。

材料性能要求见表31：

表31

绿色要求	品质属性要求
不得添加列入附录B的有害物质[a]	1. 近红外反射比[b]≥80% 2. 太阳光反射比[b]≥65%

注：依据T/CECS 10038；
[a]以自我声明的方式提供证实性资料；
[b]适用于具有反射隔热功能的产品。

5.1.4 防水涂料

（1）主要材料（系统）：水性防水涂料。

材料性能要求见表32：

表32

绿色要求
1. 挥发性有机化合物（VOC）≤50g/L（仅针对液料，结果按液体组分计算） 2. 游离甲醛≤75mg/kg；氨≤500mg/kg；苯≤20mg/kg（仅针对液料，结果按液体组分计算） 3. 苯、甲苯、乙苯、二甲苯含量总和≤300mg/kg（仅针对液料，结果按液体组分计算） 4. 可溶性重金属：铅≤30mg/kg；镉≤30mg/kg；铬≤40mg/kg；汞≤10mg/kg（仅针对粉料组合） 5. 不得添加列入附录B的有害物质[a]

注：依据T/CECS 10040；
[a]以自我声明的方式提供证实性资料。

（2）主要材料（系统）：高固含量型防水涂料。

材料性能要求见表33：

表 33

绿色要求	品质属性要求
1. 挥发性有机化合物（VOC）：单组分≤100g/L；多组分≤50g/L； 2. 苯≤100mg/kg；甲苯、乙苯、二甲苯含量总和≤1000mg/kg 3. 苯酚≤100mg/kg；蒽≤10mg/kg；萘≤200mg/kg；游离甲苯二异氰酸酯（TDI）≤3mg/kg；（仅适用于聚氨酯类防水涂料） 4. 可溶性重金属：铅≤30mg/kg；镉≤30mg/kg；铬≤40mg/kg；汞≤10mg/kg	固体含量：单组分≥85%；多组分≥90%
注：依据 T/CECS 10040。	

5.1.5 防火涂料

（1）主要材料（系统）：钢结构防火涂料。

材料性能要求见表 34：

表 34

绿色要求	品质属性要求
1. 挥发性有机化合物含量：≤70g/L 2. 游离甲醛含量：≤50mg/kg 3. 苯、甲苯、乙苯、二甲苯总和：≤0.25g/kg 4. 可溶性重金属：铅≤70mg/kg；镉≤60mg/kg；六价铬≤50mg/kg；汞≤50mg/kg	1. 粘结强度实测值与设计值的比值≥1.0 2. 耐人工老化性[a]： 耐紫外线辐照性[b]：60 次试验后，涂层应无起层、开裂、粉化现象，且隔热效率衰减量应≤35% 外观：不起泡、不剥落、无裂纹 粉化：0 级 3. 耐火性能：膨胀型[a]≥1.0h，非膨胀型[c]≥2.0h
注：依据 T/CECS 10254； [a]涂层厚度不应小于 1.5mm； [b]仅适用于室外型； [c]涂层厚度不应小于 15mm。	

（2）主要材料（系统）：饰面型防火涂料。

材料性能要求见表 35：

表 35

绿色要求	品质属性要求
1. 挥发性有机化合物含量：≤70g/L 2. 游离甲醛含量：≤50mg/kg 3. 苯、甲苯、乙苯、二甲苯总和：≤0.25g/kg 4. 可溶性重金属：铅≤70mg/kg；镉≤60mg/kg；六价铬≤50mg/kg；汞≤50mg/kg	1. 附着力[a]：1 级 2. 耐燃时间：≥15min 3. 难燃性：试件燃烧的剩余长度平均值≥150mm，其中没有一个试件的燃烧剩余长度为 0；每组试验通过热电偶所测得的平均烟气温度不超过 200℃ 4. 质量损失：≤5.0g 5. 炭化体积：≤25cm^3
注：依据 T/CECS 10254； [a]适用于划圈法。	

5.1.6 刚性防水材料

主要材料（系统）：刚性防水材料。

材料性能要求见表36：

表36

绿色要求	品质属性要求
1. 放射性[a]：内照射指数≤0.6；外照射指数≤0.6 2. 氡≤0.1mg/m^3；甲醛≤0.08mg/m^3；苯≤0.02mg/m^3；总挥发性有机化合物（TVOC）≤0.1mg/m^3	1. 拉伸粘结强度实测值与设计值的比值[b]≥1.05 2. 抗压强度实测值与设计值的比值[b]≥1.05且≤2.00 3. 抗渗压力实测值与设计值的比值≥1.10

注：依据T/CECS 10247；
[a]不适用于渗透结晶型防水剂；
[b]此处设计值对应产品标准中该指标限值；当适用的产品标准未规定相关指标时，该产品不参评此指标。

5.1.7 防腐材料

（1）主要材料（系统）：防腐涂料。

材料性能要求见表37：

表37

绿色要求	品质属性要求
1. 挥发性有机化合物含量[a]：≤150g/L 2. 游离甲醛含量[a]：≤80mg/kg 3. 苯、甲苯、乙苯、二甲苯总和[a]：≤70mg/kg 4. 可溶性重金属[a]：铅≤50mg/kg；镉≤40mg/kg；六价铬≤40mg/kg；汞≤40mg/kg	钢结构基材 1. 耐盐雾：底漆[b]≥600h，面漆[c]≥1000h 2. 附着力[d]：采用拉开法时，≥1.2MPa；采用划格法时，不低于0级 3. 耐人工老化性[e]： 老化时间≥1000h，外观不起泡、不剥落、无裂纹，粉化≤1级，变色≤2级 混凝土基材 1. 附着力[d]：采用拉开法时，≥1.2MPa；采用划格法时，不低于1级 2. 耐人工老化性：老化时间≥1000h，外观不起泡、不剥落、无裂纹，粉化≤1级，变色≤2级 抗氯离子渗透性：≤5.0×10^{-3}mg/(cm^2·d)

注：依据T/CECS 10255；
[a]针对配套涂层体系，要求底漆、中间漆、面漆分别都要满足相应指标的要求；
[b]底漆干膜厚度（100±10）μm；
[c]面漆耐盐雾指标针对涂层体系；
[d]仅适用于面漆；
[e]针对涂层体系。

（2）主要材料（系统）：防腐砂浆。

材料性能要求见表38：

表 38

绿色要求	品质属性要求
单位产品废水排放量[a]：≤0.05t/t	1. 强度指标：抗压强度≥1.2MPa，黏结强度≥1.2MPa 2. 耐久性：抗渗等级≥1.8MPa 耐酸性介质[b]（48h）：无裂纹、不起泡、不剥落、无变色 耐盐类介质[c]（7d）：不起泡、不剥落、无裂纹、无变色

注：依据 T/CECS 10255；

[a]以自我声明的方式提供证实性资料；

[b]酸性介质指质量分数为10%的酸性溶液，如：硫酸、醋酸、柠檬酸、乳酸等；

[c]盐类介质指中等浓度以下的盐类溶液，如10%氯化钠溶液、饱和氯化铵、饱和硝酸铵、饱和硫酸铵等。

5.1.8 硅酮密封胶

（1）主要材料（系统）：建筑用硅酮结构密封胶。

材料性能要求见表39：

表 39

绿色要求	品质属性要求
1. 单位产品总挥发性有机化合物（TVOC）含量[a]≤80g/kg 2. 烷烃增塑剂（红外光谱）不得检出	1. 23℃拉伸粘结强度标准值≥0.6MPa 2. 粘接破坏面积≤5%

注：依据 T/CECS 10029；

[a]单双组分密封胶均需测试，当测试双组分密封胶时，应将A组分和B组分密封胶按配比混合后立即进行测试。

（2）主要材料（系统）：建筑用硅酮密封胶。

材料性能要求见表40：

表 40

绿色要求	品质属性要求
1. 单位产品总挥发性有机化合物（TVOC）含量≤80g/kg 2. 烷烃增塑剂（红外光谱）不得检出	密封胶分级达到20HM、25HM、20LM

注：依据 T/CECS 10029。

（3）主要材料（系统）：中空玻璃用硅酮密封胶。

材料性能要求见表41：

表 41

绿色要求	品质属性要求
1. 单位产品总挥发性有机化合物（TVOC）含量[a]≤80g/kg 2. 烷烃增塑剂（红外光谱）不得检出	1. 拉伸粘结强度标准值≥0.6MPa 2. 粘结破坏面积≤10%

注：依据 T/CECS 10029；

[a]单双组分密封胶均需测试，当测试双组分密封胶时，应将A组分和B组分密封胶按配比混合后立即进行测试。

（4）主要材料（系统）：中空玻璃用硅酮结构密封胶。

材料性能要求见表42：

表42

绿色要求	品质属性要求
单位产品总挥发性有机化合物（TVOC）含量[a]≤80g/kg	1. 拉伸粘结强度标准值≥0.6MPa 2. 粘结破坏面积≤5%

注：依据 T/CECS 10029；

[a]单双组分密封胶均需测试，当测试双组分密封胶时，应将A组分和B组分密封胶按配比混合后立即进行测试。

5.1.9 其他密封胶

（1）主要材料（系统）：中空玻璃用丁基热熔密封胶。

材料性能要求见表43：

表43

绿色要求	品质属性要求
新鲜水消耗量[a]≤0.70t/t	1. 剪切强度（标准试验条件）≥0.15MPa 2. 紫外线处理168h后剪切强度变化率≤20% 3. 水蒸气透过率≤0.8g/m^2·d

注：依据 T/CECS 10029；

[a]以自我声明的方式提供证实性资料。

（2）主要材料（系统）：建筑用聚氨酯密封胶。

材料性能要求见表44：

表44

绿色要求	品质属性要求
1. 单位产品总挥发性有机化合物（TVOC）含量≤50g/kg 2. 苯≤1g/kg；甲苯≤1g/kg 3. 甲苯二异氰酸酯≤6g/kg	1. 密封胶分级达到20LM 2. 质量损失率≤5% 3. 弹性恢复率≥80%

注：依据 T/CECS 10029。

（3）主要材料（系统）：建筑用聚硫密封胶。

材料性能要求见表45：

表45

绿色要求	品质属性要求
单位产品总挥发性有机化合物（TVOC）含量≤50g/kg	1. 密封胶分级达到20LM 2. 质量损失率≤4% 3. 弹性恢复率≥80%

注：依据 T/CECS 10029。

（4）主要材料（系统）：建筑用硅烷封端聚醚密封胶。

材料性能要求见表46：

表46

绿色要求	品质属性要求
单位产品总挥发性有机化合物（TVOC）含量≤50g/kg	1. 密封胶分级达到25HM、20LM 2. 质量损失率≤3% 3. 弹性恢复率≥70%
注：依据 T/CECS 10029。	

5.1.10　遮阳产品

主要材料（系统）：建筑遮阳产品。

材料性能要求见表47：

表47

绿色要求	品质属性要求
综合遮阳系数：外遮阳≤0.3；内遮阳≤0.5；内置遮阳中空玻璃制品≤0.3	遮阳产品机械耐久性达到相应产品标准要求的最高级
注：依据 GB/T 50378、T/CECS 10033。	

5.1.11　混凝土结构外防护材料

（1）主要材料（系统）：成膜型和渗透型有机类防护涂料及聚合物防护涂料（液料组分）。

材料性能要求见表48：

表48

绿色要求	品质属性要求
1. 挥发性有机化合物（VOC）：≤100g/L 2. 游离甲醛：≤70mg/kg 3. 甲苯+乙苯+二甲苯：≤200mg/kg 4. 可溶性重金属：铅≤15mg/kg；镉≤15mg/kg；铬≤20mg/kg；汞≤15mg/kg	成膜型有机类防护涂料 1. 碳化深度比：≤20% 2. 抗冻性：250次冻融循环无脱落、破裂、起泡现象 3. 抗氯离子渗透性：≤1.0×10^{-3}mg/(cm^2·d) 渗透型有机类防护涂料 1. 渗透深度：≥4mm 2. 氯离子渗透深度：≤6mm 3. 吸水量比：≤15%
注：依据 T/CECS 10229。	

（2）主要材料（系统）：无机水性渗透结晶型材料。

材料性能要求见表49：

表 49

绿色要求	品质属性要求
单位产品废水排放量[a]：≤0.015t/t	1. 凝胶化时间：≤300min 2. 抗渗性（渗透高度比）：≤60% 3. 抗冻性[b]（盐冻质量损失比，12 个循环）：≤60% 4. 耐酸性[c]（酸蚀质量损失比，12 个循环）：≤70%

注：依据 T/CECS 10229；

[a]以自我声明的方式提供证实性资料；

[b]当无机水性渗透结晶型材料应用的构件处于非冻融环境时，抗冻性指标可不做要求；

[c]当无机水性渗透结晶型材料应用的构件不接触酸性介质环境时，耐酸性指标可不做要求。

（3）主要材料（系统）：外涂型钢筋阻锈剂。

材料性能要求见表 50：

表 50

绿色要求	品质属性要求
新鲜水消耗量[a]：≤0.015t/t	1. 钢筋的耐盐水浸渍性能：无腐蚀 2. 渗透深度：≥50mm 3. 电化学性能：28d 后锈蚀电流平均密度降低率≥50%

注：依据 T/CECS 10229；

[a]以自我声明的方式提供证实性资料。

5.1.12 建筑结构加固胶

（1）主要材料（系统）：粘贴钢材用结构胶（以混凝土为基材）。

材料性能要求见表 51：

表 51

绿色要求	品质属性要求
单位产品总挥发性有机化合物（TVOC）含量：≤80g/kg	1. 胶体性能：抗拉强度≥33MPa；抗弯强度≥43MPa，不应呈碎裂状破坏 2. 黏结性能： 钢对钢拉伸抗剪强度：标准值（23±2℃，50±5% 相对湿度）≥18MPa 钢对钢 T 冲击剥离长度：≤20mm 3. 耐久性能： 耐湿热老化能力，钢对钢（钢片法）拉伸抗剪强度降低率：≤10% 耐长期应力作用能力[a]：钢对钢拉伸抗剪试件不破坏，且蠕变的变形值<0.4mm 耐疲劳应力作用能力[b]，200 万次：试件不破坏

注：依据 T/CECS 10233；

[a]此项适用于设计使用年限为 50 年的结构胶；

[b]此项适用于承受动荷载作用的结构胶。

(2) 主要材料 (系统): 粘贴纤维复合材用结构胶 (以混凝土为基材)。

材料性能要求见表52:

表52

绿色要求	品质属性要求
单位产品总挥发性有机化合物 (TVOC) 含量: ≤80g/kg	1. 胶体性能: 抗拉强度≥38MPa; 抗弯强度≥47MPa, 不应呈碎裂状破坏 2. 黏结性能: 钢对钢拉伸抗剪强度: 标准值 (23±2℃, 50±5%相对湿度) ≥16MPa 钢对钢T冲击剥离长度: ≤20mm 3. 耐久性能: 耐湿热老化能力, 钢对钢 (钢片法) 拉伸抗剪强度降低率: ≤12% 耐长期应力作用能力[a]: 钢对钢拉伸抗剪试件不破坏, 且蠕变的变形值<0.4mm 耐疲劳应力作用能力[b], 200万次: 试件不破坏

注: 依据 T/CECS 10233;

[a]此项适用于设计使用年限为50年的结构胶;

[b]此项适用于承受动荷载作用的结构胶。

(3) 主要材料 (系统): 锚固用结构胶 (以混凝土为基材)。

材料性能要求见表53:

表53

绿色要求	品质属性要求
单位产品总挥发性有机化合物 (TVOC) 含量: ≤80g/kg	1. 胶体性能: 劈裂抗拉强度≥10MPa; 抗弯强度≥50MPa, 不应呈碎裂状破坏 2. 黏结性能: 钢对钢拉伸抗剪强度: 标准值 (23±2℃, 50±5%相对湿度) ≥11MPa 钢对钢T冲击剥离长度: ≤25mm 3. 耐久性能: 耐湿热老化能力, 钢对钢拉伸抗剪强度降低率: ≤12% 耐长期应力作用能力[a]: 钢对钢拉伸抗剪试件不破坏, 且蠕变的变形值<0.4mm 耐疲劳应力作用能力[b], 200万次: 试件不破坏

注: 依据 T/CECS 10233;

[a]此项适用于设计使用年限为50年的结构胶;

[b]此项适用于承受动荷载作用的结构胶。

(4) 主要材料 (系统): 粘贴钢加固件用结构胶 (以钢为基材)。

材料性能要求见表54:

表 54

绿色要求	品质属性要求
单位产品总挥发性有机化合物（TVOC）含量：≤80g/kg	1. 胶体性能：抗拉强度≥45MPa；抗弯强度≥55MPa，不应呈碎裂状破坏 2. 黏结性能： 钢对钢拉伸抗剪强度：标准值（23±2℃，50±5%相对湿度）≥18MPa 钢对钢T冲击剥离长度：≤8mm 3. 耐久性能： 耐湿热老化能力，钢对钢拉伸抗剪强度降低率：≤12%；耐长期应力作用能力[a]：钢对钢拉伸抗剪试件不破坏，且蠕变的变形值＜0.4mm；耐疲劳应力作用能力[b]，500万次：试件不破坏

注：依据 T/CECS 10233；
[a]此项适用于设计使用年限为50年的结构胶；
[b]此项适用于承受动荷载作用的结构胶。

（5）主要材料（系统）：粘贴碳纤维复合材用结构胶（以钢为基材）。

材料性能要求见表55：

表 55

绿色要求	品质属性要求
单位产品总挥发性有机化合物（TVOC）含量：≤80g/kg	1. 胶体性能：抗拉强度≥47MPa；抗弯强度≥55MPa，不应呈碎裂状破坏 2. 黏结性能： 钢对钢拉伸抗剪强度：标准值（23±2℃，50±5%相对湿度）≥17MPa 钢对钢T冲击剥离长度：≤8mm 3. 耐久性能： 耐湿热老化能力，钢对钢拉伸抗剪强度降低率：≤12% 耐长期应力作用能力[a]：钢对钢拉伸抗剪试件不破坏，且蠕变的变形值＜0.4mm 耐疲劳应力作用能力[b]，500万次：试件不破坏

注：依据 T/CECS 10233；
[a]此项适用于设计使用年限为50年的结构胶；
[b]此项适用于承受动荷载作用的结构胶。

（6）主要材料（系统）：粘贴木材用结构胶（以木材为基材）。

材料性能要求见表56：

表 56

绿色要求	品质属性要求
单位产品总挥发性有机化合物（TVOC）含量：≤80g/kg	1. 黏结性能： 胶缝顺木纹方向抗剪强度：干试件≥7.0MPa，湿试件≥5.0MPa 木材与木材横纹正拉黏结强度 f_t^b：$f_t^b \geq f_{t,90}$，且为木材横纹撕拉破坏 2. 耐久性： 以20℃水浸泡48h、-20℃冷冻9h、室温放置15h、70℃热烘10h为一个循环，经8个循环后，测定胶缝顺纹抗剪破坏形式：沿木材剪切破坏的面积不应少于剪面面积的75%

注：依据 T/CECS 10233。

（7）主要材料（系统）：混凝土和砌体结构构件裂缝用压注胶。

材料性能要求见表57：

表57

绿色要求	品质属性要求
单位产品总挥发性有机化合物（TVOC）含量：≤80g/kg	1. 胶体性能：抗拉强度≥30MPa；抗弯强度≥40MPa，不应呈碎裂状破坏 2. 黏结性能： 钢对钢拉伸抗剪强度：≥16MPa 钢对钢对接抗拉强度：≥25MPa 3. 耐湿热老化性能，抗剪强度降低率：≤18%
注：依据T/CECS 10233。	

（8）主要材料（系统）：干挂石材幕墙用胶粘剂。

材料性能要求见表58：

表58

绿色要求	品质属性要求
单位产品总挥发性有机化合物（TVOC）含量：≤80g/kg	1. 弯曲弹性模量：≥3000MPa 2. 冲击强度：≥3.5kJ/m² 3. 抗剪强度（不锈钢－不锈钢）：≥9.0MPa 4. 压剪强度：石材－石材（标准条件48h）：≥13.0MPa；石材－不锈钢（标准条件48h）：≥13.0MPa
注：依据T/CECS 10233。	

5.1.13 工程修复材料

（1）主要材料（系统）：水泥基修复材料（纤维混凝土、水泥基快速修补混凝土、水泥基加固灌浆料、高延性纤维增强水泥基复合材料、水泥基快速修补砂浆）。

材料性能要求见表59：

表59

绿色要求	品质属性要求
1. 水溶性六价铬含量：≤200mg/t 2. 氨释放量：≤0.2mg/m³ 3. 混凝土中水溶性氯离子含量：≤0.10%	水泥混凝土类 1. 强度：实测标准偏差与该强度等级标准偏差上限比值≤0.8 2. 耐久性[a]： 抗渗等级：≥P10；抗氯离子渗透等级：不低于Ⅲ级；抗碳化等级：不低于Ⅲ级；抗冻等级：不低于F300
	水泥砂浆类 1. 强度： 抗压强度实测值与设计值[b]的比值≥1.05MPa且≤2.00MPa 拉伸黏接强度实测值与设计值[b]的比值≥1.05MPa 2. 耐久性[a]：冻融循环后抗压强度损失率[c]≤16%

续表

注：依据 T/CECS 10231；

[a]当使用的产品标准未规定相关指标或出厂产品不涉及耐久性要求时，该产品不参评此项目；

[b]设计值为产品标准中规定的强度等级值；

[c]主要适用于在严寒地区、寒冷地区与水接触的产品，应用于其他建筑气候区的产品可不参评此项目；建筑气候区的划分按 GB 50176 进行。

（2）主要材料（系统）：聚合物树脂基快速修补材料。

材料性能要求见表60：

表 60

绿色要求	品质属性要求
单位产品工业废水排放量[a]：0	1. 固化时间：≤12h 2. 抗压强度：12h，≥30Mpa；1d，≥45MPa；7d，≥55MPa

注：依据 T/CECS 10231；

[a]以自我声明的方式提供证实性资料。

（3）主要材料（系统）：聚合物灌浆料。

材料性能要求见表61：

表 61

绿色要求	品质属性要求
挥发性有机化合物（VOC）含量：单组分≤100g/L，多组分≤50g/L	1. 灌注能力：≤8min 2. 黏结强度：≥2.8MPa

注：依据 T/CECS 10231。

5.2 建筑装饰装修材料

Ⅰ 隔墙隔断材料

5.2.1 纸面石膏板

主要材料（系统）：纸面石膏板。

材料性能要求见表62：

表 62

绿色要求	品质属性要求
单位产品石棉含量为0g/m²	1. 吸水率[a]≤8% 2. 48h 受潮挠度≤5mm

注：依据 T/CECS 10056；

[a]吸水率仅适用于耐水纸面石膏板。

5.2.2 吊顶材料

（1）主要材料（系统）：矿物棉装饰吸声板。

材料性能要求见表63：

表63

绿色要求	品质属性要求
内照射指数 I_{Ra}≤1.0 外照射指数 I_r≤1.3	1. 降噪系数（混响室法）： 干法板不得低于制造商的声称值，且不得小于0.75； 湿法板（滚花）≥0.50；湿法板其他≥0.30 2. 受潮挠度：湿法板≤3.5mm；干法板≤1.0mm

注：依据GB/T 25998。

（2）主要材料（系统）：集成吊顶。

材料性能要求见表64：

表64

绿色要求	品质属性要求
1. 换气模块能效等级达到2级 2. LED照明模块能效等级达到2级 3. 辐射式取暖器光效率衰减1 lm/W 4. 风暖式取暖器功率衰减（2000h）≤8%	1. 换气模块运行噪声（额定功率≤40W时）≤55dB 2. 风暖模块运行噪声（额定功率≤2000W时）≤60dB

注：依据T/CECS 10053。

5.2.3 泡沫铝板

主要材料（系统）：泡沫铝板。

材料性能要求见表65：

表65

绿色要求	品质属性要求
吸声系数：通孔铝板≥0.65%，闭孔铝板>0.45%	体积密度偏差： 通孔铝板，±8%；闭孔铝板，±13%

注：依据T/CECS 10250。

5.2.4 其他

主要材料（系统）：隔断材料（混凝土隔断、金属隔断、木隔断等）。

材料性能要求见表66：

表 66

绿色要求	品质属性要求
1. 甲醛释放限量≤0.03mg/m^3 2. 总挥发性有机化合物（TVOC）≤0.50mg/m^3	1. 内照射指数 I_{Ra}≤0.8；外照射指数 I_r≤0.8 2. 实测强度与设计强度的比值[a]≥1.10 3. 抗弯承载≥1.5 自重倍数 4. 耐火极限≥1.5h

注：依据 JG/T 169；

[a]设计强度为相关产品的国家或产品标准中的强度等级值。

Ⅱ 墙面材料

5.2.5 墙面陶瓷砖（板）

主要材料（系统）：墙面陶瓷砖（板）。

材料性能要求见表 67：

表 67

绿色要求	品质属性要求
内照射指数 I_{Ra}≤0.9；外照射指数 I_r≤1.2	1. 无釉陶瓷砖、板耐污染性≥3 级 2. 有釉陶瓷砖、板耐污染性≥4 级

注：依据 T/CECS 10036。

5.2.6 空气净化材料

主要材料（系统）：空气净化材料。

材料性能要求见表 68：

表 68

绿色要求	品质属性要求
1. 挥发性有机化合物含量：水性液态净化材料≤20g/L；其他≤3g/kg 2. 游离甲醛含量[a]（高效液相色谱法）≤10mg/kg 3. 甲醛释放量≤0.1mg/m^3 4. 放射性：内照射指数≤0.8；外照射指数≤1.0	1. 甲醛净化性能≥80% 2. 甲苯净化性能≥50% 3. 净化功能寿命：甲醛净化效果持久性≥65%；甲苯净化效果持久性≥30%

注：依据 T/CECS 10045；

[a]对水性液态净化材料的指标。

5.2.7 反射隔热涂料

主要材料（系统）：反射隔热涂料。

材料性能要求见表 69：

表 69

绿色要求	品质属性要求
1. 挥发性有机化合物含量≤80g/L 2. 甲醛含量（乙酰丙酮法）≤40mg/kg 3. 苯、甲苯、乙苯和二甲苯的含量总和≤80mg/kg 4. 重金属含量：铅≤45mg/kg；镉≤45mg/kg；六价铬≤40mg/kg；汞≤40mg/kg	1. 太阳光反射比： 平涂涂料（L＊>95）≥0.85，平涂涂料（40<L＊≤95）≥L＊/100-0.13，平涂涂料（L＊≤40）≥0.30；质感涂料（L＊>40）≥L＊/100-0.14，质感涂料（L＊≤40）≥0.30 2. 近红外反射比：平涂涂料（L＊>95）≥0.85，平涂涂料（80<L＊≤95）≥0.83，平涂涂料（40<L＊≤80）≥L＊/100+0.03，平涂涂料（L＊≤40）≥0.43；质感涂料（L＊>80）≥0.78，质感涂料（40<L＊≤80）≥L＊/100，质感涂料（L＊≤40）≥0.45
注：依据 T/CECS 10044。	

5.2.8 壁纸壁布

主要材料（系统）：壁纸、壁布。

材料性能要求见表 70：

表 70

绿色要求
甲醛释放限量≤10mg/kg；钡≤500mg/kg
注：依据 GB/T 35613。

5.2.9 石材

主要材料（系统）：石材。

材料性能要求见表 71：

表 71

绿色要求	品质属性要求
内照射指数 I_{Ra}≤0.9；外照射指数 I_r≤1.0	1. 耐磨性[a,b]：实际耐磨度优于允许限值的 1.2 倍 2. 强度：压缩强度、弯曲强度、抗折强度、剪切强度、落球冲击强度与允许限值的比值[a]≥1.1
注：依据 T/CECS 10051； [a]当适用的产品标准未规定相关要求时，该产品不参评此指标； [b]石材复合板按使用面材的种类参评此指标。	

5.2.10 镁质装饰材料

主要材料（系统）：建筑用菱镁装饰板。

材料性能要求见表 72：

表 72

绿色要求	品质属性要求
1. 放射性核素限量：I_{Ra}≤0.3，I_r≤0.5 2. 游离甲醛释放量≤0.08mg/m^3 3. 可浸出重金属：总铬 Cr≤1.5mg/L；铅 Pb≤2.0mg/L；汞 Hg≤0.02mg/L；镉 Cd≤0.1mg/L；砷 As≤0.6mg/L	1. 干缩率≤0.25% 2. 燃烧等级 A_1 级 3. 吸水率≤20% 4. 握螺钉力≥30N/mm
注：依据 T/CECS 10052。	

5.2.11　镀锌轻钢龙骨

主要材料（系统）：镀锌轻钢龙骨。

材料性能要求见表 73：

表 73

绿色要求	品质属性要求
1. 表面防锈：双面镀锌量≥100g/m^2 2. 盐雾试验：≥24h，龙骨表面应无起泡、生锈现象	墙体用 1. 抗冲击性试验：残余变形量（龙骨不应有明显变形）≤9.0mm 2. 静载试验：残余变形量≤1.0mm
	吊顶用 静载试验： 覆面龙骨：加载挠度≤5.0mm，残余变形量≤1.0mm 承载龙骨：加载挠度≤4.0mm，残余变形量≤1.0mm 主龙骨：加载挠度≤2.8mm
注：依据 T/CECS 10250。	

5.2.12　重组材

（1）主要材料（系统）：重组竹。

材料性能要求见表 74：

表 74

绿色要求	品质属性要求
1. 总挥发性有机化合物[a]（TVOC）（室内用）：≤300μg/m^3 2. 甲醛释放量（室内用）：≤0.08mg/m^3	1. 耐腐性（室外用）：不低于Ⅱ级 2. 耐久性（吸水厚度膨胀率）：室内用≤10.0%，室外用≤8.0%
注：依据 T/CECS 10257； [a]试验气候箱的测试步骤和采样时间按 HJ 571－2010 附录 A 中 A.5 的规定进行。	

（2）主要材料（系统）：重组木。

材料性能要求见表 75：

表 75

绿色要求	品质属性要求
1. 总挥发性有机化合物[a]（TVOC）（室内用）：≤300mg/m³ 2. 甲醛释放量（室内用）：≤0.08mg/m³	1. 耐腐性（室外用）：不低于Ⅱ级 2. 耐久性（吸水厚度膨胀率）：≤5.0%
注：依据 T/CECS 10257； [a]试验气候箱的测试步骤和采样时间按 HJ 571－2010 附录 A 中 A.5 的规定进行。	

Ⅲ 地面材料

5.2.13 地面陶瓷砖（板）

主要材料（系统）：地面陶瓷砖（板）。

材料性能要求见表 76：

表 76

绿色要求	品质属性要求
内照射指数 I_{Ra}≤0.9；外照射指数 I_r≤1.2	1. 耐磨性：无釉陶瓷砖、板≤150mm³，有釉陶瓷砖、板达到 3 级 2. 耐污染性≥4 级 3. 防滑性（摩擦系数干法）：广场砖≥0.60，其他≥0.55
注：依据 T/CECS 10036、GB/T 50378。	

5.2.14 木地板

主要材料（系统）：木地板。

材料性能要求见表 77：

表 77

绿色要求	品质属性要求
1. 甲醛释放量≤0.05 mg/m³（实木地板不参评本条款） 2. 挥发性有机化合物（3d）：苯≤10 μg/m³；甲苯≤20 μg/m³；二甲苯≤20 μg/m³；总挥发性有机化合物（TVOC）≤100 μg/m³	耐磨性： 实木地板漆膜表面耐磨≤0.10g/100r，且漆膜未渗透； 实木复合地板表面耐磨≤0.15g/100r，且漆膜未磨透； 浸渍纸层压木质地板表面耐磨：家用级≥6000r，商用级≥12000r
注：依据 GB/T 35601、GB/T 18102、GB/T 18103 等。	

5.2.15 竹集成材地板

主要材料（系统）：竹集成材地板。

材料性能要求见表 78：

表 78

绿色要求	品质属性要求
1. 甲醛释放量≤0.05mg/m^3 2. 总挥发性有机化合物（TVOC）≤300 μg/m^3	1. 表面漆膜耐磨性：磨耗转数：磨 100r 后表面未磨透，磨耗值≤0.10g/100r 2. 表面抗冲击性能：压痕直径≤8mm，无裂纹
注：依据 GB/T 20240、GB/T 29899、GB 18580。	

5.2.16　竹材饰面木质地板

主要材料（系统）：竹材饰面木质地板。

材料性能要求见表 79：

表 79

绿色要求	品质属性要求
1. 甲醛释放量≤0.05mg/m^3 2. 总挥发性有机化合物（TVOC）≤300 μg/m^3	1. 静曲强度：≥40MPa 2. 弹性模量：≥4.2×10^{3}MPa 3. 表面耐磨性能：≤0.10g/100r，且漆膜未磨透 4. 表面抗冲击性能：压痕直径≤8mm，无裂纹
注：依据 LY/T 2713、GB/T 29899、GB 18580。	

5.2.17　弹性地板

（1）主要材料（系统）：聚氯乙烯类弹性地板。

材料性能要求见表 80：

表 80

绿色要求	品质属性要求
1. TVOC 释放量（3d）≤0.70mg/(m^2·h) 2. 聚氯乙烯单体含量：不得检出 3. 可溶性重金属含量：铅≤6mg/kg；镉≤3mg/kg；铬≤6mg/kg；汞≤3mg/kg	1. 耐磨性（体积损失）≤4.0 mm^3 2. 燃烧性能≥B_1级 3. 色牢度≥6 级 4. 残余凹陷≤0.20mm
注：依据 T/CECS 10252。	

（2）主要材料（系统）：橡胶类弹性地板。

材料性能要求见表 81：

表 81

绿色要求	品质属性要求
1. 甲醛释放量≤0.05mg/(m^2·h) 2. TVOC 释放量≤0.80mg/(m^2·h) 3. 丁基羟基甲苯≤0.02mg/(m^2·h) 4. 4－苯基环己烯≤0.04mg/(m^2·h)	1. 耐磨性≤220mm^3 2. 燃烧性能≥B_1级 3. 耐人造光色牢度≥4 级 4. 残余凹陷≤0.20mm
注：依据 T/CECS 10252。	

（3）主要材料（系统）：软木类弹性地板。

材料性能要求见表 82：

表 82

绿色要求	品质属性要求
1. 甲醛释放量≤0.05mg/m^3 2. TVOC（3d）≤200μg/m^3，苯≤20μg/m^3，甲苯≤40μg/m^3，二甲苯≤40μg/m^3 3. 可溶性重金属（铅、镉、铬、汞）总含量（色漆饰面）≤120mg/kg	耐磨性≤0.12g/100r
注：依据 T/CECS 10252。	

5.2.18　透水铺装材料

（1）主要材料（系统）：透水路面砖及透水路面板类材料。

材料性能要求见表 83：

表 83

绿色要求	品质属性要求
可浸出重金属浓度： 总铬 Cr≤1.5mg/L；铅 Pb≤2.0mg/L；汞 Hg≤0.02mg/L；镉 Cd≤0.1mg/L；砷 As≤0.6mg/L	1. 透水性：抗压强度＜30MPa：透水系数≥3.0×10^{-2}cm/s；抗压强度≥30MPa：透水系数≥2.0×10^{-2}cm/s 2. 防滑性能≥65BPN 3. 耐磨性能（磨坑长度）≤30mm 4. 抗压强度：车行荷载≥50MPa，人行荷载≥40MPa
注：依据 T/CECS 10228。	

（2）主要材料（系统）：透水水泥混凝土类材料。

材料性能要求见表 84：

表 84

绿色要求	品质属性要求
可浸出重金属浓度： 总铬 Cr≤1.5mg/L；铅 Pb≤2.0mg/L；汞 Hg≤0.02mg/L；镉 Cd≤0.1mg/L；砷 As≤0.6mg/L	1. 透水性：抗压强度＜30MPa：透水系数≥4.0×10^{-2} cm/s；抗压强度≥30MPa：透水系数≥3.0×10^{-2} cm/s 2. 防滑性能≥70BPN 3. 耐磨性能（磨坑长度）≤25mm
注：依据 T/CECS 10228。	

（3）主要材料（系统）：透水沥青混合料类材料。

材料性能要求见表 85：

表 85

绿色要求	品质属性要求
可浸出重金属浓度： 总铬 Cr≤1.5mg/L；铅 Pb≤2.0mg/L；汞 Hg≤0.02mg/L；镉 Cd≤0.1mg/L；砷 As≤0.6mg/L 2. 总悬浮颗粒物（TSP）：24 小时平均浓度≤300μg/m³ 3. 苯并（a）芘（BaP）：24 小时平均浓度≤0.0025μg/m³	1. 透水性：透水系数≥850mL/15s 2. 析漏损失率<0.3% 3. 动稳定度≥4000 次/mm
注：依据 T/CECS 10228。	

Ⅳ 五金卫浴

5.2.19 卫生洁具

（1）主要材料（系统）：便器。

材料性能要求见表 86：

表 86

品质属性要求
全部便器的用水效率等级达到 2 级
注：依据 GB/T 6952、GB 25502、GB 28377、GB 28379、GB 30717、T/CECS 10037 等。

（2）主要材料（系统）：智能坐便器。

材料性能要求见表 87：

表 87

绿色要求	品质属性要求
1. 整机寿命：经 25000 个循环的寿命试验后，各部件不应出现裂纹、开裂、破损、断裂、功能异常等现象 2. 自动关闭：清洗系统应配备自保护安全装置，当喷水温度达到 48℃时，应自动切断或关闭水流	1. 清洗水量：不低于 2 级 2. 冲洗用水量：不低于 2 级 3. 洗净功能： 每次冲洗后累积残留墨线总长度≤20mm 每一段残留墨线长度≤8mm
注：依据 T/CECS 10246。	

5.2.20 五金配件

主要材料（系统）：水嘴。

材料性能要求见表 88：

表 88

绿色要求	品质属性要求
产品金属污染物析出统计值[a]： 铅 Pb≤4ug/L；铜 Cu≤100ug/L； 铬 Cr≤7ug/L；镉 Cd≤0.4ug/L； 砷 As≤0.7ug/L；六价铬 Cr^{6+} ≤1.5ug/L	1. 水嘴流量[b]（0.1+0.01）MPa 动压下 洗面器水嘴、厨房水嘴、妇洗器水嘴≤6L/min；普通洗涤水嘴≤7.5L/min 2. 水嘴寿命达到相应产品标准要求的 1.3 倍 3. 水嘴流量均匀性[c]：≤3L/min 4. 表面耐腐蚀性能：10 级

注：依据 GB 18145、GB 25501、GB/T 50378、T/CECS 10050、CJ/T 194；

[a]该项指标适用于洗面器水嘴和厨房水嘴；对于该项不适用的产品，此项不做要求；

[b]该项指标不适用于具有延时自闭功能的水嘴和其他水嘴；对于该项不适用的产品，此项不做要求；多档水嘴的流量星级按照 GB 25501 的要求确定；

[c]该项指标不适用于具有延时自闭功能的水嘴和其他水嘴；对于该项不适用的产品，此项不做要求；多档水嘴的流量星级按照 GB 25501 的要求确定。

Ⅴ 其他

5.2.21 合成材料面层运动场地

主要材料（系统）：合成材料面层运动场地。

材料性能要求见表 89：

表 89

绿色要求
1. 总挥发性有机化合物（TVOC）≤5.0mg/(m^2·h) 2. 甲醛≤0.4mg/(m^2·h) 3. 苯≤0.1mg/(m^2·h) 4. 苯、二甲苯和乙苯总和≤1.0mg/(m^2·h) 5. 可溶性铅≤50mg/kg，可溶性镉≤10mg/kg，可溶性铬≤10mg/kg，可溶性汞≤2mg/kg

注：依据 GB 36246。

5.3 设备设施

Ⅰ 给水排水

5.3.1 管材管件

（1）主要材料（系统）：塑料管材管件（聚烯烃类、聚氯乙烯（PVC）类塑料管材、管件）。

材料性能要求见表 90：

表 90

绿色要求	品质属性要求
铅限量[a] ≤100mg/kg	1. 灰分[b] ≤3% 2. 卫生性能[c]：符合 GB/T 17219 的规定 3. 密度[a] <1450 kg/m³

注：依据 GB/T 26125、T/CECS 10058；

[a]仅适用于聚氯乙烯（PVC）类塑料管材管件；

[b]仅适用于排水、排污类聚烯烃塑料管材、管件；

[c]仅适用于给水管材、管件。

（2）主要材料（系统）：不锈钢管及管件。

材料性能要求见表 91：

表 91

绿色要求	品质属性要求
酸洗工序[a]：酸洗工序应符合国家及地方环境保护相关法律法规的要求	1. 尺寸偏差： 外径：±0.75% 壁厚：±10% 2. 管配件连接方式[a]：装配式连接 3. 管配件系统适用性：应符合 CJ/T 117 等适用标准中连接性能的规定

注：依据 T/CECS 10251；

[a]以自我声明的方式提供证实性资料。

（3）主要材料（系统）：铜管及管件。

材料性能要求见表 92：

表 92

绿色要求	品质属性要求
管配件连接处铜析出量：≤0.1mg/L	1. 管配件连接方式[a]：装配式连接 2. 管配件系统适用性：应符合 CJ/T 117 等适用标准中连接性能的规定

注：依据 T/CECS 10251；

[a]以自我声明的方式提供证实性资料。

（4）主要材料（系统）：铸铁管及管件。

材料性能要求见表 93：

表 93

绿色要求	品质属性要求
内外涂覆材料[a]：环氧树脂涂料或耐腐蚀性能与其相当的材料	1. 基管壁厚：符合适用产品标准中关于壁厚的要求 2. 抗震性能[b]：符合相应产品标准的要求

注：依据 T/CECS 10251；
[a]以自我声明的方式提供证实性资料；
[b]仅适用于排水管材管件。

（5）主要材料（系统）：压接式涂覆碳钢管及管件。

材料性能要求见表 94：

表 94

绿色要求	品质属性要求
钢管、管件[a]：禁止使用冷镀锌钢管	管配件连接方式[a]：装配式连接

注：依据 T/CECS 10251；
[a]以自我声明的方式提供证实性资料。

5.3.2 阀门

主要材料（系统）：建筑用阀门。

材料性能要求见表 95：

表 95

绿色要求	品质属性要求
主体材质：球墨铸铁 - 球化率≥80%；碳素钢 - 碳当量≤0.55CE；铜合金 - 含铅量≤1.9%；不锈钢 - 含镍量≥5%	1. 产品循环寿命试验次数：≥标准 15% 2. 防腐处理设施： 涂装工艺：静电粉末防腐 漆膜厚度：≥200μm 附着力：8MPa 3. 管配件连接方式[a]：装配式连接

注：依据 T/CECS 10057；
[a]以自我声明的方式提供证实性资料。

5.3.3 中水处理设备

主要材料（系统）：中水处理设备。

材料性能要求见表 96：

表 96

绿色要求	品质属性要求
设备电机能效等级达到二级及以上	1. 噪声级≤75dB 2. 产水水质应达到城市污水再生利用系列标准相应分类水质标准的要求

注：依据 T/CECS 10071。

5.3.4 净水设备

主要材料（系统）：净水设备。

材料性能要求见表 97：

表 97

绿色要求	品质属性要求
1. 设备电机能效等级达到二级及以上 2. 噪声级≤60dB	1. 管道直饮水系统处理设备监测：净水量、出水水质监测，水质监测指标包括但不限于：电导率、pH、消毒剂余量等 2. 公用终端直饮水设备监测：净水量监测

注：依据 T/CECS 10068。

5.3.5 软化设备

主要材料（系统）：软化设备。

材料性能要求见表 98：

表 98

绿色要求	品质属性要求
1. 树脂交换容量≥1.7mmol/mL 2. 再生药剂耗量＜120g/mol 3. 设备电机能效等级达到二级及以上 4. 噪声级≤55dB	监测维护：出水硬度、pH 监测

注：依据 T/CECS 10069。

5.3.6 雨水回收系统

主要材料（系统）：雨水处理设备。

材料性能要求见表 99：

表 99

绿色要求	品质属性要求
设备电机能效等级达到二级及以上	噪声级≤65dB

注：依据 T/CECS 10072。

5.3.7 二次供水设备

主要材料（系统）：二次供水设备。

材料性能要求见表100：

表100

绿色要求	品质属性要求
运行噪声： 单机功率≤4.0 kW·h时：≤65dB（A）； 4.0kW·h<单机功率≤7.5kW·h时：≤70dB（A） 单机功率>7.5kW·h时：≤80dB（A）	1. 单位供水能耗： 2. 台泵（一用一备）：流量≤15m^3/h时，≤0.80 kWh/(m^3·MPa)；流量>15m^3/h时，≤0.75 kWh/(m^3·MPa) 3. 台泵（二用一备）：流量≤50m^3/h时，≤0.70 kWh/(m^3·MPa)；流量>50m^3/h时，≤0.65 kWh/(m^3·MPa) 4. 台泵（三用一备）：45m^3/h<流量≤80m^3/h时，≤0.65 kWh/(m^3·MPa)；流量>80m^3/h时，≤0.60 kWh/(m^3·MPa) 5. 振动烈度：1.20~2.80 mm/s

注：依据T/CECS 10262。

Ⅱ 暖通空调

5.3.8 冷热源设备

（1）主要材料（系统）：冷水机组。

材料性能要求见表101：

表101

绿色要求	品质属性要求
1. 制冷剂臭氧层破坏潜值ODP=0 2. 噪声≤100%名义值	1. 名义工况制冷量≥100%名义值 2. 名义工况输入功率≤110%名义值 3. 水侧压力损失≤115%机组名义规定值

注：依据T/CECS 10243。

（2）主要材料（系统）：空气源热泵（冷热风型、冷热水型空气源热泵机组）。

材料性能要求见表102：

表102

绿色要求	品质属性要求
1. 制冷剂臭氧层破坏潜值ODP=0 2. 噪声≤标称值+3 dB（A）	1. 名义工况制冷量≥95%标称值 2. 名义工况制热量≥95%标称值

注：依据T/CECS 10059。

（3）主要材料（系统）：地源热泵。

材料性能要求见表103：

表103

绿色要求	品质属性要求
1. 制冷剂泄漏率不超过总充注量0.5%/年 2. 噪声≤标称值-2dB（A）	ACOP要求：名义制冷量≤150kw的地埋管式ACOP>4.6；名义制冷量>150kw的地埋管式ACOP>5.0；名义制冷量≤150kw的地下水式ACOP>4.9；名义制冷量>150kw的地下水式ACOP>5.5；名义制冷量≤150kw的地表水式ACOP>4.6；名义制冷量>150kw的地表水式ACOP>5.0
注：依据T/CECS 10066。	

5.3.9 通风系统设备

（1）主要材料（系统）：组合式空调机组。

材料性能要求见表104：

表104

绿色要求	品质属性要求
1. 离心式通风机效率≥额定工况点效率的97% 2. 轴流式通风机效率≥额定工况点效率的98%	1. 名义工况供冷量≥95%名义值 2. 名义工况供热量≥95%名义值 3. 噪声≤额定值-1 4. $PM_{2.5}$净化效率：普通机组≥70%，用于净化空调系统的机组≥90%
注：依据GB 19761、GB/T 14294、GB/T 34012。	

（2）主要材料（系统）：新风净化系统。

材料性能要求见表105：

表105

绿色要求	品质属性要求
新风臭氧浓度增加量≤0.03 mg/m^3	1. $PM_{2.5}$净化效率≥90% 2. 单位风量耗功率应比现行国家标准《公共建筑节能设计标准》GB 50189的规定低20% 3. 制冷焓交换效率≥58%、制热焓交换效率≥65%（全热回收型），制冷温度交换效率≥70%、制热温度交换效率≥75%（显热回收型） 4. 新风系统在额定机外余压下，风量实测值应不小于标称值的95%
注：依据GB/T 50378、T/CECS 10061。	

Ⅲ 建筑电气

5.3.10 太阳能光伏发电系统

（1）主要材料（系统）：太阳能光伏发电系统。

材料性能要求见表106：

表106

绿色要求	品质属性要求
1. 集中/集散式逆变系统功率比≥85% 2. 组串式逆变系统功率比≥88% 3. 微型逆变系统功率比≥89%	系统使用寿命≥20年
注：依据T/CECS 10074。	

（2）主要材料（系统）：太阳能光伏组件。

材料性能要求见表107：

表107

品质属性要求
P型晶硅组件衰减率：首年≤2%，后续每年≤0.55%，25年内不高于15%； N型晶硅组件衰减率：首年≤1%，后续每年≤0.4%，25年内不高于11%； 薄膜组件衰减率：首年≤4%，后续每年≤0.4%，25年内不高于14%。
注：依据T/CECS 10074、工业和信息化部《光伏制造行业规范条件（2024年本）》。

5.3.11 电气照明

（1）主要材料（系统）：室内照明用LED产品。

材料性能要求见表108：

表108

绿色要求	品质属性要求
1. 非定向LED光源能效≥90 lm/W 2. LED筒灯能效≥80 lm/W 3. LED线形灯具能效≥90 lm/W 4. LED平面灯具能效：（额定一般显色指数<90时）≥95 lm/W；（额定一般显色指数≥90时）≥85 lm/W 5. LED高天棚灯具能效≥90 lm/W	1. 频闪比≤3%（光输出波形频率大于3125Hz时豁免） 2. 色容差≤5 3. 一般显色指数≥80，特殊显色指数R_9≥20 4. 波动深度应满足现行国家标准《LED室内照明应用技术要求》GB/T 31831的规定
注：依据GB 30255、GB 38450、GB/T 50378、T/CECS 10064。	

（2）主要材料（系统）：室外照明用LED投光灯。

材料性能要求见表109：

表 109

绿色要求	品质属性要求
1. 光束效率≥90%（光束角按 10% 最大光强计算） 2. 灯具能效：（一般显色指数大于 70 时且小于等于 80 时）≥90 lm/W；（一般显色指数大于 80 时）≥85 lm/W	色容差≤5

注：依据 T/CECS 10064。

5.3.12 高低压配电柜

主要材料（系统）：高低压配电柜（板）。

材料性能要求见表 110：

表 110

绿色要求	品质属性要求
应能提供产品有效的功耗数据	1. 低压配电柜：产品各部位的最高温升值低于相应温升限值至少 5K；保护电路最大电阻值不超过 20mΩ 2. 低压配电板：元器件外部的电气间隙≥6.3mm、爬电距离≥8mm；产品各部位的最高温升值低于相应温升限值至少 5K

注：依据 GB/T 7251.3、GB/T 7251.5、T/CEEIA 334。

5.3.1 3 母线槽

主要材料（系统）：密集绝缘母线槽。

材料性能要求见表 111：

表 111

品质属性要求
1. 具有防止火焰蔓延特性 2. 产品各部位的最高温升值低于相应温升限值至少 5K 3. 应能提供产品有效的功耗数据

注：依据 GB/T 7251.6。

附录 A

表 A　　禁止使用的产品目录

序号	产品名称
1	使用非耐碱玻纤或非低碱水泥生产的玻纤增强水泥（GRC）空心条板
2	陶土坩埚拉丝玻璃纤维和制品及其增强塑料（玻璃钢）制品
3	25A 空腹钢窗
4	一次冲洗最大用水量 8 升以上的坐便器
5	角闪石石棉（即蓝石棉）
6	非机械生产的中空玻璃、双层双框各类门窗及单腔结构型的塑料门窗
7	采用二次加热复合成型工艺生产的聚乙烯丙纶类复合防水卷材、聚乙烯丙纶复合防水卷材（聚乙烯芯材厚度在 0.5mm 以下）；棉涤玻纤（高碱）网格复合胎基材料、聚氯乙烯防水卷材（S 型）

注：禁止使用的产品目录取自国家发展改革委《产业结构调整指导目录（2024 年本）》，实施过程中如有更新以最新版本为准。

附录 B

表 B　　防水材料中不得添加的有害物质

序号	类别	品种说明
1	苯	—
2	乙二醇醚及其酯类	乙二醇甲醚、乙二醇甲醚醋酸酯、乙二醇乙醚、乙二醇乙醚醋酸酯、二乙二醇丁醚醋酸酯
3	二元胺	乙二胺、丙二胺、丁二胺、已二胺
4	有机溶剂	二氯甲烷、二氯乙烷、三氯甲烷、三氯乙烷、三氯丙烷、三氯乙烯、四氯化碳、正已烷、溴丙烷、溴丁烷
5	酮类	3，5，5－三甲基－2－环已烯基－1－酮（异佛尔酮）
6	持续性有机污染物	多溴联苯（PBB）、多溴联苯醚（PBDE）
7	消耗臭氧层物质	《中国受控消耗臭氧层物质清单》列举的消耗臭氧层物质
8	邻苯二甲酸酯类	邻苯二甲酸二（2－乙基已）酯（DEHP）、邻苯二甲酸二正丁酯（DBP）、邻苯二甲酸丁苄酯（BBP）、邻苯二甲酸二异辛酯（DIOP）、邻苯二甲酸二正辛酯（DNOP）
9	表面活性剂	烷基酚聚氧乙烯醚（APEO）、支链十二烷基苯磺酸钠（ABS）、壬基酚、壬基酚聚氧乙烯醚（NPEO）、辛基酚、辛基酚聚氧乙烯醚（OPEO）
10	多氯萘	是指一类基于萘环上的氢原子被氯原子所取代的化合物的总称，共有 75 种同类物
11	多氯联苯	三氯联苯（PBC3）、四氯联苯（PBC4）、五氯联苯（PBC5）、六氯联苯（PBC6）、七氯联苯（PBC7）、八氯联苯（PBC8）、九氯联苯（PBC9）、十氯联苯（PBC10）
12	全氟烷基化合物	全氟已酸、全氟辛酸、全氟壬酸、全氟癸酸、全氟十一酸

财政部　住房城乡建设部　工业和信息化部关于印发《政府采购支持绿色建材促进建筑品质提升政策项目实施指南》的通知

2023 年 3 月 22 日　财办库〔2023〕52 号

各省、自治区、直辖市、计划单列市财政厅（局）、住房和城乡建设厅（委、管委、局）、工业和信息化主管部门，新疆生产建设兵团财政局、住房和城乡建设局、工业和信息化局：

为推进政府采购支持绿色建材促进建筑品质提升政策实施工作，财政部、住房城乡建设部、工业和信息化部制定了《政府采购支持绿色建材促进建筑品质提升政策项目实施指南》，现印发给你们，请纳入政策范围的有关城市（市辖区）参照执行。

附件：政府采购支持绿色建材促进建筑品质提升政策项目实施指南

财政部办公厅
住房城乡建设部办公厅
工业和信息化部办公厅
2023 年 3 月 22 日

附件：

政府采购支持绿色建材促进建筑品质提升政策项目实施指南

第一章 总 则

第一条 为推进政府采购支持绿色建材促进建筑品质提升政策实施工作，根据《财政部 住房城乡建设部 工业和信息化部关于扩大政府采购支持绿色建材促进建筑品质提升政策实施范围的通知》（财库〔2022〕35号），结合国家现行绿色建筑与建筑节能、绿色建材的相关法律、法规和技术标准，制定本指南。

第二条 本指南适用于纳入政府采购支持绿色建材促进建筑品质提升政策实施范围的建设工程项目可研编制、设计与审查、政府采购、施工、检测、验收、第三方机构（预）评价全流程的相关活动，包括医院、学校、办公楼、综合体、展览馆、会展中心、体育馆、保障性住房等政府采购工程项目（含适用招标投标法的政府采购工程项目）。

第三条 纳入政策实施范围的采购人①及有关各方应当参照本指南执行。

第四条 纳入政策实施范围的城市财政、住房城乡建设、工业和信息化（经济和信息化）、自然资源、市场监管、政务服务等主管部门应参照本指南，按照部门职责分工做好项目相关审批、采购与监管工作。

第五条 纳入政策实施范围的建设工程项目除应符合本指南的规定外，还应符合国家、地方及行业现行相关法律、法规和标准的规定。

第二章 可行性研究

第六条 项目建议书应明确本项目的绿色建筑星级、绿色建材应用比例和装配率目标值。

第七条 编制可行性研究报告，应主动对照《绿色建筑和绿色建材政府采购需求标准》（以下简称《需求标准》），编写绿色建筑和绿色建材专篇，包括但不限于下列内容：（一）项目绿色建筑和绿色建材应用概况、编制依据，相关绿色规划与建设条件；（二）绿色建筑星级目标，主要措施和相关专业建设要求；（三）绿色建材应用率目标，主要措施和相关专业建设要求；（四）装配式项目装配率目标值、全装修要求，主要措施和相关专业建设要求。

第八条 编制项目投资估算，应综合考虑绿色建筑和绿色建材的相关增量成本以

---

① 含采购人委托的第三方代建机构。

及绿色建材批量集中采购的成本节约，包括下列内容：（一）绿色建筑的星级增量成本；（二）绿色建材高性能要求（绿色要求和品质属性要求）的增量成本，具备条件的可经询价或参照材料设备目录价格和税费标准编制；（三）新工艺、新技术、新材料、新设备的运用、检测、第三方（预）评价等环节的费用；（四）装配式建造、全装修等技术运用增量成本；（五）通用类绿色建材实施批量集中采购后的实际下降成本。

第九条 纳入政策实施范围的城市投资主管部门根据相应流程对可研报告进行评审时，可邀请绿色建筑、绿色建材、装配式建筑相关专家，针对可行性研究报告中绿色建筑和绿色建材章节进行评审，并在评审结论中予以体现。

第三章 设计与审查

第十条 在项目设计阶段应编制绿色建材使用量清单，并对绿色建筑中绿色建材的应用比例进行核算。核算方法可在现行《绿色建筑评价标准》（GB/T 50378）的基础上进行细化，如相关政策或标准有所调整，应按最新政策或标准执行。

第十一条 工程设计成果文件应包含技术规格书，技术规格书应明确结构材料与构配件、建筑装饰装修材料、设备设施等绿色建材的指标要求。

第十二条 设计单位应根据项目实际情况，对照《需求标准》等规范要求进行项目设计。施工图审查机构应根据图审合同约定，对项目的绿色建筑和装配式建筑进行预评价，并出具预评价报告。未要求进行施工图设计文件审查的项目，由设计单位向采购人出具设计文件满足《需求标准》的承诺书。

第十三条 方案设计阶段，应对照《需求标准》进行绿色建筑和绿色建材设计策划，主要包括下列内容：（一）规划与建设条件，绿色建筑星级等级定位及绿色建材应用总体策略；（二）建筑工程项目建造方式及其结构形式；（三）建筑专业建设要求；（四）结构专业建设要求；（五）暖通专业建设要求；（六）给排水专业建设要求；（七）电气专业建设要求。

第十四条 初步设计阶段，设计成果文件中应明确绿色建筑和绿色建材主要设计应用内容和建材技术参数，还应包含下列绿色设计内容：（一）绿色规划与建设条件，绿色建筑星级等级要求，其中星级等级应按照相应城市的绿色建筑专项规划和《绿色建筑评价标准》（GB/T 50378）等相关要求分别明确；（二）绿色建筑工程项目建造方式及其结构形式；（三）建筑专业建设要求、设计内容及绿色建筑材料、装饰装修材料的基本要求；（四）结构专业建设要求、设计内容及绿色结构材料与构配件的基本要求；（五）暖通专业建设要求、设计内容及绿色功能设备设施的基本要求；（六）给排水专业建设要求、设计内容及绿色功能设备设施的基本要求；（七）电气专业建设要求、设计内容及绿色功能设备设施的基本要求；（八）绿色建筑和装配式建筑预评价表，绿色建材应用比例计算书。

第十五条 施工图设计阶段，设计成果文件应对照《需求标准》明确绿色建筑和绿色建材主要设计内容、参数及具体构造和措施，并对前一阶段获取政府部门批复中的相关内容进行复核和深化。设计专篇应包含下列内容：（一）建筑工程项目建造方式及其结构形式；（二）建筑专业建设要求、设计内容及装饰装修材料要求；（三）结构专业建设要求、设计内容及结构材料与构配件要求；（四）暖通专业建设要求、设计内容及其设备设施要求；（五）给排水专业建设要求、设计内容及其设备设施要求；（六）电气专业建设要求、设计内容及其设备设施要求；（七）绿色建筑自评分表；（八）绿色建材应用汇总表。

第十六条 采购人宜委托施工图审查机构对施工图设计文件是否落实《需求标准》进行评估。未要求进行施工图设计文件审查的项目，采购人应当在办理施工许可手续节点之前向建设行政主管部门提交落实《需求标准》的承诺书。

第四章 政府采购

第十七条 采购人组织工程量清单和政府采购最高限价/招标控制价编制时，应纳入《需求标准》的相关要求，包含绿色建筑和绿色建材实施成本。对施工图不明确之处，采购人应及时组织设计单位、编制单位进行沟通并形成书面文件。

第十八条 编制采购文件（含工程招投标文件）和拟定合同文本，应满足下列要求：（一）根据不同的采购类型，如设计、施工或工程总承包（EPC）等，在采购文件和拟定合同中应按照《需求标准》明确相应的绿色建筑评价等级、建设要求及绿色建材采购（招标）要求；（二）“建设工程要求和材料性能符合《需求标准》的相关要求”应作为采购文件的实质性要求并以醒目方式进行标识，且在投标无效条件或否决投标条件中作相应载明；（三）在拟定合同范本中应按采购文件的要求明确项目的绿色建筑等级、绿色建材应用比例和装配率，并将符合《需求标准》相关要求作为实质性条款；（四）拟定施工合同中，须明确工程承包单位对涉及使用《需求标准》中的绿色建材的，应当全部采购和使用符合《需求标准》的绿色建材。

第十九条 采购文件和拟定合同中，应要求绿色建材供应商在参与采购活动时提供下列证明性文件的其中一种作为核实依据：（一）提供符合《需求标准》相关指标要求的绿色建材检测报告；（二）提供符合《需求标准》相关指标的绿色建材产品认证证书；（三）《需求标准》中明确由企业承诺的指标，供应商可仅提供企业承诺书。

第二十条 设区的市、自治州以上人民政府财政部门，根据纳入政策实施范围的项目实际需求和绿色建材供应商生产实际，综合考虑建材的通用性、标准化程度、金额和用量等因素，研究确定实施批量集中采购的通用类建材种类并制定批量集中采购实施方案。

第二十一条 采购人梳理纳入批量集中采购范围的绿色建材应用数量，组织开展绿色建材集中采购应用量填报，在施工招标前报送财政部门和政府集中采购机构（部门集中采购机构）。政府集中采购机构（部门集中采购机构）根据政府采购相关法律法规、绿色建材批量集中采购实施方案等，编制采购文件，组织采购活动，分期分批实施批量集中采购。

第二十二条 确定中标、成交供应商后，采购人、施工单位（或总承包单位）应在规定期限内与中标、成交供应商签署《绿色建材采购供货合同》，严格应用绿色建材批量集中采购结果。

第二十三条 鼓励推进绿色建材电子化采购交易，所有符合条件的绿色建材产品均可进入电子平台交易，提高绿色建材采购效率和透明度。

第五章 施　　工

第二十四条 采购人应健全工程项目质量管理体系。采购人的项目负责人应作为第一责任人，承担本项目政策实施工作组织与管理的首要责任，并指定专职人员，明确其绿色建材采购及使用环节的质量管理职责，不具备条件的可聘用专业机构或人员。

第二十五条 施工单位应严格按照设计文件和《需求标准》的规定、以及相关建设工程标准进行施工。施工单位应建立相应的施工管理体系和组织机构，确定绿色建筑和绿色建材应用工作责任人。

第二十六条 派驻现场监理的监理工程师应当具备绿色建筑与绿色建材相关的专业知识和管理能力，熟悉《需求标准》，全面掌握设计文件、施工合同中约定的相关内容。

第二十七条 项目开工前，采购人应针对设计文件中绿色建筑和绿色建材的相关内容，结合《需求标准》组织专项会审，开展设计交底并形成书面纪要。设计单位应积极提供相关技术标准、协助指导施工单位进行新技术、新材料、新工艺、新设备的施工。

第二十八条 施工单位应建立绿色建材进场专项台账，内容包括但不限于产品名称、规格型号、产品数量、进货单位、生产厂家、质量证明文件编号（包括绿色建材产品认证证书等证明性材料）、进场时间、进场复验报告等。

第二十九条 施工单位应分地基和基础、主体结构、装饰装修与安装三个阶段开展自查自纠，重点检查该阶段应完成的绿色建筑和绿色建材相关内容是否已按设计文件实施，并满足《需求标准》及国家、地方其他相关规范标准的要求，且应形成书面文件。

第三十条 纳入政策实施范围的项目应建立绿色建筑和绿色建材相关内容的专项

资料档案，包括且不限于下列内容：（一）绿色建筑和绿色建材相应的责任名单等；（二）经采购人、设计单位、施工单位、监理单位各方盖章确认的绿色建筑和绿色建材专项会审及设计交底纪要；（三）建设过程中发生的绿色建筑和绿色建材相关内容的变更资料；变更流程应符合属地行业主管部门对项目节能系统变更管理的相关要求；（四）绿色建材进场台账、质量证明文件及质量检测等资料；（五）绿色建材检查记录、工程履约验收、隐蔽验收记录、竣工验收记录等；（六）施工实施总结。

第三十一条 施工过程中，若发现设计文件涉及绿色建筑和绿色建材的内容有不明确或错漏之处，须及时向采购人报告，并由设计单位进行补充、变更，涉及重大变更的应及时提交原节能评估单位及施工图审查机构进行审查。当工程设计变更时，其绿色建筑与绿色建材的相关性能不得低于《需求标准》、国家和地方其他现行相关标准的规定。

第三十二条 采购人、施工、监理单位应严格按施工验收规范的要求做好绿色建材的进场检验工作，检验合格后方能用于工程现场。

第三十三条 监理单位应严格按照绿色建筑与绿色建材专项监理实施细则开展监理活动。当发现工程施工不符合相关质量标准、技术要求或《需求标准》时，应当书面通知施工单位改正。当发现工程设计违反上述要求时，应报告采购人由其要求设计单位改正。

第三十四条 有关城市建设行政主管部门应结合建设工程项目施工过程的监督管理检查流程，加强对项目绿色建筑和绿色建材相关内容监督管理，保证项目的顺利推进。

第三十五条 建设行政主管部门和各行业协会，应针对相关的政策实施内容、技术要求、工作流程等，积极开展对建设、设计、施工、监理、检测机构等单位的培训工作，确保全面贯彻执行政策要求。

第六章 检　　测

第三十六条 纳入政策实施范围的项目绿色建筑与绿色建材性能检测的组织和管理应由采购人负责。

第三十七条 检测机构应符合《建设工程质量检测管理办法》（住房城乡建设部令第57号）并通过资质认定（CMA）。采购人可优先选择同时具备实验室认可（CNAS）资质的检测机构。检测方法和检测报告除应符合本指南要求外，还应符合国家和地方现行规范及标准的要求。

第三十八条 为保证建筑品质提升，采购人要按照《需求标准》的相关要求在材料进场和履约验收阶段开展检测报告核查以及相应的实体检测。其结果作为验收的重要依据。

第三十九条 绿色建材进场检验时，施工、监理单位应当核查质量证明文件，包括合格证、相关指标检验（检测）报告/认证证书，其中相关指标检验（检测）报告需完整描述受检绿色建材的委托人名称及地址、制造商名称及地址、生产厂名称及地址、产品名称、产品描述、型号、规格，检验报告应给出《需求标准》相应指标要求的测试结果，并明确是否达到其相应的指标要求。

第四十条 绿色建材进场后应按建设工程相关验收规范进行复验，复验样品应随机抽取，并应满足分布均匀、具有代表性的要求。施工单位要加强对进入施工现场的建筑材料的质量管控，对质量证明文件不齐全的建筑材料，不得进场。

第四十一条 施工单位及其取样、送检人员应确保提供的检测试样具有代表性和真实性。

第四十二条 采购人或监理单位见证人员应对施工现场的取样和送检进行见证，且应保证取样和送检的真实性。

第七章 验 收

第四十三条 竣工验收前，采购人应组织对绿色建筑、绿色建材、装配式建造情况进行专项验收，形成专项验收报告并对验收结果负责。专项验收报告至少包括下列内容：（一）绿色建筑及绿色建材项目实施情况；（二）相关材料复验和现场实体检验情况；（三）绿色建材应用比例计算书；（四）装配率计算报告。

第四十四条 绿色建筑、绿色建材、装配率验收结果不合格的，竣工验收不得通过。

第四十五条 纳入政策实施范围的项目通过竣工验收后应申请获得相应星级的绿色建筑标识。

第四十六条 纳入政策实施范围的项目，工程进度款支付比例应当不低于已完工程价款的80%。

第四十七条 推行施工过程结算，发承包双方通过合同约定，将施工过程按时间或进度节点划分施工周期，对周期内已完成且无争议的工程进行价款计算、确认和支付。经双方确认的过程结算文件作为竣工结算文件的组成部分，竣工后原则上不再重复审核。

第八章 附 则

第四十八条 纳入政策实施范围的城市（市辖区）可依据本指南，结合实际制定实施办法。

第四十九条 本指南由财政部会同住房城乡建设部、工业和信息化部负责解释，自印发之日起施行。

财政部　住房城乡建设部　工业和信息化部关于扩大政府采购支持绿色建材促进建筑品质提升政策实施范围的通知

2022 年 10 月 12 日　财库〔2022〕35 号

各省、自治区、直辖市、计划单列市财政厅（局）、住房和城乡建设厅（委、管委、局）、工业和信息化主管部门，新疆生产建设兵团财政局、住房和城乡建设局、工业和信息化局：

为落实《中共中央　国务院关于完整准确全面贯彻新发展理念做好碳达峰碳中和工作的意见》，加大绿色低碳产品采购力度，全面推广绿色建筑和绿色建材，在南京、杭州、绍兴、湖州、青岛、佛山等 6 个城市试点的基础上，财政部、住房城乡建设部、工业和信息化部决定进一步扩大政府采购支持绿色建材促进建筑品质提升政策实施范围。现将有关事项通知如下：

一、实施范围

自 2022 年 11 月起，在北京市朝阳区等 48 个市（市辖区）实施政府采购支持绿色建材促进建筑品质提升政策（含此前 6 个试点城市，具体城市名单见附件 1）。纳入政策实施范围的项目包括医院、学校、办公楼、综合体、展览馆、会展中心、体育馆、保障房等政府采购工程项目，含适用招标投标法的政府采购工程项目。各有关城市可选择部分项目先行实施，在总结经验的基础上逐步扩大范围，到 2025 年实现政府采购工程项目政策实施的全覆盖。鼓励将其他政府投资项目纳入实施范围。

二、主要任务

各有关城市要深入贯彻习近平生态文明思想，运用政府采购政策积极推广应用绿色建筑和绿色建材，大力发展装配式、智能化等新型建筑工业化建造方式，全面建设二星级以上绿色建筑，形成支持建筑领域绿色低碳转型的长效机制，引领建材和建筑产业高质量发展，着力打造宜居、绿色、低碳城市。

（一）落实政府采购政策要求。各有关城市要严格执行财政部、住房城乡建设部、工业和信息化部制定的《绿色建筑和绿色建材政府采购需求标准》（以下简称《需求标准》，见附件2）。项目立项阶段，要将《需求标准》有关要求嵌入项目建议书和可行性研究报告中；招标采购阶段，要将《需求标准》有关要求作为工程招标文件或采购文件以及合同文本的实质性要求，要求承包单位按合同约定进行设计、施工，并采购或使用符合要求的绿色建材；施工阶段，要强化施工现场监管，确保施工单位落实绿色建筑要求，使用符合《需求标准》的绿色建材；履约验收阶段，要根据《需求标准》制定相应的履约验收标准，并与现行验收程序有效融合。鼓励通过验收的项目申报绿色建筑标识，充分发挥政府采购工程项目的示范作用。

（二）加强绿色建材采购管理。纳入政策实施范围的政府采购工程涉及使用《需求标准》中的绿色建材的，应当全部采购和使用符合相关标准的建材。各有关城市要探索实施对通用类绿色建材的批量集中采购，由政府集中采购机构或部门集中采购机构定期归集采购人的绿色建材采购计划，开展集中带量采购。要积极推进绿色建材电子化采购交易，所有符合条件的绿色建材产品均可进入电子平台交易，提高绿色建材采购效率和透明度。绿色建材供应商在供货时应当出具所提供建材产品符合需求标准的证明性文件，包括国家统一推行的绿色建材产品认证证书，或符合需求标准的有效检测报告等。

（三）完善绿色建筑和绿色建材政府采购需求标准。各有关城市可结合本地区特点和实际需求，提出优化完善《需求标准》有关内容的建议，包括调整《需求标准》中已包含的建材产品指标要求，增加未包含的建材产品需求标准，或者细化不同建筑类型如学校、医院等的需求标准等，报财政部、住房城乡建设部、工业和信息化部。财政部、住房城乡建设部、工业和信息化部将根据有关城市建议和政策执行情况，动态调整《需求标准》。

（四）优先开展工程价款结算。纳入政策实施范围的工程，要提高工程价款结算比例，工程进度款支付比例不低于已完工程价款的80%。推行施工过程结算，发承包双方通过合同约定，将施工过程按时间或进度节点划分施工周期，对周期内已完成且无争议的工程进行价款计算、确认和支付。经双方确认的过程结算文件作为竣工结算文件的组成部分，竣工后原则上不再重复审核。

三、工作要求

（一）明确部门职责。有关城市财政、住房和城乡建设、工业和信息化部门要各司其职，加强协调配合，形成政策合力。财政部门要组织采购人落实《需求标准》，指导集中采购机构开展绿色建材批量集中采购工作，加强对采购活动的监督管理。住房和城乡建设部门要加强对纳入政策实施范围的工程项目的监管，培育绿色建材应用示范工程和高品质绿色建筑项目。工业和信息化部门要结合区域特点，因地制宜发展绿色建材产业，培育绿色建材骨干企业和重点产品。

（二）精心组织实施。有关城市所在省级财政、住房和城乡建设、工业和信息化部门收到本通知后要及时转发至纳入政策实施范围城市的财政、住房和城乡建设、工业和信息化部门，切实加强对有关城市工作开展的指导。有关城市要根据政策要求，研究制定本地区实施方案，明确各有关部门的责任分工，完善组织协调机制，对实践中出现的问题要及时研究和妥善处理，确保扩大实施范围工作顺利推进，取得扎实成效。要积极总结工作经验，提炼可复制、可推广的先进经验和典型做法。

（三）加强宣传培训。各有关地方和部门要依据各自职责加强政策解读和宣传，及时回应社会关切，营造良好的工作氛围。要加强对建设单位、设计单位、建材企业、施工单位的政策解读和培训，调动相关各方的积极性。

附件：1. 政府采购支持绿色建材促进建筑品质提升政策实施范围城市名单（略）（扫描下方二维码查阅或下载）

2. 绿色建筑和绿色建材政府采购需求标准（略）（扫描下方二维码查阅或下载）

财政部　住房城乡建设部　工业和信息化部

2022 年 10 月 12 日

十二、

政府采购专项

（一）公务机票

财政部　中国民用航空局关于加强公务机票购买管理有关事项的通知

2014 年 4 月 14 日　财库〔2014〕33 号

党中央有关部门，国务院各部委、各直属机构，全国人大常委会办公厅，全国政协办公厅，高法院，高检院，各人民团体，各民主党派，各省、自治区、直辖市、计划单列市人民政府外事办公室、财政厅（局），新疆生产建设兵团财务局、外事局：

为贯彻落实《党政机关厉行节约反对浪费条例》要求，规范公务机票购买行为，根据《财政部　外交部关于印发〈因公临时出国经费管理办法〉的通知》（财行〔2013〕516 号）及政府采购相关制度规定，现就加强公务机票购买管理的有关事项通知如下：

一、各级国家机关、事业单位和团体组织工作人员，以及使用财政性资金购买公务机票的其他人员（以下简称购票人），国内出差、因公临时出国购买机票，应当按照厉行节约和支持本国航空公司发展的原则，优先购买通过政府采购方式确定的我国航空公司（以下简称国内航空公司）航班优惠机票。

二、国内航空公司按政府采购合同约定给予公务机票优惠。对于市场折扣机票，各航空公司按国内、国际机票各航班舱位的折扣票价给予 9.5 折优惠；对于市场全价机票，则分别给予全价票价的 8.8 折、8.5 折优惠。政府采购机票优惠率的变动情况，将在政府采购机票管理网（www.gpticket.org）上发布。

三、因公临时出国时，购票人应当选择直达目的地国家（地区）的国内航空公司航班出入境，没有直达航班的，应当选择国内航空公司航班到达的最邻近目的地国家（地区）进行中转。因中转 1 次以上（不含 1 次）等特殊原因确需选择非国内航空公司航班，以及因最临近目的地国家（地区）中转需办理过境签证而选择其他邻近中转地的，应当填写《乘坐非国内航空公司航班和改变中转地审批表》（见附件），事先报经单位外事部门和财务部门审批同意。

四、购票人应当做好公务出行计划安排，尽可能选择低价机票，原则上不得购买全价机票。对于各航空公司提供的低于政府采购优惠票价的团队价格或促销价格机票，购票人可选择购买，但不再享受政府采购优惠。购票人需要退改签机票的，按照各航空公司的退改签规定办理。

五、购票人可直接使用公务卡在政府采购机票管理网站购买机票，也可通过具备中国民航机票销售资质的各航空公司直销机构或机票销售代理机构，使用公务卡或银行转账方式购买机票。使用公务卡购票的，应当提前在政府采购机票管理网站进行公务卡注册或通过电话方式注册。使用银行转账方式购票的，需要在支票、汇款等票据上标注资金用途为“公务机票购票款”，填写的单位名称应与系统记录的单位名称一致。

六、各部门各单位要严格公务机票报销管理，购买国内航空公司航班机票的，应当以标注有政府采购机票查验号码的《航空运输电子客票行程单》作为报销凭证；购买非国内航空公司航班机票的，应当以相关有效票据作为报销凭证，并附经单位外事部门和财务部门出具审核意见的审批表。单位财务人员如需对购票单位、购票时间及购票价格等信息进行核实的，可登录政府采购机票管理网站按查验号码查询。

七、各级外事、财政、审计等部门应当将出国机票购买情况纳入因公临时出国情况联合检查的范围。各部门各单位在审计部门对因公临时出国经费管理使用情况进行审计时，应当提供乘坐非国内航空公司航班审批表等机票购买活动的资料以及经费管理使用的资料。

八、各级财政部门应当按预算级次整理本级预算单位名称全称、组织机构代码等信息，在本级预算单位实施公务机票购买管理改革前，按规定格式提供给中国民用航空局清算中心。中央预算单位信息由财政部提供，地方各级预算单位信息由省级财政部门审核汇总后提供。预算单位相关信息变更的，各级财政部门也按此要求办理。

九、中国民用航空局清算中心具体承担公务机票购买的相关执行工作，统一与各航空公司、机票销售机构签订服务合同，协调处理各中央预算单位和地方财政部门书面反映的航空公司执行优惠率、机票销售机构履行服务承诺等方面的问题，定期向各级财政部门报送公务机票购买执行情况。

十、中央预算单位从2014年6月1日起开始实施公务机票购买管理改革。各省级财政部门要统筹安排本地区改革工作，省级预算单位在2014年底前实施，地市级及以下级预算单位在2015年底前全部实施。

十一、各航空公司航班市场票价和政府采购优惠票价，预算单位基础信息表，公务卡注册流程，公务机票购买操作手册，以及国内航空公司和机票销售机构名录等内容，见政府采购机票管理网站。

十二、各地区各部门各单位可根据本通知规定，结合实际制定相应的实施细则。

十三、各中央部门和省级财政部门在实施工作中，有关政策制定、执行中的意见和建议，请与财政部国库司联系，联系电话：010－68552389。有关预算单位信息提供、购票中出现问题的处理等操作执行方面的问题，请与中国民用航空局清算中心联系，联系电话：010－84669065。

附件：乘坐非国内航空公司航班和改变中转地审批表

财政部　中国民用航空局

2014 年 4 月 14 日

附件：

乘坐非国内航空公司航班和改变中转地审批表

编号：　　　　　　　　　　　　　　　　　　填表日期：　　年　月　日

团组名称			
组团单位		团员人数	
出访国家（地区）		出访时间	
乘坐航班			
选择非国内航空公司航班原因，或者改变最邻近目的地国家（地区）中转地原因			
外事部门审核意见			
审核单位		审核日期	
审核意见			
财务部门审核意见			
审核单位		审核日期	
审核意见			

财政部　中国民用航空局关于加强公务机票购买管理有关事项的补充通知

2014年11月3日　财库〔2014〕180号

党中央有关部门，国务院各部委、各直属机构，全国人大常委会办公厅，全国政协办公厅，高法院，高检院，各人民团体，各民主党派，各省、自治区、直辖市、计划单列市财政厅（局），新疆生产建设兵团财政局：

为完善和推进公务机票购买管理改革工作，进一步落实《财政部、中国民用航空局关于加强公务机票购买管理有关事项的通知》（财库〔2014〕33号）要求，现就公务机票购买有关问题补充通知如下：

一、关于完善公务机票购买方式问题

购票人可使用公务卡在政府采购机票管理网站、各航空公司直销机构或具备机票销售资质的代理机构为本人或其他公务人员购票，但需要保证出行公务人员持有的公务卡必须开通且在有效期内。购票人在政府采购机票管理网站购票的，应当事先在网站进行用户注册。购票人为未办理公务卡、公务卡额度不足的人员以及需要购买公务机票的其他人员购票的，可使用银行转账方式在各航空公司直销机构或具备机票销售资质的代理机构购票。

二、关于购买市场低价机票问题

为进一步贯彻落实厉行节约和支持本国航空公司发展的要求，国内出差、因公临时出国购买机票，购票人可以购买市场上公务机票销售渠道外低于政府采购优惠票价的国内航空公司航班机票，购票时应当保留从各航空公司官方网站或者政府采购机票管理网站下载的出行日期机票市场价格截图等证明其低于购票时点政府采购优惠票价的材料。

三、关于公务机票报销问题

购票人报销政府采购机票销售渠道购买的机票退票手续费时，可以各航空公司或机票销售代理机构出具的退款单据作为报销凭证。报销购买市场低价机票的费用时，应当提供低于政府采购优惠票价的证明材料。

财政部　中国民用航空局

2014 年 11 月 3 日

关于改变国内航空运输销售代理手续费管理方式的通知

2008 年 5 月 11 日　民航发［2008］39 号

民航各地区管理局，各运输航空公司，中国航空运输协会：

为适应国内航空运输销售市场的发展以及电子客票的日益普及，理顺航空运输企业与销售代理企业之间的利益关系，依据国家有关法律法规，经研究，决定改变国内航空运输销售代理手续费（以下简称手续费）支付标准的管理方式。现就有关事项通知如下：

一、自 2008 年 10 月 1 日起，改变现行由民航局统一规定手续费支付标准的管理方式。具体由航空运输企业与销售代理企业按照平等自愿原则，签订委托代理合同，在委托的业务范围内协商确定手续费支付标准、支付条件、奖励办法以及管理办法，并于双方签订委托代理合同后三十个工作日内，报所在地民航地区管理局备案。

二、国内航空客货销售一律实行明折明扣，严禁任何形式的暗扣销售，不得向旅客、货主额外加收服务费。对航空运输企业以及销售代理企业的暗扣销售行为，依据《关于坚决打击暗扣销售和非法经营销售国内机票行为规范航空运输市场秩序的通知》（民航财发［2002］101 号）等规定，由国家有关部门依据相关法律法规进行查处；对销售代理企业额外加收服务费的行为，由价格主管部门依据《价格法》等法律法规进行查处。

三、中国航空运输协会要加强对销售代理企业销售代理活动的管理、监督和检查，对销售代理企业的违规行为依据有关规定进行处理。

四、航空运输企业应当按照公正、公平的原则与销售代理企业协商确定手续费支付标准、支付条件、奖励办法以及管理办法。支付的手续费必须如实入账，严禁在帐外以现金、有价证券等形式给予销售代理企业回扣或事后返还，防止商业贿赂行为的发生。

民航各地区管理局要及时跟踪了解手续费支付标准管理方式改变后的有关情况。执行中有何问题，请及时向民航局反映。

中国民用航空局

二〇〇八年五月十一日

（二）正版软件

国务院办公厅关于印发政府机关使用正版软件管理办法的通知

2013年8月15日　国办发〔2013〕88号

各省、自治区、直辖市人民政府，国务院各部委、各直属机构：

《政府机关使用正版软件管理办法》已经国务院同意，现印发给你们，请认真贯彻执行。

国务院办公厅

2013年8月15日

政府机关使用正版软件管理办法

第一条　为进一步规范政府机关使用正版软件行为，建立长效机制，根据《中华人民共和国著作权法》、《中华人民共和国审计法》、《中华人民共和国政府采购法》、《中华人民共和国预算法》和《计算机软件保护条例》，制定本办法。

第二条　本办法所称软件包括计算机操作系统软件、办公软件和杀毒软件三类通用软件。

第三条　各级政府机关的计算机办公设备及系统必须使用正版软件，禁止使用未经授权和未经软件产业主管部门登记备案的软件。

各级政府机关工作人员不得随意在计算机办公设备及系统中安装或卸载软件。

第四条　国务院各部门、地方各级政府及其部门对本部门和本地区政府机关使用正版软件工作负总责，其主要负责人是使用正版软件工作的第一责任人；负责信息化工作的部门及其负责人具体负责本地区、本单位使用正版软件的推进工作。

第五条 各级政府机关要按照勤俭节约、确保政府信息安全的原则，充分考虑实际工作需要和软件性价比，科学合理制定软件采购年度计划。

各级财政部门应当将政府机关软件采购经费纳入本级财政预算。

第六条 各级政府机关采购软件应当严格执行《中华人民共和国政府采购法》的有关规定，严格遵守国家软件产品管理制度，采购软件产业主管部门登记备案的软件产品。

各级政府机关应当规范政府采购软件行为，建立健全相关工作机制，准确核实拟采购软件的知识产权状况，防止侵权盗版软件产品进入政府采购渠道。

各级政府机关应当明确需采购软件的兼容性、授权方式、信息安全、使用年限、技术支持与软件升级等售后服务要求，对需要购置的纳入政府集中采购目录的软件，依法实行政府采购。

政府集中采购机构负责组织实施政府机关软件集中采购，采取协议供货等采购形式，定期公布软件价格、供应商目录等。

各级政府机关购置计算机办公设备时，应当采购预装正版操作系统软件的计算机产品，对需要购置的办公软件和杀毒软件一并作出购置计划。

第七条 各级政府机关通过各种方式形成的软件资产均属于国有资产，应当按照《固定资产分类与代码》（GB/T14885－2010）等有关国家标准和规定纳入部门资产管理体系，软件配置、使用、处置等应当严格执行国有资产管理相关制度，防止因机构调整、系统或软件版本升级、系统或设备更新和损毁等造成软件资产流失或非正常贬值。

各级政府机关应当根据不同软件资产的特点，坚持制度手段、技术手段并重，有针对性地实施软件资产日常管理和维护。

各级政府机关应当完善有关标准和管理工作程序，实现软件资产管理与预算管理、政府采购、财务管理、信息技术管理相结合。

第八条 推进使用正版软件工作部际联席会议负责组织、协调和指导全国政府机关使用正版软件工作。联席会议办公室设在国务院著作权行政管理部门，并保障必要的工作条件。

各省、自治区、直辖市人民政府建立相应的工作机制，负责组织、协调和指导本地区政府机关使用正版软件工作，并保障必要的工作条件。

第九条 著作权行政管理部门会同推进使用正版软件工作机制各成员单位负责政府机关使用正版软件情况日常监管、督促检查及培训工作。

工业和信息化部门负责软件产品质量管理工作，督促软件生产商和供应商提高软件产品质量、做好售后服务；会同著作权行政管理等部门做好新出厂计算机预装正版操作系统软件的管理工作。

财政部门负责软件采购资金保障和使用的监督检查，指导软件集中采购工作，研究制定规范软件资产管理的指导意见和政府机关办公通用软件的配置标准等。

审计部门负责对政府机关采购软件资金管理使用和软件资产管理情况进行审计监督，并将相关审计结果纳入审计报告。

工商部门负责依法查处垄断和不正当竞争行为，维护软件市场公平竞争秩序。

机关事务主管部门按照本级政府分工做好软件资产管理相关工作。

第十条 各级政府机关应当于每年 11 月底前将本单位当年使用正版软件的资金保障、软件采购、软件资产管理等情况书面报本级著作权行政管理部门。

各省、自治区、直辖市人民政府应当于每年 12 月底前将本地区当年推进使用正版软件工作情况书面报国务院著作权行政管理部门，国务院著作权行政管理部门汇总、核实后书面报国务院。

第十一条 各级政府应当将使用正版软件工作纳入年度考核，建立考核评议制度和责任追究制度，定期对使用正版软件工作进行考核、评议。对未按要求完成软件摸查、采购、安装验收、资产管理、年度报告、长效机制建设等工作的，由本级政府或上级政府有关部门依法依规对相关责任人进行诫勉谈话或给予处分。

第十二条 政府机关违反本办法规定的，由本级政府或上级政府有关部门责令改正；造成他人损失的，依法承担相应的民事责任；情节严重的，对相关责任人依法给予处分；涉嫌犯罪的，移送司法机关依法追究刑事责任。

第十三条 推进使用正版软件工作机制各成员单位在履行职责的过程中滥用职权、玩忽职守、徇私舞弊或消极塞责的，由本级政府或上级政府有关部门责令改正；情节严重的，对相关责任人依法给予处分；涉嫌犯罪的，移送司法机关依法追究刑事责任。

第十四条 政府机关以外的其他国家机关、事业单位、人民团体和免予登记的社会团体使用正版软件工作，参照本办法执行。

第十五条 本办法由国务院著作权行政管理部门负责解释。

第十六条 本办法自印发之日起施行。

财政部关于进一步规范和加强政府机关软件资产管理的意见

2011年2月22日　财行〔2011〕7号

党中央有关部门，国务院各部委、各直属机构，全国人大常委会办公厅，全国政协办公厅，高法院，高检院，有关人民团体，各省、自治区、直辖市、计划单列市财政厅（局），新疆生产建设兵团财务局：

为贯彻落实国务院关于加强软件资产管理和知识产权保护精神，扎实推进政府机关软件正版化工作，建立和完善软件资产管理长效机制，根据《国务院办公厅关于进一步做好政府机关使用正版软件工作的通知》（国办发〔2010〕47号）、《行政单位财务规则》（财政部令第9号）、《行政单位国有资产管理暂行办法》（财政部令第35号）等有关规定，现就进一步规范和加强政府机关软件资产管理有关事项通知如下：

一、充分认识规范和加强软件资产管理的重要意义

党中央、国务院高度重视软件知识产权保护工作。近年来，随着经济社会的快速发展和公共管理信息化水平的显著提升，各级政府机关拥有的软件资产规模迅速扩大，种类和数量快速增加，软件资产已经成为政府机关国有资产的重要组成部分。特别是随着软件知识产权保护力度的不断加大，软件使用逐步规范，对软件资产管理工作提出了更高的要求。对此，各地区、各部门要高度重视，充分认识规范和加强政府机关软件资产管理，对促进知识产权保护，提高政府机关国有资产管理水平，推动我国软件产业发展的重要意义，完善软件资产管理制度，不断规范和加强软件资产管理，促进软件市场公平竞争秩序，维护消费者合法权益。

二、进一步规范和完善软件资产管理重点环节

各级财政部门要采取措施，加强经费保障，将政府机关需要采购的正版软件经费纳入预算。与此同时，要进一步规范和加强软件资产管理。各单位要按照国务院要求加强软件的资产管理，制定软件配置、使用和处置等环节的具体管理办法。

（一）配置环节。政府机关更新、购置软件要从满足实际工作需要出发，坚持勤俭节约，从严控制，合理配置。要在全面掌握本部门软件资产情况、工作人员人数、配备各类计算机数以及需要更换和采购的软件数的基础上，区分操作系统软件、办公软件和杀毒软件以及国内企业软件和国外企业软件，细化软件配置需求，科学合理地确定软件配置计划，并将正版软件采购经费纳入预算管理和国有资产管理。

（二）使用环节。各级政府机关要加强软件使用的培训和管理，严格执行软件使用操作规程。进一步增强软件知识产权保护意识，明确正版软件使用管理责任，加强软件资产日常管理和维护，充分发挥软件资产的使用效益，形成自觉使用正版软件、杜绝盗版侵权的长效机制。要积极探索建立政府机关内部资产管理部门主导、技术管理等部门配合的软件资产使用管理制度。资产管理部门在统一管理软件资产，建立健全软件资产账卡的前提下，根据工作需要委托技术管理等部门具体管理部分软件资产，建立明确的软件资产使用管理责任制。

（三）处置环节。软件资产处置应当严格履行审批手续，坚持优先整合利用。对于确实无法整合利用的，经专业技术鉴定后，应当严格按照国有资产处置程序进行处置，并及时调整资产账卡。以授权形式购置的软件资产到期后，应当及时办理处置手续，停止使用。为专项工作开发或配发的软件在工作任务完成后，失去使用价值且确实无法整合利用的，应当及时进行处置。

三、建立健全软件资产分类核算管理工作机制

政府机关按照有关规定，通过各种方式形成的软件资产均属于国有资产，应当纳入部门资产管理体系，确保软件资产的安全完整。对达到固定资产价值和使用年限标准的软件，要按照中华人民共和国国家标准《固定资产分类与代码》（GB/T14885－2010）等有关规定，纳入部门资产进行核算管理。在此基础上，根据不同软件资产的特点，区分情况，有针对性地开展软件资产管理工作。

（一）采购的商业软件。应当建立健全软件验收入库、保管和领用制度，建立软件资产账卡，规范软件资产财务入账等基础管理工作。要严格按照采购合同的约定，重点加强对软件授权证书或许可协议等核心资料的管理工作，确保软件资产安全，切

实维护采购软件的知识产权。

（二）自行开发或升级的软件。要切实加强对自行开发、升级软件的财务核算、资产管理和知识产权管理工作。合理确定开发或升级过程中发生的支出，加强软件资产价值核算，及时组织验收，建立或调整软件资产账卡。要加强对自行开发软件源代码、开发档案、验收文件等技术资料的归档管理，以及自主知识产权保密工作，妥善保管相关软件载体，确保软件资产安全保密。

（三）统一配发使用的软件。政府机关取得上级或同级部门基于特定工作需要统一配发，使用期限在一年以上的软件，应当视同无偿调拨的固定资产进行管理，建立软件资产卡片，加强对软件载体如光盘使用过程中的管理维护，确保相关工作任务的顺利完成。

四、切实加强正版软件采购工作

要严格执行软件正版化的有关规定，全面采购和使用正版软件。要进一步规范软件产品政府采购行为，建立健全相关工作机制，采取切实措施，加强采购过程中知识产权的审核管理，防止侵权仿冒商品进入政府采购渠道。对需要购置的纳入政府集中采购目录的软件资产，应当严格按照《中华人民共和国政府采购法》的有关规定，实行政府集中采购。对于达到公开招标数额标准以上的软件资产，应当严格履行公开招标程序。采购正版软件应当对软件互相兼容、授权方式、信息安全、升级等售后服务提出具体要求，维护软件市场公平竞争秩序。同时，要注意加强软硬件采购的衔接，确保采购的计算机办公设备符合预装正版操作系统软件的要求。

五、规范和加强软件资产管理工作要求

（一）加强组织领导，狠抓工作落实。各级政府机关要把加强软件资产管理作为完善部门国有资产管理体系，推进软件知识产权保护工作的关键环节抓紧落实。要紧密结合政府机关软件正版化专项检查和整改工作，对本单位软件情况进行全面、彻底的检查、清查，及时将仍在使用并在有效期内的软件资产全部纳入部门资产管理体系，不断完善软件资产配置、使用、处置等各环节管理，建立正版软件资产管理的长效机制。

（二）落实各方责任，建立联动机制。各级财政部门要认真落实国务院关于使用正版软件的要求，明确采购软件的经费渠道，确保软件采购经费的落实。同时，积极配合新闻出版（版权）、工业和信息化、审计等部门做好软件正版化和软件资产管理的有关工作。各级政府机关也应当尽快建立单位内部软件资产管理联动机制，加强资

产部门、财务部门、技术部门的分工合作，确保软件资产管理工作有效运行。

（三）强化督促指导，加强考核评估。各级财政部门要加强对本级政府机关软件资产管理工作的监督检查和指导工作，抓紧研究制定本级政府机关软件资产管理的具体办法，推进政府机关软件资产管理的规范化。要积极探索将软件资产管理纳入政府机关国有资产管理考核评价体系，及时总结经验，不断完善政策。

（四）加强审计监督，防止损失浪费。要充分发挥审计、财政监督等外部监管力量，切实将软件资产的财务核算、配置使用，以及软件正版化等情况纳入部门审计范围，确保软件资产管理规范工作有序推进。各级政府机关也要通过内部审计、财务检查等多种形式，自觉规范和加强单位内部软件资产管理和软件正版化工作，自觉保护软件知识产权，提高软件资产使用效益，防止损失浪费。

财政部

2011 年 2 月 22 日

财政部关于印发《政务信息系统政府采购管理暂行办法》的通知

2017 年 12 月 26 日　财库〔2017〕210 号

党中央有关部门，国务院各部委、各直属机构，全国人大常委会办公厅，全国政协办公厅，高法院，高检院，各民主党派中央，有关人民团体，各省、自治区、直辖市、计划单列市财政厅（局），新疆生产建设兵团财政局，中共中央直属机关采购中心，中央国家机关政府采购中心，全国人大机关采购中心：

现将《政务信息系统政府采购管理暂行办法》印发给你们，请遵照执行。

附件：《政务信息系统政府采购管理暂行办法》

财政部

2017 年 12 月 26 日

《政务信息系统政府采购管理暂行办法》

第一条　为了推进政务信息系统政府采购工作规范高效开展，根据国家电子政务总体部署和《国务院办公厅关于印发政务信息系统整合共享实施方案的通知》（国办发〔2017〕39 号）有关要求，制定本办法。

第二条　本办法所称政务信息系统是指由政府投资建设、政府和社会企业联合建设、政府向社会购买服务或需要政府运行维护的，用于支撑政务部门履行管理和服务职能的各类信息系统，包括执行政务信息处理的计算机、软件和外围设备等货物和服务。

前款所称政务部门是指中共中央、全国人大、国务院、全国政协、最高法院、最高检察院及中央和国家机关各部门，各级地方党委、人大、政府、政协、法院、检察院及其直属各部门（单位）。

第三条 政务信息系统政府采购工作由各相关政务部门（以下简称采购人）负责统一规划和具体实施，各级财政部门依法履行政府采购监管职责。

第四条 采购人应当按照可行性研究报告、初步设计报告、预算审批时核准的内容和实际工作需要确定政务信息系统采购需求（以下简称采购需求）并组织采购。

采购需求应当科学合理、明确细化，包括项目名称、采购人、预算金额、经费渠道、运行维护要求、数据共享要求、安全审查和保密要求、等级保护要求、分级保护要求、需落实的政府采购政策和履约验收方案等内容。

第五条 采购需求应当符合法律法规，满足国家、行业相关标准的要求，鼓励使用市场自主制定的团体标准。

专业性强、技术要求较高的政务信息系统，可以邀请行业专家或者第三方专业机构参与需求制定工作。采购人和实际使用者或受益者分离的项目，在制定需求时，应当征求实际使用者或受益者的意见。

第六条 采购需求应当落实政务信息系统整合共享要求，符合政务信息共享标准体系，确保相关系统能够按照规定接入国家共享数据交换平台。采购需求要与现有系统功能协调一致，避免重复建设。

采购需求应当体现公共数据开放有关要求，推动原始性、可机器读取、可供社会化再利用的数据集向社会开放。

第七条 采购需求应当落实国家支持云计算的政策要求，推动政务服务平台集约化建设管理。不含国家秘密、面向社会主体提供服务的政务信息系统，原则上应当采用云计算模式进行建设，

采购需求应当包括相关设备、系统和服务支持互联网协议第六版（IPv6）的技术要求。

第八条 采购需求应当落实国家密码管理有关法律法规、政策和标准规范的要求，同步规划、同步建设、同步运行密码保障系统并定期进行评估。

第九条 政务信息系统采用招标方式采购的，应当采用综合评分法；采用非招标方式采购的，应当采用竞争性磋商或单一来源采购方式。

除单一来源采购方式外，政务信息系统采购货物的，价格分值占总分值比重应当为30%；采购服务的，价格分值占总分值比重应当为10%。无法确定项目属于货物或服务的，由采购人按照有利于采购项目实施的原则确定项目属性。

第十条 采购人应当指派熟悉情况的工作人员作为采购人代表参加评标委员会或者竞争性磋商小组，参与政务信息系统采购活动的评审。

第十一条 政务信息系统采购评审中，评标委员会或者竞争性磋商小组认为供应商报价明显低于其他合格供应商的报价，有可能影响产品质量或者不能诚信履约的，应当要求其在评审现场合理时间内提供书面说明，必要时提供相关证明材料；供应商不能证明其报价合理性的，评标委员会或竞争性磋商小组应当将其作为无效投标或者无效响应处理。

第十二条 采购人应当按照国家有关规定组织政务信息系统项目验收，根据项目特点制定完整的项目验收方案。验收方案应当包括项目所有功能的实现情况、密码应用和安全审查情况、信息系统共享情况、维保服务等采购文件和采购合同规定的内容，必要时可以邀请行业专家、第三方机构或相关主管部门参与验收。

第十三条 采购人可以聘请第三方专业机构制定针对政务信息系统的质量保障方案，对相关供应商的进度计划、阶段成果和服务质量进行监督，形成项目整改报告和绩效评估报告，必要时邀请行业专家或相关主管部门评审论证。质量保障相关情况应当作为项目验收的依据。

第十四条 具有多个服务期的政务信息系统，可以根据每期工作目标进行分期验收。为社会公众服务的政务信息系统，应当将公众意见或者使用反馈情况作为验收的重要参考依据。采购人和实际使用者或受益者分离的政务信息系统，履约验收时应当征求实际使用者或受益者的意见。

第十五条 政务信息系统的项目验收结果应当作为选择本项目后续运行维护供应商的重要参考。

第十六条 在年度预算能够保障的前提下，采购人可以与政务信息系统运行维护供应商签订不超过三年履行期限的政府采购合同。

第十七条 本办法从 2018 年 1 月 1 日起施行。

国家版权局　信息产业部　财政部 国务院机关事务管理局关于政府部门购置计算机办公设备必须采购已预装正版操作系统软件产品的通知

2006 年 3 月 30 日　国权联〔2006〕1 号

各省、自治区、直辖市版权局、信息产业厅（局）、财政厅（局）、机关事务管理局，国务院各部委、各直属机构办公厅：

近年来，各级人民政府认真贯彻落实《国务院办公厅关于使用正版软件清理盗版软件的通知》（国办函［2001］57 号）、《国务院办公厅关于地方人民政府使用正版软件的通知》（国办函［2004］41 号）精神，积极推进政府部门软件正版化工作，并取得了显著成效。为进一步巩固政府部门软件正版化工作成果，建立使用正版软件的长效工作机制，营造良好的软件知识产权保护环境，维护计算机市场和软件市场秩序，根据《中华人民共和国著作权法》、《计算机软件保护条例》，以及《信息产业部国家版权局商务部关于计算机预装正版操作系统软件有关问题的通知》的规定，特通知如下：

一、今后各级政府部门在购置计算机办公设备时，必须采购预装正版操作系统软件的计算机产品。

二、各级政府部门购置计算机办公设备，必须提供必要的购买软件的配套资金。

三、各级人民政府的版权、信息产业和财政等部门要根据各自的职责，认真做好购置预装正版操作系统软件的计算机产品的资金保障、政府采购和监督检查工作，确保各级政府部门使用正版软件。

国家版权局　信息产业部　财政部
国务院机关事务管理局
二〇〇六年三月三十日

（三）会议定点

财政部 国管局 中直管理局关于印发《中央和国家机关会议费管理办法》的通知

2016年6月29日 财行〔2016〕214号

党中央有关部门，国务院各部委、各直属机构，全国人大常委会办公厅，全国政协办公厅，高法院，高检院，各民主党派中央，全国工商联，有关人民团体：

为贯彻落实《党政机关厉行节约反对浪费条例》关于加强相关开支标准之间的衔接，建立开支标准调整机制的规定，进一步加强会议费管理，我们制定了《中央和国家机关会议费管理办法》。现印发给你们，从2016年7月1日起施行，请认真遵照执行。执行中有何问题，请及时向我们反映。

附件：中央和国家机关会议费管理办法

财政部
国家机关事务管理局
中共中央直属机关事务管理局
2016年6月29日

附件：

中央和国家机关会议费管理办法

第一章 总 则

第一条 为进一步加强和规范中央和国家机关会议费管理，精简会议，改进会风，提高会议效率和质量，节约会议经费开支，制定本办法。

第二条 中央和国家机关会议的分类、审批和会议费管理等，适用本办法。

本办法所称中央和国家机关，是指党中央各部门，国务院各部委、各直属机构，全国人大常委会办公厅，全国政协办公厅，最高人民法院，最高人民检察院，各人民团体、各民主党派中央和全国工商联（以下简称各单位）。

第三条 各单位召开会议应当坚持厉行节约、反对浪费、规范简朴、务实高效的原则，严格控制会议数量和规模，规范会议费管理。

第四条 各单位召开的会议实行分类管理、分级审批。

第五条 各单位应当严格会议费预算管理，控制会议费预算规模。会议费预算应当细化到具体会议项目，执行中不得突破。会议费应当纳入部门预算，并单独列示。

第二章 会议分类和审批

第六条 中央和国家机关会议分类如下：

一类会议。是以党中央和国务院名义召开的，要求省、自治区、直辖市、计划单列市或中央部门负责同志参加的会议。

二类会议。是党中央和国务院各部委、各直属机构，最高人民法院，最高人民检察院，各人民团体召开的，要求省、自治区、直辖市、计划单列市有关厅（局）或本系统、直属机构负责同志参加的会议。

三类会议。是党中央和国务院各部委、各直属机构，最高人民法院，最高人民检察院，各人民团体及其所属内设机构召开的，要求省、自治区、直辖市、计划单列市有关厅（局）或本系统机构有关人员参加的会议。

四类会议。是指除上述一、二、三类会议以外的其他业务性会议，包括小型研讨会、座谈会、评审会等。

第七条 中央和国家机关会议按以下程序和要求进行审批：

一类会议。应当由主办单位报经党中央和国务院批准。会议总务、经费预算及费用结算等工作分别由中共中央直属机关事务管理局（以下简称中直管理局）和国家机关事务管理局（以下简称国管局）负责。

二类会议。党中央和国务院各部委、各直属机构，各人民团体应当于每年 12 月底前，将下一年度会议计划（包括会议名称、召开的理由、主要内容、时间地点、代表人数、工作人员数、所需经费及列支渠道等）送财政部审核会签，按程序经中央办公厅、国务院办公厅审核后报批。各单位召开二类会议原则上每年不超过 1 次。

三类会议。各单位应当建立会议计划编报和审批制度，年度会议计划（包括会议数量、会议名称、召开的理由、主要内容、时间地点、代表人数、工作人员数、所需经费及列支渠道等）经单位领导办公会或党组（党委）会审批后执行。

四类会议。由单位分管领导审核后列入单位年度会议计划。

年度会议计划一经批准，原则上不得调整。对党中央、国务院交办等确需临时增加的会议，按规定程序报批。

第八条 一类会议会期按照批准文件，根据工作需要从严控制；二、三、四类会议会期均不得超过2天；传达、布置类会议会期不得超过1天。

会议报到和离开时间，一、二、三类会议合计不得超过2天，四类会议合计不得超过1天。

第九条 各单位应当严格控制会议规模。

一类会议参会人员按照批准文件，根据会议性质和主要内容确定，严格限定会议代表和工作人员数量。

二类会议参会人员不得超过300人，其中，工作人员控制在会议代表人数的15%以内；不请省、自治区、直辖市和中央部门主要负责同志、分管负责同志出席。

三类会议参会人员不得超过150人，其中，工作人员控制在会议代表人数的10%以内。

四类会议参会人员视内容而定，一般不得超过50人。

第十条 全国人大常委会办公厅、全国政协办公厅、各民主党派中央和全国工商联的会议分类、审批事项、会期及参会人员等，由上述部门依据法律法规、章程规定，参照第六条至第九条作出规定，并报财政部备案。

第十一条 各单位召开会议应当改进会议形式，充分运用电视电话、网络视频等现代信息技术手段，降低会议成本，提高会议效率。

传达、布置类会议优先采取电视电话、网络视频会议方式召开。电视电话、网络视频会议的主会场和分会场应当控制规模，节约费用支出。

第十二条 不能够采用电视电话、网络视频召开的会议实行定点管理。各单位会议应当到定点会议场所召开，按照协议价格结算费用。未纳入定点范围，价格低于会议综合定额标准的单位内部会议室、礼堂、宾馆、招待所、培训中心，可优先作为本单位或本系统会议场所。

无外地代表且会议规模能够在单位内部会议室安排的会议，原则上在单位内部会议室召开，不安排住宿。

第十三条 参会人员以在京单位为主的会议不得到京外召开。各单位不得到党中央、国务院明令禁止的风景名胜区召开会议。

第三章 会议费开支范围、标准和报销支付

第十四条 会议费开支范围包括会议住宿费、伙食费、会议场地租金、交通费、文件印刷费、医药费等。

前款所称交通费是指用于会议代表接送站，以及会议统一组织的代表考察、调研等发生的交通支出。

会议代表参加会议发生的城市间交通费，按照差旅费管理办法的规定回单位报销。

第十五条 会议费开支实行综合定额控制，各项费用之间可以调剂使用。

会议费综合定额标准如下：

单位：元/人天

会议类别	住宿费	伙食费	其他费用	合计
一类会议	500	150	110	760
二类会议	400	150	100	650
三、四类会议	340	130	80	550

综合定额标准是会议费开支的上限。各单位应在综合定额标准以内结算报销。

第十六条 一类会议费在部门预算专项经费中列支，二、三、四类会议费原则上在部门预算公用经费中列支。

会议费由会议召开单位承担，不得向参会人员收取，不得以任何方式向下属机构、企事业单位、地方转嫁或摊派。

第十七条 各单位在会议结束后应当及时办理报销手续。会议费报销时应当提供会议审批文件、会议通知及实际参会人员签到表、定点会议场所等会议服务单位提供的费用原始明细单据、电子结算单等凭证。财务部门要严格按规定审核会议费开支，对未列入年度会议计划，以及超范围、超标准开支的经费不予报销。

第十八条 各单位会议费支付，应当严格按照国库集中支付制度和公务卡管理制度的有关规定执行，以银行转账或公务卡方式结算，禁止以现金方式结算。

具备条件的，会议费应当由单位财务部门直接结算。

第四章 会议费公示和年度报告制度

第十九条 各单位应当将非涉密会议的名称、主要内容、参会人数、经费开支等情况在单位内部公示或提供查询，具备条件的应当向社会公开。

第二十条 一级预算单位应当于每年3月底前，将本级和下属预算单位上年度会议计划和执行情况（包括会议名称、主要内容、时间地点、代表人数、工作人员数、经费开支及列支渠道等）汇总后报财政部。党中央各部门同时抄送中直管理局，国务院各部门同时抄送国管局。

第二十一条 财政部对各单位报送的会议年度报告进行汇总分析，针对执行中存在的问题，及时完善相关制度。

第五章　管理职责

第二十二条　财政部的主要职责是：

（一）会同国管局、中直管理局等部门制定或修订中央本级会议费管理办法，并对执行情况进行监督检查；

（二）按规定对各单位报送的二类会议计划进行审核会签；

（三）对会议费支付结算实施动态监控；

（四）对各单位报送的会议年度报告进行汇总分析，提出加强管理的措施。

第二十三条　国管局的主要职责是：

（一）配合财政部制定或修订中央和国家机关会议费管理办法；

（二）负责国务院召开的一类会议的总务工作；

（三）配合财政部对国务院各部委、各直属机构会议费执行情况进行监督检查。

第二十四条　中直管理局的主要职责是：

（一）配合财政部制定或修订中央和国家机关会议费管理办法；

（二）负责党中央召开的一类会议的总务工作；

（三）配合财政部对中央各部门会议费执行情况进行监督检查。

第二十五条　各单位的主要职责是：

（一）负责制定本单位会议费管理的实施细则；

（二）负责单位年度会议计划编制和三类、四类会议的审批管理；

（三）负责安排会议预算并按规定管理、使用会议费，做好相应的财务管理和会计核算工作，对内部会议费报销进行审核把关，确保票据来源合法，内容真实、完整、合规；

（四）按规定报送会议年度报告，加强对本单位会议费使用的内控管理。

第六章　监督检查和责任追究

第二十六条　财政部、国管局、中直管理局会同有关部门对各单位会议费管理和使用情况进行监督检查。主要内容包括：

（一）会议计划的编报、审批是否符合规定；

（二）会议费开支范围和开支标准是否符合规定；

（三）会议费报销和支付是否符合规定；

（四）会议会期、规模是否符合规定，会议是否在规定的地点和场所召开；

（五）是否向下属机构、企事业单位或地方转嫁、摊派会议费；

（六）会议费管理和使用的其他情况。

第二十七条　严禁各单位借会议名义组织会餐或安排宴请；严禁套取会议费设立

“小金库”；严禁在会议费中列支公务接待费。

各单位应严格执行会议用房标准，不得安排高档套房；会议用餐严格控制菜品种类、数量和份量，安排自助餐，严禁提供高档菜肴，不安排宴请，不上烟酒；会议会场一律不摆花草，不制作背景板，不提供水果。

不得使用会议费购置电脑、复印机、打印机、传真机等固定资产以及开支与本次会议无关的其他费用；不得组织会议代表旅游和与会议无关的参观；严禁组织高消费娱乐、健身活动；严禁以任何名义发放纪念品；不得额外配发洗漱用品。

第二十八条 违反本办法规定，有下列行为之一的，依法依规追究会议举办单位和相关人员的责任：

（一）计划外召开会议的；

（二）以虚报、冒领手段骗取会议费的；

（三）虚报会议人数、天数等进行报销的；

（四）违规扩大会议费开支范围，擅自提高会议费开支标准的；

（五）违规报销与会议无关费用的；

（六）其他违反本办法行为的。

有前款所列行为之一的，由财政部会同有关部门责令改正，追回资金，并经报批后予以通报。对直接负责的主管人员和相关负责人，报请其所在单位按规定给予行政处分。如行为涉嫌违法的，移交司法机关处理。

定点会议场所或单位内部宾馆、招待所、培训中心有关工作人员违反规定的，按照财政部定点会议场所管理的有关规定处理。

第七章 附 则

第二十九条 各单位应当按照本办法规定，结合本单位业务特点和工作需要，制定会议费管理具体规定。

第三十条 党中央、国务院直属事业单位的会议费管理参照本办法执行。中央和国家机关各部门所属事业单位的会议费管理由各部门依据从严从紧原则参照本办法作出具体规定。

第三十一条 本办法由财政部负责解释，自2016年7月1日起施行。《中央和国家机关会议费管理办法》（财行〔2013〕286号）同时废止。

财政部 国管局 中直管理局关于《中央和国家机关会议费管理办法》的补充通知

2023 年 5 月 30 日　财行〔2023〕86 号

党中央有关部门，国务院各部委、各直属机构，全国人大常委会办公厅，全国政协办公厅，最高人民法院，最高人民检察院，各民主党派中央，有关人民团体：

为贯彻落实中央八项规定精神，进一步规范中央和国家机关会议费管理，现就有关事项补充通知如下：

一、本通知适用于中央和国家机关按照《中央和国家机关会议费管理办法》（财行〔2016〕214 号，以下简称《办法》）规定召开的一类、二类、三类、四类会议，包括线下会议和线上会议。

线上会议是指采取电视电话、网络视频等方式召开的会议，含线上与线下相结合的会议。

二、会议会期，二、三、四类会议原则上不超过 1 天半，传达、布置类会议不得超过 1 天。

会议报到和离开时间，一、二、三类会议合计不得超过 1 天半，四类会议合计不得超过 1 天。

三、各单位召开会议，在符合保密和网络信息安全要求的前提下，提倡采用线上会议形式。线上会议的主会场和分会场参会人数合计不得超过《办法》规定的相应会议类别参会人数上限，不请外地同志到主会场参会。

线上会议优先选择单位内部电视电话、电子政务内网视频会商等现有应用系统。单位现有应用系统无法保障的，应当结合工作性质、保密要求等，选择专用系统、运营商服务系统、第三方软件服务系统等。

四、会议费开支范围包括：

（一）线下费用：《办法》规定的住宿费、伙食费、会议场地租金、交通费、文件印刷费、医药费等；

（二）线上费用：能够明确对应具体会议的设备租赁费、线路费、电视电话会议通话费、技术服务费、软件应用费、音视频制作费等。

五、会议费应当按照以下方式进行核算列支：

（一）线下费用按照《办法》有关规定以实际发生的费用项目分项定额标准总额为上限，结合线下实际参会人数、会议时间进行核算。各项费用之间可以调剂使用，未实际发生的费用项目不得参与调剂。

（二）线上费用不纳入《办法》规定的综合定额标准内核算，凭合法票据原则上在单位年度会议费预算内据实列支。

各单位应当按照厉行节约、提高效率的原则，通过市场调研、充分议价，合理选择线上会议应用系统，细化完善本单位线上会议支出标准。

六、各单位在会议结束后应当及时办理会议费报销手续。线下费用按照《办法》有关规定进行报销。线上费用应当提供费用清单和使用相关应用系统所开具的合法票据，签署服务合同的，需一并提供相关合同。

七、各单位应当加强涉密会议安全和保密管理，落实网络安全工作责任制，强化网络安全技术防护措施，选择安全可靠的应用系统，督促系统服务供应商严格落实安全保密责任，加强对运维人员、技术服务人员日常保密教育和监督，定期开展终端设备和涉密场所保密检查，妥善保管会议音视频等材料，切实做好安全保障工作。

八、各单位应当加强对会议内容相近、参会人员范围相同会议的统筹，严格控制各类会议规模，简化办会形式，合理确定参会人员范围，减少参会人员数量，减少陪会。

九、各单位应在《办法》及本通知规定的开支范围和开支标准内从严从紧核定会议费预算，节约会议经费开支。

十、本通知自2023年8月1日起施行。《办法》有关规定与本通知不符的，以本通知为准。

财政部　国管局　中直管理局

2023年5月30日

财政部关于印发《党政机关会议定点管理办法》的通知

2015 年 1 月 13 日　财行〔2015〕1 号

党中央有关部门，国务院各部委、各直属机构，全国人大常委会办公厅，全国政协办公厅，高法院，高检院，有关人民团体，各民主党派中央，新疆生产建设兵团，各省、自治区、直辖市、计划单列市财政厅（局）：

为加强和规范会议定点管理，根据《党政机关厉行节约反对浪费条例》和《中央和国家机关会议费管理办法》的有关规定，我们制定了《党政机关会议定点管理办法》。现印发给你们，请结合实际情况，认真贯彻执行。

请各地财政部门抓紧研究制定本地区会议定点管理实施细则，于 2015 年 3 月底前报财政部备案，并认真组织做好 2015－2016 年会议定点饭店招标采购工作。各地区在执行中有何问题，请及时向我们反映。

财政部

2015 年 1 月 13 日

党政机关会议定点管理办法

第一章　总　　则

第一条　为加强和规范党政机关会议定点管理，节约会议费支出，降低行政运行成本，根据《党政机关厉行节约反对浪费条例》、《中央和国家机关会议费管理办法》等规定，制定本办法。

第二条　党政机关会议定点管理，是指财政部门或财政部门委托的机构通过政府采购方式确定一定数量的宾馆饭店或专业会议场所作为党政机关举办会议场所（以下称会议定点场所）的相关管理活动。

第三条 各级党政机关举办的会议，除采用电视电话、网络视频方式以及在本单位或本系统内部会议室、礼堂、宾馆、招待所、培训（会议）中心等举办的外，应当在会议定点场所召开。

第四条 省级（含自治区、直辖市和计划单列市，下同）财政部门统一负责本地区党政机关会议定点管理。各省级财政部门根据实际情况确定本地区各级财政部门在会议定点场所的政府采购和日常管理中的具体职责分工。

第五条 各地区确定的会议定点场所在全国范围内实行资源共享，各级党政机关举办会议共同使用，执行统一的会议定点场所目录和相同的协议价格。

第二章 会议定点场所及协议价格的确定

第六条 会议定点宾馆饭店应当具备保证会议所需要的住宿房间、会议室、餐厅以及相关设施。

专业会议场所应当具备会议所需要的会议室等相关设施。

第七条 确定会议定点场所应当遵循的原则：

（一）数量适当。会议定点场所的数量以能满足党政机关会议需要为宜。

（二）布局合理。会议定点场所的分布要合理，交通便利。

（三）档次适中。兼顾不同地区和不同级别党政机关会议的需要，确定不同档次的会议定点场所。

（四）价格优惠。宾馆饭店、专业会议场所对会议的收费给予优惠。

（五）公开公平。对各类宾馆饭店、专业会议场所等应执行公开、统一的政府采购标准。

第八条 会议定点场所应当通过公开招标方式确定。因特殊情况需要采用公开招标以外方式采购的，应当报经省级财政部门批准后执行。

第九条 会议定点场所政府采购的内容包括住宿房间价格、会议室租金和伙食费。住宿房间价格按标准间、单人间和普通套房3种类型确定。会议室租金按照大会议室、中会议室、小会议室3种类型确定。伙食费标准按照每人每天确定或明细到单餐。

会议定点场所的政府采购控制价格由具体负责政府采购的财政部门按照不高于本地区会议费管理办法规定的开支标准确定。

第十条 具备本办法第六条规定条件的宾馆饭店、专业会议场所可以参加会议定点场所招投标。

党政机关驻外地的内部宾馆、招待所、培训（会议）中心等具备本办法第六条规定条件的可以参加所在地的会议定点场所招投标。

第十一条 会议定点场所政府采购应坚持公开、公正、公平的原则，严格按照政府采购制度的有关规定进行。

第十二条 具体负责政府采购的财政部门通过政府采购确定会议定点场所后，应当与会议定点场所签订协议书，并督促会议定点场所在规定时间内在党政机关会议定点场所管理系统上注册。

省级财政部门汇总本地区政府采购的会议定点场所及协议价格报财政部备案。

第三章 会议定点场所的变动调整

第十三条 会议定点场所实行动态管理，两年调整一次。

第十四条 根据工作需要，各地财政部门可以对会议定点场所进行调整，调整办法由省级财政部门按有关规定制定。

第十五条 协议期满后，对符合招标文件中规定的续约条件的，经协议双方协商一致，本轮次的会议定点场所可以续签下一轮次的协议，继续保留会议定点场所资格；也可自愿退出，会议定点场所资格自动取消。

第十六条 会议定点场所在协议期内不得提高协议价格。

第十七条 会议定点场所在协议期内，由于名称、法人代表等信息发生变动的，由会议定点场所申请，经当地财政部门审核同意后重新注册，并报省级财政部门备案。

第十八条 协议期内会议定点场所发生下列情况之一的，由会议定点场所提出书面申请，经签订协议的财政部门审核同意后在党政机关会议定点场所管理系统办理注销：

（一）由于会议定点场所服务功能发生变化，不能满足协议要求的；

（二）由于自然灾害等不可抗力导致会议定点场所无法正常经营的；

（三）由于其他情况导致会议定点场所无法正常经营的。

第四章 管理与监督

第十九条 财政部负责制定党政机关会议定点管理办法和会议定点场所协议书的主要条款，统筹推进党政机关会议定点场所管理系统建设，组织、指导、协调和监督全国党政机关会议定点管理工作。

第二十条 省级财政部门负责制定本地区会议定点管理的实施细则，指导、协调和实施本地区会议定点场所政府采购工作，负责本省（区、市）党政机关会议定点场所管理系统的管理与运行维护，指导、协调本地区会议定点场所注册、日常管理、处理投诉等工作，负责本省（区、市）党政机关会议定点管理监督检查工作。

第二十一条 省级以下财政部门根据省级财政部门规定的职责，实施本地区会议定点场所的政府采购工作，设立投诉电话，受理对会议定点场所的投诉，对投诉进行及时处理，并定期将投诉情况汇总报省级财政部门。

第二十二条 各级财政部门负责督促本级党政机关执行会议定点管理规定，督促本地区会议定点场所履行协议规定。

第二十三条 党政机关在会议定点场所举办会议应当严格执行定点协议，不得要求会议定点场所虚报会议天数、人数、开具虚假发票等。

第二十四条 会议定点场所有权拒绝党政机关提出的超出协议的服务项目和要求。

第二十五条 会议定点场所有以下行为之一的，经调查属实，第一次予以书面警告，第二次取消会议定点场所资格，情节严重的不得参加下一轮次的会议定点场所政府采购：

（一）无正当理由拒绝接待党政机关会议的；

（二）超过协议价格收取费用或采取减少服务项目等降低服务质量的；

（三）提供虚假发票的；

（四）未按规定提供发票、费用原始明细单据、电子结算单等凭证的；

（五）不配合、甚至干扰阻挠财政部门正常核查工作的；

（六）违反协议规定的其他事项的。

第二十六条 会议定点场所在协议期内未经批准单方面终止履行协议或因违法经营行为受到行政处罚的，根据政府采购法等规定取消其会议定点场所资格，并不得参与下一轮次党政机关会议定点场所政府采购。

第五章 附　　则

第二十七条 本办法由财政部负责解释。

第二十八条 各省级财政部门应根据本办法，结合本地区实际，制订具体实施细则，并报财政部备案。

第二十九条 本办法自发布之日起实行。《中央国家机关出差和会议定点管理办法》（财行〔2006〕312 号）、《关于进一步加强党政机关出差和会议定点管理工作的通知》（财行〔2012〕254 号）同时废止。其他党政机关会议定点管理规定与本办法不一致的，按照本办法执行。

（四）购买服务

国务院办公厅关于政府向社会力量购买服务的指导意见

2013年9月26日　国办发〔2013〕96号

各省、自治区、直辖市人民政府，国务院各部委、各直属机构：

党的十八大强调，要加强和创新社会管理，改进政府提供公共服务方式。新一届国务院对进一步转变政府职能、改善公共服务作出重大部署，明确要求在公共服务领域更多利用社会力量，加大政府购买服务力度。经国务院同意，现就政府向社会力量购买服务提出以下指导意见。

一、充分认识政府向社会力量购买服务的重要性

改革开放以来，我国公共服务体系和制度建设不断推进，公共服务提供主体和提供方式逐步多样化，初步形成了政府主导、社会参与、公办民办并举的公共服务供给模式。同时，与人民群众日益增长的公共服务需求相比，不少领域的公共服务存在质量效率不高、规模不足和发展不平衡等突出问题，迫切需要政府进一步强化公共服务职能，创新公共服务供给模式，有效动员社会力量，构建多层次、多方式的公共服务供给体系，提供更加方便、快捷、优质、高效的公共服务。政府向社会力量购买服务，就是通过发挥市场机制作用，把政府直接向社会公众提供的一部分公共服务事项，按照一定的方式和程序，交由具备条件的社会力量承担，并由政府根据服务数量和质量向其支付费用。近年来，一些地方立足实际，积极开展向社会力量购买服务的探索，取得了良好效果，在政策指导、经费保障、工作机制等方面积累了不少好的做法和经验。

实践证明，推行政府向社会力量购买服务是创新公共服务提供方式、加快服务业发展、引导有效需求的重要途径，对于深化社会领域改革，推动政府职能转变，整合利用社会资源，增强公众参与意识，激发经济社会活力，增加公共服务供给，提高公共服务水平和效率，都具有重要意义。地方各级人民政府要结合当地经济社会发展状况和人民群众的实际需求，因地制宜、积极稳妥地推进政府向社会力量购买服务工作，不断创新和完善公共服务供给模式，加快建设服务型政府。

二、正确把握政府向社会力量购买服务的总体方向

（一）指导思想。

以邓小平理论、“三个代表”重要思想、科学发展观为指导，深入贯彻落实党的十八大精神，牢牢把握加快转变政府职能、推进政事分开和政社分开、在改善民生和创新管理中加强社会建设的要求，进一步放开公共服务市场准入，改革创新公共服务提供机制和方式，推动中国特色公共服务体系建设和发展，努力为广大人民群众提供优质高效的公共服务。

（二）基本原则。

——积极稳妥，有序实施。立足社会主义初级阶段基本国情，从各地实际出发，准确把握社会公共服务需求，充分发挥政府主导作用，有序引导社会力量参与服务供给，形成改善公共服务的合力。

——科学安排，注重实效。坚持精打细算，明确权利义务，切实提高财政资金使用效率，把有限的资金用在刀刃上，用到人民群众最需要的地方，确保取得实实在在的成效。

——公开择优，以事定费。按照公开、公平、公正原则，坚持费随事转，通过竞争择优的方式选择承接政府购买服务的社会力量，确保具备条件的社会力量平等参与竞争。加强监督检查和科学评估，建立优胜劣汰的动态调整机制。

——改革创新，完善机制。坚持与事业单位改革相衔接，推进政事分开、政社分开，放开市场准入，释放改革红利，凡社会能办好的，尽可能交给社会力量承担，有效解决一些领域公共服务产品短缺、质量和效率不高等问题。及时总结改革实践经验，借鉴国外有益成果，积极推动政府向社会力量购买服务的健康发展，加快形成公共服务提供新机制。

（三）目标任务。

“十二五”时期，政府向社会力量购买服务工作在各地逐步推开，统一有效的购买服务平台和机制初步形成，相关制度法规建设取得明显进展。到2020年，在全国基本建立比较完善的政府向社会力量购买服务制度，形成与经济社会发展相适应、高

效合理的公共服务资源配置体系和供给体系，公共服务水平和质量显著提高。

三、规范有序开展政府向社会力量购买服务工作

（一）购买主体。

政府向社会力量购买服务的主体是各级行政机关和参照公务员法管理、具有行政管理职能的事业单位。纳入行政编制管理且经费由财政负担的群团组织，也可根据实际需要，通过购买服务方式提供公共服务。

（二）承接主体。

承接政府购买服务的主体包括依法在民政部门登记成立或经国务院批准免予登记的社会组织，以及依法在工商管理或行业主管部门登记成立的企业、机构等社会力量。承接政府购买服务的主体应具有独立承担民事责任的能力，具备提供服务所必需的设施、人员和专业技术的能力，具有健全的内部治理结构、财务会计和资产管理制度，具有良好的社会和商业信誉，具有依法缴纳税收和社会保险的良好记录，并符合登记管理部门依法认定的其他条件。承接主体的具体条件由购买主体会同财政部门根据购买服务项目的性质和质量要求确定。

（三）购买内容。

政府向社会力量购买服务的内容为适合采取市场化方式提供、社会力量能够承担的公共服务，突出公共性和公益性。教育、就业、社保、医疗卫生、住房保障、文化体育及残疾人服务等基本公共服务领域，要逐步加大政府向社会力量购买服务的力度。非基本公共服务领域，要更多更好地发挥社会力量的作用，凡适合社会力量承担的，都可以通过委托、承包、采购等方式交给社会力量承担。对应当由政府直接提供、不适合社会力量承担的公共服务，以及不属于政府职责范围的服务项目，政府不得向社会力量购买。各地区、各有关部门要按照有利于转变政府职能，有利于降低服务成本，有利于提升服务质量水平和资金效益的原则，在充分听取社会各界意见基础上，研究制定政府向社会力量购买服务的指导性目录，明确政府购买的服务种类、性质和内容，并在总结试点经验基础上，及时进行动态调整。

（四）购买机制。

各地要按照公开、公平、公正原则，建立健全政府向社会力量购买服务机制，及时、充分向社会公布购买的服务项目、内容以及对承接主体的要求和绩效评价标准等信息，建立健全项目申报、预算编报、组织采购、项目监管、绩效评价的规范化流程。购买工作应按照政府采购法的有关规定，采用公开招标、邀请招标、竞争性谈判、单一来源、询价等方式确定承接主体，严禁转包行为。购买主体要按照合同管理要求，与承接主体签订合同，明确所购买服务的范围、标的、数量、质量要求，以及

服务期限、资金支付方式、权利义务和违约责任等，按照合同要求支付资金，并加强对服务提供全过程的跟踪监管和对服务成果的检查验收。承接主体要严格履行合同义务，按时完成服务项目任务，保证服务数量、质量和效果。

（五）资金管理。

政府向社会力量购买服务所需资金在既有财政预算安排中统筹考虑。随着政府提供公共服务的发展所需增加的资金，应按照预算管理要求列入财政预算。要严格资金管理，确保公开、透明、规范、有效。

（六）绩效管理。

加强政府向社会力量购买服务的绩效管理，严格绩效评价机制。建立健全由购买主体、服务对象及第三方组成的综合性评审机制，对购买服务项目数量、质量和资金使用绩效等进行考核评价。评价结果向社会公布，并作为以后年度编制政府向社会力量购买服务预算和选择政府购买服务承接主体的重要参考依据。

四、扎实推进政府向社会力量购买服务工作

（一）加强组织领导。

推进政府向社会力量购买服务，事关人民群众切身利益，是保障和改善民生的一项重要工作。地方各级人民政府要把这项工作列入重要议事日程，加强统筹协调，立足当地实际认真制定并逐步完善政府向社会力量购买服务的政策措施和实施办法，并抄送上一级政府财政部门。财政部要会同有关部门加强对各地开展政府向社会力量购买服务工作的指导和监督，总结推广成功经验，积极推动相关制度法规建设。

（二）健全工作机制。

政府向社会力量购买服务，要按照政府主导、部门负责、社会参与、共同监督的要求，确保工作规范有序开展。地方各级人民政府可根据本地区实际情况，建立“政府统一领导，财政部门牵头，民政、工商管理以及行业主管部门协同，职能部门履职，监督部门保障”的工作机制，拟定购买服务目录，确定购买服务计划，指导监督购买服务工作。相关职能部门要加强协调沟通，做到各负其责、齐抓共管。

（三）严格监督管理。

各地区、各部门要严格遵守相关财政财务管理规定，确保政府向社会力量购买服务资金规范管理和使用，不得截留、挪用和滞留资金。购买主体应建立健全内部监督管理制度，按规定公开购买服务相关信息，自觉接受社会监督。承接主体应当健全财务报告制度，并由具有合法资质的注册会计师对财务报告进行审计。财政部门要加强对政府向社会力量购买服务实施工作的组织指导，严格资金监管，监察、审计等部门要加强监督，民政、工商管理以及行业主管部门要按照职能分工将承接政府购买服务

行为纳入年检、评估、执法等监管体系。

（四）做好宣传引导。

地方各级人民政府和国务院有关部门要广泛宣传政府向社会力量购买服务工作的目的、意义、目标任务和相关要求，做好政策解读，加强舆论引导，主动回应群众关切，充分调动社会参与的积极性。

国务院办公厅

2013 年 9 月 26 日

政府购买服务管理办法

2020年1月3日　财政部令第102号

第一章　总　　则

第一条　为规范政府购买服务行为，促进转变政府职能，改善公共服务供给，根据《中华人民共和国预算法》、《中华人民共和国政府采购法》、《中华人民共和国合同法》等法律、行政法规的规定，制定本办法。

第二条　本办法所称政府购买服务，是指各级国家机关将属于自身职责范围且适合通过市场化方式提供的服务事项，按照政府采购方式和程序，交由符合条件的服务供应商承担，并根据服务数量和质量等因素向其支付费用的行为。

第三条　政府购买服务应当遵循预算约束、以事定费、公开择优、诚实信用、讲求绩效原则。

第四条　财政部负责制定全国性政府购买服务制度，指导和监督各地区、各部门政府购买服务工作。

县级以上地方人民政府财政部门负责本行政区域政府购买服务管理。

第二章　购买主体和承接主体

第五条　各级国家机关是政府购买服务的购买主体。

第六条　依法成立的企业、社会组织（不含由财政拨款保障的群团组织），公益二类和从事生产经营活动的事业单位，农村集体经济组织，基层群众性自治组织，以及具备条件的个人可以作为政府购买服务的承接主体。

第七条　政府购买服务的承接主体应当符合政府采购法律、行政法规规定的条件。

购买主体可以结合购买服务项目的特点规定承接主体的具体条件，但不得违反政府采购法律、行政法规，以不合理的条件对承接主体实行差别待遇或者歧视待遇。

第八条 公益一类事业单位、使用事业编制且由财政拨款保障的群团组织，不作为政府购买服务的购买主体和承接主体。

第三章 购买内容和目录

第九条 政府购买服务的内容包括政府向社会公众提供的公共服务，以及政府履职所需辅助性服务。

第十条 以下各项不得纳入政府购买服务范围：

（一）不属于政府职责范围的服务事项；

（二）应当由政府直接履职的事项；

（三）政府采购法律、行政法规规定的货物和工程，以及将工程和服务打包的项目；

（四）融资行为；

（五）购买主体的人员招、聘用，以劳务派遣方式用工，以及设置公益性岗位等事项；

（六）法律、行政法规以及国务院规定的其他不得作为政府购买服务内容的事项。

第十一条 政府购买服务的具体范围和内容实行指导性目录管理，指导性目录依法予以公开。

第十二条 政府购买服务指导性目录在中央和省两级实行分级管理，财政部和省级财政部门分别制定本级政府购买服务指导性目录，各部门在本级指导性目录范围内编制本部门政府购买服务指导性目录。

省级财政部门根据本地区情况确定省以下政府购买服务指导性目录的编制方式和程序。

第十三条 有关部门应当根据经济社会发展实际、政府职能转变和基本公共服务均等化、标准化的要求，编制、调整指导性目录。

编制、调整指导性目录应当充分征求相关部门意见，根据实际需要进行专家论证。

第十四条 纳入政府购买服务指导性目录的服务事项，已安排预算的，可以实施政府购买服务。

第四章 购买活动的实施

第十五条 政府购买服务应当突出公共性和公益性，重点考虑、优先安排与改善民生密切相关，有利于转变政府职能、提高财政资金绩效的项目。

政府购买的基本公共服务项目的服务内容、水平、流程等标准要素，应当符合国家基本公共服务标准相关要求。

第十六条 政府购买服务项目所需资金应当在相关部门预算中统筹安排，并与中期财政规划相衔接，未列入预算的项目不得实施。

购买主体在编报年度部门预算时，应当反映政府购买服务支出情况。政府购买服务支出应当符合预算管理有关规定。

第十七条 购买主体应当根据购买内容及市场状况、相关供应商服务能力和信用状况等因素，通过公平竞争择优确定承接主体。

第十八条 购买主体向个人购买服务，应当限于确实适宜实施政府购买服务并且由个人承接的情形，不得以政府购买服务名义变相用工。

第十九条 政府购买服务项目采购环节的执行和监督管理，包括集中采购目录及标准、采购政策、采购方式和程序、信息公开、质疑投诉、失信惩戒等，按照政府采购法律、行政法规和相关制度执行。

第二十条 购买主体实施政府购买服务项目绩效管理，应当开展事前绩效评估，定期对所购服务实施情况开展绩效评价，具备条件的项目可以运用第三方评价评估。

财政部门可以根据需要，对部门政府购买服务整体工作开展绩效评价，或者对部门实施的资金金额和社会影响大的政府购买服务项目开展重点绩效评价。

第二十一条 购买主体及财政部门应当将绩效评价结果作为承接主体选择、预算安排和政策调整的重要依据。

第五章 合同及履行

第二十二条 政府购买服务合同的签订、履行、变更，应当遵循《中华人民共和国合同法》的相关规定。

第二十三条 购买主体应当与确定的承接主体签订书面合同，合同约定的服务内容应当符合本办法第九条、第十条的规定。

政府购买服务合同应当明确服务的内容、期限、数量、质量、价格，资金结算方式，各方权利义务事项和违约责任等内容。

政府购买服务合同应当依法予以公告。

第二十四条 政府购买服务合同履行期限一般不超过 1 年；在预算保障的前提下，对于购买内容相对固定、连续性强、经费来源稳定、价格变化幅度小的政府购买服务项目，可以签订履行期限不超过 3 年的政府购买服务合同。

第二十五条 购买主体应当加强政府购买服务项目履约管理，开展绩效执行监控，及时掌握项目实施进度和绩效目标实现情况，督促承接主体严格履行合同，按照合同约定向承接主体支付款项。

第二十六条 承接主体应当按照合同约定提供服务，不得将服务项目转包给其他主体。

第二十七条 承接主体应当建立政府购买服务项目台账，依照有关规定或合同约定记录保存并向购买主体提供项目实施相关重要资料信息。

第二十八条 承接主体应当严格遵守相关财务规定规范管理和使用政府购买服务项目资金。

承接主体应当配合相关部门对资金使用情况进行监督检查与绩效评价。

第二十九条 承接主体可以依法依规使用政府购买服务合同向金融机构融资。

购买主体不得以任何形式为承接主体的融资行为提供担保。

第六章 监督管理和法律责任

第三十条 有关部门应当建立健全政府购买服务监督管理机制。购买主体和承接主体应当自觉接受财政监督、审计监督、社会监督以及服务对象的监督。

第三十一条 购买主体、承接主体及其他政府购买服务参与方在政府购买服务活动中，存在违反政府采购法律法规行为的，依照政府采购法律法规予以处理处罚；存在截留、挪用和滞留资金等财政违法行为的，依照《中华人民共和国预算法》、《财政违法行为处罚处分条例》等法律法规追究法律责任；涉嫌犯罪的，移送司法机关处理。

第三十二条 财政部门、购买主体及其工作人员，存在违反本办法规定的行为，以及滥用职权、玩忽职守、徇私舞弊等违法违纪行为的，按照《中华人民共和国预算法》、《中华人民共和国公务员法》、《中华人民共和国监察法》、《财政违法行为处罚处分条例》等国家有关规定追究相应责任；涉嫌犯罪的，移送司法机关处理。

第七章 附　则

第三十三条 党的机关、政协机关、民主党派机关、承担行政职能的事业单位和使用行政编制的群团组织机关使用财政性资金购买服务的，参照本办法执行。

第三十四条 涉密政府购买服务项目的实施，按照国家有关规定执行。

第三十五条 本办法自 2020 年 3 月 1 日起施行。财政部、民政部、工商总局 2014 年 12 月 15 日颁布的《政府购买服务管理办法（暂行）》（财综〔2014〕96 号）同时废止。

财政部关于印发中央本级政府购买服务指导性目录的通知

2020年12月22日　财综〔2020〕57号

国务院各部委、有关直属机构，全国人大常委会办公厅，国家监委，最高人民法院，最高人民检察院：

为进一步规范和推进政府购买服务工作，根据《国务院办公厅关于政府向社会力量购买服务的指导意见》（国办发〔2013〕96号）、《政府购买服务管理办法》（财政部令102号）有关要求，我们制定了《中央本级政府购买服务指导性目录》（以下简称《目录》），现印发你们，请认真贯彻执行。

一、《目录》规定了可以实行政府购买服务事项范围。对纳入《目录》且已有预算安排的服务事项，可按规定逐步实施购买服务，同时要避免出现一方面部门花钱购买服务，另一方面部门及所属相关事业单位人员和设施闲置、经费不减。

二、坚持先有预算安排、后购买服务原则。不得将已纳入《目录》的服务事项作为申请财政拨款预算的依据。已纳入《目录》但没有安排预算的事项，不得实施政府购买服务。

三、财政部已批复的部门政府购买服务指导性目录继续执行。财政部已反馈意见、但尚未批复的部门指导性目录建议，参照《目录》调整并报财政部备案后执行。

四、未向财政部报送部门政府购买服务指导性目录建议的部门，应当结合本部门具体情况，在《目录》范围内编制本部门政府购买服务指导性目录并报财政部备案，编制时可根据实际需要酌情增加第四级目录。

五、纳入《目录》的服务事项，在采购环节应按照《政府采购品目分类目录》中的有关品目填报政府采购计划、选取评审专家和进行信息统计。

附件：中央本级政府购买服务指导性目录

财政部

2020 年 12 月 22 日

附件：

中央本级政府购买服务指导性目录

代码	一级目录	二级目录	三级目录
A	公共服务		
A01		公共安全服务	
A0101			公共安全隐患排查治理服务
A0102			公共安全情况监测服务
A0103			安全生产事故调查服务
A0104			安全生产应急救援服务
A02		教育公共服务	
A0201			课程研究与开发服务
A0202			学生体育活动组织实施服务
A0203			校园艺术活动组织实施服务
A0204			教学成果推广应用服务
A0205			国防教育服务
A03		就业公共服务	
A0301			就业指导服务
A0302			职业技能培训服务
A0303			创业指导服务
A0304			人才服务
A04		社会保障服务	
A0401			儿童福利服务
A0402			基本养老服务
A0403			社会救助服务

续表

代码	一级目录	二级目录	三级目录
A0404			扶贫济困服务
A0405			优抚安置服务
A0406			残疾人服务
A0407			法律援助服务
A05		卫生健康公共服务	
A0501			传染病防控服务
A0502			地方病防控服务
A0503			应急救治服务
A0504			食品药品安全服务
A0505			特殊群体卫生健康服务
A06		生态保护和环境治理服务	
A0601			生态资源调查与监测服务
A0602			野生动物疫源疫病监测服务
A0603			碳汇监测与评估服务
A0604			废弃物处理服务
A0605			环境保护舆情监控服务
A0606			环境保护成果交流与管理服务
A0607			农业农村环境治理服务
A07		科技公共服务	
A0701			科技研发与推广服务
A0702			科技成果转化与推广服务
A0703			科技交流、普及与推广服务
A0704			区域科技发展服务
A0705			技术创新服务
A08		文化公共服务	
A0801			文化艺术创作、表演及交流服务
A0802			群众文化活动服务
A0803			文物和文化保护服务
A09		体育公共服务	
A0901			体育组织服务
A0902			体育场馆服务
A10		社会治理服务	
A1001			社区治理服务

续表

代码	一级目录	二级目录	三级目录
A1002			社会组织建设与管理服务
A1003			社会工作服务
A1004			人民调解服务
A1005			志愿服务活动管理服务
A11		城乡维护服务	
A1101			公共设施管理服务
A12		农业、林业和水利公共服务	
A1201			农业绿色发展和可持续发展服务
A1202			农业资源与环境保护服务
A1203			农作物病虫害防治服务
A1204			外来入侵生物综合防治服务
A1205			动物疫病防治服务
A1206			品种保存和改良服务
A1207			公益性农机作业服务
A1208			农产品质量安全服务
A1209			渔业船舶检验监管服务
A1210			森林经营与管理服务
A1211			林区管理服务
A1212			水利设施养护服务
A13		交通运输公共服务	
A1301			水路运输保障服务
A1302			交通运输社会监督服务
A1303			轨道交通应急演练服务
A14		灾害防治及应急管理服务	
A1401			防灾减灾预警、预报服务
A1402			防灾救灾技术指导服务
A1403			防灾救灾物资储备、供应服务
A1404			灾害救援救助服务
A1405			灾后防疫服务
A1406			灾情调查评估服务
A1407			灾害风险普查服务
A15		公共信息与宣传服务	
A1501			公共信息服务

续表

代码	一级目录	二级目录	三级目录
A1502			公共公益宣传服务
A1503			公共公益展览服务
A1504			公共信息系统开发与维护服务
A16		行业管理服务	
A1601			行业规划服务
A1602			行业调查与处置服务
A1603			行业统计分析服务
A1604			行业职业资格准入和水平评价管理服务
A1605			行业规范服务
A1606			行业标准制修订服务
A1607			行业投诉处理服务
A1608			行业咨询服务
A1609			行业人才培养服务
A17		技术性公共服务	
A1701			技术评审鉴定评估服务
A1702			检验检疫检测及认证服务
A1703			监测服务
A1704			气象服务
A18		其他公共服务	
A1801			对外合作与交流服务
A1802			农村金融发展服务
B	政府履职辅助性服务		
B01		法律服务	
B0101			法律顾问服务
B0102			法律咨询服务
B0103			法律诉讼及其他争端解决服务
B0104			见证及公证服务
B02		课题研究和社会调查服务	
B0201			课题研究服务
B0202			社会调查服务
B03		会计审计服务	
B0301			会计服务
B0302			审计服务

续表

代码	一级目录	二级目录	三级目录
B04		会议服务	
B0401			会议服务
B05		监督检查辅助服务	
B0501			监督检查辅助服务
B06		工程服务	
B0601			工程造价咨询服务
B0602			工程监理服务
B0603			其他适合通过市场化方式提供的工程服务
B07		评审、评估和评价服务	
B0701			评审服务
B0702			评估和评价服务
B08		咨询服务	
B0801			咨询服务
B09		机关工作人员培训服务	
B0901			机关工作人员技术业务培训服务
B0902			其他适合通过市场化方式提供的机关工作人员培训服务
B10		信息化服务	
B1001			机关信息系统开发与维护服务
B1002			数据处理服务
B1003			网络接入服务
B1004			其他适合通过市场化方式提供的信息化服务
B11		后勤服务	
B1101			维修保养服务
B1102			物业管理服务
B1103			安全服务
B1104			印刷和出版服务
B1105			餐饮服务
B1106			租赁服务
B1107			其他适合通过市场化方式提供的后勤服务
B12		其他辅助性服务	
B1201			翻译服务
B1202			档案管理服务
B1203			外事服务

财政部　中央编办关于做好事业单位政府购买服务改革工作的意见

2016年11月30日　财综〔2016〕53号

各省、自治区、直辖市人民政府，国务院各部委、各直属机构：

推广政府购买服务是党中央、国务院作出的重要决策，对于创新公共服务提供方式，促进政府职能转变，提高公共服务质量和效率具有重要意义。事业单位是提供公共服务的重要力量，在促进经济社会发展、改善人民群众生活等方面发挥着重要作用，但也存在一些事业单位政事不分、事企不分，服务质量和效率不高等问题。为做好事业单位政府购买服务改革工作，通过政府购买服务改革支持事业单位分类改革和转型发展，增强事业单位提供公共服务能力，经国务院同意，现提出如下意见。

一、总体要求

（一）指导思想。全面贯彻党的十八大、十八届三中、四中、五中、六中全会和习近平总书记系列重要讲话精神，认真落实党中央、国务院决策部署，通过推进事业单位政府购买服务改革，推动政府职能转变，深化简政放权、放管结合、优化服务改革，改进政府提供公共服务方式，支持事业单位改革，促进公益事业发展，切实提高公共服务质量和水平。

（二）基本原则。一是坚持分类施策。依据现行政策，事业单位分为承担行政职能事业单位、公益一类事业单位、公益二类事业单位、生产经营类事业单位四类，按其类别及职能，合理定位参与政府购买服务的角色作用，明确相应要求。二是坚持问题导向。针对事业单位存在的问题，加快转变政府职能，创新财政支持方式，将政府购买服务作为推动事业单位改革发展的重要措施，强化事业单位公益属性，增强服务意识，激发内在活力。三是坚持公开透明。遵循公开、公平、公正原则推进事业单位政府购买服务改革，注重规范操作，鼓励竞争择优，营造良好的改革环境。四是坚持统筹协调。做好政府购买服务改革与事业单位分类改革有关经费保障、机构编制、人事制度、收入分配、养老保险等方面政策的衔接，形成改革合力。五是坚持稳妥推进。充分考虑事业单位改革的复杂性和艰巨性，对事业单位政府购买服务改革给予必要的支持政策，妥善处理改革发展稳定的关系，确保事业单位政府购买服务改革工作顺利推进。

（三）总体目标。到2020年底，事业单位政府购买服务改革工作全面推开，事业单位提供公共服务的能力和水平明显提升；现由公益二类事业单位承担并且适宜由社会力量提供的服务事项，全部转为通过政府购买服务方式提供；通过政府购买服务，促进建立公益二类事业单位财政经费保障与人员编制管理的协调约束机制。

二、分类定位

（一）完全或主要承担行政职能的事业单位可以比照政府行政部门，作为政府购买服务的购买主体。部分承担行政职能的事业单位完成剥离行政职能改革后，应当根据新的分类情况执行相应的政府购买服务政策。不承担行政职能的事业单位不属于政府购买服务的购买主体，因履职需要购买辅助性服务的，应当按照政府采购法律制度有关规定执行。

（二）承担义务教育、基础性科研、公共文化、公共卫生及基层的基本医疗服务等基本公益服务，不能或不宜由市场配置资源的公益一类事业单位，既不属于政府购买服务的购买主体，也不属于承接主体，不得参与承接政府购买服务。有关行政主管部门应当加强对所属公益一类事业单位的经费保障和管理，强化公益属性，有效发挥政府举办事业单位提供基本公共服务的职能作用。

（三）承担高等教育、非营利医疗等公益服务，可部分由市场配置资源的公益二类事业单位，可以作为政府购买服务的承接主体。现由公益二类事业单位承担并且适宜由社会力量提供的服务事项，应当纳入政府购买服务指导性目录，并根据条件逐步转为通过政府购买服务方式提供。有关行政主管部门应当创造条件积极支持公益二类事业单位与其他社会力量公平竞争参与承接政府购买服务，激发事业单位活力，增强提供公共服务能力。

（四）生产经营类事业单位可以作为政府购买服务的承接主体，在参与承接政府购买服务时，应当与社会力量平等竞争。

（五）尚未分类的事业单位，待明确分类后按上述定位实施改革。

三、主要措施

（一）推行政府向公益二类事业单位购买服务。2020 年底前，凡是公益二类事业单位承担并且适宜由社会力量提供的服务事项，应当将财政拨款改为政府购买服务，可以由其行政主管部门直接委托给事业单位并实行合同化管理。其中，采取直接委托购买服务项目，属于政府采购集中采购目录以内或者采购限额标准以上的，通过单一来源采购方式实施；已经采用竞争性购买方式的，应当继续实行。政府新增用于公益二类事业单位的支出，应当优先通过政府购买服务方式安排。积极推进采用竞争择优方式向事业单位购买服务，逐步减少向公益二类事业单位直接委托的购买服务事项。

（二）探索建立与政府购买服务制度相适应的财政支持和人员编制管理制度。实施政府向事业单位购买服务的行政主管部门，应当将相关经费预算由事业单位调整至部门本级管理。积极探索建立事业单位财政经费与人员编制协调约束机制，创新事业单位财政经费与人员编制管理，推动事业单位改革逐步深入。

（三）将现由事业单位承担并且适宜由社会力量提供的服务事项纳入政府购买服务指导性目录。各行政主管部门要结合政府购买服务指导性目录编制工作，细化由本部门事业单位承担并且适宜由社会力量提供的服务事项，报经同级财政、机构编制等部门审核后纳入部门指导性目录，作为政府向事业单位购买服务的依据。

（四）落实税收等相关优惠政策。购买主体应当结合政府向事业单位购买服务项目特点和相关经费预算，综合物价、工资、税费等因素，合理测算安排项目所需支出。事业单位承接政府购买服务取得的收入，应当纳入事业单位预算统一核算，依法纳税并享受相关税收优惠等政策。税后收入由事业单位按相关政策规定进行支配。

（五）加强合同履约管理。购买主体应当做好对项目执行情况的跟踪，及时了解掌握购买项目实施进度及资金运作情况，督促承接服务的事业单位严格履行合同，确保服务质量，提高服务对象满意度。承接服务的事业单位履行合同约定后，购买主体应当及时组织对合同履行情况进行检查验收。购买主体向承接主体支付购买服务资金，应当根据合同约定和国库集中支付制度规定办理。

（六）推进绩效管理。购买主体应当会同财政部门建立全过程预算绩效管理机制，依据确定的绩效目标开展绩效管理。购买主体要结合购买服务合同履行情况，推进政府购买事业单位服务绩效评价工作，将绩效评价结果作为确定事业单位后续年度参与承接政府购买服务的考量因素，健全对事业单位的激励约束机制，提高财政资金使用效益和公共服务提供质量及效率。积极探索推进第三方评价。

（七）强化监督管理。各级财政部门要将政府向事业单位购买服务工作纳入财政监督范围，加强监督检查与绩效评价相结合，加大监督力度，保障政府购买服务工作规范开展。参与承接政府购买服务的事业单位应当自觉接受财政、审计和社会监督。

（八）做好信息公开。各级政府部门向事业单位购买服务，应当按照《中华人民共和国政府采购法》、《中华人民共和国政府信息公开条例》等相关规定，及时公开政府购买服务项目实施全过程相关信息，自觉接受社会监督。凡通过单一来源采购方式实施的政府向事业单位购买服务项目，要严格履行审批程序，需要事前公示的要按要求做好公示。积极推进政府向事业单位购买服务绩效信息公开。

四、工作要求

（一）落实工作责任。各省（区、市）财政、机构编制等部门要按照本意见要求，结合本地区实际制定事业单位政府购买服务改革工作实施方案，周密部署，认真组织做好本地区改革工作。各省（区、市）实施方案应于2016年12月底前送财政部、中央编办备案。各有关部门要做好本部门事业单位政府购买服务改革工作，指导推进本系统事业单位政府购买服务改革。

（二）扎实有效推进。2016年，财政部、中央编办将会同教育部、食品药品监管总局、中国残联在抓好典型项目政府购买服务改革试点工作中，认真探索政府向事业单位购买服务的有效做法和经验，及时研究完善相关政策；其他部门和地方要积极做好事业单位政府购买服务改革相关准备工作。2017年开始，各有关部门要根据本部门所属事业单位实际情况，推进事业单位政府购买服务改革，逐步增加公益二类事业单位实行政府购买服务的项目和金额；各省（区、市）要按照本地区改革实施方案，扎实推进事业单位政府购买服务改革，及时总结经验，完善政策，确保2020年底前完成本意见确定的事业单位政府购买服务改革目标任务。

（三）加强调研督导。事业单位政府购买服务改革涉及面广、政策性强，社会普遍关注，直接关系事业单位人员切身利益，各地区、各部门要切实加强对改革工作的领导，深入基层调研指导，及时研究并妥善处理改革中遇到的矛盾和问题。财政、机构编制部门要加强改革工作沟通协调，组织做好改革工作督导、专题调研、政策培训和经验推广，确保改革工作平稳有序推进。

财政部　中央编办

2016年11月30日

财政部关于做好行业协会商会承接政府购买服务工作有关问题的通知（试行）

2015年9月6日　财综〔2015〕73号

党中央有关部门，国务院各部委、各直属机构，全国人大常委会办公厅，全国政协办公厅，高法院，高检院，各民主党派中央，有关人民团体，全国工商联，各省、自治区、直辖市、计划单列市财政厅（局），新疆生产建设兵团财务局：

为加快转变政府职能，实现行业协会商会与行政机关脱钩，促进行业协会商会健康稳定发展，按照《行业协会商会与行政机关脱钩总体方案》（以下简称《总体方案》）的有关要求，根据《国务院办公厅关于政府向社会力量购买服务的指导意见》（国办发〔2013〕96号）及《财政部　民政部　工商总局关于印发〈政府购买服务管理办法（暂行）〉的通知》（财综〔2014〕96号）和政府采购相关规定，现对支持和规范行业协会商会承接政府购买服务有关事项通知如下：

一、充分认识做好行业协会商会承接政府购买服务工作的重要性行业协会商会是社会组织的重要形式，是承接政府购买服务的重要力量。支持和做好行业协会商会承接政府购买服务工作，对于稳妥推进行业协会商会与行政机关脱钩、加快政府职能转变、创新社会治理、促进行业协会商会优化发展、服务经济社会发展具有重要作用。

政府购买行业协会商会服务应遵循科学合理、专业优势、公开择优、以事定费的原则，明确购买范围，加强合同管理，注重绩效考核，有序引导行业协会商会与其他社会力量参与服务供给，促进行业协会商会成为依法设立、自主办会、服务为本、治理规范、行为自律的社会组织，提高政府公共服务水平和效率。

二、公平对待行业协会商会承接政府购买服务

各行业行政主管部门应当在公平竞争的前提下鼓励行业协会商会参与承接政府购买服务，放宽市场准入，鼓励行业协会商会等社会组织依法进入公共服务行业和领域，促进行业协会商会之间、行业协会商会与其他社会力量之间公平有序竞争，激发

行业协会商会活力，促进形成公共服务供给的多元化发展格局。

三、科学确定政府购买服务内容

政府购买服务的内容为适合采取市场化方式提供、社会力量能够承担的服务事项。政府部门在购买服务过程中，要注重发挥行业协会商会的专业化优势，优先向符合条件的行业协会商会购买行业规范、行业评价、行业统计、行业标准、职业评价、等级评定等行业管理与协调性服务，技术推广、行业规划、行业调查、行业发展与管理政策及重大事项决策咨询等技术性服务，以及一些专业性较强的社会管理服务。

各行业行政主管部门和行业协会商会应按照《总体方案》要求，在制定各行业协会商会的脱钩方案时，明确行政机关与行业协会商会的职能，突出公共性和公益性原则，提出适合由行业协会商会承担的服务事项清单。财政部门应会同各行业行政主管部门，按照政府购买服务相关管理规定，将适合由行业协会商会承接的公共服务事项纳入政府购买服务指导性目录，明确政府购买服务的具体内容。

在确定相关政府购买服务事项时，应注重与预算法以及政府购买服务相关法律法规衔接。凡法律法规已明确规定应由行业协会商会义务承担或出于政府依法监管需要由行业协会商会承担的服务职能，以及不属于政府职能范围或应当由政府直接提供、不适合社会力量承担的服务事项，不应纳入向行业协会商会购买服务的范围。

四、推进财政支持方式改革

政府购买行业协会商会服务所需资金按照预算管理要求，在财政预算安排中统筹考虑。推动原有财政预算支持的全国性行业协会商会财政经费支持方式改革时，应做好逐步取消财政直接拨款与政府购买服务工作的衔接，促进行业协会商会脱钩工作顺利开展。过渡期内，对预算明确保障的服务事项或已明确为行业协会商会自身职能的服务事项，不得实行政府购买服务；对于从行业协会商会剥离、属于政府职能范畴、适合由社会力量承担服务事项，应引入竞争机制，推行政府购买服务。行业协会商会脱钩有关财政经费支持方式改革的具体办法由财政部另行制定。

五、创新政府购买服务方式

探索多种有效方式，加大对行业协会商会承接政府购买服务的支持力度。按照政府采购法及其实施条例等相关规定，根据实际采用公开招标、邀请招标、竞争性谈判、竞争性磋商、单一来源采购等方式确定承接主体。

六、加强政府购买服务监管

各有关部门应按照公开、公正、公平的原则，推进政府购买行业协会商会服务信息公开和信息共享，鼓励社会监督。各购买主体及相关机构应加强政府购买服务的财务管理、合同管理、绩效评价和信息公开，督促承接主体严格履行合同，确保服务质量。财政部门及行业主管部门应当建立全过程预算绩效管理机制，加强成本效益分析，推进政府购买服务绩效评价工作。财政、审计、民政、工商等有关部门要将行业协会商会承接政府购买服务情况纳入年检、评估和执法工作体系，加大对违法违规行为的执法监管力度。

七、做好组织实施工作

全国行业协会商会脱钩试点单位应及时向财政部门报送政府购买服务工作开展情况。各地可结合实际制定地方性支持和规范行业协会商会承接政府购买服务的具体政策，确保工作取得实效。

财政部

2015 年 9 月 6 日

财政部关于推进完善服务项目政府采购问题的通知

2014 年 4 月 14 日　财库〔2014〕37 号

党中央有关部门，国务院各部委、各直属机构，全国人大常委会办公厅，全国政协办公厅，高法院，高检院，有关人民团体，各省、自治区、直辖市、计划单列市财政厅（局），新疆生产建设兵团财务局：

为贯彻落实党的十八届三中全会《中共中央关于全面深化改革若干重大问题的决定》精神，大力推进政府购买服务工作，根据《政府采购法》、《国务院办公厅关于政府向社会力量购买服务的指导意见》（国办发［2013］96 号）等有关规定，现将推进和完善服务项目政府采购有关事项通知如下：

一、分类推进服务项目政府采购工作

根据现行政府采购品目分类，按照服务受益对象将服务项目分为三类：

第一类为保障政府部门自身正常运转需要向社会购买的服务。如公文印刷、物业管理、公车租赁、系统维护等。

第二类为政府部门为履行宏观调控、市场监管等职能需要向社会购买的服务。如法规政策、发展规划、标准制定的前期研究和后期宣传、法律咨询等。

第三类为增加国民福利、受益对象特定，政府向社会公众提供的公共服务。包括：以物为对象的公共服务，如公共设施管理服务、环境服务、专业技术服务等；以人为对象的公共服务，如教育、医疗卫生和社会服务等。

要按照“方式灵活、程序简便、竞争有序、结果评价”的原则，针对服务项目的不同特点，探索与之相适应的采购方式、评审制度与合同类型，建立健全适应服务项目政府采购工作特点的新机制。

二、加强政府采购服务项目采购需求管理

推进制定完整、明确、符合国家法律法规以及政府采购政策规定的服务采购需求标准。第一类中列入政府集中采购目录的服务项目，采购需求标准由集中采购机构提出。其他服务项目的采购需求标准由采购人（购买主体）提出。采购人、集中采购机构制定采购需求标准时，应当广泛征求相关供应商（承接主体）、专家意见。对于第三类服务项目，还应当征求社会公众的意见。各省级财政部门可以根据实际情况，分品目制定发布适用于本行政区域的服务项目采购需求标准。

加强采购需求制定相关的内控管理。采购人、集中采购机构应当明确相关岗位的职责和权限，确保政府采购需求制定与内部审批、采购文件准备与验收等不相容岗位分设。

三、灵活开展服务项目政府采购活动

简化采购方式变更的审核程序。采购人要按照政府采购法律制度规定，根据服务项目的采购需求特点，选择适用采购方式。对于采购需求处于探索阶段或不具备竞争条件的第三类服务项目，符合《政府采购法》第二十七条规定申请适用公开招标以外的采购方式的，财政部门要简化申请材料要求，也可以改变现行一事一批的管理模式，实行一揽子批复。

积极探索新的政府采购合同类型。各地各部门可以根据政府采购服务项目的需求特点，灵活采用购买、委托、租赁、雇用等各种合同方式，探索研究金额不固定、数量不固定、期限不固定、特许经营服务等新型合同类型。各省级财政部门可在此基础上制定发布相应的合同范本。

积极培育政府购买服务供给市场。对于有服务区域范围要求、但本地区供应商无法形成有效竞争的服务项目，采购人可以采取将大额项目拆分采购、新增项目向其他供应商采购等措施，促进建立良性的市场竞争关系。采购需求具有相对固定性、延续性且价格变化幅度小的服务项目，在年度预算能保障的前提下，采购人可以签订不超过三年履行期限的政府采购合同。

四、严格服务项目政府采购履约验收管理

完善服务项目履约验收管理制度。采购人或者集中采购机构应当按照采购合同规定组织履约验收，并出具验收书，验收书应当包括每一项服务要求的履约情况。第二

类服务项目，供应商提交的服务成果应当在政府部门内部公开。第三类服务项目，验收时可以邀请第三方评价机构参与并出具意见，验收结果应当向社会公告。以人为对象的公共服务项目，验收时还应按一定比例邀请服务对象参与并出具意见。

鼓励引入政府采购履约担保制度。对于金额较大、履约周期长、社会影响面广或者对供应商有较高信誉要求的服务项目，可以探索运用市场化手段，引入政府采购信用担保，通过履约担保促进供应商保证服务效果，提高服务水平。

五、推进政府采购服务项目绩效评价

建立绩效评价与后续采购相衔接的管理制度。按照全过程预算绩效管理制度要求，加强服务项目政府采购绩效评价，对项目的资金节约、政策效能、透明程度以及专业化水平进行综合、客观评价。对于服务项目验收或者绩效评价结果优秀的供应商，在同类项目的采购中同等条件下可以优先考虑。

各地各部门应当根据上述原则和要求，积极推进和完善服务项目政府采购工作。各地可根据实际，研究制定符合本地条件的服务项目政府采购的具体操作程序和办法，确保服务采购环节的顺畅高效。

财政部

2014 年 4 月 14 日

民政部　财政部关于政府购买社会工作服务的指导意见

2012 年 11 月 14 日　民发〔2012〕196 号

各省、自治区、直辖市民政厅（局）、财政厅（局），各计划单列市民政局、财政局，新疆生产建设兵团民政局、财务局：

为建立健全政府购买社会工作服务制度，加快推进社会工作专业人才队伍建设，加强以保障和改善民生为重点的社会建设，根据《国家中长期人才发展规划纲要（2010—2020 年）》（中发〔2010〕6 号）、《国家基本公共服务体系“十二五”规划》（国发〔2012〕29 号）、《关于加强社会工作专业人才队伍建设的意见》（中组发〔2011〕25 号）和《中华人民共和国政府采购法》要求，现就政府购买社会工作服务提出如下意见：

一、充分认识政府购买社会工作服务的重要性与紧迫性

社会工作服务是社会工作专业人才运用专业方法为有需要的人群提供的包括困难救助、矛盾调处、人文关怀、心理疏导、行为矫治、关系调适、资源协调、社会功能修复和促进个人与环境适应等在内的专业服务，是现代社会服务体系的重要组成部分。政府购买社会工作服务，是政府利用财政资金，采取市场化、契约化方式，面向具有专业资质的社会组织和企事业单位购买社会工作服务的一项重要制度安排。建立健全政府购买社会工作服务制度，深入推进政府购买社会工作服务，是加强社会工作专业人才队伍建设、促进民办社会工作服务机构发展的内在要求；是创新公共财政投入方式、拓宽公共财政支持范围、提高公共财政投入效益的重要举措；是改进现代社会管理服务方式、丰富现代社会管理服务主体、完善现代社会管理服务体系的客观需要；对于加快政府职能转变、建设服务型政府、有效满足人民群众不断增长的个性

化、多样化社会服务需求，具有十分重要的意义。

近年来，不少地方围绕政府购买社会工作服务政策制度、体制机制、方式方法等进行了一系列实践探索，在拓宽服务领域、深化服务内涵、提高服务质量、满足社会需求等方面取得了重要成果。但从整体上看，我国政府购买社会工作服务还存在着政策制度不健全、体制机制不完善、规模范围较小等问题，与中央加快构建现代社会服务体系、增强民生保障能力、加强和创新社会管理的目标要求和人民群众不断增长的社会服务需求相比尚有较大差距。各级民政和财政部门要切实增强责任感和紧迫感，充分总结借鉴国内外政府购买社会工作服务实践经验，以改革创新精神，采取更加有力措施，加快推进政府购买社会工作服务。

二、政府购买社会工作服务的指导思想、工作原则和主要目标

（一）指导思想。以中国特色社会主义理论体系为指导，大力推进公共财政改革，以满足人民群众服务需求、保障和改善基本民生为根本出发点，以建立健全政策制度、完善体制机制为着力点，以培养使用社会工作专业人才队伍、扶持发展民办社会工作服务机构为基础，深入推进政府购买社会工作服务，为进一步完善现代社会服务体系、深化公共财政体制改革、促进社会事业健康发展提供有力保障。

（二）工作原则。坚持立足需求、量力而为，从人民群众最基本、最紧迫的需求出发设计、实施社会工作服务项目，用人民群众社会服务需求是否得到有效满足作为检验政府购买社会工作服务的重要标准；通过以点带面、点上突破、面上推广方式，以城市流动人口、农村留守人员、困难群体、特殊人群和受灾群众为重点，有计划、有步骤地开展政府购买社会工作服务，逐步拓展政府购买的领域和范围。坚持政府主导、突出公益，加强对政府购买社会工作服务的组织领导、政策支持、财政投入和监督管理，充分尊重市场主体地位，发挥市场机制在配置社会服务资源中的基础性作用，通过公开透明、竞争择优方式选择服务提供机构；引导服务提供机构按照公益导向原则组织实施社会工作服务项目。坚持鼓励创新、强化实效，立足各地经济社会发展实际，充分借鉴国内外有益经验，创新政府购买社会工作服务的体制机制，改进政府购买社会工作服务的方式方法，建立健全具有中国特色的政府购买社会工作服务制度；切实加强绩效管理，降低服务成本，提高服务效率，增强政府购买社会工作服务的针对性和有效性。

（三）主要目标。建立健全政府购买社会工作服务政策制度，建立完善的社会工作服务标准体系，形成协调有力的政府购买社会工作服务管理体制以及规范高效的工作机制；加大财政投入力度，逐步拓宽政府购买社会工作服务范围、扩大政府购买社会工作服务规模、提升政府购买社会工作服务质量；加快培养一支高素质的社会工作

专业人才队伍，发展一批数量充足、治理科学、服务专业、作用明显的社会工作服务机构，提高其承接政府购买社会工作服务的能力，使社会工作服务的范围、数量、规模和质量适应经济社会发展要求，有效满足人民群众个性化、多样化、专业化服务需求。

三、政府购买社会工作服务的主体、对象、范围、程序与监督管理

（一）购买主体。各级政府是购买社会工作服务的主体。各级民政部门具体负责本级政府购买社会工作服务的统筹规划、组织实施和绩效评估；各级财政部门具体负责本级政府购买社会工作服务规划计划审核、经费安排与监督管理；各有关部门和群团组织负责本系统、本行业社会工作服务需求评估，向同级民政部门申报社会工作服务计划并具体实施。

（二）购买对象。政府购买社会工作服务的对象主要为具有独立法人资格，拥有一支能够熟练掌握和灵活运用社会工作知识、方法和技能的专业团队，具备完善的内部治理结构、健全的规章制度、良好的社会公信力以及较强的公益项目运营管理和社会工作专业服务能力的社会团体、民办非企业单位和基金会。具备相应能力和条件的企事业单位可承接政府购买社会工作服务。

（三）购买范围。按照“受益广泛、群众急需、服务专业”原则，重点围绕城市流动人口、农村留守人员、困难群体、特殊人群和受灾群众的个性化、多样化社会服务需求，组织开展政府购买社会工作服务。实施城市流动人口社会融入计划，为流动人口提供生活扶助、就业援助、生计发展、权益维护等服务，帮助其尽快融入城市生活，实现城市户籍居民与外来经商务工人员的和谐共处。实施农村留守人员社会保护计划，帮助农村留守儿童、妇女和老人缓解生活困难，构建完善的社会保护与支持网络。实施老年人、残疾人社会照顾计划，为老年人和残疾人提供生活照料、精神慰藉、社会参与、代际沟通等服务，构建系统化、人性化、专业化的养老助残服务机制。实施特殊群体社会关爱计划，帮助药物滥用人员、有不良行为青少年、艾滋病患者、精神病患者、流浪乞讨人员、社区矫正人员、服刑人员、刑释解教人员等特殊人群纠正行为偏差、缓解生活困难、疏导心理情绪、改善家庭和社区关系、恢复和发展社会功能。实施受灾群众生活重建计划，围绕各类受灾群众的经济、社会、心理需要，开展生活救助、心理疏导、社区重建、资源链接、生计项目开发等社会工作专业服务，帮助受灾群众重树生活信心、修复社会关系、恢复生产生活。

（四）购买程序。一是编制预算。民政部门根据本地经济社会发展水平和财力状况，协调有关部门和群团组织切实做好人民群众尤其是困难群体、特殊人群社会服务需求的摸底调查与分析评估，核算服务成本，提出政府购买社会工作服务的数量、规

模、质量与效果目标要求，科学编制年度社会工作服务项目预算并报同级财政部门审批。二是组织购买。购买社会工作服务，原则上应通过公开招标方式进行。对只能从有限范围服务机构购买，或因技术复杂、性质特殊而不能确定具体服务要求、不能事先计算出价格总额的社会工作服务项目，经同级财政部门批准，可以采用邀请招标、竞争性谈判方式购买。对只能从唯一服务提供机构购买的，向社会公示并经同级财政部门批准后，可以采取单一来源采购方式组织采购。政府购买社会工作服务的组织实施，必须符合《中华人民共和国政府采购法》以及相关法律法规和部门规章要求。三是签订合同。民政部门要按照合同管理要求，与服务提供机构订立购买服务合同，明确购买服务的范围、数量、质量要求以及服务期限、资金支付方式、违约责任等内容。四是指导实施。财政和民政部门要及时下拨购买经费，指导、督促服务承接机构严格履行合同义务，按时完成服务项目任务，保证服务数量、质量和效果。

（五）监督管理。建立健全政府购买社会工作服务监督管理制度，形成完善的社会工作服务项目购买文件档案，制定具体、详实、严格的专业服务、资金管理及效果评价等方面指导标准。切实加强过程监管，按照政府购买社会工作服务合同要求，对专业服务过程、任务完成和资金使用情况等进行督促检查。建立由购买方、服务对象及第三方组成的综合性评审机制，及时组织对已完成社会工作服务项目的结项验收。积极推进第三方评估，发挥专业评估机构、行业管理组织、专家等方面作用，对服务机构承担的项目管理、服务成效、经费使用等内容进行综合考评。坚持过程评估与结果评估、短期效果评估与长远效果评估、社会效益评估与经济效益评估相结合，确保评估工作的全面性、客观性和科学性。将考评结果与后续政府购买服务挂钩，对考评合格者，继续支持开展购买服务合作；对考评不合格者，提出整改意见，并取消一定时期内承接政府购买社会工作服务资格；情节严重者，依法依约追究有关责任。建立社会工作服务提供机构征信管理制度。

四、加强对政府购买社会工作服务的组织领导

（一）建立健全领导体制和工作机制。各有关部门要将政府购买社会工作服务提上重要议事日程，纳入基本公共服务发展规划。适应社会工作分布广泛、高度分散的特点，建立健全以民政和财政部门为主导、各有关部门密切配合、社会力量广泛参与的工作机制。各省级民政和财政部门要根据本指导意见，抓紧制定具体实施办法。加强社会工作行业组织建设，发挥其在推动政府购买社会工作服务中的积极作用。

（二）建立健全政府购买社会工作服务制度。适时制定政府购买社会工作服务管理办法。将政府购买社会工作服务要求纳入社会工作专业人才队伍建设、民办社会工作服务机构发展以及政府采购、公共财政投入等方面法规政策和部门规章制修订范

围。围绕社会工作服务流程、专业方法、质量控制、监督管理、需求评估、成本核算、招投标管理、绩效考核、能力建设等环节，加快相关标准研制步伐，逐步建立科学合理、协调配套的社会工作管理服务标准体系，为政府购买社会工作服务提供有力技术保障。

（三）培育发展社会工作服务载体。在充分发挥现有相关社会组织和企事业单位作用基础上，通过完善管理体制、适当放宽准入条件和简化登记程序等措施，鼓励社会工作专业人才创办民办社会工作服务机构。采取财政资助、落实税收优惠政策、提供办公场所等方式支持处于起步阶段、具有发展潜力的民办社会工作服务机构发展。引导民办社会工作服务机构完善内部治理结构，健全规章制度，加强管理服务队伍建设，提升资源整合、项目管理和社会工作服务水平，增强承接政府购买社会工作服务的能力。建立健全民办社会工作服务机构信息公开制度，着力提高其社会公信力。培育发展一批社会工作专业能力建设与评估咨询机构，为更好开展政府购买社会工作服务提供专业支持。

（四）加大政府购买社会工作服务经费投入。各级财政要将政府购买社会工作服务经费列入财政预算，逐步加大财政投入力度，扩大政府购买社会工作服务范围和规模，带动建立多元化社会工作服务投入机制。探索建立社会工作服务项目库，实现项目库管理与预算编制的有机衔接。从民政部门留用的彩票公益金中安排资金，用于购买社会工作服务。鼓励社会资金支持购买社会工作服务。严格资金管理，确保资金使用安全规范、科学有效。中央财政安排专项资金，支持社会组织参与社会工作服务，引导社会工作专业人才为困难群体、特殊人群以及中西部地区和老少边穷地区提供专业服务。

（五）加强政府购买社会工作服务宣传交流。积极发挥各类新闻媒体作用，加强对政府购买社会工作服务的宣传。定期组织开展优秀社会工作服务项目和民办社会工作服务机构评选，调动社会力量参与社会工作服务的积极性，增强社会各界对政府购买社会工作服务的认同与支持。建立健全政府购买社会工作服务信息管理平台，依托信息网络技术，开展需求调查、计划发布、项目管理、政策宣传、信息公开等工作，提升政府购买社会工作服务管理水平。定期举办社会工作宣传周、项目推介会、展示会、公益创投等活动，为民办社会工作服务机构交流经验、推广项目、争取资源创造条件。

民政部　财政部

2012 年 11 月 14 日

（五）车辆

中共中央办公厅 国务院办公厅关于印发《党政机关公务用车管理办法》的通知

2017年12月5日 中办发〔2017〕71号

各省、自治区、直辖市党委和人民政府，中央和国家机关各部委，解放军各大单位、中央军委机关各部门，各人民团体：

《党政机关公务用车管理办法》已经中央领导同志同意，现印发给你们，请认真遵照执行。

中共中央办公厅

国务院办公厅

2017年12月5日

党政机关公务用车管理办法

第一章 总 则

第一条 为了进一步规范党政机关公务用车管理，有效保障公务活动，促进党风廉政建设和节约型机关建设，根据《党政机关厉行节约反对浪费条例》、《机关事务管理条例》等有关规定，制定本办法。

第二条 本办法适用于党的机关、人大机关、行政机关、政协机关、监察机关、审判机关、检察机关，以及工会、共青团、妇联等人民团体和参照公务员法管理的事业单位。

第三条 本办法所称公务用车，是指党政机关配备的用于定向保障公务活动的机动车辆，包括机要通信用车、应急保障用车、执法执勤用车、特种专业技术用车以及其他按照规定配备的公务用车。

机要通信用车是指用于传递、运送机要文件和涉密载体的机动车辆。

应急保障用车是指用于处理突发事件、抢险救灾或者其他紧急公务的机动车辆。

执法执勤用车是指中央批准的执法执勤部门（系统）用于一线执法执勤公务的机动车辆。

特种专业技术用车是指固定搭载专业技术设备、用于执行特殊工作任务的机动车辆。

第四条 党政机关公务用车管理遵循统一管理、定向保障、经济适用、节能环保的原则。

第五条 党政机关公务用车实行统一制度规范、分级分类管理。党政机关公务用车主管部门负责本级党政机关公务用车管理工作，根据职责实行统一编制、统一标准、统一购置经费、统一采购配备管理；指导监督下级党政机关公务用车管理工作。

第二章 编制和标准管理

第六条 党政机关公务用车实行编制管理。车辆编制根据机构设置、人员编制和工作需要等因素确定。

机要通信用车、应急保障用车和其他按照规定配备的公务用车编制由公务用车主管部门会同有关部门确定。

执法执勤用车、特种专业技术用车编制由财政部门会同有关部门确定，并送公务用车主管部门备案。

第七条 党政机关配备公务用车应当严格执行以下标准：

（一）机要通信用车配备价格12万元以内、排气量1.6升（含）以下的轿车或者其他小型客车。

（二）应急保障用车和其他按照规定配备的公务用车配备价格18万元以内、排气量1.8升（含）以下的轿车或者其他小型客车。确因情况特殊，可以适当配备价格25万元以内、排气量3.0升（含）以下的其他小型客车、中型客车或者价格45万元以内的大型客车。

（三）执法执勤用车配备价格12万元以内、排气量1.6升（含）以下的轿车或者其他小型客车，因工作需要可以配备价格18万元以内、排气量1.8升（含）以下的轿车或者其他小型客车。确因情况特殊，可以适当配备价格25万元以内、排气量3.0升（含）以下的其他小型客车、中型客车或者价格45万元以内的大型客车。

（四）特种专业技术用车配备标准由有关部门会同财政部门按照保障工作需要、

厉行节约的原则确定。

公务用车配备新能源轿车的，价格不得超过18万元。

上述配备标准应当根据公务保障需要、汽车行业技术发展、市场价格变化等因素适时调整。

第八条 严格控制执法执勤用车的配备范围、编制和标准。执法执勤用车配备应当严格限定在一线执法执勤岗位。

第三章 配备和经费管理

第九条 公务用车主管部门根据公务用车配备更新标准和现状，编制年度公务用车配备更新计划。

第十条 财政部门根据年度公务用车配备更新计划，按照预算管理有关规定统筹安排购置经费，列入公务用车主管部门预算。

第十一条 财政部门会同公务用车主管部门制定公务用车运行费用定额标准，统筹安排公务用车运行费用，列入党政机关部门预算。

第十二条 公务用车主管部门按照政府采购法律法规和国家有关政策规定，统一组织实施公务用车集中采购。

第十三条 党政机关应当配备使用国产汽车，带头使用新能源汽车，按照规定逐步扩大新能源汽车配备比例。

第十四条 地方各级党政机关确因工作需要超出规定标准配备公务用车的，必须报省级公务用车主管部门批准。

党政机关原则上不配备越野车。确因工作需要，按照程序报批后，可以适当配备国产越野车。越野车不得作为领导干部固定用车。

第十五条 除涉及国家安全、侦查办案等有保密要求的特殊工作用车外，党政机关公务用车产权注册登记所有人应当为本机关法人，不得将公务用车登记在下属单位、企业或者个人名下。

第四章 使用和处置管理

第十六条 党政机关应当加强公务用车使用管理．严格按照规定使用公务用车，严禁公车私用、私车公养，不得既领取公务交通补贴又违规使用公务用车。

第十七条 党政机关应当推进公务用车服务平台建设。各地区应当结合实际，将各类公务用车纳入平台集中管理，采用信息化手段统筹调度、高效使用，鼓励通过社会化专业机构提高平台管理运行效率。

第十八条 党政机关应当推进公务用车标识化管理。除涉及国家安全、侦查办案和其他有保密要求的特殊工作用车外，公务用车应当统一标识。

第十九条 党政机关应当建立公务用车管理台账，加强相关证照档案的保存和管理。

各省、自治区、直辖市以及中央和国家机关公务用车主管部门应当建立统一的公务用车管理信息系统，提高公务用车配备使用管理信息化水平。

第二十条 党政机关应当建立健全公务用车使用管理制度，严格执行，加强监督，降低运行成本。

严格公务用车使用时间、事由、地点、里程、油耗、费用等信息登记和公示制度。严格执行回单位或者其他指定地点停放制度，节假日期间除工作需要外应当封存停驶。

实行公务用车保险、维修、加油政府集中采购和定点保险、定点维修、定点加油制度，健全公务用车油耗、运行费用单车核算和年度绩效评价制度。

第二十一条 党政机关应当减少公务用车长途行驶，工作人员到外地办理公务，除特殊情况外，应当乘用公共交通工具。外事接待、会议和集体活动用车主要通过社会租赁方式解决。

第二十二条 公务用车使用年限超过 8 年的可以更新；达到更新年限仍能继续使用的，应当继续使用。因安全等原因确需提前更新的，应当严格履行审批手续。

公务用车按照规定更新后，可以采取拍卖、厂家回收、报废等方式规范处置旧车。处置收入按照非税收入有关规定管理。

第五章 监督问责

第二十三条 党政机关应当建立公务用车配备更新和使用情况统计报告制度。各省、自治区、直辖市公务用车主管部门负责统计汇总本地区公务用车配备更新和使用情况。国家机关事务管理局、中共中央直属机关事务管理局负责统计汇总中央和国家机关公务用车配备更新和使用情况。

第二十四条 党政机关应当严格执行公务用车配备使用管理各项规定，将公务用车配备更新、使用、处置和经费预算执行等情况纳入内部审计、政务公开和政务诚信建设范围，接受社会监督。

公务用车主管部门应当加强对党政机关公务用车配备更新、使用、处置等情况的监督检查，定期通报或者公示相关情况。

财政、审计部门应当加强对公务用车经费预算管理使用情况的监督检查，依法处理、督促整改违规问题，并将涉嫌违纪违法问题移送有关部门查处。

公安交通管理部门应当定期与公务用车主管部门交换公务用车注册登记信息、使用状态等情况。

纪检监察机关应当及时受理群众举报和有关部门移送的公务用车管理问题线索，

严肃查处违纪违法问题。

第二十五条 公务用车主管部门有下列情形之一的，依纪依法追究相关人员责任：

（一）违规核定公务用车编制的；

（二）违规审批超编制、超标准配备公务用车的；

（三）违规审批未到年限更新公务用车的；

（四）违规安排公务用车经费预算的；

（五）有其他未按规定履行管理监督职责行为的。

第二十六条 党政机关有下列情形之一的，依纪依法追究相关人员责任：

（一）超编制、超标准配备公务用车的；

（二）违反规定将公务用车登记在下属单位、企业或者个人名下的；

（三）公车私用、私车公养，或者既领取公务交通补贴又违规使用公务用车的；

（四）换用、借用、占用下属单位或者其他单位和个人的车辆，或者擅自接受企事业单位和个人赠送车辆的；

（五）挪用或者固定给个人使用执法执勤、机要通信等公务用车的；

（六）为公务用车增加高档配置或者豪华内饰的；

（七）在车辆维修等费用中虚列名目或者夹带其他费用，为非本单位车辆报销运行维护费用的；

（八）违规处置公务用车的；

（九）有其他违反公务用车配备使用管理规定行为的。

第六章 附 则

第二十七条 本办法所称小型客车、中型客车、大型客车等，依据中华人民共和国公共安全行业标准 GA802—2014《机动车类型术语和定义》界定。

第二十八条 各省、自治区、直辖市以及中央和国家机关各部门，应当根据本办法，结合实际制定具体管理办法。

第二十九条 中央和国家机关所属垂直管理机构、派出机构公务用车由行政主管部门依照本办法进行管理。

各民主党派机关公务用车管理适用本办法。

不参照公务员法管理的事业单位公务用车，按照本办法的原则管理。

第三十条 本办法由国家机关事务管理局、中共中央直属机关事务管理局会同有关部门负责解释。

第三十一条 本办法自 2017 年 12 月 5 日起施行。中共中央办公厅、国务院办公厅 2011 年 1 月 6 日印发的《党政机关公务用车配备使用管理办法》同时废止。

国管局关于印发《中央国家机关所属事业单位公务用车管理办法（试行）》的通知

2023年9月12日　国管资〔2023〕221号

中央国家机关各部门、各单位：

2015年《中央公务用车制度改革领导小组关于印发〈中央事业单位公务用车制度改革实施意见〉的通知》印发以来，中央国家机关各部门、各单位扎实推进所属事业单位公务用车制度改革，强化公务用车管理，取得一定成效。但近年来人大国有资产监督、预算执行和其他财政收支等审计中也发现部分事业单位公务用车管理存在薄弱环节，违规问题时有发生。为规范和加强中央国家机关所属事业单位公务用车管理，巩固公务用车制度改革成果，针对人大国有资产监督和审计查出问题完善整改长效机制，根据《党政机关公务用车管理办法》、《行政事业性国有资产管理条例》等有关规定，我们制定了《中央国家机关所属事业单位公务用车管理办法（试行）》，现印发给你们，请按照执行。执行中涉及的重要问题，请及时向我局反映。

国家机关事务管理局

2023年9月12日

中央国家机关所属事业单位公务用车管理办法（试行）

第一条　为规范和加强中央国家机关所属事业单位公务用车管理，巩固公务用车制度改革成果，针对人大国有资产监督和审计查出问题完善整改长效机制，根据《党政机关公务用车管理办法》（中办发〔2017〕71号）、《行政事业性国有资产管理条例》（国务院令第738号）和《中央公务用车制度改革领导小组关于印发〈中央事业单位公务用车制度改革实施意见〉的通知》（中车改〔2015〕35号）等有关规定，制定本办法。

第二条 本办法适用于中央国家机关所属各类事业单位（不含参照公务员法管理的事业单位，下同）的公务用车管理。

第三条 本办法所称公务用车，是指中央国家机关所属事业单位（以下简称事业单位）按照公务用车制度改革有关规定，经核准保留配备的机动车辆，包括用于机要通信、应急等公务的工作用车，业务用车，特种专业技术用车以及其他按规定配备的车辆。

第四条 事业单位公务用车管理遵循总额控制、经济适用、节能环保、规范高效的原则。

第五条 事业单位公务用车实行统一制度、分级管理。国家机关事务管理局（以下简称国管局）负责制定事业单位公务用车管理制度办法，负责组织实施和监督检查。

行政主管部门负责所属事业单位公务用车的监督管理，组织落实有关管理制度，按规定权限审核批准事业单位公务用车有关事项。

事业单位具体实施本单位公务用车管理工作，按规定做好车辆配备更新、注册登记、日常使用、处置等工作。

行政主管部门、事业单位应当明确公务用车管理机构和人员，落实管理责任，不断规范和加强公务用车管理工作。

第六条 事业单位公务出行应当坚持社会化、市场化方向，将坚持勤俭办一切事业要求贯彻落实到公务用车管理全流程、各环节，从严配备、集约使用、规范处置公务用车，节约高效保障公共服务和公益事业需要。

第七条 事业单位应当严格在公务用车制度改革经核准保留的公务用车控制数内配备车辆，不得以任何形式变相超数量配备。

第八条 事业单位因机构新设或者变更、人员编制增加、工作职责调整等原因，确需核增或者调整公务用车控制数的，应当充分论证必要性，由行政主管部门在所属事业单位控制数总额内统筹调剂解决，报国管局、财政部备案。

因新设立事业单位，确需明确公务用车控制数且难以调剂解决的，由事业单位按照公务用车制度改革有关政策规定提出申请，行政主管部门应当根据事业单位“三定”规定，参照所属其他同级别、同类型、同规模事业单位情况核定，报国管局、财政部备案。

事业单位因机构撤销或者变更、人员编制减少、工作职责调整等原因减少公务用车控制数的，行政主管部门应当按规定核减，报国管局、财政部备案。

第九条 事业单位公务用车配备应当严格执行以下标准：

（一）用于机要通信的工作用车配备价格12万元以内（不含车辆购置税，下同）、排气量1.6升（含）以下的轿车或者其他小型客车。

（二）业务用车和用于应急等公务的工作用车以及其他按规定配备的车辆，配备价格18万元以内、排气量1.8升（含）以下的轿车或者其他小型客车。

确因情况特殊，可以适当配备价格25万元以内、排气量3.0升（含）以下的其他小型客车、中型客车，或者价格45万元以内的大型客车。

（三）特种专业技术用车配备标准由行政主管部门会同财政部按照保障工作需要、厉行节约的原则确定，报国管局备案。

公务用车配备新能源轿车的，价格不得超过18万元。

上述所称小型客车、中型客车、大型客车等，依据中华人民共和国公共安全行业标准GA802－2019《道路交通管理机动车类型》界定。

第十条 事业单位应当配备使用国产汽车，优先配备使用新能源汽车，按照规定逐步扩大新能源汽车配备比例。

用于机要通信的工作用车，以及使用场景相对单一、主要在城区行驶的业务用车等，原则上应当配备新能源汽车。

第十一条 事业单位公务用车配备更新实行年度计划管理。事业单位应当根据工作需要、现有车辆情况以及公务用车控制数、配备标准等，编制公务用车年度配备更新计划，计划中应当明确新能源汽车配备更新数量。行政主管部门应当严格审核所属事业单位车辆配备更新需求的合理性、合规性，优先通过系统内调剂方式解决，确保当年配备更新车辆中新能源汽车整体比例达到规定要求。

事业单位公务用车年度配备更新计划纳入中央行政事业单位通用资产配置计划，由行政主管部门审核批复后报国管局备案。

第十二条 事业单位应当严格执行公务用车年度配备更新计划，按照“处置一辆、更新一辆”原则，根据政府采购有关规定实施车辆采购。

在京事业单位公务用车配备更新，由行政主管部门审核后报国管局批准，具体程序及要求按照《在京中央和国家机关公务用车指标管理办法》（国管资〔2011〕167号）执行。

京外事业单位公务用车配备更新审批权限，由行政主管部门确定，报国管局备案。

确因地理环境特殊、工作性质需要等原因超出规定标准配备公务用车的，或者配备国产越野车的，应当充分论证必要性，严格履行审批手续。越野车不得作为领导干部固定用车。

第十三条 事业单位接受车辆捐赠，应当符合《中华人民共和国公益事业捐赠法》、《行政事业性国有资产管理条例》等法律法规，不得突破公务用车控制数，不得作为领导干部固定用车。

第十四条 除涉及国家安全等有保密要求的特殊工作用车外，公务用车注册登记所有人应当为本事业单位法人，不得将公务用车登记在行政主管部门、其他单位、企业或者个人名下。

在京事业单位车辆权属发生变化的，应当按照《在京中央和国家机关公务用车指标管理办法》（国管资〔2011〕167 号）有关规定及时办理转移登记等手续。

第十五条 事业单位公务用车实行集中管理、统一调度。事业单位应当严格执行公务用车使用信息登记、公示以及加油、维修、保险政府采购有关规定，健全运行费用单车核算和年度绩效评价制度，提高车辆使用效率，避免闲置浪费。

事业单位应当加强公务用车使用管理，严格按照规定使用公务用车，节假日期间除工作需要外应当封存停驶。严禁公车私用、私车公养，不得既领取公务交通补贴，又违规使用公务用车或者报销公务交通费用。

事业单位应当减少公务用车长途行驶，工作人员到外地办理公务，除特殊情况外，应当乘用公共交通工具。

事业单位不得换用、借用、占用下属单位或者其他单位和个人的车辆，不得向行政主管部门或者个人提供或者配备车辆，不得挪用或者固定给个人使用业务用车、特种专业技术用车等公务用车。

第十六条 特种专业技术用车必须长期搭载固定设备并实行标识化管理，在车身显著位置喷涂或者安装国家行业领域统一规定的标识。

第十七条 国管局负责统一建设事业单位公务用车管理信息系统，行政主管部门应当按要求组织所属事业单位将公务用车纳入信息系统，逐步实现全流程信息化管理。

第十八条 公务用车使用年限超过 8 年的可以更新；达到更新年限仍能继续使用的，应当继续使用。因安全等原因确需提前更新的，应当由第三方专业机构出具评估意见后，报行政主管部门批准。

事业单位公务用车处置审批权限，按照现行中央行政事业单位国有资产处置管理有关规定执行。事业单位应当依据处置批复等相关文件，通过中央行政事业单位国有资产处置平台及时处置车辆，除涉密车辆外，应当按规定公开。京外单位车辆可以通过属地公务用车主管部门按程序确定的车辆处置机构处置。

第十九条 事业单位应当严格控制、从严审批租用车辆。除学校、医院等单位用于保障校区院区间日常通勤需求等特殊情况外，原则上实行“一事一租”，不签订固定期限租车合同。事业单位租用车辆审批权限，由行政主管部门确定，报国管局备案。

事业单位不得以租用车辆方式变相超出控制数和规定标准配车，或者固定给个人使用，在现有车辆闲置的情况下原则上不得再租用同类车辆。

第二十条 事业单位应当按要求编报公务用车统计报告，真实、全面、准确反映公务用车配备、使用、处置和管理有关情况，由行政主管部门审核汇总后报国管局。

第二十一条 国管局应当加强对行政主管部门、事业单位公务用车管理情况的监督检查，重点对行政主管部门审批所属事业单位公务用车控制数、配备更新等情况进行监督检查。

行政主管部门应当加强对所属事业单位公务用车配备更新、使用、处置等情况的监督检查，协助纪检监察、财政、审计、机关事务管理部门开展监督检查工作，及时发现并纠正公务用车管理中的问题。

事业单位应当将公务用车配备更新、使用、处置和经费预算执行等情况纳入内部审计等范围，主动接受监督。

第二十二条 事业单位公务用车管理行业特点突出的行政主管部门应当根据国家有关规定和本办法，结合实际制定完善相关配套制度，报国管局备案。

第二十三条 全国人大机关、全国政协机关和各民主党派中央所属事业单位，中央国家机关所属垂直管理机构、派出机构所属事业单位，依照本办法进行管理。

参照公务员法管理的事业单位公务用车管理按规定适用《党政机关公务用车管理办法》。

实行垂直管理的事业单位公务用车，由行政主管部门按照《中央国家机关所属垂直管理机构派出机构公务用车管理办法（试行）》进行管理。

执行企业财务、会计制度的事业单位公务用车，由行政主管部门按照公务用车制度改革有关规定进行管理。

事业单位部级干部公务用车管理按照中央有关规定执行。

第二十四条 本办法由国管局负责解释。

第二十五条 本办法自 2023 年 10 月 1 日起施行。

中央公务用车制度改革领导小组关于印发《中央事业单位公务用车制度改革实施意见》的通知

2015 年 12 月 29 日

中央和国家机关各部委、各直属机构、各人民团体公务用车制度改革领导小组，各中央企业：

现将《中央事业单位公务用车制度改革实施意见》印发你们，请结合实际认真贯彻执行。

附件：中央事业单位公务用车制度改革实施意见

中央公务用车制度改革领导小组

2015 年 12 月 29 日

（此件公开发布）

附件

中央事业单位公务用车制度改革实施意见

为贯彻落实党的十八大和十八届三中、四中、五中全会精神，根据《中共中央办公厅　国务院办公厅印发〈关于全面推进公务用车制度改革的指导意见〉的通知》（中办发〔2014〕40 号）有关要求，现就推进中央事业单位公务用车制度改革提出以下意见。

一、充分认识中央事业单位公务用车制度改革的重要意义

中央事业单位公务用车制度改革是坚决贯彻落实中央八项规定精神和厉行节约反对浪费要求的重要举措，是全面推进公务用车制度改革的重要任务，对规范中央事业单位职务待遇、节约成本、提高效能、促进党风廉政建设具有重要意义，也对地方事业单位公务用车制度改革具有先行示范作用。

事业单位行业类别众多，单位类型复杂，经费来源多样，人员身份不一，车辆规模庞大，事业单位分类改革和工资制度改革也尚在推进中，必须充分认识中央事业单位公务用车制度改革复杂性，切实增强责任感、使命感和紧迫感，坚定信心，扎实工作，确保改革工作有序推进。

二、改革范围、工作目标和基本原则

（一）改革范围

单位范围为党中央、国务院直属非参照公务员法管理的事业单位，以及中央和国家机关各部门各单位（以下简称各部门）所属非参照公务员法管理的各级各类事业单位；人员范围为所有原符合公务用车配备条件的岗位和人员，目前按照报销公务交通费用保障公务出行的岗位和人员原则上维持现有方式。其中，执行企业会计制度的中央事业单位、中央企业所属事业单位可按照本意见要求实施改革，也可参照中央企业公务用车制度改革有关规定实施改革。

（二）工作目标

按照中央厉行节约反对浪费的总要求，坚持社会化、市场化方向，创新公务交通保障机制，取消一般公务用车，公务活动出行实行社会化，采取报销公务交通费用、适度发放公务交通补贴或其他符合规定的社会化方式保障公务出行，从严配备定向化保障的公务用车，实现中央事业单位公务交通保障高效、费用节约、成本下降和管理规范。党中央、国务院直属事业单位机关本级公务用车制度改革2016年上半年完成；各部门所属在京事业单位公务用车制度改革2016年底前完成；京外中央事业单位公务用车制度改革，按属地化原则，与地方同步完成。

（三）基本原则

1. 坚持厉行节约，保障高效。科学制定改革方案，各参改事业单位要对本单位公车改革节支情况进行详细测算，确保改革后公务交通费用支出低于改革前支出，不能因此增加财政预算支出；积极探索和创新符合中央事业单位公务出行特点的市场化交通保障机制，确保中央事业单位社会服务和公益事业工作不受影响。

2. 坚持从严从紧，应改尽改。将应改单位和符合参改条件人员全部纳入改革范围，从严核定保留车辆，从紧确定公务交通费用报销额度或公务交通补贴标准，不开

口子，不留后门，坚决避免违规配备使用公务用车现象。

3. 坚持统筹兼顾，分类指导。从实际出发，妥善处理各种利益关系，根据中央事业单位行业特点和工作实际，区分不同单位性质、岗位类别和人员身份，采取不同的改革措施，不搞一刀切。完善各项配套政策，切实搞好与事业单位工资及财务管理制度等相关方面的统筹与衔接，确保新旧制度平稳过渡。

4. 坚持统一部署，分级负责。中央公务用车制度改革领导小组审核批复党中央、国务院直属事业单位机关本级公务用车制度改革实施方案。各部门按照本意见，切实落实领导责任，强化主管部门主体责任，审核批复所属事业单位公务用车制度改革实施方案，确保事业单位公务用车制度改革任务按期完成。

三、主要任务

（一）分类推进中央事业单位公务用车制度改革

党中央、国务院直属事业单位机关本级，按照《中共中央办公厅　国务院办公厅关于印发〈中央和国家机关公务用车制度改革方案〉的通知》（中办发〔2014〕41号）有关规定实施改革，取消一般公务用车，保留必要的机要通信、应急、特种专业技术用车和离退休干部服务用车等车辆，在确保节支的前提下，对参改人员适度发放公务交通补贴，通过社会化方式保障其公务活动出行。中央和国务院直属新闻媒体单位本级管理的新闻记者可根据情况由单位确定选择领取补贴或实报实销公务交通费用。

各部门所属事业单位，取消一般公务用车，保留必要的特种专业技术用车和必要的业务用车等车辆，在确保本单位节支的前提下，对参改人员采取报销公务交通费用、发放公务交通补贴或其他符合规定的社会化方式等保障其公务活动出行。

已经试行公务用车制度改革的中央事业单位，按照本意见进行规范。

（二）合理确定公务交通补贴或费用报销的范围、标准或额度

党中央、国务院直属事业单位机关本级，公务交通补贴的标准、发放范围和方式及管理使用，按照中办发〔2014〕41号文件有关规定执行。

各部门所属事业单位，对参改人员实行以按规定报销公务交通费用为主的办法，个别特定岗位确需发放公务交通补贴的应从严从紧核定并报本单位所属的主管部门批准。公务交通费用报销额度及公务交通补贴标准，由主管部门根据取消车辆数量、运行成本和改革前交通费支出情况，在节支的前提下，按照不高于同地区、同级别机关相应层级公务员交通补贴标准的原则从严确定。不得既发放公务交通补贴又报销公务交通费用。严格按规定控制报销或发放人员范围，避免普遍发放交通补贴或允许限额报销的福利化改革倾向。建立公务交通费用报销总额度和公务交通补贴总数与所在单位规模增长相匹配的动态调整机制。

（三）从严核定保留车辆

党中央、国务院直属事业单位机关本级保留车辆，按照《关于做好中央和国家机关公务用车制度改革中车辆保留和处置工作的通知》（中车改办〔2014〕3号）有关规定核定。

各部门所属事业单位车改保留车辆，由主管部门核定并报财政部备案，同时按职责权限分系统分别抄送国管局、中直管理局备案。各部门机关本级的机关服务部门可保留1至2辆后勤服务用车。各部门所属其他事业单位可根据业务保障和专业技术活动工作实际，保留必要的医疗救护、新闻转播、科学考察、技术勘察、检疫检测、环卫清洁等特定功能的特种专业技术用车和必要的业务用车，保留的车辆要有预算，其中特种专业技术用车必须长期搭载固定设备并进行标识化管理，不得在公车改革过程中新增车辆。与主管部门机关同城异地办公的可根据需要保留1辆工作用车，用于机要通信、应急等公务，但不得借车改名义新增车辆。

各部门所属事业单位的中央管理领导干部，由各部门自行选择确定参加公务用车制度改革或维持原有公务交通保障方式。

各部门所属事业单位主要负责人应当纳入改革范围，改革后原则上不再配备工作用车。原配有符合规定标准工作用车，确因工作需要保留，应当经本单位职代会或党委会同意，报主管部门批准；其本人不得再领取公务交通补贴或报销公务交通费用等。

（四）妥善安置司勤人员

中央事业单位可按照《关于中央和国家机关公务用车制度改革中妥善安置司勤人员的指导意见》有关政策，根据以人为本、积极稳妥、因地制宜的原则，认真做好司勤人员安置工作，不能简单推向社会，要立足内部消化，保障其合法权益，确保公务用车制度改革顺利实施。

（五）规范处置取消车辆

党中央、国务院直属事业单位机关本级取消的车辆分别移交国管局、中直管理局，按照《中央和国家机关公务用车制度改革涉及的车辆处置办法》规定程序进行统一规范处置。

各部门所属事业单位取消的车辆，由主管部门按照中央行政事业单位国有资产管理有关规定，严格履行资产处置审批手续后，委托国管局、中直管理局公开招标确定的评估、拍卖和解体机构，通过公开拍卖等方式进行处置。处置收入按事业单位有关财务管理制度进行管理和核算。

四、认真做好组织实施工作

（一）切实加强组织领导

各部门要高度重视中央事业单位公务用车制度改革工作，切实加强领导，明确任务分工，落实工作责任。各部门公务用车制度改革工作组要统一负责部署和组织本部门所属事业单位公务用车制度改革工作，正确把握改革方向，明确改革工作任务，督促落实到位；事业单位数量和人数众多的教科文卫等事业单位相关行业主管部门要结合行业实际，加强政策指导，要根据行业业务特点制定本行业事业单位公车改革办法并报中央公车改革领导小组批准；各中央事业单位主要负责人要亲自抓，明确专门机构人员，精心组织实施，严格按照要求做好本单位公务用车制度改革工作。

（二）认真制定实施方案

党中央、国务院直属事业单位，按照本意见制定机关本级公务用车制度改革实施方案，于2016年2月底前报中央公务用车制度改革领导小组，经批准后执行。

各部门所属事业单位，按照本意见和行业主管部门制定的事业单位公车改革办法，在深入调研、全面摸底、细致测算的基础上，结合单位实际，认真制定本单位公务用车制度改革实施方案（包括本单位节支率详细测算情况），报主管部门批准后执行。各部门对所属事业单位公务用车制度改革实施方案批复完成后3个月内，将有关情况进行汇总，包括改革的工作安排、参改人员范围和数量、各类岗位和人员的改革方式、公务交通补贴标准或公务交通费用报销额度、保留车辆核定原则和数量、取消车辆处置方式和数量、司勤人员安置情况和改革节支情况等，报中央公务用车制度改革领导小组办公室备案。

（三）严格保留车辆管理

中央事业单位应当对保留车辆实行集中管理，统一调度，严格车辆使用管理程序，健全车辆日常使用登记和公示制度，经批准保留的车辆要严格用于规定用途。

（四）加大监督检查力度

中央事业单位要严肃公务用车制度改革和公务用车管理使用纪律，不得变相超编制、超标准配备公务用车，不得以任何方式换用、借用、占用下属单位或其他单位和个人的车辆，不得向其他单位和个人提供车辆，不得以各种名义占用特种专业技术用车等定向化保障的车辆或长期租用车辆变相作为个人固定用车，不得既领取公务交通补贴、又违规乘坐公务用车或报销公务交通费用。

纪检监察机关要强化监督检察，及时受理群众举报，依法依纪查处违反公务用车制度改革政策和公务用车管理规定的行为，严肃追究相关责任人的责任。审计部门要对公务用车制度改革情况进行监督，并将改革后保留车辆的配备及运行维护费、保留车辆经费支出、车辆处置情况等纳入日常和专项审计监督。各部门要建立健全责任追究制度，对违反本意见及公务用车管理规定的责任人追究相关责任，予以严肃处理。

关于进一步明确新能源汽车政府采购比例要求的通知

财办库〔2024〕269号

各省、自治区、直辖市、计划单列市财政厅（局），新疆生产建设兵团财政局，党中央有关部门办公厅（室），国务院各部委、各直属机构办公厅（室），全国人大常委会办公厅秘书局，全国政协办公厅秘书局，最高人民法院办公厅，最高人民检察院办公厅，各民主党派中央办公厅，有关人民团体办公厅（室），有关集中采购机构：

按照《中共中央　国务院关于加快经济社会发展全面绿色转型的意见》、《党政机关公务用车管理办法》、《“十四五”公共机构节约能源资源工作规划》（国管节能〔2021〕195号）等有关要求，为加强政府采购新能源汽车管理，支持新能源汽车推广使用，现就新能源汽车政府采购比例要求等事项通知如下：

一、采购人应当加强公务用车政府采购需求管理，充分了解新能源汽车的功能、性能等情况，结合实际使用需要，带头使用新能源汽车。

二、主管预算单位应当统筹确定本部门（含所属预算单位）年度新能源汽车政府采购比例，新能源汽车可以满足实际使用需要的，年度公务用车采购总量中新能源汽车占比原则上不低于30%。其中，对于路线相对固定、使用场景单一、主要在城区行驶的机要通信等公务用车，原则上100%采购新能源汽车。采购车辆租赁服务的，应当优先租赁使用新能源汽车。

三、主管预算单位应当指导和督促所属预算单位落实好新能源汽车政府采购比例要求，做好新能源汽车使用有关保障工作。

对于政策执行过程中遇到的问题，及时向财政部国库司反馈。

财政部办公厅

2024年12月19日

（六）房屋

中共中央办公厅　国务院办公厅
印发《党政机关办公用房管理办法》

2017年12月11日

第一章　总　　则

第一条　为了进一步规范党政机关办公用房管理，推进办公用房资源合理配置和节约集约使用，保障正常办公，降低行政成本，促进党风廉政建设和节约型机关建设，根据《党政机关厉行节约反对浪费条例》、《机关事务管理条例》、《机关团体建设楼堂馆所管理条例》等有关规定，制定本办法。

第二条　本办法适用于各级党政机关办公用房的规划、权属、配置、使用、维修、处置等管理工作。

本办法所称党政机关，是指党的机关、人大机关、行政机关、政协机关、监察机关、审判机关、检察机关，以及工会、共青团、妇联等人民团体和参照公务员法管理的事业单位。

本办法所称办公用房，是指党政机关占有、使用或者可以确认属于机关资产的，为保障党政机关正常运行需要设置的基本工作场所，包括办公室、服务用房、设备用房和附属用房。

第三条　党政机关办公用房管理应当遵循下列原则：

（一）依法合规，严格执行法律法规和党内有关制度规定，强化监督管理；

（二）科学规划，统筹机关办公和公共服务需求，优化布局和功能；

（三）规范配置，科学制定标准，严格审核程序，合理保障需求；

（四）有效利用，统筹调剂余缺，及时依规处置，避免闲置浪费；

（五）厉行节约，注重庄重朴素、经济适用，节约能源资源。

第四条 建立健全党政机关办公用房集中统一管理制度，统一规划、统一权属、统一配置、统一处置。县级以上党政机关办公用房有关管理部门根据职责分工，负责本级党政机关办公用房管理工作，指导下级党政机关办公用房管理工作。

中央和国家机关办公用房管理，由归口的机关事务管理部门负责规划、权属、调剂、使用监管、处置、维修等，国家发展改革委负责建设项目审批、建设标准制定以及投资安排等，财政部负责预算安排、指导开展资产管理等。中央和国家机关所属垂直管理机构、派出机构和参照公务员法管理的事业单位办公用房的权属、使用、维修等有关管理工作，由归口的机关事务管理部门委托行政主管部门负责。

地方各级党政机关办公用房管理的职责分工，由各省、自治区、直辖市参照前款规定，结合本地区实际情况合理确定相关机构承担办公用房管理职责。

各级党政机关是办公用房的使用单位，负责本单位占有、使用办公用房的内部管理和日常维护。

第二章 权属管理

第五条 党政机关办公用房的房屋所有权、土地使用权等不动产权利（以下统称办公用房权属），统一登记至本级机关事务管理部门名下。

中央和国家机关所属垂直管理机构、派出机构和参照公务员法管理的事业单位办公用房权属应当登记在行政主管部门名下。地方各级党政机关所属垂直管理机构、派出机构办公用房权属的登记主体由各省、自治区、直辖市规定。

涉及国家秘密、国家安全等特殊情况的，经机关事务管理部门核准，可以将办公用房权属登记在使用单位名下。

因历史资料缺失、权属不清等问题无法登记的，由机关事务管理部门协调有关部门进行办公用房权属备案，使用单位不得自行处置。

第六条 建立健全党政机关办公用房清查盘点制度。使用单位应当建立本单位办公用房资产管理分台账，资产信息发生变更的，及时调整更新。机关事务管理部门应当建立本级党政机关办公用房资产管理总台账，定期组织清查盘点，确保总台账信息与使用单位分台账信息账账相符，与办公用房实际状况账实相符，与权属证书信息账证相符。

第七条 建立健全党政机关办公用房管理信息统计报告制度。

各级机关事务管理部门应当建立健全本级党政机关办公用房管理信息系统，定期统计汇总办公用房管理情况，报上级机关事务管理部门，并送同级发展改革、财政部门。

国家机关事务管理局、中共中央直属机关事务管理局应当会同有关部门，建立全国党政机关办公用房信息数据库，并纳入国家数据共享交换平台，实现与发展改革、财政、国土资源、住房城乡建设等部门共享共用。各省、自治区、直辖市应当统筹推进本地区办公用房管理信息系统建设，实现上下一体、互联互通、动态管理。

第八条 建立健全党政机关办公用房档案管理制度。使用单位应当加强本单位办公用房档案管理，及时归集权属、建设、维修等原始档案，并移交产权单位。产权单位应当加强办公用房档案的收集、保存和利用，确保档案完整。

第三章 配置管理

第九条 县级以上机关事务管理、发展改革、财政部门应当会同有关部门，结合人员编制情况、办公与业务需要等，编制本级党政机关办公用房配置保障规划，优化办公用房布局，具备条件的逐步推进集中或者相对集中办公，共用配套附属设施。

地方各级人民政府编制土地利用总体规划和城乡规划时，应当统筹安排本级党政机关办公用房用地。县级以上党政机关的驻在地人民政府应当有效保障上级党政机关办公用房用地需求。

第十条 党政机关办公用房配置应当严格执行相关标准，从严核定面积。

国家发展改革委会同住房城乡建设部、财政部，制定和完善党政机关办公用房建设标准，并实行标准动态调整。

第十一条 党政机关办公用房配置方式包括调剂、置换、租用和建设。

第十二条 使用单位需要配置办公用房的，由机关事务管理部门优先整合现有办公用房资源调剂解决。

第十三条 采取置换方式配置办公用房的，应当严格履行审批程序，执行新建办公用房各项标准，确保符合办公用房各类功能要求，并按规定组织资产评估，置换所得超出面积标准的办公用房由机关事务管理部门统一调剂，置换所得收益按照非税收入有关规定管理。

置换旧房的，由机关事务管理部门会同发展改革、财政部门报同级人民政府审批；置换新房的，应当严格履行建设审批程序。不得以置换名义量身打造办公用房，不得以未使用政府预算建设资金、资产整合等名义规避审批。

第十四条 无法调剂或者置换解决办公用房的，可以面向市场租用，但应当严格按照规定履行审批程序。

需租用办公用房的，由使用单位提出申请，经机关事务管理部门核准后，报财政部门审核安排预算；或者由机关事务管理部门统筹本级党政机关办公用房使用需求，制定租用方案，报财政部门审核安排预算后，统一租赁并统筹安排使用。

任何单位不得以变相补偿方式租用由企业等单位提供的办公用房。

各级财政部门会同机关事务管理部门，制定本级党政机关办公用房租金标准，并实行标准动态调整。

第十五条 无法调剂、置换、租用办公用房，或者涉及国家秘密、国家安全等特殊情况的，可以采取建设方式解决，但应当按照国家有关政策从严控制，严格履行审批程序。党政机关办公用房建设包括新建、扩建、改建、购置。

中共中央直属机关办公用房建设项目由归口的机关事务管理部门审核同意后统一申报，由国家发展改革委核报国务院审批。

中央国家机关本级办公用房建设项目，由国家发展改革委核报国务院审批，申报前应当由归口的机关事务管理部门出具必要性审查意见。

中央国家机关所属垂直管理机构、派出机构办公用房建设项目，厅（局）级及以上单位的项目由国家发展改革委审批，申报前应当由归口的机关事务管理部门出具必要性审查意见；厅（局）级以下单位的项目由行政主管部门审批，并报国家发展改革委和归口的机关事务管理部门备案。

中央国家机关所属参照公务员法管理的事业单位的办公用房建设项目，由国务院、国家发展改革委和行政主管部门按照中央预算内投资审批权限分别负责审批，其中由国务院、国家发展改革委审批的项目，申报前应当由归口的机关事务管理部门出具必要性审查意见。

省、自治区、直辖市及计划单列市本级党政机关办公用房建设项目，由国家发展改革委核报国务院审批；地方其他党政机关办公用房建设项目，由省级人民政府审批。

县级党政机关直属单位和乡（镇）级党政机关办公用房建设项目，可以由省级人民政府根据实际情况委托市级人民政府审批。

地方各级党政机关所属垂直管理机构、派出机构和参照公务员法管理的事业单位办公用房建设项目的审批程序，由各省、自治区、直辖市规定。

第十六条 党政机关办公用房配置所需资金，应当通过政府预算安排，不得接受任何形式赞助或者捐款，不得搞任何形式集资或者摊派，不得向其他任何单位借款，不得让施工单位垫资，严禁挪用各类专项资金。

土地收益和资产转让收益按照非税收入有关规定管理，不得直接用于办公用房配置。涉及新增资产的，应当向财政部门申报新增资产配置预算。

第十七条 新配置办公用房的党政机关，应当在搬入新办公用房后 1 个月内，将超出核定面积的原有办公用房腾退移交同级机关事务管理部门统一调剂使用，不得继续占用或者自行处置，不得自行安排其他单位使用。

第四章 使用管理

第十八条 机关事务管理部门应当与使用单位签订办公用房使用协议，核发办公用房分配使用凭证。

办公用房分配使用凭证可以按照有关规定用于办理使用单位法人登记、集体户籍、大中修项目施工许可等，不得用于出租、出借、经营。

第十九条 使用单位应当严格按照有关规定在核定面积内合理安排使用办公用房，不得擅自改变办公用房使用功能，不得调整给其他单位使用。办公用房安排使用情况应当按年度通过政务内网、公示栏等平台进行内部公示；领导干部办公用房配备情况应当按年度报机关事务管理部门备案，严禁超标准配备、使用办公用房。

领导干部在不同单位同时任职的，应当在主要任职单位安排1处办公用房；主要任职单位与兼职单位相距较远且经常到兼职单位工作的，经严格审批后，可以由兼职单位再安排1处小于标准面积的办公用房，并在免去兼任职务后2个月内腾退兼职单位安排的办公用房。

工作人员调离或者退休的，使用单位应当在办理调离或者退休手续后1个月内收回其办公用房。

第二十条 党政机关工作人员办公室具备条件的，应当采用大开间等形式，提高办公用房利用率。

会议室、接待室等服务用房，可以采取可拆卸式隔断设计，提高空间使用的灵活性。

第二十一条 项目批复中已经明确和机关一并建设办公用房的事业单位，按照面积标准核定后可以继续无偿使用机关办公用房。

公益一类事业单位已经占用的机关办公用房，按照面积标准核定后可以继续无偿使用。公益二类事业单位已经占用的机关办公用房，应当按照规定予以腾退；确有困难的，经机关事务管理部门批准，可以继续有偿使用，租金收益按照非税收入有关规定管理。事业单位已经新建、购置办公用房或者租用其他房屋办公的，应当在6个月内将原有办公用房腾退移交机关事务管理部门。

生产经营类事业单位、国有企业和行业协会商会等社团组织，原则上不得占用党政机关办公用房。

第二十二条 党政机关办公用房使用单位机构、编制调整的，机关事务管理部门应当重新核定其办公用房面积。超出面积标准的，使用单位应当在6个月内将超出部分的办公用房腾退移交机关事务管理部门。

党政机关转为企业的，应当在办理企业工商注册后6个月内将原有办公用房腾退移交机关事务管理部门。转企单位确有困难的，经机关事务管理部门批准，可以继续有偿使用，租金收益按照非税收入有关规定管理；新建、购置或者租用办公用房的，应当在6个月内将原有办公用房腾退移交机关事务管理部门。

党政机关撤销的，应当在6个月内将原有办公用房腾退移交机关事务管理部门。

第二十三条 建立健全政府向社会购买物业服务机制，逐步实现办公用房物业服务社会化、专业化，具备条件的逐步推进统一物业管理服务。

机关事务管理部门应当会同有关部门，按照经济、适度的原则，制定本级党政机关办公用房物业服务内容、服务标准和费用定额。

第二十四条 鼓励有条件的地区探索试行办公用房租金制，逐步推进办公用房经费预算管理和实物资产管理相结合。

第五章 维修管理

第二十五条 党政机关办公用房维修包括日常维修和大中修。中央和国家机关办公用房维修标准由归口的机关事务管理部门、财政部会同住房城乡建设部制定，地方各级党政机关办公用房维修标准由各省、自治区、直辖市结合实际制定，并建立标准动态调整机制。

第二十六条 使用单位负责办公用房的日常检查和维修，所需资金通过部门预算安排。

第二十七条 党政机关办公用房因使用时间较长、设施设备老化、功能不全、存在安全隐患等原因需要大中修的，使用单位向机关事务管理部门提出申请；机关事务管理部门结合办公用房建筑年代、历史维修记录、老化损坏程度、单位建筑面积能耗水平和使用单位的实际需求，统筹安排办公用房大中修项目，报财政部门审核安排预算。

办公用房大中修项目应当严格按照规定履行审批程序，未经审批的项目，不得安排预算。中央和国家机关本级办公用房大中修项目，由归口的机关事务管理部门审批。中央和国家机关所属垂直管理机构、派出机构和参照公务员法管理的事业单位办公用房大中修项目，机关事务管理部门委托行政主管部门审批，其中厅（局）级及以上单位办公用房大中修项目审批情况应当报归口的机关事务管理部门备案。地方各级党政机关办公用房大中修项目的审批程序，由各省、自治区、直辖市规定。

第六章 处置利用管理

第二十八条 党政机关办公用房有下列情形之一闲置的，可以按照有关规定采取调剂使用、转换用途、置换、出租、拍卖、拆除等方式及时处置利用：

（一）同级党政机关办公用房总量满足使用需求，仍有余量的；

（二）因地理位置、周边环境、房屋结构等原因，不适合继续作为办公用房使用的；

（三）因城乡规划调整等需要拆迁的；

（四）经专业机构鉴定属于危房，且无加固改造价值的；

（五）其他原因导致办公用房闲置的。

处置利用党政机关办公用房涉及权属、用途等变更的，应当依法办理相关手续。

第二十九条 同一区域内闲置办公用房具备条件的，应当加强跨系统、跨层级调剂使用。

中央和国家机关所属垂直管理机构、派出机构之间调剂使用的，由行政主管部门审核提出意见，经归口的机关事务管理部门批准后实施，调剂使用情况报财政部备案。

中央和国家机关所属垂直管理机构、派出机构与地方各级党政机关之间调剂使用的，由行政主管部门会同有关地方人民政府审核提出意见，经归口的机关事务管理部门会同财政部批准后实施。

地方同级或者上下级党政机关之间，以及地方各级党政机关所属垂直管理机构、派出机构之间调剂使用的，参照前两款规定办理。

第三十条 具备条件的，机关事务管理部门可以商有关部门将闲置办公用房转为便民服务、社区活动等公益场所，或者按照有关规定置换为其他符合国家政策和需要的资产。

机关事务管理部门可以通过公共资源交易平台统一招租，租金收益按照非税收入有关规定管理。党政机关如有需要，应当及时收回出租的办公用房，统筹调剂使用。使用单位不得擅自出租办公用房。

第三十一条 闲置办公用房无法通过调剂使用、转换用途、置换、出租等方式处置利用的，机关事务管理部门报财政部门批准后，可以通过公共资源交易平台依法公开拍卖，拍卖收益按照非税收入有关规定管理。

第七章　监督问责

第三十二条 党政机关办公用房使用单位应当建立本单位内部使用管理制度，加强监督检查和责任追究，及时发现和纠正违规问题。

党政机关办公用房有关管理部门应当根据职责分工，加强办公用房监管，严格履行相关管理程序，对使用单位的办公用房违规管理使用问题及时按照规定移交有关部门和单位查处。

纪检监察机关应当及时受理群众举报和有关部门移送的办公用房管理案件线索，严肃查处违规违纪问题。

第三十三条 建立健全党政机关办公用房巡检考核制度。

县级以上机关事务管理、发展改革、财政部门会同有关部门，定期对本级党政机关（含所属垂直管理机构、派出机构）办公用房使用情况以及下级党政机关办公用房管理情况进行专项联合巡检，及时发现和纠正违规问题。

办公用房专项巡检应当与党风廉政建设责任制检查考核、政府绩效考核以及党政领导班子和领导干部年度考核相结合，巡检考核结果作为干部管理监督、选拔任用的依据。

第三十四条 建立健全党政机关办公用房管理信息公开制度。除依照法律法规和有关要求需要保密的内容和事项外，办公用房建设、使用、维修、处置利用、运行费用支出等情况，应当在政府门户网站等公共平台定期公开，主动接受社会监督。

第三十五条 建立健全党政机关办公用房管理责任追究制度，对有令不行、有禁不止的，依照有关规定严肃追究相关人员责任。

管理部门有下列情形之一的，依纪依法追究相关人员责任：

（一）违规审批项目或者安排投资计划、预算的；

（二）不按照规定履行调剂、置换、租用、建设等审批程序的；

（三）为使用单位超标准配置办公用房的；

（四）不按照规定处置办公用房的；

（五）办公用房管理信息统计报送中瞒报、漏报的；

（六）对发现的违规问题不及时处理的；

（七）有其他违反办公用房管理规定情形的。

使用单位有下列情形之一的，依纪依法追究相关人员责任：

（一）擅自将办公用房权属登记至本单位或者所属单位名下，或者不配合办理权属登记的；

（二）未经批准建设或者大中修办公用房的；

（三）不按规定腾退移交办公用房的；

（四）未经批准租用、借用办公用房的；

（五）擅自改变办公用房使用功能或者处置办公用房的；

（六）擅自安排企事业单位、社会组织等使用机关办公用房的；

（七）为工作人员超标准配备办公用房，或者未经批准配备两处以上办公用房的；

（八）有其他违反办公用房管理规定情形的。

第八章 附 则

第三十六条 党政机关本级的技术业务用房以及机关办公区内的技术业务用房，权属统一登记至本级机关事务管理部门名下，从严控制使用范围和用途，原则上不得调整用作办公用房。

党政机关本级的技术业务用房建设项目以及机关办公区内的技术业务用房建设项目，应当严格按规定履行审批程序，项目申报前由机关事务管理部门出具土地、人防等审查意见。

住房城乡建设部会同国家发展改革委、有关业务主管部门，制定和完善各类技术业务用房建设标准，合理区分办公用房和技术业务用房。

第三十七条 各省、自治区、直辖市以及中央和国家机关各部门，应当根据本办法，结合实际制定具体管理办法。

第三十八条 各民主党派机关办公用房管理适用本办法。

不参照公务员法管理的事业单位办公用房管理办法，另行制定。

第三十九条 本办法由国家机关事务管理局、中共中央直属机关事务管理局、国家发展改革委和财政部负责解释。

第四十条 本办法自2017年12月5日起施行。其他有关党政机关办公用房管理的规定，凡与本办法不一致的，按照本办法执行。

中共中央办公厅　国务院办公厅关于党政机关停止新建楼堂馆所和清理办公用房的通知

（国务院公报　2013 年第 22 号）

近年来，各地区各部门认真贯彻中央要求，在严格控制党政机关楼堂馆所建设方面采取了一些措施，取得了一定成效。但是，近期一些地区和部门又出现了违规修建楼堂馆所的现象，损害党风政风，影响党和政府形象，人民群众反映强烈。党中央、国务院对此高度重视，强调各级党政机关要大力弘扬艰苦奋斗、勤俭节约的优良作风，认真贯彻落实中央八项规定精神，树立过紧日子的思想，全面停止新建楼堂馆所，规范办公用房管理，切实把有限的资金和资源更多用在发展经济、改善民生上。经党中央、国务院同意，现就有关事项通知如下。

一、全面停止新建党政机关楼堂馆所

自本通知印发之日起，5 年内，各级党政机关一律不得以任何形式和理由新建楼堂馆所。

（一）停止新建、扩建楼堂馆所。严禁以任何理由新建楼堂馆所，严禁以危房改造等名义改扩建楼堂馆所，严禁以建技术业务用房名义搭车新建楼堂馆所，严禁改变技术业务用房的用途。

（二）停止迁建、购置楼堂馆所。严禁以城市改造、城市规划等理由在他处重新建设楼堂馆所，严禁以任何理由购置楼堂馆所。

（三）严禁以“学院”、“中心”等名义建设楼堂馆所。严禁接受任何形式的赞助建设和捐赠建设，严禁借企业名义搞任何形式的合作建设、集资建设或专项建设。

（四）已批准但尚未开工建设的楼堂馆所项目，一律停建。

二、严格控制办公用房维修改造项目

办公用房因使用时间较长、设施设备老化、功能不全、存在安全隐患，不能满足办公要求的，可进行维修改造。维修改造项目要以消除安全隐患、恢复和完善使用功能为重点，严格履行审批程序，严格执行维修改造标准，严禁豪华装修。

中央直属机关办公用房维修改造项目，由中直管理局审批。国务院各部门办公用房维修改造项目，由国管局审批。地方各级党政机关办公用房维修改造项目的审批程序，由各省、自治区、直辖市规定。各地区要根据本地区实际制定党政机关办公用房维修改造标准和工程消耗量定额。

各级党政机关要严格按照2007年印发的《中共中央办公厅、国务院办公厅关于进一步严格控制党政机关办公楼等楼堂馆所建设问题的通知》要求，加强预算和资金使用管理。党政机关办公用房维修改造项目所需投资，统一纳入预算安排财政资金解决，未经审批的项目，不得安排预算。

各级党政机关不得以任何理由安排财政资金用于包括培训中心在内的各类具有住宿、会议、餐饮等接待功能的设施或场所的维修改造。

三、全面清理党政机关和领导干部办公用房

各级党政机关要对占有、使用的办公用房进行全面清理，根据不同情况分别作出如下处理：

（一）超过《党政机关办公用房建设标准》（原国家计委计投资〔1999〕2250号）规定的面积标准占有、使用办公用房的，应予以腾退。

（二）未经批准改变办公用房使用功能的，原则上应恢复原使用功能。

（三）已经出租、出借的办公用房到期应予收回，租赁合同未到期的，租金收入严格按照收支两条线规定管理，到期后不得续租。未经批准租用办公用房的，应予以清理并腾退，严禁以租用过渡性用房名义变相购建使用办公用房。

（四）除在立项批复中明确事业单位和行政机关办公用房一并建设外，所属其他企事业单位一律不得占用行政机关办公用房，已占用的，原则上应予以清理并腾退。

（五）部门和单位在机构变动中转为企业的，所占用的办公用房应予腾退，确实难以腾退的，经批准可租用原办公用房或按规定程序转为企业国有资本金。

（六）各级党政机关领导干部应当严格按照《党政机关办公用房建设标准》的规定配置办公用房。办公用房面积超标准配置的，应予以清理并腾退；领导干部在不同部门同时任职的，应在主要工作部门安排一处办公用房，其他任职部门不再安排办公

用房；领导干部工作调动的，由调入部门安排办公用房，原单位的办公用房不再保留；领导干部在人大或政协任职，人大或政协已安排办公用房的，原单位的办公用房不再保留，人大或政协没有安排办公用房的，由原单位根据本人承担工作的实际情况，安排适当的办公用房；领导干部在协会等单位任职的，由协会等单位根据工作需要安排办公用房，原单位的办公用房不再保留；领导干部已办理离退休手续的，原单位的办公用房应及时腾退。

四、严格规范党政机关办公用房管理

各地区要按照有关规定，建立健全办公用房集中统一管理制度，实行统一调配、统一权属登记。要严格按照《党政机关办公用房建设标准》和各部门各单位“三定”规定，从严核定办公用房面积。新建、调整办公用房的部门和单位，要按照“建新交旧”、“调新交旧”原则，在搬入新建或新调整办公用房的同时，及时将原办公用房腾退移交机关事务主管部门。因机构增设、职能调整确需增加办公用房的，应在本部门本单位现有办公用房中解决；本部门本单位现有办公用房不能满足需要的，由机关事务主管部门整合办公用房资源调剂解决；无法调剂、确需租用办公用房的，要严格履行审批手续。各级党政机关要制定本部门本单位办公用房使用管理制度，严格办公用房使用管理。

各级机关事务主管部门要做好办公用房物业管理工作，制定和完善物业服务内容、服务标准和收费标准等制度，并结合机关后勤服务社会化改革，逐步推进办公用房物业服务社会化。

五、切实加强领导，强化监督检查

停止新建党政机关楼堂馆所和清理办公用房，是加强党风廉政建设的重要内容，是密切党群干群关系、维护党和政府形象的客观要求，各级党政机关要高度重视，领导干部要率先垂范。各地区各部门各单位要结合实际，抓紧制定相关制度标准和实施办法，切实加强领导，严格落实责任制，确保本通知精神落到实处。

投资主管部门要进一步完善审批程序，建立健全审批责任制和内部监督机制，对违规审批等行为要严肃处理。财政部门要严格公共财政预算管理，对未按规定履行审批手续的党政机关楼堂馆所建设和维修改造项目一律不得下达财政预算。各部门各单位年终应把楼堂馆所建设和维修改造项目实施情况作为政务公开的重要内容，主动接受社会监督。国土资源管理部门要严格土地供应管理，对未按规定履行审批手续的党政机关楼堂馆所建设和维修改造项目一律不得供地。住房城乡建设部门要加强对党政机关楼堂馆所建设和维修改造项目的监管，并制定相应的标准和工程消耗量定额。机关事务主管部门要完善党政机关办公用房管理制度，定期组织督促检查，并通报检查情况，督促落实办公用房清理工作。审计部门要加强对党政机关楼堂馆所建设和维修改造项目的审计监督。纪检监察机关要坚决纠正和查处党政机关楼堂馆所建设和维修改造项目及办公用房管理使用中的各种违规违纪行为，对有令不行、有禁不止的，依照有关规定严肃追究直接责任人和有关领导人员的责任。

2013 年 9 月 30 日前，各地区要将落实本通知的情况报中央办公厅、国务院办公厅；中央和国家机关各部门落实本通知的情况，按系统分别报中直管理局、国管局，汇总后报中央办公厅、国务院办公厅。中央办公厅、国务院办公厅将视情组织督促检查，并通报检查情况。

本通知所称党政机关，包括党的机关、人大机关、行政机关、政协机关、审判机关、检察机关。各级党政机关派出机构、直属事业单位及工会、共青团、妇联等人民团体适用本通知。国有及国有控股企业参照本通知执行。

本通知所称党政机关楼堂馆所，包括使用财政性资金建设的党政机关办公用房、培训中心，以及以“学院”、“中心”等名义兴建的具有住宿、会议、餐饮等接待功能的设施或场所；领导干部是指省部级以下（含省部级）各级党政领导干部。党政机关使用非财政性资金建设的楼堂馆所，参照本通知执行。

国家发展改革委　住房城乡建设部关于印发党政机关办公用房建设标准的通知

2014年11月24日　发改投资〔2014〕2674号

中央和国家机关各部委、各直属机构，各人民团体，各省、自治区、直辖市及计划单列市、新疆生产建设兵团发展改革委、住房城乡建设厅（局、委）：

根据中共中央办公厅、国务院办公厅《关于党政机关停止新建楼堂馆所和清理办公用房的通知》（中办发〔2013〕17号）有关大力弘扬艰苦奋斗、勤俭节约优良作风，认真贯彻落实中央八项规定精神的要求，发展改革委、住房城乡建设部会同有关部门在深入调查研究和广泛征求意见的基础上，对1999年颁布实施的党政机关办公用房建设标准进行了修订。经报请党中央、国务院批准，现将修订后的《党政机关办公用房建设标准》印发给你们，请按照执行。

附件：党政机关办公用房建设标准

国家发展改革委

住房城乡建设部

2014年11月24日

附件

党政机关办公用房建设标准

二〇一四年十月

目 录

党政机关办公用房建设标准

第一章 总 则

第一条 为规范党政机关办公用房建设，提高投资决策科学化水平，合理确定党政机关办公用房的建设内容、建设规模和标准，满足办公使用功能的需要，加强管理和监督，制定本建设标准。

第二条 本建设标准是党政机关办公用房建设项目决策和建设的全国统一标准，是编制、评估和审批党政机关办公用房建设项目的项目建议书、可行性研究报告、初步设计以及对项目建设进行监督检查的重要依据。

第三条 本建设标准适用于全国乡（镇、苏木）级及以上党的机关、人大机关、行政机关、政协机关、审判机关、检察机关，工会、共青团、妇联等人民团体机关，以及各级机关组成机构、直属机构、派出机构和直属事业单位（以下统称党政机关）办公用房的新建（或购置）、改建和扩建工程。配备、租用办公用房参照执行。

第四条 党政机关办公用房建设必须贯彻艰苦奋斗、勤俭节约、反对浪费的方针，按照统筹兼顾、适用为主、满足办公需要的原则进行建设。

集中建设或联合建设的办公用房，应充分利用公共服务和附属设施，打破系统、部门之间的界限，实行统一规划、集中管理、共同使用。

第五条 党政机关办公用房建设必须符合土地利用和城乡规划要求，从严控制用地规模，严格土地审批，节约集约用地，严禁超标准占地、低效利用土地，不得占用耕地，新建项目不得配套建设大型广场、公园等设施。

第六条 党政机关办公用房建设应做到庄重、朴素、经济、适用和资源节约，不得定位为城市标志性建筑。外立面不得搞豪华装修，内装修应简洁朴素。

第七条 党政机关办公用房的建设规模应根据使用单位的类别和各级别编制定员，按照本建设标准的规定确定建筑面积。严禁超规模、超标准、超投资建设党政机关办公用房。

第八条 党政机关办公用房的建设除应符合本建设标准外，还应符合国家关于安全、资源节约、环境保护、卫生、绿色建筑等标准和规范要求。

第二章 建筑分类与面积指标

第九条 党政机关办公用房根据单位级别和性质分为五类，其适用对象见表1。

表1 **党政机关办公用房类别划分**

类别	适用对象
中央机关	中央部（委）级党的机关、人大机关、行政机关、政协机关、审判机关、检察机关，工会、共青团、妇联等人民团体机关，以及各机关派出机构和直属事业单位。
省级机关	省（自治区、直辖市）级党的机关、人大机关、行政机关、政协机关、审判机关、检察机关，工会、共青团、妇联等人民团体机关，以及各机关的组成机构、直属机构、派出机构和直属事业单位。
市级机关	市（地、州、盟）级党的机关、人大机关、行政机关、政协机关、审判机关、检察机关，工会、共青团、妇联等人民团体机关，以及各机关的组成机构、直属机构、派出机构和直属事业单位。
县级机关	县（市、旗）级党的机关、人大机关、行政机关、政协机关、审判机关、检察机关，工会、共青团、妇联等人民团体机关，以及各机关的组成机构、直属机构、派出机构和直属事业单位。
乡级机关	乡（镇、苏木）级党的机关、人大机关、行政机关及其他机关。

第十条 党政机关办公用房由基本办公用房（办公室、服务用房、设备用房）、附属用房两部分组成，并应符合表2的规定。

表 2 党政机关办公用房功能分类

办公用房		包括内容
基本办公用房	办公室	包括领导人员办公室和一般工作人员办公室
	服务用房	包括会议室、接待室、档案室、图书资料室、机关信息网络用房、机要保密室、文印室、收发室、医务室、值班室、储藏室、物业及工勤人员用房、开水间、卫生间等。
	设备用房	包括变配电室、水泵房、水箱间、中水处理间、锅炉房（或热力交换站）、空调机房、通信机房、电梯机房、建筑智能化系统设备用房等。
附属用房	包括食堂、停车库（汽车库，自行车库，电动车、摩托车库）、警卫用房、人防设施等。	

注：表中所称领导人员是指独立法人单位的领导班子成员。

第十一条 各级工作人员办公室使用面积不应超过表 3 的规定：

表 3 各级工作人员办公室使用面积

类别	适用对象	使用面积（平方米/人）
中央机关	部级正职	54
	部级副职	42
	正司（局）级	24
	副司（局）级	18
	处级	12
	处级以下	9
省级机关	省级正职	54
	省级副职	42
	正厅（局）级	30
	副厅（局）级	24
	正处级	18
	副处级	12
	处级以下	9
市级机关	市级正职	42
	市级副职	30
	正局（处）级	24
	副局（处）级	18
	局（处）级以下	9

续表

类别	适用对象	使用面积（平方米/人）
县级机关	县级正职	30
	县级副职	24
	正科级	18
	副科级	12
	科级以下	9
乡级机关	乡级正职	由省级人民政府按照中央规定和精神自行做出规定，原则上不得超过县级副职。
	乡级副职	
	乡级以下	

注：1. 副省级城市、副部级单位副职办公室面积指标按不超过省（部）级副职标准执行，其组成部门的正、副局（司）级人员办公室面积指标按不超过省级机关或中央机关相应的正、副厅（局、司）级标准执行。副市（厅）、副县（处）级单位以此类推。

2. 中央机关司（局）级派出机构、事业单位按省级机关厅（局）级单位标准执行，处级派出机构、事业单位按市级机关局（处）级单位标准执行；省级机关处级直属机构、派出机构、事业单位按市级机关局（处）级单位标准执行，科级派出机构、事业单位按县级机关科级单位标准执行。其他以此类推。

3. 各级党政机关领导人员办公室可在上列规定的办公室使用面积范围内配备休息室。

4. 省部级领导人员、省（自治区、直辖市）所属厅（局）正职和市（地、州、盟）、县（市、区、旗）党政正职办公室可在上列规定的办公室使用面积范围内配备不超过6平方米的卫生间。

第十二条 服务用房使用面积不应超过表4的规定：

表4 **服务用房编制定员人均使用面积**

类别	使用面积（平方米/人）	计算方法
中央机关 省级机关	7～9	200人及以下取上限，400人及以上取下限，中间值用公式（1100－x）/100计算确定。
市级机关	6～8	200人及以下取上限，400人及以上取下限，中间值用公式（1000－x）/100计算确定。
县级机关	6～8	100人及以下取上限，200人及以上取下限，中间值用公式（500－x）/50计算确定。
乡级机关	由省级人民政府按照中央规定和精神自行做出规定，原则上不得超过县级机关。	—

注：表中x为编制定员。

第十三条 设备用房使用面积应根据地理位置、建设规模以及相关设备需求确定，宜按办公室和服务用房使用面积之和的9%测算。

第十四条 党政机关办公用房应合理确定门厅、走廊、电梯厅等面积，提高使用面积系数。基本办公用房建筑总使用面积系数，多层建筑不应低于65%，高层建筑不应低于60%。

第十五条 附属用房建筑面积，不应超过下列规定：

1. 食堂：食堂餐厅及厨房建筑面积按编制定员计算，编制定员100人及以下的，人均建筑面积为3.7平方米；编制定员超过100人的，超出人员的人均建筑面积为2.6平方米。

2. 停车库：总停车位数应满足城乡规划建设要求，汽车库建筑面积指标为40平方米/辆，超出200个车位以上部分为38平方米/辆，可设置新能源汽车充电桩；自行车库建筑面积指标为1.8平方米/辆；电动车、摩托车库建筑面积指标为2.5平方米/辆。

3. 警卫用房：宜按警卫编制定员及武警营房建筑面积标准计算，人均建筑面积为25平方米。

4. 人防设施：应按国家人防部门规定的设防范围和标准计列建筑面积，本着平战结合、充分利用的原则，在平时可以兼作地下车库、物品仓库等。

第十六条 党政机关办公用房总建筑面积可按下式计算得出：

$S = [A + B + (A + B) \times 9\%]/K + C$ 式中：

S—总建筑面积；

A—各级工作人员办公室总使用面积；

B—服务用房总使用面积；

K—基本办公用房建筑总使用面积系数；

C—附属用房总建筑面积。

第三章 选址、布局与建设用地

第十七条 党政机关办公用房选址应符合当地土地利用总体规划和城乡规划的要求，在规划确定的城镇建设用地范围内，选择位置适合、交通便利、环境适宜、基础设施和地质条件良好、有利于安全保卫的地点。

第十八条 党政机关办公用房在城市中的布局宜相对集中。联合建设时，其设备用房和附属用房等应统一规划与建设。

第十九条 党政机关办公用房的建筑总平面布置应遵循功能组织合理、建筑组合紧凑、服务资源共享的原则，科学合理组织和利用地上、地下空间。

第二十条 党政机关办公用房建设用地包括：建筑主体及其附属建筑用地、道路及停车用地、绿化用地等。

第二十一条 党政机关办公用房改建、扩建工程应充分利用原有场地和设施，减少新增用地。

第二十二条 党政机关办公用房建设用地不得用于建造与办公无关的居住或商用

建筑等，不得占用风景名胜资源。

第二十三条 党政机关办公用房的建筑容积率不应小于表5的规定，并应满足所在地城乡规划与建设的相关控制要求。

表5 建筑容积率指标

类别	容积率
中央机关	2.0
省级机关	2.0
市级机关	1.2
县级机关	1.0
乡级机关	由省级人民政府按照中央规定和精神自行做出规定。

第二十四条 党政机关办公用房总停车位数应满足当地城乡规划建设要求，地面停车场面积指标为：汽车25平方米/辆，自行车1.2平方米/辆，电动车、摩托车1.8平方米/辆。

第二十五条 党政机关办公用房建设用地的绿地率不宜低于30%，并应满足当地城乡规划和建设有关绿地的控制要求。绿化植被应采用本土植物，不得移栽大树、古树，以降低绿化成本。

第四章 建筑标准

第二十六条 党政机关办公用房不宜建造一、二层的低层建筑，也不应建造超高层、超大体量的建筑。

第二十七条 党政机关基本办公用房建筑面积小于（等于）表6的规定时，不宜单独建设。

表6 建筑面积控制指标

类别	建筑面积（平方米）
中央机关	6000
省级机关	6000
市级机关	4000
县级机关	2000
乡级机关	—

第二十八条 党政机关办公用房标准层每层建筑面积不应低于表7的规定：

表 7　　标准层建筑面积

分类	建筑面积（平方米）
四层及以下办公用房	600
五层及以上多层办公用房	1000
高层办公用房	1200

第二十九条　党政机关办公用房入口门厅高度不应超过两层，门厅的使用面积不应超过表 8 的规定：

表 8　　入口门厅的使用面积指标

类别	使用面积（平方米）
中央机关	300
省级机关	300
市级机关	240
县级机关	120
乡级机关	由省级人民政府按照中央规定和精神自行做出规定，原则上不得超过县级机关。

第三十条　党政机关办公用房不得在办公区域内建设阶梯式和有舞台灯光音响、舞台机械、同声传译的会堂、报告厅、大型会议室。建筑物内不宜设置阳光房、采光中厅、室内花园、景观走廊等超出办公用房功能的其他空间或房间。

第三十一条　党政机关办公用房标准层的层高应根据办公室净高要求、结构形式及设施情况确定，不得超越净高规定或结构及设施的合理技术条件加大层高。办公室的净高应符合下列规定：

1. 有集中空调设施并有吊顶的标准单间办公室宜为 2.5～2.7 米；
2. 无集中空调设施的标准单间办公室宜为 2.6～2.8 米；
3. 有集中空调设施并有吊顶的大空间办公室宜为 2.6～2.8 米；
4. 无集中空调设施的大空间办公室宜为 2.8～3.0 米。

第三十二条　党政机关办公用房标准层的走道净宽应符合下列规定：

1. 走道长度≤40 米时，单面布房的走道净宽不宜小于 1.5 米且不宜大于 1.8 米，双面布房的走道净宽不宜小于 1.8 米且不宜大于 2.1 米。

2. 走道长度 >40 米时，单面布房的走道净宽不宜小于 1.5 米且不宜大于 2.1 米，双面布房的走道净宽不宜小于 1.8 米且不宜大于 2.5 米。

第三十三条　五层及五层以上的党政机关办公用房应设置乘客电梯，办公用房的办公区域不应设置自动扶梯。

第三十四条　党政机关办公用房应满足国家有关无障碍规范的要求。

第三十五条　党政机关办公用房的建设应满足功能需求，党政机关一般工作人员办公室宜采用大开间，提高办公室利用率。

第三十六条 党政机关办公用房建筑应符合国家有关建筑设计防火、抗震、节能规范等的规定，并确保建筑在设计使用年限期间能正常使用。

第五章 建筑装修

第三十七条 党政机关办公用房装修设计应构造简洁、色彩适宜，营造庄重、实用、协调的装饰效果，因地制宜地选用节能环保装修材料或构配件。

第三十八条 党政机关办公用房室内装修包括楼地面、墙面、柱面、天棚、内门窗、轻质隔墙、细部等，不包括活动家具、窗帘、饰物等。

第三十九条 党政机关办公用房装修标准可分为基本装修、中级装修、中高级装修三类，并宜符合表9的规定。

表9 **装修标准**

分类	装修要求
基本装修	选用建筑所在地区经济型普通装修材料或构配件。 楼地面可选用普通PVC地材、地砖、水泥砂浆等；墙、柱面选用普通涂料；天棚刷普通涂料或普通饰面板吊顶；门采用普通复合木门。
中级装修	选用建筑所在地区中等价位的装修材料或构配件。 楼地面可选用中档复合木地板、PVC地材、石材、地砖等；墙、柱面可选用中档饰面板、涂料或壁纸；天棚可做中档饰面板吊顶；门采用中档复合木门或玻璃门。
中高级装修	选用建筑所在地区中等价位、局部选用中高价位的装修材料或构配件。楼地面可选用中高档石材、木材、普通化纤地毯；墙、柱面可选用中档饰面板或涂料；天棚可做中高档饰面板吊顶；门采用中高档复合木门或玻璃门。

注：同等档次室内装修材料，提倡采用新型环保节能材料。

第四十条 党政机关办公用房建筑装修应符合表10的规定。

表10 **装修选用标准**

房间或部位 \ 类别		中央机关、省级机关	市级机关	县级机关	乡级机关
办公室	一般工作人员办公室	基本	基本	基本	基本
	领导人员办公室	中高级	中级	中级或基本	基本
服务用房	会议室、接待室	中高级或中级	中级	中级或基本	基本
	其他用房	基本	基本	基本	基本
设备用房		基本	基本	基本	基本
附属用房		基本	基本	基本	基本
主入口门厅及电梯厅		中高级	中级	中级或基本	基本

第四十一条 党政机关办公用房的办公室及办公区走廊等应采用普通灯具和高效节能型光源，会议室、接待室及主入口门厅可采用装饰性灯具，配用高效节能型光源，但不应选用豪华灯具。

第四十二条 采暖地区一般工作人员办公室不应做装饰性暖气罩。

第四十三条 党政机关办公用房室外装修包括墙面、柱面、外门窗、门头、台阶、坡道等。

第四十四条 党政机关办公用房室外装修设计，应综合考虑所在地区传统文化特色、经济状况、城镇景观及周边建筑风貌，做到实用、协调、庄重。外墙面不宜大面积采用玻璃幕墙，主入口不应使用铜质门、豪华旋转门。

第四十五条 党政机关办公用房装修工程造价包括：室内装修工程、室外装修工程造价。装修工程造价占建筑安装工程费用的比例，不宜超过表11的规定。

表11　　装修工程造价占建筑安装工程费用的比例

类别	比例（%）
中央机关	35
省级机关	35
市级机关	35
县级机关	30
乡级机关	25

第六章　室内环境与建筑设备

第四十六条 党政机关办公用房室内环境应符合公共建筑节能设计标准的规定。其中，办公室冬季采暖设定温度不应高于20℃，夏季制冷设定温度不应低于26℃。

第四十七条 党政机关办公用房的一个主立面朝向外窗的窗墙比不应大于0.6，其余朝向外窗的窗墙比不应大于0.4，并满足自然采光的要求。

第四十八条 采用集中采暖、空调系统的办公用房，应设置分楼层或分室内区域或分用户的室温可调控装置，并按使用部门或耗能部门设置热、冷量分摊计量装置。

第四十九条 党政机关办公用房的给水系统应充分利用城镇给水管网直接供水，其供水设备宜采用管网叠压供水设备。

第五十条 党政机关办公用房不得采用冲洗水量大于9升的便器及水箱，洗手（脸）盆宜采用感应式水嘴、延时自闭水嘴，便器采用感应式或延时自闭冲洗阀。卫生器具和配件均应采用节水型产品。

第五十一条 各类用房或部位的照度标准值应符合表12的规定。

表 12　照度标准值

房间或部位	照度标准值（lx）
办公室、会议室、接待室、文印室、门厅等	300
档案室、资料室等	200

第五十二条　走廊、楼梯间、门厅等公共场所的照明，宜采用集中控制，并按建筑使用条件和天然采光状况采取分区、分组控制措施。

第七章　智能化系统

第五十三条　党政机关办公用房智能化系统宜由智能化集成系统、信息设施系统、信息化应用系统、公共安全系统、建筑设备管理系统等构成，党政机关可根据各自需要和实际情况配置相应的办公用房智能化系统。

第五十四条　中央机关、省级机关、市级机关办公用房宜设置智能化集成系统。智能化集成系统建设应根据办公用房规模、办公业务的综合性以及建筑设备的控制要求综合考虑确定。

第五十五条　党政机关办公用房信息设施系统宜包括用户电话交换系统、信息网络系统、综合布线系统、有线电视系统、广播系统、会议系统等。系统配置标准宜符合表 13 的规定。

表 13　信息设施系统配置标准

信息设施系统	中央机关、省级机关	市级机关	县级机关	乡级机关
用户电话交换系统	●	●	●	○
信息网络系统	●	●	●	●
综合布线系统	●	●	●	●
有线电视系统	●	●	●	●
广播系统	●	●	○	○
会议系统	●	●	●	○

注：●表示可配置；○表示不宜配置

第五十六条　党政机关办公用房信息化应用系统宜包括办公业务系统、物业运营管理系统、智能卡应用系统、信息安全管理系统等。系统配置标准宜符合表 14 的规定。

表 14　信息化应用系统配置标准

信息化应用系统	中央机关、省级机关	市级机关	县级机关	乡级机关
办公业务系统	●	●	●	○
物业运营管理系统	●	●	○	○

续表

信息化应用系统	中央机关、省级机关	市级机关	县级机关	乡级机关
智能卡应用系统	●	●	○	○
信息安全管理系统	●	●	●	○

注：●表示可配置；○表示不宜配置

第五十七条 党政机关办公用房公共安全系统宜包括火灾自动报警系统、安全技术防范系统及与政府职能相关的应急响应系统等。办公用房内（或部分区域）对安全技术防范具有其他特殊要求的范围，应实施符合特殊安全技术防范管理规定所要求的安全技术措施。系统配置标准宜符合表15的规定。

表15　　　　公共安全系统配置标准

公共安全系统		中央机关、省级机关	市级机关	县级机关	乡级机关
火灾自动报警系统		按国家现行有关标准进行配置			
安全技术防范系统	安全防范综合管理系统	●	●	○	○
	入侵（周界）报警系统	●	●	●	●
	视频安防监控系统	●	●	●	●
	出入口控制系统	●	●	●	○
	电子巡查管理系统	●	●	○	○
应急响应系统		应纳入国家各级行政区域应急体系			

注：●表示可配置；○表示不宜配置

第五十八条 党政机关办公用房综合布线系统建设，应根据各类机关办公工作业务和办公人员的岗位职能，配置相应的数据信息端口和电话通信端口。

第八章　附　　则

第五十九条 本建设标准由国家发展和改革委员会、住房和城乡建设部负责解释。

第六十条 本建设标准自发布之日起施行，《国家计委关于印发党政机关办公用房建设标准的通知》（计投资〔1999〕2250号）同时停止执行。

本建设标准用词和用语说明

1. 为便于在执行本建设标准条文时区别对待，对要求严格程度不同的用词说明如下：

1）表示很严格，非这样做不可的用词：

正面词采用“必须”，反面词采用“严禁”。

2）表示严格，在正常情况下均应这样做的用词：

正面词采用“应”，反面词采用“不应”或“不得”。

3）表示允许稍有选择，在条件许可时首先应这样做的用词：正面词采用“宜”，反面词采用“不宜”；

4）表示有选择，在一定条件下可以这样做的，采用“可”。

2. 本建设标准中指明应按其他有关标准、规范执行的写法为“应按……执行”或“应符合……的要求（或规定）”。

党政机关办公用房建设标准

条文说明

第一章 总 则

第一条 原国家计委1999年颁布《党政机关办公用房建设标准》（计投资[1999]2250号，以下简称1999年标准）之后，随着我国经济社会发展，办公用房的功能与过去相比有较大的变化。为贯彻落实《党政机关厉行节约反对浪费条例》，规范党政机关办公用房建设内容、规模和标准，满足办公使用功能和建筑安全、资源节约的要求，加强管理和监督，需要制定既符合我国现实情况又适当考虑发展需要的党政机关办公用房建设标准。

第二条 本建设标准是加强党政机关办公用房建设管理和合理确定各级党政机关办公用房建设水平的全国统一标准，具有强制性、规范性。目的是使党政机关办公用房项目的前期工作和建设实施有章可循，监督检查有规可依。

第三条 本建设标准所称党政机关办公用房的概念是根据中共中央办公厅、国务院办公厅关于严格控制党政机关办公楼等楼堂馆所建设的有关精神确定的。民主党派机关办公用房建设参照本标准执行。

第四条 党政机关办公用房的建设应遵循统筹兼顾、适用为主、满足办公需要的原则，这是基于我国国情和各地区财力的实际差异考虑的。从节约投资、资源共享角度考虑，应充分利用公共服务和附属设施，打破系统、部门之间的界限，实行统一规划、集中管理、共同使用。

第五条 本条明确了党政机关办公用房建设应遵守的土地使用基本原则。我国是人口众多、土地资源短缺的国家，可利用的土地资源十分有限，因此，党政机关办公用房建设必须执行国家有关土地政策，在城乡规划确定的建设用地上建设办公用房，并且合理组织各项功能，提高土地利用效率，节约用地。调研中我们了解到，部分城市的党政机关办公用房配套建设了大型广场、公园等，造成土地资源浪费，群众对此反映强烈，因此条文规定，不得配套建设大型广场、公园等设施。

第六条 根据党政机关办公用房的使用功能，考虑我国的现实情况，党政机关办公用房应以适用为主，符合党政机关的定位，符合实际办公要求。考虑到个别地区党政机关办公用房存在贪大求洋的情况，条文规定党政机关办公用房不得作为城市标志性建筑。

第七条 办公用房的建设规模要按使用单位的类别和各级别编制定员，依据本建设标准规定的各级工作人员办公室使用面积、服务用房人均使用面积、设备用房使用面积、使用面积系数和附属用房建筑面积等指标计算确定。

第八条 党政机关办公用房的建设除执行本建设标准外，还应执行其他有关标准、规范的要求。

第二章 建筑分类与面积指标

第九条 党政机关办公用房的建筑分类。1999 年标准将党政机关办公用房分为三级，一级办公用房适用于中央部（委）级机关、省级机关以及相当于该级别的其他机关，二级办公用房适用于市级机关以及相当于该级别的其他机关，三级办公用房适用于县级机关以及相当于该级别的其他机关，并按级别给出了人均建筑面积指标。本建设标准改为五类，增加了 1999 年标准未包括的乡（镇、苏木）级，并弱化了办公用房的等级概念，直接以中央机关、省级机关、市级机关、县级机关、乡级机关进行划分。

第十条 党政机关办公用房功能分类。根据使用功能，办公用房一般划分为基本办公用房（办公室、服务用房、设备用房）、附属用房两类。

第十一条 各级工作人员办公室使用面积指标。具体指标是在 1999 年标准的基础上结合调研情况，并按照《关于党政机关停止新建楼堂馆所和清理办公用房的通知》（中办发［2013］17 号）等文件精神，本着实事求是、从严控制、向基层和普通机关工作人员倾斜的原则综合确定的。表 3 中使用面积 18 平方米及以上的，是按设置单间考虑的。同时，考虑到乡级机关办公用房实际情况各地差异很大，比较复杂，本条规定的乡级机关各级工作人员办公室使用面积、第十二条规定的乡级机关服务用房人均使用面积、第二十三条规定的乡级机关建筑容积率指标、第二十九条规定的乡级机关入口门厅使用面积指标，由省级人民政府按照中央规定和精神自行做出规定。

关于注 1 中的“依次类推”，举例如下：某副省级城市所辖某区政府（副市级机关），其正职办公室面积指标适用地市级机关市级副职，其副职办公室面积指标不超过地市级机关市级副职。某副省级城市政府组成部门（副厅级单位），其正职办公室面积指标不超过省级机关正厅级，其副职办公室面积指标不超过省级机关副厅级。

第十二条 服务用房使用面积指标。根据调研情况，会议、接待等服务用房使用面积一般为 5～10 平方米/人，本建设标准给出的指标是根据调研情况综合确定的。通常情况下，各级党政机关办公用房可设置一个容纳全体人员参加的大型会议室或报告厅，并根据人员规模设置包括党组（党委）会议室、电视电话会议室在内的若干大、中、小型会议室，可根据人员规模设置一个或两个接待室。该指标不包括召开党代会和人大、政协会议以及政府全会等所需用房。

第十三条 设备用房使用面积指标。根据调研情况，设备用房面积一般占到办公室及服务用房面积之和的5%～10%，由于规模、地域及设备需求的不同，以上指标差距较大。本建设标准在优化设计方案的基础上，规定宜将设备用房面积比例控制在9%以内。

第十四条 基本办公用房建筑总使用面积系数（总使用面积与总建筑面积之比值）。规定控制指标是为了提高建筑面积利用率，纠正办公用房门厅大、走廊宽、电梯厅过大的问题，增加办公室的有效使用面积。办公用房建筑总使用面积系数中，高层建筑由于垂直及水平交通、管井等原因，其系数一般略低于多层建筑。

第十五条 附属用房建筑面积指标。

食堂建筑面积指标的确定是在综合实际调研情况的基础上，采用了《饮食建筑设计规范》（JGJ64－89）中一级食堂标准：每座位建筑面积3.7平方米，编制定员超过100人的，超出人员的人均建筑面积考虑了0.7的同时就餐系数。

党政机关办公用房的建设应该充分考虑利用社会停车设施，对于大型办公用房建筑确需建设独立汽车库的，要充分利用办公用房的人防地下室或半地下室作为汽车库。按有关标准规定，汽车库建筑面积小型汽车一般按每车位40平方米计算，考虑到停车位数量较多时，每车位平均建筑面积可以有效降低的因素，超出200个停车位以上部分按每车位38平方米计算。地面停车数量与汽车库停车数量比例，应根据建设项目的具体情况进行确定。

党政机关办公用房的建设应该充分考虑利用地面存放自行车，对于大型办公用房建筑确需建设地下自行车库的，要充分利用办公用房的人防地下室或半地下室作为自行车库。按有关标准规定，自行车库建筑面积一般按每车位1.8平方米计算。根据目前各地的实际情况，本建设标准增加了电动车、摩托车库的建设标准，一般按每车位2.5平方米计算。

警卫用房的建设参照《武警内卫执勤部队营房建筑面积标准（试行）》（［2003］武后字第39号）和2009年《中国人民解放军营房建筑面积标准》的有关规定，可按25平方米/人进行总体控制。

国家人防部门对办公用房人防设施的建设有专门规定，因此人防设施的建设应按国家规定的设防要求和面积指标计算建筑面积。按照平战结合、充分利用的原则，同时考虑今后发展的需要，可与地下汽车库建设一并考虑。

第三章 选址、布局与建设用地

第十七条 本条规定了党政机关办公用房的选址原则。党政机关办公用房选址的要求，主要是从保障其行政需求和使用方便，以及相应的安全、卫生和服务大众等方面考虑的。

第十八条 本条规定了党政机关办公用房在城市布局中的总体要求。布局相对集中有利于提高行政和办事效率。

联合建设办公用房，能够共同使用后勤服务、设备设施等用房，可以达到减少投资、提高管理水平与行政效率的目的，也有利于节约用地。

第十九条 本条规定了党政机关办公用房建筑总平面布置的基本原则。

第二十条 本条明确了党政机关办公用房建设用地的构成。建筑主体及其附属建筑用地是指党政机关办公用房建筑基底占地及建筑周边必须的维护用地；道路及停车用地是指党政机关办公建筑用地内专用的车辆或行人通道以及机动车和非机动车停车场所；绿化用地是指党政机关办公用房用地内用来维护环境的用地。

第二十一条 本条从节约用地的角度考虑，规定党政机关办公用房改建、扩建工程应充分利用原有场地和设施。

第二十二条 本条禁止在办公用房建设用地内建设与办公无关的其他建筑，禁止占用属于公共空间的风景名胜资源。

第二十三条 城乡规划对城镇中不同区位建设用地的建筑容积率、建筑密度和绿地率等指标都有相应的控制要求。党政机关办公用房由于在城镇中所处的位置不同，其建设用地的相关控制要求也会不同。比如：位于城市中心地段、用地十分紧张的，其建筑容积率可相对较高；紧邻历史建筑、建筑高度受到限制的，其容积率会相对较低等。本条给出建筑容积率的低限控制要求，有利于节约集约用地。

第二十四条 汽车，自行车，电动车、摩托车尽量在地面安排停车位，不能满足需要的，按照第十四条第二款的规定建设停车库。

第二十五条 本条是根据国家规范《城市居住区规划设计规范》（GB50180），并结合党政机关办公用房的具体情况确定的。

第四章　建筑标准

第二十六条 本条规定党政机关办公用房不宜建造一、二层的低层建筑，是为了节约土地资源，提高建设用地的利用率。同时，为控制建筑的建造成本，也规定了党政机关办公用房不应建造超高层、超大体量建筑。

第二十七条 本条规定有利于节约土地资源，提高建设用地的利用率。党政机关办公用房的集中或合并建设是行之有效的方法，同时可使建造党政机关办公用房涉及的其他方面资源进行整合，如服务用房、附属用房的合并使用，动力及相关建筑设施的共用等，都会大大降低总体的建造费用和日常的运营费用。

第二十八条 办公用房标准层的建筑面积应体现经济合理性，由于低层、多层、高层办公用房都需要相应且必要的竖向交通设施，而这些竖向交通设施所占标准层的建筑面积在同一类办公用房中是基本相同的。标准层的建筑面积越小，竖向交通设施所占标准层建筑面积的比例就越大，那么办公所用的使用面积就越小，使用系数也就越低。经调查，有些党政机关办公用房为追求高度、外表形象，其标准层建筑面积过小，导致办公用房的建造不经济、使用不合理。

第二十九条 办公用房门厅的基本功能是满足进出办公用房人员的集散要求，同时也有一定的展示需求。但少数已建成的党政机关办公用房的主要门厅，过于高大、豪华，造成了不必要的浪费，引起人民群众不满。门厅不能高过两层是根据《关于进一步严格控制党政机关办公楼等楼堂馆所建设问题的通知》（中办发〔2007〕11 号）确定的。各级党政机关办公用房入口门厅的使用面积指标是根据实地调查测算确定的。

第三十条 本条是根据《关于进一步严格控制党政机关办公楼等楼堂馆所建设问题的通知》（中办发〔2007〕11 号）确定的。

第三十一条 办公用房标准层的层高与建筑的结构形式、设施状况有关，而建筑的结构形式、设施状况又与各地的建造条件、气候条件有关。因此，未直接规定层高，而是区分不同情况规定标准层中办公室的净高。其中，各类数值依据相关规范和标准制定。

第三十二条 办公用房标准层主要以各类办公室组成，标准层中的水平交通是由走道组织。走道过窄将影响水平交通或紧急疏散，过宽则降低标准层的使用系数，减少标准层的使用面积，造成不必要的浪费。本条的各个数值是通过对多个办公用房走道宽度实地调查测算而确定的。

第三十三条 五层及五层以上的党政机关办公用房应设置乘客电梯的规定，是依据《办公建筑设计规范》JGJ67－2006 的相关条文，并结合党政机关办公用房使用的需求与实际情况确定的。

第三十五条 推广采用办公室空间布置型式。采用大开间开放式办公型式，可根据使用需要采用轻质隔墙，便于灵活布置，提高面积利用率，这是今后办公建筑空间布置的发展方向。

第三十六条 每栋建筑自建造完成到最终拆除是一个寿命周期，每栋建筑的设计也有一个依据建筑科学确定的设计使用年限。建筑的寿命周期与设计使用年限两者有关联但并不一致，有的建筑由于建造质量好，功能设计合理，其寿命周期大大超过了设计使用年限，而另一些建筑却由于各种原因，尚未到达其规定的设计使用年限就已经结束了寿命周期。如果在保证建筑功能正常使用的前提下，建筑自身的寿命周期越长，也就越节约。本条从节约资源的角度出发，规定党政机关办公用房起码应保证在设计使用年限期间能正常使用。

第五章 建筑装修

第三十七条 营造适宜的视觉环境是装修工程的重要功能之一，本条对装修的风格、视觉效果提出要求。因地制宜选用装修材料或构配件，目的是为了节约投资。

第三十八条 本条明确了室内装修所包含的项目范围。

第三十九条 本条是根据实际调研情况确定的。

第四十条 本条规定了各类办公用房不同房间或部位进行装修设计的选择标准。由于党政机关办公用房的类别不同，建筑所处地区经济发展水平不同，周边城镇环境、气候及建筑风貌不同，各类用房的使用功能不同，装修材料或构件的品种、规格和色彩丰富多样，同一种材料因档次不同价差较大等因素，确定了中高级、中级和基本三个装修档次。相关房间或部位的装修标准，是根据调研情况和办公用房的实际需要确定的。

第四十一条 本条是根据适用、节能的原则确定的。

第四十二条 装修工程做装饰性暖气罩是北方地区较常见做法，一般没有实际的使用功能，这样做会降低暖气散热效率，不利于建筑节能，不利于节约建设资金。

第四十三条 本条文明确了室外装修所包含的项目范围。

第四十四条 本条规定了办公用房室外装修应遵循的原则。玻璃幕墙与非透明外墙相比，热工性能相差较多，从建筑节能、控制造价的角度，不宜提倡在建筑立面大面积采用玻璃幕墙。主入口不应使用铜质门、豪华旋转门，能够体现党政机关办公用房装修实用、经济、庄重的原则，避免浪费。

第四十五条 对装修工程造价作出规定是控制投资的方法之一，本条文限制的百分比，是在对已建党政机关办公用房装修造价调查统计以及对类似公共建筑装修造价的分析基础上确定的。

第六章 室内环境与建筑设备

第四十六条 《公共建筑节能设计标准》GB50189－2005中，对于办公用房的集中采暖系统室内设计计算温度为：门厅、楼（电）梯，16℃；办公室，20℃；会议室、接待室、多功能厅，18℃。冬季室内温度设定越高，能耗越多。一般来说，室内温度每调低1℃，能耗可减少5%～10%。而夏季办公室室内设计计算温度为25℃。夏季室内设定温度越低，能耗会越高。一般来说，室内温度每调高1℃，能耗可减少8%～10%。

本条的规定是根据2007年6月1日国务院办公厅《关于严格执行公共建筑空调温度控制标准》的通知中“夏季室内空调温度设置不得低于26℃，冬季室内空调温度设置不得高于20℃”的规定确定的。

第四十七条 各个朝向窗墙面积比是指不同朝向外墙面上的窗、阳台门包括幕墙透明部分的总面积与所在朝向建筑的外墙面总面积（包括该朝向的窗、阳台门及幕墙的透明部分的总面积）之比。

窗墙面积比的确定要综合考虑多方面的因素，其中最主要的是不同地区冬、夏季日照情况（日照时间长短、太阳总辐射强度、阳光入射角大小），季风影响、室外空气温度、室内采光设计标准以及外窗开窗面积与建筑能耗等因素。一般普通窗户（包括阳台门的透明部分）的保温隔热性能比外墙差很多，窗墙面积比越大，采暖和空调能耗也越大。因此，从降低建筑能耗的角度出发，必须限制窗墙面积比。

近年来，公共建筑的窗墙面积比有越来越大的趋势，这是由于人们希望公共建筑更加通透明亮，建筑立面更加美观，建筑形态更为丰富。但是，与非透明的外墙相比，在可接受的造价范围内，透明的窗和幕墙的热工性能相差得较多。因此，不宜提倡在建筑立面上大面积应用玻璃（或其他透明材料的）幕墙。如果希望建筑的立面有玻璃的质感，提倡使用非透明的玻璃幕墙，即玻璃的后面仍然是保温隔热材料和普通墙体。

党政机关办公用房不应采用通透玻璃幕墙形式，应该控制各朝向立面窗墙比，对于主立面，给予了较大窗墙比的选择，其余朝向在考虑天然采光的前提下宜采用较小窗墙比，以节省能耗。

第四十八条 2005 年 12 月 6 日建设部、发改委、财政部、人事部、民政部、劳动和社会保障部、税务总局、环保总局八部委印发的《关于进一步推进城镇供热体制改革的意见》（建城［2005］220 号）明确提出，“新建住宅和公共建筑必须安装楼前热计量表和散热器恒温控制阀，新建住宅同时还要具备分户热计量条件”。

集中空调系统的冷量和热量计量与我国北方地区的采暖热计量一样，是一项重要的建筑节能措施。设置能量计量装置不仅有利于管理与收费，用户也能及时了解和分析用能情况，加强管理，提高节能意识和节能的积极性，自觉采取节能措施。根据文件精神并为了增强国家公务人员的节能意识，规定应设置分楼层或分室内区域或分用户室温可调控装置，便于主动调控室温。

第四十九条 为节约能源，并减少饮用水水质污染，办公用房底部的用水点应充分利用市政管网水压直接供水。管网叠压式供水设备近几年在北京市、天津市、广州市、福州市等大城市中得到推广应用。设备主要由流量调节器（稳流补偿器）和变频调速供水设备组成，流量调节器（稳流补偿器）上设有真空抑制器（负压抑制器）。特点是不需要设水池（箱），供水设备直接从市政供水管网上吸水加压，解决了水池（箱）污染的问题，可充分利用市政供水管网的水压，节能效果显著。真空抑制器（负压抑制器）保证设备不产生负压，污染市政管网。供水设备厂商成套供应，安装简单，施工周期短，占地小等，符合节能、节水的原则。但其使用也是有条件的，首先建设单位和设计单位应与自来水公司进行技术咨询和沟通，对建设项目周边的市政管网情况（如：管径、水压、供水量及用水负荷等）进行综合评价。在自来水公司确认该项目所在区域市政管网具备使用条件后方能采用管网叠压供水设备，并应确保不对市政管网产生回流污染。我国目前已有《管网叠压供水设备》（CJ/T254－2007）及《管网叠压供水技术规程》（CECS221：2007）的规定，为管网叠压供水设备的设计、使用、安装与维护提供了保证。

第五十条 采用节水型卫生器具和配件是节水的重要措施。党政机关更应严格执行国家的相关节水规定，不采用国家明令禁止使用的卫生设备。

第五十一条 《建筑照明设计标准》GB50034从照明质量、照明数量以及照明节能等方面做了规定，必须严格执行。

第五十二条 公共场所的照明采用集中控制，主要是为了避免长明灯，有利于节约能源。

第七章 智能化系统

第五十三条 依据《智能建筑设计标准》（GB/T50314－2006），结合党政机关办公用房功能需求确定。

第五十四条 智能化集成系统是指，将不同功能的建筑智能化系统，通过统一的信息平台实现集成，以形成具有信息汇集、资源共享及优化管理等综合功能的系统。

根据实际调研情况，中央机关、省级机关、市级机关办公业务综合性较强，办公用房的功能结构较完整、建筑物规模较大、建筑机电设备系统较复杂，参照《智能建筑设计标准》（GB/T50314－2006），本条规定这些办公用房宜设置能提供建筑综合管理功能的智能化集成系统。

第五十五条 信息设施系统是为确保建筑物与外部信息通信网的互联及信息畅通，对语音、数据、图像和多媒体等各类信息的接收、交换、传输、存储、检索和显示等进行综合处理的多种类信息系统加以组合，提供实现建筑物业务及管理等应用功能的信息通信基础设施。

第五十六条 信息化应用系统是以建筑物信息设施系统和建筑设备管理系统等为基础，为满足建筑物各类业务和管理功能的多种类信息设备与应用软件而组合的系统。

第五十七条 公共安全系统是为应对火灾、非法侵入、各类重大安全事故等危及安全的各种突发事件，构建的技术防范保障体系。

安全技术防范综合管理系统是安防监控中心对各安全防范信息集成综合管理的系统。

入侵（周界）报警系统是采用探测技术对建筑物周界防护、办公用房内的区域防护和重点实物目标防护的系统。

视频安防监控系统是对办公用房内的主要公共活动场所、重要部位等进行视频有效监视、记录和画面再现的装置。

出入口控制系统是对建筑物内（外）通行门、出入口、主要通道、办公区域、重要办公室门等处设置出的入口控制装置。

电子巡查管理系统是通过读卡器或其他方式对保安人员巡查的工作状态进行运行记录并对意外情况及时报警的装置。

第五十八条 综合布线系统是支持语音、数据、图像和多媒体等各种业务信息传输的基础传输通道。

第八章 附 则

第五十九条 本条是关于建设标准解释权的规定。

第六十条 本条是关于建设标准施行时间以及 1999 年标准同时停止执行的规定。

十三、采购审计

中华人民共和国审计法

（1994 年 8 月 31 日第八届全国人民代表大会常务委员会第九次会议通过　根据 2006 年 2 月 28 日第十届全国人民代表大会常务委员会第二十次会议《关于修改〈中华人民共和国审计法〉的决定》第一次修正　根据 2021 年 10 月 23 日第十三届全国人民代表大会常务委员会第三十一次会议《关于修改〈中华人民共和国审计法〉的决定》第二次修正）

目　录

第一章　总　　则

第一条　为了加强国家的审计监督，维护国家财政经济秩序，提高财政资金使用效益，促进廉政建设，保障国民经济和社会健康发展，根据宪法，制定本法。

第二条　国家实行审计监督制度。坚持中国共产党对审计工作的领导，构建集中统一、全面覆盖、权威高效的审计监督体系。

国务院和县级以上地方人民政府设立审计机关。

国务院各部门和地方各级人民政府及其各部门的财政收支，国有的金融机构和企业事业组织的财务收支，以及其他依照本法规定应当接受审计的财政收支、财务收支，依照本法规定接受审计监督。

审计机关对前款所列财政收支或者财务收支的真实、合法和效益，依法进行审计监督。

第三条　审计机关依照法律规定的职权和程序，进行审计监督。

审计机关依据有关财政收支、财务收支的法律、法规和国家其他有关规定进行审计评价，在法定职权范围内作出审计决定。

第四条　国务院和县级以上地方人民政府应当每年向本级人民代表大会常务委员会提出审计工作报告。审计工作报告应当报告审计机关对预算执行、决算草案以及其他财政收支的审计情况，重点报告对预算执行及其绩效的审计情况，按照有关法律、行政法规的规定报告对国有资源、国有资产的审计情况。必要时，人民代表大会常务委员会可以对审计工作报告作出决议。

国务院和县级以上地方人民政府应当将审计工作报告中指出的问题的整改情况和处理结果向本级人民代表大会常务委员会报告。

第五条　审计机关依照法律规定独立行使审计监督权，不受其他行政机关、社会团体和个人的干涉。

第六条　审计机关和审计人员办理审计事项，应当客观公正，实事求是，廉洁奉公，保守秘密。

第二章　审计机关和审计人员

第七条　国务院设立审计署，在国务院总理领导下，主管全国的审计工作。审计长是审计署的行政首长。

第八条　省、自治区、直辖市、设区的市、自治州、县、自治县、不设区的市、市辖区的人民政府的审计机关，分别在省长、自治区主席、市长、州长、县长、区长和上一级审计机关的领导下，负责本行政区域内的审计工作。

第九条 地方各级审计机关对本级人民政府和上一级审计机关负责并报告工作，审计业务以上级审计机关领导为主。

第十条 审计机关根据工作需要，经本级人民政府批准，可以在其审计管辖范围内设立派出机构。

派出机构根据审计机关的授权，依法进行审计工作。

第十一条 审计机关履行职责所必需的经费，应当列入预算予以保证。

第十二条 审计机关应当建设信念坚定、为民服务、业务精通、作风务实、敢于担当、清正廉洁的高素质专业化审计队伍。

审计机关应当加强对审计人员遵守法律和执行职务情况的监督，督促审计人员依法履职尽责。

审计机关和审计人员应当依法接受监督。

第十三条 审计人员应当具备与其从事的审计工作相适应的专业知识和业务能力。

审计机关根据工作需要，可以聘请具有与审计事项相关专业知识的人员参加审计工作。

第十四条 审计机关和审计人员不得参加可能影响其依法独立履行审计监督职责的活动，不得干预、插手被审计单位及其相关单位的正常生产经营和管理活动。

第十五条 审计人员办理审计事项，与被审计单位或者审计事项有利害关系的，应当回避。

第十六条 审计机关和审计人员对在执行职务中知悉的国家秘密、工作秘密、商业秘密、个人隐私和个人信息，应当予以保密，不得泄露或者向他人非法提供。

第十七条 审计人员依法执行职务，受法律保护。

任何组织和个人不得拒绝、阻碍审计人员依法执行职务，不得打击报复审计人员。

审计机关负责人依照法定程序任免。审计机关负责人没有违法失职或者其他不符合任职条件的情况的，不得随意撤换。

地方各级审计机关负责人的任免，应当事先征求上一级审计机关的意见。

第三章 审计机关职责

第十八条 审计机关对本级各部门（含直属单位）和下级政府预算的执行情况和决算以及其他财政收支情况，进行审计监督。

第十九条 审计署在国务院总理领导下，对中央预算执行情况、决算草案以及其他财政收支情况进行审计监督，向国务院总理提出审计结果报告。

地方各级审计机关分别在省长、自治区主席、市长、州长、县长、区长和上一级审计机关的领导下，对本级预算执行情况、决算草案以及其他财政收支情况进行审计监督，向本级人民政府和上一级审计机关提出审计结果报告。

第二十条 审计署对中央银行的财务收支，进行审计监督。

第二十一条 审计机关对国家的事业组织和使用财政资金的其他事业组织的财务收支，进行审计监督。

第二十二条 审计机关对国有企业、国有金融机构和国有资本占控股地位或者主导地位的企业、金融机构的资产、负债、损益以及其他财务收支情况，进行审计监督。

遇有涉及国家财政金融重大利益情形，为维护国家经济安全，经国务院批准，审计署可以对前款规定以外的金融机构进行专项审计调查或者审计。

第二十三条 审计机关对政府投资和以政府投资为主的建设项目的预算执行情况和决算，对其他关系国家利益和公共利益的重大公共工程项目的资金管理使用和建设运营情况，进行审计监督。

第二十四条 审计机关对国有资源、国有资产，进行审计监督。

审计机关对政府部门管理的和其他单位受政府委托管理的社会保险基金、全国社会保障基金、社会捐赠资金以及其他公共资金的财务收支，进行审计监督。

第二十五条 审计机关对国际组织和外国政府援助、贷款项目的财务收支，进行审计监督。

第二十六条 根据经批准的审计项目计划安排，审计机关可以对被审计单位贯彻落实国家重大经济社会政策措施情况进行审计监督。

第二十七条 除本法规定的审计事项外，审计机关对其他法律、行政法规规定应当由审计机关进行审计的事项，依照本法和有关法律、行政法规的规定进行审计监督。

第二十八条 审计机关可以对被审计单位依法应当接受审计的事项进行全面审计，也可以对其中的特定事项进行专项审计。

第二十九条 审计机关有权对与国家财政收支有关的特定事项，向有关地方、部门、单位进行专项审计调查，并向本级人民政府和上一级审计机关报告审计调查结果。

第三十条 审计机关履行审计监督职责，发现经济社会运行中存在风险隐患的，应当及时向本级人民政府报告或者向有关主管机关、单位通报。

第三十一条 审计机关根据被审计单位的财政、财务隶属关系或者国有资源、国有资产监督管理关系，确定审计管辖范围。

审计机关之间对审计管辖范围有争议的，由其共同的上级审计机关确定。

上级审计机关对其审计管辖范围内的审计事项，可以授权下级审计机关进行审计，但本法第十八条至第二十条规定的审计事项不得进行授权；上级审计机关对下级审计机关审计管辖范围内的重大审计事项，可以直接进行审计，但是应当防止不必要的重复审计。

第三十二条 被审计单位应当加强对内部审计工作的领导，按照国家有关规定建立健全内部审计制度。

审计机关应当对被审计单位的内部审计工作进行业务指导和监督。

第三十三条 社会审计机构审计的单位依法属于被审计单位的，审计机关按照国务院的规定，有权对该社会审计机构出具的相关审计报告进行核查。

第四章 审计机关权限

第三十四条 审计机关有权要求被审计单位按照审计机关的规定提供财务、会计资料以及与财政收支、财务收支有关的业务、管理等资料，包括电子数据和有关文档。被审计单位不得拒绝、拖延、谎报。

被审计单位负责人应当对本单位提供资料的及时性、真实性和完整性负责。

审计机关对取得的电子数据等资料进行综合分析，需要向被审计单位核实有关情况的，被审计单位应当予以配合。

第三十五条 国家政务信息系统和数据共享平台应当按照规定向审计机关开放。

审计机关通过政务信息系统和数据共享平台取得的电子数据等资料能够满足需要的，不得要求被审计单位重复提供。

第三十六条 审计机关进行审计时，有权检查被审计单位的财务、会计资料以及与财政收支、财务收支有关的业务、管理等资料和资产，有权检查被审计单位信息系统的安全性、可靠性、经济性，被审计单位不得拒绝。

第三十七条 审计机关进行审计时，有权就审计事项的有关问题向有关单位和个人进行调查，并取得有关证明材料。有关单位和个人应当支持、协助审计机关工作，如实向审计机关反映情况，提供有关证明材料。

审计机关经县级以上人民政府审计机关负责人批准，有权查询被审计单位在金融机构的账户。

审计机关有证据证明被审计单位违反国家规定将公款转入其他单位、个人在金融机构账户的，经县级以上人民政府审计机关主要负责人批准，有权查询有关单位、个人在金融机构与审计事项相关的存款。

第三十八条 审计机关进行审计时，被审计单位不得转移、隐匿、篡改、毁弃财务、会计资料以及与财政收支、财务收支有关的业务、管理等资料，不得转移、隐匿、故意毁损所持有的违反国家规定取得的资产。

审计机关对被审计单位违反前款规定的行为，有权予以制止；必要时，经县级以上人民政府审计机关负责人批准，有权封存有关资料和违反国家规定取得的资产；对其中在金融机构的有关存款需要予以冻结的，应当向人民法院提出申请。

审计机关对被审计单位正在进行的违反国家规定的财政收支、财务收支行为，有权予以制止；制止无效的，经县级以上人民政府审计机关负责人批准，通知财政部门和有关主管机关、单位暂停拨付与违反国家规定的财政收支、财务收支行为直接有关的款项，已经拨付的，暂停使用。

审计机关采取前两款规定的措施不得影响被审计单位合法的业务活动和生产经营活动。

第三十九条 审计机关认为被审计单位所执行的上级主管机关、单位有关财政收支、财务收支的规定与法律、行政法规相抵触的，应当建议有关主管机关、单位纠正；有关主管机关、单位不予纠正的，审计机关应当提请有权处理的机关、单位依法处理。

第四十条 审计机关可以向政府有关部门通报或者向社会公布审计结果。

审计机关通报或者公布审计结果，应当保守国家秘密、工作秘密、商业秘密、个人隐私和个人信息，遵守法律、行政法规和国务院的有关规定。

第四十一条 审计机关履行审计监督职责，可以提请公安、财政、自然资源、生态环境、海关、税务、市场监督管理等机关予以协助。有关机关应当依法予以配合。

第五章 审计程序

第四十二条 审计机关根据经批准的审计项目计划确定的审计事项组成审计组，并应当在实施审计三日前，向被审计单位送达审计通知书；遇有特殊情况，经县级以上人民政府审计机关负责人批准，可以直接持审计通知书实施审计。

被审计单位应当配合审计机关的工作，并提供必要的工作条件。

审计机关应当提高审计工作效率。

第四十三条 审计人员通过审查财务、会计资料，查阅与审计事项有关的文件、资料，检查现金、实物、有价证券和信息系统，向有关单位和个人调查等方式进行审计，并取得证明材料。

向有关单位和个人进行调查时，审计人员应当不少于二人，并出示其工作证件和审计通知书副本。

第四十四条 审计组对审计事项实施审计后，应当向审计机关提出审计组的审计报告。审计组的审计报告报送审计机关前，应当征求被审计单位的意见。被审计单位应当自接到审计组的审计报告之日起十日内，将其书面意见送交审计组。审计组应当将被审计单位的书面意见一并报送审计机关。

第四十五条 审计机关按照审计署规定的程序对审计组的审计报告进行审议，并对被审计单位对审计组的审计报告提出的意见一并研究后，出具审计机关的审计报告。对违反国家规定的财政收支、财务收支行为，依法应当给予处理、处罚的，审计机关在法定职权范围内作出审计决定；需要移送有关主管机关、单位处理、处罚的，审计机关应当依法移送。

审计机关应当将审计机关的审计报告和审计决定送达被审计单位和有关主管机关、单位，并报上一级审计机关。审计决定自送达之日起生效。

第四十六条 上级审计机关认为下级审计机关作出的审计决定违反国家有关规定的，可以责成下级审计机关予以变更或者撤销，必要时也可以直接作出变更或者撤销的决定。

第六章　法律责任

第四十七条 被审计单位违反本法规定，拒绝、拖延提供与审计事项有关的资料的，或者提供的资料不真实、不完整的，或者拒绝、阻碍检查、调查、核实有关情况的，由审计机关责令改正，可以通报批评，给予警告；拒不改正的，依法追究法律责任。

第四十八条 被审计单位违反本法规定，转移、隐匿、篡改、毁弃财务、会计资料以及与财政收支、财务收支有关的业务、管理等资料，或者转移、隐匿、故意毁损所持有的违反国家规定取得的资产，审计机关认为对直接负责的主管人员和其他直接责任人员依法应当给予处分的，应当向被审计单位提出处理建议，或者移送监察机关和有关主管机关、单位处理，有关机关、单位应当将处理结果书面告知审计机关；构成犯罪的，依法追究刑事责任。

第四十九条 对本级各部门（含直属单位）和下级政府违反预算的行为或者其他违反国家规定的财政收支行为，审计机关、人民政府或者有关主管机关、单位在法定职权范围内，依照法律、行政法规的规定，区别情况采取下列处理措施：

（一）责令限期缴纳应当上缴的款项；

（二）责令限期退还被侵占的国有资产；

（三）责令限期退还违法所得；

（四）责令按照国家统一的财务、会计制度的有关规定进行处理；

（五）其他处理措施。

第五十条 对被审计单位违反国家规定的财务收支行为，审计机关、人民政府或者有关主管机关、单位在法定职权范围内，依照法律、行政法规的规定，区别情况采取前条规定的处理措施，并可以依法给予处罚。

第五十一条 审计机关在法定职权范围内作出的审计决定，被审计单位应当执行。

审计机关依法责令被审计单位缴纳应当上缴的款项，被审计单位拒不执行的，审计机关应当通报有关主管机关、单位，有关主管机关、单位应当依照有关法律、行政法规的规定予以扣缴或者采取其他处理措施，并将处理结果书面告知审计机关。

第五十二条 被审计单位应当按照规定时间整改审计查出的问题，将整改情况报告审计机关，同时向本级人民政府或者有关主管机关、单位报告，并按照规定向社会公布。

各级人民政府和有关主管机关、单位应当督促被审计单位整改审计查出的问题。审计机关应当对被审计单位整改情况进行跟踪检查。

审计结果以及整改情况应当作为考核、任免、奖惩领导干部和制定政策、完善制度的重要参考；拒不整改或者整改时弄虚作假的，依法追究法律责任。

第五十三条 被审计单位对审计机关作出的有关财务收支的审计决定不服的，可以依法申请行政复议或者提起行政诉讼。

被审计单位对审计机关作出的有关财政收支的审计决定不服的，可以提请审计机关的本级人民政府裁决，本级人民政府的裁决为最终决定。

第五十四条 被审计单位的财政收支、财务收支违反国家规定，审计机关认为对直接负责的主管人员和其他直接责任人员依法应当给予处分的，应当向被审计单位提出处理建议，或者移送监察机关和有关主管机关、单位处理，有关机关、单位应当将处理结果书面告知审计机关。

第五十五条 被审计单位的财政收支、财务收支违反法律、行政法规的规定，构成犯罪的，依法追究刑事责任。

第五十六条 报复陷害审计人员的，依法给予处分；构成犯罪的，依法追究刑事责任。

第五十七条 审计人员滥用职权、徇私舞弊、玩忽职守或者泄露、向他人非法提供所知悉的国家秘密、工作秘密、商业秘密、个人隐私和个人信息的，依法给予处分；构成犯罪的，依法追究刑事责任。

第七章 附　　则

第五十八条 领导干部经济责任审计和自然资源资产离任审计，依照本法和国家有关规定执行。

第五十九条 中国人民解放军和中国人民武装警察部队审计工作的规定，由中央军事委员会根据本法制定。

审计机关和军队审计机构应当建立健全协作配合机制，按照国家有关规定对涉及军地经济事项实施联合审计。

第六十条 本法自 1995 年 1 月 1 日起施行。1988 年 11 月 30 日国务院发布的《中华人民共和国审计条例》同时废止。

中华人民共和国审计法实施条例

（1997年10月21日中华人民共和国国务院令第231号公布　2010年2月2日国务院第100次常务会议修订通过　2010年2月11日中华人民共和国国务院令第571号公布　自2010年5月1日起施行）

第一章　总　则

第一条　根据《中华人民共和国审计法》（以下简称审计法）的规定，制定本条例。

第二条　审计法所称审计，是指审计机关依法独立检查被审计单位的会计凭证、会计账簿、财务会计报告以及其他与财政收支、财务收支有关的资料和资产，监督财政收支、财务收支真实、合法和效益的行为。

第三条　审计法所称财政收支，是指依照《中华人民共和国预算法》和国家其他有关规定，纳入预算管理的收入和支出，以及下列财政资金中未纳入预算管理的收入和支出：

（一）行政事业性收费；

（二）国有资源、国有资产收入；

（三）应当上缴的国有资本经营收益；

（四）政府举借债务筹措的资金；

（五）其他未纳入预算管理的财政资金。

第四条　审计法所称财务收支，是指国有的金融机构、企业事业组织以及依法应当接受审计机关审计监督的其他单位，按照国家财务会计制度的规定，实行会计核算的各项收入和支出。

第五条　审计机关依照审计法和本条例以及其他有关法律、法规规定的职责、权限和程序进行审计监督。

审计机关依照有关财政收支、财务收支的法律、法规，以及国家有关政策、标准、项目目标等方面的规定进行审计评价，对被审计单位违反国家规定的财政收支、财务收支行为，在法定职权范围内作出处理、处罚的决定。

第六条 任何单位和个人对依法应当接受审计机关审计监督的单位违反国家规定的财政收支、财务收支行为，有权向审计机关举报。审计机关接到举报，应当依法及时处理。

第二章 审计机关和审计人员

第七条 审计署在国务院总理领导下，主管全国的审计工作，履行审计法和国务院规定的职责。

地方各级审计机关在本级人民政府行政首长和上一级审计机关的领导下，负责本行政区域的审计工作，履行法律、法规和本级人民政府规定的职责。

第八条 省、自治区人民政府设有派出机关的，派出机关的审计机关对派出机关和省、自治区人民政府审计机关负责并报告工作，审计业务以省、自治区人民政府审计机关领导为主。

第九条 审计机关派出机构依照法律、法规和审计机关的规定，在审计机关的授权范围内开展审计工作，不受其他行政机关、社会团体和个人的干涉。

第十条 审计机关编制年度经费预算草案的依据主要包括：

（一）法律、法规；

（二）本级人民政府的决定和要求；

（三）审计机关的年度审计工作计划；

（四）定员定额标准；

（五）上一年度经费预算执行情况和本年度的变化因素。

第十一条 审计人员实行审计专业技术资格制度，具体按照国家有关规定执行。

审计机关根据工作需要，可以聘请具有与审计事项相关专业知识的人员参加审计工作。

第十二条 审计人员办理审计事项，有下列情形之一的，应当申请回避，被审计单位也有权申请审计人员回避：

（一）与被审计单位负责人或者有关主管人员有夫妻关系、直系血亲关系、三代以内旁系血亲或者近姻亲关系的；

（二）与被审计单位或者审计事项有经济利益关系的；

（三）与被审计单位、审计事项、被审计单位负责人或者有关主管人员有其他利害关系，可能影响公正执行公务的。

审计人员的回避，由审计机关负责人决定；审计机关负责人办理审计事项时的回避，由本级人民政府或者上一级审计机关负责人决定。

第十三条 地方各级审计机关正职和副职负责人的任免，应当事先征求上一级审计机关的意见。

第十四条 审计机关负责人在任职期间没有下列情形之一的，不得随意撤换：

（一）因犯罪被追究刑事责任的；

（二）因严重违法、失职受到处分，不适宜继续担任审计机关负责人的；

（三）因健康原因不能履行职责1年以上的；

（四）不符合国家规定的其他任职条件的。

第三章 审计机关职责

第十五条 审计机关对本级人民政府财政部门具体组织本级预算执行的情况，本级预算收入征收部门征收预算收入的情况，与本级人民政府财政部门直接发生预算缴款、拨款关系的部门、单位的预算执行情况和决算，下级人民政府的预算执行情况和决算，以及其他财政收支情况，依法进行审计监督。经本级人民政府批准，审计机关对其他取得财政资金的单位和项目接受、运用财政资金的真实、合法和效益情况，依法进行审计监督。

第十六条 审计机关对本级预算收入和支出的执行情况进行审计监督的内容包括：

（一）财政部门按照本级人民代表大会批准的本级预算向本级各部门（含直属单位）批复预算的情况、本级预算执行中调整情况和预算收支变化情况；

（二）预算收入征收部门依照法律、行政法规的规定和国家其他有关规定征收预算收入情况；

（三）财政部门按照批准的年度预算、用款计划，以及规定的预算级次和程序，拨付本级预算支出资金情况；

（四）财政部门依照法律、行政法规的规定和财政管理体制，拨付和管理政府间财政转移支付资金情况以及办理结算、结转情况；

（五）国库按照国家有关规定办理预算收入的收纳、划分、留解情况和预算支出资金的拨付情况；

（六）本级各部门（含直属单位）执行年度预算情况；

（七）依照国家有关规定实行专项管理的预算资金收支情况；

（八）法律、法规规定的其他预算执行情况。

第十七条 审计法第十七条所称审计结果报告，应当包括下列内容：

（一）本级预算执行和其他财政收支的基本情况；

（二）审计机关对本级预算执行和其他财政收支情况作出的审计评价；

（三）本级预算执行和其他财政收支中存在的问题以及审计机关依法采取的措施；

（四）审计机关提出的改进本级预算执行和其他财政收支管理工作的建议；

（五）本级人民政府要求报告的其他情况。

第十八条 审计署对中央银行及其分支机构履行职责所发生的各项财务收支，依法进行审计监督。

审计署向国务院总理提出的中央预算执行和其他财政收支情况审计结果报告，应当包括对中央银行的财务收支的审计情况。

第十九条 审计法第二十一条所称国有资本占控股地位或者主导地位的企业、金融机构，包括：

（一）国有资本占企业、金融机构资本（股本）总额的比例超过50%的；

（二）国有资本占企业、金融机构资本（股本）总额的比例在50%以下，但国有资本投资主体拥有实际控制权的。

审计机关对前款规定的企业、金融机构，除国务院另有规定外，比照审计法第十八条第二款、第二十条规定进行审计监督。

第二十条 审计法第二十二条所称政府投资和以政府投资为主的建设项目，包括：

（一）全部使用预算内投资资金、专项建设基金、政府举借债务筹措的资金等财政资金的；

（二）未全部使用财政资金，财政资金占项目总投资的比例超过50%，或者占项目总投资的比例在50%以下，但政府拥有项目建设、运营实际控制权的。

审计机关对前款规定的建设项目的总预算或者概算的执行情况、年度预算的执行情况和年度决算、单项工程结算、项目竣工决算，依法进行审计监督；对前款规定的建设项目进行审计时，可以对直接有关的设计、施工、供货等单位取得建设项目资金的真实性、合法性进行调查。

第二十一条 审计法第二十三条所称社会保障基金，包括社会保险、社会救助、社会福利基金以及发展社会保障事业的其他专项基金；所称社会捐赠资金，包括来源于境内外的货币、有价证券和实物等各种形式的捐赠。

第二十二条 审计法第二十四条所称国际组织和外国政府援助、贷款项目，包括：

（一）国际组织、外国政府及其机构向中国政府及其机构提供的贷款项目；

（二）国际组织、外国政府及其机构向中国企业事业组织以及其他组织提供的由中国政府及其机构担保的贷款项目；

（三）国际组织、外国政府及其机构向中国政府及其机构提供的援助和赠款项目；

（四）国际组织、外国政府及其机构向受中国政府委托管理有关基金、资金的单位提供的援助和赠款项目；

（五）国际组织、外国政府及其机构提供援助、贷款的其他项目。

第二十三条 审计机关可以依照审计法和本条例规定的审计程序、方法以及国家其他有关规定，对预算管理或者国有资产管理使用等与国家财政收支有关的特定事项，向有关地方、部门、单位进行专项审计调查。

第二十四条 审计机关根据被审计单位的财政、财务隶属关系，确定审计管辖范围；不能根据财政、财务隶属关系确定审计管辖范围的，根据国有资产监督管理关系，确定审计管辖范围。

两个以上国有资本投资主体投资的金融机构、企业事业组织和建设项目，由对主要投资主体有审计管辖权的审计机关进行审计监督。

第二十五条 各级审计机关应当按照确定的审计管辖范围进行审计监督。

第二十六条 依法属于审计机关审计监督对象的单位的内部审计工作，应当接受审计机关的业务指导和监督。

依法属于审计机关审计监督对象的单位，可以根据内部审计工作的需要，参加依法成立的内部审计自律组织。审计机关可以通过内部审计自律组织，加强对内部审计工作的业务指导和监督。

第二十七条 审计机关进行审计或者专项审计调查时，有权对社会审计机构出具的相关审计报告进行核查。

审计机关核查社会审计机构出具的相关审计报告时，发现社会审计机构存在违反法律、法规或者执业准则等情况的，应当移送有关主管机关依法追究责任。

第四章　审计机关权限

第二十八条 审计机关依法进行审计监督时，被审计单位应当依照审计法第三十一条规定，向审计机关提供与财政收支、财务收支有关的资料。被审计单位负责人应当对本单位提供资料的真实性和完整性作出书面承诺。

第二十九条 各级人民政府财政、税务以及其他部门（含直属单位）应当向本级审计机关报送下列资料：

（一）本级人民代表大会批准的本级预算和本级人民政府财政部门向本级各部门（含直属单位）批复的预算，预算收入征收部门的年度收入计划，以及本级各部门（含直属单位）向所属各单位批复的预算；

（二）本级预算收支执行和预算收入征收部门的收入计划完成情况月报、年报，以及决算情况；

（三）综合性财政税务工作统计年报、情况简报，财政、预算、税务、财务和会计等规章制度；

（四）本级各部门（含直属单位）汇总编制的本部门决算草案。

第三十条 审计机关依照审计法第三十三条规定查询被审计单位在金融机构的账户的，应当持县级以上人民政府审计机关负责人签发的协助查询单位账户通知书；查询被审计单位以个人名义在金融机构的存款的，应当持县级以上人民政府审计机关主要负责人签发的协助查询个人存款通知书。有关金融机构应当予以协助，并提供证明材料，审计机关和审计人员负有保密义务。

第三十一条 审计法第三十四条所称违反国家规定取得的资产，包括：

（一）弄虚作假骗取的财政拨款、实物以及金融机构贷款；

（二）违反国家规定享受国家补贴、补助、贴息、免息、减税、免税、退税等优惠政策取得的资产；

（三）违反国家规定向他人收取的款项、有价证券、实物；

（四）违反国家规定处分国有资产取得的收益；

（五）违反国家规定取得的其他资产。

第三十二条 审计机关依照审计法第三十四条规定封存被审计单位有关资料和违反国家规定取得的资产的，应当持县级以上人民政府审计机关负责人签发的封存通知书，并在依法收集与审计事项相关的证明材料或者采取其他措施后解除封存。封存的期限为7日以内；有特殊情况需要延长的，经县级以上人民政府审计机关负责人批准，可以适当延长，但延长的期限不得超过7日。

对封存的资料、资产，审计机关可以指定被审计单位负责保管，被审计单位不得损毁或者擅自转移。

第三十三条 审计机关依照审计法第三十六条规定，可以就有关审计事项向政府有关部门通报或者向社会公布对被审计单位的审计、专项审计调查结果。

审计机关经与有关主管机关协商，可以在向社会公布的审计、专项审计调查结果中，一并公布对社会审计机构相关审计报告核查的结果。

审计机关拟向社会公布对上市公司的审计、专项审计调查结果的，应当在5日前将拟公布的内容告知上市公司。

第五章 审计程序

第三十四条 审计机关应当根据法律、法规和国家其他有关规定，按照本级人民政府和上级审计机关的要求，确定年度审计工作重点，编制年度审计项目计划。

审计机关在年度审计项目计划中确定对国有资本占控股地位或者主导地位的企业、金融机构进行审计的，应当自确定之日起 7 日内告知列入年度审计项目计划的企业、金融机构。

第三十五条 审计机关应当根据年度审计项目计划，组成审计组，调查了解被审计单位的有关情况，编制审计方案，并在实施审计 3 日前，向被审计单位送达审计通知书。

第三十六条 审计法第三十八条所称特殊情况，包括：

（一）办理紧急事项的；

（二）被审计单位涉嫌严重违法违规的；

（三）其他特殊情况。

第三十七条 审计人员实施审计时，应当按照下列规定办理：

（一）通过检查、查询、监督盘点、发函询证等方法实施审计；

（二）通过收集原件、原物或者复制、拍照等方法取得证明材料；

（三）对与审计事项有关的会议和谈话内容作出记录，或者要求被审计单位提供会议记录材料；

（四）记录审计实施过程和查证结果。

第三十八条 审计人员向有关单位和个人调查取得的证明材料，应当有提供者的签名或者盖章；不能取得提供者签名或者盖章的，审计人员应当注明原因。

第三十九条 审计组向审计机关提出审计报告前，应当书面征求被审计单位意见。被审计单位应当自接到审计组的审计报告之日起 10 日内，提出书面意见；10 日内未提出书面意见的，视同无异议。

审计组应当针对被审计单位提出的书面意见，进一步核实情况，对审计组的审计报告作必要修改，连同被审计单位的书面意见一并报送审计机关。

第四十条 审计机关有关业务机构和专门机构或者人员对审计组的审计报告以及相关审计事项进行复核、审理后，由审计机关按照下列规定办理：

（一）提出审计机关的审计报告，内容包括：对审计事项的审计评价，对违反国家规定的财政收支、财务收支行为提出的处理、处罚意见，移送有关主管机关、单位的意见，改进财政收支、财务收支管理工作的意见；

（二）对违反国家规定的财政收支、财务收支行为，依法应当给予处理、处罚的，在法定职权范围内作出处理、处罚的审计决定；

（三）对依法应当追究有关人员责任的，向有关主管机关、单位提出给予处分的建议；对依法应当由有关主管机关处理、处罚的，移送有关主管机关；涉嫌犯罪的，移送司法机关。

第四十一条 审计机关在审计中发现损害国家利益和社会公共利益的事项，但处理、处罚依据又不明确的，应当向本级人民政府和上一级审计机关报告。

第四十二条 被审计单位应当按照审计机关规定的期限和要求执行审计决定。对应当上缴的款项，被审计单位应当按照财政管理体制和国家有关规定缴入国库或者财政专户。审计决定需要有关主管机关、单位协助执行的，审计机关应当书面提请协助执行。

第四十三条 上级审计机关应当对下级审计机关的审计业务依法进行监督。

下级审计机关作出的审计决定违反国家有关规定的，上级审计机关可以责成下级审计机关予以变更或者撤销，也可以直接作出变更或者撤销的决定；审计决定被撤销后需要重新作出审计决定的，上级审计机关可以责成下级审计机关在规定的期限内重新作出审计决定，也可以直接作出审计决定。

下级审计机关应当作出而没有作出审计决定的，上级审计机关可以责成下级审计机关在规定的期限内作出审计决定，也可以直接作出审计决定。

第四十四条 审计机关进行专项审计调查时，应当向被调查的地方、部门、单位出示专项审计调查的书面通知，并说明有关情况；有关地方、部门、单位应当接受调查，如实反映情况，提供有关资料。

在专项审计调查中，依法属于审计机关审计监督对象的部门、单位有违反国家规定的财政收支、财务收支行为或者其他违法违规行为的，专项审计调查人员和审计机关可以依照审计法和本条例的规定提出审计报告，作出审计决定，或者移送有关主管机关、单位依法追究责任。

第四十五条 审计机关应当按照国家有关规定建立、健全审计档案制度。

第四十六条 审计机关送达审计文书，可以直接送达，也可以邮寄送达或者以其他方式送达。直接送达的，以被审计单位在送达回证上注明的签收日期或者见证人证明的收件日期为送达日期；邮寄送达的，以邮政回执上注明的收件日期为送达日期；以其他方式送达的，以签收或者收件日期为送达日期。

审计机关的审计文书的种类、内容和格式，由审计署规定。

第六章 法律责任

第四十七条 被审计单位违反审计法和本条例的规定，拒绝、拖延提供与审计事项有关的资料，或者提供的资料不真实、不完整，或者拒绝、阻碍检查的，由审计机关责令改正，可以通报批评，给予警告；拒不改正的，对被审计单位可以处5万元以下的罚款，对直接负责的主管人员和其他直接责任人员，可以处2万元以下的罚款，审计机关认为应当给予处分的，向有关主管机关、单位提出给予处分的建议；构成犯罪的，依法追究刑事责任。

第四十八条 对本级各部门（含直属单位）和下级人民政府违反预算的行为或者其他违反国家规定的财政收支行为，审计机关在法定职权范围内，依照法律、行政法规的规定，区别情况采取审计法第四十五条规定的处理措施。

第四十九条 对被审计单位违反国家规定的财务收支行为，审计机关在法定职权范围内，区别情况采取审计法第四十五条规定的处理措施，可以通报批评，给予警告；有违法所得的，没收违法所得，并处违法所得1倍以上5倍以下的罚款；没有违法所得的，可以处5万元以下的罚款；对直接负责的主管人员和其他直接责任人员，可以处2万元以下的罚款，审计机关认为应当给予处分的，向有关主管机关、单位提出给予处分的建议；构成犯罪的，依法追究刑事责任。

法律、行政法规对被审计单位违反国家规定的财务收支行为处理、处罚另有规定的，从其规定。

第五十条 审计机关在作出较大数额罚款的处罚决定前，应当告知被审计单位和有关人员有要求举行听证的权利。较大数额罚款的具体标准由审计署规定。

第五十一条 审计机关提出的对被审计单位给予处理、处罚的建议以及对直接负责的主管人员和其他直接责任人员给予处分的建议，有关主管机关、单位应当依法及时作出决定，并将结果书面通知审计机关。

第五十二条 被审计单位对审计机关依照审计法第十六条、第十七条和本条例第十五条规定进行审计监督作出的审计决定不服的，可以自审计决定送达之日起60日内，提请审计机关的本级人民政府裁决，本级人民政府的裁决为最终决定。

审计机关应当在审计决定中告知被审计单位提请裁决的途径和期限。

裁决期间，审计决定不停止执行。但是，有下列情形之一的，可以停止执行：

（一）审计机关认为需要停止执行的；

（二）受理裁决的人民政府认为需要停止执行的；

（三）被审计单位申请停止执行，受理裁决的人民政府认为其要求合理，决定停止执行的。

裁决由本级人民政府法制机构办理。裁决决定应当自接到提请之日起60日内作出；有特殊情况需要延长的，经法制机构负责人批准，可以适当延长，并告知审计机关和提请裁决的被审计单位，但延长的期限不得超过30日。

第五十三条 除本条例第五十二条规定的可以提请裁决的审计决定外，被审计单位对审计机关作出的其他审计决定不服的，可以依法申请行政复议或者提起行政诉讼。

审计机关应当在审计决定中告知被审计单位申请行政复议或者提起行政诉讼的途径和期限。

第五十四条　被审计单位应当将审计决定执行情况书面报告审计机关。审计机关应当检查审计决定的执行情况。

被审计单位不执行审计决定的，审计机关应当责令限期执行；逾期仍不执行的，审计机关可以申请人民法院强制执行，建议有关主管机关、单位对直接负责的主管人员和其他直接责任人员给予处分。

第五十五条　审计人员滥用职权、徇私舞弊、玩忽职守，或者泄露所知悉的国家秘密、商业秘密的，依法给予处分；构成犯罪的，依法追究刑事责任。

审计人员违法违纪取得的财物，依法予以追缴、没收或者责令退赔。

第七章　附　则

第五十六条　本条例所称以上、以下，包括本数。

本条例第五十二条规定的期间的最后一日是法定节假日的，以节假日后的第一个工作日为期间届满日。审计法和本条例规定的其他期间以工作日计算，不含法定节假日。

第五十七条　实施经济责任审计的规定，另行制定。

第五十八条　本条例自 2010 年 5 月 1 日起施行。

国务院关于加强审计工作的意见

2014年10月9日　国发〔2014〕48号

各省、自治区、直辖市人民政府，国务院各部委、各直属机构：

为切实加强审计工作，推动国家重大决策部署和有关政策措施的贯彻落实，更好地服务改革发展，维护经济秩序，促进经济社会持续健康发展，现提出以下意见：

一、总体要求

（一）指导思想。坚持以邓小平理论、“三个代表”重要思想、科学发展观为指导，深入贯彻落实党的十八大和十八届二中、三中全会精神，依法履行审计职责，加大审计力度，创新审计方式，提高审计效率，对稳增长、促改革、调结构、惠民生、防风险等政策措施落实情况，以及公共资金、国有资产、国有资源、领导干部经济责任履行情况进行审计，实现审计监督全覆盖，促进国家治理现代化和国民经济健康发展。

（二）基本原则。

——围绕中心，服务大局。紧紧围绕国家中心工作，服务改革发展，服务改善民生，促进社会公正，为建设廉洁政府、俭朴政府、法治政府提供有力支持。

——发现问题，完善机制。发现国家政策措施执行中存在的主要问题和重大违法违纪案件线索，维护财经法纪，促进廉政建设；发现经济社会运行中的突出矛盾和风险隐患，维护国家经济安全；发现经济运行中好的做法、经验和问题，注重从体制机制制度层面分析原因和提出建议，促进深化改革和创新体制机制。

——依法审计，秉公用权。依法履行宪法和法律赋予的职责，敢于碰硬，勇于担当，严格遵守审计工作纪律和各项廉政、保密规定，注意工作方法，切实做到依法审计、文明审计、廉洁审计。

二、发挥审计促进国家重大决策部署落实的保障作用

（三）推动政策措施贯彻落实。持续组织对国家重大政策措施和宏观调控部署落实情况的跟踪审计，着力监督检查各地区、各部门落实稳增长、促改革、调结构、惠民生、防风险等政策措施的具体部署、执行进度、实际效果等情况，特别是重大项目落地、重点资金保障，以及简政放权推进情况，及时发现和纠正有令不行、有禁不止行为，反映好的做法、经验和新情况、新问题，促进政策落地生根和不断完善。

（四）促进公共资金安全高效使用。要看好公共资金，严防贪污、浪费等违法违规行为，确保公共资金安全。把绩效理念贯穿审计工作始终，加强预算执行和其他财政收支审计，密切关注财政资金的存量和增量，促进减少财政资金沉淀，盘活存量资金，推动财政资金合理配置、高效使用，把钱用在刀刃上。围绕中央八项规定精神和国务院“约法三章”要求，加强“三公”经费、会议费使用和楼堂馆所建设等方面审计，促进厉行节约和规范管理，推动俭朴政府建设。

（五）维护国家经济安全。要加大对经济运行中风险隐患的审计力度，密切关注财政、金融、民生、国有资产、能源、资源和环境保护等方面存在的薄弱环节和风险隐患，以及可能引发的社会不稳定因素，特别是地方政府性债务、区域性金融稳定等情况，注意发现和反映苗头性、倾向性问题，积极提出解决问题和化解风险的建议。

（六）促进改善民生和生态文明建设。加强对“三农”、社会保障、教育、文化、医疗、扶贫、救灾、保障性安居工程等重点民生资金和项目的审计，加强对土地、矿产等自然资源，以及大气、水、固体废物等污染治理和环境保护情况的审计，探索实行自然资源资产离任审计，深入分析财政投入与项目进展、事业发展等情况，推动惠民和资源、环保政策落实到位。

（七）推动深化改革。密切关注各项改革措施的协调配合情况，促进增强改革的系统性、整体性和协调性。正确把握改革和发展中出现的新情况，对不合时宜、制约发展、阻碍改革的制度规定，及时予以反映，推动改进和完善。

三、强化审计的监督作用

（八）促进依法行政、依法办事。要加大对依法行政情况的审计力度，注意发现有法不依、执法不严等问题，促进法治政府建设，切实维护法律尊严。要着力反映严重损害群众利益、妨害公平竞争等问题，维护市场经济秩序和社会公平正义。

（九）推进廉政建设。对审计发现的重大违法违纪问题，要查深查透查实。重点关注财政资金分配、重大投资决策和项目审批、重大物资采购和招标投标、贷款发放

和证券交易、国有资产和股权转让、土地和矿产资源交易等重点领域和关键环节，揭露以权谋私、失职渎职、贪污受贿、内幕交易等问题，促进廉洁政府建设。

（十）推动履职尽责。深化领导干部经济责任审计，着力检查领导干部守法守纪守规尽责情况，促进各级领导干部主动作为、有效作为，切实履职尽责。依法依纪反映不作为、慢作为、乱作为问题，促进健全责任追究和问责机制。

四、完善审计工作机制

（十一）依法接受审计监督。凡是涉及管理、分配、使用公共资金、国有资产、国有资源的部门、单位和个人，都要自觉接受审计、配合审计，不得设置障碍。有关部门和单位要依法、及时、全面提供审计所需的财务会计、业务和管理等资料，不得制定限制向审计机关提供资料和开放计算机信息系统查询权限的规定，已经制定的应予修订或废止。对获取的资料，审计机关要严格保密。

（十二）提供完整准确真实的电子数据。有关部门、金融机构和国有企事业单位应根据审计工作需要，依法向审计机关提供与本单位、本系统履行职责相关的电子数据信息和必要的技术文档；在确保数据信息安全的前提下，协助审计机关开展联网审计。在现场审计阶段，被审计单位要为审计机关进行电子数据分析提供必要的工作环境。

（十三）积极协助审计工作。审计机关履行职责需要协助时，有关部门、单位要积极予以协助和支持，并对有关审计情况严格保密。要建立健全审计与纪检监察、公安、检察以及其他有关主管单位的工作协调机制，对审计移送的违法违纪问题线索，有关部门要认真查处，及时向审计机关反馈查处结果。审计机关要跟踪审计移送事项的查处结果，适时向社会公告。

五、狠抓审计发现问题的整改落实

（十四）健全整改责任制。被审计单位的主要负责人作为整改第一责任人，要切实抓好审计发现问题的整改工作，对重大问题要亲自管、亲自抓。对审计发现的问题和提出的审计建议，被审计单位要及时整改和认真研究，整改结果在书面告知审计机关的同时，要向同级政府或主管部门报告，并向社会公告。

（十五）加强整改督促检查。各级政府每年要专题研究国家重大决策部署和有关政策措施落实情况审计，以及本级预算执行和其他财政收支审计查出问题的整改工作，将整改纳入督查督办事项。对审计反映的问题，被审计单位主管部门要及时督促整改。审计机关要建立整改检查跟踪机制，必要时可提请有关部门协助落实整改意见。

（十六）严肃整改问责。各地区、各部门要把审计结果及其整改情况作为考核、奖惩的重要依据。对审计发现的重大问题，要依法依纪作出处理，严肃追究有关人员责任。对审计反映的典型性、普遍性、倾向性问题，要及时研究，完善制度规定。对整改不到位的，要与被审计单位主要负责人进行约谈。对整改不力、屡审屡犯的，要严格追责问责。

六、提升审计能力

（十七）强化审计队伍建设。着力提高审计队伍的专业化水平，推进审计职业化建设，建立审计人员职业保障制度，实行审计专业技术资格制度，完善审计职业教育培训体系，努力建设一支具有较高政治素质和业务素质、作风过硬的审计队伍。审计机关负责人原则上应具备经济、法律、管理等工作背景。招录审计人员可加试审计工作必需的专业知识和技能，部分专业性强的职位可实行聘任制。

（十八）推动审计方式创新。加强审计机关审计计划的统筹协调，优化审计资源配置，开展好涉及全局的重大项目审计，探索预算执行项目分阶段组织实施审计的办法，对重大政策措施、重大投资项目、重点专项资金和重大突发事件等可以开展全过程跟踪审计。根据审计项目实施需要，探索向社会购买审计服务。加强上级审计机关对下级审计机关的领导，建立健全工作报告等制度，地方各级审计机关将审计结果和重大案件线索向同级政府报告的同时，必须向上一级审计机关报告。

（十九）加快推进审计信息化。推进有关部门、金融机构和国有企事业单位等与审计机关实现信息共享，加大数据集中力度，构建国家审计数据系统。探索在审计实践中运用大数据技术的途径，加大数据综合利用力度，提高运用信息化技术查核问题、评价判断、宏观分析的能力。创新电子审计技术，提高审计工作能力、质量和效率。推进对各部门、单位计算机信息系统安全性、可靠性和经济性的审计。

（二十）保证履行审计职责必需的力量和经费。根据审计任务日益增加的实际，合理配置审计力量。按照科学核算、确保必需的原则，在年度财政预算中切实保障本级审计机关履行职责所需经费，为审计机关提供相应的工作条件。加强内部审计工作，充分发挥内部审计作用。

七、加强组织领导

（二十一）健全审计工作领导机制。地方各级政府主要负责人要依法直接领导本级审计机关，支持审计机关工作，定期听取审计工作汇报，及时研究解决审计工作中遇到的突出问题，把审计结果作为相关决策的重要依据。要加强政府监督检查机关间的沟通交流，充分利用已有的检查结果等信息，避免重复检查。

（二十二）维护审计的独立性。地方各级政府要保障审计机关依法审计、依法查处问题、依法向社会公告审计结果，不受其他行政机关、社会团体和个人的干涉，定期组织开展对审计法律法规执行情况的监督检查。对拒不接受审计监督，阻挠、干扰和不配合审计工作，或威胁、恐吓、报复审计人员的，要依法依纪查处。

国务院

2014 年 10 月 9 日

中共中央办公厅　国务院办公厅印发《党政主要领导干部和国有企事业单位主要领导人员经济责任审计规定》

（国务院公报　2019 年第 21 号）

近日，中共中央办公厅、国务院办公厅印发了《党政主要领导干部和国有企事业单位主要领导人员经济责任审计规定》（以下简称《规定》），并发出通知，要求各地区各部门认真遵照执行。

通知指出，经济责任审计是中国特色社会主义审计监督制度的重要组成部分。2010 年 10 月中共中央办公厅、国务院办公厅印发的《党政主要领导干部和国有企业领导人员经济责任审计规定》，在推动经济责任审计工作深化发展方面发挥了重要作用。为适应新形势新要求，完善经济责任审计制度，党中央决定予以修订。

通知强调，《规定》深入贯彻习近平新时代中国特色社会主义思想和党的十九大精神，坚持党对审计工作的集中统一领导，聚焦领导干部经济责任，既强化对权力运行的制约和监督，又贯彻“三个区分开来”要求，对于加强领导干部管理监督，促进领导干部履职尽责、担当作为，确保党中央令行禁止具有重要意义。

通知要求，各级党委和政府要加强对经济责任审计工作的领导，抓好《规定》的学习贯彻。各级党委审计委员会要加强对经济责任审计工作的统筹谋划和整体推进，促进提高新时代经济责任审计工作质量和水平。有关部门要加强协作配合，把审计监督与纪检监察、组织人事、巡视巡察等监督贯通起来，形成监督合力。各级领导干部要带头贯彻执行《规定》，自觉接受审计监督，做到依法用权、秉公用权、廉洁用权。

《党政主要领导干部和国有企事业单位主要领导人员经济责任审计规定》全文如下。

第一章　总　　则

第一条　为了坚持和加强党对审计工作的集中统一领导，强化对党政主要领导干部和国有企事业单位主要领导人员（以下统称领导干部）的管理监督，促进领导干部履职尽责、担当作为，确保党中央令行禁止，根据《中华人民共和国审计法》和有关党内法规，制定本规定。

第二条　经济责任审计工作以马克思列宁主义、毛泽东思想、邓小平理论、“三个代表”重要思想、科学发展观、习近平新时代中国特色社会主义思想为指导，增强“四个意识”、坚定“四个自信”、做到“两个维护”，认真落实党中央、国务院决策部署，紧紧围绕统筹推进“五位一体”总体布局和协调推进“四个全面”战略布局，贯彻新发展理念，聚焦经济责任，客观评价，揭示问题，促进经济高质量发展，促进全面深化改革，促进权力规范运行，促进反腐倡廉，推进国家治理体系和治理能力现代化。

第三条　本规定所称经济责任，是指领导干部在任职期间，对其管辖范围内贯彻执行党和国家经济方针政策、决策部署，推动经济和社会事业发展，管理公共资金、国有资产、国有资源，防控重大经济风险等有关经济活动应当履行的职责。

第四条　领导干部经济责任审计对象包括：

（一）地方各级党委、政府、纪检监察机关、法院、检察院的正职领导干部或者主持工作1年以上的副职领导干部；

（二）中央和地方各级党政工作部门、事业单位和人民团体等单位的正职领导干部或者主持工作1年以上的副职领导干部；

（三）国有和国有资本占控股地位或者主导地位的企业（含金融机构，以下统称国有企业）的法定代表人或者不担任法定代表人但实际行使相应职权的主要领导人员；

（四）上级领导干部兼任下级单位正职领导职务且不实际履行经济责任时，实际分管日常工作的副职领导干部；

（五）党中央和县级以上地方党委要求进行经济责任审计的其他主要领导干部。

第五条　领导干部履行经济责任的情况，应当依规依法接受审计监督。

经济责任审计可以在领导干部任职期间进行，也可以在领导干部离任后进行，以任职期间审计为主。

第六条　领导干部的经济责任审计按照干部管理权限确定。遇有干部管理权限与财政财务隶属关系等不一致时，由对领导干部具有干部管理权限的部门与同级审计机关共同确定实施审计的审计机关。

审计署审计长的经济责任审计，按照中央审计委员会的决定组织实施。地方审计机关主要领导干部的经济责任审计，由地方党委与上一级审计机关协商后，由上一级审计机关组织实施。

第七条 审计委员会办公室、审计机关依规依法独立实施经济责任审计，任何组织和个人不得拒绝、阻碍、干涉，不得打击报复审计人员。

对有意设置障碍、推诿拖延的，应当进行批评和通报；造成恶劣影响的，应当严肃问责追责。

第八条 审计委员会办公室、审计机关和审计人员对经济责任审计工作中知悉的国家秘密、商业秘密和个人隐私，负有保密义务。

第九条 各级党委和政府应当保证履行经济责任审计职责所必需的机构、人员和经费。

第二章 组织协调

第十条 各级党委和政府应当加强对经济责任审计工作的领导，建立健全经济责任审计工作联席会议（以下简称联席会议）制度。联席会议由纪检监察机关和组织、机构编制、审计、财政、人力资源社会保障、国有资产监督管理、金融监督管理等部门组成，召集人由审计委员会办公室主任担任。联席会议在同级审计委员会的领导下开展工作。

联席会议下设办公室，与同级审计机关内设的经济责任审计机构合署办公。办公室主任由同级审计机关的副职领导或者相当职务层次领导担任。

第十一条 联席会议主要负责研究拟订有关经济责任审计的制度文件，监督检查经济责任审计工作情况，协调解决经济责任审计工作中出现的问题，推进经济责任审计结果运用，指导下级联席会议的工作，指导和监督部门、单位内部管理领导干部经济责任审计工作，完成审计委员会交办的其他工作。

联席会议办公室负责联席会议的日常工作。

第十二条 经济责任审计应当有计划地进行，根据干部管理监督需要和审计资源等实际情况，对审计对象实行分类管理，科学制定经济责任审计中长期规划和年度审计项目计划，推进领导干部履行经济责任情况审计全覆盖。

第十三条 年度经济责任审计项目计划按照下列程序制定：

（一）审计委员会办公室商同级组织部门提出审计计划安排，组织部门提出领导干部年度审计建议名单；

（二）审计委员会办公室征求同级纪检监察机关等有关单位意见后，纳入审计机关年度审计项目计划；

（三）审计委员会办公室提交同级审计委员会审议决定。

对属于有关主管部门管理的领导干部进行审计的，审计委员会办公室商有关主管部门提出年度审计建议名单，纳入审计机关年度审计项目计划，提交审计委员会审议决定。

第十四条 年度经济责任审计项目计划一经确定不得随意变更。确需调减或者追加的，应当按照原制定程序，报审计委员会批准后实施。

第十五条 被审计领导干部遇有被有关部门采取强制措施、纪律审查、监察调查或者死亡等特殊情况，以及存在其他不宜继续进行经济责任审计情形的，审计委员会办公室商同级纪检监察机关、组织部门等有关单位提出意见，报审计委员会批准后终止审计。

第三章 审计内容

第十六条 经济责任审计应当以领导干部任职期间公共资金、国有资产、国有资源的管理、分配和使用为基础，以领导干部权力运行和责任落实情况为重点，充分考虑领导干部管理监督需要、履职特点和审计资源等因素，依规依法确定审计内容。

第十七条 地方各级党委和政府主要领导干部经济责任审计的内容包括：

（一）贯彻执行党和国家经济方针政策、决策部署情况；

（二）本地区经济社会发展规划和政策措施的制定、执行和效果情况；

（三）重大经济事项的决策、执行和效果情况；

（四）财政财务管理和经济风险防范情况，民生保障和改善情况，生态文明建设项目、资金等管理使用和效益情况，以及在预算管理中执行机构编制管理规定情况；

（五）在经济活动中落实有关党风廉政建设责任和遵守廉洁从政规定情况；

（六）以往审计发现问题的整改情况；

（七）其他需要审计的内容。

第十八条 党政工作部门、纪检监察机关、法院、检察院、事业单位和人民团体等单位主要领导干部经济责任审计的内容包括：

（一）贯彻执行党和国家经济方针政策、决策部署情况；

（二）本部门本单位重要发展规划和政策措施的制定、执行和效果情况；

（三）重大经济事项的决策、执行和效果情况；

（四）财政财务管理和经济风险防范情况，生态文明建设项目、资金等管理使用和效益情况，以及在预算管理中执行机构编制管理规定情况；

（五）在经济活动中落实有关党风廉政建设责任和遵守廉洁从政规定情况；

（六）以往审计发现问题的整改情况；

（七）其他需要审计的内容。

第十九条 国有企业主要领导人员经济责任审计的内容包括：

（一）贯彻执行党和国家经济方针政策、决策部署情况；

（二）企业发展战略规划的制定、执行和效果情况；

（三）重大经济事项的决策、执行和效果情况；

（四）企业法人治理结构的建立、健全和运行情况，内部控制制度的制定和执行情况；

（五）企业财务的真实合法效益情况，风险管控情况，境外资产管理情况，生态环境保护情况；

（六）在经济活动中落实有关党风廉政建设责任和遵守廉洁从业规定情况；

（七）以往审计发现问题的整改情况；

（八）其他需要审计的内容。

第二十条 有关部门和单位、地方党委和政府的主要领导干部由上级领导干部兼任，且实际履行经济责任的，对其进行经济责任审计时，审计内容仅限于该领导干部所兼任职务应当履行的经济责任。

第四章 审计实施

第二十一条 审计委员会办公室、审计机关应当根据年度经济责任审计项目计划，组成审计组并实施审计。

第二十二条 对同一地方党委和政府主要领导干部，以及同一部门、单位2名以上主要领导干部的经济责任审计，可以同步组织实施，分别认定责任。

第二十三条 审计委员会办公室、审计机关应当按照规定，向被审计领导干部及其所在单位或者原任职单位（以下统称所在单位）送达审计通知书，抄送同级纪检监察机关、组织部门等有关单位。

地方审计机关主要领导干部的经济责任审计通知书，由上一级审计机关送达。

第二十四条 实施经济责任审计时，应当召开由审计组主要成员、被审计领导干部及其所在单位有关人员参加的会议，安排审计工作有关事项。联席会议有关成员单位根据工作需要可以派人参加。

审计组应当在被审计单位公示审计项目名称、审计纪律要求和举报电话等内容。

第二十五条 经济责任审计过程中，应当听取被审计领导干部所在单位领导班子成员的意见。

对地方党委和政府主要领导干部的审计，还应当听取同级人大常委会、政协主要负责同志的意见。

审计委员会办公室、审计机关应当听取联席会议有关成员单位的意见，及时了解与被审计领导干部履行经济责任有关的考察考核、群众反映、巡视巡察反馈、组织约谈、函询调查、案件查处结果等情况。

第二十六条 被审计领导干部及其所在单位，以及其他有关单位应当及时、准确、完整地提供与被审计领导干部履行经济责任有关的下列资料：

（一）被审计领导干部经济责任履行情况报告；

（二）工作计划、工作总结、工作报告、会议记录、会议纪要、决议决定、请示、批示、目标责任书、经济合同、考核检查结果、业务档案、机构编制、规章制度、以往审计发现问题整改情况等资料；

（三）财政收支、财务收支相关资料；

（四）与履行职责相关的电子数据和必要的技术文档；

（五）审计所需的其他资料。

第二十七条 被审计领导干部及其所在单位应当对所提供资料的真实性、完整性负责，并作出书面承诺。

第二十八条 经济责任审计应当加强与领导干部自然资源资产离任审计等其他审计的统筹协调，科学配置审计资源，创新审计组织管理，推动大数据等新技术应用，建立健全审计工作信息和结果共享机制，提高审计监督整体效能。

第二十九条 经济责任审计过程中，可以依规依法提请有关部门、单位予以协助。有关部门、单位应当予以支持，并及时提供有关资料和信息。

第三十条 审计组实施审计后，应当向派出审计组的审计委员会办公室、审计机关提交审计报告。

审计报告一般包括被审计领导干部任职期间履行经济责任情况的总体评价、主要业绩、审计发现的主要问题和责任认定、审计建议等内容。

第三十一条 审计委员会办公室、审计机关应当书面征求被审计领导干部及其所在单位对审计组审计报告的意见。

第三十二条 被审计领导干部及其所在单位应当自收到审计组审计报告之日起10个工作日内提出书面意见；10个工作日内未提出书面意见的，视同无异议。

审计组应当针对被审计领导干部及其所在单位提出的书面意见，进一步研究和核实，对审计报告作出必要的修改，连同被审计领导干部及其所在单位的书面意见一并报送审计委员会办公室、审计机关。

第三十三条 审计委员会办公室、审计机关按照规定程序对审计组审计报告进行审定，出具经济责任审计报告；同时出具经济责任审计结果报告，在经济责任审计报告的基础上，简要反映审计结果。

经济责任审计报告和经济责任审计结果报告应当事实清楚、评价客观、责任明确、用词恰当、文字精炼、通俗易懂。

第三十四条 经济责任审计报告、经济责任审计结果报告等审计结论性文书按照规定程序报同级审计委员会，按照干部管理权限送组织部门。根据工作需要，送纪检监察机关等联席会议其他成员单位、有关主管部门。

地方审计机关主要领导干部的经济责任审计结论性文书，由上一级审计机关送有关组织部门。根据工作需要，送有关纪检监察机关。

经济责任审计报告应当送达被审计领导干部及其所在单位。

第三十五条 经济责任审计中发现的重大问题线索，由审计委员会办公室按照规定向审计委员会报告。

应当由纪检监察机关或者有关主管部门处理的问题线索，由审计机关依规依纪依法移送处理。

被审计领导干部所在单位存在的违反国家规定的财政收支、财务收支行为，依法应当给予处理处罚的，由审计机关在法定职权范围内作出审计决定。

第三十六条 经济责任审计项目结束后，审计委员会办公室、审计机关应当组织召开会议，向被审计领导干部及其所在单位领导班子成员等有关人员反馈审计结果和相关情况。联席会议有关成员单位根据工作需要可以派人参加。

第三十七条 被审计领导干部对审计委员会办公室、审计机关出具的经济责任审计报告有异议的，可以自收到审计报告之日起30日内向同级审计委员会办公室申诉。审计委员会办公室应当组成复查工作小组，并要求原审计组人员等回避，自收到申诉之日起90日内提出复查意见，报审计委员会批准后作出复查决定。复查决定为最终决定。

地方审计机关主要领导干部对上一级审计机关出具的经济责任审计报告有异议的，可以自收到审计报告之日起30日内向上一级审计机关申诉。上一级审计机关应当组成复查工作小组，并要求原审计组人员等回避，自收到申诉之日起90日内作出复查决定。复查决定为最终决定。

本条规定的期间的最后一日是法定节假日的，以节假日后的第一个工作日为期间届满日。

第五章 审计评价

第三十八条 审计委员会办公室、审计机关应当根据不同领导职务的职责要求，在审计查证或者认定事实的基础上，综合运用多种方法，坚持定性评价与定量评价相结合，依照有关党内法规、法律法规、政策规定、责任制考核目标等，在审计范围内，对被审计领导干部履行经济责任情况，包括公共资金、国有资产、国有资源的管理、分配和使用中个人遵守廉洁从政（从业）规定等情况，作出客观公正、实事求是的评价。

审计评价应当有充分的审计证据支持，对审计中未涉及的事项不作评价。

第三十九条 对领导干部履行经济责任过程中存在的问题，审计委员会办公室、审计机关应当按照权责一致原则，根据领导干部职责分工，综合考虑相关问题的历史背景、决策过程、性质、后果和领导干部实际所起的作用等情况，界定其应当承担的直接责任或者领导责任。

第四十条 领导干部对履行经济责任过程中的下列行为应当承担直接责任：

（一）直接违反有关党内法规、法律法规、政策规定的；

（二）授意、指使、强令、纵容、包庇下属人员违反有关党内法规、法律法规、政策规定的；

（三）贯彻党和国家经济方针政策、决策部署不坚决不全面不到位，造成公共资金、国有资产、国有资源损失浪费，生态环境破坏，公共利益损害等后果的；

（四）未完成有关法律法规规章、政策措施、目标责任书等规定的领导干部作为第一责任人（负总责）事项，造成公共资金、国有资产、国有资源损失浪费，生态环境破坏，公共利益损害等后果的；

（五）未经民主决策程序或者民主决策时在多数人不同意的情况下，直接决定、批准、组织实施重大经济事项，造成公共资金、国有资产、国有资源损失浪费，生态环境破坏，公共利益损害等后果的；

（六）不履行或者不正确履行职责，对造成的后果起决定性作用的其他行为。

第四十一条 领导干部对履行经济责任过程中的下列行为应当承担领导责任：

（一）民主决策时，在多数人同意的情况下，决定、批准、组织实施重大经济事项，由于决策不当或者决策失误造成公共资金、国有资产、国有资源损失浪费，生态环境破坏，公共利益损害等后果的；

（二）违反部门、单位内部管理规定造成公共资金、国有资产、国有资源损失浪费，生态环境破坏，公共利益损害等后果的；

（三）参与相关决策和工作时，没有发表明确的反对意见，相关决策和工作违反有关党内法规、法律法规、政策规定，或者造成公共资金、国有资产、国有资源损失浪费，生态环境破坏，公共利益损害等后果的；

（四）疏于监管，未及时发现和处理所管辖范围内本级或者下一级地区（部门、单位）违反有关党内法规、法律法规、政策规定的问题，造成公共资金、国有资产、国有资源损失浪费，生态环境破坏，公共利益损害等后果的；

（五）除直接责任外，不履行或者不正确履行职责，对造成的后果应当承担责任的其他行为。

第四十二条 对被审计领导干部以外的其他责任人员，审计委员会办公室、审计机关可以适当方式向有关部门、单位提供相关情况。

第四十三条 审计评价时，应当把领导干部在推进改革中因缺乏经验、先行先试出现的失误和错误，同明知故犯的违纪违法行为区分开来；把上级尚无明确限制的探索性试验中的失误和错误，同上级明令禁止后依然我行我素的违纪违法行为区分开来；把为推动发展的无意过失，同为谋取私利的违纪违法行为区分开来。对领导干部在改革创新中的失误和错误，正确把握事业为上、实事求是、依纪依法、容纠并举等原则，经综合分析研判，可以免责或者从轻定责，鼓励探索创新，支持担当作为，保护领导干部干事创业的积极性、主动性、创造性。

第六章 审计结果运用

第四十四条 各级党委和政府应当建立健全经济责任审计情况通报、责任追究、整改落实、结果公告等结果运用制度，将经济责任审计结果以及整改情况作为考核、任免、奖惩被审计领导干部的重要参考。

经济责任审计结果报告以及审计整改报告应当归入被审计领导干部本人档案。

第四十五条 审计委员会办公室、审计机关应当按照规定以适当方式通报或者公告经济责任审计结果，对审计发现问题的整改情况进行监督检查。

第四十六条 联席会议其他成员单位应当在各自职责范围内运用审计结果：

（一）根据干部管理权限，将审计结果以及整改情况作为考核、任免、奖惩被审计领导干部的重要参考；

（二）对审计发现的问题作出进一步处理；

（三）加强审计发现问题整改落实情况的监督检查；

（四）对审计发现的典型性、普遍性、倾向性问题和提出的审计建议及时进行研究，将其作为采取有关措施、完善有关制度规定的重要参考。

联席会议其他成员单位应当以适当方式及时将审计结果运用情况反馈审计委员会办公室、审计机关。党中央另有规定的，按照有关规定办理。

第四十七条 有关主管部门应当在各自职责范围内运用审计结果：

（一）根据干部管理权限，将审计结果以及整改情况作为考核、任免、奖惩被审计领导干部的重要参考；

（二）对审计移送事项依规依纪依法作出处理处罚；

（三）督促有关部门、单位落实审计决定和整改要求，在对相关行业、单位管理和监督中有效运用审计结果；

（四）对审计发现的典型性、普遍性、倾向性问题和提出的审计建议及时进行研究，并将其作为采取有关措施、完善有关制度规定的重要参考。

有关主管部门应当以适当方式及时将审计结果运用情况反馈审计委员会办公室、审计机关。

第四十八条 被审计领导干部及其所在单位根据审计结果，应当采取以下整改措施：

（一）对审计发现的问题，在规定期限内进行整改，将整改结果书面报告审计委员会办公室、审计机关，以及组织部门或者主管部门；

（二）对审计决定，在规定期限内执行完毕，将执行情况书面报告审计委员会办公室、审计机关；

（三）根据审计发现的问题，落实有关责任人员的责任，采取相应的处理措施；

（四）根据审计建议，采取措施，健全制度，加强管理；

（五）将审计结果以及整改情况纳入所在单位领导班子党风廉政建设责任制检查考核的内容，作为领导班子民主生活会以及领导班子成员述责述廉的重要内容。

第七章 附 则

第四十九条 审计委员会办公室、审计机关和审计人员，被审计领导干部及其所在单位，以及其他有关单位和个人在经济责任审计中的职责、权限、法律责任等，本规定未作规定的，依照党中央有关规定、《中华人民共和国审计法》、《中华人民共和国审计法实施条例》和其他法律法规执行。

第五十条 有关部门、单位对内部管理领导干部开展经济责任审计参照本规定执行，或者根据本规定制定具体办法。

第五十一条 本规定由中央审计委员会办公室、审计署负责解释。

第五十二条 本规定自2019年7月7日起施行。2010年10月12日中共中央办公厅、国务院办公厅印发的《党政主要领导干部和国有企业领导人员经济责任审计规定》同时废止。

审计署关于内部审计工作的规定

（2018 年 1 月 12 日　审计署令第 11 号公布　自 2018 年 3 月 1 日起施行）

第一章　总　　则

第一条　为了加强内部审计工作，建立健全内部审计制度，提升内部审计工作质量，充分发挥内部审计作用，根据《中华人民共和国审计法》《中华人民共和国审计法实施条例》以及国家其他有关规定，制定本规定。

第二条　依法属于审计机关审计监督对象的单位（以下统称单位）的内部审计工作，以及审计机关对单位内部审计工作的业务指导和监督，适用本规定。

第三条　本规定所称内部审计，是指对本单位及所属单位财政财务收支、经济活动、内部控制、风险管理实施独立、客观的监督、评价和建议，以促进单位完善治理、实现目标的活动。

第四条　单位应当依照有关法律法规、本规定和内部审计职业规范，结合本单位实际情况，建立健全内部审计制度，明确内部审计工作的领导体制、职责权限、人员配备、经费保障、审计结果运用和责任追究等。

第五条　内部审计机构和内部审计人员从事内部审计工作，应当严格遵守有关法律法规、本规定和内部审计职业规范，忠于职守，做到独立、客观、公正、保密。

内部审计机构和内部审计人员不得参与可能影响独立、客观履行审计职责的工作。

第二章　内部审计机构和人员管理

第六条　国家机关、事业单位、社会团体等单位的内部审计机构或者履行内部审计职责的内设机构，应当在本单位党组织、主要负责人的直接领导下开展内部审计工作，向其负责并报告工作。

国有企业内部审计机构或者履行内部审计职责的内设机构应当在企业党组织、董事会（或者主要负责人）直接领导下开展内部审计工作，向其负责并报告工作。国有企业应当按照有关规定建立总审计师制度。总审计师协助党组织、董事会（或者主要负责人）管理内部审计工作。

第七条 内部审计人员应当具备从事审计工作所需要的专业能力。单位应当严格内部审计人员录用标准，支持和保障内部审计机构通过多种途径开展继续教育，提高内部审计人员的职业胜任能力。

内部审计机构负责人应当具备审计、会计、经济、法律或者管理等工作背景。

第八条 内部审计机构应当根据工作需要，合理配备内部审计人员。除涉密事项外，可以根据内部审计工作需要向社会购买审计服务，并对采用的审计结果负责。

第九条 单位应当保障内部审计机构和内部审计人员依法依规独立履行职责，任何单位和个人不得打击报复。

第十条 内部审计机构履行内部审计职责所需经费，应当列入本单位预算。

第十一条 对忠于职守、坚持原则、认真履职、成绩显著的内部审计人员，由所在单位予以表彰。

第三章 内部审计职责权限和程序

第十二条 内部审计机构或者履行内部审计职责的内设机构应当按照国家有关规定和本单位的要求，履行下列职责：

（一）对本单位及所属单位贯彻落实国家重大政策措施情况进行审计；

（二）对本单位及所属单位发展规划、战略决策、重大措施以及年度业务计划执行情况进行审计；

（三）对本单位及所属单位财政财务收支进行审计；

（四）对本单位及所属单位固定资产投资项目进行审计；

（五）对本单位及所属单位的自然资源资产管理和生态环境保护责任的履行情况进行审计；

（六）对本单位及所属单位的境外机构、境外资产和境外经济活动进行审计；

（七）对本单位及所属单位经济管理和效益情况进行审计；

（八）对本单位及所属单位内部控制及风险管理情况进行审计；

（九）对本单位内部管理的领导人员履行经济责任情况进行审计；

（十）协助本单位主要负责人督促落实审计发现问题的整改工作；

（十一）对本单位所属单位的内部审计工作进行指导、监督和管理；

（十二）国家有关规定和本单位要求办理的其他事项。

第十三条 内部审计机构或者履行内部审计职责的内设机构应有下列权限：

（一）要求被审计单位按时报送发展规划、战略决策、重大措施、内部控制、风险管理、财政财务收支等有关资料（含相关电子数据，下同），以及必要的计算机技术文档；

（二）参加单位有关会议，召开与审计事项有关的会议；

（三）参与研究制定有关的规章制度，提出制定内部审计规章制度的建议；

（四）检查有关财政财务收支、经济活动、内部控制、风险管理的资料、文件和现场勘察实物；

（五）检查有关计算机系统及其电子数据和资料；

（六）就审计事项中的有关问题，向有关单位和个人开展调查和询问，取得相关证明材料；

（七）对正在进行的严重违法违规、严重损失浪费行为及时向单位主要负责人报告，经同意作出临时制止决定；

（八）对可能转移、隐匿、篡改、毁弃会计凭证、会计账簿、会计报表以及与经济活动有关的资料，经批准，有权予以暂时封存；

（九）提出纠正、处理违法违规行为的意见和改进管理、提高绩效的建议；

（十）对违法违规和造成损失浪费的被审计单位和人员，给予通报批评或者提出追究责任的建议；

（十一）对严格遵守财经法规、经济效益显著、贡献突出的被审计单位和个人，可以向单位党组织、董事会（或者主要负责人）提出表彰建议。

第十四条 单位党组织、董事会（或者主要负责人）应当定期听取内部审计工作汇报，加强对内部审计工作规划、年度审计计划、审计质量控制、问题整改和队伍建设等重要事项的管理。

第十五条 下属单位、分支机构较多或者实行系统垂直管理的单位，其内部审计机构应当对全系统的内部审计工作进行指导和监督。系统内各单位的内部审计结果和发现的重大违纪违法问题线索，在向本单位党组织、董事会（或者主要负责人）报告的同时，应当及时向上一级单位的内部审计机构报告。

单位应当将内部审计工作计划、工作总结、审计报告、整改情况以及审计中发现的重大违纪违法问题线索等资料报送同级审计机关备案。

第十六条 内部审计的实施程序，应当依照内部审计职业规范和本单位的相关规定执行。

第十七条 内部审计机构或者履行内部审计职责的内设机构，对本单位内部管理的领导人员实施经济责任审计时，可以参照执行国家有关经济责任审计的规定。

第四章　审计结果运用

第十八条　单位应当建立健全审计发现问题整改机制，明确被审计单位主要负责人为整改第一责任人。对审计发现的问题和提出的建议，被审计单位应当及时整改，并将整改结果书面告知内部审计机构。

第十九条　单位对内部审计发现的典型性、普遍性、倾向性问题，应当及时分析研究，制定和完善相关管理制度，建立健全内部控制措施。

第二十条　内部审计机构应当加强与内部纪检监察、巡视巡察、组织人事等其他内部监督力量的协作配合，建立信息共享、结果共用、重要事项共同实施、问题整改问责共同落实等工作机制。

内部审计结果及整改情况应当作为考核、任免、奖惩干部和相关决策的重要依据。

第二十一条　单位对内部审计发现的重大违纪违法问题线索，应当按照管辖权限依法依规及时移送纪检监察机关、司法机关。

第二十二条　审计机关在审计中，特别是在国家机关、事业单位和国有企业三级以下单位审计中，应当有效利用内部审计力量和成果。对内部审计发现且已经纠正的问题不再在审计报告中反映。

第五章　对内部审计工作的指导和监督

第二十三条　审计机关应当依法对内部审计工作进行业务指导和监督，明确内部职能机构和专职人员，并履行下列职责：

（一）起草有关内部审计工作的法规草案；

（二）制定有关内部审计工作的规章制度和规划；

（三）推动单位建立健全内部审计制度；

（四）指导内部审计统筹安排审计计划，突出审计重点；

（五）监督内部审计职责履行情况，检查内部审计业务质量；

（六）指导内部审计自律组织开展工作；

（七）法律、法规规定的其他职责。

第二十四条　审计机关可以通过业务培训、交流研讨等方式，加强对内部审计人员的业务指导。

第二十五条　审计机关应当对单位报送的备案资料进行分析，将其作为编制年度审计项目计划的参考依据。

第二十六条　审计机关可以采取日常监督、结合审计项目监督、专项检查等方式，对单位的内部审计制度建立健全情况、内部审计工作质量情况等进行指导和监督。

对内部审计制度建设和内部审计工作质量存在问题的，审计机关应当督促单位内部审计机构及时进行整改并书面报告整改情况；情节严重的，应当通报批评并视情况抄送有关主管部门。

第二十七条 审计机关应当按照国家有关规定对内部审计自律组织进行政策和业务指导，推动内部审计自律组织按照法律法规和章程开展活动。必要时，可以向内部审计自律组织购买服务。

第六章 责任追究

第二十八条 被审计单位有下列情形之一的，由单位党组织、董事会（或者主要负责人）责令改正，并对直接负责的主管人员和其他直接责任人员进行处理：

（一）拒绝接受或者不配合内部审计工作的；

（二）拒绝、拖延提供与内部审计事项有关的资料，或者提供资料不真实、不完整的；

（三）拒不纠正审计发现问题的；

（四）整改不力、屡审屡犯的；

（五）违反国家规定或者本单位内部规定的其他情形。

第二十九条 内部审计机构或者履行内部审计职责的内设机构和内部审计人员有下列情形之一的，由单位对直接负责的主管人员和其他直接责任人员进行处理；涉嫌犯罪的，移送司法机关依法追究刑事责任：

（一）未按有关法律法规、本规定和内部审计职业规范实施审计导致应当发现的问题未被发现并造成严重后果的；

（二）隐瞒审计查出的问题或者提供虚假审计报告的；

（三）泄露国家秘密或者商业秘密的；

（四）利用职权谋取私利的；

（五）违反国家规定或者本单位内部规定的其他情形。

第三十条 内部审计人员因履行职责受到打击、报复、陷害的，单位党组织、董事会（或者主要负责人）应当及时采取保护措施，并对相关责任人员进行处理；涉嫌犯罪的，移送司法机关依法追究刑事责任。

第七章 附 则

第三十一条 本规定所称国有企业是指国有和国有资本占控股地位或者主导地位的企业、金融机构。

第三十二条 不属于审计机关审计监督对象的单位的内部审计工作，可以参照本规定执行。

第三十三条 本规定由审计署负责解释。

第三十四条 本规定自2018年3月1日起施行。审计署于2003年3月4日发布的《审计署关于内部审计工作的规定》（2003年审计署第4号令）同时废止。

中央审计委员会办公室　审计署关于印发《“十四五”国家审计工作发展规划》的通知

（2021 年 6 月 22 日）

各省、自治区、直辖市和计划单列市、新疆生产建设兵团党委审计委员会办公室、审计厅（局），署机关各单位、各派出审计局、各特派员办事处、各直属单位：

《“十四五”国家审计工作发展规划》已经中央审计委员会同意，现印发给你们，请结合实际认真贯彻执行。

中央审计委员会办公室
审计署
2021 年 6 月 22 日

“十四五”国家审计工作发展规划

《中华人民共和国国民经济和社会发展第十四个五年规划和 2035 年远景目标纲要》（以下简称国家“十四五”规划纲要）是我国开启全面建设社会主义现代化国家新征程的宏伟蓝图，是全国各族人民共同的行动纲领。为深入贯彻落实习近平总书记关于审计工作的重要讲话和重要指示批示精神，更好发挥审计在党和国家监督体系中的重要作用，根据国家“十四五”规划纲要，结合审计工作实际，制定“十四五”国家审计工作发展规划。

第一部分　发展环境和指导方针

做好“十四五”时期的审计工作，必须深刻认识审计工作面临的发展环境，牢牢把握审计工作的指导方针。

一、发展环境

党的十八大以来，党中央将审计作为党和国家监督体系的重要组成部分，作出一系列重大决策部署。习近平总书记亲自谋划、亲自部署、亲自推动审计领域重大工作，为审计事业发展指明了前进方向、提供了根本遵循。“十三五”时期，全国审计机关坚持以习近平新时代中国特色社会主义思想为指导，围绕《中华人民共和国国民经济和社会发展第十三个五年规划纲要》的主要目标、任务和重大举措，认真贯彻党中央、国务院重大决策部署，扎实推进审计管理体制改革，稳步推进审计全覆盖，做好常态化“经济体检”工作，累计审计50多万个单位，促进增收节支和挽回损失2.2万多亿元，推动建立健全规章制度3.7万多项，移送重大问题线索3.9万多件，为促进中央令行禁止、维护国家经济安全、推动全面深化改革、促进全面依法治国、推进廉政建设等作出了积极贡献。

“十四五”时期是我国全面建成小康社会、实现第一个百年奋斗目标之后，乘势而上开启全面建设社会主义现代化国家新征程、向第二个百年奋斗目标进军的第一个五年，审计工作面临新的形势、任务和机遇。

——国际国内环境对审计工作提出新挑战。当今世界正经历百年未有之大变局，国际环境的不稳定性不确定性明显增加，经济全球化遭遇逆流。我国已转向高质量发展阶段，同时发展不平衡不充分问题仍然突出，重点领域关键环节改革任务仍然艰巨。审计机关要深刻认识我国社会主要矛盾变化带来的新特征新要求，深刻认识错综复杂的国际环境带来的新矛盾新挑战，增强机遇意识和风险意识，认识和把握发展规律，发扬斗争精神，增强斗争本领，树立底线思维，准确识变、科学应变、主动求变，不断开创审计工作新局面。

——新时代赋予审计工作新职责新使命。审计工作涉及党和国家事业全局，必须在党中央集中统一领导下开展。党的十九大作出改革审计管理体制的决定，党的十九届三中全会决定组建中央审计委员会，要求构建集中统一、全面覆盖、权威高效的审计监督体系，更好发挥审计监督作用。审计机关要深刻认识和准确把握新时代的新特点、新使命、新部署、新要求，自觉在思想上政治上行动上同以习近平同志为核心的党中央保持高度一致，认真落实党中央对审计工作的部署要求，在审计理念、审计手段、审计管理的改革创新上下功夫，不断完善审计制度，使中国特色社会主义审计制度更加成熟、更加定型。

——审计工作还存在一些短板。审计运行体制机制与党中央对审计工作集中统一领导的要求还不完全适应；审计作用发挥与党中央部署要求仍有差距，全国审计工作发展还不平衡；审计全覆盖的质量和水平需要提高，审计成果的质量、层次和水平有待提升；主责主业聚焦不够，审计工作任务重与力量不足的矛盾较突出，干部队伍能力素质不能完全适应审计事业发展需要，审计信息化建设需进一步加强，审计组织方式需进一步优化。审计机关要坚持问题导向，精准施策，力补短板，推动审计工作高质量发展。

二、指导思想

审计作为党和国家监督体系的重要组成部分，要坚持以习近平新时代中国特色社会主义思想为指导，深入贯彻党的十九大和十九届二中、三中、四中、五中全会精神，增强“四个意识”、坚定“四个自信”、做到“两个维护”，坚持党中央对审计工作的集中统一领导，坚持稳中求进工作总基调，立足新发展阶段，贯彻新发展理念，构建新发展格局，以推动高质量发展为主题，围绕统筹推进“五位一体”总体布局和协调推进“四个全面”战略布局，依法全面履行审计监督职责，深化审计制度改革，加强全国审计工作统筹，加快构建集中统一、全面覆盖、权威高效的审计监督体系，更好发挥审计在推进国家治理体系和治理能力现代化中的作用，为全面建设社会主义现代化国家开好局、起好步提供监督保障。

三、基本原则

——坚持党的全面领导。深入学习贯彻习近平总书记关于审计工作的重要讲话和重要指示批示精神，坚持和完善党领导审计工作的制度机制，坚持和完善中国特色社会主义审计制度，全面落实党中央对审计工作集中统一领导的各项要求，不断提高贯彻新发展理念的能力和水平，为构建新发展格局、实现高质量发展发挥好监督保障作用。

——坚持依法审计、客观公正。依法全面履行审计监督职责，始终做到法定职责必须为、法无授权不可为，聚焦主责主业，依照法定职责、权限和程序行使审计监督权。坚持原则、恪尽职守、勤勉尽责，始终做到查真相、说真话、报实情。全面辩证地看待审计发现的问题，按照“三个区分开来”要求，客观审慎作出评价和结论。

——坚持以人民为中心。坚持人民主体地位，站稳人民立场，坚持把促进实现好、维护好、发展好最广大人民根本利益作为审计工作的出发点和落脚点，紧扣我国社会主要矛盾变化，把改善人民生活品质、推动共同富裕作为审计工作的切入点和着力点，推动党中央、国务院各项惠民富民政策落到实处。

——坚持改革创新。与时俱进，推进审计理念、思路、方法、制度、机制创新，及时揭示和反映经济社会各领域的新情况、新问题、新趋势。坚持用改革的视角发现问题，以改革的思路推动解决问题，做到揭示问题与推动解决问题相统一，揭示问题、规范管理、促进改革一体推进。

——坚持系统观念。立足审计工作全国一盘棋，强化党委审计委员会对本地区审计工作的统筹协调、整体推进、督促落实，强化上级审计机关对下级审计机关的领导，强化审计工作的前瞻性、整体性和协同性。增强政治意识，围绕“国之大者”谋划和开展审计工作，善于从政治上看问题，善于把握政治大局，不断提高政治判断力、政治领悟力、政治执行力。

四、主要目标

按照国家“十四五”规划纲要确定的经济社会发展目标，结合审计工作实际，确定以下主要目标。

——健全集中统一的审计工作体制机制。把加强党对审计工作的领导落实到审计工作全过程各环节，构建完成覆盖全国、上下贯通、执行有力的组织体系，健全党中央关于审计工作的重大决策部署落实机制、军地联合审计工作机制；健全各级党委审计委员会关于审计领域重大事项请示报告制度，形成审计工作全国一盘棋。

——着力构建全面覆盖的审计工作格局。统筹各级审计力量，拓展审计监督的广度和深度，消除监督盲区，形成多层次、全方位的审计监督体系，确保党中央重大政策措施部署到哪里、国家利益延伸到哪里、公共资金运用到哪里、公权力行使到哪里，审计监督就跟进到哪里。实现审计全覆盖纵向与横向相统一、有形与有效相统一、数量与质量相统一。

——推动形成权威高效的审计工作运行机制。坚持依法审计，用事实和数据说话，维护审计监督的权威性和公信力。坚持党政同责、同责同审，促进权力规范运行。建立健全审计查出问题整改长效机制。着力构建审计计划、组织实施、复核审理、督促整改等既相互分离又相互制约的审计工作机制，不断提升审计管理的制度化、规范化、信息化水平。

第二部分　依法全面履行审计监督职责

做好“十四五”时期的审计工作，必须围绕国家经济社会发展主要目标，把党的领导落实到审计工作全过程各环节，依法全面履行审计监督职责，治已病、防未病，发挥好审计机关对推进国家“十四五”规划纲要实施的监督作用。

五、政策落实跟踪审计

以贯彻落实党中央、国务院重大决策部署，促进政令畅通为目标，明确政策落实跟踪审计定位，加大对经济社会运行中各类风险隐患揭示力度，及时发出预警；加大对重点民生资金和项目审计力度，维护人民利益。改进项目组织实施方式，做实政策落实跟踪审计项目，按照中央重大决策部署安排审计，一个方面政策落实跟踪审计内容原则上列为一个项目。强化审计成果运用，拓展审计监督的广度和深度。

——构建覆盖中央部门、省本级、市县基层全链条跟踪审计机制。对党中央、国务院确定的重大决策部署，要顺着政策落实的全链条、各环节开展跟踪审计，全面掌握政策落实中各利益攸关方的意见建议，对市县基层落实情况要有一定的抽审面，客观反映政策落实的实际效果。

——建立各专业审计与国家重大政策措施有效对接机制。审计机关各专业审计职能部门应将自身职责与党中央、国务院和地方各级党委、政府制定的重大政策措施有效对接，每年选择若干项关系经济社会发展大局的政策措施，集中力量开展专项审计，发挥专业优势，确保审深审透。

——明确各级审计机关的职责定位。审计署及省级审计机关重在加强政策分析研究，提出政策落实跟踪审计项目库意见建议，研究审计重点事项和审计思路，完成项目组织和自身承担的实施工作，综合汇总政策落实情况的审计结果，反映重要审计情况。审计机关的派出机构和市县审计机关重在抓好审计实施，掌握被审计地区相关政策措施落实情况，揭示政策落实中的突出问题，提出需要上级部门完善政策措施的意见建议。

六、财政审计

以增强预算执行和财政收支的真实性、合法性和效益性，推进预算规范管理、建立现代财税体制、优化投资结构为目标，加强对预算执行、重点专项资金和重大公共工程投资等的审计。

——财政预算执行及决算草案审计。围绕财政预算执行过程和结果，每年对各级政府预算执行及决算草案进行审计，重点关注预算收入统筹、预算支出管理和财政支出标准化推进、预算编制的合规性和完整性、预算执行和绩效管理、政府财务报告体系建设及实施等情况，促进加强财政资源统筹，优化财政支出结构，增强国家重大战略任务财力保障。

——部门预算执行及决算草案审计。围绕部门预算的完整性、规范性、真实性，重点关注预算执行、中央八项规定精神落实以及财经法纪执行等情况，对各级党政工作部门、事业单位、人民团体等部门预算执行和决算草案5年内至少审计1次，重点部门和单位每年安排审计，深入揭示预算执行中各类违规和管理不规范问题，促进各预算单位规范管理，增强预算约束。

——重点专项资金审计。围绕重点领域预算绩效管理，重点关注科技、文化、网络安全和信息化等专项资金分配、管理和使用情况，以及相关的政策目标实现情况，推动中央与地方政府事权和支出责任划分改革，促进完善转移支付制度和重点专项资金提质增效。

——政府债务审计。围绕党中央、国务院关于防范化解地方政府债务风险的部署，重点关注地方政府债务风险防控、隐性债务化解和地方政府债券资金使用绩效等情况，推动健全政府债务管理制度，遏制地方政府隐性债务增量、稳妥化解存量，提高政府债券资金使用绩效。

——税收、非税收入和社会保险费征管审计。围绕税务、海关等部门职责履行和权力运行，重点关注税费征管真实性完整性、税费优惠政策落实、口岸通关便利化、进出境货物监管、征管风险防范，以及收入征管制度改革推进等情况，推动健全收入征管制度，提升收入征管质效，完善税务海关执法制度和机制，规范执法行为。

——重大公共工程投资审计。围绕重大公共工程项目预算执行、决算和建设运营，重点关注交通、能源、水利等行业专项规划落实，项目建设管理、资金筹集及管理使用、生态环境保护、建设用地和征地拆迁等情况，持续开展北京冬奥会、川藏铁路等基础设施建设跟踪审计，促进国家“十四五”规划纲要确定的重大工程项目及相关政策落实，提高投资绩效，推动投融资体制改革。

——国外贷援款项目审计。围绕我国政府与国际金融组织和外国政府签定协议约定的职责，在项目执行期内每年开展1次审计，重点关注国外贷援款项目财务收支、项目执行和绩效情况，以及债务管理情况，促进提高项目质量和外资使用效益，推动实现高水平对外开放。

认真履行联合国审计委员会委员工作职责，切实做好联合国审计。

七、国有企业审计

以推动深化国资国企改革、加快国有经济布局优化和结构调整、健全管资本为主的国有资产监管体制为目标，加强对国有及国有资本占控股或主导地位的国有企业以及国有资本监管部门的审计。

——国有企业资产负债损益审计。围绕国有企业资产负债损益的真实性、合法性、效益性，重点关注国有企业重大投资项目、资产处置以及风险防控等情况，促进企业提升财务管理水平和会计信息质量，提高经营管理绩效和国有资产（资本）保值增值。

——国有企业改革审计。围绕国企改革“1+N”制度体系和三年行动方案决策部署，重点关注混合所有制改革和自然垄断行业改革、国有企业法人治理结构和健全市场化经营机制，国有企业科研投入、科技成果转化和核心技术创新攻关等情况，促进完善中国特色现代企业制度，推动提升企业技术创新能力。

——国有资本投资、运营和监管审计。围绕“管企业”向“管资本”转变，重点关注国资监管部门履行监管职责、国有资本投资运营情况，推动监管部门职能转变、优化管资本方式，提升国有资本经营预算执行绩效，促进优化国有资本布局、规范国有资本运作、提高国有资本配置和运行效率。

——境外投资和境外国有资产审计。围绕境外投资和境外国有资产安全、规范、高效运营，重点关注国有企业贯彻落实党中央、国务院关于“走出去”和“一带一路”建设决策部署、境外重大投资风险防范和重大项目建设管理、境外国有资产经营绩效和安全完整等情况，促进提升企业国际化经营和抗风险能力，实现安全、规范、高效走出去，更好服务国家发展大局。

八、金融审计

以防范化解重大风险、促进金融服务实体经济，推动深化金融供给侧结构性改革、建立安全高效的现代金融体系为目标，加强对金融监管部门、金融机构和金融市场运行的审计。

——防范化解金融风险情况审计。围绕统筹发展与安全、守住不发生系统性风险底线，持续关注重点地区、重点领域、金融机构、金融市场以及跨机构、跨市场的风险状况，促进健全金融风险防控、预警、处置、问责的制度体系，维护金融市场健康平稳运行。

——金融监管部门职能履行情况审计。围绕金融监管部门职能履行，重点关注利率市场化改革和货币政策执行效果，多层次资本市场体系建设，宏观及微观审慎监管的框架、措施和规则的制定和执行，金融基础设施建设完善等情况，促进健全金融监管制度，提升金融监管效能，推动建设现代中央银行制度和完善现代金融监管体系。

——金融机构经营管理情况审计。围绕金融机构资产负债损益的真实性、合法性、效益性，重点关注金融机构资产质量、经营管理、风险防控、公司治理及内部管控等情况，促进金融机构完善公司治理，依法合规经营，增强竞争能力。

——金融服务实体经济情况审计。围绕深化金融供给侧结构性改革和扩大开放，重点关注金融服务实体经济重点领域和薄弱环节的情况，促进信贷结构优化、提高直接融资比重、降低实体经济融资成本、服务创新驱动发展战略、增强金融普惠性，推动构建金融有效支持实体经济的体制机制。

九、农业农村审计

以促进提高农业质量效益和竞争力，保障国家粮食安全，推动巩固拓展脱贫攻坚成果和全面推进乡村振兴为目标，聚焦惠农政策落实和涉农资金安全绩效，加强对农业农村相关专项资金、项目和政策落实情况的审计。

——粮食和重要农产品稳产保供相关政策落实情况审计。围绕藏粮于地、藏粮于技任务落实、种质资源和耕地保护，重点关注高标准农田建设、黑土地保护、农业水利设施建设、农业科技和现代种业发展、农业结构调整等情况，推动强化耕地数量保护和质量提升，保护种粮积极性，促进增强农业综合生产能力和深化农业供给侧结构性改革。

——乡村建设行动实施情况审计。围绕乡村建设规划提出的目标任务、重要项目和措施等，重点关注乡村产业发展、农村人居环境整治和农业废弃物综合利用、乡村基础设施建设，以及改善乡村公共服务情况，推动健全城乡融合发展体制机制和建设美丽宜居宜业乡村，促进农民增收。

——农业农村改革任务推进情况审计。围绕深化农业农村改革、加强农业农村发展要素保障等，重点关注农村集体产权制度改革以及完善农业补贴、农业保险等政策落实情况，促进巩固完善农村基本经营制度、健全农业农村投入保障制度。

——巩固拓展脱贫攻坚成果同乡村振兴有效衔接情况审计。围绕扶贫项目资金资产管理使用、农村社会保障和救助、易地扶贫搬迁后续帮扶、脱贫地区特色种养业提升等，重点关注脱贫地区产业可持续发展、农村低收入人口和欠发达地区帮扶政策落实等情况，促进健全防止返贫动态监测和精准帮扶机制，推动巩固拓展脱贫攻坚成果与乡村振兴有效衔接，提升脱贫地区整体发展水平。

十、资源环境审计

以加快推动绿色低碳发展，改善生态环境质量，提高资源利用效率，助力美丽中国建设为目标，全面深化领导干部自然资源资产离任审计，加强对生态文明建设领域资金、项目和相关政策落实情况的审计。

——领导干部自然资源资产离任审计。围绕中央关于加强领导干部自然资源资产离任审计的决策部署，重点关注自然资源资产管理、国土空间规划、碳达峰碳中和、污染防治攻坚战等重大任务落实情况，加快建立健全审计评价标准和指标体系，促进领导干部落实生态文明建设责任制。

——资源环境专项资金审计。围绕节能减排、污染防治、生态保护修复、资源开发利用等财政专项资金投入、分配、管理和使用情况，重点关注生态环境保护修复重大工程、环境基础设施、资源循环利用等重点项目的实施效果，保障资金安全，促进政策目标实现。

——生态文明建设政策落实情况审计。围绕国家“十四五”规划纲要中生态文明建设目标任务，重点关注碳排放碳达峰行动推进、绿色发展政策体系构建、“绿色生态”约束性指标完成、生态保护补偿机制建设、生态安全和环境风险防控等情况，促进经济社会发展全面绿色转型。

十一、民生审计

以提高保障和改善民生水平，确保兜牢基本民生底线，推动民生领域相关改革任务落实落地，促进健全多层次社会保障体系，维护好最广大人民根本利益为目标，加强对就业、社会保障、住房、教育和卫生健康等重点民生资金、项目和相关政策落实情况的审计。

——就业优先政策落实情况审计。围绕减负、稳岗、扩就业等资金管理使用情况，重点关注职业技能提升行动、创业带动就业、就业帮扶等就业保障政策落实情况，推动落实高校毕业生、退役军人、农民工、灵活就业人员、新业态就业人员等重点群体就业保障，促进提高就业补助资金使用效益，健全就业公共服务体系。

——社会保险基金审计。围绕养老、医疗等社会保险基金和积极应对人口老龄化相关资金管理使用情况，重点关注社会保险基金筹集使用和运行风险，推动实现基本养老保险全国统筹和基本医疗、失业、工伤保险省级统筹等改革任务目标，完善养老服务体系，促进社会保险制度公平和可持续发展。

——社会救助、社会福利等兜底保障政策落实和资金使用情况审计。围绕最低生活保障、特困人员供养、医疗救助、残疾人补贴、优抚安置、彩票公益金等专项资金管理使用情况，重点关注资金申请、审核、分配、使用等环节存在的突出问题，推动特殊困难群体基本生活保障到位，促进完善优化分层分类、城乡统筹的社会救助体系。

——住房保障体系建设和改革推进情况审计。围绕保障性安居工程、住房公积金、住宅专项维修资金等住房保障资金管理情况，重点关注城镇老旧小区改造、保障性租赁住房和共有产权住房建设、住房制度改革等政策落实情况，促进完善住房市场体系和住房保障体系，提高住房保障有效供给，推动城市更新建设，有效解决困难群众和大城市新市民、青年人等重点群体住房困难问题。

——高质量教育体系建设和改革推进情况审计。围绕基础教育、职业教育、普通高等教育等领域专项资金管理使用情况，重点关注学前教育普及普惠优质发展、义务教育均衡发展和城乡一体化、职业教育改革、高校“双一流”建设等政策落实情况，推动教育经费保障机制、教师队伍建设、人才培养等方面深化改革，落实“立德树人”的根本任务，推进一流人才培养和创新能力提升，更好服务经济社会发展。

——卫生健康体系建设和改革推进情况审计。围绕公共卫生体系建设、医疗服务与保障能力提升、国家基本药物制度等资金投入和管理使用情况，重点关注重大疫情防控救治体系、基层公共卫生体系、应对突发公共卫生事件能力和分级诊疗体系等建设，以及医药卫生体制改革推进情况，促进提升公共卫生服务水平和医疗资源有效配置，推动健康中国战略贯彻落实。

十二、经济责任审计

以强化干部管理监督，促进干部履职尽责、担当作为为目标，加强对各级党政主要领导干部和国有企事业单位主要领导人员经济责任审计。

——科学确定经济责任审计计划和审计重点。科学制定经济责任审计计划，以任中审计为主，坚持党政同责、同责同审。围绕领导干部权力运行和责任落实，根据不同类别、不同级次、不同地区（部门、单位）领导干部的履职特点，进一步规范经济责任审计重点内容，重点关注贯彻落实党和国家重大经济方针政策和决策部署，地区（部门、单位）重要发展规划制定、执行和效果，重大经济决策，财政财务收支和经济运行风险防范，以及在经济活动中落实党风廉政建设责任和遵守廉洁从政（从业）规定等情况。

——规范经济责任审计评价。以查清的事实为依据，以法律法规和政策制度为准绳，在审计范围内，对被审计领导干部履行经济责任情况进行评价，认真贯彻落实“三个区分开来”要求，考虑历史情况，着眼长远发展，准确界定责任，力求审计结论客观公正、问题处理实事求是，鼓励探索创新，支持担当作为。

——推动深化经济责任审计结果运用。加强与经济责任审计工作联席会议成员单位及有关部门协作配合，发挥监督合力，健全完善联合反馈审计结果、联合督查审计整改等工作机制，及时向被审计领导干部及其所在单位反馈审计情况、提出整改要求、开展整改督查，推动将经济责任审计结果以及整改情况作为考核、任免、奖惩被审计领导干部的重要参考。

十三、督促审计查出问题全面整改落实

深入贯彻落实习近平总书记关于审计整改工作的重要指示批示精神，坚持以推动审计查出问题有效整改、巩固和拓展审计整改效果为目标，坚持揭示问题与推动解决问题相统一，推动建立健全审计查出问题整改长效机制，做实审计监督后半篇文章。

——强化审计整改责任落实。各级党委审计委员会要及时研究审计查出重大问题的处理意见，统筹协调并督促落实。审计机关要推动被审计单位压实整改主体责任，强化主管部门对其管辖行业领域的监督管理责任。及时组织对审计整改情况进行跟踪督促检查，以后年度审计中也要重点关注以前年度审计整改情况，重点核实整改结果的真实性和完整性，防止敷衍整改、虚假整改。推进审计监督与人大预算决算审查监督、国有资产管理情况监督有机结合，形成监督合力。

——健全审计整改工作机制。对审计查出的问题，形成问题清单，逐项分解到有关地区、部门和单位，明确整改责任主体，整改要求要科学合理、分类施策：对于能够立行立改的，提出明确、具体、可操作、标准统一的整改要求；涉及体制机制或相关法规政策不完善的，提出深化改革、完善制度的意见建议，督促有关部门单位研究改进。加强审计整改信息化建设，采取网上追踪和现场检查相结合、对账销号等方式，推动提升整改效果，实现审计整改由治标多治本少向标本兼治转变。

——推动审计整改结果运用。加强与有关部门的沟通联动，推动把审计监督与党管干部、纪律检查、追责问责结合起来，将审计整改情况作为考核、任免、奖惩领导干部的重要参考。推动健全审计整改约谈和责任追究机制，对拒不整改、推诿整改、敷衍整改、虚假整改的，审计机关可提出处理意见建议，按照干部管理权限提请纪检监察机关、组织人事部门或主管部门研究处理。

第三部分　落实各项保障措施

做好“十四五”时期的审计工作，必须把坚持党中央对审计工作的集中统一领导细化、实化、制度化，加强审计业务管理、干部队伍建设和信息化建设，不断彰显中国特色社会主义审计的政治优势和制度优势。

十四、坚持党中央对审计工作的集中统一领导

进一步巩固和深化审计管理体制改革成果，认真落实党中央对审计工作集中统一领导的各项要求，确保审计工作有序高效，党中央关于审计工作的决策部署及时传导、不折不扣得到落实，切实做到“两个维护”。

——健全各级党委审计委员会工作运行机制。地方各级党委审计委员会要加强对本地区审计工作的领导，立足区域发展战略和本地区实际，增强审计工作的针对性和有效性。上级党委审计委员会要加强对下级党委审计委员会工作的领导。各级党委审计委员会办公室要认真履职尽责，加强研究谋划、沟通协调、服务保障、督察督办，确保各项部署要求落到实处。

——完善推动党中央关于审计工作的重大决策部署落实机制。各级党委审计委员会要及时传达学习党中央关于审计工作的重大决策部署、习近平总书记关于审计工作的重要讲话和重要指示批示精神、中央审计委员会的议定事项，结合实际研究制定贯彻落实的具体措施。各级党委审计委员会办公室要建立健全审计监督重大事项督察督办制度，建立定期“回头看”和报告、通报、问责制度，加大督察督办力度，确保党中央决策部署有效落实。

——严格执行审计领域重大事项请示报告制度。对重要审计情况、重要审计报告、重大违纪违法问题线索及其处理意见等，审计机关要首先向本级党委审计委员会请示报告，经批准后再按法定程序办理。下级党委审计委员会重大事项要向上级党委审计委员会请示报告，委员会主要负责同志为第一责任人，对请示报告工作负总责。制定审计领域重大事项请示报告清单，实行重大事项请示报告责任追究制度。

——加强对全国审计工作的领导。坚持审计工作全国一盘棋，强化上级审计机关对下级审计机关的领导，上级审计机关要加强审计项目计划的统筹和管理，优化审计组织方式，合理配置审计资源，加强对下级审计机关的考核和干部管理。优化审计机关内部机构设置，增强派出审计机构力量。健全完善军地联合审计工作机制，积极稳妥推进军地联合审计工作。加强对内部审计工作的指导和监督，依法核查社会审计机构出具的审计报告，增强审计监督合力。

十五、全面加强审计业务管理

加大审计创新力度，在盘活用好审计资源上下功夫、挖潜力，向统筹要效率，靠创新提效能。

——创新审计理念思路。积极开展研究型审计，系统深入研究和把握党中央、国

务院重大经济决策部署的出台背景、战略意图、改革目标等根本性、方向性问题，不断提升审计工作政治性和前瞻性。转变审计思路，既要善于发现问题，更要注重解决问题，发挥审计的建设性作用。根据审计实践需要，强化审计理论研究，推动审计理论、审计实践和审计制度创新。

——创新审计组织方式。根据审计项目性质，综合运用上审下、交叉审、同级审等审计组织方式，对涉及全国的大项目，统一调度兵力打好决战；对急难险重的任务，集中优势兵力打好歼灭战；对党中央临时交办、时效性强的任务，快速集合兵力打好闪击战；对历史遗留问题和体制机制问题，善于坚守阵地，打好持久战，不断提高审计工作质量和效率。

——优化审计流程管理。坚持严谨务实，所有内部流程以保障审计业务顺利开展为前提。加强审计项目计划管理，实现年度计划和五年规划有机衔接，建立中长期审计项目库，原则上每年确定的审计项目应在中长期审计项目库中筛选确定。在开展试审或审前调查的基础上，科学制定审计工作方案、实施方案。厘清各环节质量控制责任，提高复核审理效率，更好服务审计业务开展。加强审计项目过程控制，规范延伸调查行为。

——健全审计质量控制体系。推动审计法及其实施条例修订工作。加强全流程审计质量管控，建立与信息化相适应的审计质量控制体系，切实防范审计风险。编写、修订各专业领域的审计指南、法规向导，加强对审计工作的实务指引，加强对审计法律法规执行情况的检查，严格落实分级质量控制责任。发挥优秀审计项目对审计质量的示范引领作用。

——加强审计结果运用。建立健全各级审计机关之间审计结果和信息共享机制，加强审计结果跨年度、跨地域、跨行业、跨领域的综合分析，提炼普遍性、规律性、倾向性、苗头性问题，提出有针对性的意见建议。加大审计结果公开和审计整改情况公告力度。强化与其他监督部门和主管部门的沟通协调，健全完善重大问题线索移送和重要问题转送机制。

十六、加强审计干部队伍建设

全面落实“以审计精神立身、以创新规范立业、以自身建设立信”的总要求，加强审计干部思想淬炼、政治历练、实践锻炼、专业训练，锻造信念坚定、业务精通、作风务实、清正廉洁的高素质专业化审计干部队伍。

——大力弘扬和践行审计精神。深入贯彻习近平总书记关于审计精神的重要论述，教育引导审计干部树立对法律的信仰和对法治的崇尚，保持客观公正的工作立场；践行脚踏实地、扎实苦干、与时俱进、开拓创新的精神，始终保持对审计事业的忠诚和对审计职业的操守，当好国家财产的“看门人”、经济安全的“守护者”。

——加强专业能力建设。建立健全审计职业教育培训体系，针对审计干部特点开展分级分类培训。改进审计实务导师制，通过以审代训等途径强化培训效果。坚持在审计一线锤炼干部过硬本领，提高能查、能说、能写能力。推进干部轮岗交流，完善交流学习机制，提高综合素质。

——健全完善选人用人机制。认真贯彻落实新时代党的组织路线，严格按照新时期好干部标准选人用人，按规定条件、程序开展干部考录、调任、聘任、遴选、选调等工作，严把干部入口关，树立重实干重实绩的用人导向，推动落实能上能下的用人机制。注重在工作一线考察识别干部，落实和完善精准考核、奖惩分明的激励约束机制，保护干部干事创业的积极性。

——持续加强政治机关建设。健全不忘初心、牢记使命长效机制，深入开展党史学习教育，落实意识形态工作责任制，认真履行全面从严治党主体责任和监督责任，推动机关党建与审计业务融合发展。严格落实中央八项规定及其实施细则精神，严格执行审计“四严禁”工作要求和审计“八不准”工作纪律，准确运用监督执纪“四种形态”。加强审计机关内部审计和领导干部经济责任审计，自觉接受纪检监察、人大监督、民主监督、社会监督、舆论监督等各方面监督。

十七、坚持科技强审

全面贯彻落实习近平总书记关于科技强审的要求，加强审计技术方法创新，充分运用现代信息技术开展审计，提高审计质量和效率。

——提升信息化支撑业务能力。推动金审工程三期项目建设应用和持续优化，完成国产化技术改造和部署。完善审计业务网络，实现与副省级以上地方审计机关数据分析网联通。建设完善电子数据备份中心。完善网络安全管理制度，建立健全网络安全责任、统一的网络安全防护标准、协调联动的网络安全协作等体系，开展网络安全常态化检查，持续提升网络安全防御和应急处置能力。

——提升数据管理水平。健全数据采集和定期报送机制，推动被审计单位统一数据接口，认真履行国内外标准化组织技术机构秘书处职责，持续推进数据标准化。健全数据集中管理制度规范，保障数据安全。推动提高省级审计数据分中心的数据存储、处理和分析能力，实现署、省两级审计机关集中管理审计业务数据。

——加强数据资源分析利用。坚持以用为本，完善数据管理制度规范。充分利用地方政府数据平台，扎实开展业务数据与财务数据、单位数据与行业数据以及跨行业、跨领域数据的综合比对和关联分析，促进审计工作从现场审计为主向后台数据分析和现场审计并重转变。加强数据和分析模型共享共用。

十八、抓好规划实施

各地区各部门要加强对审计工作的领导，积极主动支持配合审计工作。凡是管理分配使用公共资金、公共资产、公共资源的部门和单位，凡是行使公共权力、履行经济责任的领导干部，都要依法自觉接受审计监督，认真做好审计查出问题整改工作，建立健全解决问题的长效机制。

各级审计机关要根据本规划要求，研究制定具体落实措施，加强组织领导，落实规划实施责任，抓好规划实施，确保目标任务顺利完成。审计署要组织开展规划实施情况的监督检查和效果评估，确保各项任务落实到位。

第1101号——内部审计基本准则

（2023年修订）

第一章　总　　则

第一条　为了规范内部审计工作，保证内部审计质量，明确内部审计机构和内部审计人员的责任，根据《审计法》及其实施条例，以及其他有关法律、法规和规章，制定本准则。

第二条　本准则所称内部审计，是一种独立、客观的确认和咨询活动，它通过运用系统、规范的方法，审查和评价组织的业务活动、内部控制和风险管理的适当性和有效性，以促进组织完善治理、增加价值和实现目标。

第三条　本准则适用于各类组织的内部审计机构、内部审计人员及其从事的内部审计活动。其他组织或者人员接受委托、聘用，承办或者参与内部审计业务，也应当遵守本准则。

第二章　一般准则

第四条　组织应当设置与其目标、性质、规模、治理结构等相适应的内部审计机构，并配备具有相应资格的内部审计人员。

第五条　内部审计的目标、职责和权限等内容应当在组织的内部审计章程中明确规定。

第六条　内部审计机构和内部审计人员应当保持独立性和客观性，不得负责被审计单位的业务活动、内部控制和风险管理的决策与执行。

第七条 内部审计人员应当遵守职业道德，在实施内部审计业务时保持应有的职业谨慎。

第八条 内部审计人员应当具备相应的专业胜任能力，并通过后续教育加以保持和提高。

第九条 内部审计人员应当履行保密义务，对于实施内部审计业务中所获取的信息保密。

第三章　作业准则

第十条 内部审计机构和内部审计人员应当全面关注组织风险，以风险为基础组织实施内部审计业务。

第十一条 内部审计人员应当充分运用重要性原则，考虑差异或者缺陷的性质、数量等因素，合理确定重要性水平。

第十二条 内部审计机构应当根据组织的风险状况、管理需要及审计资源的配置情况，编制年度审计计划，并报经组织党委（党组）、董事会（或者主要负责人）或者最高管理层批准。

第十三条 内部审计人员根据年度审计计划确定的审计项目，编制项目审计方案。

第十四条 内部审计机构应当在实施审计前，向被审计单位或者被审计人员送达审计通知书，做好审计准备工作。

第十五条 内部审计人员应当深入了解被审计单位的情况，审查和评价业务活动、内部控制和风险管理的适当性和有效性。

第十六条 内部审计人员应当关注被审计单位业务活动、内部控制和风险管理中的舞弊风险，对舞弊行为进行检查和报告。

第十七条 内部审计人员可以运用审核、观察、监盘、访谈、调查、函证、计算和分析程序等方法，获取相关、可靠和充分的审计证据，以支持审计结论、意见和建议。

第十八条 内部审计人员在实施审计时，应当关注数字化环境对内部审计工作的影响。

第十九条 内部审计人员应当在审计工作底稿中记录审计程序的执行过程，获取的审计证据，以及作出的审计结论。

第二十条 内部审计人员应当在审计项目完成后，及时收集整理相关信息和资料，做好归档工作。

第二十一条 内部审计人员应当以适当方式提供咨询服务，改善组织的业务活动、内部控制和风险管理。

第四章 报告准则

第二十二条 内部审计机构应当在实施必要的审计程序后，及时出具审计报告。

第二十三条 审计报告应当客观、完整、清晰，具有建设性并体现重要性原则。

第二十四条 审计报告应当包括审计概况、审计依据、审计评价、审计发现、审计意见和审计建议。

第二十五条 审计报告应当包含是否遵循内部审计准则的声明。如存在未遵循内部审计准则的情形，应当在审计报告中作出解释和说明。

第五章 内部管理准则

第二十六条 内部审计机构应当接受组织党委（党组）、董事会（或者主要负责人）的领导和监督，并保持与党委（党组）、董事会（或者主要负责人）或者最高管理层及时、高效的沟通。

第二十七条 内部审计机构应当建立合理、有效的组织结构，多层级组织的内部审计机构可以实行集中管理或者分级管理。

第二十八条 内部审计机构应当根据内部审计准则及相关规定，结合本组织的实际情况制定内部审计工作手册，指导内部审计人员的工作。

第二十九条 内部审计机构应当对内部审计质量实施有效控制，建立指导、监督、分级复核和内部审计质量评估制度，并接受内部审计质量外部评估。

第三十条 内部审计机构应当编制中长期审计规划、年度审计计划、本机构人力资源计划和财务预算。

第三十一条 内部审计机构应当建立激励约束机制，对内部审计人员的工作进行考核、评价和奖惩。

第三十二条 内部审计机构应当在党委（党组）、董事会（或者主要负责人）或者最高管理层的支持和监督下，做好与外部审计的协调工作。

第三十三条 内部审计机构应当跟踪审计发现问题和审计意见建议的落实情况，督促被审计单位做好审计整改工作。

第三十四条 内部审计机构负责人应当对内部审计机构管理的适当性和有效性负主要责任。

第六章 附 则

第三十五条 本准则由中国内部审计协会发布并负责解释。

第三十六条 本准则自 2023 年 7 月 1 日起施行。2014 年 1 月 1 日起施行的《第 1101 号——内部审计基本准则》同时废止。

内部审计实务指南第2号——物资采购审计

第一章 总 则

第一条 为了规范物资采购审计的内容、程序与方法，根据《内部审计基本准则》及内部审计具体准则制定本指南。

第二条 本指南所称物资采购审计是指组织内部审计机构及人员依据有关法律、法规、政策及相关标准，按照一定的程序和方法，对物资采购各部门和环节的经营活动和内部控制等所进行的独立监督和评价活动。本指南所称“物资”是指组织在产品生产、基本建设和专项工程中所使用的主要原材料、辅助材料、燃料、动力、工具、配件和设备等。

第三条 本指南适用于各类组织的内部审计机构、内部审计人员及其从事的内部审计活动。

第四条 物资采购审计的目的是改善物资采购质量，降低采购费用，维护组织的合法权益，促进组织价值的增加及目标的实现。

第五条 物资采购审计是对物资采购全过程实施的监督和评价，是财务审计与管理审计的融合。物资采购审计的主要内容包括审计物资采购内部控制、采购计划、采购合同、采购招标、供货商选择、采购数量、采购价格、采购质量、物资保管、结算付款以及物资采购期后事项等。

第六条 根据组织的管理模式和要求、物资采购业务量的大小、内部审计机构资源等的不同，物资采购审计可以采取项目管理式审计和过程参与式审计两种模式。

（一）项目管理式审计是有重点、有目的地将某物资采购部门、环节或物资品种纳入年度审计计划，形成为特定审计项目，并实施相应审计程序的审计模式。大、中型规模的组织适合采用该模式。

（二）过程参与式审计是由专职内部审计人员参与监督物资采购的全过程或者部分重要过程，实现物资采购审计的日常化。小规模组织可以采用该模式。

第七条 内部审计人员有责任警示被审计单位关注物资采购的现有和潜在风险。

第八条 内部审计人员应具有物资采购管理的相关专业知识，熟悉相关法律、法规、政策和组织内部有关规定，掌握物资采购内部控制原理，了解组织物资采购现状和外部环境的变化。开展专业技术性较强的物资采购审计，内部审计机构可聘请外部专家参与。

第二章 物资采购前期审计

第九条 物资采购前期审计是从制定年度审计计划开始到具体实施物资采购审计程序之前对各项审计工作作出的安排。其基本过程包括：

（一）编制年度审计计划，确定审计对象。内部审计人员应综合考虑以下各种因素：

1. 重要性。选择采购数量较大、采购次数频繁、采购价格较高、采购价格变化频繁、质量问题突出、长期积压或短缺、在 ABC 分类管理法下的 A 类和 B 类物资、群众反映普遍、领导关注、内部控制薄弱和出现错弊概率较高的部门、环节或物资类别等。

2. 物资采购方案、内部控制的重大变化。内部审计应根据外部环境和内部条件的变化，适时审查新的物资采购方案和内部控制的适当性、合法性和有效性，将其列入审计计划。

3. 改进空间。根据成本效益原则，内部审计人员应将工作改进空间较大、在增值性方面有潜力的物资采购部门、环节或物资类别确定为审计项目。

4. 审计资源。

5. 风险因素。风险因素可能来自组织内部或外部。组织规模、经济业务性质、账户余额大小、出现错弊概率、物价变动幅度、技术变化速度、管理人员素质和能力、业务量大小等都是潜在的风险因素。一般而言，风险大的项目应优先作出审计安排。

（二）获取与研究相关资料，制定项目审计计划和审计方案。相关资料包括：

1. 物资采购目标和计划。

2. 前期物资采购审计工作底稿。

3. 组织资料，例如组织结构图和工作说明、政策和程序手册以及重大的组织系统变化等。

4. 财务会计资料。

5. 相关制度规定，例如采购政策、采购程序制度、授权审批制度、供货商管理制度、财产接触制度、合同或协议签订制度、凭证管理制度和定价策略等。

6. 外部信息资料，例如同行业相关资料、物价水平和变化幅度、技术变化程度和供货商资料等。

7. 法律性文件。内部审计人员应通过审阅资料、咨询技术专家、进行分析性复核、现场观察物资采购流程、询问等方法，研究相关背景资料，初步评价重要性和审计风险，进而制定适合本组织实际情况的物资采购项目审计计划及审计方案。经适当管理层批准后，向被审计单位发出物资采购审计通知书。

（三）审查、评价内部控制。物资采购内部控制包括控制环境、风险管理、控制活动、信息与沟通以及监督五个要素。

1. 采购控制环境。采购控制环境包括以下内容：董事会成员的知识和经验丰富程度、独立性地位、独立董事所占比例、审计委员会的设置情况；管理者对待物资采购内部控制的重视程度、采取的经营理念和管理模式；企业文化所塑造的员工基本信念、价值观念、思维和行为方式；组织结构的适当性、权责划分的明确性、奖惩的分明性、岗位设置的合理性、人员素质的适当性；组织人力资源政策的适当性等。

2. 采购风险管理。采购风险管理包括物资采购风险识别、风险评估和风险应对策略。风险识别包括检查外部因素（如竞争、技术和经济变化等）和内部因素（如员工素质、组织活动性质、信息系统处理特点等）；风险评估包括估计风险的严重程度、评价风险发生的可能性；风险应对策略包括根据风险评估结果作出的回避、接受、降低或分担等风险应对措施等。

3. 采购控制活动。物资采购控制活动包括以下内容：业务授权、职责分离、质量验收控制、物资采购招标控制、凭证和记录控制、资产接触和记录使用控制、独立检查、物价信息控制。

4. 采购信息与沟通。物资采购相关信息除了涉及财务信息外，还涉及非财务信息，如物价变动信息、市场需求信息、经济政策信息、技术信息、供应渠道变化信息、业务流程再造信息等。信息沟通方式包括政策手册、财务报告手册、备查簿、口头交流、例外情况报告和管理事例等。

5. 采购监督。采取的方式包括物资采购内部控制自我评估、内部审计报告、内部控制例外情况报告、操作人员反馈以及顾客投诉等。物资采购内部控制审计可通过设置采购内部控制调查表等方式进行深入调查、了解和测试，并形成审计工作底稿。物资采购内部控制调查表格式如表 2－1 所示。

表 2－1　　　　　　物资采购内部控制调查表

被审计单位名称	××部门	日期		索引号	
审计项目名称	物资采购内部控制调查	编制人		××	
会计期间或截止日	200×年度	复核人	××	页次	

问题	是			否	不适用	备注
	强	弱	一般			
（一）物资采购控制环境问题调查						
1. 管理部门是否认为健全的内部控制能促成物资采购目标的实现？						
2. 组织结构的设置是否有利于物资采购各部门职责的明确划分和协调运行？						
3. 有无物资采购程序、手册和详细的岗位说明书？						
4. 物资采购涉及到的所有员工是否清楚自己所要履行的岗位职责和必须遵循的政策与程序？						
5. 物资采购政策及其变化是否及时向相关员工进行了传达？						
6. 管理部门是否定期向员工说明道德行为的重要性？						
7. 是否制定了书面的道德政策并使员工了解了这些政策？						
8. 有无制定不合理的采购目标与高业绩挂钩的奖励诱使员工舞弊？						
9. 员工的素质与其从事的物资采购业务是否相称？						
10. 有无对员工进行定期专业培训？						
（二）物资采购风险管理问题调查						
1. 是否有适当层次的管理部门参与了对物资采购风险的评估？						
2. 有无识别物资采购风险的适当办法？						
3. 物资采购风险的识别是否全面？						
4. 是否对物资采购风险进行了评估？						
5. 是否有物资采购风险的防范和化解措施？						
6. 是否有识别人事、控制程序变化并作出相应反应的机制？						
7. 有无防止物资积压或短缺的有效办法？						
8. 物资安全库存量的确定是否合理？有无进一步降低的可能？						
（三）物资采购控制活动问题调查						
1. 所有物资采购是否以合法经营需求或目的为依据？						
2. 物资采购是否经过适当的授权批准？						
3. 是否以最具成本效益的方式取得物资？						
4. 是否对物资采购实施合同控制？						
5. 是否对物资采购不相容职务执行了分离？						
6. 是否对承担采购职责的员工进行定期轮岗？						
7. 大宗物资采购是否实行招标控制？						
8. 供货商选择是否做了充分的调查并持续监督供货商业绩？						
9. 采购物资的价格确定是否合理？						
10. 有无健全的物资价格信息控制措施，包括物价信息收集、分类、加工、比较的程序控制，信息的质量要求，信息资料的归档保管等？						
11. 是否对到货物资由独立部门组织认真验收？						
12. 对验收不合格的采购物资是否及时查明原因落实责任？						

续表

被审计单位名称	××部门	日期				索引号	
审计项目名称	物资采购内部控制调查	编制人	××				
会计期间或截止日	200×年度	复核人	××			页次	
问题			是			否	不适用	备注
			强	弱	一般			
13. 是否对物资采购进行了永续盘存记录？ 14. 在缺乏永续盘存记录时，是否存在补偿控制措施？ 15. 物资采购是否实施了ABC分类管理法？ 16. 是否对物资进行定期盘点？ 17. 是否在有关物资采购票证审核一致、无误的基础上确认应付账款负债？ 18. 是否定期发送供货商对账单？ 19. 有无物资接触和记录使用控制措施？ 20. 对物资采购是否采取了健全的凭证和记录控制？ 21. 是否有针对计算机环境下物资采购信息处理的安全控制标准和措施？ （四）物资采购信息与沟通问题调查 1. 管理部门是否鼓励涉及物资采购的所有各方交流信息？组织内部信息渠道是否通畅？ 2. 信息沟通是否能使员工有效履行职责？ 3. 与组织外部是否有信息沟通？ 4. 是否存在根据截止期信息对物资采购明细账和总账进行控制和调节？ 5. 是否对重大物资采购差异进行了及时调查和处理，是否将调查结果向管理层提交？ 6. 管理部门是否投入充分的资源来支持对信息系统的开发和修改？ 7. 是否保持最新的物资采购会计文件？ 8. 收集的外部信息是否全面，包括物价变动信息、市场需求信息、经济政策信息、技术信息、供应渠道变化信息、业务流程再造信息等？ 9. 有无通畅的例外情况报告渠道？ 10. 员工的反馈以及供货商的投诉渠道是否畅通？ 11. 是否采取措施保证网络环境下信息处理和传递的安全完整和对计算机病毒的防范？ （五）物质采购监督问题调查 1. 是否建立适当管理程序来保证物资采购控制的运行并对运行的效果进行评估？ 2. 是否存在适当的程序对物资采购活动进行持续的日常监督？ 3. 监督活动中发现的控制薄弱环节是否向适当管理层汇报？是否根据需要对政策和程序进行修改？ 4. 是否设立独立稽核员对物资采购实施独立监督？ 5. 审计活动范围是否能够足以证明物资采购内部控制的有效性？								

第三章　物资采购过程审计

第十条　物资采购过程审计是根据采购内部控制评审结果，确定采购计划、价格、合同、执行等方面的测试范围、重点和方法，以收集审计证据。

第十一条　采购计划审计。采购计划审计是对采购计划中所列物资价格、数量、质量、采购方式和供货商选择等的真实性、合理性和有效性等进行的审计。

（一）应获取的相关资料。包括采购政策、采购计划、物资储备定额补库计划、销售计划、产品产量计划、技术措施计划、生产作业计划、在制品期初存量和期末预计存量、新产品试制计划、物资工艺消耗定额、生产设备大中小修理计划、技术改造计划和物资价格供应状况等。

（二）应关注的风险领域。包括采购计划程序失控、采购计划依据不当、采购计划分解不到位、采购计划执行不彻底、采购计划与其他计划不协调等。

（三）审计内容

1. 采购计划编制依据的可靠性。内部审计人员应审查采购计划的编制是否依据经过批准的物资采购申请单，在 MRP 环境下，采购计划的编制是否依据主生产计划、主产品结构文件、库存文件和各种零部件的生产时间或订货时间精确计算；采购计划是否与生产计划、销售计划、物资库存控制计划和资金供应计划等相协调；是否符合组织的存货政策、采购政策和资金管理政策。

2. 采购计划审批程序的合规性。审查各物资使用部门是否根据本期生产计划和物资消耗定额确定物资实际需要量，据以填具物资采购申请单；物资管理部门是否每月根据物资实际库存和储备需要填具物资储备定额补库计划表，提交补库申请单；各部门负责人是否按职责分工和授权范围对提交的采购申请单进行分类初审、对口把关；计划部门有无会同物资管理部门核实物资库存；最终下达的《月份物资采购计划》有无报经组织分管领导审批；对不符合规定的采购申请，有无要求请购部门或人员调整采购内容或拒绝批准；重要的和技术性较强的物资采购，是否执行特别授权审批程序，是否组织专家进行论证，实行集体决策和审批；对生产急需和突发性的紧急物资采购，是否以适当形式事先通知价格信息部门，并于规定时日内补齐办妥有关手续。在过程参与式物资采购审计模式下，采购计划在报经组织分管领导审批前，可首先提交内部审计人员审核。

3. 采购计划所列价格的合理性。对于重复购置的物资，如价格未发生变化，则以上次成交价格为依据，将高出确定标准的计划价作为重点审计对象；如价格已发生变化，应掌握最新市场公允价作为审计标准。审计物资采购计划价格时，应将新购物资作为审计的重点。当产品降价时，基于价值链管理的思想，应考虑供货商有无对供应物资协同降价的可能。在过程参与式物资采购审计模式下，经内部审计人员审核后的物资采购计划价格的处理有两种方式，一种是只作为编制采购计划和内部经济核算的价格依据，而不作为实际采购时的价格控制标准，实际采购之前采购部门需重新报送《价格申报单》；另一种是在编制采购计划之前，采购部门需事先提报《价格申报单》，经审查后作为编制采购计划的依据，并同时作为实际采购时的价格控制标准。

4. 采购计划所列物资数量的合理性。审查计划部门对申请单是否做了最有效的归类；物资采购数量是否考虑了经济批量；是否与生产计划和物资库存相适应。

5. 采购方式选择的合理性。物资的取得方式有定点进货和非定点进货，具体包括市场选购、电子商务采购、招标采购、委托加工、互惠购买、融资租赁和企业自制等方式。内部审计人员应审查采购方式的确定是否综合考虑了下列因素：现有资源的充分利用、物资的重要性程度、资金的贴现幅度、供货商的信誉和各种价格构成要素等。采用招标方式，应具体审查如下内容：

（1）监督招标过程和招标标准是否符合“公开选购、公平竞争、公正交易”的原则，确定在招标、开标、评标和定标过程中有无违反规定程序、私自与供货商串通、泄露招标信息等情况。

（2）审查有关招标文书的内容是否完整、严密，有关条款规定是否得到切实遵守。

（3）监督招标方式的选择是否合理。采用公开招标方式的，审查对外发布的招标信息是否全面、准确，发布范围是否具有广泛性，参与招标的投标人是否合格；采用邀请招标的，审查接受邀请的投标单位是否具有良好信誉、资质和财务状况，是否邀请至少三个以上投标人参加；采用议标采购方式的，审查所采购的物资是否确实没有供方投标、没有合格投标者、因技术复杂或性质特殊不能详细确定规格或具体要求、采用招标所需时间不能满足各组织紧急需要、不能预先计算出价格等，参加议标的单位是否在两家以上。

（4）审查招标采购的价格是否合理。复验标底价格，对编制标底的工作底稿所载明的物资数量、价格、人工耗费、各项其他费用及税金等进行复核、验算；审查最高采购限价的合理性和公允性；对于不能编制标底的招标物资或采用议标方式招标的，可根据市场行情对标的进行合理的价位判断。

6. 供货商选择的合理性。根据供货商与组织的业务稳定性，供货商区分为定点供货商和非定点供货商。内部审计人员应重点审查组织对定点供货商选择的合理性，包括供货商选择评价程序是否规范；有无明确的供货商选择目标和评价标准；有无建立供货商评价小组，小组人员组成是否合理；有无完整、真实的供货商资料；供货商资料筛选、排序和审批是否流于形式；是否经集体决策进行供货商优选并形成供货商名单；是否根据供货商和本组织的实际情况采用实地考察、书面调查、样品检验或试用的方式确定供货商；有无过度依赖特定供货商，是否设立了备选供货商团队；有无对供货商档案进行规范管理，建立《合格供货方目录》，定期组织对供货商调查和复审；修改供货商档案是否经过特定授权并进行有效信息沟通等。

（四）审计方法。采购计划审计主要采用分析法、复算法、复核法、检查法、源头审计法、全面审计法、简单审计法和重点审计法等方法。

源头审计法是始终把握问题的根源而不被表象所左右。如一般物资采购的公允价格信息源是市场，在招标采购审计中，内部审计人员不仅要审查是否履行了规范的招标程序，还应关注招标与市场价的差异，关注结算价与中标价之间的差异，关注中标人的实质性运作。

全面审计法是对物资采购涉及到的每一个环节、每一项资料和资料的每一个方面进行全面审计的一种方法。优点是细致、审核质量高，缺点是效率低、成本高。

简单审计法是在审计力量不足或者有特殊要求时，仅针对物资采购价格或者物资采购的其他某一方面实施审计的方法。

重点审计法是针对重点物资（如采购数量大、单价高）、敏感性物资、问题较多物资的采购进行重点审查。

第十二条　采购申报价格审计。采购申报价格审计是对采购价格申报内容的完整性、价格标准确定的合理性和申报程序的规范性等方面所进行的审计。

（一）应获取的相关资料。包括组织的物资价格制定政策、物资采购价格申报单、价格标准、物价变动信息、市场需求信息、经济政策信息、技术信息、供应渠道变化信息和业务流程再造信息等。

（二）应关注的风险领域。包括价格标准失控、价格信息系统无效和低效、采购效率降低、价格审查形式化、价格组成内容单一化和串通作弊风险等。

（三）审计内容

1.《价格申报单》填列的完整性。采购部门应在比质比价的基础上，初步确定物资采购意向，填制《价格申报单》，经采购部门负责人签章后，送交价格信息部门进行价格核定。内部审计人员应审查《价格申报单》是否包括物资品名、规格、型号、数量、单价、金额、使用部门、技术要求、供货单位、货比三家情况等栏目。

2. 价格标准确定的合理性。主要内容包括：

（1）审查价格信息收集渠道的广泛性和使用的有效性。可供采用的价格收集渠道有网络、报刊、杂志、电视、广播、行业公报、供货商提供和竞争对手披露等。内部审计人员应审查采购部门和价格信息部门是否充分利用了各种价格来源渠道，建立起容量丰富的价格信息资料库；对于获取的各种信息源，是否按照本组织的物资种类进行了适当分类以提高检索能力，发挥信息使用效率；是否在各部门之间进行了信息共享。

（2）审查价格信息资料收集的准确性和及时性。审查价格来源渠道是否正规，是否根据环境的变化适时地更换价格信息，能否综合各种信息源较准确地预测未来的价格变化趋势，为组织实施战略物资管理提供价格导向。

（3）审查价格标准确定方法的适当性和计算结果的正确性。物资采购价格标准的确定方法有：分别询价法、交叉询价法、调查法、信息资料查询法、历史资料评价法、测算法、专家评估辅助法、集中询价法、公开招标法、提供佐证法、限价法。

（4）审查价格标准构成内容的全面性。物资采购价格包括采购物资的买价、运杂费、保险费、途中损耗、入库前的整理挑选费用、大宗材料的市内运输费、采购资金利息和其他相关费用。其中买价和运费是物资采购价格的主要影响因素。

3. 采购申报价的合理性。主要内容包括：

（1）审查是否根据不同的物资采购方式确定申报价；

（2）审查申报单中所列物资品种是否在采购计划范围内，是否列入采购预算；

（3）审查采购申报价有无高估虚报问题；

（4）审查采购申报价的构成是否齐全，是否进行了综合比价；

（5）审查采购部门有无随意压价而忽视物资质量的现象；

（6）对于重复购置的物资，审查申报价是否超过最高限价，最高限价有无根据市场价格变动及时进行相应调整；

（7）审查采购部门是否进行比质比价。

4. 申报价格核定程序的规范性。审查价格信息部门是否根据确定的价格标准，在测算评估、对比分析的基础上，确定采购部门报价和相关费用的合理性和公允性，并提出核定意见。对违反规定或报价不合理的，价格信息部门具有否决权，提出重新询价的建议或者核定一个最高控制价格。采购部门应参照核定意见，在核定的价格控制标准范围内进行采购。

（四）审计方法。采购申报价格审计主要采用价格比较法、复算法、复核法、检查法、源头审计法、重点审计法和简单审计法等方法。

第十三条　采购合同审计。采购合同审计是对采购合同的合法性、完整性和有效性等所进行的审计。

（一）应获取的相关资料。包括合同法、组织内部有关合同制度、合同正文和副本以及供货商资料等。

（二）应关注的风险领域。包括盲目签定采购合同风险、合同无效风险、合同条款不利风险、合同违约风险和合同档案管理混乱风险等。

（三）审计内容

1. 采购合同签订的合规合法性。主要内容包括：

（1）审查供货商是否具有签约资格。

（2）审查合同的签定程序是否合规。合同的签定需经市场调查、业务洽谈、合同起草、合同评审、合同执行以及合同变更、解除或终止等过程。内部审计人员应审查在市场调查阶段是否按“货比三家”的原则进行市场调查，是否取得了供货商完整的档案资料以确认供货商的信誉和履约能力，必要时是否对供货商进行现场考察；参与业务洽谈的代表的业务能力和技术水平是否具备，是否由两人以上参与谈判；合同起草是否使用了正规的合同版本；草签的合同是否经过组织法律部门、财会部门评审；是否根据组织授权要求报经有关领导审批，有无履行分级授权审批手续；是否办理了必要的公证手续；合同变更、解除或终止的理由是否充分，是否签署了书面变更协议并履行了审批手续，对于发现的将严重损害组织利益的已签署合同，是否及时采取了纠正措施。

2. 采购合同条款的完备性和合同内容的合法性。采购合同应包含如下基本内容：合同标的；数量和质量；价格和结算方式；运输方式；履约期限、地点和方式；违约责任等。内部审计人员首先应审查合同中是否包含上述内容，有关规定是否明确、具体。其次，应审查签约双方的权利和义务是否明确并具有对等性。再次，应审查确定有无利用合同从事非法行为的可能性。最后，应审查合同条款规定是否为组织争取到最大的财务利益，如充分考虑付款条件和资金优势，选择合理的货款支付方式等。

3. 采购合同的执行结果。审查合同内容是否得到全面、严格地履行；审查有无合同违约、违约的原因及违约处理结果，如对方违约，是否及时组织索赔。如本方违约，责任人是否向分管领导提交书面报告，经审批后办理赔偿手续，并追究相关责任；协商不成的合同纠纷是否及时上报上级领导和法律部门，通过申请仲裁或向人民法院起诉解决合同纠纷。

4. 审查合同的管理是否规范。主要内容包括：

（1）审查组织有无设置专门的合同管理机构，合同管理人员是否具备相应资格，合同管理制度是否完善，有无重大合同变更的应对防范措施。

（2）审查合同的归档和保管是否完整。审查合同是否按序编号；台帐登记是否清晰完整；支持性文件是否齐全，是否包括采购合同正本、合同补充协议、技术协议、采购订单、合同评审表及其他合同附件。

（四）审计方法。采购合同审计主要采用检查法、函证法、询问法和重点审计法等方法。

第十四条 物资采购计划执行情况审计。物资采购计划执行情况审计是指在采购物资运达组织后，对物资验收、入库、计量、价格和货款支付等业务执行的适当性、合法性和有效性等所进行的审查和评价。

（一）应获取的相关资料。包括物资采购申请单、采购计划、采购合同、价格申报单、采购发票、运费单、检验报告单、入库单、退货单、付款凭单、转账凭证、应付账款明细账、材料采购明细账和对账单等。

（二）应关注的风险领域。包括采购方式和供货商改变、价格失控、质量检验失控、计量不实、保管低效、票据失真、付款提前或滞后、付款不实和违规结算风险等。

（三）审计内容

1. 采购方式执行情况审计。审查采购部门是否按照采购计划、采购申报单确定的采购方式和供货商进行采购。如物资采购执行的是定点供货制度，内部审计人员应取得《物资定点供货目录》作为审计标准，据以确定采购部门是否在合格供货商目录中选择供货商，如有改变，其改变的原因和批准手续是否合理。对于发现的供货商供货问题，采购人员是否及时填写《供货商供货问题信息反馈单》交价格信息部门，价格信息部门是否及时发出《纠正/预防措施通知单》，限期整改并追踪整改结果；整改无效者，是否暂停其供货或取消合格供货商资格。

2. 质量控制执行情况审计。主要内容包括：

（1）审查是否设置独立的质量检验部门组织物资验收，有无采取适当措施防止采购人员、质检人员与保管人员串通舞弊；

（2）审查物资验收是否根据货运单、发票和经过批准的采购合同副本、采购价格申报单、采购计划进行；

（3）审查物资验收是否签署顺序编号的验收报告；

（4）审查超过采购合同的进货数量和提前到货的采购是否经过适当批准；

（5）审查短缺物资和不符合质量要求的物资是否查明了原因，有无根据不同情况及时组织索赔，是否每月编制退货报告，以供采购和质检部门进行审查、分析和考核供货商表现等；

（6）审查对逾期未交货者，有无按合同规定给予罚款或没收违约金；

（7）审查对大型或数额较大的物资采购，有无取得供货商合格的检验证明，合同中是否规定了必要的质保内容；物资验收是否严格，有无存在由于验收不严造成以次充好、以劣充优、不合格物资入库等问题。

3. 计量执行情况审计。主要内容包括：

（1）审查计量器具。包括：计量器具是否经过国家法定检验机构的检验并出具了书面证明；内部计量部门是否定期检查和校对计量器具；计量器具的操作是否正确合规；抽查计量记录并核对实物数量，验证计量的准确性。

（2）审查采购物资途中损耗。包括：是否制订了合理的路耗标准；实际损耗是否控制在标准范围之内；损耗的处理是否合理。

（3）审查质量检验对计量结果的影响。对于化工、石油、煤炭、矿山等行业的物资采购，应注意审查是否运用质量检验结果对采购物资的数量进行适当的调整。

4. 价格执行情况审计。主要内容包括：

（1）审查物资采购是否按批准价格执行。审查发票、货运单、验收单等原始资料上载明的价格是否与价格申报单、采购计划、采购合同一致，价格的变动是否经过核准。

（2）审查运费的组成和数额是否合理。应根据确定的运费价格标准审查物资采购运费，保证实际运费控制在标准范围之内。包括：运输方式的选择、运输里程的确定、运输商的选择、运价组成等。

5. 仓储保管情况审计。主要内容包括：

（1）审查仓库的位置与内部空间的布置。审查仓库位置的设置是否有利于组织内物资流动的经济性、合理性；仓库内部空间的布置是否有利于利用仓库的有效面积和提高仓库的作业效率。

（2）审查仓库面积利用率。通过计算和比较“仓库面积利用率”指标，确定仓库利用效率高低和利用潜力的大小。

（3）审查仓库存放保管工作。物资是否按分区及编号有序排放；物资包装、标示是否符合规范；易燃、易爆、剧毒等危险物资是否隔离存放；库房防火、防盗、防潮等措施是否到位。

（4）审查物资保管账卡档案是否建立健全并定期与相关资料、账簿核对。

（5）审查物资分类保管情况。审查物资保管是否按照物资的重要程度、消耗数量、价值大小等区别对待，实施 ABC 分类管理法。

（6）审查物资储备定额制定是否合理。审查物资最高储备、经常储备、保险储备和季节性储备等定额是否经济合理，是否做到既满足生产需要，又最大限度地压缩库存。

6. 采购票据审计。主要内容包括：

（1）审查物资采购的票据是否齐全，是否按照采购业务发生的先后顺序编号。

（2）审查各种票据载明的采购数量、单价、金额、品种、规格、产地、型号等是否真实，数量、单价、金额等计算是否正确，各种票据相关内容是否一致。

（3）审查票据的填写是否合规，手续是否齐全，来源渠道是否正规，保管、领用和注销措施是否完善，传递程序是否合规等。

7. 采购负债确认及付款执行情况审计。主要内容包括：

（1）审查负债的确认是否正确。审查采购部门是否在物资采购申请单、验收单、供货商发票等核对无误的基础上出具付款申请单，并及时通知财会部门；财会部门是否在进一步审核的基础上，编制记账凭证，登记付款凭单登记簿或应付账款明细账，确认负债。

（2）审查应付账款的登记是否正确。审查应付账款登记和管理是否由独立于请购、采购、验收、付款以外的职员执行；是否根据不同供货商设置明细账进行明细分类核算；是否根据审核无误的原始凭证和记账凭证及时登记账簿记录，有无遗漏、隐瞒负债情况；是否定期将应付账款明细账余额与供货商寄回的对账单相核对，与应付账款总账相核对，与采购部门台账相核对，对存在的差异是否及时妥善处理；对享有折扣的交易，是否以扣除折扣后的货款净额登记应付账款，以防止在付款时贪污折扣。

(3) 审查付款处理是否合规。审查付款是否符合资金结算制度的要求；付款是否在会计人员审核的基础上，经过授权人审批；是否按确定的付款方式付给指定的收款人；核实付款金额和收款人是否正确；有无使用空白支票；已付货款是否在发票上加盖“付讫”戳记等。

(4) 审查预付账款处理是否合规。审查预付账款是否经过申请、审批；收到采购物资后，是否根据供应商发票及时冲减预付账款；是否与供货商定期对账。

(5) 审查应付账款余额的整体合理性。审查财会部门是否定期编制应付账款账龄分析表、物资已收发票未到情况汇总表；是否每月计算主要业绩指标据以监控应付账款状况；采用分析性复核方法，通过比较本期与上期各应付账款明细账户余额、相关比率和相关费用账户金额，确定应付账款有无异常变动。

（四）审计方法。物资采购计划执行情况审计可以采用检查法、复核法、分析法、复算法、盘点法、鉴证法、抽样法、观察法、函询法和询问法等方法。

第四章　物资采购后续审计

第十五条　物资采购后续审计是内部审计人员在提交了物资采购审计报告后，针对报告中所涉及的审计发现和审计建议所进行的跟踪审计，目的是确定被审计单位对于审计报告中所揭示的问题和偏差的纠正和改进情况以及产生的实际效果。

第十六条　物资采购后续审计应关注的风险领域。包括物资超储积压或储备不足风险、物资使用质量低劣风险、物资价格失控风险、资信低的供货商定点供货风险和审计建议无效风险等。

第十七条　物资采购后续审计的基本过程。

（一）应获取的相关资料。包括审计报告、审计回复、定点供货目录、价格申报单、采购计划和物资质量标准等。

（二）取得被审计单位的反馈意见并进行合理分析。内部审计人员应关注如下事项：被审计单位不做反馈和反馈不充分的事项；被审计单位有异议或误解的事项；反馈意见中说明不采取纠正措施的事项等。内部审计人员应逐项分析上述事项的具体原因，并且特别注意反馈意见中对于问题原因的分析是否具有针对性，拟采取的措施是否具体。

（三）实施适当的审计程序。对重大的审计发现和建议通过现场访问、直接观察、测试和检查文件等方式，编制“后续审计面谈结果小结”和“后续审计跟踪记录表”等工作底稿。

（四）评估采纳审计建议所达到的效果。

（五）提交后续审计报告。

第十八条 审计方法。物资采购后续审计主要采用审计分析方法、详查法、抽查法、终点审计法、重点审计法、函证法和查询法等方法。终点审计法是通过某一环节的重点审计，反馈前续环节中存在的问题。例如通过物资采购后续审计，验证供货商选择、物资验收、价格执行等方面存在的问题，反馈物资采购审计工作中存在的不足。

第五章 附 则

第十九条 本指南由中国内部审计协会发布并负责解释。

第二十条 本指南自2005年1月1日起施行。